Filmregisseure

Filmregisseure

Biographien, Werkbeschreibungen, Filmographien

Herausgegeben von
Thomas Koebner

Mit 104 Abbildungen

Philipp Reclam jun. Stuttgart

Die Deutsche Bibliothek – Cip-Einheitsaufnahme

Filmregisseure : Biographien, Werkbeschreibungen, Filmographien / hrsg. von Thomas Koebner. – Stuttgart : Reclam, 1999
ISBN 3-15-010455-6

Umschlagentwurf: Werner Rüb, Bietigheim-Bissingen,
unter Verwendung eines Fotos von Federico Fellini
von Michelangelo Durazzo

Satz: Reclam, Ditzingen
Druck und Bindung: Clausen & Bosse, Leck
Printed in Germany 1999

ISBN 3-15-010455-6

Vorwort

Ein deutschsprachiges Lexikon der Filmregisseure, das sich auf die Sichtung und Wertung der Werke, also der Filme einläßt, hat es bisher noch nicht gegeben. Natürlich sind sich die Autoren, die dieses Buch verfaßt haben, dessen bewußt gewesen, daß Regisseure nicht die einzigen Urheber der künstlerischen Komposition Film sind, daß es fragwürdig sein kann, allein den Regisseur für Gelingen oder Mißlingen verantwortlich zu machen. Dennoch ist der Regisseur, jedenfalls im europäischen und oft auch im amerikanischen Kino, die zusammenführende, entscheidende Kraft im Netzwerk der Kreativen, der »Kapitän« des Teams am Drehort – und wirkt zumindest in Europa auch bei der Vorbereitung des Films, der Entstehung des Drehbuchs, der Auswahl der Schauspieler, der Ausstattung und nachher bei Montage und Mischung letztinstanzlich mit. Regisseure können mit verschiedenen Produzenten und Drehbuchautoren, Schauspielern und Kameraleuten zusammenarbeiten, in allen Verbindungen prägt sich ihre Besonderheit oft in der Bearbeitung bevorzugter Themen oder in der charakteristischen Stilistik der Inszenierung, der spezifischen Auflösung in Bilder oder der Erzählweise aus. Vor allem im Rückblick auf ein größeres abgeschlossenes Œuvre lassen sich wiederkehrende Elemente, bezeichnende Züge, Eigenarten leichter erkennen und beschreiben.

Es galt, für dieses Buch nicht nur unverwechselbare Künstlerpersönlichkeiten wie Ingmar Bergman, Federico Fellini, John Ford, Jean-Luc Godard, Peter Greenaway, Alfred Hitchcock, Akira Kurosawa, Friedrich Wilhelm Murnau, Carlos Saura oder Wim Wenders zu porträtieren, sondern auch auf den ersten Blick weniger scharf profilierte, wenngleich durch ihre Arbeit bemerkenswerte Regisseure zu würdigen. Und das eine wie das andere in prägnanter Kürze. So haben beinahe 200 internationale Regisseure Eingang in dieses Buch gefunden. Dabei umfaßt das Spektrum des Lexikons auch etliche jüngere Vertreter ihrer Zunft – obwohl die Auswahl hier besonders schwer gefallen ist und vermutlich eher Streit hervorrufen wird als die Entscheidung für die älteren, kanonisierten ›Prominenten‹ der Filmgeschichte. Ferner ist mit Rücksicht auf Benutzer und Umfang und eingedenk aller Gegenargumente eine eurozentrische Perspektive eingenommen worden, wobei selbstverständlich viele amerikanische und einige asiatische Regisseure ins Blickfeld treten. Wir hätten grundsätzlich noch weit mehr Namen aufnehmen können, doch konnte eine Enzyklopädie nicht unser Ziel sein. Daher sind auch die lebensgeschichtlichen Angaben in den einzelnen Beiträgen aufs Notwendigste verkürzt worden. Jedem Personeneintrag sind dafür eine meist vollständige Liste der langen Spielfilme des betreffenden Regisseurs und Hinweise auf weiterführende, leicht zugängliche Literatur hinzugefügt worden.

Für die Auswahl der Bilder danke ich Peter Latta von der Stiftung Deutsche Kinemathek, Berlin, und Horst Peter Koll vom Katholischen Institut für Medieninformation, Köln. Ich bedanke mich bei den gutwilligen und gutmütigen Autoren, die akzeptieren mußten, daß nicht unbegrenzt Platz zur Verfügung stand, um all ihre Kenntnisse auszubreiten. Ich danke meinen Freunden und Kollegen am Mainzer Institut, Jürgen Felix, Bernd Kiefer und Susanne Marschall, für zahllose Gespräche über Auswahl und Auswahlkriterien und nicht zuletzt Norbert Grob, der noch in der letzten Phase mit Rat und Tat als ›rettender Engel‹ einsprang. Ich danke schließlich Markus Stiglegger, der bei der Vorbereitung und der Redaktion nachdrücklich half, das Projekt flottzumachen.

Mainz, im März 1999 *Thomas Koebner*

Chantal Akerman

*1950

Chantal Akermans Werk zeichnet sich durch eine rigorose Abkehr vom Erzählkino aus. Eine äußerst reduzierte Bildsprache kombiniert sie oft mit eindringlichen Porträts von Frauen. Ihre »Brillanz ist ihre Fähigkeit, den Zuschauer für Dinge zu interessieren, die normalerweise im Kino nicht zu sehen sind« (G. Indiana).

Chantal Akerman wurde im Juni 1950 als Tochter jüdischer Eltern aus der Arbeiterschicht in Brüssel geboren. Mit 15 Jahren sah sie Jean-Luc Godards *Elf Uhr nachts* (1965), und damit war ihr Interesse für Filmregie erwacht. 1967 begann sie ein Studium an der Belgischen Filmhochschule INSAS (Institut Supérieur des Arts du Spectacle et Techniques de Diffusion), das sie jedoch nicht beendete. Sie drehte einen schwarzweißen Kurzfilm (*Saute ma ville*, 1968) und ging nach Paris, um Theaterwissenschaften an der Universität zu studieren. Auch hier hielt es sie nicht lange. 1972 verließ sie Europa und zog nach New York. Als Kassiererin in einem Pornokino und mit anderen Jobs verdiente sie sich etwas Geld. Schnell machte sie Bekanntschaft mit der Avantgardeszene. Insbesondere der Experimentalfilmer Michael Snow erregte ihr Interesse. Sie kehrte nach Europa zurück und drehte weitere kürzere Filme (z. B. *Hotel Monterey*, 1972). Mit ihnen avancierte sie zu einer der wichtigsten europäischen Autorenfilmerinnen, die zudem in mehreren ihrer Filme selbst mitspielte. Neben Spielfilmen entstanden auch Dokumentarfilme, darunter mehrere Fernsehproduktionen.

1974 drehte sie mit *Ich, du, er, sie* ihren ersten langen Spielfilm, der wegen der unverblümten Darstellung insbesondere lesbischer Sexszenen (sie selbst spielte die Hauptrolle) auffiel. Im gleichen Jahr entstand ihr bis heute bekanntestes dreieinhalbstündiges Werk *Jeanne Dielman*. In langen statischen Einstellungen der in den folgenden Jahren mit ihr arbeitenden Kamerafrau Babette Mangold zeigt Akerman drei Tage im Alltag einer Hausfrau (Titelrolle: Delphine Seyrig), die den Lebensunterhalt für sich und ihren Sohn mit Prostitution verdient. Vorsichtig und distanziert wird eine weibliche Wahrnehmungswelt inszeniert. Bringt der zweite Tag bereits Störungen der zuvor so routiniert ablaufenden Tätigkeiten im Haushalt, so kommt es am dritten Tag zum Eklat. Sie ersticht einen Kunden mit einer Schere. Der von Akerman benutzte minimalistische Stil New Yorker Avantgardefilmer, der dem Betrachter das Medium Film bewußt macht, dekuvriert die Normalität eines Hausfrauendaseins sowie das Erzählen dieser Geschichte als gesellschaftliche Konstruktion. Akerman leistete mit *Jeanne Dielman* einen kontrovers diskutierten Beitrag zum feministischen Film, auch wenn sie dies als Intention abstritt.

Les Rendez-vous d'Anna (1978) ist die trostlose Geschichte einer Filmemacherin auf Werbetour. Mit Aurore Clément, Léa Massari, Jean-Pierre Cassel und dem deutschen Schauspieler Helmut Griem ist der Film prominent besetzt. Die feministische Filmtheoretikerin Laura Mulvey sah in dieser Variation des Roadmovies den bis dato einzigartigen und gelungenen Versuch, die ästhetischen Mittel einer Avantgardefilmerin in einer großen Produktion umzusetzen. Akerman gewann mehrere Preise, so z. B. auf dem Chicagoer und Pariser Filmfestival.

Zu Beginn der achtziger Jahre setzte ein Wandel im Denken Chantal Akermans ein. Die bisherige Radikalität ging zunehmend in einen kompromißbereiteren Stil über. Sie wollte nicht länger ein Schattendasein führen und sich von finanziellen Problemen einschränken lassen. Erstes Ergebnis dieser Haltungsänderung ist der Film *Eine ganze Nacht* (1983), an dem insbesondere die konventionellere Montage auffällt. 1989 drehte sie ihren nach *Rendez-vous d'Anna* wohl am engsten mit ihrer jüdischen Herkunft verbundenen Film. In *Geschichten aus Amerika* erzählen jüdische Immigranten über sich und ihre neue Heimat. Die einzelnen tragischen, melancholischen und bisweilen mit jüdischem Witz gepaarten Geschichten junger und alter Menschen verbinden sich zu einem eindrucksvollen Kaleidoskop menschlicher Erfahrungen. Akerman bleibt dabei ihrem statischen Stil treu. Nicht die Kamera oder die Montage erzählen die Geschichten, sondern die Personen.

Mit *Nuit et jour – Die Nacht, der Tag* brachte Chantal Akerman 1991 einen ungewöhnlichen Liebesfilm in die Kinos. Erneut verweigert sie sich der gängigen filmischen Erzählweise und präsentiert dem Zuschauer eine ménage à trois, die François Truffauts *Jules und Jim* zitiert. Julie (Guilaine Londez) ist mit zwei Taxifahrern zusammen. Mit Jacques, der nachts fährt, verbringt sie den Tag, mit Joseph, der tagsüber fährt, die Nacht. Als die Beziehungen zu den Männern in Gefahr geraten, nur mit Hilfe von Lügen zu funktionieren, verläßt Julie beide. Die stehenden Bildkader, in die die Personen hinein- und aus denen sie wieder hinausgehen, die bis ins Detail symbolische Ausstattung erzeugen eine Atmosphäre, die auf faszinierende Weise künstlich und realistisch zugleich wirkt. Auch die Schauspieler agieren distanziert zur Rolle, die Dialoge scheinen trivial, sind beim genaueren Hinhören jedoch auf originelle Weise bedeutungsvoll.

Chantal Akermans jüngster Spielfilm ist die Liebeskomödie *Eine Couch in New York*. Die Pariserin Béatrice tauscht mit einem New Yorker Psychoanalytiker vorübergehend die Wohnung. Akermans Handschrift ist kaum noch erkennbar. Die ironischen Seitenhiebe auf die Psychoanalyse sind nicht so geistreich wie intendiert. Die ihre kulturellen Eigenarten bisweilen übertreibenden Helden verlieren selbst durch das Spiel von Juliette Binoche und William Hurt nur bedingt das Klischeehafte.

Thomas Klein

Filmographie: Hotel Monterey (1972) – Je, tui, il, elle / Ich, du, er, sie (1974) – Jeanne Dielman, 23 Quai du Commerce, 1080 Bruxelles / Jeanne Dielman (1974) – News from home / Briefe von zu Hause (1976) – Les Rendez-vous d'Anna / Rendezvous d'Anna (1978) – Toute une nuit / Eine ganze Nacht (1983) – Un jour Pina m'a demandé / Eines Tages fragte mich Pina (1983) – Golden Eighties (1986) – Histoires d'Amérique / Geschichten aus Amerika (1989) – Nuit et jour / Nuit et jour – Die Nacht, der Tag (1991) – D'Est / Aus dem Osten (Dokumentarfilm, 1993) – Portrait d'une jeune fille de la fin des années 60 à Bruxelles / Porträt eines Mädchens am Ende der 60er Jahre in Brüssel (1994) – Un divan à New York / Eine Couch in New York (1996).

Literatur: Jayne Loader: Jeanne Dielman: Death in Installments. In: Movies and Methods. Hrsg. von Bill Nichols. Bd. 2. Berkeley 1985. S. 327–340. – Angela Martin: Chantal Akerman's Films: Notes in Issues Raised for Feminism. In: Films for Women. Hrsg. von Charlotte Brunsdon. London 1987. S. 62–71. – Ursula Simeth: Zur Transformation des Sehens. Chantal Akerman: *Jeanne Dielman, 23 Quai du Commerce, 1080 Bruxelles* (1975). In: Autorenfilme. Elf Werkanalysen. Hrsg. von Thomas Koebner. Münster 1990. S. 190–210. – Angela McRobbie: Chantal Akerman and Feminist Filmmaking. In: Women and Film. A Sight and Sound Reader. Hrsg. von Pam Cook and Philip Dodd. Philadelphia 1993. S. 198–203.

Robert Aldrich

1918–1983

Als Hollywoods zynischster Chronist ging Aldrich bereits in den sechziger Jahren in die Filmgeschichte ein, aus der er mit geradezu tragisch unbedeutenden Werken verschwand. Doch unvergessen bleiben seine systemkritischen Thriller und Melodramen *Hollywood Story* (1955) und *Was geschah wirklich mit Baby Jane?* (1962) sowie die humanistischen Western *Massai – Der große Apache* (1954) und *Keine Gnade für Ulzana* (1972).

Aldrich, am 9. August 1918 in Cranstone geboren, studierte an der Universität von Virginia Recht und Wirtschaft, bis er 1941 als Produktionsangestellter zu RKO nach Hollywood ging. Dort war er als Assistent für bedeutende zeitgenössische Regisseure (Edward Dmytryck, Renoir, Losey, Chaplin), Produktionsmanager und Produktionsleiter tätig. Gleichzeitig begann er, für Fernsehserien zu schreiben und Folgen zu inszenieren (*The Doctor, China Smith*). 1953 drehte er mit dem Baseball-Drama *The Big Leaguer* seinen Debütfilm. Ein Jahr später ging Aldrich zu United Artists und inszenierte dort seinen ersten großen Indianer-Western *Massai – Der große Apache* mit Burt Lancaster in der Hauptrolle, der das vom Genozid seines Volkes verdüsterte Bild Häuptling Geronimos spiegelt. Im Gegensatz zu diesem kritischen Ansatz bewährte er sich noch im selben Jahr auch in der unterhaltsamen Spielart des Westerns, der Revolutionskomödie *Vera Cruz*, in der Lancaster und Gary Cooper zwei Söldner im revolutionserschütterten Mexiko des Jahres 1860 spielen. Aldrich hatte sich schnell als unbequemer, aber versierter Hollywood-Regisseur etabliert und arbeitete auch in der Folgezeit immer wieder mit Lancaster zusammen. Bereits im Jahr darauf gründete er seine Produktionsgesellschaft Associates and Aldrich und produzierte viele seiner folgenden Werke selbst.

Ein weiteres Meisterwerk lieferte Aldrich mit dem späten Film noir *Rattennest* (1955) ab, einer zynischen, bösartigen Verfilmung eines berüchtigten Mickey-Spillane-Romans. Thriller-Routinier Ralph Meeker spielt den psychotischen, sozialdarwinistischen Privatdetektiv Mike Hammer, der sich durch ein wirres Verbrechenslabyrinth prügelt, was nur in einer abstrusen Auflösung (es geht um radioaktive Brennelemente) kulminieren kann. Aldrichs bitterer, distanzierter Regiestil zeigt sich hier in reiner Form.

Die folgenden Jahre waren von Aldrichs Hinwendung zum Kriegsfilm geprägt. Er pendelt dabei zwischen zynisch-distanzierten Darstellungen, die durchaus eine kritische Position vermuten lassen (*Ardennen 1944*, 1956), und dem »Kriegsabenteuer«: *Hügel des Schreckens* (1959) steht mit seinen reißerischen Elementen *Rattennest* näher als dem vielfach gelobten dokumentarischen Blick des Vorgängerfilms, doch gerade die Thematik (Verfolgung durch die Gestapo als Thrillermotiv) wurde als geschmacklos gewertet. Ironischerweise wird später gerade der Abenteuerfilm *Das dreckige Dutzend* (1966) zu seinem größten Erfolg.

Die sechziger Jahre begannen für Aldrich mit Großproduktionen wie *Sodom und Gomorrha* (1963), einem modischen historischen Monumentalfilm, der ihn immerhin in Italien mit dem jungen Sergio Leone zusammenbrachte, doch einen wirklich neuen, frischen Impuls gaben erst Warner Bros. mit ihrem Engagement für den Neogothic-Thriller *Was geschah wirklich mit Baby Jane?*. Dieses finster-ironische Porträt einer von Abhängigkeiten geprägten Frauenbeziehung, dargestellt von Bette Davis und Joan Crawford, schuf eine neue Richtung des Psychothrillers: Fortan gelang einigen gealterten Hollywood-Diven ein Comeback als »mörderische Frauen« in vergleichbaren Dramen. Auch Aldrich schloß daran an, als er den eher effektbetonten, an den früheren Schattenspielen Jacques Tourneurs orientierten Thriller *Wiegenlied für eine Leiche*

(1964) und das Lesben-Melodram *Das Doppelleben der Sister George* (1969) inszenierte. Er läßt die Enttäuschungen der Vergangenheit – jeweils dominiert vom schillernden Hollywood-System, dem Patriarchat oder dem Fernsehgeschäft – in mörderische Neurosen und Wahnsinn münden.

Gegen Mitte des Jahrzehnts gab der Regisseur schließlich seinen scharfzeichnenden Schwarzweißstil zugunsten einer flächigen, eher »weichen« Farbdramaturgie auf. Ein Stilmittel, das er etwa zu dieser Zeit etablierte, sind die langgedehnten, oft bis zu 15 Minuten langen Pretitle-Sequenzen, die etwas an den Manierismus der Inszenierungen Sergio Leones erinnern.

Am deutlichsten erkennt man Aldrichs Kritik des Hollywood-Systems in *Große Lüge Lylah Clare* (1967). Dieses komplexe Psychodrama um eine an Hitchcocks *Vertigo* erinnernde Identitätsverschmelzung (bewußt mit Kim Novak besetzt) bot einen schonungslosen Blick in die Mechanismen des Filmgeschäfts, versagte jedoch kommerziell. Rückblickend läßt sich dieses Werk als Aldrichs persönlichstes einstufen.

Als Glanzleistung des Abenteuerfilms gilt heute *Der Flug des Phoenix* (1965) mit James Stewart und Hardy Krüger. Die Überlebenden eines Flugzeugabsturzes in der arabischen Wüste sind gezwungen, aus den Wrackteilen ein neues Flugzeug zu basteln, bevor das Wasser verbraucht ist. Mit scharfem Blick beobachtet der Regisseur die sozialen Mechanismen innerhalb dieser Männergesellschaft, verliert jedoch nie die Thrillerstruktur des Drehbuchs aus den Augen. Ein Meisterwerk, das unglücklicherweise im Schatten des durchschlagenden Erfolges des aufwendigen Kriegsabenteuers *Das dreckige Dutzend* (1967) steht. Dieser Film ermöglichte Aldrich immerhin den Kauf eines eigenen Studios, das er 1973 nach finanziellen Debakeln jedoch wieder aufgeben mußte. Der Regisseur reihte sich hier prototypisch in die seit den fünfziger Jahren populäre Tendenz ein, Kriegsgeschehnisse als abenteuerliche Western zu inszenieren, und erzählt mit Starbesetzung von dem Himmelfahrtskommando eines speziell rekrutierten Trupps Krimineller während des Zweiten Weltkriegs. Dieses in der Tat gewaltverharmlosende und -verherrlichende Epos wirft im nachhinein ein zweifelhaftes Licht auf die früheren Kriegskommentare des Regisseurs. Es liegt jedoch tatsächlich näher, *Das dreckige Dutzend* im Rahmen seiner ironischen Western zu rezipieren. Glücklicherweise kehrte Aldrich mit seinen späteren Kriegsfilmen *Zu spät für Helden – Antreten zum Verrecken* (1970) und *Das Ultimatum* (1976) zu seinem gelegentlich antiautoritären Gestus zurück.

Das Doppelleben der Sister George entstand im Rahmen von Aldrichs zweitem Versuch, eine Produktionsfirma zu etablieren: die Cinerama Releasing Corporation. Dieses Drama um eine alternde Soap-opera-Diva (Beryl Reid), die ihre Rolle und ihre Beziehung zu einer jüngeren Schauspielerin (Susannah York) dahinschwinden sieht, machte jedoch eher unfreiwillig Furore als einer der ersten Spielfilme, denen mit einem X-rating (jugendgefährdend) das große Publikum verwehrt wurde; das Komitee nahm Anstoß an einer tatsächlich eher zahmen Darstellung weiblicher Homosexualität. Mit ähnlichen Problemen hatten zu jener Zeit auch William Friedkin und Brian de Palma zu kämpfen.

Aldrichs späte Karriere in den siebziger Jahren wird dominiert von einem verkannten Meisterwerk des Western: *Keine Gnade für Ulzana* (1972) entstand im Zuge der kritischen Vietnamparabeln als antirassistischer Indianerwestern und erschien dem amerikanischen Publikum wie ein Schlag ins Gesicht. Der Film schildert die weißen Siedler als ebenso grausam und unmoralisch wie die marodierenden Apachen und sucht eine Schuld in der Unvereinbarkeit der Kulturen. Die Grundhaltung dieses radikalen Films spiegelt sich deutlich in der Haltung des schicksalergebenen alten Generals (Burt Lancaster), der dem jungen Offizier jede Illusion raubt. Diese späte Fortsetzung von *Massai – Der große Apache* bleibt Aldrichs letztes großes Werk.

Aus den letzten Jahren seiner Karriere stammen dagegen gelegentlich kolportagehafte Actionfilme wie *Die Grissom Bande* (1971), *Die Kampfmaschine* (1973) und *Das Ultimatum* (1976) sowie Komödien voller Klamauk wie *Die Chorknaben* (1977) und *Ein Rabbi im Wilden Westen* (1979). Lediglich der moderne Film noir *Straßen der Nacht* (1975) konnte noch etwas von der melodramatischen Tragik der frühen Dramen bewahren, indem sich die an den Mustern des Polizeifilms orientierte Handlung nicht in Actionplatitüden erschöpft, sondern den von Burt Reynolds und Catherine Deneuve verkörperten Protagonisten viel Raum für das Porträt ihrer problematischen Beziehung läßt. Auch das rüde Roadmovie *Ein Zug für zwei Halunken* (1972), *Die Grissom Bande* und *Das Ultimatum* sind als typische Filme des Regisseurs identifizierbar, bewegen sich jedoch unentschieden auf einem Grat zwischen kommerzieller Eindeutigkeit und ironisch-zynischer Distanz. Die beinahe zur Klamotte changierende Komödie *Kesse Bie-*

Robert Aldrich

nen auf der Matte (1980), in der Peter Falk einen Manager für Damen-Catchen spielt, bleibt als befremdliches – wenn auch in seinem verheerenden Zynismus typisches – Vermächtnis zurück.

Aldrich erhielt 1955 in Venedig den Silbernen Löwen für *Hollywood Story*, 1956 den Preis der italienischen Filmkritik für *Ardennen 1944* und 1956 in Berlin den Regiepreis für *Herbststürme*. Er war jahrelang Präsident des Regisseurverbands der USA.

Marcus Stiglegger

Filmographie: The Big Leaguer (1953) – Apache / Massai – Der große Apache (1954) – World for Ransom / Menschenraub in Singapur (1954) – Vera Cruz / Vera Cruz (1954) – The Big Knife / Hollywood Story (1955) – Kiss Me Deadly / Rattennest (1955) – Attack! / Ardennen 1944 (1956) – Autumn Leaves / Herbststürme (1956) – The Angry Hills / Hügel des Schreckens (1959) – Ten Seconds to Hell / Vor uns die Hölle (1959) – The Last Sunset / El Perdido (1960) – Sodoma e Gomorra / Sodom und Gomorrha (1961) – Whatever Happened with Baby Jane? / Was geschah wirklich mit Baby Jane? (1962) – Four for Texas / Vier für Texas (1963) – Hush, Hush, Sweet Charlotte / Wiegenlied für eine Leiche (1964) – The Flight of the Phoenix / Der Flug des Phoenix (1965) – The Dirty Dozen / Das dreckige Dutzend (1966) – The Legend of Lylah Clare / Große Lüge Lylah Clare (1967) – The Killing of Sister George / Das Doppelleben der Sister George (1969) – Too Late the Hero / Zu spät für Helden – Antreten zum Verrecken (1970) – The Grissom Gang / Die Grissom Bande (1971) – Ulzana's Raid / Keine Gnade für Ulzana (1972) – The Emperor of the North Pole / Ein Zug für zwei Halunken (1972) – The Longest Yard / Die Kampfmaschine / Die härteste Meile (1973) – Hustle / Straßen der Nacht (1975) – Twilight's Last Gleaming / Das Ultimatum (1976) – The Choir Boys / Die Chorknaben (1977) – The Frisco Kid / Ein Rabbi im Wilden Westen (1979) – All the Marbles / Kesse Bienen auf der Matte (1980).

Literatur: Jean-Pierre Piton: Robert Aldrich. Saint-Amand 1985. – Michel Maheo: Robert Aldrich. Paris 1987.

Tomás Gutiérrez Alea

1928–1996

Tomás Gutiérrez Alea wurde am 11. Dezember 1928 in Havanna auf Kuba als Sohn wohlhabender Eltern geboren. Während seines Jura-Studiums an der politisch stets rumorenden Universität von Havanna entwickelte Alea zwei Passionen, die seinen Lebensweg begleiten und bestimmen sollten: das Studium der marxistischen Lehre trug bei zur Bildung seiner politischen Identität, und die erstandene US-amerikanische 8-mm-Kamera weckte in ihm den Wunsch, Filmkünstler zu werden. Er schloß sein Jura-Studium ab, kehrte aber der Karriere als Jurist den Rücken und versuchte sich an Produktionen für den »Partido Socialista Popular« (die spätere Kommunistische Partei Kubas). 1951 ging Alea nach Rom an das Centro Sperimentale de Cinematografia, wo er zusammen mit Julio García Espinosa das Regie-Studium aufnahm. Den in Italien vorherrschenden Neorealismus verinnerlichte Alea in dieser Zeit als übertragbare Ästhetik für den kubanischen Film. 1953 kehrte er nach Kuba zurück, das mittlerweile unter das diktatorische Militärregime Fulgencio Batistas gefallen war. Zusammen mit Espinosa engagierte er sich gegen einen erneuten Kulturimperialismus und wurde nach der Machtübernahme Fidel Castros (1958) Gründungsmitglied des ICAIC (Kubanisches Institut für Filmkunst und Filmindustrie).

1959 bekam Alea den Auftrag, den ersten offiziellen Spielfilm für das Castro-Regime zu drehen. Sein Debüt *Geschichten von der Revolution* (1960) ist eine semi-dokumentarische Rekonstruktion, die episodisch die Geschehnisse zusammenfaßt, die zur Revolution führten. Sein Stil ist spürbar von den Maßgaben des italienischen Neorealismus geprägt: die Schauplätze sind authentisch, die Darsteller häufig Laien. Unterstützt wurde Alea bei dieser Produktion von dem italienischen Kameramann Otello Martelli, der zuvor für die Bildgestaltung zahlloser neorealistischer und Fellini-Filme verantwortlich war. Doch bereits in *Beschwörung* (1964), der Geschichte von der Rückkehr eines emigrierten Arbeiters nach Haiti, nach 15 Jahren Arbeit in Kuba, war der Neorealismus nur noch eine ästhetische Möglichkeit unter vielen. Der historische Moment des Umbruchs, das ›Zeigen‹ von Zuständen war vorüber, nun begann die Analyse von Geschichte und Gegenwart.

Mit *Der Tod eines Bürokraten* (1966) wurde Alea zum führenden kubanischen Filmregisseur. Über die Landesgrenzen Kubas hinaus erreichte der Film erstmals ein internationales Publikum, nachdem er in Karlovy Vary den Spezialpreis der Jury gewonnen hatte. Die tiefschwarze Komödie ist auf einer Ebene eine Reminiszenz an die großen Komödianten Hollywoods, eine Verbeugung gleichsam vor Buster Keaton, Harold Lloyd und Jerry Lewis. Auf einer weiteren Ebene erinnert die Inszenierung in ihrer Surrealität an Luis Buñuel. Schließlich ist der Film beißende Kritik an einem postrevolutionären Land, in dem sich der unbedingte Wille zum Sozialismus in einer blinden »Gleichberechtigungswut« durch die Bürokraten ausdrückt. Hier hat jeder ein Recht auf die gleiche Behandlung, einschließlich der Toten: Ein Arbeiter wird bei einem Arbeitsunfall getötet und als treuer Parteianhänger mit seinem Arbeitsbuch beerdigt. Die Witwe aber braucht das Buch, um ihren Anspruch auf Rente geltend zu machen. Bis es zur Exhumierung und vor allen Dingen zu einer erneuten Beerdigung kommen kann, muß der arme Neffe des Toten auf der Jagd nach Formularen und Unterschriften in ein wahres Labyrinth von Ämtern und Behörden eintauchen. Am Ende wird er – letztlich mit dem hehren Vorhaben, der Tante zu helfen, gescheitert – zum geistig verwirrten Mörder an seinem größten Peiniger. Im Ausland überraschte die Direktheit und Offenheit, mit der Alea die übermächtige Bürokratie seines Landes und die Willkür der Beamten angriff.

1968 kam Aleas bedeutendster Film zur Uraufführung: *Erinnerungen an die Unterentwicklung* ist als Ergebnis eines kontinentweiten Austausches junger lateinamerikanischer Filmemacher anzusehen, an dem auch Alea teilnahm. Deutlich spürbar ist der Einfluß des Nachrichten- und Dokumentarfilmers Santiago Alvarez: der Einsatz der Handkamera im Wechsel mit der Stativkamera führte zu einer zunächst verwirrenden visuellen Diskontinuität, die durch den ständigen Wechsel der Perspektiven verstärkt wird. Der »politische Film« fand durch Aleas Arbeit zu neuen Ausdrucksmöglichkeiten. Sergios Frau, seine Familie und Freunde haben ihn und Kuba im Zuge der Auswanderungswelle 1961 verlassen. Der Intellektuelle lebt gut als Rentier auf Staatskosten. Zunehmend ist die Entfremdung des Mannes von seiner Umwelt zu beobachten. Auf Streifzügen durch Havanna wird Sergio zum Beobachter, der sich immer wieder mit postrevolutionärer Realität konfrontiert sieht. Schaufenster ohne Waren und riesige Propagandaplakate vor karger Landschaft hinterlassen den Eindruck von Verlorenheit und Tristesse. Sergio registriert seine Umwelt mit der distanzierten Borniertheit der Bourgeoisie, ohne zu reagieren. Seine Passivität macht ihn zum Antihelden. Wenn er nach einem verbummelten Tag in seine moderne und großzügige Wohnung tritt, läßt er sich schwitzend und matt auf das Sofa fallen. Er gähnt und trinkt Cognac, versucht seine Zeit mit Tagträumen oder Erinnerungen an die Vergangenheit zu füllen. Diese teilweise sehr kurzen Episoden bilden einen Kontrast zu den dokumentarischen Sequenzen. Deutlich wird die Verwirrung eines Menschen, der zwischen objektiver historischer Realität und subjektiver Erinnerung oder Wahrnehmung kaum zu differenzieren imstande ist. Der Versuch, sich durch eine jüngere Geliebte zurück ins Leben zu katapultieren, scheitert an seiner Lethargie, und weil die Auserwählte sich nicht instrumentalisieren lassen will. Elemente der vitalen Bewegung, der Aktivität werden stets als Dokumentarmaterial eingestreut. Realität findet sich in der Öffentlichkeit, auf Straßen, in Zeitungen und Nachrichtensendungen. Die »neue« Welt, die mit dem Elfenbeinturm der Bourgeoisie nicht vereinbar ist, wird Sergio am Schluß absorbieren. Der Abschied vom Protagonisten ist unspektakulär, fast beiläufig. Über Sergios Blick ins Fernrohr wird die Aufzeichnung einer Rede von Castro geblendet. Seinem »¡Venceremos!« folgen Bilder der Verteidigungsvorkehrungen zur Zeit der Raketenkrise. Das Fade out des etwas larmoyanten Möchtegern-Künstlers und bourgeoisen Intellektuellen Sergio wird übertönt und getilgt durch ein Stakkato dokumentarischer Aufnahmen von Militärfahrzeugen und Flakgeschützen.

National wie international war der Film ein großer Erfolg. Grenzübergreifend führte er zu einer Auseinandersetzung über die Dekonstruktion des Narrativen und das andauernde Infragestellen der filmischen Form. Alea experimentierte wiederholt mit Filmsprache und Technik. Der Erfolg des Films ließ sich jedoch nicht wiederholen. In den siebziger und achtziger Jahren realisierte Alea fünf große Spielfilme. Neben seiner Tätigkeit als Regisseur förderte er junge Filmemacher und unterstützte sie in Theorie und Praxis.

1992 wurde der ICAIC offiziell aus ökonomischen Gründen mit der Filmabteilung der kubanischen Streitkräfte zusammengelegt. Die bereits in den achtziger Jahren geäußerte Angst vor ästhetischer Erstarrung, vor dem Massenkino und der Einschränkung der künstlerischen Freiheit wuchs. Doch die politische Krise Kubas brachte Alea nicht zum Schweigen: 1994 erhielt er auf der Berlinale den Silbernen Bären für *Erdbeer und Schokolade*. Anläßlich der Auszeichnung sagte Alea über die Situation in Kuba: »Der Sozialismus ist ein sehr gutes Drehbuch, aber die Inszenierung ist ein Desaster.« Einen Aspekt der »Inszenierung« griff Alea in seinem ausgezeichneten Spätwerk auf: mangelnde Toleranz und doktrinären Starrsinn. Der intellektuelle und systemkritische Homosexuelle Diego versucht den bubenhaft-hübschen und linientreuen Studenten David zu verführen. Der junge Kommunist ist zunächst entsetzt, kann dann aber seine aufkommende Neugier auf den »bunten Vogel« nur unter dem Vorwand des Bespitzelns vor sich vertreten. Regelmäßig sieht er nun den exzentrischen Diego, dessen Weltbildung und Kunstkenntnis ihn beeindrucken. Allmählich verwischen sich die Grenzen zwischen naiver Unschuld und kenntnisreich-sündigem Leben. Zwischen David und Diego entsteht eine echte Freundschaft, die aber nie intim wird. Doch bald wird erkennbar, daß Davids angelernter theoretischer Grundsatz: »Jeder soll so leben können, wie er möchte«, an der Realität scheitern muß. Diego wird ausreisen müssen, zu unversöhnlich in ihrer Abwehr sind Mitmenschen und System dem gegenüber, der versucht, sich eine kleine individuelle Nische einzurichten. *Erdbeer und Schokolade* erweist Alea als Meister des »Kinos der Gefühle«. Weit zurück liegt das emphatische Hohelied der Revolution. In weicher und einfühlsamer Erzählweise, in spürbarer Distanz zu experimenteller Filmsprache oder auffälliger Technik, spricht er ein breitgefächertes Publikum an.

Aleas Filme eröffnen eine neue Perspektive auf Kuba, lassen einen Schimmer freundlich-zugewandter Humanität hinter der autoritären Maske des ›Maximo Líder‹ erscheinen.

In 34 Jahren drehte Alea 23 Filme, die die kubanische Revolution und den Alltag auf der gebeutelten Insel widerspiegeln. Als Tomás Gutiérrez Alea am 16. April 1996 nach langer Krankheit starb, schrieb M. Castaneda: »Kuba und Lateinamerika haben einen der besten Regisseure der Filmkunst verloren.«

Julia Gerdes

Filmographie: Historias de la revolución / Geschichten der Revolution (1960) – Las doce sillas / Die zwölf Stühle (1962) – Cumbite / Beschwörung (1964) – La muerte de un burócrata / Der Tod eines Bürokraten (1966) – Memorias del subdesarrollo / Erinnerungen an die Unterentwicklung (1968) – Una pelea cubana contra los demonios (1971) – Otro Francisco (1975) – La última cena / Das letzte Abendmahl (1976) – De cierta manera / Auf bestimmte Art und Weise (1977) – Los sobrevivientes / Die Überlebenden (1978) – Hasta un cierto punto / Bis zu einem gewissen Punkt (1984) – Cartas del parque / Briefe aus dem Park (1988) – Fresa y chocolate / Erdbeer und Schokolade (1993) – Guantanamera / Guantanamera (1995).

Literatur: Michael Chanan: The Cuban Image. London 1985. – Julianne Burton (Hrsg.): Cinema and Social Change in Latin America. Conversations with Filmmakers. Austin 1986. – Charles Affron / Mirella Jona Affron / Robert Lyons (Hrsg.): Memories of Underdevelopment. Tomás Gutiérrez Alea and Inconsolable Memories. Edmundo Desmoes, Author. New Brunswick / London 1990. – Ambrosio Fornet: Tomás Gutiérrez Alea: Neuf notes en quête d'auteur. In: Paulo Antonio Paranagua (Hrsg.): Le cinéma cubain. Paris 1990.

Woody Allen

*1935

Ein kleiner Mann mit rotem Haar und schwarzer Hornbrille, hektischer Gestik und Redeweise, besessen von der Suche nach dem Sinn des Lebens und von der Angst vor dem Tod, Fehlschläge fast magisch anziehend und zumeist in der Krise, keine stattliche Erscheinung und sicher kein strahlender Held, aber ein intellektueller New Yorker par excellence, jüdischer Abstammung und in Manhattan zu Hause, mit einer Vorliebe für amerikanischen Jazz und europäische Filme, für Sport, gutes Essen und jüngere Frauen, melancholisch, charmant, selbstironisch und mit bestechendem Witz – eine Kunstfigur, die als »the neurotic's everyman« (F. Hirsch) bewertet wurde, als Metapher für den Überlebenskampf des »late twentieth-century urban man« (D. Jacobs) und als »post-Freudian protest« (N. Sinyard) gegen die Entfremdung in der modernen Massengesellschaft, und eine Kunstfigur, die zum Sympathieträger eines Massenpublikums avancierte und zum Markenzeichen eines Filmemachers: Woody Allen – Komiker, Autor, Regisseur und seit *Mach's noch einmal, Sam* (1972, Regie: Herbert Ross) auch Kultfigur mit internationalem Renommee. So war es kein Einzelfall, nur die extreme Form eines gängigen Rezeptionsmusters, daß der Filmkritiker R. Schickel 1973 in der New York Times bekannte: »Woody, c'est moi . . .«

1952 gab sich der am 1. Dezember 1935 in Flatbush/Brooklyn geborene Allan Stewart Konigsberg seinen Künstlernamen: als er seine ersten veröffentlichten Gags mit »Woody Allen« signierte, und seit er als Stand-up-Comedian von 1961 an regelmäßig die Bühne betrat, verkörpert er seinen ›Stadtneurotiker‹. Es ist nicht zuletzt der Akzeptanz dieser Kunstfigur zu verdanken, daß der New Yorker Autorenfilmer, trotz weniger großer Kassenerfolge, einiger kommerzieller und künstlerischer Fehlschläge und mancher persönlicher Anfeindungen, mittlerweile auf ein einzigartiges Œuvre von fast 30 Filmen zurückblicken kann: von der Genreparodie *Woody – der Unglücksrabe* (1969) über die Oscar-prämierte »nervous romance« *Der Stadtneurotiker* (1977) und die fiktive Dokumentation *Zelig* (1983) bis zu der Tragikomödie *Ehemänner und Ehefrauen* (1992) und dem bislang letzten Auftritt des ›Stadtneurotikers‹ in *Harry außer sich* (1997).

Die Obsessionen um Liebe, Tod und Sinnsuche sind über die Jahre geblieben, allerdings haben sich mit der Entwicklung des Filmemachers die Gewichtungen verschoben, sind neue Perspektiven hinzugekommen, ist die Kunstfigur zusammen mit ihrem Erfinder gealtert und der Blick auf die Leidenschaften desillusionierter geworden, durchweg selbstironischer, manchmal grausam ernüchternd, bisweilen nahezu sarkastisch, besonders seit Woody Allen ernst macht mit dem Verliererstatus seiner Figur. Daß es im Leben Schlimmeres als den Tod gäbe, hatte er in *Die letzte Nacht des Boris Gruschenko* (1975) sein füsiliertes Film-Ego resümieren lassen (in einem an das Filmpublikum gerichteten Schlußmonolog), aber erst *Hannah und ihre Schwestern* (1986) und *Verbrechen und andere Kleinigkeiten* (1989) lassen gewahr werden, was die schlimmste aller möglichen Wendungen tatsächlich bedeuten könnte: nicht, den Abend mit einem Versicherungsvertreter verbringen zu müssen oder dem schönen Geschlecht erfolglos nachzujagen, auch nicht die Sinnlosigkeit des Universums oder der Verlust einer einstmals großen Liebe, sondern die radikale Demontage des eigenen Selbstbildes, all der anscheinend lebensnotwendigen Illusionen. Die Lösung dieses Dilemmas bleibt in Woody Allens Filmen fragil, changierend zwischen Komik und Krise, zwischen der Realität der Fiktion und deren Dekonstruktion.

Der Sohn einer jüdischen Lower Middleclass-Familie begann als Gagwriter, schrieb bereits als Sechzehnjähriger für die »funnies« in Zeitungen und für andere Komiker,

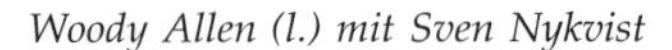
Woody Allen (l.) mit Sven Nykvist

immatrikulierte sich nach dem Highschool-Abschluß 1953 an der New Yorker Universität, verließ die Hochschule jedoch schon nach dem ersten Semester – allerdings nicht gezwungenermaßen (weil er während einer Metaphysik-Klausur »einen Blick in die Seele des Nachbarn« geworfen hatte, wie er in *Der Stadtneurotiker* erzählt), sondern um das jüngste Mitglied im Förderungsprogramm für Autoren der Fernsehgesellschaft NBC zu werden. Von seinem neuen Arbeitgeber wurde Allen nach Hollywood geschickt, wo er – u. a. zusammen mit Melvin Kaminski (alias Mel Brooks), Larry Gelbart (der später für die Fernsehserie *M.A.S.H.* schrieb) und Joseph Stein (aus dessen Feder *Anatevka*, 1971, stammt) – Sketche für Fernsehshows schrieb, wo er 1954 die sechzehnjährige Harlen Rosen heiratete, von wo er kurz nach der Hochzeit nach New York zurückkehrte und in Manhattan das erste eigene Apartment bezog. 1958 wurden – wie es heißt: per Handschlag – Jack Rollins und Charles Joffe seine Manager und sind es über Jahrzehnte geblieben, und bis 1960 blieb Woody Allen ein gut verdienender Gagwriter, der für Kay Bollard, Carol Canwey, Stubby Kaye und »eine Million unbekannter Komiker« schrieb, die in der »Ed Sullivan Show« oder in »The Tonight Show« auftraten. Daß eine Parodie auf Ingmar Bergmans *Wilde Erdbeeren* (1957) Allens letzte größere Arbeit für das US-amerikanische Fernsehen blieb, mag man retrospektiv als Omen werten, damals war es jedoch ohne tiefere Bedeutung.

Der erste entscheidende Einschnitt in Allens Karriere war der – von Rollins und Joffe forcierte – Entschluß, seine Gags selbst vorzutragen. Nach einer Probevorstellung im »Blue Angel« (1960) und während eines katastrophalen ersten Jahrs in einem Club namens »Duplex« (1961) begriff Allen, daß nicht allein die Qualität der Gags über den Erfolg eines Komikers entscheidet, vielmehr die Akzeptanz seiner Kunstfigur. Diese entwickelte Allen sukzessive – bis das Timing des 60minütigen Programms perfekt war, die Figur des ›Stadtneurotikers‹ so witzig wie glaubwürdig. Nun konnte Woody Allen die Bühne betreten und von seinem »Privatleben« berichten, das bekannte Frage-und-Antwort-Spiel mit dem Publikum zelebrieren und präzise durchstrukturierte Geschichten zum besten geben, die regelmäßig mit einer anscheinend unverfänglichen Alltagsbegebenheit beginnen und allmählich surrealer, grotesker werden – und irgendwie glaubhaft klingen, eben weil Woody Allen sie erzählt (wovon man sich anhand der Schallplattenaufnahmen seiner Live-Auftritte überzeugen kann). Als der Stand-up-Comedian 1972, nach vierjähriger Bühnenabstinenz, noch einmal auf Solotournee ging und allein für seine Shows in »Caesar's Palace« (Las Vegas) 85000 Dollar kassierte, war das Rollenspiel längst perfekt: Auf der Bühne erschien Mr. Woody Allen in weiß-braunen Schuhen, Cordhosen, blauem Hemd, dem dunkelbraun karierten Tweedjackett aus *Mach's noch einmal, Sam* – und genau so, »wie das Publikum es erwartet hatte: nervös, ein bißchen vergeßlich, ein kleiner Mann, der von enormen Widerständen umgeben ist« (E. Lax).

Daß er »immer so etwas wie ein Opfer war«, ist ebenso charakteristisch für Allens Komik wie die »one-liner« mit ihrem Umschlag von anscheinend Tiefsinnigem ins alltäglich Banale, wie das ironische Spiel mit Geschlechterrollen und Männlichkeitsidealen, wie seine Negativerfahrungen mit der Technik und seine Mißgeschicke beim Liebesspiel. Daß ihn sein sozialer Status keineswegs zum Verlierer prädestiniert, hilft wenig gegen ein scheinbar unüberwindliches, bösartiges Fatum. Seine Lebensgeschichten sind stets Leidensgeschichten, und diese funktionieren nach dem Prinzip, daß es schlimmer kommen kann und wird. Als Komiker manövriert sich Woody Allen stets in Situationen, »die für andere völlig problemlos gewesen wären, in denen ich aber schrecklich lächerlich aussah«; doch über Allens Kunstfigur zu lachen bedeutet auch, sich der eigenen Ängste gewahr zu werden: daß es einem ebenso ergehen könnte wie diesem ›Stadtneurotiker‹, der in die Park Avenue umzieht, um sich endlich vor Überfällen zu schützen: »Ich lebte dort zwei Wochen, dann griff mich der Wachmann an.« Dabei bedient sich Allen von Anfang an der jüdischen Tradition des selbst-aggressiven Witzes, spielt den Schlemihl, »der auf den Rücken fällt und sich dabei die Nase bricht« (wie ein Sprichwort sagt). Eine der »routines« des Stand-up-Comedian Woody Allen berichtet vom Abenteuer einer Elchjagd (»upstate New York«), wo er das Tier lediglich bewußtlos schießt, später auf einer Kostümparty loswerden will, erneut flüchten muß, weil der Elch ein als Elch verkleidetes jüdisches Ehepaar bewußtlos geschlagen hat; allerdings nimmt er – ohne es zu bemerken – die im Elchkostüm steckenden Berkowitzens mit und setzt sie im Wald aus, wo Mr. Berkowitz am anderen Morgen erschossen, anschließend ausgestopft und im New York Athletic Club ausgestellt wird: »Und der Gag geht auf ihre Kosten, denn da kommen sie sonst nicht rein.« In Allens Tragikomödien kehren solche zynischen Gags dann wieder: »Wäre ich nicht in Brooklyn geboren, sondern in Polen oder Berlin, dann wäre ich heute ein Lampenschirm«, heißt es in *Stardust Memories* (1980). Dennoch bleibt der Bühnenkomiker Woody Allen ohne direkten politischen Anspruch (fast schon eine Ausnahmeerscheinung in der Ära von Mort Sahl, Lenny Bruce, Elaine May und Mike Nichols), und er macht auch vor diskreditierenden, geschmacklosen Gags nicht halt (etwa bei Ehefrauen-Witzen: »Wie ich meine Ex-Frau kenne, war es wahrscheinlich keine besonders bewegende Vergewaltigung«) – und wird trotzdem von einem gebildeten, liberalen Publikum gefeiert, das den Witz der intellektuellen Anspielungen auf Politik, Psychoanalyse, Philosophie und sonstige ›Hochkultur‹ zu schätzen weiß. In *Der Stadtneurotiker* hat Woody Allen diesen »Helden für das Zeitalter der Sorge« (F. Hirsch) erneut aufleben lassen; seine Karriere im Filmbusineß beginnt allerdings mit der Reduktion dieser komplexen Kunstfigur zum schusseligen ›Unglücksraben‹, zur Witzfigur in einem cartoonhaften Universum ohne existentielle Dimension.

Seine erste Filmrolle spielt Allen in *Was gibt's Neues, Pussy?* (1965, Regie: Clive Donner), einer flippig-chaotischen Komödie im Stile der Swinging Sixties, zu der er zwar das Drehbuch geschrieben hatte, der Produzent Charles F. Feldman aber über die Besetzung und letztlich auch über den Film entschied. Größere Freiheiten genoß Allen bei dem Folgeprojekt *What's up, Tiger Lily?* (1966), bei dem er – gemeinsam mit seiner zweiten Ehefrau Louise Lasser, Mickey Rose und anderen Freunden – einen japanischen Agentenfilm der Toko-Productions mit Nonsensdialogen neu synchronisierte, diesen dann als »den definitiven Agentenfilm« und sich selbst als »re-release director« präsentierte. Vor allem die Parodie von Genrekonventionen, wie sie auch die nachgedrehten Sequenzen mit dem »Regisseur Woody Allen« genüßlich ausspielen, wurde zum prägenden Stilmittel der folgenden Filmkomödien – oder genauer: der Erprobungsversuche des Komikers Woody Allen im Medium Film. Denn von *Woody – der Unglücksrabe* bis *Die letzte Nacht des Boris Gruschenko* funktionieren Allens »funny movies« nach demselben Prinzip: als One-man-Shows des Komikers, der sich durch eine nur lose zusammenhängende Story bewegt, die von einer Unzahl von Gags vorangetrieben wird und deren visuelle Qualitäten sich entweder Allens Rollenspiel oder parodistischen Strategien verdanken. Bereits mit *Bananas* (1971) werden die Mängel, im Debütfilm noch durch die ›dokumentarische‹ Form der Verbrecherbiographie kaschiert, an dramaturgischer Geschlossenheit, stilistischer Einheit und einer genuin filmischen Komik erkennbar, und der Episodenfilm *Was Sie schon immer über Sex wissen wollten, aber nie zu fragen wagten* (1972), der von David Reubens gleichnamigem Bestseller kaum mehr als den Titel übernimmt, aber dessen euphorischen Aufklärungsglauben ins Gegenteil verkehrt, macht überdeutlich, daß sich die surreal-groteske Komik von Allens Geschichten nicht problemlos ins filmische Medium übertragen läßt: Wesentlich komischer als die Aufnahmen von einer marodierenden ›Riesentitte‹ ist Allens Auftritt als melancholisches Sperma, Gene Wilders Liebesspiel mit dem Schaf Daisy oder die untertitelte ›italienische Episode‹, die Michelangelo Antonionis Inszenierungsstil imitiert. So läßt sich der Rückgriff auf Slapstick-Szenen in der Science-fiction-Parodie *Der Schläfer* (1973), bisweilen als direktes Zitat von Chaplin, Lloyd oder anderen Stummfilmkomikern, auch als Versuch werten, die von der Filmkritik seinerzeit beanstandete Fixiertheit auf die verbale Komik zu überwinden. Doch auch der in Jugoslawien gedrehte Kostümfilm *Die letzte Nacht des Boris Gruschenko*, in dem Allens Film-Ego erstmals exzessiv seinen Obsessionen Sex, Sinnsuche und Suizid frönen darf, gelangt über das parodistische Zitat nicht hinaus: von Sequenzen aus Ingmar Bergmans *Das siebente Siegel* (1957) und Sergej Eisensteins *Panzerkreuzer Potemkin* (1926), von Genremustern des Historiendramas und literarischen wie soziokulturellen Klischees.

Mit der Beziehungskomödie *Der Stadtneurotiker*, in der Originalfassung nach der weiblichen Hauptfigur Annie Hall benannt, gelang es dem Regisseur Woody Allen dann erstmals, sein erklärtes Ziel zu verwirklichen: trotz der »Distanz, die Komik schafft, [...] wirkliche Gefühle in einer Komödie herzustellen«, und daran hatten sein neuer Kameramann Gordon Willis und die Schauspielerin Diane Keaton (mit der er bereits in *Mach's noch einmal, Sam* zusammen gespielt hatte, auf der Bühne und in Herbert Ross' Verfilmung von Allens Theaterstück) entscheidenden Anteil. Der Film wurde nicht nur mit vier Oscars ausgezeichnet und als »the love story of the decade« (P. Collins) rezipiert, sondern auch zum Grundtypus der für Woody Allen bis heute charakteristischen Beziehungstragikomödie, die *Manhattan* (1978), *Stardust Memories*, *Hannah und ihre Schwestern*, *Verbrechen und andere Kleinigkeiten* und *Ehemänner und Ehefrauen* fortschreiben. Alle diese Filme spielen im Upper Middleclass-Milieu, und die männlichen Hauptfiguren sind Autoren, Filmemacher, Finanzberater, Fernsehproduzenten, Dozenten für Literatur und andere etablierte Intellektuelle, denen in der Regel nicht ihre ökonomische Lage Kopfzerbrechen bereitet, sondern ihre existentielle Verunsicherung – und diese äußert sich wie eine fortschreitende Midlife-crisis: Zweifel an einer gelungenen Selbstverwirklichung, Beschäftigung mit metaphysischen Paradoxien, Erkenntnis der Relativität von Ethik und Moral, Schuldvorstellungen und Probleme mit dem ›schönen Geschlecht‹ oder genauer: mit dem eigenen Begehren. Es sind allesamt Männer ›in den besten Jahren‹ (gerade noch oder eben darüber hinaus), die ihr Leben neu ordnen oder in Ordnung bringen wollen, die den Ballast ihrer Geschichte mit sich schleppen, die eine Antwort suchen oder einen radikalen Entschluß treffen wollen – und dazu meistens nicht in der Lage sind. Daß sie sich in jüngere Frauen verlieben: in ein Mädchen aus Chippewa Falls, ein College-Girl, die eigene Schwägerin, eine ihrer Studentinnen oder andere ›Problemfälle‹, ist eher Anzeichen der eigenen Krise denn Ausdruck aufrichtiger Zuneigung zu einer Frau, die als gleichwertige Partnerin akzeptiert werden könnte. Insofern ist die Pygmalion-Beziehung in *Der Stadtneurotiker* ebenso charakteristisch für die Psyche von Allens Protagonisten wie die Faszination, die die Studentin Rain (Juliette Lewis) in *Ehemänner und Ehefrauen* auf ihren Lehrer Gabe Roth ausübt, und es ist ebenso bezeichnend für Allens zunehmend ironische Behandlung solcher Beziehungsmuster, daß der von ihm selbst gespielte Literaturprofessor zum Studienobjekt seiner Schülerin wird, die bereits reichlich sexuelle Erfahrungen gesammelt und über »Oralen Sex im Zeitalter der Dekonstruktion« geschrieben hat. Hier treffen nicht nur zwei Generationen aufeinander, hier zieht der Filmemacher im Zusammenspiel seiner Figuren Bilanz. »I lo-ove you, I loff you«, hatte Allens Film-Ego in *Der Stadtneurotiker* gestammelt, in *Harry außer sich* verbleibt der Ausdruck ›wahrer‹ Gefühle nur noch als Selbstzitat. In *Hannah und ihre Schwestern* führt Allen seinen ›Stadtneurotiker‹ explizit als Hypochonder ein und dessen ganze Sinnsuche als nicht ganz ernst zu nehmende Neurose. Spätestens seit *Ehemänner und Ehefrauen* ironisiert Allen auch die andere große Obsession seiner Kunstfigur: die Sehnsucht nach der einzigartigen, großen, romantischen Liebe. Was bleibt, ist ein abgeklärter Blick auf das Leben, ein noch immer ungestillter Erfahrungshunger und eine Erkenntnis, die Allens ›Stadtneurotiker‹ angesichts der anarchistischen Lebensfreude der Marx Brothers überkam: »Genieße das Leben, solange es eben dauert ...«

Von Anfang an zeichneten sich Allens New-York-Filme durch stilistische Finessen und eine komplexe Dramaturgie aus, und von Anfang an gewähren sie den weiblichen Figuren eine Präsenz, die die männliche Dominanz, die von den Männern gesteuerten Beziehungsgeschichten unterminiert. Bereits *Der Stadtneurotiker* experimentiert mit Assoziationsmontage, Voice-over-Kommentar, achronologisch montierten Handlungssegmenten, Split Screen, Animationssequenzen und einer Vermischung der Realitätsebenen in der Visualisierung des Bewußtseinsstroms – und erzählt die Emanzipationsgeschichte einer jungen Frau, die der Erzähler (im Gegensatz zum Zuschauer?) nicht begreifen, sondern nur zu einem Kunstwerk mit Happy-End verarbeiten kann. *Manhattan* verzichtet auf jegliche Slapstick-Einlage, verteilt die Beziehungsproblematik auf eine komplexere Figurenkonstellation, läßt als Glücksmomente erstmals die ›große Kunst‹ aufscheinen – und idealisiert die Unschuld einer Kindfrau zum sinnstiftenden Glücksmoment. In *Stardust Memories* überlagern sich sämtliche Realitätsebenen (Gegenwart, Erinnerungen, Träume, Visionen, Film-im-Film-Szenen), verfängt sich Allens Film-Ego im Spannungsfeld zweier ›Problemfrauen‹ (Charlotte Rampling, Jessica Harper), betritt aber auch zum ersten Mal in Allens Filmen ein ›erwachsener‹ Frauentyp (Marie-Christine Barrault) die Szene, der dann in *Hannah und ihre Schwestern* zum Zentrum der Geschichten und zur Integrationsfigur der Familie wird. Gerade dieser Film demonstriert aber nicht nur die Hinwendung zu einer mehrsträngigen, realistischeren Erzählung, in der die Episoden des ›Stadtneurotikers‹ fast wie Beiwerk erscheinen, sondern auch die anscheinend immer wiederkehrende Obsession einer ›romantischen Liebe‹ und das ambivalente Verhältnis von Allens Protagonisten zu einem selbständig-souveränen bis beängstigend-dominanten Frauentyp (Mia Farrow), der dann in *Oedipus ratlos* (1989) als Vision der jüdischen ›Übermutter‹ am Himmel über Manhattan erscheint. Das läßt sich nicht nur als komödiantische Auseinandersetzung mit Allens eigener Herkunft und der jüdischen Tradition lesen, die in *Verbrechen und andere Kleinigkeiten* zum Gegenstand einer ernsthaften moralisch-philosophischen Reflexion wird, sondern auch als Erweiterung eines weiblichen Rollenspektrums, das in *Alle sagen: I Love You* (1997) Julia Roberts als romantische ›Pretty Woman‹ und in *Geliebte Aphrodite* (1996) Mira Sorvino als ›Hure mit Herz‹ komplettieren.

Zur Entwicklungsgeschichte des Autors und Regisseurs Woody Allen gehört auch die Zurücknahme seiner typischen Kunstfigur. Das zeigt sich in den Entwürfen von Figuren, die sein eigenes Rollenspektrum transzendieren; das zeigt sich in seiner Arbeit mit Darstellern wie Michael Murphy, Michael Caine, Martin Landau, Alan Alda, William Hurt, Joe Mantegna oder Liam Neeson, mit Schauspielerinnen wie Diane Keaton, Mia Farrow, Barbara Hershey, Dianne Wiest, Gena Rowlands, Anjelica Huston oder Judy Davis; und das verdeutlichen auch die Verkleidungen, die sich der Filmemacher als Darsteller verordnet: in *Eine Sommernachtssexkomödie* (1982) in romantisierter Landschaft und erstmals ohne die typische Brille, in *Zelig* (1983) als identitätsloses »menschliches Chamäleon«, in *Broadway Danny Rose* (1984) als stereotyp reagierender Bühnenimpresario. *Purple Rose of Cairo* (1985) ist die erste Komödie Woody Allens, in der der Autorenfilmer nicht auch als Darsteller agiert, in *Radio Days* (1987) ist er nur als Erzähler präsent, und die Komödien *Alice* (1990) und *Bullets over Broadway* (1994) müssen ebenfalls ohne den Darsteller Woody Allen auskommen. Ließ sich diese Tendenz zunächst als Reaktion auf jene vernichtenden Kritikerurteile deuten, die *Stardust Memories* gleichermaßen als Akt einer bekenntnishaften Selbstanalyse und einzigartigen Publikumsverachtung (miß)verstanden, so wurde im Laufe der achtziger Jahre immer deutlicher, daß Allen die Fixierung auf das Stadtneurotiker-Image überwinden wollte. Er schien sich auf einen – bis heute andauernden – Erkundungsgang durch die US-amerikanische Mediengeschichte zu begeben und dabei den eigenen Vorlieben für das ›goldene Zeitalter‹ des Jazz und der ›Traumfabrik‹ ausgiebig zu huldigen, was den vorzüglichen Soundtracks seiner Filme (zumeist Kompilationen von Jazz und Klassik aus Allens Plattensammlung) zweifellos zugute kam, die Weiterentwicklung seines visuellen Stils jedoch nicht unbedingt förderte.

So war es keineswegs als Kompliment gemeint, als J. Hoberman und J. Rosenbaum den Filmemacher Woody Allen als »Inbegriff des Postmodernismus« bewerteten: »Alles, was den visuellen Stil seiner Werke prägt, stammt von woanders her, etwa von Bergman und Fellini.« Nicht nur bei Allens genuin ernsten Psychodramen – *Innenleben* (1978), *September* (1987), *Eine andere Frau* (1988) – ist eine solche visuelle Abhängigkeit von Vorbildern kaum zu übersehen, auch *Schatten und Nebel* (1992) ist reines Pastiche, eine Re-Inszenierung expressionistischer Filmkunst kombiniert mit Formen des Selbstzitats. Dennoch demonstrieren gerade der Kunstgriff der aus Filmszenen und Archivmaterial konstruierten Medienbiographie *Zelig*, das grenzüberschreitende Spiel mit Filmstilen und Realitätsgrenzen in *Purple Rose of Cairo* und die jeder eindimensional-linearen Handlungs- und Figurendramaturgie zuwiderlaufende Geschichtskonzeption in *Radio Days*, mit welcher Perfektion der Regisseur Woody Allen sein Handwerk seit den achtziger Jahren beherrscht. Daß einem gerade in *Geliebte Aphrodite*, der New Yorker Komödie mit antikem Chor, und in *Alle sagen: I Love You*, der venezianischen Komödie mit amerikanischem Gesang, vieles allzu bekannt vorkommt, daß solches Experimentieren mit Erzählformen und Filmgenres nur noch für einen kurzen Überraschungseffekt sorgen kann und für einen »heiteren Film«, liegt nicht zuletzt daran, daß ein in die Jahre gekommener ›Stadtneurotiker‹ wieder als Hauptfigur präsent ist, ohne daß ihn sein Regisseur und Darsteller noch besonders ernst nehmen könnte. Das hat sich weder mit Allens Selbstinszenierung in *Harry außer sich* geändert noch mit *Celebrity* (1998), in dem Kenneth Branagh den zum Verlierer prädestinierten ›Stadtneurotiker‹ verkörpert und Allens Schauspielstil bis in Nuancen kopiert.

»Woody unser Clown oder Sieg der Schwäche« überschrieb der Theaterregisseur Peter Zadek 1979 seine Reflexionen über die Anziehungskraft des amerikanischen Filmkomikers und Autorenfilmers mit europäischen Vorlieben. Das war zu einer Zeit, in der Woody Allens Konterfei das Cover des »Time Magazine« zierte und hierzulande das des »Spiegel«, als der kriselnde Sinnsucher und anscheinend unverbesserliche Romantiker in Frauenzeitschriften sogar als neues Männlichkeitsideal propagiert wurde. Am Ende der neunziger Jahre ist eine solche Begeisterung für den ›Stadtneurotiker‹ nur noch schwer vorstellbar, vielleicht auch deshalb, weil der Regisseur Woody Allen seine Kunstfigur zunehmend demontiert hat und mit ihr auch das von ihm kreierte Genre der tragikomischen »nervous romance«. Deren große Zeit scheint unwiederbringlich vorüber: im gesellschaftlichen Leben und in Allens Kino. Was an bewegenden Momenten in seinen Filmen der neunziger Jahre verbleibt, sind samt und sonders Momente, in denen die

Komik die Krise nicht mehr verdeckt. »Ich mache immer Witze, es ist ein Verteidigungsmechanismus«, hatte Woody Allen alias Miles Monroe in *Der Schläfer* erklärt. Daß es nicht dabei geblieben ist, hat der Regisseur Woody Allen nicht zuletzt seinem Team zu verdanken und insbesondere drei Kameraleuten: Gordon Willis, Sven Nykvist und Carlo Di Palma, und nirgends sonst hat letzterer seine Kamera so entfesselt geführt wie in *Ehemänner und Ehefrauen* – um für den Zuschauer das erfahrbar zu machen, was die Kritik fälschlicherweise »Woody Allens ersten Kriegsfilm« nannte und was doch nichts anderes war als die Adaption einer durch die Medien geprägten Wahrnehmungs- und Beziehungsstruktur: eine Studie in Dokumentarismus. Woody Allen ist längst nicht mehr der an den ›ewigen Fragen‹ verzweifelnde Sinnsucher, er ist zum scharfsinnigen Chronisten geworden und zu einem Filmemacher, der Komödien wieder als gepflegte Unterhaltung betreibt, nur vielleicht noch ein wenig mehr »sophisticated« als Hollywood in seiner großen Zeit. Daß der »comic genius« im Alter von 62 Jahren nochmals geheiratet hat, und zwar die Adoptivtochter seiner ehemaligen Lebensgefährtin Mia Farrow, war ein Fall für die Presse und könnte, möglicherweise, den Stoff für ein Drehbuch liefern – weil nach Woody Allens Überzeugung »letztlich alles, was man schreibt und filmt, autobiographisch ist« und ständiges Experimentieren nichts Verwerfliches: »Sonst würde man überhaupt keine Fortschritte machen.«

Jürgen Felix

Filmographie: Take the Money and Run / Woody – der Unglücksrabe / Woody Allen – Nimm die Moneten und hau ab (1969) – Bananas / Bananas (1971) – Everything You Always Wanted to Know About Sex, But Were Afraid to Ask / Was Sie schon immer über Sex wissen wollten, aber nie zu fragen wagten (1972) – Sleeper / Der Schläfer (1973) – Love and Death / Die letzte Nacht des Boris Gruschenko (1975) – Annie Hall / Der Stadtneurotiker (1977) – Interiors / Innenleben (1978) – Manhattan / Manhattan (1978) – Stardust Memories / Stardust Memories (1980) – A Midsummer Night's Sex Comedy / Eine Sommernachtssexkomödie (1982) – Zelig / Zelig (1983) – Broadway Danny Rose / Broadway Danny Rose (1984) – The Purple Rose of Cairo / Purple Rose of Cairo (1985) – Hannah and Her Sisters / Hannah und ihre Schwestern (1986) – Radio Days / Radio Days (1987) – September / September (1987) – Another Woman / Eine andere Frau (1988) – New York Stories / New Yorker Geschichten (Episode: Oedipus Wrecks / Ödipus ratlos, 1989) – Crimes and Misdemeanors / Verbrechen und andere Kleinigkeiten (1989) – Alice / Alice (1990) – Husbands and Wives / Ehemänner und Ehefrauen (1992) – Shadows and Fog / Schatten und Nebel (1992) – Manhattan Murder Mystery / Manhattan Murder Mystery (1993) – Bullets over Broadway / Bullets over Broadway (1994) – Mighty Aphrodite / Geliebte Aphrodite (1996) – Everyone Says I Love You / Alle Sagen: I love you (1996) – Deconstructing Harry / Harry außer sich (1997) – Celebrity / Celebrity (1998).

Literatur: Bill Adler / Jeffrey Feinman: Woody Allen: Clown Prince of American Humor. New York 1975. – Eric Lax: Woody Allen. Wie ernst es ist, komisch zu sein. Reinbek bei Hamburg 1982. [Amerikan. Orig. 1975.] – Michel Lebrun: Woody Allen. Paris 1979. – Maurice Yacowar: Loser Take All. The Comic Art of Woody Allen. New York 1979. – Foster Hirsch: Love, Sex, Death, and the Meaning of Life. New York [u. a.] 1981. – Diane Jacobs: The Magic of Woody Allen. London 1982. – Douglas Brode: Woody Allen. His Films and Career. Secaucus 1985. – Neil Sinyard: The Films of Woody Allen. London 1987. – Graham McCann: Woody Allen. New Yorker. London 1990. – Hans Gerhold: Woodys Welten. Frankfurt a. M. 1991. – Eric Lax: Woody Allen. Eine Biographie. Köln 1992. [Amerikan. Orig. 1991.] – Jürgen Felix: Woody Allen. Komik und Krise. Marburg 1992. – Stig Björkman: Woody on Allen. Köln 1995. [Schwed. Orig. 1993.] – Sam B. Girgus: The Films of Woody Allen. Cambridge 1993.

Pedro Almodóvar

*1949

Geboren am 25. September 1949 in Calzada de Calatrava (Ciudad Real) als ältester Sohn einer Familie von Landarbeitern, wuchs Almodóvar in einem kleinen Dorf der Region La Mancha im frankistischen Spanien auf. Schon früh entdeckte er während seiner Schulzeit im extremadurischen Cáceres in den Double Features des lokalen Kinos seine Liebe zum Film, während er die von Salesianer- und Franziskanermönchen vermittelte religiöse Erziehung vehement ablehnte. 1968 ging Almodóvar nach Madrid; tagsüber arbeitete er als Angestellter bei der staatlichen Telefongesellschaft, abends und nachts ging er seinen künstlerischen Interessen nach. Ende der siebziger Jahre wurde der homosexuelle Regisseur zu einem der Fixpunkte der »Movida madrileña«, der pulsierenden Aufbruchs- und Avantgardebewegung in Musik, Kunst, Film und Mode sowie nächtlicher Lebenskultur, die nach dem Tode des Diktators Franco in der Hauptstadt einsetzte. Neben Geschichten für Comics und Fotoromane schrieb der vielseitige Almodóvar seine ersten Drehbücher und drehte Super-8-Filme wie *Folle, folle, fólleme Tim* (1978), die er mit großem Erfolg in Szenetreffs und auf Festen vorführte. Er wurde Mitglied der unabhängigen Theatergruppe »Los Goliardos« und gründete zusammen mit Fabio McNamara die Punk-Rock-Gruppe »The Black Kiss Dolls«, aus der später das Duo Almodóvar-McNamara hervorging, das für seine spektakuläre Live-Show berühmt wurde. Nach dem problematischen Herstellungsverlauf von *Matador* gründete Almodóvar Mitte der achtziger Jahre zusammen mit seinem Bruder Agustín die Produktionsfirma El Deseo, die sich mittlerweile auch der Förderung junger spanischer Regietalente wie Alex de la Iglesia verschrieben hat.

Ein konsequent-eigenwilliger filmischer Stilmix aus schrill-schrägen oder kitschigen Elementen, ein hemmungsloser Zitatstil und surrealistische Einfälle sowie extravagante Kostüme und eine ausgefallene Gestaltung des Ambientes seiner Filme haben Almodóvar zu einem Repräsentanten des postmodernen Kinos und zum weltweit bekanntesten spanischen Filmemacher seiner Generation gemacht. Die Erfolge seiner Super-8-Experimente in der Szene ermöglichten dem Regieautodidakten Anfang der achtziger Jahre, den mit wenig Geld auf 16 mm gedrehten Spielfilm *Pepi, Luci, Bom und andere Mädchen des Haufens* (1980) auf 35 mm aufzublasen und mit großer Resonanz in einem Madrider Kino zu zeigen. Auch das Nachfolgeprojekt *Labyrinth der Leidenschaften* (1982) mit seinem für Almodóvars frühe Filme typischen bizarren Figureninventar wie der nymphomanen Tochter eines erfolgreichen Gynäkologen entstand aus dem Lebensgefühl der »Movida«. Während Literaturverfilmungen und Filme zur Vergangenheitsbewältigung das nationale Filmbusineß dominierten, begriff sich der maßgeblich durch Iván Zulueta beeinflußte Regisseur als radikal zeitgenössischer Künstler, der nur die postfrankistische Gegenwart kennt. Dezidiert provokativ verkündete er, seine Filme seien nicht Teil des spanischen Kinos, da dies andere Geschichten, andere Stimmungen und einen anderen Humor verbreite. Die mit *Labyrinth der Leidenschaften* begonnene Trilogie urbaner Komödien setzten *Das Kloster zum heiligen Wahnsinn* (1983) und der fast dokumentarische *Womit hab' ich das verdient?* (1984) fort. Beide Filme exemplifizieren ebenso wie *High Heels* (1991) und *Kika* (1993), wie stark Almodóvar Frauen und ihr unterschiedliches Schicksal in den Mittelpunkt seines filmischen Universums stellt, seien es in ersterem die ausgeflippte, heroinabhängige Sängerin Yolanda und die mehr als unkonventionellen Nonnen mit ihren verschiedenen Ticks, in den zuletzt genannten die allseits geplagte Unterschichten-Ehefrau Gloria oder die unter ihrem Mutterkomplex leidende Rebeca in *High Heels* und die von Voyeuren belästigte Titelfigur in *Kika*. »Mein Ideal einer Geschichte ist eine Frau, die sich in einer Krise befindet«, umriß Almodóvar in einem Interview die melodramatische narrative Grundkonstellation seiner Filme, zu denen er auch die Drehbücher (mit)verfaßt. Bei aller Misere – sie werden von Männern betrogen und belogen, gefesselt und ausspioniert, vergewaltigt und verlassen – eint diese Protagonistinnen ihre Stärke und unerschütterliche Lebensbejahung. Bei den männlichen Figuren dekonstruieren Almodóvars Filme hingegen die der Vätergeneration angehörenden Vertreter des spanischen Machismo; ihnen wird ein neuer Männertypus gegenübergestellt, der fähig ist, Aspekte von Weiblichkeit zu assimilieren.

Thematisch kreisen alle Filme von Almodóvar um die Komplexe Liebe, Sex und Tod; prototypisch dafür ist das hochartifizielle Werk *Matador* (1986): Eingebettet in den traditionsreichen Hintergrund der Tauro-

Pedro Almodóvar

machie erzählt der Film einen »amour fou« zwischen der Rechtsanwältin María und dem Ex-Torero Diego. Die von Almodóvar propagierte »Konvergenz der Geschlechter« erfüllt das vom Töten besessene Liebespaar während einer Sonnenfinsternis im letalen Liebesrausch. In *Das Gesetz der Begierde* (1987) geht Antonio in seiner Leidenschaft für den Regisseur Pablo Quintero sogar soweit, dessen Liebhaber zu ermorden und schließlich, nach einem letzten gemeinsamen Höhepunkt, auch sich selbst als ultimativen Liebesbeweis zu töten. Zur Verkörperung der für Almodóvars Werk zentralen Begriffe des Verlangens und Begehrens wird allerdings (entgegen der ursprünglichen Absicht) Quinteros transsexuelle Schwester Tina, gespielt von Almodóvars langjähriger Muse und vielfacher Hauptdarstellerin Carmen Maura. Mit seinem bislang kommerziell erfolgreichsten Film *Frauen am Rande des Nervenzusammenbruchs* (1988) über Liebe und Leid der schwangeren Synchronsprecherin Pepa gelang Almodóvar der internationale Durchbruch. Die Inszenierung zwischen »sophisticated comedy« und Melodram steht eindeutig in der Tradition der von Almodóvar geschätzten Hollywoodregisseure George Cukor, Ernst Lubitsch, Douglas Sirk und Billy Wilder.

Eine Zäsur in Almodóvars Schaffen deutet sich mit *Mein blühendes Geheimnis* (1996) an; nicht umsonst hat er dieses Ergebnis eines künstlerischen Reifeprozesses als seinen ersten »erwachsenen« Film bezeichnet. Seit *Das Gesetz der Begierde* greift Almodóvar erstmalig wieder eine künstlerische Thematik auf: Leo, eine unter dem Pseudonym Amanda Gris überaus erfolgreiche Verfasserin von Kitschromanen, kämpft nicht allein um ihr weibliches Selbstverständnis, sondern sucht nach ihrer Identität als Künstlerin. Anstatt ihr Stammpublikum weiterhin zu bedienen, macht sie die ersten Schritte hin zu einer Existenz als literarisch ernsthafte Schriftstellerin mit Anspruch und verschreibt sich einer »realistischen« Darstellung menschlicher Gefühle. *Live Flesh* (1997), die freie Verfilmung eines Romans von Ruth Rendell, zeigt einen Almodóvar, der, seinen Themen treu bleibend, vom Enfant terrible zu einem großen Geschichtenerzähler gereift ist und ein komplexes dramaturgisches Geflecht zusammenhalten kann. Zum ersten Mal behandelt Almodóvar in einer historischen Perspektivierung der Handlung auch die Jahre der frankistischen Diktatur, während er sich gleichzeitig mittels ausführlicher Buñuel-Zitate in die spanische Kinotradition einordnet. Nach diesem Blick auf die siebziger Jahre konfrontiert Almodóvar in seinem bislang letzten Film *Todo sobre mi madre* (1999) die spanische Gegenwart mit der Vergangenheit der achtziger Jahre. Die Suche nach dem Vater ihres tragisch verunglückten Sohnes wird für seine Protagonistin Manuela zu einer Reise in die bewegte Dekade der »Movida« und deren für Almodóvar so prägendes Lebensgefühl. Auch durch die ebenso kluge wie hintersinnige Besetzung der Hauptrolle mit der Schauspielerin Cecilia Roth schließt dieses Melodram, für das Almodóvar 1999 in Cannes den Regiepreis erhielt, mit vielschichtigen Bezügen zum Hollywood-Kino der dreißiger und vierziger Jahre einen Kreis in Almodóvars Œuvre: Anderthalb Jahrzehnte nach *Labyrinth der Leidenschaften* steht der einstige »Movida«-Star Roth damit wieder vor Almodóvars Kamera.

Ursula Vossen

Filmographie: Pepi, Luci, Bom y otras chicas del montón / Pepi, Luci, Bom und andere Mädchen des Haufens (1980) – Laberinto de pasiones / Labyrinth der Leidenschaften (1982) – Entre tinieblas / Das Kloster zum heiligen Wahnsinn (1983) – ¿Qué he hecho yo para merecer esto? / Womit hab' ich das verdient? (1984) – Matador / Matador (1986) – La ley del deseo / Das Gesetz der Begierde (1987) – Mujeres al borde de un ataque de nervios / Frauen am Rande des Nervenzusammenbruchs (1988) – ¡Atame! / Fessle mich! (1990) – Tacones lejanos / High Heels (1991) – Kika / Kika (1993) – La flor de mi secreto / Mein blühendes Geheimnis (1996) – Carne trémula / Live Flesh (1997) – Todo sobre mi madre (1999).

Literatur: P. A.: Eine Selbstdarstellung. In: Tranvía 1986. Sonderh. Spanische Filme. S. 32 f.

Nuria Vidal: El cine de Pedro Almodóvar. Madrid 1988. – F. Boquerini: Pedro Almodóvar. Madrid 1989. – María Antonia García de Leon / Teresa Maldonado: Pedro Almodóvar, la otra España cañi. Ciudad Real ²1989. – Antonio Holguín: Pedro Almodóvar. Madrid 1994. – Frédéric Strauss: Pedro Almodóvar. Conversations avec F. St. Paris 1994. – Juan Cobos / Miguel Marías: Almodóvar secreto. In: Nickel Odeon 1995. H. 1. S. 75–149. – Gwynne Edwards: Indecent Exposures. Buñuel, Saura, Erice & Almodóvar. London /New York 1995. – Kathleen M. Vernon / Barbara Morris (Hrsg.): Post-Franco, Postmodern. The Films of Pedro Almodóvar. Westport / London 1995. – Paul Julian Smith: Vision Machines. Cinema, Literature and Sexuality in Spain and Cuba, 1983–1993. London / New York 1996.

Robert Altman

*1925

Als ältester Sohn eines wohlhabenden Versicherungsvertreters wurde Altman am 20. Februar 1925 in Kansas City, Missouri, geboren und römisch-katholisch erzogen, u. a. in Jesuitenschulen. Er begann ein Mathematikstudium, wechselte zur Militärakademie (die USA nahmen am Zweiten Weltkrieg teil), trat aus der Kirche aus und wurde Bomberpilot im Pazifik. Schon der 20jährige schrieb Short Stories und Drehbuchentwürfe. In Kansas City lernte er bei der Produktion von Industrie- und Lehrfilmen viele kreative Funktionen des Filmemachens gründlich kennen. Immer wieder versuchte er, in Hollywood seine Karriere fortzusetzen, vergeblich. In Kansas City realisierte der 30jährige seinen ersten Spielfilm (*Die Delinquenten*, 1955), mit dem befreundeten George W. George stellte er einen Dokumentarfilm über James Dean zusammen (*Die James Dean Story*, 1957). Von 1956 bis 1964 arbeitete er für verschiedene Fernsehgesellschaften und führte u. a. bei Folgen bekannter Serien wie *Alfred Hitchcock Presents* oder *Bonanza* Regie. 1963 gründete Altman seine Produktionsfirma Lion's Gate, die er 1981 wieder verkaufen mußte. Als unabhängiger Regisseur drehte er einige Kurzfilme, 1968 wieder einen langen Spielfilm (*Countdown: Start zum Mond*), mit dem er – 43jährig – endgültig seine Laufbahn als Kinoregisseur festlegte.

Die Opposition gegen Hollywood und Hollywood-Konventionen hat seine weitere Arbeit in jeder Hinsicht geprägt, vor allem Thematik: die Entzauberung glitzernder Scheinwelten, und Stilistik seiner Filme: das polyphone Nebeneinander der Handlungen überwiegt vor dem linearen Nacheinander. Sogar an der spärlichen Gunst des Publikums ist seine Außenseiterrolle abzulesen, denn in den Vereinigten Staaten hatte Altman nur mit drei Filmen großen Erfolg: *M.A.S.H.* (1970), *Nashville* (1975) und *The Player* (1992), während ihm die europäischen Zuschauer bis in die jüngste Zeit mehr Neugier, Treue und Respekt entgegenbrachten. Das Projekt *M.A.S.H.*, der Film seines internationalen Durchbruchs, ist zuvor 15 anderen Regisseuren angeboten worden. Daß ihn die ständigen Rückschläge, zumal die von den amerikanischen Verleihfirmen oft betriebene Politik, seine Filme nur in wenigen Kopien zu verbreiten und auch so Resonanz zu verhindern, nicht zu wohlfeilen Kompromissen zwangen, gehört zu den bewundernswürdigen Eigenschaften des eigenwilligsten und ältesten Autor-Regisseurs der Periode des New Hollywood, die sonst von viel jüngeren Begabungen geprägt wird (Coppola, Pakula, Scorsese u. a.). In den achtziger Jahren galt in Hollywood sein Talent als erschöpft. Altman drehte Versionen verschiedener Bühnenstücke, kehrte zum Fernsehen zurück und erhielt prompt für die fünfteilige satirische Geschichte eines fiktiven Präsidentschaftskandidaten, *Tanner '88* (1988), die Auszeichnung als bester Regisseur. Von 1985 bis 1992 lebte er zeitweise in Paris. Anfang der neunziger Jahre feierte er mit *The Player* ein Hollywood-Comeback und konnte – in relativ hohem Alter – u. a. noch ein Meisterwerk fertigstellen.

Altman ist vermutlich der konsequenteste Satiriker amerikanischer Verhältnisse und Glaubensidole in der zweiten Hälfte des 20. Jahrhunderts, wobei seine Satire aus dem Blickwinkel eines ›Ungläubigen‹ zwischen kabarettistischem Schwank (selten) und skurriler oder beiläufiger Enthüllung des alltäglichen Schreckens changiert. Aus-

Robert Altman

nahmsweise nur greift er auf subjektive Bildsphären und innere Vorstellungen zurück (z. B. in *Spiegelbilder,* 1972), meistens herrscht eine Sichtweise vor, als gelte es, eine unleugbare Realität in Augenschein zu nehmen, selbst wenn diese Realität ein so großes Ärgernis darstellt, daß Patrioten und Puritaner lieber wegschauen möchten. In einem mobilen Armeelazarett während des Koreakriegs – in *M.A.S.H.* – erweisen sich die Ärzte am Operationstisch als schwer schuftende, gelassene Fachleute, die zerschossene Menschen zusammenflicken müssen, außerhalb des Dienstes als zynische Kindsköpfe und egoistische Narren, die jede militärische ›Moral‹ und ›nationale Gesinnung‹ vermissen lassen. Sie reservieren ihre Tugenden für ihre Arbeit, da bleibt nicht mehr viel übrig. Altman hält seine Figuren frei von idealistischer Überhöhung und seine Geschichten frei vom Zwang zum ›gemütlichen‹ Happy-End. In *Der Tod kennt keine Wiederkehr* (1973) vertraut der schlacksige, freche, ebenso mißtrauische wie ratlose Privatdetektiv Marlowe (Elliot Gould als verkleinerte Gegenfigur zum abgebrühten Marlowe Humphrey Bogarts) seinem Freund, sonst niemandem. Als er erkennen muß, daß gerade der Freund ihn betrogen und benutzt hat, schießt er ihn nieder und geht beinahe gleichgültig von dannen, als habe er durch seine Tat die schiefe Welt wieder zurechtgerückt, wenigstens einen Teil davon. In *Eine Hochzeit* (1978) stirbt ein junges ›smartes‹ Paar bei einem Autounfall, was bei den anderen kaum mehr als ein kurzes Bedauern hervorruft. In *Short Cuts* (1993) bringt sich die zarteste der Figuren selbst um, eine arglose Radfahrerin wird erschlagen, ein Kind stirbt im Krankenhaus, nachdem es von einem Auto angefahren worden ist: viele Opfer, überwiegend Frauen. Ihre Träume und Sehnsüchte, ihre Offenheit und Trauer, ihr gesellschaftlich erzwungenes ›Doppelleben‹ interessieren Altman – in *Spiegelbilder* wie in *Drei Frauen* (1977) oder in *Komm zurück, Jimmy Dean* (1982). Verstörende Wandlungen der Persönlichkeit widerfahren zumal Frauen – in *Drei Frauen* wird aus Millie, die ununterbrochen mit anderen spricht, ohne offenbar zu bemerken, daß niemand antwortet, vorübergehend eine fürsorgliche Art von Schwester für die junge Pinky, später deren strenge Ersatzmutter. Umgekehrt verändert sich Pinky aus der einfältigen, neugierigen Landpomeranze nach ihrem mißglückten Selbstmordversuch zur frühreifen selbstsüchtigen, boshaften Feindin, später wieder zur willenlosen, infantilisierten, dienstfertig stummen Kreatur.

Dagegen sind die Männer eher kalt oder verwirrt, monoman eintönig oder grelle Selbstdarsteller. Skrupellosen Politikern und eitlen Poseuren begegnet man in Altmans Filmen häufig, ihre öffentliche Präsentation ähnelt dem Showbusineß, so in *Nashville,* in *Die heimliche Ehre des Richard M. Nixon* (1984), dem erfundenen Monolog des abgetretenen Watergate-Präsidenten Nixon oder in *Tanner '88.* Altmans Personen sind, im übrigen unverbesserlich, immer komplizierter, als man auf Anhieb denkt, doch Exponenten des Status quo. Oft lassen sie sich auf zwei, drei Elemente reduzieren, die indes so effektvoll in Widerspruch gebracht werden, daß sie als Typen auffallen, die nicht leicht auszurechnen sind – wie Popeye, der nicht nur schlagkräftige, sondern auch rührende Held in Altmans Umsetzung der berühmten Comic-Figur, wie der brav angepaßte junge Mann, der in *Nashville* seiner Mutter zuflüstert, daß er sie liebt, nachdem das Telefonat zu Ende ist, und bei der Schlußvorstellung den Instrumentenkasten öffnet, um eine Waffe herauszunehmen und die Unschuldigste zu erschießen.

Altman hat in mehreren Filmen – *Nashville, Eine Hochzeit* oder *Short Cuts* – ein hochkompliziertes Erzählgeflecht entwickelt, das im modernen Kino unerreicht geblieben ist: Er verfolgt bis zu 20 Helden und Heldinnen gleichzeitig, verwebt ihre Lebensläufe, Schicksalslinien miteinander, bietet gleichsam einen Querschnitt durch einen gesellschaftlichen Zustand, in dem Menschen von Illusionen, Selbstbetrug, oft wahnhafter Selbst- und Fremdbestätigung abhängen und allemal in einer Art falschen, von außen definierten Daseins leben. Durch raffinierte Montage hält er diese Vielzahl ›gleichberechtigter‹ Protagonisten gegenwärtig.

Früh schon – in *M.A.S.H.* wird die Methode bereits virtuos eingesetzt – läßt Altman Dialoge oder auch die unterschiedlichen akustischen Räume zweier Szenen überlappen, so daß man nicht immer jeden Ausspruch deutlich vernehmen kann. Dieser realistischen und ebenso musikalisch-instrumentalen Überlagerung der Stimmen und Geräusche entspricht eine lebhafte Spielweise der Akteure, die niemandem die Passivität des bloßen Zuhörens oder flachen Reagierens abnötigt, dafür alle in ihrer jeweils spezifischen Bewegung hält, so daß sie sich selbst bei kurzen Auftritten dem Gedächtnis der Betrachter einprägen (wofür Schauspieler übrigens dankbar sind).

Altman hat oft auf pfiffige und trickreiche Weise mit Genremustern gespielt. *Der Tod kennt keine Wiederkehr* ist ein merklich dunkler und farbiger Film noir, überwiegend ein Nachtstück, das seinen Schauplatz im sonst so sonnigen, hier von harmlosen und bösartigen Verrückten bevölkerten Kalifornien findet. *McCabe und Mrs. Miller* (1971) nähert sich als »Schneewestern« den trübgrauen Farbtönen und Szenerien der frühen Fotografien aus dem wilden Grenzland an. *Diebe wie wir* (1974) beschwört als Kriminalfilm in der Nachfolge von *Bonnie and Clyde* die Depressionsära in den dreißiger Jahren, *Eine Hochzeit* demontiert die frommen Phrasen über den schönsten Tag im Leben, *The Player* verkreuzt spöttische Hollywood-Selbstreflexion mit Thrillermotiven, *Short Cuts* Alltagstragödie und Alltagsburleske. Altmans kleine Filme – z. B. *Ein perfektes Paar* (1979) – sind dagegen geradliniger erzählt, kunstloser, oft kammerspielartig.

Altman scheint durch das Alter nicht erschöpft zu sein und der Prognose weiterer magerer sieben Jahre nachdrücklich durch produktiven Eifer zu widersprechen: Nach dem eher beiläufig geratenen *Prêt-à-porter* (1994) – aber konnte sich Altman überhaupt mit der mondänen Welt der Pariser Modemacher anfreunden, wo ihm doch schon die stilisierte Fassade Hollywoods ein Ärgernis war? – kehrte er im nächsten Film wieder in vertraute Milieus zurück: *Kansas City* (1996) spielt Anfang der dreißiger Jahre, als Kansas City ein Mekka des Jazz war. Eine Telefonistin (Jennifer Jason Leigh), rüde, proletarisch, will ihren Geliebten, einen Dieb, aus den Fängen eines schwarzen Nachtclubbesitzers (Harry Belafonte) freipressen, indem sie die Frau eines korrupten Politikers entführt, eine dem Opium zugeneigte, lebensschwache, verwöhnte Lady (Miranda Richardson). Die Komplizenschaft, die zwischen den beiden entsteht, verhindert nicht, daß in der überraschenden Schlußwendung die Entführte die Entführerin erschießt, die blasierte Müde die Tatkräftige. Glücklos sind die Armen. Ein bitteres Nachtstück, musikalisch in Bewegung gehalten durch den Jazz der Periode, den prominente Musiker von heute historisierend spielen. Altman hat parallel dazu einen Film produziert, der nur die Musikstücke enthält: *Robert Altman's Jazz '34 – Remembrances of Kansas City Swing* (1996).

Nach einer stilsicheren Etüde im Genre des Film noir, *Gingerbread Man* (1998), gelingt Altman mit seinem 34. Film, *Cookie's Fortune* (1999) – der Titel verdreht offensichtlich den Titel eines Films von Billy Wilder, *The Fortune Cookie* (1966) – eine zauberhaft leichte Komödie, in der gelassenes Tempo Indiz des weiseren Lebens ist. Dabei bleibt in der südstaatlichen Idylle der Tod nicht ausgespart: Eine alte Frau (Patricia Neal) erschießt sich aus Sehnsucht nach ihrem längst gestorbenen Mann, sie legt sich auf ihr Bett, sieht noch einmal das alte Foto an, auf dem sie beide porträtiert sind, bedeckt ihren Kopf mit einem Kissen, richtet einen »Peacemaker« auf sich und drückt ab; die Kamera schwenkt diskret zur Seite, die weißen Flocken und Federn aus dem Kissen fliegen durch das Bild, etwas fällt auf dem

Nachttisch durch den Luftzug um. So pointiert und zugleich poetisch indirekt wird der ganze Film erzählt. Auch unter einem Kissen erstickt sich selbst am Ende die puritanische Intrigantin und Erbschleicherin: Glenn Close als rabiate und rasante Zicke, dabei hübsch kostümiert und fotografiert. Altman vereinigt in diesem meisterlichen Spätwerk wieder viele Figuren und Paradoxien auf elegante Weise. Der große Entwurf der Fabel zielt auf innige Versöhnung aller, die nicht zu den Heuchlern gehören oder sich vom Druck der moralischen Tyrannei, selbst in der Familie, befreit wissen wollen. Bei den Erbstreitigkeiten und der Suche nach einem möglichen Mörder kommt heraus, daß die Rassendifferenzen nicht mehr klar auszumachen sind und der liebenswürdige, whiskyfröhliche schwarze Teddy einen weißen Großvater hatte wie die weiße, junge Halbaussteigerin schwarze Vorfahren. Selten hat das zeitgenössische Kino die Phrasen vom »melting pot« Amerika und der einen »family of man« bei aller Ironie so ernst genommen, als spielerische Lösung einer Komödie ausprobiert. Viele erheiternde Nebendinge, die Ticks der Personen und der Sachen, balancieren die Dramen aus, die sich ›gedämpft‹ ereignen. Ein unerschütterlich friedlicher Alltag im sonnigen Süden verschließt sanft wie die heilsame Natur alle Wunden.

Altman hat oft die malerische Qualität seiner Filme betont. Zweifellos gehören der Sinn für die pointierende Kadrierung und farbige »Akkorde« in der Bildkomposition, die allmähliche Annäherung durch Slow Zooms an die Handlungsorte und tableauartige Schlußeinstellungen dazu, ferner die Neigung zur ›Abbildung‹ der Figuren in Spiegeln in Filmen der siebziger Jahre – in *Spiegelbilder* und noch in *Drei Frauen* scheint die Ästhetik der Schizophrenie aus Bergmans *Persona* nachzuwirken. Jedenfalls verdient die Zusammenarbeit Altmans mit seinen bevorzugten Kameraleuten nähere Betrachtung (zu Beginn der siebziger Jahre Vilmos Zsigmond, später sind es französische Kinematographen, bei *Popeye – der Seemann mit dem großen Schlag*, 1980, ist es der Fellini-Kameramann Giuseppe Rotunno). Die wiederholte Kooperation mit denselben Schauspielern (Elliot Gould, Michael Murphy, Tim Robbins, Geraldine Chaplin, Sally Kellerman, Shelley Duvall, Lily Tomlin u. a.) ist schon oft als Zeichen dafür notiert worden, daß Altman sehr konsensuell mit seinen Akteuren umgeht. Er schreibt nicht nur fast alle Drehbücher noch während der Dreharbeiten um, sondern ermutigt die Spieler oft zur Improvisation – um falsche, ›theoretisch‹ ausgedachte Töne und Gesten zu vermeiden. Im Arrangement der Bilder verfährt Altman eher kalkuliert artistisch, in der Schauspielkunst betont er Signale der Natürlichkeit.

Etliche Filme Altmans sind für die Academy Awards (die Oscarverleihung) nominiert worden, fast immer sind ihnen andere vorgezogen worden (oft ohne zureichende Gründe, will es scheinen), nicht so jedoch in Europa, wo etwa *M.A.S.H.* die Goldene Palme in Cannes oder *Short Cuts* der Goldene Löwe in Venedig zuerkannt worden ist. Als Produzent hat Altman Regisseure wie Alan Rudolph (*Willkommen in Los Angeles*, 1976) und Robert Benton (*Die Katze kennt den Mörder*, 1976) gefördert. Die Künstlerschaft Altmans, auch einiger seiner geringeren Werke, ist in der Filmwissenschaft noch längst nicht angemessen gewürdigt worden.

Thomas Koebner

Filmographie: The Delinquents / Die Delinquenten (1955) – The James Dean Story / Die James Dean Story (Dokumentarfilm, 1957) – Nightmare in Chicago (Fernsehfilm, 1963/69) – Countdown / Countdown: Start zum Mond (1968) – That Cold Day in the Park / Ein kalter Tag im Park (1969) – M.A.S.H. / M.A.S.H. (1970) – Brewster McCloud / Brewster McCloud (1970) – McCabe and Mrs. Miller / McCabe und Mrs. Miller (1971) – Images / Spiegelbilder (1972) – The Long Goodbye / Der Tod kennt keine Wiederkehr (1973) – Thieves Like Us / Diebe wie wir (1974) – California Split / California Split (1974) – Nashville / Nashville (1975) – Buffalo Bill and the Indians, Or Sitting Bull's History Lesson / Buffalo Bill und die Indianer (1976) – Three Women / Drei Frauen (1977) – A Wedding / Eine Hochzeit (1978) – Quintet / Quintett (1979) – A Perfect Couple / Ein perfektes Paar (1979) – Health / Der Gesundheitskongreß (1980) – Popeye / Popeye – der Seemann mit dem großen Schlag (1980) – Come Back to the Five and Dime, Jimmy Dean, Jimmy Dean / Komm zurück, Jimmy Dean (1982) – Streamers / Windhunde (1983) – O. C. and Stiggs (1983 produziert, 1987 im Verleih) – Secret Honor / Die heimliche Ehre des Richard M. Nixon (1984) – Fool for Love / Liebestoll – Fool for Love (1985) – Beyond Therapy / Therapie zwecklos (1987) – Aria / Aria (Episode: Les Boréades, 1988) – The Caine Mutiny Court-Martial / Caine – Die Meuterei vor Gericht (Fernsehfilm, 1988) – Tanner '88 (5teiliger Fernsehfilm, 1988) – Vincent and Theo / Vincent und Theo (1990) – The Player / The Player (1992) – Short Cuts / Short Cuts (1993) – Prêt-à-porter / Prêt-à-porter (1994) – Kansas City / Kansas City (1996) – The Gingerbread Man (1998) – Cookie's Fortune (1999).

Literatur: Heinz Ungureit: Robert Altman. In: New Hollywood. München/Wien 1976. (Reihe Film. 10.) S. 59–82. – Robert Altman. München/Wien 1981. (Reihe Film. 25.) – Helen Keyssar: Robert Altman's America. New York 1991. – Graham Fuller (Hrsg.): Altman on Altman. London 1993. – Daniel O'Brien: Robert Altman. Hollywood Survivor. London 1995.

Theo Angelopoulos

*1935

Theo Angelopoulos wurde am 27. April 1935 in Athen als Sohn eines kleinen Parfümeriehändlers geboren. Sein offenbar unpolitischer Vater geriet 1942 in die Hände der kommunistischen Befreiungsarmee. Mit anderen von britischen Soldaten befreit, kehrte er zu Fuß, in Lumpen gehüllt, nach Hause zurück. Das Verschwinden des Vaters und die Rückkehr aus dem Exil – Varianten des Odysseus-Themas – werden zum bedeutenden Erzählschema in den Filmen von Angelopoulos. Noch in den siebziger Jahren rechnete sich Angelopoulos als politischer Künstler der Linken zu, in diese Opposition gezwungen durch die griechische Geschichte mit ihren zahlreichen antidemokratischen Offizieren an der Staatsspitze, vor allem während der Obristen-Diktatur 1967–1974. In seiner Dienstzeit als Soldat lernte der Großstädter Angelopoulos erst das eigene Land kennen, Dörfer und Städte weitab von der Metropole, an der Grenze, die später wiederholt Schauplätze in seinen Filmen werden. Zu seinen bewegendsten Kinoerlebnissen zählte *Außer Atem* von Jean-Luc Godard, später kamen Filme Michelangelo Antonionis, Akira Kurosawas oder Ingmar Bergmans *Persona* hinzu. 1961 ging Angelopoulos zum Studium nach Paris. Er besuchte die Sorbonne und 1962 die Pariser Filmhochschule IDHEC; wegen eines eigenwilligen Kreiselschwenkes in einem Übungsfilm wurde er nach einem Jahr als renitent entlassen. Angelopoulos arbeitete noch mit dem berühmten Ethno-Dokumentaristen Jean Rouch zusammen, ging 1964 wieder nach Griechenland, schrieb drei Jahre lang Filmkritiken für eine linke Athener Tageszeitung und gründete 1968 mit anderen die Filmzeitschrift »Zeitgenössisches Kino«.

Nach einem unvollendeten Auftrags- und einem Kurzfilm entstand 1970, unter der Diktatur der Militärjunta, sein erster langer Spielfilm *Rekonstruktion* – angeregt sowohl durch James M. Cains Kriminalroman »The Postman Always Rings Twice«, der schon einmal für die Entstehung des italienischen Neorealismus (in Viscontis *Ossessione ... von Liebe besessen*, 1943) von Bedeutung für die Filmgeschichte gewesen ist, als auch durch die – Angelopoulos nähere – antike Geschichte der Atriden, in der Agamemnon, der zehn Jahre lang Troja belagert hat,

Theo Angelopoulos

bei seiner Ankunft zu Hause seiner Gattin Klytemnästra zum Opfer fällt: In *Rekonstruktion* wird ein Rückkehrer, für lange Zeit Gastarbeiter in Deutschland, in seinem Bergdorf von der am Ort gebliebenen Frau und deren Liebhaber umgebracht, ohne daß die Kamera den Vorgang aus der Nähe, als Augenzeuge, protokollieren kann. Es bleibt ein Rest von Unaufklärbarem. Für Angelopoulos gewinnt eine andere Erkenntnis in Zukunft noch mehr Tiefe: Die Heimkehr wird nie gelingen; wer in der Fremde war, schleppt sie mit sich bis in den Tod.

Auch der nächste Film, *Die Tage von '36* (1972), behandelt äußerlich einen Kriminalfall: Ein Häftling nimmt einen Politiker als Geisel und wird später erschossen. Hinter der Oberfläche der Handlung offenbart sich der Zusammenhang von Macht und Verbrechen. Durchaus kontrolliert fühlte sich Angelopoulos beim Beginn der Dreharbeiten zu seinem dritten großen Film, *Die Wanderschauspieler*, der erst nach dem Sturz der Obristen 1974 fertiggestellt wurde. Zwischen 1939 und 1952 finden die Ereignisse statt, die einer kleinen Schauspielertruppe widerfahren, die durch die griechischen Provinzen tingelt und immer dasselbe Stück »Golfo, die Schäferin«, eine Romeo-und-Julia-Variante, aufführt. Den scheinbar alltäglichen Verstrickungen zwischen den Personen der Truppe ist das Schema der griechischen Tragödie unterlegt: So rächt die Schauspielerin Elektra den Verrat des Ägist, so heißt der Liebhaber ihrer Mutter, an ihrem Vater mit Hilfe ihres Bruders Orest, der auf offener Bühne die Mutter und ihren Galan erschießt, dann aber als aufrechter Partisan sein Leben in der Gefangenschaft lassen muß. Der Film beginnt mit der Ankunft der Truppe vor dem Bahnhof von Ägion im Jahre 1952. Während die Schauspieler in die Stadt hineingehen, erfolgt ein Schnitt: Wir sind rückversetzt in das Jahr 1939. Solche abrupten Zeitverschiebungen, geleistet durch unsichtbare oder kaum wahrnehmbare Schnitte in einer Szene, bezeugen erstens eine kühne, über die Nouvelle Vague hinausgreifende Ästhetik. Diese Erzählweise betont zweitens ein Trauma: die Wiederkehr bestimmter Situationen, das Unterwegssein, die Dürftigkeit der Lebensumstände in ärmlichen Hotels und der Schauspielkunst auf halbimprovisierten Bühnen, bei immer neu besetzten Rollen aus demselben Stück – und die Geringfügigkeit der Veränderungen: Erst müssen sich die Griechen gegen die Italiener, dann gegen die deutsche Besatzungsmacht, dann gegen die Briten zur Wehr setzen. Einige sterben, andere nehmen allmählich deren Stelle ein. Auf demselben Platz, auf dem 1939 der amtliche Jubel über den bald zu erwartenden Besuch des deutschen Reichsministers Joseph Goebbels aus den Lautsprechern dringt, wird 1952 für die Wahl des Marschalls Papagos geworben. Immer wieder präsentieren sich die Schauspieler vor der Kamera als Gruppe, einige sprechen lange Monologe, gleichsam erzählerische Diskurse, die nicht durch die Handlung motiviert sind, eher epische, verfremdende Einsprengsel, die den Figuren Gelegenheit geben, von ihrer typischen Leidensgeschichte als Miterlebende einer gewalttätigen Zeit zu berichten. Gelegentlich ist der Film mit einem Geschichtsfresko verglichen worden. Der Begriff wird der Neigung des Regisseurs/Erzählers gerecht, die Korrespondenzen vieler Vorgänge dadurch erkennbar werden zu lassen, daß er die unterschiedlichen Zeiten verschränkt, durch Montage synchronisiert. Weiterhin ist das Elementare der Schauplätze unverkennbar: die Stadt, das Land, das Gebirge, das Meer – wobei beim Wechsel der Jahreszeiten das Frühjahr und der sonnenüberstrahlte Sommer beinahe ausgespart bleiben. Angelopoulos liebt den wolkenbedeckten Himmel, das feuchte Pflaster, Personen mit Kopftüchern und Hüten und Regenschirmen, die kühle Witterung von Herbst und Winter. Ferner fällt die farbliche Stilisierung der Bildkomposition auf, die Vorherrschaft von schmutzigen Gelb-, Rot- und Brauntönen ergänzt durch kaltes Grün und Blau: düstere Erdfarben als Kolorit oft unwirtlicher Orte. Übrigens arbeitet Angelopoulos seit 1970 konsequent mit demselben Kameramann Giorgos Arvanitis und demselben Ausstatter und Architekten, Mikes Karapiperis, der vorgefundene Stadtansichten und Dorfplätze oft durch Blendmauern und Farbanstriche verändert, bis sie der Vorstellung von Angelopoulos entsprechen.

Mit den Filmen *Die Jäger* (1977) und *Der große Alexander* (1980) setzt Angelopoulos die Reihe politischer Filme fort, die sich mit dem griechischen Traum von Freiheit und Selbstbefreiung auseinandersetzen, ebenso mit der anscheinend unaufhaltsamen Wiederkehr von Gewaltherrschaft und Unterdrückung. *Der große Alexander* verdichtet diese Erfahrung zu einer demonstrativen Parabel von Aufstieg und Fall eines Mächtigen, eines Dorftyrannen, den das Volk zunächst ersehnt und schließlich vernichtet.

Nach zwei Dokumentarfilmen machte sich Angelopoulos Anfang der achtziger Jahre mit *Die Reise nach Kythera* an einen merklich anders gearteten Zyklus von Filmen, den er selbst im nachhinein als »Trilogie des Schweigens« bezeichnete, wobei man bei genauerer Betrachtung eigentlich den Zyklus bis heute fortgesetzt denken kann. Es handelt sich um Geschichten des Verschwindens von Menschen, vornehmlich älteren Männern, Vätern, aus ihrer alten Lebensform oder aus dem Leben überhaupt, oft beobachtet aus einer quasi autobiographischen Perspektive. Am Schluß von *Die Reise von Kythera* schwimmt ein Floß aufs Meer hinaus, ins Nirgendwohin; auf ihm verharren ein alter Mann und seine Frau stumm und still, er ein ehemaliger Partisan, der nach Jahrzehnten nach

Griechenland zurückgekehrt war, ohne daß sich die Heimat ihm als Heimat beweisen konnte. In *Der Bienenzüchter* (1986) stirbt die Titelfigur unter zahllosen Bienenstichen auf den Hügeln über der Stadt, in der er seine Kindheit verbracht hat. Am Schluß von *Landschaft im Nebel* (1988) könnten die beiden Kinder, die auf der Suche nach ihrem lange vermißten Vater unterwegs sind, auf dem Grenzfluß in der Nacht erschossen worden sein. Die letzten Einstellungen haben etwas Symbolisch-Visionäres, wie es traditioneller Stilistik von Übergängen ins Jenseits eignet. Denn die beiden Kinder sehen vor sich im allmählich sich lichtenden Morgennebel einen fast imaginären grünen Baum, den sie umarmen. Auch in *Der schwebende Schritt des Storches* (1991) ist am Schluß die Hauptfigur des alten Mannes unauffindbar; ein Journalist glaubte in ihm einen Politiker wiederzuerkennen, der vor einiger Zeit aus der Öffentlichkeit geflohen und untergetaucht war. Und in *Der Blick des Odysseus* (1995) werden der Hauptfigur, einem durch die Wirrnisse der heutigen Balkanstaaten reisenden Filmregisseur, am Ende – Ort der Handlung ist das von serbischen Heckenschützen bedrohte Sarajewo – die neu gefundenen Freunde und die mögliche Geliebte durch mörderische Wegelagerer entrissen.

Diese späten Filme erzählen von Wanderschaften durch eine Zeit, in der die Ideologien und Parteiprogramme durch falsche Praxis und wahnhaften Illusionismus entwertet worden sind – übrig bleibt die Melancholie oder Erstarrung einsamer Flüchtender oder unaufhaltsam vorangetriebener Menschen, deren Weg durch eine Welt führt, die nicht mehr ihre ist, entfremdet: etwa bestimmt von einer Jugend mit ihrer eigenen Musik, ihrem Körperkult (in *Der Bienenzüchter*), durch eine kalte Industriewüste, durch trostlose Lager, durch eine verrottete Scherbenwelt, zerstört und entstellt von einem anscheinend immerwährenden Krieg. Der in vielen Figuren auftretende Odysseus, der in den Filmen von Angelopoulos nach Ithaka oder dorthin zurückkehrt, von wo er einst aufgebrochen ist, findet nicht mehr den Ort vor, den er ersehnt. Für die Kinder in *Landschaft im Nebel* ist Deutschland eine Art Traumland. Jeder, der zur Grenze vorläuft und dort sein Bein hebt, mit dem er die Markierung überschreiten könnte, ähnelt jenem Vogel, auf den der Titel *Der schwebende Schritt des Storches* anspielt. Zur Grenze vorlaufen, zum Tod vorlaufen – beides scheint für Angelopoulos seit Beginn der achtziger Jahre dasselbe zu heißen. Übrigens arbeitete er in all diesen Filmen mit dem Drehbuchautor Tonino Guerra zusammen, der als einer der bedeutendsten europäischen Filmautoren gelten darf und in Italien zumal durch seine Drehbücher für Michelangelo Antonioni, Federico Fellini, Francesco Rosi, die Brüder Taviani und andere berühmt geworden ist.

Es ist zudem auffällig, wie Angelopoulos die schmerzliche Versteinerung seiner Hauptfiguren Schauspielern zutraut, die nicht aus Griechenland kommen, z. B. Marcello Mastroianni, Harvey Keitel oder jüngst Bruno Ganz. Als vorläufiger Höhepunkt dieser späteren Filme darf vermutlich *Der Bienenzüchter* gelten: Die Geschichte eines Lehrers, der seinen Beruf und seine Familie aufgibt, um nach Süden zu gehen, zum Ort seiner Geburt, und dabei einem jungen Mädchen begegnet, das ihn noch einmal ins Leben zurücklockt, um ihn um so größerer Einsamkeit zu überlassen, hält sich weitgehend frei von den allegorischen Verweisen und Intermezzi, die die folgenden Filme durchsetzen. Vor allem die intensive Verkörperung eines alten Mannes, der sich auf seinen letzten Weg macht, durch den Italiener Mastroianni (der das Drehbuch nicht gelesen hatte und vom Regisseur Tag für Tag in die Situation der jeweiligen Szenen eingeführt worden war) verleiht dem prinzipiell langsamen Erzählduktus von Angelopoulos in diesem Fall eine besondere Dichte, einen Blickpunkt, von dem sich die Augen der Betrachter kaum abwenden wollen. Das grüblerisch Finstere und zugleich Verletzliche dieser Figur findet sich wieder in Harvey Keitels Gestaltung eines Unterweltwanderers in *Der Blick des Odysseus*.

Das vertraute Schema wiederholt sich in Angelopoulos' jüngstem Film *Die Ewigkeit und ein Tag* (1998). Ein alter Mann, ein Dichter, streift durch Thessaloniki, es sind seine letzten Stunden, am nächsten Morgen wird er sterben. In die Gegenwart strömen die Bilder der Vergangenheit ein: Erinnerungen an die Kindheit, an die Mutter, an die vor ihm gestorbene Ehefrau. Er begegnet einem albanischen Flüchtlingskind, das vorhat, das ungastliche Griechenland zu verlassen, um sein Glück in Italien zu finden. Er will ihm helfen und fährt mit dem Jungen durch die Nacht. Die Verschränkung der Zeiten dient dazu, ein Leben zu rekonstruieren, und vertieft die Dimension der Trauer über das Verfehlte und Versäumte. Doch balanciert die Imagination der Freude in der Todesvision – er tanzt mit seiner Frau – die Melancholie aus. Die Konzentriertheit und Dichte des Films, die Ästhetik der Wehmut in langen Plansequenzen, der berührende Gestus des Abschieds überzeugten auch die Jury der Filmfestspiele in Cannes: Sie zeichnete *Die Ewigkeit und ein Tag* mit der Goldenen Palme aus.

Angelopoulos ist ein schwermütiger Visionär, der immer stärker die vorgefundene Welt nach Grenzsituationen hin abmustert, ein Erzähler von traurigen Wintermärchen, deren Figuren sich über öde Stätten unter dem Blau-Grau eines für immer verhangenen Himmels bewegen, als durchschritten sie ein Labyrinth oder stießen unablässig auf eine unüberwindliche Grenze. Einprägsame Bilder der Trennung und des Nichtzueinanderkönnens kennzeichnen seine späteren Filme, symbolische Szenen der durch Zerrissenheit gekennzeichneten menschlichen Existenz – so z. B. die Hochzeit in *Der schwebende Schritt des Storches*, bei der ein Priester ein Paar segnet, das, durch einen Grenzfluß getrennt, von beiden Ufern aus sich nur mit den Augen wahrnehmen darf.

Thomas Koebner

Filmographie: I Ekpombi (1967) – Anaparastassi / Rekonstruktion (1970) – Meres tou '36 / Die Tage von '36 (1972) – O thiassos / Die Wanderschauspieler (1974) – Kynighi / Die Jäger (1977) – O Megalexandros / Der große Alexander (1980) – Chorio ena; Katikos enas (1982) – Athènes, trois retours sur l'acropole (1982) – Taxidi sta Kithira / Die Reise nach Kythera (1983) – O melissokomos / L'Apiculteur / Der Bienenzüchter (1986) – Topio stin omichli / Paysage dans le brouillard / Landschaft im Nebel (1988) – To meteaora vima tou pelargou / Le Pas suspendu de la cigogne / Der schwebende Schritt des Storches (1991) – Ulysses' Gaze / Der Blick des Odysseus (1995) – Mia eoniotita ke mia mera / Die Ewigkeit und ein Tag (1998).

Literatur: Walter Ruggle: Theo Angelopoulos: Filmische Landschaft. Baden (Schweiz) 1990. – Theo Angelopoulos. München/Wien 1992. (Reihe Film. 45.)

Michelangelo Antonioni

*1912

»Ihre Gemälde sind wie meine Filme; sie handeln von nichts ... mit Präzision« – so Michelangelo Antonioni Anfang der sechziger Jahre zu dem amerikanischen Maler Mark Rothko, einem Vertreter der monochromen Abstraktion, bei einem Besuch in dessen Atelier. Mit seiner Trilogie *Die mit der Liebe spielen* (1960), *Die Nacht* (1961) und *Liebe 1962* (1962) hatte Antonioni bei der internationalen Kritik gerade immense Verstörung provoziert und begeisterte Zustimmung wie schroffste Ablehnung erfahren.

Die Filme brechen radikal mit der Tradition des narrativen Films. Ihre Dramaturgie ist die einer Entdramatisierung des Geschehens, ihre Erzählweise ist offen, elliptisch und fragmentarisch und gegen filmische Wahrnehmungskonventionen gerichtet. Signifikant sind immer die Augenblicke des »temps mort« (S. Chatman), jene Momente, in denen sich alles ereignet zu haben und alles gesagt zu sein scheint, die Figuren oft den Bildkader verlassen und Antonionis Kamera das zeigt, was danach kommt: die Leere und die Stille. Gerade diese Bildkomposition wurde vielfach als intellektuell, als zur Abstraktion tendierend empfunden. Auch die Sujets sind provozierend: die Fragilität und Unbeständigkeit der Gefühle, vor allem der Liebe, die Ziellosigkeit, Zufälligkeit und Leere des Lebens in den Metropolen und die nur in Momenten verschwindende Fremdheit zwischen den Menschen, zwischen Mann und Frau. Wie der wesentlich jüngere Jean-Luc Godard in Frankreich mit *Außer Atem* (1960) das Kino mit Emphase veränderte, so gilt bis heute Antonionis Trilogie als Paradigmenwechsel in der Geschichte des Films, gleichsam als ästhetischer Modernisierungsschub. Dessen Impulse kommen bei Antonioni jedoch nicht aus dem direkten und oft zitathaften Bezug zur Filmgeschichte wie bei Godard. Sie entstammen seinem Interesse an der radikalen ästhetischen Moderne in Malerei (Antonioni ist selbst Maler) und Literatur (er publizierte 1983 »Bowling am Tiber«, einen Band mit Kurzgeschichten), an Architektur und ihrer Verbindung zur Malerei und an moderner Philosophie und ihrer Verbindung zur Literatur. Als deren kleinsten gemeinsamen Nenner kann man die Erfahrung der Dezentrierung, der Ortlosigkeit des Menschen und die des Versuchs zu seiner Neubestimmung, zu seiner neuen Situierung in einer opaken, kontingenten und fragmentarischen Realität sehen: das zentrale Thema des Werkes von Antonioni. Ob man dieses Œuvre nun mit dem De Chiricos oder Morandis vergleicht, mit dem Prousts, wie P. Leprohon, ob man auf den Einfluß des französischen Existentialismus von Sartre und Camus verweist, wie es M. Schaub tut – die Modernität Antonionis war stets unumstritten. Allerdings wurde sie von der Kritik und der Filmgeschichtsschreibung, den Titel des Films *Der Schrei* (1957) metaphorisch verabsolutierend, häufig mit *dem* Terminus der Negativität der Moderne umschrieben: als anklagender »Schrei« gegen die *Entfremdung* durch die moderne Welt. Dem hat Antonioni in einem Gespräch mit Godard 1964 heftig widersprochen: »Es ist zu simpel, wie viele es getan haben, zu sagen, daß ich diese unmenschliche, industrialisierte Welt anklage, wo das Individuum überfahren und in die Neurose getrieben wird. [...] Ich lege Wert darauf zu unterstreichen, daß es nicht die Umwelt ist, die die Krise entstehen läßt: sie bringt sie lediglich zum Ausdruck. [...] Ich glaube hingegen, daß wir, sind wir einmal den neuen Techniken dieses Lebens angepaßt, vielleicht neue Lösungen für unsere Probleme finden werden.« Antonionis Modernität liegt also nicht in der Anklage der Tragödie der Moderne, im »Schrei«, sondern, einen anderen Filmtitel aufgreifend, *L'avventura / Die mit der Liebe spielen* (1960), in der fast phänomenologisch verfahrenden, sich jeder politischen und moralischen Stellungnahme enthaltenden filmischen Beschreibung des Status quo und in der ›abenteuerlichen‹ Suche nach neuen Techniken des Lebens. Diese Modernität Antonionis hat R. Barthes 1980 treffend charakterisiert: Sie ist nicht die des forschen Zugriffs, der klaren und definitiven Gestaltung, sondern die der »Aufmerksamkeit gegenüber der zeitgenössischen Welt« mit Präzision, die der »Weisheit«, den »Weg des Sinns immer offen zu lassen« und die der »Zerbrechlichkeit« als einem permanenten »Zweifel« an der filmischen Formung der Wirklichkeit.

Michelangelo Antonioni wurde am 29. September 1912 in Ferrara geboren. Die norditalienische Landschaft prägte ihn tief; noch in seinem bis dato letzten Film *Jenseits der Wolken* (1995) kehrte er dorthin zurück. Früh schon interessierte er sich für Theater

Michelangelo Antonioni

und Literatur, studierte jedoch Ökonomie, um der bürgerlichen Familie zu genügen. Nach seiner Promotion schrieb er Film- und Theaterkritiken und arbeitete schließlich für die Zeitschrift »Cinema«, die von Mussolinis Sohn Vittorio herausgegeben wurde. Über Antonionis Haltung zum Faschismus gehen die Meinungen auseinander; er hat sich wohl nie kompromittiert. 1942 war er als Co-Autor für Roberto Rossellini tätig und wurde von »Cinema« aus unerfindlichen Gründen entlassen. Er arbeitete an seinem ersten Dokumentarfilm *Menschen am Po* (1943/47), einem Film über den Gleichklang von atmosphärischer Landschaft und menschlichem Leben, über das langsame Fließen der Zeit. Nach dem Ende des Krieges kam es zu einer Zusammenarbeit mit Visconti, doch die Projekte konnten nicht realisiert werden. Antonioni drehte weitere kurze Dokumentarfilme und endlich seinen ersten Spielfilm *Chronik einer Liebe* (1950), einen europäischen Film noir, der beim Festival du Film maudit in Biarritz aufgeführt wird. Es ist, als hätte Antonioni sich vollgesogen mit Realität, um dann ein recht konventionelles Sujet – die Geschichte eines Ehebruchs und eine Crime-story – fast rein formal behandeln zu können: mit einer »Bildästhetik, die physische Bewegungen in quasi-graphischen Begrenzungen einfängt« und so »einen melancholischen Gestus« (C. Lenssen) schafft, der allen Filmen Antonionis seither eigen ist. An Viscontis *Ossessione . . . von Liebe besessen* (1943) schloß er in der Konstruktion der Geschichte und der Besetzung des Hauptdarstellers Massimo Girotti an. Doch vom Neorealismus der

Nachkriegsjahre, von der Schilderung sozialen Elends entfernt sich Antonioni schon hier. Der neue Luxus des Bürgertums ist das kalte Ambiente, und Antonioni inszeniert ein bildkompositorisches Gefängnis der Vergeblichkeit, der Täuschung und des Zufalls. Alle Inszenierungskunst ist in – für Antonioni charakteristischen – langen Plansequenzen verlagert auf Architekturen, auf Räume, in denen die Protagonisten agieren, auf die Evokation einer Atmosphäre der Leere, mit der Ausnahme, daß Antonioni die Schönheit seiner Hauptdarstellerin Lucia Bosé als das Rätsel der weiblichen Schönheit, Verschlossenheit und Rätselhaftigkeit inszeniert. Antonioni gilt – wie Ingmar Bergman – als ein Regisseur, der häufig die weibliche Perspektive einnimmt. Bei Antonioni sind in der Tat die Frauen Rätsel für die männlichen Protagonisten; sie sind oft auch stärker als die Männer, aber sie unterstehen einem Gebot, dem der *Identifikation einer Frau* (1982), der Erkenntnis ihres ›Wesens‹, das offenbar ein existentielles Bedürfnis der Männer in Antonionis Filmen ist, aber auch Zwang werden kann. In *Die große Rolle / Die Dame ohne Kamelien* (1953) zeigt Antonioni, wie die Filmindustrie Weiblichkeitsmythen schafft und verbraucht. Die junge Schauspielerin Clara Manni (Lucia Bosé) kann als Spielball zwischen Ehemann und Liebhaber so wenig ihre Identität finden wie vor der Kamera. Hier wie dort ist sie auf Rollen festgelegt, die sie nicht bestimmt, in die sie gezwungen wird. Doch anders als die Männer, die ihrerseits Zwängen unterliegen, leidet Clara an der Diskrepanz zwischen ihren Sehnsüchten und der tristen Realität, in die sie sich schließlich doch fügt.

Die Gesellschaft der unmittelbaren Nachkriegszeit ist trotz der ökonomischen Prosperität in den Filmen Antonionis die Welt eines emotionalen und moralischen Vakuums. Die soziale Energie scheint die Menschen nur in Bewegung zu setzen, ohne sinnvolle Ziele zu bieten. In den drei Episoden von *Kinder unserer Zeit / Die Besiegten* (1953), gedreht in Italien, Frankreich und England und von den Produzenten und der Zensur verstümmelt, ist Kriminalität die Reaktion auf die Leere, in dem Dokumentarfilm *Selbstmordversuch*, Antonionis Beitrag zu dem Episodenfilm *Liebe in der Großstadt / Liebe in der Stadt* (1953), ist es der Suizidwunsch, der auch im Zentrum der Pavese-Adaption *Die Freundinnen* (1955) steht. Antonioni führt in Turin eine Gruppe unterschiedlicher Frauen mit ihren Sehnsüchten nach Nähe, Liebe und Erfolg zusammen. Ein Modesalon wird zum Inbegriff sozialen Aufstiegs und sozialer Akzeptanz, aber auch zum Inbegriff einer Scheinwelt, die sich nur in sich selbst spiegelt. Für das Mädchen Rosetta reißen alle Bande zu anderen, denn sie beruhen auf Schein und der Täuschung über die allgegenwärtige Indifferenz. Dem kann sie sich nicht anpassen. Sie nimmt sich das Leben. Von einer fast metaphysischen Gleichgültigkeit der Welt, auch der Natur, gegenüber dem Menschen, nicht von sozialer Entfremdung des Arbeiters Aldo, erzählt *Der Schrei* (1957), eine italienisch-amerikanische Koproduktion mit einem – trotz Antonionis Klagen über ihn – eindrucksvollen Steve Cochran als Aldo. Der Titel des Films ist seither so sehr mit dem Namen Antonioni verbunden wie der des Gemäldes »Der Schrei« mit dem Edvard Munchs: beide sind Sinnbilder existentieller Verzweiflung in der Moderne, einer Verzweiflung, die den Lebensgrund selbst aufzehrt. Nachdem die Frau, mit der er Jahre zusammenlebte, ihm mitteilt, daß sie einen anderen Mann liebt, verläßt Aldo einfach sein Dorf und zieht monatelang ziellos durch die Nebellandschaft der Poebene, hier und da bei Frauen kurz haltmachend, dann rastlos und doch immer müder weiter. Ins Dorf zurückgekehrt, sieht er die verlorene Geliebte (Alida Valli) mit dem Kind des anderen Mannes, steigt auf den Turm des Fabrikgeländes und stürzt vor der Frau zu Tode. Ihr Schrei beschließt den Film. Die psychologische Unbestimmtheit der Charaktere ist in *Der Schrei* derart provozierend, daß sich bis heute Interpreten des Films darüber streiten, ob Aldos Fall ein

Freitod oder schierer Zufall ist. Die Öde der Landschaft, die Antonionis lange bevorzugter Kameramann Gianni Di Venanzo brillant fotografierte, ist für den aus der Ordnung seines Lebens gefallenen Aldo so wenig Heimat wie das Dorf. Aldo ist überall obdachlos, und sein Weg – der Film ist langsam rhythmisch geschnitten, fast balladesk konstruiert – führt in den Tod.

L'avventura ist Programm, nicht der deutsche moralisierende Verleihtitel *Die mit der Liebe spielen* (1960). Mit *Die Nacht* (1961) und *Liebe 1962* (1962) bildet der Film eine Trilogie, die als eine ästhetische Phänomenologie der Leere und Sinnlosigkeit bourgeoisen Lebens im Wirtschaftswunder so wenig begriffen ist wie Fellinis epochales Werk *La dolce vita* (1960). Was Antonioni registriert, und es handelt sich um eine filmische Registratur des modernen Lebens, der Modernität, die als Lebens- und Bewußtseinsform mit sich im Zwiespalt existiert, sind Gesten, Blicke, Bewegungen; es sind die Pausen zwischen den Sätzen, in denen eine Emotion vielleicht nach einem verbalen Ausdruck sucht, aber den adäquaten nie findet. Antonioni hält in langen Plansequenzen mit Fahrten und Schwenks zu den Protagonisten die Distanz, die sie zu sich und anderen einnehmen. In der Welt der Trilogie sind zudem Dinge so bedeutsam wie Menschen, oder – so wenig bedeutsam wie die Figur der Anna, die in *Die mit der Liebe spielen* in der langen Exposition bei einem luxuriösen Schiffsausflug plötzlich verschwindet und damit ein Geschehen, die Suche nach ihr, initiiert, das sich nie zu einer klassischen Erzählstruktur rundet. Sandro (Gabriele Ferzetti) und Claudia (Monica Vitti) suchen nicht Anna, sie suchen nach ihrer Identität. Die Plansequenzen – Antonioni hat erstmals im Breitwandformat gedreht, aber wie bisher in Schwarzweiß – sind Suchbewegungen auf der »Oberfläche der Welt« (S. Chatman); die Montage verdichtet und vertieft das Geschehen nicht, sie erweitert es nur um neue Nuancen der Unbestimmtheit. Einzelne Einstellungen zeigen in Großaufnahme Reaktionen auf Gesichtern und dann erst das die Reaktion auslösende Moment: ein ästhetischer Einspruch gegen den Behaviorismus und seinen Glauben an die Determination von Gefühlsregungen. Wenn am Ende Claudia Sandro mit der Hand berührt, in einer fast abstrakten Bildkomposition, dann evoziert Antonioni die letzten Worte Cesare Paveses: »Nicht Worte. Eine Geste.« Ob *Die mit der Liebe spielen* tatsächlich als »ciné-roman« die »Komplexität des modernen Romans und gleichzeitig seine Eleganz und Geschmeidigkeit« (P. Leprohon) besitzt, mag man bestreiten; aber kein Regisseur kam je dem »Aussetzen des Herzschlages« (Proust) in der Analyse von Emotionen so nahe. *Die Nacht* und *Liebe 1962* wirken zunächst fast wie Miniaturen aus dem ersten Film der Trilogie, zumal sie Monica Vitti, Antonionis damalige Lebensgefährtin, in zentralen Rollen zeigen. Erneut sind es Liebesgeschichten in der italienischen Bourgeoisie, die Antonioni nur andeutend erzählt. Etwas geht zu Ende, die Ehe von Giovanni und Lidia Pontano (Marcello Mastroianni und Jeanne Moreau) in *Die Nacht*, ohne daß beide eigentlich begreifen, warum; etwas beginnt und endet vielleicht schnell wieder, die Beziehung von Piero (Alain Delon) und Vittoria (Monica Vitti) in *Liebe 1962*. Die Orte sind Mailand und Rom, aber es könnte jede Großstadt sein, mit ihrer Anonymität, ihrem Vakuum im Zentrum, ihrer unsinnigen Geschäftigkeit und Heuchelei. Doch hat es den Anschein, als seien die Frauen dem eher gewachsen als die Männer, die schwach und schwankend gezeichnet sind, die versagen, weil sie sich und dem, was sie einmal gewollt haben, entsagen. Antonionis Inszenierung ist atmosphärisch kälter denn je. Rahmungen in der Bildkomposition mit fast ornamentalem Charakter häufen sich, Symmetrieverhältnisse zwischen Figur und Architektur, zwischen Mensch und Ding werden fast plakativ. Alles ist Fläche, Oberfläche. Die letzten Einstellungen von *Liebe 1962* zeigen den Entwurf einer Welt ohne Menschen, das Bild einer gerade aus der Künstlichkeit der Moderne entstehenden falschen Sonnenfinsternis als möglicher (atomarer?) Apokalypse.

War die »Krankheit der Gefühle« (Antonioni) bisher die des gestörten Selbst- und Fremdbezuges, so affiziert sie in *Die rote Wüste* (1964) die gesamte Realitätswahrnehmung der Protagonistin. In Antonionis erstem Farbfilm spielt erneut Monica Vitti die Hauptrolle: Giuliana, eine junge Ehefrau und Mutter, die nach einem Selbstmordversuch in eine neurotische Identitätskrise gerät und von Ängsten und Wahrnehmungsstörungen gepeinigt wird. Weder ihre Familie noch ihr kurzzeitiger Liebhaber können sie stabilisieren. Die Welt, die hypermoderne Industrielandschaft um Ravenna, sieht Antonionis Kamera (erstmals geführt von Carlo Di Palma) mit Giulianas Augen, und dabei macht Antonioni von der Farbe einen aggressiv verfremdenden, denaturalisierenden Gebrauch; sogar Bäume ließ er einfärben. Für Antonioni ist diese Farbdramaturgie vollkommener Künstlichkeit der neue Realismus einer Welt, in der das Natürliche zusehends verschwindet und die Menschen, die in ihr leben müssen, noch kein neues Sensorium ausgebildet haben, um wirklich in ihr leben zu können. Was Giuliana in ihrer Krise sieht, ist das, was ihre Umgebung noch ignoriert oder verdrängt: daß mit der Natur auch das Realitätsprinzip bedroht ist und damit der auf ihm basierende Humanismus. Die Kranke sieht mehr als die vermeintlich Gesunden. Am Ende steht eine einfache und dennoch provokante Wahrheit, eine Minimaltechnik des Überlebens: Wenn die Vögel gelernt haben, so erklärt sie ihrem Sohn, daß der Qualm der Schlote sie tötet, dann fliegen sie eben nicht mehr durch ihn hindurch.

Trotz der künstlerischen Erfolge konnte Antonioni seine Position in der italienischen Filmindustrie nicht festigen. Enttäuscht verließ er Italien, um dort erst Ende der siebziger Jahre wieder zu drehen. Für MGM und den Produzenten Carlo Ponti entstand in London *Blow-Up* (1966). Der Film erhielt den Großen Preis in Cannes und wurde zum ersten und einzigen auch kommerziellen Erfolg. Inspiriert von einer Erzählung von Julio Cortázar bewegt sich Antonioni mit seinem Protagonisten, dem indifferenten Star-Fotografen Thomas (David Hemmings), durch das von der Pop-Kultur und dem Mode-Glamour geprägte »Swinging London« der mittsechziger Jahre, durch eine Welt hektisch-schriller Oberflächlichkeit, in der Sein vollständig zu Design geworden ist. Dieser Welt scheint Thomas sich auch vollkommen adaptiert zu haben. Realität ist für ihn ausschließlich das, was er fotografieren und als Bild verändern kann (Blow-Up ist die Bezeichnung für das Vergrößern von Fotos). Als er durch Zufall einen Mord aufgenommen hat und unter Druck gerät, reißt die Oberfläche der Welt und die seiner Bilder kurz auf, doch was Sein, was Schein ist, was Realität, was Imagination, das wird ihm und dem Zuschauer nie klar. Aus dem Paradies (die Tat geschieht in einem idyllischen Garten Eden) eines stabilen Realitätsprinzips ist Thomas als Mensch der medialen Spätmoderne längst vertrieben. Am Ende des Films tritt er spielerisch ein in die Ära der Simulation von Wirklichkeiten. *Blow-Up* wirkt nicht zuletzt wegen der ästhetisierten Oberfläche, die nicht zufällig an jene Hochglanz-Magazine und ihre Warenästhetik erinnert, für die Thomas seine Modefotos macht. Eine Welt, die nur noch schön sein will, ist auf ihre Sichtbarkeit, auf ihre Ausstellbarkeit als Modus ihrer Existenz angewiesen. Daß Antonioni am Ende seines folgenden Films *Zabriskie Point* (1970) die schöne Welt des Designs und Scheins buchstäblich in die Luft sprengt, ist jedoch als Metapher zu vieldeutig, um als politische Aussage genommen zu werden.

Zabriskie Point war nicht der erwartete Film, für den MGM Antonioni nach dem Erfolg von *Blow-Up* mit einem Budget von schließlich 6 Millionen Dollar und der Zusicherung völliger künstlerischer Freiheit in die USA holte. Nicht nur ohne Stars, sondern mit zwei Laien in den Hauptrollen drehte Antonioni seine Vision des Traumes und Alptraumes von Amerika als Roadmovie in Kalifornien und Arizona. Antonioni sympathisiert mit den Impulsen und den Sozialutopien der amerikanischen Studentenbewegung, deren Musik er auch einsetzt, doch das Utopisch-Visionäre bleibt plakativ. Die Sequenz, in der Antonioni Dutzende Paare sich im Wüstensand lieben läßt, geht über die Bedeutung des »Make Love not War«-Slogans nicht hinaus. Die Schlußvision, die Explosion einer Luxusvilla in der Wüste, minutenlang in Zeitlupe in immer neuen Perspektiven montiert, ist von einer graphisch-abstrakten Schönheit, durch die Wut und Gewaltphantasien vor allem ästhetisiert werden. Als ein »Märchen«, das »wahr« sei, hat Antonioni seinen Film, den die amerikanische Kritik fast einstimmig ablehnte, bezeichnet. Er ist vor allem der Versuch eines europäischen Intellektuellen, sich auf neue Realitäten einzulassen, sich überraschen zu lassen von anderen Wirklichkeiten. Deshalb wohl ging Antonioni auch im Mai 1972 auf Einladung der chinesischen KP in die Volksrepublik China, um den Dokumentarfilm *Chung Kuo* (1973), was etwa »Land der Mitte« heißt, zu drehen. Das Land, die Städte und Landschaften und die Menschen sieht Antonioni aus der Perspektive eines zögernden Geöffnetseins für eine Gesellschaft und Kultur, die sich im radikalen Umbruch befindet.

Anfang der siebziger Jahre, nachdem auch *Chung Kuo* von seinen Auftraggebern verworfen wurde, geriet Antonioni in eine Krise. Er hatte sich von der europäischen Kultur entfernt, konnte in den USA nicht weiterarbeiten und keines seiner Wunschprojekte realisieren. Was wie eine Auftragsarbeit erschien, die Carlo-Ponti-Produktion für MGM *Beruf: Reporter* (1975) mit dem Star Jack Nicholson, wurde dennoch zum vielleicht persönlichsten Film Antonionis. Der Fernsehjournalist David Locke (Nicholson) verzweifelt an seiner Aufgabe, die Realität abzubilden. Als ihm schierer Zufall die Chance gibt, seine Identität mit der eines Toten zu tauschen, nimmt er sie ohne Zögern wahr. Nach den Einträgen im Kalender des Toten begibt er sich auf die Reise in ein fremdes Leben, quer durch Europa, hinein in eine Geschichte über Waffenhandel und politische Verstrickungen, die Locke nie durchschaut, ja nicht einmal durchschauen will. Die Aufgabe der eigenen Identität scheint ihn in einen Zustand der Gleichgültigkeit versetzt zu haben, in dem er es erträgt, daß nichts ist, was es zu sein scheint. Radikaler noch als in *Die rote Wüste* verlegt Antonioni hier die Spannung zwischen Realität und Fiktion in einen Charakter. Bleibt *Blow-Up* an der Oberfläche des Scheins, die nichts mehr bedeuten will, so signalisiert im visuellen Verwirrspiel von *Beruf: Reporter* fast alles Bedeutung, aber keinen Sinn mehr: die chimärischen Wüstenlandschaften Afrikas, die Architektur Gaudís und die spätmodernen Großstädte sind nur noch Zeichen, die der Film nie in Beziehung setzt, weil es sie im Bewußtsein des Protagonisten nicht mehr gibt. Ihm ist alles ein Kaleidoskop. Das einzig Definitive ist der Tod, und den Tod Lockes inszeniert Antonioni in einer siebenminütigen Plansequenz, die die verschiedenen Figuren der Handlung und die unterschiedlichsten Handlungsstränge noch einmal zeigt, aber nicht klärend zusammenfügt. Die Kamera gewinnt ein Eigenleben in ihrer kalten, gleichgültigen Dominanz über das Leben und den Tod, denen sie gelassen bei der Arbeit zusieht.

Für *Das Geheimnis von Oberwald* (1980), eine mit den neuen Video-Techniken experimentierende Produktion für das italienische Fernsehen, bedient sich Antonioni eines Dramas von Jean Cocteau, das der bereits mit *Der Doppeladler* (1948) selbst verfilmt hatte. Bei Antonioni bezwingt die artifizielle Farbdramaturgie das melodramatische Pathos und die dekadente Todessehnsucht der Fin-de-siècle-Handlung, und selbst wenn der Film für Antonioni nur eine Etüde war, bleibt der Eindruck, daß hier, wie in *Beruf: Reporter*, die Technizität des Mediums Film über die letzte, nicht zu bestreitende Realität siegen soll: über den Tod.

Identifikation einer Frau (1982), nach siebenjähriger Beschäftigungslosigkeit in der

Filmindustrie entstanden, ist eine Summe, die der Gefahr nicht entgeht, in die, so M. Schaub, »Alterswerke geraten: das Selbstzitat«. Ein Regisseur (Tomas Milian) sucht einen neuen Filmstoff, in Wahrheit einen neuen Bezug zur Realität, den er zu finden hofft in der Beziehung zu zwei Frauen, die sich ihm nähern und entziehen, so wie die Wirklichkeit sich ihm nicht mehr als Stoff ergibt. Wie schon aus einer anderen Welt kommen noch einmal die vertrauten Bilder Antonionis: das Sich-Verlieren im Nebel Norditaliens, die silhouettenhaften Charaktere, die Gesten und Blicke, die suchen und nicht halten können, was sie finden. Miniaturenhaft, episodisch-fragmentarisch wird erzählt; jetzt in der Darstellung der Sexualität auch freizügiger, sogar unbeschwert. Einige Geschichten werden angedeutet, indes ihre Spuren verlieren sich schnell, und doch wirkt der Film in seinem gleitenden Rhythmus der Montage (Antonioni hat ihn selbst geschnitten) wie ein Entsagen, das leichtfällt, das von der Suche nach Sinn Abschied genommen hat.

Im Dezember 1984 erlitt Antonioni einen Schlaganfall, der ihn rechtsseitig lähmte und ihm das Sprachvermögen nahm. Er schrieb und malte trotzdem weiter, unterstützt von seiner Frau und Assistentin Enrica Fico, drehte Werbespots und arbeitete an Filmprojekten. Im Frühjahr 1995 erhielt er den Oscar für sein Gesamtwerk, und im September 1995 wurde in Venedig, nach mehr als einem Jahrzehnt, ein neuer Film von Michelangelo Antonioni uraufgeführt. *Jenseits der Wolken* besteht aus vier Episoden, die Erzählungen aus Antonionis Band »Bowling am Tiber« folgen und gerahmt und ergänzt werden durch Szenen, die Wim Wenders in einer ungemein schwierigen Arbeit als Stand-by-Regisseur für und mit Antonioni drehte. In den unerfüllt endenden Liebesgeschichten von *Jenseits der Wolken* blitzt die fragmentarische Welt Antonionis erneut auf: im immer Unabgeschlossenen des Erzählens, im rätselhaften Verhältnis zwischen den Geschlechtern, in der Bedeutung von Räumen, von Stadtlandschaften und ihrer schönen Tristesse; doch alles hat den Anschein einer zur Eleganz kultivierten Nostalgie, die Wenders noch verstärkt durch Sequenzen mit den inzwischen gealterten Antonioni-Schauspielern Jeanne Moreau und Marcello Mastroianni in Kurzauftritten, in Hommagen an eine Filmwelt, die nicht mehr existiert. Antonionis Werk ist wohl abgeschlossen, weil das ›Abenteuer‹ der Erforschung der Moderne an ein Ende kam.

Bernd Kiefer

Filmographie: Gente del Po / Menschen am Po (Dokumentarfilm, 1943/47) – Cronaca di un amore / Chronik einer Liebe (1950) – I vinti / Kinder unserer Zeit / Die Besiegten (1953) – La signora senza camelie / Die große Rolle / Die Dame ohne Kamelien (1953) – L'amore in città / Liebe in der Großstadt / Liebe in der Stadt (Episode: Tentato suicido / Selbstmordversuch, 1953) – Le amiche / Die Freundinnen (1955) – Il grido / Der Schrei (1957) – L'avventura / Die mit der Liebe spielen / Das Abenteuer (1960) – La notte / Die Nacht (1961) – L'eclisse / Liebe 1962 (1962) – Il deserto rosso / Die rote Wüste (1964) – I tre volti / Drei Gesichter einer Frau (Episode: Prefazione / Die Probeaufnahme, 1965) – Blow Up / Blow-Up (1966) – Zabriskie Point / Zabriskie Point (1970) – Chung Kuo / Cina / Antonionis China (Dokumentarfilm, 1973) – Professione: Reporter / Beruf: Reporter (1975) – Il mistero di Oberwald / Das Geheimnis von Oberwald (Fernsehfilm, 1980) – Identificazione di una donna / Identifikation einer Frau (1983) – Al di là delle nuvole / Jenseits der Wolken (Co-Regie: Wim Wenders, 1995).

Literatur: Pierre Leprohon. Antonioni. Paris 1969. – Ned Rifkin: Antonioni's Visual Language. Ann Arbor 1982. – Michelangelo Antonioni. München/Wien 1984. (Reihe Film. 31.) – Seymor Chatman: Antonioni or The Surface of the World. Berkeley / Los Angeles / London 1985. – Frank Peter Tomasulo: Michelangelo Antonioni and the Modernist Discourse. Berkeley / Los Angeles / London 1986. – Sam Rohdie: Antonioni. London 1990. – Rolf Schüler (Hrsg.): Antonioni – Die Kunst der Veränderung. Berlin 1993. – Bernhard Kock: Michelangelo Antonionis Bilderwelt. München 1994. – Michelangelo Antonioni. Von der kürzeren Dauer der Liebe. In: Du 1995. H. 11. – Wim Wenders: Die Zeit mit Antonioni. Chronik eines Films. Frankfurt a. M. 1995. – Peter Bondanella: Italian Cinema. From Neorealism to the Present. New York 1996.

Jack Arnold

1916–1992

Jack Arnold wurde am 14. Oktober 1916 in New Haven, Connecticut, als Sohn russischer Einwanderer geboren. Er absolvierte die High School und ein zweijähriges Studium an der Ohio State University. Anschließend besuchte er die American Academy of Dramatic Art. Nach seinem Abschluß wirkte er als Schauspieler in mehreren Stücken am Broadway mit. 1936 gastierte er mit einer Theaterproduktion ein Jahr lang in London, wo er in drei britischen Filmen mitspielte. Nach dem japanischen Angriff auf Pearl Harbor meldete Arnold sich freiwillig zur Luftwaffe und nahm von England aus an Bombeneinsätzen gegen Deutschland teil. 1944, nach seiner Entlassung aus dem Militär, heiratete er seine Frau Betty und trat wieder in Theaterstücken auf.

Bereits vor seiner Militärzeit hatte Arnold erste Erfahrungen mit einer 16-mm-Kamera gesammelt. Dank eines Schnellkurses in Kameraarbeit am New York Institute of Photography bestand er die Aufnahmeprüfung des Astoria Filmstudios. Dort arbeitete er als Assistent des irischen Dokumentarfilmers Robert Flaherty. Nach dem Krieg begann Arnold, selbständig Dokumentationen zu drehen. Für *With These Hands*, eine Auftragsarbeit für die International Ladies' Garment Workers' Union, erhielt er 1950 eine Oscar-Nominierung, wodurch Hollywood auf ihn aufmerksam wurde. Kurze Zeit später nahm ihn Universal unter Vertrag. Für dieses Studio drehte er bis 1959 insgesamt 15 Spielfilme.

Universal gehörte zu dieser Zeit nicht zu den großen Filmstudios in Hollywood und konzentrierte sich daher auf die Produktion von sogenannten B-Pictures, die mit einem geringen Budget hergestellt werden konnten. Wie andere Regisseure war auch Jack Arnold ein fester Angestellter des Studios, der einen Auftrag für einen Film bekam und ihn auszuführen hatte. Arnolds finanzieller wie künstlerischer Freiraum war somit begrenzt. Andererseits bot dieses Studiosystem ihm auch Vorteile. Er konnte stets auf einen festen Stab an Mitarbeitern zurückgreifen. Dazu gehörten Clifford Stine, zunächst Arnolds Kameramann und später für die Spezialeffekte zuständig, und auch Schauspieler wie Grant Williams oder Jeff Chandler, die regelmäßig zum Einsatz kamen. Arnold gab diese familiäre Atmosphäre ein Gefühl der Sicherheit. Zudem zwangen ihn die relativ schmalen Budgets, ein hohes Maß an künstlerischer Kreativität zu entwickeln. Immer wieder gelang es Arnold, den Geldmangel mit originellen Ideen wettzumachen. So bestimmte er z. B. in *Tarantula!* durch gezielte Luftstöße die Richtung, in die sich die Spinne bewegen sollte.

Arnolds Filme zeichnen sich durch eine professionelle Inszenierung aus und umfassen eine Reihe von Genres. Dazu zählen Komödien, Gerichtsdramen und Thriller. Daneben drehte er einige handlungsorientierte, schnörkellos inszenierte Western, die jedoch wenig Originalität aufweisen, da sie zumeist aus Versatzstücken berühmter Vorbilder montiert sind. Eine Ausnahme bildet *Auf der Kugel stand kein Name* (1959), in dem Audie Murphy einen Auftragskiller spielt, der in einer Kleinstadt einen Mann beseitigen soll. Da jedoch niemand weiß, wer das Opfer sein soll, gehen nahezu alle Bewohner fast selbstverständlich davon aus, daß die Kugel des Killers für sie bestimmt ist. Denn so gut wie jeder scheinbar ehrenwerte Bürger hat mindestens eine Leiche im Keller entsorgt. Durch die Ankunft des Fremden wird so der Mythos vom unschuldigen, beschaulichen Kleinstadtleben dekonstruiert.

Berühmt wurde Jack Arnold durch seine phantastischen Filme. In *Gefahr aus dem Weltall* (1953) beobachtet ein Wissenschaftler (Richard Carlson), wie Außerirdische in der Wüste landen. Die Bewohner der naheliegenden Kleinstadt schenken seiner Erzählung zunächst keinen Glauben. Später, als die Anwesenheit der weitgereisten Gäste offensichtlich wird, begegnen die Menschen ihnen mit offener Aggression. Die prinzipiell friedlichen Außerirdischen entführen derweil einige Erdlinge und nehmen deren Gestalt an, nicht, um ihre Opfer zu versklaven oder zu töten, sondern um sich die nötigen Ersatzteile für die Reparatur ihres Raumschiffes zu besorgen. Kurz bevor ein aufgebrachter Lynchmob aus der Stadt eintrifft, gelingt ihnen der Start, und sie entschwinden in die Weiten des Alls. Der deutsche Verleihtitel des Films, *Gefahr aus dem Weltall*, ist ebenso reißerisch wie idiotisch, denn die Bedrohung geht – untypisch für die Zeit seiner Entstehung – nicht von den Aliens, sondern von den Menschen aus, die auf alles Fremde sofort mit Haß reagieren.

Dieses Thema greift auch Arnolds berühmtester Film, *The Creature from the Black Lagoon* aus dem Jahr 1954 (der deutsche Titel *Der Schrecken vom Amazonas* ist erneut irreführend), auf. Während einer Expedition im Amazonasgebiet stoßen Forscher auf einen urzeitlichen Kiemenmenschen. Die sexuelle Spannung, die sich zwischen den Wissenschaftlern Ferguson (John Agar) und Hayes (John Bromfield), die beide um Helen (Lori Nelson) buhlen, aufgebaut hat, entlädt sich in Aggression gegenüber der Kreatur, die diese instinktiv erwidert. In der schönsten Sequenz des Films badet Helen in der Lagune, als sich aus der Tiefe der Kiemenmann nähert. Er attackiert sie jedoch nicht, sondern beobachtet sie, indem er, auf dem Rücken liegend, synchron zu ihren Bewegungen unter ihr schwimmt. Diese Szene ist nicht nur ästhetisch bestechend, sie verdeutlicht auch ein Grundprinzip der Arnoldschen Erzähltechnik: Er enttäuscht zunächst die Erwartung der Zuschauer, um die Spannung zu erhöhen, wenn der Kiemenmann später tatsächlich angreift. Dabei verzichtet er weitgehend auf Brutalität und versucht vielmehr, eine Atmosphäre des Geheimnisvollen und der Bedrohung zu erzeugen. Daher sind viele seiner Filme auch an exotischen und mysteriösen Orten wie der Wüste oder dem Urwald angesiedelt.

In der Wüste spielt auch *Tarantula!* (1955), in dem eine Spinne durch radioaktive Bestrahlung zu einer wahrhaft riesigen Bedrohung wird. Folgt Arnold hier noch dem klassischen Schema der Monsterfilme um nuklear verseuchte Tiermutanten, so kehrt er dieses Prinzip in *Die unglaubliche Geschichte des Mr. C* (1957) um. Das Opfer ist nun ein Mensch, der ins Unermeßliche schrumpft. Scott Carey (Grant Williams) wird durch Kontakt mit atomarem Niederschlag so klein, daß er in einer Ecke seines Wohnzimmers in einem Puppenhaus leben muß. Auf der Flucht vor seiner Katze stürzt er die Kellertreppe hinunter. Seine Versuche, mit seiner Frau Kontakt aufzunehmen, scheitern. Carey ist in eine andere Welt eingetreten, in der ein Kuchenkrümel zur üppigen Mahlzeit und eine Spinne zum tödlichen Monstrum wird. Carey beschließt, sich seiner neuen Situation zu stellen. Je mehr er schrumpft, desto größer werden seine Tapferkeit und sein Lebensmut. Zum Schluß erkennt er, daß jedes noch so kleine Wesen im Kosmos eine Bedeutung hat. *Die unglaubliche Geschichte des Mr. C* ist nicht nur wegen der überlebensgroßen Dekors, die für ihn angefertigt wurden, ein außergewöhnlicher Film. Die Einstellungen mit der Katze und der Spinne wurden separat gefilmt und anschließend mittels Rückprojektion und Split Screen mit den Szenen, in denen Grant Williams agiert, verbunden. Williams' Bewegungen wurden dabei mit einem Metronom koordiniert. Careys Kampf mit der Spinne, die er mit einer Stecknadel erlegt, erinnert an die Tötung eines Drachens und bildet den ebenso spannenden wie parodistischen Höhepunkt des Films.

Nach Ablauf seines Vertrages bei Universal drehte Arnold noch eine Reihe meist wenig herausragender Filme, ehe er für das Fernsehen tätig wurde, wo er ähnlich feste Arbeitsstrukturen vorfand wie zu seiner Zeit bei Universal. Seine beiden letzten Kinoprojekte, ein Remake von *Der Schrecken vom Amazonas* und eine Adaption der Erzählung *The Lost World* von Arthur Conan Doyle, wurden nicht realisiert. Jack Arnold starb am 17. März 1992 in Woodland Hills, Kalifornien.

Andreas Friedrich

Filmographie: Girls in the Night / Frauen in der Nacht (1952) – It Came from Outer Space / Gefahr aus dem Weltall (1953) – The Glass Webb / Das gläserne Netz (1953) – Creature from the Black Lagoon / Der Schrecken vom Amazonas (1954) – Revenge of the Creature / Die Rache des Ungeheuers (1955) – The Man from Bitter Ridge / Duell mit dem Teufel (1955) – Tarantula! / Tarantula! (1955) – Red Sundown / Auf der Spur des Todes (1956) – Outside the Law / Du oder ich (1956) – The Incredible Shrinking Man / Die unglaubliche Geschichte des Mr. C. (1957) – The Tattered Dress / Kreuzverhör (1957) – Man in the Shadow / Des Teufels Lohn (1958) – The Lady Takes a Flyer / Immer Ärger mit den Frauen (1958) – High School Confidential / Mit Siebzehn am Abgrund (1958) – The Space Children (1958) – Monster on the Campus / Der Schrecken schleicht durch die Nacht (1958) – No Name on the Bullet / Auf der Kugel stand kein Name (1959) – The Mouse that Roared / Die Maus, die brüllte (1959) – Bachelor in Paradise / Junggeselle im Paradies (1961) – A Global Affair / Staatsaffären (1964) – The Lively Set / Ein tollkühner Draufgänger (1964) – Hello down there (1969) – Black Eye (1974) – Boss Nigger (1975) – Games Girls Play (1975) – The Swiss Conspiracy / Per Saldo Mord (1977).

Literatur: Frank D. McConnell: Song of Innocence: *The Creature from the Black Lagoon*. In: Hal in the Classroom. Science Fiction Films. Hrsg. von Ralph J. Amelio. Dayton 1974. S. 90–102. – John Brosnan: The Horror People. London 1976. – Dana M. Reemes: Directed by Jack Arnold. Jefferson 1988. – Frank Schnelle (Hrsg.): Hollywood Professional. Jack Arnold und seine Filme. Stuttgart 1993.

Jean-Jacques Beineix

*1946

Sein Spielfilmdebüt *Diva* (1981), 1980 mit unbekannten Darstellern und einem Budget von 7,5 Millionen Francs realisiert, 1982 mit vier Césars ausgezeichnet (in den Sparten Ton, Musik, Kamera, bester Film), entwickelte sich über den Umweg New York zum ersten Kultfilm des postmodernen Zeitgeistes, nach einem krassen Fehlstart in Paris. Seine melodramatische Romanze *Betty Blue – 37,2° am Morgen* (1986), eine Adaption von Philippe Dijans gleichnamigem Roman und die erste Hauptrolle für Béatrice Dalle, avancierte zum Kassenschlager, trotz vehement negativer Reaktionen der Kritik. Mit diesen beiden Filmen schrieb der am 8. Oktober 1946 in Paris geborene Jean-Jacques Beineix Filmgeschichte; seine anderen Projekte wurden kommerzielle Mißerfolge oder blieben bislang filmgeschichtlich bedeutungslos. *Der Mond in der Gosse* (1983), mit Gérard Depardieu, Nastassja Kinski und Victoria Abril hochkarätig besetzt und die teuerste französische Produktion des Jahres, wurde von den Kritikern heftig attackiert und von den Zuschauern weitgehend ignoriert. *Roselyne und die Löwen* (1989), die dramatische Initiationsgeschichte eines jungen Liebespaares im Zirkusmilieu und Beineix' erstes Originaldrehbuch, fiel bei Presse und Publikum gleichermaßen durch, und im Falle von *IP 5 – Insel der Dickhäuter* (1992) haben die französischen Cineasten dem Regisseur offenbar nie verziehen, daß er seinem Star strapaziöse Dreharbeiten zumutete: Yves Montand starb am letzten Drehtag an Herzversagen. *Otaku – Gefangen in der Welt der Videospiele, Comics und Computer* (1994), eine gemeinsam mit Jackie Bastide realisierte Reportage über Fetischismen der gegenwärtigen japanischen Jugendkultur, ist bislang die letzte bekannte Arbeit des Regisseurs, der in den siebziger Jahren sein Handwerk als Assistent von Claude Zidi, Claude Berri und René Clément erlernte, in dieser Zeit an mehreren Drehbüchern mitarbeitete, 1977 den – auf dem Festival von Trouville prämierten – Kurzfilm *Le Chien de Monsieur Marcel* präsentierte und der in den achtziger Jahren zum Wegbereiter des neuen französischen Kinos wurde: jenes »cinéma du look«, dessen spektakulärer visueller Stil, cinephile Tendenz zum Zitat und zu Anleihen bei Werbeästhetik und Clipdramaturgie zum Inbegriff eines postmodernen Kinos wurden.

Das schmale Œuvre von Jean-Jacques Beineix entstand in einer Umbruchsituation des Kinos, das sich vorrangig an ein junges Publikum richtete und die mediale Kompetenz dieser mit Kino, Fernsehen und Video sozialisierten Generation zum Bestandteil der filmischen Dramaturgie machte. »Es gibt eine neue Sorte von verfemten Filmen«, schrieb P. W. Jansen 1984 mit Blick auf eine neue Welle hochartifizieller Kultfilme, »Filme, die rücksichtslos alte Seherfahrungen rekapitulieren in einem permanenten Déjà-vu, nur alles immer mindestens eine Nummer größer und gröber und zu groß und zu grob.« Ob dieses Kino der Künstlichkeit, zu dem Jansen *Der Mond in der Gosse* ebenso zählte wie Coppolas *Rumblefish* (1983) und Fassbinders *Querelle* (1982), vom Szene-Publikum tatsächlich mit Ironie rezipiert wurde, ließe sich nur im Einzelfall entscheiden. Der kommerzielle Mißerfolg dieser Filme macht jedoch deutlich, gerade im Vergleich mit *Betty Blue – 37,2° am Morgen* und Bessons *The Big Blue – Im Rausch der Tiefe* (1987), daß das artifizielle Spiel mit Vor-Bildern aus Kino, Werbung und Popkultur (»Try Another World« lautet der Slogan eines Werbeplakats in *Der Mond in der Gosse*) erst im Zusammenspiel von Ironie und Identifikation erfolgreich funktionierte. Diese Filme fokussierten ein Lebensgefühl »post-Nouvelle-Vague«: einer Jugendkultur, die sich von den gesellschaftlichen Utopien der 68er-Bewegung verabschiedet und Lebensstil zum Lebensprinzip erhoben hatte.

Eine umfassende Untersuchung zum Œuvre von Jean-Jacques Beineix steht noch aus, und das dürfte auch damit zu tun haben, daß die etablierten Kritiker auf Beineix' Filme zumeist mit Hohn und Spott reagierten, selbst wenn sie deren handwerkliche Perfektion und den ausgeprägten Stilwillen des Regisseurs anerkannten. *Diva* wurde als »geschickte Collage synthetischer Oberflächenreize« tituliert, *Betty Blue* als »Kitschfieber« diffamiert. Was den kritischen Geistern anscheinend weitgehend verborgen blieb: daß Beineix' Re-Inszenierung medialer Versatzstücke aus Filmgeschichte und Populärkultur Methode hatte und zudem einer Überzeugung folgte, die der Regisseur mit Blick auf die andere ›symbolische Form‹ des kinematographischen Jahrhunderts expliziert hat: daß die Werbung die Farbe entführt, von Geschichten suspendiert, die Jugend gefangengenommen hat und so dem ›erwachsenen‹ realistischen Erzählkino zuwiderläuft. Über stilistische Manierismen hinaus ist Beineix' Œuvre von einer thematischen Konstante geprägt, die sich mit der Chiffre »Leben im Zeitalter der Reproduktion« charakterisieren läßt – und zwar eines jungen Lebens, das von den Fetischismen der spätkapitalistischen Warenwelt ebenso geprägt ist wie von der Verschmelzung ehemals differenter Kulturniveaus. Bezeichnenderweise nutzt *Diva* die Arie aus Catalanis »La Wally« zur Intensivierung des Kunstgefühls, bezeichnenderweise kommen die beiden Handlungsstränge der Krimi-Romanze durch zwei Audiokassetten in Gang: die Raubkopie eines Opernkonzertes und die Aufzeichnung des Geständnisses einer Prostituierten; und das ›Kunstleben‹, das Jules (Frédéric Andreí) mit all seinem High-Tech-Equipment zelebriert, negiert die klassische Dichotomie von Kunst und Kommerz, verhält sich zu den Reliquien der Kulturindustrie eben nicht kritisch, sondern affirmativ. Der postmoderne Held, den F. Jameson in *Diva* entdeckte, der erste des neuen französischen Kinos, scheint dagegen eher eine

Nebenfigur und ist doch der deus ex machina, der Jules aus der Gewalt der Gangster rettet und der ein ebenso stilvolles wie märchenhaftes Happy-End inszeniert: der Lebenskünstler Gorodish (Richard Bohringer), der inmitten von Paris in einem riesigen Loft residiert und das Bestreichen eines Baguettes als Unterweisung in der Zen-Philosophie praktiziert: »Nur eine Geste, die sich wiederholt, eine Bewegung, Raum, Leere.« Aus dem postmodernistischen Blickwinkel läßt sich diese Kunstfigur, die das Realitätsprinzip transzendiert, als thematisches Zentrum des Films begreifen: einer Kunstwelt der Simulakren, montiert aus identischen Kopien von Versatzstücken, deren Original realiter nie existiert hat.

Der Mond in der Gosse potenziert ein solches Leben aus zweiter Hand im Genre des Melodrams. Die Erzählung funktioniert nach traditionellem Muster: ein Mann zwischen zwei Frauen (Heilige und Hure) und zwei Milieus (Unter- und Oberstadt). In Beineix' Adaption von David Goodis' Roman resultiert die Irritation, wenn nicht gar Verstörung des Zuschauers allein aus der Inszenierung. Die tableauhaften Bilder und Künstlichkeit der Dekors, die schwärmerischen Dialoge und dramatisierende Musik konstituieren einen Ästhetizismus, der dem realistischen Erzählkino in jedem Moment Hohn spricht und eine Atmosphäre fanatischer Künstlichkeit erzeugt. Jedes narrative Element, jeder Schauplatz und jede Figur der Geschichte – ob die laszive Bella, der kaputte Bruder Gérards oder der dekadente Bruder Laurettas, ob die schmuddelige Hafenkneipe, der exotisch illuminierte Hinterhof oder die wie in einem Industriewerbefilm erscheinenden Docks – ist Klischee, mehr noch: ausgestelltes Klischee. Aber im Gegensatz zu Coppolas *Cotton Club* (1983) oder Allens *Radio Days* (1987) geht es Beineix nicht um die nostalgische Wiederbelebung einer vergangenen Epoche, sondern um eine betont artifizielle Rekonstruktion einer künstlichen Welt, wie sie nur in den Kriminalromanen der »schwarzen Serie« und im Kino der Studioära existiert hat.

Betty Blue – 37,2° am Morgen präsentiert von Anfang an zwei attraktive Figuren und ein ›ewiges‹ Thema: Leidenschaft, Liebe, amour fou. Die Handlung ist zwar nicht minder klischeehaft (der verkannte Schriftsteller, für dessen verkannte Genialität sich die Geliebte opfert), aber die Dramaturgie ungleich publikumswirksamer als in *Der Mond in der Gosse*. Bereits die Eingangssequenz präsentiert eine minutenlange Einstellung des sich ekstatisch liebenden Paares (Jean-Hugues Anglade und Béatrice Dalle), die folgende Geschichte ist simpel, geradlinig entwickelt, stets auf erotische, komische oder melodramatische Höhepunkte ausgerichtet, und das Thema dürfte gerade dem jungen Publikum vertraut sein: die Sehnsucht nach leidenschaftlicher Selbstverwirklichung in der Kunst und in der Liebe. Das Glück wird den Jungen selbstverständlich von den Etablierten verwehrt. Wer die demonstrative Künstlichkeit der Landschaftsbilder, die artifizielle Farbdramaturgie, die stereotypen Nebenfiguren und all die Zitate aus der Filmgeschichte und Werbeästhetik übersieht, um die inszenierten Leidenschaften und heraufbeschworene Melodramatik in die eigenen Erlebnismuster zu integrieren, der oder die wird auch noch die abschließende Apotheose des Kitsches selbstvergessen goutieren: wenn der wiedererweckte Schriftsteller Zorg mit dem Geist der geopferten Betty spricht, der ihm und den Zuschauern in Gestalt einer weißen Katze erscheint.

IP 5 – Insel der Dickhäuter markiert Beineix' Abkehr vom postmodernen Stil und sein hoffnungsvollstes filmisches Statement über die Suche nach Identität. Die schlichte Geschichte erzählt von zwei Jugendlichen aus dem Pariser Submilieu, die auf dem Weg nach Grenoble einem anscheinend verrückten alten Mann (Yves Montand) begegnen, der ihr Leben, ihre Empfindung und Wahrnehmung jedoch durcheinanderbringt und schließlich völlig verändert. Der Film beginnt in einem Paris, so vollgestellt mit Zeichen, wie es J. Baudrillard in »Kool Killer« beschrieben hat, und die Vielzahl der filmhistorischen Zitate (vom poetischen Realismus über die amerikanischen Jugenddramen bis zur Clip-Kultur) sind kaum zu übersehen. Erst mit dem Verlassen der Stadt scheinen Momente einer möglichen Befreiung auf, wird der Film zum Roadmovie, dann zu einer Abenteuerreise, die an Handlungsverläufe der Artus-Epik erinnert, bei denen der unvorhergesehene Gang ins Unbekannte zur Begegnung mit dem Unbegreiflichen und Wunderbaren wird und eine innere Wandlung zeitigt. Der alte Mann, selbst auf seiner letzten Reise und finalen Suche nach seiner unerfüllten Liebe, führt die Jungen durch eine menschenleere Natur. Der Alte horcht auf die verborgenen Stimmen; er scheint verrückt und erinnert zugleich an Jesus und Merlin, erscheint als Heilsfigur, Zauberer und Narr. Immer wieder schreit Monsieur Marcel sein Inneres hinaus, es sind Rufe voller Inbrunst, die sich nicht zu Worten formen und in der archaischen Szenerie verhallen. Am Ende stirbt Monsieur Marcel, durch die Erkenntnis der eigenen Verfehlung von seiner großen Obsession befreit, und der junge Jockey hält den Leichnam des Mannes in den Armen, dessen »Vorlaufen zum Tode« (M. Heidegger) ihm den Weg zu einem eigentlichen Dasein gewiesen hat.

»Das Erhabene rührt; das Schöne reizt«, mit dieser Kantschen Formel ließe sich der Umschlagpunkt in der Entwicklung des Filmemachers Beineix charakterisieren, der den Postmodernismus bis zur klischeehaften Überzeichnung ausgereizt hat, um das Leben im Zeitalter der Reproduktion in Szene zu setzen. Laut Kant ist das Erhabene schlechthin groß. Weil es alles sinnliche Vermögen übersteigt, bedeutet das Gefühl des Erhabenen die Achtung für unsere eigene Bestimmung. Erst wenn die Dekonstruktion der medial präfigurierten Welt- und Selbsterfahrung durchlaufen ist, kann das Innere wiederbelebt, das Individuum der Moderne erneut in Gang gesetzt werden. Im Œuvre von Jean-Jacques Beineix bleibt dies eine Hoffnung, deren fatale Kehrseite *Otaku* porträtiert. Für die Filmgeschichte formuliert die Dekonstruktion des Postmodernen und die Re-Inszenierung des Erhabenen eine Perspektive, aus der das Gesamtwerk von Jean-Jacques Beineix erneut zu betrachten wäre.

Jürgen Felix

Filmographie: Le Chien de Monsieur Marcel (1977) – Diva / Diva (1981) – La Lune dans le caniveau / Der Mond in der Gosse (1983) – 37,2° le matin / Betty Blue – 37,2° am Morgen (1986) – Roselyne et les lions / Roselyne und die Löwen (1989) – IP 5 – L'Ile aux parchydermes / IP 5 – Insel der Dickhäuter (1992) – Otaku / Otaku – Gefangen in der Welt der Videospiele, Comics und Computer (1994).

Literatur: Frederic Jameson: *Diva* and French Socialism. [1982.] In: F. J.: Signatures of the Visible. New York / London 1992. S. 55–62. – Peter W. Jansen: Neue Gefühle. Ansichten zum internationalen Kino. In: Jahrbuch Film 1984/85. S. 43–59. – D. Russell: Two or Three Things We Know about Beineix. In: Sight and Sound 59 (1989) H. 1. S. 42–47. – R. Bassan: Trois néo-baroques français. In: La Revue du cinéma 449 (1989) S. 45–53. – Jürgen Felix: Ironie und Identifikation. Die Postmoderne im Kino. In: Heinz-B. Heller (Hrsg.): Leben aus zweiter Hand? Soziale Phantasie und mediale Erfahrung. Münster 1991. S. 50–74. – Jill Forbes: The Postmodern Thriller. In: J. F.: The Cinema in France. After the New Wave. London 1992. S. 62–72. – Susan Hayward: From Ideology to Narcissism: French Cinema's Age of the Postmodernism 1958–91. In: S. H.: French National Cinema. London / New York 1993. S. 206–301. – Guy Austin: The Cinéma du Look and Fantasy Film. In: G. A.: Contemporary French Cinema. An Introduction. Manchester / New York 1996. S. 119–142.

Ingmar Bergman

*1918

»Wie war das eigentlich mit Abraham und Isaak, wollte er seinem Sohn wirklich den Hals durchschneiden? Ich [...] identifizierte mich mit Isaak, dies war Wirklichkeit: Vater will Ingmar den Hals durchschneiden, was soll werden, wenn der Engel zu spät auftaucht? Dann werden sie weinen. Blut fließt, und Ingmar lächelt blaß. Wirklichkeit«, erzählt Ingmar Bergman in seiner Autobiographie. Diese charakteristische Erinnerung an seine Kindheit offenbart ein Trauma: die Vorstellung, an Leib und Seele für immer verletzt zu werden, wohl auch Selbstmitleid, das verzeihlich ist, und ein geradezu archaisches Mißtrauen, das Kinder für gewöhnlich nicht ihren Eltern entgegenbringen. Der in einem bestimmten Alter auftretende Wunsch, das Kind anderer Eltern, durch Zufall in diese Familie geraten zu sein, ist bei Bergman offenbar stärker ausgeprägt gewesen als üblich. In seinen Lebenserinnerungen finden sich zahlreiche, manchmal sarkastisch formulierte Hinweise darauf, daß die Erziehung im protestantischen Pfarrhaus, vielfach mit Brutalität ausgeübt, die für das Kind unverständlich bleiben mußte, die wichtigste Quelle für Existenzklage und Existenzverwünschung sei, die das Werk Bergmans durchziehen. »Das, was Jesus da sagt, daß es im Haus seines Vaters viele Wohnungen gebe, daran glaube ich nicht. Außerdem bedanke ich mich herzlich. Wenn ich es endlich geschafft habe, den Wohnungen meines Vaters zu entkommen, möchte ich nicht bei jemandem einziehen, der vermutlich noch schlimmer ist.« Einmal berichtet er davon, daß er einem Klassenkameraden vorgeflunkert habe, man werde ihn bald von zu Hause abholen und zusammen mit Esmeralda, der schönsten Frau der Welt, zum Akrobaten ausbilden. Das Erstaunliche an diesen kindlichen oder jugendlichen Lügengebilden muß ihre Präzision, ihr Wirklichkeitsgehalt gewesen sein. Jedenfalls haben – in Bergmans Lebensbericht – die Klassenlehrerin und die Eltern die Sache so ernst genommen, daß es zu einem »schrecklichen Prozeß« kam. Er wurde gedemütigt und »mit Schimpf und Schande an den Pranger gestellt, zu Hause wie in der Schule«. Das Kind, so hieß die pädagogische Maxime dieser Zeit, müsse frühzeitig lernen, zwischen Phantasie und Wirklichkeit zu unterscheiden. Bergmans Werk widerspricht dieser schroffen Zweiteilung der Welt und betont, daß Phantasie zum Leben der Menschen hinzugehöre, daß die Grenzen zwischen Einbildung und Tatbestand oft schwer zu ziehen sind. Man könnte Bergmans umfängliches filmisches Werk als Versuch deuten, den äußeren und inneren Zwängen seiner Erziehung zu entkommen: der Angst vor Strafen, die unangemessen und willkürlich erscheinen, der Angst vor Demütigung durch andere und dem allgegenwärtigen Schuldbewußtsein. Daß der christliche Himmel für Bergman von früh an entvölkert ist, hat ihm eine schier unendliche Flut von theologischen Deutungen beschert. Gerade in den fünfziger und frühen sechziger Jahren haben sich Rezensenten beim Umgang mit seinen Filmen von »christlich-abendländischen« Positionen bestimmen lassen. Es war damals offenbar zu früh, sich einzugestehen, daß Bergman ein vehement Ungläubiger ist, der dem »transzendentalen Obdach« für immer entronnen ist, der darüber nicht glücklich wird, der die Materialien des christlichen Glaubens als poetischen Werkstoff mit jahrhundertealten Spuren aufgreift und Glaubenssuche selbst allenfalls als Faszinosum und Tremendum empfindet. Am Modell der Familie erschließt Bergman seinen fundamentalen Zweifel und seine fundamentale Revolte. Das Zerstörerische und Zerbrechliche der Beziehung zwischen Eltern und Kindern, zwischen Mann und Frau beweist ihm oft, daß Menschen etwas vortäuschen, was sie nicht sind: Unzuverlässige allerorten. Das ›Urvertrauen‹ scheint verlorengegangen zu sein. Wie soll sich da ein Urvertrauen zu einem gnädigen Gott entwickeln? Übrig bleibt der Argwohn gegen die guten Absichten anderer, die Abhängigkeit von »Dämonen« (selbst der späte Bergman liebt diesen von ihm ironisch mystifizierend verwendeten Ausdruck): Gram, Überdruß, Angst, Unlust, Zorn. Es sind andere Ausdrücke für die Dynamik des Unbewußten, das sich immer wieder zur Geltung bringt, oft tobt, das zivilisierte Ich überwältigt – um es dann, wenn es gut geht, wieder freizugeben und mehr oder weniger beschädigt zurückzulassen.

Ingmar Bergman wurde am 14. Juli 1918 in Stockholm geboren. Sein Vater war evangelischer Pastor und aus der Sicht des von ihm verletzten Sohnes eine labile Persönlichkeit, die sich aus Schutzbedürfnis konservativen Anstandsregeln penibel anpaßte. Die Mutter, das verraten die später aufgefundenen Tagebücher dem erstaunt lesenden Sohn, hat offensichtlich im stillen gegen diese enorme Einengung und Kontrolle der Gefühle und Reflexe aufbegehrt, nach außen hin assimilierte sie sich. Bergman, mittleres Kind zwischen einem älteren Bruder und einer jüngeren Schwester, erfuhr zumal die Zeit bei der wohlhabenden Großmutter als glückliche Periode in einem sonst von der doppelten Drohung von Schuld und Sühne überschatteten frühen Leben (Bergman hat übrigens im Alter seine Jugend positiver gesehen und sich an Episoden der Lebensfreude erinnert). Der Widerstand gegen den Vater und die Vaterwelt kulminierte in einer handgreiflichen Auseinandersetzung, mit neunzehn Jahren verließ er das Elternhaus. Das Studium der Literaturgeschichte betrachtete er nur als Umweg zum Theater. Er begann mit kleinen Hilfstätigkeiten hinter der Opernbühne, gewann aber bald als junger Theaterregisseur Aufmerksamkeit. Zeit seines Lebens sieht sich Bergman ebenso dem Theater wie dem Film verpflichtet. Bald pendelte sich ein bestimmter Rhythmus ein: Während er im Winter vor allem Schauspiele einstudierte, drehte er im Sommer Filme – seit 1952 nach von ihm eigens geschriebenen Drehbüchern oder Filmerzählungen (mit fließendem Text, ohne daß etwa die Einstellungen verzeichnet wären). In Schweden galt er bereits Ende der fünfziger Jahre als Nachfolger der großen Stummfilmregisseure Mauritz Stiller und Viktor Sjöström, auch der unmittelbaren Vorgänger Olof Molander und Alf Sjöberg. So entwickelte er sich gleichsam zu einer nationalen Einrichtung, obwohl sein Verhältnis zum Heimatland durchaus nicht frei von Konflikten blieb. Die oft skeptische Kritik seiner Filme, unter der Bergman gelitten hat, schloß sich erst zögernd dem international vorherrschenden Trend großer Bewunderung an, nachdem *Das Lächeln einer Sommernacht* (1955) bei den Filmfestspielen in Cannes 1956 ausgezeichnet wurde. Bergmans weltweiter Ruhm konnte nicht verhindern, daß eine übereifrige Bürokratie ihn 1976 der Steuerhinterziehung anklagte – ein Vorwurf, der sich als haltlos erwies, ihn desungeachtet ins Exil nach Deutschland trieb: Die nächsten vier Jahre verbrachte Bergman als Film- und vor allem als Schauspielregisseur vornehmlich in München. Er kehrte schließlich in den achtziger Jahren nach Schweden zurück. Bergman hat in seinem persönlichen Leben viel vom protestantischen Wertekanon verinnerlicht, vor allem die Arbeitsbesessenheit, die Disziplin der äußeren Lebensführung. Dabei muß man sich vor Augen halten, daß Bergman, von schmächtiger Erscheinung, ursprünglich schwarzhaarig und schwarzäugig, so daß er als junger Mann als glutvoll, wild, unberechenbar und auch unbeherrschbar galt, von früh an unter einer ziemlich schwachen körperlichen Konstitution zu leiden hatte und immer wieder Zusammenbrüche erlebte. Phasen im Krankenhaus gehören zu den Alltagserfahrungen des mittleren und älteren Bergman. Daß daneben noch Zeit für ein Privatleben war, das in keiner Hinsicht christlichen Askeseempfehlungen entsprach, ist beinahe erstaunlich: Bergman war fünfmal verheiratet, nicht zu

Ingmar Bergman mit Irma Urrila

rechnen die langjährigen Beziehungen mit den Schauspielerinnen Harriet Andersson, Bibi Andersson und Liv Ullmann. Aus den vielen Verbindungen sind auch viele Kinder entstanden (die nicht beim Vater aufwuchsen), so daß man beinahe von einem Clan sprechen kann. Erst die letzte Ehe, die beinahe ein Vierteljahrhundert dauerte bis zum Tod seiner Frau, scheint Bergman eine Erfüllung gegeben zu haben, die er diesem Liebesvertragsverhältnis in seiner Fiktion meistens verweigert.

Bergman unterscheidet sich von den meisten anderen großen Regisseuren darin, daß er – um es zunächst rein quantitativ zu beschreiben – nicht nur ein fleißiger Filmemacher war, sondern auch ein fleißiger Filmzuschauer. So ist mehrfach berichtet worden, daß er selbst während der Dreharbeiten das Team einmal in der Woche zur Besichtigung und Diskussion alter oder aktueller Filme einlud. Er war von früh an beeindruckt von den Klassikern des schwedischen Stummfilms. Die Sensibilität für Landschaften, auch die Landschaften des Gesichts, lernte er beispielsweise bei Viktor Sjöström kennen. In den vierziger Jahren zeigte sich Bergman beeinflußt vom italienischen Neorealismus, besonders von der Arbeit Roberto Rossellinis, in den sechziger Jahren ergab sich bei Experimenten mit einem neuen surrealen Erzählen, das zwischen Wach- und Traumzuständen der Figuren nicht mehr streng unterscheidet, Übereinstimmung mit Luis Buñuel und Federico Fellini, für den Bergman rückhaltlose Bewunderung äußerte (die übrigens von Fellini erwidert wurde). Bergmans unerbittliche und doch immer wieder durch Humor aufgebrochene Existenzprüfung von Individuen, deren Leib und Seele unterschiedlichen Zielen nachstreben, seine Beschreibungen unlösbarer Dilemmata in Partner-Beziehungen und Familienverhältnissen hat wiederum amerikanische Regisseure beeinflußt und beeindruckt, allen voran Bergmans größten Verehrer aus New York, Woody Allen.

Bergman ist, das hat ihm die schwedische Kritik gerade in den sechziger Jahren vorgehalten, ein unpolitischer Filmregisseur, d. h., er ist nicht dazu imstande, seine Filme als Manifeste politischer Ideen zu konzipieren, wenngleich er an den Figuren gesellschaftliche Geprägtheit aufdeckt und in manchen Handlungen, häufig am Rande, aber unübersehbar, Erscheinungsformen politischer Unfreiheit, Massenwahnphänomene, soldatische Gewalt gegen Zivilpersonen usw. dokumentiert. Auch hier war die Jugenderfahrung prägend: Der halbwüchsige Bergman kam durch Schüleraustausch nach Deutschland und war von den Ritualen des Dritten Reichs aufs äußerste beeindruckt. Obwohl sein Vater während des Zweiten Weltkriegs zum Fürsprecher der deutschen Flüchtlinge in Schweden wurde, bezeichnete Bergman selbst den Moment nach Ende des Kriegs, als er die Zeugnisse der Konzentrationslager zu Gesicht bekam, als Punkt der Umkehr, an dem ihn Scham wegen seiner schändlichen Parteilichkeit überwältigte. Dies habe ihm ein für allemal die Fähigkeit zu politischem Engagement geraubt.

Die Filme der vierziger Jahre konzentrieren sich auf Konflikte zwischen Männern und Frauen, die unter der alltäglichen Einsamkeit leiden, die sich lange verfehlen, bevor sie sich wiederfinden, die damit leben müssen, daß die jeweils anderen eine Vorgeschichte hatten – insbesondere scheint es die Männer umzutreiben, daß die Frauen, denen sie ihre Liebe und ihre Leidenschaft schenken, bereits meist bittere Erfahrungen gesammelt haben. Verletzungen und Schuldgefühle können aufs neue Verletzungen und Schuldgefühle hervorrufen: ein scheinbar ewiger Kreislauf, der gegen Ende einiger Filme zugunsten einer tröstlichen Wendung stillgelegt wird. In *Hafenstadt* (1948) fischt ein junger Mann eine Selbstmörderin aus dem Wasser. Die Aufgabe, sie wieder ans Leben zu gewöhnen, übersteigt beinahe beider Kräfte. In der Welt grauunwirtlicher Industrieanlagen bleibt nur die Hoffnung auf den Sommer: eine gegen jede Vernunft behauptete Glückserwartung. Bergmans Alter-ego-Figuren werden in diesen Filmen mehrfach von dem jungen Schauspieler Birger Malmsten verkörpert, einem jungen Mann mit verdüsterten, hungrigen Augen und einem von Leidenschaften durchwitterten Gesicht; sinnliche Behaglichkeit in diesem Dasein ist ihm fern. Es sind Dürftige und Bedürftige, die sich von früh an in Bergmans Personenkosmos versammeln, wobei sehr bald auffällt, daß sein Interesse an der Position und Perspektive der Frauen zunimmt. Zu Beginn der fünfziger Jahre offenbaren sich seine jungen Helden beinahe alle als schwache und problematische Naturen, die in ihren Frauen das Mütterliche suchen und von diesen Frauen nicht selten auch als Kinder, als Unerwachsene behandelt und bemitleidet werden. Etliche der frühen Filme Bergmans bestechen bereits durch eine formale Abrundung, die erstaunen mag: Obwohl sie der Nachkriegsdepression in der Fabel, den Konflikten, den Figuren Raum geben (Schweden, dies zur Erinnerung, hat am Krieg nicht teilgenommen, blieb indes nicht unberührt von seinen Auswirkungen), erzählt Bergman zügig und wählt treffende Einstellungen. Er verliert sich nicht an Details und Dekors (mit wenigen Ausnahmen).

Die Krise der schwedischen Filmindustrie Anfang der fünfziger Jahre (ein Streik wegen der zu hohen Staatsabgaben) überstand Bergman durch die Inszenierung von Werbefilmen für die Seife Bris. In den Filmen, die sich anschließen, beweist Bergman nicht nur, daß er ein fähiger Komödienregisseur ist, er entdeckt auch, daß er in historischen Filmen, die meist im 19. Jahrhundert oder um die Jahrhundertwende lokalisiert sind, eine besondere Intensität entwickeln kann, weil er die atmosphärische Attraktivität der Kostüme und Environments mit einer variablen Stilistik der Inszenierung kombiniert, die sich von banalem Realismus abhebt.

Die dritte Episode in *Sehnsucht der Frauen* (1952) bezeugt, wie geschickt Bergman mit einer typischen Standardsituation umzugehen versteht: ein Ehepaar, längst aneinander gewöhnt, sieht sich gezwungen, die Nacht in einem hängengebliebenen Fahrstuhl zu verbringen. Der Zwang, zusammen zu sein, erzeugt eine neue Intimität zwischen beiden, die indes, als sie befreit werden und der Alltag wieder seine Ansprüche anmeldet, allzu schnell verfliegt. Die Sequenz ist possenhaft und possierlich, da die Frau (die elegante und souveräne Eva Dahlbeck) nach kurzem das Komische und Spannende der ungewohnten Situation entdeckt, während ihr steif-würdiger Mann (Gunnar Björnstrand) erst allmählich sich dareinfinden kann, daß ein Herr mit komisch zerquetschtem Zylinder etwas närrisch aussieht und zugleich seiner Frau als respektabler Mann erscheinen kann. Unter der Schicht der Gewohnheit entdecken sie beide den längst verschüttet geglaubten Sinn für das Glück des Augenblicks. Witz und Rhythmus dieser Episode fallen so präzise aus, daß man nicht mehr von einem Frühwerk sprechen kann. Mit den beiden nächsten Filmen erweist sich Bergman als Meister seines Metiers, gerade weil er mit Konventionen spielt und sie durchbricht, weil er zudem die Verfassung seiner einsamen Menschen subtil erspürt.

Die Zeit mit Monika (1953) schildert das Jahr einer Beziehung zwischen einem jungen Mann und einer sehr jungen Frau. Sie verlieben sich ineinander, verlassen ihre Arbeitsplätze, an denen sie schäbig behandelt werden, den ›Moloch‹ Stadt und verbringen einen Sommer in der Schärenlandschaft vor Stockholm. Im Leuchten dieser kurzen Jahreszeit, zwischen den Spiegelungen des Wassers und dem hellen Schimmer der Steine entfaltet sich ein neues Körperbild: Die junge Frau (Harriet Andersson in ihrer ersten großen Rolle) ist mutiger und wilder als der junge Mann. Sie zieht sich nackt aus, um zu baden, sie wird zur bedenkenlosen Diebin, um endlich wieder Fleisch zu essen. Als sie in die Stadt zurückkehren, heiraten sie, denn Monika erwartet ein Kind. Doch ist die junge Mutter keineswegs willens, sich zu Hause mit einem schreienden Baby einsperren zu lassen. Sie sucht andere Männer und verläßt am Ende den Freund, der mit dem Kind alleine zurückbleibt. Berühmt geworden ist eine Einstellung, in der die rauchende Monika, mit Glanz in den Haaren, in einem Lokal plötzlich in die Kamera sieht, unverwandt und für eine recht lange Weile: ein auffordernder und zugleich ratloser Blick, dem das Publikum standhalten muß, ohne genau entscheiden zu können, was es jetzt in den Zügen dieses Mädchens lesen soll.

Abend der Gaukler (1953), ein eindrucksvoll-trauriges Künstlerdrama: Zirkusleute in einer bürgerlichen Umwelt werden nur gerade geduldet, wenn sie ihre Mätzchen in der Arena machen. Der Zirkusdirektor, der eine Frau in bürgerlichen Verhältnissen zurückgelassen hat, die sich von dem umherschweifenden Mann für immer trennt, möchte am liebsten seinen Beruf aufgeben, um an der Seite dieser Frau im Frieden des kleinstädtischen Alltags zu verschwinden, seine Geliebte, die spanische Reiterin (Harriet Andersson) gibt sich einem Schauspieler hin, weil sie ein Geschenk erhofft, das ihr erlauben soll, der Armseligkeit ihres Gewerbes zu entkommen. Am Ende sind sie beide betrogen, gedemütigt. Als sie mit dem Zirkus wieder die Stadt verlassen, gehen sie, die Geschlagenen, versöhnt und einträchtig nebeneinander. Die Ausbruchsversuche scheiterten, doch bleibt ein Rest von Solidarität, vielleicht auch von Liebe, von Verständnis für die Wunde des jeweils anderen, die sie zusammenhalten läßt. Blicke in den Spiegel, Bergmans unsichere Helden und Heldinnen werfen sie häufig, dienen der Suche nach dem Ich; sie bleibt unabgeschlossen. Die Leidenschaften, das Begehren, die Eifersucht, der schmerzvolle Kummer darüber, nur benutzt, betrogen, geringgeschätzt worden zu sein, bringen die Figuren in Not und Verzweiflung. Erst wenn sich die Dämonen ausgetobt haben, im Zustand der Erschöpfung, kehrt so etwas wie sanfteres Fühlen ein. Der jeweilige Drang erfüllt die Personen so sehr, daß sie wie eingesperrt scheinen: Als der Zirkusdirektor und die Geliebte aus der Stadt zurückkehren – beide haben versucht, den anderen zu verraten und im Stich zu lassen, was mißlungen ist –, hocken sie hintereinander in ihrem Wohnwagen, gemeinsam im Bildkader, doch getrennt, jeder für sich in einer Raumschicht eingeschlossen, er im Vordergrund, sie im Mittelgrund, jeweils anderem Licht ausgesetzt, als sei das Bild wie im Split-Screen-Verfahren aus zwei unterschiedlichen Einstellungen zusammenmontiert worden. Diese Technik der visuellen ›Collage‹ in einer Einstellung (vielleicht dem Theater entlehnt) benutzt Bergman bis in die sechziger Jahre: er hebt so das Vereinzelte und Abgegrenzte von Figuren hervor. In *Wilde Erdbeeren* wird diese Ästhetik in Traumsequenzen besonders deutlich. Der alte Mann bewegt sich in den Szenerien seiner Jugendzeit, erlebt wie ein Augenzeuge das Leben von einst, doch bleibt er für die längst vergangenen Menschen unsichtbar.

Mit *Das Lächeln einer Sommernacht* (1955) gelang Bergman der große Durchbruch. Der Film bildet den glanzvollen Abschluß der Reihe von Lustspielen, in denen der heitere Ton nie ganz verdeckt, daß die Leidenschaft kurz ist und mehr Irrungen und Wirrungen zur Folge hat als Glücksmomente. All diese Filme spielen im Sommer, der Ausnahmesituation im schwedischen Film, die Lizenzen gewährt, die der Alltag im langen Winter vorenthält. Am Ende eines zum Teil witzig komplizierten Verwirrspiels finden Männer und Frauen in *Das Lächeln einer Sommernacht* zu den für sie geeigneten Partnern oder Partnerinnen. Der Graf bekennt sich zur Gräfin, der wohlhabende Advokat, dem seine zweite junge Frau mit dem eigenen Sohn davongelaufen ist, findet zurück zu der von ihm immer geliebten Schauspielerin, das romantische junge Liebespaar macht sich aus dem Staub, und Zofe und Knecht feiern den Beginn ihrer Hochzeit im Heu. Da der Geist des Bürgertums sinnenfeindlich ist oder zumindest der Sinnenlust unheilvoll in die Quere kommen kann, muß nachgeholfen werden, damit sich die vitalen Impulse gegen Vorurteil und künstliche Schranken durchsetzen. Regisseurin bei dieser Strategie der Verführung ist die Schauspielerin Desirée (Eva Dahlbeck), die auf einem Schloß das Spiel von Begehren und Bemäntelung der wahren Absichten an der tragischen Katastrophe vorbeisteuert. Intrige, Farcenelemente und antiidealistische Entzauberung der konservativen Liebesrhetorik, der Kontrast zwischen reinem Ernst und drastischer Spielart, all diese Eigenschaften deuten auf eine französische Komödienstruktur hin, die von Molière und Marivaux geprägt ist: eine Kritik der herrschenden Sitten und Vorurteile, die die Wahrheit der Empfindungen oft verfälschen, verbiegen, vergiften. Selbst die Zwischenschnitte Bergmans auf den Garten des Schlosses, den Teich, die Anordnung der Personen beim Dialog betonen das Ornamentale, bezeugen eine klassizistische Kalkuliertheit der Inszenierung. Doch bricht Bergman immer wieder aus diesem strengen Muster aus. Mit vernehmlichem Spott exponiert er die Attitüden der Männer, zumal den dandyhaft melancholischen Advokaten, der schließlich zum Kind zu werden scheint, wenn er leise wehklagt und sanft Trost einfordert. Der Dialog des ›Hahnenkampfes‹ zwischen den beiden Liebhabern der Schauspielerin, dem verflossenen und dem gegenwärtigen, entfaltet sich als scharfpointiertes Zwiegespräch, in dem die feinen Beleidigungen im Stil der Grandezza aufgehoben sind. An den Männern ist die zivilisatorische Verbildung – wieder einmal – eher wahrzunehmen als an den Frauen, die offenbar imstande sind, diese Zwänge von außen leichter abzuschütteln. Im Film wird Liebe nicht auf bloß zwanghafte Reflexe verkürzt. Was so viel Macht entfaltet, die Individuen zu Paaren treibt, kann nie schnöde entzaubert werden. Es bleibt etwas von unergründlichem Geheimnis und enthemmter Dahingerissenheit übrig, das sich nicht abschätzig mit biologischen Regelmechanismen erklären läßt.

Nach dieser bedeutendsten Komödie, die Bergman gelungen ist, schwenkte sein Interesse offenbar wieder um. 1957 folgten kurz hintereinander zwei Filme, die seinen Ruf eines nordischen Grüblers und Gottessuchers etablierten: *Das siebente Siegel* (1957) und *Wilde Erdbeeren* (1957). *Das siebente Siegel* gibt vor, eine mittelalterliche Legende in Bilder umzusetzen: Ein Ritter landet mit seinen Knappen an der steinigen Küste seines Heimatlandes, zehn Jahre lang waren sie im Heiligen Land und haben gegen die ›Ungläubigen‹ gekämpft, um nun selbst als Ungläubige zurückzukehren: Der Ritter (Max von Sydow hier zum ersten Mal der aufrechte, ›hohe‹, kantig-finstere Mann) sucht unermüdlich nach einem Gott, der sich ins Dunkel zurückgezogen hat – ein vergeblicher Kampf, weil er keine Antwort erhält. Der Knappe (Gunnar Björnstrand) dagegen, ein Zyniker, der sich, nachdem er das Getriebe der Welt kennengelernt hat, keine Illusionen mehr macht, bewahrt sich eigenartigerweise mehr Menschlichkeit als sein Herr, obwohl oder gerade weil er nicht ständig seinen Blick gen Himmel hebt. Er sieht noch das Leiden der Menschen um ihn herum, die von der Pest heimgesucht werden. Der Tod erscheint leibhaftig vor dem Ritter, ist indes dadurch zu ködern, daß er gerne Schach spielt. So kommt es zu einem Wettkampf auf dem Schachbrett. Natürlich gewinnt der Tod und holt den Ritter, den Knappen und ihre ganze Gesellschaft. Ausgespart bleiben nur zwei junge Wanderschauspieler und ihr Kind, die von Bergman ungeniert an das Bild der Heiligen Familie (Josef, Maria und der Jesusknabe) angeglichen werden. Die sanften Gaukler, von Gottesfurcht und Gotteszorn nicht umgetrieben, dürfen dem Unheil vorerst entkommen. Die ins Mittelalter rückversetzte Geschichte enthüllt sich als Parabel unter den Vorzeichen der Apokalypse: die Düsternis der Welt überschattet die Seelen der Menschen und gebiert den Wahn: den Wahn des Ritters, der um einen Gott ringt, der sich nicht zeigen will, den Wahn der fanatisierten Massen, die im Flagellantenzug hinter einem riesigen Kreuz mit einem schmerzverzerrten Christus herziehen und sich von einem eifernden Prediger mit Drohworten geißeln lassen. Bergman balanciert das Katastrophenszenarium, die Schreckbilder, aus durch lustspielhafte Intermezzi, wie sie nach der reinen dramaturgischen Lehre nicht erlaubt wären (wohl aber bei Shakespeare vorkommen). Schon die Schachpartie mit dem trickreichen Spieler Tod dämpft das Pathos, die komischen Begleiter bilden einen burlesken Gegensatz zur hochfahrenden Introversion des Kreuzfahrers und zur bitteren Aufsässigkeit seines Knappen. Daß selbst eine Sterbeszene komödiantische Züge annehmen kann, führt Bergman am Beispiel des Schauspielers vor, der im Wald auf einem Baum übernachten will – den aber sägt der Tod ab. Übrig bleibt ein glatter Baumstumpf, auf den ein Eichhörnchen springt. Nicht zuletzt die idyllische Szene, in der der Ritter Milch und Walderdbeeren genießt und sich plötzlich klarmacht, daß er sich durch seine Verranntheit dem Leben selbst entfremdet hat, auch dem Genuß des Lebens, diese arkadische Variante des Abendmahls, bildet einen weiteren Kontrapunkt zu gedankenreichen Monologen und possenhaften Zwischenspielen. Zwar sind die Dialoge oft anspruchsvoll, doch bei aller intelligenten Verdichtung lapidar (dem Film lag ein von Bergman viel karger ausgeführtes Übungsstück für Schauspieler zugrunde). Die Durchmischung und Überlagerung von abstrakt-figurativem Erzählmuster (das Modell des Totentanzes), szenischem Detailrealismus und präziser Stimmungsregie, von subtiler Vergeistigung (die Beichte des Ritters in der Kirche) und gröberer Narrenkomik, die Brechung durch gegenläufige Formtendenzen oft in derselben Szene, die gegenseitige Spiegelung so verschiedener Ausdrucksweisen, des Mysterien- und des Rüpelspiels, verleihen dem Film *Das siebente Siegel* den Rang eines Shakespeareschen Dramas.

Einheitlicher und persönlicher wirkt dagegen *Wilde Erdbeeren*: die Reise eines alten Mannes, des 76jährigen Wissenschaftlers Isak Borg (Viktor Sjöström, der große Stummfilmregisseur und Schauspieler trat damit zum zweiten Mal in einer wichtigen Rolle bei Bergman auf, nach dem Film *An die Freude*, 1949). Er fährt in seine Universitätsstadt, um dort eine akademische Feier zu absolvieren. Die äußere Fahrt geht einher mit einer inneren: einer Reise in die eigene Vergangenheit zurück. Bereits der Eingang des Films, ein Morgentraum der Hauptfigur, verdeutlicht seine innere Gefühlslage. Der Träumer gerät in ein unwirklich und gespenstisch hell wirkendes leeres Stadtviertel, wo die Zeiger auf den Uhren fehlen und ein vom Wagen herabgestürzter Sarg ihn selbst als lebenden Leichnam enthält. Am Ende seines Lebens sieht Isak Borg zurück und versteht oder scheint zu verstehen, daß es ihm an Liebe und an Gegenliebe gefehlt hat. Was er sich einst nicht einzugestehen gewagt hat, drängt sich ihm in Träumen in peinigender Deutlichkeit auf. Die Jugendfreundin Sara entscheidet sich für einen anderen Mann, die eigene Frau beklagt seine Herzenskälte. In den letzten Einstellungen, einem Einschlaftraum, gewahrt er noch einmal seine Eltern in sommerlicher Schärenlandschaft, doch hören sie ihn nicht, als er ihnen zuruft. Die Abwesenheit des Vaters in den Erinnerungen des Isak Borg ist auffällig. Viktor Sjöström selbst scheint eine nebelhafte Vaterimago zu verkörpern. Seine Figur ist doppelgesichtig. Die verfestigte Physiognomie Sjöströms deutet auf schwere Erfahrungen und grimmige Reaktionen, körperlich zeigt er sich erstaunlich behende und kontrolliert, neigt zu eher nachdenklichen, schmerzlich-leisen, auch ironischen Nuancen. Eher tragisch wirkt sein Gesicht indessen in den Träumen, entsprechend den Eindrücken, die ihn beschweren: das schuldlose Ausgegrenzt- und Abgestoßenwerden, das nicht unzutreffend mit der Formel »draußen vor der Tür« umschrieben wäre, das Schuldigwerden durch Gleichgültigkeit, die wiederum, als allzu harte Vernarbung, von seiner seelischen Wunde herzurühren scheint. Die Erinnerungen berühren wie eine Strafe: Das schöne Leben, gegenwärtig anscheinend in der Jugend im Sommerhaus, bevor Sara ihn verläßt, ist unwiederbringlich dahin.

Die Nähe dieser Filmerzählung zu den Theaterstücken August Strindbergs ist verschiedentlich hervorgehoben worden, zumal zu den Dramen »Traumspiel« und »Nach Damaskus«, die gleichfalls kritische Lebenssummen ziehen. Der hervorstechende Reiz des Werks ist vor allem in der Beschwörung des arkadischen Jugendsommers zu finden, der nur kurze und kostbare Zeit währt – wie auch Blüte und Reife der wilden Erdbeeren. Bergmans Film ersetzt ein peinigendes Kindheitstrauma zum Teil durch einen schimmernden Kindheitstraum. Die Selbstprüfung, das Abwägen der eigenen Existenz, das der damals vierzigjährige Bergman unternimmt, scheint aus heutiger Sicht in manchem zu kurzschlüssig zu sein: zu schnell kommt es zu formelhaften Befunden, die sich in Begriffe kleiden wie die der vorenthaltenen Liebe oder der Kälte des Herzens.

Das Gesicht (1958) verdichtet zumindest äußerlich die bereits in *Abend der Gaukler* thematisierte Auseinandersetzung zwischen Bürgern, die auf dem Primat des Vernunftglaubens bestehen, und Künstlern, die sich nicht davor verschließen, daß es einen Rest von Geheimnis gibt – auch wenn sie dafür als Scharlatane gelten. Sie stellen ihr Blendwerk mit Apparaten her, doch läßt sich nicht alles von ihrer Kunst auf banale Tricktechnik und die fromme Naivität mancher Zuschauer reduzieren. Es gibt also das Bedürfnis, an Wunder zu glauben – und Bergman führt vor Augen, daß auch die Vertreter der aufgeklärten Skepsis, die verächtlich auf die anderen herabsehen, Momente des Schauderns erleben.

In der sogenannten Trilogie vom Beginn der sechziger Jahre, *Wie in einem Spiegel* (1961), *Licht im Winter* (1963) und *Das Schweigen* (1963), erklärt Bergman, habe er die Alpträume seiner Jugend, die furchterregenden Instanzen des Vaters und des von ihm vertretenen Gottes, bewältigt. Daß das ambivalente Vaterbild selbst an unerwarteter Stelle aus der Tiefe emportaucht, zeigt sich in der ins Mittelalter verschobenen Fabel von der *Jungfrauenquelle* (1959): Hier tritt der nie ganz berechenbare Vater als Rächer auf, der die Vergewaltiger seiner Tochter und selbst die unschuldigen Zeugen der Untat fürchterlich straft, ermordet, erst innehält, als er seine blutbefleckten Hände betrachtet. Der Titel von *Wie in einem Spiegel* zitiert eine Bergmans eindringlich forschende Beharrlichkeit bezeichnende Stelle aus dem 1. Korintherbrief des Paulus: daß wir hier uns nur wie in einem Spiegel sehen, jenseits aber von Angesicht zu Angesicht. Eine junge Frau (Harriet Andersson), begleitet von Vater, Ehemann und Bruder, scheint dennoch von all diesen verlassen. Im Dachgeschoß eines Hauses auf einer Insel erlebt sie im Tapetenmuster Offenbarungen, die wir nicht sehen können. Sie verfällt zusehends schizophrenem Wahn, der sie schließlich Gott in Form einer riesigen bedrohlichen Spinne wahrnehmen läßt. Der jüngere Bruder ist vielfach der teilnehmende Zeuge dieses Persönlichkeitsverfalls, der Mann und der Vater bleiben schwache, überforderte Zuschauer. Der folgende Film, *Licht im Winter*, konzentriert sich auf die Figur eines Pastors, der den Glauben (und den Bezug zu seinen Mitmenschen) verloren hat. Ungeachtet aller Anfechtungen vollzieht er in der letzten Sequenz den Gottesdienst, obwohl nur ein Mensch, eine Frau, die ihn liebt, anwesend ist. Der streng und unerbittlich erzählte Film hat den Charakter eines philosophischen Kammerspiels: wenn die Mitte des Lebens abhanden gekommen ist, der alles verständlich machende, rechtfertigende Glaube an einen begreiflichen Gott, bleibt nur noch der starre Ritus übrig, um sich am Leben zu erhalten (zu dieser Zeit war Bergmans Vater übrigens noch keineswegs gestorben).

Der Abschluß der »religiösen Trilogie« – wenngleich die Abwesenheit religiöser Gewißheit wie bei einem Negativbeweis, daß es etwas nicht gibt, diesen Film auszeichnet – hat den größten Publikumszuspruch gefunden: *Das Schweigen*. Kaum ein Film dieser Epoche hat so viele theologische Deutungen nach sich gezogen, als wäre hier Samuel Becketts vergebliches Warten auf Godot – die Demonstration einer Welt, in der alles, was Gott heißen könnte, fernbleibt – in einen Film übertragen, dessen Titel bereits in diesem Sinne sprechend die Verweigerung einer Auskunft von ›drüben‹ signalisiert. Noch während des Vorspanns ist das Ticken eines Weckers zu hören. Es bricht ab, als ein Eisenbahnabteil sichtbar wird; im Fensterausschnitt wandert eine monotone, karstige Landschaft wie auf einem Prospekt vorbei. Dazu ist ein synthetisches, falsches monotones Zuggeräusch zu hören. Von nun an sind die Elemente der Umwelt auffällig fremdartig, gar unheimlich, abweichend von der allgemeinen Erfahrung. Die Handlung zwischen den drei Hauptpersonen, zwei Schwestern und einem Jungen, ist hingegen realistisch, sinnfällig und nachfühlbar: ein Wirklichkeitskern in alptraumhafter Umhüllung. Die jüngere sinnliche Anna (Gunnel Lindblom) und die ältere, intellektuelle Ester (Ingrid Thulin) fahren mit Johan, dem etwa zehnjährigen Sohn von Anna, durch ein unbekanntes Land und beziehen ein Hotelzimmer in einer Stadt, deren Einwohner eine für sie unverständliche Sprache reden. Ester ist krank, wird von schweren Anfällen geschüttelt, bleibt am Ende allein zurück, beinahe tot. Anna erlebt eine lustvolle Vereinigung mit einem Kellner, einem Fremden, mit dem der Austausch der Rede unmöglich scheint. Sie verläßt mit dem Jungen die Stadt. Der Junge indes hat sich in der Zwischenzeit von seiner Mutter abgenabelt. Er steht zwischen den beiden Frauen, hat gleichsam eine Entwicklung durchgemacht. Ein riesiges, weitgehend unbewohntes Hotel aus der Zeit der Jahrhundertwende umschließt die Reisenden wie ein Labyrinth oder eine Festung. In den Dialogen der Schwestern ist der Vater gegenwärtig, der vor allem Ester beeinflußt hat. Sie ist kopfbestimmt, hat sich durch Tüchtigkeit in ihrem Beruf definiert und gelernt, ihre Sexualität zu hassen und zu verdrängen. Ihre Rolle als Frau scheint sogar die falsche Rolle für sie. Im Lauf der Handlung, je schwächer und sterbenskranker Ester wird, nimmt ihre Kontrolle über die jüngere Schwester Anna ab. Ester verliert ihre Macht, bisher hat sie gierig, fast vampirisch an den erotischen Abenteuern der Schwester als inquisitorische Zuhörerin teilgenommen und sich mit rabiater Eifersucht an Anna geklammert, als sei sie nicht ihre Schwester, sondern ihre abtrünnige Geliebte. Anna dagegen scheint unter der äußeren und inneren Hitze zu leiden, sie ist gegenwärtig durch ihren Körper und gehorcht dessen Bedürfnissen. Beide Figuren könnten Abspaltungen einer komplexen Identität sein.

Der Film erzählt, eindeutig und suggestiv noch heute, vom Drama der Befreiung aus Abhängigkeiten, der Ablösung von herrschsüchtigen Vaterfiguren und deren Stellvertreterinnen, die beschützen, aber auch bedrängen, vom Drama des Selbständigwerdens, das auch für Erwachsene nicht abgeschlossen ist, das immer mit Entfremdung und selbst Todeswünschen für die alten Bezugspersonen und Autoritäten einhergeht. Dieses Drama ist nicht leicht in Sprache zu übersetzen – vielleicht gewinnt auch unter diesem Aspekt der Titel Sinn. Zu diesem Prozeß gehört auch die Billigung jener kaum beherrschbaren Lebensmächte, die im seinerzeit geltenden Kulturmodell als Triebe abgekanzelt worden sind. Genaue Details, die sich der schnellen Interpretation entziehen, verleihen dem *Schweigen* sinnliche Anschaulichkeit. Bergman verrennt sich nie in blasse Gedankenkonstruktionen (wie sie seine Interpreten in den sechziger Jahren vielfach liebten). Diese Inszenierung des Konkreten – vielfach durch den Blick des jungen Johan motiviert – als Gegenbewegung zur allegorischen Konfiguration von Geist (Ester) und Körper (Anna), Über-Ich und Es, Verstand und Gefühl, erhebt den Film zum außerordentlichen Kunstwerk. Die seinerzeit schockierenden Beischlaf-Szenen fungieren als Ausdruck dessen, daß sich Menschen hier bestätigen, sie seien körperlich wirklich noch da – in einer Art Abwehr des allseits bedrängenden und voranschleichenden Todes. Nach dem Abschluß dieser Trilogie hat Bergman im Rückblick erklärt, ihn habe das religiöse Problem, auch die Provokation der im hohen Grad bezweifelten Vaterautorität nicht weiter bekümmert und bedrängt – diese Aussage wird teilweise dadurch relativiert, daß in seinem letzten großen Film, *Fanny und Alexander*, die Vatergestalt wiederkehrt, ebenso Entsetzen und Erbärmlichkeit, die mit ihrem Anblick für Bergman verbunden sind.

Spätestens in *Persona* (1966) weicht Bergman von dem Realismuskonzept ab, das er noch in den fünfziger Jahren befolgt hat. Dieser Film, mindestens ebenso verstörend, rätselhaft und vieldeutig wie sein Vorgänger *Das Schweigen*, präsentiert einen neuen ›Surrealismus‹, der sich in manchen Filmen der sechziger Jahre durchzusetzen scheint. Bereits der Auftakt in *Persona* verblüfft durch ein traumhaft anmutendes Nacheinander von Einstellungen, von denen einige wie Fundstücke wirken. Die Brennstäbe eines Kohlenbogenprojektors entzünden sich, bis der Lichtbogen aufflammt und der Filmstreifen zu laufen beginnt. Man sieht alte Menschen, die aufgebahrt liegen, glaubt, man sei in der Leichenhalle eines Krankenhauses, bis ein Telefon klingelt, im selben Raum ein Junge erwacht und zu lesen beginnt, später die unscharfe Großprojektion zweier weiblicher Gesichter abtastet. Bruchstücke eines alten Slapstickfilms koexistieren mit Bildern einer Schlachtung, ein Nagel wird durch eine Hand getrieben (ein unverkennbar christologisches Motiv). Diese Versammlung vermischter Aufnahmen erfüllt den Tatbestand der surrealistischen Assoziation unvereinbar scheinender Einzel- und Fertigteile. Der gemeinsame Nenner der unverbunden aneinandergeschobenen Bruchstücke: es handelt sich um Material für den Film schlechthin, ein Medium, das, sobald es auf erzählerischen Konservativismus und vertraute künstliche Kontexte verzichtet, offensichtlich von Haus aus eine surrealistische Imaginationsmaschine zu sein scheint. Die eigentliche Handlung läßt anfangs die Collage des Auftakts wieder vergessen. In beinahe karger, asketischer Manier wird von einem klinischen Fall erzählt, einer Schauspielerin, die mitten auf der Bühne einen Lachanfall bekam und zu schweigen begann. Die Ärztin, die dieses Schweigen nicht durchbrechen kann, empfiehlt eine Kur in ihrem Landhaus am Meer und beauftragt eine Krankenschwester zur Begleitung der Patientin. Zwischen den beiden Frauen, Elisabet, der Schauspielerin (Liv Ullmann), und Anna, der Krankenschwester (Bibi Andersson), etabliert sich zunächst ein freundschaftliches Verhältnis. Die ständig sprechende Krankenschwester Anna drängt die beteiligt zuhörende Elisabet allmählich in die Rolle des Arztes Freudscher Prägung. Nachdem sich Anna von der schweigenden Elisabet in einem Brief ironisch glossiert und dadurch verraten sieht, kommt es zu einem offenen Kampf. Anna merkt, wie sie sich allmählich in die Existenz von Elisabet zu verlieren scheint, ihre eigene Identität aufzugeben droht. Elisabet dagegen füllt ihr leergepumptes Reservoir an Fiktionen auf und verzehrt das Leben von Anna allmählich wie ein Vampir (eine bei Bergman immer wieder angesprochene Problematik: der Vampirismus der Künstler). Schließlich trennen sich die beiden Personen wieder, der Sommer ist zu Ende. Der Film zerfällt in einzelne Bildschübe, Wiederholungen und Varianten von Szenen. Am Ende erlischt auch der Kohlebogen, als wolle Bergman ausdrücklich darauf hinweisen, daß die Zuschauer nur in eine Kinovorstellung involviert gewesen seien. Verweise, Chiffren, Motive drängen sich in *Persona* zu einem ›Cluster‹ bedeutungsstiftender Hinweise zusammen, als wären sie bisweilen nur Zitate aus einem überlieferten Katalog von Zeichen. Selbst das Traumhafte weiter Strecken findet keinen Abschluß oder Übergang in ein Wachbewußtsein. Es ist in vielen Momenten nicht eindeutig auszumachen, ob die Kamera nur ein neutraler Beobachter wie ein Spiegel ist oder die Perspektive einer der Frauen einnimmt. Die Erzählinstanz verschwimmt, die Grenzen verfließen zwischen der kollektiven Realität, der alle Figuren der Erzählung angehören könnten, und der besonderen Realität, die die Traumzone einer Figur ausmacht. Zwischen greifbar Konkretem und Eingebildetem kann immer weniger unterschieden werden. Die radikale, geradezu avantgardistische Ästhetik des Films verschränkt sich mit der Analytik zweier Frauen, wobei die Schauspielerin Bibi Andersson einmal darauf aufmerksam machte, daß sie während des Spiels das Gefühl nicht habe verdrängen können, sie spiele die Rolle Ingmar Bergmans, der einer schweigenden Person (einst war es ein schweigender Gott) gegenüber in Verzweiflung gerate.

Während Bergman in *Wie in einem Spiegel* noch von außen, wie vor einer Bühne beobachtet, wie die weibliche Hauptfigur unaufhaltsam in ihre Wahnwelt hineindriftet, wird dieses Verlorengehen der ursprünglich vertrauten Menschen in einem Netzwerk von Obsessionen, Angstgespinsten, Einbildungen in den vier auf Bergmans Wahl-Insel Fårö gedrehten Filmen (auf der er bis zum heutigen Tag wohnt) – von *Persona* bis *Passion* (1969) – mit mehr Beteiligung, aus geringerem Abstand gesehen. Hervorzuheben wären die beiden Filme *Die Stunde des Wolfs* (1967) und *Schande* (1968). *Die Stunde des Wolfs* greift auf die romantische Symbolik zurück, zitiert ausdrücklich E. T. A. Hoffmanns Erzählung »Der goldne Topf«, verzichtet indes auf alles Poetisch-Spielerische: In der Retrospektive wird von einem Maler erzählt, der mit seiner Frau auf einer Insel ist und allmählich in den Bann fremder Mächte oder Figuren gerät, die zum Teil auch für seine Frau Gestalt annehmen. Er selber kann sich diesem Sog nicht entziehen und endet schließlich sterbend im Dickicht des undurchdringlichen Gehölzes, im unendlichen Labyrinth seines Phantasmas. Bergman wählt in *Die Stunde des Wolfs* – einem bisher nie genug gewürdigten Film – ein erzählerisches Verfahren, das in der Literatur vor ihm E. T. A. Hoffmann und Franz Kafka angewendet haben. Er setzt die Welt der Imagination aus genau umrissenen Einzelheiten zusammen, die als Ganzes jedoch eine verrückte, beängstigende, unheimliche Trugwelt ergeben. Daneben reproduziert er auch die Licht-Schatten-Komposition des deutschen expressionistischen Stummfilms. Wie ein Magnet zieht er unterschiedliche Symbol- und Stilregister an sich. Oft überlagert der sinnliche Reiz die Epiphanie des Schreckens – wie bei der nackten Geliebten, die plötzlich aus der Starre des Todes zur Lebendigkeit eines Vampirs zu erwachen scheint. Im nachfolgenden Film *Schande* wird ein junges Paar (wieder von Liv Ullmann und Max von Sydow gespielt) einem Kriegsgeschehen ausgesetzt, dem es nicht entrinnen kann. Zurückgezogen leben sie auf einer Insel – die Aufnahmen wurden auf Fårö gedreht. In der Mitte des Films äußert die junge Frau die Vermutung, daß sie im Traum eines Menschen wäre, der sich dieses Traums schämen müßte, sobald er aufwacht: eine dem barocken »Das Leben, ein Traum«-Topos entsprechende Idee. Die Kriegsereignisse verwandeln den wehleidigen und introvertierten Musiker zu einem rücksichtslosen und gewalttätigen Menschen, der am Tod anderer schuldig wird. Motive der einander bekämpfenden Heere, Fraktionen, Völker werden nicht klar, es handelt sich um Ereignisse von tödlicher Ziellosigkeit, die den Eindruck erwecken, die Figuren wären tatsächlich von einem bösen Traum umfangen, der nicht enden will. *Schande* enthält viele suggestive Bilder, die die Kriegsgreuel illustrieren; erwähnt sei etwa der Schluß: Das Ehepaar und einige andere schwache Überlebende treiben in einem Boot auf der See, um sie herum schwimmen lauter Leichen: das massenhafte Sterben als Rückfall des einzelnen in die kollektive Anonymität. Daß Kriegsgeschehnisse den Mann zu einem rücksichtslosen und eigensüchtigen Vieh verkommen lassen, vor den Augen einer einst dominanteren Frau, die beinahe fassungslos, wehrlos dieser schrecklichen Metamorphose zuschauen muß, könnte beinahe als ›Lehre‹ aus der Erzählung gezogen werden. Der angeblich unpolitische Bergman hat mit *Schande* einen zweifellos politischen Film gedreht, wenngleich er es vermieden hat, die miteinander rivalisierenden Parteien zu benennen oder in Gute und Böse zu unterteilen (was ihm die zeitgenössische Kritik sofort verübelt hat).

Anfang der siebziger Jahre entzerrte Bergman dieses Ineinander von scheinbar realer Nahwirklichkeit und imaginärem Kontext, des Bezugssystems der handgreiflichen Wirklichkeit und der Traumkonstruktion oder Imagination. Doch behält er das Prinzip der Irrealisierung bei, um bei Gelegenheit die Handlung zu vertiefen und die Oberfläche des Anschaulichen zu durchbrechen. In *Schreie und Flüstern* (1973) wird das Sterben einer kranken Frau (Harriet Andersson) von ihren beiden Schwestern (Ingrid Thulin und Liv Ullmann) und einem Dienstmädchen (Kari Sylvan) verfolgt. Während die Schwestern ihren Egoismus nie überwinden können, wird das Dienstmädchen, das selbst ein Kind verloren hat, zur selbstlosen Hilfe. Berühmt geworden ist das Bild, in dem die junge lebensdralle Frau die schwache Kranke an ihren nackten Oberkörper drückt und über den Knien hält, wie dies die Mutter Gottes mit dem Gekreuzigten im traditionellen Pietà-Typus vorführt. *Schreie und Flüstern* pendelt zwischen den verschiedenen Zeitebenen, Vergangenheit und Gegenwart, mühelos hin und her. Die Farbfotografie von Sven Nykvist (der dafür den Oscar erhielt) betont die roten Wände der Innenräume. In einem Interview erklärte Bergman, daß er sich seit der Kindheit die Innenseite der Seele als eine feuchte Haut in roten Nuancen vorgestellt habe und daher das ganze Interieur des Films wie im Traum erscheinen solle. Auch in *Schreie und Flüstern* durchbricht Bergman die Konvention des realistischen Erzählstils, wenn er die Abgründe hinter den sozial nicht weiter auffälligen Masken, personae, seiner Protagonisten aufdecken will. Eine immer wieder zitierte Schocksequenz handelt von der Selbstverstümmelung einer der beiden Schwestern (Thulin), die sich ihrem kalten Mann nicht weiter willfährig hingeben will, den Ausbruch aus einer scheinbar ausweglosen und dürftigen Existenz sucht und eine Art Ersatzekstase darin findet, daß sie sich die Glasscherbe eines von ihrer Hand zerschlagenen Weinglases in die Scheide einführt und höhnisch diesen blutigen Akt der Selbstverweigerung dem fassungslosen Mann im Ehebett präsentiert.

Während all diese Filme die Grenzen der bürgerlichen Vorstellungskraft durchstoßen und Not und Elend des Menschen, der sich seiner nicht mehr sicher sein kann, vor allem an Frauen exemplifizieren, beschränkt sich Bergmans größter Publikumserfolg in den siebziger Jahren, die Fernsehreihe *Szenen einer Ehe* (von der es auch eine konzentrierende Kinofassung gibt, 1973), auf den Rahmen des bürgerlichen Dramas. *Szenen einer Ehe* findet vor allem deshalb so nachdrückliche Zustimmung, weil Bergman mit gewissenhafter Akribie alle möglichen Etappen einer Ehekrise mit anthropologischer Kennerschaft und nicht selten verhaltener Ironie vorführt, wozu das pointierende Spiel Liv Ullmanns und Erland Josephsons nachdrücklich beitragen. Nicht zu den kleinen Werken Bergmans sollte seine wunderbar heitere Verfilmung von Mozarts *Zauberflöte* (1975) gerechnet werden, die indes häufiger in der Musikkritik als in der Filmkritik Anerkennung gefunden hat. Die Produktionen seiner Exilzeit, *Das Schlangenei* (1977), *Herbstsonate* (1978) oder *Aus dem Leben der Marionetten* (1980), durchbrechen oft nicht die Maskenstarre der Protagonisten, verstärken sie eher, akzentuieren das Unauflöslich-Fremdartige und verwehren tröstliche Abschlüsse.

In *Fanny und Alexander* (1982) krönt Bergman sein Lebenswerk mit einem zum Familienbild erweiterten Porträt des Künstlers als eines Jugendlichen von zwölf Jahren. Es geht weniger um Fanny als um Alexander, der seinen leiblichen Vater verliert, dessen Mutter einen Bischof heiratet, der zum Alptraum des jungen Menschen wird: zur Verkörperung einer bedrohenden Vaterautorität, die straft und demütigt. Der weise Jude Isak Jakobi (Erland Josephson) rettet die Kinder aus den ›Verliesen‹ des Bischofssitzes, durch ein bißchen Trickbetrug, durch ein bißchen geheimnisvolle Magie – wie alle Künstler-Scharlatane, die zwischen Pathos und Schmiere schwanken, denen Bergman stets seine Achtung erweist. Als Alexander (Bertil Guve) den falschen Vater abgeschüttelt zu haben meint – der Bischof ist, wie von dem fernwirkenden Haß des Jungen entzündet, eines Nachts verbrannt –, ereilt ihn dennoch der Schatten dieses Ungeheuers, eine Hand legt sich auf seine Schulter und eine Stimme verspricht, daß er, Alexander, ihn nie vergessen und abschütteln werde. Der Film verengt seinen Blick nicht nur auf Alexander, der in seiner lebhaften Phantasie immer wieder zu bemerken scheint, daß das Unbelebte sich belebt zeigt, daß Geister durch die Räume der irdisch so fest Verwurzelten hindurchzugehen scheinen (die Lektüre von Bergmans Lebenserinnerungen erhellt, wie viele Episoden und Eindrücke der eigenen Jugendzeit in den Film übertragen worden sind, so daß Alexander zu Recht als ein zweiter Ingmar angesprochen werden könnte). *Fanny und Alexander* ist zugleich ein Familiengemälde, in dem die skurrilen und vitalen Männerfiguren ihr Wesen treiben, oft zu Lasten von Frauen, die manchmal nur zögernd oder unwillig sich in das Spiel der Mächtigen ›einfügen‹. Sehnsüchtiger Zauber umgibt die Feste, die Zeremonien, das Zusammensein aller, als wäre nur in der Harmonie, wenn sie auch labil ist und an vielen Ecken schon angekratzt, der alten und der jungen Generationen, der Herrschaften und der Dienerschaft, selbst der Geschlechter etwas vom Paradies auf Erden, so weit es überhaupt denkbar ist, erhalten. Zwei sanft dominierende Frauen beschließen mit ihrem Dialog den Film, die Großmutter und die Mutter, gemeinsam bereiten sie die Aufführung von Strindbergs »Traumspiel« vor, dem der Dramatiker die Sätze vorangeschickt hat: »Alles kann geschehen, alles ist möglich und wahrscheinlich. Raum und Zeit existieren nicht. Auf einem unbedeutenden wirklichen Grunde spinnt die Einbildung weiter und webt neue Muster.« Besser als die amputierte dreistündige Kinofassung zeigt die fünfstündige Fernsehfassung, welcher Reichtum an Motiven über diesen Film verstreut ist, der das Recht der Imagination, des phantasievollen Fortspinnens dürftiger Wirklichkeit gegen die sadistisch seelenlose Einengung und Einzwängung durch bürgerlich protestantische Moral verteidigt und feiert. Vor Alexander baut sich in der verwirrenden Märchenhöhle der Wohnung des Juden Isak eine überlebensgroße Marionettenpuppe auf, die sich pompös als Gott ankündigt, dann aber als Popanz entlarvt wird. Kurz danach begegnet er, der frisch gebackene Atheist, einer merkwürdig zwischen den Geschlechtern schillernden Figur, die tief in seine Seele sieht – also gibt es magisch begabte Menschen, die die Fassade der anderen mit ihrer Einfühlung durchdringen können, um im Herzensgrund zu lesen, selbst wenn der voller Schlangen sei.

Auf *Fanny und Alexander* folgen in großen Abständen einige Fernsehwerke, von denen vielleicht das letzte noch eine kurze Betrachtung verdient: *Dabei: Ein Clown* (1997). Ein in Wutanfällen tödlich gefährlicher Ingenieur und ein verrückter Professor drehen zusammen mit der Geliebten des Ingenieurs einen Film über eine Liebe des romantischen Komponisten Franz Schubert. Sie führen diesen Film im Film – Zeit der Rahmenhandlung soll 1925 sein – mitten im Winter in einer kleinen Gemeinde vor, als die Apparatur ausfällt. Sie müssen den Rest der Geschichte als Schauspiel ihrem Publikum vorführen. Dabei entsteht eine freundschaftlich solidarische Nähe zu ihren Zuschauern, die sich anschließend herzlich für den Abend bedanken. Das Theater scheint über die Technik des Films gesiegt zu haben. Da dies in Form eines Films erzählt wird, ist die Konkurrenz zwischen den Künsten offenbar doch nicht endgültig entschieden. Der gespenstisch weiß geschminkte Clown, der immer wieder auftaucht, gespielt von einer Frau, ist der Tod. Seine unvermutete Erscheinung läßt das Lächeln erstarren.

Die psychologisch so eindringlichen Filme zwischen dem *Siebten Siegel* und dem vergleichsweise üppigen Abschlußwerk *Fanny und Alexander* sind in ihrer Mehrheit Kammerspielfilme. Damit greift Bergman die Tradition des skandinavischen Theaters auf, konzentriert die Handlung auf wenige Figuren und zentrale Konflikte, die in mehreren Schichten erst aufgegraben werden müssen. Er gewinnt die Möglichkeit, ausführlicher und nachdrücklicher die Großaufnahme zu verwenden, als es je zuvor in der Filmgeschichte geschehen ist (mit der Ausnahme von Carl Theodor Dreyers *Passion der Jungfrau von Orléans*, 1928). Es wäre zu präzisieren: Nicht immer hält sich Bergman bei den insistierenden Großaufnahmen einzelner Gesichter auf, häufig wählt er auch Naheinstellungen auf zwei Gesichter, die manchmal, wie in unterschiedlichen Glasschichten eingefroren, obwohl im selben Raum, für immer getrennt voneinander scheinen, eine Art von Intimität suggerieren, die häufig trügerisch ist: So versteinert zum Beispiel in *Die Stunde des Wolfs* die ›Maske‹ des Mannes zur undurchdringlichen Skulptur, während das aufgeregte und aufgelöste Gesicht der Frau Sammelplatz all ihrer bedrängenden Ängste und Fragen ist. Der Impuls für die Annäherung an die Gesichter seiner Protagonisten ist immer derselbe: das Äußere, das Aufgesetzte, das zivilisatorisch Zurechtgemachte, die gesellschaftliche Außenseite zu durchstoßen, um hinter sie zu gelangen, die Zeichen der verborgenen Triebe, die Signatur des Verdrängten zu entziffern, Eingang zu erhalten in das Innere des Kopfes, des Körpers. Diese unvergleichliche analytische Energie Bergmans respektiert erstens den Anspruch der Schauspieler auf die Gestaltung einer Szene, die Artikulation einer Haltung, die Preisgabe des eigenen Körpers, zweitens das Bedürfnis der Zuschauer danach, Dinge, selbst wenn sie schwebenden Charakters sind, anschaulich und so deutlich wie möglich vorgeführt zu bekommen. Bergman erzählt beinahe immer, selbst wenn seine Dialoge bisweilen theoretische Argumente enthalten, in behendem Tempo, in vielen Einstellungen, in einem genau erfühlten Rhythmus. Seine handwerkliche Virtuosität ist oft über dem Nachdenken, welche Philosophie seine Filme verbergen und enthüllen, nicht ausreichend gewürdigt worden. Dabei hat sich seine Stilistik verändert: aus dem vergleichsweise konventionellen Realismus der Filme der vierziger Jahre entwickelte sich die raffinierte Ornamentik seiner Lustspiele, die tragikomische Kombinatorik der Filme gegen Ende der fünfziger Jahre, schließlich der Wechsel zum entgrenzten ›Surrealismus‹ der sechziger Jahre, verknüpft mit dem Wechsel des Kameramanns – von Gunnar Fischer, der drastische Hell-Dunkel-Kontraste herausarbeitet, zu Sven Nykvist, der subtile Abstufungen bevorzugt und die Spuren der inneren Verstörung in der Physiognomie der Dinge und Menschen zu lesen weiß. Die außerordentliche ästhetische Leistung Bergmans in *Das Schweigen, Persona* oder *Schreie und Flüstern* läßt die Wendung zum Dokumentierend-Registrierenden in der Erzählform einiger Filme der siebziger Jahre eher als bedächtige Rücknahme avancierter Erzählweisen erscheinen. *Fanny und Alexander* schließlich verbindet die Gelassenheit eines omnipräsenten Erzählers, der Erinnerungen rekonstruiert, mit dem Point-of-view eines jungen Menschen, für den viele Dinge noch ein unergründliches, geheimnisvolles Leben bekunden.

Vielleicht ist es richtig zu vermuten, daß Bergman, der bis in die sechziger Jahre hinein als Theaterleiter und auch später als Bühnenregisseur beinahe so fleißig gewesen ist wie als Filmregisseur, ohne große Schwierigkeit den filmischen Raum als einen Bühnenraum besonderer Art, als prinzipiell allegorische Sphäre betrachtete, in der sich mancherlei ereignen kann, was einem trivialen Wirklichkeitsverständnis verschlossen bleiben muß: das Neben- und Ineinander von Realien und Phantasien, in derselben handgreiflichen Konkretheit gegenwärtig, so daß es schwerfällt, säuberliche erkenntnistheoretische Trennungen vorzunehmen. Bergmans Bilder legitimieren die unbewußten Strebungen, die irrationalen Suchbewegungen, die Wunsch- und Schreckimaginationen, die über alle pragmatischen Beschränkungen seiner unbehaglich existierenden Figuren hinauswuchern: eben die andere, die verbotene und verborgene Seite der gesellschaftlichen Praxis.

Thomas Koebner

Filmographie: Hets / Die Hörige (1944) – Kris / Krise (1945) – Det regnar pa var kärlek / Es regnet auf unsere Liebe (1946) – Kvinna utan ansikte / Frau ohne Gesicht (1947) – Skepp till Indialand / Schiff nach Indialand (1947) – Musik i mörker / Musik im Dunkeln (1947) – Hamnstad / Hafenstadt (1948) – Eva / Eva (1948) – Fängelse / Gefängnis (1948) – Törst / Durst (1949) – Till glädje / An die Freude (1950) – Medan staden sover / Während die Stadt schläft (1950) – Sommarlek / Einen Sommer lang (1950) – Sant händer inte här / Menschenjagd (1950) – Franskild / Geschieden (1951) – Bris tval / Bris Seife (Werbung, 1951) – Kvinnors väntan / Sehnsucht der Frauen (1952) – Sommaren med Monika / Die Zeit mit Monika (1953) – Gycklarnas afton / Abend der Gaukler (1953) – En lektion i kärlek / Lektion in Liebe (1954) – Kvinnodröm / Frauenträume (1955) – Sommarnattens leende / Das Lächeln einer Sommernacht (1955) – Sista paret ut / Das letzte Paar (1956) – Det sjunde inseglet / Das siebte Siegel (1957) – Nattens ljus / Lichter der Nacht (1957) – Smultronstället / Wilde Erdbeeren (1957) – Nära livet / An der Schwelle des Lebens (1958) – Ansiktet / Das Gesicht (1958) – Jungfrukällan / Die Jungfrauenquelle (1959) – Djävulens öga / Die Jungfrauenbrücke (1960) – Såsom i en spegel / Wie in einem Spiegel (1961) – Lustgarden / Der Lustgarten (1961) – Nattvardsgästerna / Licht im Winter (1963) – Tystnaden / Das Schweigen (1963) – För att inte tala om alla dessa kvinor / Ach, diese Frauen (1964) – Stimulantia

(Episode: Daniel, 1963, UA 1967) – Persona / Persona (1966) – Vargtimmen / Die Stunde des Wolfs (1967) – Skammen / Schande (1968) – Riten / Der Ritus (1969) – En passion / Passion (1969) – Fårödokument 1969 / Dokument über Fårö (Dokumentarfilm, 1970) – Reservatet / Das Reservat (1970) – Beröringen / The Touch / Die Berührung (1971) – Viskningar och rop / Schreie und Flüstern (1973) – Scener ur ett äktenskap / Szenen einer Ehe (1972) – Trollflöjten / Die Zauberflöte (1975) – Ansikte mot ansikte / Von Angesicht zu Angesicht (1976) – Das Schlangenei (1977) – Herbstsonate (1978) – Fårödokument 1979 / Fårö-Dokument 1979 (Dokumentarfilm, 1979) – Aus dem Leben der Marionetten (1980) – Fanny och Alexander / Fanny und Alexander (1982) – Efter repetitionen / Nach der Probe (1984) – Det tva saliga / Die Gesegneten (1985) – Dokument Fanny och Alexander / Das Fanny und Alexander-Dokument (Dokumentarfilm, 1986) – Karins Ansikte / Karins Gesicht (1986) – Larmar och gör sig till / Dabei: Ein Clown (Fernsehfilm, 1997).

Literatur: I. B.: Mein Leben. Hamburg 1987. [Schwed. Orig. 1987.] – I. B.: Bilder. Köln 1991. [Schwed. Orig. 1990.]

Jörn Donner: The Personal Vision of Ingmar Bergman. Bloomington 1964. – Robin Wood: Ingmar Bergman. New York 1969. – Stig Björkman / Torsten Manns / Jonas Sima (Hrsg.): Bergman über Bergman. München/Wien 1976. – Hauke Lange-Fuchs: Der frühe Ingmar Bergman. Lübeck 1978. – Roger Manvell: Ingmar Bergman: An Appreciation. New York 1980. – Philip Mosley: Ingmar Bergman: The Cinema as Mistress. Boston 1981. – Peter Cowie: Ingmar Bergman. A Critical Biography. New York [2]1992. – L. Svenska Ahlander (Hrsg.): Gaukler im Grenzland. Ingmar Bergman. Berlin 1993. – Robert Emmet Long: Ingmar Bergman: Film and Stage. New York 1994. – Roger W. Oliver (Hrsg.): Ingmar Bergman. On Stage – On Screen – In Print. New York 1995. – Egil Tornqvist: Between Stage and Screen. Ingmar Bergman Directs. Amsterdam 1995.

Bernardo Bertolucci

*1940

Wie für viele junge Intellektuelle und Künstler seiner Generation war für Bernardo Bertolucci das Jahr 1968 das Jahr der Entscheidungen. Bertolucci, der sich mit seinem zweiten Film *Vor der Revolution* (1964) selbst als »eine Art Vorläufer« der Bewegung sah, trat in die KPI ein und drehte im April und Mai 1968 mit *Partner* eine von Dostojewski, Brecht, Artaud, Buñuel, Godard und dem Living Theatre inspirierte Parabel über Doppelgänger und den Zwiespalt des Bewußtseins, der beim Festival in Venedig nur auf Unverständnis stieß. Im fehlgeschlagenen Versuch, den Zuschauer »um jeden Preis zur Reflexion [zu] zwingen«, ist *Partner* rückblickend für Bertolucci »eine Art Manifest der Filmkunst von 1968«. Bertolucci traf noch eine Entscheidung, die für seine weitere, äußerst erfolgreiche Karriere, die ihn nach Hollywood führte – *Der letzte Kaiser* (1987) erhielt dort neun Oscars, darunter die für den besten Film und die beste Regie –, wegweisend wurde: die für den Primat der »Magie«, für die »Schönheit der Filmkunst« und den »filmischen Genuß« (Bertolucci), die gleichwohl reflektiert sind und Reflexion ermöglichen. Darin ist er »einer der späten Manieristen des Kinos« (K. Witte).

Bernardo Bertolucci, am 16. März 1940 in der Nähe von Parma als Sohn des Lyrikers und Kritikers Attilio Bertolucci geboren, verbrachte seine Jugend in Rom, in einem Elternhaus, in dem sich die einflußreichsten italienischen Intellektuellen der Zeit trafen, darunter Pier Paolo Pasolini, der zum Freund und Mentor wurde. Bertolucci drehte früh erste Amateurfilme, brach sein Literaturstudium ab und assistierte Pasolini bei dessen Filmdebüt *Accattone – Wer nie sein Brot mit Tränen aß* (1961). Von Pasolini erhielt er auch das Treatment zu *Gevatterin*

Tod (1962), seinem ersten Spielfilm, der in Venedig uraufgeführt, aber kein Erfolg wurde. Der Film erzählt von den Ermittlungen der Polizei im Mordfall an einer Prostituierten im römischen Subproletariat, dem damals von Pasolini bevorzugten Milieu, löst die Kriminalhandlung jedoch nach dem *Rashomon*-Prinzip in perspektivisch unterschiedliche Handlungssegmente auf. Das gibt dem Film, überwiegend mit Laiendarstellern entstanden, eine offene, eher lyrisch-assoziative Struktur, wobei Bertolucci, anders als Pasolini, die Welt des Subproletariats nicht ästhetisch zur tragischen Welt überhöht, sie jedoch auch nicht politisch analysiert. 1962 erhielt Bertolucci für seinen ersten und einzigen Gedichtband mit dem für seine weitere Filmarbeit signifikanten Titel »In cerca del mistero« (»Auf der Suche nach dem Geheimnis«), einer Proust-Anspielung, den angesehenen Premio Viareggio, verfolgte die literarische Karriere aber nicht weiter. Neben den Einfluß Pasolinis war der von Godard getreten. Dessen Film *Außer Atem* (1960) entschied, so Bertolucci, »über meine Zukunft«: die als Filmregisseur.

Verschiedentlich hat Bertolucci sein intellektuell-politisches und ästhetisches Koordinatensystem mit den Namen Marx und Freud, Stendhal und Proust, Pasolini und Godard, Verdi und Visconti umrissen, als ein von ihnen bestimmtes Interesse an der Konjunktion von Vergangenheit und Gegenwart, bewirkt durch Klassenkämpfe und die Macht des Unbewußten, durch den in vielen Filmen Bertoluccis zentralen ödipalen Vater-Mutter-Sohn-Konflikt. Die Verbindung von Marx und Freud offenbart sich in einem weiteren Thema Bertoluccis: der Neurose des Bürgertums, seiner Unfähigkeit, dem Leben noch einmal Form und Inhalt zu geben. Das Bürgertum existiert nur noch »vor der Revolution«, in einer Art Wartezeit, von der Bertolucci hoffte, sie sei die Endzeit. In den Opern Verdis, der großen melodramatischen Tradition, sieht Ber-

Bernardo Bertolucci

tolucci kollektive und individuelle Zeit im Melos verdichtet zu Momenten intensivster Emotion, auf die alle seine Filme nach 1968 angelegt sind: »Für mich geht es beim Filmemachen um Leben oder Tod.« Die Realismus und Ästhetizismus synthetisierenden filmisch-melodramatischen Tableaus Viscontis sind Vorbilder, und der »Schauplatz der Geschichte wird zum Theater der Affekte« (K. Witte). Der »späte Manierist« Bertolucci ist seit Ende der sechziger Jahre auch ein spätbürgerlicher Melodramatiker.

Vor der Revolution (1964), Bertoluccis zweiter, sein erster selbständiger, fast autobiographischer Film, ist eine an Stendhals »Kartause von Parma« sich vage anlehnende filmische Exploration des Bewußtseins eines jungen bürgerlichen Intellektuellen im Parma der Gegenwart, der mit seiner Tante ein inzestuöses Verhältnis hat, politisiert ist und mit seiner Klasse brechen will, aber neurotisch gefangen bleibt im Gestus des Vater- und Königsmordes und nicht zum Macbeth wird.

Weitere Projekte konnten zunächst nicht realisiert werden. Bertolucci arbeitete für das Fernsehen als Dokumentarfilmer und mit Dario Argento als Szenarist für Sergio Leones *Spiel mir das Lied vom Tod* (1969). Mit Julian Becks Living Theatre drehte er die experimentelle Episode *Agonia* zu dem Film *Liebe und Zorn* (1967, andere Episoden stammen u. a. von Pasolini und Godard) und dann *Partner* (1968), beides Versuche, sich in jeder Hinsicht des eigenen Standortes, politisch und ästhetisch, aber auch unmittelbar lebensgeschichtlich – Bertolucci hatte sich in psychoanalytische Behandlung begeben –, zu versichern durch ein Entäußern extremer Zustände des Bewußtseins und durch deren Inszenierung. Ihm galt es, mit den »Vätern«, der Tradition, der bürgerlichen Gesellschaft und Kultur abzurechnen, aber auch mit den ideellen Vätern der Revolte Schritt zu halten.

In dem von der RAI produzierten Kino- und Fernsehfilm *Die Strategie der Spinne* (1970), angeregt von einer Kurzgeschichte des argentinischen Manieristen Borges, eröffnet er, in einer komplex angelegten Montage von Zeitebenen, einen Diskurs über Geschichte und Erinnerung, über den italienischen Faschismus und die Mythen des Widerstands und erweitert ihn zu einer Vater-und-Sohn-Geschichte: Ein junger Mann, zurückgekehrt in seinen Heimatort, erfährt, daß sein Vater kein antifaschistischer Held war, sondern ein Verräter. Der Sohn bleibt im Bann des Mythos der Vergangenheit und entlarvt den Vater nicht. Mit Vittorio Storaro an der Kamera und Franco Arcalli als Cutter entwickelt Bertolucci hier den Stil, in dem seine Themen nun Form werden: eine höchst artifizielle Licht- und Farbdramaturgie emotionaler Verfremdung und Verdichtung zugleich, Plansequenzen, die Perspektiven entfalten, wieder konzentrieren und dann erneut auflösen, eine poetische Montage der Durchdringung nicht allein von Zeiten und Räumen, sondern auch von Kollektiv- und Individualgeschichte, eine insgesamt fiebrige Atmosphäre der historischen Neurose nach dem Ende des Faschismus und dem Ausbleiben der Revolution.

Fast nahtlos schließt sich thematisch *Der große Irrtum / Der Konformist* (1970) an, die Verfilmung eines Romanes von Alberto Moravia, mit bedeutsamen Unterschieden. Erstmals arbeitete Bertolucci mit einem großen Budget, mit einem Star des europäischen Kinos, Jean-Louis Trintignant, und erstmals suchte er ein großes Publikum, doch der Film macht keinerlei Zugeständnisse. *Der Konformist* ist die Spektralanalyse eines faschistischen Charakters, des bürgerlichen Intellektuellen Clerici (Trintignant), der die als traumatisch erfahrene eigene Homosexualität durch völlige Integration in das System des Faschismus negieren will, deren extremster Ausdruck seine Bereitschaft ist, seinen ehemaligen Philosophie-Professor und geistigen Vater, den Antifaschisten Quadri, zu ermorden. In einer Proustschen Poetik des Erinnerns und Vergegenwärtigens von Zeit durchdringen Reales und Imaginäres einander, werden Identitäten und Geschlechterkonstruktionen fragwürdig. Dem Film wurde oft eine Traumstruktur zugesprochen, die den politischen Gehalt neutralisiere, ein Ästhetizismus in Ausstattung, Kostümen, in Licht- und Farbgebung und in der Eleganz der Kameraarbeit von Storaro, ein Schwelgen in der Filmästhetik der dreißiger und frühen vierziger Jahre. Doch der Stil der Irrealität und der Simulation macht gerade das Politische aus: Bertoluccis bürgerliche Protagonisten sind von der Wirklichkeit immer getrennt, sogar von der Wirklichkeit ihres Lebens, die sie nur als (Alp-)Traum erfahren.

Als Kontrapunkt dazu drehte Bertolucci 1971 einen Werbespot für die KPI über das Elend in Rom, und wieder als Kontrapunkt dazu *Der letzte Tango in Paris* (1972), den P. Kael nach seiner Premiere beim Filmfestival in New York in seiner Bedeutung für die Film-, ja für die Kulturgeschichte, in seiner »hypnotischen Erregung«, seiner »primitiven Kraft« und in seinem »mitreißenden Erotizismus« nur mit der Premiere des »Sacre du Printemps« 1913 vergleichen wollte. *Der letzte Tango in Paris* war der Skandalfilm der frühen siebziger Jahre, und alle Verwerfungen, alle gerichtlichen Klagen und Verbote trugen zu seinem Nimbus und zu seinem ungeheuren kommerziellen Erfolg bei. Bertolucci wollte schockieren, und er wußte, wodurch sich die bürgerliche Kultur, die die »sexuelle Revolution« (Wilhelm Reich) integriert hatte, noch schockieren ließ: durch die Darstellung kruder, emotional, ja personal abgelöster Sexualität. Das Sakrale, die transzendierende Kraft, ist dem Sexus genommen worden; es bleibt das wahnsinnig-verzweifelte Suchen nach dem Körper, dem eigenen und dem des Partners, in einer fremd gewordenen Welt. Diesen letzten Tango, metaphorisch für die Verbindung von Eros und Thanatos, tanzen ein in Paris gestrandeter alternder Amerikaner (Marlon Brando) und eine junge Pariserin (Maria Schneider), in exquisitem Licht und in den Farben der Gemälde Francis Bacons, ein Endspiel der Deformation, bis sie ihn, den mythischen Über-Vater und Geliebten, mit der Waffe ihres Vaters erschießt. Nie zuvor wurde derart rüde in Filmkunst agiert und geredet, und nie mehr danach wurde das, trotz unzähliger Imitate, derart elegant und schmerzlich inszeniert; für Bertolucci, wie er gestand, ein persönlicher Exorzismus, ein Befreiungsschlag von eigenen Traumata und zugleich – via Brando – der Anschluß an Hollywood. Der Erfolg dieses Films ermöglichte nicht nur die bis dato teuerste europäische Koproduktion seines Jahrhundertfilms *1900* (1976), sondern auch die Beteiligung der Paramount.

1900, geschrieben von Bertolucci, Franco Arcalli, seinem Cutter, und dem Bruder Giuseppe Bertolucci, sollte eine Summe sein, seine »Suche nach der verlorenen Zeit«, ein Kampf gegen den »Gedächtnisverlust« (Bertolucci) durch die Entfesselung des Körper-Gedächtnisses der Opfer und der Täter in der ersten Hälfte dieses vom Kampf des Sozialismus gegen den Faschismus geprägten Jahrhunderts. Der Film erzählt die Parallelgeschichte zweier Männer, die zu Beginn des Jahrhunderts, am Todestag Verdis, als Sohn eines Gutsbesitzers (Robert De Niro) und als Sohn eines Landarbeiters (Gérard Depardieu) geboren werden, die als Kinder Freunde sind und dann durch den Klassenantagonismus zu politischen Feinden werden, bis der Herr im Jahr der Befreiung 1945 in einem rituellen Akt abgesetzt wird, wobei Bertolucci die roten Fahnen, an Bilder der chinesischen Kulturrevolution erinnernd, ekstatisch schwingen läßt. Noch als greise Männer sind die beiden, Herr und Knecht, ineinander verbissen – keiner siegt endgültig. Die Legende spricht von einer achtstündigen ersten Fassung, die nach vielen Einsprüchen gekürzt werden mußte auf eine fünfeinhalbstündige; in den USA kam der Film nur völlig verstümmelt in wenige Kinos. Als Bertolucci den Film in Cannes 1976 außer Konkurrenz präsentierte, waren die Meinungen geteilt. Man warf ihm nun, nach *Der letzte Tango in Paris*, erneut Spekulation und Kolportage vor, Verrat an der politischen Intention, Ausverkauf an Hollywood. In der Tat ist der Film ein von Bertolucci gewollter »historischer Kompromiß«, analog zu dem damals in Italien sich abzeichnenden zwischen der KPI und den regierenden Christdemokraten: ein zum linken Historienspektakel tendierendes Epos großer Schauwerte, das die Kolportage nicht scheut. Die bäuerliche Welt wird von Storaro fast zu plakativ vergoldet. In sie bricht der Faschismus symbolisch als Herbst und Winter grau und weiß ein, um im Frühjahr überwunden zu werden. Der unverhohlene biologische Materialismus von *1900* kulminiert in einer melodramatischen Körper-Politik, die die sexuelle Dekadenz der Bourgeoisie und der Faschisten in Gegensatz bringt zur ›natürlichen‹ Lebensweise und Sexualität der Bauern und Arbeiter, deren ›Urkraft‹ denn auch fast naturwüchsig das Unheil besiegt.

Der in *1900* weit aufgefächerte Schauplatz der Geschichte verengt sich danach immer mehr. *La Luna* (1979) ist ein Melodrama psychoanalytischer Urszenen, das im Inzest von Mutter und Sohn kulminiert, aufgeladen mit Weiblichkeitsmythen, die vom Mondzyklus bis zu Marylin Monroe reichen, mit Szenen aus Verdi-Opern und Reminiszenzen an Bertoluccis revolutionär-politische Vergangenheit, mit Erinnerungen an Pasolini und Selbstzitaten: ein opulent inszeniertes Psycho-Puzzle. Fast von Brechtscher und Godardscher Strenge hingegen ist die Inszenierung von *Die Tragödie eines lächerlichen Mannes* (1981), einer bitteren Farce über die Unübersichtlichkeit der politischen Situation in Italien und deren Auswirkung im Privat-Intimen, einem Vater-Sohn-Konflikt, der ungelöst bleibt, wie Bertolucci wohl auch keine Lösung der politischen Konflikte mehr zu sehen vermochte und Italien und Europa verließ.

Bertoluccis Phase des »Orientalismus« (Y. Loshitzky) beginnt mit *Der letzte Kaiser* (1987), der episch-achronologischen Erzählung des Lebens von Pu Yi, des letzten Kaisers von China (John Lone), und seiner erzwungenen Wandlung vom Autokraten zum Bürger in Maos Volksrepublik. Erstmals durfte ein Filmteam in der Verbotenen Stadt der alten Kaiser drehen, und Bertolucci und Storaro inszenieren diese in sich geschlossene Welt zu einem (westlichen) Traum von stillstehender Zeit, zu einem Labyrinth, das Gefängnis und mythischer Mutterleib zugleich ist, in das die Geschichte mit Macht einbricht und alles verändert. Allerdings feiert Bertolucci die chinesische Revolution, vor allem die barbarische Kulturrevolution, nicht mehr. Der exotistische Traum von einer anderen Welt enthält durchaus Elemente der Selbstkritik des ehemaligen Kulturrevolutionärs. Für seinen nächsten Film, *Himmel über der Wüste* (1990), der Adaption des gleichnamigen Romans von Paul Bowles, ging Bertolucci nach Nordafrika, in dessen vor Hitze flirrenden Wüsten ein junges amerikanisches Paar (Debra Winger und John Malkovich) auf der Suche nach dem Mysterium des anderen Lebens Verstand und Leben verliert. Der spätbürgerliche Ausbruch aus der Normalität und Konformität auch des nonkonformistischen Lebens endet erneut im Nichts.

Überraschend, und für viele Kritiker enttäuschend, war dann die artifizielle Naivität von *Little Buddha* (1993), einem Märchen des sich nun zum Buddhismus bekennenden Bertolucci, einer einfachen Fabel über die Suche nach Spiritualität in der Moderne, parallelisiert mit Stationen aus dem Leben Buddhas, dargestellt von Keanu Reeves, deren Bilder nicht selten an religiösen Kitsch rühren. Bertolucci, der späte Manierist und spätbürgerliche Melodramatiker, sucht offenbar nach einem Neubeginn, nach neuen authentischen Erfahrungen, und diese Suche führte ihn für *Gefühl und Verführung – Stealing Beauty* (1996) nach Italien zurück. In der hochsommerlichen Toskana erfährt eine junge Amerikanerin ihre »éducation sentimentale et sexuelle«, ihre Initiation in den Kreislauf von Leben, Liebe, Kunst, Schönheit und Tod. Dabei ist Bertoluccis Kamera (Darius Khondji) fast süchtig nach der Schönheit der Landschaft und des Körpers der jungen Frau (das Fotomodell Liv Tyler). Die Kamera ist es, die hier Schönheit stiehlt, sie der Vergänglichkeit in der Zeit entreißt.

Bernd Kiefer

Filmographie: La commare secca / Gevatterin Tod (1962) – Prima della rivoluzione / Vor der Revolution (1964) – La via del petrolio (dreiteiliger Dokumentarfilm für das Fernsehen, 1967) – Amore e rabbia / Liebe und Zorn (Episode: Agonia, 1967) – Partner / Partner (1968) – Strategia del ragno / Die Strategie der Spinne (1970) – Il conformista / Der große Irrtum / Der Konformist (1970) – Last Tango in Paris / L'ultimo tango a Parigi / Der letzte Tango in Paris (1972) – Novecento / 1900 (1976) – La luna / La Luna (1979) – La tragedia di un uomo ridicolo / Die Tragödie eines lächerlichen Mannes (1981) – The Last Emperor / Der letzte Kaiser (1987) – The Sheltering Sky / Himmel über der Wüste (1990) – Little Buddha / Little Buddha (1993) – Stealing Beauty / Io ballo da sola / Gefühl und Verführung – Stealing Beauty (1996) – L'assedio / Die Belagerung (Fernsehfilm, 1998).

Literatur: Bernardo Bertolucci: München/Wien 1982. (Reihe Film. 24.) – Enzo Ungari: Bertolucci. München 1984. – Robert Phillip Kolker: Bernardo Bertolucci. New York / Oxford 1985. – Jefferson T. Kline: Bertolucci's Dream Loom. A Psychoanalytic Study of Cinema. Amherst 1987. – Yosefa Loshitzky: The Radical Faces of Godard and Bertolucci. Detroit 1995. – Peter Bondanella: Italian Cinema. From Neorealism to the Present. New York 1996.

Luc Besson

*1959

Wer *Subway* (1985) in der Hochzeit des Postmodernismus miterlebte, in Cinemascope, Dolby Surround und inmitten eines begeisterten Publikums, mußte nahezu zwangsläufig die Geburt eines neuen Kultregisseurs diagnostizieren. Die Großstadtromanze im kunstvoll stilisierten Labyrinth der Pariser Metro bot den zumeist jugendlichen Zuschauern nicht nur eine Liebesgeschichte im zeitgemäßen New-Wave-Look, sondern auch reichlich Action, komödiantische Einlagen und ein ironisches Spiel mit Versatzstücken des Gangster- und Polizeifilms, wie es seit Jean-Jacques Beineix' Thriller-Romanze *Diva* (1981) im französischen Kino wieder en vogue war. Ernst zu nehmen war dieser Genremix kaum, dessen Clipdramaturgie und Soundtrack unmittelbar an die Rezeptionserfahrung der heranwachsenden MTV-Generation anschloß – aber der Film funktionierte. *The Big Blue – Im Rausch der Tiefe* (1987), dem Besson später noch den esoterischen Dokumentarfilm *Atlantis* (1991) folgen ließ, bestätigte seinen Ruf als »Wunderkind« des neuen französischen Kinos, zumal das Unterwasser-Epos eine mittelgroße Welle diverser New-Age-Devotionalien nach sich zog und in einigen Kinos jahrelang im Programm war. Offenbar hatte der »französische Steven Spielberg« wiederum den vielzitierten Zeitgeist getroffen, auch wenn der ›Taucherfilm‹ bei seiner Premiere in Cannes als zu teuer, prätentiös und langweilig verrissen wurde. Daß der Regisseur dem Kunstkino generell und insbesondere der Tradition der Nouvelle Vague eine klare Absage erteilte, für sich lediglich die Funktion eines modernen Märchenerzählers reklamierte, entkräftet keineswegs die bis heute virulente Kritik an dem von ihm inszenierten »Hochglanz-Kino« und seinen »adoleszenten Erzählphantasien«, auch wenn seine handwerklichen Qualitäten zumeist anerkannt wurden.

Geboren wurde Luc Besson in Paris am 18. März 1959. Seine Eltern arbeiteten als Tauchlehrer für den Club Méditerrannée, und so verbrachte er große Teile seiner Kindheit auf griechischen und jugoslawischen Inseln. Als Zehnjähriger sei er zum ersten Mal einem Delphin begegnet und mit dem Tier stundenlang im offenen Meer geschwommen, bis zum Einbruch der Dunkelheit, hat Besson erzählt, und dieses »Lebensmodell« habe ihn ebenso fasziniert wie die Aufnahmen von Jacques Mayol, die er als Sechzehnjähriger in einer Dokumentation über den »free diving champion« sah: Seit diesem Moment habe er »das Blau im Kopf« gehabt. Mit siebzehn Jahren verließ Besson kurz vor dem Abitur das Gymnasium. Ein folgenschwerer Tauchunfall hatte seinen Kindheitstraum, ein ›Delphinologe‹ zu werden, beendet, und seitdem arbeitete er konsequent an seinem Einstieg ins Filmgeschäft. Er ging bis zu zehnmal pro Woche ins Kino, analysierte die gesehenen Filme, zumeist Produktionen des Mainstreamkinos, und studierte die Kunst der Regie anhand von Fachliteratur. Während der Militärzeit schrieb er das Drehbuch für den Kurzfilm *La Petite Sirène,* den er anschließend mit einem Minimalbudget von 8000 Francs in Süditalien realisierte. Nach einem erfolglosen Hollywood-Trip absolvierte Besson eine mehrjährige Lehrzeit bei verschiedenen französischen Produktionen, drehte Werbefilme, u. a. eine fünfzigminütige Dokumentation über Formel-2-Rennwagen und einen Promotionclip für das Album »Voici« des Sängers und Songwriters Pierre Jolivet, über den er wiederum den Komponisten Eric Serra kennenlernte. Jolivet und Jean Reno, den Besson zuvor bei der Produktion von Raphaël Delpards *Es ist so schön, Soldat zu sein* (1981) entdeckt hatte, spielten dann die Hauptrollen in Bessons Science-fiction-Kurzfilm *L'avant-dernier,* der zwar auf dem Festival von Avoriaz erfolglos blieb, aber als Vorarbeit für *Der letzte Kampf* (1983) Bedeutung gewann. Zwei Jahre hat Besson an diesem ersten langen Spielfilm gearbeitet, gedreht wurde wiederum in Schwarzweiß und Cinemascope, diesmal in Paris und Tunesien, und mit einem Budget von immerhin 3,5 Millionen Francs. Auf dem Festival von Alvoriaz gewann das düstere Endzeitszenario den Kritikerpreis und den Spezialpreis der Jury. Es war der erste Achtungserfolg für den jungen Filmemacher und seine Produktionsfirma Les Films du Loup.

Für *Subway* standen Besson die Stars Isabelle Adjani und Christopher Lambert zur Verfügung und ein Budget von 15,5 Millionen Francs, eine Investition, die sich für Gaumont auszahlte. *The Big Blue – Im Rausch der Tiefe* hatte über neun Millionen Zuschauer allein in Frankreich. Von dem nachfolgenden Agententhriller *Nikita* (1990) wurde, nach respektablen Einspielergebnissen in den USA, unter der Regie von John Badham das Hollywood-Remake *Codename: Nina* (1992) gedreht. *Léon – Der Profi* (1994) und dessen zwei Jahre später veröffentlichter Director's Cut konsolidierten Bessons Status als europäischer Starregisseur, und *Das fünfte Element* (1997) avancierte sogar zum mit Abstand einträglichsten französischen Film der Saison. Den Plot dieses ultimativen Kampfes zwischen Gut und Böse um die Erhaltung des Lebens will Besson bereits als Fünfzehnjähriger skizziert haben; für die effektvolle Realisation dieses Jugendtraums benötigte er den Hollywood-Star Bruce Willis, das Topmodel Milla Jovovich, die Special-effects von Mark Stetson, die Kostüme von Jean-Paul Gaultier und den Comic-Zeichner Jean Giraud, der bereits für Ridley Scotts *Alien* (1979) die Kostüme entworfen hatte und die Bilder für René Laloux' Animationsfilm *Herrscher der Zeit* (1982). Etwa 90 Millionen Dollar soll *Das fünfte Element* gekostet haben, und wer das Science-fiction-Spektakel erlebt hat, in Cinemascope, Dolby Surround und in einem der neuen Kinopaläste, hat ein »Kino der Zukunft« gesehen, das sich aus Versatzstücken der Filmgeschichte generiert und vermittels einer Technologie, die – wie bei Spielbergs *Jurassic Park* (1993) und *Vergessene Welt: Jurassic Park* (1996/97) – nicht mehr im Dienst der filmischen Erzählung steht, sondern des audiovisuellen Exzesses: ein neues »Kino der Attraktionen« (T. Gunning), das eine junge Generation goutiert, ohne kritische Ambitionen, als reines Unterhaltungsmedium. Wie Luc Besson sagt: »Die jungen Zuschauer erkennen sich in mir wieder, weil ich mich in ihnen wiedererkenne«, und das erklärt zum Teil seinen Erfolg.

Bessons Handschrift ist unschwer zu identifizieren, obwohl er seine ersten drei Drehbücher zusammen mit anderen Autoren schrieb und seit *Nikita* gezielt für den internationalen Markt produziert. Den Look seiner Filme prägen die modisch gestylten Kunstwelten, von Carlo Varini oder Thierry Arbogast fotografiert, ebenso wie Reminiszenzen an Werbeästhetik und Clipdramaturgie und zumeist auch Jean Reno, der in rudimentären Plots simple Charaktere wirkungsvoll ausagiert, unterstützt von suggestiven Soundtracks von Eric Serra. Effektvoll sind auch die Zitate filmhistorischer Vor-Bilder: in *Subway* von *Krieg der Sterne* (1977) bis *Außer Atem* (1960), in *Das fünfte Element* von *Metropolis* (1927) bis *Blade Runner* (1982), *Stirb langsam* (1988) und darüber hinaus. Wie das postmoderne Kino insgesamt und insbesondere das französische »cinéma du look« gestalten Bessons Filme ein ›Leben aus zweiter Hand‹, aber ohne die Realitätsmächtigkeit medial präfigurierter Erlebnismuster zu demonstrieren, wie Beineix in *Der Mond in der Gosse* (1983), und erst recht nicht als Reflexion der elitären Filmsprache Jean-Luc Godards, wie Carax in *Die Nacht ist jung* (1986). Bessons Filme sind, wie die der von ihm geschätzten Regisseure Lucas und Spielberg, im wahrsten Sinne des Wortes ›Spielfilme‹, und als solche wollen sie ernst genommen werden im Moment ihrer Rezeption, mit ihren komödiantischen, bisweilen parodistischen Einlagen und mit all ihrer Sentimentalität, bisweilen bis an die Grenze zum Kitsch, stets aber geprägt vom Wissen um die Wirksamkeit der popkulturellen Mythologie.

»Gehen Sie manchmal ins Kino?« fragt die schöne Helena (Isabelle Adjani), die ihre Augenfarbe passend zur Kleidung wechselt, den nicht minder attraktiven Fred (Christophe Lambert), als dieser nicht sofort genregerecht auf den vorgehaltenen Revolver reagiert; und wie diese Sequenz funktioniert *Subway* nahezu durchgängig als vergnügliches Spiel mit Versatzstücken der Mediengeschichte. Die folgenden Filme machten allerdings deutlich, daß ein ironischer Postmodernismus in Bessons Werk allenfalls eine Episode war. Am Ende von *The Big Blue – Im Rausch der Tiefe* folgt Jacques Mayol (Jean-Marc Barr) einem Delphinweibchen ins unendliche Blau der menschenleeren Tiefe, entgleitet seiner Geliebten Johana (Rosanna Arquette), die allein und schwanger in der Menschenwelt zurückbleibt. Nicht um eine Ironisierung der Medienwelten geht es Besson, sondern um die Emotionalisierung des Publikums angesichts von Werteverfall und endlosem Image-Recycling. Ob man dieses Kino als Hyperrealismus oder Hyperillusionismus klassifiziert, ist ohne Belang; entscheidend ist, daß Besson Gegenwelten inszeniert, in denen ›existentielle Abenteuer‹ überhaupt erst wieder erlebbar werden: ob in einer postnuklearen Endzeit, in der ›Unterwelt‹ von Paris oder im gegenwärtigen New York, ob in der Tiefe des Meeres oder in einem zukünftigen Universum.

Der Kameraflug in der Eingangssequenz, ob über das Wasser oder durchs Weltall, ist ein Markenzeichen Bessons und mehr als bloßer Manierismus. Seine Filme verlassen gleich zu Beginn die Realität, um in eine andere Wirklichkeit einzudringen. Nicht nur Bessons Protagonisten mißachten das gesellschaftliche Realitätsprinzip, auch seine Dramaturgie, die Gegensätze und Antagonismen zu einer neuen Symbiose vereint: den Menschen und das Meer, das Punk-Girl und das Staatssystem, das Mädchen und den Killer, den Taxifahrer und das schöne Wesen vom anderen Stern. Es sind tatsächlich postmoderne Märchen, die Besson erzählt, aber im Unterschied zu Spielberg schreibt Besson den »Familienroman« neu, gestaltet Abenteuer der Identität im Kontext des dysfunktionalen patriarchalen Systems und mit dem Wunsch nach Symbiose. Angesichts der realen und medialen Gewalt setzt er auf die reinigende Wirkung von Gewaltexzessen, und nirgends hat Besson das ökonomischer organisiert als in *Léon – Der Profi*, der Geschichte einer ›reinen Liebe‹ zwischen der zwölfjährigen Mathilda (Natalie Portman) und dem vierzigjährigen Killer Léon (Jean Reno), die in den USA als Variante von Kinderpornographie mißverstanden wurde (obwohl Besson nach Testvorführungen die ›anstößigste‹ Szene eliminiert haben soll). Der Film, aus 1540 Einstellungen montiert, handelt von der realen Gewalt und erzählt von Mathildas Resozialisierung, von der Menschwerdung Léons inmitten eines völlig kaputten, korrupten Gesellschaftssystems. Daß er in seinen Filmen niemals betrüge, sei ein Grund seines Erfolges, hat der über sein Privatleben verschwiegene Filmemacher gesagt, und das läßt sich nicht nur auf die technische Realisierung der Effekte beziehen. Bessons Helden haben keine Geschichte, nur die unmittelbare Gegenwart, und ihre Suche nach einer anderen, besseren Welt führt sie meist in den Tod. Das Kino des Luc Besson ist eben nicht nur ein »cinéma du look«, nicht bloß audiovisueller Exzeß; es ist auch die Suche nach dem verlorenen Paradies, die Vision einer humanen Terra incognita, die in der »Gesellschaft des Spektakels« (G. Debord) zwar naiv, aber immer noch wirksam ist. In diesem Sinne ist Luc Besson tatsächlich ein Märchenerzähler des postmodernen Zeitalters.

Jürgen Felix

Filmographie: Le Dernier Combat / Der letzte Kampf (1983) – Subway / Subway (1985) – Le Grand Bleu / The Big Blue – Im Rausch der Tiefe (1987) – Nikita / Nikita (1990) – Atlantis / Atlantis (Dokumentarfilm, 1991) – Léon / Léon – Der Profi (1994) – Le Cinquième Elément / Das fünfte Element (1997).

Literatur: L. B.: L'histoire du *Dernier Combat*. Paris 1993. – L. B.: L'histoire du *Grand Bleu*. Paris 1994. – L. B.: L'histoire de *Léon*. Paris 1995.

Reinhard Lüke: Die Faszination der Oberfläche. Das Hochglanz-Kino des Luc Besson. In: film-dienst 43 (1990) H.13. S. 10–12. – Jürgen Felix: Ironie und Identifikation. Die Postmoderne im Kino. In: Heinz-B. Heller (Hrsg.): Leben aus zweiter Hand? Soziale Phantasie und mediale Erfahrung. Münster 1991. S. 50–74. – Jill Forbes: The Cinema in France after the New Wave. London 1992. – Brigitte Desalm: To Be Is to Do. Die adoleszenten Erzählphantasien von Luc Besson. In: steadycam 1995. Nr. 29. S. 42–48. – Susan Hayward: Luc Besson. Manchester / New York 1998.

Frank Beyer

*1932

Frank Beyer wurde als Sohn eines kaufmännischen Angestellten und einer Verkäuferin am 26. März 1932 in Thüringen geboren. Nach Abitur und einjähriger Tätigkeit als SED-Kreissekretär des Kulturbundes Altenburg besuchte er ab November 1952 die Filmakademie in Prag (FAMU). Sein erstes eigenes Projekt, das er mit Kurt Maetzigs Unterstützung drehen wollte, *No passeran*, scheiterte, weil die DEFA einen Regie-Neuling nicht mit einem Zwei-Millionen-Mark-Budget betrauen wollte. So drehte Beyer zunächst die moderne Kreidekreis-Geschichte *Zwei Mütter* (1957) nach einem Drehbuch von Jo Tidermann (d. i. Leonie Ossowski) und reichte die Arbeit als Abschlußfilm bei der FAMU ein.

Sein nächster Film, *Eine alte Liebe* (1959), war ein politisches Vehikel zur Propagierung landwirtschaftlicher Produktionsgenossenschaften. Mit *Fünf Patronenhülsen* (1960) wandte sich Beyer erstmals einem antifaschistischen Stoff zu. In der Geschichte von fünf Mitgliedern der Internationalen Brigaden während des Spanischen Bürgerkriegs konkretisiert sich das Thema des kommunistischen Widerstandes gegen den Faschismus. Die dramaturgische Einbindung der Landschaften ist hier ästhetisch eng mit Seherfahrungen des Western-Genres verknüpft, eine Beobachtung, die Beyer jedoch wiederholt zurückgewiesen hat. Auch *Königskinder* (1962) und *Nackt unter Wölfen* (1963) variieren das Thema des kommunistischen Widerstandes und wurden deshalb gelegentlich zusammen mit *Fünf Patronenhülsen* als Trilogie angesehen. *Nackt unter Wölfen* markierte in gewisser Hinsicht Beyers Durchbruch als Filmregisseur: er wurde zusammen mit dem Produktionskollektiv mit dem Nationalpreis 1. Klasse ausgezeichnet.

Nach der Komödie *Karbid und Sauerampfer* (1963), die mit viel Augenzwinkern die Lebensumstände und Alltagsprobleme der Menschen unmittelbar nach der deutschen Kapitulation darstellt, wechselte Beyer in die Produktionsgruppe Heinrich Greif über, die 1965/66 als Nest der politischen Abweichler galt. Eine zunehmende politisch-ideologische Irritation hatte ihn auf Distanz zur SED gehen lassen, obgleich er sich zu dieser Zeit gewiß nicht als oppositionell empfand.

Beyers Verfilmung von Erik Neutschs gleichnamigem Roman *Spur der Steine* (1966) spielt auf einer fiktiven Großbaustelle in der DDR, wo ein neuer Parteisekretär durch seine Beziehung zu einer jungen Ingenieurin das Mißtrauen der Partei auf sich zieht und in seinem Versuch, das Verhältnis zu verbergen, das Vertrauen des Brigadeführers Balla wieder verliert, der das Bemühen des Parteisekretärs, Produktivität und Effizienz der Baustelle zu steigern, zu unterstützen bereit war. Der Film wurde am 1. Juli 1966 uraufgeführt, aber noch im selben Monat infolge des 11. Plenums des ZK der SED wieder zurückgezogen. »Der Film galt als ›partei- und staatsfeindlich‹. Der tiefere Grund für das Verbot war, daß *Spur der Steine* eine SED vorführt, die innerlich zerstritten ist, die zwei sich bekämpfende Flügel hat. Das war das eigentliche Sakrileg, die Tabuverletzung« (Beyer). Erst zwei Tage vor dem Fall der Mauer wurde der Film erneut zugelassen und am 23. November 1989 wieder aufgeführt. *Spur der Steine* gilt heute als Beispiel für die Aufbruchstimmung und das neue Selbstbewußtsein, die sich innerhalb der DDR nach dem Bau der Mauer verbreitet hatten und die durch den repressiven Parteiapparat rigoros bekämpft worden sind.

Beyer gehörte zu den prominentesten Opfern der politischen Entwicklung. Er erhielt eine strenge Parteirüge, wurde aus der DEFA entlassen und hatte sich am Theater zu »bewähren«; Beyer ging ans Staatstheater Dresden. Seine Bemühungen, zur DEFA zurückzukehren, schlugen fehl, so daß er sich vom DDR-Fernsehen fest anstellen ließ. Zunächst realisierte er den fünfteiligen Fernsehfilm *Rottenknechte* (1971) über junge Marinesoldaten, die sich 1945 nach der deutschen Kapitulation einer weiteren Feindfahrt widersetzen und dafür von einer unnachgiebigen Marine-Justiz zum Tode verurteilt und hingerichtet werden. Es folgte 1973 das harmlose vierteilige Beziehungs-Melodram *Die sieben Affären der Doña Juanita*.

Ein Koproduktionsvertrag zwischen DEFA und DDR-Fernsehen über *Jakob der Lügner* nach dem gleichnamigen Roman von Jurek Becker brachte Beyer 1974 nach Babelsberg zurück, doch wurde er vom Studio nicht mehr fest angestellt. Die eindringliche Geschichte des Ghetto-Bewohners Jakob Heym, der zufällig in der deutschen Kommandantur eine Radio-Nachricht aufschnappt, die Russen befänden sich zwanzig Kilometer vor der Stadt und der die Hoffnungen seiner Mitbewohner schürt, indem er nun immer neue Radiomeldungen erfindet, die das Näherrücken der Befreier ankündigen, wurde zu einem der größten internationalen Erfolge der DEFA und nicht nur mit dem Nationalpreis II. Klasse bedacht, sondern auch 1977 für einen Oscar als bester ausländischer Film nominiert.

Die Dreharbeiten zu *Das Versteck* (1977), einem Ehe-Melodram, das nach Beyers Angaben von Ingmar Bergmans *Szenen einer*

Ehe (1972) inspiriert war, wurden durch die Diskussionen über die Ausbürgerung Wolf Biermanns überschattet. Schließlich emigrierte der Hauptdarsteller Manfred Krug. Der Film wurde deshalb nur zögernd in die Kinos gebracht. Beyers Hoffnung auf eine Liberalisierung der DDR-Gesellschaft war dahin. Sein nächster Film, *Geschlossene Gesellschaft* (1978), obwohl thematisch mit *Das Versteck* verwandt, fiel grüblerischer, pessimistischer aus. Die Fernsehgewaltigen sahen in *Geschlossene Gesellschaft* einen Film, »der von revisionistischen und damit feindlichen Positionen her den realen Sozialismus verleumdet. Er ist ein Angriff auf die Grundwerte unserer Gesellschaft«. Eine größere Resonanz des Films wurde durch den spätabendlichen Sendetermin verhindert. Beyer sah sich in der gleichen Situation wie nach *Spur der Steine*: Er blieb mehr als ein Jahr ohne Arbeit. Deshalb bemühte er sich, für begrenzte Zeit in die Bundesrepublik gehen zu dürfen, um dort Regieaufgaben für westdeutsche Fernsehanstalten zu übernehmen. Obwohl er daraufhin aus der SED ausgeschlossen wurde, durfte er für zwei TV-Produktionen in die Bundesrepublik ausreisen. *Der König und sein Narr* (1981), Beyers erster Kostümfilm, nahm einen Roman von Martin Stade über den Preußen-König Friedrich Wilhelm I. und seinen Akademie-Präsidenten Jacob Paul von Gundling zum Anlaß, das Verhältnis von Geist und Macht filmisch zu untersuchen: »ein allgemeingültiges Problem«, das aber »namentlich die Intellektuellen in der DDR immer wieder beschäftigt« (H. Kersten).

1983 konnte Beyer mit *Der Aufenthalt* wieder einen Kinofilm realisieren. Die Geschichte Mark Niebuhrs, der achtzehnjährig in Warschau verhaftet und als Kriegsverbrecher inhaftiert wird, basiert auf Motiven des gleichnamigen Romans von Hermann Kant (1972). Der Film gewinnt seine Brisanz aus der Thematisierung des deutsch-polnischen Verhältnisses unmittelbar nach dem Krieg, ein Verhältnis, das in der DDR offiziell in die Ideologie der sozialistischen Staatenverbrüderung eingebunden war, während die Bevölkerung beiderseits der Grenze ihre Ressentiments nicht ablegte.

Nach seinem Jugendfilm *Bockshorn* (1984) fand Beyer fünf Jahre lang keinen Stoff, den er hätte verfilmen wollen. Politisch war er kaltgestellt. Statt dessen inszenierte er im Leipziger Kabarett »Pfeffermühle« das Programm »Auf dich kommt es an, nicht auf alle« (1987), ansonsten blieb er arbeitslos.

Als letzten Film vor dem Fall der Mauer drehte Beyer die Komödie *Der Bruch* (1989) als west-östliche Koproduktion nach einem Drehbuch von Wolfgang Kohlhaase. Wie in *Karbid und Sauerampfer* interessierte sich der Film für die Umbruchszeit nach der deutschen Kapitulation; allerdings wirkte *Der Bruch* seinerseits in eine Zeit hinein, die kaum ahnbare Veränderungen für die beiden deutschen Staaten bereithielt. Inspiriert von dem tatsächlich 1952 stattgefundenen Einbruch in die Hauptkasse der Reichsbahn, strebte Beyer jedoch keine Rekonstruktion eines Kriminalfalls an, sondern legte die gesellschaftlichen Widersprüche dar, die am Beginn des Kalten Krieges deutsche Geschichte prägten. 1991 wurde *Der Bruch* in den USA für den Emmy nominiert.

Nach der Wende wandte sich Beyer endgültig dem Fernsehen zu. *Ende der Unschuld* (1991) wurde noch vor dem November 1989 geplant und bekam für Beyer durch die politische Entwicklung des Jahres eine neue Brisanz: »Es sollte ein zweiteiliger Fernsehfilm über das deutsche Uranprogramm während des Krieges entstehen. [...] Mitunter hatte ich das Gefühl, daß ich auf einem sehr fernen Sektor arbeitete. Bis ich spürte, daß die Wissenschaftler von 1945, als sie am 6. August mit dem Abwurf der ersten Atombombe konfrontiert wurden, sofort begannen, darüber nachzudenken: Haben wir nun bei den Nazis mitgemacht oder nicht? Das schien mir dem Nachdenken vieler DDR-Intellektueller im Herbst 1989 sehr ähnlich zu sein.«

Beyers bisher letzter Kinofilm, *Der Verdacht* (1991) nach Volker Brauns »Unvollendeter Geschichte«, war wohl sein letztes Votum für die Chance, in einer gewandelten DDR demokratischen Sozialismus durchzusetzen. Die Geschichte einer Liebesbeziehung, die dadurch belastet wird, daß die Behörden dem jungen Liebhaber eine versuchte Westflucht unterstellen, war allerdings 1991 durch die tatsächlichen Ereignisse überholt.

Erwähnenswert unter Beyers folgenden Fernsehspielen ist *Sie und Er* (1992), in dem er thematisch an seinen früheren Filmen *Das Versteck* und *Geschlossene Gesellschaft* anknüpfte. *Das große Fest* (1992) führte eine west-östliche Familie wieder zusammen – mit unabsehbaren Folgen. Mit *Das letzte U-Boot* (1993) und *Wenn alle Deutschen schlafen* (1995) nach Jurek Beckers Roman »Die Mauer« bearbeitete Beyer wieder Themen aus der Kriegszeit, bevor er mit dem Fernsehzweiteiler *Nikolaikirche* nach dem Roman von Erich Loest die Bürgerrechtsbewegung der DDR bereits als historischen Moment wieder aufleben ließ.

Uli Jung

Filmographie: Roznicky (1954) – Fridericus Rex (1957) – Das Gesellschaftsspiel (1957) – Zwei Mütter (1957) – Eine alte Liebe (1959) – Fünf Patronenhülsen (1960) – Königskinder (1962) – Nackt unter Wölfen (1963) – Karbid und Sauerampfer (1963) – Spur der Steine (1966) – Rottenknechte (Fernsehfilm, 1971) – Die sieben Affären der Doña Juanita (Fernsehfilm, 1973) – Jakob der Lügner (1974) – Das Versteck (1977) – Geschlossene Gesellschaft (Fernsehfilm, 1978) – Der König und sein Narr (Fernsehfilm, 1981) – Die zweite Haut (Fernsehfilm, 1981) – Der Aufenthalt (1983) – Bockshorn (1984) – Der Bruch (1989) – Ende der Unschuld (Fernsehfilm, 1991) – Der Verdacht (1991) – Sie und Er (Fernsehfilm, 1992) – Das große Fest (Fernsehfilm, 1992) – Das letzte U-Boot (Fernsehfilm, 1993) – Wenn alle Deutschen schlafen (Fernsehfilm, 1995) – Nikolaikirche (Fernsehfilm, 1995).

Literatur: F. B.: Zu einigen Fragen der Inszenierung. In: Deutsche Filmkunst 1957. Nr. 7. S. 200. – F. B.: Die Verantwortung des Regisseurs. In: Deutsche Filmkunst 1961. Nr. 1. S. 2 ff.

Karbid und Sauerampfer: Interview mit Frank Beyer. In: Forum 1964. Nr. 1. – Klaus Wischnewski: Über Jakob und andere. Werkstattgespräch mit Frank Beyer. In: Film und Fernsehen 1975. Nr. 2. – Ralf Schenk (Hrsg.): Regie: Frank Beyer. Berlin 1995.

Kathryn Bigelow

*1953

Den zweifelhaften Ruf, eine der »männlichsten« Regisseurinnen Hollywoods zu sein, trägt Kathryn Bigelow bereits seit ihrem ersten größeren Film, dem genreübergreifenden Vampir-Western *Near Dark – Die Nacht hat ihren Preis* (1987). Sie selbst wehrt sich gegen eine gender-orientierte Klassifizierung. Sie gestaltet ihre Stoffe so, wie sie ihr angemessen erscheinen, ob dabei eine rabiate Polizistin (*Blue Steel*) oder Testosteronüberschwemmte Surfer (*Gefährliche Brandung*) im Mittelpunkt stehen, hängt allenfalls mit ihrem Faible für gewaltträchtige Sujets zusammen.

Ursprünglich studierte Kathryn Bigelow Malerei, sehr bald hielt sie diese Disziplin jedoch für »isolierend und etwas elitär, während Film zu einem sozialen Instrument werden kann, das ein Massenpublikum erreicht«, wie sie 1995 in einem Interview erklärte. Sie betrachtet Filmkunst als eine »neue Form von Literatur«. Ihr erster 17minütiger Kurzfilm *Set-Up* (1978) wurde staatlich gefördert und ermöglichte ihr die Aufnahme an der Columbia University Graduate Film School, wo sie bei Milos Forman studierte. *Set-Up*, eine dialoglastige Analyse des verführerischen Wesens von

Gewalt, kündigte ein Hauptmotiv ihres Schaffens bereits an: filmische Energie in Gestalt stilisierter, häufig psychologisierter Gewaltausbrüche. Zusammen mit Monty Montgomery inszenierte sie 1981 mit *Die Lieblosen* eine von Kenneth Anger beeinflußte psychosexuelle Variante von Laszlo Benedeks *Der Wilde* (1953): In einem nahezu zeitlosen Midwest-Ambiente kommt eine Motorradgang in die Stadt (angeführt von Willem Dafoe) und legt sich mit dem reaktionären Bürgermeister an. Dieser Film hatte in seiner Reduktion auf die Archetypen des Bikerfilms nachhaltigen Einfluß auf die Rock-Phantasie *Straßen in Flammen* (1983) von Bigelows erklärtem Vorbild Walter Hill, den die Regisseurin 1983 am California Institute of Art kennenlernte. Jahre unverwirklichter Projekte folgten. Erst 1987 gelang es ihr, zusammen mit dem inzwischen auch als Regisseur tätigen Autor Eric Red (*Hitman – Cohen und Tate*, 1988), *Near Dark – Die Nacht hat ihren Preis* zu drehen. Sie spielt mit den Versatzstücken verschiedener Genres – Western, Horrorfilm, Roadmovie –, ohne deren Formelhaftigkeit nachzueifern. Ihre ironische Geschichte einer Gruppe blutrünstig-anarchistischer Outlaws spiegelt den verzweifelten Versuch, noch einmal den alten Frontier-Mythos zu erleben, wobei wiederum Gewalt und Tod Weg und Ziel dieser Freiheitssuche sind. Es gleicht einem melancholischen Zugeständnis, wenn Protagonist Caleb schließlich seine geliebte Vampirin in einen Menschen zurückverwandeln kann. Solch versöhnliche Motive tauchen immer wieder auf: die Regisseurin behält sich den Schimmer Hoffnung am Horizont vor.

Wurde *Near Dark* noch als Geheimtip gehandelt, konnte sich bereits ihr nächstes Werk *Blue Steel* (1990) bei Publikum und Kritik gleichermaßen durchsetzen. Atmosphärisch streng komponiert (sie arbeitet mit einer stahlblauen Monochromatik), etablierte sie hier mit Jamie Lee Curtis in der Titelrolle den Typus einer passionierten Polizistin, die von einem gefährlichen Psychokiller hofiert wird. Bigelow spielt überzeugend mit Umkehrungen und Variationen der Gender-Stereotypen des Polizeifilms und nimmt in dem »erotischen Duell« dieser nicht ganz eindeutigen Täter/Opfer-Konstellation einige Motive von Jonathan Demmes *Das Schweigen der Lämmer* (1991) vorweg. Wieder widmet sie sich (nach den Motorrädern aus *Die Lieblosen*) risikofreudig einem maskulinen Fetisch: der Faustfeuerwaffe, der bereits im Vorspann gehuldigt wird.

1991 fand ihr Actionthriller *Gefährliche Brandung* das große Publikum. Keanu Reeves spielt einen ambitionierten jungen Cop, der sich auf der Jagd nach einem Bankräuber-Quartett, den »Ex-Präsidenten« – benannt nach den Masken, die sie tragen –, in die kalifornische Surferszene einschleust und sämtliche Rituale des sportlichen Machismo durchlebt, bis er die Gangster stellen kann. Die brutalen Konfrontationen finden auf verschiedenen Ebenen statt: im Auto, zu Fuß, in der Luft und schließlich im Meer. Einige Momente rufen Erinnerungen an John Milius' nostalgisches Surferdrama *Tag der Entscheidung* (1978) wach, aus dem nicht nur die naturmythische Philosophie der Surfer stammt; auch Gary Busey spielt hier wieder eine Hauptrolle. Als eigenständige Frauenrolle ist eine von Lori Petty gespielte zickige, autonome Surferin in die männlich dominierte Handlung integriert. *Gefährliche Brandung* wurde von James Cameron produziert, der auch das Drehbuch zu Bigelows nächstem monumentalen Werk schrieb, das nach mehrjähriger Vorbereitungszeit schließlich auf tragische Weise am Publikum scheiterte: *Strange Days* (1995).

Dieser aufwendige, multimediale Rundumschlag entwirft ein komplexes Bild vom Los Angeles der Jahrtausendwende. All ihre Motive tauchen wieder auf, werden jedoch pointiert: nach dem mordenden Börsenmakler aus *Blue Steel* und den bankraubenden Präsidenten entlarvt sich nun die Polizei von Los Angeles teilweise als mordlüsterner, faschistoider Terrorapparat. Leitmotiv ist eine Unterhaltungssoftware namens »Squid«, die die Aufzeichnung und Wiedergabe von Sinneswahrnehmungen ermöglicht. Ein Ex-Polizist (Ralph Fiennes) dealt mit diesen »Clips« und kommt einem Komplott auf die Spur, das fast eine Rassenunruhe auslöst. Die Variation der Perspektiven, die die »Squidclips« ermöglichen, nutzt die Regisseurin zu einer sinnlichen Verunsicherung des Zuschauers und vermittelt auf eindrückliche Weise den bereits heute aktuellen Medienterror. Es ist anzunehmen, daß sich *Strange Days* erst im Laufe der Zeit bewähren wird. Bisher scheint ein derartiger audiovisueller Overkill das Publikum eher zu überfordern. Ihr ambitioniertes Projekt *Joan of Arc* konnte sie bis heute nicht verwirklichen. Inzwischen hält sie sich mit Drehbucharbeiten (*Im Auge des Hurricane*, 1995) und Fernsehaufträgen (*Wild Palms*, 1993) im Geschäft.

Marcus Stiglegger

Filmographie: The Loveless / Die Lieblosen (1981) – Near Dark / Near Dark – Die Nacht hat ihren Preis (1987) – Blue Steel / Blue Steel (1990) – Point Break / Gefährliche Brandung (1991) – Strange Days / Strange Days (1995).

Literatur: Near Dark. Presseheft. München 1987. – Der allergrößte Kick. Interview mit Kathryn Bigelow. In: Howl 1990. Nr. 7. S. 36 f. – Dorothee Lackner: Wie ein Schlag in die Magengrube. Interview mit Kathryn Bigelow. In: Film Illustrierte 1990. Nr. 5. S. 24 f. – Lizzie Franke: Virtual Fears. In: Sight and Sound N. F. 5 (1995) H. 12. S. 6–9. – Jan Distelmeyer: Differenzsurfen. Kathryn Bigelows Filme. In: Spex. Jan. 1996. S. 50 f. – Welf Kienast / Wolfgang Struck: Körpereinsatz – Das Kino der Kathryn Bigelow. Marburg 1999.

Peter Bogdanovich

*1939

Die Anfänge der Regiekarriere Bogdanovichs fielen in eine Zeit des Umbruchs im US-amerikanischen Kino. In den »sad sixties« ging die Zahl der Filmproduktionen zurück, man sprach offen von Rezession. Das traditionelle Erzählkino war unzeitgemäß geworden, und auch das europäische Kino mit seinen Neuen Wellen konnte kein Ersatz sein. Hollywoods Produzenten verordneten den Filmen eine Verjüngungskur, planten Youth Movies und Blockbuster, deren innovativer Look dem jugendlichen und kunstinteressierten Empfinden einer Rock- und Pop-Generation Ausdruck verleihen sollte. Mit einer ausgeprägten Affinität zum klassischen Hollywoodstil war Bogdanovich nicht typisch für seine Zeit, wohl aber in guter Gesellschaft, denn auch seine Kollegen George A. Romero, Bob Rafelson, Brian de Palma, John Carpenter oder John Milius schätzten die klassischen Vorbilder für ihre Arbeiten.

Am 30. Juli 1939 geboren und aufgewachsen in Kingston, New York, in einer Immigrantenfamilie, sammelte Bogdanovich schon früh auf Theaterbühnen Erfahrungen und besuchte mehrere Jahre Stella Adlers renommierte Theater School in New York (1954–58), um Schauspieler zu werden. Er trat bei Shakespeare-Festivals und im Live-Fernsehen der späten fünfziger Jahre auf, wo er auch unter der Regie Sidney Lumets agierte. Kaum zwanzig Jahre alt, inszenierte er Theaterstücke am Off-Broadway (u. a. Clifford Odets »The Big Knife« und Tennessee Williams' »Camino Real«). Wie in Frankreich die Vertreter der Nouvelle Vague Jean-Luc Godard, François Truffaut, Claude Chabrol, Éric Rohmer und Jacques Rivette fand auch Bogdanovich als filmbesessener Kritiker und Journalist zum Film und schrieb Rezensionen für »Film Quarterly«, »Film Culture«, »The Village Voice« und vor allem »Esquire«. Basierend auf seinen Interviews mit Regisseuren verfaßte er für das Museum of Modern Art Monographien über Alfred Hitchcock, Allan Dwan, Orson Welles und John Ford (später auch über D. W. Griffith). Den persönlichen Kontakten entsprangen oft jahrelange Freundschaften wie etwa die zu Orson Welles, der Bogdanovich oft beriet. Welles' junger Freund war zum Bindeglied zweier Regie-Generationen avanciert, des klassischen amerikanischen Autorenkinos und des New Hollywood, dessen Regisseuren (u. a. Francis Ford Coppola, Martin Scorsese, George Lucas, Steven Spielberg) man Bogdanovich gerne trotz seines Faibles für den traditionellen Stil zurechnete, vielleicht auch, weil er sich 1966 als Regieassistent für *Die wilden Engel* unter die Ägide des B-Film-Moguls Roger Corman begab, der in diesen Jahren vielen jungen Talenten des New Hollywood (Coppola, Scorsese, Jonathan Demme, Ron Howard) erste Regieerfahrungen ermöglichte. Bei Corman drehte Bogdanovich Szenen für den drittklassigen russischen Fantasyfilm *Reise zum Planet der prähistorischen Frauen* (1967), bevor man ihm anbot, ein beliebiges eigenes Projekt zu verwirklichen. Bedingung Cormans war, daß Bogdanovich noch unverwendetes Horrorfilm-Material mit dem großen alten Monster-Darsteller Boris Karloff benutzen mußte, wobei auch Karloff selbst wegen eines bestehenden Vertrages noch für zwei Drehtage zur Verfügung stehen sollte. Das Resultat *Bewegliche Ziele* (1968), eine Art Tribut an die Horrorklassiker, war ein unorthodoxer psychologischer Thriller, der wie seine Hauptgestalten nicht viele Worte macht, sondern betont visuell erzählt. In der Gestalt eines gealterten Horrorfilmstars (Orlok), der glaubt, das wirkliche Leben berge mehr Schrecken als seine Filme, verkörperte Karloff sich quasi selbst. Mit seiner Desillusionierung ist er nicht allein, gibt es doch einen ihm völlig fremden jungen weißen »John Doe«, dessen anscheinend unmotivierter Kollaps ihn dazu motiviert, willkürlich Familie und Fremde zu erschießen. Ein letztes Mal muß Orlok vor seinem völligen Rückzug von der Leinwand in einem Autokino der Aufführung eines seiner Filme beiwohnen und kreuzt dort zufällig den Weg des Soziopathen, der von seinem Versteck hinter der Leinwand sein Feuer aufs Publikum eröffnet. Bogdanovich erzielt einen Spiegeleffekt filmischer Dimensionen: Verwirrt von Orlok, der sich ihm sowohl auf der Großleinwand und auch real nähert, gelingt die Entwaffnung des Täters. Das Debüt gewann damals an Aktualität durch seinen Bezug auf den Amokschützen Charles Whitman, der von einem Glockenturm in Austin auf Passanten das Feuer eröffnet hatte. Politisch mehr als korrekt, versah Bogdanovich den Film sogar mit einem kurzen Vorspann, der die Waffengesetze kritisierte. Bemerkenswert jedoch ist, daß die Kamera-Subjektive durch das Zielfernrohr des Attentäters zum Akt des Tötens Distanz schafft, ja diesem etwas Spielerisches verleiht.

Dem Regie-Einstand folgten seine vielbeachtete John-Ford-Dokumentation (1970) und 1971 sein bis dato größter künstlerischer und kommerzieller Erfolg *Die letzte Vorstellung* (nach der Romanvorlage des späteren Pulitzerpreisträgers Larry McMurtry), der für Jeff Bridges, Cybill Shepherd und Timothy Bottoms den Grundstein ihrer Karrieren legte. Kritiker verführte das leise soziale Drama über den Verlust menschlicher Unschuld gar zu Vergleichen mit *Citizen Kane*. Auf Zuraten von Orson Welles hatte Bogdanovich *Die letzte Vorstellung* in Schwarzweiß und im Normalformat gedreht, um den charakteristischen, klassisch-unverfälschten Look zu erhalten. Hinzu kam bei Bogdanovich ein bedacht unspektakulärer Realismus der Kamera (geführt von Oscarpreisträger Robert L. Surtees), ferner ein Gefühl für das Wechselspiel der kleinen Gesten und Seitenblicke. In »Anarene« betreten wir einen Ort in den Plains, den die Joads in John Fords *Früchte des Zorns* vor Jahrzehnten während der »great depression« verlassen haben könnten. Mit einem Gespür für die Langsamkeit in der staubigen texanischen Kleinstadt der frühen fünfziger Jahre und ihre Trostlosigkeit wird in ruhigen, detailbewußten Bildern die Geschichte des jungen Sonny Crawford (Timothy Bottoms) erzählt, dessen Leben Teil der aus Monotonie und Isolation geborenen emotionalen Verwicklungen derer wird, die diesem Ort ohne ersichtlichen Grund ihre besten Jahre geopfert haben. Anarene drängt seine Bewohner dazu, sich in nur mäßig diskrete Abenteuer zu flüchten. Die Jugendlichen sind hier nicht hoffnungsvoller als die Eltern. Keine Beziehung vermag es, die Sehnsucht einzudämmen. Ben Johnson und Cloris Leachman (im Film Sonnys Geliebte und Frau seines Highschool-Trainers) gewannen jeweils Oscars für ihre Darstellungen. Bogdanovich entwarf mit spürbarer Sympathie eine feinfühlige Charakterstudie der Bewohner einer ur-amerikanischen Kleinstadt. *Die letzte Vorstellung* bleibt eine zeitlose Coming-of-Age-Geschichte ohne jegliche Melodramatik, die viel Raum für Nostalgie findet, für eine ausklingende Zeit, für die auch das schließende Kino mit seiner »letzten Vorstellung« – Howard Hawks' *Red River* – zum Sinnbild wird. Das optimistische Ende des Hawks-Films setzt einen bitteren Kontrastakzent zum schleichenden, tragischen Ende bei Bogdanovich.

Gerade der Meister aller Genres, Hawks, hat seit jeher zu Bogdanovichs großen Vorbildern gezählt, und so ist es nicht verwunderlich, daß die nächsten beiden Filme Geschichten von irrwitzigen Paarungen sind, wie in so vielen Komödien der dreißiger Jahre, als Hawks zu Ruhm gelangte. *Is' was, Doc?* (1972), die erste einer Reihe von Komödien mit Ryan O'Neal (hier mit Barbra Streisand), ist eine gelungene Wiederbelebung des Screwball-Genres und inspiriert von Hawks' Klassiker *Leoparden küßt man nicht* (1938). Das originelle Roadmovie *Paper Moon* (1973), wiederum in Schwarzweiß gedreht, führt den Zuschauer in die amerikanische Einöde des mittleren Westens der Depressionszeit und bildet die erste Gemeinschaftsproduktion der »Directors Company«, die Bogdanovich 1972 mit Coppola und Friedkin gründete. An der Seite von Ryan O'Neal, der als liebenswürdiger Kleinganove sein Geld mit überteuerten Bibeln bei Witwen verdient, brilliert seine neunjährige Tochter Tatum, die für ihre Darstellung der kaltschnäuzigen Waise Addie, einem Pokerface mit Herz und Sinn für mehr als nur Taschengeld, den Oscar gewann. Dialogwitz und ein ausgefeiltes stummes Spiel der Akteure betonen, daß Bogdanovich nicht technisch, sondern atmosphärisch überzeugen will.

In dieser Zeit standen ihm in Hollywood noch alle Türen offen, aber nachdem es ihm mit *Daisy Miller* (1974), einem in Europa angesiedelten, behäbig im Dekor der viktorianischen Zeit schwelgenden Historiendrama (basierend auf der Henry-James-Erzählung von 1878), nicht gelang, über eine literarische Oberflächenbeschreibung hinauszugehen, begann eine erfolglose Dekade, die auch von persönlichen Veränderungen gezeichnet war. Bogdanovich und seine Frau Polly Platt, Produktionsdesignerin seiner frühen Filme, trennten sich, und Cybill Shepherd trat in sein Privatleben. Vergeblich bemühte er sich, ihre Daisy Miller als Opfer ihrer Unschuld zu beschreiben, denn er überließ sie ihrer Koketterie, die die Rolle nicht auszufüllen vermochte. Und wenn Bogdanovich Daisys Ausgrenzung von der Anstandsgesellschaft beschreibt und deren Salonmusiker ihre Instrumente lustlos strapazieren läßt, dann wirkt es nur wie eine leidenschaftslose Annäherung an Viscontis Léhar-Walzerszene in *Tod in Venedig* (1971), dessen Tragik *Daisy Miller* gänzlich entbehrt. Eine Reihe von Mißerfolgen schloß sich an: das komödiantische Musical *Letztendlich Liebe* (1975 – nicht verliehen in der BRD) mit Burt Reynolds und Shepherd war ein Flop ebenso wie *Nickelodeon* (1976), eine slapstickartige Farce über die Anfänge des Kintop (wieder mit den O'Neal und Reynolds). Trotz größeren Publikumsinteresses leitete *Saint Jack* (1979), eine Charakter- und Milieustudie um einen Zuhälter (Ben Gazzara) in Singapur (eine Corman-Produktion mit Geldern von »Playboy«-Herausgeber Hugh Hefner), kein echtes Comeback ein. *Saint Jack* blieb ein halbherziger Versuch, nur um die Hauptperson ein Drama zu entwickeln, ein Fehler, den Bogdanovich in der Komödie *Sie haben alle gelacht* (1981) korrigieren wollte. Das finanzielle Debakel auch dieses Films wurde zur persönlichen Tragödie, als Bogdanovichs neue Liebe, das Playmate Dorothy Stratten, von ihrem eifersüchtigen Ehemann nach Drehschluß ermordet wurde.

Erst 1985 brachte *Die Maske*, ein feinfühliges Familiendrama über einen mißgebildeten Teenager, wieder Authentizität in Bogdanovichs Werk. Ausdruck hierfür war neben dem Erfolg des unkonventionellen Stückes auch, daß Cher für ihre Rolle als überforderte Mutter den Preis für die beste Darstellerin in Cannes erhielt. Im folgenden Jahr formte Bogdanovich seine Produktionsfirma Moon zu Crescent Moon Productions um. Nach einem weiteren Flop mit der Komödie *Die Unschuld der Molly* (1988) führte Bogdanovich 1990 die meisten Schauspieler aus seiner *Letzten Vorstellung* wieder zu einer Fortsetzung zusammen. *Texasville* (ebenso nach einer McMurtry-Erzählung), das farbige Porträt des Anarene der Achtziger, schwelgt allenfalls in der Nostalgie der Erinnerung. Mit *Noises Off* (1992), einer Komödie über die Geburtsschwierigkeiten einer Theaterproduktion, gelang Bogdanovich eine amüsante Adaption des erfolgreichen britischen Bühnenstückes von Michael Frayn. Sein bislang letzter Kinofilm, *The Thing Called Love* (1993), über eine Gruppe von jungen Countrysängern, krankte an der mentalen Abwesenheit im Schauspiel des Jugendidols River Phoenix, der kurze Zeit später verstarb. Seither hat Bogdanovich nur fürs Fernsehen Regie geführt (*Picture Windows*, 1995; *To Sir with Love 2*, 1996; *Rescuers: Stories of Courage – Two Women*, 1997; *The Price of Heaven*, 1997; *Naked City: A Killer Christmas*, 1998; *A Saintly Switch* / *In Your Shoes*, 1999). Mit dem Buch »Who the Devil Made It?« veröffentlichte er 1997 eine weitere Sammlung seiner Gespräche mit Regisseuren des klassischen Hollywood-Kinos, die er über Jahre führte.

Michael Gräper

Filmographie: Targets / Before I Die / Bewegliche Ziele (1968) – Directed by John Ford / Directed by John Ford (Dokumentarfilm, 1970) – The Last Picture Show / Die letzte Vorstellung (1971) – What's Up, Doc? / Is' was, Doc? (1972) – Paper Moon / Paper Moon (1973) – Daisy Miller / Daisy Miller (1974) – At Long Last Love / Letztendlich Liebe (1975) – Nickelodeon / Nickelodeon (1976) – Saint Jack / Saint Jack (1979) – They All Laughed / Sie haben alle gelacht (1981) – Mask / Die Maske (1985) – Illegally Yours / Die Unschuld der Molly (1988) – Texasville / Texasville (1990) – Noises Off / Noises Off (1992) – The Thing Called Love / The Thing Called Love / Die Entscheidung fürs Leben (1993).

Literatur: P. B.: Pieces of Time. Peter Bogdanovich on the Movies. New York 1973.

Martin Ripkens: Peter Bogdanovich. Die Zeit der Anpassung. In: New Hollywood. München/Wien 1976. (Reihe Film. 10.) S. 93–106. – David Wilson: Peter Bogdanovich. In: Close-up: The Contemporary Director. Hrsg. von Jon Tuska. Metuchen 1981. S. 251–292. – Andrew Yule: Picture Shows. The Life and Films of Peter Bogdanovich. New York 1992.

John Boorman

*1933

London ist die Stadt von Boormans Kindheit, dort wurde er am 18. Januar 1933 geboren und erzogen, dort erlebte er den Zweiten Weltkrieg – Erlebnisse, die er in seinem autobiographischen Film *Hoffnung und Ruhm* (1987) reflektiert. In den fünfziger Jahren begann er, Filmkritiken zu schreiben, später arbeitete er dann für Rundfunk und Fernsehen. Sein Kinodebüt wurde der an Richard Lester orientierte Musikfilm *Fangt uns, wenn ihr könnt!* (1965) mit der Band Dave Clark Five. Doch erst 1967 mit seinem in Amerika produzierten Gangsterepos *Point Blank* konnte er sich als ernstzunehmender Filmemacher etablieren.

Mit gelegentlich naivem Vertrauen in seine Bilder von archaischer Wucht beschwört Boorman die Vision eines modernen Mythos. In seinem komplex strukturierten Gangsterfilm *Point Blank* (1967) läßt er den verbitterten Häftling Walker (Lee Marvin) in einem Rachefeldzug die eigene Identität rekonstruieren. Die Stationen der Vergangenheit, die er nach und nach aufsucht, provozieren expressive Gefühlsausbrüche: Wenn er gewaltsam in die Wohnung seiner untreuen Geliebten eindringt, vermischt er ihre Kosmetika im Waschbecken zu einer beängstigenden Melange; statt ihres Liebhabers schießt er das Bett in Fetzen. Boorman montiert verfremdete Bildeindrücke und asynchronen Ton zu der surrealen Innensicht eines überkommenen Genres. In *Die Hölle sind wir* (1968) reduziert er den Kulturenkonflikt auf einen Zwei-Personen-Feldzug (der Japaner Toshiro Mifune gegen den Amerikaner Marvin) und stellt so die Absurdität eines Willens zur Macht dar, der zum Triebmotor des Krieges wird. Wieder ist es Marvin, der eine gewalttätige Machismo-Ikone, einen sturen Neurotiker verkörpert. 1972 geht Boorman noch weiter. Das Requiem auf den Abenteuerfilm als prädestinierter Plattform für den gewaltsüchtigen »american male« ist zugleich sein populärster Film: In *Beim Sterben ist jeder der Erste* inszenierte er eine Adaption des Genreromans von James Dickey. Vier höchst unterschiedliche Mittelstandsamerikaner (verkörpert von Burt Reynolds, John Voight, Ned Beatty und Ronny Cox) wollen ihre »Lebenstauglichkeit« in einer riskanten Flußfahrt, einem Überlebenstraining, unter Beweis stellen. Die Reise gleitet ins Inferno ab, als zwei der Männer von debilen Rednecks sexuell attackiert werden. Eine Gewaltspirale wird in Gang gesetzt, die mehrere Menschenleben fordert. Wieder ist es ein mythischer Kampf, den die Protagonisten ausfechten: gegen die Naturgewalt des Flusses, gegen das Irrationale, das Nicht-Zivilisierte. Mit ungeahnter Intensität überschreiten sie die Grenzen ihrer Kultur. Bereits in der Anfangssequenz bringt der Film diesen Konflikt auf den Punkt: In einem Banjo-Duell muß sich einer der Männer einem offenbar schwachsinnigen Jungen geschlagen geben. Boorman entwirft eine Situation, in der die degenerierten Vertreter der Zivilisation einen Weg finden müssen, sich mit dem »Barbarischen« zu arrangieren. Oft bringt dieser Prozeß den Tod, wie etwa in dem Science-fiction-Film *Zardoz* (1973); manchmal führt er zu einer höheren Form der Erkenntnis, wie in dem Amazonas-Drama *Der Smaragdwald* (1985). Für die Überlebenden von *Beim Sterben ist jeder der Erste* jedoch bleibt der Alptraum.

Es ist ein naheliegendes und zugleich risikoreiches Unterfangen, sich dem Mythos auch formal mythisch zu nähern. Das Gralsepos *Excalibur* stellt somit zugleich den monumentalen Höhe- und Wendepunkt in Boormans Karriere dar. Er sucht Bilder für das Unabbildbare. Das gelingt – wie zu erwarten – dort, wo er das Irrationale bedeckt hält: Als der junge Artus von Merlin mit dem »Drachen« konfrontiert wird, sind es die kleinen Schrecken des Waldes, die langsam den Blick für das Böse im Menschen selbst freigeben. *Excalibur* gibt der klassischen Sage von König Artus ein modernes, von der industriellen Erfahrung geprägtes Gewand: es ist ein Film der Kollisionen – Metall auf Metall, Metall auf Fleisch, Fleisch auf Fleisch. Dieses Kaleidoskop sinnlicher Sensationen paart sich mit den klassisch-romantischen Motiven des Soundtracks (Wagner, Orff) zu einem delirierenden Rausch. Was sich auf der dramaturgischen Ebene nicht mehr erzählen läßt – Boorman scheut nie davor zurück, Zusammenhänge zu ändern, zu verkürzen –, wird in Affektmomente jenseits des intellektuell Greifbaren verwandelt. *Excalibur* ist weit mehr als die zeitgleich produzierten »Barbaren«-Filme ein radikaler Versuch, eine neue physische Authentizität zu entdecken.

Seine Anklänge an den klassischen Horrorfilm, die »schwarze Romantik« und Flauberts ungebrochenen Barbarismus in »Salammbô« sind weniger postmodernes Spiel mit mythischen Versatzstücken als Zeichen für die wiedergewonnene Naivität des Märchenerzählers. Boormans Ziel war es, die Gralssage einem zeitgenössischen Publikum zu vermitteln; daß er nach dem Verlust der Unschuld in *Beim Sterben ist jeder der Erste* einen Schritt zurückgehen mußte, ist gleichzeitig Stärke und Schwäche seines Werkes.

Marcus Stiglegger

Filmographie: Catch Us if You Can / Fangt uns, wenn ihr könnt! (1965) – Point Blank / Point Blank (1967) – Hell in the Pacific / Die Hölle sind wir (1968) – Leo the Last / Leo, der Letzte (1969) – Deliverance / Beim Sterben ist jeder der Erste / Flußfahrt (1972) – Zardoz / Zardoz (1973) – Exorcist II: The Heretic / Exorzist 2: Der Ketzer (1977) – Excalibur / Excalibur (1981) – The Emerald Forest / Der Smaragdwald (1985) – Hope and Glory / Hoffnung und Ruhm (1987) – Where the Heart is . . . / Die Zeit der bunten Vögel (1989) – Rangoon / Rangoon (1995) – The General / Der General (1997).

Literatur: Dirk Manthey (Hrsg.): Helden und Mythen. Die Welt des Fantasy-Films. Hamburg 1982. – Rolf Giesen: Lexikon des phantastischen Films. Bd. 1. Frankfurt a. M. / Berlin / Wien 1984. S. 78–83. – Rolf Giesen / John Boorman: John Boorman. Hope and Glory. München 1987. – Rolf Giesen: Programm Deutsches Filmmuseum Frankfurt a. M. Sept./Okt. 1987: Ausstellung und Retrospektive John Boorman. Frankfurt a. M. 1987. S. 4–8.

Robert Bresson

*1907

»Gerade weil ich Realist bin, verspüre ich eine Neugier auf das Geheimnis der Dinge und der Menschen. [. . .] Ich glaube an eine kinematographische Psychologie, die einer Erklärung sich verweigert, die einzig von den Bildern und ihren Bezügen ausgeht und die der Psychologie der Porträt-Maler sehr nahe kommt« (Bresson). – Kein Regisseur hat seine Arbeit über vier Jahrzehnte, von seinem ersten Film, *Das Hohelied der Liebe* (1943), über *Tagebuch eines Landpfarrers* (1951), *Pickpocket* (1959) und *Zum Beispiel Balthasar* (1966) bis zu seinem wohl letzten, *Das Geld* (1983), derart ästhetisch und ethisch verpflichtend zwei Ideen unterstellt, wie es Robert Bresson tat: der Idee des »Geheimnisses« und der des »Kinematographen«. Daß er sie verbindet und wie er sie verbindet, macht die Radikalität, die Singularität seines Œuvres aus. In Bressons Werk sind die Menschen in ihrem Sein und in ihrem Handeln, in ihrer Einsamkeit, in ihrem Ausgeliefertsein und in ihrem Schwanken zwischen Sehnsucht und Selbstvernichtung ein Geheimnis, sind auch die Dinge geheimnisvoll undurchdringlich, da sich für Bresson die psychische wie die physische Welt, die conditio humana insgesamt, psychologischen und soziologischen Deutungsmustern versperrt. Bressons Filmsprache ist deshalb bewußt antisymbolisch. Aus diesen Gründen lehnt er von Beginn seiner Arbeit den Begriff »cinéma« (Kino) ab. Das Kino gilt ihm als fotografiertes Theater, noch zu sehr der theatralen Repräsentation der Realität und der Psychologie der Literatur verhaftet, als daß es zu der neuen Kunst hätte werden können, deren innovativer Charakter allein schon durch ihre Technizität gegeben ist. Bressons Idee des Kinematographen hingegen zielt nicht auf die Reproduktion von Wirklichkeit, sondern auf die »création« (Schöpfung) von Bildern, deren Bedeutung sich einzig ihrem Bezug zu den anderen Bildern des Films verdankt. Der Kinematograph ermöglicht eine »écriture« (Schreibweise), die mehr der Malerei und der Musik ähneln soll, mehr dem Bezug der Farben und der Töne zueinander als dem literarischen Bezug des Wortes zur Wirklichkeit: »Der Kinematograph macht eine Entdeckungsreise auf einem unbekannten Planeten« (Bresson). Man kann Bressons Filme als Modelle einer möglichen Erfahrung des Unbekannten bezeichnen, das der Mensch nach wie vor dem Menschen ist. In seinem nie realisierten Projekt einer Adaption der Genesis wollte Bresson den Turm von Babel von innen als Röhre zeigen und hörbar machen: als einen unendlichen Klangraum des Aufeinanderprallens menschlicher Stimmen, die einander nicht verstehen.

Fast babylonisch muten auch die Stimmen der Kritik an, die Bressons Werk begleiten und sich sämtlich vor allem auf ein Faktum beziehen: Robert Bresson ist bekennender Katholik, und er hat verschiedentlich davon gesprochen, daß seine kinematographische Schreibweise, die das Geheimnis der Existenz nicht löst, an seinen Glauben an die Existenz Gottes gebunden sei. Daraus resultiert der zentrale Gegensatz, der die Auseinandersetzung mit seinem Werk bestimmt: »einerseits die angeblich altmodische, rückwärtsgewandte Sicht auf die Welt aus einem Glauben heraus, dem man eine gültige Interpretation dieser Welt nicht mehr zutraut; und andererseits ein rigoroser Formalismus, dessen konsequenter und konzentrierter Abstraktionsfähigkeit man das Prädikat zeitgenössisch, gar avantgardistisch, nicht verwehrt« (P. Buchka). Schon 1951 sprach A. Bazin von einer »neuen Dramaturgie« Bressons, von einer theologischen Dramaturgie als einer »Phänomenologie des Heils und der Gnade« und einer formalen Stilisierung, in der die »Dialektik des Konkreten und des Abstrakten« herrsche. Für M. Estève ordnet Bresson das Soziale und das Psychische der »Metaphysik« unter, und diese stilistisch dem Prinzip der »Dedramatisierung«. 1964 sah S. Sontag den Katholizismus nur als eine von mehreren »Sprachen« Bressons. Seine Modernität, seinen »antidramatischen« Gestus, rückt sie in die Nähe Brechts, in die Nähe einer materialistischen »Physik der Seele«, und dennoch nennt sie seinen Stil »spirituell«. Für Paul Schrader, der als Regisseur von Bresson ebenso inspiriert ist wie Jean-Luc Godard, Jean-Marie Straub, Michael Haneke und Léos Carax, ist Bresson ein zwiespältiger Modernist, dessen »transzendentaler Stil« mit einer konservativen Sicht der Welt gepaart sei.

Bresson, ein religiöser Künstler in der Ära der vollends säkularisierten Moderne, scheint ein Widerspruch in sich zu sein, der zum Widerspruch geradezu auffordert. Dies hängt nicht zuletzt damit zusammen, daß Bresson, der zwei Romane von Georges Bernanos adaptierte und in den katholischen Schriftstellern François Mauriac und Julien Green frühe Fürsprecher fand, leichthin dem »Renouveau catholique«, der Erneuerungsbewegung des Katholizismus in der französischen Literatur zugerechnet werden konnte, die dem Modernismus in Gesellschaft und Kultur entgegentrat. Dagegen steht, und dies mag ein weiterer Widerspruch sein, daß Bressons »vision du monde« in der Autorschaft seiner Filme sich einer dritten Idee verpflichtet, die weder thematisch noch formal beschreibbar ist: der »Idee der Freiheit, die sich mehr oder weniger sichtbar durch alle meine Filme zieht« (Bresson). Sichtbar – im Sinne einer direkten positiven Visualisierung oder Symbolisierung – ist sie nie. Bressons Idee der Freiheit ist die der Negation von Gefangenschaft, von Einsamkeit und Verzweiflung, die aussteht, nicht nur im Bild, das nicht erlösen kann, sondern in der Welt, in der es kein Bild der Erlösung gibt, nicht einmal eines der Katharsis. Bressons Werk versenkt sich wie kein anderes in der Filmgeschichte in die Negativität einer der Erlösung bedürftigen Welt, die den Glauben verloren hat oder schon nichts mehr von ihm weiß. Intuitiv traf der Kritiker Godard schon 1957 das wesentliche der Weltsicht Bressons: »Er ist das französische Kino wie

Dostojewski der russische Roman.« Französisch am Werk Bressons mag man die Strenge der Form, seine »doctrine classique« nennen. Die Quellen seiner »vision du monde« finden sich bereits bei den unsystematischen Denkern Montaigne und Pascal, die Bresson häufig zitiert. Montaignes Beharren auf der Kontingenz des bruchstückhaften Daseins, auf dem Automatismus von Gesten ihrer selbst nie ganz bewußter Individuen, und Pascals Wette auf die Existenz Gottes grundieren Bressons Werk, und daraus entsteht seine Paradoxie. Dieses Werk ist ausgespannt zwischen dem Fragmentarischen des Profanen und einer Totalität der Sammlung der Bruchstücke in einem »Ganz Anderen«. Daß Bresson sich Ende der sechziger, Anfang der siebziger Jahre Dostojewski zuwandte, dem Epiker einer negativen Theologie, mag auch damit zusammenhän-

Robert Bresson

gen, daß er in der Aufbruchstimmung dieser Jahre, in ihrem Freiheitsdrang kein Positivum zu sehen vermochte. Bressons »vision du monde« wird in seinen letzten Filmen *Lancelot, Ritter der Königin* (1974), *Der Teufel möglicherweise* (1977) und *Das Geld* (1983) auf eine immer lakonischere Weise apokalyptisch.

Bresson ist nicht nur der Regisseur des Geheimnisses; er selbst zog es vor, geheimnisvoll zu bleiben. Über sein Leben ist so gut wie nichts bekannt. Geboren wurde er (wohl) am 25. September 1907 in der Auvergne; Ph. Arnaud nennt das Jahr 1901. Er wollte zunächst Maler werden, arbeitete dann aber seit Anfang der dreißiger Jahre für den Film als Drehbuchautor. 1934 entstand ein Kurzfilm mit dem Titel *Les Affaires publiques*, in dem ein Diktator von einem Clown dargestellt wird. Der Film ist verschollen. 1940/41 war Bresson als Soldat in einem deutschen Kriegsgefangenenlager interniert, wo er den katholischen Priester Bruckberger traf, mit dem er die Idee zu seinem ersten Spielfilm, *Das Hohelied der Liebe* (1943), entwickelte, der dann, mit Dialogen von Jean Giraudoux, entstand. Seither ist ein Muster etabliert: Bressons Interesse an »Engeln der Sünde« (so der Originaltitel), an heiligen Ketzern, und dies, obwohl Bressons Titel des Films eigentlich »L'Échange« hätte sein sollen, also »Der Wechsel« oder »Der Austausch«, den ihm der Produzent im Interesse der kommerziellen Verwertbarkeit des Films in den Jahren der deutschen Okkupation verwehrte. Seither gibt es kaum noch Äußerungen Bressons zur eigenen Person. Bresson ist als »Mensch« nicht existent, somit die Interpretation seiner Filme im Kontext seines Lebens unmöglich. 1975 publizierte er seine »Notes sur le cinématographe« als Arbeitsnotizen, nicht als Selbstinterpretation: »Ich beginne wo, womit? Mit dem Gegenstand, den es auszudrücken/darzustellen gilt? Mit dem Sinneseindruck? Beginne ich mit beidem/zweifach?«

Das Hohelied der Liebe (1943), Bressons Debüt, beginnt schon mit dem Sinneseindruck, dem Bild des Eingeschlossenseins, obgleich der Film noch der klassischen Dramaturgie folgt. Eine junge Frau geht nach ihrer Entlassung aus dem Gefängnis in ein Kloster, tötet aber zuvor den Mann, für den sie im Gefängnis war. Eine andere junge Frau tritt in das Kloster ein. Beide treffen aufeinander und mit ihnen zwei Arten der Gefangenschaft, die der Schuld und die des Versuchs, zur Unschuld, zur Reinheit und zur Liebe zu gelangen, die sich beide in Regularien, in Riten ähneln. Am Ende stehen der Tod und erneut das Gefängnis. Bressons Welt ist mit dem Bild des Eingeschlossenseins bereits im ersten Film präsent, und dieses Bild ist seine Obsession. Immer wieder zeigt seine Kamera in der Folge Gänge, Türen, Fenster, Mauern und Gitter, mögliche Wege in ein Außen, die versperrt bleiben.

Nach einer Episode aus Diderots »Jacques der Fatalist und sein Herr«, die Bresson mit Jean Cocteau bearbeitete, entstand *Die Damen vom Bois de Boulogne* (1945), der die kalte Liebesintrige als Spiel um die Macht über Gefühle in die Gegenwart verlegt und die Liebe des sich zueinander bekennenden Paares über die Rankūne siegen läßt. Nicht am Inszenieren eines Psycho- und Melodramas ist Bresson interessiert, am Äußern und Entäußern von Emotionen, sondern erstmals schon an einem alles Geschehen verinnerlichenden Erzählen, für das er mit Georges Bernanos' Roman *Tagebuch eines Landpfarrers* (1951) das adäquate Sujet fand. Ein junger Priester stirbt weniger an einer tödlichen Krankheit, sondern langsam und bei lebendigem Leib schon an der Einsamkeit und Gefühllosigkeit in seiner Umgebung, an den Zweifeln an seiner Aufgabe. Dabei konzentriert sich Bresson ganz auf das »Drama des Leidens und den Zerfall einer Ordnung« (St. Schädler), die das Tagebuch gänzlich undramatisch reflektiert. Immer wieder zeigt Bresson den Priester beim Schreiben, und dessen Stimme liest im Off emotionslos das Geschriebene, um sich wenigstens so eines Sinns seiner Existenz zu versichern, die ihm allmählich entgleitet. Das Leben, das des Individuums und das soziale Leben, bewegt sich auf einen Stillstand des unglücklichen Bewußtseins zu, der schlimmer ist als der Tod, denn der ist das Ende mit der Hoffnung auf Gnade. Nach dem Tod des Priesters zeigt Bressons letzte Einstellung ein Kreuz. *Tagebuch eines Landpfarrers* erhielt den Großen Preis der Biennale in Venedig und wurde von François Mauriac und Julien Green enthusiastisch als Meisterwerk begrüßt, als philosophisch-religiöse Darstellung des »inneren Lebens« (Green), eines gänzlich verinnerlichten Dramas. Die Erzählung ist reduziert auf wenige, exemplarische Situationen, und exemplarisch, fast modellhaft setzt Bresson seine Laiendarsteller ein, die angehalten sind, nicht zu agieren, nicht zu »scheinen«, nur zu »sein«. Seither arbeitete Bresson ausschließlich mit Laien oder mit noch unerfahrenen jungen Schauspielern.

Trotz des künstlerischen Erfolges mußte Bresson fünf Jahre warten, bevor er mit *Ein zum Tode Verurteilter ist entflohen* (1956) sein nächstes Projekt verwirklichen konnte. Der Film basiert auf dem Bericht eines Résistance-Kämpfers, dem unmittelbar vor seiner Exekution die Flucht aus einem Gefängnis der deutschen Besatzung gelang. Bresson macht daraus keinen politischen Film über den Widerstand, sondern eine Studie über das Gefangen- und Ausgeliefertsein als existentiellen Zustand, über Mißtrauen und Vertrauen in einer Grenzsituation, über die Routine alltäglicher Verrichtungen, die gerade angesichts der Todesdrohung das befristete Leben stabilisiert, und über die kleinen Zufälle und Abweichungen, die diesem Leben eine neue Richtung geben, die zum Ausbruch, zum Überleben führen. Die Kamera beobachtet dies wie in einer Versuchsanordnung, und die Montage reduziert das Geschehen auf das absolut Notwendige. Bresson erzählt nicht; er registriert Momente: Partikel der mühevollen physischen Überlebens-Arbeit eines Menschen, dem es gelingt, dem ihm bestimmten Schicksal zu entrinnen.

Pickpocket (1959), der erste Originalstoff Bressons, ist ein Film über Körper und Objekte, über die Arbeit des ungemein geschickten Taschendiebes Michel, den seine Fertigkeiten dazu verführen, sich nicht nur jenseits von Gut und Böse zu situieren, sondern sich als Herr über das Leben zu sehen, da er es beliebig manipulieren kann. Michels Leben ist der Diebstahl, den er zur höchsten, zur reinsten Form des Handelns ritualisiert, bis er, außer in dieser Form – die Bresson auch als Weise der Existenz brillant inszeniert und montiert – das Leben nicht mehr wahrzunehmen imstande ist. Die ganz selbstbezogene Existenz des Diebes wird zum selbstgeschaffenen Gefängnis, aus dem ihn am Ende, wenn er tatsächlich gefangen ist, erst der Moment befreit, in dem ihm die Liebe zu einer Frau bewußt wird. *Pickpocket* ist, wie alle weiteren Filme Bressons, eine »Verhaltensstudie« (St. Schädler), die sich ganz auf Gesten konzentriert, die nach dem Leben zu suchen scheinen.

In *Der Prozeß der Jeanne d'Arc* (1962) ist der Tod von Anfang an beschlossene Sache und in seiner Unausweichlichkeit stets präsent. Der nur 64 Minuten dauernde Film hält sich im Dialog streng an die Prozeß-Akten, doch was Bresson denkbar knapp und pointiert inszeniert, ist der mißlingende Versuch der Richter, Jeanne das Geheimnis ihrer Existenz zu entreißen, Wahrheit, Klarheit im juristischen Sinn zu schaffen. Wo Dreyer in seiner *Passion der Jungfrau von Orléans* (1928) aus dem Prozeß in der Tat eine Passion macht, ein Drama in Großaufnahmen, da herrscht bei Bresson erneut das formal-stilistische Ritual der Distanz und der Distanzierung. So, wie sich Johanna den Richtern nicht erschließt, so läßt auch Bresson sie ganz in der Fremde ihres Geheimnisses. Als dieses Enigma bekundet sie Widerstand gegen die kirchliche und die weltliche Macht, die zum Sprechen, zum Bekenntnis und Geständnis zwingen wollen, um mit dem Wissen über die Subjekte, die sich unterwerfen, um so wirksamer herrschen zu können.

Das Enigmatische eines sich dem »Willen zum Wissen« (M. Foucault) entziehenden Charakters radikalisiert Bresson noch in seinem nächsten Film. *Zum Beispiel Balthasar* (1966) hat einen Esel als Protagonisten und gruppiert um ihn, in einer Art sozialer Versuchsanordnung, Menschen, deren Umgang mit dem wehrlosen, duldsamen Geschöpf zur Passionsgeschichte einer geschundenen Kreatur wird, ohne daß der Film je in die Nähe einer Fabel der Vermenschlichung des Tieres gerät oder daß Bresson aus den gleichgültigen und gewalttätigen Menschen die eigentlichen ›Tiere‹ machen würde. In nur wenigen Szenen zeigt Bresson die Sanftmut, die Zärtlichkeit, die möglich ist in einem Leben. Grundiert aber ist der Film von Gewalt. Woher sie rührt, aus den gesellschaftlichen Verhältnissen oder aus dem Willen der sie Ausübenden, das bleibt so unerfindlich wie das, was die Augen des Esels Balthasar tatsächlich sehen. Bresson zeigt Verhalten, spart Geschehen aus und verweigert jede Erklärung.

Mit *Mouchette* (1967) adaptiert Bresson wieder eine literarische Vorlage, erneut einen Roman von Bernanos. Für das Mädchen Mouchette ist das Leben in ärmlichsten Verhältnissen eine Qual, der sie sich fügt, um die sie aber weiß, ohne ihr entkommen zu können, vielleicht auch, ohne es zu wollen. Mouchette erduldet, jedoch nie ostentativ. Bresson macht aus ihr keine Märtyrerin. Da Mouchette nicht leben kann, rollt sie am Ende des Films buchstäblich in den Tod, in einen Teich, in dem sie (wohl) ertrinkt. Wie in allen Filmen Bressons steht die Physis über der Psyche. Blicke, Gesten, Bewegungen verlaufen wie nach einem Plan der Determination auf der Suche nach etwas, was nie sichtbar und erreichbar ist. Unterbricht der Zufall die Bestimmtheit, setzt er lediglich neue Automatismen in Gang. Freiheit, Befreiung ist bei Bresson das Unsichtbare, das, was die Menschen selbst sich nicht verschaffen können. Seit *Mouchette* tritt die Idee des Freitodes als einzige Möglichkeit der Befreiung in Bressons Œuvre auf, nicht als deren Apologie.

Die Sanfte (1969) und *Vier Nächte eines Träumers* (1971) sind in die Gegenwart transponierte Dostojewski-Adaptionen und Bressons erste Farbfilme, zudem die Filme, in denen das großstädtische Ambiente von Paris erstmals bedeutsam wird. *Die Sanfte* beginnt mit dem Sturz einer Frau in den Tod, und so aussparend knapp, wie dieser Fall gezeigt wird, ist die folgende Rekonstruktion eines Lebens, der kurzen Ehe der Frau mit einem Pfandleiher, an deren Ende ihr Freitod steht. Dem Geheimnis der Toten forscht der Mann so vergebens nach, wie die filmische Rekonstruktion ihres Verhaltens es aufdeckt. *Die Sanfte* ist ein Film der Fragen, nicht der Antworten; sein Stil ist interrogativ, nicht investigativ. Einblicke in eine Existenz, die ökonomisch-kleinhändlerisch darauf beruht, den Gebrauchswert von Objekten taxierend in Tauschwert zu verwandeln, damit Leben in ein Abstraktum, werden nur fragend gegeben, bleiben gar selbst abstrakt, enigmatisch, Teil in einem Vexierspiel mit der Realität eines Lebens, in dem es keine einheitliche Perspektive gibt, nur Bruchstücke von Wahrgenommenem, die der Film sammelt, aber nicht bedeutungsvoll zusammensetzt. Deutlich wird nur, daß die Frau anders erlebt, anders sieht als der Mann und daß es (vielleicht) deshalb kein Zusammenfinden, kein Miteinander der beiden auf Dauer geben kann.

Dauer ist ohnehin im Werk Bressons eine Chimäre, notwendige Illusion eines befristeten Lebens. Bressons Welt kennt kein Alter, Leben dauert bei ihm nicht. Es endet stets vor der Zeit, unerfüllt nach den Maßstäben modernen Lebenshungers, in den sich das Fortschrittspathos eingesenkt hat, dem jeder Film Bressons widerspricht. Vielleicht ist darin tatsächlich ein antimodernistischer Zug Bressons zu fassen. Noch in der Entdramatisierung ist das ausweglose Leben, dem Dauer nicht gewährt ist, tragisch; gerade darin ist es tragisch, weil es sich nicht entwickeln kann. In der Absage an jeden Gedanken der Entwicklung ist Bressons »tragisches Denken absolut ahistorisch« (P. Buchka). Bei Bresson scheint die theologische Wette auf die Existenz Gottes als dem wahren auktorialen Erzähler des Lebens die Geschichte tilgen zu wollen. Unter seinem Blick wird sie stationär. *Vier Nächte eines Träumers* (1971), das sind vier Nächte des Traumes einer Geschichte, der Geschichte der Begegnung eines jungen Malers mit einer jungen Frau in Paris, die auf einen anderen Mann wartet. Erstmals scheint Bresson die Ablösung von einem Gegenstand, einem Thema zugunsten des Primats der Sinneseindrücke vollständig zuzulassen. Es sind flirrende, fließende Bilder eines Lebens als Traum, eines Traumes als Leben, in dem nicht der Wunsch Realität wird, sondern die Realität ganz Wunsch ist, ganz Imagination des Lebens, ohne Zentrum, ohne erkennbaren Sinn – und ohne den Moment der Enttäuschung. Bresson hat mit diesem Film zugleich aber die Geschichte – in diesem Paris wurde drei Jahre zuvor, im Mai 1968, unter dem »Pflaster der Strand« erträumt – erneut in den Schlaf versetzt. Die Leichtigkeit der Inszenierung resultiert aus ihrer vollständigen Konzentration auf Oberflächen, auf pure Zeichen der Gegenwart.

Direkt kontrapunktisch dazu erscheint *Lancelot, Ritter der Königin* (1974), ein Film, der das Mittelalter und die Erzählung um die Gralsritter nicht aktualisiert, sondern gänzlich in eine Fremdheit, in eine Entfernung versetzt, die nicht allein die historische ist, sondern eine absolute Ferne. Beruhte Bressons Entdramatisierung und Entpsychologisierung bisher letztlich immer darauf, daß seine Protagonisten als Individuen wahrnehmbar waren, so ist *Lancelot* der Film ohne Individuen, der Film der männlichen Körper in Rüstungen, in Charakter-Panzern, die jede Regung der Leiblichkeit verbergen. Was geschieht, wird wie von Marionetten getan, die an unsichtbaren Fäden geführt werden, und das Lächerliche dieser ausdruckslosen Regsamkeit ist inszenatorisches Prinzip. Geschichte visualisiert Bresson als Schlachtbank, als sinnloses Hauen und Stechen um nichts, an dessen Ende die Panzer wie Schrott sich auftürmen. Die Rostflecken auf dem Eisen, das die Ritter umgibt, sind farblich schon das Blut, in dem sich diese Gesellschaft selbst ertränkt. Wie in *Zum Beispiel Balthasar* gilt Bressons Anteilnahme, wenn man bei dem durchgängig kalten Blick auf diese Welt überhaupt davon sprechen kann, den Tieren, den Pferden, die zuschanden werden. In Bressons Werk ist niemand weiter von der Gnade entfernt als diese den Gral, Gott und die Erlösung suchenden Charaktermasken. Ob es *Der Teufel möglicherweise* (1977) ist, der die Welt beherrscht, wird von Bresson zuletzt immer lakonischer, nie jedoch ironisch abgehandelt, hier fast thesenhaft in der Montage von Bildern, die für eines einstehen müssen: für die fortschreitende Zerstörung der Welt, des Lebens, der sich einer aus einer Gruppe Jugendlicher dadurch entzieht, daß er sich töten läßt.

Nimmt man Bressons wohl letzten Film *Das Geld* (1983) als Endpunkt, so ist sein Werk von einer beeindruckenden Geschlossenheit. Seine Filme, die in sich keine Entwicklung zulassen, markieren thematisch dennoch eine kulturelle Entwicklung, die weit über den Zeitraum ihrer Entstehung hinausweist und in diesen Filmen verdichtet ist. Es ist die der modernen Umstellung der kulturellen Semantik von der christlichen »Poetik des Abendmahls« (J. Hörisch), der Verwandlung, die Erlösung verspricht, zur Semantik des Mediums Geld, das ausschließlich Tauschabläufe reguliert und Individuen durch sie formt. In *Das Geld* ist der Schein, der den jungen Yvon ins Verderben stürzt, worauf er mit Verbrechen reagiert, gefälscht, nur ›Schein‹, doch wirksam wie ›echtes‹ Geld. Radikaler als in jedem dezidiert politischen, antikapitalistischen Film zeigt Bresson, wie Menschen in ihrem Handeln, in ihrem Sein auf Knotenpunkte des Austausches von Geld gesetzt sind, wie sie zum Epiphänomen des Geldsystems werden. Das Leben, das Töten, das Sterben vollzieht sich kalt. Eine Gesellschaft, die dann nach dem Warum der Verbrechen Yvons fragt, die das Geheimnis seiner verschlossenen Existenz ergründen will, muß sich selbst befragen.

Bernd Kiefer

Filmographie: Les Affaires publiques (Kurzfilm, 1934) – Les Anges du péché / Das Hohelied der Liebe (1943) – Les Dames du bois de Boulogne / Die Damen vom Bois de Boulogne (1945) – Le Journal d'un curé de campagne / Tagebuch eines Landpfarrers (1951) – Un Condamné à mort s'est échappé / Ein zum Tode Verurteilter ist entflohen (1956) – Pickpocket / Pickpocket (1959) – Le Procès de Jeanne d'Arc / Der Prozeß der Jeanne d'Arc (1962) – Au hasard Balthazar / Zum Beispiel Balthasar (1966) – Mouchette / Mouchette (1967) – Une Femme douce / Die Sanfte (1969) – Quatre Nuits d'un rêveur / Vier Nächte eines Träumers (1971) – Lancelot du Lac / Lancelot, Ritter der Königin (1974) – Le Diable probablement / Der Teufel möglicherweise (1977) – L'Argent / Das Geld (1983).

Literatur: R. B.: Notes sur le cinématographe. Paris 1975.

André Bazin: Le *Journal d'un curé de campagne* et la stylistique de Robert Bresson. [1951.] In: André Bazin: Qu'est-ce que le cinéma? Paris 1990. S. 107–127. – Henri Agel: Robert Bresson. Paris 1957. – René Briot: Robert Bresson. Paris 1957. – Michel Estève: Robert Bresson. Paris 1962. – Susan Sontag: Spiritual Style in the Films of Robert Bresson. [1964.] In: S. S.: Against Interpretation. London 1994. S. 177–195. – Jean-Luc Godard: Lexikon der französischen Regisseure. In: Jean-Luc Godard: Godard/Kritiker. Ausgewählte Kritiken und Aufsätze über Film (1950–1970). München 1971. S. 43–45. – Paul Schrader: Transcendental Style in Film: Ozu, Bresson, Dreyer. Los Angeles / London 1972. – Robert Bresson. München/Wien 1978. (Reihe Film. 15.) – Jane Sloan: Robert Bresson. A Guide to References and Resources. Boston 1983. – Philippe Arnaud: Robert Bresson. Paris 1986.

Richard Brooks

1912–1992

Unter den fünf Giganten des Hollywood-Kinos der fünfziger Jahre war er der Unscheinbarste. Er besaß weder die gelassene Klassizität von Anthony Mann noch die subversive Poesie von Nicholas Ray, weder den rüden, rigorosen Blick von Samuel Fuller noch die neurotische Phantasie von Robert Aldrich. Sein skeptischer Realismus blieb stets den liberalen Traditionen verhaftet, die ihn als Reporter in den dreißiger Jahren geprägt hatten. Er stand, wie Jacques Rivette schon 1955 ausführte, immer »mit beiden Beinen in der Zivilisation des Alltags. All seine Helden führen den gleichen Kampf, um andere Menschen ihrer Feigheit und Angst zu entreißen, um aus ihnen, auch gegen ihren Willen, wenn es sein muß, wirkliche Menschen zu machen.«

Mit Aldrich und Fuller, Mann und Ray sorgte Brooks Mitte der fünfziger Jahre für jenen »Hauch frischer Luft«, der sogar in Hollywood ein Kino jenseits industrieller Illusionen etablierte. Ein Kino der »egozentrischen Sicht der Dinge« entdeckten die enthusiastischen französischen Cinéasten sogleich: ein Kino der »Gewalttätigkeit«, die »niemals Ziel« ist, »sondern wirksamstes Mittel« dafür, »die angehäuften Trümmer der Gewohnheit in die Luft zu jagen«. Brooks ging es darum, dem sozialen Mißstand wie dem Diktat der Imitation zu trotzen. Er wollte in alles Selbstverständliche die Spur des Kritischen legen. So widersetzte er sich den gängigen Themen wie den üblichen Erzählweisen. Sein Thema war, wie er selbst zu erklären pflegte, »der Kampf des Menschen gegen die Zeit, in der sie leben und die sie zu zerbrechen droht«. Seine visuellen Formen dafür: tiefe Risse in der Erzählung, lange Pausen, musikalische Rhythmen, grobe Brüche im Stil. In seinem wichtigsten Film etwa, *Die Saat der Gewalt* (1955), einem Film über einen engagierten Lehrer, der gegen die Kriminalität in den New Yorker Slums kämpft, suchte er im Ungewöhnlichen nach neuen Konventionen, im Provokativen nach neuen Herausforderungen, im Radikalen nach neuen Wurzeln. »Das Kino, das Brooks macht, ist gewalttätig und zu allen Risiken bereit, eins der Selbstzerstörung, der Lust am Untergang« (F. Göttler). Er gehörte, darauf hat Rivette verwiesen, Mitte der fünfziger Jahre zur ersten Generation in Hollywood, die als Intellektuelle physisches und emotionales Kino anstrebten. Für ihn hatte die erste Reaktion beim Sehen eines Films emotional zu sein. »Wenn die Intentionen gut umgesetzt, die Bilder gut zusammengefügt sind, kann die zweite Reaktion intellektuell sein.«

Daß er all seine größeren Experimente in den fünfziger Jahren für MGM wagte, *dem* Glamour-Studio in Hollywood, gehört zu den merkwürdigeren Momenten seiner Karriere. Schon sehr früh, nach *Arzt im Zwielicht* (1953), beklagte er, MGM sei zu »stolz« darauf, »daß alle ihre Filme wie MGM-Filme aussehen«. Die Wände seien »schön sauber«, »die Luft« rieche »sauber«, und es gebe »keinen Staub«. MGM habe »einen bestimmten Stil«, »eine gewisse Dichte im Film, die gewisse Zartheit für die Damen, die gewisse Härte für die Herren«. Eigentlich gab es nirgendwo weniger Raum für Dissonanz, Widerrede, Subversion als bei MGM. Daß Richard Brooks sich dennoch dort durchsetzte, daß er viele seiner Filme »als eine Folge von Hammerschlägen« gestaltete, ist vielleicht das wundersamste Resultat seiner Kino-Konzeption.

Geboren wurde Richard Brooks am 18. Mai 1912 in Philadelphia, wo er in den dreißiger Jahren auch seine Karriere begann: als Sportreporter und Radiokommentator. In den vierziger Jahren ging er nach Los Angeles, schrieb dort zunächst Short stories fürs Radio, ab 1942 auch Drehbücher fürs Kino: für Frank Tuttle, Jules Dassin und Delmer Daves, John Huston, John Sturges und Mervyn LeRoy. 1945 veröffentlichte er seinen ersten Roman: »The Brick Foxhole« (nach dem Edward Dmytryk 1947 einen radikal expressionistischen Film noir drehte: *Im Kreuzfeuer*), diesem Debüt folgten später zwei weitere Romane: »Boiling Point« (1948) und »The Producer« (1951). Als Kinoregisseur debütierte Brooks 1950: mit *Hexenkessel,* der eine Paraderolle für Cary Grant bot – als Hirnchirurg, der zu einem Eingriff an einem südamerikanischen Diktator gezwungen wird, während in den Straßen der Bürgerkrieg tobt. Seine Meisterwerke danach: *Die Saat der Gewalt*, *Die letzte Jagd* (1955) und *Flammen über Afrika* (1957) – Filme, die konventionelle Geschichten ganz unkonventionell erzählen – mit Kamerafahrten, die Dialoge überflüssig machen, und Schnitten, die den Kern des Konflikts aufzudecken suchen. Brooks' Stil sei, so U. Nettelbeck zu *Die letzte Jagd,* »von prächtiger Unbekümmertheit, weil er ohne Rückversicherung und Konzession nach vorn geht, sich nicht aufhält mit Nichtigkeiten und Erklärungen. [...] Immer wieder veräußerlicht Brooks sein Thema, er denkt zentral an der Peripherie. Kein Satz des Dialoges übernimmt sich, die Theorie bleibt immer im Detail.«

Ende der fünfziger, Anfang der sechziger Jahre galt er zudem als Spezialist für hochkarätige Literatur-Adaptionen: Er drehte Filme nach Dostojewski (*Die Brüder Karamasow,* 1957), Tennessee Williams (*Die Katze auf dem heißen Blechdach*, 1958, und *Süßer Vogel Jugend,* 1961) und Sinclair Lewis (*Elmer Gantry,* 1960, für den er seinen einzigen Oscar erhielt), nach Joseph Conrad (*Lord Jim,* 1964) und Truman Capote (*Kaltblütig*, 1967). Besonders sein Western *Die gefürchteten Vier* (1966) und das Dokudram *Kaltblütig* entwarfen noch einmal die innerste Vision des Richard Brooks: daß jedes menschliche Tun, selbst das unmoralischste, nur eine weitere Facette des Ganzen ist, für das es »keine einfache Lösung« gibt. Der eigene Anspruch dabei: daß man nicht »aus dem Kino kommt und sich sagt: ›na also‹ und dann das Ganze vergißt«, sondern daß »die Leute [...] sich fragen: was kann man dagegen tun? Was tun wir? Was tue ich selbst?«

Einen »Progressisten« nannte ihn Jean-Luc Godard in den sechziger Jahren. »Von *Die Saat der Gewalt* bis *Elmer Gantry* zeichnet sich eindeutig das Erbe der großen amerikanischen Primitiven ab: das direkte und physische Erfassen des Realen, das sich harmonisch verbindet mit der Distanz der Reflexion, der Weisheit.«

Norbert Grob

Filmographie: Crisis / Hexenkessel (1950) – The Light Touch / Begegnung in Tunis (1951) – Take the High Ground / Sprung auf, Marsch, Marsch (1952) – Deadline USA / Die Maske runter (1952) – Battle Circus / Arzt im Zwielicht (1953) – The Catered Affair / Mädchen ohne Mitgift (1954) – The Flame and the Flesh / Flammende Sinne (1954) – The Last Time I Saw Paris / Damals in Paris (1954) – The Blackboard Jungle / Die Saat der Gewalt (1955) – The Last Hunt / Die letzte Jagd / Satan im Sattel (1955) – The Brothers Karamazov / Die Brüder Karamasow (1957) – Something of Value / Flammen über Afrika (1957) – Cat on a Hot Tin Roof / Die Katze auf dem heißen Blechdach (1958) – Elmer Gantry / Elmer Gantry (1960) – Sweet Bird of Youth / Süßer Vogel Jugend (1961) – Lord Jim / Lord Jim (1964) – The Professionals / Die gefürchteten Vier (1966) – In Cold Blood / Kaltblütig (1967) – The Happy Ending / Happy-End für eine Ehe (1969) – Dollars / Der Millionenraub (1971) – Bite the Bullet / 700 Meilen westwärts (1975) – Looking for Mr. Goodbar / Auf der Suche nach Mr. Goodbar (1977) – Wrong Is Right / Flammen am Horizont (1981) – Fever Pitch / Jackpot (1985).

Literatur: Uwe Nettelbeck: The Last Hunt. In: Filmkritik 1964. H. 3. S. 146–148. – Jean-Luc Godard: Ausgewählte Kritiken und Aufsätze über Film (1950–1970). München 1971. – Patrick Brion: Richard Brooks. Paris 1986. – Fritz Göttler: Weine nicht um die Verdammten. In: Filmbulletin 1987. H. 2. – Gerd Midding / Lars Olav Beier: Die erste Reaktion beim Sehen eines Films ist emotional. In: Filmbulletin 1987. H. 2. – Jacques Rivette: Notizen zu einer Revolution. In: J. R.: Schriften fürs Kino. München 1989. (CiCiM. 24/25.)

Luis Buñuel

1900–1983

Die Kindheit des am 22. Februar 1900 in Calanda, Spanien, geborenen Buñuel war, wie er selbst sagte, bestimmt durch eine »fast mittelalterliche Atmosphäre« in der aragonesischen Kleinstadt. Am meisten prägte das älteste von sieben Kindern des wohlhabenden Kaufmanns Leonardo Buñuel und seiner Frau María Portoles die rigide katholische und leibfeindliche Erziehung in der Jesuitenschule »Colegio del Salvador«, in die es mit sieben Jahren kam. Der Junge litt unter einem ständigen Todesbewußtsein und unter seinen starken erotischen Regungen. Buñuels schulische Hauptinteressen galten den Naturwissenschaften und der Musik, weshalb er ursprünglich nach dem Abitur am Pariser Konservatorium studieren wollte. Auf väterlichen Wunsch schrieb sich der 17jährige statt dessen an der Madrider Universität für Landwirtschaft ein. Diesen Studiengang beendete der talentierte Boxer aber genauso wenig wie das seinen Neigungen entsprechende Studium der Entomologie, 1924 machte er aber seinen Abschluß in Literatur und Philosophie. Buñuels Entwicklung in dieser Zeit wurde entscheidend vom geistigen Klima in seinem Madrider Studentenwohnheim beeinflußt, wo er Filme von Buster Keaton, Harold Lloyd und Ben Turpin vorführte. Dort befreundete er sich eng mit dem Maler Salvador Dalí und dem Dichter Federico García Lorca, dem bedeutendsten Vertreter der später erfolg- und einflußreichen »Generation von 1927«, mit dem Buñuel ein Puppentheater arrangierte. Diese Söhne aus großbürgerlichen Elternhäusern verband die Devise »épater le bourgeois«. In Literaturzeitschriften wie »Ultra«, »Horizonte« und »Gaceta Literaria« veröffentlichte Buñuel in dieser Zeit eigene Texte und Filmkritiken. Dank der Großzügigkeit seiner Eltern finanziell gut abgesichert, ging er mit 24 Jahren nach Paris, wo er anfangs eine bürokratische Laufbahn in Erwägung zog. In einer Vorführung von Fritz Langs *Der müde Tod* (1921) begeisterte er sich jedoch schlagartig für die poetischen Ausdrucksmöglichkeiten des Mediums Film, da es in seinen Augen »das Leben im Unterbewußten auszudrücken« vermochte. Praktische Kenntnisse erwarb Buñuel als Filmstudent in Jean Epsteins Académie du cinéma und als Regieassistent bei dessen Filmen, darunter die Poe-Verfilmung *Der Untergang des Hauses Usher* (1927), bis er sich mit Epstein wegen seiner Weigerung, auch mit Abel Gance zu arbeiten, überwarf. 1928 realisierte Buñuel gemeinsam mit Dalí in 15 Drehtagen seinen ersten experimentellen Kurzfilm *Ein andalusischer Hund*, der die Pariser Surrealisten um André Breton derart begeisterte, daß sie beide in ihre Gruppe aufnahmen. Noch vor dem Skandalerfolg von *Das goldene Zeitalter* (1930) erhielt Buñuel von Metro-Goldwyn-Mayer aus Hollywood einen großzügigen Beobachtervertrag für sechs Monate. 1931 kehrte der stets mit der spanischen Linken und vor allem den Anarchisten sympathisierende Buñuel in sein Heimatland zurück, um die bei den Wahlen siegreiche Republik als Regisseur zu unterstützen. Von der Regierung als Gutachter für zwei Filme über die Republik in die USA gesandt, erlebte Buñuel den Sieg der Faschisten unter Francisco Franco dort als Schock. Jenseits des Atlantiks saß er mit seiner Familie ohne Arbeit und ohne Geld fest, die Rückkehr nach Spanien war ihnen versperrt. Nach einer kurzen Episode in der Filmabteilung des New Yorker Museums of Modern Art verdingte sich der zweifache Vater notgedrungen bei der Produktion spanischer Synchronfassungen von Industrie- und Spielfilmen, bis ihn der Filmproduzent Denis Tual 1946 nach Mexiko holte, dessen Staatsbürgerschaft er 1949 annahm. Noch unter Francos Herrschaft konnte Buñuel 1961 und 1969 zu Dreharbeiten nach Spanien zurückkehren, womit er den Unmut der politischen Linken erregte. Kurz vor seinem Tod erschien Buñuels Autobiographie »Mein letzter Seufzer«, die er mit Hilfe seines langjährigen Co-Autors Jean-Claude Carrière verfaßte. Am 29. Juli 1983 starb der vielfach – darunter mit dem Oscar für *Der diskrete Charme der Bourgeoisie* (1972) – ausgezeichnete Regisseur, der dem Alkohol stets zugetan gewesen war und einen eigenen Cocktail namens Buñueloni kreiert hatte, in Mexiko-City an einer Leberzirrhose. Buñuels ältester Sohn Juan Luis wurde ebenfalls als Filmregisseur bekannt.

Vor dem Hintergrund der sich in fünf Jahrzehnten jeweils bietenden Produktionsbedingungen lassen sich Buñuels drei Hauptschaffensphasen abgrenzen: In der surrealistischen Phase im Paris der späten zwanziger und beginnenden dreißiger Jahre konnte er dank des Geldes seiner Familie oder von Freunden unabhängig filmen. In der zahlenmäßig produktivsten Zeitspanne von 1947 bis Mitte der sechziger Jahre dominierten Auftragsarbeiten und ökonomisch unfreie Arbeitsbedingungen in der mexikanischen Filmindustrie. Diese Situation verbesserte sich durch Buñuels zunehmende internationale Reputation und den Einstieg von französischen Koproduzenten. In seinem Alterswerk ab 1966 orientierte er sich vollständig sowohl künstlerisch als auch finanziell nach Frankreich.

Surrealistische Phase: »Es war eine Lektion für mein ganzes Leben, aber auch ein wunderbarer und poetischer Schritt in meiner Entwicklung«, zog Buñuel später die Bilanz jener Pariser Jahre, in denen er mit den Experimentalfilmen *Ein andalusischer Hund* und *Das goldene Zeitalter* reüssierte. Sie beeindruckten nicht nur den Obersurrealisten Breton, sondern prägen bis heute unsere Vorstellung vom surrealistischen Film überhaupt. Der berühmte Schnitt mit dem Rasiermesser durch das Auge einer Frau in *Ein andalusischer Hund* ist *der* surrealistische »image-choc« par excellence. Mit von seiner Mutter geliehenem Geld drehte Buñuel diesen Kurzfilmerstling gemeinsam mit Dalí, der in das Gewand eines Geistlichen schlüpfte, während Buñuel sich als der

Luis Buñuel mit Delphine Seyrig

grobschlächtige Mann mit vorstehenden Augen einprägte, der rauchend auf dem Balkon die Schärfe des Rasiermessers an seinem Daumen überprüft. Dalí und Buñuel eliminierten alle Elemente und Symbole, die ihnen rational erklärbar schienen, um die pure »Logik eines Traumes« zu erreichen. Nach denselben surrealistischen Prinzipien realisierte Buñuel zwei Jahre später *Das goldene Zeitalter*, bei dem Dalí neben Buñuel im Vorspann als Drehbuchautor firmierte, obwohl jener später das gemeinsam erarbeitete Szenarium völlig umschrieb. Dieser vom Vicomte de Noailles finanzierte Kurzfilm inszeniert mit seinen Attacken gegen Vaterland, Familie und Religion – beispielsweise tritt in den letzten Einstellungen eine Christusfigur als Orgienteilnehmer und Mörder auf – stärker den moralischen Aspekt des Surrealismus als *Ein andalusischer Hund* und nimmt die sozialkritische und antiklerikale Haltung späterer Buñuel-Filme vorweg. Zentral in beiden Filmen ist der »amour fou«. Wie alle Surrealisten faszinierte er Buñuel als Inbegriff der absoluten Liebe, die alle Vernunft außer Kraft setzt und den sozialen Regulierungsmechanismen nicht zugänglich ist. Dieser Opposition gegen den bürgerlichen Moralbegriff entsprechen auch Buñuels Attacken gegen traditionelle Kunstvorstellungen. Seine Filme brechen mit den überkommenen Prinzipien der Einheit des Werkes, des Erzählens einer Geschichte und der Konstruktion von Sinn mittels eines logischen Zusammenhangs von Szenen und Dialogen. Gegen die Ernsthaftigkeit der bürgerlichen Kunst setzte der junge Regisseur die Rebellion und nicht zuletzt eine Reihe von spaßigen Einfällen; z. B. machte er sich mittels Zwischentiteln, die präzise, aber funktionslose Zeitangaben enthalten, über erzählerische Konventionen lustig. Szenen und Gegenstände wurden in einem willkürlichen Collageprinzip aus dem gewohnten Zusammenhang gerissen und in einen neuen Kontext gestellt. Berühmt ist beispielsweise die visuelle Assoziationskette Ameisen in einer Hand – Achselhaare einer Frau – Seeigel. Zur großen Enttäuschung des Bürgerschrecks Buñuel wurde *Ein andalusischer Hund* vom intellektuellen Pariser Publikum gefeiert, der erhoffte Skandal kam erst mit *Das goldene Zeitalter* und führte zu einem Verbot des Films. Das gleiche Schicksal widerfuhr Buñuels dokumentarischem Essayfilm *Las Hurdes* (1932), diesmal für den politisch linksstehenden Regisseur völlig unerwartet von der republikanischen Regierung seines Heimatlandes. Die offizielle Begründung lautete, der schonungslose Film über das menschenunwürdige Leben in einer der ärmsten Regionen des Landes entehre Spanien. Tatsächlich bedarf der »image-choc« in *Las Hurdes* keiner Inszenierung mehr, sondern wird von der Realität geliefert. Damit demonstriert der Film sein surrealistisches Erbe vor allem durch seine moralische Position.

Da der Surrealismus vom Kunst- und Kulturestablishment inzwischen fest vereinnahmt und die Sprengkraft seiner Ideen nivelliert ist, liegt die Bedeutung von Buñuels Filmen aus dieser Epoche heute darin, »Dokument einer historischen Revolte der Kunst gegen die Kunst« (K. Eder) zu sein. Buñuel hat indes in seinen späteren Filmen immer wieder bis zum Selbstzitat auf seine Anfänge verwiesen. Beispielsweise kann in *Der Würgeengel* (1962) eine Theatergesellschaft jenseits aller Erklärbarkeit nicht die Villa eines Aristokraten verlassen. Die im Haus umherlaufenden Schafe und die Hühnerklauen in einer Damenhandtasche entziehen sich ebenso der alltäglichen Logik wie die vollkommene Durchlässigkeit von Zeit und Raum in *Die Milchstraße* (1969). Zwar gelingen Buñuel in dieser scharfen Attacke gegen die Kirche und ihre Dogmen einige erhellende Momente, wenn er die innere Realität von Wünschen und Träumen als physische Wirklichkeit inszeniert, insgesamt aber überstrapaziert er in den 100 Filmminuten sowohl das Thema als auch sein Darstellungsmittel, die Antiphrase: So entpuppen sich Messen mit dem Papst in Avignon als Orgien der Fleischeslust.

Mexikanische Phase: Zehn Jahre nach seiner letzten Regiearbeit mußte Buñuel in Mexiko seine eigenen Vorstellungen von Film unter industriellen Produktionsbedingungen und gegenüber den mediokren, melodramatischen oder komödiantischen Stoff- und Genrevorgaben behaupten, die mit wenig Geld für den lateinamerikanischen Markt realisiert wurden. Diese Rahmenbedingungen blieben nicht ohne Einfluß auf seine Arbeitsweise: Für die Dreh- und vor allem die Schneidearbeiten brauchte Buñuel wenig Zeit, häufig nahm er mehrere Szenen aus derselben Kameraeinstellung auf, selten forderte er Retakes der oft langen Szenen. Seine ihm jeweils viele Jahre treuen Produzenten – Oscar Dancigers, Sergio Kogan und Gustavo Alatriste in Mexiko und später Serge Silberman in Frankreich – erfreute er dadurch, daß er mit den im allgemeinen bescheidenen Filmbudgets auskam. Wichtig waren für ihn feste Mitarbeiter wie der mexikanische Kameramann Gabriel Figueroa sowie die Autoren Luis Alcoriza und Julio Alejandro, beide Exilspanier wie er. Die begrenzten Ressourcen in Mexiko und andere Einschränkungen wie etwa Zensurbestimmungen stellten für Buñuel nicht zuletzt eine künstlerische Herausforderung dar: »Ich brauche Mauern, die ich einreißen muß, Schwierigkeiten, die zu überwinden sind.« Sie zwangen ihn, nach ungewöhnlichen Lösungen zu suchen, wie bei der Inszenierung des Endes von *Vi-*

ridiana (1961), das durch den Zensurdruck offener, dadurch aber auch vielschichtiger wurde.

Nach zwei belanglosen mexikanischen Unterhaltungsfilmen schloß Buñuel mit *Die Vergessenen* (1950) an die Kompromißlosigkeit seiner surrealistischen Filme an. Der Film über das trostlose Leben von Straßenjungen in urbanen Slums steht formal und in der Themenwahl auf den ersten Blick dem Neorealismus nahe, doch ist seine Haltung grundlegend pessimistisch ohne Hoffnungsschimmer auf Besserung: So deutlich wie keiner von Buñuels Filmen führt *Die Vergessenen* vor, »daß wir in einer brutalen, scheinheiligen, ungerechten Welt leben« (Buñuel). Er war der Grundstein für Buñuels weltweite Reputation und trug ihm 1951 den Regiepreis des Festivals von Cannes ein. Der Vertrieb seiner meisten mexikanischen Filme blieb jedoch auf den lateinamerikanischen Raum beschränkt; erst im Zuge seiner internationalen Erfolge in den sechziger und siebziger Jahren wurden sie auch in Europa rezipiert. Die dann einsetzenden akribischen Bemühungen, die Handschrift des Filmautors Buñuel auch in diesen Werken nachzuweisen, führte zu ihrer Überbewertung. Unleugbar ist aber, daß Buñuel bei allem Zwang zur Kommerzialität seine Themen und Motive nie aus den Augen verlor und geradezu subversive Taktiken entwickelte, sie in seinen Filmen unterzubringen, wie z. B. den »amour fou« in *Abgründe der Leidenschaft* (1954) nach Emily Brontës Roman »Sturmhöhe«. Unter dem Deckmantel des Melodrams prangerte er in den drei Filmen *Susanna, Tochter des Lasters* (1951), *Die Tochter der Lüge* (1951) und in *Eine Frau ohne Liebe* (1952), einer im positiven Sinn mexikanischen Version des »Woman's Film«, die Vorstellungen von Moral, Ehe und Familie in der machistischen mexikanischen Gesellschaft an, auch wenn diese alles andere als frei von Kitsch und Klischees sind. *Er* (1953) und *Das verbrecherische Leben des Archibaldo de la Cruz* (1955) greifen den »amour fou« bis zur sadistischen Degradierung der Frau zum Objekt wieder auf und machen sich die Perspektive der Männer zu eigen. Auch wenn sie vordergründig die Fetischisierung des weiblichen Körpers, vor allem von Beinen und Füßen oder stellvertretend von Frauenschuhen kritisch ausstellen, so setzte Buñuel damit zugleich – ähnlich wie Alfred Hitchcock – seine eigenen Obsessionen ins Bild, was ihn jedoch nie in die Schußlinie der feministischen Filmkritik brachte. Buñuels prototypischer Fetischheld ist Francisco aus *Er*; zu ihm führt eine direkte Linie von den männlichen Hauptfiguren aus *Ein andalusischer Hund* und *Das goldene Zeitalter*. Der Titel *Er* ist zudem ein Hinweis darauf, daß die dargestellten Fixierungen und sadistischen Neigungen auf das gesamte männliche Geschlecht übertragbar sind. Franciscos Zwangsvorstellungen erfüllen sich aber genauso wenig wie diejenigen von Don Jaime in *Viridiana*, dessen Prämierung auf dem Festival in Cannes 1961 einen Skandal verursachte. Don Jaime steckt seine attraktive Nichte Viridiana, eine Novizin mit dem Gesicht einer Heiligen, zuerst in das Brautkleid seiner in der Hochzeitsnacht verstorbenen Frau Elvira und will sie dann per Heirat und Zwangskoitus vollkommen zu deren Substitut machen. Nach Jaimes Selbstmord verwandelt Viridiana sein Haus in ein Armenasyl. Ihr wohltätiges Angebot von Nahrung und Unterkunft ist aber unausgesprochen an die Bedingung eines strikt kirchenkonformen Lebenswandels geknüpft. Damit scheitert Viridiana ebenso wie Pater Nazario in *Nazarin* (1959), der bedingungslos eine Nächstenliebe fern aller Dogmen praktiziert. Dieser Film sowie *Der Weg, der zum Himmel führt* (1952), *Der Tod in diesem Garten* (1956) und auch *Robinson Crusoe* (1954) deuten an, daß der einzige Ausweg in einem solidarischen, mitmenschlichen Verhalten über soziale Unterschiede und Partikularinteressen hinweg liegt.

Französische Phase: Mit den in Frankreich gedrehten Filmen, deren Drehbücher er meist zusammen mit Jean-Claude Carrière verfaßte, kehrte Buñuel zu den irrationalen Sujets seiner surrealistischen Zeit zurück, in denen sich die Grenze zwischen Traum und Wirklichkeit verwischt und sogar aufhebt. So entpuppen sich in *Belle de Jour – Schöne des Tages* (1967) die sadistische Demütigung und die Vergewaltigung der Oberschichtenehefrau Séverine als ihre eigenen masochistischen Wunschträume. Je mehr sie diesen sexuellen Phantasien in sich Raum gibt und sie als Teilzeit-Prostituierte in einem Edelbordell sogar auszuleben beginnt, desto schwerer sind die Realitätsebene und ihre Wunschvorstellungen zu unterscheiden. In der Figur ihres Freiers Marcel gestaltet Buñuel einmal mehr den surrealistischen Topos des »amour fou«. Wie in den Pariser Kurzfilmen bestimmt dieser Topos in *Tristana* (1970) und in Buñuels letztem Werk *Dieses obskure Objekt der Begierde* (1977) maßgeblich die Handlung. Was diese beiden indes von *Belle de Jour* unterscheidet und mit *Viridiana* verbindet: Nicht ein gesellschaftlicher Außenseiter wie der Gangster Marcel wird davon erfaßt, sondern ein alternder, in den bürgerlichen Traditionen erstarrter Bourgeois, dem Fernando Rey unnachahmlich distinguiert Gestalt verleiht. Seine Besessenheit, eine junge Frau körperlich besitzen zu wollen, verdammt ihn in allen drei Filmen zu einem gewaltsamen Tod. Wie wenig es dem Bourgeois dabei um die Frau selbst geht, wird gerade in *Dieses obskure Objekt der Begierde* deutlich: Das sprichwörtlich gewordene Objekt der Begierde wird von zwei verschiedenen Schauspielerinnen dargestellt; diesen Einfall verwandelt Buñuel in eine der surrealistischen Stärken des Films. Eine ganz andere Obsession verbindet die Gruppe von Großbürgern in *Der diskrete Charme der Bourgeoisie*: das Essen. Jede ihrer kulinarischen Zusammenkünfte wird allerdings durch die äußeren Umstände vereitelt, weil man sich entweder im Tag geirrt hat oder das Restaurant zur Leichenhalle umfunktioniert ist. Thematisch bleibt Buñuel seiner Kritik am Bürgertum und dessen Lebensweise treu und greift fast eklektisch Situationen und Motive aus früheren Filmen auf. Wie schon in *Die Milchstraße* ignoriert Buñuel die erzählerische Geschlossenheit der Handlung und reiht Episoden aneinander, ohne daß der Film allerdings zu einer Nummernrevue zerfällt. Noch weiter treibt er dieses Prinzip in *Das Gespenst der Freiheit* (1974). In dieser Reise durch Zeit und Raum von der napoleonischen Besetzung Spaniens bis in die Gegenwart leitet jeweils eine Figur in die nächste Episode über, die durch das Prinzip der Verkehrung stilistisch verknüpft werden. So sitzen die Gäste bei Tisch mit entblößten Hintern auf Klosetts statt auf Stühlen, zum Essen verziehen sie sich indes schamvoll ins stille Kämmerlein.

1994 wurde das Interesse an Buñuels filmischem und literarischem Gesamtwerk durch eine große Ausstellung in der Bonner Kunst- und Ausstellungshalle der Bundesrepublik Deutschland »¿Buñuel! – Das Auge des Jahrhunderts« neu entfacht, die später auch in Spanien und Mexiko zu sehen war.

Ursula Vossen

Filmographie: Un Chien andalou / Ein andalusischer Hund (1928) – L'Âge d'or / Das goldene Zeitalter (1930) – Las Hurdes / Tierra sin pan / Las Hurdes (1932) – España leal en armas / Spanien zu den Waffen (Kompilationsfilm, 1936) – Gran Casino (1947) – El gran calavera (1949) – Los olvidados / Die Vergessenen (1950) – Susana (carne y demonio) / Susanna, Tochter des Lasters (1951) – La hija del engaño (Don Quintín, el amargo) / Die Tochter der Lüge (1951) – Una mujer sin amor / Eine Frau ohne Liebe (1952) – Subida al cielo / Der Weg, der zum Himmel führt (1952) – Él / Er (1953) – El Bruto / El Bruto, der Starke (1953) – Robinsón Crusoe / Adventures of Robinson Crusoe / Robinson Crusoe (1954) – Cumbres borrascosas / Abismos de pasión / Abgründe der Leidenschaft (1954) – La ilusión viaja en tranvía / Die Illusion fährt mit der Straßenbahn (1954) – El río y la muerte / Der Fluß des Todes / Der Fluß und der Tod (1955) – Ensayo de un crimen / Das verbrecherische Leben des Archibaldo de la Cruz (1955) – Cela s'appelle l'aurore / Amanti di domani / Morgenröte (1956) – La Mort en ce jardin / La muerte en este jardín / Der Tod in diesem Garten / Pesthauch des Dschungels (1956) – Nazarín / Nazarin (1959) – La Fièvre monte à El Pao / Los ambiciosos / Das Fieber steigt in El Pao / Für ihn verkauf' ich mich (1960) – La joven / The Young One / Das junge Mädchen (1960)

– Viridiana / Viridiana (1961) – El ángel exterminador / Der Würgeengel (1962) – Le Journal d'une femme de chambre / Tagebuch einer Kammerzofe (1964) – Simón del desierto / Simon in der Wüste (1965) – Belle de jour / Belle de jour – Schöne des Tages (1967) – La Voie lactée / La vía lattéa / Die Milchstraße (1969) – Tristana / Tristana (1970) – Le Charme discret de la bourgeoisie / Der diskrete Charme der Bourgeoisie (1972) – Le Fantôme de la liberté / Das Gespenst der Freiheit (1974) – Cet obscur objet du désir / Dieses obskure Objekt der Begierde (1977).

Literatur: L. B.: Mein letzter Seufzer. Königstein i. Ts. 1983. [Frz. Orig. 1982.] – L. B. / Max Aub: Die Erotik und andere Gespenster. Nicht abreißende Gespräche. Berlin 1986. [Span. Orig. 1985.] – L. B.: Die Flecken der Giraffe. Ein- und Überfälle. Berlin 1991.

Ado Kyrou: Luis Buñuel. Paris 1962. – Frédéric Grange: Luis Buñuel. Paris 1964. – Freddy Buache: Luis Buñuel. Lausanne 1970. – José Francisco Aranda: Luis Buñuel. Biografía crítica. Barcelona 1975. – Luis Buñuel. 2., erg. Aufl. München/Wien 1980. (Reihe Film. 6.) – Gwynne Edwards: The Discreet Art of Luis Buñuel. London/Boston 1982. – Jutta Schütz: Außenwelt – Innenwelt. Thematische und formale Konstanten im Werk von Luis Buñuel. Frankfurt a. M. 1990. – Tomás Pérez Turrent / José de la Colina: Buñuel por Buñuel. Madrid 1993. – Ursula Link-Heer / Volker Roloff (Hrsg.): Luis Buñuel. Film – Literatur – Intermedialität. Darmstadt 1994. – Agustín Sánchez Vidal: Luis Buñuel. Madrid 1994. – David Yasha (Hrsg.): ¿Buñuel! – Das Auge des Jahrhunderts. Katalog anläßlich der Ausstellung und der Film-Retrospektive in der Kunst- und Ausstellungshalle der Bundesrepublik Deutschland. München 1994.

James Cameron

*1954

James Cameron wurde am 16. August 1954 in Kapuskasing, Ontario (Kanada), geboren. Seine Kindheit verbrachte er in Kentucky. Bereits während seines Physikstudiums an der California State University schrieb er Drehbücher. Nach seinem Abschluß schlug er sich zunächst als LKW-Fahrer durch, bevor er von Roger Corman als künstlerischer Leiter für den Film *Sador – Herrscher im Weltraum* (1980) von Jimmy T. Murakami engagiert wurde. Anschließend wirkte er als Produktionsdesigner und Second-Unit-Regisseur an John Carpenters *Die Klapperschlange* (1981) mit. Ein Jahr später drehte Cameron mit *Fliegende Killer – Piranha II* seinen ersten eigenen Film, eine ausgesprochen enttäuschende Fortsetzung von Joe Dantes *Piranhas* (1978).

Nach diesem mißratenen Debüt als Regisseur allerdings schuf Cameron bereits mit seinem zweiten Film, *Terminator* (1984), einen modernen Klassiker des Science-fiction-Films: Im Jahre 2029 haben die Maschinen nach einem Nuklearkrieg die Weltherrschaft übernommen. Um den letzten Widerstand der Menschen zu brechen, schicken sie einen Cyborg (Arnold Schwarzenegger), ein computergesteuertes, von menschlichem Gewebe umhülltes Metallskelett, in die Vergangenheit, um Sarah Connor (Linda Hamilton), die Mutter des Rebellenführers, zu töten, bevor dieser geboren ist. Kyle Reese (Michael Biehn), von der Resistance ebenfalls zurückgeschickt, eilt Sarah zu Hilfe, bezahlt dafür aber mit seinem Leben. Beim Showdown in einer Fabrik zerquetscht Sarah den Terminator in einer hydraulischen Metallpresse. Der große Erfolg des Films führte 1991 zur Fortsetzung *Terminator 2 – Tag der Abrechnung*. Diesmal beschützen ein umprogrammiertes Modell des »alten« Cyborg T-800 und Sarah ihren zum Teenager herangewachsenen Sohn John (Edward Furlong) – übrigens das Produkt einer Liebesnacht von Reese und Sarah – vor dem weiterentwickelten Termina-

James Cameron

tor T-1000 (Robert Patrick), der aus Flüssigmetall besteht und fast jede organische und anorganische Form annehmen kann. Sarah, John und T-800 konfrontieren den Computeringenieur Miles Dyson (Joe Morton) mit der unangenehmen Wahrheit, daß er demnächst aus dem Mikrochip des zerstörten ersten Terminators den Computer »Skynet« entwickeln wird, der für das Auslösen des Atomkriegs verantwortlich sein wird. Dyson vernichtet daraufhin alle Unterlagen über das Projekt. T-1000 wird in einem Stahlwerk terminiert, als er in ein Becken mit heißem Metall stürzt. Anschließend läßt Sarah T-800 auf eigenen Wunsch in den Stahl hinab, um auch den letzten verbleibenden Mikrochip aus der Zukunft zu vernichten.

Beiden *Terminator*-Filmen gemeinsam ist eine Unzahl von Verfolgungsjagden und Schußwechseln. *Terminator 2* besticht zudem durch seine perfekte Morphing-Technik, die mit Hilfe von George Lucas' Firma ILM entwickelt wurde. Unter der rasanten Oberfläche verbirgt sich jedoch mehr. Selten haben Drehbücher so konsequent und ohne logische Brüche das Paradoxon der Reise durch die Zeit entfaltet. Die in beiden Filmen enthaltene Technologiekritik ist offensichtlich, ebenfalls die Auseinandersetzung mit einem veränderten Frauenbild in der Gesellschaft. Sarah erscheint im ersten Teil zunächst naiv und verängstigt, wächst aber mit den an sie gestellten Anforderungen und besiegt den Cyborg schließlich ohne Reeses Hilfe. Im zweiten Teil wirkt sie, durchtrainiert und gefühlskalt, wie ein menschlicher Terminator, ehe sie sich auf ihre Humanität und ihre Weiblichkeit besinnt.

Darüber hinaus wirft Cameron das grundsätzliche Problem menschlicher Wahrnehmung auf. Obwohl der T-800 nur über einen begrenzten Wortschatz verfügt und völlig emotionslos spricht, wird er von seiner Umwelt als humanoid akzeptiert. Im Laufe des Films wird seine fleischliche Hülle jedoch nach und nach beschädigt, bis sie schließlich bei einer Explosion völlig verbrennt, aus der nur das metallische Skelett unversehrt hervortritt. Diese Dekonstruktion scheinbarer Menschlichkeit läßt sich als Aufforderung verstehen, sich nicht von Äußerlichkeiten wie einem unreflektierten Körperkult täuschen zu lassen, sondern hinter die Masken zu schauen, das Wesen und die wahre Identität einer Person zu begreifen. Diese Problematik wird durch das Modell T-1000 noch komplexer. Denn als Gestaltwandler besitzt es keine eigene Identität. Es ist der metallgewordene Opportunismus. Die »Guten« dagegen, Sarah, Reese, John und Dyson, zeichnen sich durch Individualität, Mut, Fürsorge und Barmherzigkeit aus, Tugenden, deren Bedeutung am Ende des zweiten Teils sogar die Maschine T-800 erkennt. Es ist das grundlegende Paradoxon der *Terminator*-Filme, daß sie diese hehre Botschaft vom Wert des menschlichen Lebens mit allen Mitteln des Actionkinos und einer Ästhetik der Gewalt und Zerstörung einfordern.

Auch zwischen der Entstehung der beiden *Terminator*-Filme blieb Cameron dem Genre des Science-fiction- und Actionfilms treu. Wie alle seine Werke zeichnen sich sowohl *Aliens - Die Rückkehr* (1986) als auch *Abyss* (1989) durch eine atemlose inszenatorische Spannung aus, die durch ein ereignisgeladenes Drehbuch, eine hohe Schnittfrequenz sowie eine immens bewegliche Kamera erzielt wird. Die Spezialeffekte wurden jeweils mit dem Oscar ausgezeichnet. Außerdem bieten beide Filme Möglichkeiten zur Interpretation jenseits der offensichtlichen Suspense- oder Hau-drauf-Dramaturgie. In *Aliens – Die Rückkehr*, der ersten Fortsetzung von Ridley Scotts Klassiker *Alien – Das unheimliche Wesen aus einer fremden Welt* (1979), muß Ripley (Sigourney Weaver) mit einer militärischen Eliteeinheit gegen eine ganze Horde gleichermaßen außerirdischer wie außergewöhnlich ekliger Killer antreten, die aus dem Hinterhalt zuschlagen. Bei diesen Angriffen werden die Soldaten kontinuierlich dezimiert, ihre High-Tech-Bewaffnung erweist sich als unzureichend. Dieser Plot läßt sich ohne weiteres als interstellare Variante des Vietnamkriegs deuten.

In *Abyss* trifft Bud Brigman (Ed Harris), Leiter einer Unterwasser-Bohrstation, beim Versuch, in 6000 Meter Tiefe atomare Sprengkörper zu bergen, zunächst auf seine Ex-Frau Lindsay (Mary Elizabeth Mastrantonio) und später auf friedliche Außerirdische, die sich vor langer Zeit auf dem Meeresgrund angesiedelt haben. *Abyss* spielt geschickt mit Urängsten der Menschen wie der Furcht vor dem Ertrinken, der Dunkelheit und der Klaustrophobie. Der Titel verweist nicht nur auf den tatsächlichen Abgrund, sondern auch auf den Wahnsinn eines möglichen Nuklearkriegs sowie auf die emotionale Kluft zwischen Bud und Lindsay, die sich im Laufe der Handlung langsam schließt. Daneben kritisiert Cameron mit der Figur des paranoiden Lieutenant Coffin, der in der Tiefe die Russen vermutet und sie mit einer Atombombe vernichten will, das konservative Klima in den USA zur Zeit der Reagan-Administration.

1994 wagte sich Cameron mit der Actionkomödie *True Lies* auf teilweise ungewohntes Terrain. Arnold Schwarzenegger spielt darin einen Spezialagenten, der mit Hilfe seiner Frau (Jamie Lee Curtis), die ihn stets für einen Vertreter gehalten hatte, die Welt vor arabischen Terroristen rettet. Der Film folgt dem olympischen Motto »schneller, höher, weiter«. Handlung und Spezialeffekte werden oft bis ins Absurde übersteigert. Dies wird bereits in der Eröffnungssequenz, einer James-Bond-Parodie mit einem Tango tanzenden Schwarzenegger, deutlich und erreicht in einem romantischen Kuß des glücklich allen Gefahren entkommenen Paares vor dem Hintergrund einer explodierenden Atombombe seinen ironischen Höhepunkt. Allerdings führt diese Anhäufung von Superlativen auch dazu, daß man als Zuschauer vom aufwendig inszenierten Finale nicht mehr sonderlich gefesselt wird. Zudem ist die Episode, in der Schwarzenegger einem Möchtegern-Casanova mit dem gesamten Geheimdienstapparat zu Leibe rückt, weil er sich an seine Frau heranmacht, zwar durchaus amüsant, sie unterbricht jedoch zu lange die eigentliche Handlung.

Mit *Titanic* setzte Cameron 1997 neue Maßstäbe für die Vermarktung eines Kinofilms. Das finanzielle Risiko angesichts der explodierenden Produktionskosten – der Regisseur ließ unter anderem in der mexikanischen Wüste ein gigantisches Wasserbassin errichten und den Luxusdampfer annähernd in Originalgröße rekonstruieren – bewegte das Studio dazu, eine einzigartige Marketing-Offensive zu lancieren. *Titanic* wurde nicht nur zum teuersten, sondern auch zum finanziell erfolgreichsten Film der Kinogeschichte. Die Academy verlieh ihm gleich elf der begehrten Oscars. Der Film verknüpft auf äußerst geschickte Weise ein anrührendes Liebesdrama zwischen einer aufsässigen jungen Frau aus der Oberschicht (Kate Winslet) und einem jungen Abenteurer aus dem Unterdeck (Leonardo Di Caprio) mit der auffällig spät einsetzenden Rekonstruktion der Katastrophe. Der Schiffsuntergang wird dabei in großdimensionierten Schreckbildern vergegenwärtigt, die das Entsetzen der Passagiere begreiflich machen, unter deren Füßen das Sinnbild des Projekts Moderne und des Projekts Zukunft zerbricht, ohne daß sie dem Geschehen – wie in einem Alptraum, aus dem es kein Erwachen gibt – Einhalt gebieten könnten. Daß die Geliebte überlebt und nach so langer Zeit zum ›Grab‹ ihrer ersten großen Liebe zurückkehren kann, die ›Ruine‹ des versunkenen Schiffes noch einmal sieht, verleiht *Titanic* einen melodramatischen Rahmen. Er ist vermutlich mit der weit ausgesponnenen Erzählung von einer Liebesleidenschaft, die gesellschaftliche Hierarchie mißachtet, für den überwältigenden Publikumserfolg von *Titanic* verantwortlich.

Neben seiner Tätigkeit als Regisseur arbeitet James Cameron auch regelmäßig als Drehbuchautor und Produzent, u. a. für die Filme *Gefährliche Brandung* (1991) und *Strange Days* (1995) seiner zweiten geschiedenen Frau, Kathryn Bigelow. 1990 gründete Cameron seine eigene Produktionsfirma, Lightstorm Entertainment.

Andreas Friedrich

Filmographie: Piranha II: The Spawning / Fliegende Killer – Piranha II (1981) – The Terminator / Terminator (1984) – Aliens / Aliens – Die Rückkehr (1986) – The Abyss / Abyss (1989) – Terminator 2 – Judgement Day / Terminator 2 – Tag der Abrechnung (1991) – True Lies / True Lies (1994) – Titanic / Titanic (1997).

Literatur: J. P. Telotte: Replications. A Robotic History of the Science Fiction Film. Urbana/Chicago 1995.

Jane Campion

*1954

Jane Campion wurde am 30. April 1954 in Waikanae bei Wellington, Neuseeland, geboren. Ihre am Londoner Old Vic Theatre ausgebildeten Eltern Richard und Edith Campion sind in der Theaterwelt zu Hause: ihr Vater als Regisseur, ihre Mutter als Schauspielerin. Campions ältere Schwester Anna ist ebenfalls Filmemacherin. Jane Campion orientierte sich künstlerisch zuerst in eine völlig andere Richtung: 1973 begann sie ein Anthropologiestudium in Wellington, das sie 1975 mit dem Bachelor of Arts abschloß. Danach studierte sie in London (1976) und Sydney (1976–1980) Kunst mit dem Schwerpunkt Malerei. Von 1981 bis 1984 folgte eine Regieausbildung an der Australian Film, Television and Radio School (AFTRS). Sie ist mit dem australischen Radioproduzenten Colin Englert verheiratet, mit dem sie eine Tochter hat.

Die angesichts ihres bislang kleinen Œuvres vergleichsweise hochdekorierte Campion gilt als die Hoffnung des internationalen Frauenfilms, den sie – dabei völlig unideologisch – in den neunziger Jahren repräsentiert wie keine andere Regisseurin. Sie ist bekannt für ihre sensible Arbeit mit Schauspielern. Campions Filme erzählen Entwicklungs- und Befreiungsgeschichten, in deren Mittelpunkt ungewöhnliche und einprägsame Mädchen- und Frauengestalten stehen, die einen tiefen Wunsch nach einem gesteigerten Leben und einem Mehr an Erfahrungen haben. Sie sind gezeichnet durch problematische Familienverhältnisse und durch eine meist ambivalente Beziehung zu einer anderen Frau – der Schwester, der besten Freundin oder der Tochter. Die Seelenzustände und Ängste ihrer Protagonistinnen übersetzt Campion in Farben und Zeichen, z. B. Bäume in *Sweetie* (1989) und das Titelinstrument in *Das Piano* (1993). Diese Frauen stehen konträr zu den Normen und den Frauenrollen ihrer Zeit und müssen sich den Herausforderungen des Anderen, des Fremden (beispielsweise immer wieder in Gestalt eines Mannes oder einer neuen Kultur) und extremen Lebensbrüchen stellen. Dies gilt exemplarisch für die neuseeländische Schriftstellerin Janet Frame, deren von einer einsamen Kindheit und von einem achtjährigen Aufenthalt in der Psychiatrie (aufgrund der Fehldiagnose Schizophrenie) geprägte Lebensgeschichte Campion in *Ein Engel an meiner Tafel* (1990) in dominierenden Rottönen verfilmte.

In ihren bisherigen Hauptwerken *Das Piano* (für das sie 1993 als erste Filmemacherin und als erste Künstlerin ihres Kontinents in Cannes die Goldene Palme erhielt) und *Portrait of a Lady* (1996) wendet sich Campion Frauenschicksalen im historischen Gewand zu, wobei sie großen Wert auf Authentizität legt. In *Das Piano*, zu dem sie auch das Drehbuch schrieb, zeichnet Campion die Schottin Ada, ledige Mutter einer achtjährigen Tochter, als eine romantische Figur des 19. Jahrhunderts, deren Seelenzustände in die Natur des schlammigen neuseeländischen Busches mit seinen Schlingpflanzen und seinen dominierenden Farben Braun, bläuliches Schwarz und dunkles Grün hineinprojiziert werden. Wie mit ihrer Reise von Schottland nach Neuseeland überschreitet Ada auf dem Weg vom Haus ihres kolonialbewußten Mannes Stewart zur Hütte ihres Geliebten, des Maorifreundes Baines, eine Grenze in eine andere Welt. Damit reflektiert die weiße Neuseeländerin Campion auch den Zusammenstoß der europäisch-kolonialen Lebensweise mit den eingeborenen Maoritraditionen ihres Landes. Wie die überschüchterne Janet Frame sich durch ihre Literatur mitteilt, drückt sich die freiwillig verstummte Ada mittels ihres geliebten Pianos aus. Der ignorante Stewart verkennt dies sogleich bei ihrer ersten Begegnung am Strand, Baines hingegen spürt von Anfang an die Bedeutung des Instruments für Ada. Für sie ist das von Baines vorgeschlagene Tauschgeschäft, durch das sie ihr geliebtes Klavier Taste um Taste gegen das Ablegen von Kleidungsstücken zurückerwerben kann, nicht zuletzt ein erotisches Spiel, in dem sie nie – entgegen seiner Wahrnehmung – zum bloßen Objekt wird. Es sind in *Das Piano* die Männer, die am sexuellen Verlangen leiden – und daran, daß Ada das ihre von Liebesgefühlen abzukoppeln vermag: Von ihrem Liebhaber Baines ferngehalten und eingesperrt, richtet sie ihre Lust auf den legitimen Ehemann.

Mit *Portrait of a Lady* nach dem Roman von Henry James, ihrem Lieblingsbuch, setzte Campion ihren Weg als Filmemacherin ebenso konsequent wie überzeugend, aber kommerziell nicht annähernd so erfolgreich fort. Die Heldin Isabel Archer hat bei weitem nicht Adas libidinöse Autonomie. Die flüchtigen Berührungen ihrer Verehrer treffen sie tief, ihre Lust bleibt aber unerfüllt, so daß sie sich in erotische Tagträume flüchtet. Mit dem egozentrisch-dominanten Osmond scheint ihre Frustration zu enden, aber in der unglücklichen Ehe mit ihm zeigt sich, daß er vor allem an ihrem Geld interessiert war und keinesfalls der erhoffte »klare Spiegel« für sie ist, sondern ihren Willen nach Unabhängigkeit und Freiheit unterdrückt und unbedingten Gehorsam verlangt. Konsequent setzt Campion eine Spiegelsymbolik ein, die einerseits das im Titel enthaltene Stichwort des Porträts aufgreift und andererseits sowohl die Momente der Selbsterkenntnis der Protagonistin als auch das Erkennen des anderen markiert: Erst als ihr Cousin Ralph im Sterben liegt, wird Isabel klar, daß sie in Wirklichkeit ihn liebt; sie bricht aus ihrem Ehegefängnis aus. Anders als *Das Piano* bleibt diese Literaturverfilmung, die trotz des melodramatischen Sujets völlig ohne tränenselige Stimmung auskommt, nicht dem Historischen verhaftet, sondern schlägt mit Aufnahmen heutiger Mädchen und Frauen eine Brücke sowohl zu Campions früheren Filmen als auch in die Gegenwart, als habe sich an der Liebesproblematik für Frauen nichts Grundlegendes geändert.

Ähnliche Einstellungen verwandte Campion auch in *A Girl's Own Story* (1983), in dem der Gegenwartsbezug wie in allen ihren frühen Arbeiten der achtziger Jahre im Vordergrund steht: Der Kurzfilm erzählt einfühlsam die Geschichte dreier Freundinnen, die in finanziell gesicherten, aber emotional verarmten Familien mit ihrer erwachenden Sexualität allein gelassen sind, während die Müttergeneration sich resignativ in Depressionen geflüchtet hat. Metapher für ihre Situation ist eine alles durchdringende Kälte. Die Mädchen mit den in Großaufnahme gefilmten fragenden Gesichtern sind am Ende immerhin in der Lage, ihre Ängste kollektiv musikalisch auszudrücken. Der Film, dessen Problematik in *Zwei gute Freundinnen* (1985) indirekt fortgesetzt wurde, spricht mit Inzest und sexuellem Mißbrauch eines der Grundthemen von Campion an, das sie ohne Sensationsgier bereits in ihren frühen Kurzfilmen *Tissue* (1981) und *Peel* (1982) aufgriff: Mit dieser Beziehungsstudie über die Machtverhältnisse und -bünde zwischen einer Schwester, einem Bruder und dessen kleinem Sohn während einer Autofahrt machte Campion das erste Mal international auf sich aufmerksam (Goldene Palme in Cannes 1986). *Sweetie* über zwei unterschiedliche Schwestern, die spröde Kay und die ausgeflippte Dawn (genannt Sweetie), provozierte dort vier Jahre später heftige Kontroversen. Für beide gibt es erst dann einen Ausweg aus inzestuösen Familienbindungen und deren Einfluß auf die eigene sexuelle Identität, als sich die Schlüsselkonstellation ihrer Kindheit auf dramatische Weise in der Gegenwart wiederholt.

Ursula Vossen

Filmographie: Two Friends / Zwei gute Freundinnen (Fernsehfilm, 1985) – Sweetie / Sweetie (1989) – An Angel at My Table / Ein Engel an meiner Tafel (1990) – The Piano / Das Piano (1993) – The Portrait of a Lady / Portrait of a Lady (1996).

Literatur: Andreas Furler: »Die Struktur ist etwas vom wichtigsten«. In: Filmbulletin 1993. H. 2. S. 14–16. – Vincent Ostria / Thierry Jousse: Entretien avec Jane Campion. In: Cahiers du Cinéma

467/468 (1993) S. 17–20. – Frédéric Strauss: Abysses. In: Cahiers du Cinéma 467/468 (1993) S. 12–15. – Christiane Peitz: Identifikation einer Frau. Das Kino der Jane Campion. In: Ch. P.: Marilyns starke Schwestern. Frauenbilder im Gegenwartskino. Hamburg 1995. S. 99–159. – Barbara Basting: Sie betreten jetzt das menschliche Herz. In: Du 1996. H. 10. S. 34–43. – Gordon Collier: Was es bedeutet, zu leben. Eine Chronik zu den Filmen Jane Campions. In: Du 1996. H. 10. S. 62–72.

Frank Capra

1897–1991

Frank Capra wurde am 18. Mai 1897 in Bisquino, Sizilien, geboren. Im Alter von sechs Jahren mit seinen Eltern aus Italien in die USA eingewandert, schloß der technisch begabte Capra sein Studium zum Chemieingenieur 1918 erfolgreich ab. Nach dem Krieg reiste er als Handelsvertreter für eine Fotofirma umher, bis er in San Francisco auf eine Anzeige für ein neues Filmstudio stieß. Dort drehte Capra seinen ersten Stummfilm, den Einakter *Fultah Fisher's Boarding House* (1922), und eignete sich die technischen Grundlagen des noch jungen Mediums an. So ausgerüstet, arbeitete er in Hollywoods Hal Roach Studio als Gagschreiber für die Serie *Die kleinen Strolche* und später bei Mack Sennet für den babygesichtigen Stummfilmkomiker Harry Langdon, dessen Image naiv-unschuldiger Kindlichkeit er entscheidend mitgestaltete. Capra übernahm die Regie bei den von Langdon selbst produzierten Filmen *Der starke Mann* (1926) und *Die ersten langen Hosen* (1927), bevor es zum Zerwürfnis kam. Wieder engagiert wurde der arbeitslose Regisseur von Harry Cohen, dem streitbaren Chef des Poverty Row Studios, aus dem später die Columbia Pictures hervorgingen, denen Capra mit seinen großen Filmerfolgen zum Durchbruch verhalf. Als der Columbia-Vertrag 1939 endete, gründete Capra mit seinen Regiekollegen William Wyler und George Stevens die Produktionsfirma Liberty Films. Maßgeblich an ihrer Gründung beteiligt, war Capra der erste Präsident der Director's Guild, der Gewerkschaft der Filmregisseure. Anfang der sechziger Jahre zog er sich aufgrund des nachlassenden Erfolgs vom Film zurück. Er starb am 3. September 1991 in Kalifornien.

Capras angestammtes Genre ist die Komödie des kleinen Mannes aus der Mittel- und Unterschicht, für den er uneingeschränkt Partei ergreift, wobei er durchaus nicht vor Schwarzweißmalerei zurückschreckt und vor allem in seinen Produktionen nach 1950 bisweilen die Grenze zum Rührstück überschreitet. Die Filme des einst armen Einwandererkindes und Arbeitslosen sind märchenhafte Sozialutopien, die in ihrer großen Erfolgszeit 1934–1947 untrennbar verbunden sind mit dem Gedankengut von Roosevelts New-Deal-Reformen, mit denen die Folgen der Weltwirtschaftskrise in den USA überwunden werden sollten. Capras Filme waren für die von der »great depression« gebeutelte Bevölkerung ein kathartisches Versprechen auf Besserung ihrer Notsituation, wie sie auch den von Verzweiflung und Selbstmordabsichten gequälten Figuren mirakulös in seinen Werken widerfährt.

Paradigmatisch für Capras Filme ist die Geschichte der Bettlerin und Obstverkäuferin Apple Annie, die er sowohl in *Lady für einen Tag* (1933) als auch in *Die unteren Zehntausend* (1961) gestaltete. Annies Lebenslüge, sie sei eine reiche Dame der besten New Yorker Gesellschaft, droht zu platzen, als ihre uneheliche, in einem spanischen Kloster erzogene Tochter sie mit zukünftigem Gatten und Schwiegervater besucht. Doch Annies Bettelkumpane und Gangsterfreunde unter der Anführung von Dave the Dude sowie unerwarteterweise sogar die ranghöchsten Honoratioren der Stadt lassen, auf teilweise burleske Weise, die Fiktion real werden, indem sie Annie ohne Rücksicht auf Kosten und Mühen in eine elegante Dame auf Zeit verwandeln. Wie in diesen beiden Filmen kontrastiert Capra häufig die Existenz der einfachen Leute, die im allgemeinen aus einer Kleinstadt stammen, mit dem Lebensstil einer urbanen Upperclass und einer dekadenten Geldaristokratie. In Capras mit fünf Oscars in allen Hauptkategorien ausgezeichneten Komödie *Es geschah in einer Nacht* (1934), die das zeittypische Subgenre der Screwball Comedy begründete, machen die eigensinnige Millionärstochter Ellie Andrews und der pfiffige Journalist Peter Warne ein folgenschweres Tauschgeschäft: Er verhilft ihr, unbehelligt in die Arme ihres vom Vater mißbilligten Playboy-Verlobten zu gelangen, im Gegenzug dafür erhält er die Exklusivrechte für eine tägliche Zeitungsstory darüber. Auf der Reise von Florida nach New York begegnet die verwöhnte junge Frau zum ersten Mal den bitteren Alltagsrealitäten der normalen Bevölkerung; von dem vollkommen unprätentiösen männlichen Charme ihres Begleiters zunehmend beeindruckt, lernt sie, was es heißt, sich ohne Geld durchschlagen zu müssen, wie man einen Doughnut richtig in den Kaffee tunkt und wie eine improvisierte »Mauer von Jericho« in einem Einzelzimmer den Anforderungen der Schicklichkeit Genüge tut. Der Film machte die Hauptdarsteller Claudette Colbert und Clark Gable zu Stars und bescherte der amerikanischen Unterwäscheindustrie eine Umsatzflaute, da viele Männer sich ebenso an Gables Vorbild, kein Unterhemd zu tragen, zu orientieren begannen wie die Kinogängerinnen drei Jahre zuvor den Jean-Harlow-Look aus *Vor Blondinen wird gewarnt* (1931) imitiert hatten. Mit der Figur des mittellosen, aber aufrechten Journalisten schuf Capra zusammen mit Robert Riskin, dem Drehbuchautor seiner wichtigsten Filme, seinen prototypischen Helden. Als Anspielung auf die von diesem verkörperten wahrhaft amerikanischen Tugenden wie Anständigkeit, gesunder Menschenverstand, Gemeinsinn, Güte und Tatkraft, gepaart mit einem guten Schuß Naivität und Eigenbrödelei, trägt dieser moderne Jedermann nicht umsonst (teilweise sprechende) Namen wie Longfellow Deeds, Jefferson Smith oder John Doe; idealerweise wird er von James Stewart oder Gary Cooper dargestellt, deren positive Ausstrahlung und schlaksige Jungenhaftigkeit seinem unverdorbenen Charakter äußerlich entsprechen. Alle diese Helden sind zugleich auch Visionäre, die die Welt wieder besser machen und die Menschen zur Besinnung bringen wollen. Der New Yorker Bosheit und Sensationsgier müde, beschließt Mr. Deeds in *Mr. Deeds geht in die Stadt* (1936) in sein heimatliches Mandrake Falls zurückzukehren und gleichzeitig mit überraschend geerbten 20 Millionen Dollar Arbeitslosen eine neue Existenz als Farmer zu ermöglichen. Oder, wie es Capra in *Der beste Mann* (1948) den möglichen Präsidentschaftsbewerber Grant Matthews verkünden läßt: Der amerikanische Traum bedeute nicht, sich persönlich zu bereichern, sondern sich um das Wohl und die Freiheit jedes einzelnen zu sorgen. Auch der junge Senator Smith in *Mr. Smith geht nach Washington* (1939) kämpft dafür, daß das Gemeinwohl nicht den Partikularinteressen korrupter Politiker zum Opfer fällt. In beiden Fällen siegt die persönliche Integrität und der Idealismus der Protagonisten über ihre politischen Ambitionen.

Ein guter Mensch in Capras Sinn ist auch George Bailey aus *Ist das Leben nicht schön?* (1947), der Capra nicht allein der liebste seiner Filme war, den er auch für die Essenz seines Schaffens hielt: »Alles, was ich jemals sagen wollte, ist in diesem Film.« Kein Auge bleibt trocken, wenn der Bankangestellte, der seine hochfahrenden Zukunftspläne für die Familie in der Kleinstadt Bedford Falls geopfert hat, am Weihnachtsabend wegen eines Geldproblems vor lauter Verzweiflung keinen anderen Ausweg mehr sieht als Selbstmord. Erst seine Einsicht in die Sinnhaftigkeit seines Daseins und in den Wert von Liebe und Freundschaft fügt alles zu einem guten Ende in diesem Film, in dem die sentimentalen Elemente bei weitem überwiegen. Wegen seines skurrilen Humors wurde hingegen *Arsen und Spitzenhäubchen* (1944) zu einem Publikumsrenner. In dieser Verfilmung des gleichnamigen Erfolgsstücks von Joseph Kesselring über den von seiner spleenigverrückten Verwandtschaft geplagten Theaterkritiker Mortimer Brewster beeindruckt vor allem die motorische und mimische Leistung des Hauptdarstellers Cary Grant. Der Erfolg dieses und anderer Filme von Capra hat bisher in Deutschland den Blick auf seine Produktionen der zwanziger und frühen dreißiger Jahre verstellt.

Aufgrund seines patriotischen Bekenntnisses in Film und Leben, das ihn auch in den fünfziger Jahren zu einem Befürworter von McCarthys Antikommunismus werden

Frank Capra

ließ, war Capras Berufung zum Leiter der Filmabteilung im US-amerikanischen Kriegsministerium (im Rang eines Majors) während des Zweiten Weltkriegs naheliegend. Er zeichnete verantwortlich für die Gesamtkonzeption der zwölfteiligen, semidokumentarischen Serie *Why We Fight* (1942–45). Diese Geschichtsstunden auf Zelluloid sollten vor allem die Streitkräfte über die Kriegsursachen und die Gründe der Regierung für den Kriegseintritt informieren und sowohl die Wehrkraft der Soldaten als auch die Moral der Bevölkerung stärken. Geschult an Leni Riefenstahls *Triumph des Willens* (1935), setzte Capra in auch heute noch beeindruckender Weise die filmischen Mittel propagandistisch wirkungsvoll ein.

Ursula Vossen

Filmographie: Fultah Fisher's Boarding House (1922) – The Strong Man / Der starke Mann (1926) – Long Pants / Die ersten langen Hosen (1927) – For the Love of Mike (1927) – That Certain Thing (1928) – So This Is Love (1928) – The Matinee Idol (1928) – The Way of the Strong (1928) – Say It with Sables (1928) – The Power of the Press (1928) – Submarine (1928) – The Younger Generation (1929) – The Donovan Affair (1929) – Flight (1929) – Ladies of Leisure (1930) – Rain or Shine (1930) – Dirigible / Das Luftschiff (1931) – The Miracle Woman (1931) – Platinum Blonde / Vor Blondinen wird gewarnt (1931) – Forbidden (1932) – American Madness / Der Tag, an dem die Bank gestürmt wurde (1932) – The Bitter Tea of General Yen / The Bitter Tea of General Yen (1933) – Lady for a Day / Lady für einen Tag (1933) – It Happened One Night / Es geschah in einer Nacht (1934) – Broadway Bill / Broadway Bill (1934) – Mr. Deeds Goes to Town / Mr. Deeds geht in die Stadt (1936) – Lost Horizon / In den Fesseln von Shangri-La (1937) – You Can't Take It with You / Lebenskünstler (1938) – Mr. Smith Goes to Washington / Mr. Smith geht nach Washington (1939) – Meet John Doe / Hier ist John Doe (1941) – Why We Fight / Warum wir kämpfen (Gesamtkonzeption der 12 Filme, Realisierung der einzelnen Folgen durch andere Regisseure, 1942–45) – Arsenic and Old Lace / Arsen und Spitzenhäubchen (1944) – It's a Wonderful Life / Ist das Leben nicht schön? (1947) – State of the Union / Der beste Mann (1948) – Riding High / Lach und wein mit mir (1950) – Here Comes the Groom / Hochzeitsparade (1951) – The Television Science Films (1956–58) – A Hole in the Head / Eine Nummer zu groß (1959) – Pocketful of Miracles / Die unteren Zehntausend (1961) – Rendezvous in Space (Dokumentarfilm, 1964).

Literatur: F. C.: Autobiographie. Zürich 1992. Charles Wolfe (Hrsg.): *Meet John Doe*. Frank Capra, Director. New Brunswick / London 1989. – Joseph McBride: Frank Capra. The Catastrophe of Success. New York 1992. – Victor Scherle / William Turner Levy: The Complete Films of Frank Capra. New York 1992. – Ray Carney: American Vision. The Films of Frank Capra. Hanover/London 1996.

Léos Carax

*1960

Geboren am 21. November 1960 in Suresnes, einem Stadtteil von Paris, galt Carax schon im Alter von 23 Jahren nach seinem Spielfilmdebüt als cineastisches Wunderkind. Hinter dem Pseudonym Léos Carax, einem Anagramm aus seinem wirklichen Namen, versteckt sich ein öffentlichkeitsscheuer junger Mann. Alexandre Oscar Dupont ist der Geburtsname des Regisseurs, und Alex ist der Name des Protagonisten in jedem seiner drei Filme. Als Verkörperung des offensichtlichen Alter ego wählt Carax den Schauspieler Denis Lavant, dessen grobe Gesichtszüge und oftmals versteinerte Mimik untrennbar mit einem unnahbaren, vielleicht auch autobiographisch geprägten Charaktertypus verbunden sind. Schon im Debüt von Carax ist es Lavant, der als Alex in der Stadt der Liebe die Liebe sucht, findet und wieder verliert. *Boy meets*

Girl (1984) führt durch ein scheinbar zufälliges Beziehungsgeflecht. An jeder Ecke, auf jeder Brücke, hinter jeder hellhörigen Wand entdeckt man Menschen, die sich auf unterschiedlichste Weise nahestehen, näherkommen und voneinander entfernen. Carax entwirft Momente im Aufeinandertreffen der Geschlechter, konfrontiert seine Figur Alex und sein Publikum mit Trennung, Respekt und Bewunderung, Kommunikations- und Verständnislosigkeit, Erinnerungen, Hoffnung, Altern und dem abschließenden Tod. *Boy meets Girl* ist Ausdruck der Angst einer Generation vor Kontaktunfähigkeit und Vereinsamung oder, wie Carax es einen alten Mann äußern läßt, die Furcht einer schweigsamen Jugend, die nicht mehr spricht und gleichzeitig denkt, sie verdiene es nicht, daß man mit ihr spricht. So stehen sämtliche Figuren seltsam verlassen im Raum, sie reden aneinander vorbei, wirken entrückt und isoliert.

Das kontrastreich auf Schwarzweiß-Material gedrehte Erstlingswerk bebildert diesen Isolationsakt nicht zuletzt mit Hilfe eines Stammteams, das Carax bei all seinen Filmen zur Seite steht und bereit ist, den durch das ›autorisierte‹ Drehbuch vorgesponnenen Fäden zu folgen. Bereits in *Boy meets Girl* zu bewundern ist die Kameraarbeit von Jean-Yves Escoffier, der hier mit langen, statischen Einstellungen, Licht- und Schattenkompositionen Menschen in beklemmender Regungslosigkeit einfängt. Auffällig häufig benutzt Escoffier auch schon 1983 parallele Kamerafahrten, die Menschen in Bewegung begleiten. An diesen Stellen wird eine Vorwärtsbewegung nie wirklich zielgerichtet, ein Ausbruch immer zum Scheitern verurteilt sein. Was in *Boy meets Girl* nur beiläufig auftaucht, wird in seinen zwei folgenden Filmen zu den faszinierendsten Momenten gehören: Figuren, die minutenlang an Betonmauern entlangrennen, auf Brücken herumtoben, deren Bewegungsdrang immer wieder abrupt beendet wird. Die Kamera entlarvt scheinbare Geschwindigkeit als Stillstand.

Bereits als Jugendlicher entdeckte Carax den Stummfilm in der Cinémathèque française. Sein Filmstudium an der Université de Paris III, erste praktische Erfahrungen mit dem Medium auf Zelluloid Ende der siebziger (zwei Kurzfilme: *La Fille rêvée* und *Strangulation Blues*) sowie die Mitarbeit an den »Cahiers du Cinéma« Anfang der achtziger Jahre lassen die Einbindung der unterschiedlichsten filmischen Zitate, Reminiszenzen und Experimente in seine kreative Arbeit fast zwangsläufig werden.

So auch in *Die Nacht ist jung* (1986): Eingebettet in eine fast nebensächliche Kriminalgeschichte um die Jagd nach einer tödlichen Viruskultur ist es wieder Alex (Denis Lavant), der ein Mädchen kennen- und liebenlernt. Anna (Juliette Binoche) erscheint in einer Passage als perfekte Nachbildung eines filmhistorischen Frauentypus der zwanziger Jahre. So wie sich Carax mit Vehemenz an Altmeister wie Godard, Griffith, Chaplin oder Buñuel klammert, hinterläßt auch die vollständig in Studiokulissen erschaffene Szenerie von *Die Nacht ist jung* einen entfremdeten, unwirklichen Eindruck. Jeglicher Bezug zur Realität scheint verloren zu sein. Selbst die scheinbare Aktualität des Virus STBO, der offensichtlich an das Aids-Phänomen erinnern soll, entpuppt sich bald als biologischer »MacGuffin«.

War in *Die Nacht ist jung* die indifferente Haltung zur Realität noch Stilmittel, wird sie schon im Vorfeld von *Die Liebenden von Pont-Neuf* (1991) zum moralischen Problem. Ein Film, der sein Publikum in den ersten Minuten mit quasi-dokumentarischen Mitteln in das Milieu von Pennern, Clochards und Obdachlosen zieht, ist produktionstechnisch gezwungen, den Großteil seiner Bilder vor einer mit immensen Kosten verbundenen Brückenkulisse zu drehen. Allein diese Tatsache, der nicht unbedeutende Betrag von 130 Millionen Francs und die verwickelte Entstehungsgeschichte rücken vor Augen, welche Widerstände ein um Authentizität bemühtes oder mit diesem Anspruch zumindest von der Öffentlichkeit belastetes Kino überwinden muß. *Die*

Liebenden von Pont-Neuf erzählt eine unkonventionelle Liebesgeschichte vor dem Hauptschauplatz der ältesten Brücke von Paris, die wegen Renovierungsarbeiten gesperrt und verlassen ist. Alex trifft Michèle. Er (Denis Lavant) ›haust‹ auf dieser Brücke, sie (Juliette Binoche) ist eine aus ihrer bürgerlichen Existenz ausgestiegene Malerin. Wie Carax diese banale Geschichte aus einem Randbereich unserer Gesellschaft in ein Kinospektakel von hohem ästhetischen Wert emporhebt, wird für viele zum Kriterium, den Film dem in den achtziger Jahren so genannten »cinéma du look« zuzuordnen und ihm damit gleichzeitig auch eine innere, über den bloßen Schauwert hinausgehende Qualität abzusprechen. Zugegeben, Carax treibt seine Hauptfiguren vor Postkartenmotive. Zugegeben, einige vor allem musikalisch aufbrausende Passagen – etwa die Wasserskifahrt im Lichterglanz der feuerwerksprühenden Seineufer – wirken effekthascherisch. Doch wer vergißt, mit welcher Radikalität Carax Stimmungen wechseln, der Rauschhaftigkeit seiner Bilder eine fast schreckhafte Ernüchterung folgen läßt, der ignoriert, daß hier mehr als Reizüberflutung für einen kurzen Moment beabsichtigt ist. Wenn sich Alex und Michèle im Park lieben, findet das gleißende Licht plötzlich seinen Ursprung in den Lampen eines motorisierten Rasenmähers. Rauschhafter Traum und ernüchternde Wirklichkeit klaffen weit auseinander.

Die Liebesgeschichte unter und auf der Pariser Brücke erhielt 1992 den europäischen Filmpreis für die beste Hauptdarstellerin, die beste Kameraführung und den besten Schnitt. Der Autor und Regisseur Carax ging leer aus. Auch bei internationalen Festspielen blieb der Film weitgehend unbeachtet. Daraufhin zog sich Carax vorerst aus dem Filmgeschäft zurück. Erst acht Jahre später präsentierte er mit *Pola X* (1999) beim Filmfestival in Cannes wieder einen neuen Film.

Peter Fröhlich

Filmographie: Boy Meets Girl / Boy meets Girl (1984) – Mauvais Sang / Die Nacht ist jung (1986) – Les Amants du Pont-Neuf / Die Liebenden von Pont-Neuf (1991) – Pola X (1999).

Literatur: Alain Philippon: Sur la terre comme au ciel. In: Cahiers du Cinéma 1986. S. 15–17. – Jill Forbes: Omegaville. In: Sight and Sound 56 (1987) S. 292 f. – *Les Amants du Pont-Neuf.* Cahiers du Cinéma 448 (1991). [Supplement.] – Karlheinz Oplustil: *Boy meets Girl.* In: epd Film 9 (1992) H. 7. S. 33. – Jean-Michel Frodon: L'age moderne du cinéma français: De la nouvelle vague à nos jours. Manchecourt 1995. S. 787–793. – Guy Austin: Contemporary French Cinema: An Introduction. New York 1996. S. 132–135. – Ginette Vincendau: The Companion to French Cinema. London 1996. S. 43.

Marcel Carné

1906–1996

Marcel Albert Carné wurde am 18. August 1906 in Paris geboren und wuchs in Montmartre auf. Er sollte nach der Schule die Kunsttischlerei des Vaters übernehmen, arbeitete jedoch zunächst als Angestellter bei einer Versicherung und ließ sich in seiner freien Zeit zum Kameramann ausbilden. Sein Kurzfilm *Nogent, Eldorado et Dimanche* (1929), eine impressionistische, halbdokumentarische Studie über die Vergnügungen der Pariser Jugend am Wochenende, bewog René Clair dazu, Carné für seinen nächsten Film *Unter den Dächern von Paris* (1930) als zweiten Regieassistenten zu verpflichten. Gleichzeitig begann Carné, nachdem er einen Kritikwettbewerb des »Cinémagazine«

Marcel Carné

gewonnen hatte, für mehrere Filmzeitschriften zu schreiben, bis er nach der Rückkehr Jacques Feyders aus den USA zu dessen Regieassistent wurde. Als Feyder ein Projekt wegen anderer Verpflichtungen aufgeben mußte, empfahl er den Produzenten seinen Assistenten als Ersatz. Carné übernahm zwar mit *Jenny* (1936) noch einen Stoff von Feyder, verpflichtete aber mit Jacques Prévert einen eigenen Drehbuchautor, der für die folgenden Jahre sein ständiger Mitarbeiter werden sollte. Der Film, ein Melodram, das schon auf den poetischen Realismus vorauswies, wurde von Publikum und Kritik gut aufgenommen, und dieser Erfolg ermöglichte Carné, eigene Filme zu drehen. Die Dreharbeiten zu *Ein sonderbarer Fall* (1937) begannen noch im selben Jahr. Diesmal war Prévert allein für das Drehbuch verantwortlich, und es entstand eine groteske Komödie voll intelligenter Dialoge und Wortspiele. Die kompliziert gestrickte Intrige bildete einen anarchischen Angriff auf bürgerliche Wertvorstellungen. Filme dieser Art hatten aber im Frankreich dieser Zeit einen schweren Stand. Erst heute gilt er als erster Höhepunkt in Carnés Werk. Großen Anteil daran hatten auch seine Mitarbeiter: der aus Deutschland emigrierte Eugen Schüfftan an der Kamera, Maurice Jaubert, der die Musik komponierte, und besonders Alexandre Trauner, der für Ausstattung und Bauten verantwortlich war.

Hafen im Nebel (1938) war der nächste Film dieses jungen Teams und etablierte Carné unter den führenden Regisseuren Frankreichs. Der Film entstand nach einem Roman von Pierre MacOrlan, aber Prévert verlegte die Handlung, die im Montmartre der Jahrhundertwende spielt, in das Le Havre der dreißiger Jahre. Es entstand ein düsterer Film mit einem tragischen Ende. In einer Einheit von Raum, Zeit und Handlung entwickelten Carné und Prévert ihre für diesen und die folgenden Filme bestimmenden Themen: Flucht und Scheitern des (zumeist proletarischen) Helden, das Glücksverlangen des Individuums, Dualismus von Gut (Freiheit, Liebe) und Böse (Gesellschaft, Zwang, Neid) und eine Poetik des Blickes und des Begehrens. Die Ausgewogenheit von dramatischer Handlung und Bild, das Artifizielle des Dekors und Lichtes und die schauspielerische Leistung von Jean Gabin, Michel Simon, Michèle Morgan und Pierre Brasseur machten den Film zu einem der wichtigsten Werke des poetischen Realismus.

Beim folgenden Film *Hotel du Nord* (1938) waren Henri Jeanson und Jean Aurenche für das Drehbuch verantwortlich. Sie vermischten mehrere Handlungsstränge darin, aber in seiner episodenhaften Erzählweise war der Film weniger fatalistisch angelegt und erinnerte stärker an die ironischen Filme René Clairs, Auch hier überzeugten die Dekors, die Kamera und vor allem das Spiel von Arletty, der Film wirkte aber nicht so geschlossen wie sein Vorläufer.

Für *Der Tag bricht an* (1939) schrieb wieder Prévert das Drehbuch, es entstand nach einer Erzählung von Jacques Viot. Jean Gabin spielt darin François, »einen tragisch untergehenden Arbeiter, der erbärmlich stirbt, die Vision eines Glücks im Herzen, das kurze Zeit sein einfaches Leben durchleuchtet hat« (M. Schlappner). François tötet in einem Streit eher zufällig seinen Widersacher und verbarrikadiert sich in seinem Zimmer. Er wird von der Polizei belagert, und in drei langen Rückblenden erinnert er sich, wie es zu der Tat kommen konnte – und an sein kurzes Glück, seine Liebesgeschichte. Als sein Zimmer bei Tagesanbruch gestürmt wird, erschießt er sich. Indem Prévert und Carné den Mord an den Anfang des Films setzen, wird die Unausweichlichkeit der Situation betont, in der sich der Held befindet. Er ist der Prototyp des scheiternden Helden im poetischen Realismus. Trotz des Mordes ist er unschuldig, und wie sein Pendant, der Deserteur in *Hafen im Nebel*, kann er sagen: »Ich bin, wer ich bin. Alles, was ich tat, tat ich aus Zorn.« Diesen Helden mißlingt es, ihren Glücksanspruch in der Gesellschaft durchzusetzen. Die pessimistische Stimmung beider Filme wurde häufig mit der politischen Lage in Frankreich zwei Jahre nach Ende der Volksfrontregierung und wenige Monate vor Beginn des Zweiten Weltkriegs in Verbindung gebracht. Von der Vichy-Regierung wurden sie später wegen ihrer »demoralisierenden Wirkung« verboten.

Während der Besatzungszeit war es in Frankreich kaum möglich, gegenwartsbezogene Stoffe zu verfilmen. Carné, der im Gegensatz zu anderen führenden Regisseuren Frankreichs wie Clair oder Renoir nicht ins Exil ging, inszenierte – inspiriert von den Stundenbüchern des Duc de Berry – *Die Nacht mit dem Teufel* (1942) in der unbesetzten Zone in Nizza und beschäftigte trotz des Verbotes der Vichy-Regierung mit Trauner (Ausstattung) und Joseph Kosma (Musik) jüdische Mitarbeiter, Regieassistent war Michelangelo Antonioni. Der Film behandelt die Themen von Gut und Böse, Liebe und Verführung in Form einer mittelalterlichen Legende: Der Teufel versucht, die reine Liebe mit den Mitteln des Bösen zu vernichten. Als ihm dies fehlschlägt, verwandelt er die Liebenden in Stein, doch in dieser Skulptur hört man das Herz der Liebenden weiter pochen. Der sehr kühl inszenierte Film war ein großer Erfolg und wurde als Dokument innerer Emigration und als verschlüsselter politischer Film (das Herz Frankreichs, das während der Besatzung weiterschlägt) gesehen.

Noch im selben Jahr begann Carné mit den Vorarbeiten zu *Kinder des Olymp* (1945). Die Idee stammte von Jean-Louis Barrault, der an dem historisch realen Pantomimen Debureau interessiert war, und Prévert, der sich für den Mörder-Poeten Lacenaire begeisterte. Der Film entstand zunächst als italienisch-französische Koproduktion in Nizza. Die Dreharbeiten begannen bereits 1943, doch konnten sie während des Kriegs nur unter großen Schwierigkeiten und mit langen Verzögerungen beendet werden. Carné beschäftigte sowohl jüdische Mitarbeiter (Trauner und Kosma) als auch Mitglieder der Résistance in der Crew, was nicht ohne Risiko war. Die Gesamtdauer des Films betrug etwa drei Stunden, da aber in der Besatzungszeit Filme maximal 90 Minuten dauern durften, war Carné gezwungen, zwei Filme (*Le Boulevard du Crime* und *L'Homme Blanc*) herzustellen, die später aber gemeinsam aufgeführt wurden. Die aufwendigen Dekors und die große Zahl an Schauspielern und Komparsen machten den Film zudem zur aufwendigsten und teuersten Produktion dieser Zeit in Frankreich. *Kinder des Olymp* ist ein Film über Liebe und Begehren, die sich durch Blicke manifestieren. Carné entwickelt darin eine feine Psychologie und Poetik des Sehens und Gesehen-Werdens, die sich nicht nur in den schauspielerisch hervorragend agierten Pantomimen oder Theaterszenen, sondern auch in vielen Einzelmotiven äußern (z. B. in den beständigen Blicken in Spiegel, in ständig sich kreuzenden Blickführungen usw.). Er kam als erster Film im befreiten Paris in die Kinos, wo er 54 Wochen ununterbrochen lief. Die Kritik war zumeist begeistert und feierte den Film als ein Meisterwerk, das trotz der Entstehung in den dunklen Jahren der Besatzung den Rang der französischen Filmproduktion betone. Doch es gab auch kritische Stimmen, die dem Film seine Länge, Dialoglastigkeit und traditionelle Filmästhetik vorwarfen. Die kontroverse Beurteilung hat sich bis in die Gegenwart fortgesetzt. So wurde *Kinder des Olymp* 1978 zwar zum besten französischen Tonfilm gewählt, 1980 aber beurteilte Mitry ihn in seiner »Histoire du cinéma« als ein »kaltes, abgezirkelt-steifes Werk«.

Für seinen ersten Film nach dem Krieg sollte Carné für Pathé einen Film mit Jean Gabin und Marlene Dietrich drehen. Er wählte das Ballett »Le Rendezvous« von Prévert und Kosma als Vorlage für *Pforten der Nacht* (1946), doch die beiden Stars lehnten die ihnen zugedachten Rollen ab, für sie spielten der noch unerfahrene Yves Montand und Nathalie Nattier. Carné wandte sich in diesem Film wieder einem zeitbezogenen Thema zu und schilderte das Alltagsleben in einem Pariser Vorstadtbezirk kurz nach der Befreiung. Die Auseinandersetzung zwischen ehemaligen Résistancemitgliedern und Kollaborateuren wurde dabei verknüpft mit einer poetischen, traumhaften Liebesgeschichte. »Glauben Sie an das Glück?« – »Ja, wenn ich Sie ansehe!« Verknüpft mit ihrer Poetik des Blickes zeigten Carné und Prévert noch einmal den Glücksanspruch des Individuums und das Scheitern dieses Glücks an gesellschaftlichen Verhältnissen. Wieder schuf Trauner die Bauten – u. a. wurde eine ganze Metrostation im Studio nachgebaut – und schrieb Kosma die Musik (das Chanson des Films »Les Feuilles mortes« erlangte Weltruhm), aber die Mischung aus poetischer und realistischer Welt überzeugte nicht mehr, die pessimistische Stimmung entsprach nicht der Zeitstimmung nach der Befreiung. Das folgende Projekt Carnés geriet vollends zum Desaster. Nach einem schweren Unfall zog sich Prévert zudem vom Film vorläufig zurück, die lange Zusammenarbeit zwischen ihm und Carné war beendet.

Die zeitlichen Abstände zwischen den Filmen Carnés wurden nun immer größer, er hatte zunehmend Schwierigkeiten, seine zahlreichen Ideen umzusetzen. 1949 drehte er nach einem Roman von Georges Simenon *Die Marie vom Hafen* mit Gabin in der Hauptrolle. Das Drehbuch schrieb er nun wie für sämtliche folgende Filme selbst. Die Ausgewogenheit der Bilder und das Licht sind es, die den Film über die seltsame

Liebe zwischen einem alternden Mann und einer ziemlich berechnenden sehr jungen Frau bestimmen. *Die Marie vom Hafen* wurde gegen Carnés Gewohnheit fast nur außen gedreht, er zog sonst das Studio mit der Möglichkeit der künstlerischen Kontrolle vor. Sein Kameramann Henri Alekan registrierte, daß Carné sich sehr um die Komposition der Einstellungen kümmerte.

In den folgenden Jahren reihten sich für Carné die Mißerfolge. *Thérèse Raquin – Du sollst nicht ehebrechen* (1953) stellte eine eher mißlungene Aktualisierung des Romans von Zola dar, in der aber die darstellerische Leistung Simone Signorets auffiel. In *Die Luft von Paris* (1954) spielten noch einmal Gabin und Arletty, zusammen mit Roland Lesaffre, der in allen weiteren Filmen Carnés mitwirken sollte. Die Geschichte aus dem Boxermilieu mit einer angedeuteten Homoerotik stellt eine weitere Variation der schicksalhaften Begegnung und der Verführung durch den Blick dar. Doch trotz der schauspielerischen Leistung und der bemerkenswerten Bildgestaltung von Roger Hubert verfehlte der Film das Publikum. Das Konzept des poetischen Realismus hatte sich überlebt. Erst mit *Die sich selbst betrügen* (1958) erhielt Carné nach langer Zeit bei der Kritik wieder Zustimmung. Der Film über eine desillusionierte Jugend wurde mit geringem Budget und jungen, unbekannten Schauspielern (unter ihnen Jean-Paul Belmondo in seiner ersten Filmrolle) gedreht und deshalb später als ein Vorläufer der Nouvelle Vague gesehen, er war aber eher konventionell inszeniert.

Zu Beginn der sechziger Jahre plante Carné eine Reihe von Projekten, die aber alle nicht realisiert werden konnten, weder die Verfilmung von Zolas »Germinal« noch der Versuch, eine aktualisierte Version der Kameliendame zu inszenieren. In *Mörder nach Vorschrift* (1971) spielt Jacques Brel einen Untersuchungsrichter, der einen Fall von Polizeibrutalität untersucht, schließlich aber am System scheitert. Der nach einem authentischen Fall inszenierte Film gewann zwar einen Spezialpreis beim Moskauer Filmfestival, gelangte aber in Frankreich wegen des brisanten Stoffes kaum in die Kinos. *Der wunderbare Besuch* (1974) schließlich litt während der Produktion unter Streiks der Schauspieler und Techniker (wegen nicht gezahlter Löhne) und konnte nur nach langer Verzögerung fertiggestellt werden. Es folgte, für das Fernsehen inszeniert, *La Bible* (1974), eine durch die Mosaiken des Domes von Monreale inspirierte religiöse Dokumentation, Carnés letzter Film. Carné lebte künftig von der Inszenierung audiovisueller Diashows.

In einem Rundfunkinterview äußerte sich Truffaut 1980 über Carné: »Ich hatte nie wirklich die Gelegenheit, mit Carné zu reden. Offen gesagt glaube ich nicht, daß wir uns gut verstanden hätten. Aber wenn ich heute die Gelegenheit hätte, würde ich ihm sagen: Was wir an Ihren Filmen liebten, wurde mit den Jahren immer besser, und was wir nicht mochten, ist ohne Bedeutung geblieben.« Diese Bemerkung charakterisiert die Einschätzung, die das Werk Carnés noch heute erfährt: Seine frühen Filme, innerhalb weniger Jahre entstanden, gelten auch heute als Meisterwerke, die späteren Filme jedoch, die in mehr als 30 weiteren Jahren Filmarbeit entstanden, sind weitgehend in Vergessenheit geraten. Carné wurde 1971 in Venedig zusammen mit John Ford und Ingmar Bergman für sein Lebenswerk geehrt, 1979 erhielt er einen Ehren-César, 1995 den europäischen Filmpreis Felix für sein Gesamtwerk. Er starb am 31. Oktober 1996.

Peter Ruckriegl

Filmographie: Nogent, Eldorado et Dimanche (1929) – Jenny / Jenny (1936) – Drôle de drame / Ein sonderbarer Fall (1937) – Quai des Brumes / Hafen im Nebel (1938) – Hôtel du Nord / Hotel du Nord (1938) – Le jour se lève / Der Tag bricht an (1939) – Les Visiteurs du soir / Satansboten / Die Nacht mit dem Teufel (1942) – Les Enfants du paradis / Kinder des Olymp (1945) – Les Portes de la nuit / Pforten der Nacht (1946) – La Marie du port / Die Marie vom Hafen (1950) – Juliette ou la clef des songes / Juliette oder der Schlüssel der Träume (1951) – Thérèse Raquin / Thérèse Raquin – Du sollst nicht ehebrechen (1953) – L'Air de Paris / Die Luft von Paris (1954)

– Le Pays d'où je viens / Zum Glück gibt es ihn doch (1956) – Les Tricheurs / Die sich selbst betrügen (1958) – Terrain vague / Gefährliches Pflaster (1960) – Du mouron pour les petits oiseaux / Futter für süße Vögel (1963) – Trois Chambres à Manhattan / Drei Zimmer in Manhattan (1965) – Les Jeunes Loups / Wie junge Wölfe (1968) – Les Assassins de l'ordre / Mörder nach Vorschrift (1971) – Les Évades de l'an 4000 (1974) – La Merveilleuse Visite / Der wunderbare Besuch (1974) – La Bible (Fernsehdokumentation, 1977).

Literatur: M. C.: La vie à belles dents. Paris 1975. Martin Schlappner: Das Böse und der Film. Zürich 1961. – Robert Chazal: Marcel Carné. Paris 1965. – Robert Nepoti: Marcel Carné. Florenz 1979. – Manfred Schneider: *Die Kinder des Olymp*. Der Triumph der Schaulust. Frankfurt a. M. 1985. – Edward Baron Turk: *Child of Paradise*. Marcel Carné and the Golden Age of French Cinema. Cambridge 1989. – Anja Sieber: Vom Hohn zur Angst. Die Sozialkritik Jacques Préverts in den Filmen von Marcel Carné. Rodenbach 1993.

John Carpenter

*1948

In den siebziger Jahren entwickelte sich der am 16. Januar 1948 in Carthage, New York, geborene und in Kentucky aufgewachsene John Carpenter zur innovativen Hoffnung für das stagnierende Genrekino. Die von ihm geschaffenen Science-fiction-, Action- und Horrorfilme – zuerst verfaßte er selbst die Drehbücher und komponierte die oft minimalistischen Elektronik-Soundtracks – konnten ein traditionelles Cineastenpublikum im gleichen Maße wie ein auf Neuerungen achtendes Genrepublikum für sich einnehmen.

Carpenter besuchte die renommierte University of Southern California. Doch im Gegensatz zu den Epigonen des New Hollywood stilisierte er sich als anachronistischen Außenseiter. Bereits in seinem 1973 für 60 000 Dollar realisierten Debüt *Dark Star - Finsterer Stern* begab er sich mit seinen lethargischen Astronauten auf die Suche nach dem verlorenen »sense of wonder«, der Science-fiction-Klassiker der fünfziger Jahre wie *Alarm im Weltall* (1955) auszeichnete. Zugleich schuf er mit knapp bemessenen Mitteln und einem spielfreudigen Ensemble unbekannter Darsteller eine treffsichere Satire auf Stanley Kubricks *2001* (1968). Die bei Kubrick elegisch und ästhetizistisch zelebrierte *Odyssee im Weltraum* gestaltet sich für Carpenters Crew als langatmiger, Jahrzehnte umfassender Routinejob. Die Sprengung von Asteroiden erinnert lediglich an monotone Alltagsarbeit, die in den unendlichen Weiten des Alls zur quälenden Ewigkeit wurde. Auf spielerisch elegante Weise kombiniert Carpenter seinen skeptischen Gegenentwurf zur durchkomponierten Zukunftswelt Kubricks mit einer unterschwelligen Sehnsucht nach der früheren, naiven Science-fiction der RKO-Produktionen. Der spätere *Alien*-Autor Dan O'Bannon führt einen vergeblichen Kampf gegen ein Monster aus dem All. Doch der monströse »Parasit« aus einer anderen Welt bleibt eindeutig als aggressiver Gummiball, inszeniert im Stil alter B-Film-Monster, erkennbar. Die Konfrontation mit selbstbewußter künstlicher Intelligenz reduziert sich bei Carpenter, im Gegensatz zu Kubricks Supercomputer HAL, auf eine Bombe, die sich mit den Worten Descartes' »Cogito, ergo sum« nach mehrfachen Fehlzündungen selbst sprengt. Nach der Zerstörung des Raumschiffs durch die Selbstzündung der Bombe entdecken die beiden letzten überlebenden Astronauten den »sense of wonder« wieder: der eine zieht mit einem geheimnisvoll funkelnden Asteroidenschwarm weiter durchs All, der andere reitet mit einem Wrackteil als Surfbrett auf der letzten großen, durch die Detonation ausgelösten Welle.

Sein ökonomisches Verständnis der Arbeit als Regisseur und Autor exerzierte Carpenter beispielhaft in *Assault – Anschlag bei Nacht / Das Ende* (1976). In einer mit zahlreichen filmgeschichtlichen Anspielungen garnierten Variation von Howard Hawks' *Rio Bravo* (1959), ergänzt um die klaustrophobischen Aspekte von George Romeros *Die Nacht der lebenden Toten* (1968), erzählt Carpenter die Geschichte einer unfreiwilligen Zweckgemeinschaft, die während einer Nacht im verlassenen Polizeirevier Precinct 13 in Downtown Los Angeles entsteht. Eine Streetgang verfolgt einen Mann, der den brutalen Mord an seiner Tochter rächen wollte, zu der entlegenen Polizeistation. Ein afroamerikanischer Polizist und ein zum Tode verurteilter Gangster leisten den Angreifern Widerstand, bis sie sich durch eine raffinierte List als Sieger erweisen. Carpenter läßt in *Assault* seiner Vorliebe für den klassischen Western freien Lauf. Er überträgt die aus *Rio Bravo* bekannte Belagerungssituation in ein nur auf den ersten Blick urbanes, pseudodokumentarisches Szenario, um daraus einen »Essay über filmische Formen« (H. Ch. Blumenberg) zu entwickeln. Das Motiv der scheinbar kompletten, jedoch ansatzweise überwindbaren Isolation bildet eine wiederkehrende Konstante in Carpenters Werk. Die Kamera und der Betrachter werden mit den Protagonisten im umzingelten Precinct 13 eingeschlossen. Der Aufbau des, wie in allen späteren Filmen, nachts hereinbrechenden Grauens vollzieht sich tagsüber. Carpenter stellt die Gewalt nicht plakativ aus, sondern intensiviert sie durch die langsame Entwicklung der Erzählung und kurze, prägnante Andeutungen.

Mit *Assault* etablierte sich Carpenter als Meister der minimalistischen Suspense. Den Blick des unfaßbaren Angreifers baute er im Rahmen einer Variation von Hitchcocks *Das Fenster zum Hof* (1954) 1978 aus. In *Das unsichtbare Auge* erzählt Carpenter die Geschichte einer aufstrebenden Regisseurin (Adrienne Barbeau) ohne Privatleben, die von einem Psychopathen aus dem Nachbarhaus ins Visier genommen wird. Nach anfänglichem Kokettieren mit den Avancen des Beobachters leistet das Objekt der Begierde des lediglich durch Detailaufnahmen auf Tonbandgerät und Fernrohr sichtbaren Voyeurs zunehmend entschiedenen Widerstand. Im Finale des Films übernimmt Carpenter den subjektiven Blick der Protagonistin und überträgt ihre Desorientierung auf den Zuschauer.

Die subjektive Einstellung greift Carpenter zu Beginn seines Horrorklassikers *Halloween – Die Nacht des Grauens* (1978) wieder auf. Die Kamera folgt der Sicht des im weiteren Verlauf des Films zum Übernatürlichen stilisierten Mörders Michael Myers. Als kleiner Junge ermordet er seine Schwester beim romantischen Liebesspiel mit ihrem Freund. Viele Jahre später entkommt er an Halloween aus der psychiatrischen Anstalt, um seine Morde, verborgen hinter einer gesichtslosen, weißen Maske, fortzusetzen. Carpenter verzichtet auf jegliche Erklärung der Motivation seines später aufgrund des immensen kommerziellen Erfolgs serialisierten Killers. Als Jagdgründe des »bogeyman« wählte er die Kulisse der Vorstädte aus, jener Vorzeigebastionen des amerikanischen Mittelstands. Durch die ständig spürbare Bedrohung – subjektive Perspektive – eines noch nicht erkennbaren Verfolgers, der hinter der weiblichen Hauptfigur Laurie (Jamie Lee Curtis) her ist, konstruiert Carpenter einen kontinuierlich anschwellenden Spannungsbogen, der in der Konfrontation zwischen der Babysitterin Laurie und ihrem Gegenspieler Michael Myers kulminiert. Nachdem Myers im Finale des Films in den scheinbar sicheren Tod stürzte, verschwindet er in der Tiefe der Nacht, um zum lukrativen Horrormythos zu werden. Der Low-Budget-produzierte Genrestreifen spielte ein Vielfaches seiner Produktionskosten ein. Carpenter betreute das 1982 von Rick Rosenthal inszenierte Sequel, bevor er die bisher sieben Teile umfassende Serie seinem Produzenten Moustapha Akkad überließ.

In *Halloween* perfektioniert Carpenter die Arbeit mit Archetypen und Standardsituationen der Genregeschichte, ergänzt um das im Rahmen der True-Crime-Romane etablierte Serial-Killer-Motiv. Sein Gespür für innovativen Umgang mit Genrekonventionen demonstrierte er erneut in *The Fog – Nebel des Grauens* (1980). Die verdrängte Schuld einer auf kalkulierten Mord und Diebstahl aufgebauten Idylle sucht die kalifornische Küstenstadt Antonio Bay, in einer Mischung aus Gothic Novel und moderner Lagerfeuergeschichte, am Tag ihres Jubiläums heim.

Mit *Die Klapperschlange* kreierte Carpenter 1981 den Prototyp des apokalyptischen Actionthrillers. Innerhalb von 48 Stunden muß der zynische Antiheld Snake Plissken (Kurt Russell) den Präsidenten der USA aus dem zum Hochsicherheitsgefängnis umgewandelten Manhattan befreien. Das antiutopische Bild New Yorks entwirft eine nicht allzu weit entfernte Zukunft. Snake Plissken stellt als Outlaw die Aktualisierung eines Archetypus des Western dar, der dem regierenden, menschenverachtenden System mit sarkastischem Individualanarchismus begegnet. Zugleich repräsentiert Snake den letzten Actionhelden der skeptischen Siebziger vor den gestählten Körpern der Reagan-Ära. Mit der kommerziell erfolglosen Major-Produktion *Das Ding aus einer anderen Welt* realisierte Carpenter 1982 im Zeichen von *Alien* (1979) seine skeptische, eng an der literarischen Vorlage orientierte Version des von Howard Hawks und Christian Nyby inszenierten Science-fiction-Klassikers von 1951. Während am Ende des Originals die programmatische Warnung »Watch the skies« als Schlüsselsatz des Paranoiakinos steht, scheint hier nicht einmal das Überleben der letzten beiden Verbliebenen gesichert. Nach den finanziellen Mißerfolgen der Mainstreamarbeiten *Christine* (1983), *Starman* (1984) und *Big Trouble in Little China* (1986), kehrte Carpenter mit *Die Fürsten der Dunkelheit* 1987 zu seinen vertrauten Stärken zurück. Mit einem geringen Budget realisierte er für ein unabhängiges Studio die Horrorvariante von *Assault*. 1988 gestaltete Carpenter *Sie leben!* in einer Umkehrung der traditionellen Invasionsgeschichten als polemische Satire auf das Amerika der Reagan-Ära.

1995 gelang Carpenter mit *Die Mächte des Wahnsinns* eine surrealistische Reise in die Abgründe des Genres, mit der er ein kleines Comeback feierte. Der vom Protagonisten erfahrene Irrsinn greift auf die Struktur des Films selbst über. Die lineare Narration weicht verschiedenen Tableaus voller bizarrer Einfälle in der Tradition Buñuels. Carpenter löst die Stringenz und Geschlossenheit der Erzählung, signifikantes Merkmal seiner ersten Werke, selbst auf. In *Die Mächte des Wahnsinns* hält Carpenter geschickt die Balance zwischen effektgeladenen Spannungsmomenten und der reflexiven Durchbrechung traditioneller Erzählstrukturen. Diese Tendenz setzt sich, mit Ausnahme des Routine-Remakes *Das Dorf der Verdammten* (1995), in seinen folgenden Filmen fort. In *Flucht aus L.A.* (1996) demontieren Carpenter und Kurt Russell den selbstgeschaffenen Mythos um Snake Plissken. Dessen Einsatz im Los Angeles der Zukunft, das durch ein Erdbeben vom Festland abgetrennt ist, verdeutlicht, daß die apokalyptischen Szenarien der achtziger Jahre sich mittlerweile zur Farce entwickelt haben. Die bewußt billig wirkenden Effekte spielen mit dem Charme früherer Low-Budget-Filme. Doch der mit kostspieligen Mitteln als Erinnerung wiederbelebte Trash vergangener Tage hat seine naive Unschuld verloren. Eine Rückkehr zur Eindeutigkeit früherer Zeiten ist nicht möglich. Die Inszenierung gleitet auch nicht in die ironische Beliebigkeit des Pastiches ab. Vielmehr skizzieren die Revisionen des eigenen Mythos, indem sie die Stagnation des Genres thematisieren, die Suche nach neuen Ansätzen.

Ähnliches gilt für *Vampires* (1998), in dem Carpenter Fragmente des Horror- und Westernfilms zu einem eigenwilligen Genrecocktail mit inszenatorischen Kabinettstückchen vermischt. Die Geschichte nimmt zwar noch ihren bereits hinreichend bekannten Verlauf, eröffnet aber zugleich Perspektiven auf Momente jenseits der Genrekonventionen. Am Ende von *Vampires* läßt James Woods als verbitterter »Professional«, nachdem er den Anführer des Vampirclans beseitigen konnte, seinen ehemaligen Partner und dessen bereits infizierte Geliebte entkommen. Statt den altbekannten Abschlußschock, der sowohl den Protagonisten als auch dem Publikum bereits bekannt ist, zu zelebrieren, bleibt ihr Schicksal wie die Zukunft des Horrorfilms selbst offen.

Carpenter galt von Anfang an als Pragmatiker. Er läßt sich, den Charakteren und seinen Zuschauern keine Zeit für Sehnsüchte nach eindeutigeren Zeichen und Zeiten. Dennoch schleicht sich zwischen den Zeilen ein wenig Melancholie ein, da sowohl Kurt Russell bei seinem zweiten Auftritt als Snake Plissken als auch James Woods in *Vampires* ständig das Wissen um ihren eigenen Anachronismus begleitet.

Andreas Rauscher

Filmographie: Dark Star / Dark Star – Finsterer Stern (1973) – Assault on Precinct 13 / Assault – Anschlag bei Nacht / Das Ende (1976) – Someone's Watching Me / Das unsichtbare Auge (Fernsehfilm, 1978) – Halloween / Halloween – Die Nacht des Grauens (1978) – Elvis – The Movie / Elvis – The King (Fernsehfilm, 1979) – The Fog / The Fog – Nebel des Grauens (1980) – Escape from New York / Die Klapperschlange (1981) – The Thing / Das Ding aus einer anderen Welt (1982) – Christine / Christine (1983) – Starman / Starman (1984) – Big Trouble in Little China / Big Trouble in Little China (1986) – Prince of Darkness / Die Fürsten der Dunkelheit (1987) – They Live / Sie leben! (1988) – Memoirs of an Invisible Man / Jagd auf einen Unsichtbaren (1992) – Body Bags / Body Bags (Fernsehfilm, 1993) – Village of the Damned / Das Dorf der Verdammten (1995) – In the Mouth of Madness / Die Mächte des Wahnsinns (1995) – Escape from L. A. / Flucht aus L. A. (1996) – Vampires (1998).

Literatur: Frank Schnelle: Suspense. Schock. Thrill. John Carpenter und seine Filme. Stuttgart 1991.

John Cassavetes

1929–1989

Als Sohn griechischer Einwanderer wuchs der am 9. Dezember 1929 in New York geborene John Cassavetes in Manhattan und Long Island auf. Nach Schule, Militärdienst und einem abgebrochenen Studium begann er eine Schauspielausbildung an der New Yorker Academy of Dramatic Arts, die unter dem Einfluß der Stanislawski-Methode stand. Auf den Studienabschluß (1953) folgten diverse Theatertourneen und (bis 1957) zahlreiche Rollen in TV-Shows und -Serien. 1954 heiratete er die Schauspielerin Gena Rowlands. Mit Burt Lane gründete Cassavetes 1956 das Variety Arts Studio als Schule bzw. Workshop für arbeitslose Schauspieler und interessierte Laien. Aus dieser Arbeit entstand 1957/58 der schauspielerisch weitgehend improvisierte Film *Schatten*, den Cassavetes nach erneuten Dreharbeiten im darauffolgenden Jahr überarbeitete. Über diese zweite Version kam es zum Bruch mit seinem publizistischen Förderer Jonas Mekas, dem Herausgeber der Zeitschrift »Film Culture«. Dennoch galt *Schatten* fortan als Prototyp eines unabhängig produzierten, gegen das künstlerische Diktat Hollywoods gerichteten amerikanischen Kinos.

Cassavetes' folgende Filme *Too Late Blues* (1961, für Paramount) und *Ein Kind wartet* (1962, für United Artists) entstanden innerhalb des Studiosystems und wurden zu frustrierenden künstlerischen und kommerziellen Mißerfolgen. Im darauffolgenden Jahr gründete Cassavetes seine eigene Produktionsfirma Faces International Films, die er zum Teil aus seinen Gagen als Schauspieler (u. a. in *Der Tod eines Killers*, 1964; *Das dreckige Dutzend*, 1966; *Rosemaries Baby*, 1967) finanzierte. Nach vierjähriger Produktionszeit erschien 1968 *Gesichter*, mit dem Cassavetes thematisch wie formal zu einem unverwechselbaren Stil fand. Auch kristallisierte sich eine ›Film-Familie‹ von regelmäßig Mitwirkenden heraus, zu der neben Gena Rowlands (sowie beider Kinder und übriger Verwandter) vor allem Al Ruban, Seymour Cassel, Ben Gazzara und Peter Falk gehörten. In den folgenden Jahren entstanden Cassavetes' interessanteste Arbeiten: *Husbands* (1970), *Minnie und Moskowitz* (1971), *Eine Frau unter Einfluß* (1974), *Mord an einem chinesischen Buchmacher* (1975) und *Die erste Vorstellung* (1977). Während er danach überwiegend am Theater arbeitete, übernahm Cassavetes mit *Gloria, die Gangsterbraut* (1980) noch einmal eine Studioproduktion (für Columbia) und gleichzeitig seinen ersten echten Ausflug ins Genrekino. 1984 erhielt er für *Love Streams* in Berlin den Goldenen Bären. Sein letzter Film, die Kriminalkomödie *Sterben ... und leben lassen* (1985) stieß bei Publikum und Kritik auf Unverständnis und Ablehnung. Am 3. Februar 1989 starb John Cassavetes in Los Angeles.

Unbedingte Ehrlichkeit und die kompromißlose Hingabe an die eigenen künstlerischen Ideale sind zwei Grundkonstanten in Cassavetes' Schaffen. Wohl deshalb müssen seine wenigen Arbeiten innerhalb des Hollywood-Systems wie faule Kompromisse anmuten: Filme mit schönen Momenten, irritierenden Momenten und doch seltsam leblos. Deshalb auch verlangen seine gelungensten Arbeiten dem Zuschauer emotional soviel ab. Stets haftet ihnen etwas Monströses, Gnadenloses an. Nicht nur wegen der Länge: kaum ein Film, der unter zwei Stunden dauern würde – und gerne weisen die Beteiligten darauf hin, daß bei den Dreharbeiten bis zu fünfzigmal mehr Material belichtet wurde. Monströs auch die akribische, oft selbstquälerisch anmutende Besessenheit, mit der Cassavetes' Darsteller den verborgenen Gefühlen und Lebenslügen ihrer Charaktere zu Leibe rücken: Gena Rowlands' zwischen kindlicher Verlassenheit und Hysterie oszillierende Tour de force als *Frau unter Einfluß* (auch hier will die Legende, daß manche zehnminütige Einstellung ein dutzendmal wiederholt wurde); Rowlands' und Seymour Cassels lange Monologe in *Minnie und Moskowitz*, mit denen sich die ungleichen Liebenden zu erklären suchen und dennoch nur die Stille übertönen; Lynn Carlins und John Marleys heilloses Gelächter in *Gesichter*: ein albernes Küchentischgespräch über Sex endet in prustendem Gelächter, dessen traurige Doppeldeutigkeit erst in der nächsten Szene deutlich wird: auch im Bett kann sich das Paar nicht berühren – man erzählt sich statt dessen Witze. Typische Cassavetes-Szenen, die unter die Haut gehen und sein Publikum seit jeher polarisiert haben. Cassavetes' Filme, zumal wenn man sie in kurzem Abstand hintereinander sieht, machen eigentlich keinen Spaß, sie bedeuten immer ein Stück Arbeit, von dessen Faszination man dann doch immer wieder gepackt wird. Und auch das macht die Filme des Schauspieler-Regisseurs Cassavetes aus: In ihnen gibt es kleine Rollen, aber man mag sie selten »Nebenrollen« nennen, angesichts der Liebe und der Neugier, die ihnen gewidmet sind. Und hat man den Einstieg über die Figuren erst einmal gefunden, dann stören auch die unscharfen Bilder, angeschnittenen Köpfe und unorthodoxen Schnitte nicht mehr, die der Regisseur für die Wahrhaftigkeit des »acting« immer in Kauf nimmt.

Mit *Gesichter* (1968) hat Cassavetes seine Themen gefunden: Isolation und Entfremdung, die Suche nach einem Profil in einer normierten Gesellschaft und normierten Beziehungen und immer wieder das unbändige Verlangen nach Liebe. Fortan gehören seine Protagonisten dem Mittelstand an, zu dem auch der Regisseur sich rechnet, und spätestens mit *Husbands* (1970) auch seiner eigenen Generation. Mit der Film-›Familie‹

werden nun auch die Protagonisten älter. Knapp zehn Jahre nach *Gesichter* stehen sich Cassavetes und Rowlands in *Die letzte Vorstellung* gegenüber, als Schauspieler, die Schauspieler spielen, die wiederum mit der Balance zwischen Bühnen- und »wirklichem« Leben zu kämpfen haben. *Die letzte Vorstellung* mutet an wie ein Fazit und Schlußstrich unter Cassavetes' kreativste Phase; ein Film auch über die Entstehung seiner Filme, über die Entstehung einer ebenso wahren wie fiktiven »Realität« durch die Arbeit der Schauspieler. Es mag das Resultat vieler Zufälle sein und macht dennoch in der Rückschau Sinn, daß Cassavetes drei Jahre nach dieser »Bilanz« etwas ganz anderes gemacht hat, einen Hollywoodfilm, dessen Drehbuch er eigentlich nur verkaufen wollte. Und dann doch noch eine Coda: In dem Spätwerk *Love Streams* begeben sich Cassavetes und Rowlands noch einmal mit aller Konsequenz ins Chaos von Angst und Einsamkeit, Leben und Liebe. Bei der Berlinale 1984 löste Cassavetes noch einmal jene Reaktionen aus, die seine Arbeit über ein Vierteljahrhundert begleiteten: Ratlosigkeit und Begeisterung.

Stefan Lux

Filmographie: Shadows / Schatten (1959) – Too Late Blues (1961) – A Child Is Waiting / Ein Kind wartet (1962) – Faces / Gesichter (1968) – Husbands / Husbands (1970) – Minnie and Moskowitz / Minnie und Moskowitz (1971) – A Woman under the Influence / Eine Frau unter Einfluß (1973) – The Killing of a Chinese Bookie / Mord an einem chinesischen Buchmacher (1975) – Opening Night / Die erste Vorstellung (1977) – Gloria / Gloria, die Gangsterbraut (1980) – Love Streams / Love Streams (1983) – Big Trouble / Sterben . . . und leben lassen (1985).

Literatur: J. C.: What's Wrong with Hollywood. In: Film Culture 19 (1959).

Bernhard Giger: John Cassavetes oder Was Hollywood nicht zeigt. Bern 1979. – Sergio Arecco: John Cassavetes. Florenz 1980. – John Cassavetes. München/Wien 1983. (Reihe Film. 29.) – Milena Gregor: John Cassavetes. In: Kinemathek 81 (1993).

Claude Chabrol

*1930

Claude Henri Jean Chabrol wurde am 24. Juni 1930 in Paris als Sohn einer Apothekerfamilie geboren. Er studierte zunächst Literaturwissenschaft an der Sorbonne, dann Jura und Pharmazie. Doch statt in die Vorlesungen zog es ihn seit 1952 regelmäßig in die Cinémathèque française und diverse Ciné-Clubs. Dort lernte er u. a. Paul Gégauff, seinen späteren Co-Autor, sowie François Truffaut, Eric Rohmer und Jean-Luc Godard kennen. Schließlich brach er das Studium ab und arbeitete einige Zeit in der Pariser Presseabteilung der Twentieth Century Fox. Von 1953 bis 1959 schrieb er gelegentlich für die »Cahiers du Cinéma«. Seine große Bewunderung als Kritiker wie später als Filmemacher galt Fritz Lang und Alfred Hitchcock, dem er 1957 zusammen mit Eric Rohmer auch eine monographische Studie widmete. Mit dem Geld einer Erbschaft gründete er schließlich 1956 die Produktionsfirma AJYM-Films. So konnte er 1957 – das Filmwissen des Cinephilen mußte die praktische Erfahrung ersetzen – sein erstes Spielfilmprojekt realisieren: *Die Enttäuschten*, die Geschichte eines jungen Mannes, der aus Paris in sein Heimatdorf zurückkommt. Wie sein Protagonist kehrte auch Chabrol für die Dreharbeiten in das Dorf seiner Kindheit zurück, nach Sardent im Departement Creuse, wo er bei seinen Großeltern die Kriegsjahre verbracht hatte. *Die Enttäuschten* war eine noch etwas unsichere Mischung aus italienischem Neorealismus und christlicher Symbolik. Das neorealistische Element verschwand allerdings später fast völlig aus Chabrols Filmen, so daß sich die Frage stellt, ob es nicht (zumindest teilweise) eher eine Konsequenz der schwierigen Produktionsbedingungen war. Als folgenreicher für das weitere Werk erwies sich eine gewisse Tendenz zum Formalismus – verstanden als erkennbarer Formwille –, die in *Die Enttäuschten* zwar noch recht schwach ausgeprägt war, in den folgenden Filmen dafür aber um so deutlicher wurde.

Die Enttäuschten war der erste Film der Nouvelle Vague. Er zeigte, daß es möglich war, mit wenig Geld außerhalb der üblichen kommerziellen Zwänge sowie einer von gewerkschaftlichen Normen geprägten französischen Filmindustrie der fünfziger Jahre einen Film zu machen. Mit den Einnahmen aus *Die Enttäuschten* und *Schrei, wenn du kannst* (1959), seinem zweiten Film, verhalf Chabrol dann als Produzent u. a. seinen Kritiker-Kollegen Éric Rohmer und Jacques Rivette zu ihren Spielfilmdebüts. Mit seinem vierten, bis dahin wohl besten Film, *Die Unbefriedigten* (1960), einer eindringlichen Studie über den monotonen Alltag und die illusionären Sehnsüchte von vier jungen Pariserinnen, begann für Chabrol eine Serie von Mißerfolgen, sowohl beim Publikum als auch bei der Kritik: Man warf ihm Zynismus, ja Verachtung für seine Figuren vor – ein Vorwurf, den man ihm bereits anläßlich von *Schrei, wenn du kannst* gemacht hatte. Die Vorwürfe wandten sich gegen eine spezifische Qualität der Filme – oder verkannten sie als solche: ihre grundsätzliche Distanz und Objektivität, die sie gegenüber den Figuren zu wahren versuchen und die die Kritiker als Kälte empfanden. Eigentlich ging es Chabrol darum, sich gegen solche Regisseure abzusetzen, die er abfällig die »Autoren mit einem ›Anliegen‹« nennt – nie bezieht er direkt Position in seinen Filmen, legt vielmehr Wert darauf, daß die Zuschauer selbst das Geschehen beurteilen, daß sie Position beziehen können und sich nicht kritiklos mit einer Figur identifizieren müssen. Daher finden sich bei ihm auch nur selten subjektive Kameraeinstellungen.

Nach der Serie kommerzieller Mißerfolge sah sich Chabrol schließlich 1963 gezwungen, eine Reihe von kommerziellen Auftragsproduktionen anzunehmen, um überhaupt weiterarbeiten zu können. In dieser zweiten Phase seines Werks entstanden im Gefolge der damals erfolgreichen James-Bond-Filme einige belanglose, mehr oder weniger parodistische Agentenfilme. 1967 begann die Zusammenarbeit mit dem Produzenten André Génovès, die zur fruchtbarsten Periode seines Werks werden sollte. Zwischen 1968 (*Zwei Freundinnen*) und 1974 (*Nada*) entstand so eine Reihe von Filmen, die sich zu einer kohärenten Chronik der damaligen französischen Gesellschaft fügen. Vor allem ihnen verdankt er seinen mittlerweile fast schon zum Klischee gewordenen Ruf als »Chronist des französischen Bürgertums«. Die Kontinuität seiner damaligen Arbeit spiegelte sich auch in der wiederholten Zusammenarbeit mit bestimmten Schauspielern, allen voran Stéphane Audran, seiner damaligen Frau, aber auch Michel Bouquet, Jean Yanne und Michel Duchaussoy. Zusammen mit ihnen drehte er 1968/69 seine drei Meisterwerke: *Die untreue Frau*, *Das Biest muß sterben* und *Der Schlachter*. Die in seinen frühen Filmen immer wieder vorkommenden Typisierungen und grotesken Überzeichnungen weichen einem abgeklärten Stil. Chabrol hat die wütende Abrechnung mit der Bourgeoisie hinter sich gelassen; nunmehr beschränkt er sich darauf, sie in krisenhaften Situationen – wie unter einer Lupe – zu beobachten und die Verwerfungen zu protokollieren. Seine filmsprachliche Virtuosität erreicht in diesen Filmen ihren Höhepunkt, auch wenn (oder gerade weil) sie fast unsichtbar ist; präzise kalkuliert er die gewünschten Effekte. Die kühlen Inszenierungen grenzen stellenweise fast an Abstraktion; er vermeidet jede Dramatisierung, konzentriert sich auf nur wenige Figuren. So erhalten selbst kleinste Details ungeahntes Gewicht. Wie in vielen seiner übrigen Filme dienten ihm auch hier Kriminalromane oder reale Kriminalfälle als Vorlage. Doch interessierte ihn nicht die Tat als solche, sondern das, was sie über die Figuren verrät; innerhalb der Handlung funktioniert sie wie ein Katalysator, der Verdrängtes unkontrollierbar hervorbrechen läßt: Haß, Rache, Liebe, Eifersucht. Chabrol entlarvt die Harmonie der bürgerlichen Alltagswelt als bloße Fassade, die um jeden Preis – auch den des Verbrechens – gewahrt wird. In diesem Sinn ist Chabrol auch nicht der Apologet des Bürgertums, den manche Kritiker in ihm gesehen haben, da die ›Normalität‹ der Bourgeoisie bei ihm immer schon eine schuldhafte ist. Überhaupt verschwimmen hier die Grenzen zwischen Gut und Böse. Alle Figuren, bis hin zu den Opfern, haben teil an der Schuld. Dennoch scheint selbst durch das Böse manchmal noch das Gute hindurch. Der Zuschauer, dem die Filme keine positive Identifikationsfigur mehr bieten, ist gezwungen, das Verhalten der Figuren – und damit letztlich auch sich selbst und seine eigenen Wertmaßstäbe – stets neu in Frage zu stellen. Dies hat Methode: In Interviews betont Chabrol immer wieder, ihm ginge es in seinen Filmen vor allem darum, Gewißheiten zu zerstören.

Nach 1974 zerfällt die Kohärenz des Werkes. Erneut scheint sich Chabrol an kommerziellen Standards zu orientieren. Bis Anfang der achtziger Jahre entstanden zahlreiche Fernsehfilme, aber auch einige größere internationale Koproduktionen, die allerdings nicht zu überzeugen vermögen. Einzig *Violette Nozière* (1978) und *Die Fantome des Hutmachers* (1982), zwei Sozialstudien über rätselhafte Mordgelüste in kleinbürgerlichen Lebensmilieus, ragen aus der Produktion dieser Jahre heraus. Wie bereits 1967 leitete dann 1984 die Zusammenarbeit mit einem neuen Produzenten auch eine neue Phase des Werks ein: mit Marin Karmitz drehte Chabrol zunächst die recht erfolgreichen *Hühnchen in Essig* (1985) und *Inspektor Lavardin* (1986), zwei Filme um den unkonventionellen und zynischen Kommissar Lavardin, die später noch eine Fortsetzung im Rahmen einer Fernsehserie fanden. In *Masken* (1987) rechnete er dann mit der Scheinwelt des Fernsehens ab. Seitdem scheint Chabrol vor allem über ein verstärktes Interesse an weiblichen Hauptfiguren zu einer neuen Kontinuität seiner Arbeit zurückgefunden zu haben. *Eine Frauensache* (1988) ist der erste dieser Filme, die Geschichte einer Frau, die sich im Frankreich des Vichy-Regimes mit illegalen Abtreibungen eine kleine Existenz aufbaute und dafür schließlich hingerichtet wurde. Er besticht nicht zuletzt durch die Genauigkeit, mit der er die moralische Verlogenheit der Epoche zeichnet. Mit dem nicht unumstrittenen dokumentarischen Montagefilm über die Propagandamethoden des Pétain-Regimes *Das Auge von Vichy* kam Chabrol 1993 noch einmal auf diese Zeit zurück. *Madame Bovary* (1991) gehört zwar auch zu der Reihe von Frauenporträts der letzten Jahre, doch vermochte diese eher konventionelle, rein illustrative Flaubert-Verfilmung nicht wirklich zu überzeugen. Das Eifersuchtsdrama *Die Hölle* (1994), ein ehemaliges Projekt Henri-Georges Clouzots, ist zwar vorwiegend aus der Sicht der männlichen Hauptfigur erzählt, zeigte aber zusammen mit *Betty* (1992) und *Biester* (1995), zwei Filmen, die ganz um ihre weiblichen Protagonisten angelegt sind, daß Chabrol nichts von seiner alten Meisterschaft eingebüßt hat. Wie in seinen großen Filmen der siebziger Jahre gelang es ihm hier, kühl inszenierte Milieustudien des Bürgertums mit präzisen Porträts zu verbinden. Maßgeblichen Anteil daran hatten auch die Schauspieler, mit denen er seit *Eine Frauensache* immer wieder zusammengearbeitet hatte: François Cluzet, Marie Trintignant und vor allem Isabelle Huppert, die 1978 bereits die Rolle der *Violette Nozière* gespielt hatte. Zusammen mit ihnen, sowie mit Marin Karmitz scheint Chabrol zur zweiten ›klassischen‹ Periode seines Werks gefunden zu haben. Auch sein jüngster Film *Die Farbe der Lüge*, den der Regisseur auf der Berlinale 1999 vorstellte, führt die Analyse des Kleinstadtbürgertums fort. Die Aufklärung eines Kindsmordes gerät dabei in den Hintergrund, vielmehr interessiert ihn – wie einst Hitchcock – das Psychogramm des unschuldig Verdächtigen: kein Höhepunkt eines Lebenswerks, aber ein eindrucksvoller Beweis von Chabrols reger Kreativität.

Jens Börner

Filmographie: Le Beau Serge / Die Enttäuschten (1958) – Les Cousins / Schrei, wenn du kannst (1959) – À double tour / Schritte ohne Spur (1959) – Les Bonnes Femmes / Die Unbefriedigten (1960) – Les Godelureaux / Speisekarte der Liebe (1961) – Les Sept Péchés / Die sieben Todsünden (Episode: L'Avarice / Der Geiz, 1962) – L'Œil du malin / Das Auge des Bösen (1962) – Landru / Der Frauenmörder von Paris (1963) – Ophélia (1963) – Les plus belles escroqueries du monde / Die Frauen sind an allem schuld (Episode: L'Homme qui vendit la tour Eiffel / Der verkaufte Eiffelturm, 1964) – Le Tigre aime la chaire fraîche / Der Tiger liebt nur frisches Fleisch (1964) – Marie Chantal contre docteur Kha / M. C. contra Dr. Kha (1965) – Le Tigre se parfume à la dynamite / Der Tiger parfümiert sich mit Dynamit (1965) – La Ligne de démarcation (1966) – Le Scandale / Champagner-Mörder (1967) – La Route de Corinthe / Die Straße von Korinth (1967) – Les Biches / Zwei Freundinnen (1968) – La Femme infidèle / Die untreue Frau (1969) – Que la Bête meure / Das Biest muß sterben (1969) – Le Boucher / Der Schlachter (1970) – La Rupture / Der Riß (1970) – Juste avant la nuit / Vor Einbruch der Nacht (1971) – La Décade prodigieuse / Der zehnte Tag (1971) – Docteur Popaul / Doktor Popaul / Der Halunke (1972) – Les Noces rouges / Bluthochzeit (1973) – Nada / Nada (1974) – Une Partie de plaisir / Ein lustiges Leben / Eine Lustpartie (1975) – Les Innocents aux mains sales / Die Unschuldigen mit den schmutzigen Händen (1975) – Les Magiciens / Die Schuldigen mit den sauberen Händen (1976) – Folies bourgeoises / Die verrückten Reichen (1976) – Alice ou la dernière fugue / Alice (1977) – Les Liens de sang / Blutsverwandte / Blood Relatives (1978) – Violette Nozière / Violette Nozière (1978) – Le Cheval d'orgueil / Traumpferd (1980) – Les Fantômes du chapelier / Die Fantome des Hutmachers (1982) – Le Sang des autres / Das Blut der anderen (1984) – Poulet au vinaigre / Hühnchen in Essig (1985) – Inspecteur Lavardin / Inspektor Lavardin oder die Gerechtigkeit (1986) – Masques / Masken (1987) – Le Cri du hibou / Der Schrei der Eule (1987) – Une Affaire de femmes / Eine Frauensache (1988) – Jours tranquilles à Clichy / Stille Tage in Clichy (1990) – Docteur M / Dr. M (1990) – Madame Bovary / Madame Bovary (1991) – Betty / Betty (1992) – L'Œil de Vichy / Das Auge von Vichy (Dokumentarfilm, 1993) – L'Enfer / Die Hölle (1994) – La Cérémonie / Biester (1995) – Rien ne va plus / Das Leben ist ein Spiel (1997) – Au Cœur du mensonge / Die Farbe der Lüge (1999).

Literatur: C. Ch. / Eric Rohmer: Hitchcock. Paris 1957. – C. Ch.: Et pourtant je tourne . . . Paris 1976.

Tom Milne: Chabrol's Schizophrenic Spider. In: Sight and Sound 40 (1970) H. 1. S. 58–60. – Robin Wood / Michael Walker: Claude Chabrol. London 1970. – Guy Braucourt: Claude Chabrol. Paris 1971. – Wolfgang Schwarzer (Hrsg.): Materialien zu Filmen von Claude Chabrol. Duisburg / Frankfurt a. M. 1974. – James Monaco: Chabrol. Films Noirs in Color. In: J. M.: The New Wave. New York 1976. S. 253–285. – Angelo Moscariello: Claude Chabrol. Florenz 1976. – Peder Grongaard: Chabrols filmkunst. Kopenhagen 1977. – Jean-Claude Biette: L'homme centre. In: Cahiers du Cinéma 323/324 (1981) S. 93. – Claude Chabrol. 2., erg. und erw. Aufl. München/Wien 1986. (Reihe Film. 5.) – Hans Gerhold: Claude Chabrol oder: Die Fantome der Bourgeoisie. In: H. G.: Kino der Blicke. Der französische Kriminalfilm. Frankfurt a. M. 1989. S. 148–161. – Jean-François Rauger: Claude Chabrol, cinéaste anti-naturaliste? In: Conférences du Collège d'Histoire de l'Art cinématographique 7 (1994) S. 175–188. – Thierry Jousse: Cinq motifs pour Claude Chabrol. In: Cahiers du Cinéma 494 (1995) S. 34 f. – Claude Chabrol cinquantième, moteur! Cahiers du Cinéma. Okt. 1997. [Sonderh.]

Charles Chaplin

1889–1977

Sir Charles Spencer Chaplin, Regisseur, Schauspieler, Clown, Tänzer, Komponist und einer der berühmtesten Filmstars der Kinogeschichte, wurde am 16. April 1889 in London als jüngstes Kind einer zunächst noch relativ gutsituierten Entertainerfamilie geboren. Die Ehe der Eltern stand unter keinem guten Stern. Chaplins Vater, Varietésänger von Beruf, ruinierte sich und seine Karriere durch übermäßigen Alkoholkonsum und starb mit 37 Jahren an den Folgen seiner Trunksucht. Sydney, der ältere Halbbruder, und Charlie lebten bei ihrer Mutter, die unter dem Pseudonym Lily Harley als Sängerin und Tänzerin durch die englischen Music-Halls tingelte und ihre Kinder bis zum endgültigen Versagen ihrer Stimme mehr schlecht als recht zu ernähren in der Lage war. Charlie war gerade sieben Jahre alt, als nach ihrer Stimme auch ihre Nerven versagten und sie zum ersten Mal in ein Sanatorium eingewiesen wurde. Die Kinder Sydney und Charlie landeten auf der Straße und im Waisenhaus und erlebten – wie Chaplin in seiner Autobiographie berichtet – die »längsten und traurigsten Tage« ihres Lebens. Mit acht Jahren wurde Charlie für eineinhalb Jahre Mitglied einer Kindertanz-Truppe (The Eight Lancashire Lads) und war – aus der Not geboren – bereits ein echter Bühnenprofi.

Fred Karno, Direktor der gleichnamigen Music-Hall-Company, engagierte zunächst Sydney, dann den siebzehnjährigen Charlie und nahm die Brüder Chaplin mit auf Tournee, u. a. nach Paris und zweimal nach Amerika (1910 und 1912). Während der zweiten Amerika-Tournee sah Mack Sennett, Chef der Keystone-Filmproduktion, Chaplin in einer seiner berühmtesten Nummern als volltrunkener Theaterbesucher und lud ihn nach Hollywood ein. Chaplins Begeisterung für die typischen Keystone-Slapsticks, die in erster Linie aus Raufereien und endlosen Hetzjagden bestanden, hielt sich in Grenzen. Schon bald kämpfte er um künstlerische Autonomie – er wollte selbst Regie führen. Mack Sennett bot Chaplin zunächst eine Co-Regie an der Seite der Regisseurin und Komikerin Mabel Normand an, kurz darauf die alleinige Regie des dreizehnten Chaplin-Films bei Keystone (*Im Regen ausgesperrt*, 1914). Schon jetzt kündigte sich in Chaplins verschiedenen Masken und Kostümen und in seinem komischen Spiel die Figur des Tramps an, die zu seinem poetischen Alter ego werden sollte.

Kaum zwei Jahre nach seiner ersten Regie war Chaplin schon ein berühmter und hochbezahlter Filmstar in Hollywood. Nachdem er im ersten Jahr seines Engagements bei Keystone 35 Kurzfilme (u. a. *Making a Living*, *In einer Spelunke ertappt*, *Tillie's Punctured Romance*, außerdem eine Reihe von »Mabel«-Filmen) gedreht hatte, wechselte Chaplin 1915 zur Essanay Filmproduktion (*Sein neuer Job*, *Der Champion*, *Der Tramp*, *Arbeit*, *Eine Frau*, *Ein Abend im Varieté*) und entdeckte seine langjährige Hauptdarstellerin Edna Purviance (*Eine durchzechte Nacht*, 1915). In dieser äußerst produktiven und erfolgreichen Zeit entwickelte er »seine« künftige Hauptrolle, die Figur des Tramps, die man in seinen früheren Filmen bisweilen schon erahnen kann. 1916–1917 war Chaplin, der mittlerweile von seinem Bruder Sydney gemanagt wurde, bei der Produktionsfirma Mutual unter Vertrag (*Der Ladenaufseher*, *Der Feuerwehrmann*, *Der Vagabund*, *Ein Uhr nachts*, *Das Pfandhaus*, *Easy Street*, *Der Einwanderer*). 1918 schloß er einen Vertrag mit der First National (*Ein Hundeleben*, *Gewehr über*, *Auf der Sonnenseite*, *Vergnügte Stunden*) ab. Bei jedem Vertragsabschluß vervielfachten sich seine Gagen. 1919 gründete Chaplin gemeinsam mit Mary Pickford, Douglas Fairbanks und D. W. Griffith die United Artists Corporation und begann ein Jahr später mit den Dreharbeiten zu seinem ersten Langfilm *Das Kind* (1921). In diesem Rührstück verwandelt Chaplin die Figur des Tramps in einen liebevollen Vater, der sein Findelkind mit Sorgfalt und Hingabe erzieht, auch wenn die schlechten wirtschaftlichen Verhältnisse das Idyll der familiären Zweisamkeit beeinträchtigen. Der Tramp entwickelt sich zum einen zu einer festen Größe, einer mythopoetischen Grundfigur mit festumrissenem Gestenschatz und mimischem Standardrepertoire, zum anderen erweitert Chaplin den sozialen und psychologischen Horizont und den Handlungsspielraum des kleinen, traurigen Landstreichers.

Chaplin führte Regie im Kostüm des Tramps. Außer in dem Film *Eine Frau aus Paris* (1923), in dem er nur in einer Nebenrolle auftrat und dafür bewies, wieviel er als Regisseur gerade vom ernsten Filmschauspiel verstand, war Chaplin in jedem seiner Filme der unbestrittene Star vor und hinter der Kamera und entwickelte sich auf diese Weise trotz der Teamarbeit, zu der ihn das Medium Film zwang, zum absoluten Solisten. Schauspieler und Kameramänner berichten übereinstimmend von schier endlosen Wiederholungen jeder einzelnen Szene und dem schwer zu befriedigenden Perfektionismus des Regisseurs Chaplin. Chaplins Neigung, Unmengen von Filmmaterial zu verbrauchen, resultierte nicht nur aus seinem Hang zur Perfektion, sondern zunächst aus seiner fast deduktiv zu nennenden Methode zur Entwicklung von Gags und komischen Situationen. Aus dem Spiel mit einem Detail, einer räumlichen Begebenheit, einem Möbel, einer Drehtür oder einer Rolltreppe entstand nach dem Prinzip des Experiments zuerst ein einfacher Gag, den Chaplin von Aufnahme zu Aufnahme variierte und erweiterte. Chaplin probierte vor laufender Kamera – ein kostspieliges Verfahren, das es ihm aber erlaubte, sich selbst, wenn auch mit zeitlicher Verzögerung, zuzusehen und jede Nuance seiner Auseinandersetzung mit einer komischen Grundsituation festzuhalten. Oft verwarf er Ideen ganz, hielt sie für untauglich, bis er sich Jahre später während der Dreharbeiten zu einem neuen Film wieder an einen abgelegten Gag erinnerte und ihn erneut zum Leben erweckte. Ein schöpferischer Prozeß, der – bildlich gesprochen – nach dem Prinzip der Zellteilung funktioniert. Unter Chaplins Regie entstanden Filme nach dem Muster der Evolution. Aus einem Samenkorn (der komischen Ausgangsidee) wuchs ein Stamm (der sogenannte Plot), der Seitenzweige ausbildete, die in ihren Verästelungen plötzlich abrupt endeten, Sprünge machten oder sich unerwartet zu Hauptzweigen entwickelten.

Chaplin benutzte vor allem in der Frühphase der Kurzfilmproduktion keine Drehbücher, sondern begann – manchmal sogar noch ohne die Grundidee seines Films zu kennen – mit den Dreharbeiten. Führte diese Arbeitsweise bei kurzen komischen Filmepisoden noch problemlos zum Ziel, so erwies sie sich bei der Produktion von Langfilmen als schwierig. Dreharbeiten zogen sich endlos hin und wurden immer teurer. Manchmal unterbrach Chaplin sogar für Wochen die Dreharbeiten, weil er an der Verbesserung logischer Fehler feilte oder über der Verfeinerung der Gags brütete. Allerdings geben die Ergebnisse Chaplin und seiner Arbeitsweise recht.

Zu den Besonderheiten der Regie Chaplins zählt sein Umgang mit Schauspielern, die er vor allem in seiner Kurzfilmzeit häufig die Rollen tauschen ließ, auch wenn er durch Umbesetzungen unter Umständen große Mengen Material nachdrehen mußte. Mit relativ stabilem Ensemble und großer künstlerischer Treue zu seinen weiblichen Stars, in die er sich häufig verliebte, wenn er sie nicht sogar heiratete, konnte Chaplin einen äußerst individuellen Arbeitsstil etablieren, ohne auf zu große Widerstände des Teams zu stoßen. Chaplins Hauptdarstellerinnen Edna Purviance (*Das Kind*), Georgia Hale (*Goldrausch*), Virginia Cherrill (*Lichter der Großstadt*) und Paulette Goddard (*Moderne Zeiten, Der große Diktator*) berichten, daß er keinen Wert auf eine professionelle schauspielerische Ausbildung legte. Es existieren nur wenige Filmdokumente, die

Charles Chaplin

Chaplin bei der Regie zeigen. Amateuraufnahmen der Dreharbeiten zu *Lichter der Großstadt* (1931) bestätigen die Beschreibungen von Chaplins Regiestil durch seine Ensemblemitglieder. Chaplin spielte seiner Hauptdarstellerin Gestik und Mimik ihrer Figur bis ins kleinste Detail vor, und es war die Aufgabe der Schauspielerin, ihn nachzuahmen: Schauspiel als wörtlich zu verstehende Mimesis.

Chaplin entwickelte für sich selbst in der Rolle des Tramps einen sehr persönlichen Schauspielstil, der so charakteristisch ist, daß schon bald nach seinen ersten Filmerfolgen unzählige Chaplin-Parodisten auf der Bühne erschienen. Das Bewegungsvokabular des klassischen Balletts ist ebenso unverzichtbarer Bestandteil seines Spiels wie die gestelzten Gentlemen-Attitüden in engem Frack und zerschlissenen weiten Hosen. Halsbrecherische Akrobatik und vor allem das Spiel mit Objekten, die in Chaplins Nähe eine anarchische Eigendynamik – beinahe ein eigenes Gesicht – entwickeln, konterkarieren die stete Bemühung des kleinen Mannes um Würde. Chaplin erfand eine Komik des aufrechten Gangs, der pseudo-weltmännischen Haltung, die sich häufig in Übersprungshandlungen artikuliert. Chaplins komische Standardsituationen werden durch solche gestischen Ausrufezeichen strukturiert, unterbrochen oder beendet, nicht durch die Montage der Filmsequenz. Durch Elemente des Tanzes, der Akrobatik und die Orientierung an einer imaginären Bühnenrampe (Chaplin schließt häufig eine Slapstick-Sequenz mit einer »Reverence« im Stil des klassischen Balletts ab) rufen Chaplins Filme trotz ihrer filmtechnischen Perfektion und trickreichen Gestaltung für Momente immer wieder die Bühnenkomik der Music-Hall in Erinnerung.

Ab dem ersten Langfilm *Das Kind* (1921) wurden Chaplins Stummfilmkomödien zu Tragikomödien. Der Tramp, ein einsamer, melancholischer Außenseiter, muß stets um seine soziale Integration ringen, zumal in einer vom Fortschrittsglauben regierten, industrialisierten Welt. Ein unbehauster kleiner Mann mit Schnauzer, Stock und Hut wird zur Leitfigur der Schattengeschichte der Moderne, die von Armut, Hunger und Verzweiflung geprägt ist (*Goldrausch*, 1925). Chaplins Filme, in denen das Thema der Unterdrückung anfangs eher allegorisch behandelt wurde, nahmen zunehmend direkten Bezug auf die aktuellen politischen Geschehnisse. Die Politisierung der Filme erreichte ihren Höhepunkt in den beiden abendfüllenden Spielfilmen *Moderne Zeiten* (1936) und *Der große Diktator* (1940).

Die Filme *Lichter der Großstadt* (1931), *Moderne Zeiten* und *Der große Diktator* sind nicht nur bewegende und eindrucksvolle Beispiele für Chaplins künstlerische Auseinandersetzung mit der sozialen und der politischen Realität der dreißiger und vierziger Jahre, sie dokumentieren auch seine Aversion gegen den Tonfilm. Chaplin riskierte angesichts der Begeisterung des Kinopublikums für die technische Errungenschaft des Tonfilms sehr viel, wenn er in den dreißiger Jahren Filme drehte, die fast gänzlich auf die gesprochene Sprache verzichten. In *Lichter der Großstadt* treibt er mit der Möglichkeit, Menschen vor laufender Kamera zum Sprechen zu bringen, einen interessanten Schabernack. Statt Worte bringen die Redner anläßlich der Enthüllung eines Denkmals nur unartikulierte Quietschlaute hervor: Die Inhalte sind obsolet. Damit karikiert Chaplin weniger den Tonfilm als die auch heute noch fast immer inhaltlich überflüssige, nur in ihrer gestischen Theatralik aussagekräftige Natur von Eröffnungsreden. Chaplin eroberte die Tonspur auf seine Weise. Er brauchte sie nicht, um eine Geschichte in jeder Nuance anschaulich zu erzählen und vom Publikum verstanden zu werden. Seine Kunst ist stumm, aber nicht still – dies beweist Chaplins konzeptuelle Integration der Filmmusik. Er komponierte seit *Lichter der Großstadt* die Musik zu seinen Filmen selbst und dirigierte sogar deren Aufzeichnung.

Charlie Chaplin, Genius sentimentaler und gesellschaftskritischer Komik, der zarte liebevolle Clown des 20. Jahrhunderts, begnadet als Künstler, reich und berühmt, erlitt als »öffentliche Privatperson« viele Rückschläge. Die amerikanische Presse geriet angesichts seiner amourösen Affären, seiner Ehen mit immer jüngeren Frauen, seiner katastrophalen Scheidungsprozesse in den dreißiger und vierziger Jahren so in Rage, daß Assoziationen an eine moderne Form der Hexenverfolgung erlaubt sind. Das puritanische Amerika erinnerte sich daran, daß der angebliche Sittenstrolch und Kommunist Charlie Chaplin, der sich noch dazu erdreistete, in seinen Filmen die Weltpolitik zu kritisieren (*Der Heiratsschwindler von Paris*, 1947) oder den Diktator Hitler (*Der große Diktator*) als aufgeblasenen Popanz zu entlarven, eigentlich Engländer war. 1952, während sich Chaplin in Begleitung seiner vierten Ehefrau Oona O'Neill auf Europa-Tournee befand, entschieden die Mächtigen der McCarthy-Ära, daß der größte Filmkomiker nicht mehr in das Land der unbegrenzten Möglichkeiten zurückkehren durfte. Neben seiner politischen Haltung und seinen Ehe- bzw. Scheidungsgeschichten stieß vor allem Chaplins offensichtliches Desinteresse an einer amerikanischen Staatsbürgerschaft auf harte Kritik. Seine Filme, die Menschen auf der ganzen Welt begeisterten, wurden in den USA boykottiert oder verboten. Chaplin schwor, nie wieder nach Amerika zurückzukehren, und ließ sich mit Oona und der Vielzahl gemeinsamer Kinder in der Schweiz nieder. 1957 drehte er in England die Politsatire *Ein König in New York* (1957) und seinen letzten Film *Die Gräfin von Hongkong* (1967) mit

Sophia Loren und Marlon Brando in den Hauptrollen.

Nicht erst seit *Rampenlicht* (1952), dem letzten Chaplin-Film, der auf amerikanischem Boden Premiere hatte, war Chaplins intensive filmische Auseinandersetzung mit der eigenen Lebensgeschichte spürbar, die Verzweiflung angesichts des nicht aufzuhaltenden Alterns, die Verbitterung über die kaum zu ertragende Ablehnung durch andere Menschen. Noch einmal spielt Chaplin den Clown, diesmal an der Seite eines ebenso traurigen Stars der Stummfilmepoche: Buster Keaton. *Rampenlicht* ist ein Abschiedsfilm, lange vor dem eigentlichen Abschied.

Fünf Jahre vor seinem Tod reiste Chaplin auf Einladung doch noch einmal in die USA, um seinen zweiten Oscar entgegenzunehmen. Zum Mythos des Kinos und des 20. Jahrhunderts geworden, wurde er vom amerikanischen Publikum frenetisch gefeiert. 1975 wurde das einstmalige Londoner Straßenkind von der englischen Queen in den Adelsstand erhoben und durfte sich fürderhin Sir Charles nennen.

Charlie Chaplin starb 1977 im Alter von achtundachtzig Jahren und ließ seine Frau Oona und die meisten ihrer acht Kinder in Manoir-de-Ban in der Schweiz zurück. Einige Monate nach seiner Beerdigung wurde auf bis heute ungeklärte Weise sein Leichnam aus der Grabstätte gestohlen.

Susanne Marschall

Filmographie: Twenty Minutes of Love / Zwanzig Minuten Liebe (1914) – Caught in a Cabaret / In einer Spelunke ertappt (1914) – Caught in the Rain / Im Regen ausgesperrt (1914) – A Busy Day / Ein toller Tag (1914) – Her Friend, the Bandit / Ihr Freund, der Bandit (1914) – Mabel's Married Life / Mabels Eheleben (1914) – Laughing Gas / Lachgas (1914) – The Property Man / Der Requisiteur (1914) – The Face on the Bar-Room Floor / Das Gesicht auf dem Boden der Bar (1914) – Recreation / Erholung (1914) – The Masquerader / Die Maskerade (1914) – His New Profession / Sein neuer Beruf (1914) – The Rounders / Die Zechtouristen (1914) – The New Janitor / Der neue Hausmeister (1914) – Those Love Pangs / Liebesqualen (1914) – Dough and Dynamite / Teig und Dynamit (1914) – Gentlemen of Nerve / Männer ohne Nerven (1914) – His Musical Career / Seine musikalische Karriere (1914) – His Trysting Place / Der Ort seines Stelldicheins (1914) – Getting Acquainted / Man lernt sich kennen (1914) – His Prehistoric Past / Seine prähistorische Vergangenheit (1914) – His New Job / Sein neuer Job (1915) – A Night Out / Eine durchzechte Nacht (1915) – The Champion / Der Champion (1915) – In the Park / Im Park (1915) – A Jitney Elopement / Die Entführung im Münztaxi (1915) – The Tramp / Der Tramp (1915) – By the Sea / Am Meer (1915) – Work / Arbeit (1915) – A Woman / Eine Frau (1915) – The Bank / Die Bank (1915) – Shanghaied / Schanghait (1915) – A Night in the Show / Ein Abend im Varieté (1915) – Charlie Chaplin's Burlesque on Carmen (1916) – Police / Polizei (1916) – The Floorwalker / Der Ladenaufseher (1916) – The Fireman / Der Feuerwehrmann (1916) – The Vagabound / Der Vagabund (1916) – One a. m. / Ein Uhr nachts (1916) – The Count / Der Graf (1916) – The Pawnshop / Das Pfandhaus (1916) – Behind the Screen / Hinter der Leinwand (1916) – The Rink / Die Rollschuhbahn (1916) – The Essanay-Chaplin Revue (1916) – Easy Street / Leichte Straße / Easy Street (1917) – The Cure / Die Kur (1917) – The Immigrant / Der Einwanderer (1917) – The Adventurer / Der Abenteurer (1917) – How to Make Movies / Wie man Filme macht (1918) – A Dog's Life / Ein Hundeleben (1918) – The Bond / Die Kriegsanleihe (1918) – Chaplin-Lauder-Benefizfilm (1918) – Shoulder Arms / Gewehr über (1918) – Triple Trouble / Dreifaches Unheil (1918) – Chase Me Charlie / Fang mich Charlie (1918) – Sunnyside / Auf der Sonnenseite (1919) – A Day's Pleasure / Vergnügte Stunden (1919) – The Kid / Das Kind / Der Vagabund und das Kind (1921) – Nice and Friendly / Schön freundlich (1921) – The Idle Class / Die müßige Klasse (1921) – Payday / Zahltag (1922) – The Pilgrim / Der Pilger (1923) – The Professor / Der Professor (1922) – A Woman of Paris / Eine Frau aus Paris / Nächte einer schönen Frau (1923) – The Gold Rush / Goldrausch (1925) – The Circus / Der Zirkus (1927) – City Lights / Lichter der Großstadt (1931) – Modern Times / Moderne Zeiten (1936) – The Great Dictator / Der große Diktator (1940) – Monsieur Verdoux / Der Heiratsschwindler von Paris (1947) – Limelight / Rampenlicht (1952) – A King in New York / Ein König in New York (1957) – Die Chaplin Revue (1959) – A Countess from Hong Kong / Die Gräfin von Hongkong (1967).

Literatur: Ch. Ch.: Die Geschichte meines Lebens. Frankfurt a. M. 1964. [Amerikan. Orig. 1952.]

Joe Hembus: Charlie Chaplin. Seine Filme – sein Leben. München 1972. – Wolfram Tichy: Chaplin. Reinbek bei Hamburg 1974. – Fritz Hirzel: Chaplins Schatten. Bericht einer Spurensicherung. Zürich 1982. – David Robinson: Chaplin. Sein Leben. Seine Kunst. Zürich 1989. – Wilfried Wiegand (Hrsg.): Über Chaplin. Zürich 1989. – John McCabe: Charlie Chaplin. London 1992. – Frank Schnelle: Charles Chaplins *Der große Diktator.* Stuttgart 1994.

Michael Cimino

*1943

Zusammen mit den Italoamerikanern Francis Ford Coppola und Martin Scorsese gelang es Michael Cimino (geboren 1943 in New York), sich als »Wunderkind« des New Hollywood in den späten siebziger Jahren zu etablieren. Es war jedoch kaum die Filmbesessenheit seiner Kollegen, die ihn zum Regieberuf gebracht hatte; vielmehr schloß er erst ein Architekturstudium an der Yale University ab und absolvierte seinen Militärdienst bei den »Green Berets« in Texas. Erst Mitte Zwanzig nahm er Schauspielunterricht und besuchte die Regieklasse des Actor's Studio. Den ersten kreativen Schritt unternahm er jedoch im Bereich des Drehbuchschreibens: Für den Debütfilm des Spezialeffektexperten Douglas Trumbull verfaßte er zusammen mit Deric Washburn den ironischen Öko-Science-fiction-Film *Lautlos im Weltraum,* 1970, der die tragische Geschichte des rebellischen Weltraumgärtners Lowell erzählt und sich zusammen mit John Carpenters *Dark Star – Finsterer Stern* (1973) als Hippie-Kultfilm etablierte.

Dieser Achtungserfolg ermöglichte Cimino den Schritt ins Mainstreamkino: Als Routinejob erarbeitete er mit dem damals ambitionierten (*Jeremiah Johnson, Apocalypse Now*) und später berüchtigten (*Die rote Flut*) John Milius die Fortsetzung von Don Siegels aufsehenerregendem Polizeifilm *Dirty Harry* (1971). *Calahan* (1973), die Geschichte einer faschistoiden Vigilantentruppe innerhalb der Polizei, konfrontierte die von Clint Eastwood gewohnt stoisch dargestellte Figur des rüden Harry Calahan mit seinen eigenen Schattenseiten. Eastwood schien sehr angetan von dem jungen Autor gewesen zu sein und finanzierte ihm sein ehrgeiziges Regiedebüt: *Die Letzten beißen die Hunde* (1973) kombiniert die Melancholie der Soziodramen des New Hollywood, der Abgesänge auf den »amerikanischen Traum«, mit einer rasanten, ironisch gebrochenen Gangsterballade. Auf vergleichbare Weise nähert sich hier die abgeklärte ältere Generation (Eastwood) der ungestümen jüngeren (Jeff Bridges als »Leichtfuß«). In beiden Fällen endet dieser von wachsender Sympathie geprägte Generationenkonflikt tödlich. Die visuelle Inszenierung von *Die Letzten beißen die Hunde* dominiert bereits eine elegische Haltung, die die weitläufige Landschaft des amerikanischen Mittelwestens imposant einfängt. Es ist der fast folkloristische Blick eines John Ford, an dem Cimino auch immer wieder gemessen werden wird. Bereits in seinem ersten Film legte der Regisseur großen Wert auf das sensible Porträt kameradschaftlicher und freundschaftlicher Beziehungen, die weit bedeutender für seine Filme zu sein scheinen als die oft diskutierte Gewalt, die in *Die Letzten beißen die Hunde* noch eher nebenbei abgehandelt wird.

Jahre der Vorbereitung führten zu Ciminos bis heute größtem Erfolg bei Kritik und Publikum – zumindest an amerikanischen Maßstäben gemessen: *Die durch die Hölle gehen* (1978) brachte das Mitte der siebziger Jahre populäre Vietnamkriegs-Genre, in dem sich auch Hal Ashby und Coppola betätigt hatten, zu seinem kommerziellen Höhepunkt. Mit der hochkarätigen Besetzung Robert De Niro, Christopher Walken, John Cazale und Meryl Streep erzählt Cimino die Geschichte dreier Freunde, Stahlarbeiter, die nach der Hochzeit des einen (John Savage) noch einmal auf die Jagd gehen, um schließlich ihren Kriegsdienst in Vietnam anzutreten. Mit viel kultureller Sensibilität zeichnet Cimino das Milieu der russischen Einwanderer, aus dem der Bräutigam stammt. Die Jagd, die zum mythischen Ritual gerät, beschließt eine eindrucksvolle Exposition, die bereits als eigenes Werk bestehen könnte. Um so abrupter wird die Konfrontation mit dem Krieg. Cimino entfesselt ein Inferno aus Massaker, Folter und Hysterie, das die Freunde trennen wird. Nur Michael (De Niro) kehrt in seine Heimat zurück, die er jedoch wiederum verläßt, mit der Mission, den vom Krieg wahnsinnig gewordenen Nick (Walken) zurückzuholen. Wieder endet das Drama in Tod, Tränen und folkloristischer Melancholie. Rückblickend betrachtet zerfällt dieser Film, der den Preis der New Yorker Filmkritik und einen Oscar für die beste Regie erhielt, in seine so unterschiedlichen Ambitionen: ein Porträt der einfachen Arbeiterschaft, die an ihrer traditionellen kulturellen Identität festhält, eine ungeschminkte und dennoch verzerrte Darstellung der Konfrontation mit der asiatischen Kultur (einseitig repräsentiert durch sadistische Folterknechte) und die Geschichte einer tragischen Liebe.

Der Mißerfolg von Ciminos monumentalem Meisterwerk *Heaven's Gate – Das Tor zum Himmel* (1980) trieb die United Artists Filmgesellschaft in den Ruin. Anhand der Schicksalsfäden des US-Marshalls Averill (Kris Kristofferson), des intellektuellen Zynikers Irvine (John Hurt) und des Mietkillers Champion (Christopher Walken) verfolgt der Regisseur die Geschichte des Johnson County War, eines historischen Klassenkampfes gegen Ende des 19. Jahrhunderts. Ähnlich wie in *Die durch die Hölle gehen* stellen weniger die kurzen, heftigen Gewalteruptionen als vielmehr die »Feste der Gemeinschaft« eine große Rolle: war es früher die Hochzeitsfeier, sind es nun die Abschlußfeier der Universität und der perfekt choreographierte Rollschuhtanz, dem Cimino viel Zeit widmet. *Heaven's Gate – Das Tor zum Himmel* trieb den Abgesang auf amerikanische Ideale jedoch zu weit; so weit, daß die Kritik in den USA damit nicht einverstanden sein konnte. Erst Jahre später gelang es Ciminos Hauptwerk über den Umweg seiner europäischen Rezeption, sich in der Filmgeschichte zu etablieren. Ciminos Ruf als Filmemacher jedoch war auf Jahre hin ruiniert.

Noch einmal gelang es ihm, mit Hilfe des Produzenten Dino De Laurentiis an seine beiden Vorgänger anzuschließen und die »amerikanische Trilogie« zu beenden. Mit Akribie und Sorgfalt entfaltete er in *Im Jahr des Drachen* (1985) die Geschichte eines »hysterischen Kreuzzuges« des neurotischen New Yorker Cops Stanley White (Mickey Rourke) gegen die chinesische Mafia in Chinatown. Wieder verfolgt er die Wurzel des sozialen Unheils bis in die Anfänge der amerikanischen Geschichte, läßt er das multikulturelle Gesellschaftskonzept der USA scheitern: Krieg ist es, woraus Amerika entstand; Krieg scheint seine Identität zu prägen. *Im Jahr des Drachen* ist ein unbequemer Film zwischen allen Stühlen, der dazu führte, daß Ciminos späteres Werk eine Reihe von Auftragsarbeiten und Kompromissen wurde: das Rebellenepos *Der Sizilianer* (1987) – mit dem farblosen Christopher Lambert katastrophal fehlbesetzt –, das bombastische Gangsterfilm-Remake *24 Stunden in seiner Gewalt* (1990), das stilistisch teilweise an sein Debüt anschloß, und schließlich der mißachtete, etwas esoterische Soziowestern *The Sunchaser* (1996).

Marcus Stiglegger

Filmographie: Thunderbolt and Lightfoot / Die Letzten beißen die Hunde (1973) – The Deer Hunter / Die durch die Hölle gehen (1978) – Heaven's Gate / Heaven's Gate – Das Tor zum Himmel (1980) – Year of the Dragon / Im Jahr des Drachen / Chinatown Mafia / Manhattan Massaker (1985) – The Sicilian / Der Sizilianer (1987) – Desperate Hours / 24 Stunden in seiner Gewalt (1990) – The Sunchaser / The Sunchaser (1996).

Literatur: Robert Fischer [u. a.]: *Heaven's Gate* – Filmprogramm 118. Stuttgart 1984. – Gerald Cole / Peter Williams: Stillstand. In: Clint Eastwood – Sein Leben, seine Filme. München 1986. S. 195–207. – Ralf Schnell (Hrsg.): Gewalt im Film. Bielefeld 1987. – Meinolf Zurhorst: Mickey Rourke. Seine Filme – sein Leben. München 1989. S. 75–85. – Horst Schäfer / Wolfgang Schwarzer: Von *Che* bis *Z*. Polit-Thriller im Kino. Frankfurt a. M. 1991. S. 206–211.

René Clair

1898–1981

René Clair, mit bürgerlichem Namen René Chomette, wurde am 1. November 1898 als Sohn eines Seifenfabrikanten in Paris geboren und wuchs dort im Markthallenviertel auf. Nach der Schulzeit absolvierte er 1917 seinen Militärdienst in einer Ambulanzeinheit an der Front, wo erste Gedichte entstanden. Clair, der Schriftsteller werden wollte, arbeitete nach dem Krieg unter dem Pseudonym René Desprès für die Zeitungen »L'Intransigeant« und »Le Théâtre« und schrieb neben Artikeln und Filmkritiken auch Chansons für die populäre Sängerin Damia. 1920 überredete man ihn, als Schauspieler in Loie Fullers Film *Le Lys de la vie* (1921) mitzuwirken. Es folgten schnell weitere Rollen in Filmen von Jakow Protazanow und Louis Feuillade, und er änderte sein Pseudonym in René Clair, da er in seiner Beschäftigung beim Film nur eine vorübergehende Tätigkeit sah. 1922 jedoch wurde er wie zuvor schon sein Bruder Henri Chomette Regieassistent bei Jacques de Baroncelli, und bereits ein Jahr später inszenierte er seine eigenen Filme. Nach dem Mißerfolg von *Der letzte Milliardär* ging er 1934 nach Großbritannien. 1939 kehrte er nach Paris zurück. Die Arbeit an seinem nächsten Film wurde aber durch den Zweiten Weltkrieg unterbrochen, und Clair emigrierte in die USA. Dort inszenierte er am Broadway und drehte bis Kriegsende fünf Filme. Nach seiner Rückkehr nach Frankreich 1946 arbeitete er zunächst für den Rundfunk, führte wieder Regie und schrieb zwei Romane und Essays zum Film, die 1951 erschienen. Am 16. Juni 1960 wurde er als erster Filmregisseur in die Académie française gewählt. Danach entstanden nur noch wenige Filme, er wandte sich der Oper zu und inszenierte u. a. Milhaud und Gluck. Am 15. März 1981 starb er in Neuilly bei Paris.

Clairs Biographie läßt es einfach erscheinen, sein Werk in genau abgrenzbare Epochen zu gliedern: die Pariser Zeit von den Anfängen bis 1934, seine Jahre in England, das Exil in den USA und das Spätwerk nach seiner Rückkehr nach Frankreich. Und in der Tat lassen sich in diesen Abschnitten auch künstlerische, stilistische und thematische Unterschiede innerhalb seiner Inszenierungen aufzeigen, die vor allem mit unterschiedlichen Produktionsbedingungen zu erklären sind. Aber die einzelnen Perioden sind zugleich in sich so heterogen, wie sie mit den anderen durch viele Gemeinsamkeiten verbunden sind: einer spezifischen Ausdrucksweise, einer erkennbaren Handschrift Clairs, die vielen seiner Filme, gleich welcher Schaffenszeit, etwas Unverwechselbares geben.

Seine Experimentierfreudigkeit zeigte sich bereits in seinem ersten Film *Das schlafende Paris* (1923), einem Science-fiction-/ Abenteuerfilm, in dem er mit einfachen Mitteln wie Filmrücklauf oder Stillstand als Verfremdungen arbeitete und damit die Aufmerksamkeit der Dadaisten und Surrealisten auf sich zog. Francis Picabia engagierte ihn daraufhin als Regisseur für den kurzen Film *Zwischenspiel* (1924), der als Zwischenspiel seines dadaistischen Balletts »Relâche«, zu dem Eric Satie die Musik geschrieben hatte, eingesetzt werden sollte. Das Personal des Films bestand vor allem aus Vertretern der Pariser Avantgarde, und neben Satie und Picabia selbst traten auch Marcel Duchamp und Man Ray auf. Der kurze Film entspricht weniger dem »cinéma pur«, das sein Bruder Henri Chomette und er selbst propagierten, er ist eher ein dadaistisches, avantgardistisches Feuerwerk von ungewöhnlichen Ideen und filmischen Tricks.

Die folgenden Filme, phantastische Komödien à la Méliès, entstanden in Jahresabstand und entfernten sich von avantgardistischen Ansprüchen. Mit *Der italienische Strohhut / Der Florentinerhut* wagte er sich 1927 an die Verfilmung eines Singspiels von Eugène Labiche und Marc Michel – als Stummfilm. Er verlegte die Handlung an das Ende des 19. Jahrhunderts, in die Zeit der Entwicklung des Films. In dieser Komödie wird alles in Bewegung versetzt: Aus einer einfachen Grundidee – der Störung einer kleinbürgerlichen Hochzeit durch ein unvorhergesehenes Ereignis – entwickelt sich eine ununterbrochene Verfolgungsjagd, in der alle Protagonisten wie durch unsichtbare Fäden miteinander verknüpft werden. Dieser Film voll Ironie und Running Gags wurde Clairs größter Erfolg der Stummfilmzeit. Die Hauptrolle übernahm Albert Préjean, der seit *Das schlafende Paris* in fast allen Filmen Clairs mitspielte.

Mit dem Tonfilm begann eine neue Epoche. Clair äußerte sich zunächst ausgesprochen skeptisch über die neue technische Errungenschaft und verteidigte vehement den Stummfilm, den Vorrang des Bildes vor dem Ton. Aber nach einem Besuch von *The Broadway Melody* (1929) entschied er sich für die sparsame Anwendung des Tons. Clair setzte mit seinen nun folgenden Filmen, die alle für die deutsche Produktionsfirma Tobis Klangfilm entstanden, Maßstäbe für den Einsatz von Ton und Musik im Film. *Unter den Dächern von Paris* (1930), einer der ersten französischen Tonfilme, stellte noch eine Mischung aus Ton- und Stummfilm dar und spielte im Milieu der kleinen Leute, wie es zuvor schon Jacques Feyder in seinen Filmen gezeigt hatte. Hier und in den ein Jahr später folgenden *Die Million* und *Es lebe die Freiheit* sowie in *Der 14. Juli* (1932) spielte Clair mit den unterschiedlichen Möglichkeiten, die ihm der gezielte Einsatz von Geräuschen, von Sprache und Musik bot. Noch war ihm das Bild wichtiger als der Ton; die Handlung wurde vor allem durch Bilder vermittelt und vorangetrieben, der Ton aber – und das bedeutete in diesen Filmen vor allem die Musik und das Chanson – trat jetzt unterstützend hinzu. Schon in *Unter den Dächern von Paris* setzte er die neuen Möglichkeiten virtuos ein, zugleich aber spielte er mit ihnen. Durch einfache Mittel – das Schließen eines Fensters, das den Ton aussperrt und das Bild verstummen läßt; das Löschen des Lichtes während eines Gespräches, das weitergeführt wird – gelingt es ihm, den akustischen vom visuellen Raum zu trennen und wieder zusammenzufügen.

Unter den Dächern von Paris ist dem Stummfilm noch eng verbunden, und zugleich ist in ihm eine leichte Wehmut zu verspüren, das Wissen um den Verlust einer eigenen Kunst. Diese leise Trauer findet sich auch im Thema des Films: wenige Tage aus dem Leben eines Straßensängers, der die neuesten Chansons auf der Straße vorträgt und vom Verkauf der Texte und Noten lebt. Wie der Stummfilm mit der Entwicklung der Tonspur aus den Kinos verschwunden ist, werden auch die Sänger auf den Straßen verdrängt durch Grammophone und Radios.

Mit *Es lebe die Freiheit* (1931) zeichnete er das satirische Porträt einer industriellen Gesellschaft, in der die Menschen den Maschinen unterstellt sind und das Singen verlernt haben. Die Helden des Films sind die Häftlinge Louis und Émile, deren Tagesablauf von monotoner Fließbandarbeit gezeichnet ist. Sie versuchen, gemeinsam zu fliehen, doch nur Louis gelingt die Flucht. Es folgt ein rasanter gesellschaftlicher Aufstieg vom einfachen Straßenhändler zum Besitzer von zahlreichen Grammophonfabriken. Louis führt in seinen Fabriken dieselben Arbeitsmethoden ein, die er aus dem Gefängnis kannte. Nachdem er Émile wiedertrifft, erkennt er nach und nach die Fesseln, die er sich und anderen auflegte. Er schenkt seine Fabriken den Arbeitern und zieht mit Émile – »À nous la liberté« singend – über die Landstraße. Mit dem pantomimischen Spiel seiner Protagonisten, den Verfolgungsjagden und Slapstick-Elementen erinnert der Film auch mit seiner anarchischen Einstellung an Clairs erste Filme, vor allem an *Zwischenspiel*. Die sozialkritischen Komponenten werden dabei in einer romantisch-anarchistischen Utopie aufgelöst. Trotz der Zensur, der er in einigen europäischen Ländern zum Opfer fiel, hatte der Film großen Erfolg und beeinflußte unter anderem Chaplin, der *Es lebe die Freiheit* in einigen Teilen zum Vorbild für *Moderne Zeiten* (1936) nahm.

René Clair

In *Der 14. Juli* (1932) kehrte Clair in die Pariser Viertel zurück. In einer einfachen Liebesgeschichte zeigte er einmal mehr das Leben und die Atmosphäre der Straße. Wie in fast allen seinen Filmen ließ er diese kleine Welt mit ihren stilisierten Charakteren im Atelier entstehen. Clair zog es vor, im Studio zu drehen, und versicherte sich dabei in diesen Jahren der beständigen Mitarbeit von Lazare Meerson als Ausstatter und Georges Périnal als Kameramann. Auch für die Besetzung griff er auf dieselben Schauspieler zurück, auf Paul Olivier, Raymond Cordy und Annabella.

Clair begründete mit seinen ersten Tonfilmen vor allem im Ausland seinen Ruf als einer der bedeutendsten Regisseure Frankreichs. Hauptmerkmale dieser Filme waren ihre musikalische Struktur, die Stilisierung der Charaktere und des Raumes und eine poetisch-romantische Handlung, die mit Ironie und Humor inszeniert wurde. Zudem verknüpfte er die Ausdrucksmöglichkeiten des Stummfilms mit den Errungenschaften des Tonfilms.

Der letzte Milliardär (1934) war eine groteske und anarchische politische Satire in der Manier der Marx-Brothers-Filme (wie etwa in *Die Marx Brothers im Krieg*, 1933). Der Film kam allerdings zu einem unglücklich gewählten Zeitpunkt in die Kinos: Kurz zuvor war der französische Außenminister bei einem Attentat getötet worden. Der Despot in Clairs Film hatte große Ähnlichkeit mit diesem Minister, und die rechte Skandalpresse entfachte einen Sturm der Entrüstung um den Film. Clair ging nach England, wo er für die Produktionsfirma von Alexander Korda u. a. *Ein Gespenst auf Reisen / Ein Gespenst geht nach Amerika* (1935) drehte. Nach seiner Rückkehr 1939 nach Frankreich begann er mit Robert Bresson als Assistenten die Realisierung eines neuen Projektes, *Air Pur*, das jedoch vom Beginn des Zweiten Weltkriegs unterbrochen wurde. Clair flüchtete ins Exil nach Hollywood, wo er jedoch für ihn völlig ungewohnte Produktionsbedingungen vorfand. Ihm fehlten nicht nur seine Mitarbeiter, er mußte auch den Einfluß der Produktionsfirmen und das Starwesen akzeptieren. Sein erster amerikanischer Film, *Die Abenteurerin* (1940) mit Marlene Dietrich, geriet zum finanziellen Desaster. *Meine Frau, die Hexe* (1942) hingegen knüpfte mit seiner Vermischung von Realem, Traum und Zauberei an die Poesie und Leichtigkeit der früheren Filme an.

Seine Rückkehr nach Frankreich bedeutete für Clair auch eine Rückkehr zu den alten Filmen. *Schweigen ist Gold* (1947) war eine zugleich ironische und melancholische Hommage an die Pioniere des französischen Stummfilms. Clair holte sich für seinen ersten französischen Film seit 13 Jahren seine früheren Schauspieler, u. a. Cordy und Olivier. Stilistisch ist der Film wieder eng mit seinen Komödien der dreißiger Jahre verbunden. Was jedoch vor dem Krieg noch innovativ und einflußbildend war, geriet nach dem Krieg in Gefahr, zu einem sentimentalen Abklatsch zu werden.

In *Die Schönen der Nacht* (1952), einer musikalischen Komödie, spielte Gérard Philipe einen sensiblen Musiker, der sich, gestört vom Lärm seiner Umwelt, in eine Traumwelt flüchtet. Das Verspielte, das noch in *Meine Frau, die Hexe* zu finden war, ist nun bitterer Ironie gewichen. Die Verschmelzung der verschiedenen Traum- und Realitätsebenen, meist in langen Plansequenzen, gelang Clair jedoch selten so leicht und elegant wie hier. Einen letzten Höhepunkt in Clairs Werk stellte *Die Mausefalle* (1957) dar. Er kehrte in die Vorstädte von Paris zurück, die Protagonisten sprachen Argot, und Léon Barsacq schuf eine ärmliche, aber pittoreske Szenerie, die an die frühen Pariser Fotografien von Robert Doisneau oder Willi Ronis erinnern. Noch einmal bezog Clair wie in *Unter den Dächern von Paris* oder *Die Million* das Chanson ein; Georges Brassens schrieb Texte und Musik und war neben Pierre Brasseur der Hauptdarsteller. Seine Lieder sind melancholisch, und die Atmosphäre erinnert an den poetischen Realismus von Marcel Carné. Es ist der Abschied von einem Bild von Paris, das Clair in seinen Filmen geschaffen hatte.

Wie viele Regisseure seiner Generation sah sich Clair den Attacken der jungen Kritiker in den »Cahiers du Cinéma« ausgesetzt. Seine letzten beiden Filme blieben konventionelle Inszenierungen und bildeten einen enttäuschenden Abschluß seiner über 40 Jahre dauernden Filmkarriere.

Peter Ruckriegl

Filmographie: Paris qui dort / Das schlafende Paris (1923) – Entr'acte / Zwischenspiel (1924) – Le Fantôme du Moulin-Rouge (1924) – Le Voyage imaginaire (1925) – La Proie du vent (1926) – Un chapeau de paille d'Italie / Der italienische Strohhut / Der Florentinerhut (1927) – La Tour (1928) – Les Deux Timides / Die beiden Furchtsamen (1928) – Sous les toits de Paris / Unter den Dächern von Paris (1930) – Le Million / Die Million (1931) – À nous la liberté / Es lebe die Freiheit (1931) – Quatorze Juillet / Der 14. Juli (1932) – Le Dernier Milliardaire / Der letzte Milliardär (1934) – The Ghost Goes West / Ein Gespenst auf Reisen / Ein Gespenst geht nach Amerika (1935) – Break the News / Heraus mit der Wahrheit / Falschmeldung (1937) – Un village dans Paris (1939) – The Flame of New-Orleans / Die Abenteurerin (1940) – Forever and a Day / Auf Ewig und drei Tage (1941) – I Married a Witch / Meine Frau, die Hexe (1942) – It Happened Tomorrow / Es geschah morgen (1943) – And Then There Were None / Das letzte Wochenende (1945) – Le Silence est d'or / Schweigen ist Gold (1947) – La Beauté du diable / Der Pakt mit dem Teufel (1949) – Les Belles de nuit / Die Schönen der Nacht (1952) – Les Grandes Manœuvres / Das große Manöver (1955) – Porte des Lilas / Die Mausefalle (1957) – La Française et l'Amour / Die Französin und die Liebe (1960) – Tout l'or du monde / Alles Gold dieser Welt (1961) – Les Quatre Vérités / Die vier Wahrheiten (1962) – Les Fêtes galantes / Liebling, laß das Schießen sein (1965).

Literatur: R. C.: Vom Stummfilm zum Tonfilm. München 1996. [Frz. Orig. 1951.] – R. C.: Cinéma d'hier, cinéma d'aujourd'hui. Paris 1970.

Jean Mitry: René Clair. Paris 1960. – Fritz Puhl: René Clair. Göttingen 1960. (Kleine Filmkunstreihe. 16.) – Barthelemy Amengual: René Clair. Paris 1963. (Cinéma d'aujourd'hui. 7.) – Hans Scheugl / Ernst Schmidt jr.: Eine Subgeschichte des Films. Frankfurt a. M. 1974. – Celia McGerr: René Clair. Boston 1980. – Axel von Cossart: René Clair. Regisseur und Schriftsteller. Köln 1985. – Naomi Greene: René Clair. A Guide to References and Resources. Boston 1985. – Alan Williams: Republic of Images. A History of French Filmmaking. London 1992.

René Clément

1913–1996

René Clément wurde am 18. März 1913 in Bordeaux geboren. Er studierte zunächst in Paris an der École des beaux-arts Architektur, bevor er sich nach dem Tod seines Vaters dem Film zuwandte. Während seiner Studienzeit schuf er in den frühen dreißiger Jahren einen Animationsfilm, *César chez les Gaulois*, und arbeitete danach als Kameramann und Regieassistent. Seinen Militärdienst absolvierte er bei einer Filmeinheit. 1936 realisierte er seinen ersten Kurzfilm, die kleine, etwas unbeholfen inszenierte Komödie *Gib's ihm mit der Linken* mit dem noch unbekannten Jacques Tati. Im folgenden Jahr ging er mit dem Archäologen Jules Barthou in den Jemen und drehte dort heimlich und unter schwierigsten Bedingungen – er erkrankte an Typhus und wurde mehrfach verhaftet – den Dokumentarfilm *L'Arabie interdite*. Während des Zweiten Weltkriegs arbeitete er weiter an Dokumentarfilmen, bis er sich nach dem Erfolg von *Schienenschlacht* (1946) dem Spielfilm zuwandte. Sein nicht sehr umfangreiches Werk wurde vielfach ausgezeichnet. Clément zählt zu den erfolgreichsten französischen Regisseuren der Nachkriegszeit. Er war Gründungsmitglied des Institut des hautes études cinématographiques. 1984 erhielt er den Ehren-César für sein Gesamtwerk, außerdem war er Mitglied der Académie des beaux arts und Offizier der Ehrenlegion. Er starb am 17. März 1996 in Monte Carlo.

Trotz der zahlreichen Ehrungen und Auszeichnungen hat das Werk Cléments häufig kontroverse Beurteilung erfahren und einen ambivalenten Eindruck hinterlassen. Einerseits galt Clément als virtuoser Metteur en scène, als glänzender Kunsthandwerker und Innovator des französischen Nachkriegsfilms, andererseits wurde er als der typische Vertreter eines konventionellen und kommerziellen Mainstreamkinos angesehen. Exemplarisch zeigt sich diese Divergenz an den Kritiken zu *Liebling der Frauen* (1954). Mit dem neuen Star des französischen Kinos Gérard Philipe in der Hauptrolle, schildert der Film die Erlebnisse eines verarmten Frauenhelden und Schmarotzers in London. Viele Kritiker sprachen von einer geistvollen, komischen Charakterstudie. Doch es gab auch Gegenstimmen. In scharfen Attacken bezeichnete der junge François Truffaut Clément als Simulanten und Fummelfilmer, dessen Stil vor allem darin bestehe, »das Talent zu imitieren«. Clément galt ihm als typischer Vertreter des »cinéma du papa«, eines überholten Kinos ohne Poesie und Kraft.

Nach verschiedenen Dokumentarfilmen, die er vor und während des Zweiten Weltkriegs gemacht hatte, erhielt Clément nach der Befreiung Frankreichs den Auftrag, einen Film über den Widerstandskampf der französischen Eisenbahner gegen die deutschen Besatzer zu drehen. Aus dem ursprünglich als kurze Reportage mit wenigen inszenierten Szenen geplanten Film entstand jedoch – wegen der Qualität der Arbeit, aber auch im Bewußtsein, ein Dokument der Résistance zu schaffen – ein abendfüllender Film. Durch das Drehen an authentischen Schauplätzen, den Einsatz von Laiendarstellern (den Eisenbahnern selbst) und eine knappe, realistische Inszenierung wurde der Film immer wieder mit dem italienischen Neorealismus verglichen und als Gegenstück zu *Rom – offene Stadt* (1945) von Roberto Rossellini gesehen. Aber diese eher aus der Situation entstandenen stilistischen Merkmale stellten keine Initialzündung für eine neorealistische Schule in Frankreich dar. Mit dem Verzicht auf eine durchgehende, strukturierte Handlung und mit seiner episodenhaften Schilderung der Ereignisse blieb der Film zudem stärker dem Dokumentarischen verhaftet. *Schienenschlacht* war ein großer Erfolg bei Publikum und Kritik, und Clément erhielt 1946 zum ersten Mal den Preis für die beste Regie in Cannes.

Nach seinem erfolgreichen Debüt war Clément zunächst als technischer Assistent Jean Cocteaus an der Realisierung von *Es war einmal* (1946) beteiligt, bevor er Gelegenheit erhielt, eigene neue Projekte zu verwirklichen. Seine folgenden Filme behandelten dabei weiter die Résistance und die Auswirkungen des Kriegs auf den einzelnen, ein Thema, das Clément immer wieder beschäftigte. In *Le Père tranquille* (1946) zeigte er, wie sich hinter der biederen Fassade eines Familienvaters der Chef eines Widerstandsnetzes verbergen konnte, und mit *Das Boot der Verdammten* (1947) inszenierte er ein U-Boot-Psychodrama, die Flucht deutscher Soldaten aus Norwegen. Beide Filme waren kühl und sicher inszeniert, aber sie blieben auch konventionell und stellten z. B. für J. Toeplitz nur »kommerzielle Standardware« dar. 1949 realisierte Clément nach einem Buch von Cesare Zavattini und Suso Cecchi D'Amico *Die Mauern von Malapaga*, eine italienisch-französische Koproduktion, besetzt mit Stars aus beiden Ländern. Durch die Vorlage erhielt der Film zwar einen neorealistischen Anstrich, die Inszenierung, die an *Schienenschlacht* erinnerte, blieb aber einem düsteren poetischen Realismus der Vorkriegsjahre verhaftet und »war buchstäblich eine Kopie der alten Carné-Filme« (U. Gregor / E. Patalas). Das Drehbuch für diesen bei Publikum und Kritik dennoch erfolgreichen Film, der seinem Regisseur wiederum den großen

Preis von Cannes und einen Oscar für den besten ausländischen Film brachte, schrieb das Autorenteam Pierre Bost und Jean Aurenche, das an einem großen Teil der französischen Filmproduktion nach dem Krieg beteiligt war.

Sie waren auch die Co-Autoren neben François Boyer und Clément selbst für dessen erfolgreichsten Film *Verbotene Spiele* (1951). Er gewann große Preise in Cannes und Venedig, wurde ebenfalls mit einem Oscar ausgezeichnet und festigte den internationalen Ruf seines Regisseurs. Wieder handelte es sich um die Verfilmung einer Romanvorlage, und wieder war der Krieg das Thema. Während eines Luftangriffs auf einen Flüchtlingstreck kommen die Eltern der kleinen Paulette ums Leben. Sie irrt durch die Gegend und wird von dem nur wenig älteren Michel aufgegriffen. Dessen Eltern, einfache Bauern, nehmen das Mädchen bei sich auf. Clément zeigt eine friedliche Enklave auf dem Land, die nur am Rande von den Schrecken des sie umgebenden Kriegs berührt wird. In dieser Atmosphäre spielen die Kinder ihr eigenes Spiel: Sie legen unbemerkt einen Friedhof für Tiere an. Tod und Verlust sind ihnen vertraut und schrecken sie nicht, der Krieg ist integraler Bestandteil ihres Lebens. Clément verband in diesem Film realistische Szenen mit fast dokumentarischem Charakter wie die Angriffe der Luftwaffe auf den Flüchtlingszug, eine ungewohnt liebevoll-ironische Schilderung des Lebens der Bauernfamilie mit lyrischen, poetischen Passagen des intimen Spiels der Kinder. Die intensive darstellerische Leistung der Kinder und die eindringliche Musik von Narciso Yepes trugen nachhaltig zu der atmosphärischen Dichte des Films bei.

Nach dem trotz der Invektiven Truffauts erfolgreichen *Liebling der Frauen* folgte eine Reihe von Filmen aus unterschiedlichen Genres. Nach Patricia Highsmiths »The Talented Mr. Ripley« entstand 1960 *Nur die Sonne war Zeuge*. Alain Delon übernahm darin die Rolle des Tom Ripley und schaffte mit ihr den internationalen Durchbruch. Der Film erzählt die Geschichte eines fast perfekten Mordes. Tom Ripley tötet einen reichen Jugendfreund und übernimmt nach und nach dessen Identität, um an sein Geld zu kommen. Alain Delon spielt einen kalten, intelligenten (Anti-)Helden, der ohne moralische Skrupel zum Mörder wird. Gegenüber der Vorlage, in der das Vorhaben gelingt, änderte Clément jedoch den Schluß ab und enttarnte das Verbrechen. Die Handlung schilderte er dabei aus der subjektiven Perspektive Ripleys. Die scheinbar emotionslose und skrupellose Kälte des Protagonisten fand ihre Entsprechung in dem kalten Licht und den kalten Farben der Kameraarbeit von Henri Decae.

In seinen letzten Filmen wandte sich Clément ganz dem Psychothriller zu. *Treibjagd* (1972) entstand aus der Verknüpfung zweier Romane von David Goodis. Jean-Louis Trintignant übernahm die Rolle eines Mannes, der sich auf einer ziellosen Flucht vor der Rache einer Familie befindet, deren Kind er aus Versehen getötet hat. Er versteckt sich bei einer Gangsterbande, die gerade einen Coup plant und wird darin verstrickt. Flucht und Scheitern auf vielfältigen Ebenen sind wie auch in seinen anderen Thrillern die Themen des Films, aber mit seiner elegischen und fast morbiden Stimmung hebt sich *Treibjagd* noch einmal von den konventionelleren, routinierten Filmen des Spätwerks von Clément ab.

Peter Ruckriegl

Filmographie: Soigne ton gauche / Gib's ihm mit der Linken (1936) – L'Arabie interdite (Dokumentarfilm, 1937) – Le Grande Chartreuse (Dokumentarfilm, 1938) – La Bièvre (Dokumentarfilm, 1939) – La Triage (Dokumentarfilm, 1940) – Ceux du rail (Dokumentarfilm, 1942) – La Grande Pastorale (Dokumentarfilm, 1943) – Chefs de demain (Dokumentarfilm, 1944) – La Bataille du rail / Schienenschlacht (1946) – Le Père tranquille (1946) – Les Maudits / Das Boot der Verdammten (1947) – Au-delà des grilles / Die Mauern von Malapaga (1949) – Le Château de verre / Rendezvous in Paris (1950) – Jeux interdits / Verbotene Spiele (1952) – Monsieur Ripois / Liebling der Frauen (1954) – Gervaise / Gervaise (1956) – Barrage contre le Pacifique / Heiße Küste (1958) – Plein Soleil / Nur die Sonne war Zeuge (1960) – Quelle joie de vivre / Halt mal die Bombe, Liebling (1961) – Le Jour et l'Heure / Nacht der Erfüllung (1963) – Les Félins / Wie Raubkatzen (1964) – Paris brûle-t-il? / Brennt Paris? (1966) – Le Passager de la pluie / Der aus dem Regen kam (1970) – La Maison sous les arbres / Das Haus unter den Bäumen (1971) – La Course du lievre à travers les champs / Treibjagd (1972) – Jeune Fille libre le soir / Babysitter / Das ganz große Ding (1975).

Literatur: Lotte Eisner: The Style of Clément. In: Film Culture. Sept./Okt. 1957. – Jacques Siclier: René Clément. Brüssel 1958. (Les grands créateurs du cinéma. 16.) – André Bazin: *Jeux interdits.* In: Qu'est-ce que le cinéma. Bd. 3: Cinéma et sociologie. Paris 1961. – Enno Patalas: *Nacht der Erfüllung.* In: Filmkritik 1963. H. 12. S. 579 f. – Ulrich Gregor / Enno Patalas: Geschichte des modernen Films. Gütersloh 1965. – André Farwagi: René Clément. Paris 1967. (Cinéma d'aujourd'hui. 48.) – François Truffaut: Die Filme meines Lebens. Frankfurt a. M. 1997. [Frz. Orig. 1975.]

Henri-Georges Clouzot

1907–1977

Am 20. November 1907 in Niort geboren, sollte der junge Henri-Georges Clouzot nach dem Wunsch seiner Eltern eigentlich zur Marine gehen. Dazu schickten sie ihn auf die École navale in Brest. Doch eine starke Kurzsichtigkeit durchkreuzte diese Karrierepläne. Er studierte Jura mit dem Berufsziel eines Diplomaten, bis die Weltwirtschaftskrise den Reichtum seiner Familie vernichtete und eine Fortsetzung seines Studiums unmöglich machte. Clouzot wurde Journalist beim Boulevard-Blatt »Paris-Midi«. Während eines Interviews bot ihm Adolphe Osso 1931 an, als Cutter und Drehbuchbearbeiter in seiner Produktionsfirma zu arbeiten. Nachdem er erste Erfahrungen mit dem Filmemachen gesammelt hatte, assistierte Clouzot in Berlin Anatole Litvak und E. A. Dupont und erstellte anschließend in Neu-Babelsberg französische Fassungen deutscher Filme (Synchronisationen waren noch ganz unüblich). Der Schritt zum ersten eigenen Film schien nahe, doch 1933 warf eine schwere Lungenerkrankung abermals Clouzots Pläne um und zwang ihn für fünf Jahre in ein Sanatorium. Er nutzte die Zeit, um Theaterstücke zu schreiben und Drehbücher zu konzipieren.

1938 kehrte er als Autor ins Filmgeschäft zurück und führte bald bei seinen ersten Kriminalfilmen Regie. Am Set galt Henri-Georges Clouzot als herrisch und pedantisch: er wollte seine Darstellerinnen und Darsteller zur bestmöglichen Leistung bringen. Das war unerläßlich, weil die Psychologie der Figuren als roter Faden die perfekte Spannungsdramaturgie mit der schonungslosen Sozialkritik seiner Filme verbindet.

Wenn er nicht selbst schrieb, wählte er erfolgreiche Kriminalerzählungen zur Vorlage (etwa für *Die Teuflischen* einen Roman von Pierre Boileau und Thomas Narcejac, auf die auch Hitchcock mit *Vertigo – aus dem Reich der Toten*, 1958, zurückgriff). Clouzots Figuren befinden sich immer in extremen Situationen der Bedrohung oder Ausweglosigkeit: In *Der Rabe* (1943) wird eine kleine Provinzstadt durch anonyme todbringende Briefe tyrannisiert, bis die Einwohner sich in eine unberechenbare Meute einander bespitzelnder Denunzianten verwandeln.

Weil sich die Firma, die *Der Rabe* finanzierte, in nationalsozialistischer Hand befand, warf man Clouzot nach der Befreiung vor, er habe mit seiner pessimistischen Milieustudie einer französischen Kleinstadt

Nazi-Propaganda betrieben, und belegte ihn mit sechs Monaten Berufsverbot. Erst 1947 nahm er seine Filmarbeit wieder auf und gewann prompt mit *Unter falschem Verdacht* den Preis für die beste Regie der Filmfestspiele in Venedig.

1950 heiratete er die gebürtige Brasilianerin Vera Amado Gibson (gestorben 1960), später Hauptdarstellerin in drei seiner Filme. In den fünfziger Jahren war sein Name weit über die Grenzen Frankreichs hinaus bekannt, mit *Lohn der Angst* (1953), *Die Teuflischen* (1955) und *Picasso* (1957) feierte er seine größten Erfolge.

Dem Regisseur lag an Durchschnittsmenschen, die sich in Bedrängnis auf Wege begeben, die in noch extremere Situationen, jedoch sicher nicht zum ersehnten Ziel führen. Diesen desillusionierten Blick verknüpfte er aber mit illusionierender Spannungsdramaturgie, die dem Zuschauer eben doch ein gutes Ende in Aussicht stellt. Aber den Figuren bleibt, wie es Clouzots Freund Sartre ausdrückt, nur die fundamentale Entscheidung des Existentialismus: die Freiheit, sich selbst zu entwerfen – in einer trostlosen Welt. Die vier Outlaws, die in *Lohn der Angst* mit einem wahnwitzigen Nitroglyzerintransport die Flucht aus der Öde eines Dorfes in Venezuela suchen, wählen zwischen zwei gleichermaßen aussichtslosen Alternativen, sie können gar nicht gewinnen, weil »hinter dem Zaun nichts ist« – so der Kommentar von Mario (Yves Montand) zum Lebenstraum seines Freundes.

Auch die gedemütigte Ehefrau in *Die Teuflischen*, von ihrer Leidensgenossin und Geliebten ihres cholerischen Ehemannes zum befreienden Mord an ihrem Unterdrücker überredet, läßt sich auf ein Spiel ein, das sie verlieren muß. Sie hat mit den fürchterlichen Konsequenzen ihrer Entscheidung nicht gerechnet: die Geister, die sie rief, wird sie nicht mehr los. Genausowenig kann der Nervenarzt in *Spione am Werk* (1956) die Agenten ertragen, die seine Klinik usurpieren, nachdem er sich zur Zusammenarbeit mit ihnen bereit erklärt hat, um seine Patienten zu retten.

Spannung prägt sogar die abendfüllende Dokumentation *Picasso* (Kamera: Claude Renoir, Montage: Henri Colpi). Wie wird der Strich weitergehen, was wird auf dem Transparentpapier entstehen, und wozu wird Picasso es anschließend modulieren? Clouzot hat für den Zuschauer die zeitliche Dynamik der Entstehung eines Kunstwerks entdeckt und eingefangen.

1960 schien sich Clouzot mit *Die Wahrheit* der Nouvelle Vague zu nähern, doch fehlte ihm deren Spontaneität. Danach schwanden die Originalität seiner Filme und seine Schaffenskraft zusehends, auch bedingt durch seine andauernd schlechte Gesundheit. Nach einigen Musikfilmen mit und für Herbert von Karajan hörte Clouzot zu arbeiten auf. Er starb am 12. Januar 1977 in Paris.

Wolfgang Stuflesser

Filmographie: L'Assassin habite au 21 / Der Mörder wohnt in Nr. 21 (1942) – Le Corbeau / Der Rabe (1943) – Quai des Orfèvres / Unter falschem Verdacht (1947) – Manon / Manon (1949) – Retour à la vie (Episode: Le Retour de Jean, 1949) – Miquette et sa mère (1950) – Le Salaire de la peur / Lohn der Angst (1953) – Les Diaboliques / Die Teuflischen (1955) – Les Espions / Spione am Werk (1956) – Le Mystère Picasso / Picasso (Dokumentarfilm, 1957) – La Vérité / Die Wahrheit (1960) – L'Enfer (unvollendet, 1964) – La Prisonnière / Seine Gefangene (1968).

Literatur: Gerard Sety: Clouzot: He Plans Everything from Script to Screen. In: Films and Filming 4 (1958) H. 12. S. 7. – Francis Lacassin [u. a.]: Le procès Clouzot. Paris 1964. – Philippe Pilard: Henri-Georges Clouzot. Paris 1969. – Roland Lacourbe: Henri-Georges Clouzot, 1907–1977. In: Anthologie du Cinéma 94 (1977) S. 95–124.

Jean Cocteau

1889–1963

Jean Cocteau wurde am 5. Juli 1889 in Maisons-Lafitte bei Paris geboren. Er war nicht nur Regisseur, sondern auch Dichter, Schriftsteller, Theaterautor, Illustrator, Maler und Bildhauer. Durch den Komponisten Erik Satie, den er während des Ersten Weltkriegs kennenlernte, gelangte Cocteau in den Kreis avantgardistischer Vertreter von Literatur und Kunst (Apollinaire, Picasso, Gruppe Les Six, Diaghilew-Ensemble). Seine künstlerische Entwicklung entfaltete sich von neuromantischen Anfängen über futuristische, dadaistische Versuche, bis er in den zwanziger Jahren seinen Stil als Surrealist fand. Schon als Sechzehnjähriger veröffentlichte Cocteau seinen ersten Sammelband, wandte sich aber erst relativ spät, nach dem Tod seines damaligen Lebensgefährten Raymond Radiguet 1923, dem Film als Kunstform zu.

Cocteau versuchte eine filmische Poesie zu verwirklichen, die sich grundsätzlich von der Poesie des Theaters, des Romans und der Zeichnung unterscheiden sollte. Dementsprechend verstand er sich nicht als »Filmemacher, sondern als ein Dichter, der die Kamera als ein Vehikel benutzt, das es allen ermöglicht, gemeinsam ein und denselben Traum zu träumen – einen Traum, der nicht Traum im Schlaf ist, sondern Wachtraum, den das Publikum in einer Art kollektiver Hypnose träumt«. In diesem Sinn debütierte Cocteau mit seinem experimentellen Film *Das Blut eines Dichters* (1930) in einer Zeit, in der *Das goldene Zeitalter* von Luis Buñuel und Salvador Dalí in Paris Furore machte. Inspiriert von Buñuels expressionistisch-surrealen Bildern schuf Cocteau einen eigenständigen Film, der im Gegensatz zu *Das goldene Zeitalter* sich eher lyrisch und poetisch als kämpferisch und revolutionär präsentierte. Cocteau stellte sich in *Das Blut eines Dichters* zum ersten Mal seinem immer wiederkehrenden Thema: sein »inneres Abenteuer als Dichter, eine metaphysische Beobachtung an sich selbst« zu verfilmen. Die Blickwinkel der Kamera sind von Georges Périnal so effektvoll gewählt, daß sich die realen Raumbezüge auflösen. Unterstützt von der Musik Georges Aurics, der in allen Filmen Cocteaus die Komposition der Filmmusik übernahm, tritt man in die durch Langsamkeit bestimmte Traumwelt ein. Die surrealistischen Tricks, der sprechende Mund in der Hand und der Sprung in den Spiegel, der sich als ein Sprung in ein Wasserbecken offenbart (Trick zwischen Mise en scène und Mise en cadre), faszinieren noch heute, so daß es nicht verwundert, daß *Das Blut eines Dichters*, der ursprünglich als Zeichentrickanimation realisiert werden sollte, Kultstatus besitzt. Der Spiegel im Film, den Cocteau in seinem Debüt als bildlichen Zugang zu den im Unterbewußtsein verborgenen Welten einsetzte, sollte in seinem Werk zum Topos werden.

Nach diesem avantgardistischen Manifest vergingen einige Jahre, bis Cocteau während der Okkupationszeit – einer Zeit, deren Filmproduktionen E. Patalas mit dem Begriff des »erzwungenen Irrealismus« charakterisierte – mit einer neuen poetischen Phantastik den Nerv der Zeit traf. In Jean Delannoys *Der ewige Bann* (1943) sowie in Serge de Polignys *Le Baron fantôme* (1943), zu denen Cocteau Drehbuch und Dialoge verfaßte, wird seine Faszination von sagenumwobenen Spielorten und Stoffen deutlich, die ihn zu der Inszenierung seines Lieblingsmärchens aus der Kindheit, *Es war einmal*, inspirierten.

Cocteau schrieb noch die Dialoge zu Bressons *Die Damen vom Bois de Boulogne* (1945), bevor er sich in die Dreharbeiten von *Es war einmal* (1946) stürzte, die von widrigen Umständen – Unfällen, Krankheiten und den zu dieser Zeit üblichen Stromausfällen – begleitet wurden. Aus der Vorlage des Kindermärchens von Mme. Leprince de Beaumont schuf Cocteau ein zeit-

Jean Cocteau mit Maria Casarès (r.) und Marie Déa

loses Märchen um den Mythos von Liebe und Tod, das mit den »Trugbildern« Schönheit und Häßlichkeit spielt. Jean Marais – gleich in einer Dreifachrolle (»Untier«, Avenant und Prinz Ardent) – und Josette Day (Belle) in den Hauptrollen fügen sich in Anmut und zurückhaltender Schwermut in die Geschichte zweier Personen, die sich bis zur Selbstaufgabe lieben. Symbolisch betrachtet, reflektiert die Geschichte des Ungeheuers eine Zivilisation, die im besetzten Frankreich, vom Fluch entstellt, daniederlag. Christian Bérards Kostüme erinnern wie auch die Räume und Landschaft um Belles Familie an die flämischen Maler Vermeer und Pieter van Hoogh. Henri Alekan verlieh dieser Welt und dem von den Stichen Gustave Dorés inspirierten Schloß des »Untiers« mit seinen fabelhaft belebten Säulen und Armleuchtern ein poetisch malerisches Licht: Ohne Weichzeichner (sonst typisch für Märchen) kreierte er eine bisher noch nie im Film gesehene bildliche Plastizität und belebte mit einem äußerst raffiniert ausgeleuchteten Helldunkel die Figuren und deren Hintergründe.

Das Melodram *Der Doppeladler* (1948), das bereits auf der Bühne Erfolg hatte, inszenierte Cocteau im Gegensatz zu *Die schrecklichen Eltern* (1949) unter dem Aspekt, den theatralen Charakter zu erhalten. Vorangetrieben von den für die königliche Gesellschaft realen, aber dennoch vom Gewöhnlichen weit entfernten Verhaltensweisen, handelt dieses Drama ebenfalls von Liebe und Tod. Cocteau ging es in diesem Stück aber um den »naiven Kampf gegen Konformismus«. Bei der filmischen Umsetzung von *Die schrecklichen Eltern* bestand Cocteaus künstlerisches Ziel in der Aufhebung des theatralen Blicks. Durch den gezielten Einsatz von Großaufnahmen gelang es ihm, die familiären Zwänge und die damit verbundenen Emotionen intensiver erfahrbar zu machen. Erst am Ende des Films offenbart sich dem Zuschauer diese kleine Welt des »Dramas«, als sich die Wohnung der Protagonisten als das Innere eines davonfahrenden Zigeunerwagens entpuppt.

Noch in der Zeit zwischen Existentialismus und Nouvelle Vague – gerade als die Literaturcafés der Nachkriegszeit entstanden – überraschte Cocteau wiederum mit einer neuen Filmmythologie. Mit dem Film *Orphée* (1950), der auf dem gleichnamigen Bühnenstück Cocteaus von 1926 beruht, greift er den Kern der griechischen Sage um den Sänger Orpheus auf, der wegen seiner Kunst seine Frau Eurydike vernachlässigt und sich erst durch ihren Tod an die Liebe zu ihr erinnert. Diese archaische Handlung umgibt Cocteau mit einer zeitgenössischen Kriminalgeschichte, die genau zwanzig Jahre nach *Das Blut eines Dichters* an dessen Thematik anknüpft. *Orphée* handelt im poetischen Sinn von den unaufhörlichen Toden, die ein Dichter sterben muß, und von dessen Unsterblichkeit, erzählt aber auch die Geschichte von der Unmöglichkeit absoluter Liebe und von dem Leben, das im Dienst des Todes, des Schicksals steht. Cocteaus filmischer Realismus, ein »éffet de réalité« dank Plansequenz oder großer Tiefenschärfe, wird in *Orphée* immer wieder aufgebrochen: sei es durch die klassizistische Ästhetik erstrebende Kamera Nicolas Hayers oder die »zufällige Synchronisation« von Georges Auric, der die Musik ohne direkten Bezug zur Dramaturgie über die Sequenzen verstreute. Cocteaus zentraler Topos, der Spiegel, trennt die Welten der Toten und der Lebenden, zwischen denen der schöne und schön leidende Jean Marais, die statuarisch schöne Maria Casarès als Mme. La Mort und François Périer, der ergreifend humane Chauffeur des Todes, hin- und herwandern. Durch den Filmtrick der Doppelbelichtung oder des Eintauchens der Hände in eine mit Quecksilber gefüllte Wanne scheinen sie durch den Spiegel wie durch eine flüssige Wand zu verschwinden.

Da »filmische Mitteilungen zu kostspielig sind«, benutzte Cocteau ein letztes Mal die »Feder des Kinematographen« und die »Tinte des Lichts« in *Das Testament des Orpheus* (1960), um bewußt sein poetisches Filmwerk abzuschließen. In diesem Film, mit dem Geld François Truffauts finanziert, wollte Cocteau keine »Probleme« mehr lösen. Er hat »wie im Traum gedreht, ohne irgendeine Kontrolle, um seine Nacht ins volle Licht zu tauchen«. Dabei begegnet Cocteau in einer Reihe von Episoden seinen Freunden (u. a. Picasso, Charles Aznavour und Édouard Dermite), Schauspielern aus *Orphée* und zuletzt sich selbst als seinem leibhaftigen Double und nicht mehr seinem Spiegelbild. Gespalten in zwei Persönlichkeiten, die in verschiedene Richtungen gehen – ins Diesseits des Realen und ins Jenseits des Irrealen. Auf diese Weise verschwindet Cocteau mit seinem Engel Cégeste und verabschiedet sich schließlich »als Filmemacher« von der Leinwand mit den Worten: »Ich verschwinde mit meinen Mythen und mach' einem Leben Platz, das für das wirkliche Leben gehalten wird und das es meiner Meinung nach nicht ist.«

Cocteau starb 3 Jahre später, am 11. Oktober 1963, in Milly-la-Forêt bei Paris.

Bernadette Kuwert

Filmographie: Jean Cocteau fait du cinéma (1925) – Le Sang d'un poète / Das Blut eines Dichters (1930) – La Belle et la Bête / Es war einmal (1946) – L'Aigle à deux têtes / Der Doppeladler (1947) – Les Parents terribles / Die schrecklichen Eltern (1948) – Orphée / Orphée (1950) – Coriolan (1950) – La Villa Santo-Sospir (1952) – Le Testament d'Orphée / Das Testament des Orpheus (1960).

Literatur: J. C.: Démarche d'un poète – Der Lebensweg eines Dichters. München 1953. – J. C.: Kino und Poesie. Notizen. Hrsg. von Klaus Eder. Frankfurt a. M. 1989. [Frz. Orig. 1973.]

Peter Weiss: *Le Sang d'un poète.* In: P. W.: Avantgarde-Film. Frankfurt a. M. 1995. S. 59–65. [Schwed. Orig. 1956.] – René Gilson: Jean Cocteau. Paris 1964. (Cinéma d'aujourd'hui. 27.) – Elizabeth Sprigge / Jean-Jacques Kihm: Jean Cocteau: The Man and the Mirror. London 1968. – Francis Steegmuller: Cocteau. A Biography. London 1970. – Jean-Luc Godard: *Orphée.* In: J.-L. G.: Godard/Kritiker. München 1971. S. 163–165. – Frederick Brown: Jean Cocteau. Eine Biographie. Frankfurt a. M. 1985. – Jochen Poetter (Hrsg.): Jean Cocteau. Köln 1989. – Jacques Rivette: Die Malheurs des Orphée. In: J. R.: Schriften fürs Kino. München 1989. S. 24–29. – Alfred Springer: Die filmische Gestaltung des Unbewußten. In: Das Unbewußte Sehen. Hrsg. von August Ruhs [u. a.]. Wien 1989. S. 74–99. – Henri Alekan / Robert Hammond: *La Belle et la Bête* – un film de Jean Cocteau. Paris 1992.

Joel Coen

*1954

Das Brüderpaar Joel und Ethan Coen wird seit dem gemeinsamen Debüt im Jahre 1984 als symbiotisches Team betrachtet. Ihre Arbeit teilen sie auf in Produktion (Ethan) und Regie (Joel), während sie ihre Drehbücher stets gemeinsam verfassen.

Joel Coen wurde am 29. November 1954 in St. Louis Park, Minnesota, geboren und studierte am Simon's Rock College, bis er an die New York University wechselte, um dort am Institute of Film and TV seinen Abschluß zu machen. Der jüngere Bruder Ethan (geboren am 21. September 1957) studierte in Princeton Philosophie und tat sich erst nach seinem Abschluß mit Joel zusammen, um sich der praktischen Filmarbeit zu widmen. Ihre ersten Versuche im Filmgeschäft machten sie als Cutter einiger Low-Budget-Produktionen, u. a. des legendären *Tanz der Teufel* (1982) von Sam Raimi, mit dem sie Freundschaft verbindet. Raimi trat später in ihrem Gangsterepos *Miller's Crossing* (1990) auf und verfilmte ihr Drehbuch *Die Killer-Akademie* (1985).

1984 gelang es ihnen, mit *Blood Simple – Eine mörderische Nacht* einen Debütfilm nach einem gemeinsamen Drehbuch umzusetzen. In dieser bitterironischen Hommage an den Film noir der vierziger Jahre, im Speziellen orientiert an James M. Cains Roman »The Postman Always Rings Twice«, erzählen sie aus der Sicht eines neurotischen, zynischen Privatdetektivs (M. Emmet Walsh) die Geschichte eines brutalen Barbesitzers (Dan Hedaya), der sich seiner Ehefrau (Frances McDormand) und ihres Liebhabers (John Getz) entledigen will. Statt die beiden jedoch zu töten, beginnt der Detektiv ein mörderisches Katz-und-Maus-Spiel, das schließlich nur die Frau überlebt. Was als Ehedrama beginnt, entwickelt sich zusehends zu einem nervenzerrenden Psychothriller mit Anleihen bei den frühen Terrorfilmen Tobe Hoopers (*Blutgericht in Texas*, 1974). Die Brüder Coen spielen dabei bereits mit ironischen Elementen, Genrezitaten und durchaus ernsten Suspense-Momenten. *Blood Simple* ist gleichzeitig ihr erster Film, der doppelt kodiert funktioniert: Dem Genrekenner bietet er ein amüsantes und spannendes Verwirrspiel, das übrige Publikum unterhält er als Genrethriller.

Ihrer Vorliebe für die klassische Screwball Comedy Hollywoods huldigen Joel und Ethan Coen in ihren Komödien *Arizona Junior* (1987) und *Hudsucker – Der große Sprung* (1994). Die erwähnte Doppelkodierung gelingt in *Arizona Junior* erneut: Ein kinderloses Pärchen (Nicolas Cage, Holly Hunter) entführt einen der Fünflinge des

Millionärs Nathan Arizona, der einen Killer – den »Reiter der Apocalypse« – auf die beiden ansetzt. Wieder halten sich amüsante Slapstickeinlagen, Genrezitate und eine entfesselte Bildsprache die Waage. Erst in der äußerst aufwendig inszenierten Aufsteigersatire *Hudsucker* wird das Konzept fragwürdig. Erstmals wollten sich das Publikum und zum Teil auch die Kritik nicht auf den Film einlassen, der als langweiliges Zitatenpotpourri abgelehnt wurde.

Das Herzstück des Coenschen Werkes bilden drei Thriller – im weitesten Sinne; offenbar bietet dieses Genre für die Experimente der Brüder die meisten Möglichkeiten. Der Gangsterfilm *Miller's Crossing* variiert die Handlung von Dashiell Hammetts Roman »The Glass Key« und isoliert Versatzstücke des klassischen Gangsterfilms in detailreichen Tableaux. Unvergeßlich bleibt Albert Finneys ›trockene‹ Interpretation eines Mafiapaten, der zu einem irischen Volkslied seine Attentäter ins Jenseits schickt. *Barton Fink* (1991), bereits ein Jahr später entstanden, kann als virtuoses Beispiel des selbstreflexiven Hollywoodfilms gelten. Nicht nur in der Handlung, sondern auch im gewagten visuellen Spiel mit Realitätsebenen widmet er sich einer entlarvenden Innensicht des klassischen Hollywoodsystems der frühen vierziger Jahre: Ein etwas unsicherer, ambitionierter Drehbuchautor (John Turturro) wird eines Frauenmordes verdächtigt, für den eigentlich sein freundlicher Zimmernachbar (John Goodman) verantwortlich ist, der schließlich in einem Amoklauf das ganze Hotel vernichtet. Die Abneigung des Autors Fink gegen die Zwänge des Studiosystems kulminieren in einer Paranoia, die an Roman Polanskis *Der Mieter* (1975) erinnert. Ironisch wirkt die Wahl des bekannten Komikers John Goodman als Serienmörder. *Barton Fink* erhielt 1991 in Cannes die Goldene Palme als bester Film.

Joel (r.) und Ethan Coen

Als bisheriger Höhepunkt des Coenschen Werkes muß wohl *Fargo – Eine handgestrickte Mördergeschichte* (1996) gesehen werden, in dem die beiden erstmals die Grenzen des bewußt Artifiziellen hinter sich lassen, um diesem kriminalistischen Heimatfilm einen liebevoll-ironischen und dennoch authentischen Charme zu verleihen. Auch hier geht es um ein intrigantes Verbrechen innerhalb der Familie, das durch unberechenbare Psychopathen außer Kontrolle gerät. Die ländliche Polizei – vertreten durch eine schwangere Ordnungshüterin (Frances McDormand) – löst den Fall auf etwas hausbackene Weise. Wenn sie den brutalen Killer schließlich niederschießt, hat das fast etwas Tragikomisches. Mit ihrem folgenden Film *The Big Lebowski* (1997) feierten die Brüder erneut einen großen Publikumserfolg. Diese Entführungsgroteske erschöpft sich jedoch anders als der Vorgänger *Fargo* in einer absurden Komik und präsentiert ein Typenarsenal ohne Sinn und Verstand. Von der hintergründigen Originalität ihrer ersten Filme ist hier wenig geblieben.

Joel und Ethan Coen können als einzigartige, eigenwillige Vertreter des amerikanischen Kinos der Gegenwart betrachtet werden. Ihr kreatives Potential scheint noch lange nicht erschöpft zu sein.

Marcus Stiglegger

Filmographie: Soundings (1980) – Blood Simple / Blood Simple – Eine mörderische Nacht (1984) – Raising Arizona / Arizona Junior (1987) – Miller's Crossing / Miller's Crossing (1990) – Barton Fink / Barton Fink (1991) – The Hudsucker Proxy / Hudsucker – Der große Sprung (1994) – Fargo / Fargo – Eine handgestrickte Mördergeschichte (1996) – The Big Lebowski / The Big Lebowski (1997).

Literatur: Stefan Lux: Geschichten aus dem Fegefeuer. In: film-dienst 44 (1991) H. 21. S. 4–6. – John Powers: Finking It. In: Sight and Sound N. F. 1 (1991) H. 5. S. 4. – Donald Lyons: Independent Vision. New York 1994. S. 126–130. – Frank Schnelle: Tänze am Rande des Nichts. Über das Kino der Brüder Joel und Ethan Coen und ihren neuen Film *Fargo*. In: epd Film 13 (1996) H. 11. S. 21–25. – Anette Kilzer / Stefan Rogall: Das filmische Universum der Brüder Joel und Ethan Coen. Marburg 1998. – Peter Körte / Georg Seeßlen (Hrsg.): Joel & Ethan Coen. Berlin 1998.

Francis Ford Coppola

*1939

»Wen Gott zerstören will, den macht er zuerst im Showbusineß erfolgreich.« Mit diesem Satz in einem Memo vom 30. April 1977 an die Mitarbeiter seiner San Franciscoer Produktionsgesellschaft American Zoetrope versuchte Francis Ford Coppola, ihnen das drohende Scheitern seines ambitioniertesten Filmprojektes zu erklären. Seit einem Jahr drehte Coppola, nach dem immensen Erfolg seiner beiden *Paten*-Filme (1972 und 1974) zum »Citizen Coppola« New Hollywoods erklärt, als Produzent, Autor und Regisseur mit unbeschränkter Freiheit und – fast – unbeschränkten Mitteln (das Budget stieg von 10 Millionen auf schließlich 30,5 Millionen Dollar) auf den Philippinen an seinem mythischen Epos über den Vietnamkrieg *Apocalypse Now* (1979), immer wieder unterbrochen von Unwettern und Erkrankungen. Ein Ende war nicht abzusehen, und es kursierten Gerüchte über den bevorstehenden Sturz des »superstar director«. Coppola war verzweifelt, denn er hatte immer noch keinen plausiblen Schluß für seinen Film gefunden, was er im Memo allerdings verschwieg. Statt dessen erklärte er erneut der Filmindustrie seine Verachtung ihrer Regeln und ordnete

Francis Ford Coppola (r.) mit Gene Hackman

an, sein Name sei von nun an nur noch Francis Coppola, denn er habe einmal gehört, einem Mann, der drei Namen habe, sei nicht zu trauen. Durch eine Indiskretion oder eine Intrige wurde das Memo sechs Monate später veröffentlicht. Nun spekulierte man nicht nur über den Geisteszustand Coppolas. Ernsthaft wurde vor allem die Frage gestellt, ob dem »auteur« Coppola nicht zuviel unkontrollierbare Macht zugestanden worden sei. Zwei Jahre danach präsentierte Coppola im Wettbewerb in Cannes eine Fassung von *Apocalypse Now* als »work in progress« (eine zweite Fassung zeigte er außerhalb des Wettbewerbs) und erhielt zusammen mit Volker Schlöndorffs *Blechtrommel* die Goldene Palme. Auf einer Pressekonferenz merkte er, keineswegs selbstkritisch, an: »Wir drehten [den Film] so, wie Amerika den Krieg in Vietnam führte. Wir waren zu viele, wir hatten zuviel Geld und zuviel Ausrüstung, und ganz allmählich verloren wir den Verstand.« *Apocalypse Now* wurde ein kommerzieller Erfolg und – trotz zahlreicher negativer Kritiken – zum persönlichen Triumph Coppolas: der Film war die Vision *seiner* Reise an die Grenze des Bewußtseins – und der Schritt darüber hinaus.

1980 kaufte Coppola für 6,7 Millionen Dollar die Hollywood General Studios und baute dort seine Zoetrope Studios. Als »geborener Showmann« (P. Cowie) und »Concept-Künstler« (E. Coppola) richtete sich Coppola inmitten modernster Medientechnik ein und umgab sich mit internationalen Regisseuren, deren Filme er in den USA präsentierte (Jean-Luc Godard, Werner Herzog, Hans Jürgen Syberberg) oder produzierte, wie Wim Wenders' *Hammett* (1978–1982), als »letzter Tycoon«, der in einem Schloß auf seinem Weingut in Napa Valley bei San Francisco wie ein Renaissance-Fürst residierte. Mit *Einer mit Herz* (1982), seiner komplett in den Zoetrope Studios entstandenen Las-Vegas-Romanze, setzte Coppola sein Prestige und seinen Besitz aufs Spiel – und verlor. Der 27 Millionen Dollar teure Film wurde nach Michael Ciminos *Heaven's Gate – Das Tor zum Himmel*, der United Artists ruinierte, zum größten kommerziellen Desaster New Hollywoods. Mit beiden Filmen ging die kurze Epoche des New Hollywood und des »auteurism« in Hollywood zu Ende.

Die Karriere von Francis Ford Coppola, der seinen Weg zur Macht in Hollywood geradezu strategisch plante, markiert in Aufstieg und Fall emblematisch die Veränderungen in der amerikanischen Filmindustrie und Filmkultur vom Ende der sechziger bis zum Beginn der achtziger Jahre. Coppola, am 7. April 1939 in Detroit als Kind einer italoamerikanischen Familie geboren – sein Vater, Carmine Coppola, war Flötist, Arrangeur und Komponist und arbeitete ab *Liebe niemals einen Fremden* (1969) immer wieder als Komponist für seinen Sohn, die Mutter Italia war Schauspielerin –, wuchs mit dem Kino, dem Fernsehen und der Musik, der italienischen Oper, auf. Schon früh experimentierte er mit Schmalfilm, studierte dann das Fach Theater/Drama in New York, wo er erste Erfolge als Bühnenregisseur erzielte. Nach dem Abschluß wechselte er an die Filmklasse der University of California Los Angeles und drehte kleine Horror- und Sexfilme. Damit erregte er das Interesse von Roger Corman, dem Produzenten und Regisseur von Billigst-Produktionen und Mentor der jungen Regisseure des späteren New Hollywood Peter Bogdanovich und Martin Scorsese. Coppola dachte schneller, schrieb und schnitt schneller als die anderen Angestellten des Impresarios Corman und konnte ihn schließlich dazu bewegen, ihn in Irland seinen ersten langen Spielfilm drehen zu lassen. *Dementia 13* (1963) ist ein Horrorfilm in Schwarzweiß, entstanden mit einem Budget von 20 000 Dollar, und weist bereits zentrale Themen des Œuvres von Coppola auf: familiäre Konflikte, die aus Ansprüchen der Vergangenheit an die Gegenwart resultieren, das Außer-Kontrolle-Geraten aus Hybris und, stilistisch, den Sinn für eine Atmosphäre der Einsamkeit, die diese Charaktere umgibt, für eine fast rituelle Steigerung der Spannung, für ein Delirieren der Emotionen, für Wahn-Sinn.

Danach vollzog Coppola den nächsten Karriereschritt und arbeitete als Drehbuchautor für Seven Arts Productions. 1966 drehte er *Big Boy, jetzt wirst Du ein Mann!*, eine Pop-Comedy über die Befreiung eines jungen Mannes vom Elternhaus und von den Konventionen des traditionellen American way of life, inspiriert von der Nouvelle Vague und ihrem Sinn für Spontaneität und das Aufbrechen der klassischen Narration. Am Ende zeigt Coppola eine Maschine, die Brezel formt, eine nach der anderen, Fließbandarbeit. Der Aufbruch des einzelnen endet in neuer Konformität. Wenn in der Tat Coppolas Zentralthema die »Zerstörung menschlicher Individualität« ist, »die psychischen und physischen Deformierungen, die das Individuum in dieser Gesellschaft erleidet« (H. P. Kochenrath), dann ist diesem Film jedoch auch ein Element eigen, das Coppola weiter kultivierte: das Überhebliche, das Überwältigenwollen. Alle bedeutenden Filme Coppolas erzählen vom Ende des Individuums, aber sie spreizen Individualität noch einmal narrativ und stilistisch mythisch auf zu »Götterdämmerungen«. Als Vorbilder nannte Coppola stets

Sergej Eisenstein und Orson Welles, die großen gescheiterten Individualisten des Films, Goethe, den Universalisten der Poesie und der Wissenschaft, und – Adolf Hitler: »Ich orientierte mein Leben an Hitler. Er hat nicht nur einfach das Land übernommen, er hat auch die existierende Struktur für sich zu nutzen gewußt« (Coppola).

Coppolas Präpotenz, seine Hybris, steht im Kontrast zum Raffinement der psychologischen Nuancierung in *Liebe niemals einen Fremden* (1969), den er nach dem Debakel mit dem Auftrags-Musical *Der goldene Regenbogen* (1968) nach eigenem Drehbuch realisierte. In dem Roadmovie trennt sich eine Frau von ihrem Mann und fährt in den Regen, durch den Regen, immer weiter. Sie trifft Killer, einen jungen Football-Spieler, der nach einer Verletzung nicht mehr ganz richtig im Kopf ist, und schließlich den Polizisten Gordon. Sie langt nirgendwo an. Am Ende hält sie eine Leiche im Arm. Aufbrüche sind bei Coppola immer Untergänge: das Unterwegs-Sein als transitorischer Zustand, als Versuch, das Leben – das Leben auch als Film – neu zu erfinden, muß notwendigerweise scheitern. Wie kaum ein anderer Regisseur seiner Generation ist Coppola besessen von der Idee, daß der Raum, in dem sich Zeit als Konfiguration von Vergangenheit, Gegenwart und Zukunft abzeichnet, mit dem Tod im Bund steht.

1970 erhielt Coppola für sein Drehbuch zu der zwiespältigen Heldensaga aus dem Zweiten Weltkrieg *Patton – Rebell in Uniform* (1969), dem überlebensgroßen Porträt eines Generals, den Oscar und qualifizierte sich damit für ein Projekt der Paramount, die Verfilmung des Bestseller-Romans »The Godfather« von Mario Puzo. Die Geschichte der Entstehung des Films *Der Pate* (1972) ist längst Legende: wie Coppola das Budget hochtrieb, wie er Marlon Brando und Al Pacino als Darsteller durchsetzte, wie er aus einem geplanten Gangsterfilm einen persönlichen Film über Amerika, über Italoamerika machte. Der Film beginnt mit dem Satz: »Ich glaube an Amerika«, und er spielt dieses Glaubensbekenntnis bis zum bitteren Ende durch. Kurz nach dem Ende des Zweiten Weltkriegs versucht Don Vito Corleone (Marlon Brando) die Geschäfte der Mafia auf »ehrenhafte« Weise gegen die neue Zeit zu konsolidieren, gegen das Geschäft der Zukunft, den Rauschgifthandel. Er scheitert, und sein Sohn Michael (Al Pacino) wird, nach gewaltsamen Transaktionen, zum neuen Paten. Der dreistündige Film strukturiert – Coppola schrieb das Drehbuch mit Puzo – die Geschichte zu einem Drama mit opernhaften Zügen, inspiriert von der antiken »Orestie« und von Shakespeare, zum Drama des Verfalls einer Familie durch Machtgier, Intrigen und Gewalt. Das Gangstertum, das krakenhaft mit Politik, Justiz und Wirtschaft verbunden ist, wird zum Inbegriff von Amerika: Big Business formt Individuen und zerstört sie, nachdem sie, auf ihrem Weg zur Macht, andere zerstört haben. Dabei gibt Marlon Brando dem Don die Aura einer mythischen Figur. Er taucht, fotografiert von Gordon Willis, aus dem Halbdunkel auf und beherrscht mit wenigen Worten und knappen Gesten die Szene. Räume sind in *Der Pate*, auch wenn sie Räume der Familiarität zu sein scheinen, Räume der Entscheidung über Leben und Tod, Räume, in denen der Tod immer schon anwesend zu sein scheint. Für den *Paten* erhielt Coppola die Oscars für den besten Film und erneut für das beste Drehbuch; von den herausragenden Darstellern wurde Brando mit dem Oscar ausgezeichnet.

Der kommerzielle Erfolg des Films machte Coppola zum mehrfachen Millionär. Mit William Friedkin und Peter Bogdanovich gründet er The Directors Company, um unabhängig von den großen Studios arbeiten zu können, drehte selbst aber nur einen Film, bevor die Company sich auflöste. *Der Dialog* (1974), mit Gene Hackman als einem Abhörspezialisten, der in eine undurchsichtige Intrige verwickelt und schließlich zum Opfer der eigenen Methoden wird, ist das Drama der Einsamkeit eines Mannes, der sich allen überlegen fühlt und doch niemandem trauen kann, zugleich ein Thriller über die Position des einzelnen in einem hochkomplexen System von Abhängigkeiten, das jede Privatsphäre, jeden Raum des Individuums auch systematisch zerstört. Eine meist starre Kamera beobachtet das Geschehen wie einen Versuchsablauf aus der Distanz, so daß der Zuschauer gezwungen wird, so wahrzunehmen wie der ethisch und emotional distanzierte Protagonist.

Der Dialog erhielt in Cannes die Goldene Palme, und aus einer Position der Stärke verhandelte Coppola mit der Paramount über Buch, Regie und Produktion von *Der Pate. Teil II* (1974). Coppola, der erneut mit Mario Puzo das Drehbuch verfaßte, war nicht an einer bloßen Fortsetzung des Mafia- und Familienepos interessiert, sondern erzählt in einer komplex verschachtelten Parallelmontage den Aufstieg des jungen Vito Corleone (Robert De Niro), der Sizilien im Jahr 1901 verläßt und als Kind in die USA kommt, zur Macht; zugleich führt er die Geschichte von Michael Corleone (Al Pacino), Vitos Sohn und Erbe, weiter. Im Selbstzerfleischungskampf der Mafia in den fünfziger Jahren kann Michael die Einheit der Familie nicht mehr bewahren; er verliert seine Frau und muß sogar seinen Bruder Fredo töten lassen. An die Stelle der mythischen Rituale des Zelebrierens von Macht und des Ausgleichs unterschiedlicher Interessen, die Don Vito noch beherrschte, tritt für Don Michael nun die nackte Gewalt. Am Ende des Films, nach einem Massaker an allen seinen Feinden, hat er noch einmal die Macht; aber er ist ganz allein, er »ist verdammt« (Coppola). Je mehr Michael sich in den Labyrinthen der Macht bewegt, um so düsterer wird die Farbgebung des Films, bis der Don im Dunkel verschwindet. Der Erfolg des zweiten Teils übertraf noch den des ersten. Coppola wurde mit dem Oscar für den besten Film, die beste Regie und das beste Buch ausgezeichnet, und durch seine Beteiligung am Einspielergebnis wuchs sein Vermögen weiter. Coppola, der »Sultan von San Francisco« (Steven Spielberg), eiferte jetzt tatsächlich Citizen Kane nach und inszenierte sich selbst als Medienmogul.

Apocalypse Now, sein nächstes Projekt, ein Film über den Vietnamkrieg, basierend auf einem Drehbuch von John Milius und nach Motiven des Romans »Herz der Finsternis« von Joseph Conrad, sollte von Anfang an ein kulturelles Ereignis werden, ein Film über das Bewußtsein, das der Krieg generiert; ein Film über die Konfrontation der Moderne mit der Archaik, über das Umschlagen von vermeintlicher Logik in Wahn-Sinn. Im Herbst 1975 begann Coppola, Milius' Buch umzuschreiben. Über ein Jahr drehte er dann mit dem Kameramann Vittorio Storaro und einem amerikanisch-italienischen Team auf den Philippinen, bis er sich »mit seinem Nachschub an Wein und Steaks und Klimaanlagen sein eigenes Vietnam« geschaffen hatte, wie seine Frau Eleanor in ihrem 1979 publizierten Tagebuch notiert. Je mehr die Dreharbeiten sich der Kriegssituation, dem ersten Rock 'n' Roll-, Drogen- und Medienkrieg der Geschichte anglichen, um so mehr fühlte Coppola sich »im Dschungel verloren« (P. Cowie), vor allem im Dschungel seiner Geschichte, deren Struktur und Ende ihm immer unklarer wurde. Noch in Cannes präsentierte er 1979, nachdem er mit Walter Murch und anderen Cuttern zwei Jahre an dem Material gearbeitet hatte, zwei unterschiedliche Fassungen des Films, bis er sich für die glanzvolle US-Premiere am 15. August 1979 im Ziegfield Theatre in New York für die definitive entscheiden mußte.

Apocalypse Now beginnt, zu den Klängen des psychedelisch-delirierenden Stückes »The End« von den Doors, mit einer Panoramaeinstellung auf einen Napalm-Feuersturm im Dschungel und blendet dann langsam über auf den Kopf von Captain Willard (Martin Sheen), einen Special-Agent der US-Armee. Von Anfang an ist der Krieg, ist die totale Destruktion, die Apokalypse, im Bewußtsein verankert. Jeder vermeintlich logische Zug, jede vermeintlich logische Handlung ist so unmittelbar zerstörerisch. Willard, längst traumatisiert, erhält den Auftrag, auf einem Patrouillenboot nach Kambodscha zu fahren, um dem Kommando von Colonel Kurtz ein Ende zu machen. Kurtz, eine Art Krieger-Gott und Hohepriester der totalen Zerstörung, residiert im »Herz der Finsternis«, einer Tempelstadt, in der der Krieg vollends ins Barbarisch-Infernalische wuchs und nur noch Atavismen zur Erscheinung bringt. *Apocalypse Now* ist ein stilisiertes, ästhetisiertes Pandämonium einer Endzeit, gigantomanisch, manieriert und zugleich brutal-realistisch, satirisch und opernhaft übersteigert. Der Film treibt Coppolas Analyse des zum Alptraum gewordenen American dream und der Zerstörung des Individuums bis zum Zynismus eines optisch-akustischen Bombardements der Sinne des Zuschauers: der Film wird zum Krieg. Dies hielt die amerikanische Kritik Coppola denn auch vor: das Fehlen einer klaren politischen oder moralischen Stellungnahme. Coppola verteidigte sich mit dem Hinweis, der Film wolle »eine geistige Vorstellung von Vietnam« vermitteln, nicht Einsichten produzieren, sondern Emotionen.

Die Produktion von Emotionen war das Konzept von *Einer mit Herz* (1982), einer melodramatischen Romanze über zwei Liebende auf Abwegen in Las Vegas, mit Songs von Tom Waits und mit einem Happy-End. Dabei ist der Film eine vollständige Simulation. Coppola ließ Las Vegas in seinen Zoetrope Studios nachbauen, drehte mit modernster Computer-Technik und widmete seiner Geschichte und seinen Charakteren weit weniger Aufmerksamkeit als dem Stil, der unbedingten Stilisierung durch eine artifizielle Licht- und Farbdramaturgie und eine manierierte Bildkomposition (die Kamera führte erneut Vittorio Storaro). Das Zusammenkommen von künstlicher Intelligenz und einer künstlichen Welt produzierte auch nur künstliche Emotionen. Gerade dies ließ den Film, dessen Mißerfolg Coppola ruinierte, zu einem Ereignis werden, mit dem man »die Postmoderne in der Kulturgeschichte der Kinogefühle datieren« kann (P. W. Jansen), jener Gefühle eines medial kodierten Individuums, das um deren Herkunft aus zweiter und dritter Hand weiß und sie deshalb ironisch genießen kann. Coppolas Œuvre seither ist nur zu verstehen vor dem Hintergrund dieses kommerziellen Scheiterns, das ihn um seine fast allmächtige Stellung als »auteur« und Concept-Künstler in der und gegen die Filmindustrie brachte und ihn zwang, Auftragsarbeiten anzunehmen. Daß er den Film, der Pop-Mythen durch extreme Stilisierung zusätzlich mit Bedeutungen auflädt, selbst nie als künstlerisch gescheitert ansah, zeigt sich daran, daß er dem Konzept der artifiziellen Simulation von Welten in jenen Filmen danach treu blieb, die als seine persönlicher motivierten anzusehen sind.

Die Outsider (1983) und *Rumble Fish* (1983), kurz hintereinander entstanden, um verlorenes Terrain zurückzuerobern, sind Jugenddramen und zugleich stilistische Variationen und Simulationen der Welt der fünfziger Jahre, der Rebellen-Filme mit Marlon Brando und James Dean. In ihnen agiert ein Ensemble junger Schauspieler wie Matt Dillon, Tom Cruise, Mickey Rourke und Nicolas Cage als Ensemble lebendiger Zitate im goldenen Licht künstlicher Sonnenuntergänge oder, in *Rumble Fish*, im expressionistischen und Film-noir-Schwarzweiß, und doch sind die Filme auf die tragisch-nostalgischen Geschichten und die Charaktere konzentriert und bergen für ein immer jünger werdendes Kinopublikum ein beachtliches Identifikationspotential.

Mit *Cotton Club* (1984), einer Großproduktion im Stil der *Paten*-Filme über das Showbusineß und seine Allianzen mit dem Gangstertum in den zwanziger und dreißiger Jahren, scheiterte Coppola schon während der Dreharbeiten an Streitigkeiten mit dem Produzenten Robert Evans und dem Hauptdarsteller Richard Gere, noch mehr jedoch an der Tatsache, daß es nie ein definitives Drehbuch gab. Gleichwohl zeigt der Film Coppolas Engagement in einigen brillanten Sequenzen, in Tanznummern und Szenen eruptiver Gewalt. Über die Auftragsarbeit *Peggy Sue hat geheiratet* (1986), einen Film über eine Zeitreise in die sechziger Jahre, hat Coppola sich derart despektierlich geäußert, daß auch die Kritik den Film kaum als Coppola-Film ernst nahm, es sei denn als autobiographische Reflexion über das Altern und über den verlorenen Standpunkt in der Gegenwart. Auch *Der steinerne Garten* (1987) und *Tucker* (1988) sind nostalgische oder mythische Beschwörungen der Vergangenheit und eines Individualismus, von dem die elegische Inszenierung schon bekundet, daß er vergangen ist. In dieser Zeit mußte Coppola es hinnehmen, daß ihm der Kritiker Stanley Kauffmann öffentlich riet, sich für eine Weile vom Filmen zurückzuziehen.

Mit *Der Pate, Teil III* (1991) und mit *Bram Stokers Dracula* (1992), mit der Fortsetzung seiner größten Erfolgsfilme und mit der Neubearbeitung des literarisch-filmischen Vampirmythos, erlangte nicht der »auteur« Coppola, sondern der Concept-Künstler Coppola seine Position zurück. Das Ende von Michael Corleone (Al Pacino) ist eine Götterdämmerung auch des filmischen Stils, eine Reprise der bereits erprobten Erzählweisen und deren Übersteigerung ins fast Groteske. *Dracula* ist ein stilistischer Exzeß, »eine Art Palimpsest von 100 Jahren Filmgeschichte« (Th. Elsaesser), eine Mixtur kultureller Versatzstücke und Mythen und erneut die Geschichte eines gegen alle und alles aufbegehrenden Individuums, das scheitern muß. Bleibt man bei der Annahme eines autobiographischen Subtextes gerade der letzten Filme Coppolas, so mag man spekulieren, ob er in und mit diesen beiden Filmen nicht *seine* Geschichte zu einem Ende gebracht hat. *Jack* (1996) und *Der Regenmacher* (1997) tragen deutlich die Züge der Erschöpfung und des Desinteresses.

Bernd Kiefer

Filmographie: Tonight for Sure! / Das gibt es nur im Wilden Westen (1963) – Dementia 13 / Dementia 13 (1963) – You're a Big Boy Now / Big Boy, jetzt wirst Du ein Mann! (1966) – Finian's Rainbow / Der goldene Regenbogen (1968) – The Rain People / Liebe niemals einen Fremden (1969) – The Godfather / Der Pate (1972) – The Conversation / Der Dialog (1974) – The Godfather. Part II / Der Pate. Teil II (1974) – Apocalypse Now / Apocalypse Now (1979) – One from the Heart / Einer mit Herz (1982) – The Outsiders / Die Outsider (1983) – Rumble Fish / Rumble Fish (1983) – The Cotton Club / Cotton Club (1984) – Peggy Sue Got Married / Peggy Sue hat geheiratet (1986) – Gardens of Stone / Der steinerne Garten (1987) – Tucker – The Man and his Dream / Tucker (1988) – New York Stories / New Yorker Geschichten (Episode: Life without Zoe / Leben ohne Zoe, 1989) – The Godfather. Part III / Der Pate. Teil III (1991) – Bram Stoker's Dracula / Bram Stokers Dracula (1992) – Jack / Jack (1996) – John Grisham's The Rainmaker / Der Regenmacher (1997).

Literatur: New Hollywood. München/Wien 1976. (Reihe Film. 10.) – Robert K. Johnson: Francis Ford Coppola. Boston 1977. – Eleanor Coppola: Vielleicht bin ich zu nah. Notizen bei der Entstehung von *Apocalypse Now.* Reinbek bei Hamburg 1980. [Amerikan. Orig. 1979.] – Robert Phillip Kolker: A Cinema of Loneliness. New York / Oxford 1980. – Francis Ford Coppola. München/Wien 1985. (Reihe Film. 33.) – Peter Cowie: Coppola. London 1989. – Jon Lewis: Whom God Wishes to Destroy. Francis Coppola and New Hollywood. London 1995. – Iannis Katsahnias: Francis Ford Coppola. Paris 1997. – Ronald Bergan: Coppola. Reinbek bei Hamburg 1998. – Thomas Elsaesser: Augenweide am Auge des Maelstroms? In: Andreas Rost / Mike Sandbothe (Hrsg.): Die Filmgespenster der Postmoderne. Frankfurt a. M. 1998. S. 63–104.

Roger Corman

*1926

Obwohl er noch heute als Produzent in Hollywood tätig ist, liegt die kreativste Phase Roger Cormans in den fünfziger und sechziger Jahren: Damals entstanden nicht nur seine eigenen wichtigen Regiearbeiten, sondern es gelang ihm, mit seinen American International Pictures (AIP) eine Reihe junger Talente zu fördern, indem er ihnen die Chance für einen Debütfilm gab: Francis Ford Coppola, Martin Scorsese, Peter Bogdanovich, Jonathan Demme und ferner John Milius und Curtis Harrington zählten dazu.

Corman wurde am 5. April 1926 in Detroit geboren. Seine akademische Ausbildung erhielt er an der Stanford University. Nach seinem Militärdienst begann er bei der 20th Century Fox Produktion als Bote zu arbeiten, was ihm den Einstieg ins Filmgeschäft ermöglichen sollte. Diese angestrebte Karriere unterbrach er jedoch durch einen Aufenthalt an der Universität in Oxford, wo er englische Literatur studierte. Wieder in Hollywood, arbeitete er zunächst als Literaturagent, doch schon 1953 schaffte er den Einstieg in die Produktion mit dem Genrefilm *Highway Dragnet*. Zwei weitere Jahre später gelang ihm mit zwei Western das Regiedebüt: *Fünf Revolver gehen nach Westen* und *Heiße Colts und schnelle Pferde*. Seine eigentliche Laufbahn als Produzent und Regisseur begann mit seinem Einstieg als ausführender Produzent bei der B- und C-Filmproduktion AIP, die 1954 von Samuel Z. Arkoff und James H. Nicholson gegründet worden war. Deren Spezialität waren geradlinige, extrem billig und schnell produzierte Genrefilme. Corman, der zu ihrem wichtigsten Regisseur wurde, konnte sich so im Bereich von Western, Gangsterfilm, Science-fiction und Horror kreativ austoben. Da die AIP-Filme vornehmlich für ein jugendliches Publikum produziert wurden, gelang es ihnen, neue, jugendorientierte Genres zu etablieren: den Rocker-Film und den Rock 'n' Roll-Film mit ihren Teenager-Rebellen-Attitüden. Diese neuen Genres beeinflußten die Grundthemen des New Hollywood der siebziger Jahre, deren Hauptvertreter – wie erwähnt – aus dem AIP-Umfeld kamen. Vor allem das Roadmovie kann als Endprodukt von AIP-Tendenzen betrachtet werden.

Roger Corman tat sich nicht nur als cleverer Talentscout hervor, sondern erfüllte auch die Produktionsbedingungen mit Bravour: 1957 arbeitete er an neun Filmen, von denen einige in nur drei Tagen gedreht wurden. Seinen Ruf als origineller Genrefilmer erwarb er jedoch erst in den sechziger Jahren, die durch seine Edgar-Allan-Poe-Serie bestimmt wurden. Zusammen mit dem Drehbuchautor Richard Matheson, der auch mit Jack Arnold gearbeitet hatte, dem Produktionsdesigner Daniel Haller und dem Kameramann Floyd Crosby, der schon mit Murnau gearbeitet hatte, nahm er Grundideen aus Geschichten und Gedichten Poes als Basis für stilisierte, poppig-bunte Horrorballaden, in denen meist Vincent Price eine geplagte Seele mit finsteren Aspekten spielt. Während einige dieser Filme, z. B. *Die Verfluchten* (1960), etwas langatmig und steif inszeniert wurden, kann man dem apokalyptischen Pestdrama *Satanas – Das Schloß der blutigen Bestie* (1964) eine gewisse Überzeugungskraft nicht absprechen. Für die schleichende, gleitende Kamera war in diesem Fall der Brite Nicolas Roeg verantwortlich, zu dessen besten Kameraarbeiten dieser Film zählt. Auch *Das Grab der Lygeia* (1964), größtenteils in denselben Sets gedreht, hat sich inzwischen vor allem in Frankreich und England als Kultfilm etabliert. In einem für AIP typischen Versuch, die Ökonomie der Filmproduktion zu optimieren, drehte er nebenbei mit demselben Team die Parodie auf seinen eigenen Stil: *Der Rabe – Duell der Zauberer* (1963) mit Boris Karloff, Vincent Price und Jack Nicholson.

Mit Peter Fonda und Nancy Sinatra drehte Corman den Rocker-Film *Die wilden Engel* (1966), einen Vorläufer von Dennis Hoppers *Easy Rider* (1969), in dem bereits dynamische Kameraperspektiven und die zeitgenössische Rockmusik verwendet wurden, und nach einem Drehbuch von Jack Nicholson entstand *The Trip* (1967), der mit seinen Drogensequenzen ebenfalls Einfluß auf Hoppers Kultfilm ausübte. Viel profitierte Corman auch vom Erfolg des nostalgischen Gangsterfilms *Bonnie und Clyde* (1967) von Arthur Penn: Im *Chikago-Massaker* (1967) inszenierte er eine aufwendige Rekonstruktion der Geschehnisse um Al Capone, mit *Bloody Mama* (1969) widmete er sich wie Penn der von der Depressionszeit geplagten Landbevölkerung. Seine Filme tragen hier wieder die schnörkellose Handschrift seiner frühen Genrefilme. Die Exzentrik der Poe-Phase schien vergessen zu sein. Corman nähert sich hier dem filmischen »Primitivismus« eines Samuel Fuller an. *Manfred von Richthofen – Der rote Baron* (1970), ein etwas unreflektiertes, nüchternes Fliegerdrama, blieb für zwei Jahrzehnte seine letzte Regiearbeit. In dieser Zeit widmete er sich vornehmlich der Produktion von Filmen, die u. a. an seine eigenen kommerziellen Erfolge anschlossen: *Die Faust der Rebellen* (1972) von Scorsese, *Capone* (1975) von Steve Carver oder *Piranhas* (1978) von Joe Dante. Die Produktionen der jüngeren Zeit fallen jedoch im Niveau zusehends ab.

1990 wagte Corman noch einmal eine Rückkehr auf den Regiestuhl: Sein *Roger Cormans Frankenstein*, eine Vermischung von H. G. Welles »Zeitmaschine« und Motiven aus Mary Shelleys »Frankenstein«, wartet zwar mit höheren Produktionsstandards und Starbesetzung (John Hurt, Bridget Fonda) auf, erschöpft sich jedoch in seiner rüden Effektlastigkeit und in pseudophilosophischen Tendenzen.

Marcus Stiglegger

Filmographie: Five Guns West / Fünf Revolver gehen nach Westen (1955) – Apache Woman / Heiße Colts und schnelle Pferde (1955) – Swamp Women / Vier Frauen im Sumpf (1955) – The Oklahoma Woman / Einer schoß schneller (1956) – It Conquered the World (1956) – The Day the World Ended / Die letzten Sieben (1956) – Gunslinger / Sonntag sollst du sterben (1956) – Sorority Girls / Aufruhr im Mädchenheim (1957) – Not of This Earth / Gesandter des Grauens (1957) – The Undead (1957) – Naked Paradise / Thunder over Hawaii (1957) – Attack of the Crab Monsters (1957) – Rock All Night (1957) – Teenage Doll (1957) – Carnival Rock (1957) – The Viking Women and the Sea Serpent (1957) – War of the Satellites / Planet der toten Seelen (1957) – The She-Gods of Shark Reef (1958) – Teenage Caveman (1958) – I, Mobster / Gangster Nr. 1 (1958) – Machine Gun Kelly / Revolver-Kelly (1958) – A Bucket of Blood / Das Vermächtnis des Professor Bondi (1959) – The Wasp Woman / Die Wespenfrau (1959) – The Little Shop of Horrors / Kleiner Laden voller Schrecken (1960) – Ski Troop Attack (1960) – The Last Woman on Earth (1960) – The House of Usher / Die Verfluchten (1960) – The Creature from the Haunted Sea (1961) – Atlas (1961) – Buried Alive / Lebendig begraben (1961) – The Pit and the Pendulum / Das Pendel des Todes (1961) – The Intruder / Weißer Terror (1961) – Tales of Terror / Der grauenvolle Mr. X (1962) – Tower of London / Der Massenmörder von London (1962) – The Haunted Palace / Die Folterkammer des Hexenjägers (1963) – The Young Racers (1963) – The Secret Invasion / Geheimauftrag Dubrovnik (1963) – »X« – the Man with the X-Ray Eyes / Der Mann mit den Röntgenaugen (1963) – The Raven / Der Rabe – Duell der Zauberer (1963) – The Terror / The Terror – Schloß des Schreckens (1963) – The Tomb of Ligeia / Das Grab der Lygeia (1964) – The Masque of the Red Death / Satanas – Das Schloß der blutigen Bestie (1964) – The Wild Angels / Die wilden Engel (1966) – The St. Valentine's Day Massacre / Chikago-Massaker (1967) – The Trip / The Trip (1967) – How to Make It / Das ausschweifende Leben des Marquis de Sade (1968/69) – Bloody Mama / Bloody Mama / Damals in Amerika (1969) – Gass-s-s-s . . . or It May Become Necessary to Destroy the World in order to Save It / G. A. S. S. (1970) – Von Richthofen and Brown / Manfred von Richthofen – Der rote Baron (1970) – Frankenstein Unbound / Roger Cormans Frankenstein (1990).

Literatur: R. C.: How I Made a Hundred Movies in Hollywood and Never Lost a Dime. New York 1990.

New Hollywood. München/Wien 1976. (Reihe Film. 10.) S. 23–36. – Robert Moss: Der gotische Horror: Mr. Price, Mr. Poe und andere. In: R. M.: Der klassische Horrorfilm. München 1982. S. 155–178.

Constantin Costa-Gavras

*1933

Constantin Costa-Gavras wurde am 13. Februar 1933 in Athen geboren. Sein Vater war kommunistischer Widerstandskämpfer im Zweiten Weltkrieg; dessen politisches Engagement sollte den Werdegang von Costa-Gavras entscheidend beeinflussen. Nach dem Abzug der deutschen Truppen entfachte in Griechenland ein blutiger Bürgerkrieg zwischen Kommunisten auf der einen und Demokraten/Royalisten auf der anderen Seite. Letztere konnten sich 1949 behaupten. Die Kommunisten mußten in den folgenden Jahren Repressalien erdulden. Als Sohn eines Kommunisten fand Costa-Gavras keinen Studienplatz in seiner Heimat und war gezwungen auszuwandern. 1952 wurde Paris seine Wahlheimat, wo er zunächst Vergleichende Literaturwissenschaften an der Sorbonne studierte. Dann wechselte der Filmbegeisterte zum Institut des hautes études cinématographiques, der Pariser Filmhochschule. Er schrieb Drehbücher für das amerikanische und kanadische Fernsehen. 1968 heiratete er die französische Journalistin Michèle Ray (ehemals Model) und wurde französischer Staatsbürger.

Zwischen 1956 und 1965 assistierte Costa-Gavras renommierten französischen Regisseuren wie René Clair, René Clement, Yves Allégret und Jean Becker. Betrachtet man diese Referenzliste, so ist es fast selbstverständlich, daß sein Erstlingswerk *Mord im Fahrpreis inbegriffen* (1965) sowohl von der Kritik als auch vom Publikum als gelungener Einstieg ins Filmschaffen bewertet wurde: Eine mysteriöse Mordserie beschäftigt die Polizei von Paris. Die Ermittlungen führen schließlich in die eigenen Reihen. Costa-Gavras war an einer möglichst realistischen Darstellung des Geschehens interessiert. Bei Milieuschilderungen legte er viel Wert auf Detailgenauigkeit. Zwar mußte er die Romanvorlage von Sébastian Japrisot auf Drängen der Behörden dahingehend ändern, daß der Täter nicht mehr ein hochrangiger Polizeibeamter war, um überhaupt die Dreherlaubnis für bestimmte Orte zu erhalten, doch ändert das nichts an der Brisanz des Stoffes. Heikle Themen bestimmen fortan sein Werk.

Die Schauspielerliste verweist auf seinen übernächsten Film: *Z* (1969). Die selben Darsteller verhalfen Costa-Gavras endgültig zum Durchbruch und etablierten den Politthriller als Genre: Yves Montand, Jean-Louis Trintignant, Jacques Perrin, Charles Denner u. a.

Zuvor drehte Costa-Gavras *Ein Mann zuviel* (1967). Im Mittelpunkt steht eine Gruppe französischer Widerstandskämpfer im Zweiten Weltkrieg. Ihr Auftrag lautet, zwölf zum Tode Verurteilten die Flucht zu ermöglichen, doch auch ein Unbekannter kann fliehen. Ein deutscher Spion? Innere Konflikte führen dazu, daß das Verhältnis untereinander und die Kampfmoral gestört werden. Ängste und Mißtrauen spalten die Gruppe und führen zur Katastrophe. Costa-Gavras beleuchtete zum ersten Mal das brisante Thema von Kollaboration und Résistance im besetzten Frankreich. Acht Jahre später befaßte er sich erneut mit diesem dunklen Kapitel der französischen Geschichte. In *Das Sondertribunal* (1975) rekonstruierte er einen Schauprozeß, der auch tatsächlich vom Pétain-Regime angeordnet wurde. In dessen Verlauf werden willkürlich sechs Unschuldige zum Tode verurteilt. Costa-Gavras klagte die perfide Unterwerfung des Staatsapparates und der Justiz während der Nazi-Besatzung an.

In Italien gab es bereits Anfang der sechziger Jahre politisch motivierte Filme, die aufklären und aufrütteln wollten, z. B. Francesco Rosis *Wer erschoß Salvatore G.?* (1962). Doch fand die Etablierung des Politthrillers als Genre erst durch *Z* (griech., »Er lebt!«) statt. Der Film schildert, wenn auch nicht explizit, die Affäre Lambrakis (1963) in Griechenland. Der oppositionelle Abgeordnete (Yves Montand), im Film schlicht »der Doktor« genannt, spricht auf einer friedlichen Kundgebung, um gegen die Aufstellung von Polaris-Raketen zu protestieren. Auf offener Straße wird er das Opfer eines mörderischen Komplotts, dessen Drahtzieher die Militärs und hohe Polizeioffiziere sind. Hartnäckige Ermittlungen eines jungen Richters und Recherchen eines couragierten Journalisten führen zur Aufdeckung der Verschwörung. Die Mörder und deren Hintermänner werden zwar verurteilt bzw. beurlaubt, doch endet die dadurch entfachte Staatskrise mit dem Militärputsch (1967) und letztlich mit der Rehabilitation der Täter und der Verfolgung der Ankläger.

Die aufpeitschende Filmmusik schrieb Mikis Theodorakis, der damals unter Arrest stand. Gemeinsam mit Jorge Semprun verfaßte Costa-Gavras das Drehbuch zu *Z*, dem ersten Teil einer politischen Trilogie. Es folgten *Das Geständnis* (1970) und *Der unsichtbare Aufstand* (1973). Die Filme beruhen auf tatsächlichen Ereignissen. Eine Verbindung der Aufklärungsabsicht mit dramaturgischen Mitteln des kommerziellen Erzählkinos ist maßgebend für den Politthriller. Identifikationsfiguren werden ausnahmslos von namhaften Stars gespielt. Gegenstand dieser Filme sind der Terror, die vielfältigen Unterdrückungsmechanismen totalitärer Regime, die an Einzelschicksalen und deren Widerstand demonstriert werden. Im Mittelpunkt steht der (meist aussichtslose) Kampf gegen die Peiniger. So sind es in *Das Geständnis* die stalinistischen Repressionen gegen den Vizeaußenminister der ČSSR und dessen Folterung, in *Der unsichtbare Aufstand* die Einmischung der CIA in Südamerika und die Unterstützung der Junta in Uruguay. Costa-Gavras' Stärke liegt gerade in der Vermittlung brisanter Themen, doch drehte er auch »unpolitische« Filme, wie z. B. *Die Liebe einer Frau* (1979).

Seit Anfang der achtziger Jahre arbeitet Costa-Gavras hauptsächlich in den USA. Seine Filme werden ruhiger, nicht unbedingt unpolitischer. Er richtet nun sein Augenmerk verstärkt auf zwischenmenschliche Beziehungen, deren Ängste und Konflikte. *Vermißt* (1981), *Verraten* (1987) und *Music Box* (1989) können als weitere Trilogie verstanden werden. In *Vermißt* schildert Costa-Gavras die Beteiligung der CIA am Pinochet-Putsch in Chile (1973). Auch hier beruht der Film auf Tatsachen. Ein engagierter junger Journalist erfährt von der zweifelhaften Verbindung der CIA zu den Militärs und verschwindet daraufhin spurlos. Seine Frau und sein aus den USA angereister Vater (Jack Lemmon) machen sich auf die Suche und werden durch Lügen und Vertuschungsversuchen seitens US-amerikanischer und chilenischer Behörden hingehalten. Am Ende verliert auch der staatstreue Vater das Vertrauen in sein Vaterland und muß erkennen, daß sein Sohn mit Hilfe der eigenen Landsleute liquidiert wurde. Costa-Gavras klagt hier nicht nur das politische System an und zeichnet nicht nur den Mißbrauch von Macht. Er interessiert sich auch für die betroffenen Menschen und deren Bewußtwerdung, die durch das politische Geschehen ausgelöst wird.

Die beiden anderen Filme aus der Feder von Joe Eszterhas nehmen die Beziehung zwischen einer »aufrechten« Frau und einem Mann in den Blick, der jeweils als Faschist enttarnt wird. In *Verraten* wird eine junge FBI-Agentin auf einen Mordfall angesetzt und verliebt sich in den sympathischen Farmer (Tom Berenger), einen Vietnam-Veteranen, der gleichzeitig Mitglied einer neofaschistischen Organisation ist. Diese ist für Lynchjustiz und politische Morde verantwortlich. Die Agentin wird schließlich enttarnt und muß den Liebhaber erschießen, um ein weiteres Attentat zu verhindern. In *Music Box* wird ein ungarischer Immigrant, liebevoller Großvater und fleißiger Arbeiter (Armin Mueller-Stahl) beschuldigt, im Zweiten Weltkrieg als Mitglied der Pfeilkreuzer grauenhafte Kriegsverbrechen begangen zu haben. Seine Tochter, eine renommierte Rechtsanwältin, will dieses »Mißverständnis« aufklären und vertritt ihn vor Gericht. Nach und nach

Constantin Costa-Gavras

wird er demaskiert, die Tochter ist hin- und hergerissen, doch erreicht sie die Einstellung des Verfahrens. Als sie die einzigen Beweisstücke seiner wahren Identität findet, bricht für sie eine Welt zusammen. Sie spielt die Fotos dem Ankläger zu und liefert ihren Vater aus.

In beiden Filmen bedient sich Costa-Gavras zwischenmenschlicher Beziehungen, um seine politischen Themen zu vermitteln. Die Täter werden nicht nur als Unmenschen gezeigt, sie sind auch »gute«, liebenswerte, vor allem durchschnittliche Bürger, die Identifikationspotentiale haben. Die innere Zerrissenheit der Frauen, deren Zweifel und Gefühle sind menschlich und verständlich. Die Gerechtigkeit siegt, zumindest in seinen Filmen, doch der Preis dafür ist hoch.

In der Politsatire *Die kleine Apokalypse* (1992) rechnet Costa-Gavras letztmalig mit dem nicht mehr real existierenden Sozialismus, der Heuchelei der Alt-68er und der Übermacht der Medienmogule ab. Ein polnischer Schriftsteller (gespielt von Jirí Menzel), frustriert und melancholisch, lebt bei seiner Ex-Frau und deren Freund, einem »Ex-Revoluzzer«, in Paris. Eine Reihe von Mißverständnissen führt zu weitreichenden Verwicklungen: eine ironische Parabel über verlorene politische Illusionen, die einem kaltschnäuzigen Wirklichkeitsdenken Platz machen.

In seinem bisher letzten Film *Verrückte Stadt* (1997) setzt sich Costa-Gavras mit der Allmacht der Medien auseinander. Ein entlassener Museumswärter (John Travolta) fordert mit Waffengewalt seine Wiedereinstellung und verletzt dabei versehentlich einen anderen Wachmann. Neben einer Schulklasse und der Museumsleiterin befindet sich auch ein ehemaliger Starreporter (Dustin Hoffman) am Ort des Geschehens, der sofort die große Story wittert. Er bauscht die »harmlose« Situation auf, manipuliert den unfreiwilligen Geiselnehmer und berichtet live von der dramatischen Geiselname.

Costa-Gavras erhielt mehrere internationale Auszeichnungen, darunter einen Oscar für Z (bester ausländischer Film), die Goldene Palme für *Vermißt* und den Goldenen Bären für *Music Box*.

Wassili Zygouris

Filmographie: Compartiment tueurs / Mord im Fahrpreis inbegriffen (1965) – Un Homme de trop / Ein Mann zuviel (1967) – Z / Z (1969) – L'Aveu / Das Geständnis (1970) – État de siège / Der unsichtbare Aufstand (1973) – Section spéciale / Das Sondertribunal (1975) – Clair de femme / Die Liebe einer Frau (1979) – Missing / Vermißt (1981) – Hanna K. / Hanna K. (1983) – Le Conseil de famille / Ehrbare Ganoven (1985) – Betrayed / Verraten (1987) – Music Box / Music Box – Die ganze Wahrheit (1989) – Contre l'oubli (1991) – La Petite Apocalypse / Die kleine Apokalypse (1992) – Lumière et compagnie (1995) – Mad City / Verrückte Stadt (1997).

Literatur: John J. Michalcyk: Costa-Gavras: The Political Fiction Film. Philadelphia 1984. – Horst Schäfer / Wolfgang Schwarzer: Von *Che* bis Z. Polit-Thriller im Kino. Frankfurt a. M. 1991.

David Cronenberg

*1943

David Cronenberg wurde am 15. Mai 1943 in Toronto geboren. Er begann bereits während der Schulzeit, Kurzfilme zu drehen. 1971/72 entstanden Pausenfüller für das kanadische Fernsehen, wiederholt übernahm er Regiearbeiten für Fernsehserien, und 1989/90 drehte er Werbespots. Für seine Unabhängigkeit als Drehbuchautor seiner Filme und als Regisseur zeugt, daß beinahe alle seine Produktionen in seiner kanadischen Heimat entstanden.

Die bekannteste Szene, die Cronenberg bislang inszeniert hat, ist jene aus *Scanners – Ihre Gedanken können töten* (1980), in der einem Mann der Schädel platzt. Für den unmittelbaren Beginn dieses Science-fiction-Thrillers geplant und dann auf Anordnung der Zensur um zehn Minuten ins Innere des Films versetzt, zeigt sie den Vortragssaal eines Chemiekonzerns: Auf dem Podium sitzt ein seriöser Herr mit Brille und Glatze – einer jener »Scanner« genannten Menschen, die von Geburt an über telepathische Fähigkeiten verfügen; mit Blick in die Kamera erklärt er einem Publikum von Wissenschaftlern und Geschäftsleuten, er werde seine Technik des Gedankenlesens an einer freiwilligen Versuchsperson vorführen. Ein anderer seriöser Herr bietet sich an und setzt sich zu ihm. Was als wissenschaftliche Demonstration mit gesicherter Subjekt-Objekt-Beziehung gedacht ist, gerät unversehens zum Duell mit verschobenem Kräfteverhältnis, denn der zweite Mann entpuppt sich als ein stärkerer Scanner, der den »domestizierten« Telepathen unter knarrenden und saugenden Sound-effects in spastische Zuckungen versetzt; ohne physischen Kontakt dringt er mit solcher Wucht in dessen Bewußtsein und Nervensystem ein, daß diesem der Schädel explodiert.

Die Szene enthält vieles von dem, was Cronenbergs filmisches Universum ausmacht: das schockartige Umkippen von Machtverhältnissen (etwa auch der Kollaps der Hierarchie zwischen dem Psychotherapeuten und seiner »psychoplasmatisch« begabten Patientin in *Die Brut*, 1979); der unkontrollierbare Fremdkörper, der sich in einen – institutionellen oder physischen – Organismus einschleicht (wie die wurmartigen, erotisierenden Parasiten, die in *Parasiten-Mörder*, 1975, eine Wohnhausanlage und deren Mieter heimsuchen); die drastische Gewalt, die Körper deformiert und mitunter zerstört (etwa die qualvolle Verwandlung zum Fliegen-Menschen in *Die Fliege*, 1986); das wissenschaftliche Ambiente (fast alle Cronenberg-Filme zeigen groteske Praktiken der Erforschung menschlicher Körper). Vor allem aber ist die Szene aus *Scanners – Ihre Gedanken können töten* ein Beispiel für Cronenbergs Virtuosität bei der Erfindung radikaler Bilder, an denen Wirkungen moderner Medientechnologien in extremer Weise hervortreten. Das telepathische Verfahren der Scanner – die »direkte Verbindung zweier im Raum getrennter Nervensysteme«, wie es im Film heißt – erinnert nicht nur an die »Abtastungen« in der modernen Medizin und in elektronischen Bildproduktionsweisen; es ist auch eine Vor- und Extremform der Informations- und Empfindungsströme, die Virtual-Reality-Maschinen und digitale Datennetze entfesseln. Noch deutlicher macht dies jene Szene, in der ein Scanner per Telefon sein Gehirn mit dem »Nervensystem« eines Großrechners verbindet, dessen Dateien durchsieht und dessen Schaltkreise und Terminals in Flammen aufgehen läßt. Am Ende dieser Verschmelzung von Mensch und Maschine »auf Distanz« rinnt eine schwarze Flüssigkeit aus dem verschmorten Telefonhörer – der Datenfluß in seiner materiellen Gestalt.

In mancherlei Hinsicht sind Cronenbergs Filme die Widerlegung von Baudrillardschen Theoremen: Jenseits dessen, was sich sprachlich formulieren läßt, denken sie in Bild und Ton über den Horizont postmoderner Orthodoxie hinaus und strafen die gängige Rede Lügen, wonach sich der Körper im Zeichen der Digitalisierung und Medialisierung in Immaterialität verflüchtigt. »Die Simulation wird gezwungen, ihren Körper zu zeigen«, schreibt St. Shaviro über Cronenbergs Filme. Was in der Gegenwartsphilosophie von Gilles Deleuze und Félix Guattari »organloser Körper« heißt, nennt Cronenberg »das neue Fleisch«: Am Ende von *Videodrome* (1982) sieht ein Fernsehproduzent, der sich dem halluzinogenen und mutagenen »Videodrome«-TV-Signal ausgesetzt hat, seinen eigenen Selbstmord als Videoaufzeichnung auf einem Bildschirm. Nachdem das Fernsehgerät in einen Wust von roten Fleischbatzen explodiert ist, führt er den soeben gesehenen Suizid tatsächlich aus (ein Paradoxon, das wie eine Parodie der Baudrillardschen These anmutet, dergemäß die Aufzeichnung dem Ereignis vorangeht). Bevor er sich in den Kopf schießt, spricht er den Satz »Lang lebe das neue Fleisch!« in die Kamera. Die Suche nach einem Bild, in dem das »neue Fleisch«, der technologisch gesättigte und (»existenzästhetisch«) umgewandelte Körper, nicht nur dargestellt, sondern auf nachhaltige Weise präsent wird, ist Cronenbergs filmisches Projekt. Diese Ambition und die Konsequenz, mit der er sie verfolgt, unterscheidet Cronenberg von anderen Regisseuren, die ebenfalls lange im phantastischen Kino tätig waren (z. B. John Carpenter, Tobe Hooper, George A. Romero oder Sam Raimi). Zur Zeit seiner größten kommerziellen Erfolge – etwa *Scanners* oder *Die Fliege*, der den Oscar für Spezialeffekte erhielt – operierte Cronenberg am Rand des Genrekinos, zwischen Horror und Science-fiction, auf dem Terrain des »body horror« und des Splatter Movie. Von Fans als »Baron of Blood« oder »Dave Deprave« (»der verderbte Dave«) verehrt und von Zensoren geplagt, war Cronenberg Teil eines Kinos, das unter Einsatz von prädigitalen Spezialeffekten, zumal Latex, der Zerstückelung und Verformung menschlicher Körper frönte – wobei sich das Affektregister der Filme vom Unheimlichen zu Schock und Ekel verlagerte.

Seit Ende der achtziger Jahre dreht Cronenberg jedoch keine Horrorfilme mehr, und seine Arbeit löst sich zunehmend vom Bezugsrahmen des Genresystems: In *Crash* (1996), der Adaption eines Romans von James Graham Ballard, beseitigt Cronenberg nicht nur die Spurenelemente aktionsorientierter Genres und alle Melodramatik, sondern löscht auch erzählungs- und figuren-

David Cronenberg

gebundene Empfindungen weitgehend aus: *Crash* beschreibt eine sektenhafte Gruppe von Männern und Frauen, die in Autos und in Zusammenhang mit Autounfällen in wechselnden Konstellationen Sex miteinander haben und sich um den ultimativen Crash bzw. die ultimative erotische Erfahrung bemühen. Mehr von der trägen, schematischen Abfolge der Körperhaltungen geprägt als von der Psychologie einer Erzählung, wirkt *Crash* fast abstrakt. Als ein Film, der diverse Anläufe zu Höhepunkten perverser Lüste aneinanderreiht, ohne dabei spektakulär zu sein oder einer voyeuristischen Rezeption Vergnügen zu bereiten, fungiert *Crash* als virtuose, mit dem Nihilismus kokettierende Geste der Ausdünnung und Spaßverderberei in einer Massenkultur, die dem erschöpften westlichen Körper ständig neue Genußpotentiale verheißt. Inszenierte Cronenberg einst den Alltag in der »Wohnmaschine«, die Psychoanalyse oder die Genetik als Medien, so spielt in *Crash* der moderne Autoverkehr die Rolle eines soziotechnologischen Gefüges für den intensiven Austausch zwischen Körpern: In der verkehrstechnisch restlos erschlossenen Großstadt scheint das automobile Gewimmel nur dem potentiellen Zusammenstoß zu dienen, durch den fremde Menschen einander allzu nahe kommen – unter schmerzvoller Einbeziehung ihrer Leiber, auf denen sich die Kommunikation als Wunde einschreibt: »die Umformung des menschlichen Körpers durch die moderne Technologie«, so die Mad-Scientist-Figur des Films.

Entscheidend ist, daß Cronenberg bei seiner Kritik zeitgemäßer Subjektivitäten und Verhaltensweisen völlig unmetaphorisch vorgeht; die »Buchstäblichkeit« seiner Bilderfindungen wurde häufig betont: So wird die Dreifaltigkeit von Schreibmaschine, sprechendem Käfer und Drogen-Cocktail in der Burroughs-Verfilmung *Naked Lunch* (1991) in ebenso nüchterner wie grotesker Weise als solche gezeigt. Wenn das Medium, wie McLuhan gelehrt hat, nicht nur die Message, sondern auch Massage ist, dann kommt es auch als Massage ins Bild: In *Crimes of the Future* (1970) – einem der beiden filmgewordenen Isolationsexperimente in Sachen »Omnisexualität«, die am Beginn von Cronenbergs Laufbahn stehen – verabreichen Mitglieder einer obskuren Therapiegruppe einander Fußmassagen, die der Übertragung evolutionärer Ströme durch den Körper dienen; in *Videodrome* massiert James Woods zärtlich sein Fernsehgerät, das einen pulsierenden Körper ausgebildet hat und dessen Bildschirm-Mund ihn gierig verschlingt; in *Crash* streicheln die Unfallopfer die Narben an ihren Körpern mit derselben Hingabe wie die Schrammen an den Karosserien ihrer Autos. Physische Transformationen sind nicht Repräsentationen, Stellvertretungen, von geistigen (z. B. medialen) Prozessen; vielmehr offenbart sich im Medium-Werden des »desorganisierten« Körpers, über den Geist/Körper-Dualismus hinaus, stets auch ein antirationales, sektiererisches, erfinderisches und lebenshungriges Denken, das dem »neuen Fleisch« immanent ist und dessen kreatives und widerständiges Potential ausmacht.

Drehli Robnik

Filmographie: Stereo (1969) – Crimes of the Future (1970) – Secret Weapons (Fernsehfilm, 1972) – Shivers / They Came from Within / The Parasite Murders / Parasiten-Mörder (1975) – Rabid / Rabid – Der brüllende Tod (1976) – Fast Company / 1000 PS – Vollgasrausch im Grenzbereich (1979) – The Brood / Die Brut (1979) – Scanners / Scanners – Ihre Gedanken können töten (1980) – Videodrome / Videodrome (1982) – The Dead Zone / Dead Zone (1983) – The Fly / Die Fliege (1986) – Dead Ringers / Die Unzertrennlichen (1988) – Naked Lunch / Naked Lunch (1991) – M. Butterfly / M. Butterfly (1993) – Crash / Crash (1996) – eXistenCe / eXistenZ (1999).

Literatur: Piers Handling (Hrsg.): The Shape of Rage. The Films of David Cronenberg. Toronto 1983. – Wayne Drew (Hrsg.): David Cronenberg. British Film Institut Dossier 21 (1984). – Barbara Creed: Phallic Panic. Male Hysteria and ›Dead Ringers‹. In: Screen 31 (1990) H. 2. S. 125–146. – Serge Grünbaum: David Cronenberg. Paris 1992. – Drehli Robnik / Michael Palm (Hrsg.): Und das Wort ist Fleisch geworden. Texte über Filme von David Cronenberg. Wien 1992. – Chris Rodley (Hrsg.): Cronenberg on Cronenberg. London 1992. – Scott Bukatman: Terminal Identity. The Virtual Subject in Postmodern Science Fiction. Durham/London 1993. – Steven Shaviro: Bodies of Fear: David Cronenberg. In: St. Sh.: The Cinematic Body. Minneapolis 1993. S. 127–156. – Manfred Riepe: Karzinome der Lust. Körper und Fremdkörper in David Cronenbergs Filmen. In: Kunstforum 133 (1996) S. 200–207. – Drehli Robnik: Der Körper ist OK. Die Splatter Movies und ihr Nachlaß. In: Jürgen Felix (Hrsg.): Unter die Haut. Signaturen des Selbst im Kino der Körper. St. Augustin 1998. S. 235–278. – Maya McKechneay: Death to Realism! Rückkehr des Neuen Fleisches in David Cronenbergs *eXistenZ*. In: Meteor 15 (1999) S. 12–16.

George Cukor

1899–1983

George Cukor wurde am 7. Juli 1899 in New York City geboren. Schon in seinen Jugendjahren stand er auf der Theaterbühne. Gerade zwanzig Jahre alt, wurde er Bühnenmanager einer Theatertruppe in Chicago, im Jahr darauf leitete er ein Repertoiretheater in Rochester, New York, und arbeitete mit Broadway-Stars wie Ethel Barrymore, Jeanne Eagels und Laurette Taylor zusammen. 1929 ging er zunächst als Dialogregisseur nach Hollywood und betreute u. a. die Schauspieler in Lewis Milestones Film *Im Westen nichts Neues*. 1930 übernahm er in drei Paramount-Produktionen die Co-Regie für Dialog und Schauspiel. 1931 führte Cukor zum ersten Mal allein Regie bei dem Film *Tarnished Lady.* Im Anschluß drehte er ein Remake des Lubitsch-Stummfilms *Eine Stunde mit Dir* (1930), geriet aber während der Dreharbeiten mit dem häufig anwesenden Meister der Salonkomödie in Konflikt und verließ Paramount, ohne den Film zu vollenden.

Cukor wechselte zu RKO, arbeitete in den nächsten Jahren eng mit dem Produzenten David O. Selznick zusammen und drehte so erfolgreiche Filme wie *Eine Scheidung* (1932), *Vier Schwestern* (1933) oder *Dinner um acht* (1933), den ersten Film des Duos Selznick/Cukor für MGM. In *Eine Scheidung* besetzte Cukor die Rolle der Tochter des verrückten Ehemanns, gespielt von John Barrymore, mit einer unbekannten und außergewöhnlichen jungen Schauspielerin. Katharine Hepburn, weder Blondine noch kurvenreich, häufig männlich gekleidet, prägte einen für den damaligen Hollywood-Geschmack neuen Frauentyp, der für die amerikanische Screwball Comedy große Bedeutung erlangte. Modern, unkonventionell, schnell, etwas zickig, anstrengend und intelligent hastet sie durch ihre Filme und bringt ruhebedürftige und sich in Normen und gesellschaftlichen Konventionen behaglich einrichtende Männer zur Verzweiflung. Cukor wußte Hepburn bei ihrer schauspielerischen Arbeit auf positive Weise zu bremsen und forderte sie in seiner Präzision als Schauspieler-Regisseur zu besonderen Leistungen heraus. Durch *Eine Scheidung* wurde die junge Hepburn über Nacht zum Star.

Nach dem Desaster um die Produktion und Regie des Jahrhundertfilms *Vom Winde verweht* (1939), bei dem Cukor als erstem einer Reihe von Regisseuren von seinem Freund und Produzenten Selznick gekündigt wurde – vermutlich aufgrund von Differenzen mit dem Hauptdarsteller Clark Gable –, konnte er schon bald zwei beachtliche Erfolge vorweisen: *Die Frauen* (1939) und *Die Nacht vor der Hochzeit* (1940). Für seinen Film *Die Frauen* verzichtete der bekanntermaßen homosexuell veranlagte Cukor gänzlich auf männliche Besetzung und drehte mit einem 135köpfigen Frauenteam. Cukors Herkunft aus dem Theater, seine Neigung zur filmischen Inszenierung von theatralischen Bühnenauftritten, sein Hang zu Dekor und üppiger Kostümierung prägen die Inszenierung des Films *Die Frauen* (nach dem gleichnamigen Bühnenstück von Clare Boothe Luce) ebenso wie seine deutliche Identifikation mit sogenannten »weiblichen« Themen. Wie viele der häufig exaltierten, schrillen Hollywood-Komödien der dreißiger und vierziger Jahre parodiert der Film die soziale und gesellschaftliche Konstruktion der New Yorker Upperclass, den Luxus sozialer Nutzlosigkeit und die Langeweile des Müßiggangs in Samt und Seide, die Intrigen und das hysterische Gehabe. MGM ließ seinem Textildesigner Adrian freie Hand bei der Kreation abenteuerlicher Roben und Gewänder und würdigte das Ergebnis durch eine in Farbe gedrehte Modenschau in einem ansonsten schwarzweiß gehaltenen Film. Für die bissigen, von den Drehbuchautorinnen Anita Loos und Jane Murfin wundervoll pointiert geschriebenen Texte war der auf Dialogregie und Schauspiel spezialisierte Cukor der ideale Regisseur.

Noch mehr Erfolg hatte Cukor mit seiner »Comedy of Remarriage« *Die Nacht vor der Hochzeit* (1940), die mit den Stars der Screwball Comedy Katharine Hepburn, Cary Grant und James Stewart ausgezeichnet besetzt ist. Auch diese Geschichte einer wiedererwachten Liebe zweier charmanter Egozentriker kann ihre Herkunft aus der Salonkomödie nicht verbergen, sie ist für amerikanische Verhältnisse überraschend frivol und überhaupt nicht puritanisch. *Die Nacht vor der Hochzeit* lebt von dem unablässigen Schlagabtausch der Protagonisten, der typischen, eskalierenden Screwball-Dramaturgie und der Unterbrechung der Handlung für Augenblicke zwischenmenschlicher Romantik.

Cukor gelang es allerdings nicht, mit der »göttlichen« Greta Garbo in der Hauptrolle seines Films *Die Frau mit den zwei Gesichtern* (1941) an den Lubitsch-Erfolg *Ninotschka* (1939) anzuknüpfen. Die »melodramatische« Garbo gab nach dem traurigen Mißerfolg von *Die Frau mit den zwei Gesichtern* die Filmschauspielerei endgültig auf. 1943 drehte Cukor ein weiteres Remake: den düsteren viktorianischen Thriller *Das Haus der Lady Alquist*. Ingrid Bergman spielte die verängstigte Paula Alquist, die von ihrem Mann beinahe in den Wahnsinn getrieben wird, mit der Genauigkeit und Intensität, die die innere und äußere Bedrohung noch in der kleinsten Geste und mimischen Zuckung spürbar machen. Die Schauspielerin erhielt für ihre Darstellung einen Oscar, ein zweiter Oscar ging an das Ausstattungsteam des Films.

Das Schauspieler-Duo Katharine Hepburn und Spencer Tracy hat insgesamt neun gemeinsame Filme gedreht, davon ein Melodram (*Die ganze Wahrheit*, 1943) und zwei »Sophisticated Comedys« mit George Cukor als Regisseur (*Ehekrieg*, 1949, *Pat und Mike*, 1952). Mit der bissigen Scheidungskomödie *Ehekrieg* (1949) nach einem Drehbuch des Autorenteams Garson Kanin und Ruth Gordon setzte Cukor Maßstäbe bei der Inszenierung des Geschlechterkampfes nicht zuletzt durch seine deutlich spürbare Distanz zum heterosexuellen Beziehungsklüngel, den das Drehbuch mit Detailkenntnis und Akribie ausführt. *Ehekrieg* entlarvt die vielfachen Projektionsmechanismen zwischen Frau und Mann, die im Amerika der vierziger und fünfziger Jahre nicht weniger zerstörerisch wirkten als heute, und analysiert den Pars-pro-toto-Effekt der vorurteilsbehafteten Streitkultur der Geschlechter, die stets zu Verallgemeinerungen neigt, um individuell zu verletzen. Im übrigen verfilmte Cukor zwischen 1947 und 1952 weitere Drehbücher des Ehe- und Autorenpaares Garson/Gordon mit Erfolg.

George Cukor sind eine ganze Reihe vielbeachteter Filme mit den großen Damen Hollywoods zu verdanken – unter anderem verschaffte er 1954 mit seiner zweiten Verfilmung des Hollywood-Stoffs *Ein neuer Stern am Himmel* der First Lady des Musicals Judy Garland ein Leinwand-Comeback und ihre erste und einzige Oscar-Nominierung. In diesem Film, aber auch in seinen anderen Musicalfilmen *Die Girls* (1957), *Machen wir's in Liebe* (1960) oder *My Fair Lady* (1963) zeigt sich neben seiner großen Bandbreite als Regisseur unterschiedlicher Genres immer wieder die Neigung zu Theaterthemen und zu musikalischen Inszenierungen. Cukors Konzentration gilt dabei fast ausschließlich den Frauenfiguren, so daß sogar der Ausnahmetänzer Gene Kelly in *Die Girls* im Hintergrund bleibt und nicht einmal tänzerisch gebührend exponiert wird. Dagegen ist die Musikkomödie *Machen wir's in Liebe* weniger durch die relativ stereotype Handlung von Interesse als durch die anrührende Bühnenpräsentation der Monroe drei Jahre vor ihrem Tod.

Für die Verfilmung des Broadway-Musicals *My Fair Lady* von Frederick Loewe und Alan Jay Lerner nach George Bernard Shaws Theaterstück »Pygmalion« erhielt George Cukor – neben sieben Oscars für Produktion, männliche Hauptrolle, Kamera, Ausstattung, Kostüme, Ton und Musikbearbeitung – seinen ersten Regie-Oscar. Der weibliche Star Audrey Hepburn, grazil und scheu, ist eine ideale Besetzung für die Rolle des Blumenmädchens Eliza Doolittle, das in eine charmante, gebildete junge Dame verwandelt wird. Ovids Verwandlungsmythos beschreibt in Cukors Interpretation nicht nur die Geburt des gesellschaftlichen Individuums, sondern auch die fragile Konstruktion des weiblichen Menschen als Kunstprodukt, ohne die das Filmgeschäft in Hollywood undenkbar wäre. Die Künstlichkeit des weiblichen Menschen und die Konstruktion geschlechtlicher Antagonismen prägen sich als thematische Konstanten in das filmische Werk eines Regisseurs ein, der mit Fragen der geschlechtlichen Identität auf besondere Weise persönlich konfrontiert war.

1983 starb George Cukor im Alter von 84 Jahren und hinterließ ein filmisches Œuvre, das den künstlichen und künstlerischen Ort »Hollywood« inhaltlich und filmästhetisch vielfältig reflektiert.

Susanne Marschall

Filmographie: Grumpy (Co-Regie: Cyril Gardner, 1930) – The Virtuous Sin (Co-Regie: Louis Gasnier, 1930) – The Royal Family of Broadway (Co-Regie: Cyril Gardner, 1930) – Girls about Town (1931) – Tarnished Lady (1931) – One Hour with You / Eine Stunde mit Dir (Co-Regie: Ernst Lubitsch, 1932) – What Price Hollywood (1932) – A Bill of Divorcement / Eine Scheidung (1932) – Rockabye (1932) – Our Betters (1933) – Dinner at Eight / Dinner um acht (1933) – Little Women / Vier Schwestern (1933) – David Copperfield / David Copperfield (1935) – Sylvia Scarlett / Sylvia Scarlett (1936) – Romeo and Juliet (1936) – Camille / Die Kameliendame (1937) – Holiday / Holiday / (1938) – Zaza (1938) – The Women / Die Frauen (1939) – The Philadelphia Story / Die Nacht vor der Hochzeit (1940) – Susan and God / Susan und der liebe Gott (1940) – A Woman's Face / Erpressung (1941) – Two-Faced Woman / Die Frau mit den zwei Gesichtern (1941) – Her Cardboard Lover (1942) – Keeper of the Flame / Die ganze Wahrheit (1943) – I'll Be Seeing You / Ich werde dich wiedersehen (Co-Regie: William Dieterle, Dore Schary, 1944) – Resistance and Ohm's Law (1944) – Gaslight / Das Haus der Lady Alquist (1944) – Winged Victory (1944) – Desire Me (Co-Regie: Mervyn LeRoy, 1947) – A Double Life / Ein Doppelleben (1947) – Edward My Son / Edward, mein Sohn (1949) – Adam's Rib / Ehekrieg (1949) – Born Yesterday / Die ist nicht von gestern (1950) – A Life of Her Own (1950) – The Model and the Marriage Broker (1952) – The Marrying Kind / Happy End . . . und was kommt dann (1952) – Pat and Mike / Pat und Mike (1952) – The Actress / Theaterfieber (1953) – It Should Happen to You (1954) – A Star Is Born / A Star Is Born / Ein neuer Stern am Himmel (1954) – Bhowani Junction / Knotenpunkt Bhowani (1956) – Les Girls / Die Girls (1957) – Wild Is the Wind / Wild ist der Wind (1957) – Heller in Pink Tights / Die Dame und der Killer (1960) – Song without an End / Nur wenige sind auserwählt (Co-Regie: Charles Vidor, 1960) – Let's Make Love / Machen wir's in Liebe (1960) – The Chapman Report / Der Chapman-Report (1962) – Something's Got to Give / Marilyn – Ihr letzter Film (1962, UA 1990) – My Fair Lady / My Fair Lady (1964) – Justine / Alexandria – Treibhaus der Sünde (Co-Regie: Joseph Strick, 1969) – Travels with My Aunt / Reisen mit meiner Tante (1973) – The Blue Bird / Der blaue Vogel (1976) – The Corn Is Green / Das Korn ist grün (Fernsehfilm, 1979) – Rich and Famous / Reich und berühmt (1981).

Literatur: Gary Carey: Cukor and Company. The Films of George Cukor and His Collaborators. New York 1971. – Gavin Lambert: On Cukor. New York 1972. – Carlos Clarens: George Cukor. London 1976. – Gene D. Phillips: George Cukor. Boston 1982. – James Bernardoni: George Cukor. A Critical Study and Filmography. Jefferson 1985. – Ronald Haver: *A Star Is Born*. The Making of the 1954 Movie and Its 1983 Restoration. London 1989. – Patrick McGilligan: George Cukor. A Double Life. London/Boston 1991.

Michael Curtiz

1888–1962

Michael Curtiz hat seine Herkunft gerne mystifiziert. Sohn eines Architekten will er gewesen sein, aber gelegentlich bezeichnete er seinen Vater als armen Zimmermann. Seine Mutter war möglicherweise Konzertsängerin. Selbst sein Geburtsdatum (24. Dezember 1888) ist nicht gesichert, wohl aber der Name, unter dem er in Budapest geboren wurde: Mihály Kertész. Wahrscheinlich besuchte Curtiz das Gymnasium, die Universität und die Schauspielschule in Budapest und gab 1910 sein Debüt als Schauspieler. Möglicherweise hat er sich um 1906 auch kurzzeitig einem Zirkus angeschlossen. Ab 1912 wandte Curtiz seine Aufmerksamkeit dem Film zu. In der ersten Produktion der Projectograph, *Ma és holnap*, spielte er die Hauptrolle und führte möglicherweise auch Regie. Um möglichst viel über das Filmemachen zu lernen, reiste er 1913 nach Kopenhagen und hospitierte sechs Monate bei der Nordisk. Zurück in Budapest, war *Bánk bán* (1914) sein erster kommerzieller Erfolg.

Den Ersten Weltkrieg erlebte Curtiz als Offizier der österreichisch-ungarischen Armee, bis er 1915 nach einer Verwundung einer Filmabteilung zugewiesen wurde. Parallel dazu muß er aber auch als kommerzieller Regisseur gearbeitet haben, denn schon 1916 galt er als erfolgreichste Persönlichkeit des ungarischen Films. 1917 wurde er zum Produktionschef der neugegründeten Phoenix Filmgesellschaft berufen, die er nach ihrer Verstaatlichung 1919 verließ. J. C. Robertson behauptet, Curtiz habe zwischen 1912 und 1919 mehr als zehn Prozent der ungarischen Filme gedreht.

Es ist unklar, ob Curtiz in Frankreich und Deutschland gearbeitet hat, bevor er sich in Wien niederließ und eine fruchtbare Zusammenarbeit mit Alexander »Sascha« Graf Kolowrat begann. 1922 machte er mit *Sodom und Gomorrha – die Legende von Sünde und Strafe* Furore, einem stark durch D. W. Griffiths *Intoleranz* inspirierten monumentalen Episodenfilm. Sein größter Erfolg war jedoch *Die Sklavenkönigin* (1924), die von der Sascha-Film in Koproduktion mit der Londoner Stoll-Phoebus Picture Productions hergestellt wurde. Die Geschichte eines altägyptischen Thronerben (Adelqui Millar) und seiner jüdischen Geliebten (Maria Corda) gab Curtiz Gelegenheit zu spektakulären Massenszenen und Spezialeffekten. Wie schon in Ungarn arbeitete Curtiz für *Die Sklavenkönigin* mit dem Drehbuchautor Ladislaus Vajda zusammen; an der Kamera stand sein häufiger Mitarbeiter Gustav Ucicky, später vielbeschäftigter Regisseur im Kino des Dritten Reichs.

In den USA wurde *Die Sklavenkönigin* zurückgehalten, weil Paramount befürchtete, eine kommerzielle Auswertung des Films könnte die Marktchance von Cecil B. De Milles *Die zehn Gebote* (1923) behindern, aber fast zeitgleich nahm Harry M. Warner Curtiz unter Vertrag; am 6. Juni 1926 kam er in den USA an.

In Hollywood etablierte sich Curtiz schnell als aufstrebender Regisseur. So wurde er mit der Inszenierung von »part-talkies« betraut (*Tenderloin*, 1928), mit denen Warner Bros. versuchte, die neue Tonfilm-Konjunktur auszunutzen. Was heute an diesem Film allerdings mehr interessiert als der noch derbe Gebrauch von Sprachaufnahmen, ist die Darstellung des Unterweltmilieus, das in den dreißiger Jahren zum Markenzeichen des Studios werden sollte.

In den frühen dreißiger Jahren war Curtiz, seit 1931 amerikanischer Staatsbürger, zwar nicht einer der kommerziell erfolgreichsten Vertragsregisseure bei Warner Bros., dennoch konnte er jährlich fünf bis sechs Filme realisieren. 1932 bewies er mit *Doktor X*, *Die Hütte im Baumwollfeld* und *20 000 Jahre in Sing Sing* sein genreübergreifendes Talent, und *Unter Piratenflagge* (1935) machte nicht nur Errol Flynn und Olivia de

Havilland zu Stars, sondern brachte Curtiz auch seine erste Oscar-Nominierung für den besten Film ein. In den folgenden Jahren stieg Curtiz zum führenden Regisseur der Warner Bros. auf, was sich auch darin zeigte, daß er mit der Inszenierung von Warners erstem Technicolor-Film, *Goldene Erde Kalifornien* (1938) betraut wurde. Doch dies war nur eine Fingerübung auf dem Weg zu *Robin Hood – König der Vagabunden*, den Curtiz im Dezember 1937 von William Keighley übernahm, um weitere Produktionsverzögerungen zu verhindern. Dieser Film gilt bis heute als schönstes Ergebnis des frühen Drei-Streifen-Technicolor-Prozesses und wurde als bester Film für den Oscar nominiert, während Curtiz selbst gleich zwei Nominierungen als bester Regisseur erhielt: für *Chicago* und *Vater dirigiert* (beide 1938).

Curtiz' Kurzfilm *Sons of Liberty* (1939) über den Beitrag des polnischen Juden Hyam Solomon zur amerikanischen Revolution ist als erste Reaktion auf die sogenannte Reichskristallnacht in Deutschland interpretiert worden. Dieser Film, der auch als bester Kurzfilm des Jahres 1939 mit einem Oscar ausgezeichnet wurde, markierte einen Wandel in der ideologischen Politik der Warner Bros., die zwischen 1933 und 1938 in ihren Filmen strikte Neutralität einzuhalten versucht hatte. In *Sons of Liberty* jedoch ist die Geschichte eines Juden, der gegen die Tyrannei Widerstand leistet, ein deutliches Signal gegen den deutschen Staats-Antisemitismus. Für den an sich unpolitischen Curtiz war es der erste ausdrücklich politische Film in seiner amerikanischen Karriere, wiewohl einige frühere Beispiele, vor allem *Die Hütte im Baumwollfeld* und *In blinder Wut* (1934) in ihrem sozialkritischen Impuls nicht frei von politischen Anspielungen waren.

Mit dem amerikanischen Kriegseintritt wurden auch Curtiz' Filme insgesamt politischer. Das gilt vor allem für den Film, für den Curtiz bis heute bekannt geblieben ist: *Casablanca* (1942). Trotz vieler historischer Ungereimtheiten besticht die Geschichte über den Zyniker Rick, der seine Liebe opfert, um seiner ehemaligen Geliebten und ihrem Mann, einem Kopf des antifaschistischen Widerstandes, die Flucht vor den Nazis zu ermöglichen, durch seine atmosphärische Dichte und darstellerische Prägnanz. *Casablanca* brachte Curtiz seinen einzigen Oscar als bester Regisseur ein und wurde ein internationaler Kultklassiker. In Deutschland wurde *Casablanca* zunächst in einer gekürzten und verfälschten Fassung in die Kinos gebracht, die den politischen Hintergrund ausklammerte; erst in den siebziger Jahren konnte das hiesige Publikum eine integrale Synchronfassung sehen.

Die Kriegsjahre waren der Höhepunkt in Curtiz' Karriere. Nicht nur hatte er mit *Casablanca* und *Yankee Doodle Dandy* (1942) die seit langem ertragreichsten Filme für Warner Bros. gemacht; es fehlte auch kaum jemals ein Film von ihm unter den Oscar-Nominierungen für den besten Film. 1945 schließlich kam mit *Solange ein Herz schlägt* ein weiterer kommerzieller Erfolg auf den Markt, der unmittelbar nach dem Kriegsende mit den Ängsten der Amerikaner vor der Neubewertung der Geschlechterrollen spielte. In einer ökonomisch schwierigen Zeit honorierte Warner Bros. Curtiz 1947 mit der Einrichtung einer eigenen Produktionsgruppe, für die der Regisseur bis 1949 vier Filme realisierte, darunter die beiden Musicals *Zaubernächte in Rio* (1947) und *Mein Traum bist Du* (1948) mit Doris Day. Im selben Jahr kaufte Warner Bros. Curtiz seine Anteile wieder ab und nahm ihn unter einen konventionellen Regievertrag.

Noch zwölf Filme sollte Curtiz für Warner Bros. machen, bevor er 1953 endgültig das Studio verließ. In *Der Mann ihrer Träume* (1949), einer fiktionalisierten Biographie des Jazz-Trompeters Bix Beiderbecke, ging Curtiz erneut einem seiner Themen nach: den psychologischen Folgen einer einseitigen Obsession. *Menschenschmuggel* (1950) nach Ernest Hemingways »Haben und Nichthaben« wird heute im Vergleich zu Howard Hawks' Version (*Haben und Nichthaben*, 1945) ungerechterweise unterbewertet. Als desillusionierter, fatalistischer Ex-Soldat kann John Garfield Humphrey Bogart durchaus das Wasser reichen. *Jim Thorpe – All American* (1950), die Biographie des ersten indianischen Sportlers, der 1912 für die amerikanische Olympia-Mannschaft eine Goldmedaille gewann, behandelt die Psyche eines Mannes, der als ehemaliger Sportstar den Rückfall in die Bedeutungslosigkeit nicht verkraftet. Zugleich griff Curtiz aber auch Fragen des amerikanischen Rassismus auf. Die nächsten Filme litten sichtlich unter den zunehmenden Spannungen zwischen Warner Bros. und Curtiz; am 18. April 1953 wurde er aus seinem Vertrag entlassen.

Sein Stern begann zu sinken: *Sinuhe – der Ägypter* (1954) folgte lediglich der durch Henry Kosters *Das Gewand* (1953) neu belebten Mode epischer Filme. Dagegen geriet *Wir sind keine Engel* (1955), auch dank seiner Besetzung (Humphrey Bogart, Aldo Ray und Peter Ustinov als entlaufene Banjo-Sträflinge, die einem freundlichen Geschäftsmann gegen seine gierige Verwandtschaft helfen), zur leichthändigen Komödie.

Im August 1957 wurde bei Curtiz Krebs diagnostiziert. Ein jahrelanger Kampf gegen die Krankheit begann, von dem sich Curtiz in seiner beruflichen Tätigkeit nicht behindern ließ. Seine letzten Filme waren kompetente Regiearbeiten und vermochten selbst aus dem unerfahrenen Elvis Presley beachtliche Leistungen hervorzulocken (*Mein Leben ist der Rhythmus*, 1958). Mit *Die Comancheros* (1961) gelang Curtiz noch einmal ein kraftvoller Western, der wesentlich von der Präsenz John Waynes und Stuart Whitmans profitierte. Die Premiere des Films überlebte Curtiz nur um wenige Monate. Er starb am 11. April 1962 in Hollywood.

Gemeinhin wird Curtiz nicht als Autorenfilmer behandelt: »Seine Bereitschaft, jedes Projekt zu akzeptieren, macht es schwierig, ihn im landläufigen Sinn als *Autor* anzusprechen, aber in seinen besten Arbeiten gibt es Kontinuitäten – im akzentuierten Fluß der Geschichte, in dem gewaltigen, scharf umrissenen Spiel der vielen Stars, mit denen er [...] gearbeitet hat – die einem Curtiz-Film einen individuellen Stempel aufdrücken« (J. Gillet). Nur J. C. Robertson versucht, Curtiz aus der Menge der Vertrags-Regisseure des Hollywood-Studiosystems herauszuheben: Er unterstellt ihm ein besonderes Interesse für Geschichten, die das verlorene Vertrauen in das Gesetz illustrieren, und für Protagonisten, die über ihrer sozialen Aufwärtsmobilität ihre menschlichen Beziehungen vergessen. Aber auch Robertson kommt nicht umhin, Curtiz' besondere Bedeutung über seine formalen Qualitäten zu definieren: »Das beste Curtiz-Kino fiel auf durch eine vorwärtsdrängende Handlung [...], besondere Sorgfalt im Detail, eine wundervolle Kontrolle über Massen- und Schlachtenszenen, eine Fähigkeit, starkes Schauspiel mit glatten Dialogen zu einer kohärenten Einheit zu verweben, und eine zwingende visuelle Atmosphäre zu schaffen. Keiner seiner Zeitgenossen besaß all diese Qualitäten.«

Uli Jung

Filmographie (Auswahl): Bánk bán (1914) – Alraune (1918) – Lulu (1918) – Der Stern von Damaskus (1920) – Sodom und Gomorrha – die Legende von Sünde und Strafe (1922) – Samson und Delilah (1923) – Die Sklavenkönigin (1924) – Dr. X / Doktor X (1932) – Cabin in the Cotton / Die Hütte im Baumwollfeld (1932) – 20 000 Years in Sing Sing / 20 000 Jahre in Sing Sing (1932) – The Mystery of the Wax Museum / Das Geheimnis des Wachsfigurenkabinetts (1933) – Black Fury / In blinder Wut (1934) – Captain Blood / Unter Piratenflagge (1935) – The Charge of the Light Brigade / Der Verrat des Surat Khan (1936) – Kid Galahad / Kid Galahad (1937) – Gold is Where You Find It / Goldene Erde Kalifornien (1938) – The Adventures of Robin Hood / Robin Hood – König der Vagabunden (1938) – Angels with Dirty Faces / Chicago (1938) – Four's a Crowd / Liebe zu viert (1938) – Four Daughters / Vater dirigiert (1938) – Sons of Liberty (Kurzfilm, 1939) – Santa Fe Trail / Land der Gottlosen (1940) – The Sea Hawk / Der Herr der sieben Meere (1940) – The Sea Wolf / Der Seewolf (1941) – Yankee Doodle Dandy / Yankee Doodle Dandy (1942) – Casablanca / Casablanca (1942) – Mildred Pierce / Solange ein Herz schlägt (1945) – Night and Day / Tag und Nacht denk' ich an dich (1946) – Romance of the High Seas / Zaubernächte in Rio (1947) – My Dream is Yours / Mein Traum bist Du (1948) – Flamingo Road / Die Straße der Erfolgreichen (1949)

– Young Man with a Horn / Der Mann ihrer Träume (1949) – The Breaking Point / Menschenschmuggel (1950) – Jim Thorpe – All American (1950) – The Story of Will Rogers (1952) – The Egyptian / Sinuhe – der Ägypter (1954) – We're No Angels / Wir sind keine Engel (1955) – The Vagabond King / König der Vagabunden (1956) – King Creole / Mein Leben ist der Rhythmus (1958) – The Comancheros / Die Comancheros (1961).

Literatur: Kingsley Canhans: The Hollywood Professionals: Michael Curtiz, Raoul Walsh, Henry Hathaway. London / New York 1973. – J. Shadoian: Michael Curtiz. In: Journal of Popular Film 2 (1973) H. 2. S. 165–179. – C. Viviani: Curtiz. In: Anthologie du Cinéma 73 (1973). – P. Leggett: The Noble Cynic Michael Curtiz. In: Focus on Film 1975. H. 23. S. 15–19. – I. R. Hark: The Visual Politics of *The Adventures of Robin Hood.* In: Journal of Popular Film 5 (1976) H. 1. S. 3–17. – R. Graves: Michael Curtiz. In: Classic Images 1983. Nr. 91. S. 17–18 und 38. – R. Kinnard / R. J. Vitone: The American Films of Michael Curtiz. London/ Metuchen 1986. – Orio Caldiron (Hrsg.): Michael Curtiz: Un ungherese a Hollywood. Rom 1992. – James C. Robertson: The Casablanca Man: The Cinema of Michael Curtiz. London / New York 1993.

Cecil B. DeMille

1881–1959

Ein lustvoller Arrangeur grandioser, luxuriöser Schauwerte war er, ein Visionär prächtiger Dekors und Kulissen, auch ein Gigant der Inszenierung von Massen im weiten Raum, die er oft zu ornamentalen Gebilden fügte. Das Äußere sollte glitzern, der Schein dominieren. Cecil Blount DeMille war einer der großen Pioniere des industriellen, kommerziellen Kinos. Oder, wie Adolph Zukor, der mächtigste Boß der Paramount, einmal erklärte, ein »Showman bis in die Fingerspitzen«, er habe seine Stories nur danach ausgewählt, »ob sie nach seiner Einschätzung der Öffentlichkeit gefallen würden«.

Für alle Spätgeborenen waren es sicherlich drei Szenen aus *Samson und Delilah* (1949) und zwei Sequenzen aus *Die Zehn Gebote* (1956), die mit seinem Namen in Erinnerung blieben: zum einen Samsons Kampf mit dem Löwen, seine Verführung durch Delilah, die mit dem Abschneiden einer Haarlocke ihren Höhepunkt findet (und so das Übermaß seiner Manneskraft beendet), schließlich, obwohl blind und in Ketten gelegt, seine Befreiung vom Mühlstein und die Zerstörung des Tempels von Dagon danach; zum anderen der Bau der ägyptischen Pyramiden, in grandiosen Panorama-Bildern nachgestellt, und Charlton Hestons bestimmende Geste, auf die hin das Rote Meer sich teilt.

Diese mythischen Gebärden aus Geschichte und/oder Bibel, die er nah und vertraut machte (und oft mit sexuellen Anspielungen anreicherte), und die großen Massenszenen, die er inszenierte wie ein Ballett, gelten als seine Markenzeichen. Dabei hatte er schon in den zehner Jahren begonnen mit betont freizügigen Melo- und Soziodramen, wie *Maria Rosa* (1916), *Joan the Woman* (1917) oder *Male and Female* (1919), die das Schmutzige noch glamourös und das Sündige sehr reizvoll zeigten, am Ende aber meistens in eine typisch viktorianische Prüderie mündeten. In *The Woman God Forgot* (1917) zog er alle Register seiner visuellen Verführungskunst und bot ein melodramatisches Verwirrspiel vor dem Hintergrund des Krieges der spanischen Konquistadoren gegen die aztekischen Ureinwohner in Mittelamerika – mit romantischen und sexuellen, aber auch religiösen Motiven (geschrieben von Jeanie Macpherson, seiner langjäh-

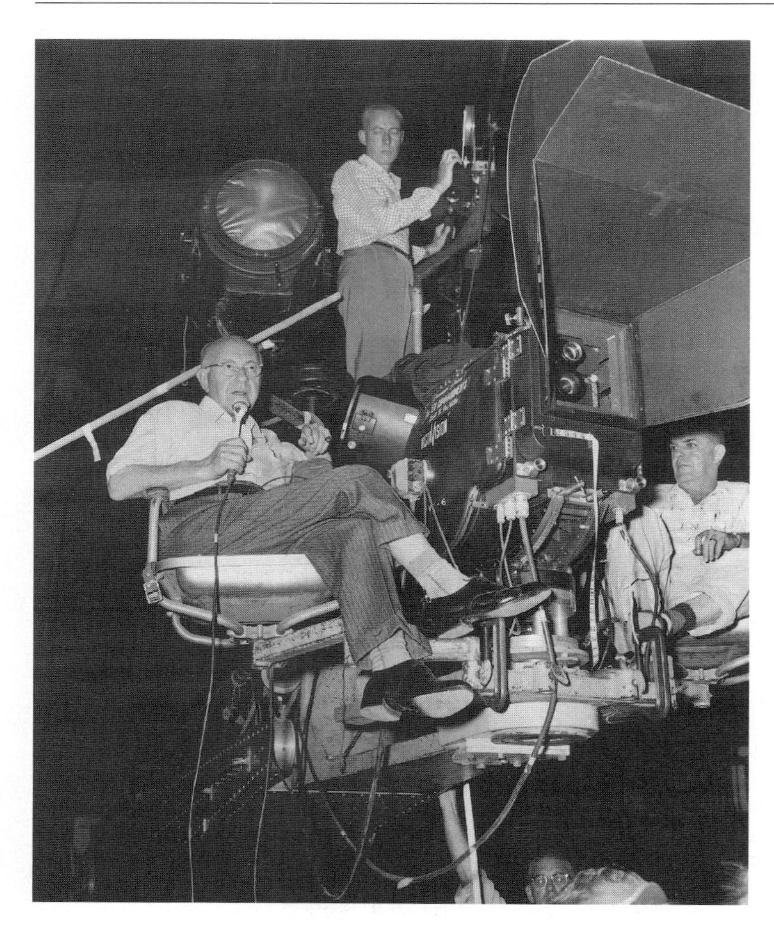

Cecil B. DeMille (l.)

rigen Autorin); eine exotische Umgebung (zentrale Passagen spielen im Palast der Azteken, entworfen und gebaut von Wilfried Buckland, der ihm viele seiner märchenhaften Träumereien realisierte); eine suggestive, in dem opulenten Ambiente schwelgende Kamera (mit für die Zeit ungewöhnlich sorgsam gesetztem Licht durch Alvin Wyckoff); aufwendige Kostüme, die den exotischen Effekt des Geschehens verstärkten (entworfen von Claire West).

In den zwanziger Jahren spitzte er diese Tendenz noch zu, ließ das Anstößige (wodurch etwa die Filme Erich von Stroheims zum Skandal wurden) als reißerischen Teil zu, den er durch den bodenständigen, puritanischen Moralismus des 19. Jahrhunderts neutralisierte. Es war für ihn die Rezeptur, mit der er über Jahre hinweg die Massen ins Kino zog (»Unverhüllte visuelle Beschreibungen der Sünde, erlöst durch verbale christliche Ethik«, heißt es bei E. Katz). Dazu drehte er in nahezu allen Genres: Komödien, Krimis, Western, wobei er weniger auf die Massenwirkung seiner Stars, sondern mehr auf die Faszination seiner Schauplätze und den Luxus seiner Ausstattungen achtete. Besonders typisch dafür: die erste Version seiner *Zehn Gebote* (1923), der bis dahin teuerste Film (mit Produktionskosten von über 1,5 Millionen Dollar), und der erste Jesus-Film *The King of Kings* (1927).

In den dreißiger Jahren schließlich reüssierte er mit monumentalen Antikfilmen, wie *Im Zeichen des Kreuzes* (1932) oder *Cleopatra* (1934), und panoramatischen Western, wie *Der Held der Prärie* (1937) oder *Union Pacific* (1939). Woraufhin in den Vierzigern der Taucherfilm *Piraten im Karibischen Meer* (1942) und das Westernmelodram *Die Unbesiegten* (1947) folgten, in den Fünfzigern noch der Zirkusfilm *Die größte Schau der Welt* (1952) und der Piratenfilm *König der Freibeuter* (1957).

»Er hat 75 Filme gemacht. Er war da von Anfang an. Er hat alles gemacht, und es ist nicht recht, nur seine Historienschinken zu loben. Woran ihm lag: Massen zu mobilisieren, in und vor seinen Filmen. Heute über seine Filme sich zu mokieren, ist, wie über ein altes Auto zu lachen oder über Walter Scott oder Wagner oder Balzac«, schrieb F. Grafe 1973.

DeMille wurde am 12. August 1881 in Ashfield, Massachusetts, als Sohn eines Episkopal-Predigers und einer jüdischen Lehrerin geboren, die beide großes Interesse hatten am Theater, sein Vater schrieb nebenher dramatische Stücke, seine Mutter leitete eine eigene Studentenbühne. Er wuchs in behüteten Verhältnissen auf, in freundschaftlicher Nähe zu seinem älteren Bruder William, der später ebenfalls Filme drehte, aber nicht so »opernhafte«, auf »Bildeffekte« hin inszenierte wie seine eigenen (so dessen Tochter Agnes DeMille). Er besuchte das Pennsylvania Military College und später die New York's Academy of Dramatic Art. Im Alter von 19 Jahren debütierte er am Broadway als Schauspieler. Zwischen 1900 und 1912 arbeitete er an verschiedenen Bühnen – als Autor, Produzent und Schauspieler. 1913 gründete er zusammen mit Samuel Goldwyn und Jesse Lasky die Lasky Feature Play Company, für die er mit *The Squaw Man* (1914) im Kino debütierte. In den Jahren danach drehte er eine Reihe von Erfolgsfilmen: u. a. *Brewster's Millions* (1914), der bis heute sechs Remakes nach sich zog, *The Virginian* (1914), einer der frühesten mythischen Western, und *Carmen* (1915), das erste seiner aufwendigen Ausstattungsdramen.

1916 fusionierten Goldwyn / Lasky / De Mille mit Adolph Zukors Famous Players, die sich später (1927) zu Paramount Pictures ausweiteten. DeMille blieb bis Mitte der zwanziger Jahre bei Famous Players-Lasky Corp., versuchte sich dann kurz als freier Produzent und arbeitete danach zwei Jahre lang für MGM, für die er u. a. seinen ersten Tonfilm *Dynamite* (1929) und die dritte Version seines Debüts *The Squaw Man* (1931) drehte. 1932 kehrte er zu Zukor und Paramount zurück und blieb dort bis zum Ende seiner Karriere. Er starb am 21. Januar 1959 in Hollywood.

Eitel und selbstherrlich sei er gewesen, vor allem in den zwanziger und dreißiger Jahren, wurde ihm oft vorgeworfen. Besonders sein Hang zu extravaganter Kleidung diente als Stoff für unzählige Anekdoten, seine Vorliebe für Reithosen und Schaftstiefel, für breite Gürtel und Revolver mit Perlmuttgriffen. Aus seinen Dreharbeiten habe er stets »die größte Show der Welt« gemacht, erklärte K. Brownlow, und Regie geführt, »als habe Gott selbst ihn für diese eine Aufgabe erwählt«.

Sein frühestes Meisterwerk war ohne Zweifel *The Cheat* (1915), ein Melodram um eine verheiratete Frau, die nach einem Desaster im Glücksspiel Geld von einem japanischen Kredithai nimmt, ohne danach seinen sexuellen Gelüsten nachzugeben; was ihn wütend und gewalttätig werden läßt, sie dagegen stark und entschlossen. Als er sie öffentlich brandmarkt, schießt sie ihren Peiniger nieder und bekennt sich danach, um den Verdacht gegen ihren Mann auszuräumen, vor Gericht zu dieser Tat. »Die von DeMille favorisierte Mischung aus Sex, Sadismus und Hingabe« sah Brownlow dabei realisiert, allerdings so sensibel inszeniert,

»daß ein eigentlich lächerliches Melodram zu einer ernsthaften, bizarren und aufrührenden Fabel wurde«, daß der Film, »der darauf abzielte zu schockieren«, in keiner Szene »seine künstlerische Integrität« verlor.

Ein erster Wendepunkt kam 1918 mit *The Whispering Chorus*, den er als ernsthafte Tragödie um einen Mann konzipierte, der alles tut, um seiner Frau ein angenehmes Leben zu bieten, auch stehlen, betrügen und unterschlagen. Aus seiner Seelenqual ob dieses gaunerischen Tuns machte DeMille ein düsteres Soziodram über den inneren Kampf zwischen Gut und Böse, eine Phantasmagorie über endloses Streben, endloses Scheitern. Der Film hatte an der Kasse keinerlei Erfolg; was DeMille sich zu Herzen nahm als Warnung und Signal zugleich. Nach diesem Mißerfolg gab er das Ernsthafte auf und begnügte sich als Showman und Unterhaltungskünstler.

Der Höhepunkt in den zwanziger Jahren: sein langgehegter Plan, das Leben Christi zu verfilmen. Dafür verließ er Zukors Famous Players und stellte sich auf eigene Füße. Er kaufte die alten Ince Studios und schloß einen Vertrag mit der unabhängigen Producers' Distributing Corporation, um den Film in die Kinos zu bringen. *The King of Kings* kostete am Ende über 2 Millionen Dollar und wurde, obwohl an der Kinokasse einigermaßen erfolgreich, zum finanziellen Desaster für ihn (nicht zuletzt deshalb, weil, noch während er lief, 1928 die ersten Tonfilme ins Kino kamen).

Ende der dreißiger Jahre, nun wieder für Zukors Paramount: *Der Held der Prärie* und *Union Pacific*, die von der Eroberung des Westens erzählen. »Legenden-Western« wurden sie genannt, da sie die zivilisatorische Entwicklung des Westens in betont mythische Formen kleiden – mit legendären Helden, wie Gary Cooper als Wild Bill Hickock im einen und Joel McCrea als Jeff Butler im anderen Film. Kollektive Anstrengungen, aus denen sich dann einzelne hervortun, faszinierten DeMille von Anfang an – sei es nun der Auszug der Juden aus dem verhaßten Ägypten und ihre Heimkehr ins Gelobte Land, der Aufbruch in den unbekannten Westen der USA oder der Bau der Eisenbahnlinie, die von Küste zu Küste die Amerikaner vereinte.

Graham Greene würdigte in *Der Held der Prärie* nicht nur »die fabelhafte Massenregie in gewaltigen Dekorationen«, sondern auch »die sichere Handhabung des individuellen Dramas: die stillen Momente in der verlassenen Straße der schäbigen Westernstadt, die Hickock überquert, um seine potentiellen Mörder zu treffen; das letzte Pokerspiel, das er in dem Saloon mit den weißen Gefangenen spielt, die er für die Armee bewacht, damit sie aufgehängt werden; die Ahnung von Unheil in der Luft, während wir darauf warten, daß der verräterische Komiker mit dem Bowler auf dem Kopf hinter der Bar den unvermeidlichen Schuß in Hickocks Rücken abfeuert«.

Für A. Sarris war DeMille weder »ein Primitiver wie Fuller« noch »ein Populist wie Capra«. Er habe sein Publikum wohl »mit Wirkungen verführt, aber niemals manipuliert«. Er stehe »in der literarischen Tradition von Coopers Lederstrumpf-Märchen und David Belascos dramatischen Konventionen«. Nach Greene lag über seinen Filmen stets »ein Hauch von Genie, aber auch ein Hauch von Absurdität«. D. Thomson dagegen nannte DeMilles Filme »barnstormers«, »schamlos stereotyp und sentimental« seien sie, dazu »simpel, roh, fromm und chauvinistisch«. Er sei »in kommerzieller Hinsicht oft zynisch« gewesen, habe allerdings »seine Überzeugung von der menschlichen Nähe zum Schmutz« oft ungebrochen dargelegt, und »die Energie seiner Imagination« habe »nur selten nachgelassen«.

Die Momente, die DeMilles Kino auszeichneten, waren: die stets opulente Ausstattung, die das Auge seiner Zuschauer verführen sollten; eine eher schmückende Kamera, die das Ornamentale seiner Arrangements verstärkten; eine pointierende Montage, die weniger auf das Flüssige der Ereignisse achtet, sondern auf die effektvolle Zuspitzung; dazu präzise Schauspieler, die sich einfügten in die grandiosen Bilderbögen, die ihm vor Augen waren.

Seinem eigenen Selbstverständnis nach hatte DeMille als Regisseur vor allem die Aufgabe, der Administrator inmitten seiner Mitarbeiter zu sein: »an der Spitze eines Stabes« zu stehen »mit brillanten und unfehlbaren Drehbuchautoren, mit launenhaften Stars und mißgelaunten Schauspielern, hilflosen Komparsen, verrückten Kameraleuten, künstlerischen Künstlern, unpraktischen Technischen Leitern, leicht erregbaren Bühnenbildnern, diversen Elektrikern und Zimmerleuten, seltsamen Titelschreibern, den Finanzleuten und Scheck-Signierern« – um zuletzt noch »Kinobesitzer, Kritiker, Zensoren, Verleiher und Publikum zufriedenzustellen«.

Norbert Grob

Filmographie: The Squaw Man (Co-Regie: Oscar C. Apfel, 1914) – Brewster's Millions (Co-Regie: Apfel, 1914) – The Master Mind (Co-Regie: Apfel, 1914) – The Only Son (Co-Regie: Apfel u. a., 1914) – The Man On the Box (Co-Regie: Apfel, 1914) – The Call of the North (Co-Regie: Apfel, 1914) – The Virginian (1914) – What's His Name? (1914) – Rose of Rancho (1914) – The Ghost Breaker (1914) – The Girl of the Golden West (1914) – After Five (Co-Regie: Apfel, 1915) – The Warrens of Virginia (1915) – The Unafraid (1915) – The Captive (1915) – The Wild Goose (1915) – The Arab (1915) – Chimmie Fadden (1915) – Kindling (1915) – Carmen (1915) – Chimmie Fadden Out West (1915) – The Cheat (1915) – The Golden Chance (1916) – Temptation (1916) – The Trail of the Lonsesome Pine (1916) – The Heart of Nora Flynn (1916) – Maria Rosa (1916) – The Dream Girl (1916) – Joan the Woman (1917) – Romance of the Redwoods (1917) – The Little American (1917) – The Woman God Forgot (1917) – The Devil Stone (1917) – The Whispering Chorus (1918) – Old Wives for New (1918) – You Can't Have Everything (1918) – Till I Come back to You (1918) – The Squaw Man (Remake, 1918) – Don't Change Your Husband (1919) – For Better for Worse (1919) – Male and Female (1919) – Why Change Your Wife? (1920) – Something to Think about (1920) – Forbidden Fruit (1921) – The Affairs of Anatol (1921) – Fool's Paradise (1921) – Saturday Night (1922) – Manslaughter (1922) – Adam's Rib (1923) – The Ten Commandments / Die zehn Gebote (1923) – Triumph (1924) – Feet of Clay (1924) – The Golden Bed (1925) – The Road to Yesterday (1925) – The Volga Boatman (1926) – The King of Kings (1927) – The Godless Girl (1929) – Dynamite (1929) – Madame Satan (1930) – The Squaw Man (zweites Remake, 1931) – The Sign of the Cross / Im Zeichen des Kreuzes (1932) – This Day and Age (1933) – Four Frightened People (1934) – Cleopatra / Cleopatra (1934) – The Crusaders / Kreuzritter – Richard Löwenherz (1935) – The Plainsman / Der Held der Prärie (1937) – The Buccaneer / Der Freibeuter von Louisiana (1938) – Union Pacific / Union Pacific (1939) – North West Mounted Police / Der scharlachrote Reiter (1940) – Reap the Wild Wind / Piraten im Karibischen Meer (1942) – The Story of Dr. Wassell / Dr. Wassells Flucht aus Java (1944) – Unconquered / Die Unbesiegten (1947) – Samson and Delilah / Samson und Delilah (1949) – The Greatest Show on Earth / Die größte Schau der Welt (1952) – The Ten Commandments / Die zehn Gebote (1956) – The Buccaneer / König der Freibeuter (Remake, 1958).

Literatur: C. B. DeM.: Autobiography. New York 1959.

Kevin Brownlow: Pioniere des Films. Basel / Frankfurt a. M. 1997. [Amerikan. Orig. 1968.] – Michel Mourlet: Cecil B. DeMille. Paris 1968. – Gene Ringgold / DeWitt Bodeen: The Films of Cecil B. DeMille. New York 1969. – Charles Higham: Cecil B. DeMille. New York / London 1973. – Graham Greene / John Russell Taylor: The Pleasure Dome. London 1980. – Joel W. Finler: The Movie Directors Story. London 1985. – Anne Edwards: The DeMilles. An American Family. New York 1988.

Jonathan Demme

*1944

Geboren am 22. Februar 1944 in Baldwin, New York, wuchs Jonathan Demme in Long Island auf und zog im Alter von 15 Jahren mit seiner Familie nach Miami. Dort besuchte er High School und College. Er studierte zunächst Veterinärmedizin, scheiterte jedoch nach kurzer Zeit an mangelnden Chemiekenntnissen. Zu der Zeit war Demme bereits infizierter »movie junkie«, wie er von sich selbst behauptet, was sich vorerst noch auf amerikanische Filme beschränkte. Im College sah er zum ersten Mal ausländische Filme von Ingmar Bergman, François Truffaut u. a. mit englischen Untertiteln. In einem Interview erinnerte er sich an die Faszination und Aufregung, als er seinen ersten Nouvelle-Vague-Streifen sah: Truffauts *Schießen Sie auf den Pianisten* (1960) beeindruckte ihn nachhaltig und öffnete ihm die Augen. Er konnte die Redaktion der College-Zeitung überzeugen, ihn als Filmkritiker einzustellen, was seiner Kinosucht zugute kam.

Nach dem College arbeitete er bei kleinen Zeitungen als Kritiker, bis sein Vater zufällig den Produzenten Joseph E. Levine kennenlernte, Demme ein Vorstellungsgespräch und einen Job als Presseagent verschaffte. In den kommenden Jahren arbeitete er für mehrere Produktionsfirmen (u. a. United Artists und Avco Embassy) und schrieb weiterhin Kritiken. Anfang der siebziger Jahre ging er nach London und drehte Werbespots. Dort traf er den Low-Budget-Mogul Roger Corman, der schon für Martin Scorsese und Peter Bogdanovich die Tür zum Filmschaffen öffnete. Corman ließ Demme mit Joe Viola das Drehbuch zum Biker-Film *Angels Hard as They Come* (1971) schreiben. Sie wählten *Rashomon* (1950) von Akira Kurosawa als Vorlage, Demme durfte produzieren, und Viola drehte den Film.

Das Zuchthaus der verlorenen Mädchen (1974) war sein Regiedebüt, ein zynisch-spekulativer Streifen über ein brutal geführtes Frauenzuchthaus. Demme verwendete die typische Corman-Formel: viel Action, viel Fleisch und schwitzende Körper, viel Humor und einen Schuß Sozialkritik. Der perverse Gefängnisarzt, der die »schweren« Mädchen sexuell nötigt und quält und die sadistische Direktorin, die ihre unbefriedigte Libido durch willkürliche Bestrafung sublimiert, erhalten im finalen Showdown ihre »gerechte Strafe«. Das Thema der weiblichen Selbstbestimmung und -findung in patriarchalen Gesellschaftsstrukturen klingt hier an und zieht sich durch sein gesamtes Werk. Präzise herausgearbeitet ist es in *Swing Shift – Liebe auf Zeit* (Goldie Hawn), *Gefährliche Freundin* (Melanie Griffith), *Die Mafiosi-Braut* (Michelle Pfeiffer) und *Das Schweigen der Lämmer* (Jodie Foster), was ihm den Ruf als »feministischer« Regisseur einbrachte.

Mit der CB-Funk-Komödie *Flotte Sprüche auf Kanal 9* (1977) und dem an Hitchcock angelehnten Thriller *Tödliche Umarmung* (1979) wurde die Kritik auf ihn aufmerksam, doch erhielt er erst mit *Melvin und Howard* (1980) große internationale Anerkennung. In dem tragikomischen Film, der für drei Oscars nominiert wurde, beschreibt Demme die wundersame, doch folgenschwere Begegnung des armen Schluckers Melvin mit dem exzentrischen Milliardär Howard Hughes. Eines Nachts findet Melvin den verletzten Hughes. Er hilft dem großen alten Mann, ohne zu wissen, wen er in seinem klapprigen Pick-up befördert. Während der kurzen Fahrt entsteht ein herzliches, fast freundschaftliches Verhältnis. Demme zeigt die triste, von allerlei privaten und beruflichen Rückschlägen gezeichnete Welt des naiven, doch gutmütigen Melvin, der viel später auf »mysteriöse« Weise das Testament des verstorbenen Hughes zugespielt bekommt, durch das er zum Millionenerben wird. Endlich scheinen alle Probleme gelöst, der große Wurf gelungen. In Wirklichkeit beginnen jetzt erst die Probleme für ihn und seine Familie. Am Ende wird ihm das Erbe aberkannt, der uramerikanische Traum von Reichtum und Erfolg zerplatzt.

Swing Shift – Liebe auf Zeit (1984) ist ein Beispiel dafür, daß Demme perfekt inszenierte Filme für ein größeres Publikum drehen kann. Die Fabrikarbeiterin Kay Walsh (Goldie Hawn) entwickelt während des Zweiten Weltkriegs ein ungeahntes Selbstbewußtsein. Sie blüht auf, löst sich aus ihrem tristen Umfeld, von ihrem dominanten Mann und wird selbständig. Nach Kriegsende fällt sie wieder in die alten Strukturen zurück. Demme schildert Aufstieg und Fall dieser einfachen Frau in einfühlsamen Bildern.

Inspiriert durch die enge Zusammenarbeit mit David Byrne, drehte Demme die gefeierte Dokumentation eines Konzertes der Rockgruppe Talking Heads: *Stop Making Sense* (1984) ist ein Meilenstein des Konzert- und Musikfilms. Sein Kameramann war Jordan Cronenweth, der schon für Ridley Scott in *Blade Runner* (1982) arbeitete und für imposante Bilder sorgte. Demmes Interesse an der Musikbranche blieb im Laufe der Jahre erhalten: er drehte Videoclips für New Order, Suzanne Vega, Bruce Springsteen, The Neville Brothers, Artists United Against Apartheid und andere. In seinem bisher letzten Konzertfilm *Storefront Hitchcock* (1998) porträtiert Demme den Musiker Robyn Hitchcock.

Auch im Bereich des Dokumentarfilms hat Demme sich hervorgetan. Für den britischen Sender Channel Four drehte er einen Film über die Demokratiebewegung auf Haiti: *Haiti, Dreams of Democracy* (1987). Er ist Gründungsmitglied der Organisation »Artists United for Democracy in Haiti« und hat an weiteren Haiti-Projekten mitgearbeitet. In seinem zweiten Dokumentarfilm, *Cousin Bobby* (1991), porträtiert er Leben und Werk seines Cousins Robert Castle, der als Pastor und Verfechter der Befreiungstheologie in Harlem arbeitet.

In dem turbulenten Thriller *Gefährliche Freundin* (1986) angelt sich der abenteuersüchtige Vamp Lulu (Melanie Griffith) den biederen Finanzberater Charles (Jeff Daniels), reißt ihn aus seinem heilen, langweiligen Umfeld und macht mit ihm eine aberwitzige Reise, die letztlich eine Reise in ihre Vergangenheit ist. Diese Fahrt verändert das Leben der beiden; sie ist voll Lust, Erotik und Liebe, gleichzeitig von Schrecken und Gewalt bestimmt. Für letzteres steht Lulus psychopathischer Ex-Mann, der das Paar in rasender Eifersucht verfolgt, bedroht und verletzt. Die Verquickung von brutaler Gewalt und Erotik ist auch in *Blue Velvet* von David Lynch thematisiert, der im gleichen Jahr entstand.

Demme karikiert in der Komödie *Die Mafiosi-Braut* (1988) das Genre des Gangsterfilms, spielt mit dessen Klischees und Regeln und bricht diese gekonnt. Eine grelle, temporeiche, humorvolle, oft in Kitsch abgleitende Handlung entsteht durch die Vermengung von Liebe, Tod, Eifersucht, Intrigen, Lügen und Verbrechen.

Seinen bisher größten Erfolg hatte Demme mit dem Meisterwerk *Das Schweigen der Lämmer* (1991), das zu Recht fünf Oscars erhielt. Der Film verweigert sich einer Genre-Zuordnung. Der Rezipient ist gefordert, seine eigene Herangehensweise zu finden. Dadurch läßt sich die Handlung nur schwer skizzieren. Die attraktive und intelligente FBI-Schülerin Clarice Starling (Jodie Foster) ist die Identifikationsfigur des Films. Sie wird von ihrem Chef beauftragt, den inhaftierten Serienkiller Dr. Hannibal Lecter (Anthony Hopkins) zu interviewen. Man erhofft sich dadurch wichtige Informationen für die Ergreifung eines noch unbekannten Serienkillers, der Buffalo Bill genannt wird, weil er seinen weiblichen Opfern die Haut abzieht, um sich aus deren Hautstücken ein neues »Haut-Kostüm« zu nähen. »Hannibal the Canibal«, so genannt, weil er seine Opfer zu verspeisen pflegte, willigt ein. Die Zusammenarbeit findet jedoch nach seinen Bedingungen statt: »Quid pro quo« – sie erhält Hinweise auf den Serienkiller im Tausch gegen ihre Geschichte, ihr tiefes Geheimnis, das sie seit ihrer Kindheit quält. Immer stärker gerät sie in den Bann des genial-verrückten Psychiaters; eine innige, auch erotische Beziehung entsteht. Lecter macht stets verschlüsselte Andeutungen, spricht in Rätseln und fordert sie heraus, diese mit ihrem eigenen Verstand zu lösen. Als dann die Tochter einer Senatorin dem Serienkiller Bill zum Opfer fällt, beginnt der Wettlauf gegen die Zeit. Lecter nutzt die Situation und flieht aus seinem »goldenen Käfig«, gibt Clarice vorher die entscheidende Information zur »wahren Identität« des Täters, den sie ganz allein überführt, während zur gleichen Zeit an einem anderen Ort eine FBI-Spezialeinheit das falsche Haus stürmt.

Demmes nächster Film schlug in eine andere gesellschaftliche Kerbe: *Philadelphia* (1993) war die erste Hollywood-Produktion für ein breites Publikum, die das Thema Aids behandelt. Demme schildert Leben, Kampf, Leiden und Tod des homosexuellen Rechtsanwalts Andrew Becket (Tom Hanks), der wegen der ausbrechenden Krankheit fristlos entlassen wird und daraufhin die Anwaltskanzlei verklagt. Der Film hat zwar offensichtliche Schwächen, doch zeigt Demme dem Großpublikum Bilder, die schlichtweg ergreifen und behutsam an das Thema Aids heranführen.

Sein bisher letzter Film *Menschenkind* (1998) basiert auf der Romanvorlage von Tony Morrison. Medienstar Oprah Winfrey, die zugleich Produzentin war, spielt eine ehemalige Sklavin namens Sethe, die mit ihrer Tochter Denver zurückgezogen in einem Geisterhaus lebt. Auch Paul D. (Danny Glover), der eines Tages vor ihrer Tür steht, war Sklave auf der gleichen Plantage. Beide Darsteller spielten bereits in Spielbergs Südstaaten-Melodram *Die Farbe Lila* (1985) zusammen. Doch ist *Menschenkind* bei weitem komplexer: In dem fast dreistündigen Epos beschreibt Demme die Ausbeutung der afroamerikanischen Bevölkerung. Zugleich bettet er die Emanzipationsgeschichte eines schwarzen Mädchens in eine magische Geistergeschichte ein, die nicht erst mit dem Auftauchen des mysteriösen Mädchens namens »Menschenkind« einsetzt. Mit meisterhaften Flashbacks umreißt er eine fast unglaubliche Familiengeschichte, die von Rassismus und Frauendiskriminierung gezeichnet ist. Die individuelle Vergangenheitsbewältigung wird zu einer nationalen.

Bereits Anfang der achtziger Jahre gründete Demme mit Garry Goetzman u. a. die Produktionsfirma Clinica Estetico. Seitdem produzierte er neben *Philadelphia* z. B. George Armitages *Miami Blues* (1988) und Carl Franklins *Teufel in Blau* (1995). Demme begreift den Film als Projekt, das nur durch engste Teamarbeit entstehen kann. So arbeitet er gern mit einer eingeschworenen Crew von langjährigen Mitarbeitern. Tak Fujimoto (Kameramann) und Charles Napier (Schauspieler) beispielsweise sind von Anfang an dabei und haben bisher bei neun bzw. acht Filmen mitgewirkt.

Wassili Zygouris

Filmographie: Caged Heat / Das Zuchthaus der verlorenen Mädchen (1974) – Crazy Mama / Verrückte Mama (1975) – Fighting Mad / Mach' ein Kreuz und fahr' zur Hölle (1976) – Citizens Band / Flotte Sprüche auf Kanal 9 (1977) – Columbo: Murder under Glass / Mord à la Carte (1977) – Last Embrace / Tödliche Umarmung (1979) – Melvin and Howard / Melvin und Howard (1980) – Stop Making Sense / Stop Making Sense (1984) – Swing Shift / Swing Shift – Liebe auf Zeit (1984) – Swimming to Cambodia / Nach Kambodscha schwimmen (1986) – Something Wild / Gefährliche Freundin (1986) – Haiti, Dreams of Democracy (Dokumentarfilm, 1987) – Married to the Mob / Die Mafiosi-Braut (1988) – The Silence of the Lambs / Das Schweigen der Lämmer (1991) – Cousin Bobby / Cousin Bobby (Dokumentarfilm, 1991) – Philadelphia / Philadelphia (1992) – The Complex Sessions (1994) – Mandela (1996) – Storefront Hitchcock (1998) – Beloved / Menschenkind (1998).

Literatur: Andreas Kilb: Schießen Sie auf den Psychopathen. In: Die Zeit. 12. April 1991. – Demme on Demme (Interview mit David Thompson). In: John Boorman / Walter Donohue: Projections. A Forum for Film Makers. London 1992. S. 158–197. – Klaus Theweleit: Sirenenschweigen, Polizistengesänge. Zu Jonathan Demmes *Das Schweigen der Lämmer.* In: Robert Fischer / Peter Sloterdijk / K. Th.: Bilder der Gewalt. Hrsg. und eingel. von Andreas Rost. Frankfurt a. M. 1994. S. 35–68. – Werner Faulstich: Der neue Thriller: *Das Schweigen der Lämmer.* In: W. F. / Helmut Korte (Hrsg.): Fischer Filmgeschichte. Bd. 5. Frankfurt a. M. 1995. S. 270–287.

Brian de Palma

*1940

Wie ein Regisseur, der in erster Linie als Zweitverwerter bekannt wurde, zum Klassiker avancieren konnte, ist wohl nur rückblickend zu beurteilen. Die wesentlichen Elemente dessen, was man als de Palmas Stil bezeichnen könnte, stammen aus dem Werk anderer Regisseure, allen voran Alfred Hitchcock, Jean-Luc Godard und Michelangelo Antonioni.

Brian de Palma wurde am 11. September 1940 als Sohn eines mittelständischen Orthopäden in Newark, New Jersey, geboren. Gegen den Willen der Eltern führte ihn sein Studium an der Columbia University zur Filmkunst. Noch ohne nennenswerte Einflüsse entstanden dort zwischen 1960 und 1962 seine ersten Kurzfilme *Icarus*, *660124 – The Story of an IBM Card* und *Wotan's Wake*. Letzterer stellt eine stilistische Fingerübung im Stil früher Stummfilme dar und wurde zu einem Achtungserfolg des Studenten, der hier mit Jim McBride, der 1983 *Atemlos* drehte, zusammenarbeitete.

Die ersten Erfahrungen mit einem abendfüllenden Stoff sammelte de Palma 1964 zusammen mit Freunden auf dem Sarah-Lawrence-College, wo er die frühe Hochzeit eines Freundes in den grotesken Spielfilm *The Wedding Party* verwandelte. Dieses von gewollten Stilbrüchen wie beschleunigten Passagen, die wie klassischer Stummfilmslapstick wirken, und optischen Spielereien wie Zeitlupe, Standbild usw. durchsetzte Werk bot Robert De Niro seine erste Chance als Schauspieler. 1966 folgte de Palmas erster Thriller *Murder la mode*. Aus drei verschiedenen Blickwinkeln und in drei verschiedenen optischen Stilen erzählt er hier die Geschichte eines Mordes. Viele spätere Motive von ihm tauchen hier im experimentellen Kontext erstmalig auf. Der dritte Spielfilm *Grüße* (1968), wieder mit Robert De Niro, wurde de Palmas erster kommerzieller Erfolg. Diese sex- und gewaltträchtige Satire auf das vom Vietnamkrieg erschütterte Amerika erregte auch Aufsehen als einer der ersten Spielfilme, die mit einem X-rating (Jugendverbot) zu kämpfen hatten. De Palma agiert hier stilistisch in großer Nähe zu einigen frühen Experimenten Martin Scorseses, obwohl er sich gleichzeitig immer noch an Slapstickelementen interessiert zeigt. Die eher harmlos-ironische Fortsetzung *Hi, Mom!* (1969), die das Schicksal des Protagonisten wieder aufgreift (John, dargestellt von De Niro, verkörpert so etwas wie das voyeuristische Alter ego des Regisseurs), eröffnete dem jungen Filmemacher schließlich ein Engagement als Komödienregisseur bei Warner Bros. Doch was er aus ihrem leichten Komödienstoff *Hilfe, ich habe Erfolg* (1970) mit Orson Welles machen wollte – eine selbstreflexive Satire –, führte zu seiner vorzeitigen Entlassung.

Mit dem 1972 in kreativer Unabhängigkeit inszenierten blutigen Psychothriller *Die Schwestern des Bösen*, der Geschichte eines siamesischen Zwillings, werden die Bezüge zu Hitchcock überdeutlich – inklusive eines sehr ähnlichen schwarzen Humors – und das Engagement des Hitchcockschen Hauskomponisten Bernard Herrmann (*Psycho* u. a.) verstärkt diese noch. Dieses Konzept entwickelte er 1975 in *Schwarzer Engel*, einem deutlichen *Vertigo*-Remake, und in dem Serial-Killer-Drama *Dressed to Kill* (1980) zur stilsicheren Perfektion.

Einen Ruf als Kultregisseur erwarb er sich ein Jahr zuvor mit der Pop-Busineß-Satire *Das Phantom im Paradies*, das die Gothic-Horror-Handlung des »Phantoms der Oper« in einen Konzertpalast der siebziger Jahre verlegte und kein modisches Versatzstück ausließ – was den Film heute merkwürdig antiquiert erscheinen läßt.

1976 kam der internationale kommerzielle Durchbruch mit der ersten Stephen-King-Verfilmung *Carrie – des Satans jüngste Tochter*, die den modernen Horrorfilm stilistisch revolutionierte. Seine Bilder des Schreckens lassen das Grauen schleichend in die Normalität eindringen. *Carrie* kann als erster vollkommen eigenständiger Film des Regisseurs gelten und lieferte Erzählmuster für einige seiner folgenden Filme. Die Dehnung der Erzählzeit durch Extremzeitlupe (die in nahezu all seinen Werken vorkommt) wurde zum Markenzeichen und zur Manier.

Seinerzeit wenig beachtet, erfährt der Politthriller *Blow out – Der Tod löscht alle Spuren* (1981) mit John Travolta heute eine Aufwertung, da er tatsächlich viel von dem paranoiden Gesellschaftszustand Amerikas nach Watergate und Nixon vermittelt. Zudem reflektiert de Palma hier ausführlich den Prozeß des Filmemachens, indem er einen Tontechniker (John Travolta) zum Protagonisten macht, und legt den Zynismus des Geschäfts bloß, indem am Ende ein übler Billighorrorfilm mit dem realen Todesschrei der Protagonistin unterlegt wird.

Einen deutlichen stilistischen Bruch stellt 1983 der monumentale Gangsterfilm *Scarface* mit Al Pacino dar, der angesichts seiner Gewaltexzesse dem Publikum nur schwer zu verkaufen war. Doch auch dieses entfesselte Remake des Hawks-Klassikers konnte sich schließlich durchsetzen, nicht zuletzt durch Pacinos Verkörperung des rücksichtslosen Underdogs. Stilistisch bleibt der Film jedoch merkwürdig neutral, nur einige Bildtableaus und elegante Fahrten lassen auf den Regisseur schließen, ansonsten erscheint er eher als Kind seines Drehbuchautors Oliver Stone.

Mit dem äußerst geglätteten »historischen« Polizeifilm *The Untouchables – Die Unbestechlichen* (1987) begann de Palmas endgültiger Einzug ins große Geschäft. Neben zahlreichen selbstzweckhaften Spielereien und eitlen Starauftritten (Kevin Costner, Robert De Niro, Sean Connery) hatte er wenig zu bieten. Auch die Filme in anderen Genres gestalteten sich zwiespältig: Während dem Vietnam-Drama *Die Verdammten des Krieges* (1989) die gutgemeinten Absichten noch deutlich anzusehen sind, verzettelt sich die Bestsellerverfilmung *Fegefeuer der Eitelkeiten* (1990) in selbstgefälligem Chaos und überproduzierten Massenszenen. Auch die nun folgende Rückorientierung an vergangenem Glanz hatte allenfalls noble Erinnerungsmomente zu bieten: John Lithgow erneut als psychopathischer Killer in *Mein Bruder Kain* (1991) und Al Pacino als alternder, resignierter Gangster in *Carlito's Way* (1993). Als filmische Totgeburt läßt sich de Palmas Agentenfarce *Mission: Impossible* (1996) mit Tom Cruise werten. Was sich der noch ein Jahrzehnt zuvor verläßliche Regisseur hier an dramaturgischen Mängeln und stilistischen Unbeholfenheiten leistet, ist nach einer lange Zeit aufwärtsführenden Karriere schwer erklärlich. Der Verfall der ästhetischen Disziplin wird jedoch in dem folgenden Thriller *Spiel auf Zeit* (1998) nur bestätigt. Kommerziellen Erfolg indes, und nicht nur mit diesen Filmen, konnte de Palma schließlich für sich verbuchen.

Marcus Stiglegger

Filmographie: The Wedding Party (1964) – Murder la mode (1966) – Greetings / Greetings / Grüße (1968) – Hi, Mom! / Hi, Mom – Confessions of Peeping John (1969) – Sisters / Die Schwestern des Bösen (1972) – Phantom of the Paradise /

Das Phantom im Paradies (1974) – Carrie / Carrie – des Satans jüngste Tochter (1976) – Obsession / Schwarzer Engel (1976) – The Fury / Teufelskreis Alpha (1978) – Home Movies / Home Movies – Wie du mir, so ich dir (1979) – Dressed to Kill / Dressed to Kill (1980) – Blow out / Blow out – Der Tod löscht alle Spuren (1981) – Scarface / Al Pacino – Scarface (1983) – Body Double / Der Tod kommt zweimal (1984) – Wise Guys / Wise Guys / Zwei Superpflaumen in der Unterwelt (1985) – The Untouchables / The Untouchables – Die Unbestechlichen (1987) – Casualties of War / Die Verdammten des Krieges (1989) – The Bonfire of the Vanities / Fegefeuer der Eitelkeiten (1990) – Raising Cain / Mein Bruder Kain (1991) – Carlito's Way / Carlito's Way (1993) – Mission Impossible / Mission: Impossible (1996) – Snake Eyes / Spiel auf Zeit (1998).

Literatur: Michael Bliss: Brian de Palma. London 1985. – Susan Dworkin: Brian de Palmas *Der Tod kommt zweimal.* Bergisch-Gladbach 1985. – Laurent Bouzereau: The DePalma Cut. New York 1988. – Fritz Göttler: Dead End, Labyrinth, Spirale. Eine Topografie der Filme von Brian de Palma. In: steadycam 1988. Nr. 9. S. 21–27.

Vittorio De Sica

1902–1974

Vittorio De Sica wurde am 7. Juli 1902 in Sora geboren, einer kleinen Stadt zwischen Neapel und Rom. Er verbrachte dort seine frühe Kindheit, zog später mit den Eltern und den zwei Schwestern erst nach Neapel, dann nach Florenz und schließlich nach Rom. Sein Vater, Angestellter der Banca d'Italia und später einer Versicherungsgesellschaft, war ein sehr kultivierter Mann, der sein mageres Gehalt mit großer Würde ertrug. Die Figur seines Vaters und dessen Schicksal inspirierten De Sica als Regisseur zu einer nüchternen Betrachtung der Tragödie eines Rentners in *Umberto D.*

Papá Umberto De Sica träumte vom Theater als einem »geheimnisvollen Königreich« und drängte den zehnjährigen Sohn Vittorio in eine Filmrolle: er spielte Clemenceau als Kind in dem Film *L'affare Clemenceau* mit der Diva Francesca Bertini in der Hauptrolle. Aber diese Episode blieb zunächst ohne Folgen im Leben Vittorios. Er wollte Buchprüfer werden und erwarb mit zwanzig Jahren das Diplom als Buchhalter. Auf der Suche nach einem einträglichen Job begann er als Statist bei professionellen Ensembles, erst bei Tatiana Pavlova, dann bei Luigi Almirante. Dort entdeckte der spindeldürre junge Mann seine Vorliebe für elaborierte Masken und seine schauspielerische Berufung. Der große Erfolg kam mit seinen Auftritten in den sogenannten »Zabum«-Revuen von Mario Mattoli, die ihm die Türen zum Film öffneten. Der Regisseur Mario Camerini verwandelte den sympathischen jungen Mann mit der kräftig überhängenden Nase und dem schmeichlerischen Lächeln in ein »idolo delle donne«: von 1931 bis 1941 spielte De Sica in dreiundzwanzig Filmen, und vor allem in den Komödien Mario Camerinis (*Gli uomini, che mascalzoni . . .* 1932; *Il signor Max,* 1937) wurde er in der Rolle des kleinbürgerlichen Helden zum nationalen »Divo«. Doch gerade auf dem Höhepunkt des großen Erfolgs als Schauspieler angelangt, wechselte De Sica zur Regie. Diese Entscheidung wurde sicherlich durch die Begegnung mit dem Journalisten und Drehbuchautor Cesare Zavattini 1935 während der Dreharbeiten zu Camerinis Film *Darò un milione* beeinflußt, in dem De Sica die Hauptrolle spielte und Zavattini als Drehbuchautor mitgewirkt hatte. Aus dieser schöpferischen Freundschaft sollte eine Zusammenarbeit entstehen, die über dreißig Jahre andauerte und Filme hervorbrachte, die der Weltfilmkunst neue Wege erschlossen. *Rose scarlatte* (1940) war das erste Werk von De Sica als Regisseur, nach einer erfolgreichen Komödie von Aldo De Benedetti. Danach folgten noch weitere Komödien, in denen der Regisseur auch die Hauptrolle spielte, u. a. *Verliebte Unschuld* (1941), der ersten Zusammenarbeit zwischen De Sica und Zavattini. In diesen ersten Filmen steht De Sica offensichtlich mit seinem eleganten Sentimentalismus in der Tradition Camerinis.

Die entscheidende Begegnung zwischen De Sica und Zavattini und ein Bruch mit der »leichten« Atmosphäre Camerinis kam jedoch 1942 mit *I bambini ci guardano*, nach dem Roman »Pricò« von Cesare Giulio Viola. Der Film stellt den Zerfall einer bürgerlichen Familie dar, an dem die Erwachsenen mit ihrem Egoismus schuld sind. Der kleine Pricò erlebt, wie seine Mutter sich durch die Liebe zu einem anderen Mann allmählich von der Familie entfernt, sie verläßt und wie sein Vater schließlich die Schmerzen nicht mehr erträgt und Selbstmord begeht. Als die Mutter ihn in dem Waisenhaus der Barmherzigen Brüder, wo der Vater ihn untergebracht hatte, aufsucht, kann Pricò nicht zu ihr zurückfinden und wendet sich von ihr ab. Die Augen der Kamera sind hier die Augen des Kindes, und das finale Schweigen von Pricò ist eine klare Verurteilung der Erwachsenenwelt. In *I bambini ci guardano* sind die Grundthemen des späteren Werkes De Sicas und Zavattinis bereits alle präsent: Erwachsene und Kinder als unversöhnliche Welten, die Beziehung zwischen Vater und Sohn und schließlich die Familie, ein fast obsessiv wiederkehrendes Motiv des Regisseurs De Sica. Es war für die damalige Zeit ein mutiger Film, der im faschistischen Italien sehr umstritten von der regierungsfreundlichen Filmkritik aufgenommen wurde; aber die Polemiken wurden bald erstickt und nach dem Kriegseintritt Italiens war De Sica über ein Jahr nicht mehr in der Lage, Filme zu realisieren. Einige Angebote kamen aus Deutschland; sogar Goebbels fragte De Sica und Zavattini, ob sie einen Film in Prag drehen wollten. Sie lehnten es ab und nahmen statt dessen das Angebot des Produzenten Salvo D'Angelo an, einen Film mit religiöser Thematik zu machen, die Geschichte der Wallfahrt einer Gruppe Kranker, die zur Stätte Loreto fahren und auf ein Wunder hoffen. So entstand 1944 *La porta del cielo*, der fertiggestellt wurde, als die Alliierten in Rom einmarschierten.

De Sica und Zavattini versuchten dann, den filmischen Diskurs fortzusetzen, den sie mit *I bambini ci guardano* begonnen hatten. Aber die Neubelebung der italienischen Filmindustrie ging sehr langsam vor sich; erst 1946 kam ein weiterer Film unter der Regie De Sicas zustande, *Schuhputzer*: Der Film entstand aus dem schmerzhaften Erlebnis des Krieges und wurde zum bedeutenden Ausdruck des »Hungers nach Realität«, der im italienischen Kino unmittelbar nach dem Krieg zur Entwicklung der neorealistischen Bewegung führte und verschiedene Autoren unter dem gemeinsamen moralischen Ziel einer Regeneration des Landes zusammenbrachte. Die kleinen Schuhputzer, verlorene Kinder des Krieges, die sich in den zerstörten Straßen Roms durchschlagen und frühzeitig erwachsen werden mußten, inspirierten De Sica und Zavattini zu der Geschichte von Pasquale und Giuseppe: Die beiden »Sciuscià«, die durch eine enge Freundschaft verbunden sind und trotz des Elends weiterhin träumen können, werden in ein Kinderheim eingesperrt. Die Erwachsenen zerstören ihre Träume und ihre Sehnsüchte und bringen den einen gegen den anderen auf, bis zu dem tragischen Tod Giuseppes, den der verbitterte Pasquale unbeabsichtigt provoziert. Mit *Schuhputzer* entwickelt sich die Erneuerung der Filmthematik weiter, bei der das schöpferische Tandem im Italien der Nachkriegszeit eine entscheidende Rolle spielte. Die bittere Realität, von der der Film in Form einer mutigen Chronik mit melodramatischen Zügen berichtet, wurde jedoch in Italien vom Publikum wie von der Kritik abgelehnt. Erst der Umstand, daß der

Vittorio De Sica (r.)

Film im Ausland mit zahlreichen Preisen belohnt wurde, öffnete den Landsleuten De Sicas die Augen über sein Werk.

Trotz des internationalen Erfolges von *Schuhputzer* konnte De Sica allerdings keinen Produzenten für seinen nächsten Film finden. Nur der amerikanische Produzent David O. Selznick wollte das Projekt finanzieren, unter der Bedingung, daß Cary Grant die Hauptrolle spielte. Das war undenkbar für De Sica, der schließlich seinen Film selbst produzierte. Die Vision eines anthropozentrischen Kinos, die De Sica und Zavattini zusammenbrachte, erreichte dann mit *Fahrraddiebe* (1948) den Höhepunkt ihres Ausdrucks. Der Arbeiter Ricci sucht mit seinem kleinen Sohn Bruno in einem Rom, das als feindseliger Ort erscheint, nach seinem gestohlenen Fahrrad: der materielle Verlust des Fahrrads entspricht einem existentiellen Verlust. In der verzweifelten Suche folgen wir Vater und Sohn Schritt für Schritt durch den urbanen Raum; die Komplexität dieses Verhältnisses wird offenbart, und der Regisseur zeigt mit großer Anteilnahme, wie der Erwachsene zum Kind werden kann und das Kind zum Erwachsenen. Wie fast das gesamte Werk De Sicas, war der Film in Italien sehr umstritten, wurde international aber als Meisterwerk anerkannt und u. a. mit einem Oscar prämiert. Nach der Vorführung 1949 in Paris schrieb Marcel L'Herbier seinen berühmten Aufsatz »La révolution de la verité«. Nach André Bazin stellt *Fahrraddiebe* den »reinsten Ausdruck des Neorealismus« dar: die Handlung besteht aus Handlungslosigkeit, die Erzähllinie zersplittert sich in »dokumentarischen Spuren«, der Protagonist ist ein echter Arbeiter, der auf der Leinwand zum Interpreten seiner selbst wird. So wie für die beiden »Sciuscià«, die von echten Straßenjungen dargestellt wurden, suchte De Sica auch für *Fahrraddiebe* in langen und oft aufreibenden Recherchen nach Gesichtern und Gebärden aus der anonymen Menge die Interpreten seiner Figuren. »Es gibt gewisse Rollen, die nach Berufsschauspielern verlangen, während andere nur durch bestimmte Gesichter, die man auf der Straße findet, zum Leben zu erwecken sind.« Der frühere Theaterschauspieler und später vielseitige Entertainer konnte als Regisseur seine Laiendarsteller als rein gestalterisches Material in seinen Händen formen und in den Blicken und Körpern seiner »Schauspieler« weiterleben.

Mit dem »Zwischenspiel« *Das Wunder von Mailand* (1950) werden De Sica und Zavattini zu Märchenerzählern und wählen als Protagonisten alle Obdachlosen Mailands, die schließlich, nachdem die Reichen der Stadt sie endgültig ausgestoßen haben, auf fliegenden Besen von ihrem Propheten Totò il buono in ein Land, »wo guten Tag wirklich guten Tag bedeutet«, geführt werden, eine utopische Flucht aus dem Elend und Egoismus der realen Welt. Der Versuch, die Wirklichkeit des Imaginären und das Imaginäre der Wirklichkeit zu vereinigen, stellte ein Experiment dar, dem Neorealismus neue Impulse zu geben. Aber De Sica und Zavattini rückten im Lande wieder in den Mittelpunkt heftiger Attacken: von der Seite der konservativen Politiker wurde ihr Film als kommunistische Propaganda abgestempelt; von der Seite der dogmatischen linken Filmkritik wurden sie als Verräter am Neorealismus verurteilt. Gleich danach wurde *Umberto D.* (1951) zum radikalen Ausdruck der Erfahrung der Realität als Alptraum und der Unmöglichkeit des Menschen, mit seinen Mitmenschen zu kommunizieren. Der alte und einsame Umberto D. versucht mit seiner miserablen Rente in einer unmenschlichen Gesellschaft würdevoll zu überleben, in der es für Menschen wie ihn keinen Platz mehr gibt. Die Radikalität der Bildsprache brachte wieder die Distanz zwischen den neorealistischen Autoren und einem nationalen Publikum ans Licht, das sich schon längst an anderen kinematographischen Modellen mit spektakulären Ansätzen orientierte. Ein verbitterter De Sica in großen finanziellen Schwierigkeiten, der in dem politischen Klima der Restauration als »Poet der schmutzigen Wäsche« bezeichnet wurde, begann wieder als Schauspieler zu arbeiten und erlebte in zahlreichen Komödien der fünfziger Jahre eine Renaissance als Charakterdarsteller. Aber parallel arbeitete er weiterhin als Regisseur: nach dem amerikanischen »Kompromiß« mit dem Film *Rom, Station Termini* (1953), von David O. Selznick produziert (mit den beiden Hollywood-Stars Jennifer Jones und Montgomery Clift), realisierte De Sica 1954 *Das Gold von Neapel*, einen Episodenfilm nach Erzählungen des neapolitanischen Schriftstellers Giuseppe Marotta. Der Film brachte den Regisseur wieder mit seinem Drehbuchautor zusammen, nachdem Zavattini, der auch das Sujet von *Stazione Termini* entworfen hatte, die langjährige Zusammenarbeit unterbrochen und mit den kollektiven Filmen *Liebe in der Stadt* und *Wir Frauen* 1953 einen letzten »neorealistischen« Versuch unternommen hatte. *Das Gold von Neapel* entstand in einer neuen Phase der italienischen Filmindustrie, in der auf die neuen weiblichen Stars, die »maggiorate«, die Busenwunder, gesetzt wurde. De Sica richtete sich offensichtlich nach den Marktgesetzen, inszenierte den Film im »pittoresken« Ambiente der neapolitanischen Gassen und setzte geschickt zwei nationale Stars ein, Sophia Loren und Silvana Mangano.

Nach diesen »Kompromissen« versuchte das berühmte Tandem mit dem Film *Das Dach* (1956) eine Rückkehr zu den Ursprüngen seines früheren Realismus, der wiederum von De Sica selbst produziert und mit Laiendarstellern besetzt wurde: in der römischen Peripherie kann das junge und arme Ehepaar Luisa und Natale keine Wohnung finden. Sie erfahren, daß ein Haus, das auf einem öffentlichen Grund vollständig errichtet wird, nach dem Gesetz nicht mehr abgerissen werden darf. Fieberhaft bauen die beiden jungen Leute mit Hilfe von Freunden und Verwandten innerhalb einer Nacht ein primitives Backsteinhäuschen und scheinen schließlich das Glück gefunden zu haben. Der Film oszilliert zwischen Fabel und Parabel und trotz des märchenhaften Happy-Ends ist er durch eine Radikalität der ästhetischen Bildsprache geprägt, die sich nicht mehr wiederholen wird. *Das Dach* beendet die neorealistische Phase des Regisseurs, als Spätwerk einer bereits abgeschlossenen Periode der italienischen Filmgeschichte. Was später kam, sollte eher als Weiterentwicklung des Regisseurs und nicht einfach als Verrat an einer Ästhetik, die in der sich verändernden Filmindustrie durch neuere Ansätze verdrängt wurde, interpretiert werden.

Aus der Begegnung zwischen De Sica und Sophia Loren entstand eines der erfolgreichsten Paare des italienischen Films. Der Regisseur spielte für die neapolitanische Schauspielerin die Rolle eines Mentors und förderte entscheidend ihren Ruhm als internationaler Star, gipfelnd in dem Oscar, den sie 1961 für ihre Darstellung in *Und dennoch sie leben* bekam. Hier, in der Rückkehr zur neorealistischen Thematik, stellt der Regisseur den Kern seiner früheren neorealistischen Poetik auf den Kopf: die Rolle der Protagonistin wird auf den Star Loren zugeschnitten. In den sechziger Jahren entwickelte sich dann eine Dreierkonstellation, die zu einer sehr erfolgreichen Zusammenarbeit führte: unter der Regie von Vittorio De Sica spielte Sophia Loren in mehreren Filmen an der Seite von Marcello Mastroianni, z. B. in *Gestern, heute und morgen* (1963), *Hochzeit auf italienisch* (1964) und *Sonnenblumen* (1969), in denen ihre Rollen ihr auf den Leib geschrieben scheinen: der Blick des Regisseurs wirkt wie hypnotisiert durch die starke Ausstrahlung und die imposante Körperlichkeit seiner Darstellerin.

In den letzten Jahren seiner Tätigkeit als erfolgreicher Komödiant und als etablierter »Star-director« schien De Sica, ständig zwischen künstlerischen Ansprüchen und Marktgesetzen hin- und hergerissen, dem kommerziellen Kino nicht mehr die Stirn bieten zu wollen. 1970 jedoch mit *Der Garten der Finzi Contini*, nach dem gleichnamigen Roman von Giorgio Bassani, suchte De Sica wieder eine Verbindung mit seiner früheren poetischen Welt, aber ohne »seinen« Drehbuchautor Zavattini, der mit Ausnahme von *Gestern, heute und morgen* und *Hochzeit auf italienisch* an allen anderen Filmen mitgewirkt hatte. Auch der Produzent Carlo Ponti, der an allen großen Erfolgen De Sicas mit Sophia Loren beteiligt war, fehlt hier. In der Auseinandersetzung des Regisseurs mit dem Holocaust steht eine unglückliche Liebesgeschichte im Vordergrund: In Ferrara in den Jahren 1938–1943 liebt Giorgio (Lino Capolicchio), aus einer kleinbürgerlichen jüdischen Familie, Micol (Dominique Sanda), die zu der jüdisch-aristokratischen Familie der Finzi Contini gehört. Die Liebe wird keine Erfüllung finden, und Giorgio wird allein der Deportation entkommen. Als am Ende die »vulgären« Faschisten in das wunderschöne Haus der Finzi Contini eindringen, und Micol aus ihrer geschützten aristokratischen Jugend gerissen wird, bleibt von ihrem privilegierten Leben nur eine Reihe vergilbter Bilder ihres Gartens übrig, in einer letzten Rückblende, die vielleicht auch einen nostalgischen Rückblick des Regisseurs auf seine »filmische Vergangenheit« miteinschließt. *Der Garten der Finzi Contini* bekam den Oscar als bester internationaler Film, wie *Schuhputzer, Fahrraddiebe* und *Gestern, heute und morgen.*

Marisa Buovolo

Filmographie: Rose scarlatte (1940) – Maddalena zero in condotta / Maddalena, ein Mädchen mit Pfiff (1941) – Teresa Venerdì / Verliebte Unschuld (1941) – Un garibaldino al convento (1942) – I bambini ci guardano (1943) – La porta del cielo (1944) – Sciuscià / Schuhputzer (1946) – Ladri di biciclette / Fahrraddiebe (1948) – Miracolo a Milano / Das Wunder von Mailand (1950) – Umberto D. / Umberto D. (1951) – Stazione Termini / Rom, Station Termini (1953) – L'oro di Napoli / Das Gold von Neapel (1954) – Il tetto / Das Dach (1956) – La ciociara / Und dennoch leben sie (1960) – Il giudizio universale / Das Jüngste Gericht findet nicht statt (1961) – Boccaccio '70 / Boccaccio 70 (Episode: La riffa, 1962) – I sequestrati di Altona / Die Eingeschlossenen (1962) – Il boom (1963) – Ieri, oggi e domani / Gestern, heute und morgen (1963) – Matrimonio all'italiana / Hochzeit auf italienisch (1964) – Un mondo nuovo / Eine junge Welt (1965) – Caccia alla volpe / Jagt den Fuchs! (1966) – Le streghe / Hexen von heute (Episode: Una sera come le altre / Ein Abend wie jeder andere, 1967) – Sette volte donna / Siebenmal lockt das Weib (1967) – Amanti / Der Duft deiner Haut (1968) – I girasoli / Sonnenblumen (1969) – Il giardino dei Finzi Contini / Der Garten der Finzi Contini (1970) – Le coppie (Episode: Il leone, 1971) – Lo chiameremo Andrea (1972) – Una breve vacanza / Ein kurzer Urlaub (1973) – Il viaggio / Die Reise nach Palermo (1974).

Literatur: V. D. S.: Autobiographische Notizen (1955/56). In: Theodor Kotulla (Hrsg.): Der Film. Manifeste, Gespräche, Dokumente. Bd. 2: 1945 bis heute. München 1964.

André Bazin: Vittorio De Sica. Parma 1953. – Henri Agel: Vittorio De Sica. Paris 1955. – Martin Schlappner: Von Rossellini zu Fellini. Zürich 1958. – Vittorio De Sica. Studi monografici di Bianco e Nero. Hrsg. von Orio Caldiron. Rom 1975. – Franco Pecori: Vittorio De Sica. Rom 1980. – Marcus Millicent: Italian Film in the Light of Neorealism. Princeton 1986. – Karsten Witte: Neorealismus. In: epd Film (1991) H. 3. S. 16–23. – Peter Bondanella: Italian Cinema from Neorealism to the Present. New York 1992. – Gian Piero Brunetta: Storia del cinema italiano. Bd. 3: La generazione del neorealismo: De Sica e Zavattini. Rom 1993. S. 427–440. Bd. 4: Orbite e parabole nel cinema dei maestri. Vittorio De Sica. Ebd. S. 354–357.

William Dieterle

1893–1972

Von Ludwigshafen-Hemshof über Zürich, Berlin und München nach Hollywood – zu Warner Bros. und Paramount: eine nahezu märchenhafte Karriere. Wilhelm Dieterle wurde am 15. Juli 1893 geboren als siebtes von neun Kindern einer Lebensmittelhändlerin und eines Industriearbeiters. Er wuchs in engen Verhältnissen auf, aber umhegt und gestützt von Eltern und Geschwistern. Noch als Kind habe er, so bekannte er später, sich dazu entschlossen, Schauspieler zu werden. Doch sein Vater bestand darauf, daß er zunächst eine Handwerkslehre absolvierte. So ging er zwischen 1906 und 1909 bei Faser & Sohn in die Lehre – als Schreiner und Glaser. Nach der Gesellenprüfung machte er sich allerdings rasch auf in die Stadt: nach Mannheim, um Paul Tietsch im Theater zu sehen, bei dem er dann seinen ersten Schauspielunterricht nahm.

1911 begann seine Karriere als Schauspieler, bei einer Wanderschmiere in Arnsberg.

Dem folgten 1912 ein Engagement in Heilbronn und 1913 das Debüt vor der Filmkamera (in Phil Jutzis *Fiesko*). Die nächsten Stationen: Plauen (1913), Mainz (1914), Zürich (1917), Berlin (1918), München (1919). Er traf in diesen ersten Jahren eine Reihe von Künstlern, die ihn zutiefst prägten: Alfred Bassermann und Ludwig Berger, Hermine Körner und Max Reinhardt, Werner Krauss und Emil Jannings. Seit 1920 arbeitete er zudem regelmäßig fürs Kino – für E. A. Dupont und Leopold Jessner, Karl Grune und Richard Oswald. 1923 führte er erstmals Regie: in *Der Mensch am Wege*.

Mitte der zwanziger Jahre, nach Reinhardts Rücktritt vom Großen Schauspielhaus, gründete Dieterle mit u. a. Georg Kaiser und Max Poelzig das Dramatische Theater, das für ihn zum finanziellen Fiasko wurde. So arbeitete er, um die Schulden wenigstens einigermaßen zu begrenzen, verstärkt für den Film. Er trat in vielen populären Filmen auf, aber auch im *Wachsfigurenkabinett* (von Paul Leni), in *Qualen der Nacht* (von Kurt Bernhardt) und *Faust* (von Friedrich Wilhelm Murnau), in *Violantha* (von Carl Froelich) und *Am Rande der Welt* (von Karl Grune). Seine eigenen Filme in dieser Zeit waren u. a. *Die Heilige und ihr Narr* und *Ich lebe für Dich, Ludwig der Zweite, König von Bayern* und *Eine Stunde Glück*.

1930 rief Hollywood. Die Warner Bros. brauchten einen begabten Regisseur, dem sie für die ersten Tonfilme die deutschen Versionen anvertrauen konnten. Dieterle akzeptierte. »Ich war gerettet, und meine Gläubiger mit mir! Hollywood ermöglichte es mir, alle meine Schulden, die mich durch den Zusammenbruch des Dramatischen Theaters zu ersticken drohten, zu bezahlen. Und dafür bin ich dem Film dankbar. Doch mein Herz gehört . . . dem Theater.«

Dieterle arbeitete flott und effizient, so daß er bereits ein Jahr später als eigenständiger Regisseur debütieren konnte: in *The Last Flight* (1931). Von zwei Filmen für die Fox abgesehen, blieb er den Warners bis 1939 treu. Danach drehte er für RKO u. a. *Der Glöckner von Notre Dame*. Mitte der vierziger Jahre wechselte er zu Paramount, für die er 1956 auch seinen letzten Hollywood-Film inszenierte: *Sturm über Persien*. In den sechziger Jahren arbeitete er wieder in Europa, zuerst in Italien, dann in der Bundesrepublik, wo er u. a. *Die Fastnachtsbeichte* drehte (nach dem Roman von Carl Zuckmayer). Sein letzter Film war *Die Mongolenschlacht* (1966).

William Dieterle gilt als Spezialist des melodramatischen »bio pic«, das mit großer Geste und emotionaler Verve Leben und Wirken historischer Persönlichkeiten nachzeichnete. Seine Filme über *Louis Pasteur* (1936) und *Émile Zola* (1937), über *Juarez* (1939) und *Paul Ehrlich* (1940), die er allesamt für den Produzenten Hal B. Wallis drehte, zeichnet jener gediegene Warner-Stil der späten dreißiger Jahre aus, der engagierte Stoffe mit sorgfältiger Technik und eleganten Dialogen verband. Für viele gilt heute als »schwerblütig«, »allzu brav« oder »bloß zuverlässig«, was er selbst als fortschrittlich und ideenreich empfand. Für Dieterle, schrieb E. A. Dupont, sei »die Aussage das Wichtige, die Geschichte hinter dem Leben des Mannes, den er porträtiert«. Sein eigenes Credo dazu: »Filme müssen eine Botschaft haben . . . Wenn nicht, wird eine Zeit kommen, in der Menschen nicht mehr zuhören werden.«

Auch für die RKO-Version des *Glöckner von Notre Dame*, für die er Charles Laughton in der Titelrolle gewinnen konnte, intensivierte er die »Grundidee« hinter der Geschichte: die Hinweise auf »die unterdrückte, versklavte Menschheit selbst, Ungerechtigkeit erleidend«. Ihm gelang dabei, die düstere Stimmung ästhetisch zu nutzen, die unter den Darstellern und Technikern kurz nach Ausbruch des Zweiten Weltkriegs herrschte.

Seine interessantesten Filme für Paramount, wohin er 1944 Hal B. Wallis folgte, den er als »brillanten Organisator« schätzte und den Don Siegel später einen »Produzenten-Autor« nannte: *Liebesbriefe* (1945), ein Psychodrama um Betrug und Verwirrung zwischen zwei Soldaten und einer Frau; *Frau in Notwehr* (1948), ein Thriller um eine Wissenschaftlerin in Bedrängnis und ihre Versuche, ihr Tun und Töten danach zu vertuschen; *Stadt im Dunkel* (1950), ein grauer Film noir um einen Kriegsheimkehrer, der von einem Killer verfolgt wird.

Die größten Vorzüge von Dieterles Regiekunst sind sein sorgfältiger Umgang mit Darstellern; die betont neutrale Kamera, die nie »spürbar« wird; möglichst gleitende Schnitte, wobei seine Vorliebe für die Halbnahe ihm half, kaum merklich mal näher, mal distanzierter zu werden (seine Großaufnahmen setzten dagegen oft überdeutliche Akzente).

1951 kam Dieterle zu seinem einzigen Western, *Die Hölle der roten Berge*, in dem er die Geschichte des Guerillero Quantrill erzählt, der im Bürgerkrieg hinter der Front im Norden für die Sache des Südens kämpfte. Betont malerisch in den Landschaftsbildern, mythisch in den Konturen des Konflikts, überaus parteiisch im Blick auf die Beteiligten; Dieterle machte aus dem Actiondrama eine Elegie über falsche Hoffnung und Verrat, über Widerstand und beiläufige Solidarität.

William Dieterle

Dieterle, als Regisseur eher ein »zuverlässiger Handwerker« (E. Katz), gehörte zu den Europäern in Hollywood, die noch die trivialsten Geschichten nutzten, um grundlegende Aussagen über Mensch und Gesellschaft zu formulieren, über Gefahren des Alltags und über die Chancen, ihnen zu trotzen.

In den Jahren, die Dieterle in den USA verbrachte, galt er zudem stets als Förderer europäischer Emigranten. J. R. Taylor nannte ihn sogar einen »der führenden Botschafter europäischer Kultur in Kalifornien«, der »einen bedeutenden Beitrag zu den außergewöhnlichen geistig-ästhetischen Lebensmöglichkeiten in Los Angeles während des Krieges« geleistet habe.

Norbert Grob

Filmographie: Der Mensch am Wege (1923) – Das Geheimnis des Abbé X (1927) – Geschlecht in Fesseln (1928) – Die Heilige und ihr Narr (1928) – Frühlingsrauschen (1929) – Ich lebe für Dich (1929) – Das Schweigen im Walde (1929) – Eine Stunde Glück (1930) – Ludwig der Zweite, König von Bayern (1930) – Der Tanz geht weiter (1930) – Die Maske fällt (1930) – Kismet / Kismet (1930) – Dämon des Meeres (1930) – Her Majesty, Love (1931) – The Last Flight (1931) – Die heilige Flamme (1931) – The Crash (1932) – Jewel Robbery / Ein Dieb mit Klasse (1932) – Lawyer Man (1932) – Man Wanted (1932) – Scarlet Dawn (1932) – Six Hours to Live (1932) – The Devil's in Love (1933) – From Headquarters (1933) – Adorable (1933) – Grand Slam (1933) – Fashions of 1934 / Der Modelldieb (1934) – The Firebird (1934) – Fog Over Frisco (1934) – Madame Dubarry / Madame Dubarry (1934) – The Secret Bride (1934) – Doctor Monica (1934) – Dr. Socrates (1935) – A Midsummer Night's Dream / Ein Sommernachtstraum (1935) – Satan Met a Lady (1936) – The Story of Louis Pasteur / Louis Pasteur (1936) – The White Angel (1936) – The Great O'Malley / Ordnung ist das halbe Leben (1937) – Another Dawn (1937) – The Life of Émile Zola / Das Leben des Émile Zola (1937) – Blockade (1938) – Juarez (1939) – The Hunchback of Notre Dame / Der Glöckner von Notre Dame (1939) – A Dispatch from Reuters / Ein Mann mit Phantasie (1940) – Dr. Ehrlich's Magic Bullet / Paul Ehrlich – Ein Leben für die Forschung (1940) – All that Money Can Buy / Der Teufelsbauer (1940) – Syncopation (1942) – Tennessee Johnson (1942) – Kismet / Kismet (1943) – I'll Be Seeing You / Ich werde Dich wiedersehen (1944) – Love Letters / Liebesbriefe (1945) – This Love of Ours / Die Liebe unseres Lebens (1945) – The Searching Wind / Liebe zwischen Krieg und Frieden (1946) – Duel in the Sun / Duell in der Sonne (1946) – The Accused / Frau in Notwehr (1948) – Paid in Full (1948) – Portrait of Jennie / Jenny (1949) – Rope of Sand / Blutige Diamanten (1949) – Vulcano / Vulcano (1949) – Dark City / Stadt im Dunkel (1950) – September Affair / Liebesrausch auf Capri (1950) – Peking Express / Peking-Expreß (1951) – Boots Malone / Tommy macht das Rennen (1952) – Red Mountain / Hölle der roten Berge (1952) – The Turning Point (1952) – Salome / Salome (1953) – Elephant Walk / Elefantenpfad (1954) – Magic Fire / Frauen um Richard Wagner (1956) – The Loves of Omar Khayam / Sturm über Persien (1957) – Il vendicatore / Der Rebell von Samara (1959) – Herrin der Welt (1960) – Die Fastnachtsbeichte (1960) – The Confession (1965) – Die Mongolenschlacht (1966).

Literatur: W. D.: Mein Leben. In: Ufa-Magazin 1927. Nr. 11.

Francis Koral: Interview with William Dieterle. In: Sight and Sound 19 (1950) H. 5. – Herbert Luft: William Dieterle. In: Films in Review 1957. Nr. 4. – Alfonso Pinto / Francisco Rialp: The Films of William Dieterle. In: Films in Review 1968. Nr. 10. – Walter Kaul (Red.): William Dieterle. Retrospektive 7. Dokumentation zu den filmhistorischen Vorführungen der 23. Internationalen Filmfestspiele. Berlin 1973. – Tom Flinn: William Dieterle, the Plutarch of Hollywood. In: Close Up 1976. – John Russell Taylor: Fremde im Paradies. Emigranten in Hollywood 1933–1950. Berlin 1984. – Hervé Dumont: William Dieterle. In: Cinegraph. Hrsg. von Hans-Michael Bock. München 1984 ff. – Marta Mierendorff: William Dieterle. Der Plutarch von Hollywood. Berlin 1993.

Jacques Doillon

*1944

Jacques Doillon wurde am 15. März 1944 im zwanzigsten Arrondissement von Paris geboren, einer – wie er in Interviews betont – proletarischen Umgebung. Er sei ein Mann aus einfachen Verhältnissen, der keine höhere Schulausbildung genossen habe. Er wurde, nachdem er Schnittassistent bei Filmen von Alain Robbe-Grillet, François Reichenbach u. a. war, 1967 Schnittmeister. Doillon führte seit 1969 Regie bei Auftrags- und Kurzfilmen, sein erster selbständiger Film entstand erst 1974. Er selber gehört der Generation an, die im Schatten der Nouvelle-Vague-Regisseure zu arbeiten begonnen hat. Zwar zählt er Jean Vigo und Carl Theodor Dreyer zu seinen Vorbildern, doch erinnern seine Gesprächsfilme in mancher Hinsicht an das Werk von Eric Rohmer, nur sind sie im Charakter nicht so gelassen und so vielschichtig wie Rohmers Werke.

In seinen intensiven Studien über gemischte Gefühle und Gewohnheiten zwischen Menschen findet Doillon oft nur schwebende oder wenig heitere Schlüsse. Doillon favorisiert als Hauptfiguren junge Menschen, entweder vor der Pubertät, in ihr oder kurz danach: Figuren, die auf der Suche sind, ohne anzukommen, die Lebensschemata ausprobieren, ohne sich festlegen zu wollen. Korrespondierend interessieren ihn Männer und manchmal auch Frauen in vorgerückterem Alter, die eine Art Midlife-Krise erleben, deren gewachsene Loyalitäten zu Frauen und Kindern, auch zu Geliebten zu schwinden drohen, ohne daß Alternativen in Sicht wären. Menschen im Übergang, ohne festes Bezugssystem, Personen, die sich gewissermaßen häuten, brauchen neutrale Räume. Doillon bevorzugt Hotelzimmer, gemietete Appartements mit gleichgültigen Wänden und uncharakteristischer Ausstattung, Zimmer, die freigeräumt sind von Dingen, mit denen sich eine persönliche Geschichte verbinden könnte. Oder er schickt sein Personal ans Meer; auf der Grenzscheide zwischen Erde und Wasser, im Niemandsland, bietet sich der geeignete Platz für Personen in einer Umbruchsituation. Entweder haben sie noch kein Zuhause gefunden, in dem sich ihre Persönlichkeit ablagern kann, oder sie haben dieses Zuhause verlassen, so daß es im Bild nicht mehr sichtbar wird. Nur in ihren Gesichtern ist etwas von dem erkennbar, was kommt, oder von dem, was verlassen worden ist. Die klassische Situation eines Mannes zwischen zwei oder mehr Frauen, einer Frau zwischen zwei Männern, der schwebende Zustand der Unentschiedenheit, das Warten auf etwas, das aber nicht herbeigesehnt wird, sind bezeichnende ›Versuchsanlagen‹ in Doillons Filmen. Bereits in *Die Frau, die weint* (1978) schimmert ein autobiographischer Bezug durch. Ein Mann meidet die Entscheidung, vielmehr ist er unfähig, eine herbeizuführen, denn sie wäre in jedem Fall eine Verletzung und Beschneidung des immer verwirrend komplizierten Lebens. Die Rollenfiguren tragen die Vornamen der Darsteller, der Regisseur selbst übernimmt die Hauptrolle. Dieses Schema von der Krise des Zusammenlebens wird in seinen Filmen immer wiederkehren, nicht zuletzt in *Ein Mann am Meer* (1993). *Die Piratin* (1984) bietet eine zugleich erotisierte und tragische Abwandlung davon: Zwei Frauen in einem süchtig engen Verhältnis von Begehren und Abstoßung, von denen die eine zwischen der Geliebten und dem Ehemann wählen muß.

Die Elf- bis Fünfzehnjährigen beschäftigen Doillon als unfertige Menschen, die scheinbar eine unermeßliche Zukunft vor sich haben, die dennoch die unlösbaren Widersprüche der späteren Jahre bereits in einem frühen Stadium widerspiegeln. *Eine Frau mit 15* (1989) zeigt eine Fünfzehnjährige, die mit viel Altklugheit und bisweilen aufdringlicher Beredsamkeit die Gefühle zu ihrem sehr jungen Freund und dessen Vater regulieren will, sich vorübergehend in der eigenen psychologischen Intrige verstrickt, aber dann scheinbar als Siegerin am Ende besteht: sie will den Vater verführen, um ihn loszuwerden, und das gelingt, doch für die merkwürdig fiebrig-platonische Beziehung zu dem jungen Freund, zum Sohn, gibt es für sie und ihn keine Begriffe und wahrscheinlich auch keine glückliche Aussicht. Doillons Meisterwerk ist vermutlich *Der kleine Gangster* (1990). Ein junger Gelegenheitsdieb wird von einem Polizisten gefangen (eindrucksvoll zwischen Selbstbeherrschung und Empörung schwankend: Richard Anconina). Der Dieb bedroht den Polizisten mit der Waffe und zwingt ihn, die ihm unbekannte größere Schwester aufzusuchen. Zwischen den dreien entstehen Spannungen, die das Terzett allerdings nicht zerreißen. Nachdem die Halbwüchsigen in der Wohnung des Polizisten übernachtet haben, bringt er sie am nächsten Tag zum Kommissariat. Der Schluß bleibt offen. Der Polizist, der nüchtern und gedankenlos seinem Beruf nachgehen wollte, wird in der Begegnung mit zwei lebendigen jungen Menschen, mit deren Träumen und schäbiger Gegenwart, nicht nur dazu gezwungen, sein Versagen als ›Arm der Justiz‹ einzugestehen, sondern auch die Leere seines eigenen Daseins. Alle drei beginnen unter Schmerzen, Wutanfällen, lähmenden Momenten der Ratlosigkeit wieder sich selber zu fühlen. Das junge Mädchen springt ins Meer, obwohl es viel zu kalt ist, der junge Gangster will sich um seine jüngere Schwester kümmern, weil er plötzlich Verantwortung zu empfinden beginnt, der Polizist öffnet sich den beiden und erwägt in spielerischer Ironie, die Schwester zu heiraten. Alle drei müssen vor dem Eintritt ins Kommissariat fürchten, ihre unterwegs, im Auto des Polizisten begründete neue, schattenhafte Existenz zu verlieren. Sie gehen aus dem Bild mit dem Ausdruck von Trauer und Furcht. Doillons fast immer aufrichtiges Erzählen schenkt denen Sympathie, die bis zuletzt an ihrer Leidenschaft festhalten: In *Ein Mann am Meer* (1993) ist es die verlassene Geliebte (Isabella Ferrari), die nicht einsehen will, daß ihr Liebhaber sie verlassen hat wegen eines jungen Mädchens, das im Alter seiner Tochter ist. Ihr störrischer und kraftvoller Kampf um ein Glück, das ihr zu entschwinden droht, ist eindrucksvoller als die merkwürdige Passivität oder Fahrlässigkeit des Mannes, der nicht weiß, was er will, und daher riskiert, für fragwürdige Versprechen von neuem Glück gewachsene und intensive Zuneigung zu enttäuschen und zu verlieren. Daß sich Doillon in einer zwölfteiligen Fernsehproduktion des schwierigen Liebesverhältnisses zwischen Germaine de Staël und Benjamin Constant angenommen hat, verwundert nicht. Er schildert einen zurückweichenden, beinahe lethargischen Liebhaber (Constant), der sich endlich in einer Ehe mit einer anderen Frau aus dem großen Konflikt davonstiehlt.

Doillon gibt seinen Schauspielern keine fertigen Drehbücher in die Hand, sondern eher große Bruchstücke, die Ergänzung durch Improvisation verlangen. Die Redelust von Doillons Figuren ist manchmal etwas anstrengend, zumal die Personen bevorzugt über sich und ihre Gefühle nachgrübeln, ebenso über die Gefühlszustände der jeweils anderen, doch Bezüge zur Außenwelt, Sprechakte, die simple Handlungen zur Folge haben könnten, Sprachfetzen, die dem Alltagsleben entstammen oder im Alltagsleben funktionieren, bleiben weitgehend ausgespart. So herrschen beinahe narzißtische Monologe vor, die selten – dann aber mit einem wunderbaren Sinn für Balance – durch stille, kontemplative Bilder der so sehr in ihren eigenen Gefühlen verfangenen Personen ausgewogen werden. Tendenziell bemüht sich die Montage darum, diese selbstreflexiven Tiraden nicht zu unterbrechen. Die Erzählinteressen Doillons sind merklich begrenzt – innerhalb dieser Begrenzung gelingen ihm eindringliche Studien zu Menschen, die in einem Zwischenzustand nicht mehr wissen, was sie denken und was sie tun sollen. Seine Schauspieler kann Doillon fast immer zu einer rückhaltlosen und dichten Verkörperung dieses Typus bewegen. *Thomas Koebner*

Filmographie: L'An 01 (1972) – Les Doigts dans la tête / Die Finger im Kopf (1974) – Un Sac de billes (1975) – La Femme qui pleure / Die Frau, die weint (1978) – La Drôlesse / Ein kleines Luder (1978) – La Fille prodigue (1981) – L'Arbre (1982) – Monsieur Abel / Monsieur Abel (1983) – La Pirate / Die Piratin (1984) – La Vie de famille / Der Mann, der weint (1984) – La Tentation d'Isabelle (1985) – La Puritaine (1986) – Comédie! (1986) – L'Amoureuse / Die Verliebte (1987) – La Fille de quinze ans / Eine Frau mit 15 (1989) – Pour un oui ou pour un non (Fernsehfilm, 1988) – La Vengeance d'une femme / Die Rache einer Frau (1989) – Le Petit Criminel / Der kleine Gangster (1990) – Amoureuse / Amoureuse (1992) – W. – Le jeune Werther (1992) – Un Homme à la mer / Ein Mann am Meer (1993) – Du fond du coeur – Germaine et Benjamin / Germaine und Benjamin (Kinofassung der Fernsehserie, 1994) – Ponette (1996) – Trop (peu) d'amour (1998).

Literatur: Janine Fiedler: »Entre Parenthèses«. Werkstattgespräch mit Jacques Doillon. In: Filmbulletin 216 (1998) S. 23–35.

Carl Theodor Dreyer

1889–1968

Carl Theodor Dreyer wurde am 3. Februar 1889 in Kopenhagen in Dänemark als unehelicher Sohn eines schwedischen Bauern und seiner Haushälterin geboren. Nach dem Tod der Mutter wurde der Zweijährige in die Obhut einer streng lutherisch-protestantischen Familie gegeben. Als junger Mann versuchte er sich als Kaffeehaus-Pianist und Ballonflieger, begann als Journalist zu arbeiten und war 1912 bei der bedeutenden dänischen Filmgesellschaft Nordisk als Autor von Zwischentiteln tätig. Er schrieb alsbald Drehbücher und drehte 1919 seinen ersten Film. Sein zweiter Film, *Blätter aus dem Buche Satans* (1921), erinnert in seinen vier Episoden über den Schrecken der Intoleranz an das Vorbild von D. W. Griffith, *Intoleranz* (1916). 1924 entstand in Deutschland *Michael*, an dessen Drehbuch übrigens die engste Mitarbeiterin Fritz Langs in der Zeit der Weimarer Republik, Thea von Harbou, beteiligt war: Walter Slezak spielt einen äußerlich sanften jungen Mann, der die kaum verhüllte Liebe eines berühmten Malers nicht mehr erwidert, sondern trickreich mit einer Gräfin kollaboriert. Die Vergeblichkeit der homoerotischen Leidenschaft zeigt den älteren Liebhaber als Opfer, zugleich wendet der Film das alte Komödienmodell der törichten Liebe zwischen dem alten Mann und der jungen Frau, hier: einem jungen Mann, ins Ernsthafte. Für Dreyers Werk ist die Polarisierung zwischen den Generationen, genauer zwischen den alten Männern und den Jüngeren, oft Frauen, zugleich das Grundmuster eines sozialen und existentiellen Konflikts: des Konflikts zwischen Patriarchentum und jungen Rebellinnen, die schlimmstenfalls als Hexen verbrannt werden, zugleich des Konflikts zwischen puritanischer Leibverachtung und Lebensfeindlichkeit auf der einen Seite und Liebesgefühle himmlischer wie irdischer Art auf der anderen. Eine heitere Variante dieses Modells stellt Dreyers dänische Komödie *Du sollst deine Frau ehren* (1925) dar, in der ein Familientyrann erleben muß, wie mißlich das Dasein wird, wenn die sonst von ihm unterdrückte Ehefrau plötzlich unauffindbar ist.

Dank eines hohen Budgets ließ Dreyer 1927 auf einem Freigelände bei Paris die Bauten für *Die Passion der Jungfrau von Orléans* errichten (beteiligt war daran der Architekt Hermann Warm, einer der drei Szenenbildner des *Caligari*-Films). Chronologisch drehte er die letzten Stationen des Lebens der 1920 heiliggesprochenen Johanna, die – durch Verrat an die Engländer ausgeliefert – in Rouen 1431 von einem Inquisitionsgericht drangsaliert und schließlich zum Tod auf dem Scheiterhaufen verurteilt wurde. Der Film erlebte seine ersten Aufführungen 1928 zunächst in Kopenhagen, dann, angeblich auf Einspruch der katholischen Kirche gekürzt, in Paris und fand ein durchaus zwiespältiges Echo, neben euphorischer Begeisterung auch desinteressierte Abkanzelung (z. B. bei Rudolf Arnheim). Brandschäden der Negative und Zensureingriffe verstümmelten den überlieferten Film, in den fünfziger Jahren wurde eine restaurierte Fassung hergestellt, erst 1985 konnte das Publikum den wahrscheinlich vollständigen Film wieder sehen, da eine dänische Kopie durch Zufall aufgefunden wurde (es heißt, in einer psychiatrischen Anstalt).

Die *Passion der Jungfrau von Orléans* ist oft, in Frankreich wie in den USA, zu den bedeutendsten Werken der gesamten Filmgeschichte gezählt worden. Als Gründe für dieses Urteil gelten erstens die Stilistik und zweitens die Behandlung des erhabenen Themas: der Leidensweg einer Gerechten, wenn denn beide Aspekte überhaupt so scharf voneinander zu trennen sind. Über weite Strecken erzählt Dreyer in oft sehr langen Einstellungen durch Großaufnahmen der Gesichter. So gelingt ihm ein Dialog der Physiognomien: hier die klaren, festen Züge der Maria (Renée) Falconetti als einer Johanna, deren ekstatische Glaubensgewißheit allmählich der Angst vor dem Sterben zu weichen scheint und schließlich einem Zustand geistiger Entrücktheit Platz macht, ihr gegenüber die Galerie der alten Köpfe, faltig oder aufgebläht, die meist abstoßend selbstherrlichen Mienen des Bischofs und seines Klerus, dazwischen nur zwei jüngere mitfühlende Mönche (einer von ihnen gespielt vom Schriftsteller Antonin Artaud), ferner die groben Züge der vom Geschehen völlig ungerührt bleibenden Folterknechte. Falconetti, es blieb für sie bei dieser einzigen Filmrolle, ist eine zur Zeit der Dreharbeiten bereits 35jährige, aus Korsika stammende Schauspielerin in Boulevardstücken und Fotomodell. Mit Dreyers Hilfe wischt sie alles Alltägliche und Banale aus ihrem ungeschminkten Gesicht fort, übrig bleibt das schöne Antlitz einer von Fragen, Unterstellungen und Drohungen gemarterten Unschuldigen. Dreyer stilisiert sie nicht gleich zur Heiligen, deren Gottesfurcht unerschütterlich bleibt und ihr stoisches Gemüt verleiht, sondern zum empfindlichen, leidensfähigen Menschen, zum naiven Opfer einer männlichen Herrscherkaste. Ihre erschreckte Ratlosigkeit zu Beginn äußert sich in weit aufgerissenen Augen, die sich allmählich in müder Verzweiflung schließen. In einer Einstellung kann sich ihr Ausdruck ändern: von der Signatur äußerster Not zu der neu gefaßter Zuversicht oder in umgekehrter Reihenfolge. Die dramatische Situation ist auf Anhieb klar – das Gericht, die Androhung von Strafe, ein Opfer, das gar nicht versteht, was ihr als Verbrechen zur Last gelegt wird, die Konfrontation mit den Marterinstrumenten, die in bewegter Ornamentik des Schreckens sichtbar werden –, daß sich daraus alle inneren Gefühle ableiten und dem Publikum verständlich machen lassen. Bedrohung und Furcht, listige Verstellung und arglose Zerknirschung, Hohn und Hingabe sind elementare Befindlichkeiten, deren Darstellung, selbst wenn sie zwangsläufig stumm bleibt, nie ins Rätselhafte verrutscht. Da es sich um einen Prozeß gegen eine Unschuldige handelt, der mit ihrem grauenhaften Flammentod endet, ist die Fabel der Passion noch jenseits der Nationallegende von Jeanne d'Arc ein zeitloses Gleichnis für die Gewalt, die gegen Ohnmächtige ausgeübt werden kann.

Daß selbst den Würdenträgern am Schluß die Tränen über die Backen laufen, als sie dieses »Lamm Gottes« betrachten, wird von Dreyer ebensowenig verhehlt wie der Umstand, daß es einen Machtkonflikt zwischen der Geistlichkeit und der englischen Besatzungsmacht gibt, inkarniert in einem dickbäuchigen und aggressiven Heerführer, der die rein kirchliche Argumentation wider Johanna ersichtlich für Larifari hält. Er will die Frau brennen sehen und schlägt dann mit seinen Soldaten den Massenaufstand des Volkes nieder, der sich an den Tod Johannas anschließt. Dreyer gelingen in dieser furios geschnittenen Sequenz beängstigende Bilder von roh prügelnden Armen, die mit stacheligen Morgensternen bewaffnet sind, von der erbarmungslosen Knechtung eines unterworfenen Volkes. Assoziationen an Eisensteins Treppensequenz aus *Panzerkreuzer Potemkin* und Griffiths *Intoleranz* sind nicht abzustreiten, nur abstrahiert Dreyer das Geschehen zu gleichsam ikonischen Arrangements in Bewegung, raubt ihm durch Ornamentalisierung jedoch nicht die bedrohliche Wucht. Die Stilisierung ins Expressive drängt sich bereits bei der Gerichtsverhandlung auf, wenn die Kamera von Rudolf Maté beispielsweise den Fries der unerbittlichen, zum Teil sogar gelangweilten Richter abfährt, auf Figuren zuschnellt, sich wieder von ihnen fortbewegt und so für eine Entspannung der Situation sorgt, wenn für die Geistlichen fast regelmäßig die leicht verzerrende Untersicht gewählt wird, also die Wahrnehmungsperspektive der ausgesetzten Johanna.

Erst fünf Jahre später konnte Dreyer einen nächsten Film realisieren, der an die expressionistischen Filme der frühen Weimarer Zeit anzuschließen scheint und daher von der Stimmung her als ›deutscher‹ Film zu sehen ist – *Vampyr* erlebte auch seine Uraufführung 1932 in Berlin –, der indes in Frankreich gedreht wurde. Der für den deutschen Verleih gewählte Untertitel verändert übrigens den Namen der Hauptfigur: aus David Gray wird Allan Gray (wohl

Carl Theodor Dreyer mit Birgitte Federspiel

in Anspielung auf eine der Figuren in *Das Cabinet des Doktor Caligari*). Dreyer versteht es meisterlich, eine Atmosphäre des Zwielichtigen herzustellen, etwa durch ein weiches Licht – er läßt das Helldunkel wie durch einen Schleier sehen –, ebenso durch merkwürdig verzogene Töne. Die Unheimlichkeit der Vorgänge resultiert häufig aus Schattenspielen: z. B. löst sich der Schatten des Soldaten von der Figur des Soldaten selbst und führt ein Eigenleben. Auf die Dauer können die Zuschauer nicht streng unterscheiden, ob sie nun einem realen Ereignis beiwohnen oder einem Traum. Diese für die Erzeugung des schauerlichen Affekts zentrale Ungewißheit des Erlebens verrät, daß Dreyer die Erzählweise des Genres beherrscht und weitergetrieben hat. Da auch dieser Film, ähnlich wie *Die Passion der Jungfrau von Orléans*, den Erfolg beim Publikum verfehlte – offensichtlich das Schicksal von Werken, die erhebliche Einfühlung, den Bruch mit Wahrnehmungsgewohnheiten und genaues Sehen verlangen –, war es Dreyer in den nächsten Jahren verwehrt, weiterhin Filme zu machen. Es gelang ihm erst elf Jahre später mit dem *Tag der Rache*. Weitere elf Jahre danach, 1954, kam der Film *Das Wort* zur Uraufführung und nach noch einmal zehn Jahren Dreyers letzter Film, *Gertrud* (1964). Während Dreyer in den dreißiger Jahren vornehmlich von seiner Tätigkeit als Journalist in Dänemark lebte, übertrug ihm später der dänische Staat die Leitung eines Filmtheaters, so daß der freie Künstler wenigstens mit einem festen Einkommen rechnen konnte.

Ein am Kriegsende in Schweden gedrehter Film kam auf Dreyers Einspruch hin nicht in den Verleih (er hielt die Besetzung, die ihm vom Produzenten aufgezwungen worden war, für verfehlt). Für ein weiteres Projekt, einen Jesus-Film, an dessen Skript er während eines Aufenthalts in den USA 1945/46 geschrieben hatte, ergab sich erst kurz vor Dreyers Tod die Aussicht auf Realisierung.

Tag der Rache (1943) handelt wieder von einer Passion in doppeltem Sinne des Wortes: Die Handlung spielt zu Beginn des 17. Jahrhunderts, als kräuterkundige Frauen, die Einfluß auf das Begehren der Männer ausüben, als Hexen verleumdet und verbrannt werden. Die junge Frau eines alten Pfarrers – wiederum die Konstellation zwischen Jugend und Alter, dem Lebensrecht der Frauen und der lebensverneinenden Herrschaft der Männer – verliebt sich in dessen Sohn aus erster Ehe, der in ihrem Alter ist. So rechtschaffen der alte Pfarrer auch zu sein scheint, er opfert zu Beginn des Films eine Greisin, die als Hexe verklagt wird, obwohl es in seiner Macht stünde, sie zu retten. Seine junge Ehefrau, die den Stiefsohn und Liebhaber immer wieder in die Landschaft hinauszieht, denn an Quellen und im Nachen, der auf dem Wasser treibt, können sie mit Küssen und Kosen (manchmal schäferspielartig) ihre ›verbotene‹ Leidenschaft äußern, wünscht den in Glaubenseifer und Glaubenszweifel, in protestantischer Freudlosigkeit hager, karg und kummervoll gewordenen Ehemann am liebsten weg, sie wünscht ihm den Tod. Als sie ihm schließlich das Liebesverhältnis offenbart, bricht der Pfarrer zusammen. An seiner Bahre gesteht die junge Frau, von allen im Stich gelassen, daß sie wohl mit dem Teufel im Bund gewesen sein müsse, und weint dabei die Tränen der Johanna von Orléans. Für eine aufgeklärt-naturrechtliche Denkungsart bliebe sie unschuldig, nicht so für die engherzige Rechtsauffassung der patriarchalisch-puritanischen Gesellschaft. Dreyer wählt eine kontrastreiche Teilung von Lichtern und Schatten, zumal für die Innenräume. Ganz selten sind die Lichtzonen durch Lichtquellen im Bild motiviert, meistens haben sie den Charakter dramatischer Akzentuierung von Helligkeit und Schwärze, wobei diese Gegensätze nicht unbedingt moralische Bedeutung annehmen. So erscheint die argwöhnische und böse Mutter des Pfarrers in oft beinahe grellem Licht, während das Gesicht der jungen Liebenden, zumal außen, weicher in den Graunuancen modelliert wird. Die Schlußszene ist in eine sanftleuchtende Helligkeit getaucht, wie sie selbst in Kirchenräumen der Zeit kaum realistisch aufzufinden ist.

Dreyer geht gerecht mit seinen Figuren um, er diskriminiert den Pfarrer nicht über das Maß hinaus, das in der Handlung selbst erkennbar wird, er verurteilt auch nicht plakativ die asketischste Spielart des evangelischen Sittengesetzes: es scheint gerade noch erlaubt, daß Hände sich berühren, selbst die Liebenden tauschen äußerst behutsame Küsse aus, sie alle haben ihren Leib nie entdecken dürfen, vielleicht mit Ausnahme der jungen Frau, die, wenn sie unbeobachtet ist und läuft, in Drehung und Bewegung eine gewisse sinnliche Sicherheit verrät. Denn Dreyers vereinfachende Darstellungsform und Diskretion in der Inszenierung entspricht im Ästhetischen den asketischen Idealen des Puritanismus. Merkwürdig ist indes, daß *Tag des Zorns* manchmal etwas ruckhaft geschnitten ist, als erlitte gerade der Rhythmus, auf den Dreyer in seinen wenigen theoretischen Schriften soviel Wert legt, wiederholt Störungen.

Das Wort, nach dem Bühnenstück des dänischen Dichters und Pfarrers Kay Munk, erzählt von dem Wunder der Wiederbelebung einer jungen Frau, die medizinisch für tot erklärt worden ist. Ein Narr in Christo, im Spiel Johannes genannt, erweckt sie dank seiner Glaubensstärke. Die Objektivität und Sachlichkeit, mit der von diesem Wunder berichtet wird, trägt eher zur Verstörung des Publikums bei, da dieses der Geschichte nicht auf Treu und Glauben folgen kann. Nach der Aufführung und Auszeichnung von *Das Wort* bei den Filmfestspielen in Venedig kam es zu gereizten Reaktionen, da nach den Erfahrungen des Zweiten Weltkriegs und der Nachkriegszeit die simple Position des credo quia absurdum eher verblüffte oder verärgerte Abwehr provozieren mußte als fromme Zustimmung.

In anderer Weise schieden sich die Geister an Dreyers letztem Film, *Gertrud*: Die hochformalisierte Erzählung von einer Frau, die sich von allen drei Männern, die in ihrem Leben etwas bedeutet haben, trennt, da alle drei nicht der Liebe, sondern ihrer Arbeit, also der für Männer üblichen Sozialisation den Vorzug geben, reduziert die äußere Handlung auf die beinahe ständig wiederkehrende Situation, in der die Frau und jeweils einer der Männer nebeneinander sitzen oder auch voreinander, sich nicht in die Augen sehen, während sie monologisierend ihr Unbehagen, ihre Verzweiflung oder ihren Konformismus (das gilt für die Männer) bekennen, aneinander vorbeireden.

Die Frau verbringt – die letzte Sequenz zeigt dies – ihre weiteren Lebensjahre allein und trifft sich am Ende noch einmal mit einem Studienfreund. Dennoch sei das Leben reich durch Liebe gewesen und durch nichts anderes. Im Film selbst erfahren wir allerdings – mit der Ausnahme ihres Verhältnisses zu einem jungen Pianisten – wenig von dieser Liebe: sie bleibt ein Gefühl, das in der Retrospektive beschworen und konserviert wird. Die Radikalität der Emanzipation ist mit Einsamkeit und gesellschaftlicher Isolierung der Frau erkauft (das Stück, das dem Film zugrunde lag, wurde 1906 aufgeführt und zählt zu den Bühnenwerken, die wie Ibsens »Nora« die Befreiung der Frau aus dem patriarchalischen Haushalt befürworten). Die Lebenskonzepte von Männern und Frauen scheinen unvereinbar, unversöhnlich – Liebe muß dann wohl oft von Mißverständnissen getrübt sein –, und die Heldin hat einen so erhabenen Liebesbegriff im Sinn, daß sich die Kompromisse des Erdenlebens damit nicht vertragen. Ähnlich wie in *Das Wort* irritiert auch in *Gertrud* die hohe Forderung. Die strenge, beinahe abstrakte Machart des Films läßt ihn zusätzlich als ein beinahe typisches Alterswerk erscheinen, in dem auch den Schauspielern keine großen Wandlungsprozesse mehr abverlangt werden. Die Fotografie hebt das Bühnenartige der Szenen hervor, die symbolische Anordnung der Figuren und weniger Dekorteile im Hintergrund. Dreyer, der einst in *Die Passion der Jungfrau von Orléans*, in *Vampyr*, noch in *Tag des Zorns*, so aussagekräftige

Bilder komponierte, der mit fließenden, lang hingezogenen Kamerabewegungen, Fahrten und Schwenks und der ›Wechselrede‹ der Einstellungen die Erzählung vorantrieb, verzichtete beinahe völlig auf diese Instrumente in seinen letzten beiden Filmen, die aufs Wort gestellt scheinen. Die inszenatorische Reduktion kann man als intellektuelle Vertiefung rechtfertigen – ein Verlust an cineastischer Substanz scheint doch unabweislich gegeben.

Dreyer ist ein viel bewunderter Einzelgänger geblieben, dem sich das breite Publikum verweigert hat, dessen Nachwirkung vor allem in den Filmen der französischen Nouvelle Vague zu beobachten ist, deren Repräsentanten ihn beharrlich zu einem ihrer wichtigsten Vorbilder erklärt haben.

Thomas Koebner

Filmographie: Praesidenten / Der Präsident (1919) – Blade af satans bog / Blätter aus dem Buche Satans (1921) – Prästänkan / Nach Recht und Gesetz / Die Pfarrerswitwe (1921) – Die Gezeichneten (1922) – Der var engang / Es war einmal (1922) – Mikael / Michael (1924) – Du skal aere din hustru / Du sollst deine Frau ehren / Der Herr des Hauses / Ehret eure Frauen (1925) – Glomdalsbruden / Reise in den Himmel / Die Braut von Glomdal (1925) – La Passion de Jeanne d'Arc / Die Passion der Jungfrau von Orléans (1928) – Vampyr / Vampyr – Der Traum des Allan Gray (1932) – Vredens dag / Dies Irae / Tag der Rache / Tag des Zorns (1943) – Tva människkor / Zwei Menschen (1945) – Ordet / Das Wort (1954) – Gertrude / Gertrud (1964).

Literatur: Ebbe Neergard: Carl Dreyer. A Film Director's Work. London 1953. – Claude Perrin: Carl Th. Dreyer. Paris 1969. – Donald Skoller: Dreyer in Double Reflection. New York 1973. – David Bordwell: The Films of Carl Theodor Dreyer. Berkeley / Los Angeles 1981. – filmwärts 14 (1989). [Sondernummer zu C. Th. Dreyer.]

Julien Duvivier

1896–1967

Im Oktober 1967, einen Monat nachdem er seinen Film *Diaboliquement votre* (einen Psychokrimi mit Alain Delon und Senta Berger in den Hauptrollen) termingerecht fertiggestellt hatte, erlitt Julien Duvivier am Steuer seines Jaguars eine Herzattacke und starb bei dem dadurch verursachten Verkehrsunfall. Als man Delon von Duviviers Tod berichtete, zeigte er sich erschüttert, jedoch nur wenig erstaunt: Er habe jeden Tag befürchtet, diese Nachricht zu bekommen. Duvivier habe sich beim Dreh von *Diaboliquement votre* »bis zum Umfallen« verausgabt. Er sei sehr müde gewesen.

Julien Duvivier hat in 48 Jahren 69 Filme gedreht und an diversen weiteren Produktionen mitgearbeitet. Geboren am 8. Oktober 1896 in Lille, begann er seine Schulausbildung am dortigen Collège des Jésuites und wechselte später nach Paris. 1916 ging er dort mit einem Schulfreund an das Théâtre Odéon. Da während des Ersten Weltkriegs an den meisten Theatern Besetzungsnot herrschte, kam der unerfahrene Duvivier schnell auf die Bühne. Er konnte sich jedoch schlecht seine Texte merken, und als er während einer Aufführung einen völligen Blackout erlitt, riet ihm ein Freund, doch besser vor als auf der Bühne zu arbeiten. Der langjährige Direktor des Odéon, André Antoine, der sich selbst gerade in Richtung Film orientierte, soll zu Duvivier gesagt haben: »Sie sind nicht für das Theater, sondern für den Film gemacht.« So versuchte Duvivier sein Glück im Studio: Er arbeitete für Gaumont und assistierte Regisseuren wie Louis Feuillade, André Antoine und Marcel L'Herbier. Während dieser Zeit schrieb er auch Drehbücher, von denen er 1919 und 1920 zwei verfilmte: *Haceldama ou le prix du sang* (1919), eine Art Western, und *La Réincarnation de Serge Renaudier* (1920), dessen Negativ jedoch bei der Entwicklung zerstört wurde. Von 1922 an arbeitete Duvivier als eigenständiger Regisseur.

Allein in den zwanziger Jahren, dem letzten Jahrzehnt des Stummfilms, drehte er fast zwanzig Filme. 1924 feierte er mit *La Machine à refaire la vie* seinen ersten größeren Erfolg. Für diesen Film montierte er aus Fragmenten von den ersten kurzen Filmen der Lumières bis zu Wienes *Das Cabinet des Dr. Caligari* (1920) eine dreistündige Zusammenfassung der Entwicklung und Technik des Films von seinen Anfängen bis zur Gegenwart. 1933 drehte er davon eine Tonfassung.

In dieser Zeit adaptierte er viele Romane, wie z. B. *Poil de carotte* (1925) von Jules Renard und *Au bonheur des dames* (1930) von Émile Zola. Auch von *Poil de carotte* entstand einige Zeit später eine Tonfassung. Im Gegensatz zu anderen Stummfilmregisseuren war Duvivier vom Tonfilm begeistert. Er betrachtete den Ton als eine willkommene Erweiterung seiner dramatischen Ausdrucksmöglichkeiten. *David Golder* (1931) war sein erster Tonfilm, für den er auch erstmals mit dem Charakterschauspieler Harry Baur zusammenarbeitete, der sein Lieblingsschauspieler und Freund wurde. Harry Baur spielt neben Robert Lynen auch die Hauptrolle in der Tonfilmfassung von *Poil de carotte* (1932). Duvivier hat diesen damals in Frankreich recht erfolgreichen Film immer für seinen besten gehalten. *Poil de carotte* handelt von einem Jungen (Lynen), der vergeblich um die Zuneigung seines Vaters (Baur) und seiner Mutter kämpft. Immer wieder zurückgestoßen, versucht er Selbstmord zu begehen. In starken Bildern zeigt der Film das Landarbeitermilieu und verbreitet eine geradezu beunruhigende Stimmung.

In der Folgezeit versuchte sich Duvivier in verschiedenen Genres: Er drehte Komödien (z. B. *Hallo! Hallo! Hier spricht Berlin!*, 1932) wie Krimis (z. B. 1933 *La Tête d'un homme* nach Georges Simenon mit Harry Baur als Maigret). 1934 erhielt er den Grand Prix de Cinéma Français für *Maria Chapdelaine*, seinen ersten Film mit Jean Gabin. Mit *Das Kreuz von Golgatha*, einem Film über das Leben Jesu, schloß Duvivier 1935 seine religiöse Trilogie ab, die mit *Credo ou la tragédie de Lourdes* (1924) und *L'Agonie de Jérusalem* (1926) begonnen hatte. In seinem Werk finden sich einige Filme zu religiösen Themen; Glaube war für Duvivier jedoch nur ein dramatisches Thema wie Liebe oder Eifersucht. Ihn interessierte daran nicht die theologische Problematik, sondern eine gute Story.

Zwischen 1934 und 1939, der Hochzeit des »poetischen Realismus« im französischen Film, drehte er seine erfolgreichsten Filme. Er wurde nun in einem Atemzug mit den Großen des französischen Kinos genannt: René Clair, Jacques Feyder, Jean Renoir und Marcel Carné. Duviviers Filme dieser Zeit, immer mit Jean Gabin in der Hauptrolle, leben von ihrer dichten, zweideutigen Atmosphäre. Die Hauptperson ist meist ein von der Gesellschaft ausgestoßener, lebensmüder (Anti-)Held, der von Gabin perfekt verkörpert wird. Dessen starke Präsenz hat diese Filme sehr geprägt.

Nach der literarischen Vorlage von Pierre Mac Orlan entstand 1935 *Die Kompanie der Verlorenen*. Ein des Mordes verdächtigter Mann flieht in die Fremdenlegion, wo er sich für seine Ideale opfert. Jean Gabin ist hier erstmals in der in seiner weiteren Karriere typischen Rolle des harten, getriebenen, jedoch aufrechten und persönlich integren Mannes zu sehen. 1936 folgte *Zünftige Bande*: Fünf arbeitslose Männer gewinnen in der Lotterie. Doch die geldgierige Ehefrau des einen bringt die Freundschaft der fünf in Gefahr, so daß der Geldgewinn letztlich ins Unglück führt.

Pépé le Moko – Im Dunkel von Algier (1937) wird oft als Duviviers Hauptwerk bezeichnet. Ein von der Polizei gesuchter Gangster aus Paris versteckt sich in der labyrinthischen Altstadt von Algier, verliebt sich eines Tages in eine schöne Touristin aus Paris, wird bei dem Versuch, mit ihr in seine Heimat zurückzukehren, verhaftet und begeht Selbstmord. Der nach außen hin starke, unbesiegbare Chef der Unterwelt, der in Wirklichkeit langsam in seinem selbstgewählten Gefängnis verzweifelt, bringt sich lieber um, als in ein echtes Gefängnis zu gehen. Der große Erfolg von *Pépé le Moko* verschaffte Duvivier im gleichen Jahr einen Vertrag mit Metro-Goldwyn-Mayer.

Bevor Duvivier nach Hollywood ging, drehte er den ebenfalls sehr erfolgreichen Film *Spiel der Erinnerung* (1937). Unter Verwendung von Rückblenden und Traumsequenzen erzählt dieser Episodenfilm von einer jungen Witwe, die ein Ballheft aus ihrer Jugend wiederfindet, daraufhin ihre damaligen Tanzpartner aufsucht und mit deren unterschiedlichen Schicksalen konfrontiert wird. In Hollywood arbeitete er mit an *Der große Walzer* (1939), einem sehr kitschigen Film über das Leben des jungen Johann Strauß. An diesem Operettenfilm war der als Regisseur aufgeführte Duvivier jedoch nur am Rande beteiligt. Noch im gleichen Jahr kehrte er nach Frankreich zurück, wo er mit *Lebensabend* wieder einen düster-pessimistischen Film drehte. Schon 1940 ging Duvivier wieder nach Hollywood, diesmal jedoch, wie so viele französische Regisseure, ins Exil, um dem Krieg zu entkommen. Die Schauspieler Harry Baur und Robert Lynen wurden von den Nazis ermordet.

In Hollywood arbeitete Duvivier mit Schauspielern höchsten Ranges, wie Ginger Rogers, Rita Hayworth, Charles Laughton und Edward G. Robinson. Er versuchte in seinen Arbeiten, den amerikanischen mit dem europäischen Stil zu mischen. Für Universal drehte er *Tales of Manhattan* (1942). Dieser Episodenfilm erzählt nach dem Muster von *Lebensabend* die Geschichte eines Fracks, der mehrfach seinen Besitzer wechselt. Vorbild war ein deutsches Filmkonzept von Billy Wilder und Walter Reisch, »Der Frack« (1932). In Amerika hatte Duvivier, der besser mit der »amerikanischen Art« zurechtkam als die meisten anderen seiner Kollegen, Erfolg, denn das »Europäische« an seinen Filmen war für das amerikanische Publikum reizvoll.

Als er 1945 nach Europa zurückkehrte, war er jedoch froh, auch wieder mit französischen Studios arbeiten zu können. Es entstanden *Panik* (1946), ein bitterer Film über Massenhysterie und deren Opfer, und *Eine Heilige unter Sünderinnen* (1949), der von Mädchen in einer Besserungsanstalt erzählt, die gegen eine sadistische Aufseherin rebellieren. Trotz beständiger Arbeit gelang es Duvivier nicht, an seinen Erfolg in der Zeit vor dem Zweiten Weltkrieg anzuknüpfen. Er versuchte sich jetzt in heiteren Themen wie in *Auf den Straßen von Paris* (1952), einer Persiflage auf den Filmbetrieb: Ein sensationslüsterner und ein eher harmloser Drehbuchautor streiten sich über ein von ihnen zu schreibendes Szenario. Der Zuschauer bekommt die verschiedenen Versionen zu sehen, bis ein ganzer Film entstanden ist. Die beiden Don-Camillo-Filme (*Don Camillo und Peppone*, 1952, und *Don Camillos Rückkehr*, 1953) waren ein großer Publikumserfolg, der jedoch laut Kritiken eher auf das Konto des Hauptdarstellers Fernandel ging.

Danach kehrte Duvivier mit *Der Fall Maurizius* (1954), *Der Engel, der ein Teufel war* (1956) und *Marie-Octobre* (1959) zu seinen düsteren Themen der dreißiger Jahre zurück. *Ein Weib wie der Satan* (1959) stand ganz im Zeichen der Hauptdarstellerin Brigitte Bardot. Auch *Rasthaus des Teufels* (1963) und *Mit teuflischen Grüßen* (1967) waren zwei perfekt inszenierte Kriminalfilme, doch Duviviers kommerzieller Stil entsprach nicht mehr der Zeit. Für die Nouvelle Vague gehörte er zu »Väterchens Kino«.

In einem Interview hat Duvivier zu seiner Arbeit als Regisseur einmal gesagt: »Kino ist ein Handwerk, ein schwieriges, aber erlernbares Handwerk.« Er wußte, wie ein »ordentlicher« Film aufgebaut sein muß, wie Höhepunkte zu setzen sind und wie man Atmosphäre schafft. Er drehte seine Filme für ein Publikum, das den Alltag für eine Weile vergessen wollte, und war stets bemüht, diesen Wunsch bestmöglich zu erfüllen. Duvivier war ein introvertierter Mensch, der jegliches Aufsehen um seine Person haßte und mit strenger Professionalität über seine Produktionen wachte. Er hat nie an Pressekonferenzen teilgenommen oder ein Manifest unterschrieben. Für ihn sollte ein Film keine »Aussage« haben; er wollte auch nicht hinter seinem Werk hervortreten und explizit politisch Stellung beziehen. Seine Filme beschrieben zwar oft ungerechte Zustände, sie bewerteten diese jedoch nicht.

Sophie Albers

Filmographie: Haceldama ou le prix du sang (1919) – La Réincarnation de Serge Renaudier (1920) – Les Roquevillard (1922) – L'Ouragan sur la montagne (1922) – Le Logis de l'horreur / Der unheimliche Gast (1922) – Le Reflet de Claude Mercœur (1923) – Credo ou la tragédie de Lourdes (1924) – Cœurs farouches (1924) – La Machine à refaire la vie (1924) – L'Œuvre immortelle (1924) – L'Abbé Constantin (1925) – Poil de carotte (1925) – L'Agonie de Jérusalem (1926) – L'Homme à l'hispano (1926) – Le Mariage de Mademoiselle Beulemans (1927) – Le Mystère de la tour Eiffel (1927) – Le Tourbillon de Paris (1928) – La Vie miraculeuse de Thérèse Martin (1929) – La Divine Croisière (1929) – Maman Colibri (1929) – Au Bonheur des dames (1930) – David Golder (1931) – Les Cinq Gentlemen maudits / Die fünf verfluchten Gentlemen (1932) – Allô, Berlin? Ici, Paris! / Hallo! Hallo! Hier spricht Berlin! (1932) – Poil de carotte / Karottenkopf (1932) – La Vénus du collège (1932) – La Tête d'un homme (1933) – La Machine à refaire la vie (1933) – Le Petit Roi (1933) – Le Paquebot »Tenacity« (1934) – Maria Chapdelaine (1934) – Golgotha / Das Kreuz von Golgatha (1935) – La Bandera / Die Kompanie der Verlorenen (1935) – L'Homme du jour / Der Mann des Tages (1936) – Le Golem (1936) – La Belle Équipe / Zünftige Bande (1936) – Pépé le Moko / Pépé le Moko – Im Dunkel von Algier (1937) – Un Carnet de bal / Spiel der Erinnerung (1937) – Marie-Antoinette (Co-Regie: W. S. van Dyke, 1938) – The Great Waltz / Toute la ville danse / Der große Walzer (1939) – La Fin du jour / Lebensabend (1939) – La Charrette fantôme (1939) – Un tel père et fils / Heart of a Nation (1940) – Lydia / Ein Frauenherz vergißt nie (1941) – Tales of Manhattan / Six Destins / Tales of Manhattan (1942) – Flesh and Fantasy / Obsessions / Das zweite Gesicht (1943) – The Impostor / L'Imposteur (1943) – Un tel père et fils (1945) – Panique / Panik (1946) – Anna Karenina / Anna Karenina (1948) – Au royaume des cieux / Eine Heilige unter Sünderinnen (1949) – Black Jack / Der schwarze Jack (1950) – Sous le ciel de Paris coule la Seine / Unter dem Himmel von Paris (1951) – Le Petit Monde de Don Camillo / Don Camillo und Peppone (1952) – La Fête à Henriette / Auf den Straßen von Paris (1952) – Le Retour de Don Camillo / Don Camillos Rückkehr (1953) – L'Affaire Maurizius / Der Fall Maurizius (1954) – Marianne de ma jeunesse / Marianne (1955) – Voici le temps des assassins / Der Engel, der ein Teufel war (1956) – Pot-Bouille / Immer wenn das Licht ausgeht (1957) – L'Homme à l'imperméable / Der Mann im Regenmantel (1957) – La Femme et le pantin / Ein Weib wie der Satan (1959) – Marie Octobre / Marie-Octobre (1959) – Boulevard / Lichter von Paris (1960) – La Grande Vie / Das kunstseidene Mädchen (1960) – La Chambre ardente / I peccatori della foresta nera / Das brennende Gericht (1962) – Le Diable et les dix commandements / Der Teufel und die Zehn Gebote (1962) – Chair de poule / Pelle d'oca / Rasthaus des Teufels (1963) – Diaboliquement votre / Mit teuflischen Grüßen (1967).

Literatur: Raymond Chirat: Julien Duvivier. Paris 1968. – Pierre Leprohon: Duvivier. Paris 1968. (Anthologie du Cinéma. 4.) – Alain Masson / Noël Herpe / Christian Viviani / Philippe D'Hugues: Dossier Julien Duvivier. In: Positif 429 (1996) S. 80–96. – Hubert Niogret: Julien Duvivier. Florenz 1996.

Clint Eastwood

*1930

Kein Schauspieler, Regisseur und Produzent nimmt in der amerikanischen Filmindustrie einen derart mythischen Rang ein, keiner ist seit drei Jahrzehnten derart erfolgreich und populär, und keiner hat sich in seinen Filmen so konstant und wirkungsvoll mit den Legenden und Mythen Amerikas auseinandergesetzt wie Clint Eastwood. Dabei war und ist Eastwood nie unumstritten. Feierte ihn vor allem die französische Kritik schon früh als einen »auteur« vom Range John Fords, so kehrte die liberal-intellektuelle amerikanische Filmkritik einige der Vorwürfe gegen Ford oft auch gegen Eastwood, vor allem den, ästhetisch und politisch konservativ, ja reaktionär zu sein. Als Erbe Fords und John Waynes zugleich, als Symbol des Männlichkeitswahns war Eastwood in den siebziger Jahren geradezu verschrieen, aber auch sensibel genug, die Kritik und die von ihr unberührte Popularität gleichermaßen für eine Image-Korrektur zu nutzen. So ist unübersehbar, daß er seit *Der Texaner* (1976), seiner fünften Regiearbeit, »eine zunehmend persönlichere Thematik entwickelte« (J.-P. Coursodon / B. Tavernier), die seine beiden größten Erfolge in den neunziger Jahren, *Erbarmungslos* (1992), für den er als Regisseur und Produzent des besten Films mit dem Oscar ausgezeichnet wurde, und *In the Line of Fire – Die zweite Chance* (1993), unter der Regie von Wolfgang Petersen, vollends prägt: »Viele der Figuren, die ich verkörpert habe, sind Einzelgänger, viele lehnen sich gegen gesellschaftliche Bedingungen auf. Ich habe oft Menschen gespielt, die einsam sind, entweder aus freiem Willen, oder weil das Schicksal es so wollte. Wahrscheinlich fühle ich mich diesen Leuten verbunden« (Eastwood).

Clint Eastwood wurde am 31. Mai 1930 in San Francisco geboren. Nach dem Schulabschluß zog er als Gelegenheitsarbeiter durch das Land und trat schließlich in die Armee ein. Bei Dreharbeiten auf dem Kasernengelände fiel er durch sein gutes Aussehen und seine Größe auf und wurde nach seiner Entlassung von Universal unter Vertrag genommen. Als Klein- und Nebendarsteller trat er zwischen 1955 und 1958 in einigen B-Pictures auf, von seinem Schauspieltalent selbst wenig überzeugt und ohne Hoffnung, sich in Hollywood etablieren zu können. Mit der zweiten Hauptrolle als draufgängerisch-schlaksiger Viehtreiber Rowdy Yates in der TV-Westernserie *Rawhide / Cowboys* (1958–65) kam überraschend der erste – auch internationale – Erfolg und mit ihm das Angebot, einen Film in Italien zu drehen: *Für eine Handvoll Dollar* (1964). Die beiden folgenden Filme von Sergio Leone, *Für ein paar Dollar mehr* (1965) und *Zwei glorreiche Halunken* (1966) kreierten das Subgenre des Italo- oder »Spaghetti«-Western und machten aus Eastwood einen Star, wobei seine Darstellung des einsamen, wortkargen, zynisch-professionellen Kopfgeldjägers mit dem Zigarillo im ewig regungslosen Gesicht sein Star-Image als »Macho« für mehr als ein Jahrzehnt prägte. Mit Don Siegel, dem Mentor Eastwoods in dieser Phase seiner Karriere, schuf er in *Dirty Harry* (1971) die großstädtische Variation seines Leone-Charakters, die zur umstrittenen Ikone wurde. Eastwoods »stone face« über einer überdimensionalen Waffe ging in den Bestand populär-kultureller Mythen ein. Mit dem Erfolg seiner Western und Polizeifilme – *Dirty Harry* folgten mehrere Fortsetzungen, in denen Eastwood in eigener und unter fremder Regie den Charakter nur wenig wandelte – schien der Star Eastwood auf das Genre des Actionfilms festgelegt. Als eigener Produzent seiner Firma Malpaso sicherte er sich jedoch die Unabhängigkeit und die Freiheit, auch Dramen und Romanzen zu drehen, die von ihm nicht erwartet wurden.

Schon seine erste Arbeit als Regisseur, der Psychothriller *Sadistico – Wunschkonzert für einen Toten* (1971), zeigt an der von Eastwood dargestellten Hauptfigur, einem ichfixierten Radio-Discjockey, der von einer Frau bedroht wird, die problematischen Züge vermeintlich autonomer Maskulinität und erste Anzeichen psychischer Verstörung hinter der reglosen Maske. Mit der Verwendung von Blues- und Jazz-Musik in seinem Debüt bekundet Eastwood zudem nicht nur erstmals seine Liebe zu dieser amerikanischen Musiktradition, sondern auch sein Gespür für deren dunkle Seite: den Ausdruck von Einsamkeit und Sehnsucht, von Qual und Leidenschaft. In *Begegnung am Vormittag* (1973), Eastwoods dritter Regiearbeit, in der er selbst nur einen Gastauftritt hat, verliebt sich ein alternder Mann (William Holden) in eine junge Herumtreiberin und beschließt, trotz der Widerstände seiner Umgebung, mit ihr einen Neubeginn. Die psychische Qual in *Sadistico* und die Sentimentalität in *Begegnung am Vormittag* sind die beiden Seiten von Eastwoods Romantizismus, den er bewußt zur Grundlage seiner Stoffwahl und seiner Inszenierung macht, wobei die Sentimentalität durch Humor, Ironie und schließlich durch Selbstironie gemildert wird. In *Ein Fremder ohne Namen* (1972), Eastwoods erstem Western als Regisseur, verkörpert er buchstäblich eine gequälte Seele, die eines Ermordeten, der in anderer Gestalt in einen Ort zurückkehrt, um Rache zu nehmen für eine verdrängte Schuld. Die Mythologie des Genres wird bis an ihre Grenzen getrieben: der Held ist ein Geist, ein Engel der Apokalypse, und dabei synthetisch wie die Leone-Charaktere; die Gewaltakte sind von schwarzem Humor geprägt und gegen eine Gemeinschaft gerichtet, die hinter der Fassade der Wohlanständigkeit nichts als Korruptheit und Heuchelei verbirgt. Auch *Der Texaner* (1976) erzählt eine Rachegeschichte. Der durch den Verlust seiner Familie traumatisierte Farmer Josey Wales (Eastwood) setzt nach dem Ende des Bürgerkrieges seinen Krieg fort und flieht als Outlaw durch ein von Gewalt und Lüge gezeichnetes Land. Gerade er, der das mythische Trauma der in die Gewalt gestoßenen Unschuld nur erträgt, indem er selbst schuldig wird, wirkt am Ende als ebenso mythischer Stifter einer kleinen multiethnischen Gemeinschaft, der utopischen Keimzelle einer vielleicht einmal mit sich versöhnten (amerikanischen) Gesellschaft.

Die Verwandlung Eastwoods vom synthetischen Charakter mit einem unzerstörbaren Körper in psychologisch nuancierte, emotional und physisch sensible, verletzbare Charaktere vollzieht sich definitiv in zwei Filmen, die sein Publikum enttäuschten, in der Rodeo- und Zirkus-Komödie *Bronco Billy* (1980), in der er als heruntergekommener Traum-Cowboy selbst zum Ausverkauf des Western-Mythos beiträgt und diese Erniedrigung dann erleiden muß, und vor allem in *Honkytonk Man* (1982), einer düster-sentimentalen Ballade über die letzten Tage eines an Tuberkulose und Trunksucht zugrunde gehenden Countrysängers (Eastwood) im Amerika der Depressionszeit. In beiden Filmen ist die populäre amerikanische Kultur erstmals Rahmen und Bezugspunkt der Geschichte einer Figur und der filmischen Narration: Rodeo-Nummern und Songs werden in den ruhigen Fluß des Erzählens integriert, die Inszenierung verdichtet Szenen zu der sozialen Situation der Figuren, und zugleich wird eines klar: daß die Mythen der populären Kultur auf persönlichen Dramen, ja auf Tragödien beruhen.

Auf den Mißerfolg der beiden Filme reagierte der Produzent und Regisseur Eastwood mit der Rückkehr zur Erfolgsfigur des Dirty Harry in *Dirty Harry kommt zurück* (1983). Mythisch ist *Pale Rider – Der namenlose Reiter* (1985) angelegt, ein Remake von George Stevens Western *Mein großer Freund Shane* (1953), der schon die Wunscherfüllungsphantasien im Western-Genre zum Thema hatte. Eastwood gelingt als Regisseur und Darsteller die Verbindung der klassischen Dramaturgie des Genres (ein Held erscheint als Helfer der Geknechteten) mit deren Erweiterung. Erneut ist er ein »Geister-Reiter«, ein Untoter, ein Prediger/

Clint Eastwood mit Meryl Streep

Engel, der aus der Vergangenheit kommt, um zu richten, diesmal jedoch auch den Frevel an der Natur. Indem diese Erlöserfigur jedoch von einem Mädchen in einem Gebet herbeigesehnt wird, macht Eastwood seine Star-Imago selbst zum Thema.

Als Eastwood von 1986 bis 1988 in seinem Wohnort Carmel Bürgermeister war, wurden ihm sofort weitreichende politische Ambitionen unterstellt, nicht zuletzt durch seinen Film *Heartbreak Ridge* (1986), in dem er einen verbitterten Armee-Sergeanten darstellt, der trotz menschlicher Schwächen seine Truppe im Ernstfall zum Erfolg führen kann. Die patriotischen Züge des Films und damit zugleich die Männlichkeit des Sergeanten werden jedoch konterkariert durch das hier – wie in fast allen Eastwood-Filmen – äußerst prekäre Verhältnis zu Frauen, durch die Inszenierung von emotionalen Enttäuschungen, die zu Selbstbestätigungsexzessen der Männlichkeit führen. In *Bird* (1988), seinem Film über das tragische, zerstörte und selbstzerstörerische Leben des drogensüchtigen Jazz-Saxophonisten Charlie »Bird« Parker (Forest Whitaker), schuf Eastwood das Gegenstück zu seinen Western. *Bird* ist die Tragödie der Schöpfung aus Selbstzerstörung, die Reformulierung des mythischen Themas des Western: Regeneration durch Gewalt. Dabei bleiben die Helden, die Protagonisten der Erneuerung, als Opfer zurück.

Weißer Jäger, schwarzes Herz (1990), eine zwiespältige Hommage Eastwoods an John Huston, den Regisseur von *African Queen* (1951), zeigt Eastwood als egomanischen Künstler, der dem Hemingway-Mythos noch einmal zu entsprechen versucht – wie es wohl Huston während der Dreharbeiten zu seinem Film versuchte –, aber scheitert. Auf den ruppig und zugleich spektakulär inszenierten Actionfilm *Rookie – Der Anfänger* (1990) folgte *Erbarmungslos* (1992), der Versuch einer Revision des Western durch Dekonstruktion und Rekonstruktion seiner Elemente, wobei der Film alle Elemente von Eastwoods Werk streng konzentriert. Der Protagonist des Films, William Munny (Eastwood), ist ein seelisch gepeinigter gealterter Outlaw, der sich noch einmal aufmacht, seine Vergangenheit als berüchtigter Revolvermann in gegenwärtige Aktion zu überführen, um sich eine Zukunft zu ermöglichen. Dabei gerät er in eine Geschichte, in der Vergangenheit längst zur trivialen, verlogenen Legende wurde und Frauen über die Aktionen von Männern wachen. Doppeltem Druck ausgesetzt, bewährt er sich trotzdem. Im finalen Showdown kommt er aus der Nacht der Zeit wie ein Gespenst und verschwindet wieder in ihr.

Eastwoods letzte Filme sind Elegien, Beschwörungen einer *Perfect World* (1993), die die amerikanische Mythologisierung der Geschichte vor dem Mord an John F. Kennedy im Jahr 1963 ansiedelt und die sein gleichnamiger Film als Illusion zeigt: Der amerikanische Traum ist zum Ende gelangt, aber er war keine Lüge, er lebte und lebt in den Outlaws und in den Liebenden, in den wenigen Momenten des Aufbegehrens, die sich nicht erfüllen. *Die Brücken am Fluß* (1995), ein Melodram, schließt – vorläufig – Clint Eastwoods filmische Erprobung der Genres als Möglichkeiten, amerikanische Geschichte(n) zu erzählen, ab. Die Liebe zwischen einer verheirateten Farmersfrau (Meryl Streep) und einem welterfahrenen, aber einsamen Fotografen (Eastwood), dauert nur ein paar Tage, aber in diesen Tagen wird ihnen bewußt, daß es zweierlei Moral gibt, eine der Vergangenheit, die das Bestehende sichert, und eine sehr vergangene, die des amerikanischen Traumes, des Verfolgens des Glücks. Diese Chance ergreifen sie nicht. Seit *Honkytonk Man* handeln Eastwoods Filme vom Altern, dem Altern von Träumen, aber auch und vor allem dem Altern des einstmals mythischen Körpers Eastwood, das er in *Die Brücken am Fluß* fast schmerzlich zeigt: einen Körper, der Geschichte wurde.

Bernd Kiefer

Filmographie: Play Misty for Me / Sadistico – Wunschkonzert für einen Toten (1971) – High Plains Drifter / Ein Fremder ohne Namen (1972) – Breezy / Begegnung am Vormittag (1973) – The Eiger Sanction / Im Auftrag des Drachen (1975) – The Outlaw Josey Wales / Der Texaner (1976) – The Gauntlet / Der Mann, der niemals aufgibt (1977) – Bronco Billy / Bronco Billy (1980) – Firefox / Firefox (1982) – Honkytonk Man / Honkytonk Man (1982) – Sudden Impact / Dirty Harry kommt zurück (1983) – Pale Rider / Pale Rider – Der namenlose Reiter (1985) – Heartbreak Ridge / Heartbreak Ridge (1986) – Bird / Bird (1988) – White Hunter, Black Heart / Weißer Jäger, schwarzes Herz (1990) – The Rookie / Rookie – Der Anfänger (1990) – Unforgiven / Erbarmungslos (1992) – A Perfect World / Perfect World (1993) – The Bridges of Madison County / Die Brücken am Fluß (1995) – Absolute Power / Absolute Power (1996) – Midnight in the Garden of Good and Evil / Mitternacht im Garten von Gut und Böse (1997) – True Crime (1998).

Literatur: Paul Smith: Clint Eastwood. A Cultural Production. London 1993. – Gerald Cole / Peter Williams: Clint Eastwood. Seine Filme – sein Leben. München 1994. – Gerhard Midding / Frank Schnelle (Hrsg.): Clint Eastwood. Der konservative Rebell. Stuttgart 1996.

Blake Edwards

*1922

William Blake McEdwards, Regisseur, Produzent, Drehbuchautor und Schauspieler, wurde am 26. Juli 1922 in Tulsa, Oklahoma, geboren. Familiär vorbelastet – sein Großvater J. Gordon Edwards war Stummfilmregisseur, der Vater Regisseur und Produzent –, gab Edwards im Alter von zwanzig Jahren sein Filmdebüt als Schauspieler, u. a. spielte er in Henry Hathaways *Ten Gentlemen From West Point* (1942), Victor Flemings *A Guy Named Joe* (1943) und Otto Premingers *In the Meantime, Darling* (1944). Über seine Autorentätigkeit, zunächst für das Radio, dann als Drehbuchautor im Team des Regisseurs Richard Quine, kam er zur Filmregie. 1955 führte er im Auftrag der Columbia zum ersten Mal Regie bei dem Musicalfilm *Bring Your Smile around*, stilistisch an seinen Mentor und Co-Autor Richard Quine angelehnt. 1956 drehte Edwards – mit mäßigem Erfolg – das sozialkritisch angehauchte Gesellschaftsdrama *Mister Cory* mit Tony Curtis als Hauptdarsteller. Neben der sehr erfolgreichen Fernsehserie *Peter Gunn* (1958–60), zu der Henry Mancini, mit dem Edwards fortan eine lebenslange Arbeitsgemeinschaft pflegt, die Musik komponierte, und zwei weiteren Fernsehserien (*Mr. Lucky*, 1959–60; *Dante*, 1960–61), produzierte Edwards in seinen ersten Jahren als Regisseur in erster Linie anspruchslose und unterhaltsame Filmkomödien (*Big Dans Vermächtnis*, 1956; *Männer über Vierzig*, 1958; den amüsanten Militärklamauk *Unternehmen Petticoat*, 1959).

Die leichtfüßige und zugleich schwermütige Tragikomödie *Frühstück bei Tiffany* (1961) um die Geschichte einer ebenso sonderbaren wie reizvollen jungen Frau ist vielleicht Edwards' wichtigster Film und zählt heute unumstritten zu den Klassikern des romantischen Hollywood-Kinos. Edwards entschärft die literarische Vorlage, eine Hurengeschichte Truman Capotes, um den Sitten- und Spielregeln des puritanischen Hollywoods Genüge zu tun, und verleiht ihr dadurch eine besondere Qualität. Ob Audrey Hepburn eine Prostituierte oder nur ein Playgirl spielt, ist letztlich unerheblich für das Grundthema des Films: ein ortloser Mensch rettet sich in die Oberflächlichkeit, wie ein Ertrinkender an die Oberfläche des Wassers. Immer wieder wird sie in die Tiefe gezogen, immer verzweifelter strampelt sie sich nach oben. Audrey Hepburns exaltierte Maskerade hat Charme und Eleganz, doch vor allem in den wenigen ruhigen Momenten der Demaskierung wirkt die grazile Schauspielerin äußerst reizvoll. Blake Edwards' Filmsprache besitzt in den Schlüsselszenen des Films eine geradezu analytische Qualität, wenn er Audrey Hepburn das sentimentale Lied »Moon-River« im geöffneten Fenster – auf einer räumlichen Schwelle mit großer Symbolkraft – singen läßt oder sie nach der Nachricht vom Tod ihres Bruders in einem Top-Shot in Embryonalhaltung auf ihrem Bett liegend zeigt, berieselt von den Federn ihres zerrissenen Kopfkissens. Für das Lied »Moon-River« erhielt der Komponist Johnny Mercer einen Oscar.

Auch in seinem nächsten Film *Stärker als alle Vernunft / Die Tage des Weines und der Rosen* (1962) widmete sich Edwards einem ernsten Thema: der zerstörerischen Kraft des Alkohols. Der Komiker Jack Lemmon spielt – zum ersten Mal unter der Regie des Komödienspezialisten Edwards – in einem Trauerspiel den Alkoholiker Joe Clay, der mit missionarischer Beharrlichkeit eine Frau zur Säuferin macht und sich mit ihr im exzessiven Rausch verliert. Der zweite Edwards/Lemmon-Film *Das große Rennen um die Welt* (1965) kehrte als Hommage an das große Komiker-Paar Stan Laurel und Oliver Hardy zum Genre der Komödie zurück und feierte einen fröhlich-katastrophalen Exzeß der Zerstörung, der Geschwindigkeit und des Slapsticks.

Blake Edwards, der die Gesetze der Filmkomödie – wie sein älterer Kollege Billy Wilder einmal voller Wertschätzung in einem Interview berichtete – wie eine Wissenschaft studiert hat, setzte dieses Wissen mit sehr unterschiedlichen Ergebnissen um. Er experimentierte mit den Standardsituationen des Slapsticks, integrierte den Wortwitz der Screwball Comedy, bewegte sich im Milieu der Sophisticated Comedy und zertrümmerte es mit ebensoviel Hingabe und Beharrlichkeit wie einst seine Vorbilder Stan und Ollie das Mobiliar ihrer Feinde. Gerade an der unterschiedlichen Qualität der einzelnen Folgen der Filmserie *Der rosarote Panther* (1963), *Ein Schuß im Dunkeln* (1964), *Der rosarote Panther kehrt zurück* (1974), *Inspektor Clouseau – Der beste Mann bei Interpol* (1976), *Inspektor Clouseau – Der irre Flic mit dem heißen Blick* (1978) läßt sich zeigen, daß Edwards' Rezeptur für Komik ebenso perfekt kalkuliert wie unberechenbar ist. Die Komik steht und fällt u. a. mit den komischen Darstellern. Peter Sellers' stoische Ignoranz und steif-akrobatische Körperkomik, die ungerührten leichten Hüpfer, mit denen er sich wie ein Stehaufmännchen oder ein Springteufel aus jedem Schlamassel befreit, machen aus der Figur des Inspektors einen Comic-Helden, der sich in die Welt der Menschen aus Fleisch und Blut verirrt hat. Aus diesem Grund mißlang die einmalige Umbesetzung der Rolle (Alan Arkin in *Der rosarote Panther: Inspektor Clouseau*, Regie: Bud Yorkin, 1968) ebenso wie die zweifelhaften und kritikwürdigen Versuche des Regisseurs Edwards, seine Figur nach dem Tod des Schauspielers Sellers wiederzubeleben (*Der rosarote Panther wird gejagt*, 1982; *Der Fluch des rosaroten Panthers*, 1983). *Der rosarote Panther* ist mehr als nur ein Sammelsurium gelungener Gags um einen Antihelden: Durch den schlaksigen rosaroten Comic-Panther im Zeichentrickvorspann des Films bekommt nicht nur das Fernsehen eine neue Zeichentrick-Serienfigur, vielmehr ist der Vorspann – zur Musik von Henry Mancini – 1963 eine der aktuellsten Parodien der nur ein Jahr zuvor gestarteten James-Bond-Serie.

Peter Sellers bewies seine Slapstick-Fähigkeiten unter der Regie Edwards' noch einmal in der Hollywood-Satire *Der Partyschreck* (1968) als indischer Nebendarsteller Hrundi Bakshi, ein Mann ohne wesentliche Eigenschaften mit Ausnahme der Neigung zur absichtslosen Zerstörung überkandidelter Luxuswohnungen, die in ihrer Funktionalisierung und glatten Perfektion zehn Jahre zuvor schon den Komiker Jacques Tati (*Mein Onkel*, 1958) inspirierten. Nach dem Prinzip der Zellteilung vervielfältigen sich die Unfälle des höflichen Fremdlings auf der Neureichen-Party, und das vollautomatische Haus wird zu seinem Komplizen gegen die amerikanische Kultur des Geldes, die selbst vor der optischen Inbesitznahme eines kleinen Elefanten – in Indien ein heiliges Tier – nicht zurückschreckt.

Im qualitativen Auf und Ab der Panther-Serie bildet sich – pars pro toto – der Karriereverlauf von Blake Edwards ab, der 1970 mit der Spionagefarce *Darling Lili* auf einem Tiefpunkt angelangt war. Auch Edwards erste und einzige Begegnung mit dem Westerngenre, *Missouri* (1971), im Auftrag von MGM konnte daran nichts ändern. Da eine Kette von Mißerfolgen seine Arbeit in Hollywood äußerst belastete, wenn nicht gar für eine Weile unmöglich machte, verließ Edwards die USA und setzte seine Panther-Serie in England mit großem Erfolg fort.

1979 überraschte der zurückgekehrte Edwards Hollywood und sein Publikum mit der erotischen Komödie *Zehn – Die Traumfrau* (1979) mit Dudley Moore, Bo Derek und Julie Andrews (seit *Darling Lili* Edwards zweite Frau) in den tragenden Rollen. Die Midlife-crisis des Songschreibers George nimmt Edwards zum Ausgangspunkt einer Studie über Projektion und Erotik, über die Macht, die das Imaginäre über das Reale ausübt, und über die liebenswerte Borniertheit männlichen Begehrens. Im nachhinein und mit Blick auf die dürftige Karriere Bo Dereks als Schauspielerin spielt die leichtbekleidete Strandschönheit in ihrem einzigen erfolgreichen Film *Zehn – Die Traumfrau* eine Rolle, die ihr auf zynische

Weise auf den Leib geschrieben zu sein scheint. Als überdimensioniertes, unerreichbar erscheinendes, erotisches Wunschbild des Helden entpuppt sich die schöne Jenny im Film als Mogelpackung, die keine der erotischen Phantasien hält, die sie verspricht. Reumütig kehrt George zur klugen und »eigentlich« viel schöneren Frau, nämlich der eigenen zurück. Trotz der konservativen Moral des Happy-Ends besitzt *Zehn – Die Traumfrau* genug Biß bei der Dekonstruktion einer allzu gewöhnlichen Männerphantasie und noch dazu, so Billy Wilder, ein »paar gute Lubitsch-Sachen«.

In seinem nächsten Film nahm Edwards Rache an Hollywood: *S. O. B. – Hollywoods letzter Heuler* (1981) ist weniger eine Satire auf das Filmgeschäft als eine bösartige und gekränkte Auseinandersetzung mit der Häßlichkeit, der inneren Armut und der Banalität der Schönen, Reichen und Berühmten der Traumfabrik, die ohne weiteres auf andere Luxuskollektive dieser Art übertragbar wäre. Der Film beginnt mit einer Strandszene. Ein alter Mann joggt mit seiner Promenadenmischung am Meer entlang, erleidet eine Herzattacke und stirbt quasi vor den Augen der Badenden und Vergnügungssüchtigen. Edwards läßt den Toten und seinen treuen Hund während des ganzen Films am Strand liegen und erzählt die Geschichte eines scheiternden Filmregisseurs über die Leiche hinweg – ein Kommentar eines Betroffenen, der das Scheitern, anders als der Regisseur im Film, überlebt hat.

Im Anschluß drehte Edwards eine wundervolle Farce über Schein und Sein sekundärer und sonstiger Geschlechtsmerkmale: das Remake des Reinhold-Schünzel-Films *Victor/Victoria* (1982) mit Julie Andrews in der weiblich/männlichen Hauptrolle. Andrews, eine schlanke, etwas herbe Erscheinung ist schon optisch wie geschaffen für den Geschlechtertausch und tritt als Zwitter auf der Bühne verführerischer in Erscheinung als in ihren üblichen Frauenrollen. Mit einer kleinen Geste zitiert sie Marlene Dietrichs ersten Nachtklub-Auftritt in Josef von Sternbergs *Marokko* (1930) – in Frack und weißem Hemd, gekleidet wie einst ihr Vorbild, schnuppert sie an einer Blume und wirft sie ihrem Geliebten im Publikum zu. Herausragend an Edwards' Travestiegeschichte sind neben den intelligenten, frivolen Dialogen und der üppigen Filmdekoration des Ausstatters Roger Maus vor allem die oscarprämierten Originalsongs von Mancini, z. B. »Crazy World«, »The Shade Dame from Seville« und »Le Jazz Hot«, die aus *Victor/Victoria* fast ein Filmmusical machen.

Mit *Micki & Maude* (1984), *Blind Date – Verabredung mit einer Unbekannten* (1987), *Skin Deep – Männer haben's auch nicht leicht* (1989) und *Switch – Die Frau im Manne* (1991) schloß Edwards – immer mit großem Staraufgebot und sicherem Gespür für leichte Unterhaltung – an das Erfolgsrezept von *Zehn – Die Traumfrau* an und variierte sein Lieblingsthema »Die Krisen des Mannes« mehr oder weniger originell. *Blind Date* mit Bruce Willis und Kim Basinger in den Hauptrollen folgt dabei mit bedingungsloser Konsequenz einem dramaturgischen Plan, den Edwards schon an Laurel/Hardy-Filmen schätzte: der anarchistischen Wut des Unkontrollierbaren, dem lustvollen Exzeß der Zerstörung, dem nichts heilig ist. In *Blind Date* hat dieser Exzeß vorerst den Charakter einer Bilderstürmerei gegen Luxus, Karriere und Wohlstand und dringt bis zum Ende des Films immer tiefer in die Charaktere ein. Katastrophenherd ist natürlich eine schöne, unberechenbare Frau. Stan und Olli waren in diesem Punkt emanzipierter, bereitwillig verhalfen sie sich gegenseitig zum Chaos. Edwards psychologisiert in seinen Geschlechter-Komödien den Slapstick in der Tradition der amerikanischen Screwball Comedy.

Susanne Marschall

Filmographie: Bring Your Smile along (1955) – He Laughed Last / Big Dans Vermächtnis (1956) – Mister Cory / Mister Cory (1957) – This Happy Feeling / Männer über Vierzig (1958) – The Perfect Furlough / Urlaubsschein nach Paris (1958) – Peter Gunn (Fernsehserie, 1958–60) – Operation Petticoat / Unternehmen Petticoat (1959) – Mr. Lucky (Fernsehserie, 1959–60) – Dante (Fernsehserie, 1960–61) – High Time / Der Spätzünder (1960) – Breakfast at Tiffany's / Frühstück bei Tiffany (1961) – Days of Wine and Roses / Die Tage des Weines und der Rosen / Stärker als alle Vernunft (1962) – Experiment in Terror / Der letzte Zug (1962) – The Pink Panther / Der rosarote Panther (1963) – A Shot in the Dark / Ein Schuß im Dunkeln (1964) – The Great Race / Das große Rennen um die Welt (1965) – What Did You Do in the War, Daddy? / Was hast Du denn im Krieg gemacht, Pappi? (1966) – Gunn / Gunn (1967) – The Party / Der Partyschreck (1968) – Darling Lili / Darling Lili (1970) – Wild Rovers / Missouri (1971) – The Carey Treatment / Emergency Ward / Der Mörder im weißen Mantel (1972) – The Return of the Pink Panther / Der rosarote Panther kehrt zurück (1974) – The Tamarind Seed / Die Frucht des Tropenbaumes (1974) – The Pink Panther Strikes again / Inspektor Clouseau – Der beste Mann bei Interpol (1976) – Revenge of the Pink Panther / Inspektor Clouseau – Der irre Flic mit dem heißen Blick (1978) – 10 / Zehn – Die Traumfrau (1979) – S. O. B. / S. O. B. – Hollywoods letzter Heuler (1981) – Victor/Victoria / Victor/Victoria (1982) – Trail of the Pink Panther / Der rosarote Panther wird gejagt (1982) – The Man who Loves Women / Frauen waren sein Hobby (1983) – The Curse of the Pink Panther / Der Fluch des rosaroten Panthers (1983) – Micki and Maude / Micki & Maude (1984) – That's Life! / That's Life – So ist das Leben (1986) – A Fine Mess / Ärger, nichts als Ärger (1986) – Blind Date / Blind Date – Verabre dung mit einer Unbekannten (1987) – Peter Gunn / Peter Gunn (1987) – Justin Case / Ein himmlischer Schnüffler (1988) – Sunset / Sunset – Dämmerung in Hollywood (1988) – Skin Deep / Skin Deep – Männer haben's auch nicht leicht (1989) – Switch / Switch – Die Frau im Manne (1991) – Son of the Pink Panther / Der Sohn des rosaroten Panthers (1993).

Literatur: Peter Lehmann / William Luhr: Blake Edwards. Athens 1980. – Peter Lehman / William Luhr: Returning to the Scene: Blake Edwards. Bd. 2. Athens 1989.

Atom Egoyan

*1960

»Ich war mir absolut bewußt, zu einem bestimmten Zeitpunkt meines Lebens, daß ich eine Persönlichkeit ›konstruieren‹ wollte, ich wollte ein Anglokanadier werden.« – Der Emigrantenstatus des am 19. Juli 1960 in Kairo geborenen Sohnes einer armenischen Künstlerfamilie bezeichnet eine der entscheidenden lebensgeschichtlichen Koordinaten im Werk jenes Autorenfilmers, der wie kein anderer im »Neuen kanadischen Kino« die Problematik von nationaler, kultureller, familiärer und persönlicher Identitätsbildung ins Zentrum der filmischen Erzählung stellt. Als Atom Egoyan drei Jahre alt war, übersiedelte die Familie – aufgrund von Nassers nationalistischer Politik – ins kanadische Victoria, der Hauptstadt von British Columbia. Egoyans Kindheit und Jugend waren bestimmt vom Bemühen um Assimilation an die fremde Kultur: ein Prozeß, der den vollständigen Verlust der armenischen Muttersprache zur Folge hatte und den der Vater in Hunderten von Super-8-Home-Movies sowie einem kontinuierlich geführten Tonband-Tagebuch dokumentierte. Das Studium (klassische Gitarre und Politik) absolvierte Egoyan, der zunächst Dramatiker werden wollte, in Toronto, und er begann bereits zu dieser Zeit, Kurzfilme zu drehen. Mit einem kleinen Etat von der kanadischen Regierung konnte Egoyan seinen ersten Kinofilm realisieren: *Die nächsten Angehörigen* (1984). Der Kurzfilm *Open House* (1985) wurde in der Reihe *Canadian Reflections* ausgestrahlt und erwies sich als erstes kommerziell rentables Projekt. Anschließend erprobte sich der junge Regisseur beim kanadischen

Fernsehen in seriellen Erzählformen, drehte u. a. für die Reihe *Alfred Hitchcock Presents* die Folge *The Final Twist* (1986). Aufgrund eines Darlehens von der Ontario Film Development Corporation konnte Egoyan für *Familienbilder* (1987) erstmals professionelle Akteure verpflichten. Mit *Traumrollen* (1989) wurde er zu den Internationalen Filmfestspielen nach Cannes eingeladen, und zwei Jahre später gelang ihm dort mit *Der Schätzer* (1991) der internationale Durchbruch. Dennoch fand der zum großen Teil in Armenien gedrehte Film *Calendar* (1993), vom ZDF koproduziert, in Deutschland keinen Verleih. Dagegen avancierte *Exotica* (1994), in den USA mit 500 Kopien gestartet, zu einem kontrovers diskutierten Medienereignis, wohl nicht zuletzt aufgrund der suggestiven Striptease-Szenen und der pädophilen, wenn nicht gar inzestuösen Obsession des Protagonisten. *Das süße Jenseits* (1997) ist bislang Egoyans letzter Spielfilm und der erste, für den der Autorenfilmer eine fremde Geschichte adaptierte: den gleichnamigen Roman von Russell Banks. Gehörte Egoyan (wie auch Patricia Rozema, Bruce McDonald und Guy Maddin) anfänglich zu einer kleinen Gruppe anglokanadischer Filmemacher, die in den achtziger Jahren eine Renaissance des kanadischen Kunstfilms einleiteten, indem sie die gut ausgebaute filmwirtschaftliche Infrastruktur Torontos nutzten, um mit wenig Geld ein vitales, nicht-kommerzielles Kino zu etablieren, so zählt er seit *Exotica* zu den neuen Stars der internationalen Filmkunstszene. Für *Das süße Jenseits* erhielt der Regisseur seine erste Oscar-Nominierung.

Egoyans Spielfilme kreisen allesamt um Verlusterfahrungen, beleuchten eine Welt sich auflösender Familienverhältnisse und traumatisierter Beziehungsgeflechte. Wie sich im Einwanderungsland Kanada – einem nicht nur von Anglo- und Frankokanadiern, sondern auch von einer Vielzahl ethnischer Gruppierungen bevölkerten Territorium – keine einheitliche nationale Identität ausmachen läßt, so haben auch Egoyans Protagonisten Probleme mit ihrer personalen Identität. Ihre Lebensgeschichten gleichen Rollenspielen, ihre Selbstinszenierungen erscheinen als Ausdruck verdrängter Traumata oder einer verschwiegenen Trauerarbeit. Dabei verweist die für Egoyans Filmästhetik lange Zeit charakteristische Verwendung von Videobildern auf die Janusköpfigkeit der audiovisuellen Reproduktionsmedien: Wenn die medial codierten Images einerseits Ursprüngliches überlagern, bis hin zur Inszenierung des (Sexual-)Lebens für die Kamera, so bieten sie andererseits einen möglichen Leitfaden für die wiederholende Erinnerung einer Identität, die ihre ursprünglichen Bindungen verloren oder ihre traumatischen Erlebnisse verdrängt hat. In *Die nächsten Angehörigen* nimmt ein junger Mann, auf Ratschlag des Familientherapeuten, eine Woche Urlaub von den ›nächsten Angehörigen‹, um dann in einer armenischen Familie, von deren Beziehungsproblemen er durch ein vertauschtes Videoband erfahren hat, die Rolle des ›verlorenen Sohnes‹ zu spielen. Was mit Peters Entschluß, in seiner Wahlfamilie zu bleiben, ein ironisch konnotiertes Happy-End findet, wird bereits in *Familienbilder* in seiner traumatischen Dimension erkennbar, wenn Van (wie sein Vorgänger unschwer als Egoyans filmisches Alter ego zu lesen) sowohl die Anbindung an seinen kulturellen Ursprung als auch seine medial gespeicherten Kindheitserinnerungen verliert: weil die Großmutter, seine letzte Verbindung zur armenischen Kultur, ins Altersheim abgeschoben wird, weil der Vater die Videobänder, auf denen die Familienbilder von Vans Kindheit gespeichert sind, mit pornographischen Aufnahmen von sich und seiner neuen Ehefrau überspielt. Daß sich der Sohn, in einer komplementären Aktion, immer wieder einen kurzen Videoausschnitt ansieht und sich selbst so als Kind mit einer nicht mehr verständlichen Sprache erlebt, wirkt wie ein tragisch-ironischer Kommentar zur Erfahrung dieser doppelten Entfremdung. *Traumrollen* radikalisiert den Prozeß der Mediatisierung: Formen persönlicher Kommunikation werden durch technische Medien vermittelt, sexuelle Beziehungen konstituieren sich über Videobilder, und die Leidensgeschichte der Drehbuchautorin Clara soll als Spielfilm mit Talkshow-Charakter inszeniert werden. *Der Schätzer* negiert von Anfang an jegliche Hoffnung, daß es jenseits des medialen Zeichenuniversums noch so etwas wie eine ›wahre Welt‹ geben könnte: Das Musterhaus des Schätzers, dessen Mobiliar größtenteils aus Attrappen besteht, entpuppt sich als einsames Monument geplatzter Siedlungspläne und als Symbol einer künstlichen Lebenswelt. Der Bereich des Intimen ist ausgelagert in öffentliche Räume: Sex wird im Football-Stadion inszeniert, fungiert als Dienstleistung des ›Schätzers‹ in Fällen institutionalisierter Schadensabwicklung (bei Klienten weiblichen wie männlichen Geschlechts) und läßt sich vermittels von Pornovideos vermarkten. Die Privatsphäre existiert nur noch als Filmkulisse, das Musterhaus geht am Ende in Flammen auf.

In *Calendar* wird die armenische Kultur, bis dato vor allem als utopisches Gegenbild thematisiert, erstmals zum Schauplatz der Erzählung. Es ist Egoyans persönlichster Film, und er selbst spielt die Hauptrolle: einen Fotografen, der gemeinsam mit seiner Lebensgefährtin (verkörpert von Egoyans Lebensgefährtin Arsinée Khanjian) in das fremde Land reist, um armenische Kirchen für einen Kalender abzulichten. Dort verliert er, zunächst unbemerkt, seine Geliebte an ihren Fremdenführer und rekonstruiert, nach Toronto zurückgekehrt, die Genese dieses Verlustes, inszeniert mit eigens dafür bestellten Frauen verschiedener ethnischer Zugehörigkeit ein und dasselbe Ritual der persönlichen Begegnung in minimalen Varianten. Benutzt diese Erinnerungsarbeit die Kombination von Film, Fotografien und Videobildern, um die differierenden Blicke auf die fremde Kultur und die Distanzen zwischen den Personen zu verdeutlichen, so führt *Exotica* ins Zentrum fetischistischer Rituale.

Die melodramatische Inszenierung, verstärkt durch exotische Klänge und aufreizend langsame Kamerafahrten, verknüpft mehrere Handlungsstränge, wird immer wieder durchbrochen von Rückblenden auf das eine signifikante Ereignis: den Tod der kleinen Lisa, der Tochter des Steuerfahnders Francis, deren Leiche vor Jahren Eric und Christina gefunden haben, die nun als Animateur und Stripgirl in dem Nachtclub »Exotica« arbeiten, den Francis mehrmals die Woche aufsucht. Unter Verzicht auf die zum Markenzeichen gewordene Videoästhetik wollte Egoyan die Geschichte »wie einen Striptease« erzählen, was allerdings weniger auf die erotische Inszenierung als vielmehr die allmähliche Enthüllung der Emotionen abzielt. Wie bereits in *Traumrollen* und *Der Schätzer* ist die narrative Konstruktion von *Exotica* einem Puzzlespiel vergleichbar, nur daß am Ende des Rekonstruktionsprozesses ›Leerstellen‹ bleiben: Ob Francis jemals ein inzestuöses Verhältnis mit seiner Tochter hatte oder allein ein pädophiles Begehren sein Trauma konstituiert, ob Christina jemals in ihrem Elternhaus mißbraucht wurde oder in Francis ihren Ersatzvater begehrt, wird ebenso der Imagination des Betrachters überantwortet wie die fortgesetzte Reflexion der unaufgelösten Nebenhandlungen. »Faulty Mourning« lautete die Diagnose der Psychoanalytischen Gesellschaft in Toronto, der Egoyan den Film vorführte: eine »falsche Trauerarbeit«, die Verlusterfahrungen nicht mehr bewältigt, sondern andauern und zum Selbstzweck werden läßt.

Nicht weniger problematisch, aber weitaus peinigender ist der Umgang mit jener Verlusterfahrung, die *Das süße Jenseits* vermittels der Rekonstruktion der Vor- und Nachgeschichte eines Unglücksfalles thematisiert. Weit mehr als eine Stunde werden die Zuschauer in eine kaum erträgliche Anspannung versetzt: in eine Suspense-Situation, deren unheilvoller Ausgang bald erschreckend gewiß ist. Die Zeitebenen und Schauplätze wechseln, zeigen das alltägliche Leben vor der Katastrophe und die Trauer danach. Und immer wieder schneidet der Film zu dem mit fröhlichen Kindern belebten Schulbus, zeigt sie beim Einsteigen, Warten oder bei der Vorbereitung auf ihren Tag, den 14 von ihnen nicht überleben werden. Es ist fast eine Erlösung, wenn das Unglück dann tatsächlich geschieht, der Bus von der Straße abkommt, einen Abhang hinunterstürzt, im eisigen Wasser eines zugefrorenen Sees versinkt. In diesem Moment sind Schrecken und Schmerz ganz gegenwärtig, bedrängend real (bei jedem, der Zeuge wird). So ist verständlich, daß die Mehrzahl der Trauernden den Verführungsversuchen des in die verschneite kanadische Provinz gereisten Anwalts zu erliegen droht. Der unfaßbaren Katastrophe nachträglich einen Sinn zu verleihen, und sei es durch eine Schadensersatzklage, verweist auf eine kaum zu bewältigende Verlusterfahrung. Daß diese verstörende Tragödie (weil ohne jeden erkennbaren Sinn) dann durch die »mutige Tat eines jungen Mädchens« (Presseheft) am Ende doch noch eine positive Wendung erfährt, daß die nach dem Unglück querschnittsgelähmte Nicole gerade vermittels einer offensichtlichen Lüge gegen den doppelten Mißbrauch (ihres Körpers und ihrer Aussage) durch ihre Eltern aufbegehrt, der Fremde von dannen ziehen muß und die Gemeinde ihren Frieden zurückerhält oder zumindest die Möglichkeit, eine angemessene Zeit zu trauern, vollendet zwar die komplizierte Konstruktion, schwächt aber Atom Egoyans bislang bewegendstes Familiendrama. Aber vielleicht spricht daraus auch die gefühlsmäßige Entscheidung eines jungen Vaters: »Gerade weil ich ein Kind habe, hatte ich das Gefühl, daß für mich jetzt der Zeitpunkt gekommen ist, mich mit dieser Angst auseinanderzusetzen, dieser fundamentalen Angst, die uns durchdringt, sobald ein Kind geboren ist.«

Jürgen Felix / Matthias Kraus

Filmographie: Howard in Particular (1979) – After Grad with Dad (1980) – Peep Show (1981) – Ceremony and Allegory of the Medieval Hunt (1983) – Next of Kin / Die nächsten Angehörigen (1984) – Open House (Kurzfilm, 1985) – Family Viewing / Familienbilder (1987) – Speaking Parts / Traumrollen (1989) – Montréal vu par ... (Co-Regie: Denys Arcand, Michel Brault, Jacques Leduc, Léa Pool, Patricia Rozema, 1991) – The Adjuster / Der Schätzer (1991) – Gross Misconduct (Fernsehspiel, 1992) – Calendar / Calendar (1993) – Exotica / Exotica (1994) – A Portrait of Arshile (1995) – Just to Be Together (Co-Regie: Michelangelo Antonioni, 1997) – The Sweet Hereafter / Das süße Jenseits (1997).

Literatur: Stefan Lux: Fremde im eigenen Ich. Der Autorenfilmer Atom Egoyan. In: film-dienst 45 (1992) H. 2. S. 4–6. – Carole Desbarats [u. a.]: Atom Egoyan. Paris 1993. – Helmut Merschmann: Reisend, schauend – auf der Suche. Ein Porträt des kanadischen Regisseurs Atom Egoyan. In: filmwärts 28 (1993) H. 4. S. 4–8. – Peter Harcourt: Imaginary Images. An Examination of Atom Egoyan's Films. In: Film Quarterly 48 (1995) H. 3. S. 2–14. – Robin Curtis: Lakunae der Geschichte(n): zu Gedächtnis und Alterität. In: Frauen und Film 58/59 (1996) S. 113–138. – Jürgen Felix [u. a.] (Hrsg.): Neues kanadisches Kino. Marburg 1998. (Augen-Blick. 27.) – Matthias Kraus: Vom Bild zum Körper. Zur Mediatisierung von Erfahrung bei Atom Egoyan. In: Jürgen Felix: (Hrsg.): Unter die Haut. Signaturen des Selbst im Kino der Körper. St. Augustin 1998. S. 323–338.

Sergej Eisenstein

1898–1948

Am 22. Januar 1898 in Riga als Sohn des Stadtarchitekten geboren, nahm Sergej Michailowitsch Eisenstein nach dem Abitur 1915 ein Studium am Petrograder Institut für Zivilingenieure auf. Doch nicht die Architektur, sondern das Theater, wie er es in den Inszenierungen von Wsewolod Meyerhold erlebte, wurde zu seiner Leidenschaft. Sein Vater emigrierte 1918 nach Deutschland, Eisenstein wurde 1918 in die Rote Armee einberufen und diente dort im Bautrupp. 1920 konnte er in das Armeetheater wechseln. Von dort aus wurde er noch im selben Jahr zum Studium der japanischen Sprache an die Generalstabsakademie nach Moskau delegiert. Dieses Studium brach Eisenstein nach zwei Monaten ab, denn parallel dazu konnte er im Proletkult-Theater als Bühnenbildner einsteigen. 1921 nahm er an den Regiekursen des radikalen Theatererneuerers Wsewolod Meyerhold teil, der Eisenstein stark beeinflußte. Commedia dell'arte, das Elisabethanische Theater, Zirkus, Music-Hall, der russische Konstruktivismus und Meyerholds Biomechanik formten seine Vorstellung von der neuen revolutionären Kunst. Eisensteins erste eigene Theaterinszenierungen (u. a. »Mudrez«/»Der Gescheiteste«) entstanden 1923/24 in enger Zusammenarbeit mit Sergej Tretjakow, der ihn in den Kreis der Linken Front, der ehemaligen russischen Futuristen, die sich nun als Produktionskünstler verstanden, einführte. In ihrer Zeitschrift erschien 1923 auch Eisensteins erster theoretischer Aufsatz, »Montage der Attraktionen«, der ein neues Kompositions- und Einwirkungsprinzip im Theater etablierte. Der Wechsel zum Film und die in kurzer Abfolge entstandenen Werke *Streik* (1924), *Panzerkreuzer Potemkin* (1925), *Oktober* (1927) und *Das Alte und das Neue* (1929) machten Eisenstein weltberühmt. Während *Streik* noch eine Koproduktion zwischen Proletkult und Goskino war, entstanden alle drei späteren Filme als Staatsauftrag. *Panzerkreuzer Potemkin* wurde zum Schlüsselwerk für das Verständnis der neuen sowjetischen Revolutionskunst.

Eisenstein konzipierte Film als ein grandioses Experiment, das die Ideen und Ansätze der neuen Kunst- und Theorieentwicklung verkörperte: die Rationalität und Sinnlichkeit des Konstruktivismus, die Raumaufteilung des Kubismus, Joyces inneren Monolog, Verhaltensforschung und die Analyse des Unbewußten. Konkrete Filme wurden von Eisenstein immer als Erprobung eines theoretischen Programms verstanden. In den zwanziger Jahren verzichtete er auf den individuellen Helden, professionelle Darsteller, eine traditionelle, an ein individuelles Schicksal gebundene Fabel, auf das Genre und die narrative Montage. Im Zentrum seiner ersten drei Filme stand die Masse. Der Raum der Einstellung wurde kubistisch zergliedert, der szenische Vorgang aus mehreren Perspektiven gedreht, die Erzählweise war dadurch höchst unökonomisch, die Zeit gedehnt, doch so entstand eine besondere Wirkung, die Eisenstein wissenschaftlich zu erforschen suchte. Die Erfahrungen des Grand Guignol und der Pawlowschen Reflexlehre gingen in sein Wirkungskonzept ein, weil Film nach seiner Meinung mit Gewaltausübung und mit Technik zu tun hatte. Eisensteins Filme reflektierten den Zusammenhang zwischen Raum und kollektivem Schicksal, der für die neue Zeit bestimmend wird. Die Montage intensivierte nicht nur die Bewegung, sie entblößte gleichsam den Mechanismus des Wirkens der sozialen Maschine: Unterdrückung, Solidarität, Revolte, Gewalt und Gegengewalt. Im Film wurde damit jenes Medium entdeckt, über das man eine umfassende Sicht auf die Entwicklung der Gesellschaft und der Geschichte erreichen wollte. Dies etablierte ein anderes Film-Modell, das in deutlichem Gegensatz zu Hollywood stand. Durch den Einsatz von Laiendarstellern, deren physiognomische und körperliche Expressivität mittels Montagesegmentierung betont wurde, sowie durch konsequenten Verzicht auf Atelierbauten wurde ein neuer filmischer Naturalismus erreicht, deutlich vom Konstruktivismus beeinflußt – sowohl in der Komposition der Einstellungen mit klaren geometrischen Linien und Formen als auch in der Lichtgestaltung mit betonter Oberflächenbeschaffenheit (Faktur).

1926 reiste Eisenstein nach Berlin und knüpfte dort Arbeitskontakte mit vielen deutschen Künstlern und Wissenschaftlern. Edmund Meisel schrieb die Musik für gleich zwei seiner Filme – *Panzerkreuzer Potemkin* und *Oktober*.

Parallel zu dieser praktischen Arbeit entwickelte Eisenstein seine Theorie der Montage. Film wurde von Eisenstein in Analogie zur Sprache verstanden, weil es hier diskrete, sinntragende Einheiten (Filmbilder) und ein System von Oppositionen (Montagestrukturen) gibt. Es ging ihm nicht um die Äquivalenz zwischen Wort und Bild, sondern um die Analogie der semantischen Prozesse, in der Montage realisiert, die er als Rekonstruktion der Denk(Sprach-)mechanismen auffaßte. Hier, wie auch in seinem Verständnis des Filmbilds, war er vielen späteren Semiotikern voraus. Er problematisierte sehr früh die Opposition zwischen Repräsentation, Darstellung, Abbildung und Bild, Gestalt, Sinnbild, die sich für die Auffassung der Spezifik des »Filmischen« als produktiv erwies und die Grundfrage nach dem »Sichtbaren« und »Unsichtbaren« im Filmbild stellte. Das Unsichtbare im Film wurde von Eisenstein nicht im »imaginären Raum« vor und hinter der Bildbegrenzung problematisiert, sondern *zwischen* den Bildern angesiedelt. Die Einstellung (begriffen als Abbildung, Darstellung) akkumuliert Konflikte (des Vorder- und Hintergrunds, der Linien, Konturen, Räume, Lichtflecke, Massen, Bewegungsrichtungen, Beleuchtung, eines Vorgangs und seiner zeitlichen Darstellung in Zeitlupe oder Zeitraffer usw.), die Konflikte ›zerreißen‹ das Bild und werden durch die nächste Einstellung ab- bzw. aufgelöst. Das Nebeneinander der konfliktreichen Einstellungen kann (potentiell) einen Sprung in eine neue Qualität bedeuten. Der Umschlag von Quantitäten in eine neue Qualität wird aber nicht über visuelle, sondern über psychische (Vorstellungen) oder semantische Parameter (Begriff, Sinnbild) bestimmt. Der dialektische Sprung am Schnittpunkt zweier materieller Bilder soll ins Nicht-Materielle erfolgen. Filmische Dynamik wird als Prozeß der ständigen dialektischen Aufhebung (von Photogramm zu Photogramm, von Einstellung zu Einstellung) begriffen. In der ersten Periode (Stummfilm) bildet sich das unsichtbare Bild an der Grenze des Zusammenpralls zweier Einstellungen, in den dreißiger Jahren kann dies zwischen der auditiven und visuellen Reihe geschehen.

1929 ging Eisenstein zum Studium der neuen Filmtechnik nach Westeuropa, lebte einige Monate in Berlin und Paris, reiste nach Belgien, England und Holland. Um Geld zu verdienen, drehte er zusammen mit seinem Assistenten Grigori Alexandrow und seinem ständigen Kameramann Eduard Tissé zwei Filme im Ausland, *Frauennot – Frauenglück* (in der Schweiz) über die Abtreibung und den kurzen Musikfilm *La Romance sentimentale* (in Frankreich), bestritt jedoch später seine Mitarbeit an diesen Produktionen. Auf Einladung der Paramount ging er nach Hollywood. Er hielt Vorlesungen an den großen Universitäten Europas und der USA. Für die Paramount arbeitete er an mehreren Filmprojekten, doch seine Drehbücher zu »Sutters Gold« (nach dem Roman »L'Or« von Blaise Cendrars) und »Eine amerikanische Tragödie« (nach dem gleichnamigen Roman von Theodore Dreiser) wurden von der Paramount abgelehnt.

Als einer der ersten Theoretiker erkannte Eisenstein die Möglichkeiten des Tons als mit dem Bild gleichberechtigten Element, das den Montage-Rhythmus beeinflussen und durch kontrapunktischen, auch asynchronen Einsatz zum Bild die assoziativen Möglichkeiten der Erzählweise erweitern kann. Eisenstein erarbeitete das Modell des inneren Monologs als eine Alternation subjektivierter und objektivierter Darstellung in visuellen und akustischen Reihen im Tonfilm. Für »Eine amerikanische Tragödie« gedacht, konnte es jedoch nicht realisiert werden.

Nach dem Bruch mit der Paramount arbeitete er 1930/31 an einem Film über Mexiko, der von Upton Sinclairs Mexican Picture Trust finanziert wurde. Wegen zu hoher Kosten wurde der Film von Sinclair 1932 gestoppt und später von anderen Personen geschnitten (Sol Lesser 1933, Marie Seton und Paul Burnford 1939, Jay Leyda 1957, Grigori Alexandrow 1977), während Eisenstein auf massiven Druck der sowjetischen Behörden 1932 in die Sowjetunion zurückkehren mußte.

Viele seiner Filmprojekte aus dieser Zeit – die exzentrische Komödie »MMM«, die Epopöe »Moskau«, das Drama eines zum Tyrannen mutierten Revolutionärs (»Der schwarze Konsul«) – wurden nicht realisiert. Eisenstein unterrichtete unterdessen an der Moskauer Filmhochschule und schrieb mehrere kunsttheoretische Bücher, auch das Buch »Regie«, das auf seinen Vorlesungen basierte. 1934 heiratete er die Journalistin Pera Ataschewa. 1935–37 drehte Eisenstein einen politisch aktuellen Film (*Die Beshin-Wiese*), dem ein realer Fall aus der dramatischen Geschichte der Kollektivierung zugrunde liegt: Ein Pionier verrät seinen Vater und wird daraufhin von ihm ermordet. Eisenstein projizierte den Vater-Sohn-Konflikt auf biblische und mythologische Muster. Die Dreharbeiten wurden nach anderthalb Jahren unterbrochen, die Hauptverwaltung Film forderte die Vernichtung des Negativs, denn in Eisensteins Konzeption wurden »politische Fehler und Mystizismus« entdeckt, seine Gestaltung als »Formalismus« und »Ästhetizismus« scharf kritisiert.

1938 wurde Eisenstein erlaubt, zusammen mit einem anderen Regisseur den Film

Sergej Eisenstein

Alexander Newski zu inszenieren, der den Sieg der Russen über die deutschen Ordensritter glorifizieren sollte und deutlich gegen das aufrüstende Deutschland gerichtet war. 1939 hingegen begann er mit den Arbeiten an einer »Walküre«-Inszenierung für das Bolschoi-Theater, das im Zeichen des neuen politischen Nichtangriffspakts mit Deutschland bestellt wurde. Doch nicht nur der gleichermaßen politische Auftrag verband diese Arbeiten miteinander, Eisenstein versuchte in beiden Medien – Film und Theater – seine Vorstellungen von einem Gesamtkunstwerk zu verwirklichen. In enger Zusammenarbeit mit Sergej Prokofjew erprobte er in *Alexander Newski* die Möglichkeiten der Austauschbarkeit akustischer und visueller Elemente in der »Vertikalmontage«. Ihm ging es um die visuellen Fähigkeiten des Tons und den stimmungsvollen Klang des Bildes, besonders in den Schlachtszenen, was dem Film die Bezeichnung »Oper bei Tageslicht« einbrachte.

Im Auftrag des Staates, ja im persönlichen Auftrag Stalins, nahm er die Arbeit an *Iwan der Schreckliche* auf, der als historische Spiegelung und Rechtfertigung der stalinistischen Repressalien dienen sollte. Mit *Iwan der Schreckliche* inszenierte Eisenstein einen expressionistischen Film, dessen visueller Ausdruck für den sowjetischen Film dieser Zeit, auf Sonnenlicht und Helligkeit eingestellt, eine Herausforderung war. Die kubistische Aufgliederung des Raums in der Einstellung blieb scheinbar wie im Stummfilm, wurde jedoch anders gelöst – sie machte den Raum nicht dynamischer und offener, sondern metaphysischer und enger. In einer Episode des Films versuchte Eisenstein die Vorstellung von einem nicht naturalistischen Farbfilm zu realisieren, in dem die Veränderung der Farbskala (von Gold zu Rot und Schwarz), von Musik und Bewegung intensiviert, die Dramaturgie vorantreiben sollte. Die visuelle Gestaltung des Films, die Ambivalenz seiner dunklen Bilder wurden scharf kritisiert. Sie ließ Eindeutigkeit in der Frage vermissen, ob der Film eine Glorifizierung oder die Anklage des Tyrannen darstellte. Für den ersten Teil bekam Eisenstein den Stalin-Preis, der zweite Teil des Films wurde verboten, und der dritte blieb unvollendet.

Unvollendet blieben auch die großen theoretischen, bis heute nicht vollständig veröffentlichten Werke »Montage« (1937–1940), »Methode« (1939–48), »Pathos« (1946) und »Die Geschichte der Großaufnahme« (1939–45). Während Montage als System der Artikulation das Zentrum der theoretischen Texte der zwanziger Jahre bildet, ist es in den dreißiger Jahren der Kontrapunkt von Bild-Ton-Farbe-Bewegung. 1945 plante Eisenstein ein Ballett und Prokofjews Oper »Krieg und Frieden« zu inszenieren. Die Beziehungen zwischen Bild, Klang, Farbe lenkten seine Aufmerksamkeit als Forscher immer mehr auf das Verhältnis des Bewußten und Unbewußten im schöpferischen Akt, in der Rezeption und im Kunstwerk selbst. Dieser Problematik war sein theoretisches Spätwerk gewidmet: »Die Methode«. Eisenstein starb 1948 an Herzversagen.

Oksana Bulgakowa

Filmographie: Statschka / Streik (1924) – Bronenosez Potjomkin / Panzerkreuzer Potemkin (1925) – Oktjabr / Oktober / 10 Tage, die die Welt erschütterten (1927) – Generalnaja linija / Staroje i nowoje / Das Alte und das Neue / Der Kampf um die Erde (1929) – Frauennot – Frauenglück (1930) – La Romance sentimentale / Sehnsucht (1930) – Semletrjasenije w Oachake / Erdbeben in Oaxaca (dokumentarischer Kurzfilm, 1931) – Que viva Mexico! / Unter Mexikos Sonne (unvollendet, 1931) – Beshin lug / Die Beshin-Wiese (unvollendet, 1937) – Alexander Newski / Alexander Newski (1938) – Iwan Grosny / Iwan der Schreckliche (1945, UA Tl. 2 1958, Tl. 3 unvollendet).

Literatur: S. E.: Ausgewählte Aufsätze. Übers. von Lothar Fahlbusch. Berlin 1960. – S. E.: Schriften. Hrsg. von Hans-Joachim Schlegel. 4 Bde. München 1974–84. – S. E.: Eine nicht gleichmütige Natur. Hrsg. von Rosemarie Heise. Berlin 1980. – S. E.: YO – Ich selbst. Hrsg. von Naum Klejman und Walentina Korschunowa. 2 Bde. Berlin 1984. – S. E.: Das dynamische Quadrat. Schriften zum Film. Hrsg. von Oksana Bulgakowa und Dietmar Hochmuth. Leipzig 1988.

Wladimir Nishni: Regieunterricht bei Eisenstein. Berlin 1963. – Léon Moussinac: Sergei Eisenstein. Paris 1964. (Cinéma d'aujourd'hui. 23.) – Ivor Montagu: With Eisenstein in Hollywood. Berlin 1967. – Harry M. Geduld / Ronald Gottesman (Hrsg.): Sergei Eisenstein and Upton Sinclair: Making and Unmaking of *Que viva Mexico!* Bloomington 1970. – Yon Barna: Eisenstein. Bloomington 1973. – Werner Sudendorf: Sergej M. Eisenstein: Materialien zu Leben und Werk. München 1975. – B. Améngual: Que viva Eisenstein! Lausanne 1980. – Jay Leyda / Zina Voynow: Eisenstein at Work. New York 1982. – Rostislaw Jurenew: Sergej Eisenstein: Samysly. Filmy. Metod. 2 Bde. Moskau 1985. – Viktor Schklowski: Eisenstein. Eine Romanbiographie. Berlin 1986. – Herausforderung Eisenstein. Hrsg. von Oksana Bulgakowa. Arbeitsheft der Akademie der Künste der DDR 41 (1989). – François Albera: Eisenstein et le constructivisme russe. Lausanne 1992. – David Bordwell: The Cinema of Eisenstein. London/Cambridge 1993. – Oksana Bulgakowa: Sergej Eisenstein – drei Utopien. Architekturentwürfe zur Filmtheorie. Berlin 1996. – Oksana Bulgakowa: Sergej Eisenstein. Eine Biographie. Berlin 1998.

Arnold Fanck

1889–1974

Als Begründer des Bergfilmgenres ist Dr. Arnold Fanck, der es in den zwanziger Jahren über Deutschland hinaus auch durch die Kameraarbeit, die Bildkomposition und Montage seiner Filme zu Ansehen gebracht hatte, seit den vierziger Jahren zunehmend in Vergessenheit geraten, im selben Maße, wie der Bergfilm aus der Mode kam. Das Interesse an Filmen wie *Der heilige Berg* (1926), *Die weiße Hölle von Piz Palü* (1929) und *Stürme über dem Montblanc* (1930) erlahmte. In ihnen hatte Fanck die Natur als göttliche Schicksalsgewalt inszeniert und vom Kampf männlicher Helden erzählt, die sich, eisernen Willens den Elementen trotzend, an die »Eroberung des Nutzlosen« (B. Kiefer) machen. Aufgrund von Fancks undurchsichtiger Haltung zum Nationalsozialismus wurden die Filme nahezu tabuisiert, als die von Siegfried Kracauer geprägte Auffassung vom präfaschistischen Bergfilm den Vorwurf nach sich zog, Fanck habe mit seinen Filmen die NS-Ideologie publikumswirksam unterstützt. Tatsächlich entwarf Fanck einen Männlichkeitsmythos, der Begriffe wie Kameradschaft, Ehre und Treue idealisiert. Zugleich aber zeigte er, daß männlicher Stolz und Selbstüberschätzung oft zum Untergang führen.

Bis zu seinem zehnten Lebensjahr war der am 6. März 1889 in Frankenthal geborene Sohn wohlhabender Eltern schwer asthmakrank. Als er auf ein Internat nach Davos geschickt wurde und dort gesundete, war dies für Fanck die Wende in seinem Leben. Die erste Begegnung mit dem Gebirge und der kalten, klaren Höhenluft wurde ihm zum Schlüsselerlebnis. Fanck entwickelte sich zum leidenschaftlichen Alpinisten und schließlich zum Filmregisseur, der die Faszination der Berge einfangen wollte, ohne dabei Anstrengungen und Gefahren zu scheuen. Die Kameramänner Sepp Allgeier, Richard Angst und Harry Schneeberger, mit denen Fanck später arbeitete, mußten stets auf Skiern und in steilen Felswänden mit der schweren und kostbaren Filmausrüstung hantieren, die Darsteller erlebten die Strapazen ihrer Rollenfiguren am eigenen Leib.

Nachdem Fanck gemeinsam mit Hans Rhode zum Matterhorn aufgestiegen war, wurden 1913 beide für einen Skifilm engagiert, in dem die Abfahrt vom Monte Rosa (4000 m) gezeigt wird. Fanck begann daraufhin, selbst mit Foto- und Filmkamera zu experimentieren. Seine ersten filmischen Arbeiten zu Beginn der zwanziger Jahre waren Semidokumentationen, in denen er die Möglichkeiten, Natur im Bild einzufangen, auslotete, die Kamera beispielsweise bei Abfahrten auf dem Ski installierte; zugleich Lehrfilme, in denen er für den Alpinsport wirbt, bevor er, inzwischen Doktor der Geologie, 1923/24 seinen ersten Spielfilm *Der Berg des Schicksals* drehte. Bei den Dreharbeiten entdeckte er Luis Trenker, der als erfahrener Bergsteiger zum Sichern des Seils engagiert war, als Hauptdarsteller.

Fancks zweiter und berühmtester Spielfilm *Der heilige Berg* (1926) nimmt eine klassische melodramatische Dreiecksgeschichte (zwei Freunde, Ernst Petersen und Luis Trenker, lieben die Tänzerin Diotima, erstmals Leni Riefenstahl) zum Anlaß, mit expressionistischen Licht- und Schattenkontrasten eine Elegie über die Unvereinbarkeit der Gegensätze zu entfalten, deren jeweilige Besonderheit doch nur durch ihre Konfrontation erfahrbar wird: Mann und Frau, Meer und Gebirge, Mensch und Natur. »Nie wird sich das Meer mit dem Fels vermählen«, prophezeit die alte Mutter. So wird bei der Begegnung auf halber Höhe zwischen Gipfel und Tal deutlich, daß die sinnliche Tänzerin, deren Heimat das Meer ist, und der Mann aus der Bergwelt niemals zueinander kommen können: »Diotimas Gang in die Berge« (so der Zwischentitel) zeigt die Tänzerin zunächst in einem Blütenmeer und wie sie mit einer Ziege aus demselben Quell trinkt, weiter oben jedoch, »in seiner Welt«, stürzen gewaltige Wassermassen von steilen Felswänden herab, die idyllische Flora weicht kantigem Gestein. Während sie schlicht »das Schöne« sucht, sucht er »sich selbst«. Die Bezwingung des Berges bedeutet stets auch Bezwingung des Hochmutes und Einsicht in die eigenen Grenzen – wie die Versuchung der steilen Wände immer auch für die sexuelle Verlockung steht – und wird so zu einem Initiationsritual. »Kinder sind sie alle«, sagt die Mutter über die Männer; und in diesem Fall werden die beiden Helden nicht gereift aus den Bergen zurückkehren, sondern ihre Initiation mit dem Leben bezahlen.

Nach der Film-Groteske *Der große Sprung* (1927) und der Auftragsarbeit *Das weiße Stadion* (1928), dem offiziellen Film zur Winterolympiade, entstand 1929 wieder ein Bergdrama: Gemeinsam mit G. W. Pabst drehte Fanck *Die weiße Hölle von Piz Palü*: Ein Bergsteiger, der sich am Unfalltod seiner Frau schuldig fühlt, irrt wie ein ruheloser Geist durch die eisige Schnee- und Gletscher-Bergwelt und findet erst Erlösung, als er ein jungvermähltes Paar vor dem Erfrieren bewahrt – sich selbst opfernd, indem er seine wärmende Kleidung abgibt. So ist am Ende der erfrorene Held im Kältetod der Berge wieder mit seiner Frau vereint, die im Gletschereis begraben liegt wie Schneewittchen im gläsernen Sarg. Wie eine religiöse Formel gilt auch hier das Schlußwort aus *Der heilige Berg*: »das größte Wort, das über den Menschen steht: die Treue«.

Fanck schloß weitere Hochgebirgsepen an, wie *Stürme über dem Montblanc* (1930) und *Der weiße Rausch* (1931), bevor er dank seines Rufs als »größter Filmbildner der Natur« (B. Balázs) 1932 aus Hollywood den Auftrag erhielt, einen Abenteuerfilm zu inszenieren. *SOS Eisberg* (1933) schildert eine Expedition in die Eiswüste Grönlands und thematisiert stärker als die bisherigen Filme Fancks das Kräftemessen zwischen technisierter Zivilisation und der Gewalt der Natur. Diese agiert als eigenständiger Protagonist wie die Exekutive Gottes und straft die Hybris des Menschen. Die Inszenierung wechselt zwischen Ton- und Stummfilmpassagen, schwankt zwischen Naturdokumentation, Melodram und Abenteuerfilm, etwa wenn die »Geburtsstunde eines Eisberges« (Zwischentitel) festgehalten wird, die Pilotin (Riefenstahl) ihrem totgeglaubten Mann (Gustav Dießl) wiederbegegnet, in Luftaufnahmen (der Flieger Ernst Udet filmte und spielte selbst mit) schwarze Punkte auf weißem Grund den winzigen Menschen in Relation zur gigantischen Natur setzen oder das rettungverheißende Flugzeug am Eisberg zerschellt. Am Ende des Films triumphiert die Zivilisation. Fanck selbst setzte sich und seine Mitarbeiter während der Dreharbeiten Proviantmangel, Temperaturen unter −30° C und dem eisigen Wasser aus. Den Authentizitätsanspruch, sich gefährlichen Situationen während der Aufnahmen selbst zu stellen und sie nicht durch filmtechnische Tricks bloß vorzugaukeln, gepaart mit der Besessenheit, überwältigende Bilder zu drehen, wie sie das Kino zuvor nicht bot, hatte es stets auch bei Fancks Bergfilmen gegeben. Doch selbst für das erprobte Team von Spezialisten war diese Produktion mehr als nur eine Belastungsprobe. Darsteller und Kamerateam mußten immer wieder den sicheren Boden verlassen, um sich auf Eisschollen oder Gipfel von Eisbergen zu begeben, die jederzeit kippen konnten.

SOS Eisberg bleibt Fancks letzter großer Erfolg. Trenker und Riefenstahl, die von Fanck als Darsteller entdeckt wurden, führten in den dreißiger Jahren als Regisseure das Genre des Bergfilms weiter, während Fanck nur noch einen Bergfilm realisierte. Weil die Hauptfigur Jacques Balmat ein französischer Nationalheld war, kam *Der König vom Montblanc* (1934) im nationalsozialistischen Deutschland ohne Werbung in die Kinos und wurde vom Publikum kaum wahrgenommen. 1937 drehte Fanck die deutsch-japanische Koproduktion *Die Tochter des Samurai*, deren Botschaft der Rassenideologie des NS-Regimes entsprach. Der Film erhielt das Prädikat: »Staatspolitisch und künstlerisch wertvoll«. Fancks letzter Spielfilm, das Inselabenteuer *Ein Robinson* (1940), spielte die Kosten gerade ein, fand aber keine wesentliche Beachtung mehr. Entgegen der Behauptung in seinen Memoiren, er sei nicht Parteimitglied gewesen, weil er sich ganz als »Alleingänger« fühle und »nicht einmal in einem Skiclub« war, trat Fanck 1940 in die NSDAP ein. Er drehte bis 1944 noch drei Dokumentationen über die Nazi-Künstler Joseph Thorak und Arno Breker und über den Atlantikwall. Er starb 1974, verarmt und von der Öffentlichkeit vergessen, bis er in den neunziger Jahren wiederentdeckt und sein Nachlaß 1997 im Rahmen der Retrospektive »Berge, Licht und Traum« als der eines zwar ideologisch fragwürdigen, aber ästhetisch innovativen Regisseurs der Zwischenkriegszeit aufgearbeitet wurde.

Stefanie Weinsheimer

Filmographie: Das Wunder des Schneeschuhs (Semidokumentarfilm, 1920) – Im Kampf mit dem Berge / In Sturm und Eis (Dokumentarfilm, 1921) – Das Wunder des Schneeschuhs, Tl. 2: Eine Fuchsjagd auf Skiern durchs Engadin (1922) – Der Berg des Schicksals (1924) – Der heilige Berg (1926) – Der große Sprung (1927) – Das weiße Stadion (1928) – Die weiße Hölle von Piz Palü (Co-Regie: G. W. Pabst, 1929) – Stürme über dem Montblanc (1930) – Der weiße Rausch (1931) – SOS Eisberg (1933) – Der ewige Traum / Der König vom Montblanc (1934) – Die weiße Hölle von Piz Palü (gekürzte Tonfassung, 1935) – Die Tochter des Samurai (1937) – Ein Robinson / Das Tagebuch eines Matrosen (1940) – Joseph Thorak – Werkstatt und Werk (Dokumentarfilm, 1943) – Arno Breker (Dokumentarfilm, 1944) – Atlantik-Wall (Dokumentarfilm, 1944).

Literatur: A. F.: Er führte Regie mit Gletschern, Stürmen und Lawinen. Ein Filmpionier erzählt. München 1973.

Arnold Fanck – Regisseur, Produzent. In: Cinegraph. Hrsg. von Hans-Michael Bock. München 1984 ff. – Der Fall Fanck Revisited. Film und Kritik 1 (1992). – Berge, Licht und Traum. Dr. Arnold Fanck und der deutsche Bergfilm. Ausstellung/Retrospektive im Münchener Stadtmuseum/Filmmuseum bis 1. 2. 1998. Ausstellungskatalog. Hrsg. von Jan-Christopher Horak. München 1997. – Janine Hansen: Arnold Fancks *Die Tochter des Samurai*. Nationalistische Propaganda und japanische Filmpolitik. Wiesbaden 1997. – Bernd Kiefer: Eroberer des Nutzlosen. Abenteuer und Abenteurer bei Arnold Fanck und Werner Herzog. In: Idole des deutschen Films. Hrsg. von Thomas Koebner. München 1997. S. 104–115. – Christian Rapp: Höhenrausch. Der deutsche Bergfilm. Wien 1997.

Rainer Werner Fassbinder

1945–1982

Geboren am 31. Mai 1945 in Bad Wörishofen, im selben Jahr wie Wim Wenders und drei Jahre nach Werner Herzog, war Rainer Werner Fassbinder zunächst das ›Wunderkind‹ des Neuen Deutschen Films, später der ›agent provocateur‹ im bundesrepublikanischen Kulturbetrieb: man denke nur an den Aufstand gegen sein angeblich linksfaschistisches Theaterstück »Der Müll, die Stadt und der Tod« (1976) oder an die Kampagne der Boulevardpresse gegen den »Schmuddelsex« in *Berlin Alexanderplatz* (1980). Postum hat man Rainer Werner Fassbinder zum Klassiker stilisiert, als »das Herz, die schlagende, vibrierende Mitte« des bundesdeutschen Autorenkinos verortet (W. Schütte). In die Filmgeschichte eingeschrieben wurde der Filmemacher, der auch Dramatiker, Schauspieler und Theaterregisseur war, als »das maßlose Genie«, nicht zuletzt von den selbsternannten Biographen aus dem Freundeskreis. Sein früher Tod, am 10. Juni 1982 in seinem Münchner Apartment, hat ein Lebenswerk vorzeitig vollendet, das seinen vielzitierten Wahlspruch noch retrospektiv zu illustrieren scheint: »Schlafen kann ich, wenn ich tot bin . . .«

Über 40 Kino- und Fernsehfilme hat der Autodidakt Fassbinder, nach seiner erfolglosen Bewerbung an der Deutschen Film- und Fernsehakademie Berlin und drei weitgehend unbekannt gebliebenen Kurzfilmen, in den 13 Jahren von 1969 bis 1982 gedreht: als ein Regisseur, der zumeist auch für das Drehbuch verantwortlich zeichnete, mitunter sogar für Ausstattung, Kamera und Schnitt (letzteres unter seinem Pseudonym Franz Walsch), und als ein Filmemacher, der auch regelmäßig vor der Kamera agierte, vorrangig in seinen eigenen Filmen, aber auch in denen anderer Regisseure, am Beginn seiner Karriere etwa als Zuhälter in Jean-Marie Straubs *Der Bräutigam, die Komödiantin und der Zuhälter* (1968) und in der Titelrolle von Volker Schlöndorffs *Baal* (1969), am Ende seines kurzen Lebens am eindringlichsten als abgehalfterter Polizeileutnant Jansen in Wolf Gremms *Kamikaze 1989* (1982). Fassbinder war 1971 an der Gründung des Verlags der Autoren und der Produktionsgesellschaft Tango-Film beteiligt; er hat im kleinen Rahmen als Produzent gearbeitet, etwa bei Ulli Lommels *Die Zärtlichkeit der Wölfe* (1973), und er hat mit seiner Theaterarbeit für Aufsehen gesorgt: von 1967 bis 1969 als Kopf jener Münchner Avantgarde-Truppe, die sich erst »action-theater«, dann »antiteater« nannte, von 1974 bis 1976 als künstlerischer Leiter des Frankfurter Theater am Turm (TAT). Am Theater inszeniert hat Fassbinder auch in Bremen, Bochum, Berlin, Hamburg und München. Seine Theaterstücke »Katzelmacher« (1968), »Der amerikanische Soldat« (1968) und »Petra von Kant« (1971) hat er selbst für die Leinwand adaptiert, und er hat das Medium Fernsehen genutzt, um seine Vorstellungen von Theater einem größeren Publikum zu präsentieren: mit Aufzeichnungen seiner Inszenierungen, von *Das Kaffeehaus* (1970) bis *Frauen in New York* (1977), und mit seinem einzigen Dokumentarfilm *Theater in Trance* (1981).

Daß man die Komplexität dieses zwischen den Medien changierenden Œuvres keine zwei Jahrzehnte nach Fassbinders Tod in Erinnerung rufen muß, hat nicht zuletzt damit zu tun, daß in diesem Fall der Künstler das Werk stets überschattete, auch provokativ akzentuierte und in die Diskussion brachte, und daß dieses Werk mit der Person allmählich zu verblassen droht, auch wenn Retrospektiven im In- und Ausland in den letzten Jahren noch einmal für Diskussionen gesorgt haben. Sicherlich werden einige Filme von Rainer Werner Fassbinder im Gedächtnis bleiben, etwa der späte Publikumserfolg *Die Ehe der Maria Braun* (1979), vielleicht auch *Fontane Effi Briest*

(1974) und einige andere. Aber wie steht es mit den frühen ›Gangsterfilmen‹ *Götter der Pest* und *Der amerikanische Soldat* (beide 1970) oder mit dem ›Western‹ *Whity* (1971), Fassbinders erster Großproduktion, die nie einen Verleih fand? Wo läßt sich das Melodram *Martha* (1974), Fassbinders erste explizite Auseinandersetzung mit dem Sadomasochismus, heute noch begutachten oder seine lustvolle Selbstdarstellung als naiver Schwuler in *Faustrecht der Freiheit* (1975)? Wer erinnert sich noch an *Satansbraten* (1976), die Farce um ein Dichterleben aus zweiter Hand, oder an die Nabokov-Verfilmung *Eine Reise ins Licht – Despair* (1978), die trotz der Stars Dirk Bogarde und Andréa Ferréol kein Erfolg wurde? Wann wird der zweiteilige Science-fiction-Film *Welt am Draht* (1973) noch einmal auf dem Bildschirm erscheinen, wo hat Fassbinders hochartifizielle Genet-Adaption *Querelle – Ein Pakt mit dem Teufel* (1982) noch Bedeutung, außer in der schwulen Subkultur? Selbst wenn einige der genannten und manche andere Filme von Fassbinder als Videoedition verfügbar sind: im Ausland spricht man von Fassbinder bereits als »the forgotten filmmaker« (Th. Elsaesser).

»Das wichtigste ist, scheint mir, Unbehagen an Einrichtungen des Bürgertums zu schaffen.« Das Fassbinders »Ajax«-Inszenierung (1968) vorangestellte Motto kennzeichnet auch die Zielsetzung seiner frühen Spielfilme, die er mit den Mitgliedern der antiteater-Kommune realisierte, von denen der erste explizit an diejenigen gerichtet war, »von denen ich will, daß sie eine Wut kriegen, wie ich sie habe«: Im Juni 1969 wurde *Liebe ist kälter als der Tod* auf der Berlinale uraufgeführt. Im Oktober desselben Jahres wurde *Katzelmacher* mit dem Preis der Filmkritik, dem Preis der Deutschen Akademie für darstellende Künste und mit fünf Bundesfilmpreisen ausgezeichnet. Es war der Beginn einer in der Geschichte des deutschen Films einzigartigen Produktivität.

Fassbinders frühe Filme, schnell und mit kleinem Budget produziert, erzählen von Gewalt und Entfremdung, in der Gesellschaft und zwischen den Menschen, von einem Leben aus zweiter Hand, dem das Eigene nicht mehr oder noch nicht zur Verfügung steht und das zumeist um die Trias Arbeit – Liebe – Geld kreist: um den Traum vom großen Geld und die ausbeutbaren Gefühle, um homoerotisch konnotierte Männerfreundschaften und um den Verrat der Frauen, die sich wie Huren verhalten, es bereits sind oder von Männern dazu gemacht werden. Trotz der Bezugnahmen auf die Filmgeschichte, in *Der amerikanische Soldat* und *Götter der Pest* (1970) etwa auf den Gangsterfilm, ging es Fassbinder nicht, wie Jean-Luc Godard im Jahrzehnt zuvor, um eine ironisierende Dekonstruktion des Genre-Kinos und noch weniger um eine mythologisierende Amerikanisierung der deutschen (Seelen-)Landschaft, wie sie fast zeitgleich Peter Handke und Wim Wenders in *3 amerikanische LPs* (1969) vorführten. Das München Fassbinders bleibt als deutsches Halbwelt- und Unterschichtsmilieu stets erkennbar, auch wenn die Gesten und Verhaltensrituale der Kinohelden nachgeahmt werden. Die Aneignung der antibürgerlichen Vor-Bilder ist nicht bloße Imitation und nur die Kehrseite jener Konditionierung, die den Gestalten des depravierten Kleinbürgertums eingeschrieben ist. Nicht erst Fassbinders Filme der mittleren Phase, die nach seiner Abrechnung mit den Funktionsmechanismen des Künstlerkollektivs in *Warnung vor einer heiligen Nutte* (1971) beginnt, enden auffällig oft mit Selbstmord. Das selbstzerstörerische Potential ist Fassbinders Figuren von Anfang an zu eigen, den Repräsentanten des Kleinbürgertums ebenso wie den Protagonisten der Gegenwelt. Die Fluchten erstarren im Ritual, enden im Tod oder – wie in *Katzelmacher* – mit einer Vereinnahmung des Fremden und Andersartigen.

Daß es im alles beherrschenden System der Warenwelt kein Refugium privater Gefühle gibt (doch geben müsse), daß alle zwischenmenschlichen Beziehungen, auch die der Freundschaft und Liebe, nach den Regeln von Herrschaft und Knechtschaft funk-

Rainer Werner Fassbinder

tionieren (denen zu widerstehen sei), daß Leidenschaft ausbeutbar ist, in Verzweiflung und Selbstzerstörung kulminiert (wenn nicht in der Akzeptanz der Machtverhältnisse), durchzieht als Grundüberzeugung Fassbinders Œuvre. Seine Filme erzählen, in immer neuen Variationen (vom Gangsterfilm über das Volksstück und Melodram bis zum Pastiche), vom wahren Leben im falschen, von der Sehnsucht danach und den oft tödlichen Konsequenzen, gerade für diejenigen, die noch nicht erkannt haben oder immer noch nicht glauben wollen, daß auch die sogenannte Intimsphäre dem Energiefeld gesellschaftlicher Macht unterliegt.

»Es gibt einen Film von Godard, den ich siebenundzwanzig Mal gesehen habe, das ist *Vivre sa vie*, das ist der Film, der für mein Leben zusammen mit *Viridiana* (von Buñuel) der wichtigste Film gewesen ist«, hat Fassbinder 1974 erklärt. Doch im Gegensatz zu Godard, der sich Ende der sechziger Jahre aus dem Kino zurückzog, hat Fassbinder seit Anfang der siebziger Jahre Wege zum großen Publikum gesucht, sowohl im Kino als auch über das Massenmedium Fernsehen. Den entscheidenden Wendepunkt, die Abkehr von den Filmen »nur [...] für mich und meine Freunde«, markiert *Händler der vier Jahreszeiten* (1972), der erste Film des jungen deutschen Autorenkinos über die Adenauer-Ära und von den Kritikern seinerzeit euphorisch bewertet: »Für mich ist es der beste deutsche Film seit dem Krieg«, schrieb H. G. Pflaum. Auf jeden Fall war es der Beginn von Fassbinders Historiographie der Bundesrepublik Deutschland und ihrer fatalen Vorgeschichte, und es war seine Entdeckung des Melodrams. Voraus ging eine Begegnung mit Douglas Sirk und einigen seiner Hollywood-Melodramen, über die Fassbinder schrieb: »Es waren die schönsten der Welt dabei.« Was Fassbinder über Sirks Melodramen publizierte, im Februar 1971 unter dem Titel »Imitation of Life«, über die Liebe als »das beste, hinterhältigste und wirksamste Instrument gesellschaftlicher Unterdrückung«, über die Frauen, die denken und nicht bloß reagieren, über die gesellschaftlich geprägten Räume, über Licht, Spiegel, Blut, Tränen, Gewalt, Haß, Sehnsucht und Einsamkeit, über all diese »wahnsinnigen Sachen, für die es sich lohnt«, läßt sich ebenso als Kommentar zu seinen eigenen Filmen lesen. Trotz Fassbinders Kultivierung des Melodramatischen, trotz der in der Folgezeit vielfach eingesetzten Spiegel-Szenen, szenischen Einrahmungen der Figuren, symbolischen Aufladungen der Innenräume und Menschenkörper, am sinnfälligsten wohl in dem Frauenbeziehungsdrama *Die bitteren Tränen der Petra von Kant* (1972), sollte man den Einfluß Sirks, den Fassbinder damals zur künstlerischen Vaterfigur stilisierte, nicht überschätzen – nicht einmal angesichts der Parallelen zwischen Sirks *Was der Himmel erlaubt* (1955) und *Angst essen Seele auf* (1974). Fassbinder hat stets schnell auf Vorgefundenes reagiert, sich dieses anverwandelt und daraus Neues montiert. Zumeist hatte er seine genaue Vorstellung vom Bildaufbau, von der Kadrierung im Kopf, und er verfügte über ein phänomenales Bildgedächtnis, nur deshalb »hat er ja meistens nur eine Klappe gedreht« (P. Märthesheimer). Aber Fassbinder war auch ein – bisweilen schlampiges – Genie der Improvisation. Den Drehort sah er oftmals erst bei den Aufnahmen, was ebenfalls für die Ausstattung und Kostüme gilt; und die – von scharfsinnigen Cineasten als »postmodern« deklarierte – Farbdramaturgie von *Lola* (1981) war eine Kreation des Kameramannes Xaver Schwarzenberger, der Fassbinder und seine Arbeitsweise folgendermaßen charakterisierte: »Ich glaube, das Schnellsein hat ihm einfach Spaß gemacht. [...] Er war überhaupt kein sehr geduldiger Mensch [...] : Ungeduld und Fertigwerden-Wollen, das Ding haben und weglegen und das nächste anfangen.« Fassbinders unglaubliches Produktionstempo beruhte nicht zuletzt darauf, daß er die Mitglieder seiner ›Familie‹ an sich binden konnte, eine Voraussetzung der bekannten Abhängigkeitsverhältnisse und Machtspiele, und daß er Aufgaben delegieren konnte. Wie es seine Cutterin Juliane Lorenz formuliert hat: »Das war etwas, was ich durch ihn gelernt habe: selbständig zu sein, mich nicht andauernd abzusichern und zu fragen: ›Was hast du dir dabei gedacht?‹.«

Mit Fassbinder unauflöslich verbunden ist der Mythos des Autorenfilmers, der Fassbinder zwar war, aber anders als Herzog oder Wenders und eher in dem Sinne, daß seine Originalität nicht der Vorstellung vom romantischen Künstler verpflichtet war, sich seine Kunst im Kollektiv und durch die Methode der Collage realisierte. Was in einem »Film von Rainer Werner Fassbinder« genuin Fassbinders Kreativität entsprang, was den Einfällen der anderen zu verdanken ist, darüber gibt der von Juliane Lorenz herausgegebene Gesprächsband »Das ganz normale Chaos« (1995) manche erhellende Auskunft. Es wäre also nach dem Anteil der anderen an seinem Werk zu fragen, etwa nach der Bedeutung von Peter Märthesheimer, der mit Fassbinder zuerst als WDR-Redakteur, später als Produzent und Drehbuchautor zusammenarbeitete. Zur künstlerischen Handschrift Fassbinders gehören auch die Musik von Peer Raben und die Bildkompositionen der Kameraleute Dietrich Lohmann, Michael Ballhaus und Xaver Schwarzenberger, gehören vor allem diejenigen, die Fassbinders Protagonisten ihre unverwechselbare Erscheinung gaben: sein Star Hanna Schygulla und die ehemaligen Mitglieder des antiteaters, auch Günther Kaufmann, Hark und Marquard Bohm, Gottfried John und Klaus Löwitsch und nicht zuletzt Schauspieler wie Brigitte Mira, Karlheinz Böhm, Günter Lamprecht, Barbara Sukowa, Armin Mueller-Stahl und Rosel Zech, die Fassbinder zum Teil für das Kino wiederentdeckte. Auch Fassbinders leibliche Mutter Liselotte Eder, seine einstige Ehefrau Ingrid Caven, seine zeitweiligen Lebenspartner El Hedi Ben Salem und Armin Meier haben in und an Fassbinders Filmen mitgewirkt.

Zu dieser handwerklichen Professionalität und Fassbinders Ungeduld gehörte auch die – bisweilen gleichzeitige – Arbeit in und mit verschiedenen Medien. Ohne das öffentlich-rechtliche Fernsehen, so wie es in den siebziger Jahren als kulturelle Institution ausgebildet war, hätte Fassbinders Gesamtwerk nicht entstehen können. Das agitatorische Revolutionsspektakel *Die Niklashauser Fart* (1970) war Fassbinders erste Zusammenarbeit mit dem WDR, der auch in der Folgezeit, trotz mancher Querelen, einer seiner wichtigsten Produktionspartner blieb. 1972 produzierte der WDR die Fernsehserie *Acht Stunden sind kein Tag*, die allerdings nach fünf Folgen abgesetzt wurde. 1973 folgte der zweiteilige Fernsehfilm *Welt am Draht*, noch im selben Jahr *Martha* und 1974 die TV-Show *Wie ein Vogel auf dem Draht* mit Brigitte Mira und Evelyn Künneke. 1975 realisierte Fassbinder mit dem WDR *Angst vor der Angst*, im selben Jahr mit der Bavaria Atelier *Ich will doch nur, daß ihr mich liebt* (1976) im Auftrag des WDR, im folgenden den zweiteiligen Fernsehfilm *Bolwieser* (1977), mit derselben Produktionsgesellschaft, aber im Auftrag des ZDF. Der WDR war auch an der Produktion von *Die Ehe der Maria Braun* und *Lola* beteiligt, *Berlin Alexanderplatz*, Fassbinders erklärtes Lebensprojekt, war ebenfalls eine Produktion im Auftrag des WDR. Die Streitigkeiten mit den Sendern – man denke nur an die nicht realisierten Verfilmungen von »Die Erde ist so unbewohnbar wie der Mond« und »Soll und Haben« – waren vielleicht ein Grund, weshalb Fassbinder seit Mitte der siebziger Jahre seine radikalsten Filme über Produktionsgesellschaften wie Tango-Film, Albatros Produktion und den Filmverlag der Autoren finanzierte. *Mutter Küsters' Fahrt zum Himmel* und *Satansbraten* (beide 1976) sind solche radikalen Filme, auch *Die dritte Generation* (1979), vor allem das unmittelbar nach dem Selbstmord von Armin Meier gedrehte Identitätsdrama *In einem Jahr mit 13 Monden* (1978), das die Zerstörung einer Persönlichkeit, die Aufspaltung einer Person in Erwin/Elvira bis über die Grenzen des Erträglichen hinaus demonstriert. Für diesen Film schrieb Fassbinder das Drehbuch, besorgte Ausstattung und Schnitt, führte zum ersten Mal selbst die Kamera. »Daß die Welt [...] zur Hölle geworden ist, zeigt Fassbinder in fast apokalyptischen Bildern« (W. Roth), aber es ist eine Hölle, die im Inneren ihren Ort hat.

Fassbinders Filme sind Liebesfilme, jedenfalls die meisten von ihnen, aber solche, die die gesellschaftlichen Rahmenbedingungen einer unstillbaren Sehnsucht analysieren: zumeist melodramatisch, selten als Farce. Der sich systematisch zu Tode saufende Obsthändler Hans Epp in *Händler der vier Jahreszeiten* markiert ein deutsches Kleinbürgerschicksal. Das gilt ebenso für das unakzeptable Verhältnis zwischen der gealterten Putzfrau Emmi und einem marokkanischen Gastarbeiter, den sie der Einfachheit halber Ali nennt: »Alle Türken heißen Ali« sollte *Angst essen Seele auf* (1974) zunächst heißen. Der Film hat deshalb etwas mit der deutschen Realität zu tun, weil er ein reales Verhaltensmuster in zwei modellhaften Varianten durchspielt. In Fassbinders Kosmos konvergieren Liebe und Macht, in hetero- und homosexuellen Beziehungen, und so läßt sich seine provokante Diagnose »Die meisten Männer können nur nicht so perfekt unterdrücken, wie die Frauen es gerne hätten«, nicht nur auf die Titelfigur von *Martha* beziehen; der in diesem ›Frauenfilm‹ vorgeführte Sadomasochismus weist über Geschlechtergrenzen hinaus und auf Fassbinders Version einer Passion hin, die erst ihre Erlösung findet, wenn der eigene Widerstand gebrochen ist, die »Selbstaufgabe [...] zur Geste einer Freiheit [wird], die allein wieder Identität gibt« (Th. Elsaesser). Was sich in *Die bitteren Tränen der Petra von Kant* andeutet, in der Leidensbereitschaft der stummen Dienerin Marlene, die Insider als Hinweis auf Fassbinders Verhältnis zu Günther Kaufmann zu deuten wußten, löst der homoerotische Kosmos von *Querelle – Ein Pakt mit dem Teufel* ein: daß die Sehnsucht nach einem reinen Begehren, mehr noch, die Suche nach dem eigenen Selbst in erster Linie eine Fiktion ist, ein regulatives Muster bürgerlichen (Er-)Lebens, von dem erst die Unterwerfung, die Akzeptanz der Macht und ihre Einverleibung, befreit. Nur hat diese Art der Selbstaufgabe, die in der Kunstwelt sadomasochistischer Rollenspiele lustvoll gelingt, realiter verhängnisvolle Konsequenzen, in der Geschichte und für die je eigene Existenz.

Fassbinder hat die eigene Person immer wieder öffentlich exponiert, auf der Leinwand am schonungslosesten in seiner Episode der Gemeinschaftsproduktion *Deutschland im Herbst* (1978). Wenn Fassbinder seinen nackten Körper und seine verwundete Seele für die Kamera bloßstellt, wenn er die eigene Mutter zu der Aussage treibt, daß in dieser Situation nur ein autoritärer, guter Herrscher helfen könne, und in diesem Moment wegschneidet, wenn er seinen Partner Armin Meier erniedrigt und die eigene Selbsterniedrigung zur Schau stellt, dann kennzeichnet seine Paranoia vor dem Polizeistaat eben jenen paranoiden Zustand eines Teils der bundesrepublikanischen Gesellschaft, wie er im ›heißen Herbst‹ 1977, am Umschlagpunkt des Terrorismus, sichtbar wurde. Radikaler lassen sich Leben und Werk, Künstler und Fiktion nicht verschmelzen, und wenn es ein klar zu bestimmendes Ende von Fassbinders ›mittlerer Phase‹ gibt, dann findet es in diesem Moment statt. So gesehen wäre die Terroristen-Farce *Die dritte Generation* (1979) nur noch ein Nachklapp einer bereits verabschiedeten Hoffnung. Mit *Die Ehe der Maria Braun* beginnt Fassbinder seine »BRD-Trilogie«, die *Lola* und *Die Sehnsucht der Veronika Voss* (1982) fortzusetzen. Seine Revision der deutschen Nationalgeschichte macht auch stilistisch von der deutschen Filmgeschichte Gebrauch, nutzt die Ästhetik der UFA-Filme für die Inszenierung historisierter Kunstwelten, deren Bezugspunkt aber stets die Gegenwart bleibt. In dieses Projekt fügt sich *Lili Marleen* (1981) ein, ein – wie Kritiker meinten – Film der »verschwimmenden Positionen« und einer, der Fassbinder den Vorwurf einer »Ästhetisierung des Faschismus« (S. Friedländer) einbrachte. Gerade der Dokumentarfilm *Theater in Trance* und der Schwulenfilm *Querelle* zeigen aber auch, daß Fassbinders Œuvre stilistisch nie homogen war. Die Filmprojekte »Rosa Luxemburg« und »Kokain« hat Fassbinder nicht mehr realisieren können. Der von der Rainer Werner Fassbinder Foundation verwaltete Nachlaß wird zeigen, ob sich vom Ende her neue Perspektiven eröffnen lassen.

Für alle Filme Fassbinders gilt, daß sie die historische oder gegenwärtige Wirklichkeit niemals direkt abbilden, ihre Wirklichkeit ist ebenso Medienrealität, wie ihr Fokus das gegenwärtige Deutschland bleibt, so wie es

Fassbinder gesehen hat: als eine Republik, in der sich der Faschismus auffällig unbehindert fortgeschrieben habe. Th. Elsaesser hat Fassbinder als den »Chronisten des westdeutschen Innenlebens« bezeichnet. Eine andere, vielleicht nicht minder produktive Lesart wäre, in Fassbinders Filmen die unstillbare Sehnsucht nach einem wahren, wirklichen Leben in einem unüberwindlichen falschen, entfremdeten aufzudecken, eine Sehnsucht, die bis zur Selbstdestruktion führt. Diese Lesart würde auf ein Dilemma hinweisen, das in der Postmoderne gern unterschlagen wird: auf die uneinlösbare Utopie authentischer Identität. Nicht daß Fassbinder ein Postmodernist gewesen wäre, aber sein Gesamtwerk markiert, wie auch das von Jean-Luc Godard, jene Schwelle der Filmgeschichte, an der sich das moderne Autorenkino selbst überlebt. Fassbinder hat seine Perspektive einer radikal antibürgerlichen Utopie, wie sie im Spätwerk aufscheint, bereits 1977 skizziert, mit dem ihm eigenen Mut und der ihm eigenen Verzweiflung: »Unsere Beziehungen sind ja deshalb grausame Spiele miteinander, weil wir unser Ende nicht als etwas Positives anerkennen. Es ist positiv, weil es wirklich ist. Das Ende ist das konkrete Leben. Der Körper muß den Tod verstehen.«

Jürgen Felix

Filmographie: This Night (1966) – Der Stadtstreicher (1966) – Das kleine Chaos (1967) – Liebe ist kälter als der Tod (1969) – Katzelmacher (1969) – Götter der Pest (1970) – Warum läuft Herr R. Amok? (Co-Regie: Michael Fengler, 1970) – Das Kaffeehaus (1970) – Die Niklashauser Fart (1970) – Der amerikanische Soldat (1970) – Rio das Mortes (1971) – Whity (1971) – Warnung vor einer heiligen Nutte (1971) – Pioniere in Ingolstadt (1971) – Händler der vier Jahreszeiten (1972) – Die bitteren Tränen der Petra von Kant (1972) – Wildwechsel (1972) – Acht Stunden sind kein Tag (Fernsehserie, 1972/73) – Bremer Freiheit (1972) – Welt am Draht (Fernsehfilm, 1973) – Nora Helmer (1974) – Angst essen Seele auf (1974) – Martha (Fernsehfilm, 1974) – Fontane Effi Briest (1974) – Faustrecht der Freiheit (1975) – Wie ein Vogel auf dem Draht (Fernsehshow, 1975) – Mutter Küsters' Fahrt zum Himmel (1976) – Angst vor der Angst (1975) – Ich will doch nur, daß ihr mich liebt (1976) – Satansbraten (1976) – Chinesisches Roulette (1976) – Bolwieser (Fernsehfilm, 1977) – Frauen in New York (1977) – Despair / Eine Reise ins Licht – Despair (1978) – Deutschland im Herbst (Episode, 1978) – In einem Jahr mit 13 Monden (1978) – Die Ehe der Maria Braun (1979) – Die dritte Generation (1979) – Berlin Alexanderplatz (Fernsehfilm in 13 Teilen und einem Epilog, 1980) – Lili Marleen (1981) – Lola (1981) – Theater in Trance (Dokumentarfilm, 1981) – Die Sehnsucht der Veronika Voss (1982) – Querelle / Querelle – Ein Pakt mit dem Teufel (1982).

Literatur: Wolfgang Limmer: Fassbinder. München 1973. – Hans Günther Pflaum / Rainer Werner Fassbinder: Das bißchen Realität, das ich brauche. Wie Filme entstehen. München 1976. – Tony Ryans (Hrsg.): Fassbinder. 2., erw. Aufl. London 1980. – Wolfgang Limmer: Rainer Werner Fassbinder, Filmemacher. Reinbek bei Hamburg 1981. – Hanna Schygulla: Bilder aus Filmen von Rainer Werner Fassbinder. München 1981. – Harry Baer: Schlafen kann ich, wenn ich tot bin. Das atemlose Leben des Rainer Werner Fassbinder. Köln 1982. – Kurt Raab / Karsten Peters: Die Sehnsucht des Rainer Werner Fassbinder. München 1982. – Gerhard Zwerenz: Der langsame Tod des Rainer Werner Fassbinder. Ein Bericht. München 1982. – Paul Foss (Hrsg.): Fassbinder in Review. Sydney / Melbourne 1983. – Ronald Hayman: Fassbinder Film Maker. London 1984. – Rainer Werner Fassbinder. 5., erg. und erw. Aufl. München/Wien 1985. (Reihe Film. 2.) – Heinz Ludwig Arnold (Hrsg.): Rainer Werner Fassbinder. Text + Kritik 103 (1989). – Thomas Elsaesser: Der Neue Deutsche Film. Von den Anfängen bis zu den neunziger Jahren. München 1994. [Engl. Orig. 1989.] – Karl Prümm: Extreme Nähe und radikale Entfernung. Rainer Werner Fassbinders Fernsehfilm *Bolwieser* (1977) nach dem Roman von Oskar Maria Graf. In: Franz-Josef Albersmeier / Volker Roloff (Hrsg.): Literaturverfilmungen. Frankfurt a. M. 1989. S. 155–182. – Marsha Kinder: Ideological Parody in the New German Cinema. In: Quarterly Review of Film and Video 1990. Nr. 1–2. S. 73–102. – Achim Haag: »Deine Sehnsucht kann keiner stillen«. Rainer Werner Fassbinders *Berlin Alexanderplatz*. München 1992. – Hans Günther Pflaum: Rainer Werner Fassbinder. Bilder und Dokumente. München 1992. – Katja Silverman: Male Subjectivity at the Margins. New York / London 1992. – Herbert Spaich: Rainer Werner Fassbinder. Leben und Werk. Weinheim 1992. – Christian Braad Thomsen: Rainer Werner Fassbinder. Leben und Werk eines maßlosen Genies. Hamburg 1993. – Annette Förster (Hrsg.): Rainer Werner Fassbinder. Science and Fiction. Utrecht 1993. – Juliane Lorenz (Hrsg.): Das ganz normale Chaos. Gespräche über Rainer Werner Fassbinder. Berlin 1995. – Jane Shattuc: Tabloids and Tears. Fassbinder and Popular Culture. Minneapolis 1995. – Thomas Elsaesser: Fassbinder's Germany: History, Identity, Subject. Amsterdam 1996. – Thomas Elsaesser: Fassbinder, *Lola* und die Logik des Mehrwerts – oder: Nicht nur wer zahlt, zählt. In: Th. E. / Jean-François Lyotard / Edgar Reitz: der zweite Atem des Kinos. Frankfurt a. M. 1996. S. 55–87. – Anne Marie Freybourg: Bilder lesen. Visionen von Liebe und Politik bei Godard und Fassbinder. Wien 1996. – Jürgen Felix: Die heilige Hure. Fassbinders Dramaturgie der bürgerlichen Liebe. In: Thomas Koebner (Hrsg.): Idole des deutschen Films. Eine Galerie von Schlüsselfiguren. München 1997. S. 463–488.

Federico Fellini

1929–1993

»Im Grunde gefällt mir alles am Leben, und manchmal fühle ich mich voll von zappliger Neugier, wie wenn ich noch nicht vollständig geboren wäre. Ja, ich habe das Zutrauen in die Reise noch nicht verloren, wenngleich diese Reise oft hoffnungslos und dunkel erscheint« (Fellini). Daß man noch gar nicht richtig geboren sein kann, sich nicht von der Mutter gelöst habe, ist eine Leitvorstellung Fellinis, die er zeit seines Lebens verschiedentlich äußerte. Sie behauptet, daß das Leben ein erstaunliches und rätselvolles Abenteuer sei, in dessen Regeln man sich noch nicht auskenne, etwas Stupendes und Verblüffendes, auf das man sich nicht gleich einen Reim machen könne. Daher sind seine Figuren auch so oft unterwegs, aufmerksam und neugierig, denn auf ihrer Lebenswanderung durch viele Milieus begegnen ihnen merkwürdige Wesen, seltsame Verhältnisse und monströse Gestalten. Bis zu seinem letzten Film scheint diese ›Kinderperspektive‹ vorzuwalten. Meist wird sie mit Hauptfiguren verknüpft, die etwas Unschuldiges und Unbelehrbares haben, die mit weit geöffneten Augen durch eine fremdartige Welt gehen, als wären sie Traumreisende: Das gilt ebenso von der großäugigen Gelsomina in *La strada* wie von ihrem männlichen Pendant in Fellinis letztem Film, *Die Stimme des Mondes*, dem zarten clownhaften Salvini. Zirkusclowns haben Fellini von früh auf angezogen, weil sie das Ernst- und Erwachsensein nur spielerisch ausprobieren. Indes, Fellinis unzerstörbare Naivität wird überformt durch einen scharfsinnigen analytischen Geist. Von kaum einem anderen so bedeutenden Regisseur stammen ähnlich kluge und ausgreifende Kommentierungen der eigenen Filme, so daß es den Interpreten seit je schwergefallen ist, sich von der anscheinend alle Aspekte erschöpfenden Selbstdeutung des Regisseurs freizumachen, um einen eigenen Blick auf dieses ›wunderbare‹ und vielgestaltige Werk zu werfen. Bemerkenswert ist, daß dieser intellektuelle Scharfsinn die kreativen Vorgänge nicht behindert, vielmehr geholfen hat – zumindest gilt das für die großen Filme –, die Erzählung der Konflikte, den Umriß der Figuren, das Visionäre der Bilder zu präzisieren. Es gehört zum Kindsein, das für die späteren Jahre gerettet wird, offenbar hinzu, daß man sich auch minderwertig, schuldig oder einsam fühlt. Fellini hat sich stets – im Widerspruch zum ersten Anschein – eine introvertierte Existenz am Rande des Trubels zugemessen, denn als Kind habe er mehr nach innen als nach außen gelebt: »Den anderen Kindern war es wichtiger, Schneebälle zu werfen, als zu träumen und sich Dinge auszudenken. Als Kind so allein in der Menge zu sein, bedeutete eine unvorstellbar große Einsamkeit.« Spuren dieses Alleinseins in der Menge sind in allen Filmen Fellinis zu finden.

Dabei hat er in seiner Lebenspraxis versucht, gerade dieses Trauma zu überwinden. Mit Schauspielern und Mitarbeitern bildete er regelrecht familienähnliche Clans – das Glück, mit Fellini einen Film zu drehen, wurde beinahe von allen, die dabei waren, im nachhinein ausdrücklich bestätigt. Er war ein vitaler Mann, leidenschaftlicher Esser, temperamentvoller Causeur, großzügiger Freund. Fellini, der als Satiriker der italienischen Gesellschaft und Kritiker des italienischen Katholizismus vor scharfer Zuspitzung seiner Ansichten nicht zurückschreckte, stieg zur nationalen Heiligenfigur auf. Als er im Herbst 1993 nach einem Krankenhausaufenthalt starb, widmeten die römischen Zeitungen den letzten Tagen des Maestro die größtmöglichen Überschriften, keine politische Nachricht konnte damit konkurrieren. Zu seinen Lebzeiten wurde ihm Singularität auch im Ausland schon dadurch zugesprochen, daß der Verleih die Titel der Filme oft mit dem Namen ihres Erzählers einleitete (z. B. *Fellinis Schiff der Träume* u. a.).

Federico Fellini wurde am 20. Januar 1920 in Rimini geboren. Sein Vater war Handlungsreisender, die Mutter wurde – nicht unwichtig – in Rom geboren. Bereits mit sieben Jahren soll er unversehens von zu Hause aufgebrochen sein, um sich einem Zirkus anzuschließen, dessen Spaßmacher ihn beeindruckt habe – diese von der Familie stets bestrittene Legende enthält insofern einen Kern der Wahrheit, als das Thema der Flucht von zu Hause fort in seinem Leben und später in den Filmen von Bedeutung sein sollte. Fellini muß nach außen hin ein braves Kind gewesen sein, das allen, die es hören wollten, erklärte, er wolle einmal Puppenspieler werden. Der oft abwesende Vater überließ die Erziehung der strengen Mutter. Der junge Fellini entzog sich diesem Diktat in Träumen und in der Kunst. Er fiel bald durch die Gabe auf, witzige Karikatu-

Federico Fellini (Mitte)

ren zeichnen zu können. Im achtzehnten Lebensjahr, nach Abschluß der Schule, begann Fellini, humoristische Beiträge an verschiedene Zeitungen zu schicken. Als die Mutter vorübergehend nach Rom umzog, da sie die große Stadt und ihre eigene Familie im kleinen provinziellen Rimini lange genug vermissen mußte, schlossen sich ihr Fellini und sein Bruder Riccardo an. Federico versuchte, mit dem Zeichnen von Karikaturen Geld zu verdienen, und begann 1939 bei der Zeitschrift »Marc' Aurelio« als außerordentlich fleißiger Autor von Humoresken, der eigene Kolumnen entwickelte, zum Teil für junge Leser, die er mit seinen Geschichten aus der Schule unterhielt (gewissermaßen Vorstudien zu den Reminiszenzen an Kindheit und Jugend in einigen seiner Filme). Anfang der vierziger Jahre verfaßte er Beiträge für den Rundfunk und wurde über den Umweg des Gag-Lieferanten zum Drehbuchautor – dies mit schnell wachsendem Erfolg. Gleichzeitig entzog er sich mit Energie und Phantasie dem Militärdienst. Als im Jahre 1943 der italienische Faschismus zusammenbrach, konnte Fellini von sich behaupten, daß er als Journalist und Schriftsteller der Diktatur Mussolinis keinerlei Reverenz erwiesen habe. Im selben Jahr heiratete er die ein Jahr jüngere Schauspielerin Giulietta Masina, die später in einigen seiner wichtigsten Filme die weiblichen Hauptrollen gestalten sollte.

Nachdem Fellini als Spezialist für komische Effekte auch Nummern für den römischen Volksschauspieler Aldo Fabrizi geschrieben hatte, geriet er in den Bannkreis des Regisseurs Roberto Rossellini und wurde als Drehbuchautor zu einem der wichtigsten Mitgestalter des italienischen Neorealismus der Nachkriegszeit: Rossellini, so erklärte Fellini später, habe ihm, dem jungen Anwärter, wie ein Schutzmann geholfen, die Straße zu überqueren. Die Drehbücher für *Rom – offene Stadt* (1945) und *Paisà* (1946) wurden für den Oscar für das beste Drehbuch vorgeschlagen. Fellini arbeitete indes auch mit dem Regisseur Alberto Lattuada zusammen. Mit ihm gemeinsam realisierte er den Film *Lichter des Varieté* (1950). Bereits mit von der Partie waren die Autoren Tullio Pinelli und Ennio Flaiano, die seine Weggefährten in dieser Funktion blieben bis zum Film *Julia und die Geister* (1965); dann wurde ihre Position von Bernardino Zapponi und später auch von Tonino Guerra übernommen. *Der weiße Scheich* (1952) ist der erste Film, den der 32jährige Regisseur Federico Fellini selbst verantwortete. Eine junge Frau ist in den weißen Scheich, einen Helden von Fotoromanen, verliebt. Diese fadenscheinige Illusion enttäuscht sie am Ende mehr als die banale Realität, die sie ursprünglich für die exotische Kunstwelt eintauschen wollte.

Fellinis Filme sind nicht nostalgisch, wenn sie von der Herkunft oder ›Heimat‹ handeln, im Gegenteil: sie sind eher spöttisch, sarkastisch, bisweilen von naturalistischer Genauigkeit bei der Schilderung der engen Verhältnisse. Hier setzt Fellinis erster großer Film ein: *Die Müßiggänger* (1953). Eine Provinzstadt am Meer, eine kleine Gruppe von jungen Männern, die noch an den Eltern hängen und ihre Zeit mit nichtsnutzigem Schabernack oder anderen Steckenpferden verbringen (der Originaltitel »Vitelloni« bezeichnet Kälber, unausgereifte Wesen). Meist lärmen sie durch die nächtlichen Straßen, Bürgersöhne, die Väter, Mütter, Schwestern für sich und andere schuften lassen, parasitäre Existenzen. Vielleicht sind sie typisch für die Nachkriegszeit. Ihre Verweigerung jeglicher Einbindung nach der Zerstörung des faschistischen Italiens im Zweiten Weltkrieg bezeichnet die Abkehr von aller Politik – diese Jugend sticht wirklich ab von der militanten Generation nach dem Ersten Weltkrieg, die tauglich war, das faschistische Italien aufzubauen. Übrigens ist nicht eindeutig auszumachen, zu welcher Zeit die Handlung spielt, vermutlich jedoch zu Beginn der fünfziger Jahre. *Die Müßiggänger* spiegelt also den »immobilismo«, die Unbeweglichkeit der italienischen Nachkriegsgesellschaft. Zugleich herrscht die Unbeweglichkeit des Lebens in einer Kleinstadt vor, am

Rande der großen, die Welt bewegenden Ereignisse. Ein Tableau symbolisiert diesen existentiellen Stillstand: Die fünf Freunde wandern an einem noch winterlichen Tag am Meeresstrand entlang, sie stehen auf dem Landungssteg und starren in die graue Weite, ohne etwas zu erwarten oder zu erhoffen. Trübsinn durchsickert sie. Höhepunkte im Jahr sind die Galafeste in der Sommerzeit, im Winter der Karneval. Fellini kann die üppig aufbrausende Festlaune ebenso sicher inszenieren wie das Umkippen in die triste Ödnis des anbrechenden Tages, eine Ernüchterung, vor der die Vitelloni Angst haben. Mit großer Eleganz werden die Geschichten der Fünf in charakteristischen Details erzählt, die Linien miteinander verflochten – wichtig ist dabei vor allem der Fall des geckenhaften Herzensbrechers Fausto, der ein junges Mädchen heiraten muß, weil sie von ihm ein Kind erwartet, aber diesen Ehevertrag nur ungern erfüllt, bis die junge Frau mit ihrem Kind ausreißt. Die Suche des wie vor den Kopf gestoßenen jungen Ehemanns scheint eine Art Läuterung herbeizuführen – aber sichere Prognosen lassen sich nicht abgeben. Einer schließlich, Moraldo, geht weg, er verläßt sein Elternhaus, die Gemeinschaft der Vitelloni, die kleine Stadt und fährt eines Morgens mit dem Zug ab. Man muß nicht lange grübeln, wohin es ihn wohl zieht, soweit Moraldo Züge des jungen Fellini trägt: nach Rom. Ein nie fertiggestelltes Projekt Fellinis sollte die Fortsetzung von Moraldos Geschichte schildern (»Moraldo in città«). Rimini und Rom sind für Fellini auch im weiteren nicht nur Wohnorte, sondern geistige Lebensformen, Rimini dabei verbunden mit seiner eigenen Kindheit und Jugend, Rom die Stadt der Selbstverwirklichung. Für *Die Müßiggänger* erhielt Fellini seinen ersten großen Regiepreis, den Silbernen Löwen beim Filmfestival in Venedig.

Nach einem kürzeren Beitrag für den Omnibusfilm *Liebe in der Stadt* (1953) begann Fellini mit den Dreharbeiten zu einem seiner international wohl bekanntesten Werke, *La Strada – Das Lied der Straße* (1954). Der reisende Jahrmarktsartist Zampanó kauft für eine geringe Summe Geldes die naive Gelsomina, die Tochter einer armen Frau, die mit vielen Kindern am Meeresstrand ihr Leben fristet. Zampanó will Gelsomina zur Assistentin bei seinen einfältigen Nummern abrichten, als Frau interessiert sie ihn nicht. Vor dieser groben Ignoranz will Gelsomina fliehen und lernt den Seiltänzer Matto kennen. Zwischen den beiden Männern entsteht in der Folgezeit ein heftiger Konflikt, eines Tages erschlägt der erdschwere Zampanó seinen spöttisch leichtfertigen Gegner. Darüber verfällt Gelsomina in tiefe, trübsinnige Verstörung. Zampanó läßt sie eines Tages im Winter auf einer Hochfläche im Gebirge zurück. Jahre später, wieder in einem kleinen Ort am Meer, hört er ihre Melodie von einer anderen jungen Frau singen und von Gelsominas Ende. Zampanó wird von einem unbewußten Elend ergriffen und bricht in der Nacht, betrunken, ratlos, einsam, am Meeresstrand zusammen. Stärker noch als in *Die Müßiggänger* wird *La Strada* von der Ausdruckskraft der Schauspieler bestimmt: Giulietta Masina in der weiblichen Hauptrolle mit dem berühmt gewordenen ›Rettichkopf‹, mit ihren großen Augen ist ein argloser, ebenso liebenswürdiger wie verletzlicher Clown, ein Opfer; Anthony Quinn, der amerikanische Schauspieler in der Rolle des italienischen Vaganten, überzeugt als ein Mensch, dessen Verrohtheit eine so dicke Schicht um das ›Seelenfünklein‹ bildet, daß sich dies erst zum Schluß bemerkbar machen kann.

Nie zuvor hat die Komposition von Nino Rota, Fellinis engstem Mitarbeiter über Jahre hinweg bis zu Rotas Tod bei der Produktion von *Fellinis Stadt der Frauen*, eine so wichtige Rolle gespielt. *La Strada* ist ein Film der Abschiede, die melodramatisch durch Kamera und Musik akzentuiert werden. Bereits in der ersten Sequenz ist Gelsominas Abschied von ihrer Mutter und den Geschwistern tränenrührend: Die Kamera sieht den Abstand zu den Zurückbleibenden immer größer, die Straße immer länger werden – oder umgekehrt, die Kamera bleibt langsam hinter dem davonfahrenden Dreiradwagen Zampanós zurück und sieht die winkende Gelsomina sich entfernen. Die stark aufwühlende Musik Rotas verleiht diesen Trennungen deutlicheren und innigeren Ausdruck, als jede Rede es könnte. So genau der Film auch die Schauplätze des Armen-Melodrams zeigt: billige Wirtshäuser, Straßen und Plätze auf dem Land, den Vorstädten, unbebautes Gelände an den Straßen, die sich im Gestrüpp und Geröll der Umgebung verlieren, Bauernhäuser und schäbige Zirkusarenen – die marxistische Kritik in Italien warf *La Strada* vor, der Film habe den Neorealismus verraten, soziale Realität käme in ihm nicht vor. Fellini wehrte sich nachdrücklich gegen diese Interpretation. Es gäbe, so meint er, mehr Zampanós in Italien als Fahrraddiebe (mit Bezug auf Vittorio De Sicas berühmten Film *Fahrraddiebe*), nämlich Menschen am Boden der gesellschaftlichen Pyramide, die so wenig Aussicht auf Veränderung ihrer Lage hätten, daß sie nicht einmal am ›Klassenkampf‹ teilnähmen. Fellinis Film ist in einen Streit der intellektuellen Öffentlichkeit hineingeraten, der in den fünfziger und noch in den sechziger Jahren für Italien bestimmend werden sollte: auf der einen Seite die sozialistische oder kommunistische, auf der anderen Seite die katholische Fraktion. Mit *La Strada* schien das katholische Lager Fellini zu sich herübergezogen zu haben (die Haltung mancher Kirchenrepräsentanten und katholischer Intellektueller änderte sich abrupt nach der Aufführung von *Das süße Leben*), wohingegen Fellini für sich eine dritte, unabhängige Position beanspruchte. Die übertriebene Polarisierung erhielt noch dadurch eine ästhetische Spannung, daß die Linken eher in Luchino Visconti den Erben und Fortsetzer des Neorealismus sahen und in dem bekennenden Kommunisten Visconti auch ihren Exponenten respektierten, so daß sich eine Zeitlang Fellinianer und die Freunde Viscontis unversöhnlich gegenüberstanden. *La Strada* hat unabhängig von diesem parteiischen Gezänk über fünfzig internationale Auszeichnungen erhalten und den Ruf Fellinis gefestigt.

Desungeachtet mußte auch Fellini immer wieder Kompromisse mit Produzenten eingehen. Unter solchen Kürzungen habe, nach Fellinis Auffassung, besonders der Film *Il Bidone / Die Gauner* (1955) gelitten, die Geschichte eines alternden Ganoven, der mit seinen Gesellen die Landbevölkerung ausräubert, meist in der trügerischen Kutte eines Geistlichen. Am Ende wird er von den eigenen Kumpanen des Betrugs beschuldigt und in einer felsigen, öden Berglandschaft alleine zurückgelassen. Da er sich beim Sturz das Rückgrat gebrochen hat, kann er nur noch mühsam einen Steilabhang emporklettern bis an den Rand einer leeren, verlassenen Straße, auf der einmal nachts ein Lastwagen vorbeifährt und tagsüber Bauersfrauen und ihre Kinder vorübergehen, ohne ihn wahrzunehmen. Diese Sterbesequenz in einer Mondlandschaft hat in ihrer realistischen Detailliertheit und bitteren Konsequenz auch den jungen Filmkritiker François Truffaut tief beeindruckt. Der zwei Jahre darauf folgende Film, *Die Nächte der Cabiria*, bot wieder Giulietta Masina eine große Rolle: Sie spielt eine widerspenstige und gläubige kleine Hure, die auf ihrer Suche nach dem Glück immer wieder von Männern betrogen wird, die es nur auf ihr Geld abgesehen haben. Schließlich kehrt sie – trotz alledem getröstet – in ein unabänderliches Leben zurück. Aus heutiger Sicht wirkt der Film in seiner Milieuzeichnung, in der Schilderung der römischen Vororte, in den Szenen, in denen es beinahe zum Mord an der Heldin kommt, durchaus neorealistisch, genau und scharfsichtig auch in der beiläufigen Ausstellung wesentlicher oder pittoresker Einzelheiten aus der beschworenen Fülle des Lebens, vielleicht mit Ausnahme der Innenszenen, die unverkennbar dem Zeitstil unterworfen sind, in dem sich Gesellschaft damals präsentierte. Wie *La Strada* erhielt auch *Die Nächte der Cabiria* den Oscar für den besten ausländischen Film.

Heftigste Skandale in Italien erregte *Das süße Leben* (1960), das Panorama einer dekadenten römischen Schickeria, der Reichen, der parasitären Mitläufer, des Adels, der angeblichen Künstler, der Nachtschwärmer, der Skandalpresse. Durch diese verdorbenen Biotope mit dem Zentrum Via Veneto bewegt sich ein undeutlicher Charakter, ein Klatschkolumnist, der sich am Leben anderer festsaugt, anscheinend unermüdlich den mehr oder weniger hohlen Sensationen nachjagt, ein Mann ohne Skepsis, ein liebenswürdiger Hallodri: Marcello, gespielt – zum ersten Mal bei Fellini – von Marcello Mastroianni, den der Regisseur später als Alter ego begrüßte. Unstet und ruhelos, entbehrt er jeder gereiften Identität außer der, ein gutaussehender und von Frauen entzückter italienischer Mann zu sein. Witternd, wenngleich in der Tiefe seines Lebens teilnahmslos, ist er von Menschen umgeben, die ihn kaum ›berühren‹. Man sieht in diesem Film keine Liebesszene, keine glückliche Umarmung, obwohl diese Gesellschaft doch so eifrig nach Lust sucht. Die plötzlichen Ekstasen wirken forciert, der Ausbruch von Begehren kommt abrupt zustande. Wieder steht eine Gemeinschaft von Müßiggängern – wie in *Die Müßiggänger* – einer Welt von Menschen gegenüber, deren äußere und innere Not leicht zu erkennen sind. Zwei Kinder einer armen Familie hatten angeblich eine Erscheinung der Gottesmutter Maria, der Platz wird sofort zum Wallfahrtsort für viele, deren Bedürfnis nach Glaube, Trost und Heilung offenbar so stark ist, daß es nur eines geringen Impulses bedarf, damit Inbrunst in Massenеuphorie umschlägt. Diese Episode des religiösen Wahns gehört zu den eindrucksvollsten des Films, weil die religiöse Begeisterung und die Steigerung der Besessenheit all derer, die nach Erlösung ›verrückt sind‹, wie ein bestürzender realer Vorgang beobachtet werden, als sei das Ganze nicht für die Kamera kunstfertig in Bewegung gesetzt. Fellini hält sein Urteil über diese Phänomene frei von Spott oder Verachtung, grundsätzlich neigt er eher zu Mitleid und heiterer Duldung.

Fellinis ›imaginativer Realismus‹ ist so prägnant, daß fiktive Figuren oder Situationen gleichsam ins Leben hinüberwechseln, um dort weiter zu existieren: etwa die Gestalt des rasenden Fotoreporters, der in *Das süße Leben* Paparazzo heißt oder der Begriff des süßen Lebens selbst oder die berühmte Szene einer erotischen Annäherung im Urelement des Wassers, die kurz vor dem Ziel im Morgengrauen unterbrochen wird: Anita Ekberg in der Fontana di Trevi, die Variante eines beinahe mythischen erotischen Sinnbilds, der Nymphe im Wasser. Das Ungeniert-Freizügige dieses Einfalls vermittelt auch etwas von der entriegelten Sinnlichkeit, die 1960 mit »Süße des Lebens« im positiven Sinne gemeint war. *Das süße Leben* erhielt 1960 in Cannes die Goldene Palme, den Vorsitz der Jury hatte der Schriftsteller Georges Simenon inne, mit dem Fellini bald eine enge Freundschaft verband, ein weiteres Mitglied der Jury war Henry Miller.

Auf das üppige Sittengemälde von *Das süße Leben* folgte der Film *Achteinhalb* (so viele Filme meinte Fellini bis dahin abgedreht zu haben), der die Krise des Regisseurs spiegelt, genauer: die Krise eines Menschen, der nicht weiterweiß, dessen Kreativität erloschen zu sein scheint, dessen Überlebenstechniken ihm nicht mehr helfen. Folgerichtig kommt ihm der sichere Sinn für die Außenwelt abhanden, immer häufiger überlagern Träume und Erinnerungsphantasien die Wahrnehmung ›objektiver‹ Realität, am Ende können die Zuschauer zwischen beidem nicht mehr unterscheiden. Anzeichen sprechen dafür, daß das letzte Viertel des Films eine Projektion der Innenwelt nach außen darstellt. Die Hauptfigur Guido, wiederum von Marcello Mastroianni gespielt, droht, in seinem Leben zu versagen, daher springt er in seinen kompensatorischen Visionen herrschsüchtig zumal mit Frauen um, während er die gleichzeitige Anwesenheit seiner Geliebten und seiner Ehefrau kaum ertragen kann. *Achteinhalb* stellt eine Schnittstelle im Werk von Fellini dar, denn zuvor hatte er bei einem befreundeten Arzt Gedanken von C. G. Jung kennengelernt. Seither respektierte Fellini die Träume und ihre Symbolik als zweite Wirklichkeit, die vielleicht sogar weniger scheinhaft und illusionär als die erste zu sein verspricht. Mit dem neorealistischen Konzept hat *Achteinhalb* kaum mehr etwas zu tun, denn der Film fügt sich in eine analytische Erzählform, er will das, was sonst in der Psyche einer Person verborgen, ihr selbst unbewußt bleibt, zutage fördern. Die Inszenierung, freier als je zuvor, changiert zwischen den verschiedenen Sphären wie Traum, Tagtraum, Erinnerung und scheinbar realen Eindrücken: Sie taucht ein in die Flut des Imaginären, das keine empirischen Grenzen kennt. Die Alter-ego-Figur des Guido zeigt mehr Nuancen als noch Marcello in *Das süße Leben*. Mastroianni faßt oft mit den Fingern an den Mund, gleichsam ein Indiz seiner Unsicherheit, er will sich verhüllen, sich verbergen hinter seiner Brille, mit der er ständig spielt und einen zweifachen Blick übt, über den Brillenrand hinweg, durch die Brille hindurch. In seinem Haar sind weiße Strähnen, die Anzeichen des unabwendbaren Alters. Die Haltung des ›müden Betrachters‹ verleiht seinen Zügen eine gewisse Weichheit, Passivität, die seiner Empfänglichkeit für Traumgesichte korrespondiert. Auffällig ist auch die neue Bildgliederung, die *Achteinhalb* charakterisiert: im Vordergrund oft ganz nahe Körper, angeschnitten, von vorn oder von hinten zu sehen, in der Tiefe andere Menschen, meist unscharf bleibend, deutlich umrissene Profile, abgesetzt gegen Lichträume. Der Wechsel des Kameramanns ist bezeichnend. Fellini hatte bis dahin, seit den *Müßiggängern*, fast ausschließlich mit Otello Martelli zusammengearbeitet. Das war zugleich die Zeit der Außenaufnahmen, der Fabeln, die eine bestimmte Härte des äußeren Lebens vermitteln sollten. Mit Gianni Di Venanzo gewinnt Fellini eine andere Bildästhetik: Da Träume sich fließend verwandelnde Schauplätze in einem »Weltinnenraum« suchen, herrschen nun künstliche Szenerien vor. Die subtile Licht- und Bildgestaltung auf einer Art Bewußtseinsbühne, einem Seelentheater, erlaubt Fellini, Ursymbole für Urerfahrungen konsequenter als zuvor zu setzen: Das wärmende Feuer, das unergründliche Wasser, der kalte Wind, die riesigen Dinge, etwa Betten, die die Räume der Kindheit ausfüllen, sind von nun an Leitmotive im Fellinischen Kosmos.

Der Versuch Fellinis, sich anschließend in ähnlich tiefenpsychologischer und symbolischer Erzählweise der Krise einer Frau zuzuwenden, blieb bedauerlicherweise im Konstrukthaften und Dekorativen stecken: *Julia und die Geister* (1965). Nach Episodenfilmen gelang ihm Ende der sechziger Jahre wieder ein großer Film: *Fellinis Satyricon* (1969), dem antiken Roman des Petronius Arbiter nachempfunden, ist mehr als der Versuch, *Das süße Leben* (schon da schwebte Fellini das Vorbild des Petronius vor) in die Antike oder in eine nicht ganz begreifliche Vorzeit zu versetzen. Die Reise zweier Studenten durch eine ihnen und vor allem den Zuschauern weitgehend unbekannte Welt forderte Fellini dazu heraus, mit fremdartigen Bildzeichen und Gebärden zu arbeiten, die nur zum Teil in unsere heutigen Begriffe und Vorstellungen übersetzbar sind. Seit *Achteinhalb* hatte Fellini das außenweltorientierte Abbildungsprinzip aufgegeben, diese Abkehr erlaubte ihm, im auffällig bruchstückhaft erzählten Film, der dem Fragmentarischen des überlieferten antiken satirischen Romans »Satyricon« entspricht, phantastische Schauplätze zu gestalten, die so noch nie zu sehen gewesen sind und vermutlich nur selten archäologischer Überprüfung standhalten. Spätestens in *Satyricon* begann Fellini, das Arsenal seiner Figuren ins Monströse oder Bizarre auszuweiten: die üppig dicken Frauen, die extrem schlanken großen Gestalten, Hermaphroditen und Kolosse usw. bevölkern seitdem seinen Figurenkosmos. *Satyricon* ist das Werk eines fabulierenden Märchenerzählers, der oft eher von Schrecknissen und grausigen Dingen zu berichten weiß als von glückhaften Umständen. Die spektakulären und visionären Szenerien, die nun zunehmend häufiger in den großen Studios von

Cinecittà erbaut wurden, fotografierte – nach dem allzufrühen Tod Gianni Di Venanzos – der Kameramann Giuseppe Rotunno, mit dem Fellini bis zum *Schiff der Träume* zusammenarbeitete.

Die Clowns (1970) und *Fellinis Roma* (1972) sind beides Filme der Hommage – an ein Metier, das Fellini immer wegen seiner melancholisch-spielfreudigen Kindlichkeit bezaubert hat, und an eine Stadt, die für ihn den Bauch der Welt darstellte. Während einzelne Teile des Films *Roma* durchaus eindrucksvoll den Gestus des scheinbar gerade eben Erlebten und Entdeckten aufweisen: z. B. die Ansicht der aus dem Dunkel erschlossenen antiken Wandmalereien, die an Luft und Licht sofort wieder verblassen, bestechen andere Teile durch ihre beinahe atemberaubende satirische Schärfe: z. B. die Modenschau der Kardinäle. Doch fehlt dem Film als ganzem die erzählerische Konsequenz und das Gleichmaß an Intensität.

Indes, die Kraft des fünfzigjährigen Regisseurs schien keineswegs erschöpft. Er ›erfand‹ und inszenierte in den siebziger Jahren zwei Filme, die als ebenso außerordentlich für sein eigenes Werk wie für die Filmgeschichte gelten können. *Amarcord* (1973) erinnert an das Rimini seiner Kindheit. Als verbindende Figur wird Titta genommen (es gab einen Schulfreund Fellinis dieses Namens), der nach Ablauf eines Jahres, in dem er viel Normales und Anomales erlebt, u. a. den Tod seiner Mutter, im Frühjahr aufbricht und das Städtchen am Meer verläßt – ähnlich wie Moraldo in *Die Müßiggänger.* »Der Film wird wie ein Album werden, wie wenn man in einem alten Fotoalbum blättert. Bilder, Augenblicke. Kein Held.« Fellinis Charakteristik trifft zu. *Amarcord* zerfällt in viele kleinere Episoden, die oft unter ironischer Perspektive erzählt werden. Die Handlung spielt in der Jugendzeit Fellinis in den dreißiger Jahren, doch gibt es auch Vorgänge, die in die zwanziger Jahre zurückweisen: Es handelt sich um ein Kompendium von Erfahrungen der Heranwachsenden. Die Anhänger Mussolinis erscheinen vornehmlich als Kasperle, nur selten als gefährliche Gegner. Wie *La Strada* ein Film der Abschiede ist, ist *Amarcord* ein Film der unerfüllten Sehnsüchte: Gradisca, die weibliche Hauptfigur, die Kleinstadt-Schönheit, wünscht sich einen Gary Cooper an ihre Seite, am Ende heiratet sie einen einfachen Carabiniere. In einer der anrührendsten Sequenzen des Films fahren jung und alt in Booten aufs Meer, um auf ein großes Ereignis zu warten: in der Nacht tritt es ein, der Ozeanriese Rex, der von Amerika kommt, rauscht an ihnen vorbei, ein riesiges Schiff, hell erleuchtet, Symbol der großen Welt, an der auch Gradisca teilhaben möchte, die mit Tränen in den Augen der ›Erscheinung‹ zujubelt – wie der Fata Morgana eines unerreichbaren Glücksversprechens. Auch die Jugendlichen, die im Herbstnebel vor dem längst geschlossenen Grand Hotel hingegeben tanzen, als hätten sie die Schönen der Nacht in ihren Armen und seien vom Glanz des Verliebtseins überstrahlt, zelebrieren förmlich den Ritus einer überwältigenden Sehnsucht, die aus den kleinen Verhältnissen des Ortes und den Begrenzungen der Jugendzeit mit aller Macht hinausdrängt – einer Sehnsucht, die sich für die meisten nicht erfüllen wird. Nur Titta ist eines Tages verschwunden. Fellinis Kindheits- und Jugend-›Roman‹ ist im Anhauch nostalgisch, weil er auch an die friedlich-zänkische Koexistenz von Menschen erinnert, die sich als einzelne nicht ummauert hielten, für die der Aufmarsch der Diktatur blechernes Theater war oder ein Spiel mit dem Größenwahn, deren Denken, Träumen, Tratschen und Flunkern sich um die beständigen Dinge des Alltags drehte: Familie, Verrücktheit der einzelnen, Liebe, Geltungsphantasien, Tod. Die zunehmende Trauer im Film resultiert daraus, daß immer wieder das Unveränderliche konstatiert wird, auch die unwiderruflich letzten Dinge, das Sterben, das Weggehen, das Vorbeisein dieser Zeit, daß die hochfliegenden Wünsche nur in bescheidener Weise, wenn überhaupt, erfüllt werden. Nino Rotas historisierende Musik, dem Ohr schmeichelnd und wehmütig, lustig und beschwingt und aus alter Zeit, trifft diese heiter-melancholische ›Tonlage‹. Am Ende spielt ein blinder Musiker mit der Harmonika weiter, obwohl die Hochzeitsgesellschaft schon auseinandergelaufen ist. Offenbar hat ihm keiner gesagt, daß das Fest zu Ende sei. Für *Amarcord* erhielt Fellini zum vierten Mal den Oscar für den besten ausländischen Film.

Fellinis Casanova (1976) ist vermutlich der grimmigste und unerbittlichste Film des Regisseurs, der sonst auf mißratene Schicksale doch eher weich und einfühlsam reagierte. Aber *Casanova* stellt für ihn den Inbegriff des verfehlten Projekts Mann dar (des italienischen Mannes, wie Fellini beteuert, indes lassen sich die der Hauptfigur zugeschriebenen Phänomene auch anderswo beobachten). Fellinis Held, der übrigens dem Selbstbild Casanovas in seinen Memoiren nicht gerecht wird, stellt ein sonderbares Wesen vor, das mit pawlowschen Reflexen ausgestattet ist, die ihn jedes Mal wie eine simple Maschine in Bewegung geraten lassen, wenn er sich einer Frau nähert. Der Film verfolgt ihn durch verschiedene Phasen seines Lebens, von den übermütigen und schlimmen Jahren in Venedig bis ans Ende: Casanova als eitler Geck, als willenloses Werkzeug seiner Gier, als Selbstbetrüger, der seine Einbildungen nicht durchschaut, zwischendurch auch als Lebender unter den abstrusen Lemuren der Hofgesellschaft, endlich als verrottetes Abbild seiner selbst, unter dessen Altersrunzeln kaum mehr der glatthäutige, hochfahrende Galan zu erkennen ist. Eine Verfallsgeschichte, die von hohlen Triumphen bis zur Verkommenheit führt. Seine wiederholten Auftritte als dumpf-kraftvoller Koitierer, als grotesker Kolbenapparat ohne allzu großes Repertoire, entlarven Casanovas leitmotivisches Seufzen von »Amore«, dem Ausdruck höchster Erregung, als durch Wiederholung lachhaft wirkendes Gestammel. Der kanadische Schauspieler Donald Sutherland mußte sich in mühevoller Prozedur in die satirisch gemeinte Maske eines gravitätischen Popanzes hineinbequemen, der oft wie in Trance zu handeln scheint. Casanovas egozentrisches Potenzgehabe erreicht den Höhepunkt in einer Sequenz, in der er mit einer Puppe eine Liebesnacht verbringt. Auf die leblose, aber mit hübschem Anstand agierende Pseudo-Person kann der von der Umwelt abgekapselte Mann seine Begierden übertragen, ohne durch unerwartete Antworten und Widerstände in seinem Wahn erschüttert zu werden. Er verfügt über sie als willenloses Wesen und spricht sie als Mutter und Hure zugleich an, Namen, die aus seiner Sicht das unbegriffene, geheimnisvoll schimmernde Faszinosum und Tremendum Frau seit je bezeichnet haben. Die Entpersönlichung der Frauen, deren sich Casanova im Film bemächtigt, findet ihren extremen Ausschlag im Zittern der Puppe: es ist nicht ihr Zittern, sondern das Casanovas, der es auf sie überträgt. So wird sie zum willenlosen und grotesken Spiegelbild seiner Lust.

Casanova ist ein dunkler Film. Beengend und beängstigend, aber auch beschützend und bergend wirken die Räume, durch die sich Casanova bewegt. Meist fehlen die Fenster oder sie sind blind oder so hoch gelegen, daß nur ein grau-heller Ausschnitt des Hintergrunds sichtbar wird, der den Himmel darstellen soll. Nicht wenige Schauplätze sind so gegliedert, daß schachtartige Gänge in eine sich öffnende Rotunde hineinführen, als sei man in architektonisch nachgebaute Höhlen versetzt, die an das Raumschema von Vagina und Uterus erinnern. Viele Dinge erscheinen übergroß, als seien sie aus der Kinderperspektive gesehen, als sei Fellinis Casanova ein verlassener kleiner Mensch, der aus der Kälte nach Wärme schreit, auch wenn dieses Schreien kaum hörbar wird. Daher saust der Wind durch viele Szenen, eine Metapher für das Unbehaustsein des Helden. Wiederholt tritt Casanova zu Beginn einer Szene oder einer Sequenz kurz vor die Kamera: eine Rückenfigur im Vordergrund, der wir über die Schulter sehen müssen. Diese Blickrichtung verrät, daß wir in Casanovas subjektiven

Erlebnisraum oder in sein Gedächtnis eintreten. Fellini vermeidet pornographisches Zurschaustellen, er hält sich auch fern von jeder rokokohaften Schnörkelei. Ihm geht es um eine unerbittliche, satirisch pointierte Existenzprüfung in Form eines entsetzlichen Alptraums. Die schockierte und bisweilen ratlose Reaktion der Zeitgenossen ist inzwischen einem tieferen Verständnis gewichen, das dem Film, der in unverhohlen künstlichen Environments spielt, die im Atelier aufgebaut worden sind (kein einziger Natureindruck stiehlt sich dazwischen), den Charakter des hochkomplexen Kunstwerks zuweist, das in der Tradition der künstlichen Paradiese hier eine künstliche Hölle erschließt.

Nach der *Orchesterprobe* (1979), einer gelassenen Studie über die Störungen, die Kunst durch Politik erleidet, verschiebt Fellini die Tragikomödie des begehrenden Mannes zur heiteren Farce in *Fellinis Stadt der Frauen* (1980): Marcello Mastroianni in der Hauptrolle ist eine Durchschnittsfigur, mit dem skurrilen Namen Snaporaz behaftet. In einer Art Traum gerät er in ein Hotel, in dem Feministinnen tagen. Anschließend rutscht er in den Windungen dieses erotisch überflackerten Traums weiter durch alle möglichen Stationen hindurch, die für ihn provozierend oder peinlich sind, bis er endlich am Ende des Films wieder aufwacht. Erschreckt, eingeschüchtert, jedoch nicht auf Dauer, ist er nur allzu bereit, nachgiebig und feige in das gewohnte Männchen-Schema zurückzukehren.

Mit der *Stadt der Frauen* beginnt das Alterswerk Fellinis, es ist am Rhythmus zu spüren: Während die Erzählung von *Casanova* ungeachtet der aufgesplitterten Struktur von Episode zu Episode gleichsam unaufhaltsam vorandrängte, um eine abwärts fallende Lebenslinie zu verdeutlichen, während jede der einzelnen Sequenzen in sich von einer großen Dichte war, dokumentiert durch die Vielzahl der Einstellungen, die jeweils neue Aspekte ins Bild brachten, kennzeichnet die späten Werke Fellinis ein Schlendern von Fall zu Fall, eine gewisse Ablenkbarkeit und Bereitschaft, das Tempo zu verlangsamen. Dabei verlor Fellini, der stets die Szenenbilder für seine Filme entwarf, bis zuletzt nicht die Phantasie für imaginäre Landschaften, riesenhaft proportionierte Schauplätze und Dinge, unheimliche Innenräume, Menschen als objets trouvés. Fellinis visuelle Phantasmagorien haben offenkundig manieristischen Charakter, wie die Manieristen der Spätrenaissance liebte er die Übergänge zwischen Belebtem und Unbelebtem, selbst die Körper der Frauen gleichen Emblemen des verwunderten Begehrens und der staunenden Augenlust, ins Drastische überzogene Lockbilder.

Fellinis Schiff der Träume (1983) erzählt in spielerisch eleganter Weise von einem Schiffsuntergang im Jahr 1914, einer komödiantischen Titanic-Variante. Das melodramatische Unternehmen, das Begräbnis einer Operndiva auf offener See zu feiern, wird von einem Kommentator (einem englischen Komiker) erläutert und begleitet. Er sitzt am Ende, im berühmt gewordenen Schlußbild des Films, in einem Ruderboot mit einem riesigen Nashorn zusammen. Zuvor aber schon macht Fellini deutlich, daß Sturm und Wogengebraus nur Atelierinvention sind, im Spielrevier der Cinecittà hergerichtet. Die Desillusionierung der kunstfertigen Täuschungsmanöver macht die Handlung nicht in allen Punkten leichtgewichtig. Der Verfremdungseffekt kann im Gegenteil zur Pathetisierung führen. Das bedrohliche Panzerschiff, das den Vergnügungsdampfer beschießt und zum Sinken bringt, wirkt als künstliches Konstrukt viel bedrohlicher als die Ansicht jedes realen Panzerschiffes, selbst wenn es »Potemkin« hieße.

Mit *Ginger und Fred* (1986) errang Fellini noch einmal den Beifall des internationalen Publikums, seinen letzten großen Erfolg; Mastroianni und Masina spielen ein Schaustellerpaar, das vor langer Zeit auf Varietébühnen die Tänzer Ginger Rogers und Fred Astaire imitiert hatte, zwei ›zu klein‹ geratene Nachahmer. Nun sollen sie in einer Fernsehshow noch einmal gemeinsam auftreten – und nach Jahrzehnten sehen sie sich zum ersten Mal wieder, gealtert, auseinanderentwickelt. Mastroianni als Fred ist noch derselbe Vagant geblieben, ohne festes Einkommen, ohne festen Halt, eine streunende Existenz. Nach dem gemeinsamen Auftritt in der grellen, aufgeplusterten Show gehen sie wieder auseinander. Satire und Melodram durchkreuzen einander in diesem Film. Die Vergänglichkeit der starken Empfindungen ist ersichtlich, wenn Ginger und Fred wieder zusammentreffen und ihre eigene Vergangenheit als Gemeinsamkeit Stiftendes allmählich wiederentdecken müssen – Vergänglichkeit wird beschleunigt durch den ungeheuren Verbrauch aller Illusionen, Reminiszenzen, Ideen im alles zermahlenden Medium Fernsehen. Als Ginger am Schluß in den Zug einsteigt, sieht sie, wie Fred ins Bahnhofsrestaurant geht, das hell erleuchtet ist, ein kalter Ort nüchterner Begegnungen, um dort seinen faulen Zauber zu entfalten: ein anderer Zampanó, der unablässig mit den gleichen kleinen Nummern sein Publikum unterhalten zu können glaubt.

Die schönen Augenblicke der Rührung, die sich noch bei *Ginger und Fred* einstellen, sind in *Fellinis Intervista* (1987) seltener, obwohl der Film eine weitere Strecke der Fellinischen Erinnerungen abgeht: Seine erste Fahrt zur Cinecittà, als er noch ein junger Mann war, wird in surrealistischer Komik rekonstruiert und mit dem Trubel in der Filmstadt heute verschränkt, er begegnet Mastroianni und Anita Ekberg, und sie beschwören Bilder aus *Das süße Leben* herauf. *Intervista* (d. h. Interview) gibt, zum Teil wie ein Werkstattbericht, Einblick in die Hektik der Filmproduktion, in Aufregung, Zauber und Betrübnis nach Ende der Arbeit, wenn alle auseinandereilen und einen leeren, fast verwüsteten Schauplatz zurücklassen. *Die Stimme des Mondes* (1990) führt zum letzten Mal einen freundlichen und naiven Narren (Roberto Benigni) in eine verwirrende Traumwelt, die von den Streiflichtern einer verkommenen Gegenwart dämonisch überspielt wird. Das Phantastische dringt ein in die Kategorien des Realen, kann es indes nicht völlig verwandeln. Zwischen den Narren und den Normalen gibt es am Ende keine Brücke, keine Verständigung.

Der Kosmos der Fellinischen Motive schien unbegrenzt, er hat im Spätwerk zwar manches variiert, doch immer neue Erfindungen hinzugefügt. Dennoch war Fellini bei weitem nicht nur Designer phantastischer Bildwelten, die sich in diesem Reichtum, in dieser Fülle in keinem anderen filmischen Œuvre wiederfinden, er gab sich als Erzähler immer durch seine Teilnahme am Schicksal der Figuren zu erkennen, durch sein ›Mitleid‹ mit ihnen. Nur für Casanova will er lange Zeit kein Erbarmen zeigen. Immer wieder ist in seinen Filmen, zumal im Spätwerk, der Übergang von tobendem Lärm in stille Melancholie, in lähmende Trauer der charakteristische Gestus. Begehren und Enttäuschungen, Sehnsucht und das Sichabfinden mit kleinen Kompromissen sind oft Anfangs- und Endpunkte seiner Handlungslinien, seine Figuren nicht selten Sternsucher, die sich schließlich auf der Erde wiederfinden. Träume, auch Alpträume, sind der bevorzugte Stoff, aus dem seine Filme seit *Achteinhalb* bestehen. Daß sich in diesen Träumen auch kollektive Wünsche, Ängste und Seelenzustände wiederfinden, ist nicht verwunderlich: Kaum ein Regisseur hat den leichtsinnigen Vitalismus des nie ganz erwachsenen Mannes so scharfsinnig verspottet, kaum einer mit soviel Freude üppige Frauenbilder entworfen. Doch bei aller Neigung zu karikaturistischer Übertreibung und Verzerrung, sein Figurenarsenal bleibt frei von ›Feinden‹, die rachsüchtig und unnachsichtig zu verfolgen wären. Die Haltung des Verzeihens ist vielen seiner großen Filme zu eigen, auch eine Tendenz, sich rühren zu lassen und andere zu rühren, angesichts der manchmal verzweifelten Strampelei von Menschen, die sich selbst nicht zu helfen wissen (dabei fehlen in Fellinis Filmen alle traditionellen religiösen Signale). Unabhängig von seiner Persönlichkeitswirkung, die außerordentlich gewesen sein muß in ihrer Lebensfreude, ihrer bubenhaften Verspieltheit und ihrer Fähigkeit, zum Ernst zurückzukehren, läßt seine ›umgreifende‹, ergreifende Humanität, die nie blind ist, verstehen, daß sein Publikum eine Art Liebe für ihn entwickelte. Um kaum einen anderen Regisseur hat sich ein solcher Kranz von Anekdoten entwickelt, um den vergnügten und geselligen Esser, den Bonvivant, den Neugierigen, der manchmal in Vorbereitung seiner Filme eine Sprechstunde annoncierte, daß doch alle kommen mögen, die Interesse daran hätten, sich mit ihm zu unterhalten. Er synchronisierte alle seine Filme nach, damit er selbst während der Aufnahme mit seinen Schauspielern im Dialog bleiben konnte. Fellini, der nie gerne reiste und nie einen Film im Ausland inszenierte, obwohl Hollywood ihn oft dazu verlockt hatte, erhielt 1993 den Ehrenoscar für sein Gesamtwerk, knapp ein halbes Jahr bevor er einem Herzleiden erlag.

Thomas Koebner

Filmographie: Luci del varietà / Lichter des Varieté (Co-Regie: Alberto Lattuada, 1950) – Lo sceicco bianco / Die bittere Liebe / Der weiße Scheich (1951) – I vitelloni / Die Müßiggänger (1953) – Amore in città / Liebe in der Stadt (Episode: Un'agenzia matrimoniale / Eheinstitut, 1953) – La strada / La Strada – Das Lied der Straße (1954) – Il bidone / Die Schwindler (1955) – Le notti di Cabiria / Die Nächte der Cabiria (1957) – La dolce vita / Das süße Leben (1960) – Boccaccio 70 / Boccaccio 70 (Episode: Le tentazioni del Dottor Antonio / Die Versuchungen des Doktor Antonio, 1962) – Otto e mezzo / 8 ½ / Achteinhalb (1963) – Giulietta degli spiriti / Julia und die Geister (1965) – Trepassi nel delirio / Außergewöhnliche Geschichten (Episode: Toby Dammit, 1968) – Fellini: A Director's Notebook (Fernsehdokumentarfilm, 1969) – Satyricon / Fellinis Satyricon (1969) – I clowns / Die Clowns (1970) – Roma / Fellinis Roma (1972) – Amarcord / Amarcord (1973) – Il Casanova / Fellinis Casanova (1976) – Prova d'orchestra / Orchesterprobe (1979) – La città delle donne / Fellinis Stadt der Frauen (1980) – E la nave va / Fellinis Schiff der Träume (1983) – Ginger e Fred / Ginger und Fred (1986) – Intervista / Fellinis Intervista (1987) – La voce della luna / Die Stimme des Mondes (1990).

Literatur: F. F.: Aufsätze und Notizen. Hrsg. von Anna Keel und Christian Strich. Zürich 1974. – F. F.: Denken mit Fellini. Aus Gesprächen Federico Fellinis mit Journalisten. Ausgew. von Daniel Keel. Zürich 1984. – F. F.: Fellini über Fellini. Ein intimes Gespräch mit Giovanni Grazzini. Zürich 1984. [Ital. Orig. 1984.]

Martin Schlappner: Von Rossellini zu Fellini. Das Menschenbild im italienischen Neorealismus. Zürich 1958. – Edward Murray: Fellini, the Artist. New York 1977. – Liliana Betti: Fellini. Versuch einer Sekretärin, ihren Chef zu porträtieren. Zürich 1980. – Hollis Alpert. Fellini. A Life. London 1987. – Tullio Kezich: Fellini. Eine Biographie. Zürich 1989. [Ital. Orig. 1987.] – Michael Töteberg: Fellini. Reinbek bei Hamburg 1989. – Peter Bondanella: The Cinema of Federico Fellini. Princeton 1992. – John Baxter: Fellini. The Biography. New York 1993. – Costanzo Costatini (Hrsg.): Fellini on Fellini. London/Boston 1995. – Lietta Tornabuoni (Hrsg.): Federico Fellini. Zürich 1995. – Charlotte Chandler: Ich, Fellini. Reinbek bei Hamburg 1996.

Abel Ferrara

*1951

»Die Politik im Kino ist tatsächlich eine Frage der Kameraeinstellungen. Die Art, wie du etwas zeigst, das ist dein Statement« (Ferrara). – Der Italoamerikaner Abel Ferrara, geboren in New York am 19. Juli 1951, erlangte Kultstatus mit unabhängig produzierten Filmen, in denen aus radikal subjektiver Perspektive eine immer infernalischer werdende Großstadtwirklichkeit in stets neuen Facetten zur rhythmisch pulsierenden Bildwelt wird. Dabei bedient er sich der klassischen Genreelemente von Thriller,

Gangsterfilm und Melodram. Doch anders als das postmoderne Kino verfährt Ferrara dabei nie ironisch oder nostalgisch. Immer ist es die Gewalt in allen denkbaren Erscheinungsformen, die die Dramaturgie und die Narration seiner Filme bestimmt – bis hin zur Reflexion über das Filmemachen selbst in einer Welt, in der die Individuen immer verzweifelter nach authentischer Erfahrung suchen müssen. In diesem Sinne sind Jean-Luc Godard, Rainer Werner Fassbinder und John Cassavetes, vor allem aber Martin Scorsese Vorbilder, auf die sich Ferrara immer wieder beruft. Obwohl Ferrara kurz an einer Filmhochschule eingeschrieben war, kommen seine wesentlichen künstlerischen Impulse eher aus der Punkrock-Bewegung der späten siebziger Jahre. Als Sänger einer Band lernte er auch seinen späteren Stammautor Nicholas St. John kennen, dessen ketzerischer Katholizismus alle Filme des Regisseurs grundiert und eine wesentliche Rolle bei deren Rezeption spielte. Immer häufiger bezeichnet die Kritik Ferrara als einen der bedeutendsten religiösen Filmemacher.

Schon der Debütfilm *The Driller Killer* (1979) enthält die zentralen Elemente seiner Arbeit. Ein von Ferrara selbst gespielter Maler verliert in einem infernalisch dröhnenden New York, das ihm jegliche Möglichkeit zur kreativen Verwirklichung nimmt, zusehends den Verstand. Angestaute künstlerische Energie entlädt sich in exzessiven Akten sinnloser Gewalt. Dabei erzeugen eine nervöse Kameraarbeit und ein bewußt überladener Soundtrack die Atmosphäre permanenter Unruhe und Ziellosigkeit. In *Die Frau mit der 45er Magnum* (1981) wählt Ferrara einen eher nüchternen, ruhig beobachtenden Stil, um modellhaft die Ursachen der Gewalt in den »Mean Streets« (Scorsese) von New York aufzudecken. Ein stummes Mädchen (Zoe Tamerlis) reagiert auf eine zweifache Vergewaltigung, indem sie zum Racheengel wird. In einer Männerwelt, in der Blicke und Worte bereits schiere Aggression sind, kann nur die Gegengewalt der Frau für kurze Zeit Handlungsspielräume schaffen, die allerdings letztlich auch in den Tod führen. Das irritierende Identifikationspotential der Protagonistin erregte das Interesse der feministischen Kritik, die religiöse Symbolik aber wirkte befremdlich.

Mit dem Gangsterfilm *Fear City – Manhattan 2 Uhr nachts* (1984) suchten der junge Regisseur und sein Autor St. John den Anschluß an das Mainstreamkino. Ein sich selbst zum Übermenschen stilisierender Serialkiller verunsichert die Unterwelt durch Prostituiertenmorde, auf die die Polizei nur hilflos reagiert. Wie bei dem späteren Politthriller *Short Run* (1988) stellte sich der kommerzielle Erfolg nicht ein. Ferrara war gezwungen, in den folgenden Jahren hauptsächlich für das Fernsehen zu arbeiten. Für den Produzenten Michael Mann inszenierte er Folgen der weltweit erfolgreichen Krimiserien *Miami Vice* (1984/1985) und *Crime Story* (1985). Sein Versuch, ein junges Publikum zu erreichen, *Krieg in Chinatown* (1987), kombiniert die Handlung von »Romeo und Julia« mit Elementen der *Westside Story* und des Disco-Pop. Ethnische Konflikte zwischen Italoamerikanern und Chinesen führen zu Turbulenzen im organisierten Verbrechen und letztlich zum Tod des jungen Paares. Anders als die nostalgisch abgemilderten Jugenddramen der achtziger Jahre bleibt trotz der glatten Oberfläche die Härte des Straßenlebens in der Inszenierung präsent. Auf einen bekannten Stoff griffen Ferrara und St. John auch in ihrem Remake des Science-fiction-Stoffes *Body Snatchers – Die Körperfresser* (1993) zurück. Der Prozeß der Entmenschlichung vollzieht sich hier, kurz nach dem Golfkrieg, auf einem amerikanischen Militärstützpunkt. Wiederum aus der Sicht eines adoleszenten Mädchens zeigt Ferrara, wie sich die zwischenmenschlichen Beziehungen zunächst durch Mißtrauen zersetzen und schließlich in massive Bedrohung und Gewalt münden.

In *King of New York – König zwischen Tag und Nacht* (1990) und *Das Begräbnis* (1996) bietet Ferrara zwei Visionen des Gangsterfilms: In *King of New York* eine in leuchtenden Komplementärfarben stilisierte Fabel von Wiedergeburt und Untergang eines Drogendealers im New York der Gegenwart, in *Das Begräbnis* die Geschichte des Verfalls einer Gangsterfamilie im New York der vierziger Jahre, die zum Kammerspiel verdichtet wird. Beide Filme beschreiben einen Kreislauf fast schicksalhafter Gewalt. Die Dominanz ritualisierter Männlichkeit in *King of New York* wird in *Das Begräbnis* durch die Perspektive der Ehefrauen der Gangster unterminiert. Wo *King of New York* noch den einsamen Gangster, verkörpert durch Christopher Walken, mit der Aura des Heiligen umgibt, verweigert der spätere Film jede Romantisierung und Mythisierung. *Das Begräbnis* scheint tatsächlich Ferraras Abschied vom Mythos des Gangsters zu sein.

Das bisher latent religiöse Element im Werk des Regisseurs wurde manifest in *Bad Lieutenant* (1992) und in der Vampirfilm-Variation *The Addiction* (1994). Der namenlose, drogen- und wettsüchtige Cop (Harvey Keitel in seiner eindrucksvollsten Rolle) in *Bad Lieutenant* lebt einen Alptraum großstädtisch-anonymer Existenz, aus dem es kein Entrinnen gibt. Sein Weg in den unvermeidlichen Tod ist das Stationendrama eines Märtyrers, der sich nur einmal, im Wahn einer Begegnung mit dem Gekreuzigten, völlig entäußert. Diese Sequenz ist nicht nur die Peripetie des Films, sondern auch die des Œuvres von Ferrara: Die Einsicht in die nicht tilgbare Schuld und die unabwendbare Präsenz des Bösen gipfelt im Crescendo eines unerträglichen Schmerzes. *The Addiction* radikalisiert diese Perspektive noch. Eine junge Philosophiestudentin wird mit dem vampirischen Blutdurst infiziert, der ihre Realitätswahrnehmung grundlegend verändert: in seiner Schwarzweiß-Ästhetik an die Schattenspiele Jacques Tourneurs erinnernd, kontaminiert der Film bewußt Ansätze eines sozialen Realismus mit Momenten des Irrationalen, Irrealen, so, wie die Infizierung der Körper symbolisch steht für eine von Anbeginn vom Bösen infizierte Welt. Endet *Bad Lieutenant* noch auf bedrückend unversöhnliche Weise, schließt *The Addiction* mit dem Moment christlicher Erlösung: mit Tod und Wiederauferstehung.

Der seit *King of New York* immer souveränere Umgang mit Genreversatzstücken und filmischen Ausdrucksmitteln kulminierte in den selbstreflexiven Filmen *Snake Eyes* (1993) und *Black Out* (1997). Sucht der wieder von Harvey Keitel dargestellte Regisseur in *Snake Eyes* nach der Konvergenz von Leben und Film, ist das dem schwer drogenabhängigen Schauspieler in *Black Out* in keiner Weise mehr möglich. Ihm zerfallen im permanenten Rausch Leben und Wirklichkeit vollends. Stets macht Ferrara deutlich, daß gerade die Momente intensivsten Lebens der Protagonisten in diesen Filmen nur das eine sind: nämlich Film. *Snake Eyes* ist zudem ein schonungslos autobiographischer Film, ein Film der Selbstentblößung Ferraras als eines am Leben scheiternden Künstlers, der gerade daraus die Kraft seiner Visionen bezieht. Darin ist Ferrara nach wie vor ein Außenseiter in der amerikanischen Filmindustrie, deren Korruption und Dekadenz er in *Black Out* ausstellt. Ihm gelingt der Versuch, sich mit dem Gestus des klassischen europäischen Autorenfilmers der amerikanischen Gegenwart zu nähern und damit an die abgebrochene Tradition des New Hollywood anzuschließen.

Bernd Kiefer / Marcus Stiglegger

Filmographie: Nine Lives (Kurzfilm, 1975) – Could This Be Love (Kurzfilm, 1977) – The Driller Killer (1979) – Ms. 45 / Die Frau mit der 45er Magnum (1981) – Fear City / Fear City – Manhattan 2 Uhr nachts (1984) – Crime Story / Crime Story (Serien-Pilotfilm, 1985) – The Gladiator / Der Gladiator (1986) – China Girl / Krieg in Chinatown (1987) – Cat Chaser / Short Run / Hexenkessel Miami (1988) – King of New York / King of New York – König zwischen Tag und Nacht (1990) – Bad Lieutenant / Bad Lieutenant (1992) – Body Snatchers / Body Snatchers – Die Körperfresser (1993) – Snake Eyes / Dangerous Game / Snake Eyes (1993) – The Addiction / The Addiction (1994) – The Funeral / Das Begräbnis (1996) – The Blackout / Black Out (1997) – New Rose Hotel (1998).

Literatur: Thomas Gaschler / Eckhard Vollmar (Hrsg.): Dark Stars. 10 Regisseure im Gespräch. München 1992. S. 52–75. – Donald Lyons: Independent Visions. New York 1994. S. 22–31. – Kent Jones: »Hör mal – warum sind wir überhaupt auf der Welt?«. Ein Gespräch mit dem Drehbuchautor Nick St. John. In: Meteor 1996. Nr. 4. – Annette Kilzer: Abel Ferrara. In: Splatting Image 1996. Nr. 21. S. 5–10. – John Boorman / Walter Donohue (Hrsg.): Projections 7. London 1997. S. 106 f. – Gianni Canova: Abel Ferrara. Rom 1997. – Bernd Kiefer / Marcus Stiglegger (Hrsg.): Die bizarre Schönheit der Verdammten. Die Filme von Abel Ferrara. Marburg 1999.

Marco Ferreri

1928 – 1997

Im Vergleich zu anderen italienischen Regisseuren, deren geographische Herkunft und kulturelle Zugehörigkeit ihr Gesamtwerk bestimmt, ist Marco Ferreri, geboren am 11. Mai 1928 in Mailand, ein Regisseur ohne eine klar zu definierende kulturelle Identität. Zu seinem Background gehört eher der wichtige Einfluß des Neorealismus: 1952/53 war er Herausgeber der neorealistischen Filmzeitschrift »Documento mensile«, die nach zwei Ausgaben eingestellt wurde. 1953 produzierte er mit Cesare Zavattini den Episodenfilm *Liebe in der Stadt*. Als Regisseur realisierte er jedoch seine ersten Filme in Spanien. Nach der Begegnung mit dem Schriftsteller Rafael Ascona entstanden in Zusammenarbeit mit ihm *Die kleine Wohnung* (1956) und *Der Rollstuhl* (1960); letzterer wurde auf den Filmfestspielen in Venedig erfolgreich gezeigt und machte Ferreri auch in seinem eigenen Land berühmt. In diesen frühen Filmen zeigte sich bereits der Hang des Regisseurs zum Satirisch-Grotesken, der aus den realistischen Ausgangssituationen surreale oder absurde Schlüsse zog. Nachdem Ferreri die Chance bekam, auch in Italien als Regisseur zu arbeiten, analysierte er mit der gleichen Schärfe wie in seinen spanischen Filmen die Beziehung von Mann und Frau in der modernen Gesellschaft, die er als biologische Auseinandersetzung frei nach Darwin inszenierte: der Schwächste ist zur Kapitulation prädestiniert. In dieser Hinsicht ist *Die Bienenkönigin* (1963), dessen Drehbuch Ferreri wieder in Zusammenarbeit mit Ascona schrieb, beispielhaft: Der Autohändler Alfonso (Ugo Tognazzi) heiratet die streng katholische Regina (Marina Vlady), die sich als ständig lustvoll und sexuell unersättlich entpuppt und den Ehemann zu immer erschöpfenderen sexuellen Leistungen zwingt. Als Regina schwanger wird und nach der Rolle der Ehefrau und Liebhaberin die Rolle der Ehefrau und Mutter übernimmt, strahlt sie Vollkommenheit aus ihrem erfüllten Körper aus, während Alfonso, immer älter und verbrauchter, schließlich impotent wird. Ein letzter, verzweifelter Versuch, mit Regina zu schlafen, wird ihn das Leben kosten. Die scharfe Satire Ferreris stellt auf radikale Weise die anthropologische Mutation des italienischen Machos in der Industriegesellschaft bloß: er wird als biologisch schwach dargestellt, während die Frau erbarmungslos für sich selbst kämpft, um sich als soziales Subjekt durchsetzen zu können. Die Ratlosigkeit gegenüber dem neuen weiblichen Bewußtsein in der modernen Zivilisation, die sich in den folgenden Filmen sehr oft in Misogynie zu radikalisieren scheint, mündet allmählich in eine feministische Utopie: die Frau wird zur Trägerin einer Rettungsbotschaft in einer mit Ruinen übersäten und kaputten Welt. In dem skandalträchtigen Film *Das große Fres-*

Marco Ferreri (r.) mit Michel Piccoli

sen (1973), der in den siebziger Jahren großes Aufsehen erregte, ist dieser Prozeß bereits spürbar: vier Freunde aus dem bürgerlichen Milieu, Michel (Michel Piccoli), Ugo (Ugo Tognazzi), Philip (Philip Noiret) und Marcello (Marcello Mastroianni) entscheiden sich ganz bewußt für die Selbstzerstörung durch eine Überdosis Sex und Essen. Sie ziehen sich in eine Villa zurück und sterben einer nach dem anderen zwischen Kartoffelpüree und Verkehr in einem Bugatti. Andrea (Andréa Ferréol), die einzige Frau dieser ungewöhnlichen Gesellschaft, unterbricht wie die anderen bewußt die Kontakte zur Außenwelt, um die sexuellen Gelüste der vier Männer zu befriedigen. Am Ende des tödlichen Spiels jedoch überläßt sie – die einzige Überlebende – die Leichen der Männer gierigen Hunden und kehrt zurück in die Welt. *Das große Fressen* ist ein Film über das Ende des »historischen Menschen«, der an seinem eigenen Körper den Zerfall der Zivilisation erfährt: die Selbstzerstörung bleibt die einzige Alternative, um sich von dem Verderben zu befreien.

Parallel zu den bis dahin meist destruktiven und hoffnungslosen Dynamiken, die die männlichen Figuren definieren, wurden allmählich das Kind und die Frau zu Hoffnungsträgern: jenseits der Katastrophen der Geschichte bleibt nur in ihnen die instinktive Phantasie des Seins erhalten. In *Die letzte Frau* (1976) sowie in *Affentraum* (1978) reagiert der männliche Protagonist (in beiden Filmen Gérard Depardieu) auf das Dilemma des Lebenskampfes und der unmöglichen Kommunikation mit dem anderen Geschlecht mit selbstzerstörerischen oder extremen Gesten: mit der Kastration (Die letzte Frau) oder der Ablehnung der Sprache, die er durch eine Trillerpfeife ersetzt, und der überaus menschlichen Liebe zu einem Affenbaby (Affentraum). Die Frau hingegen besitzt die göttliche Macht, über das Leben zu bestimmen und trägt in ihrem Leib die Zukunft. So wird in *Mein Asyl* (1979) die Kindheit als ursprüngliche und kreative Phase des menschlichen Entwicklungsprozesses in Szene gesetzt: Die Kinder eines Kindergartens in einer Vorstadt von Bologna, noch offene und experimentierfreudige Kreaturen, kämpfen mit ihrem unkonventionellen Lehrer Roberto (Roberto Benigni) um ihren Freiraum in einer Welt, die sie bald ihrer Phantasie berauben wird. Als Alternative bleibt nur die Flucht aus dieser Gesellschaft und die Utopie einer Rückkehr zu dem Ursprung der Menschen. So werden in der letzten Sequenz Roberto und Gianluigi, ein Problemkind aus dem Kindergarten, still und langsam in den mythischen Schoß der Großen Mutter Meer aufgenommen.

1981 realisierte Ferreri *Ganz normal verrückt* nach Geschichten von Charles Bukowski und bestätigte seinen Ruf als Provokateur. In Zusammenarbeit mit Sergio Amidei extrahierte der Regisseur aus den Obsessionen des amerikanischen Underground-Poeten die ihm geistesverwandten Aspekte. Der Bukowski in *Ganz normal verrückt*, der in der Interpretation von Ben Gazzara zu einer melancholischen Gestalt wird, ist erneut eine Variante des Ferrerischen Mannes: In seinen alkoholischen und sexuellen Exzessen versucht er vergeblich, sich dem Weiblichen zu nähern, aber die Offenbarung seines Mysteriums erlebt er nie. So bleibt für ihn auch die zur Selbstverstümmelung neigende Prostituierte Cass unerreichbar, von Ornella Muti dargestellt, der Schauspielerin, die in mehreren Filmen Ferreris das Weibliche schlechthin verkörpert.

Im Laufe der achtziger Jahre führten Filme wie *Die Geschichte der Piera* (1983) und *Die Zukunft heißt Frau* (1984), beide mit Hanna Schygulla in der Hauptrolle, in einer Art Hommage an die feministische Kultur, Ferreris Diskurs über das Weibliche fort. Die Frau wird hier in der animalischen und geheimnisvollen Kraft dargestellt, die ihr Körper ausstrahlt und die sie befähigt, eine phantastische und hoffnungsvolle Welt aufzubauen. Auf Ferreris Reise durch die Geschichte des modernen Menschen, durch den Zivilisationsprozeß und zu seinen Ursprüngen werden jedoch bald die utopischen Zukunftsperspektiven, die die Frauen verkörpern, auf den Kopf gestellt: *I Love You* (1986) z. B. scheint die Mythisierung des weiblichen Körpers aus *Die Geschichte der Piera* und *Die Zukunft heißt Frau* zu negieren. Ein junger Mann (Christopher Lambert), Bewohner einer anonymen Metropole, verliebt sich in einen Schlüsselanhänger mit einem Frauengesicht, der auf Pfeifen mit »I love you« antwortet; die Unmöglichkeit der Kommunikation mit seinem Liebesobjekt wird für ihn zerstörerisch sein. Hier erzählt Ferreri in einer »männlichen« Geschichte von der Einsamkeit in der Großstadt und von kollektiven Ängsten, die auf der Thematik der Beziehung zwischen Körpern und Fetischen beruhen. *Carne – Fleisch* (1991) geht einen Schritt weiter und stellt eine Demontage des Weiblichkeitsmythos dar: Der Barpianist Paolo (Sergio Castellitto) und die üppige junge Francesca (Francesca Dellera) verlieben sich, ziehen sich zurück in ein Haus am Meer und vertreiben sich die Zeit mit Sex und Essen, zwei klassische Topoi in Ferreris Werk. Als Francesca schwanger wird und ihren eigenen Weg gehen will, tötet Paolo sie, legt sie in eine Kühltruhe und beginnt, sie zu verspeisen. Während Paolo die immer wiederkehrende Figur des regredierten Mannes bei Ferreri darstellt, wirkt Francesca auf der anderen Seite wie eine Karikatur seiner Weiblichkeit: ihre üppigen Formen erscheinen fast unnatürlich, ganz ohne Lebenskraft, mit dem Reiz eines Kadavers. Sie ist außerdem die erste Frau in den Filmen Ferreris, die ihre »Mission« der Mutterschaft durch eine Abtreibung nicht erfüllt. Der weibliche Körper scheint in *Carne – Fleisch* seiner geheimnisvollen Spiritualität beraubt zu sein; er ähnelt dem Fleisch, das in den Supermärkten, Tempeln der Konsumgesellschaft, ständig ausgestellt wird (Parigi). Diese Liebesgeschichte, die auf den Ruinen der zivilisierten Welt beginnt, endet auf groteske Weise als kannibalischer Ritus.

Ferreri arbeitet bezeichnenderweise bei seiner Darstellung der Auflösung des Körpers mit Stars, die sich durch ihre Körperlichkeit auszeichnen. Marcello Mastroianni demontiert in den siebziger Jahren den Mythos des Latin Lover, während die auratischen Körper weiblicher Stars wie Ornella Muti oder Francesca Dellera als Körper-Zeichen in einem »anderen« Kontext inszeniert werden.

Fleisch und Geist, Ursprung und Zivilisation, Tod und Leben: diese in Ferreris Werk wiederkehrenden Motive trafen in *Haus der Freuden* (1990) zusammen: in der Darstellung der Liebe zwischen zwei älteren Menschen in einem Altersheim scheint der Körper der Protagonistin Adelina (Ingrid Thulin) dem Tode näher als dem Leben zu sein, freier und leichter in dem Bewußtsein des Endes, das ihn zu seinem Ursprung zurückbringen wird. Der Film wurde auf der Berlinale 1991 mit einem Goldenen Bären ausgezeichnet, der auch das sonst so umstrittene Gesamtwerk des Regisseurs würdigte.

Marisa Buovolo

Filmographie: El pisito / Die kleine Wohnung (1958) – Los chicos (1959) – El cochecito / Der Rollstuhl (1960) – Le italiane e l'amore / Die Italienerin und die Liebe (1961) – Una storia moderna: L'ape regina / Die Bienenkönigin (1963) – La donna scimmia (Episode: Il professore, 1964) – Oggi, domani e dopodomani / Wie verkaufe ich meine Frau? (Episode: L'uomo dei cinque palloni, 1965) – Marcia Nuziale (1966) – L'harem (1967) – L'uomo dei palloni / Break-Up (1968) – Dillinger è morto / Dillinger ist tot (1968) – Melampo / Lisa / La cagna / Allein mit Giorgio (1971) – L'udienza / Die Audienz (1971) – Touchez pas à la femme blanche / Berühre nicht die weiße Frau (1973) – La grande abbuffata / La Grande Bouffe / Das große Fressen (1973) – L'ultima donna / Die letzte Frau (1976) – Ciao maschio! / Affentraum (1978) – Chiedo asilo / Mein Asyl (1979) – Storie di ordinaria follia / Ganz normal verrückt (1981) – Storia di Piera / Die Geschichte der Piera (1983) – Il futuro è donna / Die Zukunft heißt Frau (1984) – I Love You / I Love You (1986) – O come sono buoni i bianchi (1987) – La casa del sorriso / Haus der Freuden (1990) – La carne / Carne – Fleisch (1991).

Literatur: Angelo Migliarini: Marco Ferreri: la distruzione dell'uomo storico. Pisa 1984. – Michel Maheo: Marco Ferreri. Paris 1986. – Esteve Riambau: Antes del Apocalipsis: el cine de Marco Ferreri. Madrid 1990. – Gian Piero Brunetta: Marco Ferreri. In: Storia del cinema italiano. Bd. 4. Rom 1993. S. 229–237. – Stefania Parigi [u. a.]: Marco Ferreri: il cinema e i film. Pesaro 1995.

Jacques Feyder

1885–1948

Der aus Belgien stammende Feyder, geboren am 21. Juli 1885 als Jacques Frédérix, begann seine Karriere als Bühnenschauspieler in Paris. Ab 1912 übernahm er kleine Rollen in Filmen von Georges Méliès, Louis Feuillade und Gaston Ravel, dessen Assistent er wurde. Nach einer Reihe von Kurzfilmen, die Feyder zwischen 1915 und 1921 drehte, entstand mit *Die Herrin von Atlantis* (1921) sein erster abendfüllender Spielfilm. Diese Verfilmung eines Romans von Pierre Benoit handelt von der Entdeckung der untergegangenen Stadt Atlantis und den verführerischen Reizen der schönen Königin Antinea. Der Film wurde mit erheblichem Produktionsaufwand und zum großen Teil an Außenschauplätzen in der Wüste bei Algier gedreht. Exotisches Ambiente und aufwendige Ausstattung machten ihn zu einem großen Publikumserfolg.

Mit seinem nächsten Film *Crainquebille* (1923, nach der gleichnamigen Novelle von Anatole France) wandte sich Feyder der konkreten Alltagswelt eines Pariser Gemüsehändlers zu, der in Konflikt mit der Justiz gerät. Bekannt ist die Gerichtsszene, in der Feyder die Unterlegenheit des naiven Händlers durch filmtechnische Mittel gestaltet, indem er die Ankläger in überproportionierte Riesen verwandelt. Vor allem aber zeichnet sich der Film durch seine stimmungsvolle Darstellung des Treibens in den Pariser Markthallen und die eindringliche Charakterzeichnung des Gemüsehändlers aus.

Auch in *Visages d'enfants* (1925) steht das Bemühen um Realismus in der filmischen Gestaltung und um genaue psychologische Zeichnung der Figuren im Vordergrund. Der Film zeigt die schwierige Annäherung eines Jungen und seiner Stiefmutter. Filmtechnische Effekte werden gezielt eingesetzt und dienen zur Darstellung innerer Befindlichkeiten.

Das Bildnis (1925), nach einem Originaldrehbuch von Jules Romains, erzählt von vier sehr unterschiedlichen Männern, die sich in das Bild einer Frau verliebt haben, der sie nie zuvor begegnet sind. Auf ihrer Suche nach der Unbekannten begegnen sie einander, und bald wird klar, daß die Fotografie für jeden von ihnen zur Folie subjektiver Projektionen diente. Vielleicht wegen seiner komplexen Thematik war der Film ein kommerzieller Mißerfolg.

Nach *Gribiche* (1925) und *Carmen* (1926) fand erst die Zola-Verfilmung *Thérèse Raquin* (1928) erneute Anerkennung bei Publikum und Kritik. Der Film wurde in den Ufa-Studios in Berlin, unter Mitwirkung teils deutscher Schauspieler und Studiotechniker gedreht. Feyder komprimierte die Handlung des Romans und inszenierte sie als Kammerspiel, in dem sich der emotionale und sexuelle Triebstau der Personen bis zu seinem verheerenden Ausbruch steigert. Die expressionistisch wirkende Lichtgestaltung unterstützt das Klaustrophobische der Situation. Von Zola entlehnt Feyder den gezielten Einsatz von Requisiten und sinnfälligen Details, die zum visuellen Schlüssel für die Psyche der Personen werden.

Im Anschluß drehte Feyder die Filmkomödie *Les Nouveaux Messieurs* (1929). Diese Adaption eines erfolgreichen Boulevardstückes wurde überraschend ein Opfer der Zensurbehörden. Feyders filmische Persiflage auf den Parlamentarismus erregte Anstoß durch offen satirische Szenen wie die Verwandlung der Abgeordnetenkammer in einen Saal mit Ballettänzerinnen. Der Film wurde verboten und erst nach erheblichen Schnitten freigegeben. Feyder war inzwischen einer Einladung nach Hollywood gefolgt, wo er zwischen 1929 und 1933 fünf Filme inszenierte. Es handelte sich überwiegend um fremdsprachige Versionen amerikanischer Filme, die Feyder kaum Spielraum für Originalität ließen. Immerhin bot sich 1929 mit dem Melodram *Der Kuß* die Möglichkeit zur Zusammenarbeit mit Greta Garbo. Außerdem führte Feyder Regie in der deutschsprachigen Version von *Anna Christie* (1931), dem ersten Tonfilm der Garbo, der mit statischer Kamera abgefilmte Dialoge vorführt.

Nach fünf Jahren Hollywood kehrte Feyder 1933 zurück nach Frankreich. Gemeinsam mit dem Drehbuchautor Charles Spaak realisierte er in der Folge zwei Filme, mit denen er sich neben Renoir, Carné und Duvivier unter die Hauptvertreter des realistischen französischen Films der dreißiger Jahre einreihte. Das Bemühen um Natürlichkeit in der Inszenierung und um psychologische Tiefe der Figuren hatte bereits Feyders frühere Filme ausgezeichnet. Überzeugende Charakterstudien zeigten nun auch die Filme *Die letzte Etappe* (1934) und *Spiel in Monte Casino* (1935). *Die letzte Etappe* handelt von einem Fremdenlegionär, der in Afrika eine tragische Liebesgeschichte zu vergessen sucht, dort aber einer Doppelgängerin seiner Geliebten begegnet. Feyder ließ beide Frauenrollen von der selben Schauspielerin darstellen, verwendete jedoch in einem Fall eine andere Synchronstimme. Der eindringlichen Beschreibung des Legionärsmilieus entsprach in *Spiel in Monte Casino* die präzise Charakterzeichnung. Die Besitzerin einer Pension in Nizza nimmt ihren inzwischen erwachsenen Adoptivsohn, der auf die schiefe Bahn zu geraten droht, und dessen Geliebte bei sich auf. Es kommt zu verdeckten Rivalitäten zwischen Mutter und Geliebter, während der Sohn erneut seiner Spielleidenschaft verfällt. Hoffnungslos verschuldet begeht er Selbstmord. Feyders nächster Film *Die klugen Frauen* (1935) spielt im Flandern des 17. Jahrhunderts zur Zeit der spanischen Besatzung. Um zu verhindern, daß spanische Truppen in einer kleinen Stadt Quartier beziehen, erklärt man, der Bürgermeister sei gestorben und die Stadt in Trauer. Ungehindert von ihren Männern bieten die Frauen der Stadt dem spanischen Herzog und seinem Gefolge einen Empfang, bei dem alle auf ihre Kosten kommen. *Die klugen Frauen* ist ein sorgfältig gemachter Ausstattungsfilm. Lazare Meerson, der die Kulissen entwarf, orientierte sich bewußt am Stil holländischer Maler wie Frans Hals und Jan Breughel. Angesichts einer veränderten Vorkriegsstimmung löste der von der deutschen Filmgesellschaft Tobis in zweisprachiger Version produzierte Film bei seiner Aufführung in Belgien und den Niederlanden heftige Proteste aus. Was als filmische Farce gedacht war, wurde nun als Ausdruck deutscher Propaganda und Aufruf zur Kollaboration mit den Faschisten verstanden.

In den folgenden Jahren drehte Feyder u. a. in England einen Film mit Marlene Dietrich, *Tatjana* (1937), und wiederum für die Tobis in zwei Versionen *Fahrendes Volk* (1938). Ferner entstanden *Das Gesetz des Nordens* (1942) und in der Schweiz *Une femme disparait* (1942). Mit keinem dieser Filme konnte er an seine früheren Erfolge anschließen.

Feyder starb am 25. Mai 1948 in der Schweiz.

Kerstin Eberhard

Filmographie: L'Atlantide / Die Herrin von Atlantis (1921) – Crainquebille / Crainquebille (1923) – Visages d'enfants (1925) – L'Image / Das Bildnis (1925) – Gribiche (1925) – Carmen (1926) – Au Pays du roi lépreux (1927) – Thérèse Raquin / Thérèse Raquin (1928) – Les Nouveaux Messieurs (1929) – The Kiss / Der Kuß (1929) – Anna Christie / Anna Christie (1931) – Daybreak (1931) – Son of India (1931) – Le Grand Jeu / Die letzte Etappe (1934) – Pension Mimosas / Spiel in Monte Casino (1935) – La Kermesse héroïque / Die klugen Frauen (1935) – Knight without Armour / Tatjana (1937) – Les Gens du voyage / Fahrendes Volk (1938) – Une femme disparaît (1942) – La Loi du Nord / Das Gesetz des Nordens (1942).

Literatur: J. F. / Françoise Rosay: Le cinéma, notre métier. Genf 1944.
Charles Ford: Jacquer Feyder. Paris 1973.

John Ford

1894–1973

129 Filme zwischen 1917 und 1966: Western (vor allem dafür war er zuständig), Militär- und Kriegsfilme, Komödien, Sozialdramen, Familiengeschichten, Dokumentarfilme, »Irish Pictures«, Americana. John Ford hat ein großes Œuvre hinterlassen, das man durchaus als »Kosmos« im Sinne einer eigenen Welt bezeichnen kann, weil es durch vielfältige Kohärenzen verbunden ist: Themen, Motive, Situationen, Schauplätze, Darsteller, Bildkompositionen, Tonlagen. In der Welt von John Ford ist ein System von

Beziehungen zu entdecken, das nicht als kühle Konstruktion entstand, nicht als Artefakt, sondern als Resultat eines fünfzig Jahre lang professionell betriebenen Jobs.

Ford hatte prominente Bewunderer. Orson Welles, nach Vorbildern befragt: »Die alten Meister. Und damit meine ich John Ford, John Ford, John Ford.« Als Sergej Eisenstein sich selbst fragte, welchen Film eines anderen Regisseurs er gern gedreht hätte, fiel ihm John Fords *Der junge Mr. Lincoln* ein. Akira Kurosawa: »Ich bewundere John Ford. Ich glaube, daß seine Western wirklich große Monumente in der Filmgeschichte darstellen.« Ähnlich haben sich Wsewolod Pudowkin, Ingmar Bergman oder Douglas Sirk geäußert. Für Andrew Sarris, den kritischen Chronisten des amerikanischen Kinos, gehört Ford – wie Chaplin, Griffith, Hawks oder Hitchcock – natürlich zu den »Pantheon Directors«.

In Europa, zumal in Deutschland, wurden John Fords Filme der dreißiger und vierziger Jahre zeitlich verschoben wahrgenommen. Sie kamen in den fünfziger Jahren eher zufällig und vereinzelt in die Kinos, durch Kürzungen, kuriose Titel und schlechte Synchronisationen beschädigt. Sie begegneten ideologischen Vorbehalten (»erzreaktionär«) oder einem generellen Unverständnis: zu trivial (»Wildwestfilm«), zu naiv (»nur für einfache Gemüter«). Erst Anfang der siebziger Jahre, kurz vor seinem Tod, begann in der Bundesrepublik eine reflektiertere Ford-Rezeption, ausgelöst durch eine umfängliche Retrospektive im Österreichischen Filmmuseum mit nachfolgenden Werkschauen in westdeutschen Kommunalkinos und Fernsehprogrammen, publizistisch sachkundig begleitet (von W.-E. Bühler, F. Grafe, E. Patalas). Auch das Schlußkapitel von Peter Handkes Roman »Der kurze Brief zum langen Abschied« (1972) über eine fiktive Begegnung der Protagonisten mit John Ford gehört in diesen Zusammenhang. Den Nachrufen aus dem Jahr 1973 (H. C. Blumenberg, W. Wiegand, W. Schütte) folgten ein Essayfilm (*Der Schauplatz des Krieges*, 1976) und ein dreiteiliger Passagentext (»Gelbe Streifen Strenges Blau«, 1978–80) von H. Bitomsky sowie die deutsche Übersetzung zweier amerikanischer Ford-Bücher (J. Baxter, 1980, J. A. Place, 1984). Ein eigenständiges deutschsprachiges Buch über John Ford gibt es bis heute nicht.

F. Göttler schrieb 1994: »Der Mythos lebt, das Werk scheint verschwunden. Wehmut und Trauer, Nostalgie und Resignation, ein Schleier hat sich um die Filme gelegt, gerade nachdem sie einmütige Anerkennung in aller Welt gewannen.« Wie das Western-Genre dem Kino mehr und mehr entrückt, gleitet das ganze Ford-Œuvre zurück in eine Vergangenheit, als verschwinde es bereits hinter einer Jahrtausendwende. Wer war John Ford?

Verschiedene Biographen (R. L. Davis, T. Gallagher) haben sich in jüngerer Zeit bemüht, einige Legenden seiner Kindheit und Jugend von Widersprüchen zu reinigen, auch wenn Ford selbst immer den Respekt vor Legenden gefordert hat. Die Geburtsurkunde ist auf das Jahr 1894 (1. Februar) datiert, Ford selbst hat 1895 den Vorzug gegeben, und so steht es auch auf seinem Grabstein. Geboren als elftes Kind einer irischen Einwandererfamilie auf einer Farm in Cape Elizabeth, Maine, mit dem Namen John Martin Feeny, den er in seiner Jugend in Sean Fearney umformte. Er wuchs in Portland auf, wo die Eltern ein Restaurant betrieben, und reiste elfjährig mit dem Vater für mehrere Monate nach Irland. 1914, nach Abschluß der Highschool und einem kurzen Gastspiel an der University of Maine, folgte er dem älteren Bruder Francis nach Hollywood. Francis hatte sich dort den Nachnamen Ford zugelegt und war als Regisseur wie als Schauspieler bei Universal erfolgreich, John verdingte sich, in enger Verbindung mit dem Bruder, als Gelegenheitsarbeiter und Aushilfsdarsteller, stieg schnell zum Regieassistenten auf, professionalisierte seine Arbeitsweise und drehte 1917 seinen ersten Film als Regisseur: einen Western mit dem Titel *The Tornado*.

John Ford mit James Stewart (l.) und John Wayne (r.)

Zunächst nannte sich John noch Jack Ford, häufig war er auch der Hauptdarsteller in seinen One- oder Two-Reelers. Ab 1919/20 folgte eine Serie von 22 Western mit Harry Carey (meist als zwielichtiger Held Cheyenne Harry), oft mit Molly Malone als Partnerin. Als erster Non-Western gilt *The Prince of Avenue A* (1920), sein 32. Film. Ab 1921 arbeitete Ford für die Firma William Fox. Sein erster episch-langer Film *Das eiserne Pferd* (1924) erzählt die Geschichte des transkontinentalen Eisenbahnbaus in der Pionierzeit. *Drei rauhe Gesellen* (1926) erinnert an den Landrush 1876 in Dakota. Der Film war ein Mißerfolg, und 13 Jahre lang drehte Ford keinen Western mehr. In *Vier Söhne* (1928) geht es um eine bayerische Familie im Ersten Weltkrieg; nachdem drei ihrer Söhne gefallen sind, macht sich die Mutter auf die Suche nach dem vierten in Amerika. Fords erster Tonfilm ist die historische Komödie *Napoleon's Barber* (1928). Die meisten Ford-Filme der zehner und zwanziger Jahre gelten als verloren, als seien sie nur Vorübungen zu den Filmen der dreißiger und vierziger Jahre gewesen. Wenn Ford Ende der zwanziger Jahre gestorben wäre, mutmaßt A. Sarris, hätte er nur als Fußnote in der Filmgeschichte überlebt; *Das eiserne Pferd* sei von Griffith beherrscht, *Vier Söhne* von Murnau, es gäbe nur einzelne Momente, in denen Ford schon ganz bei sich selbst gewesen sei.

In den dreißiger Jahren erweiterten sich die Genres im Ford-Œuvre: Kriegsfilm (*Unter der See*, 1931; *Die letzte Patrouille*, 1934), Arztdrama (*Dr. Bull*, 1933), Melodram (*Fleisch*, 1932), Americana (*Das Leben geht weiter*, 1934; *Mit Volldampf voraus*, 1935), Gangsterfilm (*Stadtgespräch*, 1935). Mit *Der Verräter* (1935), der Geschichte eines Freundschaftsverrats im irischen Freiheitskampf 1922, erreichte Ford den ersten wirklichen Höhepunkt seiner Karriere: vier Oscars (für die Regie, das Drehbuch von Dudley Nichols, den Hauptdarsteller Victor McLaglen und die Musik von Max Steiner) und höchstes Lob der Kritik.

Die Jahre 1939 bis 1941 waren Fords erfolgreichste überhaupt. Er drehte sieben Filme, die neun Oscars (davon zwei für ihn als Regisseur) und insgesamt 23 weitere Nominierungen erhielten: *Ringo, Der junge Mr. Lincoln, Trommel am Mohawk, Früchte des Zorns, Der lange Weg nach Cardiff, Tabakstraße* und *Schlagende Wetter*. In diesen Filmen ist die soziale Komponente thematisch stärker als sonst betont (Vertreibung, Arbeitslosigkeit), sie folgen überwiegend literarischen Vorlagen und bilden in der Wertschätzung der Kritik ein Kernstück des Ford-Werkes. Dreimal ist Henry Fonda der Hauptdarsteller.

Mit dem Kriegseintritt der USA wird John Ford bei der amerikanischen Marine zum Chief of the Field der Photographic Branch. Zwei der Dokumentarfilme, die er in dieser Funktion als Regisseur betreute, erhielten Oscars: *The Battle of Midway* (1942) und *December 7th* (1943, zusammen mit dem Kameramann Gregg Toland). Mit dem Kriegsfilm *Schnellboote vor Bataan* meldete sich Ford 1945 in Hollywood zurück. John Wayne spielt eine Hauptrolle, im Tonfall eher skeptisch als patriotisch.

Mit einem seiner schönsten Western knüpfte Ford 1946 an die Vorkriegszeit an: *Faustrecht der Prärie*. Erzählt wird die Befriedung einer außer Kontrolle geratenen Kleinstadt, Tombstone, durch das legendäre Duo Wyatt Earp (Henry Fonda) und Doc Holliday (Victor Mature). Das Sonntagvormittags-Ritual des Films ist Bestandteil jeder Ford-Anthologie. Zusammen mit Merian C. Cooper gründete er die Produktionsfirma Argosy Pictures und erlitt mit seinem Wunschprojekt *Befehl des Gewissens* (1947), nach einem Roman von Graham Greene, einen kommerziellen Fehlschlag. In den folgenden Jahren war wieder Western-Zeit für John Ford, es entstanden u. a. die Wayne-Kavallerie-Trilogie *Bis zum letzten Mann* (1948), *Der Teufelshauptmann* (1949) und *Rio Grande* (1950) und einer seiner eigenen Lieblingsfilme, *Westlich St. Louis* (1950), die Geschichte eines Mormonentrecks, gedreht ohne große Stars.

Fords fünfziger Jahre – das sind zwei Meisterwerke: *Der Sieger* (1952) und *Der schwarze*

Falke (1956), beide mit John Wayne in der Hauptrolle. Einmal spielt er einen aus Amerika zurückkehrenden Iren, der eine Widerspenstige (Maureen O'Hara) zähmt, das andere Mal einen Indianerhasser, der seine Nichte aus der Gewalt der Comanchen befreien will. *Der schwarze Falke* gilt als einer der komplexesten Western der Filmgeschichte überhaupt. Erfolge hatte Ford auch in anderen Genres: Kriegsfilm (*What Price of Glory*, 1952), Militärfilm (*Mit Leib und Seele*, 1955), Abenteuerfilm (*Mogambo*, 1953), Familienfilm (*Wem die Sonne lacht*, 1953), Irland-Film (*The Rising of the Moon*, 1957), Kriminalfilm (*Chefinspektor Gideon*, 1959), Americana (*Das letzte Hurra*, 1958).

Die Alterswerke in den sechziger Jahren – *Der Mann, der Liberty Valance erschoß* (1962), *Cheyenne* (1964), *Sieben Frauen* (1966) – rekapitulieren, variieren, neigen zur Versöhnung. Vor allem *Liberty Valance*, über die Täuschungen eines Showdowns, wurde zum Lieblingsobjekt der Ford-Exegeten, während *Cheyenne* als späte Reverenz vor den Indianern geschätzt wird.

John Ford starb am 31. August 1973 in Palm Deserts an Krebs. Er wurde auf dem katholischen Holy Cross Cemetery and Mausoleum in Los Angeles beerdigt. Er hinterließ eine Frau, Mary Frances McBride, die er 1920 geheiratet hatte, und zwei Kinder: Barbara und Patrick.

Wenn von einem John-Ford-Kosmos die Rede ist – wie man von einem Jean-Renoir-, einem Yasujiro-Ozu-, einem Ingmar-Bergman-Kosmos sprechen kann –, dann meint das: eine spezifische Konstellation von Personen, Bildern und Tönen, Räumen und Landschaften, Ritualen und Mythen, die als erkennbares Zeichensystem zu identifizieren ist. G. Seeßlen nannte Ford den »wohl größten Mythopoeten des amerikanischen Films«. Im Kern geht es immer wieder um Heimat und Familie, um die Suche nach Glück und Würde in einem historisch-geographisch-emotionalen Zusammenhang, den Ford selbst »Territory« genannt hat. Immer ist dieses Territory Gefahren, Angriffen und Zerstörungen ausgesetzt, ist das Zuhause aufs äußerste bedroht oder geht gänzlich verloren. Familien werden getrennt, Kinder entführt, Hinterbliebene machen sich auf die Suche. Was eben noch als Idylle erschien, verliert das Fundament. Häuser, Forts, Siedlungen brennen bis auf die Grundmauern ab. Übrig bleiben: Ruinen, Gräber, Heimatlose. Immer wieder geht es um Verluste: von Menschen, von Utopien, von Orten, von Identitäten. Wenn er denn der konservative Chronist des amerikanischen Traums war, dessen Zentrum in der Vergangenheit, im 19. Jahrhundert lag, dann formulieren seine poetischen Chroniken, seine Balladen, Rhapsodien und scheinbar einfachen Geschichten auch Alpträume, tiefe Abgründe, zusammengebrochene Visionen. Spätestens seit den vierziger Jahren dominieren Brüchigkeit, Melancholie und Zynismus. Harmonisches Miteinander endet immer wieder in schmerzvoller Einsamkeit. Davon sind vor allem die Männer betroffen: engstirnige, brutale, wahnsinnig werdende Helden, die am Ende ihren Weg als Loner fortsetzen oder sterben. Sie kommen selten in einem Zuhause an.

Immer noch und immer wieder wird John Ford eine Fixierung auf patriarchalische Strukturen, auf Männerwelten nachgesagt. Das Personal seiner Filme ist gewiß mehrheitlich männlich. Die Stock Company nennt viermal mehr Männer als Frauen. Aber bei genauem Hinsehen sind es immer wieder Frauen, sind es die Spuren von Matriarchaten, deren beherrschende Kräfte im Hintergrund deutlich werden.

Verschiedene Aspekte des John-Ford-Kosmos finden in unserem Erfahrungsfeld zwischen europäischer Hochkultur und amerikanischem Pop keinen Identifikationspunkt mehr. Der Korpsgeist der Kavallerie, antipodisch ausgespielt gegen das zivile Leben, erscheint uns vielleicht lächerlich, aber er hat im Kontext der amerikanischen Sozialhierarchie, in der die Berufssoldaten weit unten angesiedelt sind, durchaus ironisch zu verstehende Konnotationen. Auch mit dem unvermittelten Ausbruch fröhlicher Musik – Country, Folk, Marsch – tun wir uns schwerer als die Amerikaner (und Iren), denen der Umgang mit popular culture eine Alltäglichkeit ist.

Fords Tonfilme sind in ihrer Reihung ein Panorama amerikanischer Geschichte. Die 15 Western als spezifische US-Heimatfilme sowieso. Aber auch jene Familienstorys aus den kleinen Städten des Südens, in denen vorwiegend die Sonne scheint und die Tradition gepflegt wird, die Kriegsfilme aus dem Ersten und Zweiten Weltkrieg, bei denen es mehr um die inneren Konflikte, um Disziplin und Moral und weniger um die Frontlinien geht, die Historienfilme (allen voran *Der junge Mr. Lincoln*) – immer ist in den Geschichten Geschichte verwahrt. Die Schilderung der Vergangenheit bemüht sich dabei nicht um Wirklichkeit, sondern um die Deutung (auch Beschwörung) moralischer Haltungen, um Legenden und Mythen. Erst ganz spät, in den Sechzigern, im Spätwestern *Der Mann, der Liberty Valance erschoß*, wird die Frage nach den Legenden selbst thematisiert und problematisiert.

Zuhause und unterwegs sind die gegensätzlichen Lebensumstände bei John Ford. Zuhause bedeutet Arbeit, Wohnen, Essen, Existenzsicherung, Alltagsunterbrechung durch soziale Rituale: Geburt, Hochzeit, Tanz, Kartenspiel, Predigt, Parade, Begräbnis. Für jedes Ritual gibt es spezifische Inszenierungen, die ihren Rhythmus aus der Musik empfangen. Zuhause geht der Blick der Ford-Menschen, der Siedler, Farmer, Cowboys und Frauen, aber auch immer wieder zum Horizont. In Angst, Erwartung, Sehnsucht.

Unterwegs bedeutet Suche nach Heimat, Hoffnung auf Ankunft, Willen zum Neubeginn nach einer Niederlage oder einem Verlust. Unterwegs sind meist mehrere Personen gemeinsam: in einem Treck mit Planwagen, in einer Kutsche, in einem Konvoi. Unterwegs zu sein ist gefährlich, der Feind kommt von außen und das innere Gefüge der Gruppe wird auf die Probe gestellt.

Selten gibt es bei Ford den einzelnen Helden. Tugenden sind auf mehrere Personen verteilt: in einer Familie, in einer Gruppe. Auch die »Guten« tragen Schatten der Vergangenheit mit sich, sind widersprüchliche Charaktere. Zuweilen haben sie historische Namen (Wyatt Earp, Doc Holliday, die Generale Sherman und Grant). Das gibt ihnen aber keine reale Authentizität. Das ergänzende Personal ist überschaubar und wird durch äußere Merkmale, Angewohnheiten, Ticks, Running Gags und Requisiten charakterisiert.

Einen Teil ihrer Wirkung erreichen Ford-Filme durch Regelhaftigkeit. Muster sind wiedererkennbar, Schauplätze und Handlungselemente lassen sich über die Genres hinaus identifizieren. Es herrscht ein spezifisches Klima, das von Beginn an durch Titelschriften, Musik, Erzählstimme und atmosphärische Introduktion erzeugt wird. Landschaften spielen dabei eine entscheidende Rolle: Arizona, Texas, New Mexico, Utah, seltener Kalifornien, gelegentlich Irland, weite Horizonte, bizarre Felsen (nicht nur im Monument Valley), ein hoher Himmel in Amerika, sanfte Hügel in den »Irish Pictures« und das bewegte Meer in den Marinefilmen. Extrem klein sind die Lebensorte der Menschen dimensioniert: Dörfer, Siedlungen, enge Häuser, Hütten oder Zelte, und eng ist es auch in den Verkehrsmitteln auf den langen Reisen: Planwagen, Kutsche, Eisenbahn, Boot. Einzig die Pferde haben alle Freiheit, die Weite ungehindert zu durchqueren. Feinde verbergen sich im Schutz der Natur.

Jede Figur in John-Ford-Filmen gewinnt zunächst durch die Typisierung eines Berufs, einer Funktion, einer Rolle Umriß: der Arzt, der Barbier, der Barmann, der Beerdigungsunternehmer, der Hotelangestellte, der Indianerhäuptling, der Kaufmann, der Kutscher, der Pastor, der Richter, der Schmied, der Sheriff, der Spieler, der Telegraphist (dazu im Militärwestern: der Captain, der Colonel, der Lieutenant, der Major, der Rekrut, der Sergeant, der Trompeter, der Trooper) – die Krankenschwester, die Lehrerin, die Mexikanerin, die Mutter, die Prostituierte, die Sängerin, die Schwangere, die Siedlerin, die Soldatenfrau, die Squaw. Die Typisierung wird aufgehoben durch Darsteller, die in Ford-Filmen immer wieder, aber oft auch in unterschiedlichen Rollen auftreten (ein Lexikon der Stock Company hat W.-E. Bühler zusammengestellt).

Als berühmtester Ford-Darsteller gilt John Wayne (1907–1979), der bei ihm 14 Hauptrollen spielte, die beeindruckendste als Ethan Edwards in *Der schwarze Falke*: sieben Jahre auf der Suche nach seiner Nichte, die von Indianern entführt wurde. Henry Fonda brachte es auf sechs Hauptrollen (Höhepunkt: der junge Abraham Lincoln), Victor McLaglen auf zwölf, zuletzt, sechsundsechzigjährig, als rauflustiger irischer Schwager in *Der Sieger*. Unter den Frauen nimmt die eigenwillige Maureen O'Hara mit fünf Hauptrollen die führende Position ein. Mit so berühmten weiblichen Hollywood-Stars wie Katharine Hepburn, Barbara Stanwyck, Claudette Colbert, Donna Reed, Linda Darnell, Ava Gardner und Grace Kelly hat Ford jeweils nur einen Film gedreht. Zur Stock Company gehörten vor allem Nebendarsteller. Die wichtigsten Namen aus der Tonfilmzeit sind in diesem Zusammenhang: Ward Bond, Willis Bouchey, John Carradine, Andy Devine, Ben Johnson, J. Farrell MacDonald, Jack Pennick, John Qualen, Hank Worden.

Ford hat mit den verschiedensten prominenten Drehbuchautoren, Kameramännern und Komponisten zusammengearbeitet, die – in tiefem Respekt vor seiner komplexen Professionalität – ihre individuellen Handschriften seinem Stil untergeordnet haben. Relativ konstant war die Kooperation mit den beiden Autoren Dudley Nichols (13 Filme zwischen 1930 und 1947) und Frank S. Nugent (elf Filme zwischen 1948 und 1961). Von den für Ford wichtigen Kameraleuten müssen Joseph H. August (neun Filme zwischen 1930 und 1945), George Schneiderman (sechs Filme, 1930–1935), Bert Glennon (acht Filme, 1936–1960), Arthur C. Miller (vier Filme, 1937–1941), Winton C. Hoch (fünf Filme, 1948–1956) und William H. Clothier (vier Filme, 1959–1964) genannt werden. Gefragt war eine sehr funktionale Kameraführung, es wurde sparsam gedreht. Bei den Komponisten kam es häufiger zur Zusammenarbeit mit Alfred Newman (neun Filme zwischen 1931 und 1962) und Max Steiner (sechs Filme, 1934–1956). In der Musik spielen Zitate, folkloristische Elemente und emotionalisierende Melodien eine wichtige Rolle.

Ford hat sich, seine Arbeit als Regisseur und seine Haltung zu seinen Filmen in unzähligen Interviews je nach Stimmung und Anlaß, Gesprächspartner und Ort, Jahreszeit und Lebensphase stilisiert, ironisiert, radikalisiert und sich vor allem von allem distanziert. Auf Peter Bogdanovichs ernsthafte Frage, wie eine bestimmte Szene aufgenommen worden sei, antwortete Ford lakonisch, aber korrekt: »Mit der Kamera.«

Wenn man all die bewegenden Momente und die kleinen, oft beiläufigen Gesten, die einem aus Ford-Filmen im Gedächtnis geblieben sind, aufzulisten beginnt, stellt man bald fest, daß ihre Zahl gegen unendlich geht. Andererseits funktioniert ihre Beschreibung nur für den, der diese Filme einmal gesehen hat.

Hans Helmut Prinzler

Filmographie: The Tornado (1917) – The Trial of Hate (1917) – The Scrapper (1917) – The Soul Herder (1917) – Cheyenne's Pal (1917) – Straight Shooting (1917) – The Secret Man (1917) – A Marked Man (1917) – Bucking Broadway (1917) – The Phantom Riders (1918) – Wild Women (1918) – Thieve's Gold (1918) – The Scarlet Drop (1918) – Hell Bent (1918) – A Woman's Fool (1918) – Three Mounted Men (1918) – Roped (1919) – The Fighting Brothers (1919) – A Fight for Love (1919) – By Indian Post (1919) – The Rustlers (1919) – Bare Fists (1919) – Gun Law (1919) – The Gun Packer (1919) – Riders of Vengeance (1919) – The Last Outlaw (1919) – The Outcasts of Poker Flat (1919) – The Age of the Saddle (1919) – The Rider of the Law (1919) – A Gun Fightin' Gentleman (1919) – Marked Men (1919) – The Prince of Avenue A (1920) – The Girl in No. 29 (1920) – Hitchin' Posts (1920) – Just Pals (1920) – The Big Punch (1920) – The Freeze Out (1921) – The Wallop (1921) – Desperate Trails (1921) – Action (1921) – Sure Fire (1921) – Jackie (1921) – Little Miss Smiles (1922) – The Village Blacksmith (1922) – The Face on the Barroom Floor (1923) – Three Jumps ahead (1923)

– Cameo Kirby (1923) – North of Hudson Bay (1923) – Hoodman Blind (1923) – The Iron Horse / Das eiserne Pferd (1924) – Hearts of Oak (1924) – Lightnin' (1925) – Kentucky Pride (1925) – The Fighting Heart (1925) – Thank You (1925) – The Shamrock Handicap (1926) – Three Bad Men / Drei rauhe Gesellen (1926) – The Blue Eagle (1926) – Upstream (1927) – Mother Machree (1928) – Four Sons / Vier Söhne (1928) – Hangman's House (1928) – Napoleon's Barber (1928) – Riley the Cop (1928) – Strong Boy (1929) – The Black Watch (1929) – Salute (1929) – Men without Women / U 13 (1930) – Born Reckless (1930) – Up the River (1930) – Seas beneath / Unter der See (1931) – The Brat (1931) – Arrowsmith (1931) – Air Mail (1932) – Flesh / Fleisch (1932) – Pilgrimage (1933) – Doctor Bull / Dr. Bull (1933) – The Lost Patrol / Die letzte Patrouille (1934) – The World Moves on / Das Leben geht weiter (1934) – Judge Priest (1934) – The Whole Town's Talking / Stadtgespräch (1935) – The Informer / Der Verräter (1935) – Steamboat round the Bend / Mit Volldampf voraus (1935) – The Prisoner of Shark Island / Der Gefangene der Haifischinsel (1936) – Mary of Scotland / Maria von Schottland (1936) – The Plough and the Stars / Der Pflug und die Sterne (1936) – Wee Willie Winkie / Rekrut Willie Winkie (1937) – The Hurricane / . . . dann kam der Orkan (1937) – Four Men and a Prayer (1938) – Submarine Patrol (1938) – Stagecoach / Höllenfahrt nach Santa Fé / Ringo (1939) – Young Mr. Lincoln / Der junge Mr. Lincoln (1939) – Drums along the Mohawk / Trommeln am Mohawk (1939) – The Grapes of Wrath / Früchte des Zorns (1940) – The Long Voyage Home / Der lange Weg nach Cardiff (1940) – Tobacco Road / Tabakstraße (1941) – Sex Hygiene (Dokumentarfilm, 1941) – How Green Was My Valley / Schlagende Wetter (1941) – The Battle of Midway (Dokumentarfilm, 1942) – Torpedo Squadron (Dokumentarfilm, 1942) – December 7th (Dokumentarfilm, 1943) – We Sail at Midnight (Dokumentarfilm, 1943) – They Were Expendable / Schnellboote vor Bataan (1945) – My Darling Clementine / Faustrecht der Prärie / Tombstone (1946) – The Fugitive / Befehl des Gewissens (1947) – Fort Apache / Bis zum letzten Mann (1948) – Three Godfathers / Spuren im Sand (1948) – She Wore a Yellow Ribbon / Der Teufelshauptmann (1949) – When Willie Comes Marching Home / So ein Pechvogel (1950) – Wagon Master / Westlich St. Louis (1950) – Rio Grande / Rio Grande (1950) – This Is Korea! (Dokumentarfilm, 1951) – What Price Glory (1952) – The Quiet Man / Der Sieger (1952) – The Sun Shines Bright / Wem die Sonne lacht (1953) – Mogambo / Mogambo (1953) – The Long Gray Line / Mit Leib und Seele (1955) – Mister Roberts / Keine Zeit für Heldentum (1955) – The Searchers / Der schwarze Falke (1956) – The Wings of Eagles / Dem Adler gleich (1957) – The Rising of the Moon (1957) – The Last Hurrah / Das letzte Hurra (1958) – Gideon of Scotland Yard / Chefinspektor Gideon (1959) – Korea (Dokumentarfilm, 1959) – The Horse Soldiers / Der letzte Befehl (1959) – Sergeant Rutledge / Mit einem Fuß in der Hölle (1960) – Two Rode Together / Zwei ritten zusammen (1961) – The Man who Shot Liberty Valance / Der Mann, der Liberty Valance erschoß (1962) – How the West Was Won / Das war der Wilde Westen (Co-Regie: George Marshall und Henry Hathaway, 1962) – Donovan's Reef / Die Hafenkneipe von Tahiti (1963) – Cheyenne Autumn / Cheyenne (1964) – Young Cassidy / Cassidy, der Rebell (1965) – Seven Women / Sieben Frauen (1966).

Literatur: Peter Bogdanovich: John Ford. London 1967. – John Baxter: John Ford. München 1980. [Amerikan. Orig. 1971.] – Wolf-Eckart Bühler: John Ford's Stock Company. In: Filmkritik 181 (1972) S. 1–49. – Joseph McBride / Michael Wilmington: John Ford. London 1974. – J. A. Place: Die Western von John Ford. München 1984. [Amerikan. Orig. 1974.] – Andrew Sarris: The John Ford Movie Mystery. Bloomington 1975. – Hartmut Bitomsky: Gelbe Streifen Strenges Blau. Passage durch die Filme von John Ford. In: Filmkritik 258 (1978). 267 (1979). 284 (1980). – Dan Ford: Pappy. The Life of John Ford. Englewood Cliffs 1979. – J. A. Place: The Non-Western-Films of John Ford. Secaucus 1979. – Andrew Sinclair: John Ford. New York 1979. – Lindsay Anderson: About John Ford. New York 1981. – Joseph W. Reed: Three American Originals. Middletown 1984. – Tag Gallagher: John Ford: The Man and His Films. Berkeley 1986. – Peter Stowell: John Ford. Boston 1986. – Ronald L. Davis: John Ford. Hollywood' s Old Master. Norman/London 1995. – William Darby: John Ford's Western. A Thematic Analysis, with a Filmography. Jefferson/London 1996.

Miloš Forman

*1932

Der am 18. Februar 1932 in Cáslav (Böhmen) geborene Miloš Forman, der mit seinen frühen Filmen *Die Liebe einer Blondine* (1965) und *Der Feuerwehrball* (1967) wesentlich zur tschechischen »Nouvelle Vague« beitrug, hat sich mit mehrfach Oscar-prämierten Werken wie *Einer flog über das Kuckucksnest* (1975) und *Amadeus* (1984) als einer der wenigen europäischen Regisseure in Hollywood etablieren können. Trotz des Wechsels in eine fremde Kultur und ein anderes politisches System bleibt das zentrale Thema aller seiner Filme die Auseinandersetzung eines moralisch nicht unantastbaren Individuums mit Autoritäten und Institutionen, mit der Macht, die alle Individualität unterdrückt.

Kinoerlebnisse wie *Die verkaufte Braut* (1932) von Max Ophüls oder Walt Disneys *Schneewittchen und die sieben Zwerge* (1937) prägten schon im Kindesalter Formans Vorliebe für romantische Stoffe und märchenhafte Figuren. 1943 gewann er durch seinen Bruder erste Einblicke in das Theaterleben, die ihn dazu bewegten, eine Theaterkarriere anzustreben. Entscheidend für sein Leben wurde jedoch, daß seine Mutter und sein Ziehvater als Angehörige einer Widerstandsgruppe von der Gestapo verhaftet wurden und im KZ starben. Forman wuchs bei seinem Onkel auf, bis er 1945 am neugegründeten Jungeninternat für Kriegswaisen in Podêbrady, einer Eliteschule, aufgenommen wurde. An einem Laientheater wirkte Forman als Schauspieler, Kostüm- und Bühnenbildner. 1949 mußte er jedoch die Schule verlassen, weil er den Sohn eines Zentralkomiteemitglieds unter der Dusche anpinkelte. Er tauchte bei der Mutter eines Freundes in Prag unter, besuchte dort das Gymnasium und wirkte bei der Amateur-Inszenierung des Musicals »Die Lumpenballade« mit, das zu einer der beliebtesten Shows in Prag wurde. 1950 nahm ihn die Prager Filmakademie für die Abteilung Dramaturgie auf. Während des Studiums wuchs in Forman das Interesse an komischen Stoffen und Dokumentarfilmen, das später in seinen realistischen Komödien sichtbar wurde und das er in seiner Autobiographie 1994 als »Spätes Manifest« beschreibt: »Das realistische Leben läßt sich nicht durch Abfilmen einfangen. Man muß den Alltag neu schaffen.« Konsequenterweise ist Formans Realismus kein »sozialistischer«, sondern geht stets vom Privaten aus.

1958, nachdem Forman für Ivo Nováks *Junges Blut* das Skript und die Regieassistenz übernommen hatte, reiste er als Assistent Alfred Radoks mit der Show »Laterna Magica« zur Weltausstellung nach Brüssel, wo das tschechische Spektakel die Goldmedaille gewann und Forman erstmals der westlichen Welt begegnete. 1961 drehte er gemeinsam mit Ivan Passer und Mirek Ondříček *Wettbewerb* und anschließend *Wenn's keine Musikanten gäbe*, zwei Semidokumentarfilme, die 1963 zusammen unter dem Titel *Wettbewerb* ins Kino kamen. Ondříček, »der Kameramann meines Lebens« (Forman), sollte bei nahezu allen künftigen Filmen Formans, auch in den USA, die Kamera führen. Sein erster Spielfilm *Der schwarze Peter* (1963) gewann den Festivalpreis in Locarno und wurde auf dem New Yorker Filmfestival gezeigt; Forman reiste erstmals in die USA. Der Film erzählt die Geschichte eines jungen Ladenangestellten, der eigentlich nach Dieben Ausschau halten soll, sich mit dieser Aufgabe jedoch nicht recht identifizieren mag und am Ende eine alte Frau, die er beim Stehlen erwischt hat, laufen läßt.

Formans zweiter Spielfilm *Die Liebe einer Blondine* (1965) handelt von einem Mädchen, das wie alle Frauen der Gegend in der ortsansässigen Schuhfabrik arbeitet und von der großen Liebe, der Heirat und einer Familie träumt – denn der Alltag ist trist,

Miloš Forman

Männer sind rar, und romantische Gefühle können nicht aufkommen. Bei einem vom Fabrikanten veranstalteten Fest, für das eigens Armee-Reservisten ins Dorf gebracht werden, verbringt die Blondine eine kurze, ernüchternde Nacht mit dem Pianisten, den sie in ihrer Phantasie prompt zum Märchenprinzen krönt, um ihm nach Prag hinterherzureisen. Die Begegnung verläuft erneut enttäuschend, das Mädchen kehrt in die Fabrik zurück, nicht ohne sich selbst und ihren Freundinnen vorzuschwindeln, sie werde jetzt öfter nach Prag zu ihrem Geliebten reisen. Der eigentlich bittere Stoff, von Forman jedoch mit zärtlicher Ironie umgesetzt, wurde zu einem Kassenerfolg in der Tschechoslowakei und erhielt den Klement-Gottwald-Staatspreis. Daß gerade der kommunistische Staat seinen Film prämierte, war Forman eher unangenehm, der Preis brachte ihm aber 20000 Kronen, ein Jahresgehalt. 1966 eröffnete der Film das New Yorker Filmfestival, und Forman tourte mit ihm nach Cannes und London.

1967 folgte *Der Feuerwehrball*, eine Provinzposse, in deren Verlauf die Tombolapreise nach und nach gestohlen werden und ein peinlicher Schönheitswettbewerb veranstaltet wird. Vor lauter Turbulenzen kommt die Feuerwehr erst dann bei einem Hausbrand an, als nur mehr ein paar Grundsteine übrig sind. Wie schon in den vorherigen Filmen zeichnet Forman liebevoll den kleinbürgerlichen Alltag im Sozialismus nach und spürt Komisches auf, das der herrschenden Monotonie Leben einhaucht, ohne jedoch dabei spöttisch auf das Gezeigte herabzublicken. Wie zuvor arbeitete er überwiegend mit Laiendarstellern, um die Glaubwürdigkeit der Situation zu erhalten. Dieser Film wurde jedoch von der Kommunistischen Partei verboten, weil man in ihm eine Verunglimpfung der Feuerwehrmänner zu sehen glaubte. Erst während des Prager Frühlings wurde er öffentlich gezeigt. Als im August 1968 die sowjetischen Panzer in Prag einrollten, wurde ein erneutes Verbot verhängt, das 20 Jahre lang bestehen blieb.

Während des Einmarschs der Sowjets hielt sich Forman zufällig in Paris auf, wo er am Drehbuch zu *Taking Off* arbeitete. In einer Nacht-und-Nebel-Aktion holten Freunde seine Frau und seine beiden Söhne in einem Wagen, der François Truffaut gehörte, nach Frankreich. Der Pariser Wohnsitz der Formans wurde zum Unterschlupf für tschechische Flüchtlinge. Da es zunächst so aussah, als würde die ČSSR dem Einmarsch standhalten, kehrte Formans Familie zurück nach Prag. Als sich die Situation dann doch verschärfte, emigrierte Forman allein in die USA. Dort war seine Kreativität zunächst durch seine Außenseiterposition eingeschränkt: Hatte er zuvor seine Stoffe dem ihm vertrauten Alltagsleben entnommen, war dies für ihn in den USA nicht länger möglich, denn Sprache, Kultur und Mentalität waren ihm völlig fremd. Er nutzte die Zwangspause ohne Arbeitsgenehmigung, indem er sich als Drehbuchautor an die amerikanische Sprache und Erzähltradition herantastete. Bei all seinen Filmen ist Forman intensiv als Autor an der Entstehung der Drehbücher beteiligt. Dabei legt er stets Wert auf eine ausgewogene Mischung aus psychologischer Glaubwürdigkeit und intellektueller Unbeschwertheit. 1971 kam *Taking Off* in die Kinos, Formans erste amerikanische Produktion, in der ein Mädchen ausreißt und die Eltern mit ihrem tolpatschigen Bemühen, dem Generationskonflikt ein Schnippchen zu schlagen, ebenso erfolglos bleiben wie der Film beim Publikum. Forman versuchte sich auch als Theaterregisseur, fühlte sich aber weiterhin dem Film verbunden.

Erst 1975 gelang ihm der Durchbruch in den USA: *Einer flog über das Kuckucksnest* wurde zum Kultfilm einer Generation, deren Vertrauen in die institutionalisierte Autorität erschüttert worden war. In dieser Parabel wird der trostlose Alltag einer psychiatrischen Klinik durch einen neuen Patienten, der den Insassen ihre Individualität und Entscheidungsfreiheit zurückerkämpfen will, völlig durcheinander gebracht. Der Film wurde mit fünf Oscars ausgezeichnet: u. a. Jack Nicholson als bester Hauptdarsteller, Forman für die beste Regie und den besten Film.

Mit der Choreographin Twyla Tharp verfilmte Forman anschließend das Flower-Power-Musical *Hair* (1977), wobei es ihm gelang, die Songs in eine im Bühnenstück fehlende Rahmenhandlung einzubinden: Bukowski (John Savage), der sich freiwillig zum Kriegsdienst nach Vietnam gemeldet hat, hat noch zwei Tage Zeit, um New York kennenzulernen. Dabei trifft er auf eine Gruppe Hippies, lernt deren Lebensart kennen und schließt mit ihnen Freundschaft, die soweit führt, daß einer von ihnen am Ende an Bukowskis Stelle nach Vietnam fliegt, um ihm ein letztes Rendezvous zu ermöglichen. Doch der Geist des Nonkonformismus der späten sechziger Jahre, den Forman im nostalgischen Rückblick wiederzubeleben versuchte, fand nun kaum noch ein Publikum.

In *Ragtime* (1981), nach dem Roman von E. L. Doctorow, einer verschachtelt erzählten Variation von Kleists »Michael Kohlhaas«, versucht der aufstrebende schwarze Pianist Coalhouse Walker jr. (Howard Rollins) in den zwanziger Jahren seine Würde gegen rassistische Feuerwehrmänner zu verteidigen, die sein neues Auto mit Fäkalien verunreinigt haben. Nachdem er wiederholt vergeblich auf formellem Weg Genugtuung gefordert hat, verbarrikadiert er sich in der Morgan-Bibliothek und droht, sie in die Luft zu sprengen, wenn ihm nicht zu seinem Recht verholfen wird. Als er schließlich aufgibt, wird er erschossen. Obwohl die von Forman gewünschte dreistündige Fassung bereits um 20 Minuten gekürzt wurde, entwickelt sich die Geschichte nur schleppend. Zwar wird das angestrebte Gesellschaftsbild erkennbar, doch den verschiedenen Handlungssträngen mangelt es an Spannung.

1984 gelang Forman wieder ein internationaler Erfolg: *Amadeus*, die filmische Adaption des Stücks von Peter Shaffer, das den Werdegang Mozarts (Tom Hulce) aus der Perspektive seines Konkurrenten und Bewunderers Salieri (F. Murray Abraham) erzählt. Der in Prag gedrehte farbenprächtige Kostümfilm ermöglichte Forman nach fünfzehnjährigem Exil erstmals die Rückkehr in seine Heimat. Die Inszenierung ist schrill und wild wie das Mozartbild, das sie vermittelt: Das Genie des Komponisten wird spürbar in den Passagen aus Mozarts Werk, während die Figur Mozarts als unreif, kindisch und lebensuntauglich dargestellt wird. Salieri hadert als mittelmäßiger Komponist mit Gott, der die Schöpfergaben so offensichtlich ungerecht verteilt hat und treibt Mozart in den Tod. Der Film ließ ein regelrechtes Mozartfieber neu aufleben und wurde mit acht Oscars ausgezeichnet, darunter erneut die für die beste Regie und den besten Film, und wenigstens bei der Konkurrenz um die Trophäe für den besten Hauptdarsteller schlug Abraham Hulce.

Formans nächstes Projekt *Valmont* (1989), die Verfilmung des Briefromans »Les Liaisons dangereuses« (1782) von Choderlos de Laclos über die bösartigen Spiele zweier Verführer par excellence, wurde ein Mißerfolg. Michelle Pfeiffer, Formans Wunschkandidatin für die Rolle der intriganten Mme. de Merteuil, spielte statt dessen die sittsam-prüde Mme. Tourvel in der britischen Verfilmung desselben Stoffes, die Stephen Frears zur gleichen Zeit vorbereitete und die Formans Version in Produktionsdauer, dramaturgischer Qualität und Publikumsgunst in den Schatten stellte.

In *Larry Flint – Die nackte Wahrheit* (1996) erzählt Forman vom Kampf des Herausgebers des Pornomagazins »Hustler« (Woody Harrelson) mit der amerikanischen Justiz. Dabei rücken die Fakten zugunsten eines wirkungsstark inszenierten Plädoyers, die verfassungsrechtlich garantierte Freiheit öffentlicher Meinungsäußerung auch für Pornographie gelten zu lassen, in den Hintergrund.

Der grimassenschneidende Unruhestifter McMurphy, der hysterisch kichernde Mozart, der Obszönitäten rückwärts ausspricht, oder Larry Flint, der mit einer US-Flagge als Windel vor Gericht erscheint und mit Orangen nach dem Richter wirft: Formans Interesse an skurrilen, ja vulgären Figuren, an Schelmen, die mit närrischer Freude die Repräsentanten gewichtiger Institutionen schockieren, um an den bestehenden Konventionen zu rütteln, ist augenscheinlich. Dabei nehmen sie jedoch nie eine eindeutige moralische oder politische Position ein, vertreten niemals eine konkrete Utopie. Wenigstens auf der Leinwand kämpfen in den Filmen des Märchenliebhabers Forman seine Protagonisten noch für eine bessere Welt.

Stefanie Weinsheimer

Filmographie: Konkurs / Wettbewerb (1963) – Černý Petr / Der schwarze Peter (1963) – Lásky jedné plavovlásky / Die Liebe einer Blondine (1965) – Hoří, má panenko / Der Feuerwehrball / Anuschka - es brennt, mein Schatz (1967) – Taking

Off / Taking Off (1971) – Visions of Eight / München 1972 – 8 berühmte Regisseure sehen die Spiele der XX. Olympiade (Dokumentarfilm, 1973) – One Flew over the Cuckoo's Nest / Einer flog über das Kuckucksnest (1975) – Hair / Hair (1977) – Ragtime / Ragtime (1981) – Amadeus / Amadeus (1984) – Valmont / Valmont (1989) – The People vs. Larry Flint / Larry Flint – Die nackte Wahrheit (1996).

Literatur: M. F. / Jan Novak: Rückblende. Erinnerungen. Hamburg 1994.
Thomas J. Slater: Milos Forman. A Bio-Bibliography. New York [u. a.] 1987.

Stephen Frears

*1941

»Meine Rebellion gegen das, was man das Britische nennt, scheint fast alle meine Handlungen zu bestimmen [...]. [Die Briten] sind repressiv, engstirnig und insular« (Frears). Neben Peter Greenaway, Derek Jarman und Neil Jordan zählt Stephen Frears zu den bedeutendsten Regisseuren des New British Cinema der achtziger Jahre, das bemüht war, gegen die Übermacht des amerikanischen Films einerseits und gegen die Blockierung künstlerischer Produktivität durch die neokonservative Regierung Margaret Thatchers andererseits einen eigenen Erzählstil zu entwickeln und zu behaupten. Mit Filmen wie *Mein wunderbarer Waschsalon* (1985) und *Sammy und Rosie tun es* (1987) trug Frears entscheidend dazu bei, internationale Aufmerksamkeit für ein spezifisch britisches Kino zu erzielen. Ähnlich wie das britische Kino in diesen Jahren um eine neue Identität rang und dabei völlig unterschiedliche Facetten hervorbrachte – vom politisch-sozialkritischen Realismus Mike Leighs bis zum opulenten Ästhetizismus Greenaways –, widmet sich Frears in seinen Filmen der Darstellung von Charakteren, deren Identität unsicher, noch zu definieren ist. Frears' Protagonisten müssen sich ihre Individualität erst erarbeiten, müssen sich selber darüber klarwerden, inwieweit sie Teil des sozialen Umfeldes werden wollen, in dem sie sich befinden, und inwiefern sie sich von ihm abheben wollen. So sind Frears' Filme auch feinfühlige Milieu- oder Zeitstudien, die die Hauptfiguren immer in Bezug zu ihrer Umgebung setzen.

Frears wurde am 20. Juni 1941 in Leicester geboren. Als Sohn eines Arztes und einer Sozialarbeiterin wuchs er im provinziellen Umfeld der Mittelklasse auf und begann 1960 ein Jurastudium in Cambridge, das er jedoch nach drei Jahren abbrach. Er arbeitete als Assistent der Free-Cinema-Regisseure Lindsay Anderson und Karel Reisz am Royal Court Theatre und schließlich auch bei Filmproduktionen wie Reisz' *Protest* (1966), Albert Finneys *Ein erfolgreicher Blindgänger* (1967) und Andersons *If* (1968), bevor er in den siebziger Jahren für das britische Fernsehen in über zwanzig Produktionen selbst Regie führte und dabei auch Ken Loach kennenlernte, den er neben Anderson und Reisz als seinen Lehrer nennt.

Frears' Spielfilmdebüt *Gumshoe* (1972) ist ein Detektivfilm mit Film-noir-Anleihen, in dem Albert Finney einen erfolglosen Privatdetektiv spielt, der sich in die Rolle eines Sam Spade hineinphantasiert. In der Fernsehproduktion *Blutige Streiche* (1979), die 1983 auch im Kino gezeigt wurde, sind die zentralen Themen Frears', die Identitätssuche und die Frage nach der Zuverlässigkeit der Wahrnehmungen, bereits ebenso angelegt wie die für ihn typische formale Gestaltung, die durch die Inszenierung der Blicke durch lange Korridore, Fenster und Schlüssellöcher die Suche nach Erkenntnis visualisiert. Ein Junge unterzieht die ›realen Hel-

Stephen Frears (l.)

den‹ der Erwachsenenwelt, die Polizisten, einer Prüfung, indem er gemeinsam mit einem Freund ein Gewaltverbrechen vortäuscht und die Polizei nach Zusammenhängen zwischen den von ihm gestreuten Indizien suchen läßt. Halb triumphierend, halb enttäuscht begreift der Junge, daß hinter aller wahrnehmbarer Realität Inszenierung steht, daß er nun, nachdem er das Spiel einmal begonnen hat, tatsächlich alle Fäden in der Hand hält. Währenddessen schließt sich sein Freund auf der Flucht vor der Polizei einer Jugendgang an, die ihn, der eigentlich noch zu jung ist, um zu ihnen zu gehören, nur wegen seiner vermeintlichen Bluttat akzeptiert. Bald muß er erkennen, daß auch die sich so stark gebärdenden Rebellen orientierungslos und allein sind, daß sich auch in ihrem Außenseitertum ihr Drang nach Freiheit nicht realisieren läßt.

Wird in der Initiationsgeschichte *Blutige Streiche* ein Spiel zur Realität, so macht umgekehrt das Roadmovie *The Hit* (1984) deutlich, daß die Wirklichkeit nur ein Spiel ist, in dessen Regelwerk sich die Protagonisten sogar dann noch fügen, wenn ihre eigentlichen Interessen dahinter zurückstehen müssen. Willie Parker (Terence Stamp) wird von zwei Profikillern, Braddock und Myron (John Hurt und Tim Roth), aus seiner spanischen Zufluchtsstätte entführt, um in Paris der tödlichen Rache eines Gangsterbosses ausgeliefert zu werden, gegen den er einst vor Gericht ausgesagt hat. Parker durchschaut die Gesetze, denen die Berufsverbrecher unterliegen, zunächst viel präziser als diese selbst, insbesondere als der übermütige Myron, der, ähnlich wie der Junge in *Blutige Streiche*, Gewalt und Verbrechen für ein Spiel hält, durch das man erwachsen wird.

Nach dem Drehbuch von Hanif Kureishi, der auch während der Dreharbeiten stets am Set war, um notwendige Veränderungen vorzunehmen, drehte Frears mit *Mein wunderbarer Waschsalon* (1985) einen Film, der – entgegen der unter Thatcher propagierten Haltung von »britishness« – das auszudrücken scheint, »what it is to be british« (Kureishi). Es ist die Geschichte einer homosexuellen Liebe zwischen dem jungen aufstrebenden Pakistani Omar (Gordon Warnecke) und dem arbeitslosen weißen Briten Johnny (Daniel Day-Lewis), die sich in ihrem Einander-Nähern und Voneinander-Entfernen, in ihrer Zärtlichkeit und dem Bemühen, den anderen zu unterwerfen, nicht von einer heterosexuellen Liebe unterscheidet. Zugleich werden weitere Geschichten skizziert von Menschen, die im London der Thatcher-Ära versuchen, das Land und ihre Stellung darin zu begreifen: von arbeits- und orientierungslosen Jugendlichen, von Pakistani, die um Anerkennung und Erfolg ringen, von einem alternden Mann, der sich – gebrochen durch den Verlust der großen Liebe und das Scheitern seiner intellektuellen Ideale – dem Alkohol hingibt. Eigentlich vom Fernsehsender Channel Four für die Reihe »Film on Four« produziert, wurde der Film, der durch seine wertungsfreie Darstellung Sozialkritik und Romantik, Tragik und Ironie nebeneinander stehen läßt, auch in den Kinos gezeigt und zu einem internationalen Erfolg. Mit dem Kameramann Oliver Stapleton arbeitete Frears – mit Ausnahme von *Gefährliche Liebschaften* und *Mary Reilly*, bei denen Philippe Rousselot die Kamera führte – bei allen künftigen Filmen zusammen, so auch bei *Prick up Your Ears* (1987) und *Sammie und Rosie tun es* (1987), die zusammen mit *Mein wunderbarer Waschsalon* die »London-Trilogie« bilden. *Prick up Your Ears* erzählt die Pygmaliongeschichte vom eheähnlichen Verhältnis zwischen dem Dramatiker Joe Orton (Gary Oldman), der in Frears' Heimatstadt Leicester geboren und in London mit seinen durch bissige Komik das Bürgertum attackierenden Stücken berühmt wurde, und seinem depressiven und erfolglosen Mentor und Lebensgefährten Kenneth Halliwell (Alfred Molina). Während Orton mehr und mehr Gefallen findet an seinem gesellschaftlich anerkannten Künstlerleben, fühlt sich Halliwell zunehmend zurückgesetzt und erschlägt am Ende Orton, um sich dann selbst zu töten. In der Anfangssequenz wird der Fund der beiden Leichen vorweggenommen, am Ende des Films die Entdeckung in anderer Perspektive variiert. Eine derartige Rundung der filmischen Erzählung findet sich häufiger bei Frears, etwa später bei *Gefährliche Liebschaften* (1988).

Während *Prick up Your Ears* das Thema der homosexuellen Beziehung erneut aufgreift, vertieft *Sammie und Rosie tun es* (wieder in Zusammenarbeit mit Hanif Kureishi) die politische Ebene von *Mein wunderbarer Waschsalon*. Wieder steht ein pakistanisch-britisches Paar im Mittelpunkt, wieder geht es um sexuelle Freiheit und Toleranz. Doch darüber hinaus werden stärker als in *Mein wunderbarer Waschsalon* die aus dem Zusammenbruch des Commonwealth entstandenen Konflikte im multiethnischen London thematisiert. In »einer Mischung aus Realismus und Surrealismus« (Kureishi) werden alltäglicher Rassismus und gesetzlich legitimierte Gewalt dargestellt, etwa wenn mit deutlichem Bezug zu den Brixton Riots von 1981 Rassenunruhen in Straßenschlachten gipfeln oder wenn die Montage ein Häppchen, an dem Sammies Vater Rafi knabbert, während er gerade Foltermethoden in Pakistan zu verharmlosen versucht, in einen menschlichen Finger verwandelt.

Der Erfolg der »London-Trilogie« ermöglichte Frears 1988, als US-Produktion das prachtvoll ausgestattete Kostümdrama *Gefährliche Liebschaften* zu drehen, die mit drei Oscars ausgezeichnete Verfilmung des Briefromans »Les Liaisons dangereuses« (1782) von Choderlos de Laclos, der die erotische Verführung als Instrument der Manipulation thematisiert. Nicht zufällig beschäftigte sich zur gleichen Zeit auch der in den USA arbeitende tschechische Regisseur

Miloš Forman mit diesem Stoff; beide Filmemacher unterschiedlicher Herkunft verbindet das Interesse an Außenseiterfiguren, die sich mit Autoritäten und sozialen Systemen auseinandersetzen. Frears läßt die Motive des französischen Rokoko nie Selbstzweck werden, sondern unterstreicht, etwa wenn er die Wege von Schlafgemach zu Schlafgemach nahezu labyrinthisch inszeniert, wie sich die Marquise de Merteuil (Glenn Close) und der Vicomte de Valmont (John Malkovich) allmählich selbst in ihrem intriganten Verführungs- und Ränkespiel verlieren, durch das sie glaubten, ihre Identität festigen zu können. Die Schlußeinstellung zeigt das Spiegelbild der sich abschminkenden Marquise mit deutlichem Bezug auf die Eingangssequenz, die das Ankleide-Zeremoniell als Akt der Maskierung offenbart.

Frears' zweiter amerikanischer Film *Grifters* (1990) wurde ebenso wie *Hi-Lo Country* (1998) von Martin Scorsese produziert und brachte Frears eine Oscar-Nominierung für die beste Regie ein. Der Thriller im Neo-Noir-Stil handelt von dem kleinen Trickbetrüger Roy (John Cusack), der zwischen die Fronten zweier Femmes fatales gerät, seiner Mutter Lilly (Anjelica Houston), die illegale Wettgeschäfte betreibt und ihren Sohn zu einem seriösen Leben bewegen möchte, und seiner Geliebten Myra (Annette Bening), die ihn zu ihrem Komplizen bei großen Coups machen will. Roys Versuch, sich ein Leben zwischen Berufskriminalität und Kleinbürgertum einzurichten, scheitert. In einer letzten Einstellung sieht man in Draufsicht Roys Leiche inmitten von Geldscheinen liegen, in derselben respektvoll distanzierenden Perspektive, in der Frears auch den im Duell getöteten Valmont im Schnee und die Leichen Joe Ortons und Kenneth Halliwells zeigt. Gewalt wird in Frears' Filmen niemals zur Betonung der Action oder zur Befriedigung von Schaulust eingesetzt, sondern bleibt Ausdruck explodierender Spannungen zwischen den Protagonisten.

Ebenfalls von einem Kleinkriminellen erzählt *Ein ganz normaler Held* (1992). Der Gelegenheitsdieb Bernie LaPlante (Dustin Hoffman) rettet die Überlebenden eines Flugzeugabsturzes, doch von den Massenmedien wird statt seiner ein Hochstapler zum Helden stilisiert. Erneut verweist Frears auf eine Wirklichkeit, in der eine Person ohne Inszenierung nicht als Persönlichkeit akzeptiert wird, auf eine Gesellschaft, die bereitwillig eine manipulierte Realität konsumiert. Besonders in den USA wurde diese ironisch-kritische Darstellung abgelehnt. Frears kehrte für seinen nächsten Film wieder nach England zurück.

Nach Alan Parkers *Die Commitments* (1991) verfilmte Frears mit *The Snapper* (1993) und *Fish & Chips* (1996) den zweiten und dritten Teil der »Barrytown«-Romantrilogie von Roddy Doyle, die vom proletarischen Alltag im fiktiven Dubliner Vorort Barrytown handelt. In *The Snapper* entschließt sich die schwangere Sharon trotz der verwirrten Reaktion ihres Vaters und der Empörung und Häme der Nachbarschaft, ihr Kind auszutragen, das im Alkoholrausch mit einem schmierigen, verheirateten, älteren Nachbarn gezeugt wurde. *Fish & Chips* erzählt von zwei arbeitslosen Familienvätern, die gemeinsam einen Imbißwagen restaurieren und sich als Kleinunternehmer neu zu definieren suchen. Es kommt zu Dominanzkonflikten, und über das Geschäft drohen sich die Freunde allmählich zu zerstreiten. Völlig betrunken besiegeln sie am Ende ihre Männerfreundschaft, indem sie den Van, das Symbol ihrer Auseinandersetzung, im Meer versenken. Der Zusammenhalt von Freundschaft und Familie im proletarischen Milieu siegt in diesen Filmen über den ökonomischen Druck.

Zwischen *The Snapper* und *Fish & Chips* entstand als amerikanische Produktion *Mary Reilly* (1996), die Robert Louis Stevensons Jekyll-und-Hyde-Geschichte aus Sicht des Hausmädchens Mary Reilly (Julia Roberts) erzählt, das zwar immer mehr Hinweise auf die Verwandtschaft der ungleichen Herren entdeckt, sich aber weigert, die Zusammenhänge wahrzunehmen. In mancher Hinsicht scheint *Mary Reilly* – beide Drehbücher stammen von Christopher Hampton – *Gefährliche Liebschaften* zu zitieren. Auch in diesem Historiendrama setzt sich John Malkovich als Jekyll/Hyde (Glenn Close agiert zudem in einer Nebenrolle als Bordellbesitzerin) über Moralvorstellungen hinweg, die seine Persönlichkeit einschränken. Doch als trage Jekyll/Hyde zugleich die Erkenntnis des sterbenden Valmont in sich, daß erst die Liebe beide Seiten einer Persönlichkeit ergänzen kann, wünscht er als Jekyll und als Hyde von Mary in seiner Ganzheit erkannt zu werden. Die Trennung von Jekyll als dem Guten und Hyde als dem Bösen verwischt zusehends, etwa wenn der sonst freundliche Jekyll mit einer bedrohlichen Geste nach Marys Hand greift oder wenn der garstige Hyde sich wie unter Schmerzen überwindet und Mary für sein Verhalten um Verzeihung bittet.

Auf der Berlinale 1999 präsentierte Frears seinen neuesten Film *Hi-Lo Country*, einen in New Mexico nach dem Zweiten Weltkrieg angesiedelten Western, angereichert mit Film-noir-Elementen. Patricia Arquette verkörpert in dieser Dreiecksgeschichte die verheiratete Femme fatale Mona, die in dem dreisten, sich über alle Konventionen hinwegsetzenden Cowboy »Big Boy« (Woody Harrelson) einen Seelenverwandten zu finden glaubt. Insbesondere über die Inszenierung von Blicken vermittelt Stephen Frears, wie in all seinen Filmen, das Problem, den anderen zu erkennen und selbst erkannt zu werden: das Problem der unverwechselbaren Individualität.

Stefanie Weinsheimer

Filmographie: Gumshoe (1972) – Bloody Kids / Blutige Streiche (Fernsehfilm, 1979) – The Hit / The Hit (1984) – My Beautiful Laundrette / Mein wunderbarer Waschsalon (1985) – Prick up Your Ears / Prick up Your Ears (1987) – Sammie and Rosie Get Laid / Sammie und Rosie tun es (1987) – Dangerous Liaisons / Gefährliche Liebschaften (1988) – The Grifters / Grifters (1990) – Accidental Hero / Ein ganz normaler Held (1992) – The Snapper / The Snapper (Fernsehfilm, 1993) – A Personal History of British Cinema: ›Typically British‹ / Bilder in Bewegung – Das Jahrhundert des Kinos (5) (Fernsehdokumentarfilm, 1994) – Mary Reilly / Mary Reilly (1996) – The Van / Fish & Chips (1996) – The Hi-Lo Country / Hi-Lo Country (1998) – High Fidelity (1999).

Literatur: James Park: British Cinema. The Lights that Failed. London 1990. – Jonathan Hacker / David Price: Take Ten . . . Contemporary British Film Directors. Oxford 1991. – Duncan Petrie (Hrsg.): New Questions of British Cinema. London 1992. – Ines Karin Böhner: *My Beautiful Laundrette* und *Sammy and Rosie Get Laid*. Filmische Reflexion von Identitätsprozessen. Frankfurt a. M. / Bern [u. a.] 1996. – Helga Bechmann: Das filmische Universum des Stephen Frears. Genrevielfalt und Erzählkonstanten. Alfeld (Leine) 1997.

William Friedkin

*1939

Der am 29. August 1939 in Chicago geborene Regisseur hat sich seit den siebziger Jahren als scheinbar perfekter Hollywood-Routinier etabliert. Sein auf *Brennpunkt Brooklyn* (1971) und *Der Exorzist* (1974) gründender Ruhm ließ jedoch zu Unrecht das nachfolgende Werk verblassen. Vor allem die amerikanische Filmgeschichtsschreibung hat ihn scheinbar zu den Akten gelegt (z. B. J. Monaco).

Friedkins Karriere begann beim lokalen Fernsehen. Seine Erfahrungen bei Musicalübertragungen und Fernsehdokumentationen kamen ihm bei der Produktion seines Regiedebüts, des Rock 'n' Roll-Musicals *Good Times*, mit Sonny und Cher 1967 zugute. Interessant ist gerade in Friedkins Anfangszeit die starke Hinwendung zur Adaption verschiedener Musikstile im Film; auch später legte er stets eine ungewöhnliche Sorgfalt auf die Gestaltung von Ton und Musik. Seine drei folgenden Filme standen ebenfalls noch in Bezug zu Bühne und Theater, vor allem die Burlesk-Satire *Die Nacht, als Minsky aufflog* (1968), die Geschichte eines naiven Amish-Mädchens (Britt Ekland), das, unfreiwillig den Striptease »erfindet«, reflektiert ironisch Friedkins Erfahrungen beim Musical. Mit der sehr minimalistischen, merkwürdig »unfilmisch« inszenierten Bühnenadaption *Die Harten und die Zarten* (1970) etablierte er ein weiteres Motiv, das in seinem Werk oft unterbewertet wird: die Homoerotik. Der Regisseur verfilmte Mart Crowleys Geschichte einer ungewöhnlichen Geburtstagsfeier mit dem originalen Bühnenensemble, was diesem spröden Werk einen experimentellen Charakter verleiht; er selbst betonte später, er halte den Film für zu »geschwätzig«. *Die Harten und die Zarten* – als kommerzielles Risiko kalkuliert – gilt als Kultfilm in der Schwulenszene und bewirkte angesichts seiner Thematik eine Debatte um die Jugendfreigabe. Das Thema Homosexualität mußte sich seinen Stellenwert in der amerikanischen Filmindustrie noch erkämpfen.

Männerbeziehungen dominieren auch Friedkins folgende Werke *Brennpunkt Brooklyn* und *Der Exorzist*, seien es nun obsessive Polizisten oder exorzierende Priester. *Brennpunkt Brooklyn*, die Verfilmung eines semidokumentarischen Bestsellers von Robin Moore, dramatisiert mit ebenfalls dokumentarischen Stilmitteln die schmutzige Arbeit der New Yorker Drogenfahndung. Die von Gene Hackman und Roy Scheider dargestellten Polizisten entsprechen den frustrierten, aggressiven und etwas tumben »Bullen« des damals äußerst populären Polizeifilms, der Langeweile und Kälte seines Lebens nur durch die obsessive Jagd auf Kriminelle kompensieren kann. Wie nah diese »schmutzigen Helden« dem Verbrechen selbst kommen, zeigt dieser Film mit ähnlicher Virtuosität wie später *Leben und Sterben in L. A.* (1985). Populär wurde *Brennpunkt Brooklyn* für die spektakulär inszenierte Verfolgungsjagd, in der Gene Hackman versucht, mit dem PKW eine Hochbahn einzuholen. Friedkin sanierte diese Szene auch in späteren Werken immer wieder gelungen.

Der auf dem gleichnamigen Roman des Jesuiten William Peter Blatty basierende, äußerst erfolgreiche Horrorfilm *Der Exorzist* beschreibt das schleichende Eindringen des »Bösen« in die in bürgerlicher Selbstzufriedenheit ruhende amerikanische Mittelstandswelt. Ein erfahrener und ein junger Priester treten an, das von dem assyrischen Dämon Pazuzu besessene Mädchen Regan (Linda Blair) in einem komplizierten Exorzismus von ihrer Plage zu befreien. Mit Hilfe spektakulärer Effekte – vornehmlich auf der auditiven Ebene – und skandalträchtiger Blasphemien (z. B. die Kruzifix-Masturbation) leitete dieser Film eine neue Ära filmischen Terrors (und Ekels) ein, die erstmals auch auf den Mainstreamfilm Wirkung zeigte. Stilistisch blieb Friedkin ähnlich kühl wie in seinen Polizeifilmen. Er hält Distanz zu den Figuren, bemüht sich aber stets, sie in ein alltägliches, genau beobachtetes Geschehen einzubinden.

Es ist kaum verwunderlich, daß sich der Regisseur für ein Remake des ähnlich orientierten Clouzot-Films *Lohn der Angst* (1953) interessierte. Seine eigene Version *Atemlos vor Angst* (1977) ist an sich ein außergewöhnlich virtuos inszenierter Abenteuerfilm, hatte jedoch unter zahlreichen Widrigkeiten zu leiden: Kritik und Publikum betrachteten ihn lediglich in seiner Funktion als Remake – was die Verlagerung der inhaltlichen Akzente ignoriert; außerdem erschien in Europa nur eine extrem verstümmelte Version, die große Teile der Personencharakterisierung aussparte. Das Interesse des Regisseurs konzentrierte sich stark auf den politischen Aspekt der lateinamerikanischen Militärdiktaturen und die kriminelle Vorgeschichte der Hauptfiguren (u. a. wiederum Roy Scheider). Das kommerzielle

Scheitern des von der deutschen Synthesizer-Pop-Band Tangerine Dream außergewöhnlich düster vertonten Werkes schien Friedkins Schicksal in Hollywood besiegelt zu haben.

Aus dem sehr wechselhaften Werk der achtziger und neunziger Jahre ragen die drei großen Thriller *Cruising* (1980), *Leben und Sterben in L. A.* und *Jade* (1995) heraus. Alle drei Filme benutzen Versatzstücke des Polizeifilms, um komplexe Allegorien auf die von Korruption und Perversion durchzogene amerikanische Gesellschaft zu entwerfen. In *Cruising* porträtiert Al Pacino virtuos einen von sexuellen Identitätszweifeln geplagten Undercover-Cop, der in die schwule Lederszene New Yorks eintaucht, um einen Serienmörder zu ködern. In düsteren Farben zeigt der Regisseur den Mordtrieb als Selbstzerstörungsmechanismus einer dekadenten Gesellschaft. *Leben und Sterben in L. A.* zeigt rücksichtslose FBI-Agenten, die auf der Suche nach einem psychopathischen Geldfälscher (Willem Dafoe) ein mörderisches Inferno entfesseln. Kommunikationsunfähigkeit, Bisexualität und Sadismus dominieren diese staubigen, von der Sonne versengten Überreste eines amerikanischen Traums. *Jade* schließlich führte den in den frühen neunziger Jahren so populären Erotikthriller zu neuen Höhen, indem er die amerikanische »Führungselite« von Anwälten und Politikern als bigotte Maskenträger »outet«, die ihr Inkognito lediglich mit rationalisierten Mordanschlägen wahren können.

Eine Sonderstellung nimmt das 1987 inszenierte Serialkiller-Drama *Rampage – Anklage: Massenmord* ein, das eine komplexe Auseinandersetzung mit dem Problem der Todesstrafe darstellt. Auch dieser Film bekam nie die verdiente Aufmerksamkeit – wieder war Friedkins Blick zu klinisch, waren die Charaktere zu ambivalent, um auf Publikumswirkung zählen zu können.

Es ist zu hoffen, daß sich Friedkins Karriere künftig nicht in solch handwerklich sicheren, aber wenig inspirierten Nebensächlichkeiten wie der Waffenhändlersatire *Das Bombengeschäft* (1983), dem okkulten Splatterfilm *Das Kindermädchen* (1990) oder dem Basketball-Drama *Blue Chips* (1993) erschöpfen wird. Die Entdeckung dieses genialen Handwerkers durch weniger voreingenommene Filmjournalisten steht noch aus.

Marcus Stiglegger

Filmographie: Good Times (1967) – The Birthday Party (1968) – The Night They Raided Minsky's / Die Nacht, als Minsky aufflog (1968) – The Boys in the Band / Die Harten und die Zarten (1970) – The French Connection / Brennpunkt Brooklyn (1971) – The Exorcist / Der Exorzist (1973) – Sorcerer / Atemlos vor Angst (1977) – The Brink's Job / Das große Dings bei Brinks (1978) – Cruising / Cruising (1980) – Deal of the Century / Das Bombengeschäft (1983) – To Live and Die in L. A. / Leben und Sterben in L. A. (1985) – Rampage / Rampage – Anklage: Massenmord (1987) – The Guardian / Das Kindermädchen (1990) – Blue Chips / Blue Chips (1993) – Jailbreakers / Jailbreakers (1994) – Jade / Jade (1995) – Twelve Angry Men / Die zwölf Geschworenen (1997).

Literatur: James Monaco: Billy the Kid. In: American Film Now 1979. S. 108–112. – Thomas D. Clagett: William Friedkin: Films of Aberration, Reality, and Obsession. Jefferson/London 1990. – Nat Segaloff: Hurrican Billy. New York 1990. – Mark Kermode: Friedkin vs. Friedkin. In: Video Watchdog 13 (Sept./Okt. 1992) S. 36–43. – Larry Gross: Whatever Happened to William Friedkin? In: Sight and Sound N. F. 5 (1995) H. 12. S. 14 f. – Mark Kermode: *Jade*. In: Sight and Sound N. F. 5 (1995) H. 12. S. 47 f. – Marcus Stiglegger: William Friedkin – Masken der Verwesung. In: Splatting Image 1997. Nr. 31. S. 5–10.

Samuel Fuller

1912–1997

Fullers eigene Geschichte, er wurde am 12. August 1912 in Massachusetts geboren, ist schnörkellos. Wie in seinen Filmen kam er auch in seinem Leben schnell zur Sache. Mit zwölf jobbte er beim »New York Evening Journal«. Mit siebzehn war er Polizeireporter in Kalifornien. 1935 publizierte er seinen ersten Roman: »Burn Baby Burn«. Ein Jahr danach war er in Hollywood, arbeitete an Drehbüchern für James Cruze und Archie Mayo, für Otto Preminger und Douglas Sirk. Während des Zweiten Weltkriegs kämpfte er in Nordafrika und Europa – als Corporal der 1. US-Infanterie Division (wofür er mit dem Silver Star und dem Purple Heart ausgezeichnet wurde). 1948 drehte er seinen ersten Film: *Ich erschoß Jesse James*, in dem der Held kein strahlender Westerner ist, sondern ein Gangster, der seinen besten Freund erschießt, weil er hofft, sich von dem Kopfgeld ein neues Leben aufzubauen.

Bis Mitte der sechziger Jahre drehte Fuller weitere 16 Filme, die zu den wichtigeren Arbeiten des amerikanischen Autoren-Kinos zählen. Nach *Schock-Korridor* (1963) und *Der nackte Kuß* (1964), in denen er die soziale Situation in den USA äußerst kritisch zeichnete, fand er zunächst keine Produzenten mehr. Erst 1969 konnte er wieder einen kleinen Actionfilm inszenieren: *Outsider – Haie am Höllenriff*. Danach wurden die Pausen wieder länger. 1972 drehte er (für die ARD) den »Tatort« *Tote Taube in der Beethovenstraße*, 1979 (in Europa) *The Big Red One*, 1981 *Weiße Bestie*, 1983 (in Frankreich) *Les Voleurs de la nuit*, 1988 *Straße ohne Wiederkehr*, 1990 schließlich (fürs Fernsehen) *Die Madonna und der Drache*.

Fuller war ein Zeitungsmann. Ein besessener Soldat. Und Amerikaner mit Leib und Seele. Also erzählte er, gradlinig, aber emotional, vom tagtäglichen »Schlachtfeld« Amerika: von Liebe und Haß, Gewalt und Tod. Ob nun auf den Straßen der Großstädte oder den Prärien des Wilden Westens, ob zwischen den Redaktionsstuben der Park Row oder hinter den Gittern einer Nervenheilanstalt – in seinen Filmen herrschte immer und überall Krieg. Streiten, kämpfen, Widerstand leisten: das war für Fuller ein menschlicher Grundwert. Wobei Waffen ganz selbstverständlich zur Ausstattung gehörten. Seine Vision von der Welt war die des rüden Skeptikers. Es sei so einfach, sich alles schön und gut vorzustellen, sagte er in den achtziger Jahren, seine Filme aber handelten von der wirklichen Welt, auf Fakten aufgebaut, doch mit Affronts und Schocks zugespitzt.

Fuller war nie ein klassischer Kino-Autor, nie ein sensibler Stilist. Er war ein wilder Konstrukteur von Effekten und Emotionen. Ein kruder Visionär, der noch Wege entdeckte, als andere längst ihre Grenzen gezogen hatten. Seine Filme faszinieren nicht nur durch ihre guten Geschichten, sondern auch, weil diese mit einem wilden, oft sogar barbarischen Zugriff in Kinobilder verwandelt sind. Berühmt sind seine langen Sequenzeinstellungen, die ins Geschehen hineinziehen, seine gewagten Kamerafahrten, die für Aufmerksamkeit sorgen, sowie seine ungewöhnlichen Bilderrhythmen, die emotionalisieren.

In den fünfziger Jahren hatte er für kleine, unabhängige Studios begonnen, später auch für die Majors gearbeitet, wobei er immer darum gekämpft hat, die eigene Konzeption zu verwirklichen. Er wollte nicht Bewährtes noch einmal machen, sondern Neues erproben: andere Geschichten anders erzählen – mit ungewohnten Bildern und ungewohnten Rhythmen.

Seine kruden Expositionen wurden ein Markenzeichen: *Die Hölle von Korea* (1950) beginnt mit einem verwundeten, an Armen und Beinen gefesselten Soldaten, der mühsam zwischen den Leichen seiner Kameraden herumkriecht, bis ihn die letzten Kräfte verlassen. Am Anfang von *Inferno* (1953) explodiert eine Atombombe. In *Hölle der tausend Martern* (1956) sieht man zunächst einen Yankee-Offizier, der müde, aber Zigarre rauchend durchs Land reitet, allein. Dann fällt ein Schuß, und er sinkt zu Boden. Kurz darauf nähert sich ein Südstaatler, ißt in aller Ruhe von den Lebensmitteln des Erschossenen und nimmt schließlich dessen Zigarre und raucht sie weiter. Die ersten Bilder von *Vierzig Gewehre* (1957) formulieren einen rasanten Wechsel von Idylle und harter, fast brutaler Action. Eine weite Landschaft suggeriert anfangs Ruhe und Frieden. Dann, im Kontrast: die Beine galoppierender Pferde, die Staub aufwirbeln und – rhythmisch monoton – die Weite mit Lärm erfüllen. Idylle und Rasanz, Ruhe und Lärm, die Unterschiede weisen schon auf die Fronten, um die es im weiteren gehen wird.

Fullers Filme – schnell, neutral, ohne Raum für längeres Nachdenken – waren immer auf den äußersten Punkt aus: wo das Triviale umschlug in irritierende Wahrhaftigkeit. Als er nach *Alles auf eine Karte* (1960) von seinen Produzenten angegriffen wurde, der Film erwecke ja den Eindruck, daß Verbrechen sich bezahlt mache, war sein Kommentar nur: »Es macht sich bezahlt!« Daß Ideologie etwas Unmenschliches enthält, das verführt, ohne zur Auflehnung zu führen, das hat er für das Kino entdeckt. Seine Helden sind Verlierertypen, äußerlich korrekt, aber innerlich zerrissen, weil sie immer auch tun, was sie eigentlich nicht tun dürften. Jeder gegen jeden und die Verzagten gegen die ganze Welt. Hader und Zwist gibt es sogar in den Reihen, die als Fronten gedacht sind. In *Vierzig Gewehre* schießt der Söldner, ohne zu zögern, auf die Frau, die er liebt, nur um endlich seine Rache zu haben und seinen Job zu erledigen.

Fuller war immer darum bemüht, seine Geschichten durch authentisches Material zu verdichten. Dokumentarbilder, Zeitungsausschnitte, Landkarten, historische Dokumente und Urkunden, alles wurde eingeblendet, was den faktischen Gestus stärkt. Für ihn waren Fakten der Inbegriff des Authentischen. Wann genau etwas wo stattgefunden hatte, war ihm so wichtig wie das Geschehen selbst. Daß auch solche Arrangements eher fiktiv wirken, wies er stets mit Vehemenz von sich. Er war der erste, der in *Tokio-Story* (1955) einen weißen Amerikaner mit einer Asiatin zusammenleben und in *Hölle der tausend Martern* die Indianer noch am Ende siegen ließ, der in *Vierzig Gewehre* die Eroberung des Westens ganz beiläufig als Geschichte gewalttätiger, auch illegaler Machenschaften zeigte und in seinen Kriegsfilmen, vor allem in *Durchbruch auf Befehl* (1961), den Alltag der Soldaten in all seinem physischen Elend vorführte. Ihm war es wichtig, seinen Filmen den üblichen Hollywood-Glamour des Märchenhaften zu nehmen und sie statt dessen mit dem Schock des Faktischen auszustatten. Er war 1956 der erste, der in *Hölle der tausend Martern* vorführte, was eine Revolverkugel im Gesicht eines Menschen bewirkt. Seine Helden, oft egoistisch und brutal, hatten nichts vom »nice american guy«, ihre Erfolge waren stets Resultat von Mißtrauen, Skepsis und Vorsicht. Die Kompromißlosigkeit, mit der Fuller Gewalt als selbstverständlichen Teil des amerikanischen Lebens vorführte, waren sicherlich der Grund dafür, daß er nach 1963 nur noch einmal in Hollywood arbeiten durfte.

Geradezu legendär das Credo, von Fuller selbst in Jean-Luc Godards *Elf Uhr nachts* (1965) ausgesprochen: »Ein Film ist wie ein Schlachtfeld – Liebe, Haß, Aktion, Gewalt und Tod. Mit einem Wort: Emotion.«

Norbert Grob

Filmographie: I Shot Jesse James / Ich erschoß Jesse James (1949) – The Baron of Arizona / Der Baron von Arizona (1949) – The Steel Helmet / Die Hölle von Korea (1950) – Fixed Bayonets! / Der letzte Angriff (1951) – Park Row / Park Row (1952) – Pickup on South Street / Polizei greift ein (1953) – Hell and High Water / Inferno (1953) – House of Bamboo / Tokio-Story (1955) – Run of the Arrow / Hölle der tausend Martern (1956) – China Gate / China-Legionär (1957) – Forty Guns / Vierzig Gewehre (1957) – Verboten! (1958)

– The Crimson Kimono (1959) – Underworld U.S.A. / Alles auf eine Karte (1960) – Merrill's Marauders / Durchbruch auf Befehl (1961) – Shock Corridor / Schock-Korridor (1963) – The Naked Kiss / Der nackte Kuß (1964) – Shark! / Outsider – Haie am Höllenriff (1969) – Tote Taube in der Beethovenstraße (Fernsehfilm, 1972) – The Big Red One / The Big Red One (1978) – White Dog / Weiße Bestie (1981) – Les Voleurs de la nuit (1983) – Street of No Return / Straße ohne Wiederkehr (1988) – The Madonna and the Dragon / Die Madonna und der Drache (Fernsehfilm, 1989).

Literatur: David Will / Peter Wollen (Hrsg.): Samuel Fuller. Edinburgh 1969. – Manny Farber: Samuel Fuller. In: Artforum 1969. Nr. 9. – Nicholas Garnham: Samuel Fuller. London 1970. – Phil Hardy: Samuel Fuller. London 1970. – Colin McArthur: Underworld USA. London 1972. – Hermann Weigel: Interview mit Samuel Fuller. In: Filmkritik 1973. H. 1. S. 28–35. – François Truffaut: Die Filme meines Lebens. Frankfurt a. M. 1997. [Frz. Orig. 1975.] – James Hoberman: Samuel Fuller. Gate Crasher at the Auteur Limits. In: Village Voice. 2.–8. 7. 1980. – Russell Merritt / Peter Lehman: »Being Wrong is the Right Way of Living«. In: wide angle 4 (1980) H. 1. – Nicholas Garnham / Wolfram Knorr / Norbert Grob: E motion Pictures. In: Filmbulletin 1981. H. 11. – John Belton: Cinema Stylists. Metuchen/London 1983. – Ulrich von Berg / Norbert Grob (Hrsg.): Fuller. München 1984.

Abel Gance

1889–1981

Abel Gance wurde als Eugène Alexandre Péréthon am 25. Oktober 1889 in Paris als uneheliches Kind in armseligen Verhältnissen geboren. Angeblich sei sein Vater ein wohlhabender Arzt gewesen. Den Namen Gance übernahm er von seinem Stiefvater. Den Versuch, eine juristische Karriere einzuschlagen, brach er bald ab und dilettierte als Schauspieler auf kleinen Bühnen. Schon mit zwanzig Jahren übernahm er Nebenrollen in Filmen, begann danach, Drehbücher zu schreiben – unter erbärmlichen äußeren Bedingungen. Eine Tuberkulose und sein allgemeiner schlechter Gesundheitszustand verhinderten, daß Gance 1914 als Soldat eingezogen wurde. Er inszenierte während des Krieges seine ersten Filme, für den Filmdienst der Armee, aber auch für die renommierte Firma Films d'art. Bereits in *La Folie du Docteur Tube* (1916) benutzte er eine subjektive Kamera und Zerrspiegel, um außerordentliche Bewußtseinszustände und Horrorvisionen zu verdeutlichen. Schon nach 1917 war sein Name so bekannt, daß er im Vorspann vor der Liste der Schauspieler genannt wurde. In den letzten Kriegsmonaten drehte er mit Soldaten der französischen Armee den dreistündigen Film *J'accuse* (1919), der international als bedeutendes filmisches Manifest des Pazifismus verstanden wurde, nicht zuletzt wegen der realistisch inszenierten Schlachtszenen, die den Schrecken des Krieges betonten, und der Vision der nicht abreißenden Kette von Gefallenen, die den Gräbern entsteigen und nach Hause zurückkehren. Gance dynamisierte das erzählerische Tempo durch Handkamera und schnelle Montagen. Die Szenen der melodramatischen Fabel – eine Frau zwischen zwei Männern, von denen der Angetraute im Krieg fällt und nur der Freund zurückkehrt, der dann auch stirbt – können den ›Bildern des Krieges‹ nicht standhalten. Gance fertigte übrigens 1937 ein Remake dieses Films an.

Gance zeigte bereits in dieser Phase eine charakteristische Neigung zum Monumentalismus, die seine beiden größten Projekte, die in den zwanziger Jahren entstanden: *Das Rad* (1921) und *Napoleon* (1927), belasten sollte. Beide Filme wiesen eine extreme Überlänge auf, die für die Vorführzwecke vor einem normalen Publikum zurechtgestutzt werden mußte. Dennoch dauern sie über drei Stunden. In *Das Rad* gibt es zumindest im Ansatz eine Balance zwischen der episch ausgebreiteten Handlung und den ästhetischen Neuerungen. Gance erzählt von einem Lokomotivführer, der bei einem Zugunglück ein kleines Mädchen rettet und sie an Kindes Statt aufzieht. Je erwachsener das Mädchen wird, desto leidenschaftlicher wird die verborgene Neigung des Ziehvaters zur jungen Frau. Nach etlichen Wirren kommen am Schluß beide wieder zusammen, so daß Sisif (der Name der Hauptfigur spielt offensichtlich auf den mythischen Sisyphos an) noch kurz vor seinem Tod das Vergnügen hat, sich an der Nähe seines Findelkindes zu erfreuen. Das Haus der kleinen Familie ist von Schienen umgeben, auf denen Lokomotiven rauchend hin- und herfahren. Diesem naturalistischen Blick entsprechend, zeigt der Film auch die Liebesnot des Helden mit beinahe intimer Deutlichkeit. Als der Mann der jungen Frau zusieht, die im Vorgarten auf einer Schaukel hin- und herschwingt, weiß er sich gegen das aufwallende Entzücken nicht anders zu wehren, als daß er die Vorhänge zuzieht, gleichsam blind wird. Dieses Schicksal ereilt ihn übrigens später, so daß er selbst den Dienst auf einer Bergbahn kaum mehr leisten kann. Wie einige seiner Vorbilder aus Zolas Romanen ist der vielgeplagte Held zu anarchischen Exzessen fähig. Aus lauter Verzweiflung droht er zweimal, einen Zug ins Verderben zu fahren. Die Beschleunigung des Tempos spiegelt sich in der Beschleunigung der Montage. Einstellungen der Schienen, der vorbeisausenden Telegraphenmasten und Landschaftsbilder, der rasenden Räder und Pleuelstangen, Großaufnahmen des von Panik und Entsetzen erfüllten Helden wechseln einander in immer höher werdender Frequenz ab, so daß in der Tat ein rasender Taumel der Bilder entsteht. Diese extreme Dynamisierung des Schnitts nimmt in vielem die ›russische Montage‹ Eisensteins und anderer vorweg.

Beinahe vier Jahre arbeitete Gance anschließend an einem großen Napoleon-Epos. Indes kam er in der Nacherzählung des Lebens von Bonaparte nur bis zum Beginn des Italien-Feldzugs (1796). Später hat Gance in *Austerlitz – Glanz einer Kaiserkrone* (1960) ein weiteres Kapitel der Vita des von ihm verehrten Nationalheros hinzugefügt. Der Film, mit dem anspruchsvollen und das Autorenprinzip akzentuierenden Titel *Napoléon vu par Abel Gance* erlebte seine Uraufführung, ein einmaliger Fall, in der Pariser Oper. Der Ort der Premiere ist dem Film angemessen: es handelt sich um ein patriotisches hohes Lied auf den militärischen Genius, der als Erbe der Revolution und Einiger Europas gefeiert wird. Unzweifelhaft ein Propagandafilm, von beinahe extremer Bedenkenlosigkeit bei der pompösen Durchsetzung seiner Botschaft und zugleich gekennzeichnet durch eine avantgardistische Ästhetik, die bis heute Staunen erregt! Unter diesem Aspekt ließen sich *Napoleon* und Griffiths *Die Geburt einer Nation* (1915), Eisensteins *Panzerkreuzer Potemkin* (1926) und Leni Riefenstahls *Triumph des Willens* (1935) durchaus vergleichen. Der Film beginnt mit einer langen Sequenz aus der Kadettenanstalt in Brienne, wo der wilde und aufbrausende junge Napoleon sich in einer Schneeballschlacht bereits als Stratege gegen eine erdrückende Übermacht erfolgreich zur Wehr setzt. Die Kamera ist beinahe in unablässiger Bewegung, rennt mit, rückt den Personen ganz nahe, schwenkt und reißt an den Dingen vorbei, überträgt so die Unruhe des Vorgangs in die Unruhe seiner ›Aufzeichnung‹. Als Napoleon bei der Flucht von Korsika nach Frankreich in einem kleinen Boot im Sturm ums Überleben zu kämpfen hat, verwandeln sich die Bilder des Schiffleins im Chaos der Wellen in Chiffren einer Welt, die Form und Ordnung verloren hat. Dem Aufruhr der Elemente korrespondiert der Aufruhr in der französischen Nationalversammlung, Gance schneidet zwischen beiden hin und her, um das gemeinsame Dritte, das Symbolische hervorzuheben: das Toben einer kaum mehr beherrschbaren Welt, im Reich der Natur und im Reich der Geschichte. Später, beim Fest der Pariser nach Ende der Schreckensherrschaft der Jakobiner, wird die Kamera noch weiter entfesselt. Wie zuvor schon einmal setzt Gance sie auf eine große Schaukel und läßt sie in die Menge hinein- und wieder zurückschwenken. Er schneidet Nah- und Detailaufnahmen nacheinander, in ihrer raschen Folge lösen sie den Furor des Festes gleichsam in impressionistische Fetzenbilder auf. Im selben Maße entblößen sich Bacchantinnen – zum Mißfallen des strengen und unerschütterlichen Generals Napoleon. Die Assoziation zu moderner Bildkunst wird noch deutlicher bei den Vielfach-Überblendungen, die Gance vornimmt, um die gleichzeitige Präsenz verschiedener Realitätspartikel zu demonstrieren und eine Art erweitertes Bewußtsein zu bezeichnen, in dem Vergangenes und Gegenwärtiges, Empirisches und Emblematisches einander durchdringen. Der Simultaneismus erinnert an den großen Roman »Ulysses« (1922) von James Joyce, die Komposition der Überblendungen an kubistisch aufgebrochene Porträts und Materialarrangements. Kamera und Montage lösen traditionellen Realismus auf, was durch die Erzählung immer motiviert wird, im Napoleon-Film nicht selten durch Ekstasen, einmal der Kriegsfurie oder des Tumults im Konvent, ein anderes Mal der Friedensbegeisterung und des Volksjubels. Vor dem Aufbruch nach Italien, gegen Schluß des Films, verbreitert Gance das Bildformat aufs Dreifache in die Breite und erreicht so eine Art Cinemascope-Ausschnitt, wenngleich diese Technik sehr unvollkommen bleibt. Er mußte mit drei Kameras arbeiten und dann die Projektionen nebeneinanderfügen, wobei die Trennlinien nie zu übersehen sind. Gance benutzt dieses Breitformat manchmal auch geschickt, um drei Bilder nebeneinander zu zeigen, zum Beispiel einmal in Großaufnahme Napoleon in der Mitte, rechts und links dräuende Wolken oder die Soldaten, die in militärischer Formation symmetrisch links und rechts defilieren. Schließlich verschmilzt das Porträt Napoleons mit dem Bild des Adlers, seines Fetischs, die drei Bildkompartimente werden in den Farben der Trikolore blau-weiß-rot eingefärbt, man sieht das gischtschäumende Wasser, das ein schnell fahrendes Schiff durchschneidet, die Soldaten: ein symbolischer Komplex aus verschiedenen Zeichen, die allesamt eine triumphale Zukunft verheißen. Einige Einstellungen und Szenen dieses mehrstündigen Films lassen sich nicht ins heroische Muster einfügen: Nach der Schlacht von Toulon sieht man die Sterbenden und Toten, starr aus dem Schlamm nach oben gereckte nackte Arme und Hände, die verzweifelt in den Lehm greifen. Da wird etwas von dem Grauen sichtbar, das noch *J'accuse* beseelt hat. Oder Napoleon staffiert einen Mann neben sich mit seinem Hut und seiner Jacke aus, um sich inkognito entfernen zu können, diesem falschen Napoleon jubeln nun weiter die Menschen hingerissen zu, ohne die Täuschung zu bemerken: eine kleine Parabel darüber, wie bei der Zurschaustellung von Macht der Popanz das authentische Wesen ersetzen kann. Von *Napoleon* gibt es viele Schnittversionen, z. B. fügte Gance 1934 Stereophon-Effekte hinzu. Kevin Brownlow stellte in zwanzigjähriger Arbeit eine fünfstündige Rekonstruktion des Films her, eine beinahe vierstündige stammt von Robert A. Harris – im Auftrag des Regisseurs Francis Ford Coppola. Gance hat diese Bemühungen um seinen monströsen Film noch miterleben können, achtzehn Tage nach einer Galapremiere von *Napoleon* in New York ist Gance 1981 im zweiundneunzigsten Lebensjahr gestorben.

Nach *Napoleon* gelang es ihm in keinem anderen Film mehr, über die Experimente mit dynamisierten Bildern hinauszugelangen. Allenfalls die Schlußsequenz von *Das Ende der Welt* (1931), eine Montage von Katastrophenbildern, gemahnt an die Bildkraft der vorangegangenen Filme. Seit den dreißiger Jahren führte Gance bei Historien- und Ausstattungsfilmen Regie, die aber, angeblich, weil die Kompromisse mit dem konventionellen Kino unvermeidlich waren, nur selten die Handschrift des Avantgardisten tragen.

Gance war als Schauspieler und Regisseur konservativ und ungeniert theatralisch. Er selbst übernahm etwa die Rolle des Saint-Just in *Napoleon*, gestaltete sie zur Figur eines eitlen Dandys, den am Ende, kurz vor seiner Hinrichtung, noch einmal das große Leuchten der Revolution überwältigt. In den Stummfilmen schaltet er immer wieder, wie es üblich war, Großaufnahmen seiner Darsteller, bereits im Rollenkostüm, in den Handlungsgang ein, gleichsam Porträts, die er dem ersten oder dem zweiten Auftritt vorwegschickt, aber auch die Großaufnahmen, die während einer Aktion herausgeschnitten werden, zeigen die meisten Gesichter in mimischer Übertreibung, speziell Napoleon (Albert Dieudonné) als Träger pathetischer Grimassen. Es bedurfte bedeutender Schauspieler, um diesem Sog zu widerstehen. Eine merkwürdige und doch eindrucksvoll mächtige Figurenkonzeption gelang etwa Harry Baur in Gances Beethoven-Film, *Beethovens große Liebe* (1937).

In der Nachkriegszeit konnte Gance nur noch wenige Filme inszenieren, Filme, die allenfalls durch ihr farbenprächtiges Dekor auffallen. Immerhin hat er es in den dreißiger Jahren noch als technischer Experimentator zustande gebracht, ein Linsensystem zu entwickeln, das eine große Schärfentiefe erlaubt. Die Umsetzung dieses Verfahrens in ein neues Sehen gelang nicht, während die Filme von Jean Renoir oder Orson Welles gerade dies erreichten.

Die Reaktion der Kritik auf die Filme von Abel Gance im Deutschland der Weimarer Zeit war übrigens zwiespältig. Rudolf Arnheim ironisierte *Napoleon* als Tendenzkunst, die aussähe, als wäre sie im frühen 19. Jahrhundert, noch frisch unter dem Eindruck der Napoleonischen Taten, zum Zweck der Ruhmespropaganda hergestellt worden. Siegfried Kracauer fand, so grimmig sie zunächst auch klingen mag, eine zutreffende Charakteristik für die Filme von Gance, als er 1939 schrieb: »Die Werke von Abel Gance [...] sind das Produkt eines ungezügelten Geistes, der wie irgendein Tropengewächs maßlose Wucherungen treibt und sich durch die Sucht nach grandiosen Effekten fortwährend das Konzept verdirbt. Aber wie der Flußschlamm Gold birgt, so finden sich im Unrat, den die Filme von Gance mit sich führen, eine Menge kühner und neuer Formulierungen. Schönheit und Geschmacklosigkeit, echter Gehalt und leerer Schwulst sind in diesem Fall untrennbar aneinander gebunden.«

Thomas Koebner

Filmographie: La Digue ou Pour sauver la Hollande (1911) – Le Nègre blanc (1912) – Il y a des pieds au plafond (1912) – Le Masque d'horreur (1912) – Un Drame au Château d'Acre (1915) – La Folie du Docteur Tube (1916) – La Fleur des ruines (1916) – L'Héroïsme de Paddy (1916) – Fioritures (1916) – Ce que les flots racontent (1916) – Le Périscope (1916) – Barberousse (1916) – Les Gaz mortels (1916) – Strass et compagnie (1916) – Le Droit à la vie (1917) – La Zone de la mort (1917) – Mater Dolorosa (1917) – La Dixième Symphonie / Die zehnte Symphonie (1918) – J'accuse (1919) – La Roue / Das Rad / Rollende Räder – rasendes Blut (1923) – Au secours! (1923) – Napoléon vu par Abel Gance / Napoleon (1927) – La Fin du monde / Das Ende der Welt (1931) – Mater Dolorosa (Remake, 1932) – La Dame aux camélias / Kameliendame (1934) – Poliche (1934) – Lucrèce Borgia / Lucrezia Borgia (1935) – Le Roman d'un jeune homme pauvre (1935) – Jérome Perreau, héros des barricades (1936) – Un grand amour de Beethoven / Beethovens große Liebe (1937) – Le Voleur de femmes (1936) – J'accuse (Remake, 1937) – Louise (1939) – Le Paradis perdu (1939) – La Vénus aveugle (1941) – Le Capitaine Fracasse / Fracasse, der freche Kavalier (1942) – La Tour de Nesle / Der Turm der sündigen Frauen (1954) – Austerlitz / Austerlitz – Glanz einer Kaiserkrone (1960) – Cyrano et D'Artagnan / Cyrano und D'Artagnan (1964) – Bonaparte et la révolution (1971).

Literatur: Norman King: Abel Gance. A Politics of Spectacle. London 1984.

Terry Gilliam

*1940

Terry Gilliam, Zeichner und Trickfilmer, Drehbuchautor, Regisseur, Schauspieler und Gründungsmitglied der englischen Komikertruppe Monty Python, wurde am 22. November 1940 in Minneapolis, Minnesota, geboren. Nach seinem Studienabschluß in Politikwissenschaft arbeitete er als Texter und Illustrator für das Mad-Magazine und für das amerikanische Kinderfernsehen – seine schon damals von bissigem Humor zeugenden Cartoons zeichneten sich allerdings nicht durch besonders kindgerechte Inhalte aus. 1969 »emigrierte« Gilliam nach England und arbeitete für die BBC. Im gleichen Jahr gründete er gemeinsam mit John Cleese, Terry Jones, Eric Idle, Michael Palin und Graham Chapman die Comedy-Gruppe Monty Python. Als erstes produzierten die Komiker für die BBC 13 Episoden der bald Kultstatus erreichenden Comedy-Serie *Monty Python's Flying Circus* (1969–76). Gilliam zeichnete und animierte Cartoons, die als logisch und narrativ weitgehend autonome Zwischenstücke zwischen den Episoden und Sketchen plaziert sind. Die Komik der Monty Pythons ist bissig, brutal, bösartig und intellektuell – deutlich spürbar wird die akademische Bildung der Mitglieder der Truppe. Britischer Stoizismus vermischt sich in der Darstellungskunst der Komikertruppe mit ins Groteske getriebener kommunikativer Ignoranz und weltfremder Naivität. Beliebtes Opfer der Satire ist der typische Kleinbürger, dessen kafkaeske Deformation sich in der Familie, im Arbeitsleben, in den Medien und vor allem in der bürokratischen Ordnung der Dinge gleichermaßen abbildet. Körperkomik und Sprachkomik halten sich dabei nicht nur die Waage, sondern sie färben eigenartig aufeinander ab.

Nach seinem Regiedebüt (in Zusammenarbeit mit Ian MacNaughton) mit *Monty Python's wunderbare Welt der Schwerkraft* (1971) inszenierte Terry Gilliam 1975 gemeinsam mit Terry Jones den Tafelrunden-Klamauk *Die Ritter der Kokosnuß*, einen Film, dessen anarchische Destruktionswut sich in anspielungsreichen komischen »Nummern« austobt und noch nicht an die Stringenz späterer Filme der Pythons und Terry Gilliams heranreicht. Dagegen besitzt der darauffolgende, ebenfalls im Mittelalter spielende Film *Jabberwocky* (1977), bei dem Gilliam zum ersten Mal allein Regie führte, bereits die schwere Düsternis seiner späteren Filme und zeichnet sich vor allem durch die außergewöhnliche Kameraführung Terry Bedfords aus.

1979 schrieben die sechs Monty Pythons das Drehbuch zu der Bibelsatire Monty Python – *Das Leben des Brian* (Regie: Terry Jones) und übernahmen selbst jeweils mehrere Rollen in dem Skandalfilm, der heute noch das Publikum zu spalten vermag: »Es ist gut möglich, daß die Monty Pythons dafür, daß sie *Das Leben des Brian* gemacht haben, bis in alle Ewigkeit in der Hölle schmoren werden, aber das Ergebnis ist so urkomisch, daß sich das Risiko wirklich lohnt« (Corel Movie Guide). 1981 schrieb, produzierte und drehte Gilliam die Fantasy-Geschichte *Time Bandits*, die als eklektizistisches Historienspektakel eine erfolgreiche Variante des Märchen-Grundmusters darstellt: »Ein Kind flieht vor seiner langweiligen und banalen familiären Realität in die Welt der Phantasie«.

Gilliams nächstes eigenständiges Filmkunstwerk *Brazil* (1984) gilt als wegweisend für den künftigen Regiestil des Allrounders. *Brazil* skizziert das klassische Kleinbürgerschicksal in einer anonymisierten, technisierten, mechanisierten Zukunft, in der die Identität des einzelnen mit der korrekten Schreibung seines Namens oder seiner Kennziffer steht und fällt. In der grau-betonierten, städtischen Tristesse keimt allerdings auch im kleinsten »Rädchen im Getriebe« noch der Wunsch nach Zugehörigkeit und Kommunikation, nach Romantik,

Liebe und Zweisamkeit. Immer wieder wird die Konstruktion von Alltagsordnung und Arbeitsrhythmik brüchig, und das Chaos des Lebens macht sich Luft wie die wildwuchernden Kabelinnereien der oberflächlich eintönigen Wohnsilos. Gilliams Hang zur Inszenierung überladener surrealistischer Bildwelten mit Tendenz zum Manierismus kommt in *Brazil* voll zur Geltung. Jedes Bild ist nicht nur Handlungsträger und Teil der Erzählung, sondern ein aus Bildzitaten komponiertes, optisches Superzeichen. Außenwelt und Innenwelt der Figuren durchdringen einander in der Bildkomposition, die tiefenpsychologische, soziologische und gesellschaftskritische Lesarten zuläßt. Der filmische Raum visualisiert die Utopie einer Welt, die fest verfugt ist und darum unter enormem inneren Druck steht, wie die Körper der zu Tode zivilisierten Menschen. Dennoch treten Gilliams Protagonisten plötzlich und unversehens als Helden auf, im wörtlichen Sinne postmoderne, versehrte Identitäten, die um ihre menschliche Autonomie zu kämpfen haben.

Nach dem Kassen-Mißerfolg des Fantasyfilms *Die Abenteuer des Baron Münchhausen* (1987) wählte Gilliam für seinen Film *König der Fischer* (1991) ein realistisches Szenario im New York der Gegenwart, in dem das Phantastische der Darstellung von Wahnvorstellungen vom Leben gebeutelter Menschen dient. *König der Fischer* – in Venedig mit dem Silbernen Löwen ausgezeichnet – faßt die Thematik der Schuld nicht als satirische Parabel, so wie es nach *Brazil* vielleicht zu vermuten gewesen wäre. Der Radio-Moderator Jack Lucas provoziert durch eine zynische Bemerkung einen Anrufer zum Amoklauf und wird durch Zufall Jahre nach diesem Menschenleben fordernden Vorfall mit dem Ehemann eines der Opfer konfrontiert, der so wie er selbst das blutige Ereignis nicht verkraften konnte. Der Witwer Parry (Robin Williams) zieht seit dem gewaltsamen Tod seiner Frau als Obdachloser durch die Straßen New Yorks und lebt in einer Welt der Mythen (sie stammen einmal mehr aus dem mittelalterlichen Artus-Sagenkreis), die ihm – wie einem archaischen Menschen – helfen, die Schrecken seines Schicksals in Worte und Bilder zu fassen. Terry Gilliam spielt mit den Versatzstücken mythischer Geschichten in *König der Fischer* kein beliebiges Zitatenspiel, sondern benutzt sie in ihrer ursprünglichen Funktion als Muster vorrationaler Welterklärung, die allerdings in der Gegenwart der Metropole New York ihre kollektive Verbindlichkeit verloren haben. Mit dem düsteren Science-fiction-Drama *12 Monkeys* (1995) griff Gilliam nicht nur das Thema der Zeitreise aus *Time Bandits* wieder auf, sondern auch den apokalyptischen Zustand einer seelenlosen Zukunft aus *Brazil*. Der Held, gespielt von Bruce Willis, geht auf eine Reise in die Vergangenheit, um die Welt der Zukunft vor einem tödlichen Virus zu retten. Die Mythen des Helden sind die Rockmusik seiner Kindheit und die aus seiner Sicht intakte Natur der neunziger Jahre. Visuelle Opulenz, das Phantastische, der Verzicht auf Logik und die Fülle an Zitaten aus der Filmgeschichte kennzeichnen die Handschrift des Regisseurs nach wie vor, doch sie trägt gerade in *12 Monkeys* unverkennbar nostalgische Züge.

Auf andere Weise nostalgisch geht es auch in Gilliams letztem Film *Fear and Loathing in Las Vegas* (1998) zu, einer der Dramaturgie des flüchtigen Notizstils verpflichteten Farce über das Hippie-Amerika des Jahres 1971. Der Film basiert auf dem gleichnamigen Roman des Journalisten Hunter S. Thompson, Hauptvertreter des sogenannten Gonzo-Journalismus und Erfinder der unvollendeten, aus fragmentarischen Notizen zusammengesetzten Zeitungsreportage. Gilliam imitiert die freche Feier des Zufälligen und Beliebigen von Thompsons literarischem Schaffen mit filmischen Mitteln, nicht ohne zugleich auf die eigene Neigung zur Destruktion der Bilder und narrativen Strukturen hinzuweisen.

Susanne Marschall

Filmographie: And Now for Something Completely Different / Monty Python's wunderbare Welt der Schwerkraft (Co-Regie: Ian MacNaughton, 1971) – Monty Python and the Holy Grail / Die Ritter der Kokosnuß (Co-Regie: Terry Jones, 1975) – Jabberwocky / Jabberwocky (1977) – Time Bandits / Time Bandits (1981) – Monty Python Live at the Hollywood Bowl / Monty Python Live at the Hollywood Bowl (1982) – Monty Python's The Meaning of Life / Monty Python – Der Sinn des Lebens (1983) – Brazil / Brazil (1984) – The Adventures of Baron Munchhausen / Die Abenteuer des Baron Münchhausen (1987) – The Fisher King / König der Fischer (1991) – Twelve Monkeys / 12 Monkeys (1995) – Monty Python & the Quest for the Holy Grail (1996) – Fear and Loathing in Las Vegas (1998).

Literatur: George Perry: Life of Python. London 1983.

Jean-Luc Godard

*1930

»Ich schaue mir zu beim Filmen, und man hört mich denken. [...] Man kann alles in einem Film unterbringen. Man muß alles in einem Film unterbringen. Wenn man mich fragt, weshalb ich sprechen lasse von Vietnam, von Jacques Anquetil [einem Radrennfahrer], von einer Frau, die ihren Mann betrügt, verweise ich den, der mich fragt, auf seine alltägliche Umgebung. Da gibt es das alles. Und alles existiert da nebeneinander«, so Jean-Luc Godard 1967 in einem Text zu seinem Film *Zwei oder drei Dinge, die ich von ihr weiß* (1967). Die wenigen Sätze enthalten in nuce Godards Ästhetik als eine Ethik des Filmens: Der Stoff ist die alltägliche, gegenwärtige Wirklichkeit in ihrer unendlichen Vielfalt des Nebeneinanders, der Simultaneität und Bruchstückhaftigkeit. Doch die Realität wird nicht widergespiegelt, sondern erforscht, zitiert, filmisch konstruiert. Der Autor/Regisseur wählt aus, inszeniert, montiert und reflektiert sein Tun; und die Reflexion über die Kombination der Bilder und Töne wird zum integralen Bestandteil des Films, zum Modus seiner Wahrnehmung, der dem Zuschauer seinerseits Reflexion abverlangt. Mit dieser Neubestimmung des Verhältnisses von Realität und Fiktion, von Dokumentarismus und Spielfilm gilt Godard seit seinem Debüt mit *Außer Atem* (1960) nicht nur als der innovativste und radikalste Vertreter der Nouvelle Vague, der Erneuerungsbewegung des französischen Films ab 1958/59. Mitte der sechziger Jahre erklärte der Schriftsteller Louis Aragon: »Die Kunst heute, das ist Jean-Luc Godard«, und der Filmhistoriker Richard Roud nannte Godard 1967 den »größten Regisseur, der heute im Film arbeitet« und »einen der wichtigsten Künstler unserer Zeit«. Es waren zwischen 1960 und 1967 insgesamt 15 Filme, die Godard das Prestige eintrugen, der Filmemacher zu sein, der »am deutlichsten den Schritt vom traditionell erzählenden Kino der Realitätsabbildung zu einem modernen Kino vollzog, das sich als Instrument zur Erkundung der Wirklichkeit und als Medium der Kommunikation mit dem Zuschauer betrachtet« (U. Gregor), Werke wie *Außer Atem*, ein Essay über Liebe und Verbrechen, *Der kleine Soldat* (1960) und *Die Karabinieri* (1963), Filme über die Verwüstungen des Krieges, *Die Geschichte der Nana S.* (1962) und *Eine verheiratete Frau* (1964), Studien über die Verdinglichung des weiblichen Körpers und der Kommunikation, *Die Außenseiterbande* (1964) und *Elf Uhr nachts* (1965), Balladen über das Abenteuer, jetzt zu leben, jetzt jung zu sein, *Die Verachtung* (1963), die Reflexion über das Filmemachen und das Ende des Kinos, und schließlich *Weekend* (1967), die Allegorie

Jean-Luc Godard

über das Ende der modernen bürgerlichen Gesellschaft und Kultur. In nicht einmal einem Jahrzehnt schuf Godard ein Œuvre, das gerade wegen seiner enthusiastischen »Zeitgenossen- und Zeugenschaft« als »enzyklopädisch« für den »historischen Moment und Ort« (W. Schütte) bezeichnet werden kann, als nachgerade »klassisch« für den Moment der Krise der modernen Industriegesellschaft und ihrer Lebensformen. Diese Krise überträgt Godard in die Form seiner Filme. Es sind »offene Kunstwerke« (Eco), intermediale Werke nicht nur in der Essay- und Collage-Struktur, sondern auch in der Art, wie nicht allein die Filmgeschichte ständiger Bezugspunkt ist, sondern wie andere Künste, Literatur, Malerei und Musik, in die offene Textur integriert werden, wie auch Schrift erneut ins Filmbild eingeht. Der Mai 1968 wurde ihm zum politischen Kristallisationspunkt der Krise, dann aber nicht zur Geburt des Neuen. Seither ist Godards Kino ein Kino wider das Kino, wider seine den Bestand des Alten erhaltende Kraft, und daraus nährt sich sein Ruhm, der längst mythisch wurde. Ende der sechziger, Anfang der siebziger Jahre versuchte Godard, sich als der ›Star‹ Godard selbst auszulöschen. Er experimentierte mit Film als einer Diskursform der Ideologieproduktion, die zu dekonstruieren war, dann mit der neuen Video-Technik, die eine Arbeit jenseits der Filmindustrie ermöglicht. Mit *Rette sich, wer kann (das Leben)* (1980) kehrte Godards Anti-Kino in die Kinos zurück, mit *Vorname Carmen* (1983) sogar erfolgreich. *Nouvelle Vague* (1990), mit dem Star Alain Delon, bezieht sich nur ironisch auf die Anfänge, denn der Film markiert einen End-, vielleicht Wendepunkt des nun postmodernen Kinos, das von Godard wesentlich inspiriert wurde. In einer völlig offenen Form vielfältigster Bild-, Literatur- und Musikzitate handelt Godard von den Dramen des Abendlandes: von der Unmöglichkeit der Liebe, wenn die Liebenden nicht wissen, wer sie selbst sind, von der Macht, dem Geld und der Ohnmacht der Kunst, von Metamorphosen der Gestalten, von der Schönheit der Natur und von ihrer Gleichgültigkeit gegen den Menschen. In *Nouvelle Vague* zeigt sich in Godards Ästhetik und Ethik deren Kern. Sein Œuvre birgt eine kleine, unsystematische politische Anthropologie. Sie besteht im Beharren auf dem Potential der Wünsche primär körperlicher Wesen nach sinnlichem Glück gegen die Wirklichkeit, wie sie ist, gerade dann, wenn ihnen ihre Körper und ihre Wünsche enteignet werden, wenn ihnen industrielle Wunschbilder das Eigentliche nehmen und das Uneigentliche als wesentlich vorgaukeln. Godards filmischer Ikonoklasmus hat darin seinen Grund, auch seine Melancholie. Godard ist keineswegs der Romantiker, als der er vielfach bezeichnet wurde. Als filmischer Essayist hat er sein Vorbild in Montaigne, in dessen Überzeugung, daß Subjektivität und Skepsis Erkenntnis tragen.

Das Werk Godards wurde gerühmt wie das kaum eines anderen Filmregisseurs und gleichermaßen geschmäht. Sartre merkte 1968 maliziös an: »Es ist zuviel Kultur in den Filmen Godards, zuwenig in Godard.« Godards Verstöße gegen die Konventionen filmischen Erzählens bezeichnete man als Dilettantismus, seine Zitate und Anspielungen als Scharlatanerie. Anders als Michelangelo Antonioni, Federico Fellini und Ingmar Bergman, die um 1960 als Innovatoren des Films und seines unmittelbaren Gegenwartsbezugs gefeiert wurden, war um Godard lange der Ruch des Trivialen *und* Prätentiösen. Godard hat ihn kultiviert bis hin zu *King Lear* (1987), seiner Verschrottung des Shakespeare-Dramas zu willkürlichen Partikeln, denen nichts mehr zu entnehmen ist, außer dem Willen und Wunsch, Tabula rasa zu machen mit der Kultur. Das ist, neben dem beständigen Interesse an einer ästhetischen politischen Anthropologie, das zweite Interesse Godards, der Ikonoklasmus, das Bilderstürmerische. Es ist dialektisch: Godard will Platz schaffen für neue, andere Bilder, die er aber nur im Durchgang durch die alten Bilder finden kann. Deshalb bewahrt er auch Bilder und Mythen, wie den der Carmen in *Vorname Carmen*, und kodiert sie um, denn sie bergen ein Wunschpotential, das noch nicht erfüllt, dessen Ansprüche noch nicht abgegolten sind. Der Revolutionär der Bilder ist ein Konservativer und radikaler Reformist: »Die Utopie besteht nicht darin, etwas anderes zu machen, sondern es anders zu machen. Um diesen Preis trägt sie Früchte« (S. Daney).

Jean-Luc Godard wurde am 3. Dezember 1930 in Paris als Sohn einer sehr wohlhabenden bürgerlichen Familie Schweizer Herkunft geboren, seit 1940 ist er französischer und Schweizer Staatsbürger. Er studierte Ethnologie in Paris, interessierte sich aber auch für Mathematik und bildende Kunst. Seine wahre Leidenschaft jedoch galt dem Kino. In der Cinémathèque Henri Langlois', die er kaum verlassen haben soll, sah er gemeinsam mit seinen Freunden François Truffaut, Jacques Rivette, Eric Rohmer und Claude Chabrol, Cineasten und Kritiker wie er und später dann die Initiatoren der Nouvelle Vague, nicht allein die anerkannten Meisterwerke des europäischen Kinos, sondern auch die Filme von Howard Hawks und Alfred Hitchcock, die von den jungen Kritikern als »auteurs«, als Filmautoren mit einer eigenen Vision, erst noch durchzusetzen waren. In der Person André Bazins, des Kritikers und Theoretikers, fanden sie ihren Cicerone, der über Jean Renoir so emphatisch und analytisch zugleich zu schreiben wußte wie über das amerikanische Genre-Kino und dessen B-Pictures. Von 1950 bis 1959 arbeitete Godard, immer wieder durch Reisen und persönliche Krisen unterbrochen, als Filmkritiker, oft unter dem Pseudonym Hans Lucas und meist für die »Cahiers du Cinéma«. Er finanzierte bereits 1950 einen Kurzfilm Rivettes und drehte selbst mehrere Kurzfilme, darunter *Charlotte et son Jules* (1958/1961), erste Etüden über ein neues Lebensgefühl, dessen filmische Darstellung der Kritiker Godard beim französischen Kino lange eingeklagt hatte: »Wir können euch nicht verzeihen, daß ihr nie Mädchen gefilmt habt, so wie wir sie mögen, Jungen, denen wir täglich begegnen [...], kurz, die Dinge so, wie sie sind.« Für Godard soll das Kino »den Zeitgeist atmen«, das »Leben wiedergeben« und die »unmittelbaren Gegebenheiten des Bewußtseins« der Modernität, des Lebens in einer immer dynamischer werdenden Gesellschaft, in der sich überkommene Lebens- und Bewußtseinsformen rapide auflösen und neue noch nicht gefunden sind. Schon 1952 forderte Godard vom Kino, daß es sich in die »Gegenwart [...] einmischt«, »um ihr den Stil zu geben, der ihr fehlt«, und 1957 definierte er in einem Text über Jean Renoir für sich das Kino: »Kunst und gleichzeitig Theorie der Kunst. Die Schönheit und gleichzeitig das Geheimnis der Schönheit. Das Kino und gleichzeitig die Erklärung des Kinos.« Von den Regisseuren der Nouvelle Vague blieb keiner so sehr dem Innovations-Impuls der Zeit um 1960 verbunden wie Godard.

In *Außer Atem* (1960) atmet Godard buchstäblich den Zeitgeist auf den Straßen von Paris, den der Atemlosigkeit des sich überstürzenden Lebens. Ein gejagter Polizistenmörder, Michel Poiccard (Jean-Paul Belmondo), und eine amerikanische Studentin, Patricia Franchini (Jean Seberg), treffen sich in der Metropole so abrupt, wie Godard Elemente des Gangsterfilms mit denen der Romanze vermischt und den Illusionscharakter seines Films kenntlich macht: Poiccard/Belmondo wendet sich direkt an den Zuschauer, Jump Cuts brechen das Raum- und Zeitkontinuum auf, und lange Plansequenzen (die Kamera führte Raoul Coutard, der von Godard in den sechziger Jahren bevorzugte Mitarbeiter) isolieren Momente im Fluß stürmischen Lebens, der für Poiccard in den Tod führt. Godard, der improvisieren ließ, setzt ganz auf die Handlungsspontaneität, auf ein Leben im Moment, auf Gefühle und Wünsche nach einem Ausbruch aus der Wirklichkeit. Dabei lädt er den Film mit Zitaten aus der Kunst-, Musik- und Filmgeschichte auf, spielt vage auf die politische Situation an und zeigt immer wieder ein Paris, in dem alles möglich scheint, aber noch nichts Neues möglich ist. Der Film präsentiert mit Belmondo einen Protagonisten, der sich der eigenen Identität höchst unsicher ist, der nicht nur unter Pseudonymen lebt, sondern sein Leben geradezu als Kopie von Film-Vorbildern zubringt und sich noch im Sterben selbst die Augen schließt. Godard ironisiert das uneigentliche Leben so wie den uneigentlichen Tod, den Filmtod. Schon *Der kleine Soldat*, 1960 gedreht und erst 1963 vom französischen Staat zur Aufführung freigegeben, zeigt konkret, im Verweis auf den Algerienkrieg und seine Folgen, welche Mächte das Leben und die Identitäten prägen und auch zerstören. Dabei bezieht Godard die Medien Fotografie und Film selbst in die Reflexion über strukturelle Gewalt ein. Film ist nicht, wie es im Film heißt, »24mal die Wahrheit pro Sekunde«, sondern immer das Konstrukt einer Wahrheit, die Lüge sein kann. Was die beiden in irgendeinen Krieg ziehenden Niemande, die alles sein wollen, was die Mächtigen ihnen versprechen, in *Die Karabinieri* (1963) erbeuten, sind nur schöne Bilder, Klischees der Welt, die ihnen nie gehören wird. Godards Aufmerksamkeit richtete sich seit *Außer Atem* immer stärker auf solche Welt-Bilder, damit auf den Konstruktcharakter des Mediums Film. *Eine Frau ist eine Frau* (1961) variiert die erotische Dreierkonstellation der Lubitsch-Komödien in Farbe, in Techniscope und mit Musical-Einlagen und läßt die Emotionen dadurch noch künstlicher wirken. *Die Außenseiterbande* (1964) experimentiert erneut mit Versatzstücken des Gangsterfilms, der Komödie und des Musicals, wobei nicht allein die Handlung, sondern auch die Charaktere bloße Effekte dieses Experimentierens mit Genres zu sein scheinen, was ein ironischer Kommentar noch verstärkt.

Für Godard ist die Filmgeschichte ein Archiv, aus dem er Bilder und die mit ihnen verbundenen Gefühle und Wünsche abrufen kann, doch in einer zunehmend von industrialisierten Medien determinierten Wirklichkeit werden mit den Bildern auch die Wünsche samt den Körpern, die sie hegen, zu Waren, mit denen gehandelt wird. *Die Geschichte der Nana S.* (1962) und *Eine verheiratete Frau* (1964) sind filmische Essays über das Phänomen der Entindividualisierung durch Prostitution oder vollkommene Adaption an die Ideale der Konsumgesellschaft. Godard treibt Bild, Ton, Kommentar und Schrift ineinander und gegeneinander, wie die sozialen Kräfte, von denen er erzählt, indem er sie am Werk zeigt, bei ihrer Auflösung der Individuen. Das Schicksal der Hure Nana (Anna Karina) ist nicht mehr das symbolische wie noch bei Zola und längst nicht mehr die mythische *Passion der Jungfrau von Orléans* (1928) von Dreyer, die sich Nana im Kino ansieht. Es ist jetzt, in der Gegenwart, alltäglich und banal. Noch bevor Nana beginnt, ihr Leben zu leben, ist ihr der Tod vorbestimmt, ist ihr das eigene Leben genommen. *Eine verheiratete Frau* bringt diese Gegenwart, in der es für niemanden mehr etwas zu hoffen gibt, mit der Vergangenheit in Verbindung, mit den Verbrechen des Nationalsozialismus. Das Wort Auschwitz ist Charlotte Giraud (Macha Méril) kein Begriff mehr. Sie lebt geschichtslos und selbstvergessen im reinen Moment des Konsumparadieses, in dem Wunschbild und Realität so identisch sind, daß sie mit ihrem Ehemann und ihrem Liebhaber nur noch ein Theater der Liebe aufführt. Aller Ernst ist Spiel, ein Spiel um nichts, das Spiel von Körpern, die Godard gerade beim Sex derart fragmentiert zeigt, daß sie selbst zum Element der filmischen Collage werden, in die Schrift-Inserts aus Zeitungen und Reklameschilder so integriert werden wie Beethovens Streichquartette und Schlager. Die Welt ist aus den Fugen, und Godard kippt denn auch demonstrativ einmal die Kamera um 90 Grad.

Daß die Zukunft nicht mehr Hoffnung zu bieten haben wird als die der Poesie und der Liebe, daß die Gegenwart sich nur fortsetzen, aber nicht zum Besseren wandeln wird, ist der Tenor von *Lemmy Caution gegen Alpha 60* (1965), einem Science-fiction-Essay über eine inhumane Maschinenwelt, in die Godard mit Lemmy Caution (Eddie Constantine) den Helden einer in den fünfziger

Jahren erfolgreichen Serie von Actionfilmen versetzt. Die Präsenz von Orwells »1984« und Huxleys »Brave New World« ist stets spürbar, doch radikalisiert Godard das Spiel mit Genres, Zitaten, Namen und historischen Anspielungen bis zur Entstehung eines neuen Kosmos, eines Mythos von Alphaville/Paris als Metropolis der Gegenwart. Den Regisseur von *Metropolis* (1927), Fritz Lang, läßt Godard in *Die Verachtung* (1963) mit einem amerikanischen Produzenten um seine Verfilmung der »Odyssee« kämpfen, und so groß wie dieser Film im Film war auch Godards Film angelegt. Nach einem Roman Alberto Moravias, produziert mit großem Budget von Carlo Ponti und Joseph E. Levine, vor allem mit dem Star Brigitte Bardot in der Hauptrolle, sollte der Revolutionär Godard der Filmindustrie endlich auch einen kommerziellen Erfolg bescheren, doch von den ersten Bildern und Tönen an ist Godards Verweigerungsgestus spürbar. Das Spiel Film im Film wird zur Reflexion über die Zwänge in der Filmindustrie, über die Divergenz von Kunst und Geld, von Leben/Lieben und Kunst, von Schein und Sein. Was im Roman oft plakativ geriet, wird von Godard radikal entpsychologisiert. Eine Ehe und ein Filmprojekt scheitern, die Ehe am Mangel an Gefühlen, der Film am Mangel an Geld. Daß beides zusammenhängt, die Gefühle und das Geld, macht das Wesen der Filmindustrie aus, die Wunschbilder liefert und verkaufen will. Die Produkte der Industrie zeigen nur die Gefühle, nie das Geld; Godard aber zeigt das Geld, wie es sich der Gefühle bemächtigt, indem von ihm die Rede ist; er zeigt es, wie es die Bilder, die er macht (Coutard filmte im Breitwandformat), infiltriert. Szenen mit der nackten Bardot, die er auf Geheiß der Produzenten nachdrehen mußte, verfremdet Godard bis zur Abstraktion eines Körpers; in einzelnen Einstellungen opponiert die Kamera gegen das Gebot der Zurschaustellung bis zum Verschwindenlassen von Figuren in der Landschaft und im Schatten. *Die Verachtung* beschreibt ein Vakuum zwischen den Menschen und in den Menschen, in der Tat eine moderne Odyssee, einen Schiffbruch der Moderne, letztlich den Tod. *Elf Uhr nachts* (1965) ist der Ausbruch aus der Welt des Scheins zum Sein, der nicht dort endet, sondern ebenfalls im Tod, in einer Explosion des mit Dynamit umwickelten Kopfes von Ferdinand Griffon (Belmondo), der sich von Marianne Renoir (Anna Karina) in ein Abenteuer des Lebens stürzen läßt, in ein Roadmovie, eine Romanze, eine Kriminalgeschichte, in ein Abenteuer, das Godard im Erzählen die beiden auch erzählen läßt. Sie erfinden ihr Leben als Film in Kapiteln und geraten dabei, und mit ihnen der Film, durcheinander, von einem Genre ins nächste, von einer Farbe in eine andere, von einer Identität in die nächste. Sie spielen Adam und Eva und den Krieg in Vietnam und wissen doch: »Das wirkliche Leben ist woanders!« Wo es ist, bleibt völlig unklar, nur: so, wie es ist, darf es nicht bleiben. Als das »letzte romantische Paar« hat Godard seine beiden Reisenden ins Nichts bezeichnet und den Film als einen »Versuch zu leben«. *Elf Uhr nachts* hat das postmoderne Kino von Beineix, Besson und Carax bis Lynch und Stone vermutlich so geprägt wie kein anderer Film. Er ist absolut gegenwärtig in seiner Konstruktion einer Gegenwart, die nurmehr als Kaleidoskop erfahren wird.

»Dieser Film könnte auch heißen: Die Kinder von Marx und Coca Cola, verstehe wer will«, so ein Schriftzug in *Masculin – Feminin oder: Die Kinder von Marx und Coca Cola* (1966), und er handelt von der Liebe in den »Zeiten von James Bond und Vietnam« (Godard), von der Oberflächlichkeit der Konsumwelt und der Unfähigkeit, sich für ein Ziel ernsthaft zu engagieren. Wie ein Ethnologe in der Großstadt beobachtet Godard den sozialen Habitus dieser großen Kinder, die nicht erwachsen werden wollen und können und integriert kaleidoskopisch Elemente ihrer disparaten Wirklichkeit in den Film: Inserts, Filmschnipsel, Zitate aus der Literatur, Wahlkampfreden, Chansons. Mit Paul (Jean-Pierre Léaud) hat Godard einen neuen Protagonisten und Darsteller gefunden, der nicht mehr, wie wohl Belmondo, als Alter ego fungiert, sondern als menschlicher Seismograph, als Forschungsinstrument zur Inspektion der Wirklichkeit, die sich aber keiner einheitlichen Perspektive mehr fügt. Mit *Made in USA* (1966) folgte ein Film, der direkt »das Publikum attackiert« (W. W. Dixon) in der Verweigerung, das ausgestreute Material auch nur andeutungsweise zu ordnen. Alles ist Zitat, oft beliebiges Fundstück, eine Narration nicht entfernt erkennbar. *Zwei oder drei Dinge, die ich von ihr weiß* (1967) erzählt fragmentarisch-essayistisch über Paris und über vierundzwanzig Stunden im Leben einer Ehefrau und Mutter, die als Gelegenheitsprostituierte arbeitet, und Godard selbst spricht im Off einen Kommentar, der den Film als variablen Essay, als soziologisches Experiment im Sinne Brechts ausweist, allerdings mit höchst ungewissem, offenen Ende, immer bezweifelnd, ob die gewählten Bilder und Töne die richtigen sind, ob es richtige überhaupt gibt. Immer stärker treibt Godard eine erkenntnistheoretische Skepsis in seine Filme, um den Widersprüchen in der Realität Gestalt und Stil zu geben. *Die Chinesin* (1967) versucht das als Polit-Rollenspiel einer Gruppe junger Intellektueller, die Marx, Lenin und Mao zu Bezugspunkten ihres Lebens machen wollen, und *Die fröhliche Wissenschaft* (1968) setzt diese Versuchsanordnung fort als kollektive Befragung der Anschauungs- und Denkkategorien, mit denen der Realität politisch beizukommen wäre. Obgleich diese Essays mit Thesen operieren, sind sie selbst noch nicht thesenhaft von der Gewißheit bestimmt, über die letztlich entscheidenden Kategorien zur Erkenntnis und Veränderung der sozialen Realität zu verfügen, doch aus der Skepsis nährt sich bei Godard der bilderstürmerische Impetus, der Ende der sechziger Jahre ein politischer wird: »Was ich vor allem will: die Idee der Kultur zerstören. Kultur ist ein Alibi des Imperialismus« (Godard). Der Krieg in Vietnam ist zum Fanal geworden, und Godard engagiert sich politisch gegen die Mächte des Beharrens auf dem Status quo, der durch Völkermord verteidigt werden soll, damit auch gegen die bürgerliche Kultur. *Weekend* (1967) ist einer der radikalsten Angriffe auf sie, die es als Film gibt: eine Allegorie des Untergangs der bürgerlichen Welt. Ein bourgeoises Ehepaar bricht im Auto auf, um einen Mord zu begehen, und gerät in eine Apokalypse. Die überaus mobile, aggressive Moderne degeneriert zunächst symbolisch in einem Autostau, dann in der Zerstörung ihrer eigenen Mythen, ihrer eigenen Kultur und Literatur. Alles wird zu Schrott und Abfall: die Autos, die Philosophie, die Musik und die Poesie, schließlich sogar die menschlichen Körper, die von Kannibalen zerfleischt werden. Im Untergang läßt Godard die Zeiten und Räume ineinanderstürzen zu einer Phantasmagorie, in der alles noch einmal, jetzt als Farce, wiederkehrt: das Befreiungspathos der Französischen Revolution wie das der Psychoanalyse, alles ist von der Bourgeoisie trivialisiert worden. Ans Ende der Geschichte führt der Film und ans Ende des Kinos als Teil bürgerlicher Kultur. »Der Schrecken der Bourgeoisie kann nur durch mehr Schrecken überwunden werden« (Godard), doch ob die Revolutionäre in den USA und in Afrika, die Godard in der Gestalt zweier Müllmänner ihre Programme direkt in die Kamera sprechen läßt, aus dem Müll des Kapitalismus und Kolonialismus die neue, befreite Gesellschaft aufbauen können, bleibt offen.

Weekend ist der Wendepunkt in Godards Karriere, in deren zweiter Phase er das bürgerliche Kino zerstören, den kapitalistisch deformierten und kolonialistischen Blick befreien und zu einer neuen Praxis der Produktion filmischer Zeichen gelangen will, zu einer Praxis, die – und hier berührt sich Godards Intention mit der zeitgenössischer französischer Philosophen wie Derrida, Foucault und Deleuze – die etablierten Repräsentations-Paradigmen der Wirklichkeit unterminieren, dekonstruieren will, um politisch zu intervenieren. Die Jahre zwischen 1968 und 1978 hat man als die »Periode des Radikalismus« (Y. Loshitzky) in Godards Œuvre bezeichnet, aber auch als die der »unsichtbaren Filme«, weil sie »nicht mehr im üblichen Rahmen der etablierten Verbreitungssysteme (Filmverleih) dem allgemeinen Kinopublikum zugänglich gemacht wurden« (M. Schaub). *Eins plus Eins,* ein Film mit den Rolling Stones und über die Black Panther, hatte noch auf dem Filmfestival in London 1968 Premiere. Weitere Arbeiten wie *Un film comme les autres* (1968), *One A. M.* (1968/1972), *British Sounds* (1969) und *Prawda* (1969), die kollektiv hergestellt wurden – Godard hatte die »Gruppe Dziga Vertov«, benannt nach dem sowjetischen Filmavantgardisten, gegründet, in der er sich anonymisierte –, trieben die Auflösung des Filmischen so weit, daß sie faktisch kein Publikum mehr fanden. Godard wollte nicht nur »politische Filme machen«; er wollte »*politisch* Filme machen«, »militant« sein (Godard). *Ostwind,* ein allegorischer Politwestern, fiel 1970 beim Festival in Cannes nur als ungeheure Provokation auf und bei der Kritik durch. Godard drehte mit Jane Fonda und Yves Montand *Alles in Butter* (1972), einen Film, in dem er sich rücksichtslos der Images der beiden politisch engagierten Stars bedient und sie dennoch seinem filmischen Diskurs über die Macht des Geldes und der Medien unterwirft in einer Doku-Fiktion, in der der eine Part den anderen verschlingt. Keinesweg ist »alles in Butter«; es gilt für Godard nach wie vor die Aufforderung, anders, besser zu leben.

Danach löste sich die »Gruppe Dziga Vertov« auf, und Godard begann die bis heute anhaltende Zusammenarbeit mit Anne-Marie Miéville und die Arbeit mit der neuen Video-Technik, in der *Numéro 2* (1975) entstand. Der Titel signalisiert, daß Godard, der Ende der sechziger Jahre alle seine Filme verwarf, nun, nach *Außer Atem,* neu beginnen wollte. *Numéro 2* ist eine das Bildformat aufteilende Studie über sexuelle Frustration, in der beständig Arbeit, Sprache und Liebesbedürfnisse sozial auseinanderfallen; formal wie thematisch fast eine Summe von Godards Werk. Es entstanden weitere Experimente, jetzt auch für das Fernsehen, bis Godard mit *Rette sich, wer kann (das Leben)* (1980) ins Kino zurückkehrte: mit sich kreuzenden und verlierenden Lebensfäden von Menschen auf der Suche nach dem Leben und dem, was sie, nach dem Zusammenbruch der politischen Utopien von 1968, für Glück halten. Von den Restbeständen der Utopien handeln alle Arbeiten Godards seither, von dem, was im Müll der Geschichte übrigblieb und vielleicht noch zu gebrauchen ist. Der Terminus »Trilogie des Erhabenen« (Y. Loshitzky), der die Filme *Passion* (1982), *Vorname Carmen* (1983) und *Maria und Joseph* (1983) bezeichnet, hat sein Recht darin, daß Godard sich mit Mythen auseinandersetzt: mit dem der Kunst und ihres utopischen Gehaltes, der Passion künstlerischer Arbeit als möglichem Vorbild besserer gesellschaftlicher Praxis, mit dem katholischen Mythos der Jungfrauengeburt der Maria, der des Glaubens bedarf, und mit dem Mythos des »amour fou«, der wahnsinnigen, subversiven und zerstörerischen Liebe, dem Mythos der Carmen. In den drei Filmen erzeugt Godard ganz bewußt Impressionen der Schönheit von Körpern und der Natur, auch der Schönheit der Interferenzen von Bild, Sprache, Geräusch und Musik. Doch in das Ganze pflanzt Godard erneut die Skepsis. In *Vorname Carmen* tritt er selbst als verrückter Filmemacher Godard auf, dem die Welt in Bilder und Töne zerfiel, die er nicht mehr zusammensetzen kann. Zurück bleiben nur Fragen. Wenn alles bebt, was ist dann eine Frau, was ist ein Mann, was ist die Liebe? Es sind die alten Fragen der Filme Godards, trivial und prätentiös zugleich. Sie werden nicht neu gestellt, schon gar nicht beantwortet. Sie stehen aber in einem neuen, fast unendlich erweiterten Kontext, dem der christlich-abendländischen und der neuzeitlich-modernen Kultur, die für Godard zum Material des filmischen Spiels wird, weil sie als Reservoir von politischen Deutungsmustern längst delegitimiert ist. Godards Werk registriert das Ende der bürgerlichen Kultur, die alles inventarisierte, musealisierte und letztlich auch verbrauchte, als Ende der Geschichte in *Weekend*. Das dann eintretende Posthistoire arbeitet mit allem anstrudelnden Material und verdichtet es filmisch zu offenen Strukturen von Sinnes-Impressionen. Aus solchen Strukturen bestehen die letzten Filme Godards, die nach einer neuen Kontur des Menschen tastend suchen. *Nouvelle Vague* (1990) ist ein Film der Metamorphosen, nicht allein der der Nouvelle Vague, auf die Godard sich ironisch bezieht. Schon *Détective* (1985) verhält sich wie *King Lear* (1987) höchst ironisch zu den Genre-Vorgaben des Detektivfilms oder zum Shakespeare-Stoff, die Godard beide karnevalesk im Sinne Bachtins umwandelt zu Slapstick-Tragödien, zu Endspielen der Wahrheitssuche, die nach dem Endspiel stattfinden.

Nouvelle Vague besteht ausschließlich aus Zitaten und Anspielungen; der Film existiert nur in Partikeln von Geschichte, Geschichten, Bildern, Geräuschen und Musik. Eine Frau trifft einen Mann (Alain Delon); die beiden verlieben sich, lieben sich vielleicht. Der Mann ertrinkt und kehrt als er selbst, als sein Bruder oder als ein ganz Anderer wieder. »Ich ist ein anderer« (Rimbaud), der Kernsatz der modernen Poetik, ist das Prinzip des Films als Spiel mit Metamorphosen und Identitäten, das die Kamerabewegungen, die Farbdramaturgie und die Montage mit einer ungeheuren Eleganz vollziehen. Die Bilder der Natur, der Landschaft um den Genfer See, werden zu Rätseln einer Schönheit, die den Menschen fremd und gleichgültig gegenübersteht, die nicht einmal sich selbst kennen. Sie können sich nicht kennen, denn sie unterstehen dem Gebot des Kapitals, des Materialismus, das nur die Rückführung aller Identität auf das Tauschprinzip zuläßt. Nur wer an Geldströme angeschlossen ist, der ist imstande, Herr, auch Herr seiner selbst, seines Selbst-Bildes zu sein, aber der fortlaufende Strom des Geldes und der Bilder löst diese Identität auch wieder auf. *Nouvelle Vague* ist der perfekte Essay über die Gegenwart der Postmoderne, die sich in Oberflächenreizen gefällt und ignoriert, daß diese Reize generiert sind. Gerade darin geht der Film über die Postmoderne hinaus. *Deutschland Neu(n) Null* (1991) ist Godards wie immer fragmentarische Registratur eines weiteren Endes, das des Sozialismus nach dem Zusammenbruch, aber auch das des Endes einer bestimmten Vision von Deutschland, ausgespannt zwischen Hölderlin, Marx und Heidegger, die Godard noch einmal montiert in Filmzitaten und Musik, im Wechsel von Dokument und Fiktion. *Weh mir* (1993), mit einem sichtlich desorientierten Gérard Depardieu, handelt in vagen Bruchstücken von Metamorphosen zwischen Leben und Tod, die für Godard wohl immer mehr die der Metamorphosen von Bildern und Tönen selbst sind. Was sie noch über den Menschen, über seine Wünsche aussagen, das läßt sich für Godard offenbar nur noch im Rückbezug auf die Archive der Bilder und Töne ermitteln. Seit 1989 arbeitet er für das Fernsehen an *Histoire(s) du Cinéma*, einer multiperspektivischen Geschichte des Kinos, die ihn längst einschließt; und als einen Eingeschlossenen, einen Gefangenen der Bilder und der Töne hat Godard sich 1994 in *JLG – Autoportrait de décembre* selbst dargestellt.

Bernd Kiefer

Filmographie: À bout de souffle / Außer Atem (1960) – Le Petit Soldat / Der kleine Soldat (1960, UA 1963) – Une femme est une femme / Eine Frau ist eine Frau (1961) – Les Sept Péchés capitaux / Die sieben Todsünden (Episode: La Paresse, 1962) – Vivre sa vie / Die Geschichte der Nana S. (1962) – Les Carabiniers / Die Karabinieri (1963) – Les plus belles escroqueries du monde (Episode: Le Grand Escroc, 1963) – Le Mépris / Die Verachtung (1963) – Bande à part / Die Außenseiterbande (1964) – Une femme mariée / Eine verheiratete Frau (1964) – Alphaville, une étrange aventure de Lemmy Caution / Lemmy Caution gegen Alpha 60 (1965) – Pierrot le Fou / Elf Uhr nachts (1965) – Masculin féminin / Maskulin – Feminin oder: Die Kinder von Marx und Coca Cola (1966) – Made in USA / Made in USA (1966) – Deux ou trois choses que je sais d'elle / Zwei oder drei Dinge, die ich von ihr weiß (1967) – La Chinoise, ou plutôt à la chinoise / Die Chinesin (1967) – Week-End / Weekend (1967) – Le plus vieux métier du monde / Das älteste Gewerbe der Welt (Episode: Anticipation, 1967) – Loin du Viet-Nam / Fern von Vietnam (Dokumentarfilm, Co-Regie, 1967) – Amore e rabbia / Liebe und Zorn (Co-Regie, 1968) – Le Gai Savoir / Die fröhliche Wissenschaft (1968) – One Plus One / Eins plus Eins (1968) – Un film comme les autres (1968) – British Sounds (1969) – Pravda / Prawda (Dokumentarfilm, 1969) – Vladimir et Rosa / Wladimir und Rosa (Co-Regie: Jean-Pierre Gorin, 1970) – Lotte in Italia / Kämpfe in Italien (1970) – Vento dell'est / Ostwind (1970) – El Fatah (1971, unvollendet) – Tout va bien / Alles in Butter (1972) – Letter to Jane / Ein Brief an Jane (Co-Regie: Jean-Pierre Gorin, 1972) – One A. M. / Ein Uhr morgens (1972) – Numéro deux / Numéro 2 (1975) – Comment ça va? / Wie geht es? (Co-Regie: Anne-Marie Miéville, 1975) – Ici et ailleurs / Hier und anderswo (Co-Regie: Anne-Marie Miéville, 1975) – Six fois deux / Sechs mal zwei (1976) – France / tour / détour / deux / enfants (Fernsehfilm, 1978) – Sauve qui peut (la vie) / Rette sich wer kann (das Leben) (1980) – Passion / Passion (1981) – Prénom Carmen / Vorname Carmen (1983) – Je vous salue Marie / Maria und Joseph (1983) – Détective / Détective (1985) – Grandeur et décadence d'un petit commerce du cinéma / Glanz und Elend eines kleinen Kinounternehmens (1986) – Aria / Aria (Episode: Armide, 1987) – King Lear (1987) – Soigne ta droite / Schütze deine Rechte (1987) – Nouvelle Vague / Nouvelle Vague (1990) – Allemagne neuf zéro / Deutschland Neu(n) Null (1991) – Hélas pour moi / Weh mir (1993) – JLG / JLG – Autoportrait de décembre (Dokumentarfilm, 1994).

Literatur: Godard/Kritiker. Ausgewählte Kritiken und Aufsätze über Film (1950–1970). Hrsg. von Frieda Grafe. München 1971. – J.-L. G.: Einführung in eine wahre Geschichte des Kinos. Frankfurt a. M. 1980. [Frz. Orig. 1977.]

Philip French [u. a.]: The Films of Jean-Luc Godard. London 1967. – Richard Roud: Jean-Luc Godard. London 1967. – Ian Cameron (Hrsg.): The Films of Jean-Luc Godard. New York 1969. – Tom Milne (Hrsg.): Godard on Godard. New York 1972. – James Monaco: The New Wave. New York 1972. – Ulrich Gregor: Geschichte des Films ab 1960. München 1978. S. 26–37. – Jean-Luc Godard. München/Wien 1979. (Reihe Film. 19.) – Julia Lesage: Jean-Luc Godard. A Guide to References and Resources. Boston 1979. – Colin MacCabe [u. a.] (Hrsg.): Godard: Images, Sounds, Politics. Bloomington 1980. – Raymond Lefèvre: Jean-Luc Godard. Paris 1983. – Alain Bergala (Hrsg.): Jean-Luc Godard par Jean-Luc Godard. Paris 1985. – Thomas Gagalick: Kontinuität und Diskontinuität im Film. Die Entwicklung ästhetischer Ausdrucksmittel in den frühen Filmen Jean-Luc Godards. Münster 1988. –Raymond Bellour / Mary Lea Bandy (Hrsg.): Jean-Luc Godard: Son + Image, 1974–1991. New York 1992. – Yosefa Loshitzky: The Radical Faces of Godard and Bertolucci. Detroit 1995. – Serge Daney: Godards Paradox. In: Meteor 1996. Nr. 6. S. 25–28. – Wheeler Winston Dixon: The Films of Jean-Luc Godard. New York 1997.

Peter Greenaway

*1942

Wenn ein Filmemacher den Status quo der Filmkunst repräsentiert, den Film als Synthesis der Künste inszeniert, das Kino tendenziell als Gesamtkunstwerk, dann der am 5. April 1942 in Newport, Wales, geborene, in London aufgewachsene Peter Greenaway. Nicht nur nehmen die fünf großen Spielfilme, denen der ausgebildete Maler (von 1960 bis 1965 am Walthamstow-College) und langjährige Cutter (von 1965 bis 1976 am Central Office of Information) seine internationale Reputation als Filmkünstler verdankt, allesamt alte Meister, einen spezifischen Stil oder ein einzelnes Bild demonstrativ als Vor-Bild oder zum Kompositionsprinzip: Poussin, La Tour und Gainsborough in *Der Kontrakt des Zeichners* (1982), Vermeer in *Z00 – Ein Z und zwei Nullen* (1986), Bronzino und Piero della Francesca in *Der Bauch des Architekten* (1987), Velázquez und Breughel in *Die Verschwörung der Frauen* (1988), Frans Hals in *Der Koch, der*

Dieb, seine Frau und ihr Liebhaber (1989). In *Prosperos Bücher* (1991) und *Die Bettlektüre* (1996) hat Greenaway zudem die Kinematographie mit den neuen digitalen Medien vernetzt, vermittels Paintbox- und HDTV-Technologie eine einzigartige Bilderflut erzeugt und dabei das Verhältnis von Bild und Schrift, auch den Begriff der künstlerischen Handschrift auf der Kinoleinwand neu definiert. Und nicht zuletzt hat Greenaway mit Installationen wie »The Stairs« (1994 in Genf, 1995 in München) oder »In the Dark« (1996 in London) das Kino aus dem Kino herausgeführt, um es im Zeitalter der allgegenwärtigen Massenkultur – auf den Screens und in den Köpfen – zu reorganisieren: »Mich interessiert, woraus das Vokabular des Kinos besteht. Und letztlich interessiert mich wohl in Anbetracht der neuen technischen Möglichkeiten und der offenbaren Gebrechlichkeit der alten, wie wir das Kino neu erfinden könnten.«

Greenaways ›Neuerfindung‹ des Kinos über die Ausstellungskunst ist sicherlich als ein langfristiges Projekt zu verstehen, das ihn noch Jahre beschäftigen wird. Von Anfang an aber formierte sich seine Filmkunst aus einer Aversion gegen das Mainstreamkino, nährte sich von seinen Vorlieben für die europäische Kunst, insbesondere Malerei und Literatur, für die englische Landschaft, obskure Taxonomien und den Exzeß der Signifikation. Bereits die frühen Kurzfilme, etwa *Intervals* (1969) oder *H is for House* (1973), verfahren selbstreferentiell und antiillusionistisch, und schon in *Water Wrackets* (1975) wird erkennbar, daß Greenaways Wertschätzung des strukturalen, nicht-narrativen Films mit seinem Hang zur exzessiven Erzählung kollidiert. Greenaways ausschweifende Bildphantasien sprengen den traditionellen Rahmen der filmischen Erzählung, etwa in dem mehr als dreistündigen *The Falls* (1980), einer Aneinanderreihung fiktiver Biographien von Opfern eines ›violent unknown event‹, und manifestieren sich auch in den Filmbildern, als der Regisseur das Medium beherrscht und ihm die entsprechenden Produktionsmittel zur Verfügung stehen. Sukzessive vereinnahmt Greenaway die anderen Künste für sein Projekt: Musik, Malerei, Literatur, Theater und Tanz.

Greenaway selbst hat auf den Einfluß von Hollis Framptons Experimentalfilmen und von Alain Resnais' *Letztes Jahr in Marienbad* (1961) hingewiesen, dessen Kameramann Sacha Vierny er für viele seiner Filme gewann; wiederholt hat er seine Wertschätzung für einzelne Werke von Bergman, Fellini, Antonioni, Resnais, Godard, Kurosawa und David Lynch artikuliert – und für das einzige Kino-Genie Sergej Eisenstein, den er mit Michelangelo und Leonardo da Vinci vergleicht. In seinen eigenen, von Zeichen, Symbolen und Zitaten überquellenden Spielfilmen bleiben Verweise auf diese oder andere Filmemacher jedoch die Ausnahme. Weder ist die Filmgeschichte der zentrale Bedeutungshorizont von Greenaways Filmkunst, noch ist das Kino sein einziges Betätigungsfeld. In *A Dante TV* (1985/1989) hat Greenaway, gemeinsam mit dem Maler Tom Philipps, mit den künstlerischen Möglichkeiten des Fernsehens experimentiert; in den neunziger Jahren hat er sich auch als Maler, Zeichner und Kurator von Ausstellungen einen Namen gemacht, auch mit der Inszenierung der Oper »Rosa – A Horse Drama« (1994 in Amsterdam), und wie seine Operninszenierung »Christoph Columbus« (1998 in Berlin) zeigt, setzt Greenaway seine multimedialen Inszenierungen auch in diesem Medium fort.

Wenn Greenaway die Konventionalität der Filmsprache und die Passivität des Durchschnitts-Kinopublikums beklagt, das an einen Stuhl gefesselt, eingekeilt in eine Sitzreihe, seine Aufmerksamkeit »verbissen einer zweidimensionalen Illusion« widmet, so verlangt seine Filmkunst eine Rezeptionshaltung, die sich eher an den Prinzipien von Bildbetrachtung und Lektüreprozeß orientiert denn an der Illusionsmaschine Kino. Wem es nach psychologischem Realismus gelüstet, nach Identifikationsfiguren, einer monokausalen Handlungsdramaturgie oder einer eindeutigen Geschichte, der ist in diesem Kino fehl am Platz: »Mich interessieren nur Kunstwerke, die sich ihrer Künstlichkeit bewußt sind.« In Greenaways Kino erweist sich jedes offensichtliche Strukturprinzip, ob die Buchstaben des Alphabets in *H is for House*, die Ziffern 1 bis 100 in *Verschwörung der Frauen* oder die Farbdramaturgie in *Der Koch, der Dieb, seine Frau und ihr Liebhaber*, als willkürliches und letztlich beliebiges Ordnungssystem, als artifizieller Fremdkörper innerhalb der Erzählung, als selbstreflexives Signal des Organisators der Zeichen oder – wie es am Ende von *Der Kontrakt des Zeichners* – als »zweideutiger Hinweis auf eine obskure Allegorie«. Man kann die Allegorie, verstanden als Verfahren der Sinnkonstruktion mit Hilfe von Symbolkombinationen, zu Greenaways methodischem Prinzip erklären, sollte allerdings beachten, daß sich Greenaways Allegorien nicht immer zu einem konsistenten Sinnsystem fügen und die Position des Betrachters in unterschiedlicher Art und Weise definieren. Verführerisch naheliegende Hinweise sind oftmals trügerisch oder verweisen auf andere, mehr oder minder versteckte Bedeutungsebenen, und manchmal schreibt sich dieser Verweisungszusammenhang ad infinitum fort (oder gestaltet sich zirkulär). *Der Kontrakt des Zeichners* ist dafür ein paradigmatisches, aber keineswegs das einzige Beispiel.

Der Zeichner Neville (Anthony Higgins), der die Wirklichkeit vertragsgemäß maßstabsgetreu abbilden will, für eine exorbitante Entlohnung, und unwissentlich die gesellschaftliche Ordnung der Dinge reproduziert, ist die erste von Greenaways Künstlerfiguren, die der Hybris des Wissens erliegt und das blinde Vertrauen in die Kunst der Reproduktion mit dem Tode bezahlt. Und wie sich dieser ebenso talentierte wie

Peter Greenaway

arrogante Emporkömmling in eine Verschwörung der sozial entmachteten Frauen verstrickt und schließlich eingestehen muß: »Das Geschehen ist mir ein völliges Rätsel«, so inszeniert Greenaways erster großer Spielfilm auf einer metafilmischen Ebene eine andere, kinematographische Intrige, die den detektivischen Spürsinn des Zuschauers enttäuscht, eine befriedigende Auflösung der verwickelten Geschichte verweigert und die Konventionen der Wahrnehmungs(re)produktion reflektiert, um das Erzählkino seiner Realitätsmächtigkeit zu berauben. Der Kostümfilm läßt sich als Detektivgeschichte und Murder-Mystery-Thriller rezipieren (aber auch als spätbarockes Sittendrama oder als ›offenes Kunstwerk‹), und die Vielfalt der möglichen Lesarten dürfte den Überraschungserfolg von Greenaways erstem Spielfilm mit konstituiert haben. Mittlerweile muß man allerdings fragen, ob dieses faszinierende Spiel mit einem populären Genre nicht zu einer Fehleinschätzung des Filmemachers geführt hat: als eines Postmodernisten par excellence. Das »Modewort« Postmoderne weist Greenaway jedenfalls weit von sich, und wie die nachfolgenden Filme gezeigt haben, ist die vom Postmodernismus propagierte Verschmelzung von hoher Kunst und Massenkultur seine Sache nicht. Seine Projektionskunst ist elaboriert und elitär, nicht dem Populismus gewidmet, sondern einem Wiedersichtbar-Machen vergangener Kultur.

Greenaways Kino ist keine ›Einbahnstraße‹, insbesondere seine Spielfilme fordern zur wiederholten Betrachtung heraus: weil sich jede Einstellung als durchkomponiertes Kunstwerk betrachten läßt, weil Bilder und Dialoge Unmengen von Anspielungen, Verweisen und Zitaten enthalten, weil sich selbst scheinbar gradlinige Erzählungen als verschachtelte, wenn nicht gar labyrinthische Geschichtskonstruktionen erweisen, die retrospektiv zum erneuten Durchlaufen der Zeichensysteme animieren. Greenaway hat erzählt, daß ein italienischer Architekt den *Kontrakt des Zeichners* so oft gesehen habe, daß er die Topographie von Haus und Gärten nachzeichnen konnte, und dann sei er nach Groombridge gereist, wo der Film gedreht wurde, um die Exaktheit seiner Zeichnungen zu überprüfen. Das mag eine – für Greenaways Fabulierlust typische – Anekdote sein oder auch nicht (ebenso wie Greenaways Behauptung, der Film sei im Format 1 zu 1,66 gedreht, weil dies den Größenverhältnissen von Claude Lorrains Landschaftsbildern entspreche). Aber die – vielleicht ironische – Unterstellung, daß Greenaways ›Spielfilme‹ eine objektiv überprüfbare Realität abbildeten, eine historische oder gegenwärtige, erweist sich als absurd. Man mache den Test an einem scheinbar simplen Beispiel: an der Rekonstruktion des Bühnenraumes in *Das Wunder von Mâcon* (1993), und man beschränke sich auf eine einzige Sequenzfolge: auf die Verführungsszene mit Todesfolge, die mit dem Disput zwischen der »jungfräulichen Mutter« (Julia Ormond) und dem freigeistigen Sohn des Bischofs (Ralph Fiennes) während des Festmahls beginnt und mit dem schockartigen Hereinbrechen des Theater-Publikums in den Schauplatz des Verbrechens endet. Nach welcher Logik sind diese Bühnenräume filmisch organisiert? Nach irgendeinem Realitätsprinzip oder Theatermodell oder nach dem dramaturgischen Grundsatz, daß erst ein Publikum ein Ereignis zur Darbietung erhebt, seinen Ereignischarakter konstituiert?

Dominiert in Greenaways frühen Experimental- und ersten Spielfilmen die Kombinatorik des ironischen Spiels, das den Zuschauer als intellektuellen – und oftmals düpierten – Mitspieler in Anspruch nimmt, so enthüllt die kunstvolle Fiktion in den späteren Spielfilmen schockartig eine so brutale wie artifizielle Welt. Wenn in *Z00 – Ein Z und zwei Nullen*, dessen Geschichte durch den obskuren Unfalltod zweier Ehefrauen in Gang gesetzt wird, der Fahrerin des Wagens, Alba Bewick (Andréa Ferréol), beide Beine amputiert werden: um der Symmetrie willen, und die Zoologen Oswald und Oliver Deuce (Brian und Eric Deacon) im Verlauf ihrer Trauerarbeit den Prozeß der Verwesung aufzeichnen, schließlich zum freiwilligen Opfer ihrer Experimente werden, dann inszeniert Greenaway diese Taxonomien unmöglicher Sinngebung tatsächlich als »bizarre Rätselspiele – herzlos und kalt« (J. Schnelle). Bereits in *Der Bauch des Architekten*, dessen schwergewichtiger Hauptdarsteller Brian Dennehy in *Rambo* (1982) noch die Vaterfigur des Titelhelden verkörperte, deutet sich allerdings ein Umschlag an: wenn sich der Architekt aus Chicago nicht nur im Intrigenspiel der italienischen Kunst-Schickeria verfängt, sondern von innen zerfressen wird, wenn der Zuschauer miterlebt, wie ein Körper gegen die Ordnungsversuche der Reproduktion rebelliert, wir zum Zeugen der körperlichen und seelischen Qualen dieses Mannes werden, seiner vergeblichen Auflehnungsversuche und seines selbstgewählten Falls in den Tod. Trotz aller für Greenaway typischen Manierismen wie der Kunstzitate und symmetrischen Bildkompositionen ist Greenaways vielleicht konventionellster Spielfilm eine erste Annäherung an das aristotelische Tragödien-Prinzip: nicht um durch Furcht und Mitleid zu reinigen, sondern um die grundlegenden Affekte überhaupt wieder wahrnehmbar werden zu lassen, hinter einem Selbst-Bewußtsein, das von Bildern umstellt und in diese zerstreut ist.

Es scheint, als würde in Greenaways Werk ein ironischer Spieltrieb mit der Obsession für das barock Monumentale und erschreckend Erhabene konkurrieren, aber beides verschmilzt in der Lust am Exzeß, den Greenaway als zunehmend grausameres Spiel gestaltet. Im hermetischen Kosmos von *Verschwörung der Frauen*, vielleicht eine Replik auf den autobiographisch grundierten *Bauch des Architekten*, dreht sich alles um Sexualität und Tod, die, wie Greenaway sagt, zentralen Bezugspunkte der gesamten europäischen Kultur. Es gibt drei Frauen namens Cissie Colpitts, drei von ihnen ertränkte Männer und einen Leichenbeschauer, der das Leben als Spiel inszeniert, amüsant und metaphorisch, makaber und melancholisch, verblüffend simpel oder geleitet von einem so undurchschaubaren Regelwerk wie in »Hangman's Cricket«: »Der ganze Genuß an einem Spiel [...] entfaltet sich erst, wenn man es einige Stunden lang gespielt hat. Erst dann kennt jeder Spieler einigermaßen die vielen Regeln und kann sich entscheiden, welche Rolle er spielen will.« Selbstverständlich läßt sich diese Spielanleitung auch als metafilmischer Kommentar lesen, so wie der Zoo in *Z00 – Ein Z und zwei Nullen* als Metapher (oder Allegorie?) des Kinos. Man könnte auch von einem hintergründigen Spiel des Filmemachers mit der Erwartungshaltung seiner professionellen Interpreten sprechen: Wer in der Welt des Peter Greenaway nach eindeutigen Bedeutungen sucht, kommt darin um.

Zunehmend entgrenzen Greenaways Inszenierungen den Raum der Fiktion bis zur empfindlichen Aufhebung in die Realität des Betrachters, und dazu bietet der Kunstraum des Theaters ein geeignetes Modell. In *Das Wunder von Mâcon* werden wir, die Zuschauer des Films, nicht das Publikum des im Film inszenierten Theaterstückes, Zeugen, wie die Hauptdarstellerin des religiösen Melodrams als Bestrafung für die Verfehlung der von ihr gespielten Figur vergewaltigt wird: 208mal hintereinander, wie der Film suggeriert, und so lange, bis die ›Jungfrau‹, im wahrsten Sinne des Wortes, zu Tode gefickt ist. Am Ende des Films verbeugen sich die Bühnenschauspieler, ausgenommen das aufgebahrte ›sündige Paar‹, vor ihrem Publikum, das sich wiederum als Ensemble für ein weiteres, größeres Publikum zu erkennen gibt, und dieses Prinzip der Verschachtelung setzt sich, mit einer Rückwärtsbewegung der Kamera, so lange fort, bis evident ist, daß die Zuschauer im Kino als nächste an der Reihe wären. Wie Greenaway sagt: All diese Schauspieler, Zuschauer und Zuschauer der Zuschauer nehmen »an einem betrügerischen Vorgang [teil] – und natürlich auch wir, die wir im Kino sitzen«.

Greenaways Kino ist unschwer zu identifizieren, was die künstlerische Handschrift, die motivischen und stilistischen Invarianten betrifft: Wasser, Landschaften, Vögel, Fluggeräte, Landkarten, Bücher, Bildzitate, Symmetrien, Selbstreferentialität, Taxonomien usw. Für eine grundlegende Revision von Greenaways Gesamtwerk käme es tatsächlich darauf an, wie A. Woods betont, Greenaways Bezugspunkte außerhalb des Kinos zu betrachten. Zu nennen wären Maler und Fotografen wie Kitaj, Bacon, Joel-Peter Witkin, Andreas Serrano, Cindy Sherman, Gilbert & George und Tom Phillips, Musiker wie John Cage, Philip Glass und Michael Nyman, dessen minimalistisch-konzeptuelle Soundtracks Greenaways Bildtableaux von *1–100* (1978) bis *Prosperos Bücher* kongenial ergänzen. Was in einer ausschließlich filmhistorischen Perspektive einzig- oder eigenartig, exzentrisch oder egozentrisch anmutet, findet im Kontext der zeitgenössischen Kunst vielfältige Berührungspunkte: Greenaways Interesse am menschlichen Körper und seiner Repräsentation, zentrales Thema seiner Ausstellung »The Physical Self« (1991 in Rotterdam), seine Verknüpfungen von Malerei und Fotografie, in *A Walk Through H* (1978) erstmals als Reise in die Bilder vorgeführt, von Bild und Schrift, bereits wesentliches Stilelement von *Dear Phone* (1977), und nicht zuletzt seine Betonung des Artifiziellen und die alles durchwaltende Ironie. Bedeutsam für das Verständnis von Greenaways Filmkunst, der vielen – selbst im Vergleich mit dem Avantgardisten Derek Jarman – als ein so untypischer englischer Filmemacher erscheint und ein so typisch englischer Künstler ist, ist die Tradition der Landscape Art, sind Künstler wie Richard Long, Christo und Jeanne Claude.

Wenn zutrifft, was Th. Elsaesser behauptet: »Greenaway ist im Grunde ein Modernist, der sich den Schafspelz der Postmoderne umgehängt hat«, dann stellt sich die Frage, welcher Moderne dieser Filmkünstler zuzuordnen ist: »zur amerikanischen Tradition des Minimalismus und der Konzept-Kunst oder zum Modernismus, der – in England vertreten durch Dichter und Kritiker wie T. S. Eliot oder Ted Hughes – die ›metaphysische‹ oder ›jakobinische‹ Welt der extravaganten Einbildung, der Gewalt und Maskulinität neu belebt hat?« Was Elsaesser – mit Blick auf Greenaways Umgang mit Landschaft, Küsten und Wasser: etwa in *Water Wrackets*, *Goole by Numbers* (1976) und *Fear of Drowning* (1988) – als spezifisch englischen Bedeutungshorizont expliziert: das Spannungsfeld zwischen dem Art-school-Modernismus eines David Hockney oder Richard Hamilton und dem Art-history-Modernismus mit seinen Englischen Gärten, neoromantizistischen Landschaften, in weitläufigen Parks eingebetteten Landhäusern voller Kuriositätenkabinette und Privatsammlungen, in der Tradition des Courtauld Institute oder eines Nikolaus Pevsner, wäre wiederum um Greenaways Perspektivierungen der englischen Nationalgeschichte zu ergänzen, auch mit Blick auf ein spezifisch englisches Verhältnis zu Körper, Essen, Spielen, Wortwitz, Lebensart. Die Selbstinterpretationen Greenaways reichen sicher nicht aus, wie man sich am Beispiel von *Verschwörung der Frauen* mit Hilfe des Spielregel-Buchs »Fear of Drowning. Règles du jeu« (1988) überzeugen kann; aber das Wissen multipliziert die Perspektiven, auch wenn sich daraus kein eindeutiges Ordnungssystem ergibt.

»Wer Greenaways Spielfilme mit dem einschlägigen Vorwissen betrachtet«, schreibt der Kunsthistoriker M. Schuster, »der wird geradezu überwältigt von der Fülle der Zitate, Verweise und Aneignungen.« Doch die Überwältigung des Zuschauers, so darf man vermuten, ist nicht das Ziel von Greenaways Kunst, eher schon eine Form von Demokratie, die das Publikum zum Mitspieler und Bezugspunkt macht, es in eine Bewegung versetzt, die sich über die Nivellierung der Massenkultur erhebt. Im Zeitalter von Digitalisierung und Cyberspace ist ein Wettstreit um einen neuen Re-Präsentationsraum im Gang, in dem das alte Kino, ob amerikanisch oder europäisch, Mainstream oder Art House, äußerstenfalls noch als Lieferant funktioniert. Im November 1989 hat Greenaway erklärt: »Ich glaube, das Ende ist schon da. Das Kino stirbt, im sozialen wie im technischen Sinne. All die Kraft, die Phantasie, das wissenschaftliche Interesse der Epoche haben sich vom Kino wegbewegt. [...] Aber ich werde dem Kino keine Träne nachweinen. Die 2000 Jahre der Malerei interessieren mich mehr als die 100 Jahre des Films.« Daß dieses Ende des Kinos nicht als Abgesang auf das Medium zu verstehen ist, haben in den neunziger Jahren Greenaways intermediale Re-Installationen der Filmkunst gezeigt: auf der großen Leinwand und den kleinen Bildschirmen, in Galerien, Museen und auf öffentlichen Plätzen.

Jürgen Felix

Filmographie: Train (1966) – Tree (1966) – Revolution (1967) – 5 Postcards from Capital Cities (1967) – Intervals (1969) – Erosion (1971) – H is for House (1973) – Windows (1975) – Water (1975) – Water Wrackets (1975) – Goole by Numbers (1976) – Dear Phone (1977) – 1–100 (1978) – A Walk through H (1978) – Vertical Features Remake (1978) – Zandra Rhodes (1979) – The Falls / The Falls (1980) – Act of God (1981) – The Draughtsman's Contract / Der Kontrakt des Zeichners (1982) – Four American Composers (1983) – Making a Splash (1984) – Inside Rooms – 26 Bathrooms (1985) – A Zed and Two Noughts / Z00 – Ein Z und zwei Nullen (1986) – The Belly of an Architect / Der Bauch des Architekten (1987) – Drowning by Numbers / Die Verschwörung der Frauen (1988) – Fear of Drowning (1988) – Death in the Seine (1988) – A TV Dante, Cantos 1–8 (1989) – Hubert Bals Handshake (1989) – The Cook, the Thief, His Wife and Her Lover / Der Koch, der Dieb, seine Frau und ihr Liebhaber (1989) – Prospero's Books / Prosperos Bücher (1991) – M Is for Man, Music and Mozart (1991) – Rosa (1992) – Darwin (1992) – The Baby of Mâcon / Das Wunder von Mâcon (1993) – The Pillow Book / Die Bettlektüre (1996).

Literatur: P. G.: The Physical Self. Rotterdam [1991]. – P. G.: The Stairs. Geneva. The Location / Genève. Le Cadrage. London 1994. – P. G.: The Stairs. Munich Projection / München Projektionen. London 1995. – P. G. / Leo Steinmetz: The World of Peter Greenaway. Boston/Tokio 1995.

Daniel Caux [u. a.]: Peter Greenaway. Paris 1987. – Jonathan Hacker / David Price: Take Ten. Contemporary British Film Directors. London 1991. – Agnès Berthin-Scaillet: Peter Greenaway. Fêtes et défaite du corps. In: L'Avant-Scène Cinéma 417/418 (1992/93). – Christiane Barchfeld: Filming by Numbers: Peter Greenaway. Ein Regisseur zwischen Experimentalkino und Erzählkino. Tübingen 1993. – Laura Denham: The Films of Peter Greenaway. London 1993. – Detlef Kremer: Peter Greenaways Filme. Vom Überleben der Bilder und Bücher. Stuttgart/Weimar 1995. – Alan Woods: Being Naked Playing Dead. The Art of Peter Greenaway. Manchester / New York 1996. – Bridget Elliot / Anthony Purdy: Peter Greenaway. Architecture and Allegory. London 1997. – Amy Lawrence: The Films of Peter Greenaway. Cambridge 1997. – David Pascoe: Peter Greenaway. Museums and Moving Images. London 1997. – Thomas Elsaesser: Raum-Körper. Peter Greenaways Re-Installation des Kinos. In: Jürgen Felix (Hrsg.): Unter die Haut. Signaturen des Selbst im Kino der Körper. St. Augustin 1998. S. 45–66.

David Wark Griffith

1875–1948

David Wark Griffith wurde am 23. Januar 1875 im ländlichen Kentucky geboren. Beide Eltern stammten aus Virginia. Sein Vater, ein Abenteurer, hatte am Bürgerkrieg auf der Seite der Südstaaten als Offizier teilgenommen. Die Depression der 1870er Jahre in den USA verschonte auch nicht den Wohlstand der Familie Griffith. Der plötzliche Tod des Vaters zwang zur Veräußerung des Landbesitzes. Mit vierzehn Jahren fand sich Griffith als Teil jener armen Bevölkerung wieder, die vom Land in die Städte zog, in der Hoffnung, dort Arbeit zu finden. Griffith, der in dieser Zeit verschiedentlich

Lehrling gewesen war, drängte es zum Theater. Im Alter von 20 Jahren verließ er als Mitglied einer Wanderbühne Kentucky. Dreizehn Jahre lang währte dieses Leben, ohne daß Griffith je zu einem Darsteller tragender Rollen aufgestiegen wäre. Er entwickelte sich zum Stückeschreiber, auch dies ohne großen Erfolg. Seit 1907 nahm die Zahl der kleinen Nickelodeon-Filmtheater rapide zu (schließlich waren es etwa 5000 im ganzen Land). Das riesenhaft angewachsene Publikum verlangte ein sich stets erneuerndes Programm. 1908 begann Griffith bei der Biograph Company zunächst als Schauspieler kleinerer Rollen und als Drehbuchautor, am 18. Juni 1908 drehte er seinen ersten von über 400 Biograph-Filmen, nämlich *Dollies Abenteuer.* Einige Zeit später wurde ihm auch die Leitung einer Produktionseinheit zugesprochen, und als Griffith dann die Biograph im Jahr 1913 verließ, dirigierte er als Produzent insgesamt sechs Regisseure.

In der zweiten Dekade des Jahrhunderts unternahm Griffith zwei Großprojekte, die in der älteren Filmgeschichtsschreibung als eigentlicher Beginn des künstlerischen Films gewertet wurden: *Die Geburt einer Nation* (1915) und *Intoleranz* (1916). Nach dem Ende des Ersten Weltkriegs knüpfte Griffith

David Wark Griffith (v.)

wieder an das Genre an, das er zuvor schon in den Biograph-Filmen entwickelt hatte: das Melodram. Filme wie *Gebrochene Blüten* (1919), *Welt im Osten* (1920) oder *Ist das Leben nicht wunderschön?* (1924) ragen aus dieser Gruppe besonders hervor. Einige Versuche, das historische Genre, anknüpfend an die Monumentalfilme der zehner Jahre, erneut mit melodramatischen Fabeln zu verkreuzen, führten zu Ergebnissen, die auch schon von den Zeitgenossen als verhältnismäßig altmodisch empfunden wurden. Griffith, der sich in den zwanziger Jahren immer weniger in der Produktionspraxis Hollywoods zurechtfand und nach 1924 seine Unabhängigkeit verlor, der von der Kritik bereits als Überbleibsel einer früheren Ära betrachtet wurde, gelang es schließlich noch, zwei Tonfilme zu drehen. 1931 war für den 56jährigen faktisch die Laufbahn als Regisseur und Produzent beendet. Er wurde allmählich von Hollywood vergessen, eine zweite offizielle Ehe mit einer sehr viel jüngeren Frau ging nach kurzer Zeit in die Brüche. Seine letzten Jahre fristete er in Hotelzimmern und Hotelfoyers, zuletzt im Knickerbocker Hotel in Los Angeles. Dort starb er am 23. Juli 1948, sein Sarg wurde getragen von den Regisseuren John Ford und Raoul Walsh, die Grabrede hielt der Drehbuchautor Charles Brackett.

Von den 495 Filmen, die Griffith gedreht hat, sind bis auf zehn alle erhalten. Allein dieses Faktum räumt Griffith eine Sonderstellung in der Frühzeit des Kinos ein. Hinzu kommt indes, daß er bis heute als der erste große Erzähler der Filmgeschichte gelten darf, eine Auffassung, die seinerzeit schon die sowjetischen Regisseure Eisenstein und Pudowkin geteilt haben. Eisenstein hat seine außerordentliche Wertschätzung für Griffith in dem berühmt gewordenen Aufsatz zur filmischen Erzählweise »Dickens, Griffith und wir« (1944) niedergelegt. Inzwischen ist die Schöpferlegende so weit korrigiert, als man weiß, daß Griffith nicht als erster die verschiedenen Erzähltechniken und visuellen Experimente verwendet hat, die man ihm früher als Erfindungen zuschrieb. Griffith hat benutzt, was zum Teil vorher bereits ausprobiert worden war, aber er schmiedete aus narrativen Aperçus und optischen Pointen erst taugliche Instrumente eines cineastischen oder kinomorphen Erzählens. In der unglaublichen Menge der Biograph-Filme – von denen er oft zwei bis drei pro Woche herstellte – sind in kürzerer oder längerer Form (von etwa drei bis achtzehn Minuten) Erzählstrukturen entwickelt und verfeinert worden, die für die ganze Filmgeschichte bis heute von Bedeutung geblieben sind. An erster Stelle zu nennen ist die Parallelhandlung: zwischen zwei Handlungssträngen wird hin- und hergeschnitten, oft in beschleunigendem Rhythmus, bis es am Ende meist (durchaus nicht immer) zu einer Rettung in letzter Sekunde kommt. *The Lonely Villa* (1909) dient als beliebtes Beispiel für diesen Aufbau: Während Diebe in das Haus einbrechen, kann die mit ihren Töchtern zurückgebliebene Frau per Telefon den auswärts weilenden Mann anrufen. Der versucht, mit Hilfe aller möglichen Verkehrsmittel, etwa mit dem Pferdewagen, zur Rettung herbeizueilen – gerade noch rechtzeitig, um den Ganoven das Handwerk zu legen, bevor diese sich auf die wehrlosen Frauen stürzen können. In Zusammenarbeit mit dem Kameramann Gottlob Wilhelm (Billy) Bitzer, der seit 1908 16 Jahre lang beinahe alle seiner Filme fotografierte, lernte Griffith die erzählerische Funktion verschiedener Einstellungen und Einstellungswechsel zu erschließen. Irisblende und Panoramaschwenks verdeutlichen etwa erzählerische Distanz oder Vorauswissen. Griffith und Bitzer bewegten die Kamera in überraschender Weise, um das Publikum in das Geschehen zu involvieren. Beim Schnitt – den Griffith seinerzeit wie selbstverständlich kontrollierte – flickte er gerne Großaufnahmen in Szenen ein, die als Totale gedreht wurden (wobei die Großaufnahmen oft vor einem anderen Hintergrund entstanden sind), um zwischen Zuschauern und Hauptfiguren optische und soziale Nähe herzustellen, also auch Intimität. Griffith erprobte zwar die beschleunigende Montage, bei der beim Wechselschnitt immer kürzere Bildstrecken vorgeführt werden, so daß die Frequenz des Hin- und Herspringens zwischen den Erzählsträngen zunimmt, doch für korrekte Anschlüsse hatte er merkwürdigerweise keinen ausgeprägten Sinn, blieb also weit vom Ideal des unsichtbaren Schnitts entfernt, das in Hollywood gegen Ende der zwanziger Jahre zur handwerklichen Norm erhoben wurde.

Mit der neuen Ästhetik verband sich bei Griffith eine spezifische Ethik. Seine Lehrzeit als Künstler verbrachte er auf Bühnen, auf denen er in zahlreichen puritanisch gefärbten Melodramen spielen mußte. Die Motive des Melodrams bestimmten viele seiner Biograph-Filme – obgleich sich ebenso Frühformen des Westerns, des Gangsterfilms, des Indianerfilms finden. Vornehmlich aber geht es um die Polarität zwischen Schwachen und Starken, wobei die Seite der Schwachen durch Frauen, Kinder und heranwachsende Mädchen besetzt ist, die der Starken auffällig oft mit kriminellen Männern der Unterschicht, bisweilen auch den langbärtigen und schwarzgewandeten strengen Vätern. Nicht selten sind die Kinder gewalttätigen und rücksichtslosen Männern ausgeliefert. Griffiths Filme sind parteilich. Ihre Anteilnahme gilt den Unterdrückten – »Child-become-judge« (William Empson). Die Frauen bilden den Kern der Familie, die bewahrt und beschützt werden muß gegen die Angriffe von außen – auch gegen die Übergriffe der Moderne. Der ehrgeizige und im Konkurrenzwesen erfolgreiche Geschäftsmann firmiert nicht als Idol, sondern häufig als Verkörperung des Bösen und Gewissenlosen. Damit setzte Griffith eine Linie der Gesellschaftskritik fort, die etwa durch Lincoln Steffens' Buch »The Shame of the Cities« (1904) bezeichnet wurde, in dem der Autor die besseren Kreise der »businessmen« als Quelle der sozialen Korruption ausmachte. Der Biograph-Film *Eine Weizenspekulation* (1909) ist dafür ein typisches Beispiel: In Parallelhandlungen wird das Elend der verarmenden Bauern und der mittellosen Leute in den Städten konfrontiert mit dem Reichtum des Weizenspekulanten. Diesen ereilt ein höchst symbolischer Tod, indem er in eine Weizenschütte hineinfällt und von den Körnern real begraben wird, die für ihn bis dahin nur eine abstrakte Größe, nämlich Spekulationsgewinn, dargestellt haben. Die Erzählung von der ungerechten Verteilung des Glücks, vom Wohlleben der Begüterten und vom Elend der Armen und Arbeitslosen, vom Triumph der feisten Männer und von der fiebrigen Magerkeit der in ihrem Schmerz alleingelassenen Frauen, von Tanz und Tod, ist ein wiederkehrendes Schema in Griffiths Biograph-Filmen. Zu den entsprechenden Symbolen gehört auch das belagerte Haus, in dem sich die Familie oder deren Restbestand verschanzt, um die Eindringlinge der kalten Außenwelt, die auf schnöden Diebstahl oder Rache aus sind, abzuhalten so gut es geht.

Man hat früher Griffith viktorianische Programmatik unterstellt – die Filme sprechen oft eine andere Sprache. Völlig unbezweifelt bleibt die Rolle der Frauen und ihre Bedeutung für den Bestand der Familie, ihr Opfermut, ihre Fähigkeit, ausdauernd das mitleidlose Schicksal zu ertragen, bis sie überwältigt von Armut, Krankheit und Trauer verlöschen – die eigentlich Schuldigen sind fast immer Männer, starre, uneinsichtige Väter, die ihre weltferne asketische Moral in die Herzen der Töchter einsenken und ihnen damit die Freude am Leben nehmen (zum Beispiel in *The Painted Lady,* 1912), Männer, die sich als Liebhaber verstellen, aber doch nur ehrlose Diebe, brutale Hünen, Säufer, treulose und wortbrüchige Taugenichtse sind. Daher gehören fast alle Filme Griffiths zum großen Genre des "Women's Film« – in früherer Zeit etwas maliziös auch als »Women's Weepies« bezeichnet. Sicherlich trug er damit der Umschichtung des Publikums Rechnung, das in den Nickelodeons zusehends mehr aus Frauen bestand, zugleich entsprach dieses Genre unzweifelhaft der Griffithschen Perspektive. Griffith trug kaum Innovationen zu den Genres bei, in denen es auf individuelle Leistung und Durchsetzungsfähigkeit, auf den Sieg über andere ankommt, nämlich zum Western und Gangsterfilm. Mit seinen von Männlichkeitsidolen freien Biograph-Filmen, seinen Sozialdramen, öffnete er ein Fenster auf die sozialen Umstände in den Städten Amerikas nach der Jahrhundertwende. Der Blick in die Stuben der Armen, in denen sie, umgeben von schlechten Möbeln, erschöpft Rückzug suchen, wenn sie sich der Plagen des Alltags kaum mehr zu erwehren wissen, des Hochmuts der Ämter, der Schäbigkeit der Männer und der erbarmungslosen Gleichgültigkeit der besitzenden Klasse, dieser Blick ins Milieu der Enttäuschten und Ausgebeuteten ist nach Griffith lange Zeit nicht mehr von Hollywood riskiert worden, erst in den vierziger Jahren wagten es John Ford und andere, sich dieser Realität zu stellen.

Die Leitfiguren in diesen moralischen Fabeln sind fast durchweg junge, sehr junge Frauen. Blanche Sweet als *Painted Lady* ist gerade siebzehn Jahre alt, die von Griffith besonders geförderten Lillian Gish und Mae Marsh sind noch durchgeistigter, noch kleiner und zerbrechlicher an Gestalt, als leidende Frauen mit einer Aura der Unantastbarkeit umgeben, die jeden Versuch des Übergriffs als besonders schändlich und brutal erscheinen läßt.

Als in Europa der Erste Weltkrieg begann, war Griffith damit beschäftigt, seinen ersten Monumentalfilm zu drehen. *Die Geburt einer Nation* (1915) wurde ein großer nationaler Erfolg und trug Griffith gleichzeitig die heftigsten Vorwürfe ein, er sei Rassist. Der Film, der während des Bürgerkriegs zwischen Nord- und Südstaaten spielt, zerfällt in zwei Teile. Der erste Teil zeigt den Krieg, das Opfer der jungen Männer, die als Soldaten und Offiziere in den Kampf ziehen, auf beiden Seiten, die Trauer der Familien, vor allem der Frauen, die die Zurückkehrenden in ihre Arme schließen. Eine berühmt gewordene und für Griffith typische Einstellung zeigt, wie eine der männlichen Hauptfiguren, der Südstaatenoffizier Ben Cameron, sein Haus wieder betritt: Da die Kamera von der Seite aus das Geschehen verfolgt, sind nur zwei Arme von Mutter und Schwester in der Türöffnung zu sehen, Arme, die den Mann am Rücken umfangen und in das Haus hineinziehen: Rückkehr an den Ort des Friedens. Der erste Teil endet mit der noblen Stilisierung Abraham Lincolns zum Friedensstifter, zum »Great Heart«, und dessen Erschießung – auf der Höhe des Triumphs – durch einen Schauspieler. Der zweite Teil zeigt die »Reconstruction« der Südstaaten: Die Gleichberechtigung der Schwarzen führt zu Chaos und Anarchie, die sich vor allem darin auswirken, daß die Dunkelhäutigen auch die weißen Mädchen begehren. Erst der Ku-Klux-Klan, Selbstorganisation der zurückgekehrten und durch die Niederlage gedemütigten Männer, eine Art Kreuzritterorden, dessen Ritte durch die Landschaft die Kavallerieattacken in Filmen John Fords vorwegnehmen, kann von der Herrschaft der »unverschämten Sklaven« befreien und die alten Machtverhältnisse wieder herstellen, bei denen die Weißen selbstverständlich dominieren. Die Nation, von deren Geburt die Rede ist, entpuppt sich als der amerikanische Süden. Die politische Gloriole verbindet sich mit einer theologischen: Am Ende erscheinen Christus und das himmlische Jerusalem, damit der Vereinigung des Mädchens aus dem Norden und des tapferen jungen Mannes aus dem Süden auch das Licht von oben vergönnt sei.

Gerade in den ehemaligen Nordstaaten wurde kurz nach der Uraufführung heftige Kritik an der unverhohlenen Diskriminierung der Schwarzen geäußert. Zweifellos empfand sich Griffith als »southern gentleman«, der an die Gleichberechtigung der Rassen nicht glauben mochte, obgleich er in einigen Einwanderer- und Ghettofilmen der Biograph-Periode nicht die Spur des ähnlich populären Antisemitismus bewies (was vielleicht auch damit zu erklären sein mag, daß er selbst jüdische Vorfahren hatte). Ebensowenig läßt sich die Rassenpolitik in

Geburt einer Nation dadurch entschuldigen, daß diese der literarischen Vorlage, dem Roman »The Clansman« von Thomas Dixon jr., angelastet wird. Griffith nimmt ja treue schwarze Diener aus seinem Verdikt aus, die als brave »Uncle Toms« Respekt verdienen dürfen, solange sie nicht ihren angestammten Platz verlassen. Merkwürdig ist immerhin, daß Griffith in *The Rose of Kentucky* (1911) den Ku-Klux-Klan kritischer schilderte. Merkwürdig ist vielleicht auch, daß er gerade die beiden jungen Frauen Objekte »schwarzer Begierde« sein läßt – gespielt von Lillian Gish und Mae Marsh, die er beide gleichzeitig außerhalb des Ateliers liebevoll umsorgte. Psychoanalytisch weitergedacht, könnte man meinen, daß die Schwarzen, als Repräsentanten sexueller Attacken, gleichsam abgespaltene, verbotene Impulse des eigenen Begehrens darstellten. Oder die Abwehr des sexuellen Appetits führte zur gut sichtbaren Abwertung der Gestalten im Film, die ihm hemmungslos folgen. *Geburt einer Nation* als nationales Epos – dem als erstem Film in Amerika überhaupt die Ehre widerfuhr, im Weißen Haus, vor Präsident Woodrow Wilson, vorgeführt zu werden – offenbart jedenfalls ein Dilemma, das bis auf den heutigen Tag nicht so einfach zu lösen scheint, weil sich hinter der dummen Rassendiskriminierung eine Reihe verzwickter psychischer Dispositionen verbirgt.

Griffiths Film zeigt Schlachtszenen in extremen Totalen und aus dem Blickwinkel einer quasidokumentarischen, mitbewegten Kamera, Massenbewegungen, die bis in die hinteren Reihen kontrolliert scheinen, lebhafte Kampfhandlungen um das belagerte Blockhaus, dramatische Höhepunkte in der Verfolgung der Frauen, zumal von »Little Sister«, die der drohenden Vergewaltigung durch einen Sprung von der Klippe in den Tod entgeht, und er feiert die Harmonie der Familie als höchsten Wert – der Repräsentant der Nordstaaten, Stoneman, ist schon dadurch disqualifiziert, daß in seinem Haus die Mutter fehlt, daß er selber körperlich gebrechlich ist und aufgrund dieses Makels offensichtlich zuläßt, daß Mulatten in sein Privatleben eindringen.

Verletzt durch die zum Teil heftigen, wenngleich verständlichen Reaktionen auf den zweiten Teil seines Films, verteidigte Griffith öffentlich das Recht auf freie Meinungsäußerung. Als Filmregisseur trieb es ihn zur Konzeption eines zweiten, noch monumentaleren Films mit dem sprechenden Titel *Intoleranz* (1916). Vier Erzählungen, parallel nebeneinander entwickelt und ständig miteinander verkreuzt, demonstrieren die anscheinend ewige Herrschaft der Intoleranz – es scheint also keinen geschichtlichen Fortschritt zu geben, überall triumphiert Tötungslust, die dem Feind, dem anderen nach dem Leben trachtet. So muß sich Babylon den aggressiven assyrischen Heerscharen ergeben, Jesus Christus wird auf den Weg nach Golgatha geschickt, im Paris des Jahres 1572 werden in der Bartholomäusnacht auf Befehl der katholischen Königinmutter die Hugenotten grausam hingeschlachtet, und selbst in der Gegenwart ist die wunderbare Rettung in letzter Sekunde, die den Unschuldigen vor dem Tod durch Erhängen bewahrt, nicht der hinzugewonnenen Toleranz der Menschen zu verdanken. Ein Industrieller will die Welt verändern und kürzt die Löhne seiner Arbeiter, ein idealistischer Narr. Ein streikender Arbeiter wird in äußerster Ratlosigkeit zum kleinen Kriminellen und deshalb verurteilt. Sie wären gut, anstatt so roh, doch die Verhältnisse, sie sind nicht so. Wenn Griffith dann zum Schluß wieder eine utopische Vision anfügt, mit Wiese und spielenden Kindern, dann ist das eher ein Bruch mit der sonst im Film dargelegten Erkenntnis, daß die Gnadenlosigkeit der Geschichte offenbar unabhängig von unseren Lernprozessen bestehe. Das sinnlos blinde Abschlachten der Gegner, besonders in der französischen Episode durch die Figur eines entsetzten Betrachters vermittelt, wird als Greuel von weniger apokalyptischem als realistischem Ausmaß inszeniert: Reflexe eines Weltkriegs in Europa, in den Amerika vor der Uraufführung von *Intole-*

ranz eintreten sollte. Der Höhepunkt des Verderbens – in der babylonischen und in der französischen Episode – ist die Niedermetzelung der Personen, die im engeren Sinne als Familie betrachtet werden. Die moderne Episode zeichnet sich dadurch aus, daß die Geliebte und die Mutter so tapfer um das Leben des Sohns kämpfen, daß ihnen am Ende Erfolg beschieden ist. Tumult, Erregung allerorten. Die Kamera gerät in Bewegung und fährt mit, in rasender Geschwindigkeit beim Ansturm des assyrischen Heeres, bei der Wettfahrt zwischen Eisenbahnzug und Rennauto, das ihn einzuholen trachtet, quer durch das blutige Toben in den Straßen des Renaissance-Paris. Das Geschehen vor der Kamera entfaltet zumal in der babylonischen Erzählung riesenhaften Umfang: die Architektur des Tempelpalastes ragt in eine Höhe von 50 Metern, die Kamera selber ist auf einem Turmgerüst angebracht, auf einem Fahrstuhl, und während er hinabfährt, wird das gesamte Gerüst auf Eisenbahnschienen nach vorne gebracht, so daß es zu einer außerordentlich suggestiven Annäherung kommt: Man fährt gleichsam in die monumentale Kulisse hinein. Die kühne Verzwirbelung dieser vier Erzählstränge, von denen übrigens der biblische mit der Kreuzigung Christi am farblosesten bleibt, hat die Auffassungskraft des zeitgenössischen Publikums überfordert. Griffith selbst hat daraufhin die babylonische und die zeitgenössische Geschichte herauspräpariert und als selbständige Filme vorführen lassen.

Die Melodramen der Nachkriegszeit nahmen die Bildsprache der Biograph-Filme wieder auf, entwickelten sie aber merklich weiter. *Gebrochene Blüten* (1919) zeigt Lillian Gish als Opfer eines völlig verrohten Mannes, eines Boxers, der ihr Erziehungsberechtigter sein will und ihr Tyrann ist. Die Liebe eines verachteten Fremden, eines Chinesen, kann sie aus diesem Alptraum nur für kurze Weile befreien. Am Ende sind alle tot, das Mädchen ist von dem Boxer erschlagen worden, der Chinese, der einmal ausgezogen war, um die Weißen Sanftmut zu lehren, erschießt den Boxer und begeht schließlich Selbstmord. Einmal wird das junge Mädchen in einen kleinen Nebenraum hineingejagt. Es versperrt die Tür, die ihr Verfolger mit groben Schlägen einzuhauen droht. Da dreht sie sich wie ein Tier in namenloser Angst, sie stellt die verfolgte, in Panik zerrüttete Kreatur an sich dar: Griffith, selbst ein ziemlich unvollkommener, zu plakativer Übertreibung neigender Akteur, konnte die so mädchenhafte Lillian Gish zum Äußersten, zu untheatralischem, ergreifendem Pathos treiben. Ähnliches begegnet in *Welt im Osten* (1920), in dem Gish das Opfer eines Betrügers und dann einer sittenstreng bigotten Gemeinde in Neu-England wird. Die Szenen, in denen sie die Hände ihres Kindes zu wärmen versucht, obwohl dies schon längst tot ist, in denen sie schließlich im Schneesturm zwischen treibenden Eisschollen unterzugehen droht, sind zu Recht in den »Bildersaal der Filmgeschichte« eingegangen.

Der im Deutschland der Inflation spielende Film *Ist das Leben nicht wunderschön?* feierte diesmal den mühevoll errungenen Triumph der Liebe über noch so mißliche Lebensverhältnisse. Carol Dempster, etwas kräftiger im Wesen, übernahm die Hauptrolle und löste die passivere Gish ab – wohl ein Zugeständnis an das veränderte Frauenbild der Nachkriegszeit und an deren demonstrativen Optimismus. Griffiths Mitleidsdramatik schien in den »roaring twenties« einer vergangenen »sentimentalen« und »idealistischen« Epoche zugehörig. Und einige nationale »Manifeste« wie *America* (1924) und *Abraham Lincoln* (1930) konnten nur für eine kurze Weile und bei einem entsprechend empfänglichen Teil des Publikums respektvolle Anerkennung ernten.

Thomas Koebner

Filmographie (Auswahl): The Adventures of Dollie / Dollies Abenteuer (1908) – The Lonely Villa (1909) – A Corner in Wheat / Eine Weizenspekulation (1909) – Enoch Arden (1911) – Man's Genesis / Die Entstehung des Menschen (1911) – The Rose of Kentucky (1911) – The Painted Lady

(1912) – The Battle of the Sexes / Der Kampf der Geschlechter (1914) – The Birth of a Nation / Die Geburt einer Nation (1914) – Intolerance / Intoleranz / Die Tragödie der Menschheit (1916) – Broken Blossoms / Gebrochene Blüten (1919) – Way down East / Welt im Osten (1920) – Orphans of the Storm / Zwei Waisen im Sturm (1922) – Isn't Life Wonderful? / Ist das Leben nicht wunderschön? (1924) – America / America (1924) – Sally of the Sawdust / Sally vom Jahrmarkt (1925) – Abraham Lincoln / Abraham Lincoln (1930) – The Struggle / Der Kampf (1931) – San Francisco / San Francisco (1936) – One Million B. C. / Cave Man / Tumak – Der Herr des Dschungels (1940).

Literatur: Lillian Gish: The Movies, Mr. Griffith, and Me. New York 1969. – Harry M. Geduld: Focus on D. W. Griffith. New York 1971. – Robert M. Henderson: D. W. Griffith: His Life and Work. New York 1972. – Wolfram Tichy (Red.): D. W. Griffith. Frankfurt a. M. 1972. – G. W. Bitzer: Billy Bitzer: His Story. New York 1973. – Edward Wagenknecht / Anthony Slide: The Films of D. W. Griffith. New York 1975. – Martin Williams: D. W. Griffith: First Artist of the Movies. New York 1980. – Richard Schickel: D. W. Griffith: An American Life. New York 1984. – Tom Gunning: D. W. Griffith and the Origins of American Narrative Film: The Early Years at Biograph. Urbana 1991. – Helmut Färber: *A Corner in Wheat* von D. W. Griffith. München/Paris 1992. – Roberta E. Pearson: Eloquent Gestures. The Transformation of Performance Style in the Griffith Biograph-Films. Berkeley / Los Angeles 1992. – Scott Simmon: The Films of D. W. Griffith. Cambridge 1993.

Egon Günther

*1927

Geboren wurde Egon Günther am 30. März 1927 in Schneeberg, Sachsen. Nach einer Schlosserlehre arbeitete er als technischer Zeichner im Maschinenbau. 1944/45 Soldat, geriet er in Holland in Kriegsgefangenschaft, aus der ihm die Flucht gelang. Einem Neulehrerkurs folgte 1948–51 ein Studium der Pädagogik, Germanistik und Philosophie (u. a. bei Ernst Bloch) an der Universität Leipzig. Nach kurzer Tätigkeit als Lehrer arbeitete Günther als Verlagslektor in Halle. Er veröffentlichte – wie neben seiner Filmarbeit auch weiterhin – erste eigene literarische Arbeiten (darunter zwei Romane), ehe er 1958 als Dramaturg und Szenarist ans Babelsberger DEFA-Studio kam.

Unzufrieden mit der Realisierung seiner Drehbücher durch andere, wandte sich Günther bald selbst der Regiearbeit zu. 1965 erschien mit *Lots Weib* sein erster Spielfilm, dessen Buch er gemeinsam mit seiner Ehefrau, der Schriftstellerin Helga Schütz, geschrieben hatte. Sie hat später noch häufiger an seinen Filmprojekten teil.

Wie in *Lots Weib* erzählt Günther auch in Filmen der Folgejahre Geschichten aus der DDR-Gegenwart. Mit der auffälligen Akzentuierung von Modernität, die sich schon in Auswahl und Bildinszenierung der Milieus zeigt (Forschungs- und Entwicklungsbüros, Computerzentren, Neubaustadt-Bilder u. ä.), nehmen sie den damaligen Anspruch des DDR-Sozialismus beim Wort, über eine »wissenschaftlich-technische Revolution« eine humane Gesellschaft zu bauen. Aus emanzipatorischer Perspektive dargestellt, geht es vor allem um Konflikte von Figuren, die versuchen, ihre Glücksansprüche gegen anachronistisch empfundene Konventionen durchzusetzen. Das sind fast ausnahmslos Frauen: in *Lots Weib* eine Lehrerin (Marita Böhme), die gegen Parteinormen und Ehemann, einen Offizier, ihre Scheidung betreibt; in *Der Dritte* (1972) ist es die alleinerziehende Margit (Jutta Hoffmann – sie hatte auch schon in Günthers Fernsehfilm *Anlauf*, 1971, eine ähnliche Hauptrolle gespielt), die sich im Beruf emanzipiert hat und nun auch privat – über Skrupel hinweg – die aktive Rolle in der Partnerwahl beansprucht; und in *Die Schlüssel* (1972) begegnen wir einer jungen Arbeiterin (wieder Jutta Hoffmann), die – obschon liebenswert und lebendig sowie aufgrund ihrer Leistung durchaus selbstbewußt – fürchtet, in Zukunft hinter ihrem Freund, einem etwas besserwisserischen Maschinenbau-Studenten (Jaecki Schwarz) intellektuell zurückzubleiben, ja ihn zu verlieren, bis ein Unfall, bei dem sie ums Leben kommt, alle ihre Ängste und Hoffnungen in ein ganz neues Licht stellt.

Der Dritte und *Die Schlüssel* gelten als schönste DDR-Spielfilme zu Gegenwartsthemen in den siebziger Jahren. Mit deutlich markiertem Kontrast zur kulturpolitisch erwarteten Didaktik wird hier in heiterem bis nachdenklich-berührendem, gelegentlich auch ironischem Ton erzählt. So wie die Geschichten sich an Konventionen reiben und (im DDR-Zeitkontext) eine Fülle von größeren und kleineren Tabubrüchen begehen, so trifft dies auch auf das Erzählen selbst zu. Es wird deutlich abweichend von den im Kino tradierten Modellen organisiert. Zwar verfügen Günthers Filme stets über einprägsame Hauptfiguren und über eine übergreifende Fabel, jedoch umspielen sie dies gern. Häufig wird der Erzählstrom durch kleine Episoden und minutiöse Beobachtungen scheinbar ephemerer Vorgänge aufgehalten, die hohen Eigenwert besitzen und dem Ganzen einen besonderen poetischen Reiz verleihen. Es entstehen die Zeitlichkeit der Story durchbrechende Geflechte, die in ihrer Beiläufigkeit realitätshaltig sind, offen nach vielen Seiten. Insbesondere die Montage sucht jede konventionelle Natürlichkeitsillusion des filmischen Geschehens zu stören und die Konstruktion kenntlich zu machen. In *Die Schlüssel* ging Günther am weitesten. Der rote Faden verliert sich auf weite Strecken in einer Collage von Beobachtungen und einmontierten Reportageszenen. Selbst den Tod der Hauptfigur, also den üblichen Schluß einer dramatischen Konstruktion läßt er schon nach zwei Dritteln des Films und eher per Zufall geschehen, nachdem der Konflikt eben erst etabliert worden war.

Die Kulturpolitik der DDR hatte mit Günther erhebliche Schwierigkeiten. Schon einer der ersten Filme, für den er das Buch schrieb, *Das Kleid* (1961, Regie: Konrad Petzold), wurde verboten. Seine zweite Regiearbeit, der 1965 gedrehte Film *Wenn Du groß bist, lieber Adam*, der Heuchelei und Lüge in der DDR-Gesellschaft karikiert, durfte nach dem 11. Plenum des ZK der SED nicht fertiggestellt werden (er wurde erst 1990 in einer rekonstruierten Fassung uraufgeführt). Später erregten *Die Schlüssel* inhaltlich wie formal Anstoß. Im Inland kaum gezeigt, erhielt der Film keine Auslandsfreigabe. Weitere Filmarbeiten zu Gegenwartsthemen blieben Günther fortan verwehrt. Die Beschäftigung mit Literaturadaptionen in historischen Sujets – wie die Fernsehfilme *Junge Frau von 1914* (1970) oder *Erziehung vor Verdun* (1973), beide nach Romanen von Arnold Zweig, eine zweite wesentliche Linie im Schaffen Günthers – blieb daher Mitte der siebziger Jahre nicht mehr allein Ausdruck literarischer Neigungen, sondern bot Arbeitsmöglichkeiten. Es entstanden *Lotte in Weimar* (1975, nach Thomas Mann) und *Die Leiden des jungen Werthers* (1976, nach Goethe). Allerdings brachte er auch hier manche Anspielung auf DDR-Verhältnisse unter – etwa die Demütigung Werthers bei Hofe oder den ironischen Blick auf den Personenkult um Goethe. Das Metier schützte indes nicht vor dem Konservativismus der Herrschenden. Schon der 1968 produzierte Film *Abschied* (eine Adaption der Autobiographie von Johannes R. Becher) provozierte mit antiautoritären Akzenten und einer unkonventionellen Erzählweise – ein Sakrileg im Verhältnis zur Figur des einstigen DDR-Kulturministers – das Verdikt des »Modernismus« und verschwand rasch aus den Kinos. Zehn Jahre später teilte *Ursula* (1978), eine TV-Koproduktion Schweiz/DDR nach einer Novelle von Gottfried Keller, mit der sich Günther erneut als Avantgardist auswies, ein ähnliches Schicksal.

Angesichts ständiger Brüskierungen und der neuerlichen Vereisung des kulturellen Klimas nahm Günther 1979 das Angebot des WDR an, Feuchtwangers *Exil* für das Fernsehen zu adaptieren, und verließ bei dieser Gelegenheit die DDR. Im Westen folgten weitere TV-Romanverfilmungen, die sich mit Themen aus der deutschen Geschichte befaßten, so *Morenga* (1985, nach dem Roman von Uwe Timm) über Ereignisse aus dem Kolonialkrieg in Afrika und *Heimatmuseum* (1988, nach Siegfried Lenz) – aber auch Arbeiten zu Originalstoffen wie *Hanna von acht bis acht* (1983) oder *Die letzte Rolle* (1986) und *Rosamunde* (1990), sein einziger in dieser Zeit entstandener Kinofilm (nach eigenem Buch).

Sofort nach der Wende kehrte Günther nach Potsdam zurück und engagierte sich – als einer der bedeutendsten Regisseure, den das DEFA-Spielfilmstudio hervorgebracht hat – für dessen Fortexistenz, letztlich erfolglos. Immerhin drehte er 1990 als einen der letzten Filme unter DEFA-Signet *Stein*. Dieser geriet zu einem Resümee von Erfahrungen des Künstlers mit der DDR. Ein alternder Schauspieler (Rolf Ludwig), der den Narren spielend sich einst in die innere Emigration zurückgezogen hatte, erlebt, noch einmal von einer Liebe erfaßt, die Zeit des Umbruchs von 1989, in der jener Widerstand, aus dem er seine Identität bezog, hinfällig wird. Längst nicht mehr nur DDR-bezogen läßt sich der Fernsehfilm *Lenz* (1993), mit dem Günther an die Goethefilme aus den siebziger Jahren anknüpfte, lesen – als ein Kommentar zur vertrackten Position des Künstlers zwischen Utopie und Macht.

Egon Günther lebt heute bei Potsdam und lehrt als Honorarprofessor an der Babelsberger Filmhochschule.

Jörg Schweinitz

Filmographie: Lots Weib (1965) – Wenn Du groß bist, lieber Adam (1965, UA 1990) – Abschied (1968) – Junge Frau von 1914 (Fernsehfilm, 1970) – Anlauf (1971) – Der Dritte (1972) – Die Schlüssel (1972) – Erziehung vor Verdun (Fernsehfilm, 1973) – Lotte in Weimar (1975) – Die Leiden des jungen Werthers (1976) – Ursula (Fernsehfilm, 1978) – Exil (Fernsehfilm, 1981) – Hanna von acht bis acht (Fernsehfilm, 1983) – Morenga (Fernsehfilm, 1985) – Mamas Geburtstag (Fernsehfilm, 1985) – Die letzte Rolle (Fernsehfilm, 1986) – Heimatmuseum (Fernsehfilm, 1988) – Rosamunde (1990) – Stein (1991) – Lenz (Fernsehfilm, 1993) – Unkenrufe (Fernsehfilm, 1997).

Literatur: Der Dritte im Gespräch. Aus Theorie und Praxis des Films. 1972. Nr. 5. – Erika Richter: *Die Schlüssel*. In: Filmwissenschaftliche Beiträge. 1976. Nr. 1. S. 167–207. – Hans Günther Pflaum: Egon Günther – Bekenntnis zu Gefühlen. In: Film in der DDR. München/Wien 1977. (Reihe Film. 13.) S. 115–134. – Rolf Richter: Egon Günther. Der Mensch ist veränderbar. In: R. R. (Hrsg.): DEFA-Spielfilm-Regisseure und ihre Kritiker. Bd. 1. Berlin 1981. S. 32–56. – Heinz Kersten: Egon Günther. In: Cinegraph. Hrsg. von Hans-Michael Bock. München 1984 ff. – Gespräch mit Egon Günther [vom August 1990], aufgezeichnet von Erika und Rolf Richter. In: Film und Fernsehen 1991. H. 1. S. 2–7. H. 2. S. 36–39. – »Nur noch Kino für Zwerge«. [Egon Günther im Gespräch mit Ralf Schenk.] In: Neues Deutschland. 6. 9. 1996. S. 11.

Henry Hathaway

1898–1985

Als einer der wenigen unter den klassischen Kinoerzählern Hollywoods wurde Henry Hathaway in Kalifornien geboren, am 13. März 1898 in Sacramento. Seine Mutter war Bühnenschauspielerin, sein Vater Theatermanager. So wuchs er auf zwischen Theater und Kino. Schon im Alter von 10 Jahren war er Kinderdarsteller bei Allan Dwan. Ab 1913 arbeitete er als Requisitengehilfe für Universal. 1917 ging er als Artillerie-Ausbilder zur Armee. 1921 kehrte er zurück nach Hollywood und wurde Regieassistent bei Paul Bern und Frank Lloyd. 1925 wechselte er zu Paramount und assistierte Josef von Sternberg und Victor Fleming, von dem er noch im hohen Alter in den höchsten Tönen schwärmte. Gegenüber Rui Nogueira sagte er 1971, bei Flemings *Der Mann aus Virginia* (1929) habe er gelernt, wie man eine Szene aufbaue, wie man Höhepunkte setze, wie man das Beste aus seinen Mitarbeitern heraushole.

1932 drehte er seinen ersten Film als Regisseur, 1935 hatte er seinen ersten großen Kinoerfolg mit *Bengali*. 1940 wechselte er zur 20th Century Fox, für die er seine erfolgreichsten Filme inszenierte (bis 1960). Unter den Fittichen von Darryl F. Zanuck, der Filme nicht mochte, die »jemand im stillen Kämmerlein geschrieben und erdacht hatte«, fühlte er sich wohl. »Zanuck räumte mir stets alle Schwierigkeiten aus dem Weg. Und wenn manchmal nichts Großes dabei herauskam, so doch immer etwas Brauchbares. Er hat mir auch erlaubt, die ersten dokumentarischen Filme zu machen. Das war etwas völlig Neues, mit der Kamera auf die Straße zu gehen. Er war davon angetan, an Originalschauplätzen zu drehen. Er sah darin einen großen Vorteil: Man konnte alte Geschichten noch einmal erzählen, aber in einem anderen, realistischeren Stil.« Das erste dieser Semidocumentaries war *Das Haus in der 92. Straße* (1945), ein Propagandawerk über den Abwehrkrieg des Federal Bureau of Investigation gegen Nazispione in den USA – »with the FBI's complete cooperation«. Das ästhetisch Interessante daran: die realen Schauplätze (wenn möglich die Orte des tatsächlichen Geschehens); die Mitarbeit authentischer FBI-Agenten; der Einbezug historischer Wochenschauen; die Nutzung dokumentarischer Aufnahmen, die das Leben und Treiben um die deutsche Botschaft vorführen (echte Szenen aus den Archiven des FBI, so der Kommentar).

Hathaway gehörte zu den talentierten Handwerkern des Erzählkinos, für den wichtig war, daß eine Geschichte möglichst spannend erzählt wird, daß die Figuren und ihre Konflikte so plastisch wie nur möglich wirken, daß in und zwischen den Bildern auch angelegt ist, was an Effekt und Emotion ausgekostet werden soll. Deshalb wird er in der Literatur wohl auch gewürdigt als »vollendeter Techniker« (K. Canham), als »vollkommener Hollywood Professional« (E. Katz), als »Regisseur ohne Komplexe oder Neurosen, auch wenn sein Material ganz modern ausgestattet ist« (A. Sarris).

Im Laufe seiner Karriere bediente Hathaway nahezu alle klassischen Genres des Hollywood-Kinos, wobei er bis zum Ende seine Vorliebe für Western besonders pflegte, die vom ersten Outdoor-Western im Dreifarb-Verfahren *Kampf in den Bergen* (1936) bis zum melancholischen Spätwestern *Der Marshal* (1969) reichte. Seine interessantesten Ausflüge in andere Genres waren das romantische Melodram *Peter Ibbetson* (1935), der semidokumentarische Journalistenthriller *Kennwort 777* (1948), der exotisch-märchenhafte Abenteuerfilm *Die schwarze Rose* (1950) und das mythische Rittercomic *Prinz Eisenherz* (1954). Hathaways grundlegende Dramaturgie zielte auch in diesen Filmen darauf, daß seine Protagonisten ganz nach unten müssen, psychisch und physisch, um am Ende doch noch einen Weg nach oben zu finden.

Hathaway war ein Männer-Regisseur, der aus seinen Stars ungewohnte Seiten herausholte: die schüchterne Empfindsamkeit bei Gary Cooper (in *Peter Ibbetson*); das zurückhaltende Ensemblespiel von Tyrone Power (in *Treck nach Utah*); die neurotische Hybris von Richard Widmark (in *Der Todeskuß*); die nüchterne Entschlossenheit bei James Stewart (in *Kennwort 777*); die gelassenen Aktionen von John Wayne (in *Der Marshal*). Hathaway interessierten die Momente, in denen gewohnte Oberflächen zerreißen und überraschende Perspektiven sich auftun. Schon in *Kampf in den Bergen* zeigte er Fred MacMurray als entschlossenen Eisenbahner, der durch die Konflikte, die beim Eisenbahnbau in den Bergen Virginias entstehen, wo »old woods, old ways and old codes live unchanged«, sich zum Mann des Vermittelns wandelt. Und in *Peter Ibbetson* wirkt Gary Cooper wie ein Ewig-Verlorener, der jedem Schicksalsschlag trotzt, um seiner Kinderliebe »für immer und ewig« treu zu bleiben. Noch im Kerker sucht er die intensive Vereinigung, indem er seine Geliebte bittet, an jedem Tag zu einer bestimmten Zeit an ihn zu denken und mit ihm zu fühlen; wodurch Hathaway einer der kühnsten melodramatischen Effekte der Filmgeschichte gelang.

Ein generelles, immer wiederkehrendes Motiv in seinen Filmen ist der Hang seiner Figuren zu Gegenwehr und Rache. Der typische Hathaway-Held findet Identität und Bewährung nur, wenn er nach gewalttätiger Erniedrigung sich entschließt zu kämpferischer Rebellion oder gewaltsamem Tun. In *Der Todeskuß* (1947), den Hathaway auf den Straßen von New York drehte, kämpft Victor Mature als Nick Bianco für seine eigene Zukunft, indem er sich den Zwängen seiner Gegenwart widersetzt; er wächst über sich hinaus, weil er begreift, daß er nur durch das große Opfer seine kleinen Ziele sichern kann. Das amerikanische Credo par excellence ist in Hathaways Filmen formuliert: daß persönliche Freiheit stets entschiedenes Handeln voraussetzt. Noch in *Nevada Smith* (1966) ist Steve McQueen zu allem bereit, um die drei Mörder seiner Eltern zu stellen; sogar in ein berüchtigtes Straflager geht er dafür, als vermeintlicher Sträfling.

In seinen besten Filmen erzählt Hathaway immer wieder von Menschen in bedrohlichen Situationen, die nur zu bewältigen sind durch Selbstüberwindung und Mut zum Regelverstoß. Desinteressiert an traditionellem Verhalten (wie bei John Ford), an professionellen Gefühlen für den momentanen Job (wie bei Howard Hawks), desinteressiert auch am Aufbruch ins Unbekannte (wie bei Raoul Walsh), neigen die Hathaway-Helden dazu, vor allem ihren eigenen Prinzipien treu zu bleiben. Ihre Devise lautet, sich nichts gefallen zu lassen, damit sie am Ende sich selber noch gefallen – geradezu paradigmatisch in *Der Todeskuß* und *Prinz Eisenherz*, in *Die vier Söhne der Katie Elder, Nevada Smith* und *Der Marshal*.

In dem bizarresten seiner Western, in *Der Garten des Bösen* (1954), bringt Hathaway vier Männer und eine Frau zusammen – auf einer Reise durch die Wildnis. Die Frau ist auf der Suche nach ihrem Mann, die Männer sind auf der Jagd nach Gold. Im Lauf der Zeit wird aus dem Abenteuer draußen in der Weite allerdings immer mehr ein enges Beziehungsdrama: ein Geflecht persönlicher Zwietracht und Rivalität, ein Reigen aus Argwohn und Zerrissenheit, aus Jammer und Verzweiflung. Hathaway, das wird hier besonders deutlich, hat keine Vorliebe für Teams oder Gruppen. Seine Helden kommen sich nur in Momenten äußerster Gefahr näher, d. h. Intimität setzt bei ihm ein gewisses Maß an selbstzerstörerischer Energie voraus. Der Augenblick, in dem einer sich opfert, wird so auch zum Höhepunkt der Gefühle füreinander. Für Illusionen bleibt aber keinerlei Raum. Das pessimistische Fazit des neben der Frau einzigen Überlebenden (Gary Cooper): »Wenn die Welt nur aus Gold bestünde, würden die Menschen sich für eine Handvoll Staub gegenseitig die Köpfe einschlagen.«

Norbert Grob

Filmographie: Heritage of the Desert (1932) – Wild Horse Mesa (1932) – Man of the Forest (1933) – Sunset Pass (1933) – The Thundering Herd (1933) – To the Last Man (1933) – Under the Tonto Rim (1933) – The Last Round-Up (1934) – Come on Marines (1934) – Now and Forever / Treffpunkt Paris (1934) – The Witching Hour (1934) – Lives of a Bengal Lancer / Bengali (1935) – Peter Ibbetson / Peter Ibbetson (1935) – Go West, Young Man / Auf in den Westen (1936) – The Trail of the Lonesome Pine / Kampf in den Bergen (1936) – Souls at Sea / Schiffbruch der Seelen (1937) – Lest We Forgot (1937) – Spawn of the North / Raubfischer in Alaska (1938) – The Real Glory / Verrat im Dschungel (1939) – Brigham Young – Frontiersman / Treck nach Utah (1940) – Johnny Apollo (1940) – The Shepherd of the Hills / Verfluchtes Land (1941) – Sundown / Waffenschmuggler von Kenya (1941) – Ten Gentlemen from West Point (1942) – China Girl (1943) – Home in Indiana / Zu Hause in Indiana (1944) – Wing and a Prayer (1944) – The House on 92nd Street / Das Haus in der 92. Straße (1945) – Nob Hill (1945) – The Dark Corner / Der weiße Schatten (1946) – 13 Rue Madeleine (1946) – Kiss of Death / Der Todeskuß (1947) – Call Northside 777 / Kennwort 777 (1948) – Down to the Sea in Ships / Seemannslos (1949) – The Black Rose / Die schwarze Rose (1950) – Rawhide / Zwei in der Falle (1950) – The Desert Fox / Rommel, der Wüstenfuchs (1951) – Fourteen Hours / Vierzehn Stunden (1951) – You're in the Navy Now (1951) – Diplomatic Courier / Kurier nach Triest (1952) – O. Henry's Full House / Vier Perlen (1952) – Niagara / Niagara (1953) – White Witch Doctor / Weiße Frau am Kongo (1953) – The Coronation Parade (1953) – Garden of Evil / Der Garten des Bösen (1954) – Prince Valiant / Prinz Eisenherz (1954) – The Racers / Der Favorit (1955) – 23 Paces to Baker Street / 23 Schritte zum Abgrund (1956) – The Bottom of the Bottle / Gefangene des Stroms (1956) – Legend of the Lost / Die Stadt der Verlorenen (1957) – From Hell to Texas / Schieß zurück, Cowboy (1958) – Woman Obsessed / Ungebändigt (1959) – North to Alaska / Land der tausend Abenteuer (1960) – Seven Thieves / Sieben Diebe (1960) – How the West Was Won / Das war der Wilde Westen (Co-Regie, 1962) – Circus World / Circus-Welt (1964) – The Sons of Katie Elder / Die vier Söhne der Katie Elder (1965) – Nevada Smith / Nevada Smith (1966) – The Last Safari / Die letzte Safari (1967) – Five Card Stud / Todfeinde (1968) – True Grit / Der Marshal (1969) – Raid on Rommel / Im Mor gengrauen brach die Hölle los (1971) – Shoot out / Abrechnung in Gun Hill (1971) – Hangup (1974).

Literatur: Gunter Groll: Kleine Breitwand-Bilanz. In: G. G.: Lichter und Schatten. München 1956. S. 55 f. – Uwe Nettelbeck: *Nevada Smith.* In: Filmkritik 1966. H. 11. S. 634 f. – Rui Nogueira: Interview mit Henry Hathaway. In: Focus on Film 1971. H. 7. – Kingsley Canham: Henry Hathaway. In: The Hollywood Professionals. Bd. 1. London 1973. – Frank Arnold: The F. B. I. Story. In: Hans Helmut Prinzler (Hrsg.): Das Jahr 1945. Berlin 1990. S. 226–228.

Howard Hawks

1896–1977

Im Geburtsjahr des Kinos wurde Howard Winchester Hawks am 30. Mai 1896 als eines von fünf Kindern des wohlhabenden Papierfabrikanten und späteren Hoteliers Frank W. Hawks und seiner Frau Helen in Goshen, Indiana, geboren und wuchs in Kalifornien auf. Seine Brüder arbeiteten später ebenfalls im Filmgeschäft, William als Agent und Produzent, der jung verunglückte Kenneth als Regisseur. Hawks' frühe Faszination für Maschinen, Motoren und alles Technische ließ ihn in New Hampshire und später in New York Ingenieurwesen mit der Fachrichtung Mechanik sowie Architektur studieren.

Sein Handwerk lernte Hawks in den großen Hollywood-Studios von der Pike auf: Als Requisitengehilfe im Famous Players-Lasky Studio fiel er durch sein Wissen über moderne Architektur und Design den einflußreichen Stummfilmstars Douglas Fairbanks und Mary Pickford auf. Als der Regisseur Marshall Neilan bei Dreharbeiten ausfiel, nutzte Hawks sofort die Gelegenheit, einige Szenen des Pickford-Films *The Little Princess* (1917) zu inszenieren.

Nach seinem Dienst im Ersten Weltkrieg als Flugausbilder bei der US-Luftwaffe drehte Hawks Komödien-Einakter, in denen er auch als Stuntman agierte, schrieb Zwischentitel und gründete mit Freunden eine nur am Anfang erfolgreiche Produktionsfirma. Diese Vielzahl an praktischen Erfahrungen im Filmgeschäft ergänzte Hawks mit autodidaktischen Studien beispielsweise der Filme von Cecil B. DeMille, die er als negatives Vorbild bezeichnete, und derjenigen seiner Lieblingsregisseure John Ford, Ernst Lubitsch und Leo McCarey. Dank der Fürsprache von Irving Thalberg wurde Hawks 1922 Leiter der Drehbuchabteilung bei Paramount und 1924 bei Metro-Goldwyn-Mayer, ohne aber seinem eigentlichen Ziel, Regie zu führen, ein Stück näher zu kommen. Erst als ihm die William Fox Studios einen Regievertrag anboten, konnte er mit *The Road to Glory* (1926) sein Debüt geben.

Einer der Schlüssel für Hawks' großen Erfolg ist die Identität von Person und Werk. Nicht nur, daß er viele seiner Geschichten selbst erlebt hat und ein Großteil seiner Figuren reale Vorbilder haben; Hawks' Männerfreundschaften z. B. mit William Faulkner und Ernest Hemingway, seine Abenteuerlust und seine Leidenschaft für das Konstruieren und Führen von schnellen Autos und Flugzeugen sowie seine Passion für Jagen und Fischen lassen ihn wie einen typischen Hawks-Helden wirken. Auf vielen Produktionsfotos glaubt man deshalb spontan, einen Darsteller zu sehen und nicht den Regisseur, der einem Schauspieler Anweisungen gibt, so nahtlos fügt Hawks sich von der Physis, Kleidung und Verhalten in die Szenen ein.

Hawks war dreimal verheiratet und hatte aus diesen Ehen vier Kinder. Der noch im Alter agile und gesunde Mann starb im Dezember 1977 an einer Kopfverletzung, nachdem er unglücklich über einen seiner Hunde gestolpert war.

Hawks' 45 Filme, davon acht Stummfilme, teilen sich auf in einerseits Abenteuer-, Kriminal- und Westernfilme und andererseits Komödien, meist in der zeitgenössischen Ausprägung der Screwball Comedy; alle diese Genres hat Hawks in 44 Jahren als Regisseur um einige der schönsten und einflußreichsten Filme der Kinogeschichte bereichert. Hawks war bereits über fünfzig Jahre alt, als er sich mit *Red River* (1948) zum ersten Mal auf die Welt der Cowboys einließ: Nach dem Tod seiner Verlobten baut der Rancher Dunson innerhalb von 14 Jahren zusammen mit seinem Adoptivsohn Matt Garth und dem alten Groot die größte Ranch am Fluß auf. Während eines großen Viehtrecks kommt es zu einer Auseinandersetzung zwischen den beiden ungleichen Männern, da Matt Dunsons autokratische Sklaventreiberei nicht mehr gutheißen kann. Erst die Schüsse von Matts energischer Freundin lassen die beiden schließlich wieder zueinander finden. Für John Wayne als Dunson bedeutete diese ambivalente Figur den ersten Schritt zu seinen späteren Charakterrollen, wie er sie unter Hawks' Regie in *Rio Bravo* (1959) und *El Dorado* (1967) spielte. Beide Filme, die Hawks als Antwort auf Fred Zinnemanns *Zwölf Uhr mittags* (1952) verstanden wissen wollte, erzählen vom Kampf einer Gruppe von Männern gegen eine die Stadt terrorisierende Bande und – wie so viele von Hawks' Filmen – die Bewährungsprobe einer Männerfreundschaft. Ohne große Worte, dafür mit einer Menge Details macht Hawks die Verbundenheit der Kameraden sichtbar, z. B. dreht in *Rio Bravo* der Sheriff Chance mit einer rauhen Zärtlichkeit seinem alkoholkranken Freund die Zigaretten. Mit *Hatari!* (1962) drehte Hawks eine Kombination aus Western, Abenteuerfilm und Komödie. Eine Gruppe von Tierfängern geht in Afrika ihrer gefährlichen Saisonarbeit nach (»Hatari« ist das Swahili-Wort für »Gefahr«). Die Regie hält das komplexe Figurengeflecht verschiedener Mann-Frau- und Mann-Mann-Beziehungen mühelos zusammen, unterstützt von den allesamt hervorragenden Darstellern.

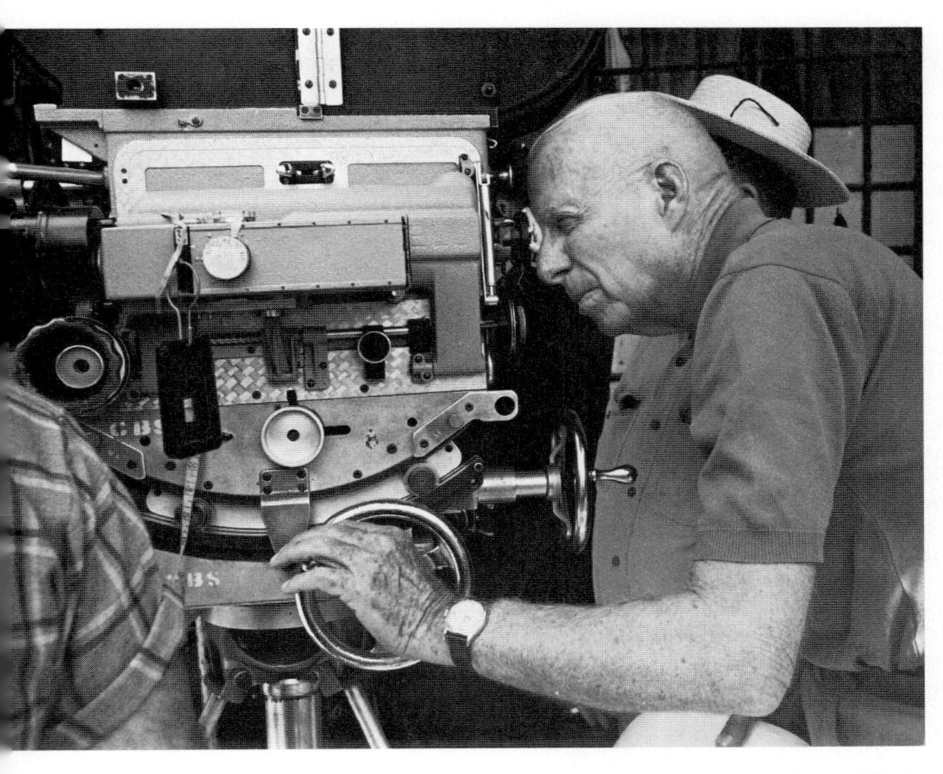

Howard Hawks

Stand wie in diesem Film John Wayne im Vordergrund als Western- und Abenteuerheld, so war in den Komödien Cary Grant Hawks' bevorzugter »leading man«. Wie kein zweiter verstand er es, Hawks' oberstes Komödiengebot umzusetzen, auf keinen Fall absichtsvoll lustig zu wirken. Voller Verdoppelungen, Verdrehungen und Rollentausche sind Hawks' Komödien die schnellsten des Genres – er selber sprach von einer 20prozentigen Temposteigerung im Vergleich zu anderen Filmen – und nicht zuletzt dadurch die vitalsten und auch anarchischsten: Besonders in *Sein Mädchen für besondere Fälle* (1940) agieren und sprechen die Personen mit halsbrecherischem Tempo, so daß sich ihre Dialoge überlappen. Damit das Gesagte trotzdem ankam, fügte Hawks am Anfang und Ende eines Satzes bedeutungslose Füllwörter ein. Einen besonderen Reiz bezieht *Sein Mädchen für besondere Fälle* dadurch, daß Hawks ihn an die Screwball Comedy annäherte, indem er in dieser Verfilmung des Theaterstücks »Front Page« von Ben Hecht aus der zweiten Hauptrolle eine weibliche Figur machte: Die Star-Reporterin Hildy Johnson verkündet ihrem Chef Walter Burns – pikanterweise gleichzeitig ihr Ex-Mann –, sie wolle den Beruf wegen einer neuen Heirat an den Nagel hängen und diesmal nicht wegen einer Recherche auf ihre Flitterwochen verzichten. Zuerst gewinnt der Vollblutprofi Burns sie mit einer letzten heißen Geschichte über eine Hinrichtung professionell und schließlich auch privat zurück – um sie gleich wieder an die Arbeit zu schicken. Hawks' Komödien erzählen die Umkehrgeschichte seiner Abenteuer- und Westernfilme: Wird in diesen die Handlung von den Männern dominiert, haben in den Komödien die Frauen das Sagen, und die Männer sind ihre Opfer. Das beste Beispiel dafür ist der Paläontologe David Huxley in *Leoparden küßt man nicht* (1938), dessen Spendenjagd für sein Museum sich die exzentrische Millionärsnichte Susan immer wieder in den Weg stellt. Was am Anfang reine weibliche Destruktion scheint, entpuppt sich als Anstoß zu einem späten Reifungsprozeß: Denn je stärker sie in rasantem Tempo seine Vorhaben bis hin zur Zerstörung eines Dinosaurierskeletts unterläuft, um so mehr macht Susan aus dem verschrobenen Forscher, der kurz davor steht, eine Vernunftehe einzugehen, einen Mann aus Fleisch und Blut, mit Leidenschaft und Verlangen. Eine solche Sozialisierung widerfährt auch dem lebensunerfahrenen Linguistikprofessor Bertram Potts in *Die merkwürdige Zähmung der Gangsterbraut Sugarpuss* (1942), da die frivole Titelheldin ihre Lektionen nicht allein auf Slangausdrücke beschränkt. Die Hawksschen Frauen wie Sugarpuss und Susan nehmen ihr Schicksal und die Eroberung des Mannes selbst in die Hand und sind ein temperamentvoller Angriff auf sein Selbstbewußtsein und seine Ehre, der dieser auch rein äußerlich verlustig geht: In *Leoparden küßt man nicht* trägt Cary Grant notgedrungen ein rosa Negligé, in *Ich war eine männliche Kriegsbraut* (1949) muß er sich als französischer Offizier aus Liebe sogar als Frau ausgeben, um seiner energischen Angetrauten nach Kriegsende in die USA folgen zu können. Bei dem Kampf mit rutschenden Nylons und einem Pferdeschweif als Perückenimprovisation bleibt von seiner männlichen Würde nicht viel übrig.

Gegen Grants Komödienimage besetzte Hawks seinen Freund in dem unterschätzten Fliegerfilm *SOS – Feuer an Bord* (1939) als harten Piloten und Leiter einer südamerikanischen Fluglinie, der ein Regierungsvertrag winkt, wenn sie bei jedem Wetter die Post befördert – mitunter ein lebensgefährliches Unternehmen. Die Routine des fast krankhaft auf seine emotionale Unabhängigkeit bedachten Fliegers gerät in gefährliche Turbulenzen, als ein hübsches Showgirl seinetwegen das Schiff fahren läßt und auch noch seine Ex-Freundin auftaucht.

SOS – Feuer an Bord demonstriert par excellence, wie denkbar einfach Hawks' Filmtheorie ist: Für ihn, der sich zeit seines Lebens als Geschichtenerzähler verstand, besteht die vorrangige Aufgabe eines Regisseurs darin, das Publikum mit guten und spannenden Geschichten zu unterhalten und nicht Botschaften zu verkünden. Davon, daß er das eine stets beherzigt hat, zeugen sowohl seine große Popularität beim Publikum als auch sein Renommee unter Kollegen; daß er das andere aber auch nie wirklich unterlassen hat, verdeutlicht die implizite Sozialkritik seiner Filme. Beispielsweise ging es Hawks in *Scarface* (1932) und *Das Strafgesetzbuch* (1931) bei allem Bemühen um Zerstreuung doch auch um eine Kritik an den Zuständen in der US-amerikanischen Politik sowie am Justiz- und Strafsystem. *Scarface*, der Hawks der liebste seiner Filme war, verlegt als moderne Version die Geschichte der Borgia-Familie ins Chicago der dreißiger Jahre und porträtiert das Bandenmilieu mit einer Mischung aus Authentizität und Mythos, die auch Al Capone zu begeistern vermochte. Hawks verknüpft diesen in seiner Atmosphäre stilbildenden Gangsterfilm über den Aufstieg und tiefen Fall des animalischen Tony Carmonte mit einer Aufforderung an Politiker und Zuschauer, das organisierte Verbrechen mit allen zur Verfügung stehenden Mitteln zu bekämpfen. Schlüpft Carmonte gekonnt durch die Maschen des Gesetzes, so gerät der naive Robert Graham aus dem ein Jahr früher entstandenen *Strafgesetzbuch* dank des mehr ehrgeizigen denn gerechten Staatsanwalts Brady unschuldig in die Mühlen der Justiz. Als ein Denunziant ermordet wird, muß er sich entscheiden zwischen der Solidarität der Häftlingsgemeinschaft und der Hoffnung auf eine zweite Chance im Leben in Gestalt der hübschen Mary Brady.

Ben Hechts Vorlage zu *Scarface* ist ein gutes Beispiel für die Bedeutung, die Hawks der Drehbuchentwicklung zuschrieb. Er arbeitete dafür eng mit der Spitzenriege der Hollywoodautoren zusammen – mit Hecht, Charles MacArthur, Jules Furthman, Billy Wilder und I. A. L. Diamond sowie William Faulkner –, auch wenn er selber nur selten in den Credits als Drehbuchautor genannt wurde. Hawks bevorzugte einsträngige, geradlinig und chronologisch erzählte Geschichten, Rückblenden lehnte er strikt ab. Daneben schätzte er möglichst einfache Auflösungen von Situationen. Sein Einfluß macht sich vor allem bei den Dialogen bemerkbar, deren Prägnanz, Kürze und Tempo unverwechselbar den Stil seiner Filme prägen. Eine indirekte Sprechweise war ihm die liebste; er verglich sie mit einer Billardspielweise über drei Banden (»three-cushion-dialogue«). So sprechen in *Tote schlafen fest* (1946) der Privatdetektiv Philip Marlowe und seine Klientin Vivian Rutledge nur vordergründig über Pferderennen und meinen beide doch Sex. Ohne Scheu wiederholte Hawks Dialoge, manchmal auch wie im Fall von *Rio Bravo* und *El Dorado* ganze Plots, so wie er auch ohne Skrupel Ideen anderer Regisseure aufgriff (so daß es zu Plagiatsklagen seitens Howard Hughes kam). Trotz aller intensiven Vorbereitungen war Hawks für Improvisationen am Drehort offen.

Die Erzählweise von Hawks' Filmen ist so lakonisch-schlicht, daß sie fast kunstlos wirkt und dabei doch wie die Ideallinie beim Slalomlauf. Typisch dafür ist die furiose Eingangssequenz von *Tote schlafen fest*, in der ohne ein überflüssiges Bild, ohne ein Wort zuviel Handlung und Figuren charakterisiert werden: Nach dem Roman von Raymond Chandler drehte Hawks damit eine der Ikonen des Film noir. Philip Marlowe, dessen Darstellung durch Humphrey Bogart alle späteren Filmdetektive beeinflußte, löst für die Familie Sternwood einen höchst verwickelten Fall um Erpressung und Mord, der mehr und mehr von einem gutbezahlten Auftrag zu einer persönlichen Angelegenheit wird, da er sich in die Sternwood-Tochter Vivian verliebt hat. Einen weiteren Bogartschen Antihelden dieses Formats stellte Hawks in den Mittelpunkt der freien Adaption von Hemingways Roman *Haben und Nichthaben* (1945). Der zynische Schiffskapitän Harry Morgan will mit der Revolutionsbewegung auf Martinique nichts zu tun haben und entpuppt sich am Ende doch als Idealist. Auch hier steht der unsichtbare Stil von Hawks' Filmen ganz im Dienst der Geschichte und der Figuren. Die Montage fern jeglicher komplizierter Syntagmen ist im Erzählfluß kaum zu merken, dazu kommt Hawks' Vorliebe für längere Plansequenzen ohne Schnitt wie bei dem grandiosen Auftakt von *Scarface*.

Die Kamera unterstützt dieses unauffällige Erzählen, nachdem Hawks in den zwanziger Jahren unter dem Einfluß von Murnaus Film *Sunrise* (1927) noch experimentiert hat: »Ich folge einer Figur mit einer Kamera, wie man ihr mit den Augen folgt.« In leichter Untersicht nimmt Hawks' Kamera die Perspektive des Zuschauers im Kino vorweg. Extreme Kamerapositionen und -bewegungen sowie Zooms waren ihm ein Greuel. Diesen Stil feierten in den fünfziger Jahren die jungen französischen Filmkritiker der »Cahiers du Cinéma«, als sie den Regisseur als Filmautor entdeckten, was Hawks nach eigener Aussage nie wirklich nachvollziehen konnte. Ganz glaubhaft ist dies jedoch nicht, denn in den Credits seiner späteren Filme erscheint sein Name nicht in Druckbuchstaben wie bei den anderen Mitwirkenden, sondern als handgeschriebene Unterschrift – einer Werksignatur gleich.

Hawks' Autorenstatus wurde dadurch verstärkt, daß er als einer der frühen unabhängigen Produzenten im Hollywood-Studiosystem zu den Urahnen der heutigen Independent-Szene gehört. Er hatte das Recht auf den Final Cut, so daß seine Filme in der von ihm gewünschten Schnittfassung in die Kinos kamen.

Motor der Handlung sind bei Hawks die Figuren, die sich vor allem durch die Tat definieren. Anders als sein großer Konkurrent (und Freund) John Ford ist Hawks mehr an der Gruppe und ihrer Interaktion als am Individuum interessiert. Um den Figuren und ihrem Miteinander verschärft Konturen zu geben, läßt Hawks sie äußerlich isoliert in Extremsituationen agieren, seien es wie in den Komödien *Leoparden küßt man nicht* die Jagd nach einem Dinosaurierknochen inklusive Gefängnisaufenthalt mit Leopard oder in *Liebling, ich werde jünger* (1952) die Resultate einer höchst wirksamen Verjüngungsformel oder wie in den Western- und Abenteuerfilmen Gefahren und Herausforderungen wie riskante Flüge, Viehtrecks oder Tierjagd. Dabei bestand er auf (aus heutiger Sicht teilweise fragwürdiger) Authentizität: Viele der gefährlichen Tierszenen in *Hatari!* wurden nicht gedoubelt, die Elefanten wirklich erschossen, und in den Schießereien von *Scarface* flog den Schauspielern scharfe Munition um die Ohren.

Hawks' Figuren bestechen durch ihre Professionalität; in ihnen vereinen sich Instinkt, Intuition und Intellekt, womit sich Hawks – als Regisseur wie als Mensch – identifizierte. Das Gegenteil des Professionals im Hawksschen Sinne ist der Mann, der in einer Extremsituation versagt. »Er war nicht gut genug«, heißt es dann wie in *SOS – Feuer an Bord* lapidar über den zumeist Toten, dem kein Respekt mehr gebührt. Alle Hawksschen Helden leben in dieser Spannung, wie z. B. in *El Dorado* und *Rio Bravo* deutlich wird. In beiden Filmen kommt exemplarisch die grundlegende Konstellation der meisten Hawks-Filme zum Tragen, die er »die Liebesgeschichte zwischen zwei Männern« nannte; sie stellt für ihn das Maximum an Emotionalität dar und steht über einer romantischen Mann-Frau-Beziehung. So bleibt in *Der weite Himmel* (1952) der Abenteurer Boone nicht aus Liebe bei seiner Indianerfrau, sondern als Liebesbeweis für seinen Trapperfreund Jim Deakins, der sie in Wirklichkeit liebt. Eine Frau findet in der Männerwelt von Hawks' Filmen nur dann Akzeptanz, wenn sie sich auf ihre Weise als ebenbürtig erweist (ein Anspruch, den Hawks auch im Privatleben hatte), sei es, daß sie wie in *Haben und Nichthaben* in brenzligen Situationen die Nerven behält, hervorragend reiten und schießen kann oder sich wie in *Hatari!* ihre Sporen als hartnäckige Tiermutter verdient. Hawks' höchstes Lob für Leigh Brackett, die Autorin von *Hatari!* und *El Dorado*, lautete deshalb, sie habe geschrieben wie ein Mann. Hawks' bevorzugter Frauentyp unterscheidet sich auffällig von dem anderer Regisseure. Es sind durchweg starke, selbstbewußte und geradlinige Frauen mit viel Sinn für Humor. Diese Frauen setzen bei den Männern Selbsterkenntnisprozesse in Gang und helfen ihnen, die so auffallend häufigen leidvollen Erfahrungen mit einer anderen Frau zu überwinden. Um diesen Typ nach seinen Vorstellungen besetzen zu können, wurde Hawks notgedrungen zum Talentsucher. Stars wie Carole Lombard, Jane Russell, Joanne Dru, Lauren Bacall und Angie Dickinson erhielten bei ihm ihre erste Chance. Er versuchte das Selbstwertgefühl der Aktricen und Akteure zu stärken, hielt sich aber ansonsten in der Führung sehr zurück. Seine einzige Maxime lautete: natürlich sein. Das »Method Acting« von Lee Strasberg lehnte er deshalb vehement ab, ihn reizte vielmehr die Persönlichkeit eines Schauspielers, wie sie der ungelernte Nebendarsteller Walter Brennan als Groot in *Red River* idealtypisch für ihn verkörperte.

Ursula Vossen

Filmographie: The Road to Glory (1926) – Fig Leaves (1926) – The Cradle Snatchers (1927) – Paid to Love / Bezahlte Liebe (1927) – A Girl in Every Port / In jedem Hafen eine Braut (1928) – Fazil (1928) – The Air Circus (1928) – Trent's Last Case (1929) – The Dawn Patrol / Start in die Dämmerung (1930) – The Criminal Code / Das Strafgesetzbuch (1931) – Scarface – Shame of a Nation / Scarface – Narbengesicht (1932) – The

Crowd Roars / Der Schrei der Menge (1932) – Tiger Shark / Tiger-Hai (1932) – Today We Live (1933) – Viva Villa! / Schrei der Gehetzten (ersetzt durch Jack Conway, 1934) – Twentieth Century / Napoleon vom Broadway (1934) – Barbary Coast / San Francisco im Goldfieber (1935) – Ceiling Zero / Höhe Null (1936) – The Road to Glory (1936) – Come and Get It / Nimm, was du kriegen kannst (1936) – Bringing up Baby / Leoparden küßt man nicht (1938) – Only Angels Have Wings / SOS – Feuer an Bord (1939) – His Girl Friday / Sein Mädchen für alle Fälle (1940) – The Outlaw / Geächtet (ersetzt durch Howard Hughes, 1940) – Sergeant York / Sergeant York (1941) – Ball of Fire / Die merkwürdige Zähmung der Gangsterbraut Sugarpuss (1942) – Air Force / Airforce (1943) – To Have and Have Not / Haben und Nichthaben (1945) – The Big Sleep / Tote schlafen fest (1946) – Red River / Red River / Panik am roten Fluß (1948) – A Song is Born / Die tollkühne Rettung der Gangsterbraut Honey Swanson (1948) – I Was a Male War Bride / Ich war eine männliche Kriegsbraut (1949) – The Big Sky / Der weite Himmel (1952) – O. Henry's Full House / Vier Perlen (Episode: The Ransom of Red Chief, 1952) – Monkey Business / Liebling, ich werde jünger (1952) – Gentlemen Prefer Blondes / Blondinen bevorzugt (1953) – Land of the Pharaohs / Land der Pharaonen (1955) – Rio Bravo / Rio Bravo (1959) – Hatari! / Hatari! (1962) – Man's Favorite Sport? / Ein Goldfisch an der Leine (1964) – Red Line 7000 / Rote Linie 7000 (1965) – El Dorado / El Dorado (1967) – Rio Lobo / Rio Lobo (1970).

Literatur: Peter Bogdanovich: The Cinema of Howard Hawks. New York 1962. – Robin Wood: Howard Hawks. Garden City / New York 1968. – Hans Ch. Blumenberg: Die Kamera in Augenhöhe. Köln 1979. – Gerald Mast: Howard Hawks, Storyteller. New York 1982. – Joseph McBride: Hawks on Hawks. London 1982. – Rolf Thissen: Howard Hawks. München 1987. – Peter Buchka: Howard Hawks. In: P. B.: Ansichten des Jahrhunderts. München/Wien 1988. S. 99–128. – Jim Hillier / Peter Wollen (Hrsg.): Howard Hawks: American Artist. London 1997. – David Thomson: *The Big Sleep*. London 1997.

Werner Herzog

*1942

»Wir, die neue Generation von Filmregisseuren, sind eine vaterlose Generation. Wir sind Waisen. Wir haben nur Großväter, also Murnau, Lang, Pabst, die Generation der zwanziger Jahre«, so Werner Herzog 1982 in seiner Laudatio auf Lotte Eisner, die mit ihren Büchern über »Die dämonische Leinwand« und über Lang und Murnau für Herzog »eine Brücke in einen geschichtlichen, einen kulturgeschichtlichen Zusammenhang geschlagen« hat, der durch den Nationalsozialismus zerstört wurde und den der deutsche Nachkriegsfilm nicht mehr aufsuchte. Das expressionistische Kino und die Tradition der zwanziger Jahre sind für Herzog als Bezugspunkte so bedeutsam wie für keinen anderen Regisseur des Neuen Deutschen Films. Mit *Nosferatu – Phantom der Nacht* (1979) variierte er – als erstes Remake des Neuen Deutschen Films überhaupt – F. W. Murnaus *Nosferatu – Eine Symphonie des Grauens* (1922); mit seinem bis dato letzten Spielfilm *Schrei aus Stein* (1991) schloß er bewußt an das von Arnold Fanck geschaffene deutsche Genre des Bergfilms an. Wie der Expressionismus ist Herzog den Momenten des Irrationalen, des Visionären, des Mythisch-Mystischen verbunden, wie Fanck hängt er einem ästhetisch-existentiellen Werkkonzept an, das keine Differenz von Filmkunst und Lebenspraxis zuläßt und bereit ist, um der Produktion von »ungesehenen Bildern oder Traumvisionen« (Herzog) willen das eigene Leben und das anderer immer wieder aufs Spiel zu setzen. Mit *Fitzcarraldo* (1982), einer im südamerikanischen Dschungel entstandenen Großproduktion, ging Herzog für einige

Schauspieler und vor allem für etliche Kritiker zu weit. Die Dreharbeiten des Films über einen kunstbesessenen Abenteurer, der sich Mensch und Natur untertan machen will, nahmen offenbar Züge eines rücksichtslosen Neokolonialismus an. Dies und der Film selbst zogen die Kritik auf sich, Herzog sei einer »faschistoiden Ästhetik« (M. Schneider) verpflichtet, gerade jener Tradition des deutschen Films, die Siegfried Kracauer in seinem gleichnamigen Buch auf die Formel »Von Caligari zu Hitler« brachte. Werner Herzog ist umstritten wie kein anderer Regisseur des Neuen Deutschen Films. Sein Ruhm entstand nicht in Deutschland, sondern vor allem in Frankreich und in den USA, wo er als der neue »deutsche« Regisseur schlechthin gefeiert wurde, als Visionär der dämonischen Seite der deutschen Seele oder als der »authentischste Erbe der romantischen Tradition in der Gegenwart« (B. Peucker), dessen ästhetischer »Supernaturalismus« (T. Corrigan) die irrationalen, die extremen Dimensionen der Conditio humana beleuchte.

Werner Herzog wurde am 5. September 1942 als Werner Stipetič in eine Familie angeblich verschrobener Gelehrter und gescheiterter Bohemiens geboren und wuchs auf einem Bauernhof auf. Schon früh trampte er durch Europa. Das permanente Unterwegssein auf allen Kontinenten bestimmte sein weiteres Leben und seine Filmarbeit. Nach dem Abitur studierte er Geschichte, Literatur- und Theaterwissenschaft in München und in Pittsburgh, veröffentlichte Filmkritiken und drehte 1962 seinen ersten Kurzfilm, *Herakles*, den er 1965 vollendete. Der Film montiert Einstellungen auf den seinen Körper trainierenden damaligen Mr. Germany, einen Bodybuilder, mit Inserts, die diesen modernen Herakles ironisch mit dem der Mythologie konfrontieren, und mit dokumentarischem Material, das jene gegenwärtigen Aufgaben verdeut-

Werner Herzog

licht, an denen jeder Held scheitern muß. »Herzogs Heroismus« (Th. Elsaesser), seine Faszination an überlebensgroßen Helden und ihrer Egozentrik, aber auch an ihrem Versagen und Scheitern ist hier schon präsent. Der nächste Kurzfilm, *Die beispiellose Verteidigung der Festung Deutschkreutz* (1967), ist eine Studie zu Herzogs erstem langen Spielfilm *Lebenszeichen* (1968), der, gefördert vom Kuratorium Junger Deutscher Film, eine Erzählung des Romantikers Achim von Arnim ins Jahr 1942, in die Zeit der deutschen Okkupation Griechenlands transponiert. Ein junger Soldat leidet in einem auf der Insel Kos isolierten Stützpunkt an der Unsinnigkeit eines Auftrages, an der Unmöglichkeit, mit anderen zu kommunizieren, und an der Fremdheit der von der Sonne erbarmungslos zum Erglühen gebrachten Landschaft, bis er gegen das Unerträgliche sinnlos aufbegehrt und wahnsinnig wird. Der Wahnsinn ist für Herzog nicht der des Krieges, der hier gerade nicht stattfindet, sondern der eines Menschen ohne Aufgabe, eines Menschen ohne Existenz, ohne Sinn, die Konsequenz einer unsinnigen »Wut über diesen Unsinn des Weltalls« (Herzog) und über den Unsinn der Geschichte, gegen den alle Helden Herzogs rebellieren, um daran zugrunde zu gehen.

Herzogs Romantizismus ist von Anfang an einer der notwendigen Desillusion, ein Romantizismus, der sich in der Übersteigerung bis zum Wahn selbst aufhebt oder ironisch gebrochen wird. Seit *Lebenszeichen*, für den Herzog den Deutschen Filmpreis erhielt, konnte er kontinuierlich bis Anfang der neunziger Jahre an Spiel- und Dokumentarfilmprojekten arbeiten, letztere entstanden meist für das Fernsehen. Dabei ist entscheidend, daß Herzog selbst keinen Unterschied zwischen fiktionalen und dokumentarischen Filmen macht; beides ist Teil seiner filmischen Vision. *Fata Morgana* (1971) entstand nach einem Dokumentarfilm über *Die fliegenden Ärzte von Ostafrika* (1970), deren zivilisatorischer Mission *Fata Morgana* das Ende aller Zivilisation entgegenstellt. So fremd und befremdlich wie *Fata Morgana* mutet im Kontext des politischen Innovations-Optimismus nach 1968 auch der folgende Film an. *Auch Zwerge haben klein angefangen* (1970) ist eine an Buñuel und Beckett gleichermaßen gemahnende Parabel über die Rebellion der Insassen eines Erziehungsheimes (alle Darsteller sind Zwerge) gegen Gott, die Natur, die Autorität, gegen alles: Der Zwergenaufstand (von der deutschen Kritik vielfach als Schmähung der 68er-Revolte verstanden) scheitert an der Abwesenheit der Gegner oder ihrer Gleichgültigkeit und deliriert ins Karnevaleske, wobei Herzog und seine beständigen Mitarbeiter Thomas Mauch, Jörg Schmidt-Reitwein (Kamera) und Beate Mainka-Jellinghaus (Schnitt) dieses Scheitern im manischen Wiederholungszwang und als narrative Kreisbewegung vor Augen führen. Kreisbewegungen, die der Kamera und die der Handlungsbewegung zurück auf ihren Ausgangspunkt, sind die Charakteristika von Werner Herzogs filmischer Weltsicht, in der es kein Entrinnen, allenfalls ein Neubeginnen gibt, wobei das Ende schon vorgezeichnet ist. Seither sind Herzogs Themen umrissen: die Visionen vom Ende der Zivilisation, gar vom Ende der Welt, und die Revolte und das Scheitern von einzelnen auf ihrer verzweifelten Suche nach Zeichen des Sinns in einer Apokalypse, in der sich keine Wahrheit mehr entbirgt. Die zwei großen Dokumentarfilme der siebziger Jahre, *Land des Schweigens und der Dunkelheit* (1971) und *Die große Ekstase des Bildschnitzers Steiner* (1974), fokussieren dies radikal in der Konfrontation des »normalen« Lebens mit dem Außerordentlichen, im einen Film mit der Welt taubblinder, verwahrlost aufgewachsener Menschen – Herzogs erstes Interesse für Kaspar-Hauser-Figuren –, im anderen mit dem identifikatorischen Porträt des besessenen Skifliegers Walter Steiner, der über die Grenze des Menschenmöglichen hinaus will und dabei die Begegnung mit dem Tod geradezu sucht.

Mit *Aguirre, der Zorn Gottes* (1972) sieht die deutsche Filmkritik in Herzogs Werk das »Sendungsbewußtsein« (H. G. Pflaum /

H. H. Prinzler) dominant werden. Herzog versteht sein Kino jetzt, mehr noch als bisher, als den »Versuch von einem neuen Sehen«, als »dieses erstaunte Aufgerütteltwerden und auf einmal Dinge sehen zum ersten Mal, ein wahnsinnig schmerzlicher Prozeß auch« (Herzog). Die Kritik übersah, daß dies der genuine Impuls der ästhetischen Moderne ist, den Herzog allerdings in Allianz mit seinem seither bevorzugten und von ihm bewunderten und gehaßten Hauptdarsteller Klaus Kinski zu einer Art Kreuzzug gegen die Verblendeten mythisierte. (1999 widmete Herzog dem inzwischen gestorbenen Kinski seinen Dokumentarfilm *Mein liebster Feind.*) Zudem steuerte seit *Aguirre* die Berichterstattung über alle Dreharbeiten Herzogs, über die maßlosen Forderungen des Regisseurs und die Qualen aller Beteiligten, die kritische Rezeption seiner Filme, positiv wie negativ. *Aguirre* ist gleichwohl Herzogs bedeutendster Film, eine Vision vom Aufbruch und Untergang spanischer Konquistadoren Ende des 16. Jahrhunderts auf der Suche nach El Dorado im undurchdringlichen Amazonas-Dschungel, und wie in Rimbauds programmatischem Gedicht der Moderne »Le Bateau ivre« führt die Flußfahrt den hybriden Eroberer Aguirre (Kinski) in einen Kosmos für ihn undeutbarer Zeichen, schließlich in Wahnsinn und Tod, den eine Kreisfahrt der Kamera besiegelt. Die Jagd nach der Chimäre des Neuen Paradieses, das sich nur durch Zerstörung der Welt erreichen läßt, wird von Herzog konsequent als europäische Wahnvorstellung gezeigt, in der das Erhabene und das Lächerliche eins sind. Dabei läßt Herzog, unterstützt von der Musik der Elektronik-Band Popol Vuh, einen rauschhaften Sog der Farben und Bilder entstehen, der den von *Fata Morgana*, seiner ersten Reise ins »Herz der Finsternis« (Joseph Conrad), noch übertrifft und der Francis Coppola, der *Aguirre* erfolgreich in Amerika präsentierte, zur Bildwelt seiner *Apocalypse Now* (1979) inspirierte.

Jeder für sich und Gott gegen alle (1974), der Herzog 1975 den Spezialpreis der Jury in Cannes eintrug, wendet sich einem deutschen Thema zu, das zu einem europäischen Mythos wurde: dem Findling Kaspar Hauser, der 1828 in Nürnberg auftauchte und wenige Jahre später ermordet wurde. Doch interessiert sich Herzog nicht für die geheimnisvolle Abkunft des »wilden Kindes«, auch nicht für seine zeitweilige Einfügung in die Kultur, sondern ausschließlich für den Widerstand, den der exemplarisch Fremde der Kultur entgegensetzt, die ihn als Fremden ihr gleich machen will. In dem Berliner Streuner Bruno S. hat Herzog einen Hauptdarsteller, der diesen Widerstand gar nicht spielen muß, sondern ihn buchstäblich verkörpert. Kaspars Traumvisionen transzendieren in ihrer magisch-flirrenden Schönheit nicht nur die biedermeierlich enge Welt des beginnenden Industriezeitalters. Sie sind, wie der, der sie träumt, als Seelenlandschaften ihr ein nie erklärbarer Widerpart.

Es spricht einiges dafür, daß *Jeder für sich und Gott gegen alle* eine »Quersumme«, vielleicht sogar der »Abschluß von Herzogs bisherigem Werk« (K. Wetzel) ist. Danach fand Herzog nie mehr die stimmige Geschlossenheit seines ohnehin mehr auf die Kraft der Bilder und nicht auf die Dramaturgie setzenden situativen Erzählens, nie mehr danach hat er Musik (hier von Pachelbel, Orlando di Lasso und Mozart) derart seine Narration unterstützend eingesetzt. *Herz aus Glas* (1976), nach einem Skript von Herbert Achternbusch, ist ein mißglücktes Experiment in Hypnose. Nicht nur Darsteller ließ Herzog in seiner Weltuntergangsvision unter Hypnose agieren; auch die somnambule Atmosphäre will ihre Bedeutsamkeit aus dem zitierten Fundus der europäischen Malerei ziehen, als wäre jedes Aufblitzen eines Bildes das letzte Erscheinen, der Film eine Arche Noah, die einzusammeln hätte, was über kurz unwiederbringlich verschwindet. Dabei hat der Film dennoch Einstellungen, die Herzogs Credo visualisieren: Jedes Aufbegehren gegen die Sinnlosigkeit ist selbst pathetisch und sinnlos und muß doch immer wieder unternommen werden. Wenn es nicht *Jeder für sich und Gott gegen alle* ist, der die bedeutendste Phase von Herzogs Werk abschließt, dann ist es der Dokumentarfilm *La Soufrière* (1977), in dem Herzog selbst der Protagonist ist, der im Sommer 1976 auf Guadeloupe mit einer Kamera auf einen angekündigten Vulkanausbruch wartet, um, den Tod vor Augen, letzte Bilder der Welt zu filmen, die es nicht gibt, weil der Vulkan nicht ausbricht. Fast schmerzlich muß für Herzog die Rückkehr nach Deutschland gewesen sein, denn *Stroszek* (1977), erneut mit Bruno S. in der Hauptrolle, ist eine fast thesenhafte Ballade vom Auszug aus der elenden und brutalen Normalität Berlins nach Amerika, wo der deutsche Außenseiter auch nur den Tod finden kann.

In schneller Folge versuchte Herzog danach, seine Vision neu zu bestimmen mit *Nosferatu – Phantom der Nacht* (1979) und mit der Büchner-Adaption *Woyzeck* (1979). Das Murnau-Remake, oft bis in Einstellungen der Vorlage verhaftet, betont die titanische Einsamkeit des Vampirs und behauptet lediglich durch pittoreske Bildkompositionen die Angst-Lust, die von ihm ausgehen soll. Wie später Coppolas *Bram Stokers Dracula* (1992) ist Herzogs Film ein eher akademisches Exerzitium in Film- und Kunstgeschichte als ein veritabler Horrorfilm, auch wenn bei Herzog am Ende das Böse in die Welt zieht. *Woyzeck* bleibt ebenso eng an der Vorlage, die fast theatral in Szene gesetzt wird. Indes besticht in der Hauptrolle ein schmerzhaft getriebener Kinski.

Für *Fitzcarraldo* (1982) verließ Herzog wieder Europa, um an *Aguirre* anzuschließen. Der Film über einen Abenteurer (Kinski), einen »Eroberer des Nutzlosen«, der, um die große Oper in den Dschungel zu bringen, die Natur bewältigen muß und dabei von den Indios und von der Natur besiegt wird, trägt alle Züge eines intendierten Opus magnum und wirkt oft doch nur wie ein Remake von *Aguirre*. Der ungeheure Aufwand, den Herzog betrieb, z. B. wird ein Dampfschiff über einen Berg gezogen, ließ engagierte Stars wie Jason Robards, Mick Jagger und Mario Adorf schnell das Weite suchen. Kinski sprang ein und lieferte Herzog die schon notorischen Kämpfe bis aufs Messer. Ob das Ergebnis die Anstrengungen rechtfertigt, war und ist umstritten. Die grandiosen Bilder, die Herzog ohne Zweifel gelangen, bleiben aber isoliert, zeigen die Anstrengung und machen die Geschichte zur Nebensächlichkeit. Les Blank hat in dem Film *Die Last der Träume* (1982) die Dreharbeiten dokumentiert.

Wo die grünen Ameisen träumen (1984), in Australien gedreht, konfrontiert die mythisch-magische Traum-Zeit der Aborigines mit der kalten Rationalität der fortschreitenden technischen Zivilisation, doch immer bemühter wird Herzogs Zivilisationskritik in einer Zeit, in der Zivilisationskritik selbst Zeitgeist ist. Als letzte Provokation sollte wohl *Cobra Verde* (1987) gelten, der Film über einen Sklavenhändler (Kinski), der sich in Afrika zum Gott macht und vom Meer davongespült wird. Herzog und Kinski schwelgen in Manierismen, in Beschwörungen des Archaischen, doch alles wirkt zitathaft, von Kinskis Italo-Western-Gestus bis zu Herzogs Zitaten von Leni Riefenstahls Nuba-Fotografien. *Schrei aus Stein* (1991) zieht dann die deutsche Tradition des Bergfilms bewußt in die Dimension des postmodernen Pastiches. Alles ist schon erlebt worden, jedes Abenteuer ist bestanden, jeder Gipfel bezwungen; die Welt ist entdeckt. Herzog inszeniert das noch einmal mit unverhohlenem Pathos, ja mit Elementen des Kitsches, und doch ironisch. Zum Liebestod aus Wagners »Tristan« umkreist die Kamera am Ende unablässig einen Berggipfel. Die vollständige Entdeckung der Welt ist der Tod von Werner Herzogs Vision.

Bernd Kiefer

Filmographie: Herakles (1962/1965) – Spiel im Sand (Kurz-Dokumentarfilm, 1964) – Die beispiellose Verteidigung der Festung Deutschkreutz (1967) – Lebenszeichen (1968) – Letzte Worte (Dokumentarfilm, 1968) – Maßnahmen gegen Fanatiker (Kurzfilm, 1969) – Niedrig gilt das Geld auf dieser Welt (Kurzfilm, 1970) – Die fliegenden Ärzte von Ostafrika (Dokumentarfilm, 1970) – Fata Morgana (1971) – Auch Zwerge haben klein angefangen (1970) – Behinderte Zukunft (Dokumentarfilm, 1970) – Land des Schweigens und der Dunkelheit (Dokumentarfilm, 1971) – Aguirre, der Zorn Gottes (1972) – Die große Ekstase des Bildschnitzers Steiner (Dokumentarfilm, 1974) – Jeder für sich und Gott gegen alle (1974) – How much wood would a woodchuck chuck (Dokumentarfilm, 1976) – Mit mir will keiner spielen (Kurz-Dokumentarfilm, 1976) – Herz aus Glas (1976) – La Soufrière (Dokumentarfilm, 1977) – Stroszek (1977) – Nosferatu – Phantom der Nacht (1979) – Woyzeck (1979) – Glaube und Währung (Dokumentarfilm, 1980) – Huie's Predigt (Dokumentarfilm, 1980) – Fitzcarraldo (1982) – Wo die grünen Ameisen träumen (1984) – Ballade vom kleinen Soldaten (Dokumentarfilm, 1984) – Gasherbrunn – Der leuchtende Berg (Dokumentarfilm, 1984) – Cobra Verde (1987) – Les Galois (Kurz-Dokumentarfilm, 1988) – Wodaabe, les bergers du soleil / Wodaabe – Die Hirten der Sonne (Dokumentarfilm, 1990) – Echos aus einem düsteren Reich (1990) – Schrei aus Stein (1991) – Jag Mandir. Das exzentrische Privattheater des Maharadjah von Udaipur (Dokumentarfilm, 1991) – Lektionen in Finsternis (Dokumentarfilm, 1992) – Little Dieter needs to fly (Dokumentarfilm, 1997) – Mein liebster Feind (Dokumentarfilm, 1999).

Literatur: Herzog/Kluge/Straub. München/Wien 1976. (Reihe Film. 9.) – Werner Herzog. München/Wien 1979. (Reihe Film. 22.) – Timothy Corrigan: New German Cinema. The Displaced Image. Austin 1983. – Klaus Nothnagel: Werner Herzog. In: Cinegraph. Hrsg. von Hans-Michael Bock. München 1984 ff. – Brigitte Peucker: Werner Herzog. In Quest of the Sublime. In: Klaus Phillips (Hrsg.): New German Filmmakers. New York 1984. S. 168–194. – Michael Schneider: Wollt ihr die totale Kunst? Über Werner Herzog und das Versagen der deutschen Filmkritik. In: M. Sch.: Nur tote Fische schwimmen mit dem Strom. Köln 1984. S. 289–299. – Timothy Corrigan (Hrsg.): The Films of Werner Herzog. New York / London 1986. – Hans Helmut Prinzler / Eric Rentschler (Hrsg.): Augenzeugen. 100 Texte deutscher Filmemacher. Frankfurt a. M. 1988. – Hans Günther Pflaum / Hans Helmut Prinzler: Film in der Bundesrepublik Deutschland. Erw. Neuausg. München 1992. – Thomas Elsaesser: Der Neue Deutsche Film. Von den Anfängen bis zu den neunziger Jahren. München 1994. – Bernd Kiefer: Eroberer des Nutzlosen. Abenteuer und Abenteurer bei Arnold Fanck und Werner Herzog. In: Thomas Koebner (Hrsg.): Idole des deutschen Films. München 1997. S. 104–115.

George Roy Hill

*1922

George Roy Hill wurde am 20. Dezember 1922 in Minneapolis, Minnesota, geboren. Er studierte Musik in Yale, ehe er als Pilot am Zweiten Weltkrieg teilnahm. Nach Kriegsende besuchte er das Trinity College in Dublin. Dort sammelte er in Cyril Cusacks Theaterensemble erste Erfahrungen als Schauspieler, die er später als Shakespeare-Darsteller auf einer Tournee durch die USA intensivierte. Nach einem weiteren Einsatz als Pilot im Koreakrieg arbeitete er als Drehbuchschreiber und Regisseur beim Fernsehen. Ab 1957 inszenierte er eine Reihe von Theaterstücken am Broadway. Der Erfolg seiner Produktion von Tennessee Williams' Drama »Period of Adjustment« veranlaßte MGM, Hill 1962 für eine Filmversion des Stückes zu verpflichten. Damit war sein Weg nach Hollywood geebnet. Nach der Verfilmung eines weiteren Theaterstückes, *Puppen unterm Dach* (1963) von Lillian Hellman, adaptierte Hill mit Nora Johnsons *Henry's Liebesleben* (1964) den ersten in einer längeren Reihe von Romanen. Der Film mit Peter Sellers in einer Hauptrolle erzählt die tragikomische Geschichte einer Freundschaft zwischen zwei Schülerinnen und wurde von Publikum und Kritik wohlwollend aufgenommen. Jedoch waren es weder diese noch spätere Literaturverfilmungen, die Hills Ruhm als Regisseur begründeten, sondern sein Western *Zwei Banditen* (1969), der auf einem Originaldrehbuch basiert. Gleiches gilt auch für seinen größten Kassenerfolg, *Der Clou* (1973).

Zwei Banditen greift ein für das Genre des Western typisches Thema auf. Die liebenswürdigen Ganoven Butch (Paul Newman) und Sundance (Robert Redford) müssen feststellen, daß ihnen die Ausübung ihres Berufes nicht mehr leichtgemacht wird. Der technische Fortschritt hat dazu geführt, daß Banken und Tresore zu beinahe uneinnehmbaren Festungen wurden. Als sie auch noch von einer Gruppe von Kopfgeldjägern verfolgt werden, wandern sie zusammen mit Sundances Freundin Etta (Katharine Ross) nach Bolivien aus, wo sie erneut Banken ausrauben und schließlich im Kugelhagel der Armee den Tod finden. Butch und Sundance haben Spaß an ihrer Arbeit, und genau diesen Spaß vermittelt der Film, was nicht zuletzt an dem Zusammenspiel von Newman und Redford liegt. Hinzu kommen noch das Drehbuch von William Goldman, die Kameraarbeit von Conrad Hall und die Musik von Burt Bacharach, allesamt mit dem Oscar ausgezeichnet. Hills unbeschwerte Regie hält stets die Balance zwischen Ernsthaftigkeit und Ironie. Immer wieder werden Western-Klischees parodiert. So nutzt zum Beispiel ein Kaufmann den Versuch des Sheriffs, einen Suchtrupp zusammenzutrommeln, zur Präsentation des neu entwickelten Fahrrads, während alle im Genre altbewährten Versuche der Banditen, ihre Verfolger abzuschütteln, wirkungslos bleiben. Auch der erste Banküberfall in Bolivien gestaltet sich schwierig, da die beiden Outlaws kein Spanisch beherrschen. Zudem verzichtet Hill – bei Sam Peckinpah wäre so etwas undenkbar – auf den blutigen Showdown, indem er schlicht das Bild einfriert, als die beiden Helden zu ihrem letzten Gefecht antreten. Ungewöhnlich für die Zeit seiner Entstehung ist auch die Tatsache, daß neben dem instrumentalen Score auch das von B. J. Thomas gesungene Lied »Raindrops Keep Fallin' on My Head« (ebenfalls Oscar-prämiert) mitten im Film erklingt.

Nachdem er 1972 ohne größeren Publikumserfolg Kurt Vonneguts komplexen Science-fiction-Roman *Schlachthof 5* verfilmt hatte, brachte Hill für sein nächstes Projekt, *Der Clou* (1973), erneut das Erfolgsgespann Newman und Redford zusammen. Sie spielen zwei Trickbetrüger, die versuchen, einen Gangsterboß (Robert Shaw) um einen erheblichen Geldbetrag zu erleichtern, weil er für den Tod eines gemeinsamen Freundes verantwortlich ist. Obwohl der Film nicht ganz die schlendernde Unbekümmertheit von *Zwei Banditen* erreicht, gewann er bei der Oscar-Verleihung in den Kategorien beste Regie, Drehbuch, Ausstattung, Kostüme, Musik und Schnitt. Ton, Kamera und Hauptdarsteller Robert Redford erhielten zudem Nominierungen. Neben der bis ins Detail liebevollen Ausstattung ist es besonders das intelligente Drehbuch von David S. Ward, das den Reiz von *Der Clou* ausmacht. Denn der Zuschauer gewinnt zunächst den Eindruck, als sei er über die Planung und Ausführung des Coups genau im Bilde. Dies erweist sich jedoch als Trugschluß, so daß sich am Ende nicht nur der Gangsterboß, sondern auch das Publikum mit einigen überraschenden Wendungen konfrontiert sieht: ein Verwirrspiel um Schein und Sein.

Hills nächstes Projekt war *Tollkühne Flieger* (1975), die Verfilmung einer Geschichte über einen draufgängerischen Piloten, die er selbst geschrieben hatte. Obwohl er wiederum Robert Redford als Star aufbieten konnte, füllte der Film ebensowenig die Kinosäle wie *Schlappschuß* (1977) mit Paul Newman in der Hauptrolle. Dies gilt auch für *Garp und wie er die Welt sah* (1982), allerdings völlig zu Unrecht. Denn mit diesem Werk gelang Hill das seltene Kunststück einer Literaturverfilmung, die die Atmosphäre der Vorlage exakt wiedergibt. Wie in John Irvings Roman halten sich auch in der Adaption tragische und komische Elemente die Waage, was in einer heiter-melancholischen Grundstimmung resultiert. Dadurch fällt es kaum negativ ins Gewicht, daß der Film die Handlung des fast 600 Seiten starken Buches notwendigerweise eklektisch präsentiert. Was dem Roman wie dem Film einen besonderen Reiz verleiht, ist die Tatsache, daß sie sich hartnäckig jeder Genreeinteilung widersetzen. *Garp* ist zugleich traurige Komödie und komisches Trauerspiel: eine fiktive Biographie, die von Geburt, Leben und Sterben des gleichnamigen Protagonisten erzählt, ein Familienfilm, ein Liebesfilm. Ferner handelt er vom ewigen Geschlechterkampf, dem Ringen der Frauen um Emanzipation in einer von Männern beherrschten Welt. Zu guter Letzt ist *Garp* ein Plädoyer, für eigene Überzeugungen einzustehen, selbst wenn es das Leben kosten sollte. Denn wie Garps Mutter Jenny Fields einmal zu ihrem Sohn bemerkt: »Jeder stirbt irgendwann. Es geht darum, ein Leben zu haben, bevor wir sterben. Das kann ein richtiges Abenteuer sein.« Diese Abenteuer entspringen keineswegs der Jagd nach geheimnisvollen Schätzen an exotischen Orten. Sie entwickeln sich vielmehr aus den »normalen« Dingen des Lebens wie Krankheit, Geburt oder Sorge um die Kinder, und sie spielen sich zumeist in beschaulichen Gegenden wie New Hampshire oder einem ruhigen Vorort von New York ab. Die Leistungen der Darsteller Robin Williams als Garp, Glenn Close als resolute Jenny Fields, Mary Beth Hurt als Garps Ehefrau Helen und John Lithgow als befreundeter geschlechtsumgewandelter Ex-Footballspieler sorgen dafür, daß rührende Szenen niemals kitschig, ergreifende niemals melodramatisch wirken. Hill gelingt es, den bereits in Irvings Roman angelegten skurrilen Humor unversehrt auf seinen Film zu übertragen.

Sowohl *Zwei Banditen, Der Clou* als auch *Garp* scheinen von einer Aura augenzwinkernder Zeit- und Schwerelosigkeit umgeben zu sein, die Hills beiden jüngsten Filmen leider völlig abgeht. *Die Libelle* (1984) ist eine ebenso verworrene wie spannungsarme Adaption des gleichnamigen Spionagethrillers von John Le Carré, *Funny Farm* (1988) eine geist- und witzlose Komödie über die Schwierigkeiten eines Ehepaars aus der Großstadt, sich an das Landleben zu gewöhnen.

George Roy Hill unterrichtet mittlerweile Drama und Theater an der Universität Yale. Ob er noch einmal den Weg zurück ins Filmgeschäft finden wird, bleibt abzuwarten.

Andreas Friedrich

Filmographie: Period of Adjustment / Zeit der Anpassung (1962) – Toys in the Attic / Puppen unterm Dach (1963) – The World of Henry Orient / Henry's Liebesleben (1964) – Hawaii / Hawaii (1966) – Thoroughly Modern Millie / Modern Millie (1967) – Butch Cassidy and the Sundance Kid / Zwei Banditen (1969) – Slaughterhouse Five / Schlachthof 5 (1972) – The Sting / Der Clou (1973) – The Great Waldo Pepper / Tollkühne Flieger (1975) – Slap Shot / Schlappschuß / Schlagschuß (1977) – A Little Romance / Ich liebe Dich – I Love You – Je t'aime (1979) – The World According to Garp / Garp und wie er die Welt sah (1982) – The Little Drummer Girl / Die Libelle (1984) – Funny Farm / Funny Farm (1988).

Literatur: Tom Milne: *The Sting* and *The Mackintosh Man.* In: Sight and Sound 43 (1973/74) H. 1. S. 52 f. – Stephen Locke: *Garp und wie er die Welt sah.* In: epd Film 4 (1987) H. 9. S. 28. – Michael Barson: George Roy Hill. In: M. B.: The Illustrated Who's Who of Hollywood Directors. Bd. 1: The Sound Era. New York 1995. S. 194 f. – Joe Hembus: *Butch Cassidy und Sundance Kid.* In: J. H.: Das Western-Lexikon. Neubearb. von Benjamin Hembus. München 1995. S. 89–91.

Alfred Hitchcock

1899–1980

Alfred Hitchcock wurde am 13. August 1899 im Londoner Eastend als drittes Kind eines römisch-katholischen Gemischtwarenhändlers geboren. Seine Mutter, irischer Abstammung, blieb für den jungen Hitchcock nach dem frühen Tod des Vaters 1914 der einzige Bezugspunkt. Er wohnte bei ihr, noch als er verlobt war. Besitzergreifende und mächtige Mutterfiguren beherrschen Hitchcocks Filme. Die Abhängigkeit der Fiktionen von der Erfahrung des Künstlers scheint auf der Hand zu liegen. Ebenso unter anderem Aspekt: Der dicke und einsame Junge, durchpulst von allgegenwärtiger Angst, so Hitchcock später, wurde zum Zuschauer des Lebens, das andere führen. Katholische Erziehung, auch in einer Jesuitenschule, und die Prägung durch sein soziales Umfeld, »Cockney«, scheinen ihm ein auffälliges Schuldbewußtsein und zugleich rebellische Attitüden gegen herkömmliche Normen eingeprägt zu haben. Seine Angst vor der Polizei und die Mißachtung dieser staatlichen Behörde wie die Furcht vor dem Eingesperrtsein sind Leitmotive vieler Anekdoten, die Hitchcock selbst in die Welt setzte. Hinter ihnen scheint er sich manchmal, gleichsam wie hinter autobiographischen Kulissen, ähnlich zu verbergen wie hinter der ziemlich mächtigen Hülle seines Leibes und einer äußerst beherrschten korrekten Erscheinungsweise – nur durchbrochen von seiner Neigung zu verletzenden Scherzen und Sarkasmen. Die von D. Spoto ausführlich recherchierte Charakteristik Hitchcocks als eines Viktorianers, eines Repräsentanten der durch zwanghaften Puritanismus gekennzeichneten viktorianischen Periode, der seinen Wünschen und Begierden nur im Film Gestalt anzunehmen erlaubt, hat bis heute keine wesentliche Einschränkung erlitten: außen ein disziplinierter, souveräner Dr. Jekyll, ein Meister der Verdrängung und Selbststilisierung zum ordentlichen Mitbürger, innen ein von schweren unterdrückten Schüben, Versagens- und Rachegefühlen gebeutelter Mr. Hyde (um das von Robert Louis Stevenson stammende exemplarische Doppelporträt der gespaltenen viktorianischen Männerpersönlichkeit aufzugreifen). Hitchcock heiratete mit 27 Jahren die Schnittmeisterin und Autorin Alma Reville; das einzige Kind der beiden, eine Tochter, trat später in wenigen seiner Filmen in Nebenrollen auf. Alma Reville blieb bis an sein Lebensende unverzichtbare Partnerin und Beraterin in künstlerischen und ökonomischen Fragen. Doch der scheinbar so gefestigte Familienvater verriet bald eine obsessive Leidenschaft für einen bestimmten Frauentypus (dem die kleine, bewegliche und rothaarige Alma Reville überhaupt nicht entsprach), der bereits früh in seinen Filmen zur Geltung kam: die kühle, blonde, unnahbar wirkende Schöne, die ein Geheimnis zu haben scheint oder bloß vortäuscht und für den Helden eine unberechenbare Verlockung und Gefahr birgt. Diese Heroine gerät in späteren Filmen Hitchcocks nicht nur in Not, vielmehr wird sie in quälenden Situationen moralisch und physisch gemartert oder gar vergewaltigt und umgebracht (*Vertigo, Psycho, Frenzy*) – die unerreichbaren Objekte, die Begierde erwecken, müssen offensichtlich vernichtet werden. Die unverkennbar sexuell gefärbten Tötungsphantasien in Hitchcocks erzählter Welt werden meistens durch spielerische Ironie, durch den Humor der grotesken oder karikaturistischen Übertreibung gebrochen, die für seine Behandlung von Kriminalgeschichten so kennzeichnend sind wie die Verknüpfung von Liebesdrama und Mordspektakel.

Hitchcock hatte als Regisseur ein gewaltiges Lebenswerk vollbracht, als er am 29. April 1980 in Los Angeles an Nierenversagen starb: Mit 53 Kino- und 20 Fernsehfilmen und dank geschickter Selbstvermarktung hat er nicht nur die Wertschät-

Alfred Hitchcock

zung eines riesigen Publikums und ebenso der Kritik erworben, seine rundleibige Gestalt, selbst nur als Schattenriß, ist eine ähnlich vertraute Ikone der Filmgeschichte geworden wie die Trampfigur Charlie Chaplins.

Seine Lehrzeit absolvierte Hitchcock in Studios des deutschen Stummfilms, in denen er von Vorbildern wie Friedrich Wilhelm Murnau und dessen Film *Der letzte Mann* (1924) lernte, mit der Kamera zu erzählen und Bilder zu erfinden, die die subjektive Wahrnehmung einer Figur verdeutlichen. Der jeweilige Affektzustand einer Person – Angst, Argwohn, Wahn, Krankheit, Besessenheit usw. – reguliert deren Blick auf die Welt und läßt ein jeweils anderes Gesicht der Dinge entdecken. So geht es zum Beispiel der vergifteten jungen Frau in *Berüchtigt* (1946) oder dem von seiner mysteriösen Madeleine faszinierten Scottie in *Vertigo – Aus dem Reich der Toten* (1958). Diese ausgeprägte Stummfilm-Ästhetik bewahrte und nutzte Hitchcock auch für seine Tonfilme.

Sogar die hörbare Welt kann nach der jeweiligen Figurenperspektive moduliert werden, die von Hitchcock immer sorgfältig abgestimmten Geräusche geben dann etwas von der spezifischen Empfindung einer Person wieder. Natürlich vermischt sich mit diesen subjektiven Anmutungen eine objektivere Sicht, die neutrale Milieus registriert, in der sich all die anderen offenbar konfliktfrei oder nach üblichen Regeln bewegen, doch dient diese Alltagsrealität oft nur als mehr oder weniger zähes Fluidum, das die Verfolgten und die Verfolger mühevoll durchdringen. Ob es die schottischen Highlands sind oder ein New Yorker Bahnhof, das jeweilige Environment schafft Hindernisse und erweitert oder verengt sich je nach der Dramatik der Situation. Jenseits eines Zimmers oder umgrenzten Handlungsbereichs trug Hitchcock keine Bedenken, gegen jede Wahrscheinlichkeit zu verstoßen. Auf die realen Dimensionen des weiten Außenraums wollte er selbst bei seinen Verfolgungsjagden oder Action-Szenen in *Eine Dame verschwindet* (1938) oder noch *Der unsichtbare Dritte* (1959) keine Rücksicht nehmen, da schnitt er die passenden Stücke aneinander, der Studiocharakter nachgebauter Schauplätze springt ins Auge, in den letzten Filmen gestattete er sich sogar erbärmlich falsch wirkende Rückprojektionen bei Autofahrten. In vier Wänden war er dagegen genau und konnte Echtzeit- und Echtraum-Eindrücke durch komplizierte Kamerafahrten und kontinuierlich gedrehte Szenen vermitteln. Es ist daher nicht verwunderlich, daß Hitchcock – bis in seine amerikanische Zeit hinein – immer wieder Bühnenstücke aufgriff und geschickt ins andere Medium übertrug. Im Innenraum festgebundene Protagonisten, die nicht schnell ihren Ort verändern können, interessierten ihn bevorzugt – wie der zwangsweise im Rollstuhl sitzende Reporter in *Fenster zum Hof* (1954), der Detektiv in *Vertigo,* der seine Höhenangst nicht überwinden kann, oder die kleine Familie in *Die Vögel* (1963), die in ihrem Haus von Scharen einst so harmloser Tiere belagert wird.

Hitchcock galt in Hollywood lange Zeit nur als hervorragender Spannungs-Techniker, weil man auf der durch das Melodram dominierten Werteskala offenbar nicht einordnen konnte, daß er soviel raffinierte Kunstfertigkeit in der Bildgestaltung und hindernisreichen Wegplanung seiner Erzählung auf ›niedere‹ Motive verwendete wie Begierden, Mord und Verfolgung. So erhielt Hitchcock nie einen Oscar für einen einzelnen Film. *Rebecca* (1940), seine erste amerikanische Produktion, wurde zwar zum besten Film des Jahres erklärt, doch der Preis fiel dem Produzenten David O. Selznick zu. Bei dieser zweifellos herablassenden Wertung wurde augenscheinlich übersehen, daß sich Hitchcocks Filme immer wieder eindringlich mit verschiedenen Phänomenen existentieller Angst beschäftigen, zum Beispiel der scheinbaren Ausweglosigkeit dessen, der aus einem Mißverständnis heraus, wegen unzutreffender Anklagen und Beschuldigungen gejagt wird und von niemandem Glauben für die Wahrheit erwarten darf. Dies gilt für *Die 39 Stufen* (1935), noch in England gedreht, bis zu *Verdacht* (1941) oder *Der unsichtbare Dritte*. Diese Gejagten dürfen in der humoristischen Spielart allenfalls durch Verblüffung und unerwartetes Rollenspiel die Umzingelung zu ihren Gunsten durchbrechen, sie treten als falsche Redner auf oder stören eine Auktion, sie retten sich in den Schutz der Öffentlichkeit und benutzen deren Riten und Zeremonien für sich, indem sie sich z. B. in diese eingliedern. Die aufgezwungene falsche Identität kann den Helden Hitchcocks zum Alptraum werden, besonders, weil es ihnen oft nur in letzter Sekunde gelingt, dem Zugriff zu entkommen, und sich die Prüfungen und Überlebensproben zu einer langen Prozession schlimmstmöglicher Varianten verketten. Dabei ereilt das Schicksal die Helden vorwiegend in Gestalt eines Zufalls, einer Kombination beliebiger Umstände, die plötzlich das zufriedene Dasein verändern und die Figuren in äußerste Not bringen. Gegen die Tradition versöhnlicher Schlüsse behauptet sich in Hitchcocks Filmen häufig (nicht immer) eine augenscheinlich erbarmungslose Welt, in der Unschuldige oder Halb-Bescholtene geopfert werden, ohne daß ihnen (poetische) Gerechtigkeit widerfährt. Dies gilt von *Sabotage* (1936) über *Psycho* (1960) – die Diebin wird, als sie Reue zeigt und umkehren will, viehisch erstochen – bis *Frenzy* (1972).

Hitchcock hat oft beteuert, daß er die Whodunit-Fabeln (wer hat es verbrochen?), die Suche nach einem Täter unter lauter Verdächtigen und Unverdächtigen meide. Er richtete das Augenmerk auf seine Konzeption des Suspense: Die Zuschauer wissen mehr als die handelnden Figuren und bangen daher um so stärker mit, weil sie ein Ende mit Schrecken nicht ausschließen können. Indes zeigt sich, daß Hitchcock immer wieder gegen seine Theorie verstieß und mit unbekannten Größen spielte, also mit Formen des »surprise«. Zahlreiche Überraschungen, unvorhersehbare Wendungen der Geschichte und Enttarnungen überzeugen die Zuschauer davon, daß ihnen vieles unklar geblieben ist und sie nur in wenigen Fällen im voraus wissen, was geschehen könnte.

In seiner englischen Phase zwischen *Der Mieter* (1927) und 1939, dem Jahr der Umsiedlung nach Amerika (auf Einladung von Selznick), drehte Hitchcock 23 Filme, einige davon flüchtig und desinteressiert, ständig im Kampf mit bestürzend ignoranten Produzenten. Der legendär gewordene Michael Balcon als sein wichtigster Förderer war eine erfreuliche Ausnahme. Wegen der Experimentierlaune sind von den Stummfilmen Hitchcocks hervorzuheben: *Der Mieter*, eine der ersten von vielen Geschichten, die eine Person unter falschen Verdacht stellen und ausgrenzen, und *Erpressung* (1929), ein Film, der bereits Tonelemente aufgreift und in die Wahrnehmungswelt einer Person integriert. Von den Tonfilmen erreichten bereits *Die 39 Stufen* und *Eine Dame verschwindet* erstaunliche Reife: geschickte Eingliederung behaglicher oder burlesker Episoden in den überwölbenden Spannungsbogen, pfiffig pointierende Einstellungen, heiterer Erzählwitz dämpfen die Angstspannung, ohne sie ganz aufzulösen. Situationen erscheinen unter Doppelaspekt: zugleich unter dem Aspekt des Hilfesuchenden, des Gejagten, der wenig Gelassenheit aufbringt, gleichsam befangen ist, und dem objektiveren Aspekt eines Betrachters, der den Humor oder das Unheimliche der Konstellation versteht. Erinnert sei an Sequenzen wie die Begegnung des flüchtenden Helden (in *Die 39 Stufen*) mit dem Bauernpaar in den schottischen Highlands, bei der der eifersüchtige Landmann sofort – in völliger Verkennung der Lage – eine Liebesbeziehung zwischen seiner jungen Ehefrau und dem attraktiven Stadtmenschen befürchtet, oder an die Einkehr des Helden in eine Herberge mit einer Frau, die durch Handschellen an ihn gefesselt ist, die ihm durchaus entkommen will und nicht bereit ist, das Täuschungsspiel, sie seien ein Liebespaar, mitzumachen – während die gerührte Wirtin – gleichfalls in völliger Verkennung der Lage – das Paar vor allen Nachstellungen schützt. Eine andere Sequenz (aus *Eine Dame verschwindet*) löst bei einer Figur Zweifel an der Zuverlässigkeit ihrer Realitätserkenntnis aus und folgerichtig am eigenen Verstand: Die Heldin wacht in einem Eisenbahnabteil auf und vermißt ihr Gegenüber, die alte Dame – und alle Mitreisenden bestreiten auf die bestürzten Fragen der jungen Frau hin standhaft, die Lady je gesehen zu haben. So könnte eine Reise in den Wahnsinn beginnen.

Hitchcock drehte auffällig viele Spionagethriller, nicht weil ihn ein politisches Interesse in der Zeit des Dritten Reichs und dann des Kalten Krieges angetrieben hätte, als es genug Beispiele für die Bespitzelung des ›Feindes‹ gab, sondern weil ihn der Umstand fesselte, daß augenscheinlich biedere und angesehene Mitbürger im Verborgenen destruktive Ziele verfolgen, also ein Doppelleben führen, daß Menschen unsichtbare Masken tragen und kein Vertrauen verdienen.

Als bedeutendster Regisseur Englands importiert, setzte Hitchcock seine Arbeit in Amerika mit einem Film fort, der schauerromantisch-europäisches Gepräge trägt: *Rebecca* (1940). Anschließend versuchte er energisch, sich amerikanische Sujets und Schauplätze zu erschließen, jedoch: seine bewegliche Kamera, die berühmten langen Einstellungen, die Szenen in ihrem Verlauf so festlegen, daß der Schnitt nicht mehr viel verändern kann und den Produzenteneinfluß beim Final Cut eng begrenzt, seine subjektiven Figurenperspektiven und entsprechende Forderungen an eine das Normalmaß übertreffende Ausstattung unterscheiden sich merklich vom Hollywood-Standard: Als die junge Frau de Winter (*Rebecca*) in die Gemächer ihrer mystifizierten Vorgängerin Rebecca eindringen will, muß sie erst eine riesige Tür öffnen – wie ein furchtsames Kind betritt sie den Palast der überlebensgroßen Toten.

So viele schöne Details auch *Verdacht* und *Ich kämpfe um dich* (1945) aufweisen, etwa die in der endgültigen Version stark gekürzte Traumsequenz im zuletzt genannten Film, die Salvador Dalí nach Hitchcocks Vorstellungen entwarf, Hitchcocks einprägsamste Filme der vierziger Jahre sind nach *Rebecca* wohl *Im Schatten des Zweifels* (1943), *Das Rettungsboot* (1944) und *Berüchtigt*. *Im Schatten des Zweifels* weist eine von Hitchcock auch später bevorzugte Doppelstruktur auf: Charlie, der Witwenmörder, und Charlie, seine Nichte, sind innerlich aneinandergekettet wie später die beiden Protagonisten in *Der Fremde im Zug* (1951). *Das Rettungsboot* sticht ab von den üblichen intellektuellen Kriegsanstrengungen Hollywoods im Kampf gegen Hitlerdeutschland. Hitchcock ist stets die Zwangssituation willkommen, die hier eine gemischte Gesellschaft von Überlebenden in einem Rettungsboot zusammenpfercht. An ein Entrinnen ist nicht zu denken. Die Psychologie der Gruppe wird allmählich entfaltet: Die meisten sind Zivilisten und unterwerfen sich schrittweise dem Kommando des Feindes, eines deutschen U-Boot-Kapitäns. Zum Schluß bringen sie ihren Gegner gemeinsam um. Dramaturgie, die einen starken Gegenspieler braucht, hat der politischen Korrektheit ein Schnippchen geschlagen – was Hitchcock verärgerte Reaktionen eintrug. Der Film blieb daher lange Zeit unbekannt. *Berüchtigt* gehört zu den Meisterwerken – dank der melodramatischen Konfiguration zwischen einer angeblich labilen, zur Trunksucht neigenden Frau, die sich vom amerikanischen Geheimdienst mit einem Nazi in Südamerika verkuppeln läßt, und ihrem Agentenführer, den sie liebt, der aber im Konflikt zwischen Pflicht und Neigung fast zu lange der Pflicht den Vorrang einräumt; dank aber auch der Besetzung der weichen, sinnlichen und scheinbar ihr Unglück als Lebensschicksal akzeptierenden Frau durch eine traumwandlerische Ingrid Bergman, des Agenten, der vor der Zumutung der Frauen mißtrauisch zurückweicht, durch einen oft finsteren Cary Grant und des Nazi-Ehemannes durch Claude Rains, der seine ihm zugetrickste Frau tatsächlich liebt und nicht im Klischee des bösen Feindes aufgeht. Dringliches Begehren und kühlende Hemmung stoßen aufeinander in der berühmten Kußsequenz in der Wohnung über dem Strand von Rio. Bergman beschmust aufs innigste den abwehrenden Grant: die Authentizität der Liebe wird verkannt durch das Mißtrauen eines Mannes, der die Hingebung der Frauen nur als Kalkül oder als Charakterlosigkeit begreifen kann.

Cocktail für eine Leiche (1948) ist ein extremes Beispiel für Hitchcocks ästhetische Risikofreude. In wenigen etwa zehn- bis zwölfminütigen Plansequenzen erzählt er eine Geschichte, die so lange dauert wie der Film. Um eine so künstliche Einschränkung des Handlungsraums und der Handlungszeit im Studio verwirklichen zu können, mußten im Atelier für die verwickelten Kamerabewegungen ständig die Wände hochgezogen oder verschoben werden. Doch die Spekulation, eine fließende und ununterbrochene Spannungsbewegung müsse immer einen höheren Gefühlsausschlag zur Folge haben als eine sprunghafte, auf Montage vertrauende Erzählung, erwies sich als Fehlspekulation.

Hitchcock hat, das bestätigen viele Zeugen, während der Arbeit an seinen Drehbüchern gewöhnlich sehr detailliert, selbst mit Hilfe von Zeichnungen, Kamerabewegungen und Schnittfolgen festgelegt, so daß er sich nach der Gestaltung seines Films im Kopf (und auf dem Papier) bei der Umsetzung im Studio oft zu langweilen schien, zumindest nachdem er die Kamerapositionen bestimmt hatte. Seine Arbeit mit Schauspielern wird oft als nachlässig beschrieben, mit Ausnahme der Fälle, in denen er eine blonde Schauspielerin besitzergreifend unterwerfen wollte. Und doch sind etliche seiner großen Filme ohne die Präsenz der Schauspieler nicht vorstellbar. In *Bei Anruf Mord* (1954) gewährt die junge und schöne ›Lady‹ Grace Kelly der Rolle der zu Unrecht des Mordes verdächtigten Ehefrau ihre elegante und subtile Sinnlichkeit. *Fenster zum Hof* lebt nicht nur vom Voyeurismus des an den Rollstuhl gefesselten Reporters im heißen Stadtsommer, sondern auch von der Spannung zwischen dem gefesselten Abenteurer des James Stewart und der unprätentiösen Vornehmheit Grace Kellys, die um so mehr Spielraum gewinnt, als der Mann keinen hat. Die verzweifelte Mutter aus dem bürgerlichen Mittelstand in der zweiten, amerikanischen Version von *Der Mann, der zuviel wußte* (1956) erhält durch Doris Day überzeugend brave und heldenmütige Gestalt. Die Intimität der Blicke zwischen dem immer besessener seiner Liebe verfallenden Detektiv (James Stewart) und der selbst im grauen Kostüm kräftig-erotischen, dennoch sich stets entziehenden weiblichen Hauptfigur (Kim Novak) verleiht *Vertigo* seine sehnsüchtige erotische Spannung, die wie bei »Tristan und Isolde« nie zu einer befriedigenden Lösung findet. Cary Grant ist in *Der unsichtbare Dritte* wesentlich daran beteiligt, daß hier Hitchcocks heiterste und pointierteste Verfolgungskomödie entsteht. Grant – das entspricht seinem Rollenprofil – scheint beinahe in jeder unmöglichen Lage bemüht, Gentleman zu bleiben, im Gespräch mit seiner spöttisch herablassenden Mutter, betrunken hinter dem Steuer oder auf der Flucht vor einem Flugzeug. Immer ist er etwas unangepaßt, immer der Schwerkraft der schlimmen Realität ein wenig enthoben. Sein intelligentes Spiel mit der Situation – wie in der Kunstauktion, die er durch erheiternde Regelverletzungen sprengt, um sich selbst zu retten – macht ihn überlegen. Erstaunlich für die späten fünfziger Jahre, in denen der puritanische Hays-Codex noch galt, ist die Offenheit der sexuellen Einladung durch Eva Marie Saint und ihre sexuelle Doppelbeziehung zum guten und zum bösen Helden. Motive aus *Die 39 Stufen* und *Berüchtigt* vermischen sich in *Der unsichtbare Dritte* zu einem der freizügigsten und bei aller Spannung lockersten Als-ob-Fiktionen, beinahe einer Genreparodie, die alle Angst befristet oder in Gelächter auflöst.

Als Hitchcock um die sechzig Jahre alt war, gelangen ihm die größten Erfolge bei Kritikern und Publikum: *Vertigo, Der unsichtbare Dritte, Psycho* und *Die Vögel*. Hitchcock hat *Psycho* mit einem Fernsehteam im

Stil eines Fernsehfilms gedreht – also nicht mit seinem Kameramann Robert Burks, der zwischen 1951 (*Der Fremde im Zug*) und 1964 (*Marnie*) fast alle Hitchcockfilme fotografierte. Dem Reportageformat des neuen Mediums und der Tradition des Film noir gleichzeitig entsprechen das Schwarzweiß, die Helldunkel-Akzente oder auch die fast pädagogische Information im Schlußteil, als ein Psychiater den merkwürdigen Fall des Muttermörders Norman Bates in ziemlicher Breite erläutert. An das Horrorgenre gemahnen das unheimliche Haus, Motive wie die ausgestopften Vögel oder Schockmomente wie die Duschszene. Die ungewöhnliche Konstruktion hat Hitchcock bereits in *Vertigo* erprobt. Der Film scheint mittendrin zu Ende zu sein: in *Vertigo* mit dem angeblichen Todessturz der geliebten Madeleine vom Kirchturm, in *Psycho* mit der Reue der Diebin am Abend im Motel. Doch nach dem Trugschluß setzt eine neue Handlung ein. Die Duschsequenz mit ihren über 60 Einstellungen ist im Grundriß übrigens von Saul Bass entwickelt worden, der auch die suggestiven Vorspänne von *Vertigo* und *Psycho* graphisch konzipierte. *Psycho* erzählt einen denkwürdigen und sensationellen Fall – und zieht keine Moral daraus. Schuld und Strafe stehen in keinem irgendwie begründbaren Verhältnis zueinander: Warum muß dieses Mädchen abgeschlachtet werden? Es ist ein ›schwarzer Film‹, auf die ›gottabgewandte‹ Seite der Wirklichkeit starrend und zugleich fasziniert von dem Umstand, daß man einem anderen in sich, Mr. Hyde oder der strengen Mutter, die Verantwortung für Morde aller Art zuschieben darf. Die Schockeffekte sind wohlkalkuliert und selten durch Suspense-Technik begründet, vielleicht sogar trivial: gellende Schreie, riesige Messer, die vorstechen, der jähe Überfall aus halbgeöffneten Türen, gurgelnder Schlamm, in dem Autos versinken, ein Mumienkopf im schwankenden Kellerlicht. Daß der Schrecken ein nervöses Gesicht mit unergründlichen dunklen Augen, ein physiognomisches Angstmotiv im ganzen Film, erhalten hat, liegt an der Gestaltung der Rolle des Norman Bates durch Anthony Perkins.

Wie *Psycho* dem Publikum das Vertrauen in abseits liegende Motels geraubt hat, so haben *Die Vögel* die franziskanische Zuneigung zu gefiederten und flatternden Lebewesen erschüttert. In diesem Film Hitchcocks spielt sich die Tricktechnik in den Vordergrund und verwandelt friedliche Tiere in aggressive Schwärme, stellt damit die natürliche Ordnung auf den Kopf. Zwar haben einzelne Interpreten beobachtet, daß die Tiere im Film angreifen, wenn Menschen sich ihr Verlassensein eingestehen, andere, daß die Attacken oft mit dem Verlassenheitsgefühl der Mutter korrespondieren und gerade die am heftigsten verwunden, gar töten, die als junge Frauen ihrem Sohn nahegekommen sind, als seien die über Bodega Bay kreisenden Wesen Verkörperungen ihrer Rachewünsche. Restlos läßt sich der Zusammenhang nicht klären, daß aber schließlich eine Art Waffenstillstand entstanden ist zwischen den Kombattanten, wird deutlich, als sich der Wagen mit der Familie und der verletzten, tief verstörten Freundin langsam durch Heere von abwartenden Vögeln entfernt. Hitchcock wollte ausdrücklich kein Schlußsignet »The End«. Tippie Hedren, ursprünglich ein Fotomodell, wirkt als Schauspielerin gehemmt, sie stellt eine grazile, disziplinierte junge Frau aus besseren Kreisen mit streng kontrollierter Frisur dar, die im Film systematischer Zerstörung ausgesetzt wird: ein Opfer. Im nächsten Film, *Marnie*, spielt sie eine krankhafte Diebin mit verdrängter Vorgeschichte. Wieder einmal ist die hartherzige Mutter schuld. Die (zugegeben: deformierte) Identität Marnies wird zerbrochen, ebenso ihre Unabhängigkeit, bis sie willenlos und »geheilt« sich einem ziemlich brutalen Mann ergibt.

Nach zwei weiteren, ziemlich humorlosen Spionage-Filmen (*Der zerrissene Vorhang*, 1966, und *Topas*, 1969) kann als respektables Alterswerk noch *Frenzy* gelten: eine grimmige Studie über einen Frauenmörder aus dem Marktviertel eines London, das nach Meinung eines britischen Kritikers nach Mottenkugeln rieche: Erinnerungen an die Umwelt der eigenen Kindheit? Durchaus zeitgenössisch wirkt dagegen die schon in *Psycho* begonnene Aufhebung der Blickverbote: die ungenierte Darstellung einer Vergewaltigung und des nackten Opfers. *Familiengrab* (1976) ist dagegen ein leichter Abgesang des inzwischen 77jährigen Regisseurs, der seinen Film nicht mehr ganz ernst nimmt und ihm deshalb auch keine komplizierten Spannungsabläufe aufzwingt.

Komponisten haben zu einigen Filmen Hitchcocks vorzügliche Partituren geschrieben, die die Grundstimmung musikalisch intensivieren: Franz Waxmans romantisch-nostalgische Ouvertüre zu *Rebecca* mit ihrer leicht vergiftet klingenden Süße wäre ebenso zu nennen wie Bernard Herrmanns süchtig strudelnde Musik zu *Vertigo*, mit Reminiszenzen an Richard Wagners Tristan-Klänge und dessen kreisendes Melos. Meisterlich als illustrierende und zugleich den Grundgestus erfassende Komposition ist Herrmanns *Psycho*-Musik, harte, pfeifende und peitschende schnelle Repetitionen, die den Akt des Zustechens gleichsam als musikalische Figur spiegeln.

Hitchcock hat als überlegener Stratege des spannungsvollen Erzählens durch das Erfinden vieler Hindernisse auf dem Weg des Helden, durch suggestive Kamera-Dynamik und wohlkalkulierte Einstellungsfolgen kaum seinesgleichen in der Filmgeschichte. Er hat das Verbrechen selten durch schnöde Habgier motiviert, vielmehr psychologisch durch einen dunklen Drang oft – uneingestandenen – sexuellen Charakters. Sein Humor hat in vielen Filmen Distanz zur Not der gerade Verfolgten geschaffen, die Relativität der Angst behauptet. Selbst in seinen kleinen Werken ist in etlichen Sequenzen noch eine Kunst der ›Manipulation‹ zu bestaunen, von deren Kalkuliertheit die berühmt gewordenen Gespräche mit François Truffaut Zeugnis ablegen, die Mitte der sechziger Jahre stattgefunden haben.

Thomas Koebner

Filmographie: Number Thirteen (1922) – Downhill (1927) – Easy Virtue (1927) – The Lodger: A Story of the London Fog / Der Mieter (1927) – The Mountain Eagle (1927) – The Pleasure Garden (1927) – The Ring / Der Weltmeister (1927) – Champagne (1928) – The Farmer's Wife (1928) – Blackmail / Erpressung (1929) – The Manxman (1929) – Juno and the Paycock (1930) – Murder / Mord – Sir John greift ein (1930) – Elstree Calling (1930) – The Skin Game / Bis aufs Messer (1931) – Number Seventeen / Nummer Siebzehn (1932) – Rich and Strange / Endlich sind wir reich (1932) – Waltzes from Vienna (1933) – The Man Who Knew Too Much (1934) – The Thirty-Nine Steps / Die 39 Stufen (1935) – Sabotage / Sabotage (1936) – The Secret Agent / Geheimagent (1936) – The Lady Vanishes / Eine Dame verschwindet (1938) – Young and Innocent / Jung und unschuldig (1938) – Jamaica Inn / Riff-Piraten (1939) – Foreign Correspondent / Mord (1940) – Rebecca / Rebecca (1940) – Mr. and Mrs. Smith / Mr. und Mrs. Smith (1941) – Suspicion / Verdacht (1941) – Saboteur / Saboteure (1942) – Shadow of a Doubt / Im Schatten des Zweifels (1943) – Lifeboat / Das Rettungsboot (1944) – Spellbound / Ich kämpfe um dich (1945) – Notorious / Berüchtigt / Weißes Gift (1946) – The Paradine Case / Der Fall Paradin (1947) – Rope / Cocktail für eine Leiche (1948) – Under Capricorn / Sklavin des Herzens (1949) – Stage Fright / Die rote Lola (1950) – Strangers on a Train / Der Fremde im Zug / Verschwörung im Nordexpreß (1951) – I Confess / Zum Schweigen verurteilt / Ich beichte (1953) – Dial M for Murder / Bei Anruf Mord (1954) – Rear Window / Das Fenster zum Hof (1954) – To Catch a Thief / Über den Dächern von Nizza (1955) – The Trouble with Harry / Immer Ärger mit Harry (1955) – The Man Who Knew Too Much / Der Mann, der zuviel wußte (1956) – The Wrong Man / Der falsche Mann (1956) – Vertigo / Vertigo – Aus dem Reich der Toten (1958) – North by Northwest / Der unsichtbare Dritte (1959) – Psycho / Psycho (1960) – The Birds / Die Vögel (1963) – Marnie / Marnie (1964) – Torn Curtain / Der zerrissene Vorhang (1966) – Topaz / Topas (1969) – Frenzy / Frenzy (1972) – Family Plot / Familiengrab (1976).

Literatur: Eric Rohmer / Claude Chabrol: Hitchcock. Paris 1957. – H. P. Manz: Alfred Hitchcock. Eine Bildchronik. Zürich 1962. – George Perry: The Films of Alfred Hitchcock. London / New York 1965. – François Truffaut: Le Cinéma selon Hitchcock. Paris 1966. – Donald Spoto: Alfred Hitchcock. The Dark Side of the Genius. New York 1984. – Marshall Deutelbaum / Leland Poague (Hrsg.): A Hitchcock Reader. Ames 1986. – Bodo Fründt: Alfred Hitchcock und seine Filme.

München 1986. – Leslie Brill: The Hitchcock Romance. Love and Irony in Hitchcock's Films. Princeton 1988. – Hans J. Wulff: All about Alfred. Hitchcock-Bibliographie. Münster 1988. – Tania Modleski: The Woman Who Knew Too Much. Hitchcock and Feminist Theory. New York / London 1989. – Robin Wood: Hitchcock's Films. New York 1989. – Herwig Fischer: Der Duschmord in Alfred Hitchcocks *Psycho*. Eine Mikroanalyse. Moosinning 1990. – Stephen Rebello: Alfred Hitchcock and the Making of *Psycho*. London / New York 1990. – Joel W. Finler: Alfred Hitchcock. The Hollywood Years. London 1992. – Robert A. Kapsis: Hitchcock. The Making of a Reputation. Chicago/London 1992. – Slavoj Žižek (Hrsg.): Ein Triumph des Blicks über das Auge. Psychoanalyse bei Hitchcock. Wien 1992. – Bernhard Jendricke: Alfred Hitchcock. Hamburg 1993. – David Sterrin: The Films of Alfred Hitchcock. Cambridge 1993. – Frank Schnelle (Hrsg.): Alfred Hitchcocks *Psycho*. Stuttgart 1993. – Sidney Gottlieb (Hrsg.): Hitchcock on Hitchcock. London 1995. – Janet Leigh / Christopher Nickens: *Psycho*. Hinter den Kulissen von Hitchcocks Kultthriller. München 1996. [Amerikan. Orig. 1995.] – Jane E. Sloan: Alfred Hitchcock. A Filmography and Bibliography. Berkeley / Los Angeles / London 1995.

Kurt Hoffmann

*1910

Kurt Hoffmann, der wichtigste Komödienregisseur der Nachkriegszeit in Deutschland, wurde am 12. November 1910 in Freiburg im Breisgau geboren und wuchs in Berlin auf. 1931, nach bestandenem Abitur, verschaffte ihm sein Vater, der Kameramann Carl Hoffmann, ein Volontariat bei Erik Charell und Robert Siodmak. Von 1932 bis 1937 assistierte Hoffmann den Regisseuren Gustav Ucicky, Wolfgang Liebeneiner, Hans Steinhoff und vor allem Reinhold Schünzel. Als Regieassistent Schünzels war Hoffmann an der Entstehung von neun Filmen beteiligt und wurde durch den typischen Schünzel-Touch und dessen Vorliebe für Musikfilme nachhaltig beeinflußt. 1938 führte Hoffmann zum ersten Mal bei drei Kurzfilmen Regie, im Jahr darauf drehte er seinen ersten abendfüllenden Spielfilm (*Paradies der Junggesellen*, 1939) mit Heinz Rühmann als Produzenten und Hauptdarsteller.

Zwei Schauspieler sind mit dem Regisseur Kurt Hoffmann eng verbunden: Liselotte Pulver und Heinz Rühmann. Während Heinz Rühmann zum Zeitpunkt seiner Begegnung mit Hoffmann schon ein Star war, ist die Pulver Hoffmanns Entdeckung. Er habe – so witzelten die Zeitgenossen – zwar nicht *das*, dafür aber *die* Pulver erfunden. Mit Heinz Rühmann, dem kleinen, aber trotzigen Helden zahlreicher Ufa-Filme, arbeitete Hoffmann siebenmal zusammen (z.B. in *Hurra! Ich bin Papa!*, 1939; *Ich vertraue dir meine Frau an*, 1943). Das erfolgreichste Werk dieser Zusammenarbeit, die Fliegerklamotte *Quax, der Bruchpilot* (1941), galt nach dem Krieg als Machwerk übler Nazipropaganda, zählt aber – bei heutiger Betrachtung – eher zu den harmlosen Durchhaltekomödien. Quax durchläuft ein Erziehungsprogramm: vom naiven, störrischen Wichtigtuer verwandelt er sich zu einem reifen Mann. In der Ehe- bzw. Scheidungskomödie *Ich vertraue dir meine Frau an* spielt Rühmann den gewitzten Trottel, dessen kindliche Beharrlichkeit oberflächlich mit dem Männerbild des Nationalsozialismus kaum in Verbindung gebracht werden kann.

1946 – nach seiner Rückkehr aus der Kriegsgefangenschaft – widmete sich Hoffmann zunächst mit dem Film *Das verlorene Gesicht* (1948) einem ernsten Thema: Marianne Hoppe spielt eine junge Frau, die an

Schizophrenie erkrankt ist. Dieser Stoff ist so außergewöhnlich in Hoffmanns filmischem Werk wie die Verfilmung des Romans *Das Haus in der Karpfengasse* (1964) von M. Y. Ben-Gavriêl über die Verfolgung der jüdischen Bewohner eines Mietshauses in Prag. Hoffmann blieb im übrigen auch nach dem Krieg der Meister des »Familienfilms«, der mit leichter Hand und musikalischem Schwung die Kunst der unbeschwerten Unterhaltung hochhielt. Im Kino der Adenauer-Ära, das in Spießbürgerlichkeit und Biedermeierlichkeit ertrank, stellen die Komödien Hoffmanns (*Taxi-Kitty*, 1950; *Fanfaren der Liebe*, 1951; *Klettermaxe*, 1952) eine der positiven Ausnahmen dar.

Hoffmanns enge Zusammenarbeit mit den Autoren Erich Kästner und Günther Neumann, dem Berliner Kabarettisten, aber auch mit Curt Goetz resultiert u. a. aus der gemeinsamen Vorliebe für gepfefferte, spritzige Dialoge und gutmütige Figuren in heiter-familiärem Milieu. 1954 verfilmte Hoffmann zum ersten Mal Kästner: *Das fliegende Klassenzimmer* ist eine typische Kästner-Geschichte über eine Gruppe heranwachsender Jungen, die in einem liberalen Internat leben und ihren großherzigen und aufrichtigen Lehrer Justus (Paul Dahlke) lieben und verehren. Kästner verfaßte seinen Jungenroman 1933, also zu einer Zeit, in der die Freigeistigkeit der Erzieher seiner Geschichte eine humanistische Utopie beschrieb. Hoffmann verfilmte den Stoff in den fünfziger Jahren, als die Generationskonflikte der Nachkriegszeit zu schwelen begannen und die Utopie eines Dialogs der Generationen immer noch in weite Ferne gerückt war. Auch Hoffmanns zweite, sehr erfolgreiche Kästnerverfilmung *Drei Männer im Schnee* (1955) betont in der Inszenierung das Wunschbild des liebevollen Vaters. Kästner, der die Drehbücher zu seinen Romanen verfaßt hat, tendierte in *Drei Männer im Schnee* im Gegensatz zum *Fliegenden Klassenzimmer* in wohltuender Weise mehr zur Ironie als zum idealisierenden Pathos.

Im gleichen Jahr verfilmte Kurt Hoffmann auch eine Art »Erziehungsroman«: *Ich denke oft an Piroschka* (1955) von Hugo Hartung – mit überwältigendem Erfolg für Liselotte Pulver. Hartungs Bestseller handelt von der Ungarnreise des deutschen Austauschstudenten Andreas, der sich in seiner tapsigen Borniertheit in Liebesdingen zwischen der blonden Greta und dem ungarischen Naturkind Piroschka verzettelt. Liselotte Pulvers Piroschka ist bei aller Burschikosität eine verletzliche, sentimentale Seele, die mit Füßen im Gänsedreck steht und in Gedanken König Arpad und seinen weißen Pußtapferden nachträumt.

Spätestens mit der Thomas-Mann-Verfilmung *Bekenntnisse des Hochstaplers Felix Krull* (1957) etablierte sich Hoffmann nicht nur als Spezialist für unterhaltsames Familienkino, sondern auch als erfolgreicher Interpret großer Literatur, allerdings immer aus der Perspektive des Unterhaltungsfilms. In Zusammenarbeit mit Erika Mann und wie immer mit starker Besetzung selbst der Nebenrollen beobachtet Hoffmann mit der gebotenen Distanz das phantasievolle Rollenspiel der Figur Felix Krull, die von Horst Buchholz mit distinguierter Eleganz und aufschneiderischem Effet dargestellt wird.

1957 verwandelte Hoffmann ein Hauff-Märchen zum komödiantisch-romantischen Musikfilm: *Das Wirtshaus im Spessart*, mit Liselotte Pulver und Carlos Thompson in den Hauptrollen. Er erhielt den Deutschen Filmpreis 1958, den Ernst-Lubitsch-Preis der Berliner Filmjournalisten und den Bambi 1959. Liselotte Pulver wurde als beste Hauptdarstellerin mit dem Filmband in Gold geehrt. Hoffmann, der den Stoff noch zweimal variierte (*Das Spukschloß im Spessart*, 1960; *Herrliche Zeiten im Spessart*, 1967), galt längst als Repräsentant des kommerziellen Kinos, zog aber aus diesem Grund allmählich Kritik auf sich. Obwohl einzelne Filme Hoffmanns, z. B. die zweite Hartung-Verfilmung *Wir Wunderkinder* (1958), die Satire *Die Ehe des Herrn Mississippi* (1961) nach einem Theaterstück von Friedrich Dürrenmatt oder die Tucholsky-Filme *Schloß Gripsholm* (1963) und *Rheinsberg* (1967), eine späte

Tendenz zu politischer Auseinandersetzung zeigen, herrscht in seinen Filmen der humorvolle über den kritischen Blick vor. Das Buch »Wir Wunderkinder« bot die Chance zur analytischen Auseinandersetzung mit der Banalität des Bösen im NS-Staat und danach in der Bundesrepublik durch die Figur des opportunistischen Karrieristen Bruno Tiches. Ohne das kabarettistisch-musikalische Zwischenspiel (Wolfgang Neuss und Wolfgang Müller) bliebe der Film *Wir Wunderkinder* indes eine freundliche, etwas bedrückte Liebeskomödie in wirtschaftlich und politisch schlechten Zeiten.

Kurt Hoffmann verabschiedete sich – vielfach für sein Werk preisgekrönt – mit einem Rühmann-Film (*Der Kapitän*, 1971) von der Filmregie, nachdem mehrere Versuche einer Rückkehr zum »Familienfilm« nicht geglückt waren. 1989 starb seine Frau Betti Grimm. 1994 heiratete Kurt Hoffmann ein zweites Mal und lebt seitdem mit seiner Frau Luise Schneider abwechselnd in Bad Wörishofen und in Alicante in Spanien.

Susanne Marschall

Filmographie: Paradies der Junggesellen (1939) – Hurra! Ich bin Papa! (1939) – Quax, der Bruchpilot (1941) – Ich vertraue dir meine Frau an (1943) – Kohlhiesels Töchter (1943) – Ich werde Dich auf Händen tragen (1943) – Das verlorene Gesicht (1948) – Heimliches Rendezvous (1949) – Stadt im Nebel / Fünf unter Verdacht / Mord in Belgesund (1949) – Der Fall Rabanser (1950) – Taxi-Kitty (1950) – Fanfaren der Liebe (1951) – Königin einer Nacht / Heut passiert was – Königin einer Nacht (1951) – Klettermaxe (1952) – Liebe im Finanzamt / Wochenend im Paradies (1952) – Musik bei Nacht (1953) – Hokuspokus (1953) – Moselfahrt aus Liebeskummer (1953) – Der Raub der Sabinerinnen (1954) – Das fliegende Klassenzimmer (1954) – Feuerwerk (1954) – Drei Männer im Schnee (1955) – Ich denke oft an Piroschka (1955) – Heute heiratet mein Mann (1956) – Salzburger Geschichten (1956) – Bekenntnisse des Hochstaplers Felix Krull (1957) – Das Wirtshaus im Spessart (1957) – Wir Wunderkinder (1958) – Der Engel, der seine Harfe versetzte (1959) – Das schöne Abenteuer (1959) – Lampenfieber (1960) – Das Spukschloß im Spessart (1960) – Die Ehe des Herrn Mississippi (1961) – Schneewittchen und die sieben Gaukler (1962) – Liebe will gelernt sein (1963) – Schloß Gripsholm (1963) – Das Haus in der Karpfengasse (1964) – Dr. med. Hiob Prätorius (1964) – Hokuspokus oder Wie lasse ich meinen Mann verschwinden ...? (1966) – Liselotte von der Pfalz (1966) – Herrliche Zeiten im Spessart (1967) – Rheinsberg (1967) – Morgens um sieben ist die Welt noch in Ordnung (1968) – Ein Tag ist schöner als der andere (1969) – Der Kapitän (1971) – Sonntagsgeschichten. 1: Die Unvergleichliche. 2: Seele eines Hundes. 3: Geschichte eines Heiratsschwindlers (TV-Episodenfilm).

Literatur: Joe Hembus: Der deutsche Film kann gar nicht besser sein. Neuausg. München 1981. – Michael Wenk: Kurt Hoffmann. In: Cinegraph. Hrsg. von Hans-Michael Bock. München 1984 ff. – Klaus Kreimeier: Die Ufa Story. Geschichte eines Filmkonzerns. München/Wien 1992.

John Huston

1906–1987

Der Mann, den er 1941 zum Star machte, Humphrey Bogart, nannte ihn gerne »das Monster«: »sehr stimulierend«, von »extravagantem Geist«, »brillant und unberechenbar«, doch »niemals langweilig«.

Niemals langweilen, und niemals sich langweilen, das war Hustons Devise. Auf die Frage, wie ihm das denn gelungen sei, pflegte er zu antworten: einfach, indem er nichts tue, was ihn nicht interessiere. Glücklicherweise hatte John Huston eine Menge Interessen. Er boxte und ritt leidenschaftlich, malte und schrieb, würfelte und spielte, wettete und soff und provozierte je-

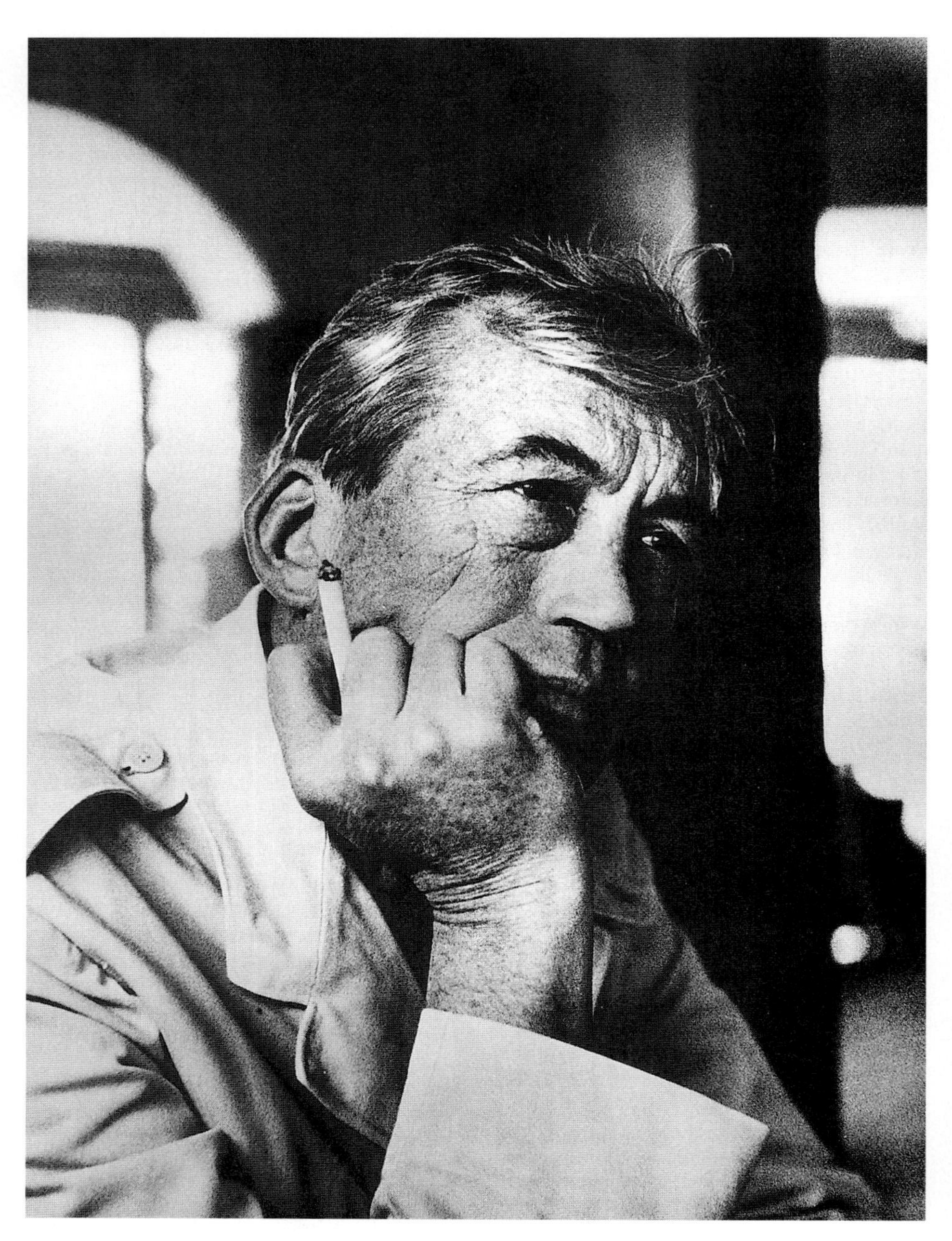

John Huston

den, der ihm in die Quere kam. Seine bösen, oft zynischen Scherze waren schon früh Legende. Huston hatte keinerlei Mühe, sich bereits nach wenigen Jahren als »der führende wilde Mann der Filmindustrie« zu etablieren. 1965 sagte er: »Ich bin sicher, daß in gewissen Momenten jeder lebende Mann, gleichgültig von welchem gesellschaftlichen Standpunkt aus, einmal und letztendlich und wenn auch nur für den Bruchteil einer Sekunde davon geträumt hat, Gott zu sein. Dies gilt für einen Maler ebenso wie für einen Regisseur oder einen Glücksspieler.« Noch in den siebziger Jahren behauptete Norman Mailer, Huston zelebriere einen Lebensstil, der ihm wichtiger sei als ein Film. »Was er ernst nimmt, das sind Pferde, die Jagd, Glücksspiele, Gelage.«

Niemals langweilen, diese Devise galt auch für Hustons Kino. Er drehe keine Filme für sich, erklärte er einmal, sondern für andere, er drehe Filme, die gesehen werden sollen: Abenteuer- und Gangsterfilme, wie *Der Schatz der Sierra Madre* (1948) und *Hafen des Lasters* (1948), *Asphalt-Dschungel* (1950) und *African Queen* (1951); Kostümfilme und Western, wie *Moulin Rouge* (1951) und *Moby Dick* (1956), *Der Barbar und die Geisha* (1958) und *Denen man nicht vergibt* (1960); Komödien, wie *Der Seemann und die Nonne* (1956) und *Die Ehre der Prizzis* (1985); Psychodramen, wie *Nicht gesellschaftsfähig* (1960), *Freud* (1961) und *Unter dem Vulkan* (1984).

Diese erfolgsorientierten Filme, mit aktuellen Stars besetzt und sorgfältig inszeniert, waren es auch, die ihm das Leben ermöglichten, das er sich wünschte. Huston war von Anfang an ein Profi, der seine Arbeit perfekt erledigte. Er gab sein Äußerstes, um sein Innerstes zu wahren. Bis ins hohe Alter hetzte er von Film zu Film, »um den Lebensstil beizubehalten, den er für sich als angebracht hielt« (St. Kaminsky).

Geboren wurde Huston am 5. August 1906 als Sohn der Journalistin Rhea Gore und des Schauspielers Walter Huston, der zu der Zeit (nach deprimierenden Erfahrungen am Theater) als Maschinenbauingenieur bei den Stadtwerken von Nevada, Missouri, arbeitete. 1910 verließ der Vater die Familie, ging zum Vaudeville und später nach Hollywood. Huston pendelte deshalb von Kindesbeinen zwischen Vater und Mutter hin und her: »Bei Vater schlief ich in billigen Absteigen, bei Mutter in vornehmen Hotels. Sie war verrückt nach Kartenspielen aller Art und lehrte mich, daß das Geld zum Ausgeben da sei und daß man sich um den nächsten Tag keine Gedanken zu machen hatte.« Anfang der zwanziger Jahre verdiente Huston seinen Lebensunterhalt als Boxer. Danach beschloß er, in New York, als er Abend für Abend seinen Vater auf der Bühne sah, Schauspieler zu werden. Sein Debüt: 1925 in Sherwood Andersons »The Triumph of the Egg«.

In Hollywood begann John Huston als Autor – für William Wyler, Anatole Litvak und William Dieterle, für Raoul Walsh und Howard Hawks. 1941 gab ihm Jack Warner die Chance, als Regisseur zu debütieren. Warner hegte keine großen Erwartungen dabei, er dachte wohl eher an einen Bonus für die bisherige Arbeit. Das Ergebnis übertraf jedoch – an der Kasse wie bei der Kritik – die kühnsten Hoffnungen. Huston hatte mit *Die Spur des Falken* einen neuen atmosphärischen Stil geschaffen, der erst acht Jahre später von den Franzosen als Film noir bezeichnet wurde.

Die Spur des Falken (nach dem Roman von Dashiell Hammett) warf einen kalten, »schwarzen« Blick auf seine Zeit. Mit harten Graunuancen und ungewohntem Tempo zeigte Huston die Welt als ein einziges Chaos, wo jeder jedem mißtraut und jeder weiß, daß er nur so eine Chance hat zu überleben. Humphrey Bogart (als der »hard boiled detective«, der ausgekochte Privatdetektiv Sam Spade) entpuppte sich dabei als der ideale Protagonist des Mißtrauens. Die düstere Aura, die Huston ihm verlieh, faszinierte nachhaltig. Man konnte durch Bogart nachvollziehen, daß Spade am Ende selbst die Frau seines Lebens hinter Gitter schickt – nur, um eines Tages für sie nicht »den Narren spielen« zu müssen.

Kaum einer von Hustons späteren Filmen erreichte mehr die visuelle und dramaturgische Klarheit dieses Erstlings. Dennoch hatten viele seiner Filme eine zweite Aussageebene über der Geschichte: *Der Schatz der Sierra Madre* und das Gold, das der Wind in alle Richtungen weht; *Die rote Tapferkeitsmedaille* (1951) und der sinnlose Krieg jugendlicher Soldaten; die waghalsigen Farbexperimente in *Moulin Rouge* und *Moby Dick*; *Denen man nicht vergibt* und Lillian Gishs Klavierspiel in freier Natur; *Nicht gesellschaftsfähig* und der Kontrast zwischen weiter Landschaft und engen Innenräumen; *Spiegelbild im goldnen Auge* (1966) und seine melodramatische Schwüle; *Fat City* (1972) und die müde, resignative Verlorenheit der Boxer; *Der Brief an den Kreml* (1969) und der faszinierte Blick auf weite Schneelandschaften, durch die eine Kälte in den Film kommt, die den Gefühlen seiner Protagonisten entspricht; *Das war Roy Bean* (1972) und die mysteriöse, überirdische Rache des Richters, Jahre nach seinem Verschwinden; *Die Ehre der Prizzis* und die meisterliche Ironie gegenüber dem Genre des Gangsterfilms, das er in den vierziger Jahren entscheidend mitgeprägt hatte.

Etwa vierzig Filme hat Huston gedreht, zunächst für Warner, dann für MGM und United Artists, später auch für 20th Century Fox und Columbia. Dabei hatte er, wie er gegenüber Gene Phillips gestand, nie das Recht am Final Cut. Dennoch konnte man stets seine funktionale Arbeitsweise bewundern, seinen pragmatischen Sinn, seine professionelle Einstellung. Er war ein »réalisateur«, kein »metteur en scène«. Huston hat nicht – wie noch Nicholas Ray, Anthony Mann oder Sam Fuller in den Fünfzigern – seinen Filmen stets einen eigenen Stempel aufgedrückt: durch eine besondere Kadrage, einen besonderen Rhythmus, eine besondere Montage. Er erzählte nicht subjektiv, in der ersten Person, sondern eher neutral, wie es ihm für den jeweiligen Film gerade zu passen schien. Das gab ihm auch die Souveränität, seine Darsteller ihr eigenes Spiel entwickeln zu lassen. Er besetzte die Schauspieler nie wegen ihrer Technik, sondern »wegen ihrer Persönlichkeit in bezug auf die vorgeschriebene Rolle«.

St. Kaminsky hat Hustons Filme eingeteilt in die, in denen »eine Gruppe von Menschen in ihren Bestrebungen scheitert (*Moby Dick*, *Die rote Tapferkeitsmedaille*, *We Were Strangers*, *Asphalt-Dschungel*, *Schach dem Teufel*, *Der Schatz der Sierra Madre*, *Nicht gesellschaftsfähig*, *Die Wurzeln des Himmels*), und in solche, in denen ein Paar potentieller Liebender gegen eine feindselige Welt antritt (*Der Seemann und die Nonne*, *African Queen*, *Dave – zuhaus in allen Betten*)«.

Wenn es also etwas gibt, das einzelne Huston-Filme miteinander verbindet, sind es thematische Momente. Etwa, wenn er immer wieder (wie in *Asphalt-Dschungel* oder *Der Schatz der Sierra Madre*) von ein paar Leuten erzählt, die einen großen Plan verwirklichen, dann aber – im Gegensatz zu üblichen Geschichten – der entscheidende Kampf erst beginnt, nachdem schon alles gelungen scheint. Bei Huston zerrinnt das Glück noch, wo es längst erreicht ist. In *Der Brief an den Kreml*, einem Meisterwerk des späten Agententhrillers, erzählt Huston von einer Agentengruppe, die frei für die CIA arbeitet. Sie soll in der UdSSR einen Brief aufspüren und beschaffen, der die Herrschaft innerhalb des Politbüros durcheinanderwirbeln und zugleich als Kriegserklärung der USA an China verstanden werden könnte. Am Ende aber zeigt sich, daß der ganze Auftrag nur eine Finte war, um persönlichen Rachegefühlen zu frönen. Huston hat hier seinen Gruppenbildern einen bitterbösen Ton unterlegt. Er wirft einen unerbittlichen Blick auf Absichten und Taten seiner Helden, denen gegenüber er sich keinerlei Sympathie gestattet. Für ihn sind die Agenten schlichtweg »Kommissare des Grauens«, gleichgültig auf welcher Seite und für welche politische Sache sie kämpfen. Die innere Leere seiner Helden, die sich, jenseits jeglicher Überzeugung und Ethik, drei-, vierfach verstellen, um Erfolg zu haben, kontrastiert Huston durch ihre pragmatische Raffinesse, indem er zeigt, wie sehr es ihnen genügt, einfach nur besser zu sein in ihrem Job als alle anderen. Huston interessiert der Punkt, an dem die Realität des Tuns sich reibt an den banalen Gründen dafür, die sich mit großen Worten maskieren. Jeder setzt jeden unter Druck, wenn das einen Vorteil verspricht. Jeder spielt seine Rolle in einer Welt, die nur noch ein Scherbenhaufen ist. Und die, die vorgeben, für eine bessere Sache einzutreten, bringen nichts in Ordnung, sie suchen nur die Lücke zwischen den Scherben, um den eigenen, großen Coup zu landen. Huston inszeniert seine Bilder betont neutral und ihren Fluß betont nüchtern. So bleibt das unmoralische Handeln ohne Kommentar, aber auch ohne Nachsicht.

John Huston selbst hat oft mit Niederlagen leben müssen. In den späten Sechzigern z. B. hatte man ihn in Fachkreisen bereits abgeschrieben. Doch, so Huston ›Newsweek‹ gegenüber, er sei immer Spieler genug gewesen, »um zu wissen, daß man auch durch eine Pechsträhne hindurch muß«.

Mit *Fat City* überwand er schließlich seine Krise. Dieser Boxerfilm von 1972 ist vielleicht sein anrührendster Film. J. R. Taylor verglich ihn mit den Werken alter Meister, »die mühelos aussehen, weil sie mühelos sind, die deshalb richtig zur Geltung kommen, weil ihr Schöpfer mehr über seine Kunst vergessen hat, als die meisten neuen Talente je gelernt haben«. Mitte der achtziger Jahre gelang Huston dann noch eine wunderbare Persiflage auf den Mafia-Film – mit *Die Ehre der Prizzis*. Er läßt seinen Mafiosi zwar ihre idealisierte (mythische) Aura, macht jedoch zugleich deutlich, was hinter dieser Aura steckt: langweiliges, idiotisches Alltagsgehabe. Sein Killer tut nur so, als sei er eiskalt und geschäftsmäßig (wie George Raft bei Howard Hawks oder Alan Ladd bei Frank Tuttle) – und steht doch den Kinotrotteln näher. Am Ende, das ist Hustons doppelsinnige Ironie, löscht er aus, was ihn gerade erst zum Leben erweckte. Er tötet die Frau, die er liebt – aus professionellen Motiven. Was ihm keinen Raum für Abenteuer mehr läßt; nur das lange Warten auf Untergang und Tod – in goldenen Käfigen.

In den achtziger Jahren hat Huston sich öffentlich immer stärker zu seiner Arbeit bekannt. Er sprach nun, wenn er nach den Dingen gefragt wurde, die ihm im Leben tatsächlich gefallen, nicht mehr ausschließlich von den »langen Dämmerungen in Irland, die eine kleine Ewigkeit dauern«, von »Bachs Musik«, vom »Schrei der Krähen« und »naiven Skulpturen« und »gutem Wodka«. Er sprach nun auch von seinen Filmen. Die verglich er mit den Arbeiten von Malern, Komponisten, Bildhauern. Wie diese schaffe auch er für sein Leben – »um Zeugnis abzulegen«. Er starb am 28. September 1987.

Norbert Grob

Filmographie: The Maltese Falcon / Die Spur des Falken (1941) – Across the Pacific / Abenteuer in Panama (1942) – In This Our Life / Ich will mein Leben leben (1942) – Battle of San Pietro / Die Schlacht von San Pietro (Dokumentarfilm, 1945) – Let There Be Light / Es werde Licht (Dokumentarfilm, 1946) – The Treasure of the Sierra Madre / Der Schatz der Sierra Madre (1948) – Key Largo / Gangster in Key Largo / Hafen des Lasters (1948) – We Were Strangers (1949) – The Asphalt Jungle / Asphalt-Dschungel (1950) – The African Queen / African Queen (1951) – The Red Badge of Courage / Die rote Tapferkeitsmedaille (1951) – Moulin Rouge / Moulin Rouge (1952) – Beat the Devil / Schach dem Teufel (1953) – Moby Dick / Moby Dick (1956) – Heaven Knows, Mr. Allison / Der Seemann und die Nonne (1956) – The Barbarian and the Geisha / Der Barbar und die Geisha (1958) – The Roots of Heaven / Die Wurzeln des Himmels (1958) – The Unforgiven / Denen man nicht vergibt (1960) – The Misfits / Nicht gesellschaftsfähig (1960) – Freud: The Secret Passion / Freud (1961) – The List of Adrian Messenger / Die Totenliste (1962) – The Night of the Iguana / Die Nacht des Leguan (1963) – The Bible / Die Bibel (1965) – Casino Royale / Casino Royale (1966) – Reflections in a Golden Eye / Spiegelbild im goldnen Auge (1966) – Sinful Davey / Dave – zuhaus in allen Betten (1967) – The Kremlin Letter / Der Brief an den Kreml (1969) – A Walk with Love and Death / Eine Reise mit der Liebe und dem Tod (1969) – The Life and Times of Judge Roy Bean / Das war Roy Bean (1972) – Fat City / Fat City (1972) – The Mackintosh Man / Der Mackintosh-Mann (1973) – The Man who Would

Be King / Der Mann, der König sein wollte (1975) – Wise Blood / Die Weisheit des Blutes (1979) – Phobia / Phobia (1980) – Victory / Flucht oder Sieg (1981) – Annie / Annie (1982) – Under the Volcano / Unter dem Vulkan (1984) – Prizzi's Honor / Die Ehre der Prizzis (1985) – The Dead / The Dead – Die Toten (1987).

Literatur: J. H.: An Open Book. New York 1980. [Autobiographie.]

Lillian Ross: Film. Eine Geschichte aus Hollywood. Nördlingen 1987. [Amerikan. Orig. 1953.] – Eugene Ardu: John Huston – The Hemingway Tradition in American Film. In: Film Culture 1959. H. 19. S. 66 ff. – William Nolan: John Huston. King Rebel. Los Angeles 1965. – Robert Benayoun: John Huston. Paris 1966. – John Russell Taylor: John Huston and the Figure in the Carpet. In: Sight and Sound 38 (1969) H. 2. – Gene D. Philips: Talking with John Huston. In: Film Comment 9 (1973) H. 6. – Stuart Kaminsky: John Huston. Seine Filme – sein Leben. München 1981. [Amerikan. Orig. 1978.] – Axel Madson: John Huston. New York 1978. – Scott Hammen: John Huston. Boston 1985. – John McCarty: The Films of John Huston. Secaucus 1987. – François-Régis Barbry: John Huston: le noir et le blanc comme l'argile du sculpteur. In: Cinéma 447 (1988). – Gaylyn Studlar / David Desser (Hrsg.): Reflections in a Male Eye. John Huston and the American Experience. Washington/-London 1992.

James Ivory

*1928

James Ivory wurde am 7. Juni 1928 in Berkeley, Kalifornien, geboren. Der Vater – ein wohlhabender Holzhändler – unterstützte schon früh die Neigung des Jungen für das Theater. In Kamath Falls, Oregon, wo Ivory aufwuchs, baute sein Vater ihm ein erstes Theater aus Holz. Mit dem Ziel, Filmausstatter zu werden, begann Ivory an der Universität in Oregon ein Studium der Architektur. Seine Vorliebe für Bauwerke sollte später in seinen Filmen in großzügigen Bauten Ausdruck finden. Nach einem Wechsel zum Studium der Kunstwissenschaft gelangte er schließlich nach Paris, wo er sich an der Filmhochschule einschreiben wollte. Der Ausbruch des Koreakriegs brachte ihn wieder zurück in die Staaten. An der University of Southern California wurde er in das Film-Aufbaustudium aufgenommen. Seine ersten Filme, Dokumentarfilme über Venedig und Indien, drehte Ivory mit finanzieller Unterstützung seines Vaters. Fasziniert von der Exotik Indiens, verließ Ivory Amerika und lernte 1961 in Bombay den jungen indischen Produzenten Ismail Merchant kennen. Sie entschlossen sich zur Zusammenarbeit. Auf der Suche nach einem Autor begegneten sie der in Indien verheirateten deutsch-polnischen Jüdin Ruth Prawer-Jhabvala, deren Novelle »The Householder« die Grundlage des ersten Spielfilms der jungen Company bildete. Die Autorin blieb dem merkwürdigen Gespann aus introvertiertem Regisseur und extravertiertem Produzenten bis in die Gegenwart hinein treu.

Im Laufe der folgenden Jahre entwickelte sich Ivory immer mehr zu einem »indischen« Regisseur. Da er nie den Blick für die Exotik, die Fremdheit des Landes verlor, gelangen ihm erstaunlich einfühlsame Filme über ein aufstrebendes Land, das bemüht ist, mit den Spätfolgen der Kolonisation zurechtzukommen. Sein erster kommerzieller Erfolg *Hitze und Staub* (1982) verbindet in einer Parallelhandlung die zwanziger mit den siebziger Jahren. Prawer-Jhabvala verarbeitete in dem Script das Gefühl der Fremdheit, die aufkommt, wenn der Zauber der Exotik verschwunden ist, wenn die eigene Identität wieder erstarkt zu Lasten einer fremden Kultur, die der eigenen diametral entgegensteht. In England aufgewachsen, gelang es der Autorin, die Perspektive der Kolonialherren auf Indien einzunehmen: Olivia (Greta Scacchi) ist die junge Frau eines britischen Verwalters. Sie folgt ihrem Ehemann nach Indien und wird schon bald von der lustlosen Monotonie des britischen Lebens in der Kolonie eingeholt. Gelangweilt von Teestunden und dem immergleichen Gesprächsstoff, wendet sie sich der indischen Kultur zu. Sie ist fasziniert von dem Nawab, seinem ihm in hündischer Treue ergebenen englischen Freund Harry, dem Harem und der indischen Musik. Olivia verliert sich in der fremden Welt, gerät in einen traumgleichen Taumel von Verliebtsein und Aufregung. Doch die Kulturen sind nicht austauschbar, weisen nicht einmal einen deckungsgleichen Bereich auf. Ihre Schwangerschaft konfrontiert Olivia mit der Realität: das Kind in ihrem Bauch ist vom Nawab, die englische Kultur wird sie verlieren, der indischen hat sie nie angehört. Sie ist von nun an kultur- und heimatlos. Das Kind läßt sie abtreiben, aber sie bleibt in dem fremden Land. In den Bergen, fernab der kolonialisierten Metropole, beginnt sie ein neues Leben in der Einsamkeit. Fünfzig Jahre später folgt die Großnichte Anne (Julie Christie) den Spuren der Tante in den Subkontinent. Die Zeiten der Kolonialherrschaft sind vorbei, und dennoch ähneln sich die Erfahrungen der Frauen. Indien – fast der wichtigste »Charakter« in dem Film – verzaubert auch Anne. Die Faszination, die Erregung durch das Fremde, bleibt bei der jungen Frau spürbar in einem aufgeklärten Rahmen. Ihr gelingt eine Art Amalgamierung der Kulturen, sie wird schwanger, doch sie ist bereit, mit dem Kind Zukunft zu erleben. Grenzüberschreitung ist hier – gestern wie heute – zunächst ein triebhafter Akt. Die Konsequenzen aber unterscheiden sich.

Dem Film, der auch durch die quasi-dokumentarischen Indien-Bilder des Kameramannes Walter Lassally beeindruckte, folgte mit Richard Attenboroughs *Gandhi* (1982) und David Leans E.-M.-Forster-Adaption *Reise nach Indien* (1984) eine Art Indien-»Boom« in der englischen Filmwelt.

Bereits in *Hitze und Staub* sind zwei unterschiedliche Frauentypen zu beobachten, die auch in späteren Filmen Prawer-Jhabvalas und Ivorys wie *Zimmer mit Aussicht* oder *Wiedersehen in Howards End* anzutreffen sind. Für den Typus der jungen schwärmerischen Frau, die ihrer Liebe folgen wird und mit den gesellschaftlichen Konventionen bricht, bei der immer ein bißchen lebensfroher und leicht frivoler Wahnsinn mitschwingt, sucht Ivory einen südländischen Habitus, den er bei den Schauspielerinnen Greta Scacchi oder Helena Bonham Carter findet. Beide Gesichter weisen eine breite mimische Palette des ungehorsamen Unmuts auf, sind niedlich und dennoch bestimmt. Sie bringen anarchischen Widerstand und schüchterne Träumerei zum Ausdruck. Der zweite Typus findet sich in einem Kontrastverhältnis zum ersten wieder. Schauspielerinnen wie Julie Christie oder Emma Thompson verkörpern bei Ivory eher Gestalten von emotionaler Zurückhaltung und besonnener Klugheit. Es sind geradlinige Figuren von herber Schönheit, die ihren Willen mit sanft-bestimmter Diplomatie durchzusetzen wissen. Neben den Frauen in Ivorys Filmen wirken die männlichen Figuren eher blaß, mutlos, wahrhaft unglücklich.

Mit *Zimmer mit Aussicht* (1986) griff Ivory eine Literaturvorlage von E. M. Forster auf und errang mit dem Film, der mit Gefühlen und ihrer Unterdrückung im viktorianischen England spielt, großen Erfolg. Er bekam drei Academy Awards für die beste Adaption einer literarischen Vorlage, für die Ausstattung und die Kostüme. Wieder steht eine Frauenfigur, Lucy (Helena Bonham Carter), im Zentrum des Geschehens. Immer wieder durchgeschüttelt von sinnlichen Eruptionen, verändert Lucy langsam sich selbst und ihre Umwelt. Sie distanziert sich von dem strengen englischen Regelwerk, lockert das Korsett, in das man sie steckte, und ergibt sich ihrem »amour fou«: In Italien lernt sie George (Julian Sands) kennen, der ihre sorgsam verdeckten Gefühle mit einem plötzlichen Kuß zu wecken weiß. Unter dem südländischen Einfluß kommen unbritische Wildheit und Temperament ans Tageslicht. Ivory nutzt auf raffinierte Weise die polarisierende Wirkung der unterschiedlichen Schauplätze. Warme Farb- und Lichtkompositionen in goldbraunen und roten Tönen und die ›süße‹ Musik Puccinis unterstreichen den Charme von Florenz. Natur wird als Lustgarten aus Obstbaumplantagen und sommerlichen Kornfeldern vorgestellt und mit langsamen Kamerafahrten eingefangen. Noch bewegt sich Lucy in standes- und zeitgemäßen Grenzen und flieht entsetzt vor der selbst erlebten Erregung nach Hause ins friedhofsgrün-kühle England, um sich mit Cecil (Daniel Day-Lewis) zu verloben. Der ist leider so langweilig und förmlich, daß Lucy sich nicht anders zu helfen weiß, als George noch einmal unglücklich »Lebewohl zu küssen«, um dann in die Ferne zu fliehen. Doch die Geschichte endet gut. In Florenz, wo alles begann, ist das junge Brautpaar in den Flitterwochen selig vereint.

Die Adaption der Literaturvorlage von E. M. Forster erweist sich rückblickend als Beginn eines Trends zu spätviktorianischen Liebes- und Gesellschaftsgeschichten. Mit Blick auf *Wiedersehen in Howards End* (1992) und *Was vom Tage übrig blieb* (1993), die Ivory selbst wenige Jahre später hinzufügte, wird deutlich, daß das ironische Spiel mit dem puritanischen Tabu, der Widerspruch gegen die angelernte Reaktion des »Sich-Entziehens« und die Vorliebe für zeremoniöse »britische« Lebensart eine Art Genre kennzeichnen: heiter wehmütige Sittentableaus aus einer Zeit vor den Weltkriegen. Ivorys »britische Trilogie« brachte ihm nun den Ruf eines englischen Regisseurs ein, während er noch wenige Jahre zuvor als Kollege des Inders Satyajit Ray behandelt wurde.

Jefferson in Paris (1995) und *Mein Mann Picasso* (1996) entfernen sich wieder von der Literatur E. M. Forsters und Henry James', ohne das Thema der Emanzipation aufzugeben. Kritisiert wurde an den – nach wie vor erstaunlichen – Ausstattungsstücken, daß sie Faktum und Fiktion vermischen und sich zu sehr auf die Präsenz namhafter

James Ivory (l.) mit Anthony Hopkins und Ismail Merchant (r.)

Stars verlassen. In *Jefferson in Paris* läßt Ivory die Figur des späteren amerikanischen Präsidenten Jefferson (Nick Nolte), der am Hofe des Bourbonenkönigs Ludwig XVI. als Botschafter weilt, mit einer schwarzen Hausangestellten intim werden. Ein Aufschrei der amerikanischen Öffentlichkeit war die Folge. Gekränkt durch die Beschmutzung des ›ersten wahrhaften Demokraten‹ Amerikas warf man Ivory vor, daß *Jefferson in Paris* Ergebnis einer boshaften investigativen Tabuenthüllung sei.

1998 überraschte die »Firma« Ivory-Merchant-Jhabvala Publikum und Presse mit der betont nüchtern und karg gehaltenen Verfilmung des autobiographischen Romans von Kaylie Jones, der Tochter des Schriftstellers James Jones (»From Here to Eternity«, »The Thin Red Line«). *Die Zeit der Jugend* ist eine leise und unaufdringliche Adoleszenzgeschichte und ein Familienfilm, der ein feinfühliges Porträt zweier Kulturen zeichnet: der europäischen, dargestellt durch den schöngeistigen Francis, und der amerikanischen, die sich im etwas rauhen, aber herzlichen Charakter des Vaters findet. Auch in diesem Film besticht Ivory durch seine ästhetische Perfektion, durch akkurate Wiedergabe eines Zeitkolorits, das hier als Rahmen für psychologische Konflikte dient, deren Zeitlosigkeit besonders zur Geltung kommen soll.

Channe (Leelee Sobieski) ist die hübsche und zarte Tochter des amerikanischen Schriftstellers Bill Willis (Kris Kristofferson), der mit seiner Familie im Paris der sechziger Jahre lebt. Gegenüber den sinnlichen und munteren Abenteurerinnen der Jahrhundertwende-Filme erscheint Channe seltsam erwachsen und aufgeklärt. Die Art, in der Ivory diesen neuen Frauentypus anlegt, steht für den Charakter des gesamten Films: eine introvertierte Schönheit, die den Zuschauer stets ein wenig auf Distanz hält. Von ihrem Innenleben läßt sie gerade soviel nach außen dringen, wie es unbedingt nötig ist, um den Beobachter für sich zu interessieren. Einzig ihr Vater vermag an die zunehmende Sachlichkeit und Verschlossenheit der Tochter zu rühren. Ihm offenbart sie den Schmerz, den das Erwachsenwerden mit sich bringt, er darf sie weinen sehen und ihr in tröstlicher und liebevoller Zuwendung den alten Spruch aus Kindertagen zuflüstern: »Eine Soldatentochter weint nicht.« Der geliebte Vater wird nie erleben, wie seine Tochter selber eine Familie gründen wird. Sein Tod markiert das Ende von Channes Kindheit. Die letzte Szene zwischen Vater und Tochter ist zugleich eine der intensivsten des Films und steht exemplarisch für Ivorys ungewohnte Erzählweise in *Die Zeit der Jugend*. Der Silvesterabend steht bevor, und Channes Mutter Marcella (Barbara Hershey) bittet ihre Tochter, zu Hause zu bleiben. Vielleicht, so ahnt sie, sei dies der letzte Jahreswechsel für den schwer herzkranken Vater. Aber die junge Frau will mit Freunden auf einer Party feiern. Die Prophezeiung der Mutter läßt ihr keine Ruhe. Als sich um Mitternacht alle in den Armen liegen, greift Channe zum Telefon und ruft ihren Vater an. Sie kann ihn kaum verstehen, zu laut sind die ausgelassen feiernden Freunde um sie herum. Bereits in der nächsten Szene ist der Vater tot. In der Erinnerung der jungen Frau wird das Telefongespräch zum eigentlichen Abschied werden, ein lebenslanges »Momento mori«. Die bruchstückhafte Erzählweise des Films spiegelt, wie wenig andere Filme zuvor, das Wesen der Erinnerung in seiner Flüchtigkeit und Subjektivität wider. Ivory fokussiert Momente, in denen sich Lebenswege entscheiden, in denen ein Charakter geformt wird – fernab von verklärender Sentimentalität.

Julia Gerdes

Filmographie: Four in the Morning (Kurzfilm, 1953) – Venice: Theme and Variation (Kurzfilm, 1957) – The Sword and the Flute (Kurzfilm, 1959) – The Householder (1963) – The Delhi Way (1964) – Shakespeare Wallah (1965) – The Guru (1969) – Bombay Talkie / Hollywood in Bombay (1970) – The Adventures of a Brown Man in Search of Civilization (1971) – Savages / Unter Wilden (1971) – Helen – Queen of the Nautch Girls (1973) – Mahatma and the Mad Boy (1973) – The Wild Party / Wild Party (1975) – Autobiography of a Princess / Autobiographie einer Prinzessin (1975) – Sweet Sounds (1976) – Roseland / Der Tanzpalast (1977) – Hullabaloo over Georgie and Bonnie's Pictures / Der große Trubel um Georgies und Bonnies Bilder (1978) – The Europeans / Die Europäer (1979) – The 5:48 (Fernsehfilm, 1979) – Jane Austen in Manhattan / Jane Austen in Manhattan (1980) – Quartet / Quartett (1981) – The Courtesans of Bombay (Dokumentarfilm, 1982) – Heat and Dust / Hitze und Staub (1983) – The Bostonians / Die Damen aus Boston (1984) – A Room with a View / Zimmer mit Aussicht (1986) – Maurice / Maurice (1987) – Slaves of New York / Großstadtsklaven (1989) – Mr. & Mrs. Bridge / Mr. & Mrs. Bridge (1990) – Howards End / Wiedersehen in Howards End (1992) – The Remains of the Day / Was vom Tage übrig blieb (1993) – Jefferson in Paris / Jefferson in Paris (1995) – My Man Picasso / Mein Mann Picasso (1996) – A Soldier's Daughter Never Cries / Die Zeit der Jugend (1998).

Literatur: John Pym: The Wandering Company. Twenty-One Years of Merchant Ivory Films. London / New York 1983. – Robert Emmet Long: The Films of Merchant Ivory. New York 1991.

Miklós Jancsó

*1921

Miklós Jancsó wurde am 27. September 1921 im ungarischen Vác geboren. Sein Studium von Jura, Völkerkunde und Kunstgeschichte schloß er 1944 mit einem Diplom ab. In dieser Zeit wirkte er auch in der Theatergruppe von Elemér Muharay mit, dessen Inszenierungen von starken tänzerischen und folkloristischen Elementen geprägt waren. Zwischen 1946 und 1950 absolvierte Jancsó ein weiteres Studium, diesmal an der Budapester Theater- und Filmhochschule.

Anschließend arbeitete er im ungarischen Studio für Wochenschau und Dokumentarfilme, wo er sich einer breiten Palette von Themen zuwandte. 1956 begleitete er eine Tanzgruppe nach China und stellte aus dem dabei gedrehten Material eine Reihe von Filmen zusammen. 1958 entstand sein erster Spielfilm. 1960 erhielt er für einen Kurzfilm über das Leben und Werk des ungarischen Bildhauers György Goldman einen Preis auf dem Festival in San Francisco.

Bis 1962 realisierte Jancsó vor allem Dokumentarfilme; auch danach entstanden – parallel zu den Spielfilmen – immer wieder dokumentarische Arbeiten. Seit Mitte der siebziger Jahre suchte er als Dokumentarist vor allem nach Spuren jüdischen Lebens und Leidens in Ungarn. Zahlreiche Spielfilme Jancsós wurden international preisgekrönt: Für *Schimmernde Winde* erhielt er 1970 einen Preis in Adelaide, für *Roter Psalm* 1971 den Regiepreis in Cannes sowie Auszeichnungen in Santiago de Chile und in Mailand. Die italienische Produktion *La tecnica e il rito* wurde 1971 in Mailand mit dem Preis der FIPRESCI ausgezeichnet. 1979 wurde er für sein Gesamtwerk mit dem Spezialpreis in Cannes geehrt. In Ungarn erhielt Jancsó den Ehrentitel »Hervorragender Künstler der Ungarischen Volksrepublik« sowie den Kossuth- und den Béla-Balázs-Preis.

Zwischen 1970 und 1979 inszenierte Jancsó, beginnend mit *La pacifista*, mehrere Spielfilme in Italien. Ab Mitte der siebziger Jahre arbeitete er gemeinsam mit seinem ständigen Autor Gyula Hernádi auch intensiv fürs Theater. Im Herbst 1983 wurde Jancsó zum Intendanten des Jószef-Katona-Theaters in Kecskemét berufen. Von 1990 bis 1992 lehrte er an der Harvard University in den USA.

Sein Sohn Miklós (Nyika) Jancsó jr. aus der Ehe mit der Filmregisseurin Márta Mészáros wurde 1952 geboren und ist einer der bedeutendsten jüngeren ungarischen Kameramänner.

»Seit meiner Kindheit«, sagte Miklós Jancsó einmal in einem Interview, »bewegt mich das Problem: Wie sind die Ungarn? Dieses kleine Volk in Europa mit seiner seltsamen, an Widersprüchen reichen Geschichte, mit dummen Nostalgien und irrealen Wunschträumen. [...] Nur selten nahm es mit Herz und Seele an einem sinnvollen Kampf teil. In jedem meiner Filme versuchte ich herauszufinden, was dazu erforderlich ist, daß das Volk dieses Landes endlich wirklich ein erwachsenes Volk wird.«

Nach zahlreichen Dokumentarfilmen und einem unbedeutenden Versuch im Spielfilm machte er zum ersten Mal mit *Cantata Profana* (1963) international auf sich aufmerksam, einem psychologischen Kammerspiel über einen Chirurgen, der sich von seiner einfachen, ländlichen Herkunft weit entfernt hat und in einer tiefen Lebenskrise nach diesen Wurzeln und nach dem Sinn seiner Existenz sucht. Auch die folgende Arbeit, *So kam ich* (1964), wurde von der Kritik positiv aufgenommen: eine poetische Erzählung über einen ungarischen Studenten und einen jungen russischen Soldaten, die am Ende des Zweiten Weltkriegs miteinander umzugehen lernen müssen. *Die Hoffnungslosen* (1965) führt in die sechziger Jahre des 19. Jahrhunderts zurück und beschreibt die Verfolgung und Ermordung ungarischer Revolutionäre durch die Geheimpolizei der österreich-freundlichen Regierung. Die Anhänger des Rebellen Kossuth bewegen sich dabei auf einem schmalen Grat zwischen Heldentum und Verrat; Jancsó verdichtete den Stoff zu einer Parabel über »die konzentrationäre Welt und die Korrumpierbarkeit der Opfer unter extremen Bedingungen« (U. Gregor). Damit gab er zugleich einen Kommentar zum Personenkult: »Ich drehe Filme, um meine Ansichten zu artikulieren, nicht etwa, um Geschichtsbücher zu illustrieren.«

Sterne an den Mützen (1967) und *Stille und Schrei* (1968) spielen 1918/19 und schildern eine komplexe Welt der Verfolgung und Bedrohung, der Gewalt von rechts und links, Weiß und Rot. Schauplätze sind einmal Rußland zu Beginn des Bürgerkriegs und zum andern ein Bauerndorf in der ungarischen Tiefebene. *Schimmernde Winde* (1968) skizziert, inspiriert von den Studentenunruhen in Westeuropa, den gewaltsamen Versuch kommunistischer Jugendlicher, kurz nach dem Zweiten Weltkrieg die Insassen einer katholischen Klosterschule »umzuerziehen«. *Schirokko* (1969) blendet in die dreißiger Jahre zurück: Jugoslawische Terroristen steuern ihre Aktionen von Ungarn aus.

Jancsó suchte schon früh nach filmischen Formen, die sich deutlich abheben sollten vom »Kleinrealismus« des marktbeherrschenden amerikanischen Kinos. Ihm ging es selten um das Verhalten einzelner Helden, sondern mehr um die Psychologie von Gruppen, das Verhaftetsein des Individuums in der Gemeinschaft, die Masse als Gefängnis und Chance. Seine Filme lassen sinnlich erlebbar werden, wie die Masse den Menschen dominiert. Zugleich beschwören sie die Verantwortung des einzelnen in den Zeitläuften. Jancsós Kino ist hochkompliziert und im besten Sinne dialektisch.

Viele von Jancsós Arbeiten, unter anderem *Die Hoffnungslosen*, *Roter Psalm* (1971) und *Meine Liebe – Elektra* (1974), nutzten die natürliche Kulisse der ungarischen Pußta als bevorzugten Spielort. Hier ließen der Regisseur und sein Kameramann János Kende barbusige Frauen mit hoch erhobenen Häuptern und Kerzen in den Händen tanzen, umkreist von Männern mit Federhüten, Reitstiefeln und Peitschen. Ein nicht endenwollender Reigen der Lust und Gewalt, ausgefeilt choreographiert und aufgenommen in langen Einstellungen. In die Bewegungen der Figuren war die ständig bewegte Kamera gleichrangig eingeflochten: »In einer Demonstration, einer Kundgebung, bewegt sich alles unaufhörlich. Das ist sowohl psychisch als auch philosophisch: Der Gegensatz basiert auf der Bewegung, der Bewegung der Ideen, der Bewegung der Massen.« Jancsó verzichtete dabei weitgehend auf den herkömmlichen Schnitt, sondern nutzte die Form der »inneren Montage«, also der dramaturgischen Auflösung der Geschichten in wenigen Sequenzen: *Stille und Schrei* enthält nur elf, *Schirokko* neun, *Meine Liebe – Elektra* zehn Einstellungen.

Zu den Höhepunkten dieser filmischen Erzählweise gehört *Roter Psalm* über die blutige Niederschlagung einer Landarbeiterrevolte durch Feudalherren, Klerus und Militär im 18. Jahrhundert. Jancsó flocht hier zahlreiche revolutionäre Gesänge und folkloristische Szenen ein, sein Film wirkt wie ein Happening, eine Synthese aus Kantate und Agitprop, klassischem Drama und Pop. Jancsó und sein Drehbuchautor Gyula Hernádi »scheuen auch vor riskanten Symbolen nicht zurück: Das Blut der Ermordeten färbt einen Bach, Verwundungen wandeln sich zu Zeichen der Solidarität, Erschossene werden wieder zum Leben erweckt« (W. Schuch). Ebenso metaphorisch geriet *Meine Liebe – Elektra*, in dem Jancsó die klassische Vorlage von Elektra und Aigisthos in die ungarische Tiefebene verpflanzte und zu einem ideologischen Märchen umdeutete, dessen Choreographie sowohl die einheimische Bauernkultur als auch die aktuelle Folklore der Blumenkinder integrierte. Mit solchen Entwürfen polemisierte Jancsó gegen die Lethargie des realen Sozialismus, plädierte für eine Revolution, die sich ständig selbst erneuert.

Grundthemen in Jancsós Œuvre sind das Verhältnis von Macht und Ohnmacht, Politik und Individuum, Tyrannei und Sklaverei: »Ich konstatiere mit tiefer Bitternis, daß man die Macht höchst selten oder praktisch nie zum Besten der anderen ausübt, und zwar so, daß die Freiheit dabei respektiert wird.« So reflektierte der Regisseur in *Das Herz des Tyrannen* (1981) wie in seinen italienischen Produktionen *La tecnica e il rito* (über Attila) und *Roma rivuole Cesare* (1973) über die Macht und ihren Preis, die Unmöglichkeit, Wahrheit und Lüge in der Politik voneinander zu trennen. Auf all diese verschlüsselten Arbeiten trifft zu, was Jancsó als eine seiner künstlerischen Maximen formulierte: »Wenn der Regisseur alles erklärt, sind keine geistigen Anstrengungen des Zuschauers mehr nötig. Es ist aber nötig, daß der Zuschauer nachdenkt.« Kritiker bezeichneten seine Filme seit Mitte der siebziger Jahre allerdings auch als zunehmend »manieriert«: Inhaltliche und optische Motive aus früheren Arbeiten würden häufig nur noch zitiert, der Regisseur sei in Gefahr, ein selbstverliebter Gefangener seiner eigenen, zum Schema verkommenden Einfälle zu werden.

Das ironische Lächeln, das mit *Das Herz des Tyrannen* für einen Moment in Jancsós Werk Einzug gehalten hatte, wich in den achtziger Jahren, in choreographisch aufgelösten Bilderrätseln wie *Szörnyek évadja* (1986) und *Jézus Krisztus horoszkópja* (1988), einer zunehmend pessimistischen Sicht auf die Welt. *Isten hátrafelé megy* (1990), in dem ein Filmteam im Ambiente einer verlassenen Polizeiakademie über die Zukunft der Demokratie debattiert, endet z. B. mit der Erschießung Gorbatschows, während eine Gruppe Intellektueller eigene kleine Wehwehchen beklagt. 1995 beteiligte sich Jancsó an dem Episodenfilm über den heutigen Budapester Alltag, *Szeressük egymást, gyerekek!*, in dem er eine von korrupten Reportern und brutalen Polizisten beherrschte, bedrückende Vision des Lebens am Ausgang des 20. Jahrhunderts entwirft. Wie in anderen seiner Spätwerke finden die Auseinandersetzungen nunmehr in klaustrophobisch engen, labyrinthischen Räumen statt, deren Interieur vor allem aus Fernsehmonitoren besteht, die sowohl die Geschehnisse selbst als auch Nachrichten aus der Außenwelt kolportieren.

Ralf Schenk

Filmographie: A harangok Rómába mentek (1958) – Oldás és kötés / Cantata Profana (1963) – Igy jöttem / So kam ich (1964) – Szegénylegények / Die Hoffnungslosen / Die Männer in der Todesschanze (1965) – Csillagosok, katonák / Sterne an den Mützen (1967) – Csend és kiáltás / Stille und Schrei (1968) – Fényes szelek / Schimmernde Winde (1968) – Sirokkó / Schirokko (1969) – Égi bárány (1969) – La pacifista (1970) – La tecnica e il rito (1971) – Még kér a nép / Roter Psalm (1971) – Roma rivuole Cesare (1973) – Szerelmem, Elektra / Meine Liebe – Elektra (1974) – Vizi privati, pubbliche virtù / Die große Orgie (1976) – Magyar rapszódia / Ungarische Rhapsodie (1978) – Allegro barbaro / Allegro Barbaro (1978) – A zsarnok szíve / Das Herz des Tyrannen (1981) – Doktor Faustus (1982) – L'Aube (1985) – Szörnyek évadja (1986) – Jézus Krisztus horoszkópja (1988) – Isten hátrafelé megy (1900) – Kék Duna keringő (1991) – Máredékok / Gheorghe és Mendel (1993) – Szeressük egymást, gyerekek! (Episode: A nagy agyhalál, 1996) – Nekem lampast adott kezembe az ur pesten / Die Laterne der Herrn in Budapest (1998).

Literatur: Filmek és alkotók 3: Jancsó Miklós. Budapest 1975. – István Nemeskürty: Wort und Bild. Die Geschichte des ungarischen Films. Frankfurt a. M. / Budapest 1980. – Joachim Reichow (Hrsg.): Film in Ungarn. Berlin 1981.

Derek Jarman

1942–1994

»Meine Filme«, so Derek Jarman 1991 in einem Interview, »sind eine Botschaft der Solidarität an Menschen, denen man alles genommen hat. Als ich *Sebastiane* [1976] drehte, gab es keine Möglichkeit, sich ein Selbstbild als Schwuler zu machen: man sah nicht einmal im Fernsehen Schwule. Wie konnte man so mit sich selbst zurechtkommen?« Als eine »Archäologie der Seele« (Jarman) und des homosexuellen männlichen Körpers hat Jarman seine Filmarbeit verstanden, eine Arbeit gegen die soziokulturelle Repression und Marginalisierung, die kein positives Selbstbild Homosexueller zulassen, und zugleich als Auseinandersetzung mit den tradierten Bildern sexueller Geschlechterkonstruktionen, mit repressiver Heterosexualität. Dies verbindet ihn im New British Cinema der achtziger Jahre, in der Ära des neokonservativen Thatcherismus, mit Regisseuren wie Stephen Frears und Neil Jordan und deren Infragestellung eindeutiger sexueller Identitäten. Doch selbst im politisch und ästhetisch facettenreichen New British Cinema blieb Jarman ein Außenseiter, stets der Tradition des Avantgarde- und Experimentalfilms verbunden. Seine mit geringsten Budgets entstandenen Filme, die diesen Mangel durch die Inszenierung nicht kaschieren, suchten und fanden nie ein größeres Publikum. Gleichwohl war Jarman, »Großbritanniens radikalster und politischster Filmemacher« (M. O'Pray), eine prominente Figur des kulturellen, des öffentlichen Lebens: als Maler und Bühnenbildner, als Schriftsteller und Regisseur von Musik-Clips für Bands wie die Pet Shop Boys und The Smiths und als Aktivist der Schwulen-Bewegung. Seit Jarman im Dezember 1986 von seiner HIV-Infektion erfuhr, waren Aids und der Umgang der Gesellschaft mit der Krankheit, aber auch das eigene Leiden die dominanten Themen seines Werkes.

Derek Jarman wurde am 31. Januar 1942 in einem Vorort von London geboren. Vor allem seine Mutter förderte früh seine künstlerische Begabung; doch erst, nachdem er auf Wunsch des Vaters, eines Offiziers, einen Abschluß in Geschichte und Kunstgeschichte am King's College gemacht hatte, konnte er 1963 mit dem Studium der Kunst in London beginnen. Es waren die Jahre der Pop-art und des »Swinging London«, eines sich von Konventionen befreienden Lebensstils, in denen Jarman auch seine Homosexualität leben konnte. Zugleich entdeckte er mit der Literatur von Cocteau, Genet, Burroughs und Ginsberg und mit den Filmen von Kenneth Anger eine homosexuelle ästhetische Avantgarde, deren Anti-Realismus und provozierender asozialer Subjektivismus, deren Sinn für Hermetismen und Mystik für ihn prägend wurden. Gefiltert durch die Erfahrung der Pop-Kultur wurden diese Einflüsse zu einer Spielart des »camp«, zu einer Bastelei mit Versatzstücken von Elitekultur und populärer Kultur, die auch Übergänge zum Kitsch nicht scheute. Entscheidend war die Begegnung mit Ken Russell, für den Jarman bei *Die Teufel* (1971) und *Savage Messiah* (1972) als Set-Designer tätig war. Ab 1970 entstand eine Reihe von Super-8-Kurzfilmen, Home Movies, in denen Impressionen von Jarmans Privatleben sich mit Symbolismen zu einer Art traumähnlicher Privatmythologie verdichten, wobei Jarman mit der Zeitlupe, mit Überbelichtungen, mit Einfärbungen und unterschiedlichen Aufnahmetechniken experimentierte. Einige dieser Filme hat er später zu *Im Schatten der Sonne* (1981) montiert und mit einem Soundtrack der Industrial-Band Throbbing Gristle versehen.

Sebastiane (1976), finanziert von einem Mäzen, ist Jarmans erster Spielfilm. In Farbe, auf 16 mm und in lateinischer Sprache auf Sardinien gedreht, ist der Film eine offen homosexuelle Adaption der Geschichte des frühchristlichen Märtyrers Sebastian (einer Ikone homosexueller Kunst und Kultur) in einer soldatischen Welt und die der Konfrontation des Individuums mit sadistischen Formen der sozial dominanten heterosexuellen Männlichkeit: ein Thema, das sich durch alle Filme Jarmans zieht.

Mit *Jubilee* (1978) – der Titel bezieht sich sarkastisch auf das Kronjubiläum Elisabeths II. 1977 – beginnt Jarmans filmischer Bricolage der Zeiten, Räume und Kulturen. Das Zeitalter Shakespeares, das Elisabethanische Zeitalter, zu dem sich Jarman hingezogen fühlte wie Peter Greenaway, kontrastiert mit einer apokalyptisch gezeichneten Welt am Ende des 20. Jahrhunderts, zu der Punk-Bands den Nekrolog anstimmen.

Mit *The Tempest – Der Sturm* (1979) und, nach einer langen Pause, in der Jarman keines seiner Projekte finanzieren konnte, mit *The Angelic Conversation* (1985) adaptierte er Shakespeare. *The Tempest* ist eine Punk-Revue, in der Prosperos magische Kräfte auch das Bildmaterial durcheinanderwirbeln, in der Arkadien als Wunschtraum des postmodernen Credos »Anything goes« auftaucht und wieder entschwindet, in der sexuelle Identitäten, Identitäten überhaupt riskiert werden. *The Angelic Conversation* setzt dieses Spiel, allerdings formal weit strenger, fort. Der Film, eine Produktion des British Film Institute und des Fernsehsenders Channel Four, der das New British Cinema wesentlich förderte, konstruiert den filmischen Raum auch als Hör-Raum. Die sexuelle Ambiguität der Sonette Shakespeares, aus denen die Schauspielerin Judi Dench als Voice-over vierzehn Gedichte rezitiert, führt in eine ritualisierte Bildwelt der homosexuellen Erotik – gedreht in Super 8 und auf 35-mm-Format aufgeblasen, in den Farben verfremdet –, die keine Zeit, keinen (historischen) Ort mehr zu kennen scheint, die Traum ist: geträumt in einer immer unerträglicher werdenden Gegenwart und gegen sie.

Caravaggio (1986), der Film eines Malers über einen (homosexuellen) Maler in der Zeit der Renaissance, radikalisiert die Frage nach der Genese des subjektiven künstlerischen Ausdrucks in einer von Macht und Geld bestimmten Gesellschaft, in der unreglementierte Leidenschaften fast notwendigerweise asozial, ja kriminell werden. Der im Studio gedrehte Film bietet keine Biographie Caravaggios, sondern eine Vision der Leidenschaften, die sich in seinen Gemälden symbolisch verschlüsselt finden: homosexueller Eros und Gier nach radikaler Diesseitigkeit des Lebens. Jarman erzählt in Rückblenden des sterbenden Caravaggio; er inszeniert den Gemälden nachempfundene Tableaus und in ihren Farben. *Caravaggio* ist ein Spiel mit der Kunst, die mit Leben und Tod vertraut ist, eine Apotheose männlicher Körper und die Elegie auf ihr Vergehen.

The Last of England / The Last of England – Verlorene Utopien (1987) und *War Requiem*

(1989) unterstehen ganz der Dominanz der Zerstörung und des Todes, den sozialen Verwüstungen in der Ära des Thatcherismus mit seinen Entfesselungen der Bereicherungssucht, dem Falkland-Krieg und der geschürten Homophobie, die Aids instrumentalisiert. Die Wut, mit der Jarman darauf reagiert, aber auch die Trauer treibt er in die Inszenierung und in die Montage der Filme hinein. In der Collage-Struktur mit ihren Interruptionen, ihren Rissen und den wenigen meditativen Momenten gleichen die Filme in ihrer Textur den verwundeten Körpern, von denen sie handeln. *The Garden* (1990) überführt das Elegische unmittelbar in die Passion, in die Leidensgeschichte, in der sich die Subjektivität Jarmans nicht nur im Arrangement der Bilder zeigt – die Herstellung des Films wird in einem Brechtschen Gestus zum Ausgangspunkt der »Fiktion« –, sondern vor allem in den Bildern des Alltags, der Natur, in Bildern, die für eine Hoffnung stehen, die bleiben wird.

Mit dem Jahr 1986, an dessen Ende Jarman von seiner HIV-Infektion erfuhr, wurden seine Filme auch zu verschlüsselten Autobiographien, die er dann literarisch in »Modern Nature« (1991), »At Your Own Risk« (1992) und »Chroma« (1994) offen darlegt. *Edward II.* (1991) und *Wittgenstein* (1992) spannen den Bogen zwischen dem Elisabethanischen Zeitalter von Christopher Marlowes Tragödie und der Moderne von Wittgensteins Suche nach Selbst-Gewißheit in einer ungewissen Welt eng zusammen. Was der brutale Staat dem homosexuellen König aufzwingt: seiner Liebe zu einem Mann zu entsagen, dem unterzieht der homosexuelle Philosoph sich aus Selbstdisziplin. Beide Filme, vor allem *Wittgenstein*, sind trotz der Theatralität der Inszenierung im Studio Jarmans zugänglichste Filme, ernst und ironisch, brutal und sarkastisch.

Blue (1993) entstand, während Jarman erblindete, und zeigt nur eine blaue Leinwand. Alle Energie, die von dem Film ausgeht, ist die des Textes, der von Jarman, Tilda Swinton, Nigel Terry u. a. gesprochen wird, der Musik, der Geräusche. Über eine unbewegte Fläche legen sich Stimmen und Töne, die Bilder evozieren. Bilder aus Jarmans Filmen: Bilder der Lust am Leben und des Leidens, Bilder der Hoffnung und der Vergeblichkeit, letzte Bilder. Derek Jarman starb am 19. Februar 1994. Sein Werk markiert, wie das des amerikanischen Fotografen Robert Mapplethorpe (1946–1989), eine Epoche in der visuellen Kultur der Postmoderne: von der Befreiung zum Ausdruck der Homosexualität zu Bildern des Todes.

Bernd Kiefer

Filmographie: Sebastiane (1976) – Jubilee / Jubilee (1978) – The Tempest / The Tempest – Der Sturm (1979) – The Angelic Conversation / The Angelic Conversation (1985) – Caravaggio / Caravaggio (1986) – The Last of England / The Last of England – Verlorene Utopien (1987) – War Requiem / War Requiem (1989) – The Garden / The Garden (1990) – Edward II / Edward II. (1991) – Wittgenstein / Wittgenstein (1992) – Blue / Blue (1993).

Literatur: Chris Lippard (Hrsg.): By Angels Driven. The Films of Derek Jarman. Trowbridge (Wiltshire) 1996. – Michael O'Pray: Derek Jarman. Dreams of England. London 1996. – Christina Scherer / Guntram Vogt: Derek Jarman. In: Augen-Blick 1996. H. 24. S. 18–68. – Roger Wollen [u. a.]: Derek Jarman. A Portrait. London 1996.

Jim Jarmusch

*1953

Schon in Jim Jarmuschs Debütfilm *Dauernd Ferien* (1980) gibt es den Wunsch des Protagonisten, New York zu verlassen und in ein anderes »Babylon« zu gehen, nach Paris, wohin er sich denn auch einschifft. Das Eigene, Amerika, mythisch *und* ruiniert, und das Andere, das Fremde, Europa, die Alte Welt mit der Sehnsucht nach der Neuen, das trifft in Jarmuschs Filmwelt vielfältig aufeinander: »sad and beautiful«. Es trifft aufeinander im Schwarzweiß der klassischen B-Movies, die das Bild Amerikas oft gerechter Filmbild werden ließen als die Großproduktionen Hollywoods, und in den wunderbaren Filmfarben der Traumfabrik und ihrem Wunschpotential. Im Schwarzweiß von *Stranger than Paradise* (1984) und *Down by Law* (1986) wird am Ende in Amerika etwas neu beginnen müssen: das Leben. In den Farben von *Mystery Train* (1989) und *Night on Earth* (1991) wird das Leben, vielleicht ein wenig anders, weitergehen. Im Schwarzweiß von *Dead Man* (1995), einem spirituellen Western, endet ein Leben mit der mythisch-metaphorischen Überfahrt in das Ganz Andere, ins Jenseits.

Überblickt man so das bisher von Jim Jarmusch geschaffene Œuvre, dann lassen sich auch einige Mißverständnisse der vornehmlich europäischen und deutschen Rezeption korrigieren. Der »February of the Soul« (D. Lyons), der Wintermonat der psychischen Kälte, in dem sich Jarmuschs Protagonisten befinden, ist nicht der definitive Zustand der Coolness, mit der sie auf die »sad and beautiful world« reagieren. Die vielbeschworene und genossene Tristesse dieser Filme hat nichts gemein mit jener kultivierten »Traurigkeit«, die der »Zitadellenkultur« (O. F. Werckmeister) der mittachtziger Jahre eigen war: mit der Tristesse der sich auf höchstem Niveau sozialer Absicherung dennoch permanent elend fühlenden Intellektuellen, denen die Handlungsoptionen abhanden gekommen waren. Die Figuren Jarmuschs, die Lautréamont, Walt Whitman, Robert Frost und William Blake zitieren, wurden in dieser spezifischen europäischen Rezeption zu Versatzstücken eines vermeintlich postmodernen Spiels mit Zitaten eines für immer vergangenen Kosmos des Verwerflichen und Verruchten wie des Mythischen, des Heiligen der Poesie. Tom Waits, der Singer/Songwriter, der Zack in *Down by Law* darstellt und dessen Songs auch den Soundtrack des Films bestimmen, war in Europa geradezu die Inkarnation eines postmodernen amerikanischen Villon großstädtischer Gossen-Poesie. Der Musiker John Lurie, der in *Dauernd Ferien* sein melancholisch-kühles Saxophon-Solo in die Nacht bläst, spielt in *Stranger than Paradise* den gleichgültigen Willie und in *Down by Law* den noch gleichgültigeren Zuhälter Jack. Wie Tom Waits arbeitet Lurie auch als Komponist für Jarmusch, und sein Neo-Jazz gilt als Ausdruck postmoderner Coolness. Jim Jarmusch, Tom Waits und John Lurie, diese Verbindung von Kreativität, schufen das Muster der europäischen Rezeption der Filme als postmoderner Kunstwerke: cool, ironisch, geprägt von Understatement und vom Zitat-Charakter, traurig und wunderschön.

Jim Jarmusch wurde am 22. Januar 1953 in Akron, Ohio, geboren. Seine Vorfahren waren tschechischer, deutscher, irischer und französischer Herkunft. Er wollte zunächst Dichter werden und ging, wie seine Vorbilder, die Literaten der Lost generation der zwanziger Jahre, nach Paris. Dort verbrachte er jedoch die meiste Zeit nicht mit Schreiben, sondern mit dem enthusiastischen Studium der Filmgeschichte in der legendären Cinémathèque. Jarmusch kehrte in die USA zurück und begann an der New York University das Filmstudium bei Nicholas Ray, dessen Assistent er wurde. Er war zudem Musiker in einer Underground-Band und befreundete sich mit den angehenden Stars der New Yorker Kunst- und Musikszene, vor allem mit John Lurie, aber auch mit Wim Wenders, der gerade an seinem Porträt über Nicholas Ray *Nick's Film – Lightning over water* (1980) arbeitete. Ray, Wenders, Antonioni, Bresson, Ozu, den frühen Fassbinder und Godard und Rivette, die Autoren des modernen Films, nennt Jarmusch stets als wesentliche Einflüsse seiner Arbeit. Jarmusch arbeitet bis heute unabhängig von der amerikanischen Filmindustrie, dies auch um den Preis, oft Jahre auf die Finanzierung (häufig aus Europa) neuer Projekte warten zu müssen. Vor allem in Europa sind seine Filme denn auch erfolgreich, und dort wurden sie auf Festivals mit zahlreichen Preisen ausgezeichnet. Seit Anfang der achtziger Jahre tritt Jarmusch auch in Filmen befreundeter Regisseure in kleinen Gastrollen auf, etwa bei den Brüdern Aki und Mika Kaurismäki, bei Regisseuren, die wie er als »Maverick film-makers« (G. Andrew) gelten, als Filmemacher, die sich von der Industrie nicht ›zähmen‹ lassen.

Jim Jarmuschs erster Film *Dauernd Ferien* (1980) entstand als eigene Produktion mit einem Budget von 12 000 Dollar und nach eigenem Buch in New York. Protagonist ist der junge bindungs- und teilnahmslose Außenseiter aus Entscheidung Aloysious Parker (Chris Parker), der seine Geschichte – was meist ignoriert wird – zu Anfang des Films in einer Voice-over als Rückblick zu erzählen beginnt, nachdem er New York bereits verlassen hat. Das zentrale Wort des Films ist »drift«. Es bezeichnet das Lebensprinzip Parkers: das Sichherumtreiben, das Sichtreibenlassen in der Großstadt, ohne Ziel, ohne je länger irgendwo zu verweilen. Parker nennt sich einen »Touristen im permanenten Urlaub«. Die einzigen Spuren, die er hinterläßt, sind gelegentliche Graffiti, die er an verfallende Wände sprayt. New York ist in Jarmuschs Blick ohnehin ein »urban wasteland« (G. Andrew), eine städtische Wüste, die der Film in fahlen Farben zeigt, ein insgesamt verfallender Kosmos, fast eine Kriegslandschaft. So trifft Parker denn auch bei seinen Streunereien auf einen traumatisierten Vietnam-Kriegsveteranen, der sich immer noch im Kampf wähnt, und auf eine junge blessierte Frau, die ihren Schmerz hysterisch herausschreit. Diese Verzweiflung ist der Kontrapunkt zu Parkers Indifferenz. Überall blickt er kurz hin, hört kurz zu und zieht dann weiter. Ihm ist jeder ein Fremder. Nur einmal geht er aus sich heraus – als er zur Musik des Jazz-Saxophonisten Charlie Parker tanzt; doch auch in dieser Musik hört er nur die eine Botschaft: »live fast and die young«. In New York zumindest will auch Parker nicht sterben; er geht nach Paris. Jarmusch erzählt dies so, wie Parker lebt und erlebt (oder sich erinnert, gelebt zu haben), punktuell, in Miniaturen des Lebens, die sich nicht verbinden.

Auch in *Stranger than Paradise* (1984), einem Roadmovie mit Unterbrechungen, ist Bewegung sich zunächst selbst genug. Eine junge Frau, Eva (Eszter Balint), kommt aus Budapest nach New York zu ihrem Cousin Willie (John Lurie), der sich durch sie in seinem lethargischen Nichtstun gestört sieht. Nach zehn Tagen zieht Eva zu ihrer Tante nach Cleveland, doch etwas muß ihre Anwesenheit in Willie ausgelöst haben, denn ein Jahr später – Willie reagiert sehr langsam – macht er sich mit seinem Kumpan Eddie auf, Eva zu besuchen. Zu dritt fährt man aus dem Winter des Nordens ins Paradies – nach Florida, wo sich, durch eine Kette von Mißverständnissen und Verwechslungen, ihre Wege dann trennen. Eva bleibt in den USA, und Willie sitzt in einem Flugzeug nach Budapest. *Stranger than Paradise* war zunächst ein Kurzfilm in Schwarzweiß mit dem Titel »The New World« (jetzt die erste Episode des Films mit Eva und Willie in New York). Mit Filmmaterial, das ihm Wim Wenders zur Verfügung stellte, drehte Jarmusch dann mit seinem Kameramann Tom DiCillo zwei weitere Episoden, »One Year Later« und »Paradise«. Der Film gewann in Cannes die Caméra d'Or und machte Jarmusch international bekannt. Die Story des Films existiert nur in Andeutungen und wird elliptisch in kurzen Plansequenzen, unterbrochen von Schwarzblenden, erzählt. Jede Einstellung – meist ist die Kamera statisch oder schwenkt kurz – ist ein Einblick ins Leben der Protagonisten, eine Impression, die nur das Nötigste zeigt, und das ist – nach den Regeln traditioneller Dramaturgie – nie etwas Dramatisches, Spektakuläres. Das Leben vollzieht sich in seiner ganzen, auch farblich grauen, tristen Alltäglichkeit, auch Banalität, und doch hat dieser Kamerablick auf seinen Vollzug etwas Insistierendes, besitzt er eine Genauigkeit im Verzeichnen von Nuancen der Leere, des Leerlaufs, Stillstands. Erst Eva, die Fremde im Paradies, das keines ist, setzt Zeichen eines anderen Lebens: Sie will leben, und das bringt etwas Bewegung auch in Willies träge Existenz. Was er, der seine ungarische Herkunft verleugnet, gerade in Budapest anfangen wird, bleibt so ungewiß wie Evas Beginnen in der Neuen Welt, doch beides ist, wie Parkers Weg nach Paris, ins Paradies der Lost generation, die vage Chance eines Anfangs. Anders als in *Dauernd Ferien* tritt hier neben die Evokation einer »poetic melancholy« (G. Andrew) erstmals auch ein lakonischer, ja oft absurder, die Tristesse gleichsam in Anführungszeichen setzender Humor, der sich in der Folge zu einem Erzählprinzip Jarmuschs und für das Publikum zu einem Markenzeichen entwickeln sollte.

Down by Law (1986) wurde nicht zuletzt deshalb wohl zu Jarmuschs größtem Erfolg und zu einem Kultfilm. Was den DJ Zack (Tom Waits), den Zuhälter Jack (John Lurie) und den italienischen Kauz Roberto (Roberto Benigni) in einer Gefängniszelle zusammenführt, ist der schiere Zufall in einer Nacht des Mißlingens. Ohne Roberto würden sich die beiden melancholisch vor sich hinbrütenden oder sich streitenden Verlierer aus Profession wohl mit ihrem Schicksal abfinden. Durch Roberto, der an die alten amerikanischen Filme so glaubt wie an die Verse Walt Whitmans und Robert Frosts, gelingt ihnen die Flucht, und wunderbarerweise entkommen sie auch den Sümpfen Louisianas, wo sie in das Diner der Italienerin Nicoletta geraten. Roberto bleibt bei Nicoletta, verliebt »für immer und ewig, wie in einem Märchenbuch«. Zack und Jack machen sich wieder auf, jeder seines Weges gehend. Auch *Down by Law*, von Wim Wenders' Kameramann Robby Müller in brillantem Schwarzweiß fotografiert, erzählt vom Unterwegssein in einzelnen Episoden und ganz punktuell. Doch jetzt gewinnen die Protagonisten Jarmuschs eine präzisere Kontur, die darüber hinausgeht, daß man in Waits und Lurie primär ihre Star-Imago als Underground-Musiker wahrnimmt. Beide können offenbar mit Frauen nicht leben; ihre Coolness ist nur Firnis über der Melancholie, ihr Driften offenbar wirklich Orientierungslosigkeit. Erst der Träumer Roberto, für den am Ende ein Märchen wahr wird, weil er nie aufhörte, an Märchen und Poesie zu glauben, »öffnet ihre Augen für die neuen Horizonte des Lebens« (G. Andrew), und dies schon allein dadurch, daß er an die Zellenwand mit Kreide ein Fenster zeichnet. Den Ausbruch aus dem Gefängnis spart Jarmuschs Erzählen aus, wohl auch, weil er eine symbolische Funktion besitzt. Der wirkliche Ausbruch steht Zack und Jack auch am Ende noch bevor.

Mystery Train (1989) und *Night on Earth* (1991) sind nach den Filmen der Bewegung durch den Raum Amerikas erstmals Filme auch über die Zeit, über die Simultanität von Ereignissen in einer Nacht. In *Mystery Train* ist es eine Nacht in Memphis, der Geburtsstadt des »Kings« Elvis Presley, einer Metropole der Popkultur, die ein junges japanisches Paar besichtigt, als sei es Memphis in Ägypten. Gegen Morgen fällt in einem Hotel ein Schuß, und er verbindet drei Geschichten, drei Episoden. In *Night on Earth* ist es wieder eine Nacht, jetzt etwa eine Stunde in fünf Städten und verschiedenen Zeitzonen, in Los Angeles, New York, Paris, Rom und Helsinki. Fünf Taxis sind unterwegs, und fünf Begegnungen von Menschen unterwegs werden zu fünf Ausschnitten des Lebens, zu fünf Momenten, in denen Entscheidungen fallen. *Mystery Train* ist ein Farbfilm, fotografiert von Robby Müller, in dem die Stadt Memphis zu einer eigenen Zeitzone, ja zu einem Zeittunnel zu werden scheint, durch den die beiden jungen Japaner zu den Wurzeln des Pop zu reisen hoffen. Die Pop-Geschichte von den fünfziger bis zu den achtziger Jahren ist präsent in Gestalt des Rhythm & Blues-Exzentrikers Screamin' Jay Hawkins und des Punkrockers Joe Strummer, die beide Rollen übernommen haben, wenn nicht sogar in Gestalt des »Kings« selbst, an dessen Tod ja nicht jeder glaubt. Elvis erscheint zumindest als Geist in der zweiten Episode des Films einer jungen Italienerin, die gerade ihren Mann verlor. In der dritten Episode wird das Geheimnis des Schusses gelüftet: Ein Selbstmord kann gerade noch verhindert werden. Der *Mystery Train*, Titel eines Presley-Songs, ist vielleicht der mysteriöse Zug des Lebens selbst, immer in Bewegung, ohne Ausgangspunkt und ohne Ziel, ein Zug, in dem sich in jedem Moment alles ereignen kann: die Liebe und der Tod, Verstehen und Mißverstehen, Finden und Verlieren; ja, was man erlebt, wie man erlebt, ist eine Frage des Standpunktes, der Position in Raum und Zeit. Einen absoluten Standpunkt jedoch gibt es in diesem Zug des Lebens nie. Auch in *Night on Earth* ist alles in jedem Augenblick möglich, weil alle unterwegs sind. Zudem gelten nachts andere Gesetze als im Licht des Tages, und deshalb blicken Jarmusch und sein Kameramann Frederick Elmes noch genauer auf ihre Protagonisten im Innern der Taxis. Auch wenn die letzte Episode in Helsinki, eine Hommage an Aki Kaurismäkis schwarz-humorigen Weltschmerz ewiger Trunkenheit, melancholisch ausklingt und die Musik des Films von Tom Waits stammt, herrscht nicht die Nacht der Tristesse auf der Erde. Kleine Gesten, Blicke von Jarmuschs exzellenten Darstellern wie Winona Ryder, Gena Rowlands, Armin Mueller-Stahl, Giancarlo Esposito u. a. signalisieren immer auch Momente des Verstehens von anderen, Momente der Einsicht ins eigene Leben. Von Leben und Tod erzählt Jarmusch in dem von Robby Müller wieder in Schwarzweiß fotografierten Endzeit-Western *Dead Man* (1995), in dem die all seine Filme bestimmende Bewegung, das On-the-Road-Sein, zur letzten Reise, zur mythisch-spirituellen Reise in den Tod wird, zur Überfahrt in ein Anderes, Bild- und Namenloses. Mit einer Kugel in der Brust zieht der junge William Blake (Johnny Depp) auf der Flucht vor ihn jagenden Killern und Marshals durch das wüste Land des amerikanischen Westens, das zerstört wird von der Profitgier der Weißen, die aus dem Traum von der Neuen Welt einen Alptraum machen. Geleitet wird er von dem Indianer Nobody (Gary Farmer), der ihn für den ruhelosen Geist des visionären Dichters William Blake hält, dessen Werke der einst nach England verschleppte Nobody dort las. Ihre Reise ans Meer, wo Nobody den sterbenden Blake in einem Kanu einschifft, inszeniert Jarmusch zum Gitarren-Sound von Neil Young und inspiriert von der Poesie William Blakes als Drama von »Unschuld und Erfahrung«, als visuelle Vision einer »Hochzeit von Himmel und Hölle« (Blake). In den elegischen Ton des Abgesangs nicht nur auf den Westen, sondern auch auf die stets mit Gewalt legierte Kultur der weißen Männer mischt sich jedoch auch hier der schwarze Humor Jarmuschs. *Dead Man* ist Totenklage, Groteske und Travestie des Western-Genres, nicht nur »sad and beautiful«, auch schrecklich und schön.

Die Zusammenarbeit mit Neil Young setzte Jarmusch dann in dem Dokumentarfilm *Year of the Horse* (1997) fort. Auftritte des Sängers und Gitarristen mit seiner Band Crazy Horse aus dem Jahr 1996 montiert Jarmusch mit Interviews, Filmmaterial aus den siebziger und achtziger Jahren und mit Bildern der amerikanischen Landschaft zum Porträt eines Künstlers, der gerade aus der Auseinandersetzung mit den Mythen Amerikas und dem American dream die Kraft zur ständigen Veränderung und Erneuerung bezieht.

Bernd Kiefer

Filmographie: Permanent Vacation / Dauernd Ferien (1980) – Stranger than Paradise / Stranger than Paradise (1984) – Down by Law / Down by Law (1986) – Coffee and Cigarettes (Kurzfilme, 1986 ff.) – Mystery Train / Mystery Train (1989) – Night on Earth / Night on Earth (1991) – Dead Man / Dead Man (1995) – Year of the Horse / Year of the Horse (Dokumentarfilm, 1997) – Ghost Dog (1999).

Literatur: Reinhard Lüke: Leben als banales Spiel. Die Filme des New Yorkers Jim Jarmusch. In: film-dienst 44 (1991) H. 25. S. 4–6. – Donald Lyons: Independent Visions. A Critical Introduction to Recent Independent American Film. New York 1994. – Geoff Andrew: Stranger than Paradise. Maverick Film-Makers in Recent American Cinema. London 1998.

Neil Jordan

*1950

Der Schriftsteller, Drehbuchautor und Regisseur Neil Jordan wurde am 25. Februar 1950 in Sligo in Irland geboren. Er absolvierte ein Studium der Irischen Geschichte und der Englischen Sprache am University College in Dublin und arbeitete zunächst erfolgreich als Schriftsteller von Novellen und Kurzgeschichten. 1980 kam er zum ersten Mal beruflich mit dem Film in Kontakt. Der britische Regisseur John Boorman engagierte Jordan als Drehbuchberater und für die Dokumentation seiner opulenten Verfilmung der Artus-Sage *Excalibur* (1981). Boorman unterstützte nach dieser Zusammenarbeit Jordan bei der Realisation von dessen erstem eigenem Film *Angel – Straße ohne Ende* (1982), der – obwohl er in der irischen Gegenwart spielt – ebenfalls eine mythische Geschichte erzählt. Danny, Saxophonist und Lebenskünstler, muß die brutale Ermordung zweier ihm nahestehender Menschen miterleben und wird zu deren Rächer. Er vertauscht sein Saxophon mit einem Maschinengewehr und verfolgt wie ein hypnotisierter Racheengel die Mörder seines Freundes und seiner jungen Geliebten. Das Regiedebüt *Angel* beruht wie die meisten Filme Jordans auf einem von ihm selbst geschriebenen Originaldrehbuch und zeigt bereits die sich später deutlicher abzeichnende inszenatorische Handschrift des Regisseurs. Chris Menges führte die Kamera, die sich vor allem für die Figur des Racheengels interessiert, betont langsam und kontemplativ, mit Hang zum Meditativen. Der Schauspieler Stephen Rea, für seine Darstellung des Protagonisten Danny mit dem Academy Award 83 der BAFTA (dem englischen Pendant zum amerikanischen Oscar) ausgezeichnet, spielt den Mörder der Mörder nicht als gewaltbesessene Maschine, wie es der Stoff vermuten läßt, sondern taumelt beinahe bewußtlos von Tötungsakt zu Tötungsakt. Orpheus greift zu den Waffen, um Eurydike zu rächen. Dannys kindliche Verführerin ist taubstumm und gibt sich dem Tod wie der Liebe gleichermaßen hin, ein weiblicher, kulturhistorischer Archetypus, der seit der literarischen Romantik durch die Kunst »geistert«. Wie in späteren Filmen Jordans ist schon in *Angel* die Musik, der Jazz, weit mehr als nur Untermalung. Der Komponist Paddy Meegan verleiht den Bildern des Films eine lakonische Melancholie und Nachtstimmung, die der Physiognomie und dem Blick Reas perfekt korrespondiert. Märchen, Mythen, Magie und Musik sind die vier Elemente des filmischen Kosmos Jordans, der zur Darstellung des Extremen selten auf konventionelle Darstellungsmittel zurückgreift. Seine Figuren sind exzentrische Solisten, die häufig das Unerreichbare begehren, nie aber als aggressive und aktive Helden in Er-

Neil Jordan

scheinung treten. Wenn überhaupt, erwächst bei Jordan Heldentum aus dem Scheitern.

Nach *Angel* drehte Jordan die Pubertätsgeschichte *Die Zeit der Wölfe* (1984), ein Amalgam aus psychoanalytisch interpretierbaren Märchenmotiven, mythischen Grundmustern und sexuellen Initationsfabeln. *Die Zeit der Wölfe* verwandelt die Begegnung von Mann und Frau in einen visuellen Horrortrip und bebildert die Phobien und Phantasien eines Mädchens auf der Schwelle zum Erwachsenwerden. Jordan benutzt die Symbolkraft von Tier-Mensch-Metamorphosen, parallelisiert mehrere Zeiträume, um die überindividuelle ›Gesetzmäßigkeit‹ der sexuellen Initiation und Individuation zu verdeutlichen, und skizziert durch die Überwindung realistischer Kategorien, Archetypen des mythischen Welterlebens.

1986 kehrte Jordan wieder in die großstädtische Gegenwart und zum erzählerischen Realismus zurück und drehte die Halbweltballade *Mona Lisa* (1986), eine traurige und einseitige Liebesgeschichte, die einen kleinen Ganoven (Bob Hoskins) an eine geheimnisvolle schwarze Schönheit bindet, die ihr Geld als Edelprostituierte verdient. Wie der Film *Angel* lebt *Mona Lisa* nicht von Action und Inszenierung von Gewalt, die auch vorkommen, sondern von den Momenten der Nähe ohne Berührung zwischen Bob Hoskins und Cathy Tyson, die als schlanke, hochgewachsene Frau mit feinen Gesichtszügen in jeder Beziehung antagonistisch zu dem kleinen Dicken mit der Halbglatze besetzt wurde.

Schon nach seinen ersten drei erfolgreichen und außergewöhnlichen Filmen zählte der Jungregisseur Jordan zu den Hoffnungsträgern des britischen Kinos, konnte aber mit zwei großangelegten Hollywood-Projekten (*High Spirits – Die Geister sind willig*, 1988, und *Wir sind keine Engel*, 1989) zunächst nicht an die Erfolge von *Angel*, *Die Zeit der Wölfe* und *Mona Lisa* anknüpfen. Er kehrte nach Irland zurück und verfilmte seine eigene Kurzgeschichte »Night in Tunisia«, eine weitere Variation über das Thema des Erwachsenwerdens, diesmal mit ödipalem Plot: *Miracle – Ein geheimnisvoller Sommer* (1991). Die beiden altklugen und romantisch versponnenen Jugendlichen Jimmy und Rose spielen in ihrer Freizeit ein Spiel: Sie beobachten fremde Menschen und phantasieren sich deren Lebensgeschichten zurecht. Jimmy verliebt sich in eines dieser »Opfer«, eine schöne Unbekannte, die überraschend in dem kleinen Ort auftaucht. Er ahnt nicht, daß es sich um seine angeblich verstorbene Mutter handelt. Jordan verfolgt die begehrenden Blicke des sensiblen Jungen mit der Kamera, taucht in die Stimmung langer und langweiliger Sommernachmittage ein, eine Sphäre der Einbildungen, die wie dazu geschaffen ist, um sich in ihr an eine nicht zu realisierende Leidenschaft zu verlieren. Greifbare Ereignisse treten in den Hintergrund, verlieren ihre Bedeutung angesichts der Sehnsucht nach dem einmaligen Liebeserlebnis. Die Kamera Philippe Rousselots und die Musik Anne Dudleys verdeutlichen das Geheimnis der fremden Vertrautheit, die Mutter und Sohn umfängt, obwohl die Annäherungsversuche des Jungen mißlingen. Die Landschaft, das Meer, der Strand, die grünen Hügel sind ein Möglichkeitsraum, von menschlichen Projektionsobjekten bevölkert, die nur für das jugendliche Auge und die Kamera geschaffen zu sein scheinen.

Um unerfüllbare Begierde und deren normative Beschränkung dreht sich auch die Handlung von Neil Jordans nächstem Film *The Crying Game* (1992), einem als IRA-Thriller getarnten Liebesdrama zwischen dem Transsexuellen Dil und dem IRA-Terroristen Fergus, gespielt von Stephen Rea. *The Crying Game* erzählt meisterhaft von den Grauzonen menschlicher Begegnung zwischen Entführungsopfer und Entführer, zwischen Schwarz und Weiß, zwischen mehr als zwei Geschlechtern, zwischen dem Begehren und der Angst vor dem Fremden im eigenen Leib. Dabei legt die Inszenierung großen Wert darauf, daß der Zuschauer durch die Schönheit Dils ebenso fasziniert ist wie Fergus und ebenso schockiert über die Enthüllung seines/ihres Geschlechtsorgans. Fergus liebt sein schwarzes Entführungsopfer Jody ebenso wie die Geliebte dieses Opfers, die weder Frau noch Mann ist. Jody und Dil verführen Fergus nicht nur durch ihren Körper, ihr Aussehen, ihre Bewegungen, sondern vor allem durch die Intimität und Direktheit ihrer Worte, ihrer Fragen und Bekenntnisse.

Mit der Verfilmung des Anne-Rice-Romans *Interview mit einem Vampir* (1994) setzte Jordan nicht nur seine Reihe von Abbildungen unerlaubter Begierden fort, indem er auf einen populären Mythos der Liebe und des Todes zurückgreift, den Vampirismus, er nahm auch eine der ältesten sprachlichen Gebärden des Menschen wieder auf, die des Erzählers. Im Duktus romantischer Bildungsromane berichtet Luis von seiner fragmentarischen Initiation als Vampir, die unvollendet bleibt, weil er niemals die Lust zu töten verspürt. Jordan rahmt durch die optische Pracht der Kostümierung und des Fin-de-siècle-Dekors den Kampf seines »dilettantischen« Vampirs um den Erhalt seiner ›Identitätsstörung‹ ein und macht vor allem in der Schlußeinstellung deutlich, daß das Reden im 20. Jahrhundert jedes Handeln ersetzt.

In einem seiner jüngsten Filme wendet sich Neil Jordan überraschend einem wirklichen, wenn auch umstrittenen Helden der irischen Befreiungsgeschichte zu, dessen gezieltes Handeln blutige Konsequenzen nach sich zog: *Michael Collins* (1996). Doch bleibt die Titelgestalt seltsam bruchstückhaft. Dem Filmemacher Neil Jordan liegen –

so scheint es – in besonderer Weise die Stoffe, aus denen die kleinen und großen zwischenmenschlichen (Alp-)Träume gemacht sind. Die Rollen des Schauspielers Stephen Rea in Filmen von Jordan beweisen die große Sensibilität und Aufmerksamkeit des Regisseurs für Grenzgänger und emotional destabilisierte Figuren. Rea spielt auch in *Michael Collins* wieder eine seiner in sich gekehrten Figuren im Niemandsland, die in den Zeiten der Kriege und Revolutionen zwangsläufig untergehen – vielleicht die faszinierendste Gestalt des Films.

1997 erzählt Jordan auf tragischem Fundament und mit schwarzem Humor die Geschichte des kindlichen Mörders Francie aus der Perspektive des mittlerweile erwachsenen Francie Brady, der den weitaus größten Teil seines Lebens hinter Gittern verbracht hat. Der Film *Der Schlächterbursche* (1997) zieht den Zuschauer in die verzerrt groteske und brutale Welt eines kleinen Jungen hinein, der – von allen Schutzengeln vergessen – sein eigenes imaginäres Panoptikum der Guten und der Bösen entwirft und darin als unumstrittener Held agiert. Comic und Märchen stehen Pate bei Francies Bewertung seiner Feinde, eine Narrationstechnik, die bewußt nur eine einzige Optik zuläßt: das Auge des kindlichen Mörders. Die rahmenden Top-Shots auf das Bett des bis auf ein Auge bandagierten Francie sind aus diesem Grund nicht nur als Hommage an Roman Polanskis *Der Mieter* (1976) aufzufassen, sondern als Axiom von Jordans neuester filmischer Erzählung, die auf einer tiefenstrukturellen Ebene eines der wichtigsten Wahrnehmungsdispositive des Kinos reflektiert. Jordan schiebt das Auge Francies zwischen die filmische Realität und den Zuschauer wie ein zweites Kameraauge und erzählt mit Präzision, Leichtigkeit und Witz von der Schmerzhaftigkeit menschlicher Existenz.

Susanne Marschall

Filmographie: Angel / Angel – Straße ohne Ende (1982) – The Company of Wolves / Die Zeit der Wölfe (1984) – Mona Lisa / Mona Lisa (1986) – High Spirits / High Spirits – Die Geister sind willig! (1989) – We're no Angels / Wir sind keine Engel (1989) – The Miracle / Miracle – Ein geheimnisvoller Sommer (1991) – The Crying Game / The Crying Game (1992) – Interview with the Vampire / Interview mit einem Vampir (1994) – Michael Collins / Michael Collins (1996) – The Butcher Boy / Der Schlächterbursche (1997).

Literatur: Jörg Helbig: Geschichte des britischen Films. Stuttgart/Weimar 1999.

Helmut Käutner

1908–1980

Helmut Käutner wurde am 25. März 1908 in Düsseldorf geboren. Sein Vater fiel im Ersten Weltkrieg, seine Mutter starb 1926. Nach dem Abitur studierte er Deutsche Philologie, Kunstgeschichte und Theaterwissenschaft in München, begann für kleinere Zeitungen Satiren und Berichte zu schreiben und trat dem Kreis um den Theaterprofessor Arthur Kutscher bei. Hier entstand offenbar die Idee, daß Käutner, der in der Zwischenzeit auf Provinzbühnen erste Erfahrungen als Schauspieler gesammelt hatte, mit drei anderen Studenten zusammen ein Kabarett begründen sollte: Die »Vier Nachrichter« begannen 1930 mit ihrem ersten Programm und ernteten bei ihrer Berlinreise großen Beifall, nicht zuletzt vom bedeutenden Theaterkritiker Alfred Kerr. Seit 1932 ging Käutner voll in seinem Beruf auf und dachte nicht mehr daran, zu promovieren. Er wurde zum künstlerischen Direktor seiner Kabarett-Truppe, 1934 heiratete er das Ensemblemitglied Erika Balqué. 1935 wurden die Programme der »Vier Nachrichter« als zersetzend und destruktiv beurteilt, es gab ein Auftrittsverbot. Käutner spielte Theater und begann allmählich, Drehbücher für den Film zu schreiben. Eine Neigung zur musikalischen Komödie oder zur Komödie mit musikalischen Einlagen ist unverkennbar – Liedtexte schrieb der Autor und Regisseur Käutner meistens selbst.

In den Filmen, die er während des Dritten Reichs und des Zweiten Weltkriegs inszenierte, sind ganz selten Anpassungen an die Diktatur zu bemerken. Zwischen 1942 und 1944 entstanden drei Filme, die zu den bemerkenswertesten ›unzeitgemäßen‹ Produktionen dieser Zeit gehören: *Romanze in Moll* (1943), *Große Freiheit Nr. 7* (1944) und *Unter den Brücken* (1946, deutsche Erstaufführung 1950). In der unmittelbaren Nachkriegszeit konnte Käutner, der in keiner Weise durch die Nazivergangenheit belastet war, weiterarbeiten: *In jenen Tagen* (1947) – die Episodengeschichte eines Autos seit 1933 – und der fast unbeschwert kabarettistische Film *Der Apfel ist ab* (1948) stecken noch in der Phase des Trümmergenres und überwinden es zugleich. In den fünfziger Jahren stellte sich ein eigentümliches Auf und Ab her, auf leichte und leicht gefertigte Produktionen folgten ernsthafte und anspruchsvolle Werke, vor allem *Die letzte Brücke* (1954), *Ludwig II.* (1955), *Des Teufels General* (1955) oder *Himmel ohne Sterne* (1955).

Der große internationale Erfolg der dritten Verfilmung von Carl Zuckmayers Stück *Der Hauptmann von Köpenick* (1956) – der Film erhielt zahlreiche Auszeichnungen und wurde für den Oscar für den besten ausländischen Film nominiert – brachte Käutner eine Einladung der amerikanischen Universal ein, in Hollywood Regie zu führen. Nach zwei leichten Komödien – *Die Zürcher Verlobung* (1957) und *Monpti* (1957) – ging Käutner in die USA. Dort entstanden zwei Filme, die vielfach als Routineproduktionen bezeichnet wurden. Käutner stieg vorzeitig aus dem Vertrag aus, als man ihn dazu bringen wollte, einen Western zu drehen. Nach Deutschland zurückgekehrt, schien er seinen »Faden« verloren zu haben. Auf die opulente und hohle Inszenierung des *Schinderhannes* (1958), wieder nach der Vorlage eines Stücks von Zuckmayer, folgte eine ambitionierte Version des »Hamlet«: *Der Rest ist Schweigen* (1959). Beinahe alle folgenden Filme sind erstaunlich ungleichmäßig, zum Teil populären Erwartungen angepaßt. Von seinen Fernseharbeiten sei *Bel ami* (1968), eine Bearbeitung der berühmten Novelle von Guy de Maupassant, erwähnt.

In den siebziger Jahren begann Käutner wieder häufiger als Schauspieler aufzutreten und gewann durch seine verhaltene, souveräne und ›undurchsichtige‹ Spielweise viel Bewunderung – z. B. als fragwürdiger Gutachter und Klinikchef in dem »Tatort« *Richter in Weiß* (1971, Regie: Peter Schulze-Rohr) oder als sanft verstiegener Karl May, dem die Welt schnöde auf die Schliche kommen will: Porträt eines würdigen alten Mannes, der auf seinen Lebenslügen beharrt, in Hans Jürgen Syberbergs *Karl May*-Film (1974). Käutner, der die längste Zeit seines Lebens in Berlin gelebt hat, zog 1977 in ein Haus in der Toskana, wo er 1980 starb. Der deutschen Filmkritik galt er schon zu seinen Lebzeiten – neben Wolfgang Staudte – als der bedeutendste Filmregisseur in Nachkriegsdeutschland. Die Rehabilitation seiner Filme, die in der Zeit des Dritten Reichs entstanden sind, zumal der erwähnten letzten drei, setzte bereits in den achtziger Jahren ein.

Käutner bevorzugte als Regisseur oft witzige Zuspitzungen, frappante Wendungen, akzentuierte Szenenschlüsse, Spiegelungen der Konflikte in drastischen Symbolen – alles Techniken, die vermutlich aus seiner Kabarettpraxis herrühren. So baut die einfache Handlung von *Romanze in Moll* – der Film bezieht sich auf eine Novelle von Maupassant – auf lakonischen Anschlüssen auf: Der Verführer lädt die ehrsame Bürgersfrau zu sich nach Hause ein. Sie denkt, er sei ein

Helmut Käutner (r.) mit Heinz Rühmann

charmanter Ganove, der in schlechten Verhältnissen lebe. Er warnt sie vor der Stufe. Schnitt – sie steht vor einer riesigen Galatreppe, die auf Anhieb klarmacht, wie reich der Mann ist, der auf sie wartet. Da die Bürgersfrau das Verhältnis zu diesem wohlhabenden Künstler zwar genießt, sich aber nicht von ihrem etwas beschränkten, aber liebevollen Ehemann trennen kann und schließlich von einem Mitwisser erpreßt wird, begeht sie Selbstmord. Der Film beginnt mit einer mutigen Plansequenz, die Kamera beobachtet einen Mann, der über den Platz geht und das Haus betritt, sie fährt nach links durch ein Fenster in ein Zimmer, in dem eine Frau bewegungslos im Bett liegt, mit verklärtem Lächeln, in verklärendem Licht. Sie ist tot, der heimkehrende Gatte bemerkt dies nicht und spricht launig mit ihr, als würde sie sich schlafend stellen. Immer wissen die Zuschauer bei Käutner mehr als die Figuren. Das läßt sie mit leiser Ironie die Aktionen der Helden verfolgen. Oft ist *Romanze in Moll* als impressionistischer Film beschrieben worden, dessen Ästhetik in der Nähe des Werks von Max Ophüls anzusiedeln sei. Daran ist sicherlich manches richtig, obwohl Käutner die Beweglichkeit der Kamera, den Taumel der Erzählweise und die Dingsymbolik nie so weit treibt wie Ophüls. Er bleibt distanzierter, unbeteiligter, läßt oft Musik als dramatische affektbetonende Tonbegleitung die Emotionen ausdrücken. In der Bilderzählung bleibt er dafür, jedenfalls in *Romanze in Moll*, oft ein diskreter Betrachter, mit Ausnahme einiger weniger »Pathosformeln«: als der Ehemann zum Schluß zusammenbricht und mit dem Kopf auf den Tisch und das zerbrochene Bild seiner toten Frau fällt, zieht die Kamera in einem Top-Shot nach oben weg, in der Gebärde des »Voilà, da seht ihr es«. Das gehemmte Sentiment in *Romanze in Moll* wird sicherlich auch durch die unterschiedlichen Spielweisen verursacht. Die Männer, vor allem der temperamentvolle Verführer und der nette, bornierte Ehemann (Ferdinand Marian und Paul Dahlke), stellen ihr Wesen und ihre Absichten ziemlich differenziert dar, sie sind aktive Figuren. Marianne Hoppe als blonde Bürgersfrau dagegen wirkt in ihrer Passivität zugleich streng und verschlossen – was sich in ihrem Innern abspielt, ist kaum zu erkennen, weder die Leidenschaft noch die tragische Schwermut.

In *Große Freiheit Nr. 7* (der Titel lautete ursprünglich »Die große Freiheit« – diese Formel erweckte im Dritten Reich Verdacht) verewigt Käutner Hans Albers als singenden Seemann. Der Held, dessen blaue Augen immer wieder mit Extralicht in einer fast lachhaften Weise aufgehellt werden, ist in einem Hippodrom-Varieté in Hamburg zu einer Art Animierfritzen geworden. Er verliebt sich in eine junge Frau, die liebt einen anderen, da bleibt ihm nichts übrig, als mit seinen Freunden wieder zur See zu fahren, denn dort gehört er hin. Das Hamburg, das in den Prager Barrandov-Studios errichtet wurde (in dieser Zeit konnte schon wegen der Luftangriffe nicht mehr in Berlin produziert werden), wirkt kulissenhaft und pseudorealistisch, ein Stimmungsmilieu. Erzählerisch effektvoll ist zumal die Parallelhandlung gegen Ende, als der Seemann voller Vorfreude und dann voller Trauer die junge Frau zu einem Verlobungsfest erwartet, von dem sie nichts weiß; sie kommt nicht, weil sie sich mit einer für damalige Tugendbegriffe überraschenden Freimütigkeit dem eigentlichen Geliebten hingibt: Gleichzeitig ereignen sich Verzweiflung und Glück, ohne daß von Schuld die Rede sein kann. Käutner löst sich von den Kategorien der herkömmlichen bürgerlichen Moral, von puritanischer Prüderie, zugunsten einer neuen Ehrlichkeit, die dem Frieden der Liebenden den Vorrang einräumt vor rabiater Eifersucht und polterndem Neid – privates Glücksversprechen mitten im Krieg.

Eine versöhnliche Lösung strebt auch das stille Meisterwerk *Unter den Brücken* an: die Geschichte zweier Kahnfahrer, die sich in ein junges Mädchen verlieben, bis schließlich der eine von ihnen ihre Liebe gewinnt, ohne daß der andere verletzt aus dem Freundschaftspakt ausscheidet. Die Außenaufnahmen der Havellandschaft, der Brükken, einiger weniger Berlinansichten zeigen eine idyllische Szenerie, völlig frei von den Zerstörungen des Zweiten Weltkriegs, überhüllt von dem sanften Schleier aus Dunst, Sonnenstrahlen und Wasserfunkeln. Käutner erweist sich, was zuvor schon zu bemerken gewesen ist, etwa in seiner Musikkomödie *Wir machen Musik*, als vorzüglicher Regisseur intimer Gesprächssituationen: eine Frau und ein Mann, die sich näherkommen, oder auch zwei Freunde, die sich auseinandersetzen. Die Signale des zunehmenden Vertrautwerdens, die beiläufigen Berührungen, die die Ich-Grenze des oder der anderen behutsam überschreiten, sind in der Sequenz gut zu studieren, in der sich die beiden, die füreinander bestimmt sind, allmählich ihre Neigung eingestehen. Das Mädchen (Hannelore Schroth) in ihrer Kleinstwohnung – durch das offene Fenster sieht man gegenüber die Brandmauer eines anderen Hauses, in der mittleren Entfernung fährt die S-Bahn vorbei – säubert dem Mann (Carl Raddatz) die von der Schiffsarbeit schmutzig gewordenen Hände. Dabei rücken die Köpfe der beiden immer näher. Er sieht, wie eine Haarlocke ihr in die Stirn fällt, fast vor die Augen. Unversehens pustet er ihr die Haarlocke aus der Stirn. Sie reagiert überrascht und ein bißchen empört. Beide bemerken, wie die zunächst zurückgestrichene Haarlocke wieder herabzufallen droht. Sachlichkeit vermengt sich mit Zärtlichkeit. Bei solcher Auflösung der Handlung in spielerisch feine Wahrnehmungen des Körpers der anderen kann zu Recht von einer »Poesie der kleinen Dinge« (K. Hickethier) gesprochen werden.

Käutners unverkennbarer Pazifismus hätte nie voraussehen lassen, daß er einen der eindringlichsten ›Kriegsfilme‹ der fünfziger

Jahre drehen würde: *Die letzte Brücke* erzählt vom Schicksal einer deutschen Frau (Maria Schell), die, von Partisanen in Jugoslawien gefangen, sich um deren Verwundete und Schicksale kümmern muß – und dies auch tut, weil sie das Leid auf der anderen Seite ebenso als menschliches Leid begreift. Die Liebe begünstigt ihre ›Grenzüberschreitung‹. Am Ende wird sie auf einer Brücke erschossen, weil sie zwischen den beiden Lagern, zu denen sie gehört, zu wechseln wagt, eine ›Brücke‹ schlägt, doch allumfassende Humanität hat in Kriegszeiten keine Überlebenschance. Auch hier ist auffällig, daß sich Käutner nicht sehr für das Schlachtengetöse, vielmehr für die individuellen Konflikte von Menschen interessiert, die in einander widerstrebende Loyalitäten eingebunden sind.

Käutners *Hauptmann von Köpenick* muß die Welt um 1900 künstlich wiederbeleben. Zu diesem Eindruck trägt ebenso die intensive Farbigkeit des Films bei, die Abziehbilder einer vergangenen Epoche bunt koloriert, wie die Physiognomik der Protagonisten. Zumal dem pausbäckigen Heinz Rühmann will es nicht gelingen, eine Vorgeschichte der Entbehrungen glaubhaft zu machen. Die für Käutner typische Leichtigkeit, die eher auf (sympathische) Belustigung aus ist und nur vorübergehend sentimentaler Gemütserweichung Raum gibt, nimmt der Erzählfolge die Strenge. Selbst der Wachtmeister Kilian verliert nie seine friedliche Behäbigkeit, dabei ist er ein Untertan, der, die Autorität im Rücken, sofort seinen alten Herrschaften gegenüber schäbig und anmaßend auftrumpft. Käutner kann pointieren: Meist gelingt dies auch mit der Kamera, wenn zum Beispiel durch den abgewinkelten Arm eines Uniformierten, der seine Hand arrogant in die Seite stützt, der gedemütigte Schuster Voigt im Hintergrund förmlich eingezwängt erscheint.

Auch Käutners Film nach Zuckmayers Nachkriegserfolg auf der Bühne, *Des Teufels General*, hat eine Figur im Mittelpunkt, die irgendwie durchzukommen bemüht ist: Diesmal ist es ein Haudegen, der die Uniform des Regimes mit Stolz trägt, sich aber mit Zynismen über sein politisches Dilemma halb vorgetäuschten, halb zweifelhaften Einverständnisses mit Hitlerdeutschland hinwegtröstet. Der Film hält sich im Groben an das Aktschema des Theaterstücks, will sich aber nicht mit der Beschränkung der Handlung auf die wenigen Spielräume zufriedengeben. Vor allem ein ›Ausflug‹ in einen anderen Raum ist bemerkenswert. Harras – im Film – wird von der SS eingesperrt und eingeschüchtert. In der dunklen Zelle verändert sich seine Haltung, er lernt das Fürchten, als er scheinbar zur Exekution abgeholt werden soll. Doch die aufgerissenen leuchtenden Augen von Curd Jürgens lassen bis zum Schluß, dem Todessturz des Harras, der Figur genug von dem blitzenden Heroismus, der sie interessant machen soll. Käutners Film hebt stärker als das Drama die düstere SS als eine mephistophelisch raffinierte und bösartige Apparatur hervor, von der sich das anständige Militär abhebt – eine Zweiteilung in die Braven und die Barbarischen, die als Denkgewohnheit den Deutschen lange Zeit teuer gewesen ist, gerade in den fünfziger Jahren.

Käutners Tendenz, dem politischen Disput auszuweichen und dafür die Auswirkungen der Geschichte im einzelnen Schicksal aufzusuchen, ist ihm bereits in den fünfziger Jahren als eine Art Flucht angekreidet worden. Es scheint mir gerechter festzuhalten, daß Käutners Abkehr von allen Doktrinen vielleicht seinen Blick verengt haben mag, ihn aber auch vor jeder falschen Parteilichkeit bewahrt hat. Gewonnen hat er dadurch bewundernswerte Präzision im Detail und ›undeutsche‹ Weichheit in der Inszenierung des Privaten, Eigenschaften, die vor allem in seinen Filmen der vierziger Jahre zur Geltung kommen, aber auch noch spätere Filme unverwechselbar prägen.

Thomas Koebner

Filmographie: Kitty und die Weltkonferenz (1939) – Kleider machen Leute (1940) – Frau nach Maß (1940) – Auf Wiedersehen, Franziska! (1941) – Anuschka (1942) – Wir machen Musik (1942) – Romanze in Moll (1943) – Große Freiheit Nr. 7 (1944) – Unter den Brücken (1946) – In jenen Tagen (1947) – Der Apfel ist ab (1948) – Königskinder (1949) – Epilog (1950) – Weiße Schatten (1951) – Käpt'n Bay-Bay (1953) – Die letzte Brücke (1954) – Bildnis einer Unbekannten (1954) – Ludwig II. (1955) – Des Teufels General (1955) – Himmel ohne Sterne (1955) – Ein Mädchen aus Flandern (1955) – Der Hauptmann von Köpenick (1956) – Monpti (1957) – Die Zürcher Verlobung (1957) – A Stranger in My Arms / Ein Fremder in meinen Armen (1958) – The Restless Years / Zu jung (1958) – Der Schinderhannes (1958) – Die Gans von Sedan (1959) – Der Rest ist Schweigen (1959) – Das Glas Wasser (1960) – Schwarzer Kies (1960) – Der Traum von Lieschen Müller (1961) – Die Rote (1962) – Das Haus in Montevideo (1963) – Lausbubengeschichten (1964) – Die Feuerzangenbowle (1970).

Literatur: Wolfgang Jacobsen / Hans Helmut Prinzler (Hrsg.): Käutner. Berlin 1992. – Karsten Witte: Lachende Erben, toller Tag. Filmkomödie im Dritten Reich. Berlin 1995. – Knut Hickethier: Poetik des Kleinen [*Unter den Brücken*]. In: Thomas Koebner (Hrsg.): Schauspielkunst im Film. Erstes Symposium (1997). St. Augustin 1998. S. 37–48.

Aki Kaurismäki

*1957

Ihr erster Film *Der Lügner* (1980), eine komödiantische Hommage an Jean-Luc Godards *Lemmy Caution gegen Alpha 60* (1965), war ein Überraschungserfolg auf dem Festival von Tampere und seitdem sind die Brüder im Heimatland auf Auszeichnungen abonniert: Aki und Mika Kaurismäki, die beide in dem kleinen Ort Orimattila aufwuchsen und noch heute gemeinsam die Produktionsfirma Villealfa in Helsinki betreiben. Beide Regisseure wurden in den achtziger Jahren zu einer festen Größe im europäischen Kino und zu Repräsentanten der finnischen Filmkultur. Mika, geboren am 21. September 1955, studierte an der Münchner Hochschule für Film und Fernsehen; Aki, geboren am 4. April 1957, wollte eigentlich Schriftsteller werden, leitete eine Filmzeitschrift an der Hochschule von Tampere, verdiente sein Geld mit diversen Gelegenheitsjobs, bis er für Mika Drehbücher schrieb und als Darsteller agierte. Dem Erstlingswerk folgten *Das Saimaa-See-Syndrom* (1981), eine zweistündige Dokumentation über die finnische Rockszene, und der Fernsehfilm *Die Wertlosen* (1982); bei Mikas *Rosso – Reise in die Finsternis* (1985) schrieb Aki am Drehbuch mit, bei Akis Regiedebüt *Schuld und Sühne* (1983) fungierte Mika als Produzent. Bis Mitte der achtziger Jahre dauerte die Zusammenarbeit; nach Akis *Schatten im Paradies* (1986) gingen die Brüder künstlerisch getrennte Wege. *Helsinki – Napoli – All Night Long* (1987) war Mikas erster im Ausland gedrehter Film, und seit geraumer Zeit hat der Regisseur mit Hollywood-Ambitionen und einer Vorliebe für das Genrekino auch einen Wohnsitz in Brasilien. Aki blieb zunächst im Land, wurde mit seiner eigenwilligen Shakespeare-Adaption *Hamlet macht Geschäfte* (1987) erstmals zum Forum des Jungen Films der Berlinale eingeladen, und mit *Ariel* (1988) gelang ihm der internationale Durchbruch. Es war der zweite Teil seiner den »Verlierern aus der Unterschicht« gewidmeten Trilogie, die er mit *Schatten im Paradies* begonnen hatte und mit *Das Mädchen aus der Streichholzfabrik* (1989) beendete.

»Überall, wo [Aki] Kaurismäki seine Kamera aufstellt, ist Finnland, fängt Finnland an«, schreibt B. Rusch in der einzigen deutschsprachigen Kaurismäki-Monographie. »Dabei ist Helsinki oder Finnland

Aki Kaurismäki

nicht die Stadt oder das Land, sondern ein Prinzip [...], dem Kaurismäkis rastlose Helden zu entkommen suchen.« Das gilt freilich auch für Mika Kaurismäki, der mit *Zombie and the Ghost Train* (1991) der von Schwermut und Alkohol infizierten ›finnischen Seele‹ ein Denkmal setzte. Was die Werke beider Regisseure als Kaurismäki-Filme identifizierbar macht, trotz aller Unterschiede der Sujets und Erzählweisen, sind zum einen die Darsteller (insbesondere der 1995 viel zu früh verstorbene Matti Pellonpää) sowie die Vorliebe der Brüder für US-amerikanische Rockmusik, sind zum anderen die wortkargen Protagonisten und die Bilder auswegloser Tristesse, die beide Filmemacher mit Sequenzen aberwitziger Komik kontrastieren. »Es ist sinnlos, hier zu bleiben«, sagt ein gerade entlassener Bergwerksarbeiter am Beginn von *Ariel* zu seinem jüngeren Kollegen Taisto (Turo Pajala): »Mach, daß du hier wegkommst«, gibt ihm die Schlüssel für sein schneeweißes Cadillac-Cabriolet, geht auf die Toilette und erschießt sich. Die Sequenz ist eines der vielen Beispiele für Akis lakonische Dialoge und elliptischen Erzählstil. Der dramatische Moment wird ausgespart. Wir hören den Schuß, sehen Taistos Blick auf den Toten und sein unbewegtes Gesicht. Lakonischer ist in der Filmgeschichte wohl kein Selbstmord inszeniert worden; und obwohl sich die Situation irgendwo in Lappland abspielt, ist sie eine Metapher für die finnische Gesellschaft, der der »wuchernde Kapitalismus [...] seit Mitte der sechziger Jahre nur häßliche Betonklötze und 20 % Arbeitslosigkeit gebracht« hat, wie Aki diagnostiziert.

Die Fabrik Finnmatch, in der die ›dokumentarischen‹ Sequenzen von *Ariel* gedreht wurden, war die letzte der berühmten Streichholzfabriken des Landes und wurde später von einem schwedischen Konkurrenten übernommen.

Wie die Filme von Mika Kaurismäki, der 1994 zusammen mit Samuel Fuller und Jim Jarmusch *Tigrero – A Film That Was Never Made* drehte, sind auch diejenigen von Aki durchsetzt mit filmhistorischen Zitaten, oftmals als Hommage an verehrte Regisseure wie Jacques Becker, Robert Bresson, Jean-Luc Godard oder John Cassavetes. Zudem finden sich, gerade in *Ariel*, mannigfache Verweise auf die Kolonisierung der finnischen Kultur: wenn Taisto im offenen Cabrio durch die eiskalte Landschaft fährt, seine Cowboystiefel im brackigen Hafenwasser baumeln läßt, der Dialog aus Versatzstücken des Gangsterfilms ohne erkennbare Logik montiert ist oder die Inszenierung einen Banküberfall bis zur Groteske demontiert. Solche Sequenzen dienen zweifellos der für Aki Kaurismäki typischen Melange von Komik und Melancholie, kennzeichnen aber zugleich ein Lebensgefühl, das eben nicht nur in Schwermut, Alkohol und sozialem Elend versinkt, sondern auch seine Träume aus dem US-amerikanischen Mainstream bezieht. In der Schlußsequenz von *Ariel* steht Taisto mit seiner neugewonnenen Familie im Hafen, den Blick auf ein kunstvoll illuminiertes Schiff gerichtet, das »Ariel« heißt (wie der Luftgeist in Shakespeares »Der Sturm«) und sie nach Mexiko bringen soll; dann erklingt »Somewhere over the Rainbow«, die ›Erkennungsmelodie‹ aus *Das zauberhafte Land* (1939), gesungen mit finnischem Text!

In *Das Mädchen aus der Streichholzfabrik* funktioniert weder die Liebe, die in *Schatten im Paradies* einer so langen Anlaufzeit bedurfte, noch gibt es ein vergnügliches Spiel mit dem Genrekino wie in *Ariel*. Der Arbeiterin Iris (Kati Outinen) gelingt weder das Leben noch die Flucht, und statt dem Mann fürs Leben begegnet sie nur einem skrupellosen Geschäftsmann. Es ist Aki Kaurismäkis pessimistischster Film und ein Musterbeispiel seiner ökonomischen Erzählweise, mit kurzen Einstellungen und einer zumeist unbewegten Kamera. In das Gesicht der sprachlosen Protagonistin haben sich all die Nuancen leidvoller Versteinerung eingeschrieben: die endlose Monotonie der automatisierten Arbeitswelt ebenso wie die Demütigungen, die sie in der Familie erfahren hat. Daß die stille, so fatalistisch scheinende Iris ihre Peiniger schließlich vergiftet (die Mutter und deren Liebhaber, der sie schlägt und als Hure beschimpft, den Geschäftsmann, der sie erst schwängert, ihr dann Geld für die Abtreibung zukommen läßt, und einen Mann, der sie gedankenlos in einer Bar anmacht), ist zwar ein Akt der Rache, bedeutet aber keine Befreiung für Iris, die sich am Ende widerstandslos von zwei Polizisten abführen läßt. Es war zugleich der vorläufige Abschluß von Aki Kaurismäkis finnischen Milieustudien; gemeinsam mit seiner Familie zog sich der Regisseur nach Portugal zurück.

Mit seinem ersten in England gedrehten Film erfüllte sich Aki Kaurismäki einen ganz persönlichen Traum: Jean-Pierre Léaud, dessen Schauspielstil er als Dreiundzwanzigjähriger in *Der Lügner* imitiert hatte, spielte die Hauptrolle in *I Hired a Contract Killer* (1990), einen in London lebenden Franzosen, der arbeitslos wird, für seinen beabsichtigten Selbstmord einen Killer engagiert, nur daß dann Alkohol, Zigaretten und ein Blumenmädchen seine Lebensgeister wecken und er den Killer auf den Fersen hat. Das Szenario wirkt beinahe kafkaesk, Hauptdarsteller und Genrezitate verweisen auf die Nouvelle Vague, die ökonomische Bildsprache und lakonischen Dialoge auf den typischen Kaurismäki-Stil. Doch so lust- und liebevoll der Regisseur auch diese Stilübung gestaltet, der poetische Realismus seiner früheren Filme ist aus diesem Kunstprodukt verschwunden: »Die Welt der ›klassischen‹ (grausamen, ungerechten, schmutzigen) Moderne [...]: Arbeit und Ausbeutung, Macht und Korruption, Bürgertum und Proletariat« (A. Kilb). Das gilt auch für *Das Leben der Boheme* (1992), in dem Léaud, Louis Malle, Samuel Fuller, Aki Kaurismäki und sein Hund Laika (als Baudelaire) als Nebendarsteller agieren und Matti Pellonpää als albanischer Maler Rodolfo, wofür er mit dem europäischen Filmpreis Felix ausgezeichnet wurde. *Tatjana, Take Care of Your Scarf* (1994), den der Regisseur in seiner Heimat drehte, setzt diese nostalgische Tendenz fort und versammelt die von Kaurismäki so geliebten Relikte einer vergangenen ›finnischen‹ Lebenskultur: Husquarna-Motorräder, Wolga-Limousinen und Kosenkenkorva-Wodka, die 12-Volt-Kaffeemaschine und den Plattenspieler fürs Auto und die 45er Singles der Regals und Renegades. Am Ende kehren die finnischen Männer heim (Matti Pellonpää und Mato Valtonen, der Begründer der Leningrad Cowboys), von den Frauen aus der Fremde (Kati Outinen und Kirsi Tykkyläinen) haben sie in Tallinn Abschied genommen; nun geht das Leben weiter, als sei nichts geschehen. Vielleicht ist dieses melancholische Roadmovie tatsächlich »die Summe der Filme von Aki Kaurismäki, vielleicht ihre Quintessenz, möglicherweise ihr perfektes Imitat« (V. Lueken), sicherlich aber eine Hommage an ein Finnland, das es heute vor allem noch in Kaurismäki-Filmen gibt.

»Ich schwanke zwischen ernsten Filmen und völlig abseitigen«, sagt Aki Kaurismäki, für seine unbändige Trinklust ebenso bekannt wie für seine unberechenbaren Pressekonferenzen und anekdotische Erzählkunst: »Aber die letzteren lassen mir mehr Zeit für die Theke. Vielleicht ist das der Grund, warum ich weniger ernste drehe.« Zumindest für das Publikum, das die Kurzfilme *Rocky VI* (1986), *Thru the Wire* und *L. A. Woman* (beide 1987) nicht kannte, dürfte die Reihe dieser »völlig abseitigen« Kaurismäki-Filme mit den Abenteuern »der schlechtesten Rock 'n' Roll-Band der Welt« begonnen haben, die aus der endlosen Weite der russischen Tundra in die USA übersiedelt und schließlich in einem mexikanischen Provinznest strandet: *Leningrad Cowboys Go America* (1989) wurde Kaurismäkis kommerziell erfolgreichster Film und für die finnische Band mit den überdimensionierten Haartollen und Schnabelschuhen der internationale Durchbruch. Es folgten die Clip-artigen Kurzfilme *Those Were the Days* (1991) und *These Boots* (1992), der Konzertmitschnitt *Total Balalaika Show* (1993), schließlich *Leningrad Cowboys Meet Moses* (1994), die Fortsetzung der skurrilen Erfolgsgeschichte, von Aki angeblich an einem Wochenende geschrieben und in sechs Wochen auf drei Kontinenten gedreht. Bei der Premiere wurde der Film völlig verrissen, an der Kinokasse blieb er erfolglos, und Aki Kaurismäki erklärte öffentlich, nie wieder einen Film zu drehen.

Der Schwur wurde glücklicherweise nicht gehalten. *Wolken ziehen vorüber* (1996) schließt an die »Verlierer-Trilogie« an, erzählt von deprimierender Arbeitslosigkeit, mangelnden Perspektiven und der Flucht in den Alkohol. Aber die prädestinierten Verlierer zeigen unternehmerische Initiative und eröffnen ein Restaurant mit dem bezeichnenden Namen »Arbeit«, und in diesem Fall ist den proletarischen Helden die Gestaltung der Zukunft vergönnt. In einer ausgeklügelten Farbdramaturgie, für die der Regisseur selbst zum Pinsel und seinen Lieblingsfarben Gelb, Rot, Blaugrün griff, zeigt Kaurismäki dieses Erwachen aus der Lethargie. Mit einer Kamera, die zumeist eine leichte Untersicht, aber stets einen respektvollen Abstand einhält, porträtiert er die schließlich fast märchenhafte Solidarität im Ehe- und Arbeitsleben. Nie ist der Blick voyeuristisch, die Komik verletzend, immer bleibt die Intimsphäre gewahrt. Die ruhigen Einstellungen fokussieren die Konzentration. Was die wortkargen Protagonisten bewegt, ist an der minimalistischen Mimik und Gestik der Darsteller zu erkennen – und an ihren melancholischen Blicken. »Schauspieler, die herumzappeln, gestikulieren, schreien und dramatisieren, kann ich nicht ausstehen«, sagt Aki Kaurismäki, der fortan Filme machen will, aus denen die Menschen glücklicher hinausgehen.

Juha (1998) könnte ein Beleg für beides sein. Die als ›Stummfilm‹ mit musikalischer Begleitung konzipierte Adaption von Juhani Ahos 1911 geschriebenem gleichnamigen Roman erzählt von der klassischen Dreieckskonstellation einer Frau (Kati Outinen) zwischen zwei Männern (Sakari Kuosmanen und André Wilms) – in asketischem Schwarzweiß und mit der erhofften Wendung. Ein großes Publikum wird auch dieser skurril-nostalgische Film wohl nicht erreichen; aber *Juha*, bei dem Aki Kaurismäki für Regie, Buch, Schnitt und Produktion verantwortlich zeichnet, bestätigt ein weiteres Mal die Ausnahmestellung dieses eigenwilligen finnischen Regisseurs mit dem großen Hang zur Melancholie.

Im Gegensatz zu seinem Bruder Mika zieht es Aki Kaurismäki offenbar nicht nach Hollywood. Seit Ende der achtziger Jahre lebt er saisonweise auf einem kleinen Weingut in Portugal, zusammen mit seiner Frau, der Malerin Paula Oinonen, und seinem Hund Laika, wenn er nicht gerade dreht oder in seiner Produktionsfirma Villealfa in Helsinki beschäftigt ist. Dem langjährigen Gefährten Matti Pellonpää, dem *Wolken ziehen vorüber* gewidmet ist, wünscht Aki eine vergnügliche Zeit an der Bar im Jenseits, mit Charlie Chaplin und himmlischen Cocktails – und vielleicht ein wenig von jener Melancholie, wie sie für alle Kaurismäki-Filme typisch ist.

Jürgen Felix

Filmographie: Rikos ja rangaistus / Crime and Punishment / Schuld und Sühne (1983) – Calamari Union / Calamari Union (1985) – Rocky VI (Kurzfilm, 1986) – Varjoja paratiisissa / Schatten im Paradies (1986) – Hamlet liikemaailmassa / Hamlet Goes Business / Hamlet macht Geschäfte (1987) – Thru the Wire (Kurzfilm, 1987) – L. A. Woman (Kurzfilm, 1987) – Ariel / Ariel (1988) – Leningrad Cowboys Go America / Leningrad Cowboys Go America (1989) – Tulitikkutehtaan tyttö / Das Mädchen aus der Streichholzfabrik (1989) – I Hired a Contract Killer / I Hired a Contract Killer (1990) – Those Were the Days (Kurzfilm, 1991) – La Vie de Bohème / Das Leben der Boheme (1992) – These Boots (Kurzfilm, 1992) – Total Balalaika Show / Total Balalaika Show (1993) – Leningrad Cowboys Meet Moses / Leningrad Cowboys Meet Moses (1993) – Pidä huivista kimmi, Tatjana / Tatjana – Take Care of Your Scarf (1994) – Kauas pilvet karkaavat / Wolken ziehen vorüber (1996) – Yuha / Yuha (1998).

Literatur: Beate Rusch (Hrsg.): Schatten im Paradies. Von den *Leningrad Cowboys* bis *Wolken ziehen vorüber.* Die Filme von Aki Kaurismäki. Berlin 1997. [Finn. Orig. 1996.]

Elia Kazan

*1909

Als Sohn griechischer Eltern wurde Elia Kazan am 7. September 1909 als Elia Kasanioglus in Anatolien geboren und gehörte als Außenseiter in einem fremden Land einer unterdrückten und oft terrorisierten Minderheit an. 1913 übersiedelte seine Familie nach New York, wo Kazan das Williams College besuchte. Der Beginn der Weltwirtschaftskrise ließ Kazans Familie verarmen, so daß sich Kazan als Küchenbursche das Studium selbst finanzieren mußte. Diese erniedrigende Erfahrung bestärkte ihn in dem Glauben, ein Außenseiter zu sein, ein Gefühl, das als zentrales Thema Leben und Schaffen Kazans verbindet.

Im letzten Schuljahr beschloß Kazan Schauspieler zu werden. Zunächst begann er an der Yale Drama School und wechselte dann drei Jahre später zum New Yorker Group Theatre. Dort lernte er Lee Strasberg und Harold Clurman kennen, mit denen er 1947 seine eigene Theaterschule gründete:

das heute noch existierende Actors Studio. Zwei Dinge prägen Kazan zeitlebens: die Theorien von Karl Marx in Verbindung mit seiner eigenen politischen Tätigkeit (er gehörte von 1934 bis 1936 der Kommunistischen Partei an) und die Stanislawski-Methode (die Psychologisierung der Schauspielkunst), auf deren Basis Lee Strasberg seine »Method« zur Schauspielerausbildung entwickelte: die Identifikation des Schauspielers mit der von ihm verkörperten Rollenfigur.

Die persönliche Zusammenarbeit mit Autoren wie Tennessee Williams, Arthur Miller oder John Steinbeck beeinflußte zudem sein künstlerisches Schaffen. Kazan wurde zum leitenden Direktor des Group Theatre, an dem er von 1933 bis zur Schließung 1940 selbst Regie führte. Sein Interesse verlagerte sich aber allmählich auf den Film: »Die Kamera ist wie ein Mikroskop, sie ist ein Mittel für intime Durchdringung, die durch die Augen sogar den Geist sieht« (Kazan).

Bedingt durch die Bühnenerfolge, erhielt Kazan von Hollywood-Studios verschiedene Angebote, entschied sich für Fox, und *Ein Baum wächst in Brooklyn* (1945) entstand. Schon bei seinem zweiten Film *Endlos ist die Prärie* (1947) zeichnete sich ab, daß er die Hollywood-Maschinerie und ihre Politik ablehnte. Drei Grundsätze manifestierten sich nach und nach: keine Studiofilme mehr zu drehen, sondern unmittelbar vor Ort, mit unbekannten Schauspielern zu arbeiten, Mitspracherecht beim Drehbuch zu verlangen. Kazan wurde damit zu einem Vorläufer des »Cinéma d'auteurs«.

Bumerang (1947) war sein erster Film, der diesem Konzept nahekommt. Seine folgenden Filme *Tabu der Gerechten* (1947) und *Pinky* (1949) wertete er persönlich als künstlerischen Rückschritt, obwohl er 1947 für ersteren einen Oscar für die beste Regie erhielt. 1950 drehte Kazan *Unter Geheimbefehl* ohne Drehbuch und an Originalschauplätzen. Der Einsatz einer ruhelosen Kamera sowie einer auf das Geschehen bezogenen rhythmisch-dynamischen Montage ließen diesen Film zur »Vorschule« für Kazans weiteres Filmschaffen werden. In *Endstation Sehnsucht* (1952) arbeitete Kazan zum ersten Mal mit Marlon Brando zusammen. Es entwickelte sich daraus eine besondere Regisseur-Schauspieler-Beziehung, deren »Motivation« in den nahezu identischen Wesenszügen beider begründet scheint: Ihnen ist vor allem die persönliche Erfahrung des Rebellen- und des Außenseitertums gemein. Brandos Intuition, seine rückhaltlose Identifikation mit den von Kazan ausgearbeiteten Rollenfiguren sind Indiz dafür, daß er häufig einen Teil von sich selbst spielt, zugleich aber auch einen autobiographischen Aspekt Kazans reflektiert. *Endstation Sehnsucht* erzählt, nach dem Bühnenstück von Tennessee Williams, eine im Arbeitermilieu angesiedelte Geschichte über eine fatale Dreieckskonstellation, die sich aus der Ambivalenz der Figuren speist. Diese scheinen aneinandergekettet und einander fremd zugleich. Im Beziehungsgeflecht, einem zwischen Liebe und Haß changierenden Antagonismus zwischen Kowalski (Brando), einem auf den ersten Blick vulgär-vital und sadistisch wirkenden polnischen Arbeiter, und der in ihre eigene Lebenslüge verstrickten Blanche (Vivien Leigh) liegt die Stärke dieses Films. Die Kamerabewegungen wie die Nuancen des Kunstlichts lassen die maroden Schauplätze unscharf, gleichsam »entrealisiert«, erscheinen. Kazan bedient sich hier einer subtilen (Bild-)Sprache, um das Verborgene in der Psyche der Figuren zu visualisieren.

Als Kazan 1952 die Namen verschiedener Mitglieder der Kommunistischen Partei vor dem McCarthy-Ausschuß für unamerikanische Umtriebe preisgab, wandten sich Freunde, Schauspieler und Produzenten von ihm ab. Im gleichen Jahr, inmitten Kazans persönlicher Krise, entstand *Viva Zapata*, ein Revolutionsepos mit einem rebellischen Helden, der sich nicht korrumpieren läßt. Kazan hebt hier jenen Moment der Selbsterkenntnis hervor, in dem der Rebell nach der Machtergreifung feststellt, daß alles, gegen das er ankämpfte – Korruption, Verrat –, ihn selbst auffrißt. In *Die Faust im*

Nacken (1954), einem Film über korrupte Machenschaften der Dockgewerkschaften im Amerika der fünfziger Jahre, drehte Kazan an Originalschauplätzen. Er behandelt das Schicksal eines proletarischen Außenseiters und prangert soziale Mißstände an. Dokumentarische Aufnahmen wie die ›naturalistische‹ Authentizität der Schauspieler in ihren Rollen unterstreichen die kritischen Ambitionen von Kazans Realismus. Die triste Szenerie der Docks ermöglicht nicht nur Bilder von rauher Schönheit, sondern bezieht das Gangstergenre zudem auf seine proletarischen Ursprünge. In der Schauspielkunst von Brando, einer das »method-acting« kennzeichnenden Mischung aus Improvisation und theatralischem Ausdruck, manifestiert sich das Männerbild einer neuen Generation, zu dessen Vertreter neben Brando auch James Dean wird: das des Rebellen. Es ist das Bild eines Mannes, das nicht mehr nur den »tough guy« nach außen kehrt, sondern auch überraschend weiche, feminine Wesenszüge offenbart.

Es folgen zwei große Filme: *Jenseits von Eden* (1955) und *Baby Doll* (1956), wobei ersterer zur Filmlegende avanciert. In *Jenseits von Eden* enthüllt Kazan das Trauma des modernen Amerika: die Entfremdung der Generationen, die Rebellion der Jugend gegen die Autorität der puritanisch reduzierten, liebesunfähigen Erwachsenen. Kazan findet in der Figur des Cal (James Dean) seine eigene Jugend wieder, das Aufbegehren und die gleichzeitige Verehrung für den Vater. Kazan entdeckt eine neue Bildersprache: bizarre, schräg verkantete Kameraeinstellungen, Querverbindungen zwischen Handlungsorten, Personen und Gegenständen, schließlich ein virtuoses Spiel mit Nähe-Distanz-Relationen. *Baby Doll* thematisiert ein Tabu: die Begierde nach einer kindhaften Lolita. Doppelmoral und unterdrückte Lust als gesellschaftliche Konventionen im Amerika der fünfziger Jahre bil-

Elia Kazan (l.) mit Marlon Brando

den den Hintergrund dieses Films. Aus der Ambivalenz von Haß und Hingabe, Gewalt und Zärtlichkeit, Rücksichtslosigkeit und Begehren entwickelt Kazan ein realistisches Drama der Abhängigkeiten. Ausdrucksstarke Schwarzweiß-Aufnahmen erwecken zudem den Eindruck einer »realistischen Poesie«. Die zeitgenössische Rezeption jedoch wirft eine Welle der Empörung auf. In *Wilder Strom* (1960) zeigt sich Kazan von weiter Landschaft fasziniert. Der Kamerastil, in *Jenseits von Eden* noch so »künstlich«, paßt sich hier dem »Rhythmus der Szenerie« an: Lange Totalen und ausladende Schwenks herrschen vor. »Stopping the action for lyric moments« soll Kazans Gedanke gewesen sein; eine nostalgische Reminiszenz an die »Frontier-Vergangenheit«.

Kazans Auseinandersetzung mit »amerikanischen Problemen« wird auch in *Fieber im Blut* (1961) greifbar. Der amerikanische Puritanismus – ein Motiv seiner früheren Filme – erscheint erneut als Ärgernis. Nach Vorlage eines Buches, das Kazan erstmals selbst verfaßte, entstand *Die Unbezwingbaren* (1964). Der Film enthält autobiographische Züge und beleuchtet die Problematik von Emigranten, die nach Amerika kommen, um dort ihren Traum zu verwirklichen. In *Das Arrangement* (1969), einem Film, der inhaltlich an *Die Unbezwingbaren* anknüpft, manifestiert sich Kazans tiefer Zweifel an der amerikanischen Wohlstandsgesellschaft. Persönliche Erfahrungen spiegeln sich im Antihelden Eddie (Kirk Douglas) wider, einem erfolgreichen Werbemanager, der in seinem Kampf um Selbstverwirklichung dem gesellschaftlichen und moralischen Druck nicht standhalten kann und gegen das Establishment zu revoltieren beginnt.

Mit *Die Besucher* (1971) wurde Kazan zum Vorläufer der Vietnam-Bewältigung. *Der letzte Tycoon* (1976) offenbart sich als leise Liebeserklärung des 68jährigen Kazan an das Hollywood vergangener Tage. Situiert in der Blütezeit Hollywoods Mitte der dreißiger Jahre, erzählt dieser Film von den Schwierigkeiten, in diesem System zu leben. Kazan formt Hollywood zu einer Allegorie, die in Gestalt der »Traumvision« Kathleen (Ingrid Boulting) personifiziert ist: die schöne, junge, unergründliche Frau als Sinnbild des Kinos und zugleich Symbol des für den Tycoon (Robert De Niro) Unfaßbaren, an dem er letztlich scheitert. Am Schluß des Films verschwindet De Niro in der Leere des Studios: zugleich Kazans Abschied vom Kino.

Kazan wurde 1999 mit dem Ehren-Oscar für sein Lebenswerk ausgezeichnet. Die Würdigung entfachte eine ziemlich heftige Kontroverse, da einige Kommentatoren den angeblichen ›Verrat‹ Kazans vor dem McCarthy-Komitee nicht vergessen wollten – indes an seiner künstlerischen Leistung keinen Zweifel aufkommen ließen.

Kerstin Gutberlet

Filmographie: Pie in the Sky (Kurzfilm, 1934) – People of the Cumberlands (Dokumentarfilm, 1937) – It's up to You (1941) – A Tree Grows in Brooklyn / Ein Baum wächst in Brooklyn (1945) – The Sea of Grass / Endlos ist die Prärie (1947) – Boomerang / Bumerang (1947) – Gentlemen's Agreement / Tabu der Gerechten (1947) – Pinky / Pinky (1949) – Panic in the Streets / Unter Geheimbefehl (1950) – A Streetcar Named Desire / Endstation Sehnsucht (1952) – Viva Zapata / Viva Zapata (1952) – Man on a Tightrope / Ein Mann auf dem Drahtseil (1952) – On the Waterfront / Die Faust im Nacken (1954) – East of Eden / Jenseits von Eden (1955) – Baby Doll / Baby Doll (1956) – A Face in the Crowd / Das Gesicht in der Menge (1957) – Wild River / Wilder Strom (1960) – Splendor in the Grass / Fieber im Blut (1961) – America, America / Die Unbezwingbaren (1964) – The Arrangement / Das Arrangement (1969) – The Visitors / Die Besucher (1971) – The Last Tycoon / Der letzte Tycoon (1976).

Literatur: Roger Tailleur: Kazan. Paris 1971. – Michel Ciment: Kazan par Kazan. Paris 1973. – Joe Hembus (Hrsg.): Marlon Brando und seine Filme. München 1981. – Adam Garbicz / Jacek Klinowski: Cinema. The Magic Vehicle, Bd. 2: The Cinema in the Fifties. New York 1983. – Brändli Bachner [u. a.]: Elia Kazan, Carlos Saura, Lichter der Großstadt. Eine Dokumentation. Zürich 1989. S. 23–63. – Elia Kazan. Stiftung Kinemathek und Internationale Filmfestspiele Berlin. Retrospektive 1996. Hrsg. von Helga Belach und Wolfgang Jacobsen. Berlin 1996.

Buster Keaton

1895–1966

Buster Keaton wurde am 4. Oktober 1895 als Joseph Frank Keaton im Südosten von Kansas geboren. Als Sohn der Varietékünstler Joseph »Joe« Hallie und Myra Keaton wuchs er – kaum daß er laufen konnte – im Milieu der Vaudeville-Theater auf. Zusammen mit den Eltern stand er als »The Three Keatons« auf der Bühne. Bereits in dieser frühen Phase entwickelte er sein auffälligstes Merkmal: einen Mund, der nie lacht. Bis zur Trennung von seinem Vater 1917 erarbeitete er sich ein Repertoire an artistischen Bewegungsabläufen, die hohe Konzentration und Schnelligkeit von ihm verlangten. Dank relativen Wohlstands konnte er es sich zudem leisten, über ausgefallenen Maschinen und technischen Konstruktionen zu brüten. Beide ›Leidenschaften‹ sollte er in seinen späteren Filmen als Regisseur, Produzent und Schauspieler bis zur Perfektion ausarbeiten.

Erste Erfahrungen beim Film erhielt Keaton durch ein Engagement bei den Comique Films. Hier stand er zusammen mit dem Komiker Roscoe »Fatty« Arbuckle vor der Kamera. 1919 gründete Keaton zusammen mit Joseph M. Schenk die Keaton Comedies und bekam sein eigenes Studio. Von 1920 bis 1923 führte Keaton bei 19 Kurzfilmen Regie. 1923 hatte *Ben Akiba hat gelogen!*, sein erster abendfüllender Regie-Film, Premiere. Bis zum Jahr 1928 inszenierte er etliche Filme, in denen ausnahmslos er die Hauptrolle übernahm. Der letzte Film, den Keaton als unabhängiger Produzent realisierte, war *Steamboat Bill, Jr.* Die Regie lag bei Charles F. Reisner. Danach unterschrieb er einen Vertrag bei der Metro-Goldwyn-Mayer. Laurence Weingarten übernahm von nun an die Produktionsleitung aller Filme Buster Keatons für den Hollywood-Giganten. Das stark individuell geprägte Produkt »Film« des Quasi-Autorenfilmers Buster Keaton wich nun dem standardisierten Einerlei der MGM-Komödie, in der er bald eine im Vergleich zu Buster viel flachere komische Figur namens Elmer verkörpern mußte. Erschwerend kam die Einführung des Tonfilms hinzu, eine für die rein visuelle Dramaturgie der Keaton-Slapsticks denkbar unbrauchbare Erfindung. Sein Bewegungsfreiraum wurde durch den damals noch nahezu statischen Tonaufnahmeapparat eingeschränkt. Der Entmündigung durch die Produzenten folgte das Scheitern von Keatons erster Ehe. Abhängig vom Alkohol, brach er körperlich, finanziell und künstlerisch zusammen. Er lebte von Gelegenheitsjobs als Autor oder Gastclown im Zirkus. In den fünfziger und sechziger Jahren erfuhr er eine Rehabilitation in der Filmbranche und eine Renaissance beim Publikum. 1965 hatte er seinen letzten Filmauftritt in Richard Lesters *Toll trieben es die alten Römer.* Am 1. Februar 1966 starb Buster Keaton in seinem Haus in Woodland Hills an Lungenkrebs.

Keatons Langfilmproduktionen sind Beweise seiner großen Schaffenskraft und gleichsam »Inhaltsangabe« seines Weltruhms: innerhalb von vier Jahren drehte er zehn große Filme, bei denen er oft Regisseur und immer Hauptdarsteller war. Alle Filme wurden weit über die USA hinaus bekannt. Busters ernstes Gesicht – eindrückliches Merkmal der Keaton-Filme – prägte sich dem Filmgedächtnis von Generationen ein. Die Legende vom »Stoneface« entstand – eine oberflächliche und unzureichende Beschreibung, wenn man sich das breite Ausdrucksspektrum von Keatons Gesicht vor Augen führt.

Eine Annäherung an die Filme Keatons setzt voraus, daß man ihn nie nur in einem isolierten Aufgabenbereich, sondern immer in Personalunion aus Produzent, Regisseur und Hauptdarsteller sieht. Der Weg zu den Filmen führt über den zentralen Charakter. Ob Rollo, Willie oder Jimmie – Buster, als Figur im Kontext seiner Zeit, reagiert

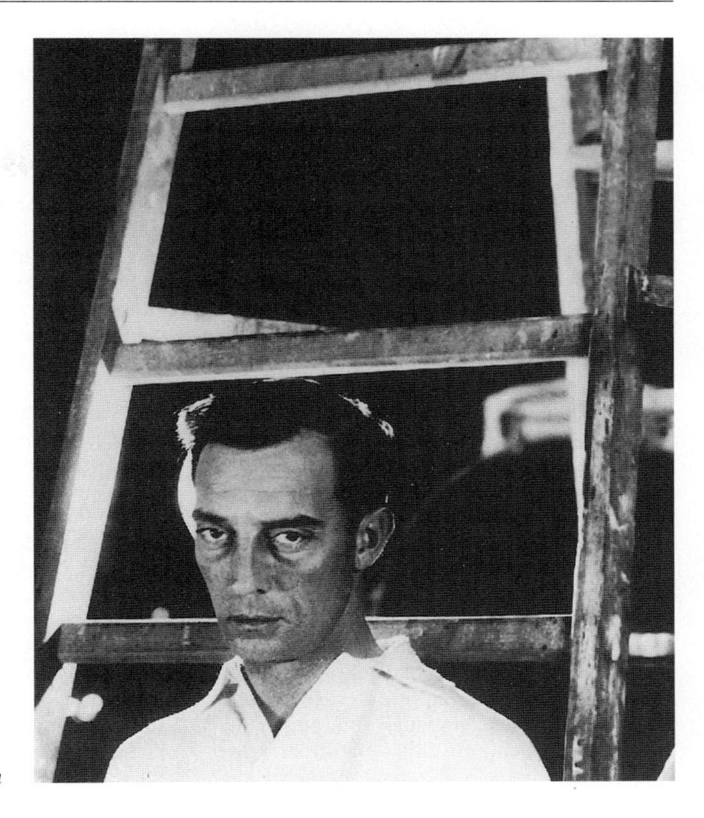

Buster Keaton

auf den Bevölkerungsboom der amerikanischen Städte zu Beginn der zwanziger Jahre. Die entindividualisierte Masse ist stets der bedrohliche Gegenspieler seiner Figur. In *Der Cowboy* (1925) verirrt er sich in die Großstadt New York. Auf der Suche nach einem Job gerät er vom Bahnhof auf den Broadway. Sofort erfaßt ihn die anonyme Masse der Passanten, schleift ihn ein Stück weit mit und ›spuckt‹ ihn wieder aus. Da liegt er auf der staubigen Straße und sehnt sich nach einer menschenleeren Gegend, einem Lebensraum, in dem er seine weltfremde Individualität ausleben kann. Keatons Figuren bilden instinktiv Opposition, eine Gegenwelt, in der sie als Außenseiter leben, sich oft ein eigenes Regelwerk schaffen. Die Konfrontation von Kleinstbiotop und »Rest der Welt« mündet meist im Chaos, bis ein versöhnlicher Schluß – er bekommt sein Mädchen – ihn scheinbar in die Gesellschaft eingliedert.

Aus der Grundkonstellation »Gegen ein Interesse wird ein anderes gesetzt« ergibt sich die zumeist längste und spektakulärste Sequenz der Filme: die Verfolgungsjagd. Dieser Szenentypus wird in den Langfilmen gleichsam zur »virtuosen Kadenz«. Keaton nimmt sich den Freiraum einer Soloeinlage, zeigt hier sein ganzes artistisches Geschick, indem er frei zu improvisieren scheint. In *Buster Keaton, der Mann mit den tausend*

Bräuten (1925) muß Buster heiraten, um ein umfängliches Erbe antreten zu können. Die Angebetete will aber nicht aus plötzlichem Kalkül heraus geheiratet werden, und so sieht sich der eifrig suchende Bräutigam schnell einer ganzen Schar von heiratswütigen Damen gegenüber. Als Busters Herzdame dann doch gerne heiraten will und den Geliebten herbeiruft, hat der eine Stampede wütender, geprellter Bräute hinter sich. Der Eheschließungswettlauf wird zu einer Flucht vor kollektiver Hysterie. Buster rennt stets im rechten Winkel zur Blickachse, eine Bewegungsrichtung, die seine pfeilschnelle Geschwindigkeit und seine erstaunliche Körperkoordination sichtbar werden läßt. Ohne Rücksicht auf Hindernisse wählt Buster den direkten Weg. Er rennt vor den Bräuten her, vorbei an einer frisch aufgeschichteten Backsteinmauer, die zum Munitionslager für die wütenden Damen wird. Nach dem Durchzug der Verfolgerinnen bleibt eine Staubwolke, aber nicht ein einziger Backstein übrig. Nun kann sich Buster nicht mehr ausschließlich auf seine Geschwindigkeit verlassen, er muß sich tarnen, um nicht im Backsteinhagel unterzugehen. Er gliedert sich in eine marschierende Menge Polizisten ein. Als diese merken, daß sich hinter ihnen eine Phalanx aus Bräuten aufstaut, versagt sogar die oberste Ordnungskraft. Die Polizisten stieben auseinander, und wieder ist Buster isoliert und gut sichtbares Ziel. Im Verlauf der Jagd weicht die Menge der Bräute einem Steinschlag. Eine neue Masse ist Buster auf den Fersen. Die rollenden Steine, die genau wie Buster den kürzesten Weg bergabwärts nehmen, werden für den Fliehenden zur Gefahr. Waghalsig sind die Stunts, mit denen Buster versucht, den Verfolgern zu entkommen. So springt er vor einem Abgrund in die Spitze einer Pappel und stürzt mit dem Baum, der just in diesem Moment gefällt wird, zu Boden. Wie immer endet die Hetzjagd erfolgreich und Buster gelangt an sein Ziel.

Den Schluß bildet – wie in der Mehrzahl der Filme – ein subtiler Witz, der den trügerischen Schein trauter Zweisamkeit des Happy-Ends in der Familie enttarnt. In *Buster Keaton, der Mann mit den tausend Bräuten* will Buster die Braut endlich küssen, doch eine riesige Dogge kommt ihm, die Braut abschleckend, zuvor. Der Auftrag: »Braut küssen, in der Zweisamkeit glücklich sein, Kinder bekommen«, scheint Buster nicht voranzutreiben. Der Eindruck entsteht, als durchlaufe er alle Strapazen um des Weges und nicht des Ziels willen. Diese Deutung darf aber nicht über ein weiteres wichtiges Merkmal der Buster-Figuren hinwegtäuschen: das fehlende erotische Interesse an Frauen. Deutlich wird diese Frauen- und Kinder-Phobie in *Sherlock Holmes jr.* (1924), als er nach dem Beispiel des synchron laufenden Films seine Braut küssend, in eben jenem Film als Schlußeinstellung ein Familientableau sieht. Ratlos kratzt Buster sich am Kopf: das ist zuviel für einen Individualisten, der die Frauen eher aus einer gesellschaftlichen Pflicht als aus männlichem Begehren heraus verfolgt. In *Der Cowboy* gewinnt er eine Kuh zur Freundin, weil er ihr einen Stein aus dem Huf entfernt. Sie rettet ihn dafür vor dem wilden Stier. Doch die Kuh Browneye soll geschlachtet werden, und so kommt es, daß Buster im Waggon stehend zusammen mit der Kuh zwischen dem groben Lattenverschlag hindurchblickt. Buster übernimmt, in einem Zustand innigster Loyalität, den traurigen, fast waidwunden Blick der Kuh. Der Blick drückt eine Art »telepathisches« Einfühlungsvermögen, zugleich aber auch den Willen zu unbedingter Solidarität aus. Das sind zwei Kreaturen, die ein gemeinsamer Seelenzustand verbindet: sie sind allein in einer feindlichen Welt und dadurch aufeinander angewiesen. Eine solch innige Gemeinschaft baut Keaton nie zu einer Frau auf. Offensichtlich ist auf Kühe mehr Verlaß.

Alle Filme Keatons zwischen 1923 und 1928 funktionieren nach einem ähnlichen Muster: Buster wird mit einer Situation konfrontiert, die einen ›inneren Auftrag‹ in ihm auszulösen scheint. Die Filmhandlung beschreibt nun den Weg zum Ziel als einen einzigen Bewegungsfluß, bestimmt durch ein Nacheinander der Effekte, der variierten Gags, die eine deutliche Klimax bilden. Störungen im Bewegungsduktus führen zu einem Innehalten im Moment des Erstaunens, gleichsam einem Stupor des absoluten Nicht-Begreifens, aus dem sich Buster mit einem naiven Fluchtimpuls löst. Dieser sich wiederholende Ausdruck strukturiert die dramatische Handlung der Filme Keatons. Eindrucksvoll zeigt dies eine Szene aus *Der Navigator* (1924). Buster ist, so glaubt er, allein auf einem riesigen Dampfer auf hoher See. Als er merkt, daß sich eine zweite Person auf dem Schiff befindet, beginnt eine Jagd über alle Schiffsdecks. Buster sucht den Unbekannten und flieht zugleich vor ihm. Für einen kurzen Moment verharrt er. Hinter seinem Rücken öffnen und schließen sich durch das Schwanken des Schiffes synchron eine Reihe von Kabinentüren. Es ist eine Szene von gespenstischer Wirkung. Buster merkt sehr wohl, daß irgend etwas hinter ihm vorgeht, doch immer, wenn er sich blitzschnell umdreht, sind die Türen geschlossen. Schließlich sieht er die synchrone Bewegung doch. Sein weißes Gesicht blickt mit großen Augen in die Kamera. Nun ist er der zu Tode Erschrockene mit kalkweißem Antlitz. Buster, der sich den Ursprung dieser Bewegung nicht erklären kann, flieht. Für den Aufbau des Erschreckens-Gestus nutzt der Schauspieler ein wirkungsvolles Schema: zunächst läßt er sich auffällig viel Zeit, den neuen Eindruck auf sich wirken zu lassen. Sein Blick, der nach innen gerichtet erscheint, muß seinen Innenraum verlassen, die schützende Schicht, die er um sich trägt, durchstoßen. Es scheint, als hätte er ein Objektiv vor seinen Augen, das sich erst allmählich auf einen bestimmten fixierten Punkt einstellen kann. Dann steht er da, kerzengerade mit weit geöffneten Augen und schmalem Mund. Er verharrt und wartet auf den Auftrag aus dem Inneren, der, einem Instinktprogramm ähnlich, »Renne um dein Leben« lauten könnte. Wenn er seine innere Stimme vernimmt und die Flucht beginnt, läuft er mit aufgerissenen Augen und nach vorne gestreckten Armen weg vom Ort des Erschreckens, oft auf die Kamera zu.

Busters Bewegungen entsprechen stets den inneren Motivationen der Figur. Wenn er im Wilden Westen (*Der Cowboy*) aus dem Zug aussteigt, eignet er sich zunächst die Gangart eines Cowboys an. Er ist der Außenseiter, der sich möglichst unauffällig und angepaßt in seinem neuen Umfeld bewegen möchte. So schlingert er O-beinig über den Sand, bis er über die eigenen Beine fällt. Die Hoffnung, ein richtiger Cowboy zu sein, wenn man nur wie einer geht, ist fehlgeschlagen. Ein pathologischer Befund würde den Buster-Figuren eine Art Autismus attestieren. Die Symptome, extreme Ichbezogenheit, affektive Teilnahmslosigkeit am öffentlichen Geschehen, Verlust des Umweltkontaktes und Flucht in eine eigene Phantasiewelt, sind deutlich. Visuell am auffälligsten drückt sich dies in dem nach innen gerichteten Blick aus.

Regie, Figur und dramaturgisches Konzept bilden bei Keaton eine Einheit. Der Einsatz der Einstellungsgrößen Halbtotale oder Totale ist in Keatons Filmen wohlbedacht. So findet in einer totalen Einstellung in *Der General* eine Inszenierung auf drei Bildebenen statt: Buster ist Lokomotivführer zur Zeit des amerikanischen Sezessionskrieges. Die Unionstruppen entführen ›seine‹ Maschine, und Buster wird unerwartet ins Kriegsgeschehen einbezogen. Er will die Lokomotive »General« zurückerobern. Eine ungleiche Jagd beginnt: Buster gegen das Heer der Nordstaaten. Wir sehen Buster im Vordergrund auf der fahrenden Lokomotive Holz hacken. Er bemerkt nicht, daß sich hinter ihm, im Mittelgrund des Bildes, das eigene Heer in die entgegengesetzte Richtung bewegt. Offensichtlich flieht es vor den feindlichen Truppen. Im Bildhintergrund schließlich zieht die Landschaft vorbei. In Totalen dieser Art wird Buster immer den Mittelpunkt des Bildes ausfüllen, zentriert in einem Netz penibel beachteter Symmetrien. Buster erscheint auf allen drei Ebenen als Einsamer: vorne arbeitet er allein auf der Lokomotive, im Mittelgrund läßt ihn sein Heer im Stich und vor der Kulisse der Landschaft wirkt er noch viel verlorener. Bei diesen Szenen handelt es sich um eine ›innere Montage‹, der Konflikt wird innerhalb einer Einstellung deutlich, die durch Schauspiel, Kadrierung und Raumtiefe zusammenfaßt, was üblicherweise durch die Montage mehrerer Einstellungen erklärt wird.

Der Schauspieler Buster Keaton hat zumindest zwei hervortretende Qualitäten: eine mimische Nuancenkunst, die ein Ausdrucksspektrum von der Melancholie bis zur Erschrockenheit aufweist, und eine artistische Virtuosität, die seinen Darstellungen einen hohen Schauwert verleiht. Die kraftvollen Solonummern in fast all seinen Filmen kombiniert er mit exakt vorbereiteten Effekten. So stürzt in *Steamboat Bill, jr.* (1928) eine riesige Hausfassade auf den Schauspieler nieder. Er überlebt: genau an der Stelle, wo Buster stand, hatte die Fassade eine Fensteröffnung. Auch eine andere Szene aus dem genannten Film belegt die für Keaton charakteristische Kombination von Artistik und technischer Genauigkeit: In den Schotter einer Straße verkrallt, trotzt Buster einem Hurrikan. Immer wieder muß er herumfliegenden Gegenständen ausweichen, gleichzeitig springt er gegen den Sturm an, steht sekundenlang im 45°-Winkel gegen den Wind. Keatons Liebe zu spektakulären Stunts hätte ihn beinahe das Leben gekostet. Bei den Dreharbeiten zu *Der General* stürzte er mit einem gewaltigen Wasserschwall kopfüber auf die Schienen. Ein Wunder, daß er – mit Kopfschmerzen – überlebte: Jahre später – wiederholen die Biographen – diagnostizierte ein Arzt einen verheilten Genickbruch.

Die Faszination der Technik hat Keaton nie verlassen. Immer wieder entwarf der Tüftler ausgefallene Maschinen für seine Filme. Meistens sind es umständliche Kombinationen von Zahnrädern, Drähten, Seilen und Gebrauchsgegenständen mit hohem Schauwert und – gemessen am Aufwand – erstaunlich geringem Nutzen. Die Frühstücksmaschine in *Der Navigator* ist nur ein Beispiel für seine spektakulären Maschinen mit eingebauter Kettenreaktion, die Buster den Umgang mit der ›Welt‹ erleichtern.

Buster Keaton holte durch Ausstattung und Spiel ein Stück Artistenwelt auf die Leinwand, eine Reverenz gleichsam vor seiner Herkunft.

Julia Gerdes

Filmographie (nur Langfilme): The Three Ages / Ben Akiba hat gelogen! (1923) – Our Hospitality / Bei mir – Niagara / Verflixte Gastfreundschaft (1923) – Sherlock, Jr. / Sherlock Holmes jr. (1924) – The Navigator / Buster Keaton, der Matrose / Der Navigator (1924) – Seven Chances / Buster Keaton, der Mann mit den tausend Bräuten (1925) – Go West / Der Cowboy (1925) – Battling Butler / Buster Keaton, der Boxer / Der Killer von Alabama (1926) – The General / Der General (1926).

Literatur: Buster Keaton. München/Wien 1980. (Reihe Film. 3.) – Robert Benayoun: Buster Keaton. Der Augen-Blick des Schweigens. München 1983. – Thomas Brandlmeier: The Great Stone Face. In: Th. B.: Filmkomiker. Die Errettung des Grotesken. Frankfurt a. M. 1983. S. 64–73. – Buster Keaton. Internationale Filmfestspiele Berlin. Retrospektive 1995. Hrsg. von Helga Belach und Wolfgang Jacobsen. Berlin 1995. – Thomas Koebner: Der doppelte Buster. In: film-dienst 48 (1995) H. 3. S. 14 f.

Krzysztof Kieślowski

1941–1996

Die Kindheit des am 27. Juni 1941 geborenen Krzysztof Kieślowski war geprägt von häufigen Umzügen, die mit dem Beruf (Bauingenieur) und der langen Krankheit des früh verstorbenen Vaters zusammenhingen. Zufällig, durch Vermittlung eines Onkels, geriet Kieślowski 1957 an eine berufsbildende Schule für Theaterausstatter, die er 1962 abschloß. In dieser Zeit und in den beiden folgenden Jahren, in denen er häufig in der Theatergarderobe jobbte, entdeckte er seine Liebe zur Bühnenkunst. Seine Bewerbung für die Regisseursausbildung an der renommierten Filmhochschule von Lodz (PWSTiF) – die erst im dritten Anlauf erfolgreich war – sollte ursprünglich nur ein erster Schritt auf dem Weg zum Theaterregisseur sein. Bereits während seines Studiums 1964–1968 entstanden erste Dokumentarkurzfilme. Kieślowski gehörte zu jener Nachkriegsgeneration polnischer Künstler, deren kreative Entfaltung in einer Zeit großer politischer Spannungen und offener gesellschaftlicher Rebellion gegen die herrschende Nomenklatura stattfand. Schon als Filmhochschüler organisierte er Protestaktionen gegen die auf den Sechstagekrieg an den polnischen Universitäten beginnende antisemitische Hetze, die mit der Entlassung führender Köpfe auch an der PWSTiF endete. Kieślowskis frühe und mittlere Schaffensperiode ist nicht losgelöst von dem zeitgeschichtlichen Kontext zu sehen, der durch drei Wellen von politischen Unruhen (1968, 1970 und 1976), die ansonsten im Ostblock ungekannte Liberalisierung der Jahre 1980 und 1981 und schließlich das Kriegsrecht 1981–1982 gekennzeichnet war.

Bereits seit den siebziger Jahren arbeitete Kieślowski viel für das Fernsehen, ein Medium, das für frühere Generationen polnischer Dokumentaristen wegen seines geringen ästhetischen Niveaus noch tabu gewesen war. Auch seine letzte ausschließlich in Polen entstandene Produktion, *Dekalog* (1989), war ein Fernsehzyklus. Seit 1990 arbeitete Kieślowski im Rahmen internationaler Koproduktionen vornehmlich in Frankreich, verabschiedete sich aber nie vollständig von seiner polnischen Heimat, in der der Herzkranke auch die wenigen Lebensjahre nach seinem erklärtermaßen letzten Film *Drei Farben: Rot* (1994) verbrachte. In den Jahren seiner größten internationalen Erfolge nach dem *Dekalog* gab sich Kieślowski in Interviews und Arbeitsaufzeichnungen oft als ein desillusionierter, seines »Handwerks« (er mied den Begriff »Kunst«) überdrüssiger und ermatteter Senior. Er starb am 14. März 1996.

In Kieślowskis Studienjahren lehrte an der PWSTiF in allen Sparten die damalige Elite des polnischen Films. Kieślowski studierte beim Filmhistoriker Jerzy Toeplitz ebenso wie beim Regisseur Andrzej Wajda. Den größten Einfluß auf sein frühes Schaffen hatten aber zweifellos zwei Altmeister des gesellschaftskritischen Dokumentarfilms, Kazimierz Karabasz und dessen ehemaliger Lehrer Jerzy Bossak, bei dem Kieślowski auch seine Diplomarbeit verfaßte. In der Schrift »Dokumentarfilm und Wirklichkeit« setzte sich Kieślowski 1968/69 mit den Möglichkeiten auseinander, maximale Authentizität im Dokumentarfilm zu erreichen. Er plädierte für eine radikale Nichteinmischung des Filmemachers in die »Dramaturgie der Wirklichkeit« und sah keinerlei thematische Beschränkungen für den Dokumentaristen, auch nicht – im Gegensatz zu Bossak – in der Sphäre menschlicher Psychologie.

Von 1966 bis 1973 drehte Kieślowski – mit einer Ausnahme (*Koncert życzeń*, 1967) ausschließlich Dokumentarfilme, deren Länge zwischen 5 und 46 Minuten variiert. In vielen Filmen blieb er seinem Credo dezidierter Nicht-Gestaltung treu, so in dem Interviewfilm *Byłem żołnierzem* (1970). Nicht selten nutzte er jedoch die Möglichkeiten komplexer Bild-Ton-Montagen, um gesellschaftlich relevante Aussagen zu pointieren (so in *Urząd*, 1966, einem Film, der gegen die Unmenschlichkeit und Ineffektivität der Bürokratie protestiert). In dieser Phase wählte Kieślowski selten individuell-psychologische Themen. Sein Hauptinteresse, wie das vieler engagierter Intellektueller seiner Generation, die das gesellschaftliche Ideal des Sozialismus gegen seine pervertierte Realität einforderten, galt um 1970 der Arbeitswelt und der Problematik innerbetrieblicher Demokratie und Mitbestimmung (z. B. *Fabryka*, 1970). Aber auch die stalinistische Vergangenheit wurde thematisiert (*Murarz*, 1973).

Kieślowski baute auf dokumentarfilmerfahrene Mitarbeiter, darunter den Kameramann Stanisław Niedbalski und die Cutterin Lidia Zonn, die ihre Talente bereits bei Karabasz erprobt hatten. Sein zweites Fernsehspiel, das 30minütige Ehedrama *Przejście podziemne* (1973), wurde erstmals von Sławomir Idziak gefilmt – der Beginn einer außergewöhnlich fruchtbaren Zusammenarbeit.

Kieślowskis zweite Schaffensperiode (etwa 1973–1980) fiel in die Zeit des sogenannten Kinos der moralischen Unruhe, zu dessen – neben Krzystof Zanussi, Agnieszka Holland und Feliks Falk – wohl wichtigstem Vertreter Kieślowski avancierte. An die Stelle nüchtern-kritischer Analyse der gesellschaftlichen Verhältnisse trat ein neuer Fokus auf das Wechselspiel von Individuum und Gesellschaft, in dem auch die Psychologie großen Raum einnahm. Kieślowski wechselte zwischen den Medien Film und Fernsehen und den Gattungen Dokumentar- und Spielfilm. Nicht selten mischte er die Konventionen, so im Fernsehspiel *Das Personal* (1975), das Machtverhältnisse in der Belegschaft eines Opernhauses aus der Sicht eines jungen Kostümbildners schildert. Die Schauspieler agieren hier zwischen wirklichen Mitarbeitern der realen Oper, die bei ihrer täglichen Arbeit beobachtet werden.

Auch in den vollständig inszenierten Filmen wie *Die Narbe* (1976), seinem ersten Kinospielfilm über die Probleme, die ein kritischer Fabrikdirektor mit diversen »Betonköpfen« hat, vor allem aber dem unbestrittenen Meisterwerk *Der Filmamateur* (1979), nutzte Kieślowski seine Erfahrung als Dokumentarfilmer, um Schauspiel, Kameraführung, Beleuchtung usw. »authentischer« wirken zu lassen. *Der Filmamateur* erzählt die Geschichte des Amateurfilmers Filip Mosz (Jerzy Stuhr, einer von Kieślowskis Lieblingsschauspielern), den die Besessenheit von seinem neuen Hobby privat (seine Frau verläßt ihn) und beruflich (bei Auftragsfilmen für seinen Betrieb hat er mit der Zensur zu kämpfen und verschuldet sogar indirekt die Entlassung eines Mitarbeiters) an den Rand des Abgrunds treibt. Hier vereinigen sich die drei für Kieślowkis mittlere Schaffensperiode zentralen Linien: Gesellschaftskritik, feine psychologische Beobachtung und Metamedialität. Spätestens seit *Przejście podziemne* wurde in Kieślowskis Werk die Thematisierung des Blicks an sich manifest. Ein nur unzureichend zugeklebtes Schaufenster in der Unterführung (*Przejście podziemne*), ein am Protagonisten vorbeigetragener Spiegel (*Das Personal*), eine Fensterscheibe, die je nach Beleuchtung auch als Spiegelwand funktioniert (*Die Narbe*), eine elektronische Überwachungskamera auf dem Bahnhof (*Dworzec*) erscheinen hier als Metaphern des filmischen Blicks, seiner Gerahmtheit, Selektivität und Ambivalenz.

Dworzec (1980), ein unkommentiertes Stimmungsbild vom Warschauer Hauptbahnhof, ist Kieślowskis letzter Dokumentarfilm. Angeblich wegen eines Zwischenfalls mit der Polizei, der dem Regisseur seine besondere Verantwortung bewußt gemacht habe, wandte sich Kieślowski nun fast vollständig dem Spielfilm zu. Mit seinem nächsten Spielfilm *Der Zufall möglicherweise* (1981) ist stilistisch wie thematisch eine eindeutige Zäsur vollzogen. Die dokumentarisch-naturalistischen Elemente wie Handkamera, nichtchoreographierte Situationen und Laiendarsteller werden zurückgenommen, dafür werden die Filmhandlungen dichter und komplexer. Neu ist in *Der Zufall möglicherweise* auch das metaphysische und philosophische Element: Der Film schildert drei völlig verschiedene Versionen eines menschlichen Schicksals, die sich anhand einer Zufallsentscheidung (ein abfahrender Zug wird gerade noch erreicht oder nicht) verzweigen. Der Begriff des Zufalls ist mit dem des Schicksals verbunden: Egal, ob der Protagonist Spitzel, Dissident oder unpolitisch wird, in keinem Fall hat er eine glückliche Zukunft, im letzten sogar den Tod zu erwarten. Der dritte, mit Zufall und Schicksal verquickte Fokus des späten Kieślowski ist der Komplex Spiel/Illusion/Magie, hier markiert durch drei Szenen in den drei Episoden, die eine kitschige Postkarte mit einem augenzwinkernden Jesus, eine scheinbar selbständig die Treppe herunterwandelnde Drahtspirale und zwei meisterhafte Kegeljongleure zeigt.

Nachdem auch *Ohne Ende* (1984), ein Film aus der Perspektive eines toten Solidarność-Anwalts, den Boden des klassischen Realismus verläßt, verdichten sich Psychologismus, Metamedialität, Metaphysik, Zufalls- und Schicksalsphilosophie und magisches Spiel in dem Fernsehzyklus *Dekalog*, Kieślowskis zweiter Zusammenarbeit mit dem Drehbuchautor und Rechtsanwalt Krzysztof Piesiewicz und dem Filmkomponisten Zbigniew Preisner. Zur Illustration von mit den Zehn Geboten verbundenen moralischen Fragen werden zehn Schicksale von Menschen dargestellt, die in einer Warschauer Hochhaussiedlung leben. Obwohl die einzelnen Episoden eher unspektakulär sind, auch nur selten Religion als solche thematisiert wird, ergibt die starke gegenseitige Verflechtung der Handlungen, die nur auf einen unsichtbaren Demiurgen zurückführbare Zahlenmystik, die Betonung von Momenten der spielerischen Zufallsentscheidung und die Rekurrenz markanter Motive (Milch, Auslandsreisen, vor allem aber die geheimnisvolle Figur des von Artur Barciś gespielten »fremden Mannes«) das Gesamtbild einer in sich geschlossenen, zwischen Zufall und Schicksal oszillierenden Welt, in der in einer Restitution der mittelalterlichen Analogia entis alles mit allem in einer magisch-mystischen Verbindung steht.

Auch die *Dekalog*-Episoden versammeln optische Dispositive aller Art: Spiegel, ein Fernglas, eine Fernsehkamera, ein Diaprojektor, ein augenoptisches Gerät oder der Blick eines Kindes durch seine eigene, zum »Fernrohr« offen geballte Faust reflektieren den medialen Blick.

Dieses Konzept entwickelte Kieślowski in seinen westlichen Produktionen weiter, ohne generell neue Motive hinzuzufügen. Die späten Filme wurden ästhetisch immer raffinierter, geprägt von der getragenen Musik Preisners und den perfektionistischen Bildkompositionen Idziaks. In *Die zwei Leben der Veronika* wird die Schicksalsreflexion anhand des der Romantik entlehnten Doppelgängermotivs entfaltet. Die Elemente von Magie und Spiel verdichten sich in der zentralen Figur eines Marionettenkünstlers.

Kieślowskis zweiter Filmzyklus, *Drei Farben* (1993–94), wiederholt die Idee des *Dekalogs* mit den drei Schlagworten der Französischen Revolution: Freiheit, Gleichheit, Brüderlichkeit. Die drei Geschichten über Moral, Liebe, Rache und Treue sind durch einige rekurrente Motive (vor allem das einer buckligen alten Frau am Altglascontainer) und wenige Überschneidungen verbunden. Alle Hauptfiguren treffen am Ende von *Drei Farben: Rot* in einem Rettungsboot auf dem Ärmelkanal aufeinander. Oft sind die Selbstreflexion der Figuren und des Mediums eng miteinander verquickt: So häufen sich in *Drei Farben: Blau* die Symbole des Mediums selbst in einer Einstellung, in der die Protagonistin Julie (Juliette Binoche), quasi in der Umkehrung der vorgesehenen Blickrichtung aus einer Peep-Show heraus durch zwei Fenster hindurch sich selbst auf einem Fernsehbildschirm sieht.

Im Westen wurden vor allem die späten Filme Kieślowskis, seit dem mit dem Felix ausgezeichneten *Kurzen Film über das Töten* (der längeren Kinofassung vom *Dekalog 5*), einem breiteren Publikum zugänglich gemacht. Von einer nicht wenig von Tarkowski und Paradzanow vorgeprägten westlichen Rezeptionshaltung gegenüber aus Osteuropa kommender filmischer Mystik wurde auch Kieślowski vereinnahmt, was zuweilen den Blick für die Komplexität und Ambivalenz seines Werks verstellte.

Die stark ästhetisierten westlichen Produktionen hatten große Erfolge beim Publikum und auf Festivals, wurden aber in Polen und bald auch in Deutschland unter dem Vorwurf oberflächlicher Aufgebauschtheit immer häufiger kritisiert.

Nikolas Hülbusch

Filmographie: Urząd / Am Schalter (Dokumentarfilm, 1966) – Koncert życzeń / Das Wunschkonzert (1967) – Byłem żołnierzem / Ich war Soldat (Dokumentarfilm, 1970) – Fabryka / Die Fabrik (Dokumentarfilm, 1970) – Murarz / Der Maurer (Dokumentarfilm, 1973) – Przejście podziemne / Fußgänger-Unterführung (1973) – Życiorys / Lebenslauf (1975) – Personel / Das Personal (Fernsehfilm, 1975) – Klaps / Die Klappe (1976) – Blizna / Die Narbe (1976) – Spokój / Gefährliche Ruhe (1976) – Amator / Der Filmamateur (1979) – Dworzec / Der Bahnhof (Dokumentarfilm, 1980) – Przypadek / Der Zufall möglicherweise (1981) – Krótki dzień pracy / Ein kurzer Arbeitstag (1981) – Bez końca / Ohne Ende (1984) – Krótki film o zabijaniu / Ein kurzer Film über das Töten (1988) – Krótki film o miłości / Ein kurzer Film über die Liebe (1988) – Dekalog, 1–10 / Dekalog, 1–10 (Fernsehzyklus, 1989) – La Double Vie de Véronique / Podwójne życie Weroniki / Die zwei Leben der Veronika (1991) – Trois couleurs: Bleu / Drei Farben: Blau (1993) – Trois couleurs: Blanc / Drei Farben: Weiß (1993) – Trois couleurs: Rouge / Drei Farben: Rot (1994).

Literatur: Michel Ciment / Hubert Niogret: *Le Décalogue*: Entretien avec Krzysztof Kieślowski. In: Positif 344 (1989) S. 36–43. – Yann Tobin [u. a.]: Krzysztof Kieślowski. *Décalogue*: La preuve par dix. In: Positif 351 (1990) S. 31–42. – Peter Hasenberg: Realität des Todes, Vision der Liebe. In: Zoom. Sept. 1993. S. 10–23. – Urs Jenny: Ich drehe keinen Film mehr. Interview mit Krzysztof Kieślowski. In: Der Spiegel. 14.2.1994. – Stanislaw Zawislinski [u. a.]: Kieślowski bez konca. Warschau 1994. – Danusia Stok (Hrsg.): Kieślowski on Kieślowski. London 1995.

Henry King

1888–1982

Ein Veteran des Hollywood-Professionalismus war Henry King, sicher in jedem Stil, vertraut mit jedem Genre, gern gesehen bei den Produzenten, beliebt unter den Darstellern. Er hatte selber als Schauspieler begonnen, ganz unten, zunächst beim Straßentheater, dann beim Vaudeville, bevor er 1912 zum Film kam. Geboren wurde er am 24. Juni 1888 in Christiansburg, Virginia, wo er auf der Plantage seiner Familie aufwuchs. Um die Jahrhundertwende arbeitete er kurz bei der Eisenbahn, dann zog es ihn zur Bühne, schließlich zum Film.

King war nie einer der großen Meisterregisseure des Hollywood-Kinos, aber ein sorgfältiger, phantasievoller Studiorealisateur, dem im Laufe seiner fünfzigjährigen Karriere einige meisterhafte Filme gelangen. A. Sarris reihte ihn in seiner Rangliste ein unter die »subjects for further research«; E. Katz nannte ihn »one of the most durable and commercially viable of Hollywood's directors«. Für K. Brownlow war er »ein eigenständiges Talent«, auch wenn »nirgendwo sich filmtechnisches Feuerwerk« finde und »alles dem narrativen Element untergeordnet« sei.

Sein Debüt als Regisseur gab er 1915 – mit *The Brand of Man*, einem der vielen kurzen und mittellangen Filme, die er in den zehner Jahren drehte: Melodramen, Burlesken, Western. 1919 gelang ihm mit *23½ Hours Leave* der erste kommerzielle Erfolg. 1921 drehte er für die First National *Tol'able David*, ein Virginia-Melodram, das für Pudowkin als »perfektes Beispiel« für die künstlerische Nutzung räumlicher Wirkungen gilt. Gegenüber Brownlow hat King 1967 geäußert, wie wichtig es für ihn gewesen sei, den Film in seiner Heimat Virginia zu drehen, weil ihm die Landschaft und die dortigen Gebräuche so vertraut seien: die Hügel; die Lattenzäune, die schon Abraham Lincoln mit der Axt »aus gespaltenen Stämmen« gehackt habe; die Angewohnheit, »jeden Abend neben den Stühlen« zu knien und zu beten.

Bereits in diesem frühen Film fallen der zurückhaltende Einsatz kinematographischer Mittel und »die tiefe Zuneigung zu seinem Thema« auf (K. Brownlow), außerdem die Vorliebe für weite, offene Räume. In den zwanziger Jahren arbeitete King mehrfach mit Lillian Gish. 1929 entdeckte er bei der Sam-Goldwyn-Produktion *The Winning of Barbara Worth* Gary Cooper fürs Kino. 1931 drehte er seinen ersten Tonfilm, *Mutter*. Seit 1935, seit Darryl F. Zanucks Gründung der 20th Century Fox, arbeitete er als Studioregisseur – neben John Ford, William A. Wellmann und Henry Hathaway.

Henry King gehörte zu den wenigen Regisseuren, die ihrem Studio bis zum bitteren Ende treu blieben (wie Michael Curtiz bei Warner, Cecil B. DeMille bei Paramount, Woodbridge S. Van Dyke bei MGM). Er war ein Mann der Fox, den am meisten interessierte, wie es um sein Land stand (oder um seine Landsleute rund um die Welt – ob nun am Kilimandscharo oder »zwischen Madrid und Paris«). Deshalb wurden seine Filme gerne als »Americana« umschrieben.

Für ihn selbst, so King, müsse alles »in den Rahmen seiner Geschichte« passen. Er wolle nicht, daß jemand neben seiner Rolle stehe. »Alles muß ein Ganzes ergeben. Eine Einstellung deckt so viel ab, eine andere so viel, und vielleicht mache ich eine Großaufnahme. Doch das alles wird auf einen Punkt hin gedreht. Wenn alles zusammengesetzt ist, darf es nicht auffallen, wenn man auf eine Großaufnahme geht oder auf eine Totale.«

King beherrschte das ganze Spektrum der Genres: Er drehte Melodramen (*Der Tod des alten Zirkuslöwen*, 1940; *Alle Herrlichkeit auf Erden*, 1955), und Western (*Jesse James – Mann ohne Gesetz*, 1939; *Bravados*, 1958), Kriegs- (*Das Lied von Bernadette*, 1943), Ausstattungs- (*David und Bathseba*, 1951) und Abenteuerfilme (*Der Hauptmann von Kastilien*, 1947; *Die Unbezähmbaren*, 1955), Musicals (*Karussell*, 1956) und – mitten im Krieg – den schönsten aller Piratenfilme: *Der Seeräuber* (1942). Dazu einige Klassiker des Americana-Genres: *I'd Climb the Highest Mountain* (1951), *Diese Erde ist mein* (1959). Nach dem Krieg bewies er seine souveräne Kunst auch in Filmen nach Ernest Hemingway (*Schnee am Kilimandscharo*, 1952; *Zwischen Madrid und Paris*, 1957) und F. Scott Fitzgerald (*Zärtlich ist die Nacht*, 1961).

Immer wieder stehen Menschen im Zentrum, die intensiv, oft schon verbissen an dem festhalten, was sie sich vorgenommen haben, sei es auch noch so falsch oder aussichtslos: Tyrone Power als Jesse James und sein Krieg gegen die Eisenbahn; Henry Fonda als Chad Hanna und seine Entschlossenheit, zum Zirkus zu gehen; Tyrone Power als Seeräuber und sein wildes, karnevaleskes Treiben – jenseits von Sitte und Anstand. Und in den fünfziger Jahren immer wieder Gregory Peck: als Scharfschütze Jimmy Ringo, der unbedingt Frau und Sohn sehen will, die in einer entlegenen Kleinstadt leben, und dabei hinterrücks erschossen wird von einem, der sich damit rühmen will, den berühmtesten Scharfschützen getötet zu haben; als Schriftsteller Harry Street, der am Fuße des Kilimandscharos erkennt, wie sehr er mit seinem rastlosen Treiben immer nur das Gegenteil erreichte von dem, was er eigentlich wollte; oder als rachewütiger Draufgänger Jim Douglas, der die falschen Männer jagt und tötet – und deshalb am Ende Gott um Vergebung bittet.

Kings Sicht auf Amerika war nicht kritisch, aber er zeigte die Ecken und Kanten, das Mißverhältnis von Wille und Weg, das die Dramen aufschäumen ließ bis an die Grenze von Niederlage und Tod. Er war ein »Poet der Extreme«. Seine Sympathie für Hemingway, für obsessive Abenteurer und verlorene Einzelgänger, hat Kings Arbeit seit den späten Vierzigern geprägt: eine klare Aufgabe vor Augen (den Bombenangriff auf Nazi-Deutschland in *Kommandeur*, 1950, die Zivilisierung der südafrikanischen Einöde in *Die Unbezähmbaren*), aber dann doch innerlich zerrissen zwischen Zwang und Skrupel; oder einen geliebten Menschen im Arm, endlich, dessen Liebe dann aber doch leichtfertig verspielt wird in *Zwischen Madrid und Paris*.

In *Der Scharfschütze* (1950), einem der ersten Western, mit denen das Genre die eigenen Mythen zu reflektieren begann, zeigt King den Revolvermann als melancholischen Sinnierer, der weiß, daß seine Zeit abgelaufen ist, dem aber der eigene Ruf im Wege steht, zur Ruhe zu kommen. Der Westerner als müder Sisyphos, der es leid ist, wieder und wieder den Stein nach oben zu rollen, wieder und wieder die nächste Schießerei auszutragen. Am Ende, kurz vor seinem Tod, empfiehlt Ringo, den Mann, der ihm in den Rücken geschossen hat, seinem Schicksal zu überlassen, damit er am eigenen Leib erfahre, was es bedeutet, einen abenteuerlichen Ruf als Schütze zu haben.

Ein Cineast der Melancholie ist Henry King am Ende seiner Karriere, ein Visionär der Tristesse. Nichts gelingt seinen Figuren mehr, und nichts hilft ihnen dagegen. Wie Schicksalsschläge gegen die eigene Zukunft inszeniert er das Scheitern der Liebe in *Alle Herrlichkeit auf Erden*, des Rachefeldzugs in *Bravados*, der Geschäfte in *Diese Erde ist mein*, der Ehe in *Zärtlich ist die Nacht*. Die Schönheit der Weite, die Lust am freien Blick, die Vorliebe für Abenteuer und Wagnis, in Kings letzten Filmen führen sie bloß zu Unglück und Not, Trunksucht oder Tod.

Norbert Grob

Filmographie (Auswahl): The Brand of Man (1915) – 23½ Hours Leave (1919) – Tol'able David (1921) – The White Sister (1923) – Romola (1924) – Stelle Dallas (1925) – The Winning of Barbara Worth (1926) – Over the Hill / Mutter (1931) – State Fair / Jahrmarktsrummel (1933) – Carolina (1934) – One More Spring (1935) – Way down East (1935) – Lloyd's of London / Signale nach London (1936) – The Country Doctor / Fünflinge (1936) – Ramona / Ramona (1936) – Seventh Heaven / Im siebten Himmel (1937) – In Old Chicago / Chicago (1938) – Alexander's Ragtime Band (1938) – Jesse James / Jesse James – Mann ohne Gesetz (1939) – Stanley and Livingstone (1939) – Chad Hanna / Der Tod des alten Zirkuslöwen (1940) – Little Old New York (1940) – Maryland (1940) – A Yank in the RAF (1941) – Remember the Day / Echo der Jugend (1941) – The Black Swan / Der Seeräuber (1942) – The Song of Bernadette / Das Lied von Bernadette (1943) – Wilson (1944) – A Bell for Adano (1945) – Margie (1946) – Captain from Castille / Der Hauptmann von Kastilien (1947) – Deep Waters (1948) – Prince of Foxes / In den Klauen der Borgia (1949) – Twelve O'Clock High / Der Kommandeur (1950) – The Gunfighter / Der Scharfschütze (1950) – David and Bathseba / David und Bathseba (1951) – I'd Climb the Highest Mountain (1951) – The Snows of Kilimanjaro / Schnee am Kilimandscharo (1952) – Wait 'til the Sun Shines, Nellie (1952) – O. Henry's Full House / Vier Perlen (1952) – King of the Khyber Rifles / Der Hauptmann von Peshawar (1953) – Love is a Many Splendored Thing / Alle Herrlichkeit auf Erden (1955) – Untamed / Die Unbezähmbaren (1955) – Carousel / Karussell (1956) – The Sun Also Rises / Zwischen Madrid und Paris (1957) – The Bravados / Bravados (1958) – Beloved Infidel / Die Krone des Lebens (1959) – This Earth is Mine / Diese Erde ist mein (1959) – Tender is the Night / Zärtlich ist die Nacht (1961).

Literatur: Kevin Brownlow: Pioniere des Films. Basel / Frankfurt a. M. 1997. [Amerikan. Orig. 1968.] – Andrew Sarris: The American Cinema. New York 1968. – Clive Denton: Henry King. In: The Hollywood Professionals Bd. 2. London 1974. S. 7 f. – Richard Koszarski (Hrsg.): Hollywood Directors 1941–1976. London / New York 1977. – Walter Coppedge: Henry King's America. Metuchen 1986. – Aubrey Solomon: Twentieth Century-Fox. A Corporate and Financial History. Metuchen 1988. – Frank Thompson: Henry King – Director. From Silent to »Scope«. Los Angeles 1995. – Franz Everschor: Film vom einfachen Leben. In: film-dienst 51 (1998) H. 13.

Gerhard Klein

1920–1970

Schon früh kennzeichnete den am 1. Mai 1920 in Berlin geborenen Gerhard Klein eine ausgeprägte Kinobegeisterung. Sie führte zur Lehre als Trickfilmzeichner. Nach Kriegsdienst und englischer Gefangenschaft kehrte er nach Berlin zurück. Mit einem kleinen Umweg über eine Arbeit im Jugendamt des Magistrats kam er 1946 – gleich mit deren Gründung – zur DEFA, zunächst als Autor in die Kurzfilmabteilung. Nach kurzer Zeit als Regieassistent bei Joop Huisken führte er in Lehr- und Dokumentarfilmen wie *Binnenschiffahrt* (1949) selbst Regie.

1953 wechselte Klein als Regisseur ins Spielfilmfach. In fester Zusammenarbeit mit dem noch jungen Szenaristen Wolfgang Kohlhaase (bald der wohl profilierteste Autor der DEFA) begann – mit *Alarm im Zirkus* (1954) – die Arbeit an einer Reihe von Filmen, die über Jugendliche im geteilten Berlin der fünfziger Jahre erzählen. *Eine Berliner Romanze* (1956) – eine Ost-West-Liebesgeschichte – und der bekanntere *Berlin – Ecke Schönhauser* (1957) gehören zu den sehenswertesten DDR-Filmen aus dieser Zeit. Einerseits sind sie mit ihrer letztlich politisch-didaktischen Konstruktion auch Dokumente des Zeitgeistes im Kalten Krieg, gleichzeitig aber wirkliche Kinogeschichten, die Sinn für emotionale Effekte mit genauen Beobachtungen des Alltags in der geteilten Stadt, insbesondere im Osten, verbinden. Fernab von offiziellen Klischees erleben wir an der Ecke Schönhauser eine Gruppe Jugendlicher, die unter den U-Bahnbögen ›herumhängt‹ und James-Dean-Attitüden probt, lernen private Geschichten kleiner Leute vom Prenzlauer Berg kennen, schauen in deren Wohnungen, in die Bahnhöfe und Straßen der Stadt mit zwei Währungen, Grenzschildern und Rock 'n' Roll-Tanzsälen. Der in Kreuzberg aufgewachsene Klein hatte ein Gefühl für die Stimmung der Großstadt, die sich im sorgfältig arrangierten – das Spiel von Licht und Schatten genau kalkulierenden – Fluß der schwarzweißen Bilder mitteilt.

Trotz des großen Publikumserfolgs der Berlinfilme, der indes nicht vor späteren kulturpolitischen Anfeindungen (ihres Realismus wegen) schützte, suchte Klein Ende der fünfziger Jahre nach einem neuen Erzählstil. Lassen die Berlinfilme klar Einflüsse des Neorealismus erkennen, so experimentierte er nun – zuerst in dem Märchenfilm *Die Geschichte vom armen Hassan* (1958) – mit einem Konzept der Distanzierung, das Einflüsse Brechts verrät. Auch *Der Fall Gleiwitz* (1961, wieder mit Kohlhaase), ein Lehrstück über eine Nazi-Propagandainszenierung zu Kriegsbeginn, zeugt von verändertem Stilwillen. Über die minutiös vorgeführte und von klaren Typen beherrschte Handlung spannt sich eine auffällig konstruierte Bildschicht, die von historischen Stilzitaten (wie etwa Leni Riefenstahls Hang zu Ornamentalität und Symmetrie) durchdrungen ist und gleichzeitig auf den kühlen Duktus der sechziger Jahre vorausweist. Aber auch Momente der Kontinuität gibt es: wie schon in *Eine Berliner Romanze* kommt das Kino selbst als symbolischer Ort und der Film im Film ins Spiel – bemerkenswert, war solche Reflexivität des eigenen Mediums doch im ostdeutschen Film eher die Ausnahme.

Nach einer – ihrer affirmativen Haltung wegen wohl zwangsläufig mißratenen – Arbeit zum Thema Mauerbau, *Sonntagsfahrer* (1963), kehrten Klein und Kohlhaase 1965 noch einmal zum Metier der Berlinfilme zurück. Der in *Berlin um die Ecke* gezeigte Alltag Ostberlins, das ungeschönte Bild der Mangelwirtschaft und die Kollisionen Jugendlicher mit der Obrigkeit in einem Großbetrieb paßten nicht ins Konzept. Nach dem 11. Plenum des ZK der SED verschwand Kleins letzter großer

Spielfilm – wie viele andere DEFA-Produktionen desselben Jahrgangs – kurz vor seiner Fertigstellung im Archiv. Erst 1987 wurde die Rohschnittkopie im Berliner Filmkunstkino Babylon gezeigt, und erst 1990 erlebte der fertiggestellte Film seine Premiere: da war sein am 21. Mai 1970 früh verstorbener Regisseur schon 20 Jahre tot.

Jörg Schweinitz

Filmographie: Alarm im Zirkus (1954) – Eine Berliner Romanze (1956) – Berlin – Ecke Schönhauser (1957) – Geschichte vom armen Hassan (1958) – Ein Sommertag macht keine Liebe (1961) – Der Fall Gleiwitz (1961) – Sonntagsfahrer (1963) – Berlin um die Ecke (1965, UA 1990) – Geschichten jener Nacht (Episode: Der große und der kleine Willy, 1966).

Literatur: Ralf Schenk (Red.): Das zweite Leben der Filmstadt Babelsberg. DEFA-Spielfilme 1946–1992. Berlin 1994.

Alexander Kluge

*1932

Alexander Kluge, geboren am 14. Februar 1932 in Halberstadt, besuchte dort das Domgymnasium. Im April 1945 erlebte er den alliierten Bombenangriff auf Halberstadt mit. Nach der Scheidung seiner Eltern zog er mit seiner Mutter nach Berlin und besuchte dort seit 1946 das Charlottenburger Gymnasium, an dem er 1949 das Abitur ablegte. Er studierte Rechtswissenschaft, Geschichte und Kirchenmusik in Marburg und Frankfurt am Main und promovierte 1956 zum Dr. jur.

Kluge gehörte zu den Initiatoren des »Oberhausener Manifests«. Als Sprecher der Oberhausener Gruppe und der aus ihr hervorgegangenen Arbeitsgemeinschaft neuer deutscher Spielfilmproduzenten setzte er sich entschieden für eine Reihe konkreter Maßnahmen und Projekte zur Förderung der Filmkultur in Deutschland ein. Zu diesen Projekten gehörte die Einrichtung der Abteilung für Filmgestaltung an der Hochschule für Gestaltung in Ulm, deren Leitung Kluge gemeinsam mit Edgar Reitz und Detten Schleiermacher im Herbst 1962 übernahm.

Kluges Arbeiten für den Film waren stets von schriftstellerischen Arbeiten begleitet, die Bücher zu seinen Filmen, filmtheoretische Schriften, kulturpolitische Erörterungen, Beiträge zur Kritischen Theorie und literarische Texte umfassen. Zu den literarischen Texten gehören insbesondere »Lebensläufe« (1962), »Schlachtbeschreibung« (1964) und »Neue Geschichten« (1977), für die Kluge mehrere Auszeichnungen erhielt, u. a. den Berliner Kunstpreis – Junge Generation (1964), den Bayerischen Förderungspreis für junge Künstler und Schriftsteller (1966), den Großen Bremer Literaturpreis (1979), den Fontane-Preis für Literatur (1979), den Heinrich-von-Kleist-Preis (1986) und den Lessing-Preis (1990).

Seit 1988 arbeitet Kluge vorwiegend für das Fernsehen. Er ist verantwortlich für die Kulturmagazine *10 vor 11, News & Stories, Primetime* und *Stunde der Filmemacher,* die von privaten Sendern ausgestrahlt werden. Kluge lebt und arbeitet in München und Frankfurt am Main.

Durch Vermittlung Theodor W. Adornos nahm Kluge 1958–59 ein Volontariat bei den Dreharbeiten zu Fritz Langs *Das indische Grabmal* in den CCC-Studios in Berlin wahr. Doch nicht Langs Remake des exotischen Abenteuerfilms, sondern die Begegnung mit Jean-Luc Godards *Außer Atem* (1960) wurde für Kluge zum Auslöser eigener

Filmarbeiten. Schon der erste Kurzfilm, *Brutalität in Stein*, den Kluge 1960 drehte und 1961 auf den Internationalen Kurzfilmtagen in Oberhausen zeigte, ließ dabei die Verbindung zu den Anfängen der Nouvelle Vague, aber auch die Eigenbewegung in den stilistischen Neuerungen erkennen. Hatte Godards Film vor allem durch eine ungewohnte, auf die Verwendung der Handkamera zurückzuführende Bildqualität und durch auffällige Jump Cuts Aufsehen erregt, so entfaltet Kluge in *Brutalität in Stein* zum ersten Mal die für sein gesamtes Œuvre so charakteristische Kontrastmontage von heterogenem Bild-, Text- und Tonmaterial. Aufnahmen von den monumentalen Bauwerken des Reichsparteitaggeländes in Nürnberg, die als »steinerne Zeugen die Erinnerung an jene Epoche lebendig werden« lassen, werden mit gesprochenem Text versetzt, der Erinnerungen des Kommandanten von Auschwitz und Anweisungen Hitlers zum Bau von Wohnungen für Fliegergeschädigte und Ausgebombte zitiert. Auch die Kommentierung der Bilder in der Technik des Voice-over und die Verwendung von strukturierenden und kommentierenden Zwischentiteln, die zum Markenzeichen Klugescher Filmästhetik wurden, sind in diesem Erstling bereits ausgebildet. U. Gregor beschrieb den Film, für den Kluge einen der Hauptpreise der Oberhausener Kurzfilmtage erhielt, als »ein Dokument erster Erneuerungstendenzen des westdeutschen Nachkriegsfilms«.

Nach drei weiteren Kurzfilmen drehte Kluge 1965–66 mit seinem Freund Edgar Reitz als Kameramann *Abschied von gestern*, seinen ersten abendfüllenden Spielfilm. *Abschied von gestern* basiert auf einer Geschichte aus den »Lebensläufen«. Der Film erzählt mehrere Episoden aus dem Leben der Anita G., die jüdischer Abstammung ist, aus der DDR kommt und sich in der Bundesrepublik zurechtzufinden versucht. Ihr fortgesetztes Straucheln ist nicht verwunderlich, ihre Herkunft aber macht sie zugleich zu einem empfindsamen Seismographen für überständige gesellschaftliche Haltungen und Handlungen, die den Titel des Films Lügen strafen. »Uns trennt von gestern kein Abgrund, sondern die veränderte Lage«, so konstatiert eine Schrifttafel zu Beginn des Films. Daß ein »Abschied von gestern« in der Tat nicht stattgefunden hat, daß die Vergangenheit im Leben der Gegenwart vielfältig wiederkehrt, erfährt Anita auf ihrer Odyssee durch das Leben in der Bundesrepublik immer wieder. Der Film präsentiert sich als ein lockeres Gewebe aus Mikrogeschichten. Der elliptische Stil unterläuft dabei von Beginn an Erwartungen einer spannenden, kontinuierlich fortschreitenden Handlung. Das Geschehen ist durchsetzt vom ritualisierten Gerede eines Richters, eines Universitätslehrers, eines Hundetrainers. Stehende Bilder finden sich in der Art der Attraktionsmontage Eisensteins in den Film eingeschnitten. Zwischentitel und Zitate reichern den Film mit weiteren Reflexionsanstößen an. Das im Ulmer Institut erarbeitete Konzept für einen neuen Film, der in Abkehr von den Konventionen des klassischen Kinos, in Anknüpfung aber an künstlerische Verfahren Brechts und Eisensteins durch Unterbrechung des Geschehens und komplexe Präsentation des Stoffes Bewegung im Kopf des Zuschauers bewirken will, fand in *Abschied von gestern* seine erste umfassende Erprobung. Der Film wurde 1966 bei seiner Uraufführung in Venedig mit dem Silbernen Löwen und 1967 in Berlin mit dem Bundesfilmpreis ausgezeichnet. Er markierte drei Jahre nach Oberhausen den eigentlichen Beginn der Entfaltung des Neuen Deutschen Films.

Im nächsten größeren Film, in *Die Artisten in der Zirkuskuppel: ratlos*, erörterte Kluge 1968 sogleich die Aussichten, die sich dem Neuen Deutschen Film zu dieser Zeit darstellten. Unter dem Eindruck von Protesten der Akademiestudenten auf den Berliner Filmfestspielen reflektiert der Film Möglichkeiten artistischer Projekte und den Sinn alternativer, utopischer Kunstentwürfe. Der Plan Leni Peickerts, einen Reformzirkus zu gründen, in dem Phantasie über Omnipotenzgebärden triumphiert und Tiere »authentisch« und nicht in dressierten Akten vorgeführt werden, wird in verschiedenen Konstellationen parabelhaft durchgespielt. Dabei bedient sich der Film einer Vielzahl von Bild-, Text- und Tonzitaten, die Wochenschaumaterial vom »Tag der deutschen Kunst« von 1939, Sequenzen aus Eisensteins *Oktober* (1927), Zirkusbilder und -referenzen von der Französischen Revolution bis in die Gegenwart und Ausschnitte aus Gedichten Majakowskis einschließen. Obwohl eine Erbschaft die Verwirklichung des Reformzirkus in greifbare Nähe rückt, gibt Leni Peickert ihr Projekt schließlich auf und bereitet sich statt dessen auf eine Tätigkeit bei einer Fernsehanstalt vor. Die Entscheidung der Leni Peickert enthält beides, den Versuch, die Utopie Zirkus als utopischen Entwurf zu bewahren, und zugleich den Vorsatz, gesellschaftliche Ziele nicht durch natürliche Kräfte übersteigende Elefantenakte auf dem hohen Seil, sondern »mit lauter kleinen Schritten« zu verwirklichen. Daß Alexander Kluge den Weg seiner Hauptfigur Leni Peickert zwei Jahrzehnte später selbst einschlug, zeigt an, daß *Artisten in der Zirkuskuppel* ein sehr persönlicher Film des Regisseurs war, der über das Verhältnis zwischen den Medien Film und Fernsehen auch in den sechziger Jahren bereits ohne die damals noch üblichen Scheuklappen konstruktiv nachdachte. Aus nicht verwendetem Material der *Artisten* stellte Kluge einen weiteren Film zusammen, der unter dem Titel *Die unbezähmbare Leni Peickert* 1970 im WDR III Premiere hatte.

Ende der sechziger und zu Beginn der siebziger Jahre produzierte Kluge mehrere Kurzfilme. In der »Abgeschlossenheit des Ulmer Labors« erprobte er darin alternative Möglichkeiten für den Science-fiction-Film. Im Rückgriff auf die phantastischen Filme des Georges Méliès' und dessen Tricktechniken hoffte Kluge, der inzwischen äußerst stark konventionalisierten Dramaturgie von Science-fiction-Filmen und ihrer Neigung zur Ausstellung gigantischer technischer Entwicklungen ein humanes Grundinteresse zurückzugewinnen. »Zum Schluß der Filme«, so Kluge, »wußten wir, wie wir sie hätten machen sollen.«

Die in der Frühphase des Ulmer Instituts entwickelten ästhetischen Strategien hatten neben neuen Strukturmodellen für den Film, die sich auf den Vorrang von »Miniaturen« gründeten, und der Einführung von Zwischentiteln und Kommentaren vor allem die Kombination dokumentarischer und fiktiver Sequenzen und Elemente eingeschlossen. In *Abschied von gestern* war auch die besondere Technik des »Hineininszenierens« fiktiver Gestalten des Films in reale, öffentliche Ereignisse spielerisch bereits erprobt worden. Die intensive Entfaltung dieser Strategie der Materialkombination, die die in der Filmgeschichte seit ihren Anfängen respektierte Trennung von dokumentarischen und fiktiven Ausdrucksformen produktiv überwand, erwies sich in den folgenden Jahren als eine wirkungsvolle Triebkraft der Klugeschen Filmästhetik, die auch eine neuerliche Öffnung der Produktion für zeitgeschichtliche Vorgänge beförderte. Der 1974 gemeinsam mit Edgar Reitz gedrehte Film *In Gefahr und größter Not bringt der Mittelweg den Tod* kombiniert Bruchstücke zweier Geschichten, der Geschichte der Beischlafdiebin Inge Maier und der DDR-Agentin Rita Müller-Eisert, mit Bildern mehrerer öffentlicher Ereignisse, die im Februar und März 1974 in Frankfurt am Main stattfanden. Dazu gehörten Aufnahmen vom Karneval, von einem Unterbezirksparteitag der SPD, einer Streikaktion der ÖTV, Häuserräumungen und Demonstrationen gegen diese Räumungen. Die Montage des heterogenen Materials versucht nicht, durch gleitende Übergänge oder Kommentare einen sinnvollen Zusammenhang der Miniaturen und Partikel zu suggerieren. Sie unterstreicht im Gegenteil die Risse, Brüche und Widersprüche, die das Material selbst durchziehen. Sie macht zudem kenntlich, wie sehr der Stellenwert der Spielhandlung abnimmt, sobald sich die Regisseure »auf die wirklichen Ereignisse voll einlassen«.

Dies geschah auf ungewöhnliche Weise in dem von Kluge inspirierten Gemeinschaftsprojekt *Deutschland im Herbst*, in dem sich neun deutsche Filmemacher, unter ihnen Kluge, Fassbinder, Schlöndorff, Reitz und Sinkel, den Irritationen stellten, die die politischen Ereignisse des ›deutschen Herbsts‹ von 1977 ausgelöst hatten. Das Projekt wurde zu einer bemerkenswerten politischen Manifestation des Neuen Deutschen Films, indem es vermied, den Ereignissen mit einer einsinnigen politischen Botschaft zu begegnen, statt dessen die Betroffenheit, den Schrecken, die Widersprüche und Verwirrungen der Situation in einer Vielzahl disparater Beiträge reflektierte. Die zeitgeschichtlichen Ereignisse werden zudem in spannungsvollen Konstellationen zur deutschen Vergangenheit präsentiert. So finden sich Aufnahmen von den Trauerfeiern zum Begräbnis Hanns-Martin Schleyers neben Wochenschaubildern vom Staatsbegräbnis des Feldmarschalls Rommel, die wiederum mit Aufzeichnungen von den Bemühungen des Stuttgarter Oberbürgermeisters Rommel konfrontiert werden, ein menschenwürdiges Begräbnis für die Stammheimer Toten zu ermöglichen. Dazu treten stehende Bilder vom Märchenwald, Kinderzeichnungen vom Selbstmord und Spielszenen, die die ganze Beklemmung der Zeitsituation, auch die unverhoffte Aktualität der »Antigone« des Sophokles erweisen. Durch die Kombination von dokumentarischen und inszenierten Sequenzen, von Kommentarformen und Lesetexten, Gedankenreferat und Liedvortrag erreichte der Film eine ungewohnte Offenheit seiner ästhetischen wie thematischen Anlage. Die gemeinsame Arbeit an *Deutschland im Herbst* erwies sich in den folgenden Jahren als ein Zündfunken für eine ganze Reihe von Filmprojekten der beteiligten Regisseure, zu denen neben Fassbinders *Die Ehe der Maria Braun* (1979), Schlöndorffs *Die Blechtrommel* (1979) und Reitz' *Heimat* (1984) auch Kluges *Die Patriotin* (1979) gehört.

In der *Patriotin* tritt der charakteristische Zusammenhang zwischen dem künstlerischen Handwerk Kluges und der Art seines Umgangs mit Geschichte und Zeitgeschichte noch einmal prägnant hervor. Das »Ausgangsmaterial für den Geschichtsunterricht an Höheren Schulen« zu verbessern, zieht Gabi Teichert, eine Geschichtslehrerin, die schon in *Deutschland im Herbst* nach den Grundlagen der deutschen Geschichte gegraben hatte, neuerlich mit einem Spaten und anderem Arbeitsgerät aus. Was sie zutage fördert, ist ein Kunterbunt von Scherben, Splittern und Trümmern, von Märchen, Geschichten und Bildern, die keine kohärente Geschichtsansicht ergeben. Aus den Spannungen zwischen den Bildern, aus mannigfachen Kollisionen zwischen privater und öffentlicher Geschichte bezieht dieser Film seine besondere Wirkung. Im Versuch, das Kontinuum von Geschichte aufzusprengen und damit ihre komplexe und konstruktive Wahrnehmung allererst zu ermöglichen, folgt Kluge Anregungen Walter Benjamins.

In zwei Gemeinschaftsproduktionen der folgenden Jahre knüpfte Kluge sowohl in der Arbeitsform wie in der zeitgeschichtlich-politischen Ausrichtung der Filme an *Deutschland im Herbst* wieder an. *Der Kandidat* (1980) und *Krieg und Frieden* (1983) – Filme, die Kluge gemeinsam mit Volker Schlöndorff, Stefan Aust und Alexander von Eschwege bzw. Axel Engstfeld drehte – präsentieren sich wie ihr Vorgänger als facettenreiche Montagefilme aus heterogenem Bild- und Tonmaterial und als Beiträge zugleich zur politischen Diskussion in der Bundesrepublik, ohne allerdings den Nachhall zu finden, den *Deutschland im Herbst* hervorrief.

Die bisher letzten Filme Kluges, die zwischen 1983 und 1986 entstanden, nehmen das Thema des Artistenfilms wieder auf. Sie reflektieren die Situation der alten und neuen Medien und deren Verhältnis zu menschlichen Gefühlen und Wünschen. Hatte sich der Artistenfilm mit Elementen des Zirkus auseinandergesetzt, wendet sich *Die Macht der Gefühle* (1983) nun der Oper zu, nicht zuletzt der Eigenart dieses »Kraftwerks der Gefühle«, allemal »wunderbar« anzufangen, doch »fürchterlich« zu enden. *Der Angriff der Gegenwart auf die übrige Zeit* (1985) richtet seine Aufmerksamkeit vor allem auf das Kino und die Entdeckung des »Geheimnisses« seiner Wirkung, während *Vermischte Nachrichten* (1986) neuerlich über das Verhältnis des Kinos zum Fernsehen nachdenkt. In allen drei Filmen finden sich die für Kluges Arbeiten charakteristischen Mikrogeschichten. Die überraschendste dieser Geschichten ist wohl die der Prostituierten Knautsch-Betty, der es gelingt, durch Kooperation und angemessene Umsetzung von Wünschen dem Opernfilm zu einem guten Ende zu verhelfen.

In alle Filme sind Bildzitate aus Stummfilmen eingeschnitten. So finden sich Sequenzen aus Fritz Langs *Nibelungen* (1924) in der *Macht der Gefühle*, eine rücklaufende Version von *Arrivée d'un train* (1895) der Lumières im *Angriff der Gegenwart* und ein Zusammenschnitt des Melodrams *Die wunderbare Lüge der Nina Petrowna* (1929) in den *Vermischten Nachrichten*. Gegen die Einsicht, daß die große Zeit des Kinos der Vergangenheit angehört, bietet Kluge hier in collageartigen Zitaten, übereinander geschichteten Bildabläufen und Zusammenschnitten von ganzen Filmen seine Faszination für das Kino der Stummfilmzeit noch einmal auf. Dabei erreicht er insbesondere in *Die Macht der Gefühle* eine große Variationsbreite der Bildgestaltung, indem er Opernaufnahmen im Zeitraffer mit stehenden Projektionen aus der Laterna magica, Überblendungen von Bildern aus alten Filmen mit Aufnahmen aus der Gegenwart, die viragiert wirken, und Sequenzen aus Stummfilmen, die mit einer Kreisblende oder einer Maske fotografiert wurden, zu einem Schauvergnügen eigener Art zusammenführt. Die Vielfalt der kombinierten Bilder und Präsentationsweisen ließ *Die Macht der Gefühle* zum anregendsten und schönsten Film Kluges werden. Der Auftritt der Programmansagerin in den *Vermischten Nachrichten* aber ist drei Jahre später das Omen dafür, daß die Inszenierung vielfältiger, zumeist gefundener Bilder, Texte und Töne, die das Werk Kluges so nachhaltig charakterisiert, künftig im Medium des Fernsehens stattfinden wird.

Dietrich Scheunemann

Filmographie: Brutalität in Stein / Die Ewigkeit von gestern (Kurzfilm, 1961) – Rennen (Kurzfilm, 1961) – Lehrer im Wandel (Kurzfilm, 1963) – Porträt einer Bewährung (Kurzfilm, 1965) – Abschied von gestern (1966) – Pokerspiel (1966) – Frau Blackburn, geb. 5. Jan. 1872, wird gefilmt (1967) – Die Artisten in der Zirkuskuppel: ratlos (1968) – Feuerlöscher E. A. Winterstein (1968) – Ein Arzt aus Halberstadt (1969–70) – Die unbezähmbare Leni Peickert (Fernsehfilm, 1970) – Der große Verhau (1971) – Wir verbauen 3 x 27 Milla. Dollar in einen Angriffsschlachter / Der Angriffsschlachter (1971) – Willi Tobler und der Untergang der 6. Flotte (1972) – Besitzbürgerin, Jahrgang 1908 (1973) – Gelegenheitsarbeit einer Sklavin (1973) – In Gefahr und größter Not bringt der Mittelweg den Tod (1974) – Der starke Ferdinand (1976) – Die Menschen, die das Staufer-Jahr vorbereiten (1977) – Nachrichten von den Staufern (1977) – Deutschland im Herbst (1978) – Die Patriotin (1979) – Der Kandidat (1980) – Krieg und Frieden (1983) – Die Macht der Gefühle (1983) – Auf der Suche nach einer praktisch-realistischen Haltung (1983) – Der Angriff der Gegenwart auf die übrige Zeit (1985) – Vermischte Nachrichten (1986).

Literatur: A. K.: Die Artisten in der Zirkuskuppel: ratlos. Die Ungläubige. Projekt Z. Sprüche der Leni Peickert. München 1968. – Michael Dost / Florian Hopf / A. K.: Filmwirtschaft in der BRD und in Europa. Götterdämmerung in Raten. München 1973. – A. K.: Gelegenheitsarbeit einer Sklavin. Zur realistischen Methode. Frankfurt a. M. 1975. – A. K. / Edgar Reitz: In Gefahr und Not bringt der Mittelweg den Tod. In: Kursbuch 41 (1975) S. 41–84. – Klaus Eder / A. K.: Ulmer Dramaturgien. Reibungsverluste. München/ Wien 1980. – A. K. (Hrsg.): Bestandsaufnahme. Die Utopie Film. Frankfurt a. M. 1983.

Herzog/Kluge/Straub. München/Wien 1976. (Reihe Film. 9.) – Jan Dawson (Hrsg.): Alexander Kluge and *The Occasional Work of a Female Slave*. New York 1977. – Rainer Lewandowski: Alexander Kluge. München 1980. – Rainer Lewandowski: Die Filme von Alexander Kluge. Hildesheim / New York 1980. – Thomas Böhm-Christl (Hrsg.): Alexander Kluge. Frankfurt a. M. 1983. – Christoph Hummel (Red.): Alexander Kluge. Berlin 1983. – Theodor Fiedler: Alexander Kluge: Mediating History and Consciousness. In: New German Filmmakers. Hrsg. von Klaus Phillips.

New York 1984. S. 195–229. – Wolfgang Jacobsen / Klaus Nothnagel: Alexander Kluge. In: Cinegraph. Hrsg. von Hans-Michael Bock. München 1984 ff. – Heinz Ludwig Arnold (Hrsg.): Alexander Kluge. München 1985. – Anton Kaes: Auf der Suche nach Deutschland. Spurensicherung und Phantasie in Alexander Kluges *Die Patriotin*. In: A. K.: Deutschlandbilder. Die Wiederkehr der Geschichte als Film. München 1987. S. 43–73. – Miriam Hansen: Space of History, Language of Time: Kluge's *Yesterday Girl*. In: German Film and Literature. Adaptions and Transformations. Hrsg. von Eric Rentschler. New York / London 1986. S. 193–216. – Stuart Liebman (Hrsg.): Alexander Kluge. Theoretical Writings, Stories, and an Interview. October 46 (1988). – Miriam Hansen (Hrsg.): Special Issue on Alexander Kluge. New German Critique 49 (1990). – Rainer Rother: Unbestimmtheit der Hoffnung. *Die Patriotin* von Alexander Kluge. In: R. R.: Die Gegenwart der Geschichte. Ein Versuch über Film und zeitgenössische Literatur. Stuttgart 1990. S. 66–95. – Edgar Reitz: Alexander Kluge. In: E. R.: Bilder in Bewegung. Reinbek bei Hamburg 1995. S. 75–88. – Günter Giesenfeld (Red.): Fernsehen ohne Ermäßigung. Alexander Kluges Kulturmagazine. Augen-Blick 1996. H. 23. – Dietrich Scheunemann: Gabi Teichert und der Engel der Geschichte. Über Alexander Kluges *Patriotin*. In: Idole des deutschen Films. Hrsg. von Thomas Koebner. München 1997. S. 443–462. – Rainer Stollmann: Alexander Kluge zur Einführung. Hamburg 1998.

Stanley Kubrick

1928–1999

»Hinter meiner Themenwahl steht keine bewußte Absicht. Der mehr oder minder einzige Faktor besteht darin, daß ich versuche, mich nicht zu wiederholen«, so Stanley Kubrick im Gespräch mit M. Ciment. Dieses – vermeintliche – Desinteresse an Themen und Inhalten seiner Filme und der Primat der Innovation, der Form, des Stils, trugen Kubrick schon früh den Ruf ein, ein akademischer Filmemacher zu sein, ein »auteur«, der das Medium selbst erforschen will. In der Tat war Kubrick ein Filmkünstler, der die unterschiedlichsten Genres fast analytisch benutzte, sie zerlegte, um ihre Bestandteile zu etwas Neuem zusammenzusetzen, was »das Publikum mehr zur Fähigkeit des Wahrnehmens als zur Wahrnehmung einer bestimmten These« führt (Th. A. Nelson). Thesen, verstanden als Botschaften, als eindeutige Bedeutungen, verweigert das Kino Kubricks radikal und betont statt dessen von Anfang an die Vieldeutigkeit der Wahrnehmungsakte. Das zentrale Motiv im Werk des Regisseurs ist das Auge, das Organ des Intellekts, das die Welt erfaßt und rastert, um sie zu beherrschen, mehr noch aber das Organ der Sinnlichkeit, das die Welt zurückverwandelt in ein Chaos aus Gewalt und Angst. Zwischen Ordnung und Chaos oszillieren alle Filme Kubricks und ergeben so eine filmische Conditio humana. Sie reicht von der Menschwerdung als einem Gewaltakt im ersten Teil von *2001: Odyssee im Weltraum* (1968) über die Entstehung des modernen Subjekts im Zwiespalt mit sich selbst im 18. Jahrhundert in *Barry Lyndon* (1975) zum Ersten Weltkrieg und seinen blutigen *Wege(n) zum Ruhm* (1957), dann, über die fünfziger Jahre und den Neo-Noir-Film des existentialistischen Scheiterns *Die Rechnung ging nicht auf* (1956) zur frühen Pop-Kultur der sechziger Jahre in *Lolita* (1962). Der Wahn (des Kalten Krieges) in *Dr. Seltsam oder Wie ich lernte, die Bombe zu lieben* (1964) wird zum Desaster einer militarisierten Kultur in Vietnam in *Full Metal Jacket* (1987), zum Irrsinn, der mitten in der Familie ausbricht, in *Shining* (1980), zum Gesellschaftsentwurf der Zukunft ohne jede Utopie in *Uhrwerk Orange* (1971) und am Ende von *2001* zum Rätselbild einer anstehenden Me-

Stanley Kubrick

tamorphose des Menschen. In der Retrospektive wirkt Kubricks Themenwahl keineswegs absichtslos. Seit *Die Rechnung ging nicht auf* (1956) suchte Kubrick, der – außer an der Auftragsarbeit *Spartacus* (1960) – an den Drehbüchern aller seiner Filme beteiligt war, nach literarischen Vorlagen, die es ihm, ungeachtet ihrer ästhetischen Qualität, ermöglichten, seine immer distanzierter werdende und sich jeder ethischen Stellungnahme enthaltende filmische Exploration des Menschen in einer Welt fortzuführen, in der »Wert, Sinn, Wünschbarkeit« (Nietzsche) ins Nichts umschlagen. Darin erschien Kubrick der Kritik dann oft als Pessimist oder Zyniker, zuletzt als Vertreter des »Ästhetizismus« (K. Kirchmann) und Kritiker der Aufklärung. Kubrick, extrem öffentlichkeitsscheu, hat sich zu seinen Filmen stets derart widersprüchlich geäußert, daß ihm jede Position zu unterstellen war und ist. Seit sich seine Filmarbeit über immer länger werdende Zeiträume erstreckte und unter systematischer Abschirmung der Dreharbeiten erfolgte, wurde Stanley Kubrick selbst zum Mythos.

Kubrick wurde am 26. Juli 1928 in New York geboren. Über sein Leben ist derart wenig bekannt, daß auch die zwei jüngst erschienenen Biographien kaum Aufschluß über die Persönlichkeit Kubricks geben. Seine frühen Leidenschaften, exzessive Lektüre, das Kino und das Schachspiel, sind offenbar geblieben. Als Achtzehnjähriger wurde Kubrick von der Zeitschrift »Look« als Fotograf angestellt und drehte 1950 seinen ersten kurzen Dokumentarfilm über einen Boxer, *Day of the Fight*, dem zwei weitere Dokumentarfilme folgten. Mit geliehenem Geld entstand dann sein erster Spielfilm *Fear and Desire* (1953), den er produzierte, mit schrieb, fotografierte und schnitt. Der Film, den Kubrick schon lange für jede Vorführung gesperrt hat, ist ein allegorisches, zeitlich und geographisch unbestimmtes Kriegsdrama, eine Conradsche Reise an die Grenzen der Zivilisation, ins »Herz der Finsternis«. Seinen zweiten, ebenfalls selbst finanzierten Film, *Der Tiger von New York* (1955), konnte Kubrick an United Artists verkaufen. *Der Tiger von New York* ist ein intellektueller Film noir, zeitlich verschachtelt erzählt, multiperspektivisch, mit Charakteren, die kurz umrissen werden. Ein erfolgloser Boxer verliebt sich in ein Dancehall-Girl und wird dadurch zum Gegner eines Gangsters. Die Story ist nur Material der Inszenierung des Lebens in der anonymen und kalten Metropole New York, in der Emotionen primär über Objektbeziehungen hergestellt werden, kaum noch zwischen Menschen existieren, es sei denn die Aggressivität. *Der Tiger von New York* ist Kubricks letzter Film mit einem Happy-End, das allerdings recht aufgesetzt wirkt nach dem Exzeß der Gewalt, den Kubrick (auch hier verantwortlich für Kamera und Schnitt) im Showdown von Boxer und Gangster kalt entfesselt. Mit *Die Rechnung ging nicht auf* (1956) drehte Kubrick eine weitere Variation des Film noir, die sich nicht nur durch den gemeinsamen Hauptdarsteller Sterling Hayden an John Hustons Klassiker des Gangsterfilms *Asphalt-Dschungel* (1950) anlehnt, sondern den Pessimismus des Vorbildes überbietet: In einer komplexen Verschachtelung der Chronologie und der Erzählebenen erweist sich der ausgeklügelte Plan eines Raubüberfalls als zum Scheitern verurteilt und dieses Scheitern als eigentliches Thema. Unberechenbare Gefühle und Zufälle machen jedes Kalkül zunichte, weil ins Räderwerk der Mechanismen Menschen eingespannt sind, die nie fehlerfrei handeln.

Die Rechnung ging nicht auf ist der erste Film Kubricks, in dem sich fast alle wesentlichen Motive des späteren Werkes finden: die spezifische Auflösung des Raum-Zeit-Kontinuums zu Segmenten, in denen der Mensch dominiert wird, nicht mehr dominant ist; die zwischen Distanz und Involviertsein wechselnde Kamera, die sich für Handlungsabläufe mehr zu interessieren scheint als für die Motive der Handelnden; die Reduktion der Charaktere auf Spielfiguren auf einem symbolischen Schachbrett; die emotionale und moralische Gleichmütigkeit der Erzählung.

Auf Fürsprache von Kirk Douglas konnte Kubrick als nächstes in Deutschland den Kriegsfilm *Wege zum Ruhm* (1957) realisieren, seinen ersten Erfolg. Douglas verkörpert einen Colonel der französischen Armee im Ersten Weltkrieg, der im bestialischen Stellungskrieg seine Männer zur Erstürmung einer uneinnehmbaren deutschen Höhe antreiben soll, zum Ruhm der Generalität und zur Beförderung der eigenen Karriere. Der Angriff endet im Desaster, und drei Soldaten werden, stellvertretend, wegen Feigheit vors Kriegsgericht gestellt. Der Colonel verteidigt sie erfolglos. Wenn es je einen Antikriegsfilm gab, dann ist es *Wege zum Ruhm*, denn er macht klar, daß nicht allein der Krieg schrecklich ist, sondern daß es bereits die Armee ist, die Männer rekrutiert, um sie zahlenmäßig zu verplanen. Zwei Schauplätze bestimmen den Film: ein Schloß, in dem die Generalität ihre von Intrigen und persönlichem Ehrgeiz bestimmten Strategien entwickelt, und die Schützengräben, in denen die nackte Angst herrscht. Der Feind, die Deutschen, kann gesichtslos bleiben. Die Armee ist sich selbst der Feind. Auf den Schlachtfeldern entfesselt Kubrick die (von ihm geführte) Handkamera und vergegenwärtigt ein Chaos, in dem es keinen Heldenmut, keine männliche Bewährung mehr geben kann.

Dieser ernüchternde Blick, der auch nicht vor dem Protagonisten, dem liberalen Colonel, zurückschreckt und auch ihn zum Rädchen im Getriebe des Krieges macht, war so provozierend, daß der Film in mehreren Ländern, darunter Frankreich, lange nicht gezeigt werden durfte.

Kirk Douglas war von der Zusammenarbeit mit Kubrick so beeindruckt, daß er ihn als Regisseur des Monumentalfilms *Spartacus* (1960) engagierte, in dem er selbst die Titelrolle spielte. Das Cinemascope-Epos über den Sklavenaufstand in Rom, besetzt mit Stars wie Laurence Olivier, Jean Simmons, Charles Laughton und Tony Curtis, war vom Buch her offenbar der Versuch, am Ende der McCarthy-Ära dem rebellischen Nonkonformismus ein Denkmal zu setzen (das Drehbuch schrieb Dalton Trumbo nach einem Roman von Howard Fast, beide waren in der McCarthy-Zeit der Verfolgung »unamerikanischer Umtriebe« geächtete Autoren). Zwischen den Anforderungen eines Multi-Millionen-Dollar-Projektes und den Allüren des Stars Douglas geriet Kubricks Wunsch, auch die Klassenkämpfe der Antike realistisch zu inszenieren, schnell ins Hintertreffen. *Spartacus* ist ein Film der Schauwerte, der Kolportage und auch des Kitsches, beeindruckend immer noch durch die Choreographie der Schlachten und durch die Schlußbilder, die Hunderte gekreuzigter Sklaven entlang der Via Appia zeigen: ein Kubrick-Bild der Vergeblichkeit menschlichen Strebens und Aufbegehrens.

Was Kubrick danach an Vladimir Nabokovs skandalösem Roman *Lolita* aus dem Jahr 1955 interessierte, war gewiß nicht der pädophile »amour fou« zwischen Humbert Humbert und dem Nymphchen Lolita. Eros, Sexus ist dem filmischen Universum Kubricks denkbar fremd. Das mehrere hundert Seiten umfassende Drehbuch, das Nabokov selbst schrieb, hat Kubrick denn auch entscheidend verändert und der Figur Clare Quiltys, des Antagonisten von Humbert (James Mason), den Peter Sellers in all seinen Metamorphosen irrlichternd-schillernd darstellt, mehr Raum gegeben. Quilty ist das Chamäleon der Moderne: der Mann ohne Eigenschaften, der jede Gestalt annehmen kann, eine Verkörperung des Pop im Vorgriff auf seine eigentliche Ära. Gegen ihn hat der verquer-verquaste Eros des Intellektuellen Humbert Humbert nie die geringste Chance. Kubrick inszenierte die Vorlage in *Lolita* (1962) konsequent gegen den Strich und zugleich – die mäandernd-anspielungs- und zitatreiche Sprache des Romans, die mehr ausspart als ausspricht, in eine flüssige Inszenierung bringend – halbwegs gerecht. Sind bei Nabokov die Charaktere Masken ihres Begehrens, so sind sie bei Kubrick nur mehr personae, Masken in einem Marionettenspiel, das einmal »Begehren« hieß.

Konsequent wird der Weltuntergang in *Dr. Seltsam oder Wie ich lernte, die Bombe zu lieben* (1964) zur Farce, in der das Endspiel von Comic-Figuren aufgeführt wird. Die Brisanz des Kalten Krieges, nach der Kuba-Krise virulenter denn je, sah Kubrick mit den Augen eines Jonathan Swift: Wäre es nicht besser, die Welt ginge zugrunde, als daß sie so weiterbesteht? Bitter satirisch mustert Kubrick die Herren der Welt: die Politiker und Militärs in ihren »war rooms«, die ausführenden »nützlichen Idioten« in ihren Bombern, aus denen sie, wie Major King Kong am Ende des Films, auf einer Bombe, den Hut wie ein Cowboy schwenkend, ins Ziel reiten. Erneut tritt Peter Sellers, zu diesem Zeitpunkt vielleicht eine Art Alter ego Kubricks, in mehreren Rollen auf: als amerikanischer Präsident, der das schlimme Ende verhindern will, sich jedoch in Belanglosigkeiten verfängt und den Militärs unterliegt, als englischer Offizier, der vor dem Irrsinn kapitulieren muß, und als aus Nazi-Deutschland »importierter« Dr. Seltsam, der, an den Rollstuhl gefesselt und schon fast halb Maschine, am Ende vor Weltzerstörungslust zum Hitler-Gruß erigiert.

Dr. Seltsam verstärkt die in *Lolita* enthaltenen pop-kulturellen Elemente der Filmarbeit Kubricks in den sechziger Jahren. Diese Elemente hat Susan Sontag als »Camp«-Ästhetik zu fassen gesucht (1964): als »Entthronung des Ernstes« und ironische »Theatralisierung der Erfahrung«, freilich ohne auf Kubrick Bezug zu nehmen. *2001: Odyssee im Weltraum* (1968) kann vor allem als eine solche ironische Theatralisierung der Erfahrung verstanden werden. Ende der sechziger Jahre war das Genre der Science-fiction erschöpft. Kubrick hat es revitalisiert und zugleich an ein Ende geführt: die dem Genre des Utopisch-Imaginären inhärenten filmischen Möglichkeiten der Ver-Rückung von Raum und Zeit und der Verrätselung von Bildgehalten werden hier erstmals Form. Mit den Kameramännern Geoffrey Unsworth und John Alcott, mit Douglas Trumbull und Kubrick selbst als Gestaltern der Spezialeffekte und Trickaufnahmen ist *2001* tatsächlich ein absolutes filmisches Universum geworden, ein Entwurf der Evolution der Menschheit vom Homo erectus, der durch die Entdeckung des Werkzeuges als Waffe zum Homo necans, zum Artgenossen tötenden Menschen wird, dann in den Sphären des Kosmos zum Erforscher der Geheimnisse der Evolution, die er nicht ergründen kann, bevor er nicht stirbt und erneut geboren wird – zu Richard Strauss' »Also sprach Zarathustra«, der sinfonischen Dichtung nach Nietzsches mythopoetischer Philosophie von der ewigen Wiederkehr und vom Übermenschen. Alles an diesem Film wurde ernst genommen und en détail analysiert; kein Werk der Filmgeschichte zog so den interpretatorischen Eifer auf sich wie *2001*, von Kubrick durch kryptische Äußerungen über den ausschließlich visuellen Charakter und den möglichen theologischen Gehalt nur genährt. Faktisch lassen sich dem Film weder eine Story noch ein manifester Inhalt ablesen, nur Latenzen, nur Spuren von Sinn und Bedeutung. Der letzte Teil, ein »rite de passage« der Wahrnehmung und der Verwandlung, ist ganz Op-art, ein psychedelisches Delirieren, in dem der Zuschauer selbst zum Subjekt des Films wird, womit das allegorische Ende, das Bild vom Sternenkind mit den großen Augen, das den Zuschauer ansieht, zum selbstreflexiven Spiel mit dem Zuschauer mutiert.

Die Konfrontation mit sich selbst mutet Kubrick in *Uhrwerk Orange* (1971) dem Zuschauer von Anfang an zu. Nach dem Roman von Anthony Burgess (1962), der eine bösartige Welt der nahen Zukunft schon im zynischen Slang derer, die sie bewohnen, Realität werden läßt, erzählt Kubrick im Modus ironischer Theatralität. Gewalt ist hier stets Performance, Maskenspiel, Kabarett, Schmierentheater und dabei doch immer zerstörerisch. Allerdings gibt es keine unschuldigen Opfer mehr. Der Staat ist nur das letztmögliche Konfigurat der Gewalt aller; ist Gewalt ihm dienlich, nimmt er sie eben in Dienst. Die Augen des Protagonisten Alex (Malcolm McDowell), die Kubrick in der ersten Sequenz des Films so hervorhebt, wie die des Sternenkindes in der letzten von *2001*, sind die Augen eines pikaresken Killers, der seine Geschichte erzählt: die Geschichte des nihilistisch-karnevalesken Aufbegehrens des alles begehrenden Sehens und dann die der staatlich verordneten Umpolung. Gewalt ist einmal mehr, wie in allen Filmen Kubricks, eine Frage der Perspektive, des Sehens, des Blickes der Kamera. Am Ende von *Uhrwerk Orange* sehen wir, die Zuschauer, mit anderen Zuschauern Alex im Dienst des Staates ein Verbrechen begehen – als seine Imagination, aber vielleicht auch als das unbewußt Imaginäre des Staates, der Gesellschaft selbst.

Je weiter das Werk Kubricks sich entwickelte, um so mehr rückte dieses politisch Unbewußte der modernen Gesellschaft ins Zentrum seines Interesses. *Barry Lyndon* (1975), nach dem Roman von William Makepeace Thackeray (1844), war nicht nur eine Abschweifung in den Historienfilm, nicht nur der Versuch, einen Film über das 18. Jahrhundert zu machen, wie es ihn noch nie gab: nämlich weitgehend mit dem natürlichen Licht von Kerzen in allen Innenaufnahmen. *Barry Lyndon* ist in Einstellungen, in Tableaus gedreht, die die Malerei des 18. Jahrhunderts zur Rahmung, zum Gefängnis des Lebens machen. Selbst Natur ist hier, im rationalistischen Konzept, Staffage – die Natur des Menschen nicht mehr als Trug oder Selbstbetrug. Alle Charaktere sind Spieler am Rad des Schicksals, ihre Gesichter sind nun wirklich Masken, verborgen hinter Schminke, und aus den Masken fallen die Blicke, die dem Leben nur noch sehnsüchtig hinterherstreifen. Nie zuvor wurde mit einem derart ästhetischen Aufwand (Kubrick ließ sich eigens besonders lichtempfindliche Objektive bauen; für die Kamera von John Alcott gab es den Oscar, ebenso für die Bauten von Ken Adam, die Musik und die Kostüme) eine Welt ins Nichts gestoßen.

Barry Lyndon war kein Erfolg, und Kubrick suchte lange nach einem neuen Stoff. Er fand ihn in einem Roman des populären Horrorautors Stephen King. *Shining* (1980) allerdings befriedigte nicht die Ansprüche derer, die von Kubrick nun erwarteten, daß er erneut ein Genre zur immanenten Selbstaufhebung treiben würde, wie er es mit dem Gangsterfilm, dem Kriegsfilm, dem Science-fiction-Film und dem Historienfilm getan hatte; der Film befriedigte auch nicht das Publikum, das auf die Genre-Spezifika hoffte, obgleich Kubrick buchstäblich Fluten von Blut entfesselt. *Shining* ist ein kaltes intellektuelles Experiment, in dem der Star des Films, Jack Nicholson, als verhinderter Schriftsteller Jack Torrance, chargieren darf, weil Kubrick an den Charakteren nicht im geringsten interessiert ist. Nicht Psychologie – die desolate Familiengeschichte – oder Mythologie – der finale Showdown zwischen Vater und Sohn im verschneiten Labyrinth – steht im Zentrum des Films, sondern der Entwurf eines luxuriösen Raumes der Moderne: das »Overlook«-Hotel, in dessen gigantischen Ausmaßen Zeit sedimentiert ist, mit jeder Schicht des Baues verdrängte historische Gewalt, die mit Macht wiederkehrt und von den derzeitigen Bewohnern Besitz ergreift. In *Shining* wird Geschichte zur ewigen Wiederkehr des Gleichen: der Gewalt, der keine Ordnung widerstehen kann. Noch die Natur ist in ihrer erhabenen Gleichgültigkeit der Widerpart des Menschen.

Kubricks vorletztes Werk, *Full Metal Jacket* (1987), ist erneut ein Kriegsfilm, radikaler noch als *Wege zum Ruhm* und die Vietnamfilme von Michael Cimino und Francis Ford Coppola. Kubrick inszeniert kein Epos des Krieges, sondern jene Wahrnehmung des Krieges, die jedes Epos unmöglich macht. Die jungen Männer, die zu Killern ausgebildet werden, sind bereits medial für den Krieg zugerichtete Subjekte; sie sind inhuman, bevor ihnen der Krieg ein Ziel für ihr Destruktionspotential bietet. In *Full Metal Jacket* wird die Kamera selbst zur Waffe, so, wie die Blicke im Krieg Geschosse sind. Doch der Krieg, das tödliche Sehen und Gesehenwerden, ist für Kubrick nicht der Ausnahmezustand, sondern der Zustand der Moderne.

Nachdem Kubrick mehrere Projekte vorbereitet und aufgegeben hatte, wurde nach zwölf Jahren ein neuer Film angekündigt: *Eyes Wide Shut*, nach Arthur Schnitzlers »Traumnovelle«. Mit dem Star-Ehepaar Tom Cruise und Nicole Kidman in den Hauptrollen drehte Kubrick zwei Jahre lang in London. Am 7. März 1999 starb Stanley Kubrick. *Eyes Wide Shut* ist sein Vermächtnis.

Bernd Kiefer

Filmographie: Day of the Fight (Dokumentarfilm, 1950) – Fear and Desire (1953) – Killer's Kiss / Der Tiger von New York (1955) – The Killing / Die Rechnung ging nicht auf (1956) – Paths of Glory / Wege zum Ruhm (1957) – Spartacus / Spartacus (1960) – Lolita / Lolita (1962) – Dr. Strangelove, or How I Learned to Stop Worrying and Love the Bomb / Dr. Seltsam oder Wie ich lernte, die Bombe zu lieben (1964) – 2001: A Space Odyssey / 2001: Odyssee im Weltraum (1968) – A Clockwork Orange / Uhrwerk Orange (1971) – Barry Lyndon / Barry Lyndon (1975) – The Shining / Shining (1980) – Full Metal Jacket / Full Metal Jacket (1987) – Eyes Wide Shut (1999).

Literatur: Alexander Walker: Stanley Kubrick Directs. New York 1972. – Michel Ciment: Kubrick. München 1982. [Frz. Orig. 1980.] – Stanley Kubrick. München/Wien 1984. (Reihe Film. 18.) – Thomas Allen Nelson: Stanley Kubrick. München 1984. – Norman Kagan: The Cinema of Stanley Kubrick. Oxford 1989. – Mario Falsetto: Stanley Kubrick. A Narrative and Stylistic Analysis. London 1994. – Kay Kirchmann: Stanley Kubrick. Das Schweigen der Bilder. Marburg 1995. – John Baxter: Stanley Kubrick. A Biography. New York 1997. – Vincent LoBrutto: Stanley Kubrick. A Biography. London 1997. – Georg Seeßlen / Fernand Jung: Stanley Kubrick und seine Filme. Marburg 1999.

Akira Kurosawa

1910–1998

Als der Dreizehnjährige mit seinem älteren Bruder den Stadtkern von Tokio besichtigt, der 1923 von einem Erdbeben und der darauf folgenden Feuersbrunst verwüstet wurde, geht er durch eine Hölle voller Leichen. In der Nacht darauf kann er traumlos schlafen. Sein Bruder erklärt ihm das Phänomen: »Wenn du deine Augen vor einem schrecklichen Anblick verschließt, dann wird dich dieser Anblick am Ende stets ängstigen. Wenn du aber alles geradeheraus anschaust, gibt es gar nichts, wovor du Angst haben müßtest.« Auch vor dem Schrecklichen den Blick nicht abzuwenden, sondern standzuhalten: ein existentielles und zugleich ästhetisches Prinzip, dem Kurosawa in seinem filmischen Werk folgt. Keinem anderen Filmregisseur ist so oft attestiert worden, daß er die Kraft zu Shakespearescher Tragik und Komik aufbringe. Wie bei Shakespeare der Blankvers das Ungeheuerlichste, den Exzeß, die Verrohung der Triebe und die zarteste Empfindung, die innigste Klage in eine flexible, aber Distanz schaffende Form zu bringen weiß, so Kurosawas Bildsprache. Die verletzten Körper geben erst in seinen späteren Filmen Blut von sich, Gefechte, so brutal sie auch wirken, fügen sich immer in den Modus des Artistischen, es gibt für Kurosawa daher keinen ›blutigen Realismus‹, sondern eine raffinierte Balance zwischen Deutlichkeit und Diskretion, sicherlich beeinflußt durch die rituelle Strenge des überlieferten No-Theaters und die generelle Zeremonialisierung des japanischen Alltagslebens. An Shakespeare erinnert weiter der von Kurosawa oft gesuchte Kontrast zwischen Herren- und Knechtsperspektive, Heldengebärden und aufbegehrendem, ernüchterndem Spott. Schließlich die Erfindung von Fabeln, die – neben einer kräftigen äußeren Spannung, auf die Kurosawa nie verzichtet – die »Unergründlichkeit des menschlichen Herzens« ausloten, also von großen, kühnen, verwegenen oder verbrecherischen Projekten erzählen, die den einzelnen in seiner Besonderheit oder auch Selbstüberhebung abgrenzen von den anderen. Kurosawa hatte durchaus Zweifel am Konzept der japanischen Ethik, die in der »Behauptung der eigenen Person etwas Unmoralisches, in der Selbstaufopferung dagegen die wahre Tugend« sehen will, wie er in seiner Autobiographie schreibt. Nach der Erfahrung des Zweiten Weltkriegs und der Niederlage Japans kam er zur Auffassung, daß Freiheit und Demokratie nur eine Chance hätten, wenn es gelänge, das Ich als einen positiven Wert zu etablieren, dennoch bleiben für ihn Demut und Bescheidenheit, »Selbstaufopferung« Kennzeichen menschlicher Güte. Selbst wenn seine Filme in die japanische Geschichte zurückführen, Samuraikämpfe und erbittert ausgefochtene Schlachten vor Augen führen, folgen sie einem ausgeprägt antiheroischen Impuls: In Kurosawas Geschichten wird der Hochmut der Mächtigen zertrümmert, die Ritterideale erscheinen als todessüchtig oder todgeweiht. In diesem Akt der Destruktion wiederholt sich vielleicht das Zerbrechen der nationalen Großmachtphantasien nach 1945. Eine Doppelstrategie: Rekonstruktion des legendären Überlebensgroßen und dessen Zurücknahme, die ständige Entwertung der Kampf- und Kämpfermythen als eine Form der Vergangenheitsbewältigung.

Akira Kurosawa wurde am 23. März 1910 als siebtes Kind seiner Eltern in Tokio geboren. Sein Vater entstammte einer Samuraifamilie, die ihren Stammbaum bis ins 11. Jahrhundert zurückführen kann, er war Sportlehrer, zunächst bei der Armee, später förderte er die Einführung des amerikanischen Nationalsports Baseball in Japan (Kurosawa blieb zeit seines Lebens ein leidenschaftlicher Anhänger dieser Sportart). Akira war zunächst ein schwächliches, empfindliches, zu Tränen neigendes Kind,

Akira Kurosawa

das bereits in jungen Jahren vom Vater regelmäßig ins Kino mitgenommen wurde (im Geburtsjahr Kurosawas produzierte Japan bereits an die 500 Filme). Kurosawas Versuche, durch den Besuch einer Fechtschule und andere Übungen einem sportlichen oder soldatischen Training gewachsen zu sein, schlugen fehl, er bezeichnete sich selbst im nachhinein als turnerische Null. Als Achtzehnjähriger begann er ein Malerei-Studium, beschäftigte sich indes ebenso intensiv mit der Literatur, wobei er Dostojewski entdeckte. Der Zeitströmung entsprechend, radikalisierte sich Kurosawa und trat einer Liga proletarischer Künstler bei – eine kurze Episode. Bei der militärischen Musterung wurde er als untauglich entlassen. Sein Bruder, ein Stummfilmerzähler, wurde durch die Einführung des Tonfilms arbeitslos und brachte sich daraufhin im Alter von 26 Jahren um. Zwei Jahre später gab Kurosawa das Studium der Malerei auf und wurde Regieassistent. Er traf den Regisseur Kajiro Yamamoto, der für ihn zum bewunderten Lehrer wurde. Eine der ersten Lehren, die er erhielt, lautete, daß ein guter Regisseur zuvor ein guter Drehbuchautor sein müsse. 1943 konnte Kurosawa seinen ersten Film schreiben und realisieren. Er entstand im Schutz der Toho-Produktionsgesellschaft, der Kurosawa über lange Jahre hin, mit wenigen Ausnahmen, treu blieb, bis schließlich in seiner Spätphase ausländische Produzenten ihm die Herstellung seiner letzten großen Filme ermöglichten. Kurosawas erste Nachkriegsfilme bezogen sich auf die aktuelle Gegenwart. In *Engel der Verlorenen* (1948) trat der Schauspieler Toshiro Mifune zum ersten Mal bei ihm als gebrochener Held und Yakuza auf. Mifunes darstellerische Intensität, seine ungestüme und vibrierende Vitalität machten ihn bald in der ganzen Welt bekannt. Erst 1950 widmete sich Kurosawa wieder einem Film des Jidai-geki-Genres, der historischen Spielart in der japanischen Filmproduktion: er adaptierte die Erzählung eines zeitgenössischen Schriftstellers für den Film. *Rashomon* wurde zum internationalen Durchbruch für Kurosawa, nachdem der Film 1951 auf den Filmfestspielen von Venedig gezeigt und ausgezeichnet und zudem in Hollywood zum besten ausländischen Film des Jahres gewählt wurde.

Der Titel des Films hat einem Erzählprinzip den Namen gegeben: viele Perspektiven und nirgendwo die ganze Wahrheit. Das westliche Publikum zeigte sich von mindestens drei Dingen aufs tiefste beeindruckt: von der Fabel, die deutlich macht, daß jeder, der in ein Geschehen verwickelt ist, es so darstellen wird, daß er dabei gut wegkommt und es sein Selbstbild nicht allzusehr trübt; zweitens von der unglaublich beweglichen Kamera, die durch Wald und Laub jagt und in die Sonne blinzelt, so daß sich die Abbildung der Realität zu graphischen Informel-Gebilden verwandelt; drittens von einer abgestuft-reichen Spielweise, die einerseits an förmliches Zeremonialwesen grenzt, andererseits an die fast animalische Gebärdensprache verwilderter Menschen, zumal bei Toshiro Mifune, dem kraftvoll sprungkräftigen halbnackten Banditen. Die Geschichte vom Räuber, der das Ehepaar im Wald überfällt, die Frau vergewaltigt und – vielleicht – den Mann, den Samurai, umbringt, war keine grausige Anekdote, sondern hatte eine große Dimension, von der sich das europäische Nachkriegskino gerade eben abgewandt hatte, um in vielfältigen Varianten Komödien hervorzubringen. Der Regen, der auf das riesige Rashomontor strömte, unter dem drei einfache Menschen zusammenkamen, ein Holzfäller, ein Dieb und ein junger Priester, verdunkelte die Welt – und war zugleich ein Beweis für die technische Virtuosität des Regisseurs (der in den Regen schwarze Tusche mischte, damit man die Tropfen richtig fallen sehen konnte). Am Ende hört der Holzfäller, der selbst Unrecht getan hat, ein kleines Kind schreien, das arme Eltern am Tor ausgesetzt haben. Er nimmt es mit sich, in seine überdies schon große Familie: ein Akt der Barmherzigkeit, den einer der Ärmsten begeht, zugleich ein Reflex des Trostes, der eine Erzählung beendet, in der zwischen Lüge und Wahrheit nicht mehr unterschieden werden kann. Dadurch, daß *Rashomon* die Vorgänge im Wald jeweils aus der Sichtweise des Holzfällers, der Ehefrau, des Räubers, des getöteten Ehemanns (der vor dem Gerichtshof durch ein Medium aus dem Jenseits spricht) konkret darstellt, erschüttert der Film das Vertrauen in die Zuverlässigkeit der Bilder. Die Welt sieht so aus, wie sie aus einem spezifischen Blickwinkel durch die Brille eines egozentrischen Interesses – meist dem der Selbstverteidigung und Selbstrechtfertigung – wahrgenommen wird.

Rashomon ist Kurosawas zwölfter Film als Regisseur. Das außerordentlich positive Echo des Auslands verschaffte ihm auch im Inland Anerkennung. Denn obwohl einige seiner Filme beim Publikum durchaus erfolgreich waren, galt Kurosawa als schwierig und kompromißunwillig, zumal für die Zensurbehörden des kriegführenden Japan. Erst 1952 kam z. B. sein erster Film in einer vollständigen Fassung heraus (1941 wurde der Film verstümmelt) und ein anderer Film, *Die Männer, die auf des Tigers Schwanz traten* (nach einem Kabuki-Stück), überhaupt zum ersten Mal ins Kino. Im selben Jahr entstand *Einmal wirklich leben / Leben!* mit dem schon älteren Takashi Shimura, einem von Kurosawas Lieblingsschauspielern, in der Hauptrolle: *Einmal wirklich leben* ist von japanischen Filmkritikern, die eine Liste der zehn bedeutendsten Filme des japanischen Kinos aufgestellt haben, nach den *Sieben Samurai*, die die Spitzenposition einnehmen, auf den zweiten Platz gestellt worden – *Rashomon* übrigens belegt auf dieser Liste den zehnten Rang. Der beinahe zweieinhalbstündige Film spielt in der Gegenwart: Ein alter Beamter, der in einer kafkaesken Bürokratie arbeitet, erfährt, daß er demnächst an Krebs sterben wird. In seinem Amt werden die Anträge zu riesigen Stapeln aufgehäuft und dann zu den verschiedenen Amtsstellen geschickt – meistens so lange, bis das akute Problem nicht mehr besteht. Vor dem Hintergrund dieser satirischen Karikatur einer aufgeblähten und unfähigen Verwaltung hebt sich nun die Tragödie eines Menschen ab, der noch einmal das Leben kennenlernen will. Als ihm Sauftouren und andere Exzesse nichts nützen, sondern eher die Schwäche seines Körpers erkennen lassen, rafft er sich zu einer humanen Tat auf: er will sich bemühen, aus einem Sumpfgebiet, einer Müllkippe, das Terrain für einen Kindergarten zu schaffen und damit einen der zahlreichen Anträge, die sich bei ihm wie bei anderen türmen, verwirklichen. Trotz aller Widerstände und Bedrohungen gelingt sein Vorhaben. Nach seinem Tod erst kommt allmählich etwas von der Wahrheit über ihn zum Vorschein. Der trickreich verschachtelte Film lebt von ständigen Sprüngen in die Vergangenheit, um so in das Innenleben der Hauptfigur einzudringen und die Erinnerung an das Unwiederbringliche wach zu halten. *Einmal wirklich leben* weist über weite Strecken hin rührende Sanftheit auf, weichen Humor, der nie in triefende Sentimentalität umschlägt. In einer Sequenz will der alte Mann seinem kaltsinnigen Sohn nahekommen, ihm von seinem Leiden erzählen, einem Sohn, um den er viel Kummer und Schmerz erlitten hat – in Rückblenden wird dies vergegenwärtigt. Als er die Treppe zum Obergeschoß hinaufgeht, wo der Sohn mit seiner Frau übernachtet, wird vor ihm das Licht ausgeschaltet. Er ist nicht erwünscht. Diese Ungleichzeitigkeit der Gefühle, von Herzensnot und Herzenskälte, erzeugt eine ›nachhallende Erschütterung‹. Hier wirkt die Kunst des Films wirklich wie eine (um Kafkas Satz aufzugreifen) Axt für das Eis in unserem Inneren. Die Gespräche des alten Mannes mit einer ganz jungen Frau, die ihn erheitert, ihm Lebensmut verleiht und dennoch unerreichbar für ihn bleibt, gehören zu den zartesten Arrangements gegenseitiger Tröstung und Verfehlung, die je in Szene gesetzt worden sind. *Einmal wirklich leben* ist von der westlichen Kritik zu Recht mit großen Filmen verglichen worden, die Bilanz eines Lebens zu ziehen versuchen, z. B. mit dem wenige Jahre später entstandenen Film Ingmar Bergmans *Wilde Erdbeeren* (1957).

1954 drehte Kurosawa den bis dahin teuersten japanischen Film: *Die sieben Samurai.* Herrenlose Fechtkämpfer verdingen sich bei armen Bauern, um sie gegen den Überfall von Marodeuren zu schützen. Die meisten sterben bei diesem ›Auftrag‹. Die Samurai sind nützliche Helfer. Durch ihre Hilfe ›ermannen‹ sich die Bauern. Doch sind sie dem Land verbunden, von gleichsam archaischer Nützlichkeit für das Überleben, während die Schwertkämpfer wie ortlose Wanderer die Straße einhergeweht kommen. Unter den sieben Samurai ist ein Grenzgänger, ein Bauer, der gerne als Ritter anerkannt werden möchte, gespielt von Toshiro Mifune, ein lärmend Unerzogener, der bis zum Ende den Traum vom tapferen Leben nicht aufgibt. In symbolischer Sprache: Schwerter können den Pflugscharen helfen, doch Pflugscharen überdauern die Schwerter. Dieser Samuraifilm erzählt auf doppelter Ebene: auf der Oberfläche Kampfesszenen in einer furiosen Bewegungsinszenierung, die bis dahin in der Filmgeschichte ohne Beispiel gewesen ist, darunter liegt die Fabel von der ruhelosen Existenz kampferprobter Männer, die erst Sinn in ihr Dasein bringen, als sie sich Menschen verdingen, die in der sozialen Hierarchie weit unter ihnen stehen, dem ›Nährstand‹, als sie die Ungestörtheit eines Arkadiens beschützen wollen, das sonst von Räubern ausgeplündert zu werden droht. Es handelt sich um einen befristeten Kompromiß zwischen einer Lebensform, die Gewalt nicht scheut und mit dem Tod vertraut ist, und einer anderen, die, der Natur nahe, mit dem Wachsen und Gedeihen, mit Aussaat und Ernte zu tun hat. Auf der einen Seite Menschen, die Geschichte machen wollen, auf der anderen Seite Menschen, die sie meist nur erdulden. Kurosawa arbeitet in *Die sieben Samurai* zum ersten Mal mit mehreren Kameras, um das Geschehen aus verschiedenen Blickwinkeln und Distanzen zu zeigen. Einmal bringt er die Dinge ganz nahe, die Flanken der Pferde, das Schwirren der Pfeile, das Sausen der Schwerter, und zum anderen abstrahiert er von all dem, wenn die Kamera durch Fenster, Gitter oder über die Schultern von angstvollen Zuschauern sieht. Höhepunkt ist die letzte große Sequenz, der Kampf in Regen und Schlamm, wirklich ein ›apokalyptisches Endspiel‹. Wenn die Körper in den Schlamm klatschen, als Tote, verschmelzen sie schon wieder mit der Erde, zu der sie werden – wie die Gräber der getöteten Samurai und der Bauern am Ende Teil der welligen Landschaft sind, zurückgenommen in den großen Organismus der Natur, der über das Geklirr der Waffen triumphiert. Keines der sechs amerikanischen Remakes dieses Films hat je die visuelle Faszination von Kurosawas Vorlage erreicht, noch weniger die komplexe Deutung des Konflikts zwischen Lebensformen, zwischen Geschichte und Natur.

Die Fähigkeit Kurosawas, Totalen in die Tiefe zu staffeln, so daß mehrere Raumpläne zu erkennen sind, vom Vorder- bis zum Hintergrund, übertrifft die Bildgestaltung von Orson Welles' *Citizen Kane* (1941), ebenso seine Fähigkeit, extreme und gegenläufige Bewegungen in der Fläche so zu organisieren, daß gleichsam fein ausbalancierte und zugleich sich ständig verändernde Bildstrukturen entstehen. Der Einfluß der mit Linien und Flächen raffiniert arbeitenden japanischen Holzschnittechnik seit dem späten 18. Jahrhundert scheint unverkennbar zu sein: Wie sie Bewegungen im transitorischen Moment festhält, in einem schönen Gleichgewicht der graphischen Elemente, so achtet auch Kurosawa auf die Verteilung von Ruhe und Rasanz in jeder Einstellung.

Beinahe alle Filme Kurosawas, die sich mit aktuellen Themen beschäftigen, also im zeitgenössischen Milieu ihren Platz finden, haben im Ausland weniger Beachtung und Anerkennung gefunden als seine historischen Stücke. Ähnliche Reaktionen waren indes auch in Japan zu beobachten. Ein 1955 entstandenes Werk über die Angst vor der Atombombe, *Ein Leben in Furcht,* fand nur ein desinteressiertes Publikum, während die ein Jahr später entstandene Macbeth-

Version, *Das Schloß im Spinnwebwald*, durch ihre Imagination, ihren Stilwillen beeindruckte. Der Wechsel von verfremdenden Elementen und Schockaufnahmen ist auch diesmal durch die Erzählabsicht motiviert. Wenn zum Schluß Toshiro Mifune in der Rolle des Aufsteigers von seinen eigenen Leuten umgebracht wird, ist dies nicht lapidarer und schrecklicher ins Bild zu setzen als dadurch, daß der Held von zahlreichen Pfeilen durchbohrt wird: eben nicht durch die Tat eines einzelnen, der sich zum Rächer aufwirft, sondern durch die Empörung des Kollektivs, das sich verraten fühlt und seinen Anführer vom Schicksal ins Unrecht und ins Unglück versetzt glaubt. 1957 führte Kurosawa mit der Inszenierung von Maxim Gorkis *Nachtasyl* die Eingemeindung westlicher Stoffe in die japanische Welt fort.

Doch die von ihm aus verschiedenen Überlieferungen destillierten Parabeln im Samurai-Genre sind sehr viel prägnanter, manchmal beinahe ›mythisch‹ im Umriß. *Yojimbo – Der Leibwächter* (1961) reflektiert die zwiespältige Rolle des militärischen Siegers, des großen Kämpfers: Zwei rivalisierende Horden in einem Dorf bemühen sich um eine Art Supermann, eine Art märchenhaften Retterhelden, der eines Tages im Ort ankommt (Toshiro Mifune). Am Ende erweist sich der eingangs zwielichtige und zynische Held als Beschützer der Frauen und Entrechteten. Der blindwütige Kampf zwischen den feindlichen Nachbarn endet in einem Massaker und Erschöpfungsfrieden, der Unbesiegbare verläßt wieder den Schauplatz. Eine Art Western-Fabel, die durch Kurosawas Transformation mehr Größe erhält: Der scheinbar unauslöschliche Haß zwischen Feinden, die einander doch so ähnlich sind, wird in seiner irrationalen Wucht nie gerechtfertigt, sondern als groteske und ungeheuerliche Exaltation des Bösen bloßgestellt. Nie sind Kurosawas Filme ohne diese ethische Reflexion ausgekommen. Zugleich beeindruckt die phantasievolle und variantenreiche Art, mit der Miyagawa Kazuo, der Kameramann von *Rashomon*, Vorder- und Hintergründe im Cinemascope-Format einfängt. Am Ende, vor dem Schlußduell, taucht der militante Heilsbringer in einer Staubwolke am Ende der Straße auf, wie ein überirdischer Geist materialisiert er sich: Theophanie und Apotheose in leichter Brechung. Der nachfolgende Film, *Sanjuro*, verstärkt diese Ironie: Der erfahrene Samurai zeigt jungen, idealistischen Leuten, wie schwierig es ist, zwischen Schein und Sein, Gut und Böse zu unterscheiden.

In den sechziger Jahren verlor Kurosawa allmählich die Zustimmung des heimischen und des ausländischen Publikums: *Zwischen Himmel und Hölle* (1963), ein Polizeifilm, nach dem Roman des Amerikaners Ed McBain, zeigt ebenso wie *Rotbart* (1965) eine Stilistik, die jedenfalls von der Warte der Zeitgenossen aus durch das Sujet legitimiert scheint, doch haben die Kompromisse mit dem traditionellen Realismus eher verstört. Versuche Kurosawas, in der zweiten Hälfte der sechziger Jahre in Amerika zu arbeiten, schlugen fehl. Er gründete in Japan 1970 mit anderen eine Produktionsgesellschaft, die in der inzwischen ziemlich verkommenen Industrie eine Insel bilden sollte. Sein Film *Dodeskaden – Menschen im Abseits*, setzt sich aus vielen Episoden zusammen, die ein offenes Panorama der Elendsviertel in Tokio bieten. Dieser erste Farbfilm Kurosawas kommt ohne zentrale Handlung und ohne zentrale Hauptfiguren aus. Selbst nach einer Kürzung um mehr als 100 Minuten auf immer noch beinahe zweieinhalb Stunden erhielt diese Dostojewskische Studie über traurige, auch kuriose Existenzen am Rande der Gesellschaft nicht den Applaus einer auf Prosperität ausgerichteten Gesellschaft. Kurosawa sah sich am Ende seiner Laufbahn und unternahm am 22. Dezember 1971 einen Selbstmordversuch, den er zum Glück überlebte.

Nach vierjähriger Vorbereitung konnte er seine ›Menschenkunde‹ der unangepaßten Un- oder Vormodernen fortsetzen mit *Uzala, der Kirgise* (1975), der in der Sowjetunion entstand: das Porträt eines archaisch lebenden alten Jägers. Die Naturimpressionen einer unberührten, wilden und gefährlichen Landschaft beeindrucken wohl am meisten, stärker jedenfalls als der elegische Abgesang auf einen einsamen Sonderling, eine rührend-knorrige Figur, die der Spezies der letzten Mohikaner zugehört. Immerhin, mit *Uzala, der Kirgise* gewann der mittlerweile 65jährige wieder internationale Aufmerksamkeit, der Film wurde beim Moskauer Filmfestival mit dem ersten Preis ausgezeichnet und erhielt den Oskar für den besten ausländischen Film.

Zwar ehrte ihn sein Heimatland 1977 durch eine Retrospektive im Tokyo National Museum of Modern Art Film Centre, doch bestand offenbar kein Interesse, weitere Produktionen mit Kurosawa zu riskieren. Er wurde wieder zum Drehbuchautor, versetzte Shakespeares »King Lear« ins japanische Mittelalter und bearbeitete die Parabel vom Mächtigen, der durch einen Doppelgänger ersetzt wird – diese Skepsis gegenüber der Authentizität von Inszenierungen der Macht ist übrigens in den achtziger Jahren auch in der westlichen Literatur verbreitet. Um Geld für diesen Film, der später *Kagemusha – Der Schatten des Kriegers* (1980) heißen wird, einzutreiben, verlegte sich Kurosawa aufs Bildermalen. Doch niemand schien mit ihm diesen Film realisieren zu wollen, erst nachdem er in San Francisco im Kreis von Francis Ford Coppola George Lucas und Steven Spielberg traf, gewann er in diesen beiden Fürsprecher. Die Garantie der 20th Century Fox ermunterte die japanische Toho nun doch dazu, *Kagemusha* zu produzieren.

Es wurde der teuerste japanische Film, der bis auf den heutigen Tag gedreht worden ist. Zum ersten Mal wurde Tatsuya Nakadai, der schon zuvor bei Kurosawa Nebenrollen übernommen hatte, zur Hauptfigur (in Habitus und äußerer Erscheinung tatsächlich eine Art Nachfolger von Toshiro Mifune). Ein Dieb wird wegen seiner verblüffenden Ähnlichkeit mit einem Fürsten zu dessen »Schatten«, zu dessen Doppelgänger. Als der Fürst stirbt, soll das seinen Gegnern verborgen bleiben: Der Ersatzmann figuriert an der Stelle des Toten und muß dem Herrscher täuschend ähnlich werden. Allmählich verliert der Dieb seine alte Identität und nimmt die neue an, er lernt, so etwas wie Maiestas auszustrahlen, deren bloßer Anblick, die Aura der Macht, die Heerscharen der Feinde in die Flucht treibt – eine der suggestivsten Szenen in *Kagemusha*. Am Ende wird er entlarvt, als er vom Lieblingspferd des Fürsten stürzt, denn das Tier läßt sich nicht betrügen. Man jagt ihn in Schande davon. Der Sohn des Fürsten schlägt alle Ratschläge in den Wind und beginnt den Krieg, in dem er mit seinen schwerbewaffneten Fußtruppen und schwertschwingenden Samurai elend untergeht, im Kugelhagel der modernen Armee auf der anderen Seite. Auch der Kagemusha gerät in dieses Gemetzel und wird getroffen, er geht mit dem Hause unter, dessen Oberhaupt er zu sein über Jahre hinweg vorgeben mußte. Da Nakadai beide Rollen spielt, die des Herrschers und die seines Imitators, wird sein Spiel besonders nuanciert: z. B. wenn der Kagemusha die charakteristischen Gesten des Fürsten nachmachen soll und sie zunächst verfehlt, übertrieben markiert, dann aber dem Vorbild immer ähnlicher wird und selbst bei den Eingeweihten, die um das Betrugsspiel wissen, durch den Ausdruck einer scheinbar unantastbaren Würde Schauer erweckt und Ehrfurcht erregt. Übrigens ist auch das Enkelkind allmählich von dem falschen Herrn überzeugt, es gewinnt den Kagemusha lieber, der ihm menschlicher begegnet als der eigentliche Fürst. Das theatrale Element in dieser Erzählung enthält die für Kurosawa typische moralische und philosophische Überhöhung dadurch, daß es nicht ein beliebiger Vasall ist, der die Rolle des Fürsten spielt, sondern ein Gesetzesbrecher, eine Art gesellschaftlicher Straßenköter, der nun König sein darf – aber nicht in burlesker Spielart, sondern in Form einer Verwandlung, die ihn zwischen alle Bezüge rückt und daher auf neue Weise klug und traurig werden läßt. *Kagemusha*, beinahe drei Stunden lang, erhielt 1980 die Goldene Palme in Cannes.

Kurosawa, nunmehr siebzigjährig, gab sich mit diesem großen Erfolg nicht zufrieden, er schrieb seine Autobiographie und erwarb das Vertrauen des französischen Produzenten Serge Silberman, so daß er endlich seine King-Lear-Version als französisch-japanische Koproduktion 1984 verwirklichen konnte. *Ran* (1985 beim Filmfestival in Tokio aufgeführt) ist unzweifelhaft ein gewaltiges Alterswerk: ein durch Kriegs- und Raubzüge mächtig gewordener Fürst verteilt seinen Besitz an die drei Söhne. Doch die, Kinder ihres Vaters und des kriegerischen Zeitalters, sind nicht plötzlich sanftmütig, sondern so gierig wie ihr Erzeuger. Sie vertreiben den Vater, der mittlere Sohn bringt den älteren um, angetrieben wird er bei all seinen Taten im übrigen von einer Frau, die sich an der ganzen Sippe dafür rächen will, daß man ihre Familie massakriert hat – nur der jüngere Sohn, der den Vater liebt, hält sich heraus. Doch auch er stirbt am Ende. Der Vater, wahnsinnig geworden, als man seinen Troß umbringt und sich die Frauen seines Gefolges gegenseitig erstechen, überlebt ihn nicht lange. Andere Herren erobern die Burgen, in Blut und Tränen versinkt die Welt. Am Ende steht ein Blinder am Abgrund, von ihm entfernt sich langsam die Kamera. Schockbilder des grauenhaften Gemetzels, blutüberströmter Körper, grotesk weggedrehter Gliedmaßen, Momentaufnahmen des wüsten Krieges, balanciert Kurosawa in *Ran* aus durch ornamentale Kompositionen, die nicht erstarren, dank der Dynamik der sich verschiebenden Bildsegmente, in die sich die Massen der unterschiedlich farbig bewimpelten und kostümierten Soldateska einfügen. Die Uniformen, die mächtigen Helme geben den Männern einen bedrohlichen Umriß, als könnte nichts sie erschüttern und versehren – doch genau dies geschieht vor unseren Augen. Die einzige Gegenfigur, die zum Glück überlebt, ist der Narr des alten Fürsten, ein bunt angezogener, springlebendiger junger Mensch, bei dem man nicht weiß, ob es ein Junge oder ein Mädchen ist (tatsächlich handelt es sich um einen Transvestiten, den Kurosawa angeblich aus einem Tokioer Nachtclub geholt haben soll). Der Zauber einer neuen, einer heiteren Menschlichkeit ist also weder bei den düsteren Männern noch bei den intriganten oder nur scheuen Frauen zu suchen, sondern bei einer Gestalt, die keinem Geschlecht oder beiden gleichzeitig anzugehören scheint: die allegorische Figur der Versöhnung zwischen den Gegensätzen der Geschlechter, vielleicht auch der Versöhnung im anscheinend ewigen Zirkel von Verbrechen und Vergeltung. Dieser Außenseiter, der Narr, ist klug und einfühlsam, er hilft und heilt und kann am Ende doch nichts ausrichten gegen die Unerbittlichkeit des allgegenwärtigen Todes, der beinahe alle um ihn herum ereilt. Der Film, der mit Szenen einer Jagd über grünen Hügeln beginnt, findet seinen Abschluß in dem braunen Einerlei einer weithin gestreckten Wüste und im undurchdringlichen Rauch und Feuer der Brände, die die Burgen zerstören. Seit *Rashomon* und *Die sieben Samurai* hat die Natur keine so große Rolle mehr gespielt bei Kurosawa, Natur als spiegelbildliche Szenerie und als Erde, das Allumfassende, das dauerhafter ist als alles, was durch Geschichte aufgebaut und zerstört wird. So spielt auch Sonne über die Ruinen, in denen der Fürst seine Zuflucht gefunden hat, Blumenwiesen umgeben in idyllischer Lieblichkeit die Leichen der Getöteten, die sich mit ihren farbigen Gewändern in den Dekor dieses scheinbar so friedlichen Arrangements einfügen.

Kurosawa gab nach der Fertigstellung dieses großen tragischen Films nicht auf. Jahre später erschien sein Episodenfilm *Träume* (1990), der zum Teil Kindheitserinnerungen aufzugreifen scheint und sowohl dichte und düstere Impressionen – wie die Wanderung des heimkehrenden Soldaten durch den Tunnel und seine Wiederbegegnung mit den Gestorbenen – als auch heiter entspannte, sogar ein bißchen breit dahinplaudernde Episoden verbindet. *Rhapsodie im August* (1991), ein Film, der an den Abwurf der Atombombe über Nagasaki 1945 mahnt, zerfällt in rhetorische und wenige visionäre Sequenzen. *Madadayo* (1993), das Werk eines 83jährigen alten Meisters und Kurosawas letzter Film, erzählt von einem betagten Professor, der sein Amt niederlegt und frei sein will, um zu schreiben. Regelmäßig trifft er an seinen Geburtstagen seine Schüler von einst wieder. Es entwickelt sich dabei ein Spiel: Sie fragen ihn im Chor, ob er schon bereit sei, die Welt zu verlassen. Und er antwortet darauf: Madadayo, das heißt: noch nicht, aber auch: vielleicht. Der Film enthält viele komödiantische Passagen, z. B. über den Alltag des Professors und seiner Frau in einer viel zu kleinen Hütte, in der die Gäste kaum mehr Platz finden. Der gelassene und zart erzählte Film, der sich oft Zeit läßt, feiert die Loyalität zwischen dem alten Lehrer und seinen Schülern als ein Verhältnis von Treue und Zuneigung, das weniger der Wirklichkeit als dem Reich der schönen Wünsche entsprungen scheint. Der Schlußtraum des alten Mannes lokalisiert *Madadayo* als Ausruf beim Versteckspiel der Kinder. Ein einzelner Junge, der Professor als Kind, wird von den anderen gesucht. Bevor er sich im Heuschober mit Stroh zudecken und dahinter verbergen kann, lenkt ihn der rote Schein der Sonne ab, und er sieht auf einen gemalten, in starken Farben erglühenden Himmel, den Himmel der Kunst.

Kurosawas letzter Film versammelt viele ›Schüler‹, die er, der Autor und Regisseur, in Japan selbst nicht gefunden hat. Er mußte sich eher als Ungeliebten betrachten – als einen Außenseiter, wie den Jungen, der sich von den anderen abkehrt. Größere Verehrung, so scheint es bis heute, hat Kurosawa in Europa und Amerika erfahren. Kurz nach seinem 80. Geburtstag erhielt er den Ehren-Oscar für sein Lebenswerk. Viele seiner Filme haben die außerordentliche Persönlichkeit in den Mittelpunkt gerückt, den Aufsteiger, den Einzelgänger, den wunderbaren Retter, die tragische Existenz, den verehrten Meister. Ob ausdrücklich oder unterschwellig, diese Tendenz zur Individualisierung, zur Auskristallisierung der besonderen Figur, scheint – folgt man Kurosawas Autobiographie und nicht nur ihr – dem japanischen Denken erst nach 1945 vertrauter geworden zu sein. Wenn der alte Kurosawa von Journalisten und Filmleuten verschiedentlich als Tenno bezeichnet wurde, drückt sich darin der Respekt vor einer großen und einsamen Autorität aus.

Thomas Koebner

Filmographie: Sugata Sanshiro (1943) – Ichiban Utsukushiku (1944) – Tora no o fumu otokotachi / Die Männer, die auf des Tigers Schwanz traten (1945) – Sugata sanshiro zoku (1945) – Woga seishun ni kuinashi (1946) – Asu o tsukuru hitobito (1946) – Subarashiki nichiyobi / Ein wunderschöner Sonntag (1947) – Yoidore tenshi / Engel der Verlorenen (1948) – Shizukanaru ketto (1949) – Nora inu (1949) – Rashomon / Rashomon – Das Lustwäldchen (1950) – Shubun (1950) – Hakuchi (1951) – Ikiru / Leben! / Einmal wirklich leben (1952) – Shichinin no samurai / Die sieben Samurai (1954) – Ikimono no kiroku / Ein Leben in Furcht (1955) – Donzoko / Nachtasyl (1957) – Kumonosu-jo / Das Schloß im Spinnwebwald (1957) – Kakushi toride no san-akunin / Die verborgene Festung (1958) – Yojimbo / Yojimbo – Der Leibwächter (1960) – Warui yatsu hodo yoku nemuru (1960) – Tsubaki sanjuro / Sanjuro (1962) – Tengoku to jigoku / Zwischen Himmel und Hölle (1963) – Akahige / Rotbart (1965) – Dodes'kaden / Dodeskaden – Menschen im Abseits (1970) – Dersu Uzala / Uzala, der Kirgise (1975) – Kagemusha / Kagemusha – Der Schatten des Kriegers (1980) – Ran / Ran (1985) – Konna yume wo mita / Akira Kurosawas Träume (1990) – Rhapsody in August / Rhapsodie im August (1991) – Madadayo / Madadayo (1993).

Literatur: A. K.: So etwas wie eine Autobiographie. München 1987. [Japan. Orig. 1983.]

Akira Kurosawa. München/Wien 1988. (Reihe Film. 41.) – James Goodwin: Akira Kurosawa and Intertextual Cinema. Baltimore/London 1994. – Donald Richie: The Films of Akira Kurosawa. Berkeley / Los Angeles / New York 1996.

Emir Kusturica

*1955

In Sarajewo wurde Emir Kusturica am 24. November 1955 als Sohn bosnischer Moslems geboren. Von 1973 bis 1977 studierte er an der Filmhochschule in Prag (FAMU), u. a. bei Jiří Menzel. Dort traf er Vilko Filač, der bei allen seinen Filmen bis *Underground* die Kamera führen wird. Seine Abschlußarbeit, der Kurzfilm *Guernica*, wurde 1978 beim Studentenfilmfestival in Karlsbad mit dem ersten Preis ausgezeichnet. Er drehte zwei Filme für das jugoslawische Fernsehen und 1981 seine erste Kinoarbeit. 1989, nach nur drei Filmen, bekam er den Roberto-Rossellini-Preis für sein Lebenswerk verliehen. 1980 hatte er einen Lehrauftrag für Drama an der Theater-Akademie in Sarajewo, 1990 einen für Film an der Columbia University, New York. Als Reaktion auf die harsche Kritik an *Underground* kündigte er 1995 an, keine Filme mehr zu machen. Zwei Jahre später drehte er aber doch wieder: *Schwarze Katze, weißer Kater*, mit Thierry Arbogast an der Kamera.

Die Familie als gesellschaftlicher Ort hat große Bedeutung in Kusturicas Œuvre. In seinen ersten beiden Filmen – *Erinnerst Du Dich an Dolly Bell?* (Goldener Löwe für das beste Erstlingswerk, Venedig 1981) und *Papa ist auf Dienstreise* (Goldene Palme, Cannes 1985) –, deren Drehbücher beide vom moslemischen Dichter Abdulah Sidran stammen, erkundet Kusturica die Diskrepanz zwischen der Ideologie des Sozialismus und ihrem praktischen Niederschlag im (ländlichen) Alltag des Tito-Jugoslawiens der fünfziger Jahre – eine Parallele zu den Filmen seines Lehrers Jiří Menzel. Erzählt werden beide Filme aus der Sicht eines besonderen, mit dem Übersinnlichen in Verbindung stehenden Jungen: der 16jährige Dino ist von Hypnose und Autosuggestion besessen, und der 6jährige Malik ist Schlafwandler.

Versucht Dinos Vater, gläubiger Anhänger eines folkloristischen Sozialismus, das ärmliche Leben seiner fünfköpfigen Familie nach marxistischen Grundsätzen zu regeln, so will Maliks Vater Mescho zumindest vom existierenden Sozialismus nichts wissen. Als er über eine Zeitungskarikatur nicht lachen kann, landet er im Arbeitslager – für die Kinder ist er »auf Dienstreise«. Der wahre Grund ist indes, daß sein Schwager, ein Funktionär, Meschos Geliebte für sich haben will. Die Verbindung von Politischem und Privatem, die Kusturicas Filme prägt, ist hier schon angelegt. Ebenso zeigt sich bereits, welch große Bedeutung der Musik zukommt: Dinos Sehnsüchte bewegen sich zwischen »Brüder zur Sonne zur Freiheit« und dem Schlager-Rock 'n' Roll eines Adriano Celentano.

Ein besonders begabter Junge steht auch im Mittelpunkt von *Time of the Gypsies* (Regiepreis, Cannes 1989): der 17jährige Perhan verfügt über telekinetische Fähigkeiten. Der Familienverband ist nun endgültig zerbrochen, Perhan wächst als Waise in einem jugoslawischen Roma-Dorf auf. Um sein Glück zu machen, geht er nach Mailand, wo er in der jugendlichen Diebes- und Bettlerbande von Ahmed arbeitet, einem Mann aus seinem Dorf. Für seine in den Mythen und Volkssagen des Balkan wurzelnde Fabulierlust findet Kusturica hier eine fulminante Form: Die Träume und Visionen seines jugendlichen Helden rückt er ins Bild mit einem ästhetischen Furor, der beeinflußt ist von der volkstümlichen Kraft eines Fellini und dem magischen Realismus der lateinamerikanischen Literatur, begleitet von einer Musik, die die ethnische Besonderheit des Protagonisten mal betrauert, mal feiert. Der augenzwinkernd satirische Grundton der vorherigen Filme weicht nun einer ernsteren, zu Pathos und Kunstwillen neigenden Tendenz.

Hollywood ist Kusturicas Inspirationsquelle bei seinem ersten US-Film *Arizona Dream* (Spezialpreis der Jury, Berlin 1993), in dem er seine eigene Kino-Sozialisation mitverarbeitet: Jerry Lewis als leibhaftiges Zitat, die nachgespielte Flugzeugverfolgungsjagd aus Hitchcocks *Der unsichtbare Dritte* (1959). Wiederum wird aus einem jugendlich-unschuldigen Blickwinkel erzählt. Der 23jährige Tagträumer Axel lernt seine Verwandten kennen: eine skurrile Personnage von Menschen, die ihren Träumen folgen – sei es der Wunsch zu fliegen oder auf einer Pyramide aus Cadillacs gen Himmel zu schreiten.

Vom American dream zum Alptraum auf dem Balkan: *Underground* (Goldene Palme, Cannes 1995). In drei Kapiteln – 1941, deutsche Besatzung; 1961, Tito-Regime; 1991, Balkankrieg – erzählt Kusturica von 50 Jahren jugoslawischer Geschichte und zwei Freunden. Politisch-Geschäftliches und Privat-Amouröses gehen wiederum Hand in Hand. Man liebt und verrät sich mit geradezu überbordender Lebensfreude. Europaweit entbrannte eine erbitterte Kontroverse um den Film. Er stelle die Serben als Opfer der Geschichte dar und relativiere so ihre Kriegsschuld, wurde Kusturica vorgeworfen. Formal treibt er die Extravaganz von *Time of the Gypsies* hier auf die Spitze. Er entfesselt einen orgiastischen Ton- und Bilderrausch, einen Tanz auf dem Vulkan zu den wüst delirierenden Klängen einer Blaskapelle.

Nach der erbitterten Auseinandersetzung um *Underground* wirkt *Schwarze Katze, weißer Kater* (Silberner Löwe, Venedig 1998) wie ein Befeiungsschlag: Kusturica kehrt zurück zu den Zigeunern und zur Familie – zur Welt von *Time of the Gypsies*, von dessen Autor Gordan Mihić auch das Drehbuch zu *Schwarze Katze, weißer Kater* stammt. Doch wo dort Pathos wehte, herrscht hier eine gelöste Stimmung: eine fröhliche Ausgelassenheit, der keine Spur von Verzweiflung mehr eingeschrieben ist. Wo dort die Familie zerstört war, funktioniert sie hier – wenn auch Vernunft und Umsicht deutlich bei der Großväter- und Sohn/Tochter-Generation verortet sind, die Väter sind dumm und aufgeblasen. Erzählt wird von zwei Zigeuner-Gangster-Familien, der des in der Hierarchie höhergestellten Dadan und der des kleinen Chargen Matko. Dadan will seine kleinwüchsige Schwester mit dem Sohn von Matko verheiraten. Doch der liebt eine andere. Kusturica formt diese Geschichte zu einer lustvollen Tragikomödie, die überschäumt von folkloristisch-poetischem Realismus (gleich zweifach wird der Tod besiegt), burleskem Slapstick und einer Fülle von Motiven, Symbolen und Versatzstücken.

Heinz-Jürgen Köhler

Filmographie: Nevestje dolaze / Die Ankunft der Jungverheirateten (Fernsehfilm, 1979) – Bife Titanik / Buffet Titanic (Fernsehfilm, 1989) – Sjecas li se Dolly Bell? / Erinnerst Du Dich an Dolly Bell? (1981) – Otac na sluzbenom putu / Papa ist auf Dienstreise (1984) – Dom za vesanje / Time of the Gypsies (1989) – Arizona Dream / Arizona Dream (1993) – Underground / Underground (1995) – Chat noir, chat blanc / Schwarze Katze, weißer Kater (1997).

Literatur: Manfred Etten: Mystik & Slapstick. Vier Filme, ein Werk: Emir Kusturica. In: film-dienst 46 (1993) H. 10. S. 4. – Margret Köhler: Krieg ist immer auch Geschäft. Emir Kusturica und sein Film *Underground*. In: film-dienst 48 (1995) H. 15. S. 8. – Katja Nicodemus: Es war einmal Jugoslawien. Interview mit Emir Kusturica. In: Tip-Magazin 1995. H. 25. S. 32 – Hans Günther Pflaum: In der Falle der Geschichte. Gespräch mit dem Regisseur Emir Kusturica. In: Süddeutsche Zeitung. 23.11.1995. S. 16. – Katharina Dockhorn: Gespräch mit Emir Kusturica. In: epd Film 16 (1999) H. 2. S. 46. – Katja Nicodemus: Kusturicas Donauwelle. Interview mit Emir Kusturica. In: Tip-Magazin 1999. H. 3. S. 54.

Fritz Lang

1890–1976

Der Mann mit dem Monokel vor dem linken Auge scheint die Verkörperung des Regisseurs mit dem kalten, sezierenden, unbarmherzigen Blick gewesen zu sein. Kein Erzähler großer Leidenschaften, kein Romantiker, der für Schmerzen und Sehnsüchte der Kreatur empfänglich ist, auch kein psychologischer Analytiker bürgerlicher Innenwelten und Interieurs – so darf man ihn zumindest in den zwanziger Jahren beschreiben –, sondern ein unsentimentaler und sarkastischer Vertreter der Neuen Sachlichkeit, der fast sportliches Interesse am Kräftemessen mächtiger Willensnaturen zeigt. – Und einen sonderbar trivialen Hang zu Okkultem, zu magischen Techniken, Illusionstricks und Hanussen-Dämonie nie ganz verdrängen kann, vielleicht auch, weil es Reminiszenzen an das Kindergrauen früher Jahre sind, die sich nicht einfach abschütteln lassen. Indes wird in solcher Charakteristik noch nicht berücksichtigt, daß er ein aufmerksamer Zeitgenosse ist, der wie eine osmotische Membrane Wunsch-, aber vor allem Furchtmotive seiner Umwelt in die Phantasiekonstruktion seiner Filme einfließen läßt.

Fritz Lang wurde am 6. Dezember 1890 in Wien geboren, der Vater war Architekt, die Mutter jüdischer Herkunft. Er wuchs in bürgerlichen Verhältnissen und katholisch auf (also vermutlich mit einem gerüttelten Maß an Sündenbewußtsein und Strafängsten), was Lang in Interviews später betonte. Als junger Mann ließ er sich durch die Welt treiben, bestritt seinen Lebensunterhalt als Gelegenheits-Maler, ein Bohemien in Paris, mußte von dort bei Ausbruch des Ersten Weltkriegs nach Österreich zurückflüchten, wurde als Soldat verwundet und begann während der Genesung Drehbücher, bald für den Regisseur Joe May, zu schreiben. Ihm kam seine erklärte Vorliebe für die Romane Karl Mays zugute, wobei er nicht nur die Jugendserien gelesen zu haben scheint, sondern auch die umfänglichen Kolportage-Schmöker, in denen die Jagd nach Verbrechern oft um die Welt geht, so daß für die Liebe keine Zeit bleibt, in denen vor allem – in der Tradition der Geheimbund-Romane – der Böse mächtig ist, in vielen Verkleidungen durch die Welt geistert und sich aller möglichen technischen Apparate bedient, um sein Publikum in Furcht und Staunen zu versetzen.

Erste Gehversuche als Regisseur folgten in diesem Genre, den Auftrag, das Drehbuch »Das Cabinet des Dr. Caligari« zu verfilmen, konnte er nicht übernehmen, weil er bereits *Die Spinnen* drehte. Seit 1920 arbeitete er eng mit der Autorin Thea von Harbou zusammen, die später seine Frau wurde. Sie war – nach dem verlorenen Krieg – erst recht national gesinnt, Anfang der dreißiger Jahre neigte sie offen dem Nationalsozialismus zu, Lang dagegen schien in Kategorien politischer Parteilichkeit weniger festgelegt zu sein. Seinen Durchbruch erzielte das Künstlerpaar mit *Der müde Tod* (1921), einem Film, der sogar in Frankreich und Amerika ein Erfolg wurde und den jungen Luis Buñuel entzückte. Der märchen- und legendenhafte Film präsentiert zwar einen Tod mit düster kantigem Gesichtsschnitt, einer ikonographisch deutlichen Kämpfer-Physiognomie, der als heimgekehrter Soldat identifizierbar wäre, im Zug der toten Geister treten sogar Verwundete in Uniformen auf, doch erinnert die Erzählung im übrigen nur versteckt an den gerade vergangenen Krieg: Die Menschen, die sterben, sind vorerst junge Männer, sie erleiden ihr Ende indes in Friedenszeiten – in drei Episoden, in Bagdad, Venedig und einem fernen Schaubuden-China. Die Rahmenhandlung spielt sich in einem deutschen, romantisch-biedermeierlichen Städtchen ab. Die Erfahrung der Schlachten und Hungerwinter dringt nur in Form starker Verschiebungen in diese Filmwelt ein

Fritz Lang (r.) mit Edward G. Robinson

oder ruft eher realitätsflüchtige Exotik hervor. Das Prinzip der Verschiebung, wohl nicht beabsichtigt, kennzeichnet auch weitere Filme Langs in der Periode der Weimarer Republik: Die Kommandogewalt der Obrigkeit im kaiserlichen Staat vor 1914, vielleicht auch der Heeresleitung, tritt nun in Form dämonischer, machtbesessener Figuren auf, das blinde Töten und Getötetwerden des Weltkriegs findet Widerhall in der Androhung des verfrühten Todes und der Symptomatik wehrloser Ausgesetztheit. Wenn das stimmt, ließen sich Langs und Harbous Phantasien nicht allein auf die Lektüre Karl Mays zurückführen.

Bereits ihr nächstes Projekt, der zweiteilige *Mabuse*-Film von 1922 (Teil 1: *Der große Spieler – ein Bild der Zeit*, Teil 2: *Inferno, ein Spiel von Menschen unserer Zeit*) nach dem Roman von Norbert Jacques, beansprucht, die deutsche Nachkriegszeit (vor der Inflation) ausdrücklich zu spiegeln. Dies gelingt Lang dank einer modernen Ästhetik, die sich von der Idee eines Werkganzen verabschiedet und bisher kaum gewürdigt worden ist: Er zersplittert die Erzählung, vor allem im ersten Teil, in mehrere unterschiedliche ›Abbildungstechniken‹. So kann er den Handlungsfluß unterbrechen, um in einer satirischen Montage die Karriere Schramms vom Eckensteher der Vorkriegszeit zum Gefängnisinsassen, Hehler und zeitgemäßen Raffke und Schieber im Zeitraffertempo vorzuführen. Expressionismus ist bereits zum modischen Design eines Nachtclubs verkommen. In den Séancen, bei denen der böse Mabuse in mancherlei Maske schier unwiderstehlich hypnotische Kräfte auf andere Menschen ausübt, unterwirft sich eine verstörte Gesellschaft wieder einmal, beinahe widerstandslos, fremdem Willen. Da hat der Staatsanwalt Wenk lange zu tun, bis er den unheimlichen Gegner zur Strecke bringen kann – im offenen Straßenkampf wird Mabuses Haus eingenommen, der zeitgenössische Zuschauer an Szenen aus dem Spartakus-Aufstand 1919 erinnert haben muß. Im Keller, Verlies, Labyrinth der Unterwelt schließlich stellt man Mabuse. Dort, wo er mit Blinden eine Geldfälscher-Werkstatt eingerichtet hat, verfällt er dem Wahnsinn. Entzaubert wird die Gestalt schon dadurch, daß der dämonische Verbrecher von banalen Ganoven umgeben ist und sich mit seinen Taten nur als der einfallsreichere Kriminelle entpuppt.

Ganz der Mythisierung einer sagenhaft heroischen Periode des deutschen Mittelalters scheint der ebenso zweiteilige *Nibelungen*-Film von 1924 verschrieben (Teil 1: *Siegfried*, Teil 2: *Kriemhilds Rache*). Die differenzierten Raumvisionen des Films – der von ornamentaler Totenstarre erfaßte Burgundenhof, die primitive Höhlenwelt der Hunnen – läßt den Film, bis heute, als einprägsamen Bilderbogen lesen, wobei die anthropologische Wertung der verschiedenen Kulturen nur auf Anhieb eindeutig zu sein scheint: die fast degenerierten germanischen Aristokraten herrschen über eine gesichtslose Soldateska, die sich ins Flußwasser stellt, um mit den hochgereckten Schilden eine Brücke zu bilden, über die Brünhilde schreiten kann; die Hunnen dagegen lassen eine vitalere, natürlichere Lebensform erkennen. Daß Lang sich bei Bauten und Bildkomposition – mit seinen Architekten Otto Hunte, Erich Kettelhut und Karl Vollbrecht – auf die Illustrationsgraphik der Jahrhundertwende besann, fiel bereits beim *Müden Tod* auf. Die Trutzburg bei Worms weist starre, kubische Formen auf, wie das bei militärischen Zweckgebäuden und Mahnmalen der Zeit üblich war. Es liegt nahe, von hier aus eine Linie zum Imponierstil des Dritten Reichs zu ziehen, der auf Einschüchterung abzielt.

Metropolis (1927) vergrößerte die Architekturvisionen ins Utopische. Der Film unterscheidet eine Oberstadt und eine vielstöckig in die Erde hinabreichende Unterstadt – in der die Arbeiter wohnen wie Ameisen im Bau. Ein fast avantgardistischer Bricolage, die Zusammensetzung vieler Teile unterschiedlicher Herkunft, waltet als Prinzip auch über dieser Zukunftswelt: Neben Mietshäusern, die Berliner Hinterhof-Fassaden in die Höhe ziehen, finden sich Katakomben, gotische Dome und uralte, windschiefe Häuschen (in dem der Dr. Frankenstein ähnliche Erfinder Rotwang wohnt), neben riesigen futuristischen Gebilden Rokokogärten, in denen der Sohn des Fabrikherrn neckisch mit seinen Gespielinnen umhertollt, als wäre hier ein mit weißen Vögeln dekorativ ausstaffiertes Reservat aus dem 18. Jahrhundert erhalten. Wie in einem imaginären Museum verschränken sich historische und Zukunftsräume, Riesenhallen, die mit fortgeschrittener Technik errichtet worden sein müssen, grenzen an Bauelemente von vertrauter Dimension. Lang gelingt es, die Unterwelt zum Spielort von physischer Präsenz zu verwandeln – die Oberwelt bleibt eine pittoreske Vedute: Wenn das Wasser dunkel aus einer Ritze im Betonboden dringt, quillt es wie Blut aus einer Wunde. Der Schlegel des großen Alarmweckers schlägt mit der Kugel am Ende unmittelbar auf das Auge des Betrachters zu. Die Panik der Menschen, die vor der steigenden Flut umherirren und dann nach oben drängen, vermittelt sich als naturalistisches Schauspiel, wenn Lang nicht in einigen Szenen die Masse zu großen Ornamenten formen würde. Dekorative Arrangements und drastische, illusionsbrechende Effekte durchmischen sich, kalkulierte symbolische Tableaus und mitreißende Handlungspassagen und Zauberkunststücke (im Laboratorium von Rotwang, in dem unter reizvollen Lichtspielen der weibliche Roboter zur zweiten, bösen Maria verwandelt wird). Als zwischen den Stilen und Raumkonzepten irrlichterndes Kunstwerk, auch als spektakulärer Katastrophenfilm hat *Metropolis* seine Attraktivität nicht eingebüßt – die sozialromantische Fabel von der Versöhnung zwischen Arbeit und Kapital ist dagegen, fromm und fadenscheinig, fast ein Ärgernis in ihrer pathetischen Abstraktheit.

Nach *Spione* (1927), einem Genrefilm mit oft geschickter Spannungskonstruktion in Notsituationen, die von dem Heldenpaar überstanden werden müssen, nach *Die Frau im Mond* (1929), einer etwas einfältigen Reise aufs Nachbargestirn, auf dem sich ein Eifersuchts- und Ehrgeiz-Drama ereignet wie sonst auf Erden, erreichte Lang mit *M. Mörder unter uns* (1931) den Höhepunkt seines Schaffens. Auch hier fällt das diskontinuierliche Erzählen sofort ins Auge. Der Film beginnt wie ein Stück von Gerhart Hauptmann im Proletariermilieu – eine Mutter wartet vergeblich auf ihr Kind, das von einem Serienmörder umgebracht worden ist –, darauf folgt eine Bürgersatire, ein dokumentarischer Sachbericht über die Polizeiarbeit, die Doppelhandlung von den parallelen Suchaktionen der Polizei und der Gauner, als Klimax die große opernhafte Szene, in der der Angeklagte vor die Richter der Unterwelt gezerrt wird, und abschließend die lebende Skulptur der drei trauernden Mütter. So sparsam Lang hier zum ersten Mal mit dem Ton verfährt, so auch mit den Bildern. Er reduziert aufs Wesentliche, verzichtet auf schmückenden Dekor, Lakonie und Präzision zeichnen jedes Bild aus: Um die liebevoll ordentlich gehaltene Küche von Elsies Mutter zu zeigen, braucht es die Details registrierenden Kamerablicke auf Flaschen und Geschirr, auf den leeren Teller auf dem Tisch – an dem das Kind nie mehr sitzen wird. Die Straßen bleiben kahl, nüchtern, verleugnen nicht, daß sie im Atelier aufgebaut sind. Von der Mordszene im Freien sehen wir nur, wie der Ball aus dem Gebüsch rollt und der Luftballon sich in Leitungsdrähten verfängt. *M* balanciert zudem geschickt zwischen Plädoyer und Analyse, er billigt dem Mörder menschliche Gefühle zu und vergißt nicht die Opfer, beurteilt selbst die Verfolger und Richter, den Kommissar Lohmann und die Leitfigur der Ganoven, den aalglatten »Schränker« nicht nur ehrfürchtig oder fasziniert, sondern auch spöttisch oder skeptisch. Der Film versucht gleichsam, und diese Anstrengung ist nicht gering, allen Figuren gerecht zu werden und von allen einen kritischen Mindestabstand zu halten.

Das Testament des Dr. Mabuse (1933 in Wien uraufgeführt), Langs letzter Film in Deutschland vor seinem Aufbruch ins französische und amerikanische Exil, wurde im nachhinein oft als Zeitspiegel verstanden, Mabuse – dessen böser Geist Besitz ergreift vom Chef einer Irrenanstalt wie einst der Geist des Caligari von einem anderen Kliniker – forderte sogar zu einem Vergleich mit Hitler heraus. Die Tyrannenthese Siegfried Kracauers will hier indes nicht überzeugen. Denn der Terror, den der von Mabuse ›ergriffene‹ Agent des Bösen anstiften will – Gaswerke zur Explosion zu bringen, die Währung in die Inflation zu treiben usw., wobei Gas und Inflation traumatische Erfahrungen der Deutschen von damals wachriefen –, hat eher das Gepräge eines menschenfeindlichen Anarchismus, es sind Sabotageakte, die ein Chaos herstellen sollen, nicht den Techniken der Machtergreifung vergleichbar, die die Nazis angewendet haben. Dennoch weckt die Figur, die, von einem fremden Willen gesteuert, zum Werkzeug der Vernichtung wird, bedenkenswerte Assoziationen. Diese Anklänge sind zwar 1933 und danach zweifellos von großer Bedeutung, doch nicht nur in dieser Zeitspanne – es handelt sich grundsätzlich um die Angst vor dem Verlust der Selbstbestimmung, vor der Instrumentalisierung des Menschen.

Lang konnte mit seinem ersten amerikanischen Film, *Fury* (1936), an diese Diagnose einer innerlich labilen Gesellschaft anknüpfen, die nicht davor gefeit ist, Anfällen destruktiven Wahns zu verfallen. War in Berlin der symbolische Name für diese Krankheit Mabuse, so hieß sie in Hollywood Volkszorn, blindwütiger Aufstand der Masse – mit dem für die dreißiger Jahre und liberale Intellektuelle typischen Erschrecken vor dem Unberechenbaren in der Psyche des Mitmenschen, vielleicht gar in der eigenen, hatte es da wie dort zu tun. Aus Deutschland geflohen, obgleich der Propagandaminister Joseph Goebbels an ihm interessiert war, kam Lang über Frankreich, wo er *Liliom* (1934) verfilmte, ein Volksstück von Ferenc Molnár, nach Los Angeles und wartete auf seine Chance. Künftig mußte er ohne Thea von Harbou als Co-Autorin auskommen, denn sie war freiwillig in Nazi-Deutschland zurückgeblieben. *Fury* scheint Lang den Übergang in ein realistischeres Erzählen erleichtert zu haben, aber noch – in den Szenen, in denen die lynchbegierige Menge herbeieilt, um das Gefängnis mit dem vermutlichen Kindermörder in Brand zu setzen – braucht er symbolische Überhöhungen und demonstrative Zeichen, die grotesken Masken, die von Wut entstellten Gesichter. Zufällig gedrehte Wochenschau-Aufnahmen vom entfesselten Mob widerlegen vor Gericht die Lügen der Beteiligten, die angeblich als unschuldige Bürger auf der Anklagebank sitzen und nun sich selbst auf der Leinwand, als Teile einer wüsten Meute, in einem ganz anderen Zustand, entdecken. Das neue Medium bringt es an den Tag. Diese politisch aufklärerische und scharfsichtige Massenpsychologie hat Lang kaum mehr in seinen amerikanischen Filmen anwenden können. Er konzentriert sich künftig auf Einzelgänger, oft traurige Existenzen, die in ihrem Schicksalsschema gefangenbleiben – man denke etwa an die Karriere zum Tod in *Gehetzt* (1936) –, oder er verknüpft den Mabuseschen Apparat des Bösen mit dem Dritten Reich, wobei er – zumal in *Auch Henker sterben* (1942) und *Ministerium der Angst* (1944) – den Schrecken des Gewaltsystems verdeutlichen kann, das allgegenwärtig, offen und verborgen lauert. *Ministerium der Angst* beginnt wie ein Film von Hitchcock: Ein Mann, gerade aus der Klinik entlassen, gerät in unabsehbare Verwicklungen, harmlose Dinge wie Torten enthalten Geheimnisse, Lebensgefahr droht in freundlicher Umgebung, Menschen, die Mißtrauen erwecken, stehen ihm zur Seite, nichts ist auf Anhieb seinem Wesen nach erkennbar. In den auffällig künstlichen, im Studio nachgebauten Milieus ist alles Trug und unzuverlässig: eine aus der Ordnung geratene Welt, ein von Kulissen zugestellter Innenraum, aus dem kein Entkommen möglich scheint. Erst in den letzten Einstellungen wird der freie Himmel sichtbar.

Gefährliche Begegnung (1944) entschärft eine vergleichbare Film-noir-Handlung, die wie in einem Tunnel ohne Seitenweg der denkbar schlimmsten Wendung, dem Tod, entgegeneilt, durch einen ironischen Rahmen. Ein älterer Mann, wohlsituiert, mit Familie, begegnet einer Frau, begleitet sie in ihre Wohnung, bringt aus Notwehr den Liebhaber um, der sich auf ihn stürzt, wird als Täter langsam eingekreist, zudem erpreßt und begeht Selbstmord – da wacht er auf. Das Ganze war nur ein Traum, ein phantastisches Strafgericht über das Gedankenspiel, aus dem vertrauten Lebenskreis auszubrechen. Der Schritt vom Wege ist in Langs amerikanischen Filmen der vierziger Jahre ein Schritt ins Verderben.

Nach dem Krieg verlieren seine Polizei- und Gerichtsfilme keineswegs den Charakter der Ausweglosigkeit. In *Heißes Eisen* (1953) steht ein einzelner Mann einer grundfalschen, verderbten, korrupten Welt gegenüber, in der es keine Lichtfigur gibt. Um den Drachen zu bekämpfen, übernimmt die Hauptfigur selber Züge des Drachen. In *Jenseits allen Zweifels* (1956), Langs letztem Hollywood-Film, gibt es nur noch Heuchler, Hinterlistige – selbst der sympathische Protagonist, den man allmählich nicht für den Mörder halten will, ist es doch. Daß Lang in Amerika auch Western gedreht hat (etwa *Engel der Gejagten*, 1952, mit Marlene Dietrich), auch einen Abenteuer-Kostümfilm (*Das Schloß im Schatten*, 1955), sei am Rande erwähnt – optimistischere Geschichten enthalten sie nicht. Ob es Langs Eigensinn war, Selbstachtung, der Zorn darüber, daß so viele seiner Filme von Produzenten verstümmelt wurden – es schien ihm zunehmend schwerzufallen, für die Filmfabrik Hollywood zu arbeiten. Die Hoffnung, in Deutschland bessere Bedingungen vorzufinden, zerschlugen sich (spätestens der Briefwechsel mit seinem deutschen Produzenten Artur Brauner offenbarte, mit wieviel Rücksichtslosigkeit und Krämergeist ihm auch hier begegnet wurde). Sich den alten Traum zu erfüllen, die einst, 1921/22, für Joe May bestimmten Drehbücher zu *Das indische Grabmal* selber zu inszenieren, führte zu einem vielfach glatten, kompromißhaft wirkenden Ausstattungsfilm. *Die tausend Augen des Dr. Mabuse* (1960) wiederholte und variierte in ziemlich geheimnisloser Weise das Motiv eines Big Brother – doch wollte sich nicht mehr die Vermutung aufdrängen, diese Denkfigur könne die säkularisierte, verzerrte, ins Böse gekippte Nachbildung eines allwissenden Gottes sein.

In Jean-Luc Godards Film *Die Verachtung* (1963) tritt Lang als Regisseur eines ihm völlig fremden Antiken-Spektakels, eines Odysseus-Films, auf und gibt schließlich die Devise von sich, daß man auch nach Störungen und Todesfällen am Film weiterzuarbeiten habe. Dazu ist es in Wirklichkeit nicht mehr gekommen, Lang starb am 2. August 1976 in Los Angeles.

Gefängnisse, höhlenartige Unterwelten, Zellen, abgeschlossene Sphären im Halbdunkel: daraus bestehen Langs bevorzugte Szenerien. Offene, unbegrenzte Landschaften, etwa die freien Horizonte, die im Western üblich sind, finden sich nur selten in seinem Werk. Die Panik, nicht entkommen zu können, wird dadurch abgemildert, daß Risse und Löcher in den sonst undurchlässigen Wänden, Mauern, Türen entstehen – manchmal dringt Licht durch sie ein, manchmal auch die nächste Gefahr. Dieser grundlegenden Raumidee eines düsteren Labyrinths entsprechen oft Langs Geschichten, in denen sich die Protagonisten verirren, verrennen, aussichtslos, wenn nicht irgendein Weg nach außen führt.

Lang war ein Visionär, er entwarf Räume und Bilder. Deren plakathafte Drastik und genaue Akzentuierung in den Filmen der Weimarer Zeit verlieren sich allmählich in der amerikanischen Periode. Gleichzeitig schwindet die Modernität des spielerischen Bricolage, des stilistischen Konglomerats, anscheinend in dem Maße, in dem Lang gezwungen ist, das Regelsystem des jeweiligen Genres zu akzeptieren. Dabei hat der Film noir der vierziger und fünfziger Jahre mit seiner Schattenwelt und den meist von dunklem Drange bestimmten Charakteren Langs Phantasien noch am ehesten entsprochen.

Figuren, die in Konflikten ihren freien Willen wahrnehmen und durchsetzen, gibt es bei Lang als bemerkenswerte Ausnahmen, die Mehrheit jedoch zappelt unfrei unter einem Bann, erweist sich von Obsessionen besessen, als Werkzeug in der Hand beherrschender Mächte realer oder magischer Natur, unterworfene Subjekte wie die Opfer des Dr. Mabuse. Solche Rollen sind ziemlich einseitig, da es eher auf die Verkörperung zwanghaften Funktionierens ankommt als auf die auszulebender Widersprüche. Es hat Schauspielern (z. B. Henry Fonda) wenig behagt, wenn Lang den Figuren mehr Intensität als ihnen zugewandt hat, wenn er sie selbst als Objekte, als Figuren in einer visuellen Gesamtkomposition betrachtete. Zumal in den Filmen der Weimarer Zeit kam es Lang offenkundig mehr auf die groben Umrisse seiner Gestalten an, auf die Maske, den Schattenriß. Nur Akteure, die ein Doppelleben vorführen durften, erhielten dadurch Spielraum: Brigitte Helm etwa in *Metropolis*, Peter Lorre als Kindermörder in *M*, Edward G. Robinson in *Gefährliche Begegnung*.

Thomas Koebner

Filmographie: Der müde Tod (1921) – Dr. Mabuse, der Spieler (1922) – Die Nibelungen (1924) – Metropolis (1927) – Spione (1927) – Die Frau im Mond (1929) – M. Mörder unter uns (1931) – Das Testament des Dr. Mabuse (1933) – Liliom (1934) – Fury / Fury / Blinde Wut (1936) – You Only Live Once / Gehetzt (1936) – You and Me / Du und ich (1938) – The Return of Frank James / Rache für Jesse James (1940) – Western Union / Überfall der

Ogalalla (1940) – Man Hunt / Menschenjagd (1941) – Hangmen Also Die / Auch Henker sterben (1942) – Ministry of Fear / Ministerium der Angst (1944) – The Woman in the Window / Gefährliche Begegnung (1944) – Scarlet Street / Scarlet Street (1945) – Cloak and Dagger / Im Geheimdienst (1946) – Secret beyond the Door / Geheimnis hinter der Tür (1947) – House by the River / Das Todeshaus am Fluß (1949) – American Guerilla in the Philippines / Der Held von Mindanao (1950) – The Blue Gardenia / Gardenia – Eine Frau will vergessen (1952) – Clash by Night / Vor dem neuen Tag (1952) – Rancho Notorious / Engel der Gejagten (1952) – The Big Heat / Heißes Eisen (1953) – Human Desire / Lebensgier (1954) – Moonfleet / Das Schloß im Schatten (1955) – Beyond a Reasonable Doubt / Jenseits allen Zweifels (1956) – While the City sleeps / Die Bestie (1956) – Das indische Grabmal (1958) – Der Tiger von Eschnapur (1958) – Die 1000 Augen des Dr. Mabuse (1960).

Literatur: Peter Bogdanovich: Fritz Lang in America. New York 1969. – Lotte Eisner: Fritz Lang. London 1976. – Fritz Lang. München/Wien 1976. (Reihe Film. 7.) – Frederick Ott: The Films of Fritz Lang. Secaucus 1979. – E. Ann Kaplan: Fritz Lang: A Guide to References and Resources. Boston 1981. – Michael Töteberg: Fritz Lang. Reinbek bei Hamburg 1985. – Cornelius Schnauber: Fritz Lang in Hollywood. Wien 1986. – Fred Gehler / Ullrich Kasten: Fritz Lang: Die Stimme von Metropolis. Berlin 1990.– Georges Sturm: Fritz Lang: films / textes / références. Nancy 1990.

David Lean

1908–1991

David Lean wurde am 25. März 1908 in Croydon in England geboren. Seine Eltern waren Quäker, so daß ihm der Besuch von Theatern, Kinos und anderen Vergnügungen als sündiges Tun verwehrt schien. Desungeachtet begann Lean bereits im neunzehnten Lebensjahr, nach einem mißglückten Versuch, einen »ordentlichen Beruf« zu erlernen, in britischen Filmateliers als Aushilfskraft. Relativ schnell arbeitete er sich hinauf und war bereits drei Jahre später Schnittmeister bei Wochenschauen, weitere vier Jahre darauf bei Spielfilmen. Ziemlich spät, erst 1942, bei dem englischen Kriegspropagandafilm *In Which We Serve* führte er gemeinsam mit dem Autor und Regisseur Noël Coward Regie. Die erfolgreichen, elegant-süffisant formulierten Bühnenstücke Noël Cowards bilden auch die Vorlage für einige weitere Filme, von denen vor allem *Begegnung* (1945) hervorzuheben ist. Dieser Film, kurz nach dem Ende des Zweiten Weltkriegs entstanden, schildert in intensiv ausgesponnenen Episoden die kurze Begegnung zwischen einer jungen Ehefrau und einem gleichfalls verheirateten Arzt. Beide treffen sich am Bahnhof der benachbarten größeren Stadt, kommen sich näher, tragen aber schwer unter dem Schuldgefühl, da sie mit der sich anbahnenden neuen Liebe zugleich Verrat üben an ihren jeweiligen »Verhältnissen«. Beide sind nicht mit irgendwelchen Scheusalen verheiratet, was den Ausbruch aus einer »Ehehölle« eher rechtfertigen könnte, sondern sozusagen mit ihresgleichen. Beide haben nicht mit der Überraschung der Liebe gerechnet und fühlen sich diesem unerwarteten Aufruhr der Empfindungen regelrecht wehrlos ausgeliefert. Am Ende verläßt der Mann die Frau, weil er nach Afrika umsiedelt, sie unternimmt einen Selbstmordversuch, will sich vor den durchrasenden Schnellzug werfen, es gelingt ihr indes nicht. Die Geschichte dieser Liebesverwirrung wird in der Rückblende aus der Perspektive der Frau (Celia Johnson) erzählt. Im stillen spricht sie mit dieser inneren Konfession ihren Mann an, der, brav und bieder, von der Unruhe seiner Frau kaum etwas wahrzunehmen scheint.

Erst am Schluß zeigt er sich sensibler, als sie selbst gedacht hat. Die bürgerliche Ordnung, in der sie lebt, das Diktat der sittlichen Regeln, die lauernde Umwelt der Freundinnen und Klatschmäuler scheint dieser verbotenen Liebe keinen Freiraum zu gestatten. Auch ist der Leidensdruck zu Hause nicht so groß, daß jeder Weg ins Freie genutzt werden müßte. Die junge Frau erfährt einen Konflikt, der für sie als sozialen Typus bezeichnend ist: auf der einen Seite das kaum mehr kontrollierbare Begehren, auf der anderen Seite die Forderungen nach »self-respect« und »decency« als Komponenten einer selbstbeherrschten Persönlichkeit. Der »Wahnsinn« dieser Liebe wird korrigiert, bevor sie zu einer realen Veränderung der Lebensqualität beider führt. Die Unterwerfung verbotener Triebe unter soziale Vernunft haben den Film, wie R. Dyer bemerkt, im Lauf der Zeit zu einem Kultfilm der englischen Schwulenkultur werden lassen, gleichsam als wäre hier eine Art exemplarisches Verlaufsschema von Erregung, Angst und Anpassung vorgegeben. *Begegnung* ist in manchen Passagen wie ein Film noir gedreht: Das Kalt-Zugige des Bahnhofs, das Halb-Gemütliche eines Pubs für Durchreisende, das Dämmerhaft-Nächtliche der Stunden, in denen die beiden sich treffen, dominiert, von einigen wenigen sonnenbeschienenen hellen und schönen Tagen der Gemeinsamkeit unterbrochen. Das Spiel mit Licht und Schatten, auch die Auffälligkeit des Kamerablicks werden indes längst nicht so weit getrieben wie dann wenige Zeit später in Carol Reeds *Der dritte Mann* (1949).

Lean hatte anschließend mit zwei Charles-Dickens-Verfilmungen, *Geheimnisvolle Erbschaft* (1946) und *Oliver Twist* (1948), zumal beim englischen Publikum großen Erfolg, da es ihm gelang, die Atmosphäre der Großstadt London im 19. Jahrhundert und ihrer Dunkelzonen – vor allem in *Oliver Twist* – eher realistisch als romantisierend zu rekonstruieren. Mit der Komödie *Herr im Haus bin ich* (1954) schloß Lean die Reihe seiner englischen Filme im engeren Sinne ab. In allen fällt Leans Sensibilität für ›kontemplative‹ Episoden auf, die den inneren Zustand der Figuren veranschaulichen, in denen der äußere Gang der Handlung verlangsamt wird: beispielsweise in *Begegnung* die Spiegelung des Gesichts von Celia Johnson im Zugfenster, wenn sie sich eingesteht, daß sie einen bisher fremden Mann zu lieben beginnt, oder in *Herr im Haus bin ich* der Heimweg des betrunkenen Charles Laughton, der in den Pfützen auf der Straße den Mond gespiegelt sieht und versucht, mit den Füßen auf ihn zu treten, wobei sich im aufgewühlten Wasser natürlich jedesmal das Spiegelbild in verzerrte Reflexe auflöst. Es sind sittsame britische Filme, da sie die Abweichung vom rechten Weg, wie ihn die soziale Norm vorsieht, entweder in Selbstzweifel und Frustration enden lassen oder mit Humor als gerade noch duldbare Exzentrizität quittieren. Die Strenge dieses moralischen Prinzips wird selbst in dem heiterer konzipierten Venedig-Film *Traum meines Lebens* (1955) spürbar, in dem Katharine Hepburn eine schon alternde Frau spielt, die sich noch einmal, vielleicht zum letzten Mal der Verführungskraft des Lebens in Gestalt eines italienischen Liebhabers ergeben möchte.

Die letzten fünf Filme David Leans, zum Teil mit der Unterstützung amerikanischer Produzenten wie Sam Spiegel gedreht, begründeten seinen Weltruhm und heben sich von der vorwaltenden Düsternis der »domestic affairs« (häuslichen, inneren Affären) in seiner britischen Periode ab. *Die Brücke am Kwai* (1957) wird zum ersten Beispiel seines weiträumigen epischen Erzählens, das ein großes moralisches Dilemma im Kern bewahrt.

Lean zieht auch im Breitformat komplizierte Erzählstrukturen vor: Nicht selten beginnt er zum Beispiel mit Rahmenerzählungen, in die die eigentliche Geschichte als umfängliche Rückblende eingelagert ist, so einst in *Begegnung* und noch in *Lawrence von Arabien* oder *Doktor Schiwago*. Wie es von entsprechenden Hollywoodproduktionen nur selten erreicht wird, verbindet Lean die Ereignishaftigkeit des heroischen Epos

David Lean

mit dem individuellen Psychodrama: Der Versuch eines einzelnen, gegen kollektive oder historische Machtkonstellationen aufzubegehren, gleichsam ins Rad der Geschichte einzugreifen, mißlingt. In *Die Brücke am Kwai* widersteht der starrsinnige englische Oberst Nicholson (Alec Guinness) in japanischer Kriegsgefangenschaft selbst unter Qualen dem Auftrag, mit seinen Soldaten eine Brücke zu errichten. Erst als er den japanischen Befehlshaber dazu gebracht hat, ihn und seine Offiziere entsprechend der Genfer Konvention von dieser Schwerstarbeit auszunehmen, erst als man seinen Rang akzeptiert, ist er bereit zu kooperieren, mehr noch: er hat den Ehrgeiz, den Japanern zu zeigen, wie man eine ordentliche Eisenbahnbrücke baut – und wird wegen dieses Ehrgeizes zum Kollaborateur. Am Ende stürzt er, tödlich getroffen, auf den Hebel, der die von einer anderen englischen Pioniereinheit gelegte Sprengladung in die Luft gehen läßt: die Brücke bricht zusammen, als gerade der mit hohen japanischen Würdenträgern besetzte Zug darüber fährt. Nur eine der Hauptfiguren überlebt das Schlußmassaker, ein anderer Offizier, der sich stets ein wenig abseits hält und den ganzen Vorgang von Aufbau und Vernichtung, den Verrat aus Überlegenheitsdünkel, den der englische Oberst begeht, wie das tödliche Ende mit den Worten »Wahnsinn, Wahnsinn« kommentiert: ein ferner Reflex jener berühmten Formel aus Joseph Conrads »Das Herz der Finsternis«: »The horror, the horror«. Alec Guinness, der bereits in Leans Dickens-Verfilmungen in sehr charakteristischen Masken auffiel, hat mit der Figur des Oberst Nicholson, dem der Sinn für die Kriegslogik getrübt wird durch kolonialistische Arroganz und soldatische Sturheit, einen der verstiegensten problematischen Helden der Filmgeschichte geschaffen.

Die vielfachen Auszeichnungen, die der *Brücke am Kwai* zuteil wurden, ließen die Neugier auf den nachfolgenden Film, *Lawrence von Arabien* (1962), besonders groß werden. Der Dramatiker Robert Bolt schrieb nach dem bekannten Erinnerungsbuch »Die sieben Säulen der Weisheit« von T. E. Lawrence das Skript: Während des Ersten Weltkriegs versucht der britische Offizier Lawrence, die arabischen Beduinenstämme zu einigen und gegen die türkische Vormacht zu führen, damit sie ihr eigenes Land zurückgewinnen – während die englischen und französischen Regierungen bereits Vorderasien unter sich aufgeteilt haben. Lawrence ist bis zum Grad des Irrwitzes davon überzeugt, anders als die anderen zu sein (sein Leitmotto heißt: »I am different«). Er versucht, die Kulturen zu wechseln, die englische Sozialisation abzuschütteln und ein Araber zu werden, das weiße Gewand eines Scheichs anzuziehen und zum Messias der Wüstenvölker zu werden. Seine anfängliche Zurückhaltung bei der Behandlung von Feinden weicht einer immer größer werdenden Unbedenklichkeit, Blut zu vergießen, wobei dies nicht primär dadurch erklärt wird, daß er sich den Arabern angleicht, sondern dadurch, daß seine sonst verborgene sadomasochistische Triebnatur immer stärker in den Kämpfen zur Geltung kommt. Aufnahmen der Wüste als eines archaischen Ortes, den Lawrence selbst als »clean« bezeichnet, als saubere Gegenwelt zum Schmutz der Zivilisation und der Kriege, die dort geführt werden, der große Gestus des Erzählens, der nie den Blick auf die einzelnen Figuren, ihre Prägung, ihre Impulse ausspart, die aus wohlbedachten, sinnfälligen und spektakulären Einstellungen zusammengesetzte Nachzeichnung der eigentümlichen Karriere eines bis dahin unauffälligen britischen Offiziers zum Heilsbringer der Araber, der am Ende scheitert, all dies läßt *Lawrence von Arabien* zu einem der bedeutendsten Exempel der Gattung epischer Film geraten. Neben einer wohlbekannten Equipe von Darstellern wie Alec Guinness, Jack Hawkins oder Anthony Quinn verhalf Lean noch unbekannten Akteuren zu Hauptrollen. Als Lawrence erreichte der britische Schauspieler Peter O'Toole, ein hochgewachsener, schlanker Mann mit beinahe goldenen Haaren, eine eigentümliche Lichtgestalt von unbestimmbarer sexueller Identität, gleich den Höhepunkt seiner Karriere, der ägyptische Schauspieler Omar Sharif zog als kritischer Freund von Lawrence, als Scheich Ali, Aufmerksamkeit auf sich.

Sharif ist auch Hauptdarsteller in Leans folgendem Film *Doktor Schiwago* (1965), zu dem gleichfalls Robert Bolt nach dem Roman des russischen Dichters Boris Pasternak das Drehbuch verfaßte. Auch diesmal fängt die Kamera von Fred A. Young in gleichsam traumhaften Supertotalen auf Panavision 70 mm die Weiten einer überlebensgroßen Landschaft ein, jetzt in etwa als russisch definierbar. Ebenso komponierte Maurice Jarre die Musik für *Doktor Schiwago*, die weniger suggestiv als Raumklang funktioniert als noch in *Lawrence von Arabien*, dafür aber vor allem mit dem süßschmerzlichen Lara-Lied einen Evergreen in die Welt setzte. Der zentrale Konflikt in *Doktor Schiwago* ist die Gegenwehr Schiwagos und dann auch seiner Geliebten Lara (Julie Christie) gegen die Umstände der Revolutionswirren, die sie immer wieder auseinanderreißen und am Ende für immer trennen: ein Melodram der glühenden, verzehrenden Sehnsucht in einer kalten Zeit, die nur allzu kurze Intermezzi des Glücks erlaubt.

Es scheint so, als sei der unbeirrbare Eisgang der Historie nur das ins Riesige projizierte Abbild der gesellschaftlichen Unterdrückung, die Leans Figuren in seinen britischen Filmen erfahren und denen auch Ryans Tochter im gleichnamigen Film von 1970 beinahe unterliegt. Ursprünglich hatte Robert Bolt die Idee, Gustav Flauberts berühmten Roman »Madame Bovary« auf andere Verhältnisse zu übertragen: die Geschichte einer jungen Frau, die in der Ödnis eines eingeschränkten Landlebens, angestachelt durch Phantasiefiguren, zur Ehebrecherin wird, weil sie im Abenteuer mit anderen Männern Erlösung von der Langeweile der eigenen Existenz erhofft. In einem irischen Dorf verliebt sich die Frau eines Lehrers, den sie aus Respekt geheiratet hat, in einen britischen Offizier, was in Irland im zweiten Jahrzehnt des 20. Jahrhunderts dem Überlaufen zum Feind gleichkommt. Dieser Offizier erliegt am Ende seinen selbstdestruktiven Antrieben. Rose (Sarah Miles) und ihr Mann (Robert Mitchum) müssen, moralisch unterstützt vom Pfarrer des Ortes (Trevor Howard), die kleine Gemeinde verlassen, um weiterleben zu können. Der Film ist seinerzeit vor allem von der ungnädigen und oft wenig analytischen amerikanischen Kritik heftig attackiert worden – wohl zu Unrecht, wenngleich *Ryans Tochter* nicht die Geschlossenheit und erzählerische Kraft aufweist wie beispielsweise *Lawrence von Arabien*. Von den wenigsten oder erst im nachhinein ist erkannt worden, daß Lean sein Hauptthema ein weiteres Mal variiert – nur daß er für die Erscheinungsweise der unzähmbaren erhabenen Urmacht Natur, die zivilisatorische Normen entkräftet oder aufhebt, diesmal eine andere Physiognomie wählt, nämlich die der stürmischen Westküste Irlands (wie zuvor die des eisigen Winters auf den russischen Ebenen oder der unermeßlichen heißen Wüste oder des undurchdringlichen heißen Dschungels).

Zurückgeworfen und vermutlich auch entmutigt durch die heftige Abwertung von *Ryans Tochter* gelang es Lean vierzehn Jahre nicht, einen weiteren Film zu verwirklichen. Er beschäftigte sich mit Plänen zu einem Gandhi-Film (ein Projekt, das später von Richard Attenborough verwirklicht werden sollte), mit Plänen zu dem Film *Jenseits von Afrika* (der endgültige Regisseur wurde dann Sydney Pollack), mit dem Thema der Meuterei auf der Bounty (auch dieser Film ist von einem anderen Regisseur, vom Australier Roger Donaldson umgesetzt worden). 1984 kam Leans letzter Film, nach mühevoller Vorbereitung, ins Kino: *Reise nach Indien*, für den Lean selbst den berühmten Roman von E. M. Forster in ein Drehbuch übertrug. Die Reise nach Indien verlängert sich für zwei Engländerinnen, die betagte Mrs. Moore (Peggy Ashcroft) und die junge Adela Quested (Judy Davis), zu einer Reise in das eigene Innere. Adela, die Verlobte eines Kolonialbeamten, erfährt das Inkommensurable der Sexualität: In einer zu Recht vielgerühmten Szene entdeckt sie bei einem Fahrradausflug am Rande der indischen Stadt einen vom Gestrüpp überwucherten alten Tempel, auf dem Halbrelief-Figuren sich in verschiedenen Liebesstellungen zeigen. Von diesem Zeitpunkt an kann sie nicht mehr die souveräne englische Lady sein und wähnt beim Besuch der Höhlen von Malabar, der indische Arzt Doktor Aziz habe sie vergewaltigt – eine Halluzination, wie sich zweifelsfrei herausstellt. Mrs. Moore indes begegnet in Indien den schrecklichen Vorzeichen des Todes, dem sie auf ihrer übereilten Rückfahrt anheimfällt. *Die Reise nach Indien* enthüllt das puritanische Ethos, das sich für eine Weile als so brauchbar erwiesen hat zur Unterdrückung anderer Kulturen und der Etablierung einer scheinbar rationalen Disziplin, als höchst fragwürdiges Konstrukt, das – wieder einmal in Leans Filmen – dem Toben der Elemente in den Menschen selbst auf die Dauer nicht standhalten kann. Ein Teil der Dreharbeiten des immerhin schon 76jährigen David Lean an der *Reise nach Indien* wurde übrigens dokumentarisch festgehalten. Lean erwog anschließend ein weiteres großes Projekt: die Verfilmung des Romans »Nostromo« von Joseph Conrad, doch dazu kam es nicht mehr, er starb am 16. April 1991.

Leans Filme, zumal die letzten fünf großen Epen, versuchen immer wieder, einer unfaßbaren, nicht ausmeßbaren, über menschliche Vorstellungskraft hinausreichenden Natur oder dem Mysterium einer fremden Kultur in suggestiven Bildern gerecht zu werden. Das Streben der westlichen Menschen, die diese Natur oder die andere Kultur unterjochen wollen, erscheint von vornherein als Anmaßung mit närrischen Zügen: Leans Kritik des britischen Kolonialsystems verfließt mit der Kritik einer Klassenmoral, die Selbstbewußtsein eines Menschen nur auf Unterdrückung seiner Triebhaftigkeit aufzubauen meint. Die Wiederentdeckung des Lebens außerhalb einer Zivilisation, die solcherart den »élan vital« lähmt, die Rehabilitation des Wilden in uns selbst gehört zur Tradition einer britischen Literatur, die unter den engen Grenzen einer puritanischen gesellschaftlichen Verfassung litt: Joseph Conrad oder E. M. Forster sind Leitfiguren dieses Umdenkens. Lean führt diesen Protest fort, als habe er zeit seines Lebens in seinem Werk noch einmal gegen die Doktrin der Quäker zu revoltieren. Er selbst, der sechsmal verheiratet und etlichen weiteren Frauen durch leidenschaftliche Beziehungen verbunden war, suchte zwischen Venedig und Tahiti, wo er zumal im Alter längere Zeit verbrachte, gleichsam magisch vorbestimmte Orte auf, die schon äußerlich die Distanz zur Wirklichkeit und zum Wirklichkeitsverständnis der britischen Heimat akzentuieren. Für *Die Brücke am Kwai, Lawrence von Arabien* und *Doktor Schiwago,* schließlich auch für *Die Reise nach Indien* erhielt Lean zahlreiche Auszeichnungen, insbesondere Oscars. 1989 kam die von Lean mitrekonstruierte, um 20 Minuten längere Fassung von *Lawrence von Arabien* wieder in den Verleih. 1990 wurde ihm vom Amerikanischen Filminstitut die höchste Anerkennung für seine Lebensleistung gezollt, sechs Jahre davor hatte man ihn bereits in den Adelsstand erhoben.

Thomas Koebner

Filmographie: Major Barbara / Major Barbara (Co-Regie, 1940) – In Which We Serve (Co-Regie, 1942) – Blithe Spirit / Geisterkomödie (1944) – The Happy Breed / Wunderbare Zeiten (1944) – Brief Encounter / Begegnung (1945) – Great Expectations / Geheimnisvolle Erbschaft (1946) – Oliver Twist / Oliver Twist (1948) – The Passionate Friends / Die große Leidenschaft (1949) – Madeleine / Madeleine (1949) – The Sound Barrier / Der unbekannte Feind (1952) – Hobson's Choice / Herr im Haus bin ich (1954) – Summertime / Traum meines Lebens (1955) – The Bridge on the River Kwai / Die Brücke am Kwai (1957) – Lawrence of Arabia / Lawrence von Arabien (1962) – Doctor Zhivago / Doktor Schiwago (1965) – Ryan's Daughter / Ryans Tochter (1969) – A Passage to India / Reise nach Indien (1984).

Literatur: Alain Silver / James Ursini: David Lean and His Films. Hollywood [2]1991. – Richard Dyer: *Brief Encounter.* London 1993. – Kevin Brownlow: David Lean. A Biography. London / New York 1996.

Patrice Leconte

*1947

Der am 12. November 1947 in Paris geborene Regisseur ist heute mit Werken wie *Die Verlobung des Monsieur Hire* (1988) oder *Der Mann der Friseuse* (1990) den bemerkenswerten zeitgenössischen Filmemachern zuzurechnen.

Obgleich Leconte schon früh sein Interesse für das Kino erkannte, führte ihn das Studium an der Pariser Filmhochschule IDHEC nicht ohne Umwege zum Film. Nach erfolgreichem Studienabschluß erkannte René Goscinny (»Asterix«) sein zeichnerisches Talent und engagierte ihn als Comic-Zeichner für die satirische Zeitschrift »Pilote«. Von dort aus hatte Leconte Gelegenheit, erste Kontakte zum Film zu knüpfen, schon Anfang der siebziger Jahre produzierte er einige Kurzfilme (darunter auch Zeichentrickfilme). Diese Tätigkeit betrachtete Leconte später als notwendige Lehrzeit, die es ihm ermöglicht habe, Vorstellungskraft und Blick zu schulen. Erst als er 1975 einen Produzenten für eines seiner Drehbücher gewinnen konnte, legte er den Zeichenstift aus der Hand.

Sein erster Film, *Les Vécés étaient fermés de l'intérieur* (1975), geriet zu einer mittelmäßigen Polizeikomödie. Lecontes frühe Schaffensphase ist von fünf weiteren Komödienproduktionen gekennzeichnet, wobei der deutsche Titel der zweiteiligen Serie *Les Bronzés* (1978/79): *Sonne, Sex und Schneegestöber* einen Eindruck von Inhalt und Anspruch der Produktionen im Stil der Schulmädchenreportagen vermittelt. Mit der Auftragsproduktion *Die Spezialisten* (1985) gelang ihm schließlich die Abkehr von Lustspiel und Klamauk. In den ersten zwei Wochen konnte die intelligent umgesetzte Kriminalgeschichte eine halbe Million Zuschauer gewinnen. Leconte benutzt in *Die Spezialisten* das bekannte Motiv zweier aneinander gefesselter Gefängnisflüchtlinge, indem er den Erzählschwerpunkt auf die intensive Interaktion der Protagonisten verlagert. Längen in der Drehbuchvorlage werden durch das fesselnde Mimenduell der unterschiedlichen Charaktere (Bernard Giraudeau und Gérard Lanvin) ausgeglichen. Eine humorvolle Nuance verleiht dem Film etwas von der Leichtigkeit, die auch Merkmal späterer Werke des Regisseurs werden sollte. Mit *Die Spezialisten* ist Leconte nicht nur ein qualitativer und finanzieller Durchbruch gelungen, er hat sich gleichzeitig vom Etikett eines »Café-théâtre-Regisseurs« befreit. Mit einem erneuten Wechsel des Genres griff er 1986 ein früheres Projekt auf, dem er sich nun, nach seinen Erfahrungen mit *Die Spezialisten* und verschiedenen zwischenzeitlich gedrehten Werbeproduktionen, gewachsen sah. *Ein unzertrennliches Gespann* (1986) erzählt die Geschichte des alternden Radiomoderators Mortez (Jean Rochefort), der seit 25 Jahren täglich aus einem anderen Provinznest auf Sendung geht, und seines treuen Gefährten (Gérard Jugnot), der aus Liebe und Bewunderung dem Chef bis in den Abgrund folgt. Leconte betont, daß es für ihn eine Herausforderung war, seine Darsteller und sich selbst von komödiantischen Konventionen zu befreien, wobei er Inspiration in den poetisch-realistischen Werken Jean Renoirs und Marcel Carnés gefunden habe. Er inszenierte ein Spiel, das sich, fern der gewohnten burlesken Gesten, über Blicke und sensible Körpersprache mitteilt. In lang angehaltenen Porträtaufnahmen und Großeinstellungen auf zwei Personen gewährt er Einblick in die Emotionen der Protagonisten und in die Tiefe der ungewöhnlichen Beziehung. Effektvoll wird die Einsamkeit des Monsieur Mortez von einem melancholischen Chanson musikalisch untermalt. Durch ungewohnte Kameraperspektiven und surreale Schauplatzgestaltung läßt Leconte die Grenzen zwischen Traum und Realität verschwimmen. Die witzigen, nie albernen Auftritte von Mortez lassen zudem verstehen, daß Leconte den Stil Woody Allens bewundert. Mit *Ein unzertrennliches Gespann* scheint Leconte seine persönliche Handschrift gefunden zu haben.

1988 setzte er einen Kriminalroman Georges Simenons unter dem Titel *Die Verlobung des Monsieur Hire* filmisch um. Im Gegensatz zur Literaturvorlage liegt die Konzentration auf der stumm-erotischen Begierde des Monsieur Hire (Michel Blanc), eines ungeliebten Außenseiters, der des Mordes an einem jungen Mädchen verdächtigt wird. Seine Obsession, die junge Alice (Sandrine Bonnaire) in dem gegenüberliegenden hell erleuchteten Appartement zu beobachten, läßt ihn selbst zum Zeugen der ihm vorgeworfenen Tat werden. Die Kamera (geführt von Denis Lenoir) konzentriert sich, dem Blick des Voyeurs folgend, auf die Hauptdarsteller. Zeit und Umgebung treten in den Hintergrund, die Protagonisten scheinen allein in ihrem Beziehungsgeflecht zu existieren. Ihre Stimmungen und Absichten drücken sich im Wechselspiel der Blicke und Gesten aus. Leconte deckt Zusammenhänge zwischen Macht und Liebe auf, Erotik und Perversion (Voyeurismus). Er entwirft zugleich das Bild einer Gesellschaft, in der sich für das Suspekte, das erotisch Abnorme, für einen »Monsieur Hire« kein Platz findet.

Der Tradition dieser Kammerspielästhetik folgend, entstand 1990 *Der Mann der Friseuse*, eine achtzigminütige Apotheose des vollkommenen Glücks. Zwölfjährig erkennt Antoine in der intimen Nähe zu einer Friseuse die Erfüllung seines erotischen Verlangens. Jahrzehnte später verwirklicht er den Traum seiner Kindheit durch die Heirat mit der anmutigen Mathilde (Anna Galiena). Die Kamera Eduardo de Serras fügt sich konsequent und mit abschnittsweise intimer Nahsicht dem Blickwinkel des Hauptdarstellers ein. Jedes fokussierte Element wird Teil des subjektiven Ganzen, das sich aus Mathilde, ihren Gesten, dem Raum, den Gerüchen, den Farben und Klängen zusammenfügt. Die beständig mitschwingenden orientalischen Klänge unterstreichen die meditative Abgelöstheit und Weltentrücktheit des Zustandes, in dem die Protagonisten die Sättigung der Sinne erleben.

In ständiger Suche nach Erweiterung seiner filmischen Möglichkeiten verließ Leconte in den folgenden Jahren den geraden Weg des Erfolges, wie er ihm durch *Die Verlobung des Monsieur Hire* und *Der Mann der Friseuse* geebnet schien. In *Tango Mortale* (1993) finden drei grundverschiedene Charaktere (Philippe Noiret, Richard Bohringer, Thierry Lhermitte) zusammen, weil sie sich ihrer Lebensgefährtinnen entledigen wollen – eine schwarze Komödie, in der kein Ausgleich zwischen subtiler Beobachtung der Verhaltensweisen und der derben Komik der äußeren Handlung gelingen will.

Patrick Modianos Roman »Villa triste«, die Geschichte der erotischen Dreiecksbeziehung einer jungen Frau, ihres Liebhabers und des begehrenden väterlichen Freundes, inspirierte Leconte zu dem 1994 entstandenen Werk *Das Parfum von Yvonne*. Noch deutlicher als in früheren Werken verzichtet er auf einen durchgehenden Handlungsstrang zugunsten der dichten Ausstellung nonverbaler Signale und der Visualisierung der Emotionen. Das Geschmackvolle der Einstellungen vermag aber nicht zu verbergen, daß die dramatische Geschlossenheit des Werkes verlorengegangen ist.

Ridicule (1996) bildete den filmischen Auftakt der 49. Internationalen Filmfestspiele von Cannes 1997. Erzählt wird die Geschichte des jungen Poncéludon (Charles Berling), der 1780 an den Hof Ludwigs XVI. kommt, um die Interessen der Bauern und einfachen Leute zu vertreten. Um Gehör zu finden, muß er sich auf die demütigenden und intriganten Gesellschaftsrituale von Versailles einlassen. Leconte reizte das Arrangement von Menschen, die sich durch ihre Manieren definieren und Anerkennung erjagen durch lächelnde Gewalt und gepuderte Grausamkeit. So entwirft er die Satire eines selbstverliebten Intrigenkarussells. Pointiert konfrontiert er die Zuschauer mit dem Gebot der Aufrichtigkeit im Leben, die als reine revolutionäre Moral erscheint – offenbar noch 1997.

Schauspieler wie Michel Blanc oder Jean Rochefort begleiten Leconte seit 1975 und haben mit ihm gemeinsam den Wechsel von der Komödie zur »merkwürdigen Filmnovelle« vollzogen. Dieser Gattung Filmnovelle entspricht die in Lecontes Hauptwerken auffällige Abgeschlossenheit relativ kleiner Spielräume, die wie Zellen eines anderen, ›verrückten‹ Lebens in die Außenwelt eingesprengt sind.

Anabel Münstermann

Filmographie: Les Vécés étaient fermés de l'intérieur (1975) – Les Bronzés / Die Strandflitzer (1978) – Les Bronzés font du ski / Sonne, Sex und Schneegestöber (1979) – Viens chez moi, j'habite chez une copine (1981) – Ma femme s'appelle reviens (1982) – Circulez y a rien à voir (1983) – Les Spécialistes / Die Spezialisten (1985) – Tandem / Ein unzertrennliches Gespann (1986) – Monsieur Hire / Die Verlobung des Monsieur Hire (1988) – Le Mari de la coiffeuse / Der Mann der Friseuse (1990) – Tango / Tango Mortale (1993) – Le Parfum d'Yvonne / Das Parfum von Yvonne (1994) – Les Grands Ducs (1996) – Ridicule / Ridicule (1996).

Literatur: Gilles Ciment: Comic Strips in the Cinema. In: Positif 305/306 (1986) S. 67–71. – Michel Sineux / Françoise Audé: De la comédie pour les comédiens. Patrice Leconte. In: Positif 385 (1993) S. 4–21. – Michel Sineux / Yann Tobin: *Ridicule.* [Kritik und Interview.] In: Positif 423 (1996) S. 23–31. – Rainer Gansera: *Ridicule.* In: epd Film 14 (1997) H. 4. S. 46.

Ang Lee

*1954

Ang Lee, am 23. Oktober 1954 in Pingtung, Taiwan, geboren, besuchte in seinem Heimatland die Akademie der Künste, bevor er in die USA ging, wo er Theater- und Filmproduktion an der New York University studierte. Obwohl er bisher nur wenige Filme gedreht hat, gehört er bereits zu den profiliertesten jüngeren Regisseuren, die sich ebenso in Taiwan wie in den USA und in Europa Geltung verschafft haben – und zwar im Gegensatz zu dem gewalttätigen, blutverschleudernden Stil, der immer wieder mit Hongkong- und auch Taiwan-Produktionen verbunden wird, durch Einfühlung und Empfindsamkeit. Im Zentrum seiner Filme steht die Familie, das Verhältnis zwischen Eltern und Kindern, zwischen Geschwistern, zwischen Eheleuten. Daß die Generationen sich langsam voneinander lösen, scheint ein natürlicher Prozeß zu sein. Dem stehen aber die traditionellen Regeln, das Dekorum entgegen, als deren Hüter vor allem die Vertreter der älteren Generation auftreten. In seinen drei ersten Filmen läßt Ang Lee zudem das traditionelle chinesische Familienmodell mit der Moderne kollidieren, die diesen Verband auflöst und die Personen individualisiert. Dabei ist charakteristisch, daß Lee nicht voreilig Partei nimmt, weder für den althergebrachten Tugendkanon, das strenge Reglement, noch für die Ansprüche der Jugend auf Leidenschaft und ihren eigenen Weg. Eine wesentliche Komponente der ostasiatischen Familienphilosophie ist bei Ang Lee zum ästhetischen Programm geworden: das Streben nach Harmonie, das einen sorgfältigen Ausgleich der Gegensätze für unerläßlich hält. Die Distanz zu beiden Parteien erlaubt Ang Lee, auch bittere, traurige, wehmütige Situationen durch Mittel der Komödie so weit zu besänftigen, daß sie nicht ins Untröstliche abgleiten. In *Schiebende Hände* (1992) kommt der siebzigjährige Vater eines in Amerika arrivierten und verheirateten Chinesen ins Haus seines Sohnes – durch seine

Ang Lee mit Kate Winslet

Tai-Chi-Übungen (er ist ein Meister dieser Sportart) und seine nicht ganz geräuschlose Anwesenheit stört er seine Schwiegertochter und lähmt ihre Kreativität (sie ist Autorin). In wenigen Einstellungen kann Ang Lee diese unterdrückte, doch spürbare Spannung verdeutlichen: beide sitzen in zwei Räumen, die ineinander übergehen, der Blick von außen durch jeweils ein Fenster zeigt den Abstand, die psychische, auch kulturell und sprachlich bedingte Unvereinbarkeit zwischen dem scheinbar so gelassenen Großvater und der vor innerer Unruhe vibrierenden jungen weißen Amerikanerin.

Daß Familienriten die Kommunikation eher verhindern als frei strömen lassen, findet sich in Ang Lees sanften Satiren immer wieder: Ein junger Taiwan-Chinese in den USA lebt mit einem Freund zusammen, täuscht jedoch seinen alten Eltern, die aus der Heimat kommen, die Hochzeit mit einer jungen Frau vor, die nichts sehnlicher wünscht, als durch Verehelichung in den USA bleiben und arbeiten zu dürfen. Das außerordentlich furiose Hochzeitsbankett, das im Mittelpunkt des gleichnamigen Films *Das Hochzeitsbankett* (1993) steht, ist also eine Farce, die von den Eltern arglos veranstaltet wird – ein Betrug, der indes im Hochzeitsbett damit endet, daß es zu einer tatsächlichen Vereinigung zwischen den beiden falschen Eheleuten kommt. Die junge Frau wird schwanger, die Eltern werden aufgeklärt, daß ihr Sohn schwul ist. Da sich die Familie sowohl auf reguläre, als auch auf irreguläre Weise (nämlich durch den Freund des Sohnes) erweitert hat, reisen sie, halb verstört und halb ergriffen, wieder nach Hause ab. Lees dritter Film, *Eat Drink Man Woman* (1993), erzählt von einem alt gewordenen Meisterkoch (es handelt sich jedesmal um denselben Schauspieler, der bei Lee den alten Vater spielt: Sihung Lung), der wöchentlich seine drei Töchter zu einem üppigen Mal um sich versammelt, das er selber langwierig und virtuos zubereitet. Anstatt sich zu verständigen, versinkt diese Rumpffamilie in mürrischem Schweigen, wichtige Neuigkeiten werden gleichsam stoßweise vorgebracht, als fürchte man, gleich wieder, zumal vom Vater, unterbrochen zu werden. Nach und nach verlassen die Töchter den Vater, nur eine, die ursprünglich Karriere machen wollte, entwickelt sich in eine ganz andere Richtung, sie kann nämlich ausgezeichnet kochen und empfängt schließlich den Vater als seine Nachfolgerin zu einem rituellen Mahl: Sie setzen sich zum ersten Mal nicht nieder, um stumm die Delikatessen in sich hineinzustopfen, sondern begegnen sich als Vater und Tochter.

Es ist keineswegs überraschend, daß Lee sich vorzüglich für die Inszenierung des Films *Sinn und Sinnlichkeit* (1995) eignete, dessen Handlung in England gegen Ende des 18. Jahrhunderts spielt – der deutsche Verleihtitel ist ein dummes Mißverständnis der englischen Begriffe »sense« und »sensibility«, die Verstand und Gefühl bezeichnen. Das Drehbuch von Emma Thompson, die eine der Hauptrollen spielt, nach dem Roman von Jane Austen, führt in eine verarmte Familie des Landadels. Gegen die Herrschaft rigider Sitten, die Dezenz bis zur erstickenden Selbstverleugnung abfordern, rebelliert romantische Liebe, die sich nicht dem gesellschaftlichen Diktat unterwerfen will. Auch hier ist die Familie der Ort, an dem alte und neue Ordnung, »sense« und »sensibility«, kollidieren. Ang Lees Personal ist wie immer verletzlich und oft hilflos befangen: die ältere Schwester, Repräsentantin des strengeren Vernunftstils, verbirgt ihre Gefühle, die jüngere Schwester, ungestümer, leidenschaftlicher, durchläuft Irrtum, Krise und Wandlung. Die Reifungsprozesse führen zu geprüften Liebesheiraten. *Der Eissturm* (1997) versetzt in ein anderes Milieu: amerikanische Vorstadt, 1973, weiße Mittelschicht. Der Krampf der angeblichen Selbstbefreiung verführt die Erwachsenen zu liberalen Sexspielen mit den Nachbarn, Experimenten, die sie alsbald bereuen. Ein Mädchen versucht, einen noch kleineren Jungen zum Mann zu machen – sie verderben einander die Unschuld. Ein Junge, der in den Eisregen hinausläuft, erhält durch einen umgefallenen Strommast einen tödlichen Schlag und rutscht als stiller toter Körper langsam die vereiste Straße hinab. Die Naturkatastrophe des Kälteeinbruchs verwandelt die Bäume in leise klirrende Instrumente. Mit unwiederbringlichem Verlust ist – wie immer bei Ang Lee – ein Gewinn an zarterem Lebensgefühl verbunden.

Thomas Koebner

Filmographie: Pushing Hands / Schiebende Hände (1992) – The Wedding Banquet / Das Hochzeitsbankett (1993) – Yinshi nan nu / Eat Drink Man Woman (1994) – Sense and Sensibility / Sinn und Sinnlichkeit (1995) – The Ice Storm / Der Eissturm (1997) – Ride with the Devil (1998) – Berlin Diaries, 1940–45 (1998).

Literatur: Michel Bodmer: Interview mit Ang Lee. In: Filmbulletin 39 (1997) H. 214. S. 30 f.

Spike Lee

*1957

Der am 20. März 1957 in Atlanta, Georgia, geborene Spike Lee (eigentlich Shelton Jackson Lee) gilt als wichtiger und engagierter Wegbereiter des New Black Cinema. Aufgewachsen in Brooklyn, New York, als Sohn des Jazz-Bassisten und -Komponisten Bill Lee und der Lehrerin für Kunst und afroamerikanische Literatur Jacquelyn Lee, studierte Spike Lee Film an der New York University.

In seinem ersten Spielfilm *She's Gotta Have It* (1986) kann und möchte die Protagonistin Nola sich nicht zwischen ihren drei Liebhabern entscheiden. Die Komödie, eine Low-Budget-Produktion, bei der ausschließlich schwarze Darsteller mitwirken, hatte großen Erfolg und das nicht nur beim schwarzen Publikum. Aus der Sicht eines Schwarzen setzt der Film sich mit dem Rassismus in der US-amerikanischen Gesellschaft auseinander. Unterhaltsam inszeniert im Stil eines Musikvideos mit schrägen Kameraeinstellungen, lauter Rapmusik und grellen Farben, beleuchtet er die schwarze Identität mit ihren Problemen und Beziehungen in der weiß dominierten Kultur.

Mit *Do the Right Thing* (1989) etablierte sich Spike Lee endgültig als schwarzer Filmregisseur. Der unabhängig von den großen Studios realisierte Film zeigt die Spannungen zwischen Schwarzen und Weißen im New Yorker Stadtteil Brooklyn auf, die schließlich in Gewalt eskalieren. Die schwarzen Bewohner einer Straße im Bedford-Stuyvesant-Viertel, das durch Armut, Arbeitslosigkeit und Drogenprobleme gekennzeichnet ist, werden nacheinander in kleinen Episoden vorgestellt. So u. a. Da Mayor, ein philosophierender Alter, der sich für die althergebrachte Ordnung in der Nachbarschaft einsetzt; der geistig zurückgebliebene Stotterer Smiley, der Fotos von Martin Luther King und Malcolm X zu verkaufen versucht; der Radio-Discjockey, der das Straßengeschehen beobachtet und kommentiert. Doch der Hauptschauplatz und Treffpunkt ist die Pizzeria des weißen Sal. Der Pizzaausträger Mookie (von Spike Lee selbst gespielt), der als einziger Schwarzer in der Straße eine Arbeit hat, liefert sich immer wieder kurze Auseinandersetzungen mit Sals rassistischem Sohn Pino. Durch seine Arbeit für einen Weißen nimmt Mookie zwar eine Vermittlerrolle zwischen der afroamerikanischen Nachbarschaft und den italoamerikanischen Pizzabäckern ein, die aber nur auf einer finanziellen Grundlage basiert. So wird auch später er der erste sein, der die Scheiben der Pizzeria mit einer Mülltonne einwirft. Die Dialoge handeln von Gewalt und Rassenunterschieden, oft werden sie direkt in die Kamera gesprochen wie in der Reihung von rassistischen Beschimpfungen von Koreanern, Schwarzen, Puertoricanern, Weißen usw. für die jeweils andere Gruppe, die sie gerade im Fokus haben. Die im Film herrschende drückende Hitze wirkt wie ein Brennglas auf das Leben in der Straße, Unzufriedenheit und unterschwellige Rassenkonflikte treten zutage, und mit den Temperaturen steigt die Gereiztheit der Bewohner. Es ist die »Ruhe vor dem Sturm«, heißt es aus dem Polizeifunk. Plötzlich entzündet sich diese angestaute Hitze an einer Kleinigkeit, und es kommt zur Katastrophe. Der schwarze Buggin Out regt sich darüber auf, daß an Sals »Wall of Fame« keine Fotos von schwarzen Stars hängen, sondern nur italoamerikanische. Sein Freund Radio Raheem fühlt sich von Sal angegriffen, da er ihm verbietet, seinen Ghettoblaster in der Pizzeria laufen zu lassen, und Smiley ist wütend über die schlechte Behandlung, die er von Pino erfährt. Es kommt zu einer Schlägerei. Die Gewalt eskaliert völlig, als Radio Raheem von herbeigerufenen weißen Polizisten überwältigt wird und in ihrem Würgegriff ums Leben kommt. In einer Straßenschlacht entladen sich die angestaute Wut und der

Haß. Die Pizzeria wird total verwüstet und schließlich in Brand gesteckt. Am nächsten Tag kommt es zu einer letzten Begegnung zwischen Mookie und Sal vor dem zerstörten Pizzaladen, wo nochmals die einzige Bindung zwischen beiden, nämlich die zwischen Arbeitgeber und Lohnempfänger, herausgestellt wird. Zitate von Martin Luther King, sein Aufruf gegen Gewalt, und Malcolm X, seine Rechtfertigung von Gewalt unter besonderen Umständen, pointieren das unversöhnliche Ende. Mit dieser ambivalenten Botschaft trifft Spike Lee den Stand des Rassismusdiskurses in der US-amerikanischen Gesellschaft kurz vor den Aufständen in Los Angeles, er diagnostiziert den plötzlichen Ausbruch von Gewalt als Folge von unterschwellig vorhandenen und offenen Konflikten und Vorurteilen.

Auch in seinem nächsten Film *Jungle Fever* (1991) zeigt Spike Lee, daß die amerikanische Gesellschaft kein liberaler Schmelztiegel ist, sondern ein Hexenkessel, der kurz vor der Explosion steht. Das Tabu einer schwarz-weißen Liebe steht im Mittelpunkt des Films. Gleich am Anfang wird dem Zuschauer ein privater Einblick gewährt; eine Zeitung fliegt über den Zaun, die Kamera folgt ihr und klettert langsam an der Häuserfassade in Harlem hoch, um dann an einem Fenster innezuhalten und den Blick auf ein sich liebendes Paar freizugeben. Der schwarze Architekt Flipper Purify führt eine glückliche und harmonische Ehe und ist erfolgreich in seinem Beruf. Alles läuft in geregelten Bahnen, so wie er auch jeden Morgen auf dem Weg ins Büro seine kleine Tochter in die Schule bringt. Die weiße Angie Tucci wohnt in dem Viertel Bensonhurst, dessen Bewohner überwiegend italoamerikanischer Abstammung sind. Sie lebt mit ihrem tyrannischen Vater, der sich wie ein Patriarch aufführt, und ihren zwei despotischen Brüdern zusammen. Angie wird durch eine Zeitarbeitsfirma Flippers Sekretärin, der eigentlich eine schwarze Mitarbeiterin wollte. Sie kommen sich näher, aus der anfänglichen Ablehnung entwickelt sich langsam eine Büroliebe. Ihre Gesichter werden im Gegenlicht gezeigt und sind nur noch als Silhouette erkennbar; die Hautfarbe spielt zunächst keine Rolle mehr. Als sie die sichere Grenze des Büros überschreiten, indem sie sich ihren Freunden mitteilen, kommt es nicht zur erhofften Mitfreude, sondern zur Ablehnung von allen Seiten. Ihr Überschreiten der Rassengrenzen fördert rassistische Vorurteile und Reaktionen zutage. Angie wird von ihrem Vater verprügelt und aus dem Haus gejagt, Flippers Vater, ein fanatischer Baptist, der nur in Bibelzitaten spricht, empfindet für ihn und sein Verhalten Verachtung. Als Flipper Angie auf der Straße küßt, wird er von weißen Polizisten bedroht, die sogleich eine Vergewaltigung annehmen. Sie werden zu Ausgestoßenen, was ihre Liebe nicht lange aushält, sie trennen sich und versuchen in ihre Familien zurückzukehren. Aber die lange latent gebliebenen Konflikte explodieren, als Flippers Vater seinen crackabhängigen jüngeren Sohn erschießt, der wieder mal versuchte, von seiner Mutter Geld zu erbetteln. Der Film endet wie auch schon *Do the Right Thing* in Hilflosigkeit und ohne Hoffnung.

Mit dem etwas undifferenzierten Porträt eines Jazz-Trompeters feiert Lee in *Mo' Better Blues* (1990) die schwarze Kultur. Sein bisher ambitioniertestes Projekt ist die Verfilmung der Biographie des Black-Muslim-Führers *Malcolm X* (1992). Das dreistündige Epos konnte nur mit der finanziellen Hilfe von schwarzen US-Showstars fertiggestellt werden. Spike Lee und sein langjähriger Kameramann Ernest Dickerson, ein ehemaliger Studienkollege, setzen dem Führer der Nation of Islam, der im Gegensatz zu Martin Luther King auch zur Gewalt im Kampf gegen weißen Rassismus aufgerufen hat, ein Denkmal. Die Filme nach *Malcolm X* konnten nicht mehr an diesen Erfolg anknüpfen und verloren auch an politischer Brisanz. *Crooklyn* (1994) beschreibt mit den Augen eines zehnjährigen Mädchens eine schwarze Familie in Brooklyn in den siebziger Jahren. Auf *Clockers* (1995), einen Film über das Drogenproblem innerhalb der

Black Community, der von Martin Scorsese mitproduziert wurde, folgte *Girl 6* (1996), eine Komödie über Telefonsex. *Auf engstem Raum* (1996) zeigt unterschiedliche Männer auf ihrer Busfahrt zum Million-Man-March der Black Muslims nach Washington. In seinem jüngsten Film *Spiel des Lebens* (1998) erzählt Spike Lee die Geschichte des jungen Basketballtalents Jesus, dessen Vater Jake im Gefängnis sitzt und für eine Woche auf freien Fuß gesetzt wird, damit er seinen Sohn dazu überreden kann, im Lieblingsteam des Gouverneurs zu spielen.

Spike Lee läßt seine Filme nicht unkommentiert, sondern verfolgt eine politische Absicht, was zur Folge hat, daß er immer wieder kontroverser Kritik ausgesetzt ist. Ihm wird entweder plakative Schwarzweißmalerei oder allzu pädagogische Haltung vorgeworfen. Als Autor, Schauspieler, Regisseur und Produzent mit eigener Produktionsfirma, 40 Acres and a Mule, behält er die Kontrolle über die Filme in seiner Hand. Regelmäßig arbeitet er mit Schauspielern wie Denzel Washington oder John Turturro zusammen.

Neben seinen Filmprojekten dreht er Musikvideos für schwarze Musiker, Fernsehproduktionen, Werbefilme und realisierte den Wahlkampfspot für den Präsidentschaftskandidaten Jesse Jackson.

Bettina Kasten

Filmographie: She's Gotta Have It / She's Gotta Have It (1986) – School Daze (1988) – Do the Right Thing / Do the Right Thing (1989) – Mo' Better Blues / Mo' Better Blues (1990) – Jungle Fever / Jungle Fever (1991) – Malcolm X / Malcolm X (1992) – Crooklyn / Crooklyn (1994) – Clockers / Clockers (1995) – Girl 6 / Girl 6 (1996) – Get on the Bus / Auf engstem Raum (1996) – 4 Little Girls (1997) – He Got Game / Spiel des Lebens (1998).

Literatur: S. L.: Five for Five: The Films of Spike Lee. New York 1991.
David Breskin: Inner Views: Filmmakers in Conversation. Winchester 1992.

Mike Leigh

*1943

1997, nachdem er bereits die Goldene Palme in Cannes gewonnen hatte, erhielt Mike Leigh für seinen Film *Lügen und Geheimnisse* Oscar-Nominierungen für das beste Drehbuch und die beste Regie. Es war überraschend, daß ein so intimer britischer Film soviel Anerkennung, auch in finanzieller Hinsicht (40 Millionen Dollar Einnahmen, bei Produktionskosten von lediglich 3 Millionen Dollar), auf dem amerikanischen Markt finden konnte. Offensichtlich reagierte das amerikanische Publikum erfreut auf diese im Vergleich zur Oberflächlichkeit Hollywoods und der Abgehobenheit mancher anspruchsvoller europäischer Filme erfrischend ehrlich wirkende Geschichte über die beständige Anstrengung, die einem das Leben abverlangt. Hortense (Marianne Jean-Baptiste), eine junge schwarze Frau, sucht nach dem Tod ihrer Adoptivmutter ihre leibliche Mutter Cynthia (Brenda Blethyn) und entdeckt eine Weiße – die unerwartete Tochter verändert das Leben von Cynthias Familie. Die Fabel ist charakteristisch für Mike Leighs Arbeit. Sie handelt von gewöhnlichen Personen mit ihren normalen Schwächen und ihren unprätentiösen Stärken und ist in einem eindeutig der Arbeiterklasse oder unteren Mittelschicht zuzuordnenden Milieu angesiedelt. Diese Menschen müssen umgehen mit den Grunderfahrungen des Lebens: Geburt,

Sterben, Überleben; was es bedeutet, eine Schwester oder ein Bruder, Vater, Mutter oder Kind zu sein. Leighs Botschaft, daß Geheimnisse und Lügen eine Familie zerstören können, wird gemildert durch seinen Respekt vor der unspektakulären Heldenhaftigkeit seiner Charaktere.

Mike Leigh wurde am 20. Februar 1943 als Kind einer Mittelschichtsfamilie in Salford im Norden Englands geboren. Er besuchte die Camberwell Art School in London und erhielt dann eine Ausbildung als Schauspieler an der Royal Academy of Dramatic Arts. In den sechziger Jahren avancierte er zu einem anerkannten experimentellen Theaterregisseur und begann langsam, sich in Richtung Film und Fernsehspiel weiterzuentwickeln. Sein Filmdebüt war die Theaterverfilmung *Freudlose Augenblicke* (1971). Die nächsten 17 Jahre arbeitete er wieder für Fernsehen und Theater. Er schrieb Drehbücher und führte Regie bei so erfolgreichen Produktionen wie *Nuts in May* (1976) und *Abigail's Party* (1977). Erst 1988 sollte er mit *Hohe Erwartungen* zum Kino zurückkehren. *Hohe Erwartungen* schildert ein gegensätzliches Geschwisterpaar: Cyril (Philip Davies) ist ein Sozialist der alten Schule, der im Materialismus Englands unter Thatcher resigniert, während Valerie (Heather Tobias) ein statusbewußter Yuppie ist. Die Mutter, eine verbitterte, zurückgezogene alte Frau (Edna Dore), hat einen Champagnerhändler nebst gesellschaftlich ambitionierter Frau als Nachbarn. Leigh nimmt eine gnadenlose Vivisektion am britischen Klassensystem vor, indem er Verlegenheit und Scham als dramatisches Werkzeug benutzt. Zumal die Verlegenheit seiner Figuren macht den Zuschauer lachen, entläßt ihn aber zugleich mit einem Gefühl der Beunruhigung.

Leighs nächster Film, *Das Leben ist süß* (1990), erzählt mit Humor und scharfer Beobachtungsgabe von den Kämpfen und Kompromissen einer gewöhnlichen, in der Vorstadt lebenden Familie. *Nacht* (1993) ist eine qualvolle Studie über Einsamkeit: die Geschichte vom arbeitslosen, sozial isolierten und frauenfeindlichen Johnny (David Thewlis) und der Beziehung, die er mit der drogenabhängigen Sophie (Katrin Carlidge) unterhält. Sie entbehren einer Familie, freundschaftlicher Kontakte, eines Heims. Die erbarmenswürdige Beziehung, die sich zwischen den beiden entspannt, ist fast zu schmerzlich, um sie mitanzusehen. Der Film wurde größtenteils bei Nacht gedreht, seine bläulich-grauen, kontrastreichen Bilder lassen die Dinge noch trostloser aussehen, als sie es in der Realität schon sind. Für diesen Film erhielt Leigh in Cannes den Preis für die beste Regie und Thewlis den Preis für den besten Darsteller. Er sicherte Leigh eine internationale Reputation als Filmemacher, auch wenn die Popularität des Films in Großbritannien nur mäßig war. Sein jüngster Film, *Karriere Girls* (1997), ist die Geschichte zweier Studienfreundinnen, die sich nach 6 Jahren wiedersehen.

Mike Leigh kommt aus der Welt der Kunst, des Theaters und Fernsehens; der Arbeitsstil, den er entwickelt hat, fällt in vielfacher Hinsicht aus dem üblichen Rahmen. Er engagiert seine Darsteller mit einer nur vagen Vorstellung von Handlung und Figuren seines gerade anstehenden Filmprojekts. Die Charaktere und ihre Beziehungen untereinander, die Erzählweise und die Dialoge entstehen nach monatelangen Improvisationen und Diskussionen zwischen ihm und den Schauspielern. Er destilliert und wählt aus, um eine von den Charakteren hergeleitete Dramaturgie zu entwickeln. Lassen sich aber am Drehort neue Möglichkeiten zur Erhöhung der dramatischen Wirkung entdecken, wird das Projekt entsprechend modifiziert. Aufgrund dieser improvisatorischen Arbeitsweise ist Leigh immer wieder mit großen Schwierigkeiten konfrontiert, wenn es darum geht, Fördergelder für seine Projekte zu erhalten; oft kann er nicht einmal einen Titel oder eine Handlung anbieten, sondern lediglich das Versprechen, den Film zu einem bestimmten Zeitpunkt und im Rahmen eines bestimmten Budgets fertigzustellen.

Leigh arbeitet mit wenig stilistischem Zierat. Es gibt keine langen Schwenks, keine schnellen Schnitte, keine Spezialeffekte. Er richtet einfach die Kamera auf die Darsteller und filmt sie bei der Arbeit. Das Ergebnis verrät Einflüsse des Cinéma Vérité von Ken Loach, der Episodenerzählung von Robert Altman und der dialogischen Intensität und Intimität des Fernsehspiels.

Drew Bassett

Filmographie: Bleak Moments / Loving Moments / Freudlose Augenblicke (1971) – Hard Labour (Fernsehfilm, 1973) – The Permissive Society (Fernsehfilm, 1975) – Nuts in May (Fernsehfilm, 1976) – Knock for Knock (Fernsehfilm, 1976) – Kiss of Death (Fernsehfilm, 1977) – Abigail's Party (Fernsehfilm, 1977) – Who 's Who (Fernsehfilm, 1978) – Grown-Ups (Fernsehfilm, 1980) – Meantime (Fernsehfilm, 1981) – Home Sweet Home (Fernsehfilm, 1982) – Five Minute Films (Fernsehfilm, 1982) – Four Days in July (Fernsehfilm, 1984) – The Short and Curlies (Fernsehfilm, 1987) – High Hopes / Hohe Erwartungen (1988) – Life Is Sweet / Das Leben ist süß (1990) – A Sense of History (Fernsehfilm, 1992) – Naked / Nackt (1993) – Secrets and Lies / Lügen und Geheimnisse (1996) – Career Girls / Karriere Girls (1997) – Topsy-Turvy (1999).

Literatur: Michael Coveny: The World According to Mike Leigh. London 1997.

Sergio Leone

1921–1989

Als Sohn des Filmpioniers Vincenzo Leone und der Filmdiva Francesca Bertini am 23. Januar 1921 in Rom geboren und innerhalb des italienischen Studiosystems aufgewachsen, war Leone der Filmberuf geradezu in die Wiege gelegt. Mit 18 Jahren begann er, im Filmgeschäft zu arbeiten.

Er assistierte zahlreichen bedeutenden Regisseuren, als in den fünfziger Jahren amerikanische Produktionsgesellschaften Rom in die Cinecittà-Studios kamen, um dort billig an Historienepen zu arbeiten. Leone nahm so als Mitglied des zweiten Stabes an den Dreharbeiten zu Mervyn Le Roys *Quo vadis?* (1951) und William Wylers *Ben Hur* (1959) teil. Diese Produktionstätigkeit brachte auch die einheimische Filmindustrie in Schwung: Mit der *Hercules-* bzw. *Maciste*-Reihe florierte auch in Italien bald die Produktion der »Sandalen«-Filme. Nach enger Zusammenarbeit mit Sergio Corbucci und Duccio Tessari (die später ebenfalls durch ihre Italo-Western berühmt wurden) debütierte Leone mit dem Monumentalfilm *Der Koloß von Rhodos* (1961), in dem Westernstar Rory Calhoun die Hauptrolle übernahm. Ein intrigantes Spiel um den maßlosen König von Rhodos nimmt seinen Lauf, bis den Verwicklungen durch ein heftiges Erdbeben ein Ende gesetzt wird, dem auch der Leuchtturm der Stadt, der »Koloß von Rhodos«, zum Opfer fällt. Leone erledigte diese Auftragsarbeit als unoriginelles, langatmiges und kitschig-farbenprächtiges Serienwerk. Ähnliches läßt sich über seine nächste Arbeit sagen: Bei *Sodom und Gomorrha* (1961) assistierte er dem amerikanischen Zyniker Robert Aldrich, der in dieses aufwendige Historiengemälde eine ungewöhnliche Drastik einbrachte. Man kann den Film als Abschluß von Leones Lehrphase betrachten, denn schon 1964 überraschte er mit einem sehr eigentümlich konstruierten Werk, das einen neuen Stil in der Filmgeschichte etablieren sollte. Zusammen mit Duccio Tessari schrieb er das Drehbuch zu dem rüden Western *Für eine Handvoll Dollar,* der bereits alle Versatzstücke des italienischen Western vorweisen konnte: die staubige mexikanische Grenzstadt, den schweigsamen Fremden, die sadistischen Banditen, eine ge-

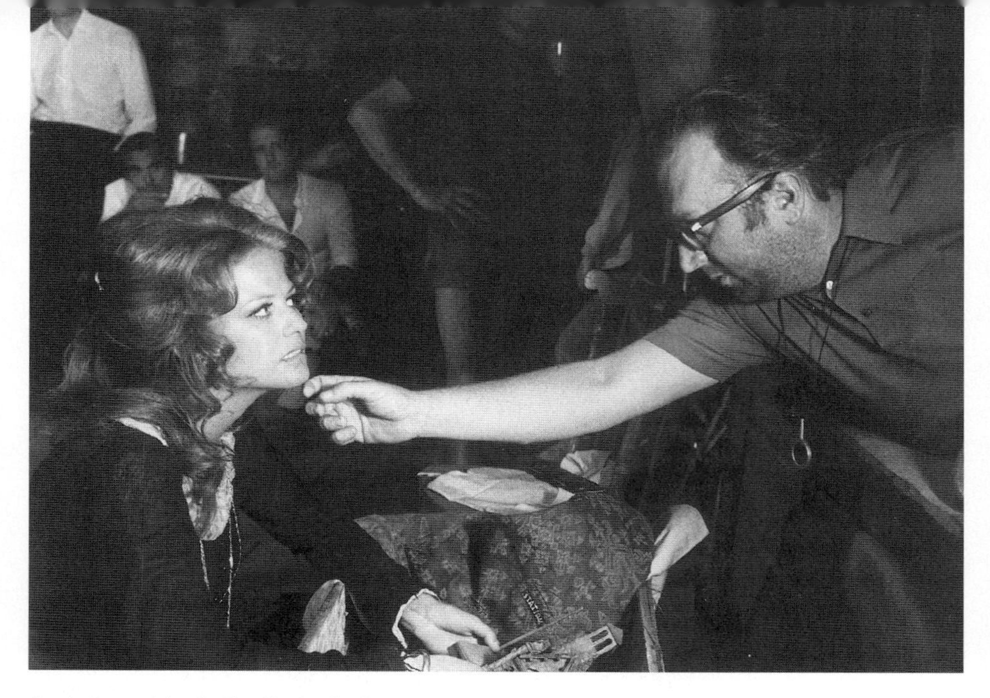

Sergio Leone (r.) mit Claudia Cardinale

schändete Frau, blutige Shoot-Outs und einen bizarren, oft ironischen Soundtrack von Ennio Morricone. Mit Clint Eastwood in der Hauptrolle wurde dieser Film zu einem weltweiten Überraschungserfolg und trat als schmutziger kleiner Bastard in die Fußspuren des großen, klassischen Western.

Leone lernte aus dem Erfolg und perfektionierte seinen persönlichen Stil in zwei direkten Fortsetzungen: *Für ein paar Dollar mehr* (1965) und *Zwei glorreiche Halunken* (1966). Vor allem der dritte Teil, konsequenter Höhepunkt der Reihe, zeigt eine fast epische Erzählhaltung: Duelle werden zu rituellen Handlungen gedehnt, humoristisch inszenierte Details werden unvermittelt zu Handlungsträgern, und der prägnanten Musik kommt eine kommentierende Bedeutung zu. Leone legte Wert darauf, möglichst mit denselben Leuten zusammenzuarbeiten: Kameramann Tonino Delli Colli begleitete ihn bis zu seinem letzten Werk *Es war einmal in Amerika*, ebenso sein Hauskomponist Ennio Morricone.

Das bekannteste und – zumindest in Europa – erfolgreichste Werk des Regisseurs war erneut ein Western: *Spiel mir das Lied vom Tod* (1968) bot Leone die Möglichkeit, zusammen mit den beiden jungen Filmemachern Bernardo Bertolucci und Dario Argento ein Szenario zu entwerfen, das das Western-Genre zuerst bis auf sein mythisches Skelett entkleidete und schließlich dem Regisseur Gelegenheit gab, seinen ironischen, epischen und rituellen Inszenierungsstil zur Perfektion zu treiben. Leone verfilmte einen Entstehungsmythos Amerikas – den Bau der Eisenbahn – mit amerikanischem Geld an amerikanischen Schauplätzen und verließ damit die engen Grenzen des Italo-Western, dessen Spielwiese Spanien und Italien blieb. Der kommerzielle Mißerfolg des Films vor allem in Amerika war eine große Enttäuschung für den Regisseur, dessen elegischer, detailverliebter Stil einen zu »europäischen« Zugang zum amerikanischsten aller Genres suchte. Mit *Todesmelodie* (1972) begann er im Anschluß eine zweite Trilogie nach den »Dollar«-Filmen: die »amerikanische Trilogie«. Doch die satirische Aufarbeitung der mexikanischen Revolutionswirren mit James Coburn und Rod Steiger gestaltete sich als Enttäuschung: Zu sehr folgte Leone den ausgetretenen Pfaden seiner Italo-Western-Kollegen; vor allem *Il Mercenario – Der Gefürchtete* (1968) von Sergio Corbucci mag hier als Vorbild gedient haben.

Ernüchtert wandte sich Leone einträglicheren Tätigkeiten zu und produzierte in der kommenden Dekade z. B. die populäre Western-Komödie *Mein Name ist Nobody* (1973) von Tonino Valerii.

Unfreiwillig gelang es Leone, mit der Quintessenz seines Filmschaffens noch ein letztes Mal zurückzukehren und gleichzeitig seine Karriere zu beenden: Der epochale Gangsterfilm *Es war einmal in Amerika* (1984) wandte sich nach der Erschließung des Westens und der Revolution schließlich der Schattenseite des »amerikanischen Traums« zu – der Gangsterkarriere. In kunstvoll verschachtelten Rückblenden erzählt er die Geschichte zweier Jugendfreunde (Robert De Niro und James Woods), die sich aus Gier und Korruption entfremden und schließlich gegen Ende ihres Lebens noch einmal zusammentreffen. Die monumentale »amerikanische Trilogie« Leones – die durchaus mit dem Hauptwerk Michael Ciminos korrespondiert – wird hier zu ihrem Höhe- und Endpunkt geführt. In nostalgischen Tönen erzählt der Film vom Ende eines verfehlten Lebens. Weder Moral noch Versöhnlichkeit haben hier ihren Platz. Noch in den Vorbereitungen zu seinem geplanten Kriegsdrama »Once upon a Time in Stalingrad«, in dem ebenfalls De Niro die Hauptrolle spielen sollte, starb Leone am 30. April 1989 überraschend an einem Herzanfall.

Marcus Stiglegger

Filmographie: Il colosso di Rodi / Der Koloß von Rhodos (1961) – Per un pugno di dollari / Für eine Handvoll Dollar (1964) – Per qualche dollaro in più / Für ein paar Dollar mehr (1965) – Il buono, il brutto e il cattivo / Zwei glorreiche Halunken (1966) – C'era una volta il west / Spiel mir das Lied vom Tod (1969) – Giù la testa / Todesmelodie (1972) – Once upon a Time in America / Es war einmal in Amerika (1984).

Literatur: Oreste de Fornari: Sergio Leone. München 1984. – Lee Hays / Sergio Leone / Andreas Kern: *Es war einmal in Amerika*. Bergisch Gladbach 1984. – Robert C. Cumbow: Once upon a Time – The Films Of Sergio Leone. New York 1990.

Richard Lester

*1932

Richard Lester, geboren am 19. Januar 1932 in Philadelphia, absolvierte ein Studium der Klinischen Psychologie an der University of Pennsylvania (Abschluß 1951), ehe er auf Umwegen zum Fernsehen und schließlich zum Film kam, um einer der einflußreichsten Regisseure der sechziger Jahre zu werden.

Nachdem er 1951 mit einer Gesangstruppe bei einem Regionalsender in Philadelphia aufgetreten war, bekam er die Chance, dort im Fernsehbereich als Regieassistent und dann als Regisseur tätig zu werden (für CBS). Diesen Job gab er wenig später auf, um als Musiker durch Europa zu tingeln. 1956 ließ er sich in England nieder, wo er seine Fernsehkarriere wieder aufnahm. Eine eigene Comedy-Show (*The Dick Lester Show*) und andere schräge Fernsehshows (vor allem die in England sehr populäre *Goon Show*, 1958) führten zur Zusammenar-

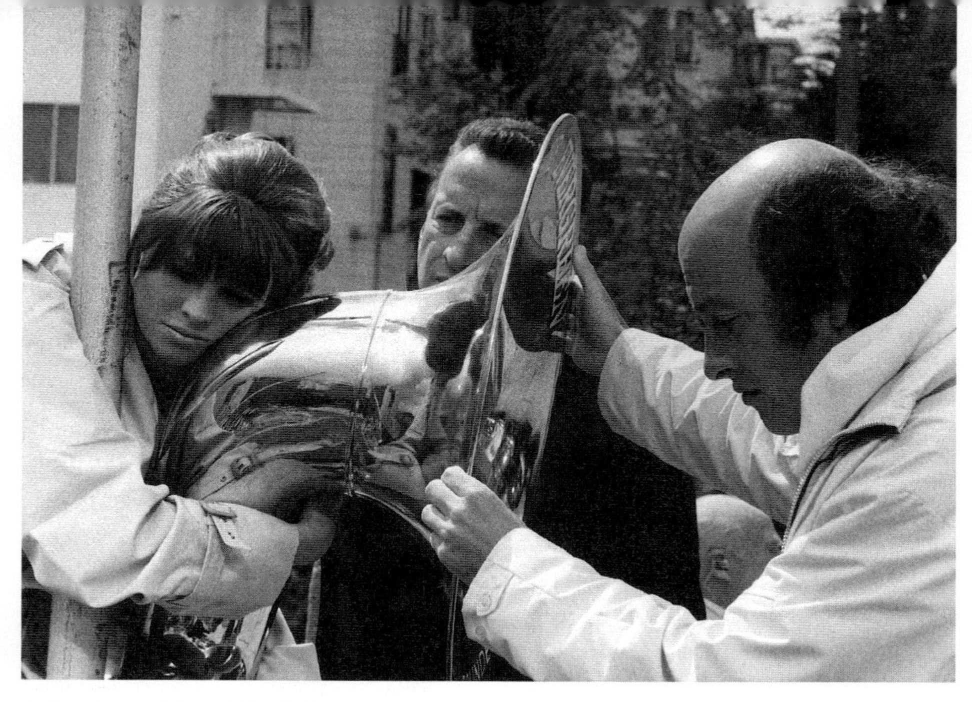

Richard Lester (r.) mit Julie Christie

beit mit Peter Sellers, der 1959 Lesters ersten Spielfilm *Liebenswerte Leckerbissen* produzierte und (gemeinsam mit anderen Kollegen aus der *Goon Show*) auch darin auftrat. Dieser Kurzfilm, in dem Lester mit Slapstick-Versatzstücken und einem Feuerwerk an surrealistischen visuellen Gags brillierte, wurde für einen Oscar nominiert und machte die Fachwelt auf den jungen Regisseur aufmerksam.

Seine ersten beiden abendfüllenden Spielfilme, *Twen-Hitparade* (1962) und *Auch die Kleinen wollen nach oben* (1963), waren weniger spektakulär; den internationalen Durchbruch schaffte er mit *Yeah! Yeah! Yeah!* (1964). Seine Erfahrungen mit Live-Fernsehen, als Regisseur von Werbefilmen und als Musiker machten ihn zum idealen Kandidaten für die filmische Inszenierung der Beatles und ihrer Musik. *Yeah! Yeah! Yeah!* entstand in nur sieben Wochen mit kleinem Budget, aber Lester machte diesen Film mit seinem visuellen Einfallsreichtum zu einem Zeitgeist-Dokument der gegen das Establishment rebellierenden jungen Generation der »Swinging Sixties«. Sein unkonventioneller Umgang mit Kameraeinstellungen und Perspektiven, seine Verquickung von halbdokumentarisch wirkenden Cinéma-Vérité-Techniken mit surrealistisch-schrägen Slapstick-Elementen vereinten sich mit der Musik der Kultgruppe in eigenwilliger Choreographie zu einer völlig neuen Form des Musikfilms, die (nicht nur) die spätere Musikvideo-Kultur richtungweisend beeinflußte.

Auch sein übernächster Film *Hi-Hi-Hilfe* (1965) setzte die »Fabulous Four« mit großem Erfolg in Szene, diesmal im Rahmen einer exotisch-schrillen Agentenfilm-Parodie. In künstlerischer Hinsicht innovativer als letzterer ist jedoch die zeitlich zwischen den beiden Beatles-Filmen liegende Beziehungs-Komödie *Der gewisse Kniff* (1965). Hier vereint Lester geschickt Elemente der Werbefilm-Ästhetik, surreale Einfälle, mit versteckter Kamera aufgenommene Takes und freche Sprüche zu einem witzigen, unkonventionellen Film, der das zeitgemäße Thema der sexuellen Emanzipation von spießbürgerlicher Verklemmtheit stilistisch originell umspielt. Darüber hinaus ist der Film auch eine Hommage an das pulsierende »Swinging London«, ein atmosphärisch dichtes Gemälde der Pop-Metropole in den Sechzigern, womit Lester ein eigenes Subgenre begründete – das des zeitgenössischen »Red Bus Movie«.

Der gewisse Kniff gewann 1965 in Cannes die Goldene Palme und brachte Lester ein Engagement nach Hollywood; 1966 inszenierte er dort die filmische Adaption des erfolgreichen Broadway-Musicals *Toll trieben es die alten Römer* (mit Komikern wie Zero Mostel und Altstar Buster Keaton), das, obwohl von einigen Kritikern durchaus gefeiert, am Box Office nicht den gewünschten Erfolg brachte. Lester ging nach England zurück, um sich dort einem weiteren Zeitgeist-Thema und einem neuen Genre zuzuwenden: *Wie ich den Krieg gewann* (1967) ist eine schwarze Antikriegssatire, in der Lester bewußt das Mittel der Brechtschen Verfremdung anwandte, um mit einer Fülle von Zitaten und respektlosen Anspielungen in comicartiger Manier nicht nur den Krieg selbst, sondern auch das Genre des Kriegsfilms als absurd zu demaskieren. Diese Botschaft kam (trotz der populären Besetzung einer der Rollen mit John Lennon) weder beim Massenpublikum noch beim Gros der Filmkritiker an. Nach *Petulia* (1968), einem distanziert inszenierten Liebesdrama, das – im Flower-Power-Sommer in San Francisco gedreht – einen sehr kritischen Blick auf die amerikanische Gesellschaft wirft, hatte er dann, wiederum nach England zurückgekehrt, mit der postapokalyptischen Farce *Danach* (1969) zumindest einen Kritikererfolg (Gandhi-Friedenspreis beim Berliner Filmfestival 1969); aber das breite Publikum zog auch bei dieser schwarzen (vom Humor her sehr »englischen«) Anti-Atomkriegssatire nicht mit.

Nachdem er einige Jahre mit der Inszenierung von pointierten Werbefilmen verbracht hatte, konnte er 1974 mit *Die drei Musketiere* ein glänzendes Kino-Comeback feiern; mit großer Starbesetzung (Oliver Reed, Raquel Welch, Richard Chamberlain, Christopher Lee, Faye Dunaway, Geraldine Chaplin, Charlton Heston u. a.) gelang ihm in der Verquickung von romantischen Klischees des Mantel-und-Degen-Genres mit Burleske und Slapstick ein breiter Publikumserfolg, an den er mit dem gleichzeitig gedrehten, aber erst im Jahr darauf gezeigten *Die vier Musketiere – Die Rache der Mylady* (1975) anschließen konnte. Auch *Royal Flash* (1975), *Robin und Marian* (1976) und *Die Rückkehr der Musketiere* (1989) gehörten zum Mantel-und-Degen-Genre, während er gleichzeitig sein Genre-Repertoire um Actionthriller (*18 Stunden bis zur Ewigkeit*, 1974), Western (*Butch & Sundance – die frühen Jahre*, 1979) und die Hollywood-Blockbuster *Superman II – Allein gegen alle* (1980) und *Superman III – Der stählerne Blitz* (1983) erweiterte.

Alle diese späteren Werke Lesters sind, wenn auch großenteils stilsicher in der bewährten Mischung aus realistischer Detailtreue und phantasievoller, schneller Schnittfolge, stark am Mainstream orientiert und daher weniger innovativ als seine Arbeiten aus den sechziger Jahren.

Lester äußerte dazu einmal scherzhaft-selbstkritisch, daß er damit rechne, daß bei seinem Ableben die Nachrufe lauten: »Beatles Film Director Dies« (»Beatles-Regisseur verstorben«). Filmhistorisch gesehen, liegt Lesters Verdienst in der Tat in seinen Londoner Filmen, die die sechziger Jahre in einer solchen Intensität erfaßten, daß sie zu »bleibenden Dokumenten der Zeit« (N. Sinyard) wurden. Eine Annäherung an sein halbdokumentarisches Frühwerk hat Lester 1991 mit dem Paul-McCartney-Konzertfilm *Get Back* unternommen.

Kerstin-Luise Neumann

Filmographie: The Running Jumping and Standing Still Film / Liebenswerte Leckerbissen (Kurzfilm, 1959) – It's Trad, Dad! / Ring-a-Ding Rhythm / Twen-Hitparade (1962) – The Mouse on the Moon / Auch die Kleinen wollen nach oben

(1963) – A Hard Day's Night / Yeah! Yeah! Yeah! (1964) – The Knack ... and How to Get It / The Knack / Der gewisse Kniff (1965) – Help! / Hi-Hi-Hilfe (1965) – A Funny Thing Happened on the Way to the Forum / Toll trieben es die alten Römer (1966) – How I Won the War / Wie ich den Krieg gewann (1967) – Petulia / Petulia (1968) – The Bed Sitting Room / Danach (1969) – Juggernaut / 18 Stunden bis zur Ewigkeit (1974) – The Three Musketeers / Die drei Musketiere (1974) – The Four Musketeers / Die vier Musketiere – Die Rache der Mylady (1975) – Royal Flash / Royal Flash (1975) – Robin and Marian / Robin und Marian (1976) – The Ritz / Der Mörder lauert in der Sauna (1976) – Butch and Sundance: The Early Days / Butch & Sundance – die frühen Jahre (1979) – Cuba / Explosion in Cuba (1979) – Superman II / Superman II – Allein gegen alle (1980) – Superman III / Superman III – Der stählerne Blitz (1983) – Finders Keepers / Der Chaos-Express (1984) – The Return of the Musketeers / Die Rückkehr der Musketiere (1989) – Get Back / Get Back (1991).

Literatur: Diane Rosenfeldt: Richard Lester: A Guide to References and Resources. Boston 1978. – Neil Sinyard: The Films of Richard Lester. Sydney 1985.

Barry Levinson

*1942

Barry Levinson kam am 6. April 1942 als Sohn eines Geschäftsmannes in Baltimore zur Welt. Wohlbehütet im Schoß einer Großfamilie aufgewachsen, genoß er die von keinerlei beruflichen Ambitionen getrübte Jugendzeit eines »All American Boy« der fünfziger Jahre: Der Filmkonsum im Provinzkino, das Treffen mit Gleichaltrigen in Brice's Hilltop Diner, Gespräche über Rock 'n' Roll und Football-Teams – all das erschien ihm wichtiger als ein erfolgreicher Schulabschluß und finanzielle Sicherheit. Unschlüssig, was er mit seinem Leben anfangen sollte, lebte Levinson einige Zeit vom Autoverkauf, zog auch den Beruf eines Anwalts in Betracht, bevor er zum Studium des Radio-Journalismus an die American University nach Washington D. C. wechselte. Bei einem lokalen Fernsehsender brachte man ihm erste filmhandwerkliche Schritte bei, doch die Beschäftigung in der Werbeabteilung des Senders entpuppte sich auf Dauer als eintöniger Auftragsjob. 1967 zog Levinson nach Los Angeles, machte dort die Bekanntschaft des Schauspielers Craig T. Nelson und stellte mit ihm eine eigene Comedy-Show auf die Beine, deren Erfolg schließlich zur Zusammenarbeit mit Mel Brooks führte. Levinson partizipierte als Co-Autor an den Drehbüchern zu *Mel Brooks' letzte Verrücktheit: Silent Movie* (1975) und *Mel Brooks' Höhenkoller* (1977), wobei er in letzterem auch eine kleine Rolle als hysterischer Hotelpage übernahm. Ermutigt vom Erfolg dieser beiden Komödien verarbeitete er eigene Erfahrungen mit Justizirrtümern zu der Gerichtssatire *... und Gerechtigkeit für alle* (1978), die Norman Jewison mit Al Pacino in der Hauptrolle umsetzte. Levinson wurde für einen Oscar für das beste Originaldrehbuch nominiert und profilierte sich mit seiner damaligen Frau Valerie Curtin als versiertes Autoren-Duo. Sie schrieben das Skript zu dem Veteranen-Drama *Max's Bar* (1980) und brachten mit *Toys* ein Lieblingsprojekt Levinsons auf den Weg, das allerdings in der letzten Sekunde an einem Wechsel in der Führungsebene der 20th Century Fox scheiterte – das pikareske Porträt eines spielzeugvernarrten Erwachsenen sollte erst 1992 das Licht der Leinwand erblicken.

Auch *Diner* (1982), Levinsons Regiedebüt und Karriere-Sprungbrett für Jung-Stars wie Mickey Rourke, Kevin Bacon, Ellen Barkin und Steve Guttenberg, widmet sich mit ganzer Aufmerksamkeit dem Kind im

Manne. Der liebevolle Rückblick auf das Baltimore der fünfziger Jahre führt einen Mikrokosmos vor, der sich aus Levinsons schönsten Kindheitserinnerungen speist: Die Welt dreht sich um Cherry Coke, Wetteinsätze und Oldtimer, Football Clubs, Junk food und Schwarzweißfernsehen, während Frauen in dieser »man's world« wie Fremdkörper inszeniert, vor allem aber in den Gesprächen der Männer-Clique auf ihre Reize reduziert werden. Mit popkulturellen Elementen errichtet Levinson ein nostalgisches Koordinatensystem, das den Rahmen seiner darauffolgenden Geschichten um innere Bewegungs- und Reifungsprozesse setzen wird. Diese Geschichten erzählt er mal wehmütig verklärend, wie in *Der Unbeugsame*, oder sarkastisch entlarvend, wie in *Tin Men* (1986), dem zweiten Teil der Baltimore-Trilogie, der vier Jahre nach dem Auseinanderbrechen der *Diner*-Clique einen erneuten Blick auf Levinsons Heimatstadt wagt. Wenn dort Richard Dreyfuss und Danny De Vito als rivalisierende Hausfassadenvertreter einen Kleinkrieg um zerbeulte Automobile anzetteln, wird deutlich, daß sich die prahlerischen Twens von einst mit ihrem Trivialwissen und ihrer Potenzprotzerei allenfalls in ihren kindischen Verschrobenheiten weiterentwickelt haben, ebenso in ihrem Unvermögen, sich mit der Frau, dem unbekannten Wesen, auf eine vernünftige Kommunikation einzulassen. Kommunikation, das ist bei Levinson hauptsächlich männliche Kommunikation, geprägt von Ungenauigkeiten und Mißverständnissen, von Platitüden, Zoten und Kalauern – eine Beobachtung, die durch die Figur Adrian Cronauers in *Good Morning, Vietnam* (1987) zur absoluten Negierung gepflegter Konversationen getrieben wird: Als anarchischer Radio-DJ pflegt Robin Williams das Reden um des Redens willen, während wenige Kilometer weiter, im Gemetzel des Vietnamkriegs seine zynischen Wortsalven einen makabren Bedeutungsgehalt zugewiesen bekommen – im Angesicht des Todes dient das laute Palavern als letzte Möglichkeit zur Rückbesinnung auf die eigene Lebendigkeit.

Nach der temporeichen Auseinandersetzung mit überbordendem, einseitigem Sprachgebaren, wendete sich Levinson dann mit *Rain Man* (1988) der anderen Seite dieser Medaille zu, der Langsamkeit und der Sprachlosigkeit. Das preisgekrönte Porträt eines Autisten (Oscars für den besten Film, die beste Regie und Dustin Hoffman als besten Hauptdarsteller) markiert auch eine Rückkehr zur Provinzialität, zur Größe, die sich im Kleinen und Kleingeistigen versteckt, ganz auf Gestik und Mimik der beiden Hauptdarsteller Dustin Hoffman und Tom Cruise abgestimmt. *Rain Man* wurde ein großer Kassenerfolg, so daß Levinson zunehmend persönliche Wunschfilme, wie den dritten Teil der Baltimore-Trilogie, *Avalon* (1990), oder *Toys* realisieren konnte. *Bugsy* (1991) leitete außerdem eine neue Ära in Levinsons Schaffen ein, in der die Konzentration auf Typen und Figuren zugunsten der Darstellung bestimmter Themen in den Hintergrund rückt: Macht und Gewalt (*Bugsy*), sexuelle Belästigung (*Enthüllung*, 1995), Schuld und Sühne (*Sleepers*, 1996), das virtuose Verwischen eines Skandals im Weißen Haus durch die medienerzeugte Suggestion eines Krieges (*Wag the Dog*, 1997). Trotz allem sind Levinsons Männer immer noch nicht erwachsen geworden: sowohl in *Sphere* als auch in *Wag the Dog* (beide 1997) darf Dustin Hoffman rührende Kindlichkeit demonstrieren, wenn es darum geht, sich mit einer Frau in der Welt der Männer zu arrangieren.

Daniel Remsperger

Filmographie: Diner / American Diner (1982) – The Natural / Der Unbeugsame (1984) – Young Sherlock Holmes / Pyramid of Fear / Das Geheimnis des verborgenen Tempels (1986) – Tin Men / Tin Men (1986) – Good Morning, Vietnam / Good Morning, Vietnam (1987) – Rain Man / Rain Man (1988) – Avalon / Avalon (1990) – Bugsy / Bugsy (1991) – Toys / Toys (1992) – Jimmy Hollywood / Jimmy Hollywood (1994) – Disclosure / Enthüllung (1995) – Sleepers / Sleepers (1996) – Wag the Dog / Wag the Dog (1997) – Sphere / Sphere (1997).

Literatur: B. L.: Levinson on Levinson. London/ Boston 1992.

Peter Lilienthal

*1929

Eine ungewöhnlich visuelle Konzeption, singulär unter den deutschen Filmen der sechziger und siebziger Jahre: die »makaber-düsteren«, geradezu alptraumhaften Bilder des am 27. November 1929 geborenen Peter Lilienthal, die – jenseits von Bericht und Erzählung – auf »Zergliederung und Auflösung« zielen. Die Filme, oft surrealistisch pointiert, damit hinter einer immer leerer wirkenden, »ausgelaugten« Oberfläche noch substantielle Visionen aufschimmern, sind Paradigmen eines spätsymbolistischen Experiments: musikalisch inszenierte Alltagsgrotesken um Menschen, »die keine Heldenaureole um sich haben, die sich nicht äußern können, die [...] eigentlich nichts zu sagen haben – außer von den banalen Alltagsdingen« (Lilienthal).

Mit kleinen Filmen fürs Fernsehen fing alles an, mit *Die Nachbarskinder* (1960) etwa, mit *Der 18. Geburtstag* (1961), *Picknick im Felde* (1962), *Striptease* (1963) und *Das Martyrium des Peter O'Haley* (1964), mittellangen Fingerübungen, nach Arrabal oder Mrożek, die schockierende Stilmittel nutzen, um den Augenblick radikaler Grenzerfahrungen zu evozieren: den einen Moment, wo – wie André Breton es formulierte – »Leben und Tod, Wirkliches und Unwirkliches, Vergangenes und Zukünftiges, Aussprechbares und Unaussprechliches, Oberes und Unteres nicht mehr als Gegensätze erscheinen«. In *Jede Stunde verletzt und die letzte tötet* (1963), *Seraphine – oder die wundersame Geschichte der Tante Flora* (1964) oder *Tramp – oder der einzige und unvergleichliche Lenny Jacobson* (1968) ist Lilienthals Vorliebe für kauzig-wunderliche Geschichten, seine melancholische »Faszination des Abgelebten« (J. von Mengershausen), dann auf die Spitze getrieben. Wobei seine aberwitzige Kontradiktion, die in der Collage zusammenzwingt, was sonst nie zusammenkäme – Dokumentarisches aus älteren Filmen, Berichtetes aus Wochenschauen, Zitiertes, Assoziiertes, Geträumtes –, eine ganz eigene Aura schafft, eine bizarr-archaische Metaphorik. Damit untergräbt er auch – wie kein anderer zu der Zeit – die Dominanz des Realistischen, das bloß verdoppelt, was sowieso schon existiert. »Naiv« nennt er die Auffassung, daß der Zuschauer Wesentliches über seine Welt erfahre, wenn man ihm »beispielsweise so naturalistisch wie möglich das Gespräch zweier Hausfrauen präsentiere«. Seine Filme zielen statt dessen auf die Essenz einer Sache, ohne ihre konkreten Seiten zu vernachlässigen. Sie irritieren durch kontrapunktisch präsentierte, »leise Geschichten« und »kleine, stumme Menschen«, was sie als zeitkritischer ausweist als die meisten Problemfilme im Kino Ende der sechziger / Anfang der siebziger Jahre.

Seitdem Lilienthal dann fürs Kino arbeitete, seit 1969, drehte er politisch direktere Filme. Ihn faszinierte dabei das Alltägliche, wo es als Indikator gesellschaftlicher Verhältnisse sich zeigt. Sein zentrales Thema: Menschen, die fremdbestimmt sind – durch normative Konventionen (wie 1976 in *Hauptlehrer Hofer*) oder durch ökonomische Zwänge (wie 1982 in *Dear Mr. Wonderful*), durch militärischen Terror (wie 1976 in *Es herrscht Ruhe im Land* oder 1984 in *Das Autogramm*) oder durch sportlichen Übereifer (wie 1988 in *Der Radfahrer vom San Christobál*).

Schon in *Malatesta* (1970), diesem sperrigen, assoziativen Porträt über den italienischen Anarchisten Enrico Malatesta, der Anfang des Jahrhunderts in London im Exil lebte, ist der Konflikt eher über die äußere Situation konturiert, über die Elendsquartiere der lettischen Emigranten, über Häuser, Zimmer, Kleider. Auch die Hinwendung zur Gewalt wird weniger durch die Dramaturgie des Tuns suggeriert denn durch die Naivität der politisch engagierten Jungen begründet, die ihre Ungeduld zur

»puren Aktion« treibt. Rebellen seien sie, wirft ihnen Malatesta daraufhin vor, »keine Revolutionäre«. Doch sein Plädoyer für gewaltlosen Widerstand, für Menschlichkeit und Güte auch im Aufbegehren bleibt ungehört.

1970 nannte E. Netenjakob den Film eine »Zeitmaschine«, die den Zuschauer »um sechs Jahrzehnte« zurückversetze. »Es ist wie in manchen Träumen, die vor dem Aufwachen glaubhafter wirken als die Wirklichkeit.« Lilienthal nutzt Unterschiedliches für den stimmigen Entwurf: Grobkörnige, monochrome Bilder in Verbindung mit altem Foto- und Filmmaterial intensivieren die historische Distanz, während asynchrone Szenen für irritierende Effekte sorgen. Wie ein altes, verblichenes Dokument ist der Film angelegt, ein Dokument, das seinen Sinn nicht von selbst preisgibt, sondern immer aufs neue der Enträtselung bedarf.

Malatesta, der ewige Revolutionär, der jedoch zur aufrührerischen Tat nicht bereit ist: *die* Lilienthal-Figur par excellence. Ihn interessieren Menschen, die Charakter zeigen: Wie sie sich verändern, wenn sie unter Druck geraten, wie sie kämpfen, entweder Widerstand leisten oder resignieren, wie sie »die Sonne angreifen« und die »Ruhe im Land« oder den »Abgründen« verfallen, wie sie dem Schrecken um sie herum mit Trauer und Würde begegnen, wie sie – wie später in *La Victoria* (1973), *Es herrscht Ruhe im Land* oder *David* (1979) – voller List den gewaltsamen Verhältnissen trotzen.

Allerdings: Nie geht es nur darum, Themen, Meinungen, Überzeugungen filmisch zu propagieren. Wichtiger ist, was in den Bildern sichtbar wird. Noch wichtiger, was durch Bilder zu spüren und zu fühlen ist. Wie kein anderer Filmemacher des deutschen Kinos erkundet Lilienthal, wie das Politische in die Bilder kommt, ohne daß es zum bloßen Anliegen verkümmert. Die stilistischen Charakteristika dabei: ein präziser Blick auf die Geschehnisse und den Raum; ein brüchiger, nervöser Rhythmus; und ein Gespür für stimmige Atmosphäre, die durch die Ereignisse sich entwickelt. Es liege ihm, so sagt er selber, »sehr an symmetrischen Bildern, die auf einen Mittelpunkt hin komponiert sind und frontal zum Betrachter stehen«.

In *Das Autogramm*, seinem späten Meisterwerk, erzählt er von einem Boxer und einem Bandoneonspieler, die in einer südamerikanischen Militärdiktatur als Attraktionen eines Festes geladen sind, der eine für die Massen, der andere für die Kenner. So fremd sie einander sind, so schnell kommen sie sich näher, als die Schikanen der Militärs sich häufen. Die terroristische Strategie der kleinen Verletzung, so Lilienthal, gebiert Wut – und Härte und die Bereitschaft zur Auflehnung. Das Faszinierende dieses Films kommt vor allem daher, daß Lilienthal stark auf die Stimmung zwischen den Bildern setzt, wodurch ein atmosphärisches Mosaik entsteht, das Emotionen hervorruft, die Einsichten ermöglichen. Es geht – jenseits von Spektakel und Meinungsmache – um eine leise Vision: von den kleinen Siegen beim Versuch zu überleben.

Selbstverständlich sind viele der späten Filme Lilienthals auch Parabeln für den politischen Zustand in der Welt. Andererseits aber betonen sie immer wieder den abenteuerlichen Raum der leisen Zwischentöne, der versteckten Nuancen um kleine Gesten und verschämte Blicke. Mit diesen Zwischentönen zielt er auf den Freiraum der Phantasie, die weiß, was droht, wenn Ruhe herrscht im Land.

Norbert Grob

Filmographie: Malatesta (1970) – Die Sonne angreifen (1971) – Jakob von Gunten (1971) – Start Nr. 9 (Dokumentarfilm, 1972) – Shirley Chisholm for President (Dokumentarfilm, 1972) – La Victoria (Dokumentarfilm, 1973) – Es herrscht Ruhe im Land (1976) – Hauptlehrer Hofer (1976) – Kadir (Dokumentarfilm, 1977) – David (1979) – Der Aufstand (Dokumentarfilm, 1980) – Dear Mr. Wonderful (1982) – Das Autogramm (1984) – Das Schweigen des Dichters (1987) – Der Radfahrer vom San Christobál (1988) – Angesichts der Wälder (1996).

Literatur: Junge deutsche Regisseure (III): Peter Lilienthal. In: Film 1963. H. 3. – Joachim von Mengershausen: Lilienthal – die Faszination des Abgelegten. In: Süddeutsche Zeitung. 16./17. 4. 1966. – Werner Kließ: Welche Farbe hat das Grau. In: Film 1968. H. 11. – Rainer Wanzelius / Sabine Künsemüller (Red.): Dokumentation über den Fernsehregisseur Peter Lilienthal. Studienkreis Film/Filmclub an der Ruhr-Universität. Bochum 1968. – Egon Netenjakob: *Malatesta*. In: Fernsehen und Film 1970. H. 5. – Ulla Ziemann: 8 Filme von Peter Lilienthal. Internationale Filmfestspiele Berlin 1978. – Lynne Layton: Decicions Before Twelve. In: Klaus Phillips (Hrsg.): New German Filmmakers. New York 1984. – Klaus Farin: Heimat finde ich überall auf der Welt. Ein Gespräch mit Peter Lilienthal. In: Vorwärts. 10.11.1984.

Ken Loach

*1936

Der englische Film- und Fernsehregisseur Kenneth (heute meist: Ken) Loach wurde am 17. Juni 1936 in Nuneaton, Warwickshire, in der Nähe von Coventry geboren. Sein Vater war Arbeiter in einer Maschinenfabrik. Loach ist sich seiner Herkunft aus der Arbeiterklasse bis heute bewußt geblieben, die Auseinandersetzung mit den Lebensbedingungen und Erfahrungsweisen des Proletariats bestimmt sein Lebenswerk. Loach begann in Oxford ein Studium der Rechtswissenschaft, fand aber schon als Student Zugang zum Theater. Er wurde Sekretär des studentischen Experimental Theatre Club. Nach der Militärzeit heuerte er bei einem Wander- und Repertoiretheater an, bevor er als Probenregisseur bei ABC Television unterkam. Schon bald wechselte er zur BBC und konnte die Regie einiger Folgen der Serie *Z-Cars* (*Task Force Police*) übernehmen.

Mit seinem Freund und Schauspielerkollegen Tony Garnett (der bis 1981 viele Male als Produzent der Filme Loachs auftrat) entwickelte Loach dann das Konzept der berühmten Fernsehspielreihe *The Wednesday Play*, die in der Entwicklungsgeschichte des Dokudramas einen ersten und selten wieder erreichten Höhepunkt darstellt. Die Idealvorstellung, daß sich die stilistischen Unterschiede zwischen Fiktion und Bericht bis zur Unkenntlichkeit verwischen sollten, wurde durch eine bewußte Nutzung der dokumentarischen Darstellungsweisen des Cinéma Vérité und des englischen Free Cinema umgesetzt. Die Reihe begann 1965 mit *Up the Junction*, einem Film über drei junge Frauen in London. Für *The End of Arthur's Marriage* und *The Coming Out Party* (beide 1965) bekamen Loach und Garnett zwei Fernsehpreise. Als bedeutendster Beitrag der Reihe gilt *Komm nach Hause, Cathy* (1966): Der Film erzählt die Geschichte einer jungen Arbeiterfamilie im Süden Londons, die dort in Harmonie und relativem Wohlstand lebt. Als der Mann einen Unfall hat, verliert er zunächst seine Arbeit, nach kurzer Zeit auch die Wohnung. Die Familie kann noch eine Weile in einem ausrangierten Bus zusammenleben, wird dann aber getrennt – bis am Ende die Frau in einem Frauenwohnheim, die Kinder in einem Kinderheim und der Mann auf der Straße leben müssen. Loach arbeitete an der Realisierung dieser düsteren Geschichte – die in monatelanger Arbeit vorrecherchiert worden war – mit improvisierten Dialogen, Handkamera, Originalschauplätzen und Laien in den Nebenrollen: mit dem Effekt, daß das Spiel den Eindruck großer Unmittelbarkeit und Authentizität machte. Der Film löste eine heftige öffentliche Diskussion über Armut in England aus, war sogar Anlaß für eine Parlamentsdebatte.

Komm nach Hause, Cathy ist nicht nur stilistisch, sondern auch inhaltlich der erste Film, der das Loach-Programm in ganzer Fülle enthält: Mittel des filmischen Ausdrucks, die eher dem Dokumentar- als dem Spielfilm entstammen; bewußt hergestellte Roheit der szenischen Auflösung; entschiedene Sympathie für die Helden und propagandistisch-aufklärerischer Impuls, der den ganzen Film trägt und sich aller – melodramatischer, satirischer, sentimentaler usw. – Mittel bedient, um den Zuschauer zur Stellungnahme zu bewegen; und schließlich entschieden moralisches Interesse für das englische Proletariat bzw. Subproletariat. *Ladybird, Ladybird* (1993) nimmt Thema und Tonfall von *Komm nach Hause, Cathy* wieder auf. Er erzählt von einer alleinerziehenden Mutter (dargestellt von Crissy Rock), der das Sorgerecht für ihre vier Kinder entzogen wird. Verbissen und verzweifelt kämpft die Frau, die mit einem südamerikanischen Exilanten zusammenlebt, von dem sie weitere Kinder bekommt, darum, wieder mit ihren Kindern zusammenleben zu dürfen – vergeblich. Der Film, der auf einen tatsächlichen Fall zurückgeht, informiert erst am Ende darüber, daß das ungleiche Paar die drei letzten Kinder behalten durfte, von den fünf anderen aber weiterhin getrennt blieb. Der Film zeigt vor allem, welche Bedeutung Loach der Familie als einem Ort proletarischer Identität zubilligt: einem Ort der Geborgenheit, Hoffnung und Sorge. Das Spiel Crissy Rocks, das in Intensität und Differenziertheit tief beeindruckt und 1994 auf der Berlinale ausgezeichnet wurde, bezieht sich immer wieder auf körperliche Nähe als Zentrum einer Liebeserfahrung und Wärme, aus der auch alle utopische Energie zu entspringen scheint. Die Sehnsucht nach körperlichem Austausch ist zugleich der Anlaß zur Verunglimpfung der Heldin als verantwortungslos und unfähig, Sorge für ihre Kinder zu tragen.

Die Familie als Ort proletarischer Identität kann sich auch als Falle erweisen. Von einer Flucht erzählt *Kes* (1969): Ein Fünfzehnjähriger findet in einem abgerichteten Falken einen Freund und Partner, den er in seiner Familie und im Wohnviertel nicht finden konnte. Von einer tödlichen Falle erzählt der berühmte, an der Schizophrenie-Theorie des Double-bind und den psychiatrischen Schriften Ronald D. Laings orientierte Film *Familienleben* (1971): Die 19jährige Janice Bailden bringt trotz der Hilfe ihres Freundes den Mut nicht auf, sich den Kontrollansprüchen der Eltern zu widersetzen und gerät so in ein Gefüge einander widersprechender Verhaltenserwartungen. Die Eltern sind aus dem Proletariat zu gutbürgerlichem Lebensstandard aufgestiegen. Es sind am Ende die Widersprüche ihres eigenen Lebens, denen sie ihre Tochter aussetzen, an denen jene letztlich seelisch stirbt. Das Kind, das Janice sehnlich erwartet hat, läßt sie auf Wunsch ihrer Mutter abtreiben, wobei die Mutter selbst in einem Dilemma steckt: Dem eher proletarischen Familienbild entspricht, daß Kinder zu haben eine Gnade sei – und daß sie Janice liebe und darum auch deren Kind lieben werde. Gleichzeitig sieht sie sich dem eher bürgerlichen Lebens- und Identitätsentwurf verpflichtet – daß das Kind viel zu früh komme und Janice' Ausbildung darunter leide, daß sie Janice liebe und eben darum unbedingt darauf bestehen müsse, daß das Kind abgetrieben werde. Janice wird schizophren, gerät in die totalitäre Apparatur der Psychiatrie hinein und ist am Ende nur noch willen- und widerstandslose Patientin.

Derartige Widersprüche spielen in Loachs Werk immer wieder eine große Rolle. *Raining Stones* (1993) erzählt die Geschichte einer Familie in Manchester, in der der arbeitslose Vater sich auf einen Wucherkredit einläßt, um seiner Tochter ein Kleid für die Kommunion kaufen zu können. Als der Kredithai die Mutter bedroht, erschlägt der Vater ihn. Nicht allein, daß das Fest des Kindes die Familie in eine kaum mehr kontrollierbare finanzielle Misere stürzt, noch mehr überrascht, daß der Vater in der Kirche Rat sucht und Beistand findet: Der Priester solidarisiert sich mit dem Täter, wissend, daß das Kreditgewerbe seiner Gemeinde eine Dauerkrise beschert. Die Konflikt- und die Solidaritätspotentiale einer Gesellschaft stimmen nicht unbedingt mit den Parolen der Parteien überein.

Den anderen thematischen Pol im Denken und Arbeiten Loachs markiert *Land and Freedom* (1994) – eine brechtisch anmutende, manchmal theatralisch spröde Parabel von der Geschichte des Sozialismus. Im spanischen Bürgerkrieg muß ein englischer Kommunist, der sich den internationalen Brigaden angeschlossen hat, miterleben, wie sich die Stalinisten von allen anderen linken Fraktionen (Trotzkisten, Anarchisten, Sozialisten usw.) absetzen und am Ende gar nichtkonforme Genossen hinrichten, unter ihnen die Frau, die er liebt. Der Film verficht die These, daß der stalinistische Hegemonialanspruch schon in den dreißiger Jahren die Idee des Sozialismus und der Internationale der Arbeiterschaft verraten habe und »die kommunistische Partei aufhörte, eine revolutionäre Partei zu sein« (Loach). *Land and Freedom* ist als Rückblende erzählt – die Enkelin entziffert das Leben des Großvaters aus seinen Aufzeichnungen in einem vergessenen Koffer. Die Geschichte der englischen Arbeiterbewegung zwischen 1916 bis zum Generalstreik 1926 war das Sujet des vierteiligen Fernsehfilms *Tage der Hoffnung* (1975) – und auch hier ist der Bezug eigentlich aktuell: Es ging darum, die Anti-Arbeiter-Politik Churchills und Baldwins als repressiv zu entlarven und den »Verrat« (Loach) des Trades Union Congresses der Labour Party und der Communist Party scharf zu verurteilen.

Sicher ist es kein Zufall, daß *Land and Freedom* als Rückblende erzählt ist, scheint doch diese Rahmung den Appell zu implizieren, über die Geschichte des Sozialismus noch einmal neu nachzudenken – angesichts der Verhärtungen des Thatcherismus, der Anpassungsbewegungen in der Labour Party (der Name Tony Blair markiert nur eine Tendenz, die schon seit den zwanziger Jahren dominant geworden ist) und einer zunehmenden Verelendung breiter Bevölkerungsteile. Nach seiner Auseinandersetzung mit dem Scheitern der sozialistischen Bewegung in *Land and Freedom* und in *Carla's Song* (1996) kehrte Loach erst 1998 mit der Tragikomödie *My Name is Joe* zu seiner gewohnten Thematik zurück: dem Schicksal der kleinen Leute des Arbeitermilieus. Der ehemalige Alkoholiker Joe (Peter Mullan) glaubt zwar, sein Leben inzwischen unter Kontrolle zu haben, gerät aber durch einen hoch verschuldeten Freund in Konflikt mit der Drogenmafia. Joe ist dem Druck nicht gewachsen, rechnet mit den Gangstern schließlich ab und greift wieder zur Flasche. Sein junger Freund begeht Selbstmord. Was wie eine sozialrealistische Komödie beginnt, entwickelt sich zunehmend – auch visuell – zum düster-tragischen Thriller. *My Name is Joe* sicherte Ken Loach noch einmal weitreichende internationale Aufmerksamkeit.

Hans J. Wulff

Filmographie: Cathy, Come Home / Komm nach Hause, Cathy (Fernsehfilm, 1966) – Poor Cow / Poor Cow – geküßt und geschlagen (1967) – Kes / Kes (1969) – After a Lifetime / Nachtrag (Fernsehfilm, 1971) – Family Life / Familienleben (1971) – Days of Hope / Tage der Hoffnung (Fernsehfilm, 1975) – The Price of Coal / Der Preis der Kohle (Fernsehfilm, 1977) – Black Jack / Black Jack, der Galgenvogel (1979) – The Gamekeeper (Fernsehfilm, 1980) – Looks and Smiles / Looks and Smiles – Erwartungen und Enttäuschungen (1980) – Fatherland / Vaterland (1985) – Singing the Blues in Red (1986) – Hidden Agenda / Geheimprotokoll (1990) – Riff-Raff / Riff-Raff (1991) – Ladybird, Ladybird / Ladybird, Ladybird (1993) – Raining Stones / Raining Stones (1993) – Land and Freedom / Land and Freedom (1994) – Carla's Song (1996) – The Flickering Flame (Dokumentarfilm, 1997) – My Name is Joe / My Name is Joe (1998).

Literatur: John Tulloch: Television Drama. Agency, Audience, and Myth. London 1990. S. 152–165. – Jonathan Hacker / David Price: Take 10: Contemporary British Film Directors. Oxford / New York 1992. S. 272–309.

Joseph Losey

1909–1984

»Ein barocker Stilist, ein formalistischer Filmemacher, der sich mehr damit beschäftigt, kunstvoll gestaltete Schauplätze zu erforschen oder mit der filmischen Zeit zu experimentieren, als sich um seine Charaktere zu kümmern; ein pessimistischer Allegoriker, der die Düsternis darstellt und schließlich verdammt, oder ein Humanist, hochherzig und mitleidend, der die Ungerechtigkeit von Rassismus und Klassendünkel attackiert, ein Feind von Heuchelei und Opportunismus« (J. Palmer / M. Riley) – das Bild Joseph Loseys in Filmkritik und Filmgeschichtsschreibung schwankt zwischen Extremen. Vom »Fall« Joseph Losey spricht Chr. Ledieu in seiner Studie: vom Kampf Loseys mit der Filmindustrie um die Freiheit des Ausdrucks, vom Kampf des politischen Künstlers mit politischen Autoritäten und vom Kampf des engagierten Stilisten mit einem Publikum und einer Kritik, denen das äußerst reflektierte Verhältnis von Form und Inhalt seiner Filme oft verschlossen blieb. Zudem ist Loseys Werk eines, in dem Genrekino und Autorschaft, sinnliche Konkretion und intellektuelle Abstraktion nebeneinander bestehen oder sich dialektisch durchdringen.

Joseph Losey, am 14. Januar 1909 in La Crosse, Wisconsin, geboren, aus einer puritanisch-bürgerlichen Familie stammend, gab früh das Medizinstudium auf, um sich Literatur und Theater zu widmen. Auf Reisen durch Europa studierte er das Theater der politischen Avantgarde in der Sowjetunion und in Deutschland und arbeitete in den dreißiger Jahren als Theaterregisseur in New York, schließlich als Regisseur von Dokumentar- und Lehrfilmen. Nach Kriegseintritt der USA konzipierte Losey Radiosendungen der Reihe »World at War«. Ein erster Kontakt mit Hollywood wird durch Loseys Einberufung zur Filmabteilung der Armee unterbrochen. 1945 drehte er für MGM einen Kurzkrimi der Serie *Crime Does Not Pay*, wandte sich dann aber wieder dem Theater zu. 1947 kam seine Inszenierung von Brechts »Leben des Galilei« zur Uraufführung, entstanden in enger Zusammenarbeit mit Brecht und dem Hauptdarsteller Charles Laughton. Die Begegnung mit Brecht wird für den Linksintellektuellen Losey künstlerisch prägend. 1960 faßte Losey in dem Text »L'œil du maître« (»Das Auge des Meisters«) für die »Cahiers du Cinéma« zusammen, was von Brecht für seine Filmarbeit bedeutsam wurde: nicht die Wiedergabe von Realität, sondern ihre Konstruktion; die Präzision des sozialen Charakters von Gesten, Sprache und dem Umgang mit Objekten; die Ökonomie von Bewegungen (vor) der Kamera und vor allem die Inszenierung von Widersprüchen als Brüchen mit Erwartungen der Zuschauer. Diese politische Ästhetik konnte Losey in den fünf Filmen, die er in Hollywood als Auftragsarbeiten drehte, nur stofflich-thematisch verwirklichen. *Der Junge mit den grünen Haaren* (1948) ist die allegorische Gestaltung eines kindlichen Kriegstraumas mit einer Anti-Kriegs-Botschaft; die anderen Filme, bis zum Remake von Fritz Langs *M* (1951), entfalten nahezu das gesamte Spektrum der Motive, die später allen bedeutenden Filmen Loseys gemeinsam sind: soziale Spannungen als Klassenkonflikte und die Entladung unterdrückter Sexualität in Gewalt. Seine Karriere fand durch den McCarthy-Ausschuß zur »Untersuchung unamerikanischer Umtriebe« 1951 ein abruptes Ende, als der Kommunist Losey auf die »Schwarze Liste« gesetzt wurde, was ein Arbeitsverbot in den USA bedeutete.

Von 1953 an arbeitete Losey – vorerst unter Pseudonym (Victor Hanbury, Andrea Forzano, Joseph Walton) – in England, wo er seit dem Psychothriller *Der schlafende Tiger* (1954) wiederum Genrefilme inszenierte: Thriller, Kriminalfilme und Melodramen. Auch als Losey später – zum Teil als

Joseph Losey (r.) mit Alain Delon

eigener Produzent – die Freiheit hatte, Stoffe selbst zu wählen, bediente er sich immer wieder verschiedener Genre-Versatzstücke. *Eva* (1962), eine James-Hadley-Chase-Adaption, inszenierte Losey als Drama einer sexuellen Obsession, als bitteres Spiel von Lüge, Täuschung und Wahrheit des bürgerlichen Lebens in einem Venedig fernab aller Romantik. Der Film wurde von den Produzenten durch radikale Kürzungen völlig zerstört. Erst seit *Der Diener* (1964), den Losey koproduzierte, hatte er die vollständige Kontrolle über seine Arbeit. *Der Diener* war die zweite Zusammenarbeit mit Dirk Bogarde, die erste mit Harold Pinter als Drehbuchautor: zwei Künstler, mit denen Losey in den folgenden Jahren fast symbiotisch kooperierte, wie auch mit dem Produktionsdesigner Richard MacDonald, der die Settings nach Loseys Vorstellungen kongenial gestaltete. *Der Diener* inszeniert eine Herr-Knecht-Dialektik: Ein Diener unterwirft sich erst den Haushalt und dann seinen Herrn, einen großbürgerlichen jungen Mann. Erzählt wird – der Schauplatz ist ein viktorianisches Stadthaus – in langen Plansequenzen, mit immens beweglicher Kamera. Stets komponiert Losey die Bilder in die Tiefe des Raumes, unter Verwendung extremer Licht-und-Schatten-kontraste. Gewinnt allein schon dadurch das Haus etwas Labyrinthisches, so wird das potenziert durch beständige Blicke der Kamera in Spiegel. In der genau beobachteten Gestik und Mimik und in der Sprache zeigen sich zunächst die Konturen des Klassengegensatzes von Bourgeoisie und unterer Mittelschicht, dann, wenn sich das Dominanzverhältnis von Herr und Diener umkehrt, zusehends Züge einer bösartigen Infantilisierung, einer Regression, die sie egalisiert. Wie fast alle Filme Loseys danach entfaltet *Der Diener* ein Gesellschaftsmodell en miniature.

In *Sie sind verdammt* (1963) und in *Für König und Vaterland* (1964) kehrte Losey zur Kriegsthematik zurück: einmal in einem Science-fiction-Film, zum anderen in einem allegorischen Gerichtsdrama über die Ungerechtigkeit eines prinzipiell inhumanen

Apparates: der Militärhierarchie. In weiteren Filmen der sechziger Jahre entwickelte Losey zusammen mit seinen Kameraleuten Gerry Fisher, Douglas Slocombe und Henri Alekan den figurativen Bildstil fast bis zum Manierismus. *Accident – Zwischenfall in Oxford* (1967) ist ein extrem distanziert und langsam inszeniertes Psychodrama im Campus-Milieu von Oxford, das bereits in dieser Distanz die emotionale Indifferenz der Protagonisten reflektiert. Dennoch scheinen hinter den Charaktermasken triebhafte Impulse zu herrschen, die das soziale Reglement zwanghaft bändigt und die sich nur in ritualisierten Formen ausleben lassen. Was in *Der Diener* hemmungslos hervorbricht, wenn die sozialen Formen abgestreift werden, Sexualität und Grausamkeit, wird in *Accident* in heuchlerischen Umgangsformen notdürftig sublimiert. In *Die Frau aus dem Nichts* (1969) und in der Tennessee-Williams-Verfilmung *Brandung* (1968) variiert Losey Elemente des Gothic Horrors und setzt diese Genrekonventionen als Stilmittel ein. *Die Frau aus dem Nichts* übersteigert das Psychodrama eines neurotischen Mutter/Tochter/Vater-Verhältnisses ins beängstigend Groteske. Erneut wird ein Haus zum Gefängnis, in dem sich die Zeichen des psychischen und physischen Verfalls immer stärker verdichten, und Verfall, Korrosion – die Losey zu Anfang und Ende des Films in pittoresken Bildern beschwört –, ist auch das Signum des Zustandes der Gesellschaft. *Brandung* hingegen schwelgt manieriert in einer ironischen Camp-Ästhetik der Übersteigerung, zu der das outrierte Spiel von Liz Taylor und Richard Burton erheblich beiträgt.

Daß Losey sich von 1968 bis 1973 auch dem Star-Kino annäherte, ist der Versuch, ein größeres Publikum zu gewinnen. Filme wie *Das Mädchen und der Mörder* (1972) mit Burton, Alain Delon und Romy Schneider und die Ibsen-Verfilmung *Nora* (1973) mit Jane Fonda in der Titelrolle wurden von der Kritik weitgehend abgelehnt, wie auch Loseys langgehegtes Projekt der Brecht-Adaption *Galileo* (1974) umstritten war. Dennoch gelang es ihm immer wieder, seinen Ruf als einer der intellektuell reflektierten Regisseure mit ungewöhnlichen Filmen zu festigen. *Im Visier des Falken* (1970) ist eine auf die Grundsituation von Jägern und Gejagten reduzierte Parabel über Verfolgung in einem totalitären System. Zwei Männer werden von einem Hubschrauber durch ein Ödland von Beckettscher Leere gehetzt, wobei die Kamera den Zuschauer oft in die Position des Jagenden zwingt. Den physischen Charakter des gewaltträchtigen Actiongenres treibt Losey dabei bis an die Grenze zum filmisch erzeugten Terror. Auch wenn einer der Männer scheinbar entfliehen kann, entwirft der Film das Bild einer ausweglosen Welt des Schreckens.

Die parabelhafte Unbestimmtheit einer allgegenwärtigen Bedrohung – vielleicht ein später Reflex Loseys auf die eigene Erfahrung der Kommunistenhatz in der McCarthy-Ära – wird in *M. Klein* (1976) im Paris des Jahres 1942 historisch konkret, das von den Deutschen besetzt ist. Der Kunsthändler Klein wird Opfer einer Verwechslung oder einer Intrige: Er, der bedenkenlos die Situation der Juden für seinen Profit ausnutzt, wird für den Juden Robert Klein gehalten. Er will das Mißverständnis aufklären, zweifelt jedoch zunehmend selbst an seiner Identität. Je rätselhafter ihm das Geschehen wird, um so rätselhafter wird er sich selbst. Am Ende des Films fügt er sich willenlos seiner Deportation. Wieder schaffen Dekor und Kameraarbeit eine verspiegelt labyrinthische Welt blasser Farben, eine Welt der Gleichgültigkeit, der Inhumanität. Nie war Losey dem Werk Kafkas näher als in *M. Klein*; nie war er dem Werk Prousts, dessen »À la Recherche du temps perdu« er nicht verfilmen konnte, näher als in *Der Mittler* (1971). Aus der Perspektive eines Jungen beschwört Losey die Welt des englischen Adels kurz vor dem Ersten Weltkrieg herauf, eine Welt strengsten Reglements und sozialer Rituale, die sich gegen den Ansturm der neuen Zeit gewappnet wähnt und sich doch von innen auflöst. In der Liebe zu einem Farmer befreit sich eine Adlige buchstäblich physisch vom Korsett des Klassendünkels, fügt sich dann jedoch – keine Lady Chatterley – in den Zwang der Ehe mit einem anderen Adligen. In die Szenen trügerischer Idylle vor dem Sturm montiert Losey Sequenzen, die den zum alten Mann gewordenen Jungen sich in den sechziger Jahren auf die Suche nach der verlorenen Zeit begeben lassen. Der Film ist eine Textur der Erinnerungen, in der sich Vergangenheit und Gegenwart auf der Tonspur überlappen: Die Welt von gestern wird zum ästhetischen Konstrukt, zum Film des Gedächtnisses in actu. Der Schritt aus der Norm, der in *Der Mittler* mit dem Selbstmord des Farmers tragisch endet, ist in *Die romantische Engländerin* (1975), Loseys ironischem Abgesang auf die Bourgeoisie, der Schritt in die Trivialität. Die Liaison seiner Frau mit einem Gigolo und Drogenschmuggler treibt einen Schriftsteller nicht in die Eifersucht, sondern in die Arbeit an einem Drehbuch über Ehebruch und Eifersucht, in die Arbeit an einem Film, den Losey in die Handlung einmontiert. Das Melodram im Melodram akzentuiert die Oberflächlichkeit bürgerlichen Lebens, das sich selbst inszeniert, um für ein Nichts wenigstens noch eine Form zu finden.

In Loseys Spätwerk treten Vergangenheit und Gegenwart immer wieder in Konjunktion. Aus dem Alten, das verging oder gerade vergeht, wurde und wird nicht das wahrhaft Neue. In *Straßen nach Süden* (1978) reagiert ein gealterter und politisch desillusionierter ehemaliger Teilnehmer am Spanischen Bürgerkrieg nur noch müde auf das Ende des Franco-Regimes. *Don Giovanni* (1979), Loseys Adaption der Mozart-Oper, verlegt die Schauplätze nach Venedig, der vergehenden Stadt der Illusionen, und mischt in die Opulenz der Inszenierung Sarkasmus angesichts einer Rebellion aus dem Geist des Eros, die keine ist. Joseph Loseys Werk ist, in aller Heterogenität, das Werk eines präzisen Chronisten, besessen von einer Idee: daß man »zeigen« kann, »daß dem Menschen sein Schicksal von Menschen bereitet wird« (Brecht).

Bernd Kiefer / Marcus Stiglegger

Filmographie: The Boy with Green Hair / Der Junge mit den grünen Haaren (1948) – The Lawless / Gnadenlos gehetzt (1950) – The Prowler / Dem Satan singt man keine Lieder (1951) – M / M (1951) – The Big Night / Die Nacht der Wahrheit (1951) – Imbarco a mezzanotte / Stranger on the Prowl / Giacomo / Schrei ohne Echo (1952) – The Sleeping Tiger / Der schlafende Tiger (1954) – A Man on a Beach (1955) – The Intimate Stranger / A Finger of Guilt (1956) – Time without Pity / In letzter Stunde (1957) – The Gypsy and the Gentleman / Dämon Weib (1958) – Blind Date / Chance Meeting / Die tödliche Falle (1959) – Eva / Eve / Eva (1962) – The Damned / These Are the Damned / Sie sind verdammt (1963) – The Servant / Der Diener (1964) – King and Country / Für König und Vaterland (1964) – Modesty Blaise / Modesty Blaise – die tödliche Lady (1966) – Accident / Accident – Zwischenfall in Oxford (1967) – Boom! / Brandung (1968) – Secret Ceremony / Die Frau aus dem Nichts (1969) – Figures in a Landscape / Im Visier des Falken (1970) – The Go-Between / Der Mittler (1971) – L'assassinio di Trotsky / Das Mädchen und der Mörder (1972) – A Doll's House / Nora (1973) – Galileo / Galileo (1974) – The Romantic Englishwoman / Die romantische Engländerin (1975) – M. Klein / M. Klein (1976) – Les Routes du Sud / Straßen nach Süden (1978) – Don Giovanni / Don Giovanni (1979) – La Truite / Eine Frau wie ein Fisch (1982) – Steaming (1985).

Literatur: Christian Ledieu: Joseph Losey. Paris 1963. – James Leahy: The Cinema of Joseph Losey. London 1967. – Joseph Losey. München/Wien 1977. (Reihe Film. 11.) – Michel Ciment: Conversations with Losey. London 1985. – Andrew Sarris: The American Cinema. Chicago 1985. – James Palmer / Michael Riley: The Films of Joseph Losey. Cambridge / New York 1993. – David Caute: Joseph Losey. London 1994.

Ernst Lubitsch

1892–1947

Sie galten (und gelten noch immer) als großes Dreigestirn des deutschen Stummfilms: Murnau (*1888), Lang (*1890), Lubitsch (*1892). Alle drei wanderten nach Amerika aus, zuerst Lubitsch (1922), dann Murnau (1926), schließlich Lang (1934, gezwungen durch die politischen Verhältnisse in Deutschland). Jeder ging künstlerisch seinen eigenen Weg. Murnaus Strecke war die kürzeste, er verunglückte mit 42 Jahren tödlich bei einem Verkehrsunfall, Langs die längste, er wurde 85, Lubitschs die effektivste: Als er im Alter von 55 Jahren nach einem Herzanfall in Beverly Hills starb, hatte er in 38 deutschen und 29 amerikanischen Filmen Regie geführt und den Anspruch auf einen der oberen Plätze im Pantheon der Filmgötter erworben.

Ernst Lubitsch, geboren am 29. Januar 1892 in Berlin, war im Umgang mit Kunst und Kino geprägt von den zehner Jahren, der Vorweimarer Zeit. Neunzehnjährig wurde der Sohn eines jüdischen Mantel- und Kostümfabrikanten, immer an Verkleidung interessiert, Ensemblemitglied des Deutschen Theaters. Dort entwickelte er sich, zuerst als Statist, dann in kleineren und mittleren Rollen, zum Schauspieler. Seine Spezialität waren Diener und Narren, bei Shakespeare, Wedekind, Hauptmann, Molière, aber auch in Pantomimen und trivialen Stücken, von 1911 bis 1918, in einer ersten Blütezeit des deutschen Regietheaters. Max Reinhardt gab den Ton an, von ihm konnte Lubitsch viel lernen.

Hinzu kam ab 1913 das Kino. Zunächst als Schauspieler, bald auch als Autor und Regisseur wurde Lubitsch populär. Es waren Serienprodukte, mit denen sich »der unverwüstliche Filmhumorist« einen Namen machte, Ein- bis Dreiakter mit derben Sujets. Während sich Murnau und Lang freiwillig und heldenhaft im Krieg herumschlugen, leistete Lubitsch Dienst auf seine Art: Er unterhielt die Deutschen in der Heimat. 1918 war er, im Wissen um die Mittel des Kinos, bestens vorbereitet auf seine große Karriere. Lang und Murnau fingen da mit ihrer Filmarbeit erst an.

Ernst Lubitsch als Schauspieler in seinen frühen Filmen zu sehen, verführt dazu, aus den Geschichten und Figuren auf Lubitschs Leben im Scheunenviertel der Kaiserzeit zu schließen. Bei ihm muß man mit den Realitätsbezügen aber vorsichtig umgehen. Er hat sie im Kino nicht gewollt. Auffallend ist allerdings, daß die Konfektionsbranche, in der er sich auskannte, oft die Stoffe lieferte. Aufsteigergeschichten werden erzählt, in denen Frechheit siegt. Rückschläge bleiben zwar nicht aus, aber ob Lubitsch nun Sally oder Moritz heißt – er ist ein Stehaufmännchen. Sein Auftreten eilt seinen wirklichen Möglichkeiten immer voraus. Den Ausgleich schafft er durch Geschwindigkeit. Die Filmhistorikerin Lotte Eisner hat das als jüdischen Slapstick bezeichnet. Jüdisch mag daran auch sein, wie Autorität demontiert, wie Konvention außer Kraft gesetzt wird. Das geschieht mit vollem Risiko und körperlichem Einsatz und schließt nicht aus, daß sich Lubitsch, der Antiheld, selbst zum Gespött macht. Die Unverblümtheit, mit der das gezeigt wird, wirkt heute befremdlich. Da verstellen die Subtilitäten des späten Lubitsch den Blick auf den frühen.

Von 1919 bis 1922 drehte Ernst Lubitsch als Regisseur elf Filme, darunter seine großen deutschen Meisterwerke *Die Austernprinzessin, Madame Dubarry, Die Puppe, Kohlhiesels Töchter, Sumurun, Anna Boleyn, Die Bergkatze, Das Weib des Pharao*. Er wechselte laufend die Genres – Komödie, historischer Kostümfilm, Kammerspiel, Melodram – und suchte den reinen Stil, die Vollkommenheit an der Oberfläche. Er dirigierte die größten Statistenheere und inszenierte die leisesten Liebesszenen. Was er nicht mochte, waren: Expressionismus und Innerlichkeit. Das führe nicht weiter, sagte er.

Ihm ging es um Herausforderungen, nicht um individuelle Kunst.

Auf politische und soziale Gegebenheiten reagierte Lubitsch immer mit extremer Gegenwehr. Die Not der Nachkriegszeit (1919/20) inspirierte ihn zu opulenten Ausstattungsfilmen. In der *Austernprinzessin* wurde ausführlich getafelt, während das Publikum hungerte. An der Französischen Revolution interessierte Lubitsch, wie das Mädchen Jeanne zur königlichen Kokotte Dubarry aufstieg, aber nicht das Motiv einer Revolution. Der Krieg in der *Bergkatze* war reine Parodie, die Opfer des realen Krieges hatte man eben erst begraben. Das Lustspiel *Kohlhiesels Töchter* kam in die Berliner Kinos, als sich die Stadt gerade im Ausnahmezustand befand. Deutschland, das war damals: Kapp-Putsch, Generalstreik, Demonstrationen, Hunger. Lubitschs Filme verweigerten sich der Realität jener Zeit, und manche Kritiker sagten, gerade das habe ihren Erfolg ausgemacht. Sie hatten recht, aber sie wurden damit nicht den Filmen gerecht.

Man muß bei Lubitsch auch die Subtexte – den eigenen Diskurs der Bilder, der Objekte, der Rituale – entziffern. Er macht das eigentlich leicht, sie liegen ganz offen da, immer etwas verschoben gegen die bekannten Muster, touchiert. Man muß bei ihm auch die Suggestion des Äußerlichen wahrnehmen: die Kleider, die Frisuren, die Dekorationen, die Requisiten, die Räume. Lubitsch war ein Kinomensch, also ein Verführer. »Nicht nur Gehirn und Herz, sondern auch die Augen müssen befriedigt werden«, schrieb er 1924.

Da arbeitete er schon in Amerika. Mary Pickford hatte ihn geholt, als die Deutschen nach dem Krieg drüben noch gar nicht gut angesehen waren. Aber *Madame Dubarry* war ein so enormer internationaler Erfolg, daß Lubitschs Ruhm sich schnell bis Hollywood herumsprach.

Er arbeitete mit den größten Stars des Kinos: Asta Nielsen, Pola Negri, Mary Pickford, Marlene Dietrich, Greta Garbo. Das hat kein anderer Regisseur geschafft. Er machte keine Konzessionen an ihr Image, duldete kein spezielles Licht, keine unbegründeten Posen, keine deplazierten Großaufnahmen. Sie waren für ihn Schauspielerinnen. Die Garbo akzeptierte das, sie hat in *Ninotschka* sogar gelacht. Marlene Dietrich war über *Engel* nicht sehr glücklich, »weniger gut« nennt sie den Film in ihrer Autobiographie. Mit Asta Nielsen hatte Lubitsch schon in Deutschland Streit. Leider ist der Anlaß (das Strindberg-Melodram *Rausch*) in keiner Kopie erhalten. Auch mit Pickford geriet er aneinander. (»Ihn interessieren nur die Türen«, soll sie geschrien haben.) Am besten kam er mit Pola Negri zurecht. Sie hatten in Berlin sechs Filme zusammen gedreht, wurden Nachbarn in Beverly Hills, und sie spielte für ihn die Zarin in *Das verbotene Paradies* (1924).

Das war eine der sechs stummen Gesellschaftskomödien für Warner Bros., die man auch Sex-Comedies nennen kann. Lubitsch übte sich in allen Verfahren, die Prüderie der Amerikaner durch die verstecktesten Anzüglichkeiten zu unterlaufen. Hitchcock liebte vor allem *Die Ehe im Kreise* (1924), eine Fünfeckgeschichte. Weil Lubitsch festgefügte Verbindungen haßte, stellte er die Ehe gern als Zwangsjacke dar. Er war zweimal unglücklich verheiratet.

Lubitsch interessierte immer das Neue, das Nächste. Deshalb schaffte er mühelos den Übergang vom Stummfilm zum Tonfilm. Die Depressionszeit in Amerika animierte ihn zu den realitätsfernen Operetten mit Maurice Chevalier und Jeanette Mac Donald. Da war er schon bei Paramount unter Vertrag, dem vielseitigsten, sehr an Europa orientierten Hollywood-Studio, das die besten Kostümbildner und Ausstatter hatte.

Fünf Filme der dreißiger Jahre sind klassischer Lubitsch: *Ärger im Paradies* (1932), *Serenade zu dritt* (1933), *Engel* (1937), *Blaubarts achte Frau* (1938), *Ninotschka* (1939). Es sind Filme über Schein und Sein, über Glücksversprechen und Betrug, Liebesgeschichten, wie sie virtuoser und zeichenhafter niemand erzählen konnte. »Lubitschs Filme sind gemacht wie Mode und wirken wie Mode. Sie sind verführerisch. Sie wecken Wünsche und Lüste. Er demonstriert von innen, mit den Mitteln des Kinos, unsere Anfälligkeit für Ansteckung. Er zeigt ganz unverblümt, daß davon das Kino lebt« (F. Grafe).

Immer wieder wurde versucht, hinter das Geheimnis der Lubitsch-Filme (»Lubitsch-Touch«) zu kommen, herauszufinden, warum man hier auf eine bestimmte Weise lachen muß. Manche hofften, als Nachahmer erfolgreich zu sein. Selbst Billy Wilder bekannte einmal: »Man versucht doch immer, die Meister zu kopieren, und manchmal ist die Sache sogar erfolgreich. Aber es ist immer nur alles bescheiden: ›wie Lubitsch‹, Lubitsch-Schule, nie Original-Lubitsch.«

Für eine Beschreibung des Lubitsch-Stils müssen meist Worte wie Eleganz, Raffinement, Geschmack herhalten. Genauer wären: Auslassung, Anspielung, scheinbare Diskretion; vor der Tür bleiben; einer bekannten Situation eine neue, überraschende Wendung geben; wie beim Billard über die Bande spielen; Nebensachen zu Hauptsachen machen; das Tempo verlangsamen – oder beschleunigen; Timing; Montage.

Eine Sequenz-Beschreibung von Billy Wilder führt uns Lubitschs Technik sehr genau vor Augen: »Die Szene stammt aus *Die lustige Witwe*: Man sieht ein Schloß, ein Schlafzimmer, den König und die Königin. Die Königin liegt noch im Bett, der König zieht sich an, küßt seine Frau und geht aus dem Zimmer. Draußen vor der Tür steht Maurice Chevalier auf Wache. Der König geht vorbei, Chevalier salutiert, der König verschwindet um die Ecke. Im gleichen Augenblick dreht sich Chevalier um und geht ins Schlafzimmer zur Königin. Er macht die Tür zu, der Zuschauer sieht nichts, nur die Tür von draußen, die Kamera geht nicht mit ihm hinein. Jetzt wieder der König: Er geht die Treppe hinunter und merkt, daß er vergessen hat, seinen Säbel umzuschnallen. Also geht er langsam wieder die Treppe hoch, Richtung Schlafzimmer, das Publi-

Ernst Lubitsch mit Greta Garbo

kum wartet schon auf den Knall, den es da geben wird. Er macht die Tür auf, geht hinein, macht die Tür zu. Wir sind wieder draußen, malen uns aus, was jetzt im Zimmer passiert. Die Tür geht wieder auf, der König kommt heraus, seinen Säbel in der Hand, er lächelt. Nichts gemerkt, kein Knall. Er geht langsam weg, will den Säbel umschnallen – der Gürtel ist viel zu eng, es ist gar nicht seiner! Und jetzt durchschaut er die Situation, geht zurück und findet den Chevalier unterm Bett.«

Dem Zuschauer wird bei Lubitsch alles gezeigt, nur nicht direkt und auf den ersten Blick. Kein anderer Regisseur hat so raffiniert Requisiten ins Spiel gebracht, um eine Situation oder einen Konflikt pointiert aufzulösen, keiner hat aber auch die vieldeutigen Kinozeichen so eindeutig benutzt. Natürlich verweist ein Säbel noch auf etwas anderes. Das war schon vor Freud bekannt und Lubitsch geläufig. Deshalb handelt es sich um eine scheinbare Diskretion. Sie beruht auf einem Einverständnis mit dem Publikum. Dieses weiß, worum es geht, und amüsiert sich über jeden Kunstgriff, den Lubitsch anwendet, um es zu düpieren. Wir haben es mit einem speziellen Voyeurismus zu tun, wie er – ein Resultat der Erwartung und der Schaulust – nur dem Kino eigen ist. Vorausgesetzt werden allerdings eine gewisse Intelligenz und Bildung der Zuschauer.

1939 drehte Lubitsch mit geringem Budget eine seiner kleinsten und schönsten Komödien: *Rendezvous nach Ladenschluß*. Später sagte er: »Ich habe nie einen Film gemacht, in dem die Atmosphäre und die Figuren wahrer sind als in diesem Film.« Er spielt in einem Gemischtwarenladen für den gehobenen Mittelstand in Budapest, Mitte der dreißiger Jahre. Es geht um Eifersucht und Liebeskummer, vor allem aber um Arbeit und den Verlust von Arbeit, um Geld und Aufstieg, kaufmännisches Geschick und soziale Bedrohung. Alles dreht sich um die Ladenkasse. Selten war Lubitsch näher am realen Leben, und auch hier funktioniert sein ästhetisches Prinzip des Indirekten. Zum schauspielerischen Personal dieses erst später richtig gewürdigten Films gehörten James Stewart, Margaret Sullavan, Joseph Schildkraut und Felix Bressart – einer der begnadetsten Lubitsch-Spieler.

Lubitschs berühmtester Film ist *Sein oder Nichtsein*, gedreht im November/Dezember 1941. Den ersten Krieg hatte Lubitsch zu Hause erlebt, den zweiten beobachtete er aus der Ferne. Er reagierte mit einer Komödie darauf – und machte ernst. Es geht wirklich um Sein oder Nichtsein. Der Film spielt in Warschau 1939. Dokumentarische Realität dringt aber nicht ein, kein Bild stammt aus der Wirklichkeit. Im Gegenteil: Die Bühne ist wichtigster Ort der Handlung, also die Welt des Scheins. Zu ihr gehört auch das Leben hinter den Kulissen. Dieses gerät nach dem Einmarsch der Deutschen in Warschau aus den Fugen. Das Theater wird geschlossen, die Schauspieler, die eigentlich ein Anti-Gestapo-Stück aufführen wollten, agieren plötzlich auf einer politischen Bühne, in einem realen Spionagefall der Gestapo. Sie bringen die Dramaturgie durcheinander, sie inszenieren, improvisieren und entkommen am Ende durch einen wahren Theatercoup.

Die Handlung ist genial und hanebüchen. Eine Hauptrolle spielen – wie oft bei Lubitsch – die Türen. Hinter jeder kann es eine unangenehme Überraschung geben. Deshalb hält man ständig den Atem an, befreit sich durch Lachen von der Spannung, erschrickt über eine neue Wendung und wird aufs neue getäuscht. Dieses Spiel von Sein und Schein erhält eine zusätzliche Dimension durch unser Wissen vom brutalen Wirken der Nazis. Damit vergrößert sich noch einmal die Fallhöhe der Figuren, und das Lachen wird bodenlos. Keine andere Komödie von Lubitsch war einer solchen Zerreißprobe ausgesetzt, weil seine Geschichten sonst nie mit bitterer Wirklichkeit zu tun hatten. Je mehr damals über die deutschen Greueltaten in Polen bekannt wurde, desto distanzierter reagierte das Publikum in Amerika. Die Radikalität dieses

Films konnte erst sehr viel später begriffen werden.

Paul Virilio weist in seinem Essay »Krieg und Kino« darauf hin, daß Lubitsch einen ernsthaften und hintergründigen Kriegsfilm gedreht habe, der sogar einiges von der Philosophie der alliierten Geheimdienste verriet. So habe die englische Führung ihre Ideen manchmal tatsächlich von Shakespeare bezogen. Virilio nennt als Beispiel »Macbeth« und die Schlacht von El Alamein. Und er erinnert daran, daß in wichtigen Phasen des Krieges Doubles von Churchill und führenden Militärs Flugreisen zu frei erfundenen Zwecken unternahmen. Das Verhältnis zwischen Schauspielern und Politikern in *Sein oder Nichtsein*, das groteske Verwechslungsspiel habe also durchaus eine Entsprechung in den Kriegslisten, die die Alliierten ersannen, um Hitler und den deutschen Generalstab hinters Licht zu führen.

In *Sein oder Nichtsein* gibt es auch einen Satz, der wie eine Metapher für die Philosophie von Lubitsch klingt. Weniger aus Patriotismus, denn aus Eifersucht tötet der Schauspieler Tura den Spion Siletzki, um damit das Verhältnis seiner Frau zu dem Fliegerleutnant Sobinski zu beenden. Den hat er nämlich – welche Unverfrorenheit! – in seinen Hausschuhen angetroffen. Turas Motiv: »Ich liebe mein Land, und ich liebe meine Hausschuhe«.

Bei Lubitschs Beerdigung – die Anekdote gehört inzwischen zum klassischen Zitatenschatz der Filmgeschichte – soll Billy Wilder zu seinem Kollegen William Wyler traurig gesagt haben: »Kein Lubitsch mehr«, und Wyler hat geantwortet: »Schlimmer – keine Lubitsch-Filme mehr.«

Hans Helmut Prinzler

Filmographie: Aufs Eis geführt (1915) – Zucker und Zimt (1915) – Fräulein Seifenschaum (1915) – Sein einziger Patient (1915) – Der Kraftmeyer (1915) – Der letzte Anzug (1915) – Blindekuh (1915) – Als ich tot war (1916) – Schuhpalast Pinkus (1916) – Der gemischte Frauenchor (1916) – Das schönste Geschenk (1916) – Der G.m.b.H.-Tenor (1916) – Die neue Nase (1916) – Käsekönig Holländer (1917) – Der Blusenkönig (1917) – Ossi's Tagebuch (1917) – Wenn vier dasselbe tun (1917) – Das fidele Gefängnis (1917) – Prinz Sami (1917) – Der Rodelkavalier (1918) – Das Mädel vom Ballett (1918) – Ich möchte kein Mann sein (1918) – Der Fall Rosentopf (1918) – Die Augen der Mumie Mâ (1918) – Carmen (1918) – Meyer aus Berlin (1918) – Meine Frau, die Filmschauspielerin (1919) – Die Austernprinzessin (1919) – Rausch (1919) – Madame Dubarry (1919) – Die Puppe (1919) – Kohlhiesels Töchter (1920) – Romeo und Julia im Schnee (1920) – Sumurun (1920) – Anna Boleyn (1920) – Die Bergkatze (1921) – Das Weib des Pharao (1921) – Die Flamme (1922) – Rosita (1923) – The Marriage Circle / Die Ehe im Kreise (1924) – Three Women / Drei Frauen (1924) – Forbidden Paradise / Das verbotene Paradies (1924) – Kiss Me Again / Küß' mich noch einmal (1925) – Lady Windermere's Fan / Lady Windermeres Fächer (1925) – So This Is Paris / So ist Paris (1926) – The Student-Prince in Old Heidelberg / Alt-Heidelberg (1927) – The Patriot / Der Patriot (1928) – Eternal Love / Der König der Bernina (1929) – The Love Parade / Liebesparade (1929) – Monte Carlo / Monte Carlo (1930) – Paramount on Parade (Episoden: Origin of the Apache, A Park in Paris, The Rainbow Revels, 1930) – The Smiling Lieutenant / Der lächelnde Leutnant (1931) – The Man I Killed / Der Mann, den sein Gewissen trieb (1931) – Trouble in Paradise / Ärger im Paradies (1932) – If I Had a Million / Wenn ich eine Million hätte (Episode: The Clerk, 1932) – One Hour with You / Eine Stunde mit Dir (1932) – Design for Living / Serenade zu dritt (1933) – The Merry Widow / Die lustige Witwe (1934) – Angel / Engel (1937) – Bluebeard's Eighth Wife / Blaubarts achte Frau (1938) – Ninotchka / Ninotschka (1939) – The Shop around the Corner / Rendezvous nach Ladenschluß (1940) – That Uncertain Feeling / Ehekomödie (1941) – To Be or Not to Be / Sein oder Nichtsein (1942) – Heaven Can Wait / Ein himmlischer Sünder (1943) – Cluny Brown / Cluny Brown auf Freiersfüßen (1946) – That Lady in Ermine / Die Frau im Hermelin (fertiggestellt von Otto Preminger, 1948).

Literatur: Jan-Christopher Horak: Ernst Lubitsch and the Rise of Ufa 1917–1922. Boston 1975. – Herman G. Weinberg: The Lubitsch Touch. Erw. Ausg. New York 1977. – Robert Carringer / Barry Sabath: Ernst Lubitsch. A Guide to References and Resources. Boston 1978. – Leland A. Pogue: The Cinema of Ernst Lubitsch. The Hollywood Films. South Brunswick / London 1978. – Thomas Elsaesser (Hrsg.): Space Frame Narrative. Ernst Lubitsch. Silent Cinema. Norwich 1983. – William Paul: Ernst Lubitsch's American Comedy. New

York 1983. – Hans Helmut Prinzler / Enno Patalas (Hrsg.): Lubitsch. München/Luzern 1984. – Bernard Eisenschitz / Jean Narboni (Hrsg.): Ernst Lubitsch. Paris 1985. – Eithne Bourget / Jean-Loup Bourget: Lubitsch ou la satire romanesque. Paris 1987. – Sabine Hake: Passions and Deceptions. The Early Films of Ernst Lubitsch. Princeton 1992. – Herta-Elisabeth Renk: Ernst Lubitsch. Reinbek bei Hamburg 1992. – Herbert Spaich: Ernst Lubitsch und seine Filme. München 1992. – Scott Eyman: Ernst Lubitsch: Laughter in Paradise. New York 1993.

Sidney Lumet

*1924

Sidney Lumet wurde am 25. Juni 1924 in Philadelphia geboren, sein Vater Baruch Lumet, Schauspieler und Regisseur, und seine Mutter Eugenia Wermus stammten von polnischen Juden ab. Im Alter von vier Jahren spielte er bereits beim New Yorker Yiddish Art Theater mit, beteiligte sich an Radiosendungen, die sein Vater schrieb und inszenierte, und war im Alter von elf Jahren bereits in acht jiddischen Stücken aufgetreten. Lumet wuchs in einem Arbeiterviertel auf, bezeichnete sich selber später als »Straßenjuden«, der sich politisch in linken Gruppen betätigte. Er studierte ein Semester lang dramatische Literatur an der Columbia University und begann dann seinen fünfjährigen Dienst im Signaldienst der Armee, als die USA 1941 in den Zweiten Weltkrieg eintraten. In dieser Zeit wurde er zum Radarspezialisten, verbrachte unter anderem zwangsweise zwei Jahre im Dschungel Nordindiens. Als er die Armee 1946 verließ, hatte er wie viele seiner Generation Schwierigkeiten, in das Alltags- und Berufsleben zurückzufinden. Er bildete Ende der vierziger Jahre seine eigene Theatergruppe, eine der ersten Off-Broadway-Truppen, den Actor's Workshop at University Place, nachdem er aus dem neugegründeten Actor's Studio nach einigen Monaten hinausgeworfen worden war, weil er sich mit der Erneuerung des realistischen Spiels im Studio nicht einverstanden erklären konnte. Ihm galt dieser Stil nur als einer unter anderen. Mit seiner Truppe entschloß er sich, in umgekehrter chronologischer Reihenfolge die Modelle des Weltdramas vom modernen Realismus angefangen zurück über Shaw bis zu Shakespeare und endlich den alten Griechen durchzuprobieren. Nachdem er einige Theaterstücke inszeniert hatte, wurde Lumet 1950 durch die Hilfe seines Freundes Yul Brynner Regieassistent bei CBS (Columbia Broadcasting System). Schnell avancierte Lumet zu einem erfolgreichen Serienregisseur bei insgesamt ca. 500 Produktionen. Er lernte auf diese Weise sein Handwerk, vor allem den Umgang mit Schauspielern und die Konstitution des Raums durch überlegt ausgewählte Blickwinkel.

Erst 1957 konnte er seinen ersten Kinofilm inszenieren: *Die zwölf Geschworenen*. Da war er bereits 33 Jahre alt. Seither entwickelte er sich zu einem der produktivsten und zugleich ernsthaftesten Filmregisseure Amerikas, wobei er fast immer New Yorker Erfahrungen in seine Filme hineinspielen ließ und auch New York als Produktionsstandort wählte (erst in den späten achtziger Jahren drehte er einmal in Hollywood, einige wenige Male davor an anderen Orten, z. B. in Europa). Lumets Filme weisen stets einen hohen formalen Standard auf: Die schauspielerische Leistung ist durchweg überdurchschnittlich, die Kameraperspektiven, sogar die Wahl der Objektive, werden zu einem wesentlichen Element der erzählerischen Konstruktion. In seinen 1995 veröffentlichten Selbstzeugnissen gibt sich Lumet als sachlicher, gelassener Regisseur zu erkennen, der seine Arbeit mit großer Präzision vorausplant und durch intensive Proben den gesamten Aufnahmeprozeß verkürzt. Dabei erweist sich Lumet als Autorenfilmer, denn er zeichnet selbstverständlich verantwortlich für die endgültige Form des Drehbuchs, setzt sich offenbar argumentativ und erfolgreich bei Produzenten durch und hat seit geraumer Zeit auch das Recht erstritten, den Final Cut, die Montage bis zum Schluß, zu bestimmen. Lumets Filme sind in ihrer großen Mehrheit Problemfilme (dieser Ausdruck bezeichnet in den fünfziger Jahren ein bestimmtes Genre der deutschen Filmproduktion, ist aber auf diesen Fall gut übertragbar). Sein Außenseitertum – als Jude und Linker geprägt von den politischen Turbulenzen der dreißiger Jahre in den USA – hat ihm zur Unabhängigkeit verholfen. Entsprechend durchleben gesellschaftliche Außenseiter in vielen seiner Filme große Konflikte, an denen sie nicht zerbrechen. Immer wieder müssen sich seine Helden gegen oberflächliche Mehrheitsmeinungen, gegen den Druck der anderen zur Wehr setzen und behaupten. Die amerikanischen Normen sind nach Lumets Auffassung selten der Maßstab richtigen Handelns. Etliche seiner Polizeifilme – ein Genre, das er seit den frühen siebziger Jahren bevorzugt aufgreift – offenbaren ein völlig korrumpiertes System, in dem widerständige Einzelgänger kaum eine Chance bekommen oder Gefahr laufen, sich zu assimilieren. Bereits Lumets erster Film, obgleich die Adaption eines Theaterstücks, weist für sein späteres Werk typische Elemente auf: in den *Zwölf Geschworenen* muß ein Einzelner sich gegen die Übermacht der schnellfertig gebildeten Urteile der elf anderen zur Wehr setzen. Ihm gelingt es allmählich, durch beharrliche Argumentation und die Fähigkeit, den Tathergang zu veranschaulichen, alle auf seine Seite zu ziehen, wobei es zynisch Gleichgültige auch in dieser Gruppe gibt – wie in anderen Gruppen, die Lumet später kennzeichnet –, Leute, die ein Ende des Verfahrens wünschen, ohne daß ihnen wirklich an der Wahrheit gelegen ist. Der geschlossene Raum erzwingt eine außerordentlich raffinierte Kameraführung (Boris Kaufman): durch den Wechsel der Brennweiten (von normalen zu Teleobjektiven) und durch den Umstand, daß sich die Kamera im Verlauf der Handlung von einer Höhe über den Personen langsam herabsenkt, so daß die Decke sichtbar wird, erscheint der Raum, in dem die Geschworenen eingeschlossen sind, immer kleiner. Dadurch wird der Eindruck der Bedrängtheit, Beengtheit noch verstärkt. Überraschend ist, daß Lumet mit so wohl kalkulierter Blickführung keine Scheu vor Dialogen verbindet – was gelegentlich auf seine frühe Bühnenerfahrung zurückgeführt worden ist.

In *Blick von der Brücke* (1961), nach einem Theaterstück von Arthur Miller, der einen tragischen Konflikt unter italienischen Einwanderern in New York schildert, erstrebt Lumet eine Stilistik, die als »urban street realism« beschrieben worden ist. Von diesem ästhetischen Modell weichen beide Filme, die unmittelbar danach entstanden sind, merklich ab und benutzen eine viel artifiziellere Konstruktion. Dies gilt sowohl für *Eines langen Tages Reise in die Nacht* (1962) – der Film nach dem Drama von Eugene O'Neill ist nie in den deutschen Verleih gekommen – und vor allem für den *Pfandleiher* (1965): Ein Überlebender des Holocaust ist seelisch völlig verhärtet. Als Pfandleiher tritt er den armen und ärmsten seiner Kunden wie ein Mann mit steinernem Herzen entgegen. Nur noch Geld scheint ihn zu interessieren. Aus zunächst gar nicht begreiflichen, abrupt eingestreuten Rückblenden setzt sich langsam die Vorgeschichte zusammen: der Pfandleiher hat im KZ seine Familie verloren. Der Film erzählt, indem er diese beiden Bildschichten, die der Gegenwart und die der Vergangenheit, zusammenführt, von der Rücknahme oder Auflösung der Verdrängung, die nicht nur die Täter, sondern ebenso die Opfer befallen hat.

Sidney Lumet

Der Film dokumentiert durch seine weder simple noch aufdringliche Assoziationstechnik die Wiederkehr quälender Gespenster und am Ende eine zweite Menschwerdung unter Schmerzen.

In der darauf folgenden, englischen Produktion, *Ein Haufen toller Hunde* (1965), dringt Lumet hinter die spektakuläre Oberfläche eines Strafgefangenenlagers, das die Briten während des Zweiten Weltkriegs in Nordafrika errichtet haben, um das Unterwerfungssystem auch dieses Lagers zu zeigen, in dem sadistische Willkür beinahe ungestraft sich breitmachen kann – wenn es nicht den Widerstand eines Außenseiters gäbe, eines unbezwingbaren Rebellen, der allerdings am Ende auch nicht verhindern kann, daß Mord mit Mord vergolten wird (Sean Connery, der häufig mit Sidney Lumet zusammenarbeitete und jedesmal in Rollen, die ihn vom James-Bond-Schema relativ weit wegführten). Auch hier benutzt Lumet in der Schlußphase des Films nur noch Weitwinkelobjektive, so daß sich das Entsetzen über die geschilderten Vorgänge in den verzerrten Gesichtern, zumal bei Großaufnahmen, in expressiver Überhöhung widerspiegelt.

In den nächsten Jahren probierte Lumet die unterschiedlichsten Genres aus, wobei der Polizeithriller ein geheimes Zentrum bildet: *Sein Leben in meiner Gewalt* (1972) deckt die Abgründe in einem besessenen Polizisten auf, der einem mutmaßlichen Sexualmörder Phantasien unterstellt, die ihm selbst entspringen (Sean Connery in einer seiner finstersten Rollen), in *Serpico* (1973) charakterisiert er einen Abweichler im Polizeiapparat, der gefeit zu sein scheint gegen die Korruption, die auch »Staatsdiener« von innen her moralisch zerfrißt. Der Film wirkt wie ein Vorspiel zu dem 1981 entstandenen Film *Prince of the City*, in dem die Krankheit des Systems so allumfassend ist, daß selbst diejenigen, die ihr entkommen oder sie heilen wollen, von ihr beschmutzt und beschädigt werden. *Hundstage* (1975) stellt einen Höhepunkt von Lumets filmischer Arbeit in den siebziger Jahren dar. Al Pacino spielt einen Bankräuber aus edlen Motiven, dessen Coup von daher den Beifall der Menge erhält, die sich vor dem Tatort auf der Straße versammelt. Pacino trägt mit seiner großen Intensität über weite Strecken hin den Film. Die Sequenzen, in denen er zunächst mit seinem Geliebten (für dessen Geschlechtsumwandlung er das Geld erbeuten wollte) und dann mit seiner nervtötend jammernden Ehefrau telefoniert, um danach sein Testament zu diktieren, sind eindrucksvolle Zeugnisse einer Schauspielkunst, die einen Menschen am Rande seiner Existenz vor Augen führt, einen Verzweifelten, der versucht, in Würde Abschied zu nehmen, im Bewußtsein des Mißlingens selbst der mutigsten Handlung, zu der er in seinem Leben fähig gewesen ist. Völlig anders fällt der ein Jahr zuvor produzierte Film *Mord im Orient-Expreß* (1974) nach dem berühmten Roman von Agatha Christie aus: ein beinahe heiterer, behaglich schlendernder Kriminalfilm, der mit großer Virtuosität zumal die Situation der Personen wiedergibt, die – wieder einmal bei Lumet – in einem Raum gefangen sind, der von Schneemassen eingekeilt ist, so daß es kein Entkommen gibt und die Konflikte bis zum Siedepunkt oder zur Lösung vorangetrieben werden.

Lumets größter Erfolg in Amerika war *Network* (1976), eine scharfe und grimmige Satire auf die Verhältnisse eines Fernsehens, das das ›Überleben‹ aller Angestellten und Programme von den Einschaltquoten abhängig macht. Ein Anchorman (Peter Finch), kurz vor der Entlassung, wird zum entfesselten scharfzüngigen Propheten. Als er sich, ohne es zu merken, als Lautsprecher eines Industriemagnaten mißbrauchen läßt und daher seinen göttlichen Zorn verliert, sinkt das öffentliche Interesse – um ihn loszuwerden, beschließen einige Programmverantwortliche, vor allem eine ehrgeizige aufstrebende Produzentin (Faye Dunaway), ihn vor laufender Kamera einfach erschießen zu lassen. In Filmen wie *The Verdict – Die Wahrheit und nichts als die Wahrheit* (1982), einem aufregenden Gerichtsfilm, in dem wieder einmal David gegen Goliath antritt und am Ende auch gewinnt, und *Daniel* (1983) verschärft Lumet seine Kritik an den amerikanischen Strukturen – wobei *Daniel* besonders die Auseinandersetzung mit dem Amerika des Kalten Krieges wagt.

Diese unabhängige kritisch-intellektuelle und vielleicht auch typisch New Yorker Position transportierte Lumet auch in seinen einzigen Hollywood-Film, *Der Morgen danach* (1986), dessen übertriebene Farben, vielfach durch Filter hergestellt, die grelle, oberflächlich schöne und im Grunde kalte

Welt des amerikanischen Westens beinahe karikaturistisch wiedergeben.

Noch in jüngster Zeit ist es Sidney Lumet gelungen, Filme zu inszenieren, die das Schemahafte der Handlung und der Figuren durch besondere Intensität in der Entwicklung der Geschichte überwinden, z. B. in *Jenseits der Unschuld* (1993), in dem eine Anwältin scheinbar vergeblich gegen die Intrige eines Mörders von überlegener Intelligenz ankämpft; erst die letzten Minuten des Films verschaffen dem Prinzip der poetischen Gerechtigkeit Geltung. Auf eine sehr überraschende Weise, denn beim gemeinsamen Sturz von Täter und Opfer in die Tiefe schlägt der Täter zuerst auf und stirbt, während das Opfer sich als Überlebende aus der realen und sinnbildlichen Verklammerung mit dem Gegner lösen kann. In den sechziger und siebziger Jahren lassen sich die Filme Lumets merklich in Männer- und Frauenfilme unterscheiden: vielen Filmen, in denen ausschließlich Männer die Protagonisten sind, stehen einige wenige Filme gegenüber, in denen er sich mit Frauen beschäftigt. Das Genre des Polizeithrillers läßt Frauen zudem nur als Nebenfiguren zu. Einige Filme in den ausgehenden achtziger und in den neunziger Jahren lassen eine Akzentverschiebung erkennen: Lumet interessiert sich für die einsame, überlebensfähige, berufstätige Frau der oberen Mittelschicht, die sich in einer bedrohlichen und brutalisierten Männerwelt zurechtfinden muß und bereit zu sein scheint, alle möglichen Widerstände zu bewältigen.

Lumet hat seine Filme sowohl für ein großes wie für ein aufmerksames und kluges Publikum gedreht. Das Bühnenhafte und Begrenzte seiner Raumkompositionen hat ihn nie daran gehindert, raffiniert, wenngleich nie sehr demonstrativ mit der Kamera umzugehen. Auf den ersten Blick nicht gleich erkennbare Stilisierungen überformen auf unprätentiöse Weise den realistischen Kern seiner Erzählungen. Bei aller Klarheit und Konsequenz seiner Gesellschaftskritik am Status quo amerikanischer Verhältnisse schlägt nirgendwo eine propagandistische oder agitatorische Attitüde durch. Lumet, der oft unter der New Yorker Kritik zu leiden hatte, vor allem unter den subjektivistischen Verdikten Pauline Kaels, hat für seine beinahe vierzig Kinofilme über fünfzig Oscar-Nominierungen und etliche Oscar-Auszeichnungen erhalten. Siebenmal ist er von der Directors' Guild of America zum besten Regisseur ernannt worden. 1993 erhielt er den Lifetime-Achievement Award des National Arts Club für sein Lebenswerk. In Europa hat man sich nur mit einigen seiner Filme ausführlich beschäftigt (obgleich die französische Regierung ihm einen Ehrentitel verliehen hat), so daß die angemessene Würdigung seines Gesamtwerks noch aussteht.

Thomas Koebner

Filmographie: Twelve Angry Men / Die zwölf Geschworenen (1957) – Stage Struck / Eines Tages öffnet sich die Tür (1958) – That Kind of Woman / So etwas von Frau (1959) – The Fugitive Kind / Der Mann in der Schlangenhaut (1960) – A View from the Bridge / Blick von der Brücke (1961) – A Long Day's Journey into Night (1962) – Fail Safe / Angriffsziel Moskau (1963) – The Pawnbroker / Der Pfandleiher (1965) – The Group / Die Clique (1965) – The Hill / Ein Haufen toller Hunde (1965) – The Deadly Affair / Anruf für einen Toten (1966) – Bye Bye, Braverman (1968) – The Seagull / Die Möwe (1968) – The Appointment / Ein Hauch von Sinnlichkeit (1969) – The Last of the Mobile Hotshots / Blutsverwandte (1970) – The Anderson Tapes / Der Anderson Clan (1970) – King: A Film Report ... Montgomery to Memphis / Dann war mein Leben nicht umsonst – Martin Luther King (Dokumentarfilm, 1970) – The Offence / Sein Leben in meiner Gewalt (1972) – Child's Play (1972) – Lovin' Molly / Aus Liebe zu Molly (1973) – Serpico / Serpico (1973) – Murder on the Orient Express / Mord im Orient-Expreß (1974) – Dog Day Afternoon / Hundstage (1975) – Network / Network (1976) – Equus / Equus – Blinde Pferde (1977) – The Wiz (1978) – Just Tell Me what You Want / Sag' mir, was du willst (1980) – Prince of the City / Prince of the City (1981) – The Verdict / The Verdict – Die Wahrheit und nichts als die Wahrheit (1982) – Deathtrap / Das Mörderspiel (1982) – Daniel / Daniel (1983) – Garbo Talks / Die Göttliche (1984) – The Morning After / Der Morgen danach (1986) – Power / Power – Weg zur Macht (1986) – Running on Empty / Die Flucht ins Ungewisse (1987) –

Family Business / Family Business (1988) – Q & A / Tödliche Fragen (1990) – A Stranger among Us / Strangers (1992) – Guilty as Sin / Jenseits der Unschuld (1993) – Night Falls on Manhattan / Nacht über Manhattan (1996) – Critical Care (1997) – Gloria / Gloria (1999).

Literatur: S. L.: Filme machen. München 1996. [Amerikan. Orig. 1995.]
Frank R. Cunningham: Sidney Lumet. Film and Literary Vision. Lexington 1991.

David Lynch

*1946

In den USA gilt David Lynch als »Czar of the bizarre«, sein hierzulande umstrittener Kultthriller *Blue Velvet* (1986) als der postmoderne Film par excellence. *Wild at Heart – Die Geschichte von Sailor und Lula* (1990), in Cannes mit der Goldenen Palme ausgezeichnet, war für einen deutschen Kritiker »eine Offenbarung, ein Menetekel«, für einen anderen eine »Vergewaltigung der Sinne«. Die Fernsehserie *Twin Peaks* (1990–1991), deren 30 Folgen lang manifestiertes Mysterium um die angebliche »prominenteste Leiche der Fernsehgeschichte« dann *Twin Peaks – Der Film* (1992) zur Enttäuschung der Fans radikal demontierte, kreierte seinerzeit eine eigene Gemeinde samt Kirschkuchen-Parties, Zeitschrift zur Serie und allerlei anderen Accessoires, konfrontierte die Zuschauer aber auch mit einem inzestuösen Familienroman, der nie eine befriedigende Auflösung erfuhr. »Nichts scheint sich zu einer sinnvollen ›Geschichte‹ zu fügen«, schrieb Georg Seeßlen über *Lost Highway* (1997) und bezeichnete damit zugleich die Aporien eines Identitätsdramas, in dem das vertraute Thema »Persönlichkeitsspaltung« in einer Weise variiert wird, daß die am psychologischen Realismus ausgerichteten Lesarten ins Leere laufen. Freilich kann man mit Blick auf Lynchs *Lost Highway* von einem Fall von Schizophrenie sprechen und hinsichtlich dieses Regisseurs generell von einer gespaltenen Künstlerseele. Nur erklärt das sicherlich nicht die Irritationen, die seine Filmkunst erzeugt.

Man sollte also gewarnt sein, wenn es heißt: »Welcome to Lynchtown«, zumal in diesem hermetischen Universum in unmittelbarer Nachbarschaft der ›heilen Welt‹ stets ihr verdrängtes Anderes lauert. Wer jedoch die ironisierte Idylle schmunzelnd goutiert und angesichts der abgründigen Kehrseite selbstvergessen erschauert, hat das postmoderne Spiel mit Zeichen und Zuschauer mißverstanden bzw. in einem irrtümlichen Sinne ernst genommen. Bereits Lynchs Spielfilmdebüt *Eraserhead* (1977) handelt von den traumatischen Verunsicherungen eines Ich, das nicht mehr »Herr im eigenen Haus« ist, und noch in *Lost Highway* bestimmt die Form der Subjektivität die Realität des Films. Die eigentliche Irritation des Zuschauers geht eben nicht von den vielbeschworenen Abbildungen der ›dunklen Seite der Seele‹ aus, die sich nicht nur in einem Falle als postpubertäre Phantasiegebilde lesen lassen, und noch weniger von den Darstellungen exzessiver und vergleichsweise unmotivierter Gewalt, die *Wild at Heart* zum Splatter-Effekt demontiert, und zwar kurz vor dem hyperkitschigen Finale. Die eigentliche Provokation im Kino des David Lynch ereignet sich jenseits des Sichtbaren und betrifft den Überlebenskampf des Individuums im kinematographischen Zeitalter. Eine Konsequenz ist die Auflösung der klassischen Erzählung, eine andere die Auslöschung der gegenständlichen Bildlichkeit, und beide ereignen sich in angsterzeugenden Tonräumen, deren Geräusche keiner sinnhaften Quelle eindeutig zuzuordenen sind. Selbst da, wo Lynchs Kino anscheinend konventionell verfährt, anders gesagt: die Konventionen des Genrekinos benutzt, hat Hollywoods zentrale Botschaft keinen Ort: daß die Welt vernünftig, die Moral siegreich sei und sich die Geschichte irgendwie zu einem guten Ende bringen ließe. In »Lynchtown« wird die Selbsterfahrung zum Horrortrip, und jedes Happy-End entpuppt sich als Klischee.

»Eagle Scout, Missoula, Montana«, auf diese Kurzformel hat David Keith Lynch, geboren am 20. Januar 1946 in Missoula, Montana, seine Pressebiographie komprimiert, und zwar anläßlich der Uraufführung von *Wild at Heart* bei den Internationalen Filmfestspielen in Cannes 1990. Trotz Lynchs bekannter Vorliebe für rätselhafte Worte und kunstvolle Stilisierungen (man denke beispielsweise an die zum Markenzeichen kultivierten hochgeschlossenen Hemden oder an seine extravaganten Frisuren) läßt sich das Spiel mit der eigenen Biographie auch als Reaktion auf die autobiographische Neugier der Fans und Interpreten verstehen. Wer sich über die künstlerische Entwicklung und individuelle Arbeitsweise des Filmemachers, der als Maler begann und Pollock, Hopper und Bacon als Vorbilder nennt, informieren will, findet in dem Interviewband »Lynch on Lynch« reichlich Material; wer seine Filme unbedingt autobiographisch erklären will, von traumatischen Jugenderlebnissen herleiten, etwa Unfällen mit Feuerwerkskörpern, oder aus einer abgründigen Künstlerseele, geprägt vom Gegensatz von Kindheitsidylle und Großstadterfahrung, wird in Lynchs Lebensgeschichte sicherlich fündig werden. In beiden Fällen sollte man allerdings beachten, daß sich dieser Regisseur, der auch vor der Kamera agiert, in *Twin Peaks* etwa als schwerhöriger FBI-Chef Gordon Cole, meisterhaft auf Selbstinszenierungen versteht.

»Weil ich in einer so schönen und perfekten Welt aufgewachsen bin, wurden alle anderen Dinge zum Kontrast«, hat der Sohn eines promovierten Agrarwissenschaftlers und einer studierten Sprachlehrerin rückblickend erklärt. Aufgewachsen in kleinen Orten in Washington, North Carolina und Idaho, zusammen mit seinen jüngeren Geschwistern John und Martha, erlebte Lynch laut eigener Aussage eine unbeschwerte Kindheit in einer intakten Familie, wenn auch wohl nicht gar so idyllisch, wie in dem Schulbuch »Good Times on Our Street« illustriert. Der begeisterte Pfadfinder liebte das Kleinstadtleben, später auch Filme wie *Glut unter der Asche* (1957) und die Filmmusiken von Henry Mancini. Als er vierzehn Jahre alt war, übersiedelte die Familie an die Ostküste, nach Alexandria, Virginia, und 1964, nach dem Highschool-Abschluß, begann Lynch an der Boston Museum School ein Kunststudium, das er nach einem Jahr abbrach, um gemeinsam mit seinem Freund Jack Fisk bei Oskar Kokoschka zu studieren. Die jungen Künstler blieben jedoch nicht im idyllischen Salzburg, reisten nach Paris und Athen, und nach 15 Tagen war der Trip zu Ende: »Mir wurde klar, daß ich Amerikaner war und in Amerika leben wollte«, und das Amerika, das Lynch die nächsten Jahre in Philadelphia erleben sollte, war anscheinend das Kontrastprogramm zu den glücklichen Kindertagen.

Von 1965 bis 1967 studierte Lynch an der Pennsylvania Academy of Fine Arts, 1967 heiratete er seine um ein Jahr jüngere Kommilitonin Margret »Peggy« Reavey, im Jahr darauf kam Jennifer Chambers Lynch, die als Regisseurin mit *Boxing Helena* (1993) in die Fußstapfen des Vaters getreten ist, mit deformierten Füßen zur Welt und wurde unmittelbar nach der Geburt in ein bis zur Hüfte reichendes Gipskorsett gesteckt. Die Bilder, die Lynch in dieser Zeit malte, sollen düstere Action-Paintings gewesen sein, auch eine Serie von Zeichnungen, die er »Industrial Symphonies« nannte. Lynchs an der Akademie mit einem Preis ausgezeichnete »kinetische Skulptur« beschreibt R. Fischer als »eine Art Flipper-Maschine, ein richtiges Höllengerät«, bei der eine rollende Kugel Stromkreise schloß, ein Streichholz angerissen wurde, ein Feuerwerkskörper explo-

David Lynch

dierte, eine Frauenskulptur schrie. So fügt sich in der biographisch orientierten Autorentheorie eins zum anderen, von den Anfängen bis zu *Wild at Heart* und darüber hinaus, und zu den motivischen Werkkonstanten passen auch Lynchs Erinnerungen an sein damaliges Lebensgefühl: »Da wir kein Geld hatten, aber viel Platz brauchten, sah ich mich gezwungen, in eine sehr arme Wohngegend zu ziehen. [...] Das Gefühl, dauernd in Gefahr zu sein, war extrem, und man lebte in ständiger Angst. [...] Aus diesem Klima heraus ist später *Eraserhead* entstanden.« Anzumerken wäre allerdings, daß die Dreharbeiten – ermöglicht durch ein Stipendium des American Film Institute – Ende Mai 1972 begannen, kurze Zeit später abgebrochen und exakt zwei Jahre nach dem ersten Drehbeginn – und wenige Wochen nach der Scheidung des Ehepaars Lynch – wieder aufgenommen wurden. Am 19. März 1977 hatte *Eraserhead* in einer Mitternachtsvorstellung auf der Film Exposition in Los Angeles Premiere. Dem Spielfilmdebüt vorausgegangen war ein mehrjähriges Experimentieren mit dem Medium Film.

Lynchs erstes Filmprojekt läßt sich nur aus Sekundärquellen rekonstruieren: In *Six Figures Getting Sick* (1967), ein seinerzeit auf drei Skulpturen, Reliefs von Lynchs Gesicht auf einer 1,80 x 2,40 Meter großen Leinwand, projizierter einminütiger Filmstreifen, sollen Figuren zu sehen gewesen sein, die Feuer fingen, dicke Köpfe und aufquellende Bäuche bekamen und sich schließlich erbrachen. Der vierminütige Kurzfilm *The Alphabet* (1968) ist erhalten, und in der Kombination von Animations- und Realfilm endet die Einverleibung der Buchstaben des Alphabets für die junge Frau (Peggy Lynch) damit, daß sie, vor Schmerzen gekrümmt, einen Schwall Blut über das jungfräulich weiße Bett erbricht. In dem 34minütigen Film *The Grandmother* (1970), ebenfalls eine Kombination von Real- und Tricksequenzen, entsteht unter der Pflege eines kleinen Jungen aus einem Pflanzensamen zunächst ein stachliges Gewächs, dann eine »dark old lady«, die für den Jungen zur Begleiterin wird, später erkrankt und aufgrund der Mißachtung der Eltern stirbt, woraufhin der Junge seine eigene Metamorphose vorbereitet.

Die Familiensituation, die der erwachsene Protagonist von *Eraserhead* durchlebt, ist nicht minder traumatisch, und die suggestive Wirkung der surrealen Bilder verstärkt eine ›industrielle‹ Tonspur, die zum festen Bestandteil von Lynchs Kino wurde und die Alan Splet bis einschließlich *Blue Velvet* gestaltete. *Eraserhead*, bald ein Geheimtip unter den US-amerikanischen ›Midnight Movies‹, erzählt die im Grunde simple Geschichte einer ungewollten Schwangerschaft und erzwungenen Beziehung, konfrontiert aber mit einer Vielzahl befremdlicher Sequenzen: wenn Henry Spencer (Jack Nance) beim Antrittsbesuch bei seinen Schwiegereltern in spe ein Brathähnchen tranchieren muß, eines von der »neuen, synthetischen Sorte«, und eine dickflüssige Masse herausquillt, sich die Hähnchenschenkel rhythmisch bewegen; wenn die »Frau im Radiator« (Laurel Near), auf deren Wangen faustgroße Geschwüre wuchern, singt »In heaven everything is fine«; wenn ein phallusartiger Stumpf aus Henrys Hals herausschießt und ihn enthauptet, sein Kopf anschließend maschinell zu einem Radiergummi (eraser) verarbeitet wird. Alle diese Szenen und die meisten anderen des Films lassen sich psychoanalytisch deuten, und das gilt auch für die wohl eindringlichste Szene des Films: wenn Henry die Bandagen des wimmernden Monsterbabys aufschneidet und dessen Innereien auseinanderquellen. Was *Eraserhead* bis heute erlebenswert macht, ist vor allem die verstörende Gestaltung einer obsessiven Realitätserfahrung, die sich dem vertrauten Realitätsprinzip des Erzählkinos entzieht, die Vorstellungswelt eines dezentrierten Subjekts in Szene setzt. Versucht man, das thematische Zentrum von Lynchs Frühwerk zu verorten, bieten sich Begriffe wie »Bindungsangst« und »Körperekel« an – und ein ödipaler Familienroman, konstituiert durch einen schwachen Vater, durch das fehlende Zentrum patriarchaler Autorität. Wenn Lynchs Kino nach einer Traumlogik funktioniert, dann ist es die Logik des Alptraums, und diese schreibt sich, wenn auch keineswegs geradlinig, bis zu *Lost Highway* fort und kreist um ein traumatisiertes Verhältnis zur Frau, zum Geschlecht, zum Körper.

Der Erfolg von *Eraserhead* ermöglichte Lynch den Eintritt ins internationale Filmgeschäft, und die zwei folgenden Großproduktionen, *Der Elefantenmensch* (1980) und *Der Wüstenplanet* (1984), beide für den Produzenten Dino de Laurentiis und beide ohne das Anrecht auf den Final Cut realisiert, markieren in Lynchs Biographie den Übergang vom experimentierenden Künstler zum professionellen Regisseur. *Der Elefantenmensch* wurde nach einer literarischen Vorlage, unter Verwendung eines Shooting Script, in England und mit den Stars Anthony Hopkins, John Hurt, Anne Bancroft und John Gielgud gedreht, avancierte in seinem Herstellungsland zum Kassenerfolg und wurde in den USA für acht Oscars nominiert. Das Schwarzweiß-Melodram über die Leiden einer Kreatur mit dem mißgebildeten, abstoßenden Körper und der reinen, verletzlichen Seele machte den eigenwilligen Tüftler David Lynch schlagartig als neues ›Wunderkind‹ der Filmszene bekannt. Francis Ford Coppola und George Lucas sollen ihr Interesse an dem jungen Regisseur bekundet haben, doch dieser entschied sich für das Angebot von de Laurentiis, Frank Herberts berühmten Science-fiction-Roman »Der Wüstenplanet« zu verfilmen. Insgesamt etwa 52 Millionen Dollar wurden in den Film investiert, und der von Lynch entdeckte Kyle MacLachlan sollte in vier Fortsetzungen die Hauptrolle spielen. Der abgedrehte Film wurde im großen Stil nachbearbeitet, umgeschnitten, mehrfach gekürzt – und ein katastrophaler Mißerfolg, begleitet von höhnischen Kritiken. In dieser Zeit, in die auch die Geburt seines Sohnes Austin und die Scheidung von seiner zweiten Frau Mary fiel, durchlebte Lynch die Höhen und Tiefen des Busineß wie zuvor wohl nur Michael Cimino.

Man könnte *Der Elefantenmensch* und *Der Wüstenplanet* als Lynchs ›klassische Periode‹ bezeichnen, nur sprengen die Produktionsbedingungen dieser Filme den Kontext der Autorentheorie. Niemals zuvor oder danach hatte Lynch so wenig Kontrolle über sein Werk, niemals sonst hat er die Muster des klassischen Erzählkinos so eindeutig bedient. Zwar lassen beide Filme auch Zeichen einer persönlichen Handschrift erkennen, etwa die motivische Konstante monströser Körperbilder oder die stilistische Vorliebe für ein Eintauchen des Kamerablickes ins dunkle Bild, doch ist das existentielle Drama des Elefantenmenschen eine perfekt inszenierte, bisweilen recht sentimentale Studioproduktion, und *Der Wüstenplanet* wird schon deshalb niemals als verkanntes, genial gescheitertes Meisterwerk in die Filmgeschichte eingehen, weil sich das ursprüngliche oder auch bloß intendierte Kunstwerk seit der von MCA-TV erstellten Fernsehfassung gar nicht mehr rekonstruieren läßt. Die Geburt des Kultregisseurs David Lynch vollzieht sich aus dem Geiste der Postmoderne, und *Blue Velvet* (1986) ist der erste Akt, der die populäre Topographie von »Lynchtown« konstituiert.

»Sind Sie ein Detektiv oder ein Perverser?« Die dem jungen Jeffrey Beaumont (Kyle MacLachlan) gestellte Frage ließe sich auch an den Zuschauer richten, der *Blue Velvet* gemäß den Vorgaben des klassischen Erzählkinos rezipiert: daß der Protagonist als Identifikationsfigur fungiert, klar definierte Ziele verfolgt, nach psychologisch nachvollziehbaren Motiven und gemäß einer monokausalen Logik handelt, den Kampf gegen das Böse schließlich erfolgreich besteht und als Belohnung das ›good girl‹ gewinnt. Zweifellos läßt sich *Blue Velvet* nach diesem Schema rezipieren, nur so gesehen ist der Film bestenfalls eine intensive Banalität. Der Film beginnt mit irritierend künstlichen Bildern einer Kleinstadt und mit Jeffreys grausigem Fund: einem verwesenden abgeschnittenen Ohr, und endet, indem sich der Kamerablick aus Jeffreys Ohr herausbewegt, mit Ansichten eines ironisch konnotierten Familienidylls. Wann aber ist der filmische Blick, also auch unsere Wahrnehmung, ins Innere eingedrungen, wann hat die Kamera den objektiven Beobachterstandpunkt verlassen? Die Antwort, die *Blue Velvet* anbietet, ist erstens mehrdeutig und zweitens nicht zuletzt deshalb prekär, weil sie die Wahrnehmungslogik des Erzählkinos in Zweifel zieht. Wer würde sich damit zufrieden geben, seit der neunten Minute des Films nichts als Jeffreys postpubertäre Phantasiegebilde miterlebt zu haben? Aber genau das legt der Film seit dem Moment nahe, als Jeffrey zum Haus der Familie Williams geht und von der düsteren Straßenszene so auf das verwesende Ohr überblendet wird, daß Jeffrey sich auf dieses zuzubewegen, in den Bildraum des Imaginären einzutreten scheint. Wenn der Kamerablick immer tiefer ins imaginierte Organische eindringt, bis alle Ggenständlichkeit verlischt, läßt sich dies durchaus als symbolischer Eintritt in einen angstbesetzten Geburtskanal lesen. Man kann diese radikale Subjektivierung der Diegese akzeptieren, man kann aber auch, und in diesem Fall greift die Doppelcodierung des postmodernen Kunstwerks, an der Objektivität der filmischen Wirklichkeit festhalten und die Szene als eine Art Traumsequenz interpretieren. In der zweiten Lesart wäre die Eröffnung der Schlußsequenz allerdings bloß eine stilistische Spielerei, ohne tiefere Bedeutung, und die rosarote Welt von Jeffreys naiver Freundin Sandy (Laura Dern) wäre so real wie die – eigenen? – sexuellen Abgründe, die der junge Mann dank der Dark Lady Dorothy Vallens (Isabella Rossellini) und des Psychopathen Frank Booth (Dennis Hopper) entdeckt. Zugegeben, beide Lesarten sind nicht befriedigend und um so verstörender, je intensiver der Film vom Zuschauer Besitz ergreift, nicht zuletzt über den Hörsinn, der den angstbesetzten Raum auf mögliche Sinnquellen abtastet.

Muß man die so oft diskutierte Urszene von *Blue Velvet* nochmals beschreiben: wie der sexuell unerfahrene Junge die Mutter eines verlorenen Sohnes heimlich beim Entkleiden beobachtet, sich unter einer symbolischen Kastrationsdrohung von ihr liebkosen läßt, dann Zeuge eines Geschlechtsaktes wird, bei dem ein böser Mann die Frau und Mutter abwechselnd »fuck« und »mummy«, sich selbst »daddy« und »baby« nennt? Die Frage ist nicht, ob die Darstellung von Dorothys ›Vergewaltigung‹ tatsächlich frauenfeindlich ist oder, wie Isabella Rossellini betont, »eine feministische Aktion«, sondern weshalb diese Szene, die so auffällig wenig zu sehen gibt, den allermeisten Zuschauern so nahegeht. Gerade wenn *Blue Velvet* »als Auseinandersetzung mit menschlichen Abgründen [...] eine postmoderne Banalität« bleibt, wie H. G. Pflaum vermutet, und nur als »ironisches und eklektisches Spiel mit Versatzstücken eine beachtliche Virtuosität gewinnt«, dann bezeugt der internationale Erfolg des Films erstens ein Verlangen nach solch intensiver Banalität und verweist zweitens auf ein kollektives Unbewußtes, das sich noch immer nach der klassischen psychoanalytischen Erzählung ausrichtet, aber in der symbolischen Form des Genrekinos seinen adäquaten Ausdruck gefunden hat.

Die grundlegende Aporie des Filmkünstlers David Lynch hat K. Kreimeier am Beispiel von *Wild at Heart* als Widerstreit von intendierter Grenzüberschreitung und absoluter Künstlichkeit beschrieben: »Dem Bemühen, ›neue Bilder‹ für phylogenetische Grundsituationen wie Liebe, Haß, Angst, ›Geworfensein‹ und Erlösung zu finden, widerspricht [...] eine Medien-Wirklichkeit, die jedes Bild als Zitat, jede Dramaturgie als selbstreferentielles Spiel, jede Sequenz als Abfolge popularisierter und säkularisierter Mythen, jedes Happy-End als ironisches Dementi der zuvor gezeigten Hölle ausweist.« Die Geschichte von Sailor (Nicolas Cage) und Lula (Laura Dern) wird in einer Abfolge diverser Genremuster (Romanze, Roadmovie, Melodram), in überstilisierten Bildern (aus Filmen, Werbung, Popkultur) und mit einer Vielzahl intertextueller Verweise erzählt. Sailor ist weder Elvis noch Brando, Lula weder Marilyn noch Baby Doll, und die Hölle, die Lulas Mutter Marietta (Diane Ladd) und der »schwarze Engel« Bobby Peru (Willem Dafoe) inszenieren, ist so sehr Kino wie das (Er-)Leben von Sailor und Lula: zugleich unwirklich und hyperreal. Was Bild wird und die Handlung vorantreibt, ist durchgängig medial und oftmals selbstreflexiv codiert; was die Protagonisten im Inneren bewegt, fügt sich in keine Geschichte, wird allenfalls in Bruchstücken erkennbar. Für Sailor ist die Welt Kino, eine Bühne für seine Inszenierung einer angenommenen, nachgebildeten Identität. Lula wird zumindest in einem Moment eine Selbsterfahrung zuteil, die sie nicht mehr überspielen kann: als Bobby Peru sie bedrängt, von ihr gegen ihren Willen Besitz ergreift, ihr immer wieder »Say ›Fuck me‹« vorspricht, bis ihr Körper mechanisch funktioniert, ihr Mund seine Worte kaum hörbar nachspricht, ihre geschlossene Hand sich öffnet – als Zeichen der Einwilligung, der Bereitschaft zur Lust. Noch in diesem Moment der Selbstaufgabe folgt die Körpersprache einem internalisierten Muster, wiederholt eine symbolische Geste, die in *Wild at Heart* Lulas Höhepunkt mit dem geliebten Sailor bezeichnet und die bereits Louis Malles *Die Liebenden* (1958) benutzt. Bezeichnenderweise führt schließlich die gute Fee aus Victor Flemings Musical-Märchen (hier gespielt von Sheryl Lee, der Laura Palmer aus *Twin Peaks*) Sailors Bekehrung und damit ein kinogemäßes Happy-End herbei, das so wahrhaft kitschig ist wie die Botschaft der übersinnlichen Erscheinung: »Fight for your love«. Wenn Sailor auf der Kühlerhaube eines Straßenkreuzers dann für Lula »Love Me Tender« singt, schließt sich der Kreis der universalen Reproduktion. In der Potenzierung der Klischees erlangt das Leben im Zitat seinen Sinn.

Angefüllt mit unzähligen intermedialen Verweisen, selbst noch bei der Besetzung der Rollen (beispielsweise spielte Richard Beymer alias Benjamin Horne in *Glut unter der Asche*, Peggy Lipton alias Norma Jennings in der Jugendserie *The Mod Squad*, Michael Ontkean in der Polizeiserie *The Rookies*), ist *Twin Peaks* Kultserie und Meta-Fernsehen, vor allem aber lassen sich die 30 Folgen als Explorationen von »Lynchtown« verstehen: wo es »keine Logik in der Unordnung« gibt, es nicht möglich ist, »eine eindeutige Bedeutung zu fixieren«, wo Wahrheit und Lüge nicht unbedingt Gegensätze sind, und das Grauen gerade dadurch entsteht, daß »die Maske nicht abgenommen werden kann« (A. Jerslev). Obwohl Lynch nur die Pilotfilme der beiden Staffeln sowie fünf weitere Folgen selbst inszenierte und ausschließlich bei den ersten drei Folgen für das Drehbuch verantwortlich zeichnete, zusammen mit Mark Frost, trägt die ganze Serie unverkennbar die Handschrift des Produzenten David Lynch. Was als Kriminalgeschichte nach dem »Whodunit«-Prinzip beginnt, wird zum Familiendrama, zur Teenager-Romanze, zum Horror- und Fantasy-Film und endet in einem mysteriösen Finale, das jeder klassischen Auflösung spottet. Die Handlungsstränge verzweigen sich, werden sukzessive irrwitziger, im Genrekontext subversiver, und die Beziehungen verstreuen sich auf so viele Figuren und Geschichten, daß die in Fanzines publizierten fiktiven Landkarten, Stammbäume und Autobiographien als eine Art Reiseführer durchaus hilfreich sind. Gegen die Absetzung der Serie protestierte seinerzeit eine eigens gegründete Bürgerinitiative, aber zu diesem Zeitpunkt hatte Lynch das Serienformat bereits derart ausgereizt, daß Serialität als Prinzip beliebiger Permutationen erkennbar wurde, jede mögliche Sinnstruktur als Spiel mit Genrekonventionen und Serienklischees. Die in *Twin Peaks – Der Film* betriebene Demontage war eine notwendige Befreiung. »Lynchtown« mußte kollabieren, damit das Klischee transzendiert werden kann.

»Dick Laurent ist tot.« Mit dieser Botschaft beginnt und endet *Lost Highway*, davor und danach bleibt nur der Blick ins Dunkel der Nacht, eine rasende Bewegung entlang des gelben Mittelstreifens, die vielleicht eine Endlosschleife beschreibt oder einen andauernden Stillstand, eine Form der Bewegungsunfähigkeit, den Irrealis der Progression. Auch als Endlosschleife montiert würde der Film funktionieren, der die Grundsätze der Logik unterminiert: die Linearität der Zeit, die Eindeutigkeit des dreidimensionalen Raumes, die logischen Kategorien der Modalität, Kausalität und Identität. Dick Laurent ist Mr. Eddy (Robert Loggia), und seine Geliebte Alice Wakefield (Patricia Arquette), die zur Geliebten von Pete Dayton (Balthazar Getty) wird, sieht Renée zum Verwechseln ähnlich, die die Ehefrau von Fred Madison (Bill Pullman) ist, der anfänglich die Nachricht empfängt und am Ende selbst spricht, am selben Ort und möglicherweise sogar zur gleichen Zeit. Im traumatischen Spiel der Verdopplungen und Doppelgängerinnen ist nichts mehr gewiß, am wenigsten der Status der Realität: Hat Fred Madison tatsächlich seine

Frau ermordet (weil sie ihm untreu war)? Hat Pete Dayton tatsächlich Fred Madisons Platz in der Todeszelle eingenommen (ohne daß er sich an seine Transformation erinnern kann)? Die Grenzen zwischen Alptraum und Realität sind definitiv aufgehoben, die Selbstzitate, die »Lynchismen« (wie es M. Chion nennt) und die Zitate aus dem Genrekino (vor allem aus dem Film noir) fügen sich zu keinem erkennbaren Realitätsprinzip. Man kann den Film als Entäußerung eines schizophrenen Bewußtseins lesen, als eine Entfremdungsphantasie, als Radikalisierung des Psychothrillers, als Diskurs über Formen der Wahrnehmung, als rückwärts erzähltes Märchen, als Revision des ödipalen Familienromans. Jeder Versuch einer konsistenten Rekonstruktion der dargestellten Geschichte(n) scheitert an der immanenten Un-Logik des Films. Der vertraute kinematographische Bedeutungshorizont wird durchlöchert, die symbolische Form des Erzählkinos vom Unfaßbaren, Unbegreiflichen durchsetzt.

Mit *Lost Highway* hält die »zweite Moderne« (H. Klotz) Einzug in Lynchs Kino. Nun durchlebt der Protagonist, im metaphorischen, metaphysischen, existentiellen Sinne, was es bedeutet, wenn das Ich nicht mehr »Herr im eigenen Haus« ist und die Konstruktion der Wirklichkeit längst kinematographisch besetzt. Wenn Fred Madison zu Beginn des Films zwei Detektiven erklärt, daß er selbst keine Videokamera besitze, weil er sich auf seine eigene Art an die Dinge erinnern wolle: »So wie ich sie erinnere, nicht unbedingt so, wie sie geschehen sind«, so läßt sich der ›Sündenfall‹ des Subjekts kaum treffender bezeichnen, und die Un-Logik der nachfolgenden Ereignisse demonstriert am Beispiel dieses Saxophonspielers, der auf der Bühne des »Luna Lounge« den modernen Free Jazz in selbstvergessener Isolation zelebriert, was der Glaube an ein eigenes Ich, eine eigenständige Wahrnehmung noch bedeutet. So wie Freds Saxophonspiel die Tonfolgen zersetzt, aus den Schemata der Harmonielehren befreit, so zerlegt der Film die Prinzipien seiner Wirklichkeitserfahrung bis zur logischen Paradoxie. Nichts ist mehr fest, sicher, verläßlich; alles verweist aufeinander, ohne daß die Relationen eindeutig zu identifizieren sind. In die funktionalische Behausung dringt Nicht-Identifizierbares ein, die vertrauten Umgebungen und Verhältnisse erweisen sich als brüchig, von Mißtrauen und Zweifel durchsetzt. Der »Mystery Man« (Robert Blake) ist in Freds Haus, auf dessen Einladung hin, wie er betont, und er steht ihm in diesem Augenblick gegenüber, was tatsächlich »fucking crazy« ist und Fred begreiflicherweise verstört. In *Blue Velvet* oder *Twin Peaks* wäre das möglicherweise ein vereinzelter Auftritt geblieben, ein Gimmick; in *Lost Highway* wird die Unmöglichkeit zum dramaturgischen Prinzip. Wie sich die klassische Erzählung auflöst, so wird die Gegenständlichkeit des Dargestellten bis zum Weiß- oder Schwarz-Bild ausgelöscht. Mit *Lost Highway* ist das postmoderne Spiel mit Zeichen und Zuschauer vorüber: endgültig, wie man vermuten darf. Nun ist das Grauen der Moderne, die »Dialektik der Aufklärung« wieder präsent, wie in den Körper-Bildern von Francis Bacon. Was Lynchs Kino nun ins Bild setzt und der Imagination des Betrachters entgegen, ist nicht bloß »eine fremde, seltsame Welt«, sondern die radikale Selbsterfahrung eines dezentrierten Subjekts, das im kinematographischen Zeitalter entweder zum klischeehaften Abbild wird oder in nichtfeststellbare Fragmente zerfällt. David Lynch nennt *Lost Highway* »a twenty-first century noir horror film«, doch in »Lynchtown« ist der Horror stets präsent, wenn auch bisweilen hinter der Fassade der ›heilen Welt‹ verborgen: ob Henry Spencer, Jeffrey Beaumont, Laura Palmer, Lula Fortune oder Fred Madison und Pete Dayton – sie alle sind Grenzgänger, Gespaltene, auch Unbehauste: »lost in darkness and confusion«.

Jürgen Felix

Filmographie: Six Figures Getting Sick (Kurzfilm, 1967) – The Alphabet (Kurzfilm, 1968) – The Grandmother (Kurzfilm, 1970) – Eraserhead /

Eraserhead (1977) – The Elephant Man / Der Elefantenmensch (1980) – Dune / Der Wüstenplanet (1984) – Blue Velvet / Blue Velvet (1986) – Les Français vus par ... (Episode: The Cowboy and the Frenchman, 1989) – Twin Peaks / Das Geheimnis von Twin Peaks (Pilotfilm und Fernsehserie, 1990–91) – Wild at Heart / Wild at Heart – Die Geschichte von Sailor und Lula (1990) – Industrial Symphony No. 1 – The Dream of the Brokenhearted (1990) – Twin Peaks: Fire Walk with Me / Twin Peaks – Der Film (1992) – On the Air (1992) – Hotel Room (1992) – Lost Highway / Lost Highway (1997) – The Straight Story (1999).

Literatur: Anne Jerslev: David Lynch. Mentale Landschaften. Wien 1996. [Dän. Orig. 1991.] – Michel Chion: David Lynch. Paris 1992. – Klaus Kreimeier: Banalitäten in ungewohnter Intensität? *Wild at Heart*: Zum Problem der Grenzüberschreitung in der medial codierten Wirklichkeit des Films. In: medien praktisch 1992. H. 1.: Workshop: Postmoderne und Kino. S. II–IV. – Wrapped in Plastic [Zeitschrift zur Serie *Twin Peaks*] 1992 ff. – John Alexander: The Films of David Lynch. London 1993. – Kenneth C. Kaleta: David Lynch. New York 1993. – Stefan Harbers: Amerikanische Gesellschaftsbilder in den Filmen David Lynchs. Alfeld 1996. – David Lynch. [Dossier.] In: Meteor 1997. Nr. 8. S. 3–34. – Robert Fischer: David Lynch. Die dunkle Seite der Seele. 3., erw. Aufl. München 1997. – Martha P. Nochimson: The Passion of David Lynch. Wild at Heart in Hollywood. Austin 1997. – Chris Rodley (Hrsg.): Lynch on Lynch. London/Boston 1997. – Georg Seeßlen: David Lynch und seine Filme. 3., erw. Aufl. Marburg/Berlin 1997. – Paul A. Woods: Weirdsville USA. The Obsessive Universe of David Lynch. London 1997. – Eckhard Pabst (Hrsg.): A Strange World. Das Universum des David Lynch. Kiel 1998.

Adrian Lyne

*1941

Über einen der kommerziell erfolgreichsten Regisseure der achtziger Jahre liegen kaum mehr als biographische Marginaldaten vor. Adrian Lyne, geboren am 4. März 1941 in Peterborough, England, aufgewachsen in London, zählt zu den Filmemachern, deren Werke sich zwar im öffentlichen Bewußtsein fest verankern konnten, die dann aber mit ihrem künstlerischen Schaffen kaum namentlich identifiziert werden. Wie seinen Kollegen Stephen Frears oder Ridley Scott gelang Lyne der Einstieg ins Geschäft über die Werbe- und Kurzfilmbranche. 1980 – er war gerade damit beschäftigt, TV-Spots für eine bekannte Jeansmarke abzudrehen – traf Lyne auf den Produzenten David Puttnam, der einen Regisseur für sein Skript über den Alltag von vier Teenagern in Los Angeles suchte. Trotz Bedenken der Produktionsfirma United Artists, nur ein US-Regisseur könne dieses Skript adäquat umsetzen, erhielt Lyne den Zuschlag und gab mit *Jeanies Clique* einen Kino-Einstand, der bereits einige grundlegende Elemente künftiger Werke aufweist. Wie viele Protagonisten Lynes befindet sich auch die Clique um Jodie Foster auf der Suche nach Herausforderungen, nach einem Kitzel, der dem Leben abseits der gesellschaftlichen Reglements neuen Sinn zuspricht. Einerseits bemüht, diesem unschlüssigen Lebensgefühl der Jugendlichen mittels verwackelten, semidokumentarischen Bildern zu entsprechen, mag Lyne andererseits auf stilistische Manierismen und überästhetisierte Szenarien nicht verzichten: Zur Musik Giorgio Moroders fotografiert er seine Heldinnen durch blendende Soft-Filter, er zeigt sie vor grell ausgeleuchteten Disco-Kulissen oder läßt sie in schnell geschnittenen Action-Sequenzen die neuesten Trends in Sachen Skateboard-Stunts vorführen. So bleibt im wesentlichen die Leistung der jungen Jodie Foster im Gedächtnis, deren ernsthaftes

Agieren einen Kontrapunkt zum oftmals aufgesetzt wirkenden Spiel der übrigen Darstellerinnen bildet.

Lyne setzt sein Faible für junge, unverbrauchte Gesichter 1983 mit der Verpflichtung der Debütantin Jennifer Beals fort, der er die Hauptrolle einer aufstrebenden Tänzerin in *Flashdance* anvertraut. Was *Saturday Night Fever* für die siebziger Jahre war, wird dieses popsonggespickte Märchen für die achtziger Jahre: ein gewaltiger Blockbuster, der die urbane Straßenkultur mitsamt Breakdance und schweißbefleckter Aerobicmode als neue Einnahmequelle entdeckt und sich durch seine Videoclip-Ästhetik vor allem beim jungen Publikum größter Beliebtheit erfreut. Vom Produzententeam Don Simpson und Jerry Bruckheimer auf optischen Feinschliff getrimmt, gleitet der Film an der Oberfläche einer dünnen Geschichte entlang, die einmal mehr den Mythos vom American dream bemüht: Eine junge Stahlarbeiterin absolviert nach hartem Tanz-Training die strenge Aufnahmeprüfung der lokalen Tanzschule. *Flashdance* ist eine in Choreographie und Schnitt ansprechende, aber inhaltsarme Reißbrettproduktion, die Lyne zumindest in seinem Gespür für publikumswirksame Stoffe bestätigt.

Zeigt *Flashdance* noch den Aufstieg einer »working class«-Heldin in höhere Gefilde, wendet sich *9½ Wochen* (1986) konsequenterweise dem Leben ohne materielle Einschränkungen zu. Mickey Rourke und Kim Basinger spielen ein genußsüchtiges New Yorker Yuppie-Pärchen, das sich alle materiellen Wünsche erfüllen kann und daraufhin den Sadomasochismus als Antwort auf emotionsentleerte Penthouse-Dekadenz entdeckt. Die Schauplätze sind thematisch entsprechend gewählt: Regenüberflutete Hinterhöfe im Gegenlicht, ein verlassener Rummelplatz und jalousienbewehrte Hotelzimmer bilden die künstlichen Kulissen für letztlich unbefriedigende Experimente – mit seinen aseptisch braven Bildern bleibt Lyne eher dem Mainstream verhaftet, als es seinen Charakteren gleichzutun und sich auf unbekanntes Neuland zu wagen.

Der Sinn für Provokation und milden Skandal ist bei Lyne auf die Themenwahl, doch kaum auf die Umsetzung bezogen, wie auch *Eine verhängnisvolle Affäre* (1987) zeigt: Michael Douglas wagt als wohlhabender Familienvater einen Seitensprung mit der verführerischen Glenn Close, nicht ahnend, daß sich die Dame bald als rasend eifersüchtige Psychopathin entpuppen wird. Die Gier nach Lust- und Sensationsbefriedigung wird hier auf den letzten Hort traditioneller, gutbürgerlicher Wertvorstellung übertragen: die US-Familie, die im Finale an ihren ursprünglichen Zusammenhalt erinnert wird und sich des unerwünschten Eindringlings schließlich via Schußwaffe entledigt. Dieses Ende wurde nach negativen Reaktionen des amerikanischen Preview-Publikums nachgedreht, das in der ursprünglichen Fassung eine moralisch überlegene Glenn Close als Siegerin zu sehen bekam. Der Film entwickelt sich zu einem weiteren Box-Office-Erfolg und bringt Lyne eine Oscar-Nominierung für die beste Regie ein.

Auch *Ein unmoralisches Angebot* (1993) sorgt zunächst für Gesprächsstoff: Das prominent besetzte Melodram wirft die Frage auf, ob die junge Frau (Demi Moore) für eine Million Dollar in das Bett des gealterten Millionärs (Robert Redford) steigen darf, um sich und ihren verarmten Freund (Woody Harrelson) finanziell zu sanieren – eine Frage, die schließlich moralisierend verneint wird. Lyne variiert hier erneut seinen Themenkomplex um Wohlstand, Sex und Satisfaktion, ohne zu neuen Erkenntnissen oder filmsprachlichen Weiterentwicklungen zu gelangen. Wieder einmal zeugen anmutige Arrangements vom kompositorischen Einfallsreichtum des Regisseurs, doch hinter chic-unterkühltem Edelambiente und symbolisch aufgeladenen Bildern von Roulettekugeln und Dollarscheinen lauert die Leere.

Einmal nur hat es Lyne gewagt, sich ausschließlich auf die Suggestionskraft seiner Bilder zu verlassen, in seinem vielleicht persönlichsten Film *Jacob's Ladder – In der Ge-*

walt des Jenseits (1990). Der fiebrige Höllentrip des Vietnam-Veteranen Jacob Singer beläßt es bei surrealen Andeutungen und Fragmenten, die den Zuschauer mit den morbiden Phantasien einer traumatisierten Seele konfrontieren. Entgegen Lynes übrigen Filmen ist in diesem nihilistischen Weltsystem nichts von Bestand – selbst der vermeintliche Rückhalt im Liebespartner erweist sich als Trugschluß. Bar jeder Chronologie, lediglich gegliedert durch schmutzige Abbilder einer kollabierenden Gesellschaft, demonstriert *Jacob's Ladder* die Substanzlosigkeit menschlicher Beziehungen. Der abgründigen Psycho-Reise war, trotz überzeugender Besetzung (Tim Robbins, Danny Aiello) und guter Presse, kein finanzieller Erfolg beschieden – ein Schicksal, das sich der Film mit dem Kubrick-Remake *Lolita* (1997) teilen muß. Wegen seines vorgeblich skandalösen Themas fand *Lolita* in den USA zunächst keinen Verleiher, in Europa hingegen wurde der Film mit Desinteresse quittiert.

Daniel Remsperger

Filmographie: Foxes / Jeanies Clique (1980) – Flashdance / Flashdance (1983) – 9½ Weeks / 9½ Wochen (1986) – Fatal Attraction / Eine verhängnisvolle Affäre (1987) – Jacob's Ladder / Jacob's Ladder – In der Gewalt des Jenseits (1990) – Indecent Proposal / Ein unmoralisches Angebot (1993) – Lolita / Lolita (1997).

Literatur: John Andrew Gallagher: Film Directors on Directing. New York 1989.

Louis Malle

1932–1995

Louis Malle wurde am 30. Oktober 1932 in Thumeries, einer kleinen Industriestadt im Norden Frankreichs, geboren. Seine Familie gehörte dem reichen Bürgertum an und besaß eine der größten Zuckerraffinerien Frankreichs. 1940, zu Beginn der Besatzungszeit, siedelte die Familie nach Paris um. Louis und seine beiden älteren Brüder wurden zunächst bei den Jesuiten erzogen und kamen nach kurzer Zeit in ein von Karmelitern geleitetes Internat in Fontainebleau. Mit vierzehn Jahren beschloß Louis Malle, Filmregisseur zu werden, und teilte dies seinen nicht gerade erfreuten Eltern mit, die darauf gehofft hatten, er werde einst die Zuckerfabrik leiten. Nach dem Schulabschluß studierte er am Institut d'études politiques der Sorbonne Geisteswissenschaften und besuchte zugleich das Institut des hautes études cinématographiques (IDHEC). Nach kaum einem Jahr brach Malle das Studium ab und wurde Assistent und Unterwasserkameramann bei Jacques-Yves Cousteau auf dem Forschungsschiff Calypso. Bei Cousteaus preisgekrönter Naturdokumentation *Die schweigende Welt* (1956) führte er die Unterwasserkamera und assistierte dem Regisseur. Zwei Jahre blieb er als Regisseur, Kameramann und Cutter an Bord der Calypso und bearbeitete Meeresdokumentationen für verschiedene Fernsehanstalten. 1956 wurde Louis Malle stellvertretender Generaldirektor von Cousteaus Produktionsgesellschaft Les Requins Associés. Kurz darauf sammelte er erste Spielfilmerfahrungen als Regieassistent bei Robert Bresson. Durch seinen ersten Spielfilm *Fahrstuhl zum Schafott* (1957), einen düsteren Schwarzweißkrimi, dessen trübes, hoffnungsloses Szenario aus Leidenschaft und Verbrechen von der Jazztrompete des großen Musikers Miles Davis hörbar gemacht wird, wurde Louis Malle zu einem Vorreiter der Nouvelle Vague –

ohne allerdings zu der Gruppe französischer Filmregisseure um Truffaut und Godard, die als Filmkritiker der Zeitschrift »Cahiers du Cinéma« begonnen hatten, wirklich hinzuzugehören.

In der Filmkritik wird Louis Malles filmisches Werk immer wieder entweder als stilistisch disparat oder eklektizistisch beschrieben. Eine intensive Auseinandersetzung mit seinem Gesamtwerk zeigt allerdings, daß Malle zwar wie ein Hollywood-Regisseur äußerste Variabilität in bezug auf Genres und Stoffe beweist, aber zugleich wie ein Autorenfilmer spürbar eine eigene Handschrift entwickelt hat. Immer wieder provoziert der aus wohlhabenden und behüteten Verhältnissen stammende Regisseur einen Ausbruch aus der gesellschaftlich vorgegebenen Ordnung der Dinge: »›Flucht‹ in die Kunst, das ›Kraftwerk der Gefühle‹, das vor der Oper noch der Film darstellt. ›Anarchie‹: das Zerreißen der kulturellen Bande, die Revolte des Eros, die Illegalität der Triebe, der politische Aufruhr – das ist der eine Pol seiner Arbeit. Die ›doctrine classique‹ der andere: maßvolle Ästhetik, Perfektionismus, scharfe Besichtigung der Verhältnisse aus der Distanz, das Konstatieren der Reflexe und Reaktionen von außen, der Verzicht auf übertriebene Subjektivität, auch auf verschmelzende Einfühlung« (Th. Koebner). Nach dem lakonischen und zu seiner Zeit äußerst radikalen Film *Die Liebenden* (1958), in dem Malle den empörten Zeitgenossen kommentarlos vorführt, wie eine Frau nach einer leidenschaftlichen körperlichen Begegnung mit einem Fremden ihren Mann, ihr Kind und ihren Geliebten verläßt, drehte er *Zazie* (1960), eine Hommage an das Chaos, ein heiter-anarchisches Spiel um die Dekonstruktion des Sinns und die Irritation der Sinne. Nach dem zutiefst deprimierenden, ebenso inhaltlich wie optisch in Grautönen gehaltenen Film *Das Irrlicht* (1963), der von einem Menschen handelt, dessen einziges Ziel die Selbsttötung ist, feiert Malle mit dem Film *Viva Maria!* (1965) eine knallbunte Wiederauferstehung kindlicher Abenteuerphantasien und läßt seine beiden weiblichen Stars Jeanne Moreau und Brigitte Bardot zuerst den Striptease und dann die Revolution neu erfinden. Nachdem er eine Liebesgeschichte zwischen einem zarten, geistig hellwachen Jungen – seinem Alter ego – (*Herzflimmern*, 1971) und dessen Mutter erzählt und am Ende seine beiden Protagonisten für den Inzest ebensowenig bestraft wie einst die ehebrechende Jeanne (*Die Liebenden*), erfindet Louis Malle die Figur des Lucien (*Lacombe Lucien*, 1974), einen außerhalb jeder Moral und Norm stehenden Bauernburschen, der aus gekränktem Stolz und blindem Machtwillen zum Kollaborateur während der Nazizeit wird. Das Besondere an Malles Geschichten und Figuren liegt weniger in den geschilderten Kontrasten als in der erstaunlichen Mischung aus tiefgründigem Verstehen einer Figur und distanzierter Beobachtung ohne moralische Bewertung. Im Falle von *Lacombe Lucien* verübelte die Kritik Louis Malles scheinbar neutrale Haltung zu der Hauptfigur, einem Mörder und Verräter, der sich, obwohl er der Gestapo angehört, in eine Jüdin verliebt und sie schützt. Malles Intention wurde zunächst nur von wenigen erkannt. Sein Interesse gilt einer verpönten Realität: der Banalität und zugleich inneren Logik des Bösen. Lucien ist aus intellektueller Sicht ein primitiver, reflexionsloser, sinnlos grausamer Mensch. Malle verweigert den in diesem Sinne konventionellen Blick auf seine Hauptfigur und entwickelt in kongenialer Zusammenarbeit mit seinem Hauptdarsteller Pierre Blaise, einem Schauspiellaien aus der Provinz, eine glaubwürdige Figur. Regisseur und Schauspieler gestehen der Figur des Lucien Intelligenz zu, wenn auch instrumenteller oder besser gesagt situationeller Art. Sie verleihen der Figur aufrichtige Gefühle, die nicht zu korrumpieren sind, eine tierhafte, selbstvergessene und unbeholfene Liebesfähigkeit. Lucien ist und bleibt ein Fremder in der politischen Welt, aber kein unbewußt Handelnder, kein Unschuldiger. Seine Fremdheit beweist sich in der Verkrampfung seines Körpers, der in Gemeinschaft

Louis Malle

mit anderen Körpern immer unter Druck zu stehen scheint. Lucien, ein Jäger, der wie eine der ersten Sequenzen zeigt, Gefallen darin findet, zu töten, fühlt sich in der freien, menschenleeren Natur, im Wald und am Wasser zu Hause – ohne im geringsten die Utopie des naiv-unschuldigen Naturmenschen zu verkörpern.

Zum Teil entsteht das auffällig genaue Verständnis von Figuren – selbst wenn sie – wie Lucien – einer Welt entstammen, mit der Malle von Haus aus nicht vertraut ist – aus der Nähe und dem Vertrauen des Regisseurs zu seinen Schauspielern, die er wie im Falle von Pierre Blaise (*Lacombe Lucien*) oder auch Brooke Shields (*Pretty Baby*, 1978) als Brücke von der Idee einer Figur zu ihrer Realität begreift. *Pretty Baby* spielt im Jahr 1917 in einem Bordell in New Orleans, einem Mikrokosmos jenseits der Gesellschaft, der nach eigenen Regeln funktioniert. Das Bordell sorgt naturgemäß für seinen Nachwuchs, und so leben hier die Kinder der Huren früh vertraut mit den Gesetzen der Prostitution. Der zwölfjährigen Schönheit Violet (Brooke Shields) steht, wie die teure Versteigerung ihrer Jungfräulichkeit erahnen läßt, eine große Karriere im Milieu bevor. Ein weiteres Mal verzichtet Malle auf jegliche moralisierende Stellungnahme. Im Gegenteil: Violets erzwungener Abschied vom Bordell gleicht einer Vertreibung aus dem Paradies. Wie in *Lacombe Lucien* und in *Herzflimmern* ist auch in *Pretty Baby* der Blick des Regisseurs Malle auf das Außerordentliche, Außergewöhnliche auf besondere Weise paradox: durch die typische Form der »distanzierten Immanenz« seiner Beobachtung. Die Haltung des idealen Dokumentaristen, der darauf verzichtet, das fremde Unverstandene zu erklären, mischt sich mit der Haltung des verstehenden Erzählers.

Immer wieder unterbrach Louis Malle seine Arbeit als Spielfilmregisseur und »suchte die Realität auf«, um weiterhin Geschichten erzählen zu können. Nach der Romanverfilmung *Der Dieb von Paris* (1967) mit Jean-Paul Belmondo in der Hauptrolle und einer wenig geglückten Zusammenarbeit mit Alain Delon in einem Episodenfilm (*William Wilson, Außergewöhnliche Geschichten*, 1968) begab sich Malle – privat und beruflich in eine Krise geraten – auf eine Reise nach Indien. Indien wurde zur notwendigen Zäsur in Malles Spielfilmarbeit, der mit der Figur des Diebes (*Der Dieb von Paris*) auf einem Höhepunkt der Selbstreflexion als Regisseur angelangt war, die er zugleich als Stagnation empfand: »Ich war nach zehn Jahren Regie an einem gewissen Punkt angelangt, und ich wollte das Buch als Metapher verstehen für das, was mit mir passierte. Randal, der Dieb, das war für mich Malle, der Regisseur.« In Indien beobachtete Malle die Armut der Menschen, die gezeichnet von Hunger und Krankheit in Massen die Straßen Kalkuttas bevölkern. Nach der Ausstrahlung der siebenstündigen Dokumentarserie *L'Inde fantôme* und des Dokumentarfilms *Kalkutta* (1969) wurde Malle zum Staatsfeind Indiens erklärt und erhielt Einreiseverbot. Mit Malles Reise nach Indien begann seine zweite Schaffensperiode, in der seine Protagonisten häufig Jugendliche oder Kinder waren: *Herzflimmern, Lacombe Lucien, Black Moon* (1975), *Pretty Baby.* Immer wieder thematisiert Malle Tabuthemen wie Kinderprostitution oder Inzest und bricht in der Art der Inszenierung mit den konventionellen Regeln der Darstellung von moralischer Abnormität und Normenverstoß. Im Gegensatz zu einem hysterisierten Ausagieren des Verbotenen im Film, wie es sich in einem Kino der extremen Gewalt- oder Sexualdarstellungen präsentiert, verzichtet Malle fast immer auf das Spektakuläre eines Themas. Mag Malles Zurückhaltung in der Darstellung des Extremen als wohltuend empfunden werden: Seine moralische Zurückhaltung dagegen wirkt verstörend und radikal. Zumal er den Tabubruch nicht in den Mittelpunkt seiner Filme stellt, sondern im Rahmen einer Geschichte »normalisiert« und zum notwendigen Bestandteil eines Mikrokosmos oder einer Figur werden läßt.

Der Film *Atlantic City, USA* (1980) kann nach *Pretty Baby* als Auftakt der langjährigen Auseinandersetzung Louis Malles mit seiner neuen Wahlheimat Amerika verstanden werden. Zum vielleicht wichtigsten Protagonisten des Films wird die gleichnamige amerikanische Stadt, Mekka des Glücksspiels und des Drogenhandels. Der Film beginnt mit seiner Schlüsselszene: Jeden Abend steht die schöne, junge Sally (Susan Sarandon) am Fenster und reibt sich den nackten Oberkörper mit Zitronen ein. Sie wird dabei von dem gealterten Gangster Lou Paschall (Burt Lancaster) aus einem gegenüberliegenden Fenster beobachtet. Ihr Reinigungsritual – sie serviert an einer Fischtheke und will abends den lästigen Geruch beseitigen – ist sein Rätsel und sein allabendliches erotisches Glück. Später – in einer wunderbaren Szene – gesteht Lou Sally, daß er sie heimlich beobachtet, und sie ist – typisch Malle – nicht empört, sondern schläft mit ihm.

Ein Grundthema des Films ist das Gefühl innerer und äußerer Deplazierung der Menschen, die sich in Atlantic City, einem Ort der neurotischen Glückssuche, gegenseitig in die Quere kommen. Auch in der Tragödie *Alamo Bay* (1985) und den diesen Film thematisch flankierenden Dokumentarfilmen *Gottes eigenes Land* (1986) und *... und das Streben nach Glück* (1987) umkreist Malle immer wieder das zentrale Thema des American way of life: das Streben nach Glück, von dem Einheimische wie Einwanderer gleichermaßen beflügelt sind und das jederzeit umschlagen und zur Ursache von Gewalt und Aggression werden kann. Dagegen spielen das Zwei–Personen–Stück *Mein Essen mit André* (1981) und der Theaterfilm *Vanya – 42. Straße* (1994), Malles letzter Film, in einem anderen, intellektuellen und multikulturellen Teil Amerikas: in der Metropole New York und ihrer Künstlerszene. Beide Filme behandeln die Bemühungen des Theaters um Reform, um künstlerische Wahrheit, um das Dokumentarische im Fiktionalen, das auch Malle immer wieder suchte.

1987 nach Frankreich zurückgekehrt, widmete sich Louis Malle auf direkte Weise einem autobiographischen Thema, einer Kindheitsgeschichte aus seiner eigenen Internatszeit zur Zeit des Zweiten Weltkriegs: *Auf Wiedersehen, Kinder* (1987). Der zarte, wohlhabende und etwas verzogene Sprößling Julien – wiederum ein Alter ego Malles – und der stille, begabte Junge Jean werden im Internat nach anfänglicher gegenseitiger Ablehnung zu Freunden. Nach und nach begreift Julien die Gründe für die Scheu des Freundes: Jean ist Jude und wird von den Patres der Klosterschule vor den Nazis versteckt. In der Küche des Internats arbeitet Joseph – mürrisch, hinkend und aus ärmlichen Verhältnissen stammend, wird er häufig zur Zielscheibe des Spotts der reichen Söhne, die er zu bedienen hat. Als der Schulleiter Pater Jean den Küchenjungen und die Internatszöglinge eines Tages bei ihren kleinen Schiebereien erwischt, wird nur Joseph bestraft und entlassen. Joseph, ein »Bruder« Luciens, rächt sich bitter und verrät die jüdischen Kinder an die Gestapo, die Pater Jean mit seinen Schützlingen verhaftet. Im Torbogen des Hofes dreht sich der Pater ein letztes Mal zu seinen Schülern um: »Auf Wiedersehen, Kinder«. Malle, der die Authentizität dieser Abschiedsszene immer wieder bestätigt hat und sie als eine seiner wichtigsten Kindheitserinnerungen bezeichnet, wollte nicht nur eine weitere Geschichte des Holocaust oder der Kollaboration erzählen, sondern rückt die Freundschaft zwischen zwei Jungen, von denen jeder auf eigene Weise Außenseiter ist, ins Zentrum seines Films. Die graublaue Farbgebung des Films, unterbrochen nur durch das warme, Liebe und Geborgenheit verheißende Rot des mütterlichen Lippenstiftes, bildet das Grundgefühl einer Generation ab, die direkt und metaphorisch »in Kälte« aufgewachsen ist.

Auf den tragischen Stoff *Auf Wiedersehen, Kinder* folgte eine romantisch versponnene, aber auch ironische Komödie, deren Handlung vor dem zeitgeschichtlichen Hintergrund des Mai 1968 in Frankreich spielt: *Eine Komödie im Mai* (1989). Die große Revolution wiederholt sich im Zwischenmenschlichen und setzt das Menschlich-Allzumenschliche frei. Zart und leicht erzählt Malle von Begegnungen zwischen Jung und Alt, zwischen Frau und Mann, zwischen Leben und Tod. Durch den Tod der Großmutter gerät eine Familie, deren Mitglieder sich kalt und fremd begegnen, in Instabilität. Das Sterben wird zum Auslöser einer emotionalen Kettenreaktion, die die Personen der Komödie zum Leben erweckt. Gerade weil die kleine Revolution – ähnlich wie ihr zeitgeschichtlicher Hintergrund – hysterische und bisweilen groteske Züge trägt, entläßt sie ihre Helden in die Unmittelbarkeit, nimmt ihnen ihre Masken und Lebensentwürfe und befreit verdrängte Gefühle.

Louis Malle interessierte sich immer wieder für die Unmittelbarkeit menschlicher Begegnung, sei es familiärer, freundschaftlicher, feindlicher oder erotischer Natur. In seinem vorletzten Film *Verhängnis* (1992), einer Verfilmung des gleichnamigen Romans von Josephine Hart, inszenierte er einen Urknall der Gefühle zwischen Mann und Frau, der sich über jedes Wenn und Aber, über Norm, Konvention, über Moral und väterliche Treue hinwegsetzt. Juliette Binoche spielt die spröde Anna, die den Vater (Jeremy Irons) ihres zukünftigen Mannes liebt, ohne einen Gedanken an die möglichen tragischen Konsequenzen eines derartigen doppelten »amour fou« zu verschwenden. Die Erfahrung der inzestuösen Liebe zu ihrem Bruder, der sich um ihretwillen umgebracht hat, macht sie zu einem gefährlichen Menschen. »Der spannende Gedanke des Buchs ist, daß sie gefährlich ist, weil sie überlebt hat; Überlebende wissen, daß sie alles überstehen werden, was immer passiert« (Malle). Tragödien dieser

Art enden auf der Leinwand häufig mit dem Tod der »bösen« Frau. Nicht so bei Louis Malle: Anna, in jeder Hinsicht eine Fremde, überlebt die Katastrophe. Malle dämonisiert Anna an keiner Stelle der Handlung. Die Figuren, die in komplexen und subtilen Beziehungen zueinander stehen, was weniger durch die Dialoge als durch die Blickinszenierung verdeutlicht wird, sind durch Anna bedroht, weil alle außer ihr an ein unüberwindbares Regelwerk nahezu organisch gebunden sind. Nur die kleine Tochter, das Kind, scheint die Vorgänge wahrzunehmen. Der ungetrübte Kinderblick, der Blick Zazies, Juliens oder Violets findet sich auch, wenngleich versteckt, in diesem späten Film Louis Malles.

Louis Malle starb am 23. November 1995 an Krebs.

Susanne Marschall

Filmographie: Le Monde du silence / Die schweigende Welt (Dokumentarfilm, 1956) – L'Ascenseur pour l'échafaud / Fahrstuhl zum Schafott (1957) – Les Amants / Die Liebenden (1958) – Zazie dans le métro / Zazie (1960) – La Vie privée / Privatleben (1961) – Vive le tour (1962) – Le Feu follet / Das Irrlicht (1963) – Bon Baisers de Bangkok (1964) – Viva Maria! / Viva Maria! (1965) – Le Voleur / Der Dieb von Paris (1967) – Histoires extraordinaires / Außergewöhnliche Geschichten (Episode: William Wilson, 1968) – Calcutta / Kalkutta (Dokumentarfilm, 1969) – Le Souffle au cœur / Herzflimmern (1971) – Lacombe Lucien / Lacombe Lucien (1974) – Humain, trop humain (Dokumentarfilm, 1972) – Place de la République (Dokumentarfilm, 1972) – Black Moon (1975) – Close up (1976) – Pretty Baby / Pretty Baby (1978) – Atlantic City, U.S.A. / Atlantic City, USA (1980) – My Dinner with André / Mein Essen mit André (1981) – Crackers / Crackers – Fünf Gauner machen Bruch (1983) – Alamo Bay / Alamo Bay (1985) – God's Country / Gottes eigenes Land (Dokumentarfilm, 1986) – . . . and the Pursuit of Happiness / . . . und das Streben nach Glück (Dokumentarfilm, 1987) – Au revoir les enfants / Auf Wiedersehen, Kinder (1987) – Milou en Mai / Eine Komödie im Mai (1989) – Damage / Verhängnis (1992) – Vanya on 42nd Street / Vanya – 42. Straße (1994).

Literatur: Louis Malle. München/Wien 1985. (Reihe Film. 34.) – Philip French (Hrsg.): Louis Malle über Louis Malle. Mit einem Nachwort von Volker Schlöndorff. Berlin 1998. [Engl. Orig. 1993.]

David Mamet

* 1947

David Mamet, am 30. November 1947 in Chicago geboren, arbeitet seit den frühen siebziger Jahren als Theaterregisseur und Autor von Dramen, die aufgrund ihrer Ambivalenz von einem breiten Publikum kontrovers diskutiert werden. Neben seiner Theaterarbeit begann Mamet ab 1980 Drehbücher zu verfassen. Bereits seine zweite Drehbuchadaption, für Sidney Lumets *The Verdict – Die Wahrheit und nichts als die Wahrheit* (1982), brachte ihm eine Oscar-Nominierung ein. Mit *Haus der Spiele* gab Mamet 1987 sein Regiedebüt: ein leise inszenierter Thriller um eine Psychiaterin, die einem großangelegten Trickbetrug zum Opfer fällt. Der mit Film–noir–Elementen ausgestattete Film interessiert sich nur vordergründig für den Wettkampf unterschiedlicher Denkmodelle (den psychologischen Kenntnissen der Psychiaterin steht die Lebenserfahrung des Betrügers gegenüber). Vielmehr thematisiert Mamet, wie auch in seinen nachfolgenden Filmen, das Rollenspiel seiner Protagonisten, ihren Identitätsverlust und ihre Identitätssuche, stets gekoppelt an den Themenkomplex der Macht, die in Formen institutionalisierter Gewalt und im Geschlechterkampf in Erscheinung tritt. So konstituiert sich in *Haus der Spiele* in der Figur des Betrügers eine misogyne archaische Männerphantasie, die in einem wahren Männeralptraum endet, nachdem die Psychiaterin ihre selbstauferlegte Unterwerfung als Frau durchbricht und zu einer eigenen Identität findet. David Mamet entwirft in seinen Filmen und Drehbüchern ein auffällig düsteres und negatives Männerbild. Es sind selbstgefällige und sich brüstende Figuren mit leicht zu kränkendem Ego. Der extrem realistische Sprachstil, den Mamet seinen Figuren in den Mund legt, fördert in seinem sexistischen Gebrauch die sexuelle Ausbeutung der Frau zutage und verweist gleichzeitig, in einer zweiten Funktion, in der auffälligen Fabulierlust der Figuren auf eine strikte Verweigerung von Selbstreflexion und die zugrundeliegende Angst vor Selbsterkenntnis. Mamets Hauptfiguren sind ständig in Bewegung. Ohne Privatleben verlieren sie sich in einem beruflichen Oberflächenwahn, in dem der einzige Beweggrund ihres Handelns das Streben nach materieller Sicherheit zu sein scheint. Es sind dadurch auch einsame Figuren, die in Mamets Inszenierung auf großen und öffentlichen Plätzen deutlich isoliert erscheinen.

Mamets dritte Regiearbeit, *Homicide – Mordkommission* (1991), endet in einem psychischen und beruflichen Desaster für die Hauptfigur, einen jüdischen Polizisten, dem seine selbstauferlegte Identität als Staatsdiener im Klima des alltäglichen und tolerierten Rassismus abhanden kommt. In blinder Faszination für die entdeckte und nur scheinbar sichere jüdische Identität, jagt er vorschnell einem Trugbild der Selbstdefinition hinterher und wird am Ende dieses Irrwegs brutal mit den Gefühlen der Wertlosigkeit und Leere konfrontiert. Mamet moralisiert aber keineswegs. Die fehlende Wertorientierung seiner Figuren vermittelt sich nur indirekt und wird meist eingebettet ins Spannungsfeld von Negation und Assimilation zentraler Werte der amerikanischen Kultur und Gesellschaft. Mamets Drehbuchadaption seines eigenen Bühnenstücks *Glengarry Glen Ross* (1992, Regie: James Foley) kann im Kontext der Post-Reagan Ära gelesen werden, aber auch, wie seine letzte Drehbuchadaption *American Buffalo* (1996, Regie: Michael Corrente), als kritische Auseinandersetzung mit der protestantischen Ethik in ihrer amerikanischen Ausprägung verstanden werden, die u. a. in der Hire-and-Fire-Mentalität des Spätkapitalismus ihre konsequente Weiterführung erfährt. So thematisiert Mamet mit seiner vierten Regiearbeit *Oleanna* (1994) neben dem Geschlechterkampf, dem Zwangvollen jeder Selbsterkenntnis und der institutionalisierten Gewalt in Form der Universitätshierarchie, das Ausufern der »political correctness« an amerikanischen Universitäten. Die inneren Prozesse der Figuren visualisieren sich in einer subtilen Rauminszenierung. Konflikte, Veränderungen und Erkenntnisprozesse, die die Protagonisten durchlaufen, finden zwischen Türen, in Gängen, Fluren und auf öffentlichen Durchgangsplätzen statt. In Mamets Filmen rücken ständig Türen deutlich ins Blickfeld, sie werden geöffnet, nur um sich gleich wieder zu schließen, oder auch gewaltsam durchbrochen. Insofern wird in *Oleanna* der gewaltsame Angriff des Dozenten auf seine Studentin zur logischen Konsequenz, da die extrem kammerspielartige Inszenierung und die daraus resultierende eingeengte Bewegungsfreiheit der Figuren, im Sinne eines aktiven Voranschreitens zur Selbsterkenntnis, bereits formal verweigert wird. Mit *Die unsichtbare Falle* (1997) radikalisiert Mamet das Bild des identitätslosen Mannes, indem er seinen Protagonisten erneut einem Trickbetrug aussetzt und ihn als Marionette männlicher Eitelkeit entlarvt.

Mamets Filme sind streng komponiert und intellektuell. Über die ironische oder bittere Destruktion amerikanischer Ideale weiten sie sich ins Philosophische aus: zur Existenzprüfung in einer Umwelt, die von fragwürdigem Konformismus und einer vorgeschriebenen »pursuit of happiness« bestimmt ist. Die europäische Kritik hat darauf nicht selten befremdet reagiert.

Frank Henschke

Filmographie: House of Games / Haus der Spiele (1987) – Things Change / Things Change – Mehr Glück als Verstand (1988) – Homicide / Homicide – Mordkommission (1991) – Oleanna / Oleanna (1994) – The Spanish Prisoner / Die unsichtbare Falle (1997).

Literatur: D. M.: Die Kunst der Filmregie. Berlin 1998. [Amerikan. Orig. 1992.]
Gay Brewer: David Mamet and Film. Illusion/Disillusion in a Wounded Land. Jefferson/London 1993. – Martin Roeder-Zerndt: Lesen und Zuschauen. David Mamet und das amerikanische Drama und Theater der 70er Jahre. Tübingen 1994.

Rouben Mamoulian

1898–1987

Rouben Mamoulian wurde am 8. Oktober 1898 in Tiflis, Georgien, als Sohn eines Bankiers geboren. Er verbrachte seine Kindheit in Paris, studierte Kriminalwissenschaft an der Universität in Moskau und erwarb erste Bühnenerfahrung am Moskauer Künstlertheater unter dem Regisseur Wachtangow. 1918 begründete Mamoulian sein eigenes Theater in Tiflis, kam zwei Jahre später nach London, wo er vorerst blieb, um an der Universität Schauspiel zu studieren und um zu inszenieren. 1923 wechselte er in die USA und entwickelte sich in Rochester und New York zum erfolgreichen Regisseur von Opern – sein Repertoire reichte von Verdis »Rigoletto« bis zu Wagners »Tannhäuser« oder Schönbergs »Die glückliche Hand« – und zeitgenössischen Dramen. 1927 etwa führte er »Porgy« im New Yorker Guild Theatre auf, eine äußerst erfolgreiche Produktion mit 367 Aufführungen, Jahre später auch Gershwins musikalische Bearbeitung des Stückes, »Porgy and Bess« (1935). Paramount beauftragte den 31jährigen Broadway-Regisseur, seinen ersten Film zu drehen: *Applaus* (1929). Der theaterkundige Mamoulian erwies sich als experimentierfreudiger Cineast, der die technischen Möglichkeiten des neuen Tonfilm-Verfahrens, später auch des Farbfilms zugunsten einer raffinierteren Ästhetik ausschöpfte. Für mehr als zehn Jahre probierte Mamoulian verschiedene Genres aus und überschritt wiederholt die üblichen Darstellungskonventionen, wobei sich bald ein charakteristischer Stil herausbildete: Er wurde ein Meister des Helldunkel, der eleganten Inszenierung und der raffinierten Rhythmik in der Erzählung. Vier seiner Filme aus dieser Periode können als Musterbeispiele für die souveräne und manchmal auch ironische Beherrschung der spezifischen Genreregeln gelten: *Dr. Jekyll und Mr. Hyde* (1931) darf vermutlich als die vorzüglichste Filmversion dieser berühmten, von Robert Louis Stevenson erzählten Fabel von der Persönlichkeitsspaltung des puritanischen und ›zivilisierten‹ Mannes bezeichnet werden. *Schönste, liebe mich* (1932) zieht als musikalische Komödie im visuellen Witz mit den besten Werken von Ernst Lubitsch gleich. *Königin Christine* (1933) erweist sich als klassisches Melodram: In ihm konnte sich Greta Garbo so entfalten wie selten zuvor und danach. *Im Zeichen des Zorro* (1940) ist wahrscheinlich die spielerischste Variante dieser kalifornischen Robin-Hood-Legende. Dagegen wird *Straßen der Großstadt* (1931), sein zweiter Film, eine Gangsterballade, von den späteren Gangsterfilmen Anfang der dreißiger Jahre überschattet. Mamoulians einziger Film mit Marlene Dietrich, *Das Hohe Lied* (1931), nach einer Erzählung von Hermann Sudermann, konnte sich schon im Urteil der Zeitgenossen nicht gegen die Dietrich-Filme Josef von Sternbergs behaupten. Mamoulians Stierkämpferfilm *König der Toreros* (1941) gerät vielleicht allzu artifiziell dank der Anstrengung des Regisseurs, berühmte Bilder der spanischen und italienischen Renaissance und Gegenrenaissance nachzustellen oder zumindest zu assoziieren. Eine ganze Reihe von Filmen Mamoulians haben nie den Weg in einen deutschen Verleih gefunden, z. B. die Literaturverfilmungen *We Live Again* (1934) nach Tolstois Erzählung »Wiederauferstehung« oder *Summer Holiday* (1947) nach dem Stück »Ah, Wilderness!« von Eugene O'Neill. Selbst der erste Farbfilm in Technicolor, den Mamoulian bereits 1935 gedreht hat, *Becky Sharp*, nach Thackerays Sittengemälde »Vanity Fair«, ist dem deutschen Kinopublikum vorenthalten geblieben.

Alle Gründe sind schwer auszumachen, doch wahrscheinlich war es das selbstbewußte Auftreten Mamoulians, das ihm zunehmend die Arbeit mit eigenmächtigen Produzenten erschwerte. So wurde der berühmte Film noir *Laura* (1944) nach

Rouben Mamoulian (o.)

Mamoulians drehfertigem Skript gedreht, doch er selbst von einem anderen Regisseur, nämlich Otto Preminger, abgelöst. Dasselbe widerfuhr Mamoulian mit *Porgy und Bess* (1959), der Filmfassung einer Oper, die immerhin durch ihn zum ersten Mal auf die Bühne gekommen ist – auch hier ersetzte ihn Preminger. Noch eklatanter liegt der Fall bei *Cleopatra* (1963). Bei diesem Monumentalfilm mußte Mamoulian nach über einem Jahr der Vorbereitung die Dreharbeiten wegen Unstimmigkeiten mit dem Produzenten abbrechen. Zehneinhalb Minuten seiner Aufnahmen sind immerhin in den fertigen Film eingeschlossen worden. Seit Beginn der vierziger Jahre jedenfalls gibt es kaum mehr einen Film Mamoulians, der die eindringliche Auseinandersetzung lohnte. Selbst sein letzter vollendeter Film *Seidenstrümpfe* (1957) litt in der Kritik, wohl nicht zu Unrecht, stets unter dem Vergleich mit der Vorlage, nämlich Ernst Lubitschs *Ninotschka* (1939). Es handelt sich um ein glanzgelacktes Hollywood-Produkt, nur einige Tanzszenen mit Fred Astaire und Cyd Charisse und das leicht groteske Terzett der drei Russen, die nicht mehr nach Moskau zurückgehen müssen (vor allem die gramgebeugte Grazie des alten Peter Lorre ist hier bezaubernd), verraten noch etwas von der besonderen Phantasie Mamoulians.

In seinen frühen Filmen gelangen Mamoulian effektvolle Expositionen: In *Applaus* sehen wir eine armselige Straße, einen streunenden Hund, vorbeieilende arme Kinder, dann Musik, die umjubelte Diva in einer offenen Kutsche, eine »burlesque queen«, eine Diva des Varietés – die Spannweite zwischen Elend und Glanz spielt für den Film eine erhebliche Rolle. Als die junge Tochter aus dem Nonnenkonvikt in das anrüchige Milieu kommt, machen Schattenspiele das Unheimliche dieses Orts deutlich. Hinter dem Glamour verbirgt sich allgegenwärtig schäbiges Leben. *Dr. Jekyll und Mr. Hyde* beginnt mit einer zur damaligen Zeit äußerst kühnen Subjektive: Wir sehen mit den Augen von Dr. Jekyll, wie er sein Haus verläßt und zur Vorlesung fährt, diensteifrig von Lakaien und Herren begrüßt: ein aristokratischer und zugleich einsamer Mann. Nach dem Prinzip des Stafettenlaufs, witzig und beschwingt, verknüpft Mamoulian viele disparate Szenen in *Schönste, liebe mich*: Das Lied »Isn't it romantic?« entsteht aus einem Gespräch zwischen dem Schneider (Maurice Chevalier) und seinem Kunden. Der Kunde trägt es weiter zu einem Taxifahrer. Von dem hat es ein Komponist, der die Weise im Zug eifrig rekonstruiert. Soldaten übernehmen die Melodie und singen sie im Chor. Ein Zigeunergeiger hört dies und spielt es im Waldlager, unweit davon entfernt liegt das Schloß, auf dessen vom Mondlicht beschienenen Balkon die Prinzessin (Jeanette McDonald) endgültig das Lied singt: so hat eine Melodie die beiden Hauptfiguren, den Schneider und die Prinzessin, in einer Passage verquickt.

Mamoulian hat an simpler High-key-Ausleuchtung offensichtlich keine Freude gehabt. In oft bewundernswürdiger Weise modelliert er mit unterschiedlichen Kameraleuten Räume aus Licht und Dunkelheit, mit symbolischen Schatten oder dekorativen Lichtbahnen. Den Höhepunkt dieser visuellen Artistik stellt zweifellos *Dr. Jekyll und Mr. Hyde* dar: zusammen mit dem (ungeachtet des deutschen Namens) amerikanischen Kameramann Karl Struss komponiert er Szenen einer trügerischen Welt, in der die scheinbare Sicherheit der Lichtzonen allmählich von der skrupellosen Schattenwelt des Mr. Hyde aufgezehrt wird. Die Nebel auf Londoner Straßen, die Schwärze, aus der dieses Ungeheuer, mit flatterndem Mantel größer wirkend, wie eine Ausgeburt der Nacht hervorspringt, ist in keinem anderen Remake dieses Sujets je so suggestiv und malerisch gestaltet worden. Die Übergänge zwischen dem guten Dr. Jekyll und dem finsteren Mr. Hyde finden dank der Schauspielkunst von Fredric March (in einer seiner eindrucksvollsten Rollen, schillernd zwischen Gentleman und affenartigem Monstrum), Farbfiltern und unsichtbaren Schnitten so fließend statt, daß man von der grausigen Verwandlung beeindruckt, vielleicht sogar erschüttert wird und kaum an die Tricktechnik zu denken wagt.

Mamoulian hat, wie kaum ein anderer Hollywood-Regisseur seiner Zeit, nachvollzogen, was einige deutsche Regisseure, zumal Friedrich Wilhelm Murnau, im Film der Weimarer Republik erprobt haben: die expressive Lichtgestaltung, die Subjektivierung der Wahrnehmung einer verstörenden Nachtwelt, die Entfesselung der Kamera. Schon in *Applaus* bewegt sich die Kamera erstaunlich frei durch den Raum – was seinerzeit nur mit Zustimmung des Produzenten Adolph Zukor möglich war, da solche Dynamik im Team für technisch unmöglich gehalten wurde. Mamoulians ungewöhnliche Musikalität strukturierte Aufschwünge einer filmischen Erzählung: Wenn die Garbo als Königin Christine durch das Gastzimmer des Wirtshauses schreitet, in dem sie ihr großes, mehrtägiges Liebeserlebnis mit dem spanischen Botschafter hatte, die Wand berührt, die Pfosten des Bettes, ein Spinnrad, schließlich hingebungsvoll den Kopf in eines der Kissen bettet (um sich den Raum für ihr Leben einzuprägen, in dem das Unverhoffte endlich geschehen ist, das Ereignis der Liebe), spielt sie in einem immer nur leicht und vorübergehend stockenden Rhythmus. Auch dieses Gespür für den sinnlichen Respons auf die Umwelt hat Mamoulian, ähnlich wie Cukor, den Ruf eines »Ladies' Director« eingetragen; diese Zuschreibung greift indes zu kurz.

Mamoulian hat genauso männlichen Schauspielern erlaubt, sich zu entfalten, hat sie aber nie dazu getrieben, ihre Grenzen zu überschreiten. So sind Fredric March und Miriam Hopkins in *Dr. Jekyll und Mr. Hyde* so präzise und leidenschaftlich wie nur selten, während dagegen Tyrone Power als Zorro in dem knapp zehn Jahre später entstandenen Film durchaus offenbart, daß sein gefälliges Naturell mit keinerlei virtuoser Schauspielkunst einhergeht – dabei hat er eine Doppelrolle zu spielen, als glatter Höfling und als Rächer der Enterbten. Etwas von der unernsten und liebenswürdigen Heiterkeit der Hauptfigur ist dem ganzen Film zu eigen: Immer wieder unterbrechen retardierende Momente den straffen Gang der Handlung, als habe der Regisseur eher eine romantische Komödie im Sinn als ein Befreiungsdrama, das im Aufstand gegen knechtende Ausbeuter kulminiert. Wenn Zorro aus dem Haus seines Widersachers entflieht, in der Kapelle sich schnell als Klosterbruder verkleidet, dann den Häschern entgeht, so demonstriert das ständige Hin und Her eines amüsanten Verfolgungsspektakels die leichte Tonart, mit der Mamoulian im Rückblick so oft identifiziert wird. Doch die wogenden Massenszenen in *Königin Christine* oder in *Das Zeichen des Zorro* sind so turbulent, das egoistische Böse in *Dr. Jekyll und Mr. Hyde* so beklemmend wie die kalte Einsamkeit der Königin Christine unzweideutig hervorgehoben: Mamoulian hat auch das Tumultuarische und Abgründige, Verderben und Trauer einprägsam in Szene gesetzt. Nicht zu vergessen: *Laura*, eines der bedeutendsten Exempel des Film noir, ist im Grundriß seine Arbeit.

Die Filme Mamoulians zeigen eine Art Doppelgesicht: auf der einen Seite der erfinderische Virtuose, der musikalisch-rhythmische Erzähler, der mit Grandezza die Dinge leicht nehmen kann, auf der anderen Seite, schwächer ausgebildet, der Porträtist des mißratenen Glücksstrebens, der um Licht und Dunkel Bescheid weiß. Mag es daran liegen, daß sich die produktive Spannung zwischen diesen einander widerstrebenden Tendenzen zugunsten einer allzu schnellfertigen und harmonisierenden Routine verlor, mag es der erdrückenden Gegenmacht ignoranter Produzenten zuzuschreiben sein, Mamoulian bietet das Bild eines genialen Halbfertigen, dem mit Ausnahme einiger Filme nicht gegönnt war, seine Könnerschaft weiter und tiefer zu entfalten. Im Jahre seines Todes widerfuhr ihm noch die Ehre, von den Berliner Filmfestspielen in einer Retrospektive gewürdigt zu werden.

Thomas Koebner

Filmographie: Applause / Applaus (1929) – City Streets / Straßen der Großstadt (1931) – Dr. Jekyll and Mr. Hyde / Dr. Jekyll und Mr. Hyde (1931) – Love Me Tonight / Schönste, liebe mich (1932) – Song of Songs / Das Hohe Lied (1933) – Queen Christina / Königin Christine (1933) – We Live Again (1934) – Becky Sharp (1935) – The Gay Desperado (1936) – High, Wide, and Handsome (1937) – Golden Boy / Golden Boy (1939) – The Mark of Zorro / Im Zeichen des Zorro (1940) – Blood and Sand / König der Toreros (1941) – Rings on Her Fingers / Das große Spiel (1942) – Summer Holiday (1947) – The Wild Heart (1952) – Silk Stockings / Seidenstrümpfe (1957).

Literatur: Tom Milne: Rouben Mamoulian. London 1969. – Antje Goldau / Hans Helmut Prinzler (Hrsg.): Rouben Mamoulian. Eine Dokumentation. Berlin 1987.

Anthony Mann

1906–1967

Nach John Ford ist Anthony Mann der Regisseur, dessen Name fast synonym wurde mit dem des Western, des »amerikanischen Kinos par excellence« (A. Bazin), doch was ihn von Ford trennt, ist ein gänzlich anderer, ein moderner Blick auf die dem Genre zugrundeliegende Mythologie. Leidenschaft und Gewalt sind bei Ford stets eingebunden in die filmische Narration, und die wiederum untersteht dem Gebot der poetischen Gerechtigkeit gegenüber der »Wahrheit« einer zur Legende, zum Mythos gewordenen Geschichte. Für Mann sind Leidenschaft und Gewalt die wesentlichen Elemente seiner Western-Geschichte(n). Der Mythos wird psychologisiert, und so tritt der »Dämon« (Mann) in ihm zutage. Ist Ford der Epiker des Western, so ist Mann der Tragiker des Genres, inspiriert von der Bibel und von Shakespeare. Seine Western erzählen vom moralischen Kampf der Helden mit sich und der Gemeinschaft. Es sind Tragödien eines »direkten und doch diskreten Lyrismus«, mit einem untrüglichen Sinn für Emotionen und für das »Wechselverhältnis von Mensch und Natur« (A. Bazin), das nie zum Pittoresken tendiert. Mit Filmen wie *Winchester '73* (1950), *Meuterei am Schlangenfluß* (1952), *Nackte Gewalt* (1953) und *Der Mann aus dem Westen* (1958) hat Anthony Mann den Western innerhalb eines knappen Jahrzehnts wieder »erfunden«, als, wie Jean-Luc Godard 1959 schrieb, »Analyse und Synthese« eines Genres.

Anthony Mann wurde am 30. Juni 1906 bei San Diego als Emil Anton Bundmann geboren. Er verließ die High School, um Schauspieler zu werden, und konnte sich in den dreißiger Jahren auch in New York als Schauspieler und Regisseur an Theatern etablieren. 1938 ging er nach Hollywood, wo er zunächst als Talentsucher, Casting-Regisseur, dann als Regieassistent arbeitete, jetzt unter dem selbstgewählten Namen Anthony Mann. Ab 1942 drehte er als Regisseur eine Reihe von B-Pictures der verschiedensten Genres, bevor ihm mit *Flucht ohne Ausweg* (1948) ein klassisch-düsterer Film noir gelang, der schon sein Talent im Umgang mit Schauspielern und sein Gespür für ein ökonomisch-effizientes Erzählen erkennen läßt. *Geheimagent T* (1949) setzte das im Genre des Film noir fort, wobei sich deutlich die Interessen Manns an Leidenschaft und Gewalttätigkeit als existentiellen Befindlichkeiten des Menschen in Grenzsituationen zeigen. *Guillotine* (1949) ist zwar ein oberflächliches Historienspektakel über die Schreckenszeit im Gefolge der Französischen Revolution, verstärkt jedoch den Eindruck, daß Mann fasziniert ist vom Ereignis des Schrecklichen, vom Riß, den die Gewalt in der Moral als Lebenskodex – und damit im Leben – hinterläßt.

1950 entstanden in rascher Folge drei Western: *Die Farm der Besessenen* ist ein Familiendrama mit Barbara Stanwyck und Walter Huston in einer sich in Liebe und Haß aufzehrenden Vater-Tochter-Beziehung mit sadomasochistischen Untertönen. *Fluch des Blutes* hingegen spannt die Tragödie erstmals über das rein Private hinaus aus. Der Film handelt drastisch vom Rassismus der Gründergeneration Amerikas nach dem Bürgerkrieg. Dem im Krieg ausgezeichneten Sergeanten Lance Poole (Robert Taylor), einem Indianer, wird nach der Rückkehr das Recht auf Land, auf Heimat von seinen Mitbürgern verwehrt. Poole muß erneut in den Kampf ziehen, jetzt in den für seine Sache, und er kommt darin um. Im Zusammenhang bilden die ersten Filme von Anthony Mann durchaus einen thematischen Komplex, genauer: ein Syndrom, ein Krankheitsbild. Mann benutzt die Historie nicht nur als bewegten Hintergrund. In der Geschichte erfüllen sich Hoffnungen und Leidenschaften so wenig wie im intimsten Bereich. Alles ist Kampf. Der findet vor allem in den Individuen statt, und dieser Kampf zerreißt sie. *Winchester '73* ist die Bezeichnung für ein Gewehr, das Lin McAdam (James Stewart) bei einem Preisschießen gewinnt und das ihm gestohlen wird. Die Waffe wandert von Hand zu Hand durch das Land, und McAdam zieht hinter ihr her. Treffen will er nur den Mann, der sie ihm stahl, seinen Bruder, der den Vater tötete und den er nun töten muß. Über ein todbringendes Objekt, das begehrt wird, erzählt Mann die Geschichte eines tödlichen Begehrens, einer Bruderschaft des Hasses in einem Land, in dem Landschaften niemanden mehr empfangen, wie es der Mythos der zu kultivierenden Natur des traditionellen Western will, sondern nur noch die Verbitterung der Menschen widerzuspiegeln scheinen, die traumatisiert durch sie hindurchgetrieben werden. In einer Felslandschaft, starr und verödet wie die beiden brüderlichen Feinde, kommt es zum Showdown.

Mit *Winchester '73* begann eine äußerst produktive und erfolgreiche Zusammenarbeit von Anthony Mann und James Stewart, die für den Schauspieler einen Wendepunkt seiner Karriere markierte. Doch auch das Western-Genre wurde mit diesem Film »endgültig erwachsen« (G. Seeßlen) und verlor seine Naivität und den reinen Unterhaltungscharakter; es wurde zum »adult western«, zum Genre für ein Publikum von Erwachsenen, welches kurz nach dem Ende des Zweiten Weltkrieges im neuen Western einen »Diskussionsrahmen für Probleme von Macht, Gewalt und Gesetz« (Seeßlen) finden konnte, einen Deutungsrahmen eigener, vielleicht noch unbewältigter Erfahrungen. *Meuterei am Schlangenfluß* (1952) läßt Stewart als Führer eines Siedlertrecks seine Verantwortung für die Gemeinschaft hart erproben. Nicht allein Betrug und menschliche Unzulänglichkeit, vor allem die Natur wird zum Feld der Bewährung, der Auseinandersetzung des Protagonisten mit sich selbst. *Nackte Gewalt* (1953) ist wohl der radikalste, weil düsterste Western von Mann und Stewart. Howard Kemp (Stewart) ist nach der Rückkehr aus dem Bürgerkrieg ein traumatisierter Mann ohne Frau und ohne Heimat. Aus Wut und Verzweiflung wird er Kopfgeldjäger, und das macht ihn immer härter, langsam psychopathisch. Kemp driftet in den Wahn, und erst eine Frau läßt ihn innehalten. Am Ende begräbt er den Körper des toten Gejagten, statt ihn zu Geld zu machen. Die beunruhigende emotionale Intensität von *Nackte Gewalt*, Resultat einer Übereinstimmung von Darsteller und Regisseur darin, sehr weit zu gehen im Ausspielen von Grenzsituationen – Stewart schluchzt in einer Einstellung hilflos –, haben Mann und Stewart gemeinsam nicht mehr erreicht. *Die Todesbucht von Louisiana* (1953) ist ein Film über die Auseinandersetzung zwischen einer Oil-Company und Fischern in der Gegenwart, über den Konflikt von technischem Fortschritt und Tradition, in dem das amerikanische Pathos vom Fortschritt als dem Glück aller siegt. Eine weitere Erfolgsgeschichte erzählt *Die Glenn-Miller-*

Story (1954) mit Stewart in der Titelrolle. Der Film verklärt zwar die amerikanische Unterhaltungsindustrie, besitzt aber durch die elegant integrierten Musiknummern und Miller/Stewarts Suche nach dem idealen Sound seines Orchesters einen erzählerischen Rhythmus und einen nach wie vor wirksamen Charme der Professionalität des klassischen Hollywood-Kinos. Mit *Über den Todespaß* (1954), einem Film, der die Landschaft des amerikanischen Nordens in ihrer Schönheit und in ihrer Bedrohlichkeit zeigt, kehrten Mann und Stewart dann wieder zum Western zurück. Jeff Webster (Stewart) reift durch Qualen zu dem Mann, der sich letztlich seiner Verantwortung für die Gemeinschaft stellt. Stewarts Charakter ist weniger verschlossen als in den Filmen zuvor, eher sozial und integrierbar. Diese Kompromißbereitschaft findet sich auch in dem Kavallerie-Western *Draußen wartet der Tod* (1955) mit Victor Mature und in *In geheimer Kommandosache* (1955), wieder mit James Stewart, einem Propagandafilm für die amerikanische Militär- und Nuklear-Politik im Kalten Krieg der fünfziger Jahre.

Anthony Mann arbeitete nun als etablierter und kommerziell erfolgreicher Regisseur im Studio-System Hollywoods, aber er konnte sich seine Stoffe nicht aussuchen. Er übernahm Auftragsarbeiten und wartete auf die ihm genehmen Angebote. *Der Mann aus Laramie* (1955) war eines. Mann filmte in Farbe und Cinemascope, die Kamera führte Charles Lang. Will Lockhart (James Stewart) ist auf der Suche nach den Mördern seines Bruders, doch etwas in ihm hat die Suche nach Gerechtigkeit in die Lust an der Rache verwandelt. Er trifft nur auf Schuldige, auf Männer, die sich das Gesetz unterwerfen. Lockhart ist ein Getriebener, und Manns Inszenierung ist – betont langsam – auf ihn konzentriert. Die Kamera registriert zwar die Veränderungen des Landes und der Menschen, aber sie registriert sie vornehmlich am gequälten Körper Stewarts. Seine Wunden sind die des Landes, die der Geschichte. Der erstmals zum Epischen tendierende Fluß der Erzählung wird durch Sequenzen brutalster Gewalt fast eruptiv unterbrochen; Gewalt wird physisch spürbar in der Sequenz, in der Stewart aus nächster Nähe die Hand zerschossen wird. Dennoch muß er die gewaltsame Entscheidung suchen, um der Gewalt vielleicht ein Ende zu machen: das tragische Dilemma der Helden Anthony Manns, das Dilemma seiner Geschichte(n) des amerikanischen Westens. *Der Mann aus Laramie* war die letzte Zusammenarbeit von Mann und Stewart.

Der Stern des Gesetzes (1957), mit Henry Fonda und Anthony Perkins in den Hauptrollen, macht das Gesetz und die ihm zugrundeliegende Moral zum Stoff der Erziehung eines jungen, unerfahrenen Sheriffs (Perkins) durch einen alternden Kopfgeldjäger (Fonda). Gesetz und Moral sind Produkte menschlicher Schwächen und Leidenschaften und werden durch pure Gewalt aufrechterhalten. Keine Gemeinschaft kann sich dieser Einsicht entziehen. Darin gipfelt die tragische Weltsicht Anthony Manns: Menschlichkeit ist nur zu erlangen um den Preis der Konfrontation mit dem Unmenschlichen.

Der Mann aus dem Westen (1958) ist Manns letzter großer Western und sein letzter bedeutender Film, laut Godard sogar »der intelligenteste aller Filme und zugleich der einfachste«. Link Jones (Gary Cooper in einer seiner letzten Rollen) ist ein ehemaliger Bandit, der mit seiner Vergangenheit konfrontiert wird, als er, unterwegs mit 600 Dollar, um eine Lehrerin in seinen Heimatort zu bringen, in die Gewalt seiner ehemaligen Bande gerät. Nach *Der Mann aus Laramie*, der epischen Tragödie des Westens am Beispiel des Körpers eines Mannes, und nach *Der Stern des Gesetzes*, der didaktischen Unterweisung über den Zusammenhang von Gesetz, Moral und Gewalt im Rahmen eines ideellen Vater-Sohn-Verhältnisses, ist *Der Mann aus dem Westen* eine Parabel, die das Typische sucht und auch typisiert. Gary Cooper war, anders als James Stewart, nach einer dreißigjährigen Karriere auch als Westerndarsteller etabliert, vor allem durch Fred Zinnemanns *Zwölf Uhr mittags* (1952) als Westerner im moralischen Zwiespalt, in dem die eigene Existenz wie die der Gemeinschaft auf dem Spiel steht. Diese Typisierung des Helden Link Jones, der die des Schurken Dock Tobin (Lee J. Cobb) entspricht, macht die einfache Grundstruktur des Films aus. Kompliziert und – im Sinne Godards – intelligent variiert wird das Strukturmuster durch die Tatsache, daß Tobin der Ersatzvater von Jones war und ihn überhaupt überleben ließ, indem er ihn zum Banditen, zum »Mann aus dem Westen« machte. Jones, der Mann, der sich als Familienvater zur Gewaltlosigkeit und zum ehrbaren Bürger zivilisieren ließ, muß erneut zur Gewalt greifen; er muß den »Vater« und damit das böse Erbe in sich endgültig töten.

Mit einigem Recht wird Anthony Manns produktivste Phase von Kritik und Filmgeschichtsschreibung in den fünfziger Jahren gesehen, in seiner Leistung als Regisseur und »auteur« von Western, als der er von der französischen Kritik erstmals anerkannt wurde. Mit dem Verfall des Studio-Systems und der Tendenz zu Monumentalfilmen, um der Konkurrenz des Fernsehens zu begegnen, geriet auch Manns Karriere in die Krise. *El Cid* (1961), eine Adaption des spanischen Nationalmythos mit Charlton Heston in der Hauptrolle, und *Der Untergang des römischen Reiches* (1964) sind Kolossal-Filme, in üppigen Farben und in Ultra-Panavision auch brillant komponierte Monumentalpanoramen, in denen trotz des immensen Aufwandes in einzelnen Momenten Manns Sinn für nuancierte Tragik noch aufscheint. *Kennwort »Schweres Wasser«* (1965), ein Kriegs- und Spionagedrama, bleibt ganz oberflächlich. Während der Produktion des Agententhrillers *Der Todestanz eines Killers* (1968) starb Mann im Jahr 1967. Der Film wurde vom Hauptdarsteller Laurence Harvey beendet.

Bernd Kiefer

Filmographie: Dr. Broadway (1942) – Moonlight in Havanna (1942) – Nobody's Darling (1943) – My Best Gal (1944) – Strangers in the Night (1944) – The Great Flamarion (1945) – Sing Your Way Home (1945) – Two O'Clock Courage (1945) – Strange Impersonation (1946) – The Bamboo Blonde (1946) – Desperate / In der Klemme (1947) – Railroaded / Der parfümierte Killer (1947) – Raw Deal / Flucht ohne Ausweg (1948) – T-Men / Geheimagent T (1949) – Reign of Terror / The Black Book / Guillotine (1949) – Border Incident / Tödliche Grenze (1949) – The Furies / Die Farm der Besessenen (1950) – Devil's Doorway / Fluch des Blutes (1950) – Winchester '73 / Winchester '73 (1950) – Side Street (1950) – The Tall Target / Verschwörung im Nachtexpreß (1951) – Bend of the River / Meuterei am Schlangenfluß (1952) – The Naked Spur / Nackte Gewalt (1953) – Thunder Bay / Die Todesbucht von Louisiana (1953) – The Glenn Miller Story / Die Glenn-Miller-Story (1954) – The Far Country / Über den Todespaß (1954) – The Last Frontier / Savage Wilderness / Draußen wartet der Tod (1955) – Strategic Air Command / In geheimer Kommandosache (1955) – The Man from Laramie / Der Mann aus Laramie (1955) – Serenade / Serenade (1956) – Men in War / Tag ohne Ende (1956) – The Tin Star / Der Stern des Gesetzes (1957) – God's Little Acre / Gottes kleiner Acker (1958) – Man of the West / Der Mann aus dem Westen (1958) – Cimarron / Cimarron (1960) – El Cid / El Cid (1961) – The Fall of the Roman Empire / Der Untergang des römischen Reiches (1964) – The Heroes of Telemark / Kennwort »Schweres Wasser« (1965) – A Dandy in Aspic / Der Todestanz eines Killers (1968).

Literatur: Jim Kitses: Horizons West. Bloomington 1970. – Jean-Luc Godard: Super-Mann (*Man of the West*). In: Godard/Kritiker. Ausgewählte Aufsätze über Film (1950–1970). München 1971. S. 116–120. – Jeanine Basinger: Anthony Mann. Boston 1979. – Bertrand Tavernier: Anthony Mann. In: Jean-Pierre Coursodon / B. T.: 50 ans de cinéma américain. Paris 1991. S. 674–676. – Joe Hembus: Das Western-Lexikon. Neubearb. von Benjamin Hembus. München 1995. – Georg Seeßlen: Der Western. Geschichte und Mythologie des Westernfilms. Marburg 1995.

Georges Méliès

1861–1938

Als Sohn des französischen Schuhfabrikanten Jean Louis Stanislas Méliès und dessen holländischer Frau Catharina Johanna Schueringh am 8. Dezember 1861 geboren, wuchs Georges Méliès zusammen mit seinen älteren Brüdern Henri und Gaston in Paris auf. Seine Neigungen gehörten schon früh der Malerei (seine politischen Karikaturen erschienen in der gegen den rechten General Boulanger gerichteten satirischen Zeitschrift »La Griffe«) und der Zauberkunst. Einen kurzen Englandaufenthalt (1884) nutzte er dazu, sich von dem berühmten Magier David Devant in der Kunst der Taschenspielerei unterweisen zu lassen. Seine Brüder übernahmen das Unternehmen des Vaters, während Georges sich sein Erbe auszahlen ließ und das Theater des großen Zauberers Robert-Houdin erstand (1888). Mit Unterbrechungen kreierte er dort bis 1910 Zaubernummern.

Begeistert von den Möglichkeiten der Kinematographie, baute Méliès 1896 einen Projektor von William Paul aus England zur Kamera um und begann, erst dokumentarische, dann inszenierte Aufnahmen zu drehen, die er im Théâtre Robert-Houdin vorführte. Bis zu seinem letzten Film (*Le Voyage de la famille Bourrichon*, 1913) kümmerte er sich um fast alle Aufgaben selbst: Regie, Drehbuch, Bauten, Darstellung, Montage waren seine Domäne. Ein erstes Filmatelier entstand 1897 in seinem Garten in Montreuil, das zweite 1907. Da seine Filme häufig plagiiert wurden, plazierte er schon bald das Logo seiner Firma Star-Film im Bild. 1902 eröffneten sein Bruder Gaston und dessen Sohn Paul eine Vertretung in Amerika. Die Star-Film-Produktionen waren offensichtlich in den USA begehrt, da Méliès als Einzelunternehmer neben den Großkonzernen Gaumont und Pathé Frères 1909 dem von Thomas Alva Edison gegründeten Trust (Motion Picture Patents Company) beitreten durfte. 1910 gab Méliès die Filmherstellung in Montreuil auf, u. a. wegen der 1909 von der Filmindustrie beschlossenen Umstellung von Verkauf auf Verleih, die die kleine Star-Film nicht durchführen konnte. Ein Vertrag mit Pathé Frères (1911) erlaubte ihm jedoch, noch weitere sechs Filme zu drehen.

Von 1915 bis 1923 betrieb Méliès mit seiner Familie ein Varietétheater in Montreuil. Georges, dessen erste Frau Eugénie-Alphonsine Génin 1913 gestorben war, heiratete 1925 seine langjährige Gefährtin Jehanne d'Alcy (eigentlich Charlotte Faës). Er half Jehanne beim Verkauf von Spielzeug und Süßigkeiten im Pariser Bahnhof Montparnasse. Léon Druhot, Chefredakteur einer großen Filmzeitschrift, erkannte ihn und verhalf ihm 1926 durch eine von Méliès selbst verfaßte Artikelserie zur Anerkennung seiner Pionierleistungen. Eine Filmgala im Dezember 1929 brachte ihn ins Gedächtnis der Öffentlichkeit zurück. In einem Altenheim der Filmwirtschaft in Orly (bei Paris) verbrachte Méliès seinen Lebensabend, bis er am 21. Januar 1938 im Alter von 76 Jahren starb.

Die Filme von Georges Méliès sind nicht von seiner Theaterarbeit und seiner Begeisterung für die Malerei zu trennen. Von Devant hatte er gelernt, Zaubertricks in eine Spielhandlung einzubauen: Viele seiner kürzeren Filme erzeugen daher eine fiktionale Situation, die als Vorwand für eine Reihe von Bühnen- und Filmtricks dient. Wahrscheinlich erfand Méliès die meisten der von ihm verwendeten kinematographischen Verfahren selbst, da er sich auf dem Gebiet der Fotografie gut auskannte: Mehrfachbelichtung, Kaschbenutzung, Auf- und Abblende, Überblendung, Zeitraffer – vor allem aber Stopptrick und Schnitt, die der Künstler meisterhaft beherrschte. Von der Bühne übernahm Méliès Pyrotechnik und Theatermaschinerie. Er erzielte optische Täuschungen mit Hilfe der Bauten (Licht-

Schatten-Wirkung, Großaufnahmeillusion, vorgetäuschter 90-Grad-Wechsel der Kameraposition) und ließ die fertigen Filmkopien mit Farbeffekten ausstatten. Wie auf der Bühne sind seine Inszenierungen häufig in Tableaus (mit Auf- und Abgang) unterteilt. Doch finden sich auch Beispiele von früher Montage (im Sinne der Herstellung einer neuen übergeordneten Einheit durch Verbindung einzelner Einstellungen), so z. B. der Raketenflug vom Mond zur Erde in *Reise nach dem Mond*. Die Trickverfahren prägen die erste Hälfte seines Werkes, während (vermutlich wegen der wachsenden Länge der Filme) in den letzten Jahren oft die erzählte Geschichte im Vordergrund steht – jedenfalls bei den rund 170 Filmen (von etwa 400), die bis heute wiedergefunden wurden.

Seine dokumentarischen Aufnahmen bis 1900 folgten dem Stil von Lumière. Auf dem Gebiet des fiktionalen Films wurde er hingegen für mehrere Jahre international führend. Méliès inszenierte fast alles: (Boulevard-)Komödien und (Melo-)Dramen, Varietenummern und Feerien, Opern und Operetten, literarische Adaptionen und ›pikante‹ Herrenabendstücke, ›Aktualitäten‹-Aufnahmen und Werbefilme. Als passionierter Zeichner achtete er auf perfekt gestaltete Dekors, als Schauspieler gab er den Mitspielern exakte Anweisungen für die Szenengestaltung. Nichts wurde dem Zufall überlassen, alles vor Beginn der Dreharbeiten konzipiert und geprobt. Die meisten (der bisher bekannten) Filme entstanden auf der Bühne des Filmstudios und sind frontal aufgenommen (nicht zwangsläufig aus der von G. Sadoul behaupteten Position des »Herrn im Parkett«). Es finden sich allerdings auch im Freien gedrehte Szenen. Méliès inszenierte auch einige Verfolgungsjagden, was den später erhobenen Vorwurf schwächt, er habe sich dem geänderten Zeitgeschmack nicht anpassen können und sei daher ins Hintertreffen geraten.

Verglichen mit Werken seiner Zeitgenossen sind Méliès' Filme, ästhetisch gesehen, formenstrenger und spielerischer zugleich: So verzichtete er beispielsweise auf dramatische Spannung (wie die beliebte »last minute rescue« bei David Wark Griffith) zugunsten von Bühnengags (Züge entstehen aus Koffern, Teufel schießen aus dem Boden usw.). Er nutzte lieber geschlossene kontrollierbare, bis ins Detail konzipierte Räume als sich wie Ferdinand Zecca der »Anarchie der Straße«, d. h. der Aufnahme im Freien, auszusetzen. Visionen in Form phantastischer Reisen ins All und Fahrten durch den Kanaltunnel begeisterten ihn, nicht aber der vorgebliche Realismus der Alltagsgeschichten und Detektivstories eines Louis Feuillade. Unbeeindruckt von den Massenszenen italienischer Historienstücke arbeitete er bis zuletzt mit einer kleinen, von ihm immer wieder engagierten Truppe (oft Akrobaten und Tänzer). Méliès blieb seinen künstlerischen Ideen konsequent treu, was seinem Werk große Homogenität verleiht.

Sabine Lenk

Filmographie (Auswahl): Escamotage d'une dame chez Robert-Houdin (1896) – Après le bal – le tub (1897) – Un homme de têtes (1898) – L'Affaire Dreyfus (1899) – Jeanne d'Arc (1900) – Le Déshabillage impossible (1900) – L'Homme-orchestre (1900) – Barbe-Bleue (1901) – Le Couronnement du roi Édouard VII (1902) – Voyage dans la lune / Reise nach dem Mond (1902) – Le Voyage de Gulliver à Lilliput et chez les géants (1902) – Le Mélomane (1903) – Voyage à travers l'impossible (1904) – Les Incendiaires (1906) – Les Quatre Cents Farces du diable (1906) – Le Tunnel sous la Manche ou le cauchemar franco-anglais (1907) – À la conquête du pôle (1912).

Literatur: Madeleine Maltête-Méliès: Méliès, l'enchanteur. Paris 1973. – Georges Méliès – Magier der Filmkunst. KINtop. Jahrbuch zur Erforschung des frühen Films 2 (1993). – Jacques Maltête: Méliès. Images et illusions. Paris 1996.

Jean-Pierre Melville

1917–1973

»Philosophisch gesprochen, ist mein Standort im Leben extrem anarchistisch: ich bin ein absoluter Individualist, und um die Wahrheit zu sagen, so will ich weder ›links‹ noch ›rechts‹ sein. Sicherlich lebe ich als ein Mann der Rechten. Ich bin ein rechtsgerichteter Anarchist – obwohl ich annehme, daß das eine Barbarei ist und gar nicht wirklich existiert. Sagen wir, ich bin ein Anarcho-Feudalist« (Melville). Die Ambiguität, die Zweideutigkeit und Doppelsinnigkeit, die sich in dieser Selbstcharakteristik von Jean-Pierre Melville findet, ja das Absurde in ihr, gibt auch seinem filmischen Œuvre seine einzigartige Signatur: die eines Individualismus, der auf nichts mehr basiert, weder auf metaphysisch-religiösen noch auf politischen Gewißheiten, auch nicht auf dem Existentialismus Sartres oder Camus', der als ein neuer Humanismus nach dem Nihilismus in den Jahren nach dem Zweiten Weltkrieg en vogue war, in denen Melville seine ersten Filme drehte. Es ist ein Individualismus, der seine Sache auf nichts mehr stellen kann, wobei das einzige Eigentum der meisten Charaktere in Melvilles Werk ihre absolute Professionalität ist.

Melvilles Name ist vor allem mit Gangsterfilmen verbunden, mit der französischen Variante des Film noir, dem »polar« oder »film policier«, die ihre Wurzeln natürlich in der amerikanischen Literatur- und Filmgeschichte hat, bei Dashiell Hammett und Raymond Chandler, bei Howard Hawks und John Huston, die Melville bewunderte, aber auch im Fatalismus des poetischen Realismus von Marcel Carné, z. B. in *Der Tag bricht an* (1939). Diese Elemente greift Melville auf und verdichtet sie zu einem ganz eigenständigen Kosmos. Er ist »der Ästhet und Chronist der Unterwelt, des Gangsterfilms« und »in seiner Personalunion als Produzent, Regisseur und Drehbuchautor filmhistorisch der erste ›auteur complet‹ der französischen Filmgeschichte« (H. Gerhold), ein Autor mit einer ganz spezifischen und unverwechselbaren Sicht der Welt. Das machte ihn zu einem Vorbild für die jungen Kritiker und Regisseure der Nouvelle Vague. In allen Filmen, von seinem ersten *Das Schweigen des Meeres* (1949) bis zu seinem letzten *Der Chef* (1972), entwirft Melville Welten der Ambiguität, der Gefahr, die daraus entsteht, daß nichts gewiß ist: nicht die saubere Trennung von Gut und Böse, keine Emotion, kein vermeintlich sicherer Plan des Handelns. Aber Melvilles Filme sind auch keine Alpträume, keine surrealen Infragestellungen der Realität durch die Kräfte des Unbewußten. Das Absurde in Melvilles Œuvre ist, daß es die Realität als instabile derart voraussetzt, daß darauf keine Psychologie und keine Handlungsmotivation mehr aufbauen kann. In dem dem Theater und der Literatur geradezu traditionell verbundenen französischen Kino ist zudem Melvilles fortschreitender Gestus der Verweigerung von Sprache ein Affront, ein fast Wittgensteinscher Gestus, wonach davon zu schweigen ist, worüber nicht geredet werden kann: über eine Psyche, die keine mehr ist. Über dieser Leere des Menschen ist Melvilles filmisches Universum errichtet: als ein Kino leerer Aktion und ungeheurer formaler Perfektion. Wäre es nicht paradox, so müßte man dieses Œuvre eine filmische Mythologie der Leere nennen.

Jean-Pierre Melville wurde am 20. Oktober 1917 in Paris als Jean-Pierre Grumbach geboren. In einem großbürgerlichen Elternhaus aufwachsend, konnte er schon als Kind mit einer Amateurfilmkamera und einem Projektor spielen und neben dem Theater, dem Zirkus und dem Varieté auch das Kino kennenlernen. Literarisch fesselten ihn E. A. Poe, Herman Melville und Jack London. Ob er den Namen Melville aus Bewunderung für den amerikanischen Autor einer zwiespältigen Mythologie des Scheiterns bereits vor seiner Militärzeit 1937 oder erst während seiner Arbeit für die französische Exil-Regierung in London in den Jahren der deutschen Okkupation annahm, ist umstritten. Die Erfahrung der Résistance ist jedenfalls entscheidend für Grumbach/ Melville. Er wird ihr drei Filme widmen: *Das Schweigen des Meeres* (1949), *Eva und der Priester* (1961) und schließlich *Armee im Schatten* (1969), keine Heroisierungen, sondern kühle Beobachtungen von Menschen unter immensem Druck.

Nach der Entlassung aus der Armee gründete Melville 1945 gleich eine eigene Film-Produktionsfirma und drehte den Kurzfilm *Vingt-quatre heures de la vie d'un clown* (1946), ein Masken-Spiel der Individualität. Seither ist alles, was man über Melville weiß, ein solches Masken-Spiel. Er drehte relativ kontinuierlich, gab kaum Interviews, wurde aber auch für seine Regieassistenten Volker Schlöndorff und Bertrand Tavernier, die Anfang der sechziger Jahre mit ihm arbeiteten, vor allem durch seine nächtlichen Fahrten durch Paris in seinem amerikanischen Straßenkreuzer legendär, stets auf der Suche nach Schauplätzen und Gesichtern, nach »Gesten, Tempi, Blickrichtungen« (Schlöndorff), die seine Filme mehr als jede Psychologie bestimmen. »Alle meinen Originaldrehbücher sind ohne Ausnahme transponierte Western« (Melville). Das ist, nach dem Film-noir-Einfluß, die zweite Dimension des Werkes von Melville: der Western, gesehen durch die Perspektive eines europäischen Großstädters. Aus dem Western extrahiert Melville den Ehrenkodex seiner lakonischen Antihelden: Ein Mann, und alle Protagonisten Melvilles sind Männer, hat sich zu entscheiden, bei ihm allerdings zwischen dem Nichts, einer nichtigen Existenz, und dem Tod. Man kann nicht

Jean-Pierre Melville

einmal sagen, daß sie, die Protagonisten, sich entscheiden, denn Melville hat bereits für sie entschieden; es ist fast immer der Tod.

Bereits Melvilles Debüt *Das Schweigen des Meeres*, 1947 gedreht nach dem gleichnamigen Roman von Vercors und erst 1949 im Kino uraufgeführt, etablierte den »auteur« Melville. Er schrieb das Drehbuch, drehte aus Geldmangel mit Filmresten und besorgte mit seinem lange bevorzugten Kameramann Henri Decaë auch den Schnitt. Das Sujet war politisch heikel, denn der Mythos der Résistance gründet auf Taten des aktiven Widerstandes und der Verachtung des passiven. Nichts davon bei Melville. Kurz nach der Okkupation Frankreichs nimmt ein kultivierter deutscher Offizier Quartier bei einem alten Mann und dessen junger Nichte, die dem Feind im eigenen Haus durch die Verweigerung jeder Kommunikation begegnen, durch absolutes Schweigen, ihrer Form eines scheinbar sanften, aber dennoch zermürbenden Widerstandes, unter dem der Offizier zunehmend leidet, zumal er die junge Frau begehrt. Als ihm die zynischen Vernichtungspläne seiner Armee klar werden, meldet er sich zum vermutlich tödlichen Einsatz an der Ostfront. Beim Abschied spricht die Frau ihr erstes Wort – »Adieu«. Worte, das sind in diesem Kammerspiel, dessen klaustrophobische Enge nur kurz aufgehoben wird, die erzwungenen Monologe des Deutschen, der sich erklären will, aber buchstäblich an die Wand des Schweigens stößt. Seine Worte verhallen im Nichts, fallen allenfalls auf ihn zurück, bis ihm die ungeheure Diskrepanz zwischen seiner Höflichkeit, Sensibilität und Bildung und seiner Funktion bewußt wird. Diese Einsicht setzt den Todeswunsch frei, am Ende will er Opfer sein. Wie sich Identitäten bilden und auflösen, ist auch Sujet von *Die schrecklichen Kinder* (1950), der Adaption des Romans von Jean Cocteau, der mit Melville das Drehbuch schrieb und den Kommentar spricht. Die Geschichte des »amour fou« zwischen Geschwistern wird zum Film-noir-Drama einer rein ästhetisch-schwerelosen Existenz, deren Bodenlosigkeit zunächst durch die Ritualisierungen des Lebens kompensiert werden kann. Doch wie Cocteau bindet Melville (unterdrückten) Sexus an den Tod. Wenn die Rituale selbst leer werden, stürzen die Figuren in den Abgrund.

Melville wurde häufig von der Kritik der Misogynie bezichtigt. In der Tat werden in vielen seiner Filme Frauenkörper/Frauenfiguren dramaturgisch und inszenatorisch funktionalisiert. Dabei sind ihm aber Liebe, Eros und Sexus nie »natürlich«, sondern stets Elemente, deren sich die Männer zur Durchsetzung ihrer Ziele bedienen. Das »Natürliche« ist immer Teil der »Intrige«, eines Spiels um Macht; und das ist bei Melville das meist tödlich verlaufende Spiel der Männer. In der Auftragsarbeit *Und keine blieb verschont* (1953), einer Kolportage-Story, ist Sexualität an Gewalt, an Kriminalität gebunden. Fast hat es den Eindruck, als wäre der Film für Melville eine Art Exorzismus auch eigener Obsessionen gewesen, denn seine männlichen Protagonisten in den Filmen danach, vor allem die Charaktere, die Alain Delon in *Der eiskalte Engel* (1967), *Vier im roten Kreis* (1970) und zuletzt, in völliger Vereisung der Mimik und der Emotionen, in *Der Chef* (1972) verkörpert, sind keine sexuellen Wesen mehr. Sie leben aus dem Selbstbezug; sie sind Narziß-Figuren, in totaler Einsamkeit auf nichts anderes verwiesen als auf sich.

Was Melvilles Gangsterfilme von den amerikanischen unterscheidet, ist die Entdramatisierung des Genres, der Lakonismus als Stil. Man kann geradezu von einer Dramaturgie des Abgeklärtseins sprechen. Melville gab stets zu, die wenigen Standardsituationen des Genres zu benutzen und sie dem »under play« (Melville), dem Unter-Spielen und Unterkühlen als Prinzip auszusetzen. Seine Art der Beobachtung des Agierens der Protagonisten hat allerdings einen fetischisierenden Zug. Wo keine Psyche mehr sichtbar zu machen ist, bleiben die Kleidung, auf die Melvilles Gangster größten Wert legen, Gesten, die ritualisiert werden, und die Coups, die die Gangster ausführen und die Melville schließlich in bis zu zwanzigminütigen Sequenzen in »Echtzeit« inszeniert: als Etüden absoluter Professionalität. *Eva und der Priester* (1961), mit Jean-Paul Belmondo und Emmanuelle Riva prominent mit zwei neuen Stars der Nouvelle Vague besetzt, wurde häufig mit den Filmen des Katholiken und filmischen Reduktionisten Robert Bresson verglichen. Die Auseinandersetzung zwischen einer jungen Atheistin und einem jungen katholischen Priester unter extremen Bedingungen stiftet allerdings nicht den – metaphysischen – Sinn, auf den Bresson noch in einer Welt setzt, von der Gott sich zurückgezogen hat. Zweifellos ist aber die von Emmanuelle Riva dargestellte Barny Aronowitsch die komplexeste Frauenfigur Melvilles. Sie ist aktiv in der Résistance, fühlt sich zu Männern und Frauen hingezogen, sie ist physisch und intellektuell präsent: einer der stärksten Charaktere in der sonst maskulinen Welt Melvilles, in die *Der Teufel mit der weißen Weste* (1963) wieder führt. Serge Reggiani und Jean-Paul Belmondo umkreisen sich, zwei Gangster, die ihr Spiel spielen, in Annäherung und Entfernung, in Lüge und Wahrheit, im Widerspruch und in Freundschaft. Es ist, wie meist, das Spiel um Leben und Tod, das keiner gewinnen kann. Das reduzierte Grundmodell des Gangsterfilms wird für Melville immer deutlicher zum Modell des Lebens, so wie seine Inszenierung immer unerbittlicher wird im Konstruieren von Plansequenzen, in denen die Bewegungen der Kamera die Figuren umzingeln.

Die Millionen eines Gehetzten (1963), nach einem Roman von Georges Simenon, ist Melvilles erster Film in Farbe und in Cinemascope, ein Roadmovie durch den Süden der USA mit Belmondo und Charles Vanel auf der Jagd nach dem Glück, von dem sie selbst nicht glauben, daß es die Millionen von Dollars ihnen bringen werden. Geld ist nie das wahre Ziel des Agierens der Gangster bei Melville; es erbeutet zu haben, ist in diesem Film am Ende für Belmondo sogar völlig uninteressant. Wesentlich ist das Agieren selbst.

Der zweite Atem (1966): Mit einigem Recht kann man diesen Film als Studie über den Körper von Lino Ventura beschreiben, eine Studie in Nah- und Halbnah-Einstellungen, die die Effizienz ritualisierter Bewegungen und Gesten zeigen, die einem ganz eigenen Code folgen: als physische Entsprechung zum »Argot«, der Gossen- und Ganovensprache. Ventura ist der alternde Gangster Gu Minda, der, nach einem langen Gefängnisaufenthalt, wie ein moderner, urbaner »Graf von Monte Christo« seine Welt von damals noch einmal richten will, allerdings in einem Paris, das keine Mysterien mehr kennt. Melvilles Endspiel des Gangstertums gerät in seinem Fatalismus auch deshalb so bezwingend, weil er sich jeder moralischen Differenzierung enthält. Die Welt der Gangster und die Welt der Polizei entsprechen sich, sind zwei Seiten einer Medaille. Gangster und Polizisten tun einzig das, was sie tun müssen; je besser sie es tun, um so größer ist der gegenseitige Respekt. Mit Gu Minda präsentiert der Film aber auch den letzten Protagonisten Melvilles, der noch davon träumt, ihm könne jenseits des Verbrechens ein bürgerliches Leben möglich werden: eine bittere Illusion. *Der zweite Atem* setzt den »homme melvillien« in einen großstädtischen Kosmos aus Nachtclubs mit elegischer Jazzmusik, amerikanischen Straßenkreuzern, einsamen Männern in Trenchcoat und Hut zwischen Licht und Schatten. All diese Orte, Dinge und Situationen erzeugen jedoch nicht den Eindruck, das Geschehen ereigne sich in einem sozialen Raum. Das Versatzstückhafte enthebt in der Kombination den Film Raum und Zeit zugleich. Er spielt im Dazwischen der Ausweglosigkeit, überschattet von der Präsenz des Todes in jedem Moment.

Der eiskalte Engel (1967) verdichtet diese Welt noch einmal. Jeff Costello (Alain Delon) ist Profikiller, der einsame, wortkarge »Samurai« des Originaltitels. Aber der Profi Costello macht einen Fehler: Nach einem Mord sieht eine Barpianistin sein Gesicht.

Von nun an ist jede seiner Bewegungen eine auf den Tod zu. Am Ende läßt Costello sich von der Polizei erschießen. Costello/Delon ist die perfekte Inkarnation des »homme melvillien«. Sein schönes, bleiches Gesicht bleibt vollkommen ausdruckslos, als sei es tatsächlich vereist, eine Maske, hinter der sich kein Charakter mehr verbirgt. Costellos letzte Lebenszeichen sind die eleganten Gesten, mit denen er den Sitz seines Hutes richtet oder zum Töten die weißen Handschuhe überstreift, doch mehr noch als das Töten ist das Sterben die Kunst, auf die er sich versteht. Die ungebrochene Bewunderung, die Melville trotz aller erzählerischen Distanz für diesen Charakter empfindet, läßt er den Polizeikommissar als Epitaph für Costello aussprechen: Er war »einsam wie ein Tiger«. Dieses Attribut verleiht Melville auch den Widerstandskämpfern gegen die deutsche Besatzung in seinem dritten Film über die Résistance, in *Armee im Schatten* (1969). Die aufwendigste Produktion Melvilles ist kein Historiendrama, kein Heldenepos, aber auch nicht, wie in der zeitgenössischen Kritik vielfach moniert, ein weiterer Gangsterfilm, rückversetzt in die Jahre 1942/43. Zwar sind alle Elemente des Melvilleschen Kosmos erneut vorhanden, der Fatalismus, die von Einsamkeit und Vergeblichkeit wie umschatteten Figuren und die lakonische Distanz zu ihnen, die dramaturgische Reduktion auf wenige Situationen von Aufbruch und Niederlage und die Unmöglichkeit einer moralischen Orientierung. Doch der aktive Widerstand gegen das System des Unrechts und der Gewalt scheint wenigstens noch jene Partikel von Sinn zu bergen, die sich in der Gangster-Existenz nicht mehr einstellen, selbst wenn im Kampf gegen die Gewalt auch die Unschuldigen an sich selbst schuldig werden müssen. Melvilles Verfahren der Reduktion wirkt nie vereinfachend. Erstmals erzählt er von einer Gruppe von Menschen, und noch die unscheinbarsten Blicke und die minimalsten Gesten signalisieren eine Loyalität derer, die stets mit Verrat, Folter und Tod zu rechnen haben. Aber es fällt kein Glanz der Verklärung auf diese Scheiternden. Denkbar knapp meldet ein Rolltitel am Ende des Films den Tod aller.

Vier im roten Kreis (1970), mit Delon, Yves Montand und Gian Maria Volonté als Gangstern bei ihrem letzten Coup, und *Der Chef* (1972), mit Delon als Polizist, entstanden nach Originaldrehbüchern von Melville, wirken nach *Der eiskalte Engel* und *Armee im Schatten* dennoch nicht als Reprisen. War in der Welt des »Samurai« Sprache, überhaupt Ausdruck im Absterben begriffen und im Untergrund der Schatten-Armee jedes Wort, jeder Blick und jede Geste zuviel eine Gefahr, so tritt in Melvilles beiden letzten Filmen ein Zustand völliger Ausdruckslosigkeit ein, ein Grad des nicht mehr Bedeutenwollens der filmischen Zeichen und der Narration, der singulär ist im Erzählkino der frühen siebziger Jahre. Das Ereignis in diesen Filmen ist, daß überhaupt noch etwas geschieht, geschehen kann. Die verwaschenen Farben und das fahle Licht lassen Dinge und Figuren so wirken, als seien sie in einem Eisblock eingeschlossen. Jede Einstellung zeigt die Personen als Vergehende, als wären sie fast schon nicht mehr da. Das letzte Bild in *Der Chef* zeigt das Gesicht Alain Delons, der gerade den einzigen Menschen getötet hat, den er nicht verachtete, einen Gangster. Wie ein »Toter auf Urlaub« fährt er in die Nacht. Wenn dieses Gesicht noch etwas ausdrückt, dann daß Trauer kein warmes, sondern ein kaltes Gefühl ist.

Jean-Pierre Melville starb am 2. August 1973 in Paris während der Arbeit an einem neuen Drehbuch.

Bernd Kiefer

Filmographie: Vingt-quatre heures de la vie d'un clown (Kurzfilm, 1946) – Le Silence de la mer / Das Schweigen des Meeres (1949) – Les Enfants terribles / Die schrecklichen Kinder (1950) – Quand tu liras cette lettre / Und keine blieb verschont (1953) – Bob le flambeur / Drei Uhr nachts (1956) – Deux Hommes dans Manhattan / Zwei Männer in Manhattan (1959) – Léon Morin, prêtre / Eva und der Priester (1961) – Le Doulos / Der Teufel mit der weißen Weste (1963) – L'Aîné des Ferchaux / Die

Millionen eines Gehetzten (1963) – Le Deuxième Souffle / Der zweite Atem (1966) – Le Samouraï / Der eiskalte Engel (1967) – L'Armée des ombres / Armee im Schatten (1969) – Le Cercle rouge / Vier im roten Kreis (1970) – Un flic / Der Chef (1972).

Literatur: Jean Wagner: Jean-Pierre Melville. Paris 1963. – Rui Nogueira: Melville on Melville. London / New York 1972. – Jean-Pierre Melville. München/Wien 1982. (Reihe Film. 27.) – Hans Gerhold: Kino der Blicke. Der französische Kriminalfilm. Frankfurt a. M. 1989.

Jiří Menzel

* 1938

Jiří Menzel wurde am 23. Februar 1938 in Prag geboren. Sein Vater, ein Kinderbuchautor, der zahlreiche Drehbücher für Puppenspiele und -filme verfaßt hat, besaß eine umfangreiche Bibliothek, die Menzel schon früh liebenlernte. Bis heute ist er ein Bücherwurm geblieben, und die meisten seiner Filme basieren auf Stoffen und stilistischen Impulsen tschechischer Schriftsteller – Hrabal, Škovrecký, Vančura. Mit Bohumil Hrabal arbeitete Menzel an den Drehbüchern seiner Filme bis in die achtziger Jahre zusammen. Auch die Liebe zum Theater entstand schon im Elternhaus. Menzel hat zahlreiche Theaterstücke inszeniert und ist in eigenen Filmen und denen befreundeter Regisseure (z. B. in Věra Chytilovás *Ein bißchen schwanger / Spiel um den Apfel*, 1976) sowie auf der Bühne immer wieder als Schauspieler aufgetreten.

1957 begann Menzel ein Regie-Studium an der Prager Filmhochschule – zusammen mit anderen Mitgliedern der tschechischen Neuen Welle wie Evald Schorm und Věra Chytilová. Menzel sollte der jüngste Vertreter der Neuen Welle werden, von der er einmal sagte, daß deren Mitglieder vergleichbare Auffassungen von Moral, Sexualität und Politik gehabt hätten. Nach einigen Studien- und Nachrichtenfilmen, die er in seiner Militärzeit realisierte, wurde er 1965 eingeladen, einen Beitrag zu dem Omnibusfilm *Perlen auf dem Meeresgrund* nach Erzählungen von Bohumil Hrabal beizusteuern, an dem außer Menzel, Chytilová und Schorm auch Jan Němec und Jaromil Jires beteiligt waren. *Der Tod des Herrn Balthasar* – die Episode Menzels – erzählt von einer Familie von Motorsportfanatikern, die sich zu einem Motorradrennen aufmacht. Nur scheinbar steht der tödliche Unfall eines Fahrers im Mittelpunkt: Menzel konzentriert sich auf die Familie, die sich mit ihren Kenntnissen über Motorradsport brüstet, mit der Bekanntschaft mit Rennfahrern prahlt und von den großen Rennen der Vergangenheit schwärmt. Tatsächlich ist aber immer spürbar, daß die Beteiligten eigentlich auf das Unglück warten. Menzels Film galt schon 1965 als der gelungenste der Sammlung. Stilistisch ist bereits alles da, was auch später seine Filme auszeichnet: eine statische Kamera, die beobachtet, was geschieht; ein Szenario, das allmählich mit den dramatis personae gefüllt wird; eine durchgängige Konzentration auf die ironischen, manchmal grotesken Brechungen des Geschehens: die Dezentrierung des Geschehens und seine Spiegelung in Nebenhandlungen und Zuschauerfiguren.

Moral, Sexualität und Politik, die Leitlinien der Poesie, die Menzel der tschechischen Neuen Welle beigeordnet hatte, bilden denn auch die großen Themenkomplexe, die in seinem eigenen Werk umkreist werden. Nach einem weiteren Beitrag zu einem Omnibusfilm konnte Menzel 1966 mit *Liebe nach Fahrplan* seinen ersten Langfilm

Jiří Menzel

realisieren, in dem er – wiederum nach einer Vorlage von Hrabal – den Krieg aus einer Perspektive zu zeigen versuchte, die ihn nach eigener Aussage nicht verherrlichte, sondern in ebenso melancholischer wie tragikomischer Verdrehung an die spätpubertären Nöte des Helden band.

Nach dem Welterfolg von *Liebe nach Fahrplan* – der Film erhielt den großen Preis des Mannheimer Filmfestivals und wurde als bester ausländischer Film mit einem Oscar ausgezeichnet – galt Menzel als einer der wichtigsten Vertreter der tschechischen Neuen Welle. *Lerchen am Faden* (1969) – wiederum nach Geschichten von Hrabal – spielt auf dem Schrottplatz eines Hüttenkombinats bei Kladno, das als Umerziehungslager für bourgeoise Elemente und Feinde des Systems dient. Der Film, der wie kein zweiter die politische Kritik des »Prager Frühlings« in filmische Erzählung umzusetzen versuchte (in seiner ironischen Schärfe vergleichbar höchstens mit Miloš Formans *Der Feuerwehrball / Anuschka – es brennt, mein Schatz*, 1967), wurde sofort verboten und erst 1990 auf der Berlinale uraufgeführt. Menzel konnte bis Mitte der siebziger Jahre keine Filme mehr realisieren, konzentrierte sich auf Theaterregie und arrangierte sogar diverse Popkonzerte.

Die unnachahmliche Art des Komischen in Menzels Filmen entstammt zum einen einer dem Böhmischen selbst eigenen, ebenso volkstümlichen wie ursprünglichen, dörfliches Leben in den Blick nehmenden Erzähltradition. Zum anderen fußt sie auf einem intensiven Studium der tschechischen Filmkomödie (insbesondere von Martin Fric, Jiří Voskovec und Jan Werich, aber auch seines Lehrers Otakar Vávra). Es scheint das Fabulieren selbst zu sein, das den Rahmen der Erzählung sprengt und sie in einen Flickenteppich intensiv durchgezeichneter Einzelszenen transformiert. Das Prinzip des Protagonisten wird in manchen Filmen nahezu aufgelöst – bunt und heterogen zusammengesetzte Dorfgemeinschaften treten an seine Stelle. In *Das Wildschwein ist los* (1983) wird zu Beginn ein Wildschwein erlegt, und der Streit, ob der Schützenverein oder die Jagdgenossenschaft es zur Strecke gebracht hat, kann erst in einem gemeinsamen Fest beigelegt werden, auf dem der Schweinebraten gemeinsam verzehrt wird. In szenischen Miniaturen werden Mikrogeschichten angedeutet, konflikthafte Familienkonstellationen hingetupft, die kleinen Boshaftigkeiten und Obsessionen der Dorfbewohner skizziert. Aber es bleibt eine Wärme und eine Sympathie mit allen Beteiligten spürbar, die die Darstellung nie in Karikatur oder Satire übergehen läßt. Immer wieder wird die Erzählung mit einer Kranfahrt unterbrochen, die das Dorf im Wald aus größerem Abstand zeigt, als solle der »Blick ins Herbarium« ins Versöhnlich-Beschauliche gewendet werden.

Menzels Filme aus den achtziger Jahren sind lokalisiert an historischen Bruch- und Übergangsstellen – die »alte Zeit« ist noch nicht ganz vergangen, die »neue« aber auch noch nicht ganz gekommen. In *Kurzgeschnitten* (1980) geht es mittelbar um eine ganze Reihe von Modernisierungen und Veränderungen, die auf die Technisierung und Industrialisierung des Lebens im 20. Jahrhundert vorausweisen. Automobil und Lastkraftwagen, Werbung und Radiophonie stehen neben einer elektrischen Maschine, die irisierendes Licht ausstrahlt und Ozon erzeugt (die man vor allem dazu verwenden kann, sich gegenseitig damit zu liebkosen). Die Veränderung erfaßt aber auch die Menschen, die Vorstellungen von den Geschlechterrollen insbesondere. Es gehört zur Poesie der Menzelschen Filme, daß er die Schönheit und die Anmut, das Erotische und die Lust am Genuß des Essens als etwas setzt, das stärker ist als alle Modernisierung. Die subjektive Wahrheit, von der die Filme handeln, bleibt immer an der Erde, hat in diesem Universum etwas mit Bier und Fleisch zu tun, und das Fest, der gemeinsame Rausch und die Liebe bleiben die elementarsten und intensivsten Formen der Vergemeinschaftung. »Die Knie einer schönen Frau sind der zweite Name des Heiligen Geistes«, sagt ein Passant in *Kurzgeschnitten*, und das trifft den Kern.

Alle Veränderung der Geschichte wird so zurückverwiesen auf die Bezugssysteme der »kleinen Leute«, auf ihren dörflich-nachbarschaftlichen Lebensraum und auf die Dinge, die darin Bedeutung haben. Daraus entsteht eine melancholisch-sentimentalische Distanz zu den großen historischen Prozessen. *Ende der alten Zeiten* (1989) spielt nach dem Ersten Weltkrieg. Der Machtwechsel ist noch nicht vollzogen, die Bodenreform steht aus, was werden wird, weiß keiner der Beteiligten. Man arrangiert sich, aber man ist sich auch sicher, daß die alten Rollen sich ändern werden – man spielt sie weiter, aber sie werden nicht mehr ganz ernst genommen. Durchgängige Überbelichtung taucht die Räume in ein an Traumdarstellungen gemahnendes Licht. Nun kreuzt einer auf, ein »Münchhausen«, der zwischen den Zeiten im Niemandsland der Fabulierlust zu leben scheint, wie ein Wirbelwind, die Lust des Augenblicks auslebend. Die Momente der Freiheit entstehen bei Menzel eher aus Spiel und Zärtlichkeit denn aus Aufbruch oder Revolte. Zum Augenblick der Freiheit, der fast immer auch ein Augenblick der Kunst ist, sind bei Menzel selbst Menschen bereit, die skurril sein mögen und in beengten Verhältnissen leben. Das humanistische Ethos, das Menzels Filme kennzeichnet, ist manchmal mit der Haltung der Filme François Truffauts und Jean Renoirs verglichen worden. Er wurde sogar als der »tschechische Woody Allen« bezeichnet. Menzels Humanismus ist aber sehr spezifisch zu fassen – seine Filme handeln von den Potentialen des Widerstands zwischen den Determinanten subjektiver Lust, dörflichen Lebens und politischer Macht. *Heimat, süße Heimat* (1985), der vielleicht reinste und in höchstem Maße komponierte der Filme Menzels, enthält die Architektur dieses Humanismus in essentia: Dörfliches Leben kontrastiert dem Leben in Prag, Tradition steht den Neuerungen entgegen, alte Häuser unterscheiden sich von neuen. Dort und Hier. Dort: Die Macht ist verbunden mit Prag, dort ist die Regierung, das Kapital, der Plan und der Gewinn. Hier: Das Bier von der siebten Stufe, frische Würste und natürlich die Schönheit der böhmischen Frauen. Die Spannung von Dort und Hier, dieser Bruch, die Geschichten, die im Dazwischen angesiedelt werden können: Menzels Werk ist auch als eine poetische Kritik des politischen Systems der ČSSR vor der »sanften Revolution« zu verstehen.

Nach dem Ende der kommunistischen Herrschaft übernahm Menzel 1989 die Leitung der Prager Filmhochschule. 1991 inszenierte er Václav Havels Adaption der Bettleroper (*Prager Bettleroper*), 1994 drehte er *Die denkwürdigen Abenteuer des Soldaten Iwan Tschonkin*, die bislang letzten Werke eines filmischen Œuvres, das nicht darauf beruht, Verlautbarungen machen, sich selbst verwirklichen oder die Welt verändern zu wollen, sondern vielmehr darin besteht, einfach nur zu leben: »it's simply the way I make a living« (Menzel).

Hans J. Wulff

Filmographie: Ostře sledované vlaky / Scharf beobachtete Züge / Liebe nach Fahrplan (1966) – Rozmarné léto / Ein launischer Sommer (1968) – Skřivránci na nitích / Lerchen am Faden (1969, UA 1990) – Báječní muži s klikou / Die wunderbaren Männer mit der Kurbel / Die famosen Männer mit der Kurbel (1978) – Postřižiny / Kurzgeschnitten (1980) – Slavnosti Sněženek / Das Wildschwein ist los (1983) – Vesničko, má středisková / Heimat, süße Heimat (1985) – Konec starych časů / Ende der alten Zeiten (1989) – Žebrácká Opera / Prager Bettleroper (1991) – Život a neobyčejná dobrodružví vojáka Ivana Čonkina / Die denkwürdigen Abenteuer des Soldaten Iwan Tschonkin (1994).

Literatur: Josef Škovrecký: Jiří Menzel and the History of the *Closely Watched Trains*. Boulder 1982. – Oliver Schütte: Anyone Can Make Art But You Have to Know How to Make a Comedy. Master School I: Jiří Menzel and the Art of Comedy. Berlin 1993.

Nikita Michalkow

* 1945

Nikita Sergejewitsch Michalkow wurde am 21. Oktober 1945 in Moskau geboren. Er wuchs in einem prominenten Moskauer Künstlerhaus auf. Sein Großvater und seine Urgroßväter waren bekannte Maler (Wassili Surikow und Pjotr Kontschalowski), der Vater Sergej Michalkow ist Schriftsteller, Autor der sowjetischen Nationalhymne und war lange ein ranghoher Funktionär im Sowjetischen Schriftstellerverband, die Mutter, Natalia Kontschalowskaja, war Lyrikerin, und sein Bruder ist der Filmregisseur Andrej Michalkow-Kontschalowski.

Michalkow studierte an der Schauspielschule des Wachtangow-Theaters, wurde allerdings wegen einer Filmrolle in *Zwischenlandung in Moskau* (1964) exmatrikuliert und beendete seine Ausbildung an der Moskauer Filmhochschule WGIK. Als Schauspieler war er zunächst erfolgreich in jugendlichen Liebhaberrollen, mit zunehmendem Alter dann als zynischer Lebenskünstler. 1972 beendete er in der ungewöhnlichen Frist von zwei Jahren ein Regiestudium am WGIK bei Michail Romm mit dem Diplomfilm *Spokojny denj w konze wojny*. Er drehte danach Beiträge für den satirischen Kinoalmanach *Fitil*, dessen Chefredakteur und Begründer sein Vater war. 1972/73 diente er bei der Marine. Bereits 1974 konnte er bei Mosfilm als Regisseur debütieren.

Seine ersten Abenteuerfilme stilisierten und ästhetisierten die Russische Revolution in den Mustern eines klassischen amerikanischen Westerns (*Fremd unter seinesgleichen / Verraten und verkauft*, 1974) oder als russisches Stummfilmmelodram (*Sklavin der Liebe*, 1976). Sie begründeten Michalkows Reputation als hochgradig professioneller, jedoch unselbständiger Regisseur, der im Schatten des damals berühmteren Bruders steht. Während dieser ›Schulzeit‹ konnte Michalkow ein Team fester Mitarbeiter an sich binden, die die erlesene Stilistik seiner Filme sicherten. Dazu gehörten der Kameramann Pawel Lebeschew, der Szenenbildner und Drehbuchautor Alexander Adabaschjan und der Komponist Eduard Artemjew sowie die Schauspieler Juri Bogatyrjow, Jelena Solowej, Alexander Kajadanowski und Alexander Kaljagin.

Die Verfilmungen literarischer Vorlagen von Anton Tschechow (*Unvollendetes Stück für ein mechanisches Klavier / Unvollendete Partitur für ein mechanisches Klavier*, 1977), Iwan Gontscharow (*Tage aus dem Leben Ilja Oblomows*, 1980) und des sowjetischen Dramatikers Alexander Wolodin (*Fünf Abende*, 1979) haben alsbald gezeigt, daß Michalkow nicht nur ein stilsicherer Nachahmer ist, der ein bestimmtes ästhetisches Programm verfolgt, sondern durchaus auch seine Meinung zur Entwicklung in der Sowjetunion filmisch aussagestark artikulieren kann. Er stellte dem klassischen Helden aus den russischen Stücken und Romanen – edelmütig, doch tatenlos wie Oblomow oder Platonow – auf der Ebene der Fabel einen Typ des energischen, sportlichen, westlich orientierten Mannes der Tat gegenüber. Gleichzeitig bedauerte er die Seelenlosigkeit des Westlers und die Resignation seines schwachen Russen, der den Anschluß an die Moderne verpaßt und in der Schönheit der Landschaft, von seiner Kamera verklärt, aufgeht. Damit schrieb er sich in die Tradition des alten Streits zwischen den russischen Westlern, meist sozialdemokratisch bis kommunistisch geprägt, und den als reaktionär geltenden Slavophilen ein und versuchte versöhnend zwischen beiden Parteien zu vermitteln.

Völlig überraschend wirkte sein erster Gegenwartsfilm *Verwandtschaft* (1982), der fast zwei Jahre auf die Freigabe warten mußte: exzentrisch, schrill, grausam, schonungslos stellte Michalkow die vor sich hin degenerierende sowjetische Gesellschaft in einer Groteske um das totale Unverständnis zwischen den Generationen, einer vom Lande kommenden Mutter und ihrer städtischen Tochter, dar. Parallel dazu inszenierte er das Kammerspiel *Gespräch ohne Zeugen* (1983) mit zwei Schauspielern. Ein geschiedenes Paar klärt in einer einzigen Dekoration, einer kleinen Wohnung, unter Ausschluß der Öffentlichkeit, seine Beziehungen. Michalkow vermochte ein Fernseh-, ja ein Hörspiel filmisch umzusetzen.

Den Ruhm Nikita Michalkows im Ausland begründete die italienisch-russische Koproduktion *Schwarze Augen* (1989), eine Neubearbeitung von Tschechows »Die Dame mit dem Hündchen« – mit Marcello Mastroianni. Ein sarkastisches und nostalgisches Drama, das die alte Problematik der Konfrontation zwischen Rußland und der westlichen Zivilisation aufnimmt: Ein italienischer Lebemann verliebt sich in eine russische Romantikerin, reist ihr in die tiefe Provinz nach und versucht vergeblich, das Land und ihre Seele zu verstehen. Stilistisch folgte der Film der visuellen Reihe seiner Tschechow-Verfilmung aus dem Jahre 1977. Genauso sarkastisch und poetisch gestaltete er *Urga* (1992), eine erotische Parabel über die Konfrontation des unberührten Ostens und der westlichen Zivilisation, nun nicht in der russischen Provinz des 19. Jahrhunderts, sondern in der mongolischen Steppe des 20. Jahrhunderts angesiedelt.

Während sein Bruder nach Frankreich, später nach Hollywood zog, nahm Michalkow immer mehr am gesellschaftlichen Leben seines Landes Anteil, das mit der Gorbatschow-Ära in den Prozeß wirtschaftlicher und politischer Öffnung eintrat. Er unterstützte später auch Boris Jelzin, wurde zum Sprecher des Moskauer Patriarchen und eine Zeitlang des russischen Nationalistenführers Ruzkoi. Michalkows Filme verschrieben sich immer mehr einem national versöhnenden Standpunkt: *Die Sonne, die uns täuscht* (1995) versuchte zwischen Kommunisten und Nationalisten zu vermitteln. Michalkow wählte dazu eine politische Parabel, die, in den dreißiger Jahren angesiedelt, deutlich auf die erbitterten politischen Kämpfe im Rußland der neunziger Jahre eingeht. Er spielte hier zum ersten Mal in einem eigenen Film die Hauptrolle. Als roter Heerführer tritt er sicher seinem ehemaligen Feind, dem weißen Offizier, nun GPU-Henker, gegenüber. Beide verlieren in der Zeit des Stalinschen Terrors ihre Illusionen, auch ihr Leben, und beiden gibt der Regisseur und Autor Michalkow Schuld an der tragischen Geschichte des Landes. Dieser Standpunkt wurde in Rußland sehr kontrovers aufgenommen. Im Ausland wurde der Film als ein Kunstwerk gewertet und für die feine psychologische Darstellung, die virtuose Lichtstimmung im Tschechowschen Interieur eines Sommerhauses hochgelobt (Oscar 1995).

Michalkow blieb der einzige russische Regisseur, dem es vergönnt war, trotz kriselnder Wirtschafts- und Finanzsituation weiterhin große Projekte realisieren zu können. Seine jüngste Arbeit, *Der Barbier von Sibirien* (1999), verfügte über ein Budget von 45 Millionen Dollar (koproduziert von Michel Seydoux), ein internationales Ensemble (Julia Ormond, Richard Harris) und wurde in Rußland als Antwort auf *Vom Winde verweht* und *Titanic* gehandelt. Der Film verbindet die tragische Liebesgeschichte zwischen einer amerikanischen Abenteuerin und einem russischen Offizier mit einem Panorama des russischen Lebens aus den achtziger Jahren des 19. Jahrhunderts, das ein idealisiertes Bild der Einheit aller sozialen Schichten, gestützt auf die nationalen Werte, beschwört. Da Nikita Michalkow noch vor der Premiere des Films die Absicht offenbarte, bei den Präsidentenwahlen 2000 zu kandidieren, wurde der Film nicht als Kunstwerk, sondern eher als eine multimediale politische Plattform wahrgenommen.

Michalkow gründete als einer der ersten sowjetischen Regisseure die Produktionsfirma TTT. Seit einigen Jahren leitet er eine Fernsehsendung und eine Serie von Fernsehfilmen zur Kulturgeschichte Rußlands, für die er auch ein Feature über Anton Tschechow inszenierte.

Oksana Bulgakowa

Filmographie: Swoj sredi tschushich, tschushoi sredi swoich / Fremd unter seinesgleichen / Verraten und verkauft (1974) – Raba ljubwi / Sklavin der Liebe (1976) – Neokontschennaja pjessa dlja mechanitscheskowo pianino / Unvollendetes Stück für ein mechanisches Klavier / Unvollendete Partitur für ein mechanisches Klavier (1977) – Pjat wetscherow / Fünf Abende (1979) – Neskolko dnej is shisni Ilji Oblomowa / Tage aus dem Leben Ilja Oblomows (1980) – Rodnja / Verwandtschaft (1982) – Bes swidetelej / Gespräch ohne Zeugen (1983) – Otschi tschornyje / Schwarze Augen (1989) – Urga / Urga (1992) – Utomljonnyje solnzem / Die Sonne, die uns täuscht (1995) – Sibirski zirjulnik / Der Barbier von Sibirien (1999).

Literatur: Oksana Bulgakowa / Dietmar Hochmuth: Nikita Michalkow. Film als Stil. In: Regiestühle. Hrsg. von Fred Gehler. Berlin 1987. S. 129–154. – Nikita Michalkow. Bessedy. Wyskasywanija. Statij. [Interviews. Aussagen. Aufsätze.] Moskau 1989. – Andrej Kontschalowski – Nikita Michalkow. Texte und Materialien zur Werkschau. München 1991.

Claude Miller

* 1942

Claude Miller wurde am 20. Februar 1942 in Paris geboren. Er absolvierte die Pariser Filmschule IDHEC und war dann vielfach als Produktionsleiter und Regieassistent für Robert Bresson, Jean-Luc Godard u. a., besonders aber für François Truffaut tätig (in den sechziger Jahren wurde sein Name im Abspann verschiedener Filme noch als Miler mit einem l geschrieben). Nach einigen Kurzfilmen entstand 1975 sein erster langer Spielfilm *Unser Weg ist der beste.* Es handelt sich um eine Coming-out-Geschichte: Ein junger Campleiter leidet unter seinem Schuldbewußtsein und der Bösartigkeit eines Kollegen, weil er seine homosexuelle Veranlagung nicht öffentlich einzugestehen wagt. Erst das Bekenntnis der verdrängten Wahrheit macht ihn frei und löst den Konflikt. Daß sich bei der Begegnung zwischen Menschen die überraschendsten verschütteten Leidenschaften und Begierden entdecken und entfesseln lassen, daß nichts so ist, wie es auf den ersten Blick hin erscheint, daß die eigentliche Persönlichkeit nichts mit dem Bild zu tun hat, das sich die Gesellschaft von einem Menschen macht: Diese Erkenntnis und die fast mikroskopische, kontinuierliche, gebannt sich festsaugende Beobachtung tiefgreifender Verstörungen, die den Weg »gezeichneter« Menschen in den Alltag zurück meist für immer versperren, beschäftigt Miller auch in seinen weiteren Filmen. In *Das Verhör* (1981) wird ein Anwalt der Vergewaltigung und Ermordung zweier junger Mädchen bezichtigt. Alle Indizien sprechen für ihn als Täter, seine eigene Frau beschuldigt ihn, er selbst schließlich scheint sich zu dem Verbrechen zu bekennen – bis unzweideutig ein anderer der Tat überführt wird. In einem langen Verhör wird das platonische Entzücken des alternden Mannes für junge Mädchen umgedeutet in einen kriminellen Affekt. Der Verdächtigte gerät in einen Grad der Erschöpfung, besonders nachdem ihn die eigene Frau belastet hat, in dem er sich nicht mehr gegen das aufgezwungene Fehlurteil wehren kann und will. Verkannt und verlassen, scheint er dazu bereit zu sein, alles auf sich zu nehmen, auch die völlig ungerechtfertigte Strafe. In einer psychischen Extremsituation büßen bei Miller Menschen ihre mühevoll gefestigte gesellschaftliche Identität ein und erkennen sich selbst nicht mehr wieder. Am erstaunlichsten und kühnsten wird diese raffinierte Psychologie in *Das Auge* (1982) ausgespielt, einem Film nach einer literarischen Vorlage von Marc Behn, die indes in Teilen auch von Georges Simenon stammen könnte. *Das Auge* (im französischen Original heißt der Titel »Tödlicher Kreislauf« oder »Tödliche Rundfahrt«) darf als einer der bedeutendsten Psychothriller der achtziger Jahre überhaupt gelten: Ein verbitterter und sarkastisch den Weltlauf kommentierender Detektiv, den nach dem Verlust seiner Tochter nichts mehr zu berühren scheint, obgleich er professionell hervorragend ›funktioniert‹, verfolgt die Blutspur einer jungen Massenmörderin. Ohne daß sie unmittelbar Kontakt miteinander aufnehmen, entsteht eine Art imaginärer Zweierbeziehung, und zwar ein Vater-Tochter-Verhältnis. Denn ebenso wie der alternde Detektiv seine Tochter entbehrt, entbehrt die schöne Mörderin ihren Vater. Aus dem Verfolger wird ein Komplize, der immer wieder schützend die Hand über die unvorsichtig handelnde junge Frau hält, die Leichen beseitigt und schließlich selbst zum Mörder wird, als er aus Eifersucht den blinden Mann, den seine »Tochter« zum Lebensgefährten erkoren hat, vor einen Bus stößt. Am Ende treffen sie sich in einer trostlosen Satellitenstadt, und Marie stürzt sich mit ihrem Auto aus einem Parkhaus zu Tode. Bald danach stirbt auch der Detektiv. Die offenbar nicht nur durch simple Geldgier motivierte Mordlust der jungen Frau – sie verwandelt sich immer wieder in andere Personen, als handle es sich um eine multiple Persönlichkeit – verbindet sich mit der intimen Sehnsucht nach dem verlorenen Vater, der zynisch-rüde Weltekel des Detektivs mit der zärtlichen Liebe für eine neugewonnene Ersatztochter. Das extrem weit auseinandergezogene Spektrum dieser starken Gefühle wird grundiert von einer unermeßlichen Trauer, die sich in den großen und dunklen Augen der Schauspielerin Isabelle Adjani ebenso widerspiegelt wie in dem unendlich müden Gesicht des Detektivs, gespielt von Michel Serrault.

Nach diesen beiden düsteren Films noirs überrascht es, daß Millers folgende Filme hauptsächlich dem Schicksal junger Mädchen und Frauen gelten. Bei allem Feingefühl für die typischen Schmerzen, die die Häutungen der Adoleszenz verursachen, verliert Miller einen bereits vertrauten Komplex nicht aus dem Auge: den krankmachenden Wahn oder Wahnsinn einseitiger Liebe, die nicht oder nur imaginär erwidert wird. Und noch eine weitere, für Millers Schaffen charakteristische Komponente bleibt erhalten: Er braucht Schauspieler und Schauspielerinnen, die weit aus dem Schwerpunkt bürgerlicher Mitte hinauszustreben fähig sind ins Exzentrische, denn seine Figuren sind merkwürdige Grenzgänger, die sich in ihrem Tun und Handeln, in ihren Antrieben erst allmählich, wenn überhaupt erschließen lassen. Das konnte vorzüglich mit Michel Serrault gelingen in *Das Verhör* und *Das Auge*, ebenso mit Isabelle Adjani in *Das Auge*, in den zwei nächsten Filmen verhalf ihm die junge Charlotte Gainsbourg (die Tochter des Sängers Serge Gainsbourg und der Schauspielerin Jane Birkin) zum scharf umrissenen Entwurf einer Rebellin.

In *Das freche Mädchen* (1985) verliebt sich die junge Heranwachsende in eine gleichaltrige Klaviervirtuosin, erfolglos. Darüber versäumt sie die Freundschaft zu einem noch kleineren Mädchen, das eifersüchtig um sie kämpft. Am Schluß sind die beiden versöhnt und der Frieden der wiedergewonnenen Eintracht bildet eine sanfte Schutzhülle um sie: In einer der verschwiegensten und zauberhaftesten Schlußszenen des zeitgenössischen Kinos lehnen sich die beiden an eine Balustrade und schauen über sie hinweg – in den Garten, in die Zukunft. Schwieriger wird das Heranwachsen und der Bruch mit der Familie für die »kleine Diebin«, die Hauptfigur des gleichnamigen Films, der nach einem nachgelassenen Drehbuch von François Truffaut entstand. Die junge Heldin, die in der Provinz heranwächst und von einer tranigen Tante und einem müde-resignierten Onkel ernährt wird, agiert ihren Wunsch nach einem schöneren Dasein in kleinen Diebstählen aus. Sie geht ein Verhältnis mit einem verheirateten jungen bürgerlichen Mann ein, dann mit einem Monteur, der allerdings zu den Soldaten muß. Wieder einmal aufgegriffen, kommt sie in ein Mädchenheim, wo sie eine Freundin gewinnt. Das Kind, das sie erwartet, will sie in letzter Minute nicht abtreiben lassen, sie entrinnt in ein unbestimmtes, vielleicht verheißungsvolles Leben.

Im Vergleich zu Truffaut läßt sich erkennen, daß Miller schneller, weniger diskret und weniger distanziert inszeniert. Noch deutlicher wird der Unterschied in der Art, in der beide mit dem Phänomen des »amour fou«, der verrückten und verrückt machenden Liebe umgehen. Bei Truffaut handelt es sich fast immer um symmetrische Verhältnisse, Echobeziehungen, in der die besessene Leidenschaft des einen der des anderen vielleicht nicht gleichzeitig, aber doch auf die Dauer korrespondiert. Bei Miller herrschen die Leidens- und Leidenschaftsgeschichten Einzelner vor – oder es handelt sich um eine phantastische Polarität wie in *Das Auge*.

In *Das Lächeln* (1994) verliebt sich ein alter Mann in ein junges Mädchen. Doch die Liebesnacht, die sie ihm gegen Schluß der Handlung schenkt, bedeutet nicht dasselbe für sie wie für ihn. Er glaubt ständig, vom nächsten Herzanfall hinweggerafft zu werden, sie ist tatsächlich viel eher vom Tode gezeichnet – was er erst allmählich wahrnimmt. Noch radikaler als der alte Mann, der Arzt, der sich vielleicht vor seiner Umwelt zum Narren macht, entäußert sie sich, als sie in einem Zirkuszelt, das dem gierigen Publikum Stripshows bietet, als Nackte in die Menge der Männer langsam hineinsteigt, hineinschwebt, berührt und doch unberührbar, um schließlich in eine tiefe Ohnmacht zu fallen. In diesem Fall fehlen Miller die stilistischen Mittel, um die exhibitionistische Seelenprüfung auch visuell überzeugend gestalten zu können, wobei die junge Schauspielerin Emanuelle Seigner durchaus im Ansatz die schlafwandlerische Verletzlichkeit zeigt, die diese Rolle verlangt.

In *Schneetreiben* (1998) wird ein zwölfjähriger Junge von Alpträumen gequält und isoliert sich, ein frühzeitig Verlorener, von seinen Schulkameraden im Ferienlager; Sexualität als Drohung verdüstert sein Leben, nicht nur in seinen Ängsten – auch in Wirklichkeit, als sein Vater als mörderischer Triebtäter entlarvt wird. Millers feinfühlige Empfindsamkeit und sein Sinn für tragische Situationen gehen auch in diesem Film eine merkwürdige Symbiose ein.

Millers Neugier auf die Randbesiedler des bürgerlichen Kosmos, sein Interesse für die Psychologie der Grenzsituationen, seine prägnante und pointierende Erzählweise – Miller hat bei fast all seinen Filmen auch am Drehbuch mitgeschrieben – weisen ihm einen eigenen Platz in der französischen und europäischen Filmgeschichte zu, obwohl er bisher nur wenige Filme abgedreht hat. Die Kühnheit seiner Figurenerfindung und die Entschlossenheit, mit der er die Figuren in fast unlösbare Verwicklungen hineintreibt, werden nicht immer ausgewogen durch seine eher traditionalistische, wenngleich anspruchsvolle und raffinierte Bildlichkeit und Mise en scène. Auch die Anerkennung seiner Arbeit in Frankreich ließ auf sich warten, erst für *Schneetreiben* erhielt er den Preis der Jury beim Festival in Cannes 1998 (nach kleineren Auszeichnungen für frühere Filme).

Thomas Koebner

Filmographie: La Meilleure Façon de marcher / Unser Weg ist der beste (1975) – Dites-lui que je l'aime / Süßer Wahn (1977) – Garde à vue / Das Verhör (1981) – Mortelle randonnée / Das Auge (1982) – L'Effrontée / Das freche Mädchen (1985) – La Petite Voleuse / Die kleine Diebin (1988) – L'Accompagnatrice (1992) – Le Sourire / Das Lächeln (1994) – Lumière et Compagnie (Dokumentarfilm, 1995) – Les Enfants de Lumière (Episode, 1995) – La Classe de neige / Schneetreiben (1998).

Literatur: Jean-Michel Frodon: L'Age moderne du cinéma français. De la Nouvelle Vague à nos jours. Paris 1995.

Vincente Minnelli

1903–1986

Vincente Minnelli wurde am 28. Februar 1903 als Kind einer Theaterfamilie in Chicago geboren und begleitete von Kindesbeinen an seine Eltern und Geschwister auf ihren Tourneen. Im Alter von acht Jahren stand er das erste Mal mit der »Minnelli Brothers Dramatic Tent Show« auf einer Bühne. Als die Minnellis ihre Show fünf Jahre später einstellten, führte Vincente für die nächsten Jahre ein normales Schülerleben. In den Sommerferien assistierte er einem Werbeplakatmaler und verdiente sich so ein Zubrot. Schon in jungen Jahren zeigten sich sein ausgeprägtes Talent für Malerei und sein großes Gespür für Farben und ihre Wirkung – eine Begabung, die sich später in seiner Arbeit als Regisseur berühmter Musicalfilme niederschlagen sollte. Mit 16 Jahren verließ er die Schule, begann eine Lehre als Fotograf, die er nach kurzer Zeit abbrach, um ein Engagement als Regieassistent bei der Theaterkette »Chicago's Balaban and Katz Motion Picture« anzunehmen. 1933 wurde Minnelli zum künstlerischen Leiter der New Yorker Radio City Music Hall ernannt.

Ab 1935 inszenierte Minnelli Musicals am Broadway, u. a. so erfolgreiche Produktionen wie »At Home Abroad«, »The Show is on«, »Ziegfeld Follies« oder »Very Warm for May«, bis er schließlich 1940 von dem MGM-Produzenten Arthur Freed nach Hollywood geholt wurde. Nach zwei Jahren Einarbeitungszeit in die Praxis der Filmregie und der Filmtechnik übernahm er nach und nach kleinere Regieaufträge – z. B. inszenierte er in den Busby-Berkeley-Revuefilmen *Strike up the Band* (1940) und *Babes on Broadway* (1942) sowie in *Broadway Melodie 1950* (1944) die Solonummern Judy Garlands. Nicht zuletzt durch seine Bühnenerfahrung und sein großes Gespür für visuelle Inszenierung und Bildgestaltung zählte Minnelli nach kurzer Zeit zu den erfolgreichsten Filmregisseuren der MGM. 1945 heiratete er seinen weiblichen Star Judy Garland (*Meet Me in St. Louis*, 1944; *Der Pirat*, 1948). Ein Jahr später wurde Tochter Liza geboren, der weibliche Musical-Star der kommenden Generation. 1951 wurden Vincente Minnelli und Judy Garland geschieden.

Der Regisseur Vincente Minnelli ist im Gedächtnis der Kinozuschauer in erster Linie mit dem Musicalfilm verbunden, obwohl die meisten seiner Filme nicht diesem Genre angehören. Unvergessen bleibt neben *Vorhang auf* (1953) und *Gigi* (1958) vor allem *Ein Amerikaner in Paris* (1951) mit Gene Kelly, Leslie Caron und Oscar Levant in den Hauptrollen. Der Film wurde achtmal für den Oscar nominiert und erhielt die begehrte Auszeichnung in den Sparten »bester Film«, »bestes Originaldrehbuch«, »beste Kamera«, »beste Ausstattung eines Farbfilms«, »beste Musik eines Musicals« und »beste Kostüme«, zusätzlich den Ehrenoscar für den Tänzer und Sänger Gene Kelly. Herausragend an diesem Musical sind, neben der akrobatisch-kraftvollen Tanzkunst des Steptänzers Gene Kelly und der dagegen zierlich und graziös tanzenden, klassisch ausgebildeten Schauspielerin und Tänzerin Leslie Caron, vor allem die phantasievoll-überschäumende Inszenierung und die prachtvolle Ausstattung und Kostümierung. Bildaufbau und Bildgestaltung, Farbe und Dekor des Technicolor-Films erinnern häufig an typische Werkelemente der Maler Renoir, Rousseau, van Gogh oder Toulouse-Lautrec. Die Stadt Paris, die Minnelli im Hollywood-Studio neu erschaffen ließ, sieht aus wie eine manchmal pastellfarbene, manchmal knallbunte Hommage an die Kultur des Kitsches und die romantisierende Imagination, die das Parisbild der Amerikaner auszeichnet. Minnellis Regiestil gründet in einer prinzipiell eklektizistischen Grundhaltung, die den dandyhaften Jahrhundertwende-Ästhetizismus mit den Schaufensterattraktionen der modernen Großstadt zu verbinden weiß. Mode und Kunst, Massengeschmack und feinste ästhetische Verästelungen sind in Minnellis Filmen nicht voneinander zu trennen. Drei Jahre später versetzte Minnelli den Tänzer Gene Kelly und seine Partnerin Cyd Charisse in dem Märchen-Musical *Brigadoon* (1954) in ein imaginäres schottisches Dorf, das nur alle hundert Jahre für einen Tag aus seinem Dornröschenschlaf erwacht.

So ausufernd Minnelli Musicalfilme inszeniert und dadurch das Genre von jeglicher Orientierung am Realismus befreit, so wenig läßt sich dieser Regiestil in seinen Komödien, Dramen und Melodramen wiederfinden. Die Komödien *Vater der Braut* (1950) und *Ein Geschenk des Himmels* (1951) mit Spencer Tracy und Elizabeth Taylor als Vater und Tochter fallen im Vergleich zu den Musicalfilmen etwas behäbig aus. Dagegen verschwindet Minnellis Hollywood-Porträt *Die Stadt der Illusionen* (1952) nicht völlig im Schatten seines filmischen Vorbilds *Citizen Kane* (1941). Kirk Douglas spielt den ehrgeizigen Filmproduzenten Jonathan Shields, einen psychologischen Strategen, der Menschen im Namen der Filmkunst skrupellos manipuliert und dennoch die Sympathie des Publikums genießt. Douglas legt seine Figur zwiespältig an, als Künstlerseele, die sich dem Augenblick der

Schöpfung hingibt, nur für den Moment des Machens lebt und die Vollendung, die immer auch ein Ende ist, nicht ertragen kann. Dieses Getriebenwerden des Künstlers interessiert Minnelli auch bei der Verfilmung von Irving Stones biographischem Künstlerroman über Vincent van Gogh (*Vincent van Gogh – Ein Leben in Leidenschaft*, 1956), einem kraftvoll und filmästhetisch ungewöhnlich inszenierten Meisterwerk. Kirk Douglas spielt wiederum den genialen und dem Wahnsinn nahen Maler, dessen besessene Suche nach Wahrheit und Vollkommenheit in die Psychiatrie und erst postum zu Ruhm und Ehre führte – es bleibt eine der größten Rollen des Schauspielers. Immer wieder findet die Kamera Frederick A. Youngs Wege, die Malerei van Goghs auf beunruhigende und bedrängende Weise in die Filmbilder eindringen zu lassen. Die von van Gogh mit dem Pinsel festgehaltenen Räume erhalten schärfere Konturen vor der Kamera. Der Film taucht in die Visionen des Künstlers ein. Dieses Verfahren mag nicht besonders kritisch sein, es bringt aber suggestive Einstellungen hervor.

Vincente Minnellis Männerfiguren sind angesichts der populären Simplifizierung und Stereotypisierung von Männerbildern in den fünfziger Jahren mit auffallender Sorgfalt entworfen. In der Familientragödie *Das Erbe des Blutes* (1960) stellt er verschiedene männliche Identitätskonzepte nebeneinander, die auf überraschende Weise die Klischee-Erwartungen des Zuschauers enttäuschen, obwohl sie nah am Klischee konstruiert sind. Robert Mitchum verleiht dem Patriarchen Wade Hunnicutt einen facettenreichen, in sich widersprüchlichen Charakter, ohne ihn als wirklich zerrissene Figur anzulegen. Obwohl die Grundproblematik des Films als konventionell erscheint, entwickeln sich die Figuren überraschend. Minnelli verfolgt eine Dramaturgie der Brüche, kappt die Fäden der Handlung an unvermuteten Stellen und provoziert durch Details Annahmen, die sich nicht erfüllen. Eine giftige Sumpflandschaft im Wald, die katastrophische Episoden geradezu herausfordert, bleibt reines Hintergrundmotiv und entpuppt sich als Metapher für die vergifteten Abgründe, die die Menschen des Films zwischen sich schaffen. Der ungeliebte uneheliche Bruder reagiert ebensowenig stereotyp auf die väterliche Zurücksetzung wie das legitime »weiblich« sozialisierte Kind auf die zerstörerische Liebe seiner Eltern. Der deutsche Titel des Films *Das Erbe des Blutes* verfehlt im übrigen völlig das Thema des Films.

1974 veröffentliche Minnelli seine Autobiographie *I Remember It Well*. 1975 drehte er seinen letzten Film *Nur eine Frage der Zeit*. Er starb 1986 im Alter von 83 Jahren.

Susanne Marschall

Filmographie: Cabin in the Sky / Ein Häuschen im Himmel (1943) – I Dood It! / Der Tolpatsch und die Schöne (1943) – Meet Me in St. Louis / Meet Me in St. Louis (1944) – Under the Clock / Urlaub für die Liebe (1945) – Yolanda and the Thief / Yolanda und der Dieb (1945) – Undercurrent / Der unbekannte Geliebte (1947) – The Pirate / Der Pirat (1948) – Madame Bovary / Madame Bovary und ihre Liebhaber (1949) – Father of the Bride / Vater der Braut (1950) – An American in Paris / Ein Amerikaner in Paris (1951) – Father's Little Dividend / Ein Geschenk des Himmels (1951) – The Bad and the Beautiful / Die Stadt der Illusionen (1952) – The Story of Three Loves / War es die große Liebe? (Episode: Mademoiselle, 1953) – The Band Wagon / Vorhang auf (1953) – The Long Long Trailer / Villa mit 100 PS (1954) – Brigadoon / Brigadoon (1954) – The Cobweb / Die Verlorenen (1955) – Kismet / Kismet (1955) – Lust for Life / Vincent van Gogh – Ein Leben in Leidenschaft (1956) – Tea and Sympathy / Anders als die anderen (1956) – Designing Woman / Warum hab ich ja gesagt? (1957) – The Seventh Sin (Co-Regie mit Ronald Neame, ungenannt, 1957) – Gigi / Gigi (1958) – The Reluctant Debutante / Was weiß Mama von Liebe? (1958) – Some Came Running / Verdammt sind sie alle (1959) – Home from the Hill / Das Erbe des Blutes (1960) – Bells Are Ringing / Anruf genügt, komme ins Haus (1960) – The Four Horsemen of the Apocalypse / Die vier apokalyptischen Reiter (1962) – Two Weeks in Another Town / Zwei Wochen in einer anderen Stadt (1962) – The Courtship of Eddie's Father / Vater ist nicht verheiratet (1963) – Goodbye Charlie / Goodbye Charlie (1964) – The Sandpiper / . . . die alles begehren (1965) – On a Clear Day You Can See Forever / Einst kommt der Tag (1970) – A Matter of Time / Nur eine Frage der Zeit / Nina (1976).

Literatur: James Naremore: The Films of Vincente Minnelli. Cambridge 1993.

Kenji Mizoguchi

1898–1956

Kenji Mizoguchi wurde am 16. Mai 1898 in Tokio in ärmliche Verhältnisse hinein geboren. Er mußte erleben, wie seine ältere Schwester als Geisha verkauft wurde, später lebte er nach dem Tod der Mutter eine Weile mit dieser Schwester zusammen. Mizoguchi erlernte europäische Malerei, wurde Anfang der zwanziger Jahre Schauspieler in der japanischen Filmindustrie, 1922 übernahm er seine erste Regie.

Sein Name löst bei europäischen Cineasten Raunen aus, und nicht wenige Formeln und Schlagwörter fallen, wenn von Kenji Mizoguchi, dessen Filme weitgehend unbekannt sind, die Rede ist. Die wenigen Filme, die seinen europäischen Ruhm begründeten, gehören zu einem Werk von annähernd achtzig, vielleicht mehr Filmen, die Mizoguchi zwischen 1923 und 1956 gedreht hat.

Für Mizoguchi, gewiß kein großer Kämpfer und nie an einer politisch konkreten Wirklichkeit als der entscheidenden Realität interessiert, wurde die Zeit des japanischen Militärreiches zwangsweise eine Zeit der Anpassung, unter der die Qualität seiner Filme litt. Seine letzte Regiearbeit vor dem Zusammenbruch der Militärregierung war *Das makellose Schwert* (1945). Deutlich verweist die Fabel dieses Films auf die offizielle Geschichtsideologie: Kyone, Schüler eines bekannten Waffenschmiedes während der Edo-Zeit (1603–1867) wird von der Tochter eines ermordeten Adligen, die er liebt, gebeten, ein makelloses Schwert für ihre Rache anzufertigen. Zuvor jedoch hat er seinem sterbenden Meister versprechen müssen, die Kunst des Waffenschmiedens nur noch für den Kaiser und dessen Kampf gegen die Tokugawa-Regierung einzusetzen. Der Konflikt zwischen individueller Rache und historischer Notwendigkeit löst sich harmonisch: Als die Rückkehr des Kaisers bevorsteht und der Mörder auf seiten des Shogunats kämpft, stellt sich die Rache in den Dienst des Kaisers. Manche Szenen erstarren in der Ornamentik des künstlichen Dekors und bestärken ein Desinteresse am Filmstoff, wie man es bei Mizoguchi eigentlich nicht kennt. Allein einige untergeordnete Topoi weisen auf die Kontinuität der Motive in Mizoguchis Werk. So wird er beispielsweise das Motiv des Menschenhandels, dessen Opfer stets die Frauen sind, immer wieder aufgreifen. Hier deutet es sich bei der Ermordung des Vaters an, der seine Tochter nicht zum Pfand einer Fürbitte beim Fürsten machen will. Der erboste »Handelspartner« deutet dies als Verletzung eines Gewohnheitsrechts.

Mit nahezu übertriebener Heftigkeit scheint er sich im demokratisierten Japan dagegen zu wehren, als Traditionalist und Sprachrohr der besiegten Diktatur eingestuft zu werden. So kam nur zwei Monate nach dem verspäteten Start von *Das makellose Schwert* ein neuer Film ins Kino, der die tiefgreifende Veränderung widerspiegelt, die die neue politische Situation auch für Mizoguchi bedeutete. *Der Sieg der Frauen* (1946) trägt pikanterweise mehr propagandistische Züge als vorherige Filme, nun setzt sich Mizoguchi nachdrücklich für die Demokratisierung ein. Vor dem Hintergrund sich wandelnder juristischer Institutionen schildert der Film den Kampf einer jungen Rechtsanwältin für eine humane Rechtsprechung, wobei ihr Gegenspieler der eigene Schwager ist, der als unbeugsamer Anhänger der Militärregierung nach der Devise lebt: »Menschen werden nicht durch Menschen verurteilt, sondern durch das Gesetz.« Für dieses Thema gibt Mizoguchi seine distanziert stilisierende Erzählweise auf und nähert sich dem dynamischen Rhythmus westlicher Filme. Genau dadurch jedoch verlagert sich die Aussage unverhältnismäßig stark ins Verbale und verliert viel an Überzeugungskraft.

Seine behutsame, fast zärtliche Beobachtungsfähigkeit findet sich noch in jenen Momenten, in denen das Schicksal verschiedener Frauen in den Mittelpunkt rückt. Sie sind es, für die Mizoguchi aufrichtiges Interesse entwickelt: Eingeengt durch falsch verstandene Pflichtauffassung und in ihrer Liebe ausgebeutet, müssen sie einen Kampf ausfechten, der mit der Proklamation demokratischer Ideale noch lange nicht gewonnen ist. Wie auch in den folgenden Filmen erweisen sich die wenigen positiv gezeichneten Männer, die der Liebe der Frauen würdig erscheinen, als zu schwach, um gegen die bestehenden Strukturen anzukämpfen. So ergeht es beispielsweise dem nach der Militärdiktatur amnestierten Intellektuellen in *Der Sieg der Frauen*, der wegen seiner Krankheit buchstäblich bewegungsunfähig ist, oder dem engagierten Kämpfer für ein neues Theater in *Die Liebe der Schauspielerin Sumako* (1947), der sich zu Tode erschöpft. Auch in den sich anschließenden Filmen stellt Mizoguchi stets Frauenfiguren in den Mittelpunkt, an denen er die Mechanismen von Unterdrückung in der Gesellschaft aufzeigt. Nach dem heftigen, filmisch nicht überzeugenden Ausbruch mit *Der Sieg der Frauen* scheint Mizoguchi zunächst seine eigene Position zu überdenken.

Zentrale Gestalt von *Utamaro und seine fünf Frauen* (1946) ist ein bürgerlicher Genremaler während der Edo-Periode. Und obwohl es sich um Mizoguchis ersten Jidai-Geki (historischer Kostümfilm) nach Kriegsende handelt, ist dieser Film reich an Hinweisen auf Mizoguchis aktuelle Situation. Erneut verknüpfen sich mehrere Handlungsfäden zu einem Labyrinth, in der verbindenden Gestalt des Utamaro scheint sich halb heiter, halb tragisch Mizoguchis eigene Katharsis anzudeuten. Utamaros Farbholzschnitte sind Ausdruck großen Selbstbewußtseins und fordern Maler des traditionellen Stils geradezu heraus. Aber noch ist der Maler Utamaro (und auch Kenji Mizoguchi selbst, der stets mit der Kamera wie ein Maler auf die Menschheit blickt) ziellos, läßt sich von der Schönheit der Frauen verleiten. Erst als ihm durch eine Strafe für fünfzig Tage die Hände gebunden sind, beginnt er die Schicksale der fünf Frauen um ihn herum zu begreifen: Einmal verdunkelt sich der in hellen Tönen gedrehte Film, als eine der Frauen ihren Geliebten, den sie nicht mit einer anderen teilen wollte, tötet. »Ich wollte mich nicht mehr belügen und meine Liebe vollenden«, erklärt sie Utamaro. Seine Bilder seien doch genauso, und sie habe mit ihrem Körper versucht, nach ihrem Willen zu leben. Sich der Sanktionen der Gesellschaft bewußt, stellt sie sich der Polizei. Ein entsetzter, aber verstehender Maler bleibt zurück.

Nachdem am Ende von *Utamaro und seine fünf Schwestern* der Maler in euphorischen Schaffensdrang ausbricht, um die »rächenden Seelen« der Frauen darzustellen, erscheint der kaum ein Jahr später entstandene Film *Die Liebe der Schauspielerin Sumako* als pessimistische Replik hierauf: Am Ende steht die Erkenntnis, daß es sehr schwer ist, die Welt zu ändern. Je souveräner und gelöster Mizoguchi zu seinen Ausdrucksmitteln findet, desto deutlicher bezieht er seine theoretischen Reflexionen in die Filmhandlung ein. Am Anfang von *Die Liebe der Schauspielerin Sumako* steht der Vortrag des Literaturprofessors Shimamura, der die Dramen Ibsens als einen blutigen Kampf zwischen der Realität und der Sehnsucht der Menschen interpretiert. Zum ersten Mal bringt Shimamura mit der Inszenierung von Ibsens Drama »Nora« eine Frau auf eine japanische Bühne – mit überwältigendem Erfolg. Aber die Liebe und Arbeit für ein neues, von Traditionen unabhängiges Theater kosten Anstrengungen, denen Shimamura nicht gewachsen ist. Nach seinem Tod bleibt der Frau zwar die Bestätigung, das Fundament für das neue Theater gelegt zu haben, aber durch das Fehlen des Dialogs mit dem gliebten Mann sieht auch sie sich ihrer Kräfte beraubt und begeht Selbstmord. Wiederum entzieht sich Mizoguchi einer Bewertung, veräußerlicht zwar über das gewohnte Maß die Gefühle der Schauspielerin Sumako, zeigt sich jedoch distanziert gegenüber ihrer Entscheidung. Was in *Der Sieg der Frauen* noch verbales Pamphlet war, löst er spätestens hier filmisch ein: Mizoguchi sieht den Sinn des Lebens nicht darin, den Menschen für sein Handeln zu verurteilen, sondern in seiner Liebe zu ihm.

Zwei Jahre später erschien *Die Flammen meiner Liebe* (1949), eine nicht ganz gelungene Paraphrase von *Die Liebe der Schauspielerin Sumako*. Zu Beginn der Meji-Zeit (um 1884) erlebt eine junge Lehrerin den Kampf um eine neue Verfassung an der Seite eines liberalen Politikers. Sie muß erkennen, daß nicht alles in der Wirklichkeit nach Idealen verläuft. Zum Schluß durchschaut sie, daß der Politiker die Rechte der Frau lediglich als abstrakte Wahlkampfparole gebraucht, und verläßt ihn, wie es einst die Nora in Ibsens Drama tat.

Eine nahezu ununterbrochene Reihe filmischer Meisterwerke während der fünfziger Jahre beginnt mit *Das Leben der Frau Oharu* (1952). Zunächst erscheint dieser Film, den Mizoguchi als sein Hauptwerk bezeichnete, wie eine weitere Variation seines zentralen Themas. Eine Frau, eingeengt in ein starres Gesellschaftssystem, erfährt alle denkbaren Stadien der Erniedrigung und Unterdrückung und sinkt ohne eigenes Verschulden auf die niedrigste und verachtetste Gesellschaftsstufe. Im späten 17. Jahrhundert: Die behütete Tochter eines japanischen Tempelbeamten läßt sich auf eine Liebesbeziehung zu einem Diener ein. Doch die aufrichtige Liebe der beiden wird nicht geduldet, der Diener mit dem Tod bestraft, sie mit ihren Eltern aus der Stadt verbannt. Eine schier unendliche Kette von Unglück bricht über die junge Oharu herein, bis sie schließlich, losgelöst vom Dasein der ›anderen‹, ihr Leben als alte Prostituierte und Bettlerin fristet. Im Gegensatz zu früheren Filmen weist *Das Leben der Frau Oharu* jedoch weder gesellschaftskritische Züge noch jene zentrale kämpferische Figur auf wie etwa *Der Sieg der Frauen*. Klar, unverfälscht, ohne Wertung reiht Mizoguchi die Episoden aneinander und entblößt die Mechanismen der konventionellen Welt. Er versucht nicht, den Gang der Ereignisse zu hemmen und scheint zu der Einsicht gelangt zu sein, daß es gerade das Streben nach einer besseren Zukunft sei, was letztlich daran hindert, wirklich frei zu leben. Die Gegenwart ist entscheidend, und wer in ihr nicht leben kann, kann es nirgendwo. So ist Oharu nur in einem begrenzten Rahmen »Opfer«: Dieser Rahmen entspricht der üblichen Vorstellung von einer »Wirklichkeit« und ihren scheinbaren Gegensätzen wie Gut und Schlecht, die, so zeigt Mizoguchi, untrennbar sind. Oharus Leben beginnt eigentlich an einem Punkt, wo es für sie nichts mehr zu suchen, nichts mehr zu gewinnen gibt. Da zeichnen sie innere Stärke und selbstbehauptende Würde aus.

Die verschiedenen Episoden spiegeln Gefühle der Trauer und der Entrüstung wider, jedoch sind komische Elemente und Ironisierungen nie Fremdkörper. In eindeutigen Bildern fixiert Mizoguchi soziale Verhältnisse: die Suche des mächtigen Fürsten nach einer Nebenfrau anhand eines Gemäldes als »Vorlage« und eines Steckbriefes, in den sich Oharu einzufügen hat, bis sie nach der Geburt eines Kindes fallengelassen wird; die Verhältnisse in einem Bordell, in das Oharu von ihren Eltern verkauft wird, und in dem ein Bauer sich mit Falschgeld (wie sich später herausstellt) jeden untertan macht; das äußerlich harmonische Leben einer Händlerfamilie, in der sich der Mann einiges von der »in gewissen Dingen erfahrenen« Oharu verspricht und die Frau ihren Haarausfall vor ihrer Umgebung verbergen soll. Diese Heimlichtuerei, das Falschgeld, das von einer »Nebenfrau« geborene Fürstenkind: Dinge des Scheins, trügerische Symbole, die vorgeben, etwas darzustellen, was nicht der Fall ist.

Der 1953 entstandene Film *Zwei Geishas* steht in Beziehung zu einem Film der dreißiger Jahre, nämlich zu *Die Schwestern aus Gion*. In beiden geht es um das Schicksal einer traditionellen Geisha im zeitgenössischen Japan, der eine jüngere zur Seite steht. Nach einer harten Ausbildung muß diese die Erfahrung machen, daß das angebliche »Symbol der Schönheit« in Wirklichkeit nicht mehr als ein käufliches Lustobjekt ist, das zum Gefallen der Männer da zu sein hat. In überraschender Deutlichkeit reagiert Mizoguchi auf die Nachkriegsgegenwart und deren kapitalistische Strukturen, durch die die Unterdrückungsmechanismen nur noch subtiler geworden sind. Wie in *Die Schwestern aus Gion* kommt Mizoguchi zu dem Schluß, daß die Geisha kämpfen muß, um nicht unterzugehen. Wiederum setzt er wahre Liebe und Pflicht sowie gegenseitige Hilfe unter den Frauen gegen Entfremdung, Anpassung und Resignation in der modernen Gesellschaft. Am Ende gehen beide Geishas aufrecht und würdevoll ihrer Arbeit nach.

Kinuyo Tanaka, eine reife und sensible Schauspielerin, prägt die späten Filme Mizoguchis mit, sie übernimmt eine der drei Frauenrollen in *Ugetsu – Erzählungen unter dem Regenmond* (1953). Eine moralische Fabel: Zwei Männer aus dem Dorf wollen nach oben, den Töpfer Genjuro drängt es, reich zu sein, Tobei will ein mächtiger Kriegsherr werden. Sie brechen auf von zu Hause, um ihre hochfliegenden Träume zu verwirklichen. Am Ende kehren sie beraubt, beschädigt und ernüchtert wieder zurück, um still ihre Arbeit weiter zu verrichten und sich nicht mehr um die Verlockung der großen Welt draußen zu kümmern. Fast könnte man an den Schluß von Voltaires kritischem Entwicklungsroman »Candide« denken, wo am Ende die Empfehlung steht, daß es zunächst nichts Wichtigeres gebe, als seinen Garten zu bestellen. Genjuro, der Töpfer, läßt seine Frau und ihr gemeinsames Kind zurück. Er gerät in den Bann der toten Prinzessin Wakasa, die ihn mit ihrem erotischen Zauber umnebelt, bis er eines Tages aus diesem Traum erwacht. Als er zurückkehrt, wird er von seiner Frau empfangen, doch weiß er nicht, daß es sich um einen Geist handelt, denn Miyagi (gespielt von Tanaka) ist lange zuvor von räudigen und hungernden Soldaten erschlagen worden. Tobei, der andere Held, täuscht vor, Sieger über einen großen General gewesen zu sein, und steigt zum Samurai auf. Mit seiner Horde begegnet er im Bordell seiner eigenen Frau als Prostituierter – sie ist vergewaltigt worden und hat keinen anderen Weg für sich gesehen, als so ihre Schande zu verdecken. Mizoguchis antiheroische Parabel differenziert indes zwischen der Schäbigkeit des vulgären Soldatenlebens und dem für den Helden Genjuro unwiderstehlichen Reiz der nach Liebe sehnsüchtigen toten Prinzessin. Mizoguchis Neigung, in Plansequenzen zu drehen – eine Einstellung entspricht einer Szene –, wird hier besonders bildkräftig durch einen der einfallsreichsten Kameraleute des japanischen Films umgesetzt, Kazuo Miyagawa, der auch mit Akira Kurosawa *Rashomon* (1950) gedreht hat. In mittlerer Distanz fließt gleichsam die Kamera als objektiver Erzähler an schönen und schrecklichen Begebenheiten vorbei, als entziffere sie einen Wandschirm (durchaus in Leserichtung der japanischen Schrift, also meistens von rechts nach links). Unvergeßlich ist zum Beispiel die Sequenz, als Miyagi von den Wegelagerern aufgespürt und auf dem Feld niedergeschlagen wird, während die Kamera, schon zwischen den Bäumen, den Vorgang, auch den der Ausplünderung, nur in Ausschnitten wahrnehmen kann. Ebenso die Sequenz, die plumpen Realismus außer Kraft setzt, als Wakasa mit Genjuro ins Wasser steigt und das Rinnsal, das überfließt, verfolgt wird, bis es auf einer Wiese endet, auf der wiederum die beiden in der Sonne liegen. Die elegante Diskretion dieses Erzählens meidet Großaufnahmen, ordnet sich gleichsam der Bildstruktur japanischer Malerei unter, denkt vornehmlich in Totalen und integriert Menschen in Landschaft und Architektur.

Sansho Dayu – ein Leben ohne Freiheit (1954) beschließt die Trias der drei großen Filme von Mizoguchi. Es handelt sich wieder um einen historischen Film, der die Zeit der Handlung ins 11. Jahrhundert datiert: Tamaki (erneut gespielt von Tanaka) und ihre beiden Kinder suchen ihren Mann. Sie wird gezwungen, Kurtisane zu werden, man durchschneidet ihre Fußsehnen, ihr Leben in der Gewalt anderer, ihr Gefangensein scheint unaufhebbar. Ihr Sohn kann ihre Schmach vergelten und begegnet ihr als Triumphator, er ist Gouverneur geworden, sie indes alt und blind. Beinahe analog zu *Das Leben der Frau Oharu* stürzt hier eine Frau ins Elend, das am Ende kaum wettgemacht werden kann durch den Trost des Sohnes. Wieder hilft die Kamera Miyagawas, die Haltung beherrschten Gleichmuts zu formieren, angesichts von Vorgängen, die Teilnehmende sonst vor Wut und Mitleid zittern ließen – das Aussparen, vielleicht sogar die Unterdrückung dieser allzu verständlichen Affektvibrationen läßt Mizoguchi schärfer, nicht kälter hinsehen.

Weder Tränen des Zorns noch der Trauer verschleiern seinen Blick auf unkorrigierbare Lebenstragödien. Bei Mizoguchi fallen die Menschen, vor allem die Frauen, »von Klippe zu Klippe herab«, zeitweise durch den Taumel der Illusion benommen, dann aber sehend den erbarmungslosen Verhältnissen ausgesetzt. Die langen Einstellungen korrespondieren manchmal dem unaufhaltsamen Zwang, mit dem sich die Dinge ereignen. Die Erzählweise der scheinbaren Unberührbarkeit und die Rückversetzung in Kostüme und Konditionen älterer Zeitalter dämpfen das Entsetzen, kaschieren es jedoch nicht völlig (weil es anders als gedämpft nicht zu ertragen wäre?).

Mizoguchi, der zeit seines Lebens ein kränklicher und zarter Mann war, der unter einem schmerzvollen Rheumatismus litt, starb 1956 zu früh an Leukämie.

Horst Peter Koll / Thomas Koebner

Filmographie: Ai ni yomigaeru hi (1923) – Seishun no yumeji (1923) – Joen no chimata (1923) – Haizan no uta wa kanashi (1923) – 813 (1923) – Kiri no minato (1923) – Haikyo no naka (1923) – Yoru (1923) – Chi to rei (1923) – Kokyo (1923) – Toge no uta (1923) – Samidare zoshi (1924) – Gendai no jo-o (1924) – Kanashiki hakuchi (1924) – Shichimencho no yukue (1924) – Akatsuki no shi (1924) – Josei wa tsuyoshi (1924) – Jin kyo (1924) – Kanraku no onna (1924) – Kyokubadan no jo-o (1924) – Shirayuri wa nageku (1925) – Musen fusen (1925) – Gakuso o idete (1925) – Gaijo no suketchi (1925) – Ningen (1925) – Furusato no uta (1925) – Daichi wa hohoemu (1925) – A, a tokumukan kanto (1925) – Akai yuhi ni terasarete (1925) – Nogi taisho to Kumasan (1925) – Shirayuri wa nageku (1925) – Doka o (1926) – Shin onoga tsumi (1926) – Kaikoku danji (1926) – Kane (1926) – Kaminingyo haru no sasayaki (1926) – Kyoren no onna shisho (1926) – Ko-on (1927) – Jihi shincho (1927) – Hito no issho (1928) – Musume kawaiya (1928) – Nihon bashi (1929) – Tokyo koshin-kyoku / Marsch auf Tokyo (1929) – Tokai kokyogaku / Symphonie einer Großstadt (1929) – Asahi wa kagayaku (1929) – Furusato / Die Heimatstadt (1930) – Tojin okichi (1930) – Shikamo karera wa yuku (1931) – Toki no ujigami (1932) – Manmo kenkoku no reimei (1932) – Taki no shiraito (1933) – Gion matsuri (1933) – Jinpuren (1934) – Aizo toge (1934) – Orizuru Osen (1935) – Maria no Oyuki (1935) – Gubijinsô (1935) – Naniwa erejî (1936) – Gion no shimai / Die Schwestern aus Gion (1936) – Aien kyo (1937) – Roei no uta (1938) – Aa kokyo (1938) – Zangiku monogatari (1939) – Geido ichidai otoko (1941) – Genroku chushingura / Die 47 Samurai (1941) – Danjuro sandai (1944) – Miyamoto Musashi (1944) – Meito bijomaru / Das makellose Schwert (1945) – Hisshoka (1945) – Josei no shôri / Der Sieg der Frauen (1946) – Utamaro o meguru gonin no onna / Utamaro und seine fünf Frauen (1946) – Joyû Sumako no koi / Die Liebe der Schauspielerin Sumako (1947) – Yoru no onnatachi (1948) – Waga koi wa moenu / Die Flammen meiner Liebe (1949) – Yuki fujin ezu (1950) – Oyû-sama (1951) – Musashino fujin (1951) – Saikaku ichidai onna / Das Leben der Frau Oharu (1952) – Ugetsu monogatari / Ugetsu – Erzählungen unter dem Regenbogen (1953) – Gion bayashi / Zwei Geishas (1953) – Sanshô dayû / Sansho Dayu – Ein Leben ohne Freiheit (1954) – Chikamatsu monogatari / Die Legende vom Meister der Rollbilder (1954) – Uwasa no onna / Die gekreuzigte Frau (1954) – Shin heike monogatari / Die Samurai-Sippe der Taira (1955) – Yôkihi / Die Prinzessin Yang (1955) – Akasen chitai / Die Straße der Schande (1956) – Osaka monogatari (1957).

Literatur: Michel Mesnil: Kenji Mizoguchi. Paris 1965. (Cinéma d'aujourd'hui. 31.) – Joan Mellen: Voices from the Japanese Cinema. New York 1975. – Joan Mellen: The Waves at Genji's Door. Japan through its Cinema. New York 1976. – Noël Burch: To the Distant Observer. Form and Meaning in the Japanese Cinema. London 1979. – Joseph L. Anderson / Donald Richie: The Japanese Film: Art and Industry. Princeton 1982. – Keiko Yamane: Das japanische Kino. Geschichte, Filme, Regisseure.

München/Luzern 1985. – Japanische Filmtage 1989, 4. Oktober – 11. Dezember 1989. Tl. 2: Zwölf Filme von Mizoguchi Kenji. Köln 1989. – Beverly Bare Buehrer: Japanese Films. A Filmography and Commentary, 1921–1989. Chicago/London 1990. – Donald Richie: Japanese Cinema. An Introduction. Hongkong / Oxford / New York 1990. – Freunde der Deutschen Kinemathek (Hrsg.): Filme aus Japan. Retrospektive des japanischen Films. Berlin/Köln 1993.

Friedrich Wilhelm Murnau

1888–1931

Friedrich Wilhelm Plumpe, der sich später (nach der Stadt in Oberbayern) Murnau nannte, wurde am 28. Dezember 1888 in Bielefeld geboren. Seine Familie war großbürgerlich und wohlhabend, der Vater, der eine Tuchfirma besaß, übersiedelte drei Jahre nach Murnaus Geburt nach Wilhelmshöhe bei Kassel. Das stattliche Haus lag im Umkreis von Grand Hotel und Schloß. Es ist nicht verwunderlich, daß der hochgewachsene, schlanke, gut angezogene Murnau später, Willy Haas berichtet davon, als kühler und gemessener Gentleman auftrat, als distanzierter und gebildeter Künstler – eine Ausnahmeerscheinung im Metier dieser Zeit. Fünf Jahre lang studierte Murnau in Berlin und Heidelberg Kunstgeschichte, auch Philologie. Bei einer Studentenaufführung in Heidelberg wurde er von Max Reinhardt entdeckt, der ihn nach Berlin holte. Bis zum Ausbruch des Ersten Weltkrieges spielte Murnau verschiedene Rollen bei Reinhardt in Berlin. Er wurde nach Kriegsbeginn eingezogen, zum Offizier befördert, war Kompanieführer in Riga, kam dann auf seinen Wunsch zur Fliegertruppe, stürzte angeblich achtmal ab, ohne sich schwer zu verletzen, und verflog sich bei einem Einsatz im Nebel, so daß er auf dem Gebiet der Schweiz landen mußte. Dort wurde er interniert und widmete sich erneut dem Theater, diesmal als Regisseur. Nach dem Krieg zurück in Berlin, begründete Murnau mit dem Schauspieler Conrad Veidt eine Filmgesellschaft und drehte seinen ersten Film: *Der Knabe in Blau* (1919). Wie dieser erste sind auch weitere Filme verschollen, einige wenige, die lange Zeit als verloren galten, sind aus den Archiven aufgetaucht. Früh begann die Zusammenarbeit Murnaus mit drei Autoren, die seine Filme der Weimarer Zeit und zum Teil auch die ersten amerikanischen Produktionen entscheidend mitprägen sollten: an erster Stelle Carl Mayer, der Co-Autor des berühmten *Caligari*, der für Murnau u. a. den *Letzten Mann* (1924) oder auch *Sunrise* (1927) schrieb, zweitens Thea von Harbou, die sonst eher durch ihre Zusammenarbeit mit Fritz Lang bekannt wurde, für Murnau indes Drehbücher zu *Der brennende Acker* (1922) oder *Die Finanzen des Großherzogs* (1924) verfaßte, drittens schließlich Willy Haas, der als Autor, aber vor allem als Kritiker gleichsam im Prophetenamt die Entwicklung Murnaus begleitete – darin folgte ihm die junge Kritikerin und spätere Filmhistorikerin Lotte H. Eisner. Zumal *Der letzte Mann* erregte international Aufsehen und verschaffte Murnau auch in Amerika großes Ansehen. Nachdem die beiden nächsten für die Ufa realisierten Filme *Tartüff* (1926) und *Faust* (1926), die mehr darstellen als Verfilmungen literarischer Klassiker, wie es auf den ersten Blick scheinen mag, weder die Kritik noch das Publikum in ähnlicher Weise überzeugen konnten, die Ufa zudem in eine erhebliche Finanzkrise geriet, setzte Murnau seinen bereits 1925 gefaßten Entschluß in die Tat um: Er reiste im Juli 1926 nach Los Angeles auf Einladung des amerikanischen Produzenten William Fox, an den er sich mit einem Vierjahresvertrag band. Sein erster amerikanischer Film, *Sunrise* (1927, nach der Erzählung »Die Reise nach Tilsit« von Hermann Sudermann), wurde als künstlerische Leistung gepriesen (u. a. mit drei Academy Awards ausgezeichnet), verfehlte aber offensichtlich die Wünsche des Publikums. Dasselbe gilt für *Four Devils* (1928), einen Film, der heute als verschollen gilt, und *City Girl* (1930). Diesen Film beendete Murnau bereits nicht mehr selbst. Er kehrte nach Berlin zurück, verhandelte erneut mit der Ufa, brach jedoch, ohne daß ein Projekt in Aussicht wäre, von Kalifornien aus im April 1929 mit einer eigenen, hochseetüchtigen Jacht, die er »Bali« nannte, nach Tahiti auf. Es handelte sich um eine klassische Südseereise, die ähnlich wie bei Paul Gauguin Reise in ein zum Teil illusioniertes Paradies war. Dank etlicher Briefe Murnaus sind wir über den Verlauf dieser Fahrt und seine Begeisterung über das arkadische Leben auf den Inseln gut unterrichtet. Er beschloß, sich auf Tahiti niederzulassen, und kaufte ein großes Anwesen. Mit dem berühmten Dokumentarfilmregisseur Robert J. Flaherty, von dem *Nanuk, der Eskimo* (1922) stammt, wollte er ein Projekt über den Verlust der Unschuld in der Südsee vorbereiten – aus dem später Murnaus letzter großer Film *Tabu* wurde. Bei den Vorarbeiten entzweite er sich mit Flaherty. Nach Abschluß der Dreharbeiten kehrte Murnau nach Hollywood zurück, akzeptierte einen Zehnjahresvertrag, den ihm die Paramount anbot. Bei einer Autofahrt, vor Beginn der

Friedrich Wilhelm Murnau (h. r.) mit Margaret Livingstone (l.), Janet Gaynor (r.) und George O'Brien

Reise nach New York, wo *Tabu* 1931 die Uraufführung erleben sollte, verunglückte der Wagen Murnaus, der angeblich von einem jungen Filipino gefahren wurde. Murnau starb im März 1931 in Santa Monica. Seine Leiche wurde einen Monat später nach Berlin überführt und dort beigesetzt. Fritz Lang und Carl Mayer hielten die Ansprachen zum Gedenken an ein filmkünstlerisches Genie, dessen Laufbahn unvermutet und jäh abbrach. Die Beschäftigung mit dem Werk Murnaus wurde in Deutschland durch das Dritte Reich behindert, erst die Kritiker und Regisseure der Nouvelle Vague, allen voran Eric Rohmer, der als schon gereifter Mann 1972 eine Dissertation über Murnaus *Faust* vorlegte (über die Raumorganisation dieses Films), würdigten die Sonderstellung Murnaus, der unzweifelhaft neben Fritz Lang als der ›Klassiker‹ der deutschen Filmkunst gelten muß.

Murnau war der Romantiker unter den deutschen Regisseuren der Weimarer Zeit: Naturmystik und Horrorphantasien durchgeistern beinahe alle seine Filme. Von Städten kann er Schreckbilder entwerfen, vom Landleben Wunschprojektionen. Murnau geht in vielen seiner Filme entschieden aus dem Atelier hinaus, er beobachtet Landschaften (unheimliche und friedfertige), das Flirren der Blätter im Sonnenlicht, das Sich-Wiegen der Halme, die spiegelnden Reflexe auf dem Wasser oder die verschiedenen Grautöne der Steine als Signale einer Welt, die unabhängig von Menschen existiert. Sympathie für einen antimodernen Konservativismus, der ihn sogar zur Ehrfurcht vor dem Bauernstand zwingt, prägt frühe Filme, etwa *Der brennende Acker*, und noch die amerikanischen Produktionen *Sunrise, City Girl* und *Tabu*.

Der brennende Acker ist ein bemerkenswert langsam inszenierter Film, und zwar nicht nur in den Teilen, in denen sich die erdschweren Bauern durch die Stube schleppen. Die etwas kolportagehafte Handlung: Ein Jungbauer will nach oben und entdeckt unter einem unfruchtbaren Acker eine Petroleumquelle. Um an sie heranzukommen, heiratet er sogar die ungeliebte reiche Erbin. Murnau hat offenbar mit Absicht die Affektzustände gedehnt, um sie zu veredeln (was vielfach gelingt). Die schneebedeckte Außenwelt erzeugt eine kalte Atmosphäre: ein Winterstück. Die egoistischen Leidenschaften Geltungsstreben, Eifersucht, Rachsucht nisten in den Häusern der Reichen. Draußen, im eisigen Wasser, wartet der Tod, z. B. auf eine der Frauen, die ihre Liebe mißbraucht sieht. Am Ende wird die Petroleumquelle angesteckt. So verzehrt sich der falsche Ehrgeiz des jungen Mannes, der nach Hause zurückkehrt, in den Frieden des bäuerlichen Heimes: ein Besserungsstück. Die naive Dogmatik des »Schuster, bleib' bei deinem Leisten« mag verstören, zumal sie mit banaler Fortschrittskritik einhergeht. An diesem eher ›reaktionären‹ Konzept mag vornehmlich die Autorin Thea von Harbou schuld sein. Doch paßt es auch zu Murnaus ›Unzeitgemäßheit‹. Es wäre verfehlt, ihn deshalb an die Seite eines Peter Rosegger oder Ludwig Ganghofer zu stellen – doch ist nicht von der Hand zu weisen, daß der Konflikt zwischen dem einfachen Leben, das auf dem Land oder fern von den Metropolen anzusiedeln sei, und dem falschen Leben in der komplexen städtischen Zivilisation für Murnau bis zum Schluß eine erhebliche Rolle spielt. Er hat – will man seinen Filmen glauben – immer der geschichtsmächtigen Unruhe in sozialen Knotenpunkten, den Repräsentanten der oberflächlich gewordenen städtischen Gesellschaft, dem sich dort zusammenrottenden Mob mißtraut und wiederholt eine visuelle Lobrede auf die Idylle abseits der Menschenströme gehalten. In solcher Sehnsucht nach Arkadien – die ihn am Ende in die Südsee, nach Tahiti getrieben hat – ist auch die Angst vor gesellschaftlicher Kontrolle und Einengung, vor dem Zwangscharakter der Zivilisation enthalten. Seine spezifische Form utopischen Denkens vereinigt sich daher nicht mit der Heroisierung des Archaischen und dem dumpfen Agrarmystizismus à la »Blut und Boden«.

Vor solchen Verirrungen, die etliche Zeitgenossen schon vor Hitlers Machtergreifung in die Arme des Rechtsradikalismus oder des Nationalsozialismus trieben, haben ihn vier Gründe bewahrt: erstens das Bewußtsein des Außenseitertums, das ihn den Aufstand kollektiv geeinter Massen eher fürchten und fliehen als begeistert begrüßen ließ, weil er sich notfalls als Verfolgten, nicht als Verfolger wußte; zweitens sein Humor, der seinen Sinn für die Relativität der Schicksale und den Zufall von Glück und Unglück schärfte; drittens sein Glaube an das große Glück der liebenden Hingabe, die – gegen alle Prinzipien der Vernunft oder auch der ›aufgeklärten‹ Neuen Sachlichkeit in den zwanziger Jahren – die Widerstände dieser Welt selbstentgrenzend überwinden kann; viertens schließlich seine Sensibilität für Ängste, Urängste, die selbst im technologiegepanzerten Zeitalter der wissenschaftlichen Rationalität die Welt mit unheimlichen Schreckgestalten und alptraumhaften Visionen bevölkern, imaginären Vorboten des Todes, dem Murnau in fast all seinen Filmen nahe ist.

In *Nosferatu – Eine Symphonie des Grauens* (1922) adaptiert er Bram Stokers Dracula-Roman: er verdeutscht den Vampir, verleiht ihm Hasenzähne anstelle der scharfen Eckzähne, macht aus ihm ein groteskes Ungeheuer, das mit seinem kahlen Kopf, den weit abstehenden Ohren, den stumpfen Augen, den langen Fingern ebenso als Verkörperung des Grauens wie als Verkörperung der Trauer erscheint. Murnau legte Wert darauf, daß vor Ort gefilmt wurde. Also zog er für einige Sequenzen mit seinem Team in die Karpaten, um am legendären Ursprungsort der Dracula-Sage gleichsam dokumentarisch Felsenwände, Wälder und Flüsse mit der Kamera einzufangen. Er suchte schon damals die von westlicher Zivilisation unbeschädigt oder unbeeinflußt gebliebenen Szenerien. *Nosferatu* enthält eigentlich zwei Erzählungen: eine Geschichte von Begehren und Erlösung, die sich am Ende zwischen Nosferatu selbst und der jungen Frau abspielt, die ihn über ihr Porträt aus weiter Ferne anzieht und zu erwarten scheint; eine andere Geschichte über das unerbittliche Regiment der Pest in einer biedermeierlichen Stadt, deren Häuser zum Teil aus alter Zeit zu stammen scheinen. Dieser Plage wehrlos ausgesetzt, beginnen die verzweifelten Menschen die typische Jagd nach dem Sündenbock: die schwarze Humoreske. Suggestiver ist die erste Erzählung von einer nur zum Teil enthüllten Leidenschaft: Der Film ist eigentümlich sprunghaft (auch in seiner rekonstruierten Fassung), erst die Szenen auf dem Schloß des Grafen Orlok, der nächtliche Besuch des Vampirs bei dem erschrockenen jungen Mann – eine fast methodisch entstellte (im Kern aber doch noch erkennbare) Liebesszene –, verfugen sich zu einem großen Spannungsbogen. Ebenso die Ereignisse auf dem Schiff, von dem Nosferatu, einmal sichtbar geworden, Besitz ergreift, bis es wie ein Totenschiff, ein »Fliegender Holländer«, in den Hafen gleitet. So sehr es zur komischen Entlastung dienlich ist, daß Nosferatu seinen Sarg durch eine beinahe leere und als nächtlich unterstellte (blau viragierte) Stadt schleppt, sobald er sich dem Heim der Hutters gegenüber in der Ruine eines Lagerhauses einnistet, überwiegt die beinahe hypnotische Faszination dieser geheimnisvoll unirdischen Gestalt – daß ihr die junge leidensbereite Ellen erliegt, scheint durchaus begreiflich. Wie er hinter den Gitterstäben verborgen ihren Blick anzieht, wie er als riesengroßer Schatten die Treppe hinaufschwebt, wie er an ihrem Bett niedersinkt, ein bizarrer todbringender Liebhaber, der doch die Hingabe eher als die biederen Bürgersöhne verdient: all diese Imaginationen entlarven und verhüllen zugleich ein übergroßes Begehren, das sich gegen alle Verbote der ›sittlichen Sozietät‹ durchsetzt. Diese nur schattenhaft entschlüsselbare, verborgene Logik bewahrt dem Film bis heute starken Appellcharakter: ein Traum, der in seinen Bildzeichen viel andeutet, aber nicht von allem den Schleier lüftet.

In *Phantom* (1922) – nach einer Erzählung von Gerhart Hauptmann, an dessen 60. Geburtstag der Film in Gegenwart des Jubilars uraufgeführt wurde – verzichtet Murnau auf ›transsylvanische‹ Symbolik, wenn er den Fall eines Mannes vorführt, dessen behäbiges Dasein einen Schock erleidet. Die vertraute Wahrnehmungsweise entgleitet ihm, das scheinbar Feste (z. B. die Giebel der Häuser) verschiebt sich. Er hat das verbotene Schöne angeschaut mit Augen und ist schon tiefer Verstörung anheimgegeben (um Platens berühmte Verse abzuwandeln): keine expressionistische Erfahrung allein, vielmehr Eingeständnis dessen, daß menschliche Existenz – sogar in der angeblich über alles Bescheid wissenden Moderne – durch Unsicherheit definiert ist, und Symptomatik einer Krise der durch bürgerliche Ordnung ummantelten Selbstgewißheit.

Der letzte Mann wurde für Murnau zum bedeutendsten künstlerischen Manifest seiner deutschen Periode. Noch nie zuvor hatte man eine solch autonome Kamera als Erzähler beobachten können, die sich – Zeitgenossen fanden den Ausdruck »entfesselt« dafür – so frei im Raum bewegt, gleich in der Eingangssequenz im noblen Hotel, in der sie mit dem Fahrstuhl herabschwebt, durch die Eingangshalle (ein unauffälliger Schnitt) bis vor die Drehtür. Plötzlich setzt Murnau in beinahe virtuoser Weise um (gemeinsam mit dem trotz aller Leibesfülle ziemlich alerten Kameramann Karl Freund), was Kinotheoretiker schon in den zehner Jahren erhofft haben: nämlich daß die Kamera eine Allgegenwart beweise, die Menschen in ihrer konkreten Leibhaftigkeit sonst verwehrt sei. Das elegant Fließende der Erzählung, das souveräne artistische Spiel mit den Möglichkeiten einer weich mitgehenden, durch den Raum schnellenden oder im Kreis wirbelnden Kamera sticht als Ästhetik der ›Schwerelosigkeit‹ von dem eher traurigen Sozialfall ab, von dem berichtet wird: Ein Hotelportier büßt wegen seines vorgerückten Alters und der damit verbundenen Schwäche sein Amt ein und sieht sich zum Klomann ›degradiert‹. Er verliert die Uniform, die seinem Körper Halt gegeben hat. Am Ende, im Elend, entstaltet sich seine Figur zu einer fast amorphen Masse. Der erzwungene Verzicht auf das Paradegewand und auf die mit ihm verbundene Leihidentität, das Symbol von (eingebildeter) Macht und Größe, läßt den scheinbar starken Mann in einen Zustand völliger Deformation versinken: Der Übergang von scheinbarer Stärke zu wahrer Schwäche ist eine für die Zeit nach dem Ersten Weltkrieg charakteristische und im Film der Weimarer Republik verbreitete Verlaufsform des Identitätszerfalls. In ihr spiegelt sich der Legitimitätsverlust des Bürgertums, das in der Wilhelminischen Ära in »machtgeschützter Innerlichkeit« (Thomas Mann) eine Art von Stolz entwickeln konnte, der nach 1918 in verschiedenen Schüben (Kriegsniederlage, Inflation) verfiel. Zeitgenossen sprachen von der »Proletarisierung« bürgerlicher Schichten; der Begriff mag auf die materielle Verarmung zutreffen, doch ging mit ihr eine lähmende Desillusionierung, ein Zusammenbruch der Glaubensgewißheiten und Wertvorstellungen einher. Emil Jannings hat ähnliche Rollenfiguren wiederholt gespielt, vom *Letzten Mann* bis zum Professor Unrat in Sternbergs *Blauem Engel* (1930). Murnau legt also im *Letzten Mann* am Exempel einer Kleinbürgertragödie ein bürgerliches Nachkriegstrauma offen, das er dadurch noch verschärft, daß die Umwelt zu Hause dem alten Mann, nun zum »Monsieur Pipi« erniedrigt (so nennt man ihn, mitleidsvoll-spöttisch, in Claude Millers *Das Auge*, 1982), jeglichen Respekt entzieht. Übrig bleibt ein wirklich Ausgestoßener. Murnau treibt diese radikale Stigmatisierung so weit, daß er sie gleichsam in einem Akt komödiantischen Trostes wieder aufzuheben bemüht ist: Er fügt, nach dem einzigen und ironisch formulierten Zwischentitel des Films, ein breites Happy-End an, das den Alten mit einem Schicksalsgenossen dank eines unvermuteten Erbes Saus und Braus einer üppigen Tafelei genießen läßt – in jenem Hotel, in dem er einst Portier gewesen, gastiert er nun als Millionär: eine durchsichtige, wenngleich verzeihliche kompensatorische Phantasie.

Das Drehbuch zu *Der letzte Mann* hat Carl Mayer geschrieben, den Murnau als Freund und inspirierenden Autor schätzte, obwohl er Mayers flammenden Suggestivstil beinahe nie in eine ähnlich ekstatische Bildsprache übersetzte. Von Mayer stammt auch die Bearbeitung von Molières Theaterstück *Tartüff*, die die fast unerklärliche Hörigkeit eines braven Mannes gegenüber einem dreisten Heuchler in einen zeitgenössischen Rahmen stellt, um durch den Film im Film vor den getarnten Betrügern an der Seite eines jeden zu warnen, um den Blick für falsches Spiel zu schärfen – daher finden sich Blicke beiseite, durch Schlüssellöcher, hinter Vorhängen hervor, in Spiegeln reflektiert, zuhauf in Murnaus Film, der den Tartüff erst dann ganz entzaubert, als der in einem scheinbar unbeobachteten Moment sein wahres gieriges Gesicht zeigt.

In Murnaus *Faust* fließen verschiedene literarische Überlieferungen zusammen, obwohl er im Kern Goethes »Tragödie erster Teil« benutzt: Faust will das Volk, das in einer verwinkelten, mittelalterlichen Stadt wohnt, von der Pest befreien – damit ihm dies gelinge, scheut er nicht davor zurück, den Teufel zu beschwören, der in der burlesken, pausbäckigen Gestalt von Emil Jannings auftritt. Der Film verblüfft noch heute durch seine detailgenauen Tricks: jähe Verwandlungen, der Flug des verjüngten Faust an der Seite Mephistos über die Welt. Am Ende sterben die beiden Liebenden gemeinsam, von Feuer und Rauch umhüllt. Liebe triumphiert über die Dunkelheit. Die Gretchentragödie: die Geschichte eines Mädchens, das von der Gesellschaft ausgestoßen und zum Tode verurteilt wird, kann nicht die Freude am Jokulatorischen der Verwandlungen aufwiegen. Mephisto, eigentlich der Verlierer, ist als krakeelende und vitale Possenfigur so präsent, daß er fast alle anderen Mitspieler an den Rand drängt. Nur die wunderschöne Camilla Horn als langbezopfte, jugendliche Naive hält dem stand, als eine Art Märchenprinzessin, die einer Buchillustration der Jahrhundertwende entstiegen scheint. In seiner Dissertation hat Rohmer die außerordentliche Raumgestaltung in *Faust* hervorgehoben: die Konstruktion von Wänden, Durchlässen und Tiefenwirkungen für den jeweiligen Kamerablick, so daß es eigentlich keinen festen, außerhalb der Kamera anzunehmenden Raum gibt, sondern eine für beinahe jede Perspektive extra gebaute Szenerie. Diese penible Berechnung der Einstellungen ist zweifellos schon in früheren Filmen Murnaus erkennbar gewesen – doch fehlt im *Faust* gerade der offene Raum, die unabhängig vom Kamerablick vorhandene Natur, Sonnenstrahlen auf den sich drehenden Blättern, Tiere auf den dunklen Karpatenwiesen, wie sie in *Nosferatu* zu sehen sind. Ebenso vermißt man die freie Beweglichkeit der Kamera aus dem *Letzten Mann*, die Überlegenheit des erzählenden Subjekts über die Dinge behaupten konnte. In *Faust* ist eine künstliche Welt gleichsam von einem undurchdringlichen Mantel umgeben, der keinen Blick ins Freie erlaubt.

Einen Durchbruch ins Freie versuchte Murnau in *Sunrise*, seinem ersten amerikanischen Film, zu gestalten. Der außerordentliche Erfolg von *Der letzte Mann* in den USA hatte ihn den Sprung über den Atlantik riskieren lassen. Nun, in Hollywood, inszenierte er als ersten Film eine Geschichte, die europäischer, ›heimatverbundener‹ gar nicht sein könnte. Alle Schauplätze sind im Atelier gebaut worden: das deutsche Dorf, aus dem die zwei jungen Leute stammen, die einer schlimmen Prüfung ausgesetzt werden, der See, der für sie beinahe zum Verhängnis wird, schließlich die große Stadt, in der sie wieder zueinanderfinden. Dennoch scheint der Horizont in den meisten Szenen weiter zu sein, als er es je in *Faust* gewesen ist, als habe sich das amerikanische Raumverständnis, das mit offenen Landschaften rechnet, dem Film aufgeprägt – und dies doch nur der Absicht Murnaus entsprochen, zur Natur zurückzukehren. Der dramatische Konflikt – eine auf Urlaub im Dorf weilende Frau aus der Stadt drängt einen ihr verfallenen jungen Bauern dazu, seine Frau umzubringen, damit er mit ihr ins vorgegaukelte Paradies der Metropole zurückkehre – verliert sich nach dem mißlungenen und abgebrochenen Tötungsversuch, bei dem der Mann aus seinem bösen Wahn erwacht, in langen Versöhnungssequenzen: Die Eheleute finden in der Stadt allmählich wieder zusammen und entdecken ihre gegenseitige Liebe neu, im Restaurant, bei einem Friseur, beim Fotografen, beim Jahrmarkt, beim Tanz. Dabei bleiben sie ein junges Paar vom Land, Fremde in der Stadt, in deren anarchischem Verkehr die junge Frau beinahe unterzugehen droht – wie später im Wasser, als der Gewittersturm beide auf der Heimfahrt aus dem Boot wirft.

Sunrise ist ein Film der fein abgestuften Übergänge zwischen Schwarz und Weiß: im Moralischen und im Visuellen. Mit seinem Kameramann Charles Rosher (der Murnau übrigens schon in Berlin bei der Arbeit beobachtet hat) ersinnt der Regisseur Tableaus, in denen Licht und Düsternis einander durchdringen, Totalen, die in unterschiedliche Zonen der Helligkeit raffiniert gegliedert sind. So etwa die eingestanden atelierhafte, dennoch eindrucksvoll malerische Mondnacht, in der sich der junge Mann und die Verführerin aus der Stadt begegnen. So die Großstadtszenen bei Tage, in denen immer wieder Außen- und Innenraum durch riesige Glasflächen getrennt werden, so daß man von innen die Bewegung der Fußgänger und Autos draußen oder der Tänzer in einem anderen Raum wahrnehmen kann als eine ständige Bewegungskulisse. So der unheimlich flackernde Lichter werfende Sturm in den Straßen und auf dem See, die anschließende Suche nach der vermeintlich Toten, als Boote mit Fackeln über das unergründlich scheinende Gewässer gleiten. Bei den nächtlichen Bildkompositionen scheint Rembrandt, bei den taghellen die Schule der Impressionisten inspirierend gewesen zu sein. Dennoch ist etwas Eigenes entstanden, eine Kunst der dramaturgisch sinnvollen Stimmungsmalerei, die in der Filmgeschichte für lange Zeit unerreichbar bleiben sollte. Murnau betont die Durchlässigkeit der Welt um seine Hauptfiguren, zumal in den Stadtszenen. Während der Blick in *Faust* an geschickt arrangierten feststofflichen Hindernissen hängenbleibt, durchdringt er in *Sunrise* transparente Raumschichten. Selbst wenn die Nebel um die Frau aus der Stadt aufsteigen und den Gesichtskreis enger ziehen, scheinen diese Dünste weich zu verfließen.

Wenn Mann und Frau (Edmond O'Brien und Janet Gaynor) einander langsam näher kommen, zieht ihr filigranes Spiel der Aktionen und Reaktionen alle Aufmerksamkeit auf sich. Und doch, während im Vorder- und Mittelgrund ihre, die eigentliche Geschichte vor sich geht, füllen Unbeteiligte den Hintergrund – überqueren die Straße, fahren im Automobil, dinieren, schwenken mit Elan über den Tanzboden. Dokumentarischer und befremdlicher als in *Der letzte Mann* schildert Murnau die turbulenten Massenbewegungen, das halb geordnete Chaos der Großstadt, die Vielzahl der Menschen, mit denen die Hauptfiguren nichts zu tun haben, deren Blick und taxierendem Respons sie sich indes in dem Maße unbefangener aussetzen, in dem sie sich versöhnen.

Fast jede Einstellung in *Sunrise* kann Erstaunen erwecken oder Nachdenken provozieren – wegen ihrer ästhetischen Konstruktion, wegen ihrer emotionalen Intensität, wegen ihrer assoziationenauslösenden Vielsinnigkeit. So hockt die verderbenbringende Frau aus der Stadt, die den Kampf um den Mann verliert, in einer ihrer letzten Szenen wie ein Panther auf einem Baumstamm, der über den Hohlweg ausgestreckt ist, den die Männer in der Nacht des Sturms hinaufgehen, gleichsam ein gefährlich wildes Tier oder ein Vampir. Als die junge Frau, die bis dahin eine streng gescheitelte Frisur trug (offenkundig eine Perücke), schließlich mit weich gelösten Haaren als Gerettete im Bett liegt und sich liebevoll dem Mann zuneigt, der so viel Angst um sie erlitten hat, dann ist dieses Bild weniger kitschig als rührende Ikone der Wiedervereinigung, die durch die Gewalt der Triebe eingangs und durch die Gewalt der Natur am Ende verhindert werden sollte.

In Murnaus letztem in Hollywood gedrehten Film, *City Girl*, verliebt sich eine junge Frau, die in einem Schnellrestaurant arbeitet, in einen ihrer Kunden, einen jungen Bauern. Mit ihm zieht sie aufs Land, weil sie dort das wahre Leben zu beginnen hofft. Tatsächlich erregt sie den Zorn des Schwiegervaters und den begehrlichen Neid der Landarbeiter. Erst nach einer Beinahe-Katastrophe, nach der Emanzipation des Sohnes, ihres Mannes, nach ihrem Fluchtversuch stellt sich ein Happy-End her. Die verrückte Hektik der Großstadt wird satirisch pointiert, ein Gast verdrängt den anderen vom Hocker, kaum daß der mit seiner Mahlzeit fertig geworden ist, das Zusammensein in der kleinen Farmhütte, umgeben von riesigen Weizenfeldern, erscheint als Rohzustand der Gesellschaft. Daß die heile Welt des Bauernstandes ein Wunschtraum ist, den gerade die Städter träumen, wird in *City Girl* eingestanden, diesem Traum aber ein Rest von Realität zugestanden.

Murnaus Sehnsucht nach dem einfachen Leben in einer unberührten segensreichen Natur muß ihn nach den Querelen mit William Fox und Hollywood im allgemeinen so überwältigt haben, daß er nach Polynesien segelte, in der Hoffnung, die ihn mit vielen anderen vereinte, dort die Insel der Seligen zu finden. Diese Hoffnung schien ihn zunächst nicht zu trügen. Dennoch, die Erkenntnis der Wirklichkeit ließ sich nicht durch das Bollwerk einer glückverheißenden Illusion aufhalten. Als Robert Flaherty sich vorzeitig von Murnau löste, warf er ihm vor, er habe in ihrem gemeinsamen Projekt die Sitten der Südsee romantisiert und die polynesische Psychologie europäisiert. Vermutlich treffen beide Vorwürfe zu. Murnaus Interesse war es, in *Tabu* ein weiteres Mal die Fabel vom Verlust des Paradieses nachzuerzählen – dafür durfte er im ersten Teil des Films die Existenz des Paradieses auf Erden feiern. Endlich hatte Murnau alle Atelierbauten, den Dunstkreis von Pappmaché und Schminke, hinter sich gelassen.

Die Lagune auf Bora-Bora ist die Lagune auf Bora-Bora. Die schimmernden Lichtreflexe auf den Wogen, der schäumende Wasserfall, die Blumenkränze, die großen Blätter der im Erdboden wurzelnden Pflanzen, die sich entfalten und dort, wo eigentlich die Blüte vermutet wird, plötzlich das Mädchen Reri, die Heldin dieser Geschichte, enthüllen, wollen ein real existierendes Elysium bezeugen. Die kindgleichen und unschuldigen Menschen sitzen im Bach und ähneln den sanft modellierten Steinen neben sich. Die jungen Männer und Frauen tauchen in das Wasser ein und aus ihm auf, bewegen sich wie amphibische Wesen im Nassen wie auf dem Trockenen leicht und unbekümmert fort. Murnau überformt den kaum für glaublich gehaltenen Naturzauber im Geist des Jugendstils. Schon damals verwandelten sich die Konturen der Najaden, Seejungfrauen und anderer fragiler Frauen ins Florale, in Pflanzenornamente, um das Menschenbild aufzulösen in eine Art Naturmuster. Murnau gelingt es jedoch, der fatalen Nähe zur klischeehaften Imagination lasziver Wald- und Wasserszenen zu entrinnen, indem er seine Insulaner auffällig schnell agieren, auch die Stimmung wechseln läßt, als fehle ihnen ein Teil der Trägheit, die sonst Körper zur Erde niederzwingt, als gälten die Regeln der Schwerkraft nicht in vollem Maße für sie.

Daß auch in Arkadien der Tod gegenwärtig ist, entspricht der Bildtradition seit dem 17. Jahrhundert – das gilt ebenso für *Tabu*. In der scheinbar so harmonischen Natur- und Menschenordnung gibt es dunkle Flecken: religiöse Zwänge, die das unbekümmerte Verhältnis zwischen den Liebenden verderben. Nicht christliche Mission, der eigene Kult ist schuld an der Tragödie. Mit dem Segelschiff dringt das Unheil ein: der Priester, der Reri zur heiligen, unantastbaren Jungfrau erklärt und sie als Opfer einer Art Tempeldiplomatie davonführen will. Matahi, der junge Held, kommt ihm zuvor und flieht mit Reri. Sie stranden – im zweiten

Teil des Films, der vom Verlust des Paradieses erzählt – an einer anderen Insel, auf der Matahi als Perlentaucher sein Geschick beweist. Hier gibt es Arbeit, Geld, Kontor, Stege und Zäune, nur die Hütte der Liebenden ist auf natürlichem Sand gebaut. Matahi wird von den (chinesischen) Händlern übertölpelt, der Priester kommt selbst an diesen entfernten Ort, um Reri zu holen. Endlich folgt sie ihm, in die Enge getrieben, weil sie sich und ihrem Geliebten nicht anders zu helfen weiß. Matahi folgt ihr, schwimmt in der Dunkelheit dem Boot hinterher, kann es erreichen, eine Leine fassen, die wird vom Priester durchschnitten – und so sehen wir in den Schlußeinstellungen den bis dahin unermüdlichen Schwimmer immer langsamer werden und in dem schwarzen Grab des Ozeans versinken. Aus dem Paradies ausgestoßen, werden diese Adam und Eva von Tahiti zu sterblichen Menschen, dem Opfer und dem Tod geweiht.

Murnau begann mit den Dreharbeiten, als er schon ein Jahr auf Tahiti verbracht hatte. Seine Paradiessehnsucht, seine Zivilisationsflucht, seine Europa- und Amerikamüdigkeit zugleich verhindern, im Gegensinn zur unerbittlichen Handlung (die er selbst in diese Richtung lenkt), daß der Mythos vom einfachen Leben, von der Insel der Seligen völlig entzaubert wird. Murnau inszeniert zum ersten Mal den ästhetischen Reiz fast nackter, festweicher, scheinbar unverletzlicher Körper. Manchmal läßt er ihre Konturen einander in sinnlicher Verwirrung überdecken, manchmal die Lichtaureole der Sonne ihre schöne Skulptur nachzeichnen. Er zeigt die anmutig heitere Landschaft wie das Paradiesische einer gleichsam archaischen oder vorhistorischen Existenz ohne Arbeit, Plage und Tränen zwischen jungen und schönen Menschen erst einmal – als unverzichtbare Möglichkeitswelt, die in der Realitätsprüfung nicht als bloße Fluchtphantasie verachtet werden darf. Am Ende aber beschränkt ein unabweislicher dunkler Tod auch das holdeste Dasein. Wurden in *Sunrise* die Menschen noch aus dem aufgewühlten Wasser geborgen, halfen nun kein gnädiges Schicksal und keine gnädige Dramaturgie. Es mag sein, daß das Wissen um den Tod Murnaus bald danach die letzten Einstellungen des Films *Tabu* ahnungsvoller sehen läßt: Das weiße Segel im Wind, das sich aus der Subjektive des langsam versinkenden Matahi vor dem schwarzen Ozean und dem dunklen Himmel abzeichnet und für immer entfernt, gehört zu den unvergeßlichen Visionen der Filmgeschichte.

Tabu wurde mit der Musik von Hugo Riesenfeld, die exotische Klänge mit spätromantischen Aufschwüngen vermischt, wenige Wochen nach Murnaus Tod in New York aufgeführt, ein Stummfilm mitten in einer Zeit, in der der Tonfilm bereits das Kino beherrschte. Der Film eines uneitlen, dennoch selbstbewußten »Außenseiters«, der seine Obsession von Arkadien als Traum einer von allen Zwängen entledigten Naturidylle eingestand und zugleich korrigierte. Denn auch dies wußte er: Nirgendwohin kann man auf Dauer dem Gesetz der Gesellschaft entrinnen, nirgendwohin auch der Drohung des Todes. Kaum ein deutscher Filmregisseur hat solch fundamentalen Zweifel an den Unterdrückungsmechanismen der Kultur in sein Werk einfließen lassen. Kaum ein anderer hat in gleichem Maße das Licht entdeckt, das auf eine dunkle Welt fällt und sie in Teilen verwandeln kann, selten genug sogar zu einem irdischen Paradies.

Thomas Koebner

Filmographie: Der Knabe in Blau (1919) – Der Todessmaragd (1919) – Satanas (1920) – Abend ... Morgen ... Nacht (1920) – Der Bucklige und die Tänzerin (1920) – Der Januskopf / Schrecken (1920) – Sehnsucht (1920) – Der Gang in die Nacht (1921) – Schloß Vogelöd (1921) – Marizza – genannt die Schmugglermadonna (1922) – Der brennende Acker (1922) – Nosferatu – Eine Symphonie des Grauens (1922) – Phantom (1922) – Die Austreibung (1923) – Die Finanzen des Großherzogs (1924) – Der letzte Mann (1924) – Tartüff (1926) – Faust. Eine deutsche Volkssage (1926) – Sunrise: A Song of Two Humans / Sunrise (1927) – Four Devils (1928) – City Girl / City Girl (1930) – Tabu / Tabu (1931).

Literatur: Eric Rohmer: Murnaus Faustfilm. Analyse und szenisches Protokoll. München/Wien 1980. [Frz. Orig. 1977.] – Lotte H. Eisner: Friedrich Wilhelm Murnau. Überarb., erw. und autoris. Neuausg. Frankfurt a. M. 1979. – Klaus Kreimeier (Hrsg.): Friedrich Wilhelm Murnau 1888–1988. Ausstellungskatalog. Bielefeld 1988. – Friedrich Wilhelm Murnau. München/Wien 1990. (Reihe Film. 43.) – Fred Gehler / Ullrich Kasten: Friedrich Wilhelm Murnau. Berlin 1990.

Mike Nichols

* 1931

Nichols wurde am 6. November 1931 als Michael Igor Pechkowsky in Berlin geboren. Sein Vater, ein russischer Arzt, mußte vor Stalin nach Deutschland fliehen. Dort heiratete er die Tochter des Schriftstellers und Revolutionärs Gustav Landauer. Beide waren jüdischer Herkunft und mußten somit erneut vor den Nazis flüchten. 1938 emigrierte der Vater in die USA und nahm den Namen Nichols an. Ein Jahr später folgten die Kinder, zwei Jahre später die Mutter. Als Nichols 12 Jahre alt war, starb der Vater an Leukämie. Die Familie verließ New York und zog nach Philadelphia. Nach Abschluß der High School, ohne konkrete Lebenspläne, jobbte er u. a. als Reitlehrer, Portier und Versandbuchhalter. 1950 ging er nach Chicago, um dort Psychologie zu studieren. Schon bald interessierte er sich mehr für das Studententheater und die Schauspielerei. Schließlich ging er 1953 nach New York, um sich bei Lee Strasberg als Schauspieler ausbilden zu lassen. Zwei Jahre später kehrte er nach Chicago zurück und schloß sich der Theatertruppe Compass Players an, die sich auf Improvisationen und Sketche verstand. Ein wichtiges Mitglied war Elaine May, die sein Leben entscheidend beeinflussen sollte. Mit ihr gelang ihm der erste Durchbruch. Das Komikerpaar arbeitete Sketche aus, glänzte auf der Bühne durch Witz, Ironie und Schlagfertigkeit. 1957 gingen die beiden nach New York und eroberten Varietés, Clubs und Radiosender. Auch am Broadway hatten sie mit ihrer Show »An Evening with Mike Nichols and Elaine May« Erfolg. 1962 trennten sie sich, nachdem Nichols erkennen mußte, daß er eher zum Theaterregisseur geeignet war. Dies bewies er mit der gefeierten Inszenierung »Barefoot in the Park« (1963) mit dem jungen Robert Redford. Die zwei folgenden Stücke, »Luv« (1964) und »The Odd Couple« (1965), festigten seinen Ruf als Starregisseur am Broadway, was sich bis zum heutigen Tag nicht geändert hat.

Sein Filmdebüt, *Wer hat Angst vor Virginia Woolf?* (1966), eine Adaption des Bühnenstücks von Edward Albee, erhielt mehrere Auszeichnungen. In der teuersten Produktion des Jahres spielten Liz Taylor und Richard Burton ein alterndes Akademiker-Ehepaar, das von Haßliebe getrieben wird und durch gesteigerten Alkoholkonsum alle Schranken abbaut, um sich gegenseitig in Schuldzuweisungen und Selbstmitleid zu zerfleischen. Der endgültige Durchbruch gelang Nichols ein Jahr darauf mit *Die Reifeprüfung* (1967). Für die Rolle des jungen Ben Braddock wählte Nichols den noch unbekannten Dustin Hoffman. Ben, unerfahren, unsicher, unselbständig, ist Zögling eines gutbürgerlichen amerikanischen Hauses und wird von seinen Eltern auf das College geschickt, um dort zum erfolgreichen Geschäftsmann ausgebildet zu werden. Ben ist unzufrieden mit seinem Leben und einsam (die Kamera fängt das ein). Sein Leben kehrt sich um, als er ein gesellschaftlich inakzeptables Verhältnis mit der wesentlich älteren Mrs. Robinson eingeht, die ihm Selbstbewußtsein vermittelt. Die Katastrophe ist perfekt, als er sich zudem in ihre Tochter verliebt. Ein Kultfilm der 68er-Generation, in dem Dustin Hoffman das Sprachrohr einer irritierten, rebellischen Jugend ist, die sich gegen bestehende Verhältnisse auflehnt. Nichols entlarvte in dieser Sozialsatire Scheinmoral und Prüderie. Paul Simon schrieb die Filmmusik.

Bis 1975 schloß Nichols die Arbeit an vier weiteren Filmen ab, darunter *Catch 22* (1970), nach dem Bestseller von Joseph Heller, ein Antikriegsfilm, der durch groteske Situationen die Absurdität menschlicher Verhältnisse unter den Bedingungen des Krieges betonte. Auch *Die Kunst zu lieben* (1971), *Der Tag des Delphins* (1973) und *Mitgiftjäger* (1975) sind eher pessimistischer Natur, sie spiegeln Ängste und Unfähigkeit wider und lassen die Helden scheitern.

Die nächsten acht Jahre konzentrierte sich Nichols nur auf Theaterinszenierungen am Broadway. Sein Film-Comeback feierte er mit *Silkwood* (1983), der auch eine neue Schaffensphase einleitete. Der Film schildert den authentischen Fall der Karen Silkwood (Meryl Streep), die in einer Plutoniumfabrik arbeitet und auf mysteriöse Weise ums Leben kommt. Mit Streep drehte er zwei weitere Filme: *Sodbrennen* (1986) und *Grüße aus Hollywood* (1990). In beiden Filmen steht eine Frau im Mittelpunkt, die nach einer gescheiterten Beziehung zum »Traummann« oder zur Mutter einen Neuanfang wagt.

Auch in *Die Waffen der Frauen* (1988) interessierte er sich für den weiblichen Part in der Big-Business-Welt von Manhattan. Die Angestellte Tess (Melanie Griffith) wittert die Chance ihres Lebens und schlüpft in die Rolle ihrer Chefin (Sigourney Weaver), die durch einen Beinbruch ausfällt. Ein Intrigenspiel um Macht und Mann beginnt.

Die nächsten zwei Filme sind den Metamorphosen von Männern gewidmet. *In Sachen Henry* (1991) skizziert die Wandlung des skrupellosen Karrierejuristen zu einem »geläuterten Menschen«. Durch eine Hirnverletzung verliert Henry (Harrison Ford) sein Gedächtnis, seine Identität und erhält die einmalige Chance, sein ganzes Leben von Grund auf zu ändern. *Wolf – Das Tier im Manne* (1994) spielt mit Elementen des Werwolf-Mythos und kommentiert auf bissige Art das Managertum der neunziger Jahre. Ein Chefredakteur, gespielt von Jack Nicholson (der schon in *Die Kunst zu lieben, Mitgiftjäger* und *Sodbrennen* mitwirkte), verwandelt sich im »Dschungel« von Manhattan peu à peu zum Werwolf.

The Birdcage – Ein Paradies für schrille Vögel (1996) ist ein Remake der schrillen Transvestitenkomödie *Ein Käfig voller Narren* (1978) von Edouard Molinaro. In seiner Politsatire *Mit aller Macht* (1998) porträtiert Nichols den Südstaaten-Gouverneur Jack Stanton (John Travolta) – ein fiktionalisiertes Abbild von Bill Clinton –, der während der heißumkämpften Vorwahlen (Primaries) zur Präsidentschaftswahl über diverse Sexskandale und andere Fehltritte stolpert. Zum Glück beschränken sich Nichols und seine Drehbuchautorin Elaine May nicht nur auf Sexaffären à la Lewinsky. Der Film thematisiert u. a. den Verlust der politischen Unschuld und reflektiert den Werdegang und Wertewandel der 68er-Generation.

Die Filme der achtziger und neunziger Jahre sind in ihrer Mehrheit optimistischer und hoffnungsvoller, leider im Ästhetischen nicht mehr so experimentierfreudig. Seit 1975 ist Nichols fast immer Co-Produzent der eigenen Filme. Er erhielt mehrere internationale Auszeichnungen und sieben Tony-Awards für seine Theaterarbeiten, einmal den Academy Award für die beste Regie in *Die Reifeprüfung*.

Wassili Zygouris

Filmographie: Who's Afraid of Virginia Woolf? / Wer hat Angst vor Virginia Woolf? (1966) – The Graduate / Die Reifeprüfung (1967) – Catch 22 / Catch 22 (1970) – Carnal Knowledge / Die Kunst zu lieben (1971) – The Day of the Dolphin / Der Tag des Delphins (1973) – The Fortune / Mitgiftjäger (1975) – Silkwood / Silkwood (1983) – The Gin Game (1984) – Heartburn / Sodbrennen (1986) – Working Girl / Die Waffen der Frauen (1988) – Biloxi Blues / Biloxi Blues (1988) – Postcards from the Edge / Grüße aus Hollywood (1990) – Regarding Henry / In Sachen Henry (1991) – Wolf / Wolf – Das Tier im Manne (1994) – The Birdcage / The Birdcage – Ein Paradies für schrille Vögel (1996) – Primary Colors / Mit aller Macht (1998).

Literatur: Joseph Gelmis: The Film Director as Superstar. New York 1971. – H. Wayne Schuth: Mike Nichols. Boston 1978.

Manoel de Oliveira

* 1908

Geboren am 11. Dezember 1908 in Porto, gilt Manoel de Oliveira seit seiner Wiederentdeckung vor 20 Jahren als einer der letzten großen lebenden Filmkünstler. In aller Stille hat der in einer Jesuitenschule Galiciens erzogene Unternehmersohn – zunächst Rennfahrer, Athlet und Lebemann – von 1930 bis in die sechziger Jahre kurze dokumentarische, experimentelle und poetische Filme geschaffen. Stets im Kampf um die Finanzierung und Unabhängigkeit seiner Projekte – und das während der fast 50jährigen portugiesischen Diktatur. Oliveira liebt seine Heimat, den Norden Portugals, das strebsam-aufgeschlossene Porto und den Fluß Douro, die Menschen, die dort leben und arbeiten. Ihnen widmete er auch seine ersten Filme: *Harte Arbeit am Fluß Douro* (1931), den vom deutschen Expressionismus (Licht / Kamera) und von der Montage der Russen beeinflußten Dokumentarfilm; *Aniki-Bobó*, den ersten Spielfilm, eine phantasievoll-traumtänzerische Liebesgeschichte unter Kindern, ein Spiel des Lebens, seiner Zeit weit voraus. 1942 uraufgeführt, hagelte es Proteste wegen angeblicher Amoralität. Die unfreundliche Aufnahme, Portugals schlechte finanzielle Situation und eine restriktive Kulturpolitik nach dem Zweiten Weltkrieg verschafften dem Filmemacher eine langjährige Ruhepause. 1963 meldete er sich mit *Der Leidensweg Jesu in Curalha* zurück: der modernen Interpretation eines Passionspiels, eingetaucht in die katholische Tradition des ländlichen Portugals, stilistisch der Übergang von der Dokumentation zur Fiktion.

1972–1981 entstand der vierteilige Zyklus »Amores frustrados«, die Darstellung der scheiternden, frustrierten Liebe: *Vergangenheit und Gegenwart* (1972), *Benilde, Jungfrau und Mutter* (1975), *Das Verhängnis der Liebe* (1978) und *Francisca* (1981) basieren auf namhaften literarischen Vorlagen. Die Heldinnen dieser Tetralogie sind Jungfrauen. Sie repräsentieren den Absolutheitsanspruch des Individuums gegen staatliche, religiöse oder familiäre Werte, gegen männliche Vorstellungen und Rollenfixierungen. Daß die Frauen in Oliveiras Filmen an der Unmöglichkeit von Liebe, Glück und Harmonie scheitern, bestimmt auch ihre Sehnsucht zum Tode. Ihre Utopien von Liebe und Glück kreisen nicht so sehr um die körperliche Erfüllung, sondern um deren geistige Ausformung. Aber Oliveiras Heldinnen bewahren die Idee einer reinen Liebe als Sprengkraft zur Veränderung, zur Humanisierung der Gesellschaft, sie legen die Schwachstellen, die verlogenen Normen und Widersprüche einer männlich dominierten Gesellschaft bloß, die weit über die spezifisch portugiesischen Verhältnisse hinausweisen.

Die katholische Verwurzelung Oliveiras wird in der nur vordergründigen Ablehnung des Irdischen, des »Fleischlichen« sichtbar, und das kompromißlose, geistige Ideal von Glück stellt die Ehe als Institution in Frage. Insofern liefern *Vergangenheit und Gegenwart*, *Benilde*, aber auch *Die Kannibalen* (1988) und *Am Ufer des Flusses* (1993) bestechende Momentaufnahmen der korrupten Aristokratie, der alten und neuen Oberschicht des Landes – vor und nach der »Nelkenrevolution« von 1974.

Die gallige Gesellschaftssatire, die untergründige Ironie, sie brillieren immer stärker im Spätwerk: die böse Farce mit surreal-buñuelschen Bildern in *Die Kannibalen*, die Entfremdung der Geschlechter, der Egoismus des Patriarchats in *Am Ufer des Flusses* und *Party* (1996), die Wiederaufnahme der »Amores frustrados« mit *Der Brief* (1999), der wehmütige, bittere Abgesang auf den Ausverkauf des Landes von *Die Büchse des Bettlers* (1994). Und schließlich nach der Reflexion über die zeitgenössische lusitanische Identität von *Non oder Der vergängliche Ruhm der Herrschaft* (1990) die Hinwendung zu ›reinen‹, philosophischen Filmen, Grundfragen der menschlichen Existenz, die Endzeit-Dramen *Das Kloster* (1995), und *Reise an den Anfang der Welt* (1997).

Die Kameraführung – Acácio de Almeida, Elso Roque, Mário Barroso und Renato Berta fotografierten ab 1970 Oliveiras Filme – verrät das Eingehen, die Konzentration des Autors auf seinen Gegenstand: Starr, theatralisch behäbig und wie unsicher bleibt sie zu Beginn in der Exposition, um allmählich durch langsame Fahrten und Bewegungen einen Erzählrhythmus auszuprägen, der den Zuschauer unmerklich umkreist, ja gefangennimmt. Die Kamera macht ihn so zum Komplizen, zum Gesprächspartner. Oliveira will den passiven Zuschauer zum aktiven machen, ihn am Fortgang der Handlung beteiligen.

Die ausgedehnten Dialoge, der Kommentar, die Konnotationen von außerhalb des Bildrahmens sind stilistische Mittel, die konsequent in den ausladenden filmischen Exkursen unvergleichliche Atmosphäre, Dichte und Intensität erzeugen. Gegensätzlich zu diesen sprachlichen Stilmitteln wirken die tableauhaften, langen Einstellungen. Sie betonen die Überdimensionalität des filmischen Raumes und der Zeit, verweisen auf die Plastizität und Symmetrie in der Malerei des 16. und 17. Jahrhunderts.

Ein fester Mitarbeiterstab ermöglichte die Geschlossenheit, die Harmonie des Œuvres: neben der Kamera die Musik von João Paes, die Kooperation mit der großen Schriftstellerin Agustina Bessa-Luis, dem Produzenten Paulo Branco, Schauspielern wie zuletzt Luis Miguel Cintra oder Leonor Silveira. Manoel de Oliveiras Filme verstehen sich in unserer Zeit und Kinolandschaft als ein Angebot. Dies nicht zu nutzen, käme dem Verschenken eines Traumes gleich.

Josef Nagel

Filmographie: Douro, Faina Fluvial / Harte Arbeit am Fluß Douro (Dokumentarfilm, 1931/34) – Aniki-Bobó / Aniki-Bobó (1942) – O Pintor e a Cidade / Der Maler und die Stadt (1956) – O Pão / Das Brot (1959) – Acto da Primavera / Der Leidensweg Jesu in Curalha (1963) – A Caça / Die Jagd (1964) – O Passado e o Presente / Vergangenheit und Gegenwart (1972) – Benilde ou a Virgem Mãe / Benilde, Jungfrau und Mutter (1975) – Amor de Perdição / Das Verhängnis der Liebe (1978) – Francisca / Francisca (1981) – O Sapato de Cetim / Der seidene Schuh (1985) – O Meu Caso / Mein Fall (1986) – Os Canibais / Die Kannibalen (1988) – Non, ou a Va Glória de Mandar / - Non oder Der vergängliche Ruhm der Herrschaft (1990) – A Divina Comédia / Die göttliche Komödie (1991) – O Dia do Desespero (1992) – Vale Abraão / Am Ufer des Flusses (1993) – A Caixa / Die Büchse des Bettlers (1994) – O Convento / Das Kloster (1995) – Party (1996) – Viagem ao Principio do Mundo / Reise an den Anfang der Welt (1997) – Inquietude (1998) – A Carta / Der Brief (1999).

Literatur: Jean Claude Biette / Charles Tesson: Entretien avec Manoel de Oliveira. In: Cahiers du Cinéma 328 (1981) S. 10–22. – Thomas Brandlmeier: Manoel de Oliveira. In: Kirche und Film 9 (1981) S. 4–8. – Cineteca Portuguesa (Hrsg.): Manoel do Oliveira. Lissabon 1981. – Ines Lehmann (Red.): Retrospektive Manoel de Oliveira. Info-Blätter zum 11. Internationalen Forum des Jungen Films. Berlin 1981. – Ines Lehmann: Der portugiesische Filmemacher Manoel de Oliveira. Eine Biofilmographie. In: Filmkritik 301 (1982) S. 40–47. –

Ines Lehmann: Die Tetralogie der »amours frustrés«. Zu Manoel de Oliveiras Filmen über Liebe und Tod. In: Frauen und Film 31 (1982) S. 21–28. – Josef Nagel: Manoel de Oliveira. In: Schauspieler- und Regisseurbiographien 15 (1982). – Ines Lehmann: Manoel de Oliveira. Ein Portrait des portugiesischen Filmemachers. In: Jahrbuch Film 1985/86. S. 146–155. – Yann Lardeau / Philippe Tancelin / Jacques Parsi: Manoel de Oliveira. Paris 1988. – Ines Lehmann (Red.): Manoel de Oliveira. In: Kinemathek 73 (1988). – Jean A. Gili: Une conception mental du cinéma. In: Positif 375/376 (1992) S. 79–84. – Antoine de Baecque / Thierry Jousse: Entretien avec Manoel de Oliveira. In: Cahiers du Cinéma 466 (1993) S. 41–45. – Massimo Chirivi: Manoel de Oliveira. Venedig 1995. – João Bénard da Costa: Manoel de Oliveira: la magie du cinéma. In: Cinémathèque 9 (1996) S. 26–38. – Rodrigues da Silva: Um homem de fé. In: Jornal de Letras, Artes e Ideias. 9. 12. 1998.

Ermanno Olmi

*1931

Ermanno Olmi wurde am 24. Juli 1931 in Bergamo als Kind einer bäuerlichen katholischen Familie geboren. Nach dem aufwühlenden Erlebnis von Roberto Rossellinis *Rom, offene Stadt* (1945) näherte sich der junge Angestellte des großen italienischen Unternehmens Edisonvolta als Autodidakt dem kinematographischen Medium. Zunächst als Amateur drehte er in den fünfziger Jahren einige Dokumentarfilme über die Arbeitswelt in der Firma, die sich nicht nur mit den Maschinen, sondern auch mit den materiellen Bedingungen der Arbeiter befaßten. Bereits in seinen ersten Filmen konstatierte Olmi den allmählichen Niedergang der agrarischen Kultur durch die rasche Entwicklung der industriellen Zivilisation und stellte zugleich die Frage nach der anthropologischen Veränderung im Leben des Italieners aus dem Volk, der vom Bauern zum Fabrikarbeiter wird. In den alltäglichen Gesten des Menschen, der nach dem vertrauten Umgang mit dem Pflug nun mit der Maschine konfrontiert ist, versuchte Olmi Bestand und Wandel der kulturellen Identität aufzuzeigen.

Mit seinem ersten Spielfilm *Als die Zeit stillstand* (1959), der auf den Filmfestspielen in Venedig zahlreiche Preise erhielt, wurde Olmi als Regisseur international anerkannt. Er verließ die Edisonvolta und gründete die Produktionsfirma 22 Dicembre, die u. a. *Die Basilisken* (1963) von Lina Wertmüller und *Wiedersehen für eine Nacht* (1963) von Damiano Damiani produzierte. Die Tatsache, daß Olmi als Regisseur und Produzent später oft noch die Aufgaben des Kameramanns und Cutters übernahm, bedeutete für ihn Unabhängigkeit bei der Suche nach einer eigenen Filmsprache. So konnte er mit *Der Job* (1961) und *Die Verlobten* (1962) seine Recherchen in der Arbeitswelt fortsetzen: Domenico, der junge Protagonist aus *Der Job*, Sohn einer Arbeiterfamilie aus dem Mailänder Hinterland, sucht in Mailand einen Job als Angestellter bei einem großen Unternehmen. Nach mehreren Vorstellungsgesprächen bei einer Firma bekommt er zunächst eine Arbeit als Botenjunge, und erst nach dem Tod eines Angestellten kann er endlich dessen Platz einnehmen. Das zentrale Thema des Films ist die Begegnung des noch unschuldigen und lebensfrohen Domenico mit der tristen und anonymen Welt der Angestellten. In der Schlußsequenz sitzt Domenico zum ersten Mal an einem Schreibtisch, dem letzten am Ende des Zimmers. Endlich hat er den Job, aber die letzte Nahaufnahme von Domenicos Gesicht drängt die Frage auf, welchen Preis er dafür wird bezahlen müssen.

In *Die Verlobten* gerät die zur Gewohnheit erstarrte Beziehung zwischen den Verlobten

Giovanni und Liliana in eine schwere Krise, als er von seiner Firma für anderthalb Jahre von Mailand nach Sizilien geschickt wird. Der Kontakt Giovannis mit der fremden Arbeitswelt und sein Verhältnis zu einem sizilianischen Mädchen veranlaßt die Verlobten zu einer Analyse ihrer Beziehung, die nur per Brief stattfinden kann. Nach einem langen, schmerzhaften Prozeß scheinen sie am Ende des Films wieder zusammengefunden zu haben. In der diskreten Beobachtung der Alltagssituationen, mit denen sich seine Figuren auseinandersetzen, konzentriert sich Olmi auf die Gesichter, die Gebärden und die Verhaltensformen. Er zeigt einerseits die Entfremdung in der Arbeitswelt, sucht aber andererseits in häufigen Nahaufnahmen seiner Darsteller nach Funken von Lebensfreude, die die Kette der routinierten Gesten durchbrechen. Seine oft segmentierende Erzählform, die Verwendung von Rückblenden und Flashforwards und die chronologischen Sprünge, enthüllen die Innenwelten der Personen, ihre Gefühle und ihre Interaktionen mit Mitmenschen und Umfeld. Mit seiner Thematik, seiner Filmsprache und dem Einsatz von Laiendarstellern steht Olmi in geistiger Nähe zum Neorealismus, dem bedeutendsten Abschnitt des italienischen Kinos der Nachkriegszeit.

Nach diesen beiden Filmen wird Olmis Dialog mit den Zuschauern immer schwieriger, und nach der anfänglichen Begeisterung vergißt ihn auch die Kritik. Da seine Filme nicht in das übliche Verleihsystem kommen, erreichen sie noch weniger das breite Publikum. Auch *Es kam ein Mensch: Auf den Spuren von Johannes XXIII.* (1965) hatte nicht den erhofften Erfolg. Der Film ist direkter Ausdruck von Olmis militantem Katholizismus: durch die Figur eines Vermittlers, der im Laufe des Films einen Kommentator, einen Zuschauer und sogar ein Double des Papstes (der amerikanische Schauspieler Rod Steiger) darstellt, rekonstruiert der Regisseur episodenhaft das Leben des Pontifex Johannes XXIII. In dieser Biographie konzentriert sich Olmi auf die bäuerliche Welt, in der Angelo Roncalli, der zukünftige Papst, seine ersten Lebensjahre verbringt, und auf den geistigen Prozeß, der ihn zu seiner Berufung führt. Stilistisch nutzt Olmi neue Elemente, z. B. Ausschnitte aus Dokumentarfilmen oder Fotomaterial, eine Technik, die er später wiederaufnimmt.

Bevor Olmi mit *Der Holzschuhbaum* (1978) wieder international gefeiert wurde, arbeitete er überwiegend für das Fernsehen und drehte einige leise Filme, die die Thematik des Verlustes von menschlichen und ethischen Werten in einer profitgierigen Welt aufgreifen. Dadurch schlug er eine Brücke zu der Realisierung von *Der Holzschuhbaum*. In diesem Film wird der Regisseur zum anteilnehmenden Beobachter des Lebens bergamaskischer bäuerlicher Familien am Ende des 19. Jahrhunderts. Sein Blick paßt sich dem Lebensrhythmus seiner Protagonisten, alle Laiendarsteller, an, der durch den Zyklus der Jahreszeiten, die Wiederholung der Gesten und das Verhältnis Mensch – Natur skandiert wird. Der Regisseur hat hier aus seinen Kindheitserinnerungen, den Erzählungen seiner Großmutter und zugleich aus dem kollektiven Gedächtnis geschöpft. Sein einfühlsames Zeugnis einer durch die Industrialisierung zerstörten bäuerlichen Kultur erhielt 1978 die Goldene Palme auf den Filmfestspielen in Cannes.

Olmis christliches Lebensverständnis, das auch den *Holzschuhbaum* tief prägt, wird expliziter in *Und sie folgten einem Stern* (1983), einer Parabel, die die Reise der drei Könige und ihre Begegnung mit dem Christkind rekonstruiert und sich kritisch mit theologischen Fragen auseinandersetzt. Nach dem Mißerfolg dieses Films erkrankte Olmi schwer und mußte fast fünf Jahre lang seine Tätigkeit unterbrechen. In den beiden Filmen, die er nach dieser langen Pause realisieren konnte, spiegeln sich seine schmerzhafte Erfahrung mit der Krankheit und der Dialog mit dem Tod wider. In *Lange lebe die Signora!* (1987) erzählt der Regisseur 25 Jahre nach *Der Job* noch einmal die Geschichte einer Initiation in die Arbeitswelt. Der fünfzehnjährige Libenzio wird als frischgebackener Kellner mit anderen jungen Kellnern und Kellnerinnen aus einem Bergdorf für ein Bankett zu Ehren einer Signora in einem unheimlichen Schloßhotel engagiert. Der verträumte Held sieht sich allmählich von der monströsen Welt der Gäste abgestoßen, die die Signora, eine mumifizierte, furchterregende alte Frau, grotesk feiern, und entschließt sich zu einer befreienden Flucht. In diesem Film äußert Olmi vehement seine Ablehnung einer schon in Agonie gefallenen, aber noch mächtigen Welt, die mit ihren Ritualen den Tod in sich trägt. Dank seiner moralischen Integrität kann sich Libenzio diesem Fluch entziehen. Auch in *Die Legende vom heiligen Trinker* (1988), nach dem gleichnamigen Roman von Joseph Roth, drückt Olmi seine Distanz gegenüber der herrschenden Fortschrittsideologie aus. In einem der Zeit enthobenen Paris, dessen Bistros, Straßen und Brücken Seelenlandschaften widerspiegeln, kann der in einer düsteren und aussichtslosen Welt lebende Clochard und Alkoholiker Andreas Kartak (Rutger Hauer) durch einen merkwürdigen Zufall wieder Hoffnung schöpfen. Ein mysteriöser Mann gibt ihm 200 Franc gegen das Versprechen, das Geld am nächsten Tag in die Kirche der heiligen Teresa aus Lisieux zu bringen. So beginnt die Odyssee eines Mannes, der am Ende war und nun eine Wiedergeburt erlebt. Nach einer Reihe zufälliger Begegnungen mit Menschen aus seiner Vergangenheit, die ihn von seinem Versprechen immer wieder abbringen, erlebt Andreas auf seiner täglichen Sauftour kurze Glücksmomente. Schließlich will er, am Ende seiner Lebenskräfte, sein Versprechen halten und stirbt in der Kirche der heiligen Teresa selbst wie ein Heiliger. Zum ersten Mal setzte sich hier Olmi mit einer literarischen Vorlage auseinander und arbeitete wieder – nach Rod Steiger in *Es kam ein Mensch* – mit einem professionellen Schauspieler in der Hauptrolle zusammen.

1982 hat Olmi mit der Unterstützung der RAI, des italienischen öffentlichen Fernsehens, eine Filmschule in Bassano del Grappa gegründet. Den vielen jungen Talenten, die in dieser Schule ausgebildet wurden, von Francesca Archibugi bis Mario Brenta, hat Olmi sicherlich seine Liebe zum Kino als Medium für das Verständnis der Welt vermitteln können und dadurch neue Hoffnung für den italienischen Film entstehen lassen.

Marisa Buovolo

Filmographie: Il tempo si è fermato / Als die Zeit stillstand (1959) – Il posto / Der Job (1961) – I fidanzati / Die Verlobten (1962) – E venne un uomo / Es kam ein Mensch: Auf den Spuren von Johannes XXIII. (1965) – Un certo giorno / Ein gewisser Tag (1968) – I recuperanti / Die Zurückgewinner (1969) – Durante l'estate / Während des Sommers (1970) – La circostanza / Die Gegebenheit (1974) – L'albero degli zoccoli / Der Holzschuhbaum (1978) – Cammina cammina / Und sie folgten einem Stern (1983) – Lunga vita alla signora! / Lange lebe die Signora! (1987) – La leggenda del santo bevitore / Die Legende vom heiligen Trinker (1988) – Genesi: La creazione e il diluvio / Die Bibel – Genesis (1993).

Literatur: Charles Thomas Samuels: Encountering Directors. New York 1987. – Henry Agel: Cinéma et spiritualité: Robert Bresson, Andrei Tarkovskij, Ermanno Olmi, Krzyzstof Zanussi. Brüssel 1988. – Jeanne Dillon: Ermanno Olmi. Florenz 1988. – Tullio Masoni: Lontano da Roma: il cinema di Ermanno Olmi. Florenz 1990. – Michel Estève: Ermanno Olmi. Paris 1992. – Gian Piero Brunetta: La nuova ondata: Ermanno Olmi. In: Storia del cinema italiano. Bd. 4. Rom 1993. S. 199–209.

Max Ophüls

1902–1957

»An dem Tag, als ich mich entschied, Schauspieler zu werden, das war im Jahre 1919, verbot mir mein Vater, seinen Namen zu tragen« (Ophüls). Dennoch entschloß man sich in der Familie Oppenheimer, einer wohlhabenden Saarbrücker Kaufmannsfamilie, dem am 6. Mai 1902 geborenen Sohn eine solide Ausbildung bei Max Reinhardt zu finanzieren. Es kam anders. Ophüls sprach am Stuttgarter Theater vor, und trotz seines nur mittelmäßigen Talents wurde er dort von seinem späteren Lehrer und Mentor, dem Regisseur Fritz Holl, als Schauspielschüler akzeptiert. Holl war es auch, der in Erinnerung an eine dänische Schauspielerin und ehemalige Geliebte das Pseudonym Ophüls erfand.

Ophüls hatte als Schauspieler nur mäßigen Erfolg, und schließlich forderte ihn der damalige Dortmunder Intendant Scheffer auf, als Regisseur zu arbeiten. Bis 1930, also in nur sieben Jahren, brachte er es auf 70 Inszenierungen an acht verschiedenen Theatern. Relativ schnell hatte er großen Erfolg. Am Wiener Burgtheater war er mit 25 Jahren der bis dahin jüngste Regisseur. Nach vier Premieren jedoch kündigte man ihm dort, weil er Jude war.

Ophüls ging mit seiner Frau, der ehemaligen Schauspielerin Hilde Wall, nach Frankfurt am Main, wo 1927 der Sohn Marcel geboren wurde. Auf ein längeres Engagement in Breslau folgte Berlin, wo er schließlich durch Zufall die Dialogregie bei Anatole Litvaks *Nie wieder Liebe* (1930) erhielt. Ophüls wechselte zum Film und führte nur noch in Ausnahmefällen Regie am Theater. Anfang 1933 hatte er mit *Liebelei* seinen Durchbruch bei Publikum wie Kritik. Doch schon einen Tag nach dem Reichstagsbrand war Ophüls gezwungen, seine Karriere in Deutschland zu beenden. Er floh nach Frankreich, wo er rasch die Möglichkeit fand, wieder zu arbeiten, daneben auch in den Niederlanden und in Italien. 1937 entledigte er sich der deutschen Umlaut-Punkte in seinem Namen und wurde im Jahr darauf französischer Staatsbürger. Durch das Vordringen der deutschen Truppen wurde Ophüls erneut zur Flucht genötigt. 1941 entkam er gemeinsam mit seiner Familie über Lissabon mit einem der letzten Flüchtlingsschiffe nach New York. Sechs Jahre lebte Ophüls arbeitslos in Hollywood. Nach einigen bereits in der Planungsphase gescheiterten Projekten gab es das legendäre Debakel um den von Howard Hughes finanzierten Film *Vendetta* (1946), für den Ophüls von seinem damaligen Freund Preston Sturges, der bereits als Drehbuchautor involviert war, als Regisseur vorgeschlagen wurde. Nach vier Drehtagen wurde Ophüls die Regie entzogen, es kam zum Bruch mit Sturges. Obwohl eine große Enttäuschung, war das *Vendetta*-Projekt doch auch der Stein, der nun alles ins Rollen brachte. Ophüls erhielt ein Angebot nach dem anderen, innerhalb von knapp drei Jahren drehte er vier Filme. In den Credits erscheint sein Name ohne h: Opuls. Ein Name, der keine lange Geschichte hatte – international hat sich bis heute das französische Ophuls durchgesetzt. In Deutschland allerdings hält man – mit demselben phonetischen Ergebnis – an dem Umlaut fest.

1950 führte ein Filmprojekt Ophüls wieder nach Frankreich. Obwohl sich das Projekt zerschlug, entschied sich Ophüls, in Frankreich zu bleiben, wo er bis 1955 vier Filme drehte. Daneben arbeitete er – wie schon in den Zwanzigern – erneut fürs deutsche Radio. Nach dem Skandal und finanziellen Desaster von *Lola Montez* (1955) fand sich vorerst kein Produzent mehr, der bereit war, einen weiteren Film zu produzieren. Gustaf Gründgens holte ihn für »Der tolle Tag oder Figaros Hochzeit« von Beaumarchais ans Deutsche Schauspielhaus in Hamburg. Am Premierentag erkrankte

Ophüls an einem Herzleiden, dem er zwei Monate später erlag.

»Außerdem kann ich nicht ohne Film existieren, wie ein Mann nicht ohne die Frau sein kann, die er liebt« – Ophüls gilt als Regisseur der Frauen, und in seinen Filmen sind es die Frauen, die nicht ohne den Mann leben können, den sie lieben, die sich ihr Glück nicht anders vorstellen können und bereit sind, alles dafür zu geben. Dieses Moment führt *Pläsier* (1952), ein Episodenfilm, der von unterschiedlichen Aspekten des Glücksstrebens erzählt, anhand von »Das Modell«, der letzten der drei Episoden, in kompakter und vor allem in prägnanter Weise vor: Ein junger Maler umwirbt leidenschaftlich eine Frau. Sie wird seine Geliebte und steht ihm Modell. Die Porträts wiederum lassen ihn zu Geld kommen, wovon er jedoch auch zunehmend mehr für sich und seine Geliebte braucht. Dann wird er ihrer überdrüssig und verläßt sie. Nun ist sie es, die sich ihr Leben ohne ihn nicht vorstellen kann. Sie stürzt sich aus dem Fenster und ist von da an auf einen Rollstuhl angewiesen. Der Maler und das Modell heiraten, er findet Ruhe für seine Arbeit und kommt zu Reichtum. Und sie? Sie ist keinesfalls eine Figur, die in der Geschichte zur Identifikation angeboten wird. Aber es ist auch nicht die Figur des Malers. Und ebensowenig bezieht die Geschichte ihren Reiz aus der Handlung, diese ist eher von geringem Interesse. Die Faszination speist sich aus den Themen, die in »Das Modell« behandelt sind, und aus der Erzählweise, die die Themen gegenüber dem Plot hervorhebt und damit auch sich selbst.

Mit den Themen von »Das Modell« sind auch Ophülssche Themen allgemein benannt: Liebe und Geld, Tauschverhältnisse und Kreisläufe, die Sehnsucht nach dem, was man nicht hat. Die unerfüllte Sehnsucht nach Liebe, nach Geld oder nach Ruhm – alles Repräsentanten vollkommener und letztgültiger Erfüllung – ist der Motor, von dem die Bewegung ausgeht, nicht nur, was das Fortschreiten der Handlung betrifft, sondern ebenso deren filmische Umsetzung. Ophüls konzentriert sich dabei in seiner Erzählweise weniger auf die Sehnsucht selbst, sondern richtet sein Augenmerk eher auf ihre Repräsentanten – weswegen häufig von ihm gesagt wird, ihn interessiere vornehmlich die Oberfläche der Dinge. Und in der Tat betont er, daß ihn an der literarischen Vorlage von *Madame de . . .* (1953) weniger die Geschichte, sondern in erster Linie deren narrative Konstruktion gereizt hat, weniger die leidenschaftliche Affäre einer verheirateten Frau im ausgehenden 19. Jahrhundert, als der Umstand, daß diese Geschichte erzählt und vorangetrieben wird durch zwei Ohrringe, die den Besitzer wechseln.

Weil Ophüls es vorzieht, auf dieser ›Oberfläche‹ von der Sehnsucht zu erzählen, findet man in seinen Filmen auch nahezu keine Großaufnahmen, die die Gefühle in den Gesichtern enthüllen (das u. a. unterscheidet ihn von Josef von Sternberg, der vielfach stilistisch in die Nähe von Ophüls gerückt wird). Demgegenüber sind Ophüls' Filme durch lange und komplexe Kamerabewegungen gekennzeichnet, durch Fahrten, vertikale und horizontale Schwenks, die durch die Räume gleiten und das opulente Dekor beiläufig hervorheben. Zudem fallen bei ihm eher Distanz markierende, arkadenartige Einstellungen auf, etwa durch Fenster, Raumteiler oder schleiergleiche Vorhänge hindurch. Es sind nicht nur die Stoffe seiner Filme, die Ophüls zum Regisseur der Frauen machen. Anders als etwa im Falle des Melodramenregisseurs Douglas Sirk werden auch Kameraarbeit und Ausstattung oft mit Attributen beschrieben, die weibliche Konnotationen besitzen.

Die Plansequenz ist in Ophüls' Filmen das stilistische Grundelement. In »Das Modell« gibt es kaum eine Szene, in der ein Schnitt auftaucht. Und selbst die Schnitte zwischen den einzelnen Szenen, die Episoden aus der Liebesbeziehung erzählen, werden durch eine Erzählerstimme verdeckt, wodurch der Eindruck eines unaufhaltsamen Fortschreitens der Geschichte, eines vorgezeichneten Ganges der Ereignisse ent-

Max Ophüls mit Danielle Darrieux

steht. Die durch einen Erzählrahmen eingefaßte Handlung der Episode wird mit einer Szene eröffnet, deren Kamerabewegung den weiteren Verlauf ironisch vorwegnimmt. Zu Beginn dieser Szene erklärt eine Voice-over, daß der Maler zunächst nichts von der Akt-Malerei hielt, und mit den ersten Worten erscheint eine Einstellung, die der Erzählerstimme bereits vorgreift: Für einen Moment sieht man einen weiblichen Torso. Erst danach schwenkt die Kamera auf den Maler an seiner Staffelei. Kurz beobachtet sie seine plötzlich abgelenkte Aufmerksamkeit und verfolgt ihn dann bis zum Absatz einer Treppe, auf der nun auch das Objekt seines Interesses in den Blick gerät. Sein Weg bis dorthin enthält eigentlich nur eine Kurve, doch die Bewegung der Kamera, kombiniert aus Schwenk und Diagonalfahrt, wird von Säulen und anderen Hindernissen durchkreuzt, so daß der Eindruck eines aufwendigeren Weges entsteht. Später wird die Frau ihm vorhalten, daß er es war, der sich so sehr um sie bemüht hat. Nachdem die Kamera mit einem Aufwärtsschwenk beobachtet, wie der Maler die Treppe hinauf hinter ihr her eilt, verfolgt sie mit einem seitlichen Schwenk die Bewegung des Paares auf der oberen Galerie, ohne daß jedoch das Paar selbst zu sehen ist – in der Vereinigung, die sie, Joséphine, um jeden Preis wiederhaben, wiederholen möchte. Wenn das Paar am Ende der Sequenz auch in die gleiche Richtung abgeht, aus der die Szene ihren Ausgang genommen hat, dann beobachtet die Kamera das nicht aus der selben Position wie zuvor. Die kreisförmige Bewegung, die während der gesamten Szene von der Kamera beschrieben wird, endet zwar mit einem ähnlichen, aber doch nicht gleichen Bild wie jenem, mit dem sie begonnen hatte. Die Geschichte wird mit einer Heirat schließen, doch werden beide nicht das bekommen, was sie sich zu Anfang ersehnt hatten – und von dem man gar nicht so genau sagen kann, was es eigentlich war.

Die Literatur zum Regisseur der Frauen ist keineswegs ausschließlich von Frauen verfaßt. Es sind ebenso Männer, die für Ophüls' ›Weiblichkeit‹ schwärmen. Die narrative Reflexivität seiner Filme wählten zuerst die Vertreter der Nouvelle Vague zu ihrem Vorbild. Vor allem *Lola Montez* bot sich ihnen als Allegorie für die ökonomischen Zwänge des Filmemachens an. Lola Montez ist eine Frau, die ihre Unabhängigkeit, nicht zuletzt ihre sexuelle Unabhängigkeit als unverheiratete Frau um nichts auf der Welt aufgeben würde und, um diese zu erhalten, sich in einer Art Wild-West-Show prostituiert, wo ihre Geschichte, die Geschichte ihrer Liebschaften feilgeboten wird. Als Melodramenregisseur wird Ophüls allerdings erst mit Beginn der achtziger Jahre in der feministischen Filmtheorie analysiert. Hier wird ebenso wie in der Filmliteratur im Anschluß an den Poststrukturalismus schwerpunktmäßig die Repräsentation von Weiblichkeit und wiederum die Selbstreflexivität in seinen Filmen untersucht.

Ophüls' Filme werden in der Rezeption nicht nur als die eines Autors identifiziert, Regisseur und Werk sind häufig nahezu als Einheit gesehen worden. Das hängt nicht zuletzt damit zusammen, daß neben dem erkennbaren Ophüls-Stil auch Wiederholungen und Parallelen in stofflicher Hinsicht zu beobachten sind, z. B. die Duell-Szene in *Liebelei* (1933) und in *Madame de ...* (1953), der uneheliche Sohn des ›still‹ geliebten Mannes in *Ohne ein Morgen* (1939) und *Brief einer Unbekannten* (1948), der Fenstersturz in *Liebelei* und *Pläsier* oder die junge Frau, die in einer großen Stadt auf sich gestellt ist und einem anrüchigen Beruf nachgeht, in *Ohne ein Morgen*, *Gefangen* (1949) und *Brief einer Unbekannten*. Schließlich fällt auf, daß ein Großteil derjenigen, die in Filmen von Ophüls mitwirkten, dies auch mehr als einmal taten. Fraglich ist jedoch, inwieweit die Kohärenz seiner Filme auf Ophüls' Person zurückgeführt werden kann oder ob nicht die Produktionsbedingungen und Machtstrukturen, in denen er gearbeitet hat, für den geschlossenen Eindruck des Werks verantwortlich sind. Immerhin war Ophüls in seiner Radio- und Theaterarbeit keineswegs thematisch derart festgelegt. Außerdem hat vornehmlich ein Film, nämlich *Liebelei*, die Produzenten davon überzeugt, Ophüls' Arbeit zu finanzieren. Die Filme bekamen als Maßgabe immer *Liebelei* mit auf den Weg, und nicht selten mußte dann auch ein sogenanntes wienerisches oder ähnlich geartetes Ambiente den Hintergrund für die Liebe einer Frau abgeben, der sich die patriarchale Ordnung – in *Liebelei* repräsentiert durch das Ritual des Duells – in den Weg stellt und damit das unausweichliche Frauenopfer provoziert.

Jene Argumentation, die demgegenüber Ophüls' Person als Hauptreferenzpunkt für die Eigenheit seiner Filme wählt, bewertet die Produktionsbedingungen als nachrangig und argumentiert ausgehend von *Lola Montez*, daß sich die Selbstreflexivität auch in den anderen Filmen Ophüls' aufzeigen läßt, daß sich ein Subtext durch nahezu alle seine Filme zieht, der die Beeinträchtigung, sei es durch politische, gesellschaftliche oder ökonomische Zwänge, der eigenen Arbeit mit erzählt. Auch von dieser Seite werden die unterschiedlichen Produktionsorte und -bedingungen als Argument angeführt, allerdings wird hier argumentiert, daß all das gerade keinen signifikanten Einfluß auf seinen Stil und die Eigenheit seiner Filme hatte.

So beziehen sich beide Interpretationen des Ophülsschen Werks am Ende auf die Pole der Fremd- und Selbstbestimmtheit, doch eine Entscheidung in dieser allzu groben Alternative scheint gar nicht angebracht. Nicht nur Ophüls' Namensänderungen stehen geradezu symbolisch für den ihn prägenden Zwiespalt aus Anpassung und Selbstbehauptung. Auch das Schicksal des französischen Films *Zärtliche Feindin* (1936) ist bezeichnend. Es ist wie verhext: Wegen eines Versehens wird der Film im Ausland häufig und noch Jahre später unter dem Namen René Clairs angekündigt. »Weil meine Frau den Film nicht mag, kann ich mich nie dazu entschließen, ernsthaft gegen diesen Kreditirrtum etwas zu unternehmen« (Ophüls). Welchen Namen hätte er wohl eingeklagt: Ophüls oder Ophuls? Und was ließe sich daraus ableiten? »Außerdem kann ich nicht ohne Film existieren, wie ein Mann nicht ohne die Frau sein kann, die er liebt. Und wenn die nach Hause kommt mit einem neuen Hut, den er übertrieben findet, dann stört das die Liebe vielleicht, aber bedroht sie selten; dann hat sie schon so oft gesagt: ›Du siehst das noch nicht richtig! Das kommt schon! Warte mal!‹ Außerdem kann man den Hut ja zurechtbiegen, bis er einem hübsch erscheint. ›Siehst du‹, meint sie, ›du wirst dich schon dran gewöhnen!‹«

Verena Mund

Filmographie: Dann schon lieber Lebertran (1930) – Die verliebte Firma (1931) – Die verkaufte Braut (1932) – Lachende Erben (1932) – Liebelei (1933); französische Version: Une histoire d'amour (1933) – On a volé un homme (1934) – La Signora di tutti / Eine Diva für alle (1934) – Divine (1935) – Komedie om geld / Komödie ums Geld (1936) – La Tendre Ennemie / Zärtliche Feindin (1936) – Yoshiwara / Yoshiwara (1937) – Werther / Werther (1938) – Sans lendemain / Ohne ein Morgen (1939) – De Mayerling à Sarajewo / Von Mayerling bis Sarajewo (1940) – The Exile / Der Verbannte (1947) – Letter from an Unknown Woman / Brief einer Unbekannten (1948) – Caught / Gefangen (1949) – The Reckless Moment / Schweigegeld für Liebesbriefe (1949) – La Ronde / Der Reigen (1950) – Le Plaisir / Pläsier (1952) – Madame de ... / Madame de ... (1953) – Lola Montès / Lola Montez (1955).

Literatur: M. O.: Getreide bleibt immer, aber der Film? (1936.) In: Filmkritik 21 (1977) H. 12. S. 609 f. – M. O.: Maupassant wäre heute Filmautor. (1953.) In: Filmkritik 26 (1982) H. 2. S. 63–65. – M. O.: Dichter und Film (1953.) In: Filmkritik 26 (1982) H. 2. S. 65–67. – M. O.: Die Lust am Sehen. Gedanken über das Thema im Film. (1954.) In: Filmkritik 26 (1982) H. 2. S. 67–69. – M. O.: *Lola Montez* mit auf den Weg. (1955.) In: Filmkritik 26 (1982) H. 2. S. 69 f. – M. O.: Aber in Breslau gab es mehr ... (1956.) In: Filmkritik 21 (1977) H. 12. S. 589 f. – M. O.: Spiel im Dasein. Eine Rückblende. (1959.) Erw. Neuausg. Dillingen 1980.

Richard Roud: Max Ophuls. An Index. London 1958. – Claude Beylie: Max Ophuls. Paris 1963. – François Truffaut: Max Ophüls: *Lola Montez*. In: F. T.: Die Filme meines Lebens. München 1976. S. 174–179. [Frz. Orig. 1975.] – Paul Willemen (Hrsg.): Ophuls. London 1978. – Alan Williams: Max Ophuls and the Cinema of Desire. Style and Spectacle in Four Films, 1948–1955. New York 1980. – Gertrud Koch: Positivierung der Gefühle – Max Ophüls' Perspektive der Weiblichkeit. (1982.) In: G. K.: Was ich erbeute, sind Bilder. Zum Diskurs der Geschlechter im Film. Basel / Frankfurt a. M. 1989. S. 63–82. – Virginia Wright Wexman / Karen Hollinger (Hrsg.): *Letter from an Unknown Woman*. Max Ophuls, Director. New Brunswick 1986. – Martina Müller: Vom Souffleurkasten über das Mikro auf die Leinwand: Max Ophüls. In: Frauen und Film 42 (1987) S. 61–72. – Max Ophüls. München/Wien 1989. (Reihe Film. 42.) – Karl Sierek: Ophüls: Bachtin. Versuch mit Film zu reden. Frankfurt a. M. 1994. – Lutz Bacher: Travails / Travellings: The American Career of Max Ophuls. New Brunswick 1995. – Susan M. White: The Cinema of Max Ophuls. Magisterial Vision and the Figure of Women. New York 1995. – Helmut G. Asper: Max Ophüls. Eine Biographie. Berlin 1998.

Nagisa Oshima

*1932

»Es stimmt, ich habe bis Ende der sechziger Jahre oder bis 1972 versucht, den japanischen Film ganz und gar zu verändern. Danach habe ich dem japanischen Kino den Rücken zugekehrt und bin in die internationale Filmwelt eingetreten.« Als Nagisa Oshima dies im Jahr 1993 schrieb, hatte er auch die internationale Filmwelt wieder verlassen. Sein letzter Film ist der in Frankreich entstandene *Max mon amour* (1986); danach drehte er noch einen Dokumentarfilm für das britische Fernsehen, *Kyoto, die Stadt meiner Mutter* (1991), und realisierte die Dokumentation *Das Jahrhundert des Kinos: 100 Jahre japanischer Film* (1995), eine Produktion des British Film Institute. Oshima, der ästhetische und politische Avantgardist des Films, der mit *Im Reich der Sinne* (1976) einen internationalen Skandal-Erfolg erzielte, ließ sich von keiner Filmindustrie vereinnahmen, sondern zog sich, politisch desillusioniert, ganz vom Kino zurück. Er arbeitet heute ausschließlich als Moderator eigener Shows und Magazine für das japanische Fernsehen: ein Revolutionär des Kinos im (vorläufigen) Ruhestand.

Nagisa Oshima wurde am 31. März 1932 in Kyoto als Nachkomme einer Samurai-Familie geboren. Er studierte Jura und nahm aktiv an den Studentenunruhen zu Anfang der fünfziger Jahre teil, in denen sich eine neue, junge Linke nicht allein gegen die japanische Nachkriegsgesellschaft stellte, sondern sich auch von der alten kommunistischen Opposition trennte. Versuche Oshimas, sich danach als Journalist, an Hochschulen und in der Industrie zu etablieren, scheiterten. 1954 bewarb er sich ohne größere Ambition als Regieassistent bei den großen Shochiku-Studios in Tokio und wurde akzeptiert. Dort arbeitete er für verschiedene Regisseure und als Drehbuchautor, nebenbei als Filmkritiker, bis er mit *Eine Stadt voller Liebe und Hoffnung* (1959) seinen ersten Film in eigener Regie drehen konnte. Mit diesem Film, mehr noch mit den drei 1960 entstandenen Filmen *Nackte Jugend, Das Grab der Sonne* und *Nacht und Nebel über Japan*, wurde Oshima zum Hauptvertreter einer »Nouvelle Vague«, die den japanischen Film in den folgenden zehn Jahren tatsächlich veränderte und sich nach dem klassischen Kino eines Yasujiro Ozo, nach dem modernen eines Kenji Mizoguchi und eines Akira Kurosawa als »modernistisches Kino« (D. Desser) seit dem Ende der sechziger Jahre auch mit internationaler Wirkung und Reputation etablierte. Doch anders als die französische Nouvelle Vague war die japanische Oshimas von Anbeginn als ästhetische und politische Intervention gedacht: 1960 widmete er seine Filme »dem Kampf der Massen als Waffe«. Zudem vollzog sich diese Erneuerung zunächst innerhalb des rigiden Studio-Systems und seiner ebenso rigiden Genretraditionen; möglich war sie durch die Krise, in die die japanische Filmindustrie durch den Siegeszug des Fernsehens und einen beträchtlichen Rückgang der Zuschauerzahlen um 1960 geraten war, aber auch durch das verbreitete Bewußtsein vom Altern des klassischen und modernen Kinos Japans. Oshima erreichte ein neues, junges Publikum mit seinen ersten Filmen, in denen er neue Themen mit neuen Ausdrucksformen verband: »Jugend, Sex, Gewalt und Politik«, das ist thematisch die »Essenz der Neuen Welle« (D. Desser). Stilistisch hingegen sind die Filme Oshimas nie festgelegt. Lange Plansequenzen setzt er ebenso ein wie eine rapide, an Sergej Eisenstein geschulte Montage, Elemente der theatralen Tradition Japans ebenso wie solche Brechts; früh schon, in *Nackte Jugend*, experimentiert er mit dem Cinemascope-Format und mit der Farbe. Konstant bleibt in allen Filmen Oshimas, mit der Ausnahme von *Max mon amour*, die Auseinandersetzung mit der Geschichte Nachkriegs-

Japans, seinen Traditionen, die sich mit den Anforderungen einer hochentwickelten Industriegesellschaft derart vermischen, daß individuelle Identität nicht entstehen oder nur dort gesucht werden kann, wo das Individuum gegen die Gesellschaft und ihre Werte aufbegehrt: im Sexus und in der Kriminalität, der Gewalt.

Eine Stadt voller Liebe und Hoffnung, Oshimas Debüt, zeigt alles andere als eine idyllische Welt. Die traditionelle Familienstruktur, die Ozus Filme noch im Vergehen nostalgisch beschwören, ist hier schon – wie in allen Werken Oshimas – ein Gefängnis, die Verlängerung des gesellschaftlichen Zwangsapparates der Disziplinierung bis ins Individuum hinein, ein Gefängnis, das auch die Kameraarbeit und die Bildkomposition klaustrophobisch spürbar machen. Wie eine Explosion wirkt dagegen *Nackte Jugend* mit seiner immens mobilen Kamera, den schrillen Farben einer neuen Plastik- und Metallwelt, mit seinen Schockbildern drastischer Gewalt und gewaltsamer Sexualität. Das Porträt einer zynischen Nachkriegsjugend, die die schnellen Abenteuer als kurze Rauscherlebnisse sucht, um der Konformität nur für Augenblicke wenigstens zu entgehen, enthält sich aller Moralisierung: Es ist ästhetisch für Oshima selbst ein Befreiungsakt, den er mit *Das Grab der Sonne* fortsetzt, der Geschichte über kriminelles Leben am Rande der Gesellschaft, am Rand der Großstadt Osaka. Der erneut fehlende moralische Standpunkt ist für Oshima bezeichnend. Weit sperriger, reflektierender und reflexiver ist *Nacht und Nebel über Japan*, der dritte der 1960 eruptiv entstandenen Filme, der sich im Titel an Alain Resnais' Dokumentarfilm über die KZs *Nacht und Nebel* (1955) anlehnt, und der letzte Film Oshimas für das Shochiku-Studio, das den Film nach wenigen Tagen aus dem Verleih nahm. In nur 43 langen Plansequenzen, zentriert um eine Hochzeitsfeier, entwirft Oshima auf zwei Zeitebenen das Bild der japanischen Linken zwischen 1950 und 1960, dem Jahr der Erneuerung des Sicherheitspaktes zwischen Japan und den USA, gegen die sich die Linke erfolglos wandte. Der Film ist ein visueller Diskurs über Vergangenheit und Gegenwart der intellektuellen Linken, ein Diskurs über das politische Leben in Japan zwischen Traum und Desillusion.

Oshima verließ das Studio und gründete seine eigene Produktionsfirma, arbeitete zunächst jedoch für andere Firmen und für das Fernsehen. *Die Züchtigung / Die Beute* (1961) führt in die letzten Monate des Zweiten Weltkriegs zurück, in denen die Einwohner eines kleinen Dorfes einen gefangenen schwarzen amerikanischen Soldaten töten, auch als Sündenbock für interne Konflikte. *Der Rebell* (1962) ist Oshimas einziger Historienfilm; der Versuch, in einem populären Genre seine politischen Intentionen zu gestalten, mißlang. Erst mit *Die Freuden des Fleisches* (1965), *Besessen im hellen Tageslicht / Gewalt am Mittag* (1966), *Über japanische Lieder der Unzucht* (1967) und *Japanischer Sommer: Doppelselbstmord unter Zwang* (1967) konnte Oshima seine experimentell-politische Filmarbeit fortsetzen. Erneut thematisieren die Filme den Konnex von Repression, politischer Enttäuschung, Sexualität und Gewalt, wobei ästhetisch die Grenzen zwischen dem Realen und dem Imaginären immer stärker aufgehoben werden.

1968 entstand der Film, der Oshima auch im Westen bekannt machte, *Tod durch Erhängen*, eine erste Summe seines Werkes. Ein junger Koreaner, Angehöriger einer in Japan lebenden verachteten Minderheit, soll wegen Vergewaltigung und Mord an einer Japanerin hingerichtet werden, doch sein Körper widersteht. Die Staatsvertreter müssen nun dem Erinnerungslosen seine Tat und damit seine Schuld durch ein Rollenspiel, das außer Kontrolle gerät, erneut bewußtmachen. Schließlich sind alle Beteiligten an der Hinrichtung in Schuld verstrickt. Der Film, der sich eines Brechtschen Gestus der Verfremdung bedient, ist eine emotionslose Anklage des (japanischen) Staates als einer Maschinerie des Todes und des Sadismus, der Hinrichtungsraum wird zum Ort einer Wiederkehr der verdrängten Kriegsschuld und der verdrängten japanischen Kriegsgreuel. Auch in *Die Rückkehr der drei Trunkenbolde* (1968), einem Film, der nach der Hälfte seine Geschichte mit leichten Variationen wiederholt, behandelt Oshima das Schicksal der Koreaner in Japan im Modus der Verfremdung: Es sind junge Japaner, die für Koreaner gehalten und entsprechend traktiert werden, wobei Oshima durch assoziative Montage Parallelen zum Vietnamkrieg herstellt. *Tagebuch eines Diebes in Shinjuku* (1968) ist ein filmischer Essay, ein intellektueller Bricolage aus dem Geist Godards, ein Film über die Gegenwart Tokios, über das Leben in der Stadt und so zerrissen wie dieses Leben, Resultat einer »Ästhetik der Revolution, die eine Revolution der Wahrnehmung« (O. Möller) hätte bewirken sollen. Das Vagabundieren auf den Straßen und auf den Laken führt zu einer Körper-Politik des bedingungslosen Begehrens der individuellen Freiheit. Woran dies scheitert, zeigt Oshima in *Der Junge* (1969) und in *Die Zeremonie* (1971): am Gefängnis der Familienstruktur und der Autorität der Tradition. *Die Zeremonie*, ein über zwei Jahrzehnte in verschachtelten Rückblenden erzählter »Familienroman«, ist Oshimas schärfste Auseinandersetzung mit der Nachkriegsgeschichte Japans und der radikale Gegenentwurf zu den Familien-Epen Ozus. Zeremonien, Rituale der Familie verdecken kaum noch Schuld, Heuchelei und Aggressivität. Die Theatralität der Rituale, deren sich Oshima in der Bildkomposition bedient, wird durch Übersteigerung einsichtig als Form, die ursprüngliche Gewalt nur mühsam noch kaschiert.

Nach *Die Zeremonie*, der in Europa und in den USA weitaus positiver aufgenommen wurde als in Japan, und nach *Eine kleine Sommer-Schwester* (1972) fand Oshima erst wieder Arbeit, als ihm der französische Produzent Anatole Dauman nicht nur die Finanzierung von *Im Reich der Sinne* (1976) sicherte, sondern auch dafür sorgte, daß das Material des Films, den Oshima in Japan drehte, in Paris entwickelt werden konnte; in Tokio wäre es ohne Zweifel beschlagnahmt worden. *Im Reich der Sinne* ist Oshimas radikalster und zugleich konzentriertester Film, die Geschichte einer sexuellen Obsession bis zum Tod, nicht nur ein bewußter Affront gegen die japanische Zensur, die das Zeigen von Schamhaaren im Film verbietet, nicht nur ein Film, der Sexualakte tatsächlich zeigt, sondern ein Film, der den Sexualakt und den Sexualmord zu einem asozialen, jede gesellschaftlich-kulturelle Ordnung sprengenden Akt stilisiert. Basierend auf einem Fall aus dem Jahr 1936, inszeniert Oshima in streng komponierten und kadrierten Tableaus, die häufig den erotischen Farbholzschnitten der japanischen Kunstgeschichte nachempfunden sind, die Leidenschaft zwischen einer jungen Prostituierten und einem Bordellbesitzer, für die die Außenwelt immer mehr an Bedeutung verliert, je mehr sie ihre bis zum Sadomasochismus gehenden körperlichen Lüste ausleben. Am Ende tötet die Frau den Mann mit seiner Zustimmung und schneidet ihm im Rausch die Genitalien ab. Auch für Oshima ist der Film ein »Porno«, allerdings als »Akt der Befreiung«. *Ai no corrida*, so der japanische Titel, Corrida, Stierkampf der Liebe, destabilisiert dominante Männlichkeit und den männlich-voyeuristischen Blick zugleich; der Film ist ästhetisch die symbolische Kastration maskuliner Dominanz, für Oshima die Basis aller gesellschaftlichen Ordnungen, der Autorität überhaupt. So sahen es auch die staatlichen Autoritäten. Auf der Berlinale 1976 wurde der Film im Kino beschlagnahmt; in Japan wurde er sofort verboten. *Im Reich der Leidenschaft* (1978) variiert das Thema der sexuellen Besessenheit, bleibt aber in der Bestimmung ihres sozialen Umfeldes – die Liebenden leben in einem kleinen Dorf um die Jahrhundertwende in Japan – plakativ. Oshimas letzter Erfolg ist *Furyo – Merry Christmas, Mr. Lawrence* (1982), spektakulär besetzt mit dem britischen Pop-Star David Bowie und dem japanischen Pop-Star Ryuichi Sakamoto, der auch die Musik zum Film schrieb. In einem japanischen Gefangenenlager kollidieren 1942 zwei Kulturen unter extremen Bedingungen, die der japanischen Samurai-Soldaten und die der britischen Lagerinsassen. Elegant und durchdringend zugleich nutzt Oshima das Image der Androgynität, der unentschiedenen sexuellen Identität seiner beiden Stars zu einer Exploration latenter Homoerotik und Gewalt in beiden Kulturen, zwischen denen er den intellektuellen Offizier Lawrence zum einsichtig-ohnmächtigen Vermittler macht.

Mit *Max mon amour* (1986) endet (vorläufig) Nagisa Oshimas Werk. Das Buch für die französische Produktion schrieb Oshima mit Jean-Claude Carrière, dem Szenaristen Buñuels, und an Buñuel erinnert auch die Geschichte einer bourgeoisen Familie, die sich durch die Leidenschaft der Mutter zu einem Schimpansen nicht aus der Ruhe, ja Lethargie bringen läßt. Der schwarze Humor traf Mitte der achtziger Jahre kein Angriffsziel mehr, auch wenn sich zentrale Motive Oshimas noch einmal finden: die Angriffe auf die Familie als Agentur sozialer Herrschaft, auf Tradition und Moral als Kaschierungen der Gewalt und die Betonung des asozialen Sexus als revolutionäre Kraft. Mit dem Eintritt in die permissive postmoderne Ära des »anything goes« fand Oshima kein Publikum mehr.

Bernd Kiefer

Filmographie: Ai to kibo no machi / Eine Stadt voller Liebe und Hoffnung (1959) – Seishun zankoku monogatari / Nackte Jugend (1960) – Taiyo no hakaba / Das Grab der Sonne (1960) – Nihon no yoru to kiri / Nacht und Nebel über Japan (1960) – Shiiku / Die Züchtigung / Die Beute (1961) – Amakusa Shiro Tokisada / Shiro Tokisada von Amakusa / Der Rebell (1962) – Etsuraku / Die Freuden des Fleisches (1965) – Yunbogi no nikki / Yunbogis Tagebuch (Kurzfilm, 1965) – Hakuchu no torima / Besessen im hellen Tageslicht / Gewalt am Mittag (1966) – Ninja bugai-cho / Ninjas Kampfkünste (Animationsfilm, 1967) – Nihon shunka-ko / Über japanische Lieder der Unzucht (1967) – Muri-shinju: Nihon no natsu / Japanischer Sommer: Doppelselbstmord unter Zwang (1967) – Koshikei / Tod durch Erhängen (1968) – Kaettekita yopparai / Die Rückkehr der drei Trunkenbolde (1968) – Shinjuku dorobo nikki / Tagebuch eines Diebes in Shinjuku (1968) – Shonen / Der Junge (1969) – Tokyo-senso sengo hiwa: Eiga de isho o nokoshite shinda otoko monogatari / Geheime Geschichte der Kriegs- und Nachkriegszeit von Tokyo / Er starb nach dem Kriege / Geschichte eines Mannes, der einen Film als Testament hinterließ (1970) – Gishiki / Die Zeremonie (1971) – Natsu no imoto / Eine kleine Sommer-Schwester (1972) – Ai no corrida / Im Reich der Sinne (1976) – Ai no borei / Im Reich der Leidenschaft (1978) – Senjo no Meri Kurisumasu / Furyo-Merry Christmas, Mr. Lawrence (1982) – Max mon amour / Max mon amour (1986) – Kyoto, My Mother's Place / Kyoto, die Stadt meiner Mutter (Dokumentarfilm, 1991) – The Century of Cinema: 100 Years of Japanese Cinema / Das Jahrhundert des Kinos: 100 Jahre japanischer Film (Dokumentarfilm, 1995).

Literatur: N. O.: Die Ahnung der Freiheit. Schriften. Berlin 1982.

Ulrich Gregor: Geschichte des Films ab 1960. München 1978. – Noël Burch: To the Distant Observer. Form and Meaning in the Japanese Cinema. London 1979. – Keiko Yamane: Das japanische Kino. Geschichte, Filme, Regisseure. München/Luzern 1985. – Louis Danvers / Charles Tatum jr.: Nagisa Oshima. Paris 1986. – David Desser: Eros plus Massacre. An Introduction to the Japanese New Wave Cinema. Bloomington 1988. – Beverly Bare Buehrer: Japanese Films. A Filmography and Commentary, 1921–1989. Chicago/London 1990. – Donald Richie: Japanese Cinema. An Introduction. Hongkong / Oxford / New York 1990. – Freunde der Deutschen Kinemathek (Hrsg.): Filme aus Japan. Retrospektive des japanischen Films. Berlin/Köln 1993. – Japanisches Kulturinstitut Köln (Hrsg.): Werkschau Oshima Nagisa. Köln 1995.

Yasujiro Ozu

1903–1963

Als »die beiden offensichtlichsten und beständigsten Merkmale eines Ozu-Films« nennt T. Milne 1963: »Inhaltlich das starre Verharren im Genre des Shomin-geki, das sich mit dem Leben und den häuslichen Problemen von Mittelklassefamilien beschäftigt; und in technischer Hinsicht die unbewegte Kamera, die etwa drei Fuß über dem Boden fixiert ist, und ohne zu blinzeln die Personen betrachtet, wobei auf technische Hilfsmittel, wie Blenden o. ä., verzichtet wird. Extreme Kamerawinkel sind selten, Fahrten noch seltener und Schwenks fast nicht vorhanden.«

Ozus Filme handeln oft von Menschen, die in eine Krise, in eine »Konfliktsituation« geraten, sie im Laufe der Geschichte aber mit großer Ruhe und Gelassenheit bewältigen. Ein Gefühl von Resignation und Traurigkeit beherrscht Ozus Helden, eine Aura von elegischer Stille und selbstgewisser Melancholie. Er habe stets, so Ozu selbst, »die Leute spüren lassen« wollen, »was Leben ist, ohne dramatische Höhen und Tiefen nachzuziehen«.

Alle seine Filme zeigen Panoramen des Alltags: das Universum der Rituale zwischen Ehepaaren, zwischen Vater und Tochter, zwischen Geschwistern. Es wird viel gestritten, viel gelacht, am Ende aber ist angenommen, was nicht zu ändern war. Oft gibt es dann den kurzen Augenblick, in dem eine knappe Geste zusammenfällt mit dem Gefühl für den »Stand der Dinge«. Die Täuschungen der äußeren Welt sind überwunden, die innere Stimme mahnt zu Disziplin und Gleichmut. Ein Vater hat endlich seine Tochter verheiratet – und schält sich danach voller Lust einen Apfel. Eine untreue Frau ist zu ihrem Mann zurückgekehrt – und teilt mit ihm den Reis über grünem Tee. Ein alter Mann trauert um seine verstorbene Frau – und erfreut sich am nächsten Morgen dennoch am Sonnenaufgang. Ozu ist ein Visionär des kontemplativen Augenblicks – jenseits von Trick und Finte. »Ruhig sitzen, nichts tun. / Der Frühling kommt. / Und das Gras wächst von selbst.«

Geboren wurde Ozu am 12. Dezember 1903 in Tokio. Im Alter von 10 Jahren zog er mit seiner Mutter aufs Land, ging da zur Schule und entdeckte sein Interesse fürs (amerikanische) Kino. 1922 kehrte er nach Tokio zurück und begann für das Shochiku-Studio zu arbeiten, zunächst als Kamera-, dann als Regieassistent. 1927 drehte er seinen ersten Film: *Zange no yaiba*, dem bis 1936 regelmäßig drei Filme pro Jahr folgten, überwiegend Komödien und Burlesken. Erst 1936 inszenierte er mit *Hitori musuku* seinen ersten Tonfilm, erst 1958 mit *Sommerblüten* den ersten Farbfilm. Zwischen 1937 und 1939 nahm er als Infanterist am chinesisch-japanischen Krieg teil, zwischen 1943 und 1945 arbeitete er als Propagandist für die Armee. Ab 1947 drehte er dann die Filme in seinem unverwechselbaren Stil, die ihn zu dem japanischsten aller japanischen Filmemacher erhoben (stets nach einem Drehbuch, das er zusammen mit seinem Sake-Kumpan Kogo Noda geschrieben hatte, und – von drei Filmen abgesehen – stets mit Yushun Atsuta an der Kamera). Ozu hat nie geheiratet, er lebte bis zu seinem Tod bei seiner Mutter. Für ihn waren seine engeren Mitarbeiter, die er oft über Jahre hinweg an die eigene Arbeit band, seine Familie. Dieselben Darsteller »wachsen aus den Kinderrollen in die Elternrollen und bis in die Großelternrollen. Nach dem dritten oder vierten Ozu-Film fühlt man sich selbst mit ihnen älter werden. Gespieltes und Natur gehen ineinander über« (F. Grafe).

Ozus Filme zeigen die Wandlung der Personen nie als Folge von plötzlicher Erkenntnis, sondern von aufdämmernder Einsicht. In *Ich wurde geboren, aber ...* (1932) löst das devote Verhalten eines Vaters gegenüber seinem Chef eine Familienkrise aus, seine

Yasujiro Ozu

Söhne verweigern ihm den Respekt, bis sie am Ende begreifen, daß es eine Ordnung jenseits der häuslichen Welt gibt.

Später Frühling (1949) erzählt von einer erwachsenen Tochter, die seit Jahren bei ihrem Vater lebt und sich, als der sie zur Heirat drängt, nur unter Mühen von ihm lösen kann. Als sie dann doch weggeht, nimmt sie den Abschied als Moment einer innigeren Erfahrung.

In *Ochazuke no aji* (1952) lebt ein Ehepaar seit langem in Krach und Streit. Er bevorzugt das einfache, arbeitsame Leben, sie Luxus und Müßiggang. Ihre Maxime hält sie ihm ungeniert vor: sie sei es einfach gewohnt, stets nur erster Klasse zu leben. Kurz bevor die beiden sich dann endgültig trennen, bittet er sie mit Nachdruck um ein einfaches Mahl. Sie akzeptiert, nach einem Augenblick der Besinnung, in dem in ihr das ganze Leben vorbeizurollen scheint – und teilt mit ihm den Reis.

In *Die Reise nach Tokio* (1953) macht sich ein älteres Ehepaar auf, um ein letztes Mal die Kinder im entfernten Tokio zu sehen. Doch sie müssen erkennen, daß ihre Kinder inzwischen ihr eigenes Leben haben, in dem sie eher stören. Der Vater nimmt dies gelassen hin, die Mutter verstört es. Sie überlebt die Aufregung nicht, er kehrt in sein altes Haus zurück und betrauert sie. Auf der Terrasse am Morgen nach seiner Rückkehr redet er mit ihr, als wäre sie noch da. »Das war ein wunderbarer Sonnenaufgang, ich glaube, wir werden wieder einen heißen Tag haben.«

Ein Herbstnachmittag (1962) erzählt von einer jungen Frau, die sich erst spät zur

Heirat entschließt, dann aber akzeptieren muß, daß der Mann, den ihr Vater ausgesucht hat und den sie liebt, bereits einer anderen versprochen ist. Am Ende nimmt sie einen anderen, sie fügt sich dem nächsten Wunsch ihres Vaters. Wobei, darauf hat T. Milne hingewiesen, Ozu den Moment ihrer Entscheidung in einer für ihn ungewöhnlichen Schnittechnik zuspitzt, um »eine dynamische Beziehung« zu schaffen, »durch die der emotionale Inhalt jeder Aufnahme getrennt bestehen bleiben kann und, Aufnahme nach Aufnahme, Szene nach Szene, darauf warten kann, ihren Platz im Gesamtmuster zu finden«.

Lakonie dominiert Ozus Filme, spröde Ruhe und große Einfachheit. Diese Vorliebe für das Äußerste an Einschränkung spiegelt für D. Richie einen »Blickpunkt in Ruhe« wider, der »zwar ein nur sehr eingeschränktes Blickfeld beherrscht, dieses aber völlig« – vergleichbar dem Zuschauer beim Nô-Spiel oder dem Genießer der Tee-Zeremonie. Die Welt bei Ozu ist geprägt von einer gelassenen Stimmung, die erfüllt ist von der Tristesse, wie man sie aus den japanischen Haikus kennt – wenn in einem kurzen Moment die Welt angenommen wird, wie sie ist. Auch Ozus Filme zielen in ihrem innersten Kern auf poetische Atmosphäre – auf Harmonie, Achtung, Reinheit, Armut. »Harmonie von Farbe, Form, Licht, Berührung und Bewegung; Achtung vor dem Gast, vor sich selbst, vor der Natur; Reinheit der Seele, Reinheit des Raums, Reinheit der Welt; Armut des Menschen, Armut der Natur« (Hasumi).

Formal sind Ozus Filme durch ihre langen, ruhigen Einstellungen charakterisiert, die mit ihrem langsamen, gedehnten Rhythmus den Zuschauern ermöglichen, sich in aller Geduld auf die Familiengeschichten einzulassen. Dominierend die Halbtotale, in der »nicht emotionelle Höhepunkte, sondern jene Augenblicke« registriert werden, »die den Höhepunkten vorausgehen und ihnen folgen – also jene kleinen ›Tropismen‹, aus denen Gefühlsbewegungen erst verständlich werden« (D. Richie). Berühmt sind seine einführenden Raumtotalen, die (als »establishing shots«) Ort und Zeit vorstellen und zugleich vorbereiten aufs Kommende. Ungewöhnlich dabei (auch für das japanische Kino) die extreme Untersicht, die den Kamerablick festlegt auf die Perspektive, die ein Mensch hat, der auf der traditionellen Bodenmatte (Tatami) sitzt, etwa ein Meter über dem Boden, was – zusammen mit der weitgehenden Unbeweglichkeit der Kamera – den Effekt hat, sowohl die Personen im vorgegebenen Raum als auch die Dingwelt um sie herum freizuhalten von der strikten, unentwegt variierenden Ordnung eines Erzählers. »Ozu ist ein Zen-Cineast«, der sich glatt macht wie »ein Wasserspiegel und bereit für die Eindrücke der Welt« (F. Grafe). Besonders die alltäglichen Gegenstände wirken »hypersituiert« (D. Bordwell): sie balancieren die Kadrierung innerhalb eines gewählten Blickraums und verweisen zugleich auf die Macht der Dinge, die sich ganz beiläufig vollzieht.

Signifikant auch: die unbewohnten Landschaften, leeren Räume, verschlossenen Zimmer, die für sich stehen – und doch erst in der Verbindung zu den Geschehnissen um sie herum zum Leben erwachen. Die leeren Flure in *Weizenherbst* (1951) oder *Die Reise nach Tokio* sorgen für Ruhe im Fluß der Ereignisse und intensivieren zugleich den Nachklang, der vom Verhalten der Personen ausstrahlt. Ozus »leere Bilder« wirken im Grunde als Entsprechung der berühmten leeren Spiegel in der Zen-Philosophie: wie die Spiegel, in denen nichts ist, die nichts widerspiegeln, in denen nichts widergespiegelt werden kann.

Noch einmal D. Richie: »Die Schlußwirkung eines Ozu-Films [...] ist eine Art resignativer Traurigkeit, eine Stille und das Wissen um eine Gelassenheit, die trotz der Unsicherheit des Lebens und der Dinge dieser Welt fortdauert. Das heißt, daß die Welt sich weiterdrehen wird und daß Unbeständigkeit, Wechsel, die Vergänglichkeit aller Dinge auch ihre elegische Erfüllung einbringen. Wie *mit* der Umgebung lebt man *mit* der Zeit und nicht dagegen. Die Japaner nennen diese Eigenschaft [...] ›mono no aware‹, was man annähernd mit ›lacrimae rerum‹ übersetzen könnte, Lukrez' Anspielung auf jene Tränen, die verursacht werden von den Dingen, wie sie sind.«

Norbert Grob

Filmographie: Zange no yaiba (1927) – Wakodo no yume (1928) – Nyobo funshitsu (1928) – Kabocha (1928) – Hikkoshi fufu (1928) – Nikutai bi (1928) – Takara no yama (1929) – Wakaki hi (1929) – Wasei kenka tomodachi (1929) – Daigaku wa deta keredo (1929) – Kaisha-in seikastu (1929) – Tokkan kozu (1929) – Kekkon-gaku nyumon (1930) – Hogarak ni ayume (1930) – Rakudai wa shita keredo (1930) – Sono yo no tsuma (1930) – Ero-gami no onryo (1930) – Ashi ni sawatta koun (1930) – Ojyosan (1930) – Shukujyo to hige (1931) – Bijin Aishu (1931) – Tokyo no gassho (1931) – Haru wa gofujin kara (1932) – Umarete wa mita keredo / Ich wurde geboren, aber ... (1932) – Seishun no yume ima izuko (1932) – Mata au hi made (1932) – Tokyo no onna (1933) – Hijyosen no onna (1933) – Dekigokoro / Eine Laune (1933) – Haha o kowazuya (1934) – Ukigusa monogatari (1934) – Hakoiri musume (1935) – Tokyo no yado (1935) – Kagami shishi (1935) – Daigaku yoi toko (1936) – Hitori musuko (1936) – Shukujyo wa ani o wasuretaka (1937) – Toda-ke no kyodai (1941) – Chichi ariki (1942) – Nagaya shinshi-roku / Erzählungen eines Nachbarn (1947) – Kaze no naka no mendori (1948) – Banshun / Später Frühling (1949) – Munakata shimai (1950) – Bakushu / Weizenherbst (1951) – Ochazuke no aji (1952) – Tokyo monogatari / Die Reise nach Tokio (1953) – Soshun / Früher Frühling (1956) – Tokyo boshoku (1957) – Higanbana / Sommerblüten (1958) – Ohayo / Guten Morgen (1959) – Ukigusa / Abschied in der Dämmerung (1959) – Akbiyori / Spätherbst (1960) – Kohayagawa-ke no aki / Der Herbst der Familie Kohayagawa (1961) – Samma no aji / Ein Herbstnachmittag (1962).

Literatur: Tom Milne: *Flavour of Green Tea over Rice.* In: Sight and Sound 32 (1963). H. 4. – Donald Richie: Yasujiro Ozu und die Syntax seiner Filme. In: Film 1963. H. 3. S. 12. – Donald Richie: Japanese Cinema. Film Style and National Character. London 1971. – Paul Schrader: Transcendental Style in Film. Ozu. Bresson. Dreyer. Berkeley 1972. – Marvin Zeman: The Zen Artistry of Yasujiro Ozu. In: Film Journal 1972. H. 3/4. – Donald Richie: Ozu. Berkeley 1974. – John Gillett / David Wilson (Hrsg.): Yasujiro Ozu. London 1976. – Noël Burch: To the Distant Observer. Form and Meaning in the Japanese Cinema. London 1979. – Jean-Pierre Brossard (Hrsg.): Introduction à Yasujiro Ozu. Locarno 1979. – Stefan Braun / Fritz Göttler [u. a.] (Hrsg.): Ozu Yasujiro. München 1981. – Keiko Yamane: Das japanische Kino. Geschichte, Filme, Regisseure. München/ Luzern 1985. – Harry Tomicek: Ozu. Wien 1988. – David Bordwell: Ozu and the Poetics of Cinema. London 1988. – Beverly Bare Buehrer: Japanese Film. A Filmography and Commentary, 1921–1989. Chicago/London 1990.

Georg Wilhelm Pabst

1885–1967

Georg Wilhelm Pabst wurde am 27. August 1885 in Raudnitz (Böhmen) als Sohn eines höheren Eisenbahnbeamten geboren, er wuchs in Wien auf und begegnete nach Abschluß der Schule zwei Schwierigkeiten: seine Vorstellung, Offizier zu werden, ließ sich nicht verwirklichen, weil er zu kurzsichtig war; seine erste Bewerbung an einem Stadttheater, wo er als Schauspieler auftreten wollte, scheiterte daran, daß er angeblich zu klein gewachsen war. Das zweite Handicap konnte er überwinden. Er nahm Schauspielunterricht am Staatlichen Konservatorium in Wien und erhielt endlich ein erstes Engagement in der Schweiz. Nach seinen eigenen Angaben spielte er in den folgenden zwei Jahren 161 Rollen. 1910 reiste Pabst in die USA, er trat dort in einem deutschen Theater auf und schrieb Beiträge für Zeitungen des linken politischen Spektrums. Als er im Sommer 1914 nach Europa zurückkehrte, wurde sein Schiff von einem französischen Kreuzer aufgebracht: Pabst verbrachte die vier Kriegsjahre als Gefangener in Frankreich. Er begründete eine Bühne und inszenierte auf ihr über 50 Stücke. Nach Kriegsschluß kehrte Pabst nach Wien zurück, dort und in Prag arbeitete er als Regisseur. Weil er mit dem Filmregisseur Carl Froelich bekannt war, engagierte sich Pabst zunächst als Gesellschafter einer Filmfirma, ging mit Froelich 1922 nach Berlin und versuchte sich als Drehbuchautor wie als Regisseur im neuen Medium. 1922 entstand sein erster Film, da war Pabst schon 37 Jahre alt. Bereits mit seinem dritten Film gewann er große Aufmerksamkeit: *Die freudlose Gasse* (1925). Es folgten weitere Filme wie *Geheimnisse einer Seele* (1926), *Die Büchse der Pandora* (1929), *Tagebuch einer Verlorenen* (1929), *Westfront 1918* (1930), *Die Dreigroschenoper* (1931), *Kameradschaft* (1931), die ihm nach Friedrich Wilhelm Murnau und Fritz Lang den Rang des dritten großen Regisseurs im deutschen Kino der Weimarer Republik verschafften. Pabst galt in dieser Zeit als »Roter«, nicht nur die pazifistische Gesinnung seiner Filme spricht dafür, sein Interesse an Arbeiterschicksalen und -geschichten, an der deutschen Revolution 1918/19 (so plante er etwa vergeblich, analog zu Eisensteins *Panzerkreuzer Potemkin* einen Film über den Matrosenaufstand 1918 in Kiel zu drehen), sondern auch sein politisches Engagement in der Filmwirtschaft: Er beteiligte sich 1928 an der Gründung des Volksverbands für Filmkunst, der später Volks-Film-Verband hieß, opponierte öffentlich und heftig gegen die Filmzensur, plante bereits 1926, Heinrich Manns Bürgersatire »Professor Unrat« mit Emil Jannings in der Titelrolle zu verfilmen, er löste sich von der vom rechten Hugenberg-Konzern bestimmten Ufa und drehte mehrere seiner bedeutenden Filme zwischen 1928 und 1933 für die Nero-Film und deren Produzenten Seymour Nebenzal (»Nero« hat im übrigen auch die letzten beiden bedeutenden Filme von Fritz Lang in der Weimarer Republik hergestellt, nämlich *M*, 1931, und *Das Testament des Dr. Mabuse*, 1933). 1931 wurde Pabst sogar Vorsitzender der Dachorganisation der Filmschaffenden Deutschlands (Dacho) und betonte immer wieder, daß zwischen der Filmkunst und den Massen kein Graben entstehen dürfe. Ende 1931 legte er das Amt wieder nieder, bereits 1932 drehte Pabst in Frankreich, wo er für seinen Film *Kameradschaft* in die Légion d'honneur aufgenommen worden war. In Frankreich blieb Pabst auch nach Hitlers Machtübernahme, selbst nach einem kurzen Intermezzo in Hollywood. Seine Filme büßten indes das künstlerische Profil ein, das sich vermutlich durch den Widerspruch gegen die konservative deutsche Zensur und die Selbstbehauptung in einer von extremistischen Tendenzen zerrissenen Öffentlichkeit in der Weimarer Republik geschärft haben mag. 1939 entschied sich Pabst dazu, mit der Familie in die USA zu gehen. Während des Abschiedsbesuchs bei seiner Mutter in der Steiermark wurde er vom Kriegsausbruch überrascht. Alle Fluchtwege schienen versperrt. Ein längerer Klinikaufenthalt kam hinzu – Pabst blieb in Österreich (was ihm vor allem in der Nachkriegszeit den Ruf einbrachte, er sei zum opportunistischen Nutznießer des Dritten Reichs geworden). Er drehte während der Zeit des Weltkriegs nur zwei (historische) Filme, die zwar Anspielungen auf das ›Volk‹ enthalten, aber doch nur mit Mühe als patriotisch im Sinne des Nationalsozialismus interpretiert werden können. Selbst *Paracelsus* (1943), der später das Prädikat »staatspolitisch und künstlerisch wertvoll« erhielt, feiert eine aufsässige Retterfigur, die sich am Ende aus dem Dunstkreis der Macht flüchtet und wie ein Albert Schweitzer als Arzt den Ärmsten dient, denen sonst keiner hilft (allenfalls hätte man diese Konstruktion mit der Hitlerlegende Anfang der dreißiger Jahre in Verbindung setzen können, gewiß nicht mit dem Diktator und ›Feldherrn‹ des Zweiten Weltkriegs). Nach 1945 blieb Pabst vorerst in Österreich, siedelte Anfang der fünfziger Jahre nach Rom über, drehte italienische Filme und brachte als künstlerischer Direktor der Arena von

Verona Verdi-Opern auf die Bühne. Da er sich als Filmproduzent verschuldet hatte, sah er sich gezwungen, in der Bundesrepublik einige Unterhaltungsfilme zu drehen. Zwei davon abstechende Produktionen setzen sich mit der Vergangenheit des Dritten Reichs auseinander: *Der letzte Akt* (1955) handelt von den letzten Tagen Hitlers in der Reichskanzlei und *Es geschah am 20. Juli* (1955) vom Aufstand der Offiziere gegen Hitler. Danach gelangen ihm nur noch zwei leichte ›Übungen‹. Weitere Pläne konnte

Georg Wilhelm Pabst

Pabst nicht mehr verwirklichen, z. B. die Verfilmung von Lessings »Nathan« mit Ernst Deutsch in der Hauptrolle. 1957 trat bei Pabst die Parkinsonsche Krankheit zutage, die ihn zwang, den Rest seines Lebens zurückgezogen in Wien und in der Steiermark zu verbringen. Als er zehn Jahre später, 1967, in Wien starb, gewährte ihm die Stadt ein Ehrengrab auf dem Zentralfriedhof.

Es ist immer schwergefallen, die Filme von Pabst auf einen Nenner zu bringen. Wo liegen die gemeinsamen Schnittmengen zwischen der *Freudlosen Gasse* und *Kameradschaft*, zwischen dem Querschnitt durch die Inflationsgesellschaft in Wien und einem Beispiel übernationaler Solidarität zwischen Bergarbeitern diesseits und jenseits der deutsch-französischen Grenze? Worin gleichen sich *Geheimnisse einer Seele*, eine scheinbar psychoanalytische Studie über die Mordgelüste eines im übrigen ordentlichen Bürgers, und *Die Büchse der Pandora*, die Erzählung von einer außerordentlichen, allen bürgerlichen Begriffen entzogenen Frau? Was hat der Prüfungsweg und der Aufstieg einer jungen Frau, die lange Zeit der Opferrolle verhaftet bleibt, in *Tagebuch einer Verlorenen*, zu tun mit dem skurrilen Wahrheitssucher und Menschheitsbeglücker in *Paracelsus*? Gibt es irgendwelche Ähnlichkeiten zwischen Macheath aus der *Dreigroschenoper* und der Hitlerfigur in *Der letzte Akt*? All solche zugestanden forcierten Fragen beschäftigen sich mit der Vielfalt der thematisch-motivischen Interessen von Pabst. Diesen Fragen sei nicht ausgewichen, um dafür eilfertig im Stilistischen, in der Machart etwas von Pabsts unverwechselbarer Handschrift zu entdecken. Vielleicht gibt es doch die Erkenntnis einer inneren Person des Regisseurs, die die Kohärenz seiner Werke verbürgt, als ›Antwort‹. Immer wieder, nicht zuletzt in jüngeren Studien (z. B. von K. Kreimeier), ist am Regisseur der Weimarer Zeit die Kälte hervorgehoben worden: der unbestechliche Blick, die Flaubertsche Ungerührtheit, mit der er seine Figuren verfolge. Ob sie nun als neu oder alt zu klassifizieren sei, die Kategorie der Sachlichkeit scheint Pabst anzuhaften. Kälte und Sachlichkeit fallen eigentlich erst auf, wenn die Gegenstände, die auf diese Weise behandelt werden, eher als »heiß« gelten und daher eine heftigere, beteiligtere Darstellung verlangen könnten. In der Tat scheint der Menschenbeobachter Pabst für sich zu beanspruchen, das Schreckliche und Gemeine wie die schüchterne Gegenbewegung des Guten möglichst neutral festzuhalten, ohne deshalb aus Empathie, aus Wut oder Schmerz ins Zittern zu geraten, weil dadurch die Blickschärfe verlorenginge. Unter diesem Aspekt ist die Verhaltensweise Pabsts nicht untypisch für die Nachkriegszeit nach 1918: Viele Affekte haben sich verbraucht angesichts des Unbeschreiblichen, das die Soldaten im Krieg und die Frauen zu Hause erlebt haben, die alten ›romantischen‹ Auffassungen von tugendhafter Bravheit, Schuld und Sühne sind verblaßt, weil das Individuum sich immer deutlicher als Teil eines Kollektivs verstehen muß und damit die höchstpersönlichen Gefühle ihre Größendimension von einst eingebüßt haben. Die Entwertung des bürgerlichen Einzelnen ist eine Denkvoraussetzung, vielleicht auch ein zeitgemäßes Urteil der zwanziger Jahre, die in den Filmen Pabsts bis 1933 erkennbar durchschlagen. Seine Filme rücken exemplarische Fälle in den Mittelpunkt und nehmen ihnen zugleich die Aura des Ungewöhnlichen und Einzigartigen. Nicht daß er sich und uns zum fühllosen Zuschauer der Schicksale macht – diese Annahme ist meist mit dem Vorwurf der Kälte verbunden –, er reduziert den Amplituden-Ausschlag der Mitempfindung, um ein unbestechlicher Zeuge all der Gestikulationen des Elends und des Wahns sein zu können, die sich vor seinen Augen ereignen. Von allen Filmkünstlern der Weimarer Republik verdient Pabst am ehesten, »Soziologe« einer anarchischen Zeit zu heißen, Soziologe mit Hilfe seines Instruments, des Films.

So verfolgt er in *Die freudlose Gasse* (nach der Vorlage des Romans von Hugo

Bettauer, den der Drehbuchautor Willy Haas um wichtige Komponenten erweitert hat) mehrere, nur teilweise verschlungene Erzähllinien: einerseits die Liebesgeschichte der Maria Lechner (Asta Nielsen), die eingezwängten Verhältnissen einer Arbeiterfamilie entstammt und sich an einen jungen Geliebten hängt, der seine Karriere, mit ihr aber weiter nichts im Sinn hat, so daß sie zur Mörderin aus Eifersucht an einer Nebenbuhlerin wird – und am Schluß den Geliebten und ihre Freiheit in einem verlieren muß. Auf der anderen Seite verarmt eine gutbürgerliche Beamten-Familie, im Mittelpunkt die Tochter des Hofrats Rumfort (Greta Garbo in ihrer ersten deutschen Filmrolle), die beinahe in die Fänge einer Kupplerin gerät, die sie zur Edelprostituierten machen will. Die Welt im Umkreis der Melchior-Gasse ist schlecht: Da ist der Fleischer (Werner Krauß), ein Unhold in seiner Souterrain-Höhle, der – als wäre er einem der naturalistischen Romane von Émile Zola entsprungen – seine Ware nach Gefälligkeit und gegen ›Liebesdienste‹ der jungen Frauen aushändigt, so daß sich vor seiner Tür eine endlose Schlange der starr und angstvoll und oft vergeblich Wartenden aufstaut. Nicht weit entfernt betreibt eine Schneiderin mit dem schönen Namen Frau Greifer (Valeska Gert) einen Salon mit Séparée, wo sich die Schieber und Raffkes treffen, um etwas zu erleben. Zwischen der Arbeiterin und der Hofratstochter gibt es kaum Berührungen. Der Film setzt ein Sittengemälde aus vielen Bezirken zusammen, die um ein geistiges Zentrum gruppiert sind: den Zerfall der alten Werte, von Treu und Glauben, von Anstand und Sittlichkeit. Dies mag, in der Abstraktion, konservativer klingen, als der Film tatsächlich verfährt: Die Nielsen spielt eine Frau, die aus Eifersuchtsqualen einen andern Menschen erdrosselt hat und dann verstummt, das Porträt eines Menschen, der über alle Grenzen hinausgetrieben worden ist und daher schon zu Lebzeiten zur merkwürdigen Götzenfigur zu erstarren scheint. Garbo weht dagegen als zartes, rührendes und verletzliches Fräulein durch ungastliche Räume. Instinktiv spürt sie, wie sie Schritt für Schritt vom ›rechten Wege‹ fortgelockt wird, vermag aber keinen Widerstand aufzubringen, da sie keinen Weg ins Freie kennt. Ihr muß geholfen werden. Pabst will nicht verhindern, daß der Anblick des Schrecklichen bisweilen ins Komödiantische umspringt, so beim plakativ entworfenen Bürgerteufel des Fleischers, dessen schwarze Schmachtlocke in der Stirn, dessen widerwärtige Behäbigkeit sich zu einem satirisch gemeinten Spottbild zusammenfügen, vor allem in der mit dem übrigen Erzählkorpus nicht zu vereinbarenden, eher heiteren als grimmigen Parodie eines Stelldicheins: die Zusammenkunft zwischen dem Fleischer als ›Freier‹ und der Hofratstochter an der Kaffeetafel von Frau Greifer. Am Ende des Films kommt es zu einer Revolte auf der Straße, die Armen in ihrem Hunger wehren sich gegen das Gezücht der Neureichen und verderben der Halbwelt ihren Saus und Braus. In den unterschiedlichen Schauspielstilen der Hauptfiguren tritt die Gemengelage des Zeitalters zutage: die Tragödin Asta Nielsen verkörpert gleichsam die Allgegenwart einer ›gemarterten‹ Menschheit, während die Garbo mit dem etwas verschliffenen Wesen ihrer Figur als Repräsentantin der ernüchterten Nachkriegszeit auftritt, nach der Periode des wildbewegten Expressionismus. Ausgerechnet ein junger Amerikaner, frei von den dämonischen Mythologien des Abendlandes, ein freundlicher und unverzopfter Mensch, wird zum Helfer dieses Mädchens: Durch ihn spätestens zieht die entstaubte Moderne in die Melchiorgasse ein.

In *Geheimnisse einer Seele* hat Pabst sich nach Kräften bemüht, die devoten Ehrbezeigungen vor Sigmund Freud, die sich im Drehbuch häufen, in der Inszenierung zu ignorieren: er erzählt eine alltägliche Geschichte von tiefer reichenden Verstörungen. Menschen, Straßen, Innenräume sehen eben so aus, wie man sie 1925 allenthalben vorfand. Dennoch beschäftigt Pabst auch hier, was sich ihm bereits in der *Freudlosen*

Gasse als Formel der Epoche aufgedrängt hat: Die enggezogenen Grenzen des herkömmlichen Verständnisses von Normalität sind schnell überschritten. Vielleicht zu ihrer eigenen Überraschung können sich Personen unversehens in Situationen wiederfinden, in denen sie sich als andere identifizieren müssen. Die liebende Frau aus dem Arbeiterhaushalt, um noch einmal Asta Nielsen mit ihrer Rolle zu zitieren, hätte sich ursprünglich nie vorstellen können, daß sie plötzlich in einem Anfall blinder Wut zur Mörderin wird, des Hofrats Töchterlein sieht sich in letzter Sekunde vor dem Übergang in die Prostitution bewahrt, auch der blond ordentliche Chemiker (Werner Krauß), die Hauptfigur in *Geheimnisse einer Seele*, hätte sich vermutlich nie träumen lassen, daß er vom Wunsch besessen sein könnte, seine schöne junge Frau mit einem Messer zu erstechen.

Das Mißtrauen den furchterregenden Impulsen gegenüber, die in einem schlummern, hat sich für die Filmgeschichte vornehmlich im Doppelgängermotiv niedergeschlagen, im Schema von Dr. Jekyll und Mr. Hyde, das in vielerlei Varianten die Spaltung einer Persönlichkeit in die öffentliche Maske und den verdrängten und unterdrückten Alternativcharakter im Inneren veranschaulicht. Bei Pabst fehlt jeder Versuch, dieses Phänomen zu dämonisieren. Er beschreibt es als Gesetz der Gegenwart, in der das bürgerliche Subjekt nicht mehr selbstbewußt auftreten darf, weil es nicht vorauszusagen weiß, wozu es einmal fähig sein wird.

Diese zeitgemäße Psychologie findet sich auch in seinem bedeutendsten Film: *Die Büchse der Pandora*. Der aus Ungarn stammende Drehbuchautor Ladislaus Vajda, der in den folgenden Jahren bis zu seinem Tod 1933 mehrmals für Pabst schrieb, bearbeitete Frank Wedekinds skandalumwitterte Dramen aus der Zeit der Jahrhundertwende, »Erdgeist« und »Die Büchse der Pandora«. Für die zentrale Figur der Lulu gewann Pabst die amerikanische Schauspielerin und Tänzerin Louise Brooks, die so agierte, daß die Zeitgenossen keine Schauspielkunst wahrnehmen konnten. Damit löste sie die Hoffnung von Pabst ein, gleichsam ein Stück Natur in die Figur einer sonst kaum vorstellbaren ›wilden‹ Femme fatale zu übertragen. Da Pabst zudem die Handlung in die Gegenwart verlegt, aktualisiert sich der Weibsteufel der Jahrhundertwende zu einer zeitgenössischen jungen Frau, die mit ihrem Bubikopf spätestens nach dem Zweiten Weltkrieg zu einer Ikone der Filmgeschichte erkoren wird. Auch der Faszination einer Frau, der beinahe alle Männer wehrlos erliegen, nähert sich Pabst nicht als Psychologe, sondern als Soziologe, der die bei den Männern einsetzenden Prozesse scharfsichtig aufzeichnet. Lulu ist in diesem Film nicht von sich aus gefährlich, sie schenkt sich vielmehr der Welt. Eine naive, ungebrochene Hingabe an den Augenblick, an den Partner des Augenblicks, erweckt Hoffnung und Begierde bei den Männern und hat zur Folge, daß die auf solche Art Angeschauten aus ihrer alten Existenz auszubrechen bereit sind. Weil Dr. Schön dazu nicht imstande ist, vielmehr um den Verlust seiner gesellschaftlichen Anerkennung fürchtet, will er Lulu, den Katalysator seines Persönlichkeitszerfalls, zum Selbstmord zwingen. Dabei erschießt sie ihn versehentlich. Der breite und mächtige Rücken Fritz Kortners drängt sich in charakteristischer Weise vor den vergleichsweise schmaleren Körper der Louise Brooks: Symbol massiver Bedrohung durch die herrschende Ordnung, zugleich wird Lulus Gesamtbild weggeblendet, das erotische Mysterium dem Blick entzogen, die Verkörperung einer reineren, unschuldigeren Natur unterdrückt. Sie kann sich zwar immer wieder aus dieser zwanghaft hergestellten Enge befreien, doch nicht völlig. Pabst betont das Abgeschlossene der Schauplätze. Zugabteil und Spielsalon auf dem Schiff sind vielkammerige Labyrinthe, ähnlich die verwinkelten Straßen in London, in denen der Nebel den Blick ins Weite verbietet. Gerichtssaal wie Dachkammer lassen kaum Luft zum freien Atmen, Zimmer wie Käfige, für Lulu erst golden, später verrottet. Das strahlende Leuchten von Lulus Gesicht scheint eine Utopie zu versprechen, die jenseits dieser verdunkelten und versperrten Welt ihren Platz haben muß. Selbst Jack the Ripper läßt sich von diesem Zauber in Bann ziehen, wirft das Messer fort, um als Unschuldiger mit Lulu zusammenzukommen, er will ein anderer sein. Die intime Stille, die dann beide oben in der Mansarde umgibt, die zärtliche Innigkeit, mit der sie sich unter dem Mistelzweig küssen und wie Kinder in die Kerzenflamme sehen, beruhigt durch den Weihnachtsfrieden, schließt zwei Außenseiter der bürgerlichen Gesellschaft zusammen, zwei inkommensurable, unberechenbare und unzugängliche Figuren.

Pabst inszeniert Lulus Körper, als stamme er aus der Zeit vor dem Sündenfall: Brooks ist ständig in Bewegung, selbst wenn sie steht. Leichte graziöse und anscheinend unwillkürliche Gebärden, Körperdrehungen, Neigungen des Kopfes machen sie zum Sinnbild unverkrampften Lebens, völlig unbeschädigt von Ehrgeiz, kalten Absichten oder rabiaten Gelüsten. Die weit entfernt voneinander ansetzenden Augenbrauen, die schöne Symmetrie ihres Gesichtes, überwölbt vom schwarzen Helm ihrer Pagenfrisur, verleihen ihrer Physiognomie Offenheit, Unverstelltheit. Das Schimmern der Augen und das entspannte heitere Lächeln scheinen den Zwangscharakter der Betrachter, deren Vorbehalte, Grimm oder Neid, aufzulösen. Brooks' Gesicht ist frei von melodramatischen Zügen, sie kann für Momente ernst und besorgt aussehen, doch verfliegen diese Schatten des schweren Lebens schnell wieder. *Die Büchse der Pandora* fand zunächst keinen starken Publikumszuspruch – vielleicht, weil der Film eine Art Umschuldung vornimmt, die radikaler als bei Frank Wedekind ausfällt: Nicht in Lulu ist das Böse zu suchen, sondern in denen, die sie ›beherrschen‹ wollen.

Louise Brooks spielt in einem weiteren Film von Pabst, *Tagebuch einer Verlorenen*, eine junge Frau, die lange Zeit Opfer der Umstände, vergewaltigt, aufgezogen in einem drakonisch strengen Erziehungsheim, endlich vom Schicksal belohnt wird für all die Leiden. Auch hier setzt Pabst die Natürlichkeit der Schauspielerin, die keine der traditionellen Schauspielermarotten kennt, gegen die erstarrte und dadurch unmenschlich gewordene Zivilisationsform der traditionellen gesellschaftlichen Ordnung. Der Aufstieg des verlorenen Mädchens zur Gräfin ist zweifellos ein Kolportage-Sujet, doch dient es Pabst dazu, das Verbrauchte, Überlebte, Lebensfeindliche einer von vorurteilshaftem Puritanismus beherrschten ›alten Welt‹ hervorzuheben. Dieser, wenn man so will, revolutionäre Impuls setzt sich in der *Dreigroschenoper* fort, der Filmversion von Bertolt Brechts und Kurt Weills Bearbeitung der englischen Hof- und Opernsatire aus dem 18. Jahrhundert. Anders, als Brecht dies nach seinem Prozeß gegen die Nero-Film in seinen ästhetischen Überlegungen zum Verhältnis zwischen Kunst und Markt (»Der Dreigroschenprozeß«) glauben machen will, wird Pabsts Film durchaus etlichen Absichten Brechts gerecht, die selbst in der Bühnenfassung der »Dreigroschenoper« nicht szenisch, sondern nur verbal zur Geltung kommen. Zum Schluß gründen nämlich bei Pabst Macheath, der entlassene Polizeipräsident und Peachum, der hinausgeworfene ehemalige Anführer der Bettler, mit Polly zusammen eine Bank (anstatt derlei Institute weiterhin auszurauben). Pabsts Macheath durchwandert wiederum eine ›verwinkelte‹ Unterwelt, einen künstlichen, mit Gittern und Spiegeln ausgestatteten Irrgarten. So verebbt schließlich auch Macheaths anarchistisches Ausbruchsbegehren, er paßt sich an, er wird einer von denen, die ursprünglich seine Gegner waren. Es ist bemerkenswert, wie die beiden Hauptdarsteller der deutschen (Rudolf Forster) und französischen Version (Albert Préjean) Macheaths Grundcharakter zum Teil verschieben: Forster spielt eine scharf umrissene George-Grosz-Figur, den gefährlichen Tiger von Soho, der in seinem Revier an den Mauern entlang schleicht wie hinter tausend Stäben eines großen Verlieses, Préjean dagegen den eher gemütlichen Kleinbürger, dem jede expressionistische Vergangenheit fehlt, der sich deswegen mit den bestehenden Verhältnissen um so leichter arrangiert.

Pabst hat seit der *Freudlosen Gasse* eine besonders raffinierte Montage entwickelt. Es gelingt ihm, jedenfalls im Bereich der deutschen Filmkultur früher als anderen, durch die Montage eine fließende Erzählweise herzustellen, indem er in die Bewegung hineinschneidet. Diese Montage erzeugt nicht Kontraste, sondern ein raumzeitliches Kontinuum. Dieses Kontinuum erlaubt ihm zugleich, die Verwandlungen der Personen unaufdringlich, lakonisch zu pointieren. Die fein abgestuften Ausdrucksübergänge im Gesicht der Asta Nielsen kann Pabst in mehreren näherrückenden Einstellungen sozusagen hintereinanderstaffeln, die disparaten mimischen Zustände durch die Montage deutlich betonen. Das Spiel mit dem alten und dem neuen Mantel, das Greta Garbo vollführt, wurde vor Pabsts Kameraauge zur Demonstration verschiedener sozialer Aggregatzustände.

Das Strahlen Lulus gleich in der Eingangssequenz des Films *Die Büchse der Pandora* gilt einem älteren Mann, der, sobald er seine Dienstmütze aufsetzt, sich als Stromableser zu erkennen gibt. Solche Verschiebungen der vorschnellen Zuschaueridentifikation, die fast methodische Täuschung mancher Erwartungen, finden sich in dem Film verschiedentlich und entsprechen dem Prinzip Pabsts, kein Vertrauen zu den herkömmlichen symbolischen Formen aufkommen zu lassen, das Unstete und Instabile der Verhältnisse zu veranschaulichen. Spuren solcher Ästhetik finden sich noch in seinen engagiert pazifistischen Filmen *Westfront 1918* und *Kameradschaft*. Der erste Film kam kurz vor Lewis Milestones Verfilmung von Erich Maria Remarques Roman »Im Westen nichts Neues« in die deutschen Kinos und polarisierte, wenngleich nicht in ebensolchem Ausmaß, das Publikum je nach dessen politischer Bindung. Die vier Hauptfiguren, scheinbar zufällig aus dem Millionenheer der Soldaten herausgegriffen, sterben alle. Ihr Tod ist beiläufig und erbärmlich, doch setzt Pabst einige programmatische Akzente: Der schnarrende Leutnant wird angesichts der Leichenberge verrückt, er salutiert, als stehe er vor seiner Majestät, und schreit Hurra. Seine Erschöpfung geht in den Tod über. Wenn sich die Soldaten vor Einschlägen in ihrer Nähe ducken, bei denen Erde und Granatsplitter umherspritzen, verharren sie immer eine Sekunde danach völlig ruhig, so daß man denken muß, sie seien im Augenblick allesamt aus dem Leben hinweggerafft worden. Trugschluß. Allmählich lösen sich einige aus dieser scheinbaren Totenstarre, dem Vorspiel des Zustands, dem sie alle entgegengehen. Pabsts erster Tonfilm kann auch in der Rekonstruktion der Geräusche Furcht und Schrecken des Kriegs nahebringen.

Kameradschaft, 1931 von der englischen Akademie der Künste als bester Film der Weltfilmproduktion 1931 und zudem vom Völkerbund ausgezeichnet, noch 1958 anläßlich der Weltausstellung in Brüssel von einer internationalen Kritikerjury unter die 30 besten Filme überhaupt gezählt, stößt ebenso auf Protest der rechtsradikalen Presse in Deutschland, weil er für die Verständigung der beiden sogenannten Erbfeinde Deutschland und Frankreich wirbt: Bei einem Grubenunglück helfen deutsche Kumpel französischen Bergarbeitern. Unter Tage müssen sie zu dem Zweck ein Gitter entfernen, das den Schacht zerteilt, weil dort die Grenze zwischen den beiden Ländern verläuft. Am Ende des Films wird, ironischer Kontrapunkt zu der Versöhnungsfeier oben, dieses Gitter wieder als trennende Grenzmarkierung installiert. Die Franzosen sprechen französisch, die Deutschen sprechen deutsch, aber die Verschiedenheit der Sprachen stellt in der Notsituation kein Hindernis dar. Die Handlung spielt nach dem Krieg, so daß verständlich wird, daß ein französischer Grubenarbeiter plötzlich erschrickt, als ein Deutscher mit einer Gasmaske vor ihm auftaucht – er glaubt sich wahrhaftig in die Zeit der Grabenkämpfe zurückversetzt. Humane Solidarität wird von »Proletariern« geübt, die in Pabsts *Kameradschaft* nicht der üblichen Paßform des Vorzeigeproletariers entsprechen. Das Widerspiel von Zuversicht und Skepsis entfernt *Kameradschaft* auch aus dem Dunstkreis des plumpen Agitprop. Wiederum hat Pabst mit dem Ton stärker noch als mit den Bildern die Atmosphäre im Innern des Bergwerks, den Zustand des Verschüttetseins, des Ausharrenmüssens inmitten einer Welt befremdlicher Geräusche und Töne meisterhaft illustrieren können. Es wird begreiflich, daß er wie wenige andere Regisseure sich mit Enthusiasmus zur neuen Technik des Tonfilms bekannt hat.

Die Außenaufnahmen zu *Die Herrin von Atlantis* (1932) sind in Nordafrika entstanden. Der Film, der dekorativ-schaurige Elemente mit dokumentarischen und zugleich exotischen Veduten mischt, ist gewissermaßen doppelt verständlich, so scheint es Pabsts Plan gewesen zu sein: für den naiven Zuschauer handelt es sich um eine phantastische Reise, für den klügeren Betrachter um die Imagination des im Tropenkoller delirierenden Helden. Doch unabhängig von dieser raffinierten Erzählstruktur, die eine zweifache Lesart zuläßt: der »Soziologe« Pabst scheint beim Weg durch die Wüste die an mitteleuropäischen Widerständen geschulte scharfe Optik einzubüßen. Anders als bei Fritz Lang, dessen amerikanisches Werk in der Filmgeschichte umfängliche Würdigung erfahren hat, sind Pabsts französische, italienische und deutsche Filme seit 1933 nicht als Fortsetzung eines großen Œuvres mit anderen Mitteln betrachtet worden. Soweit die Filme überhaupt bekannt geworden sind – erst die große Pabst-Retrospektive der Berliner Festspiele von 1997 hat alle erhältlichen Filme und auch die rekonstruierten Fassungen dem deutschen Publikum zugänglich gemacht –, lassen sie inszenatorische Sicherheit verspüren (durchaus auch Filme, die während der Nazizeit entstanden sind, zum Beispiel *Paracelsus*). Doch die in der Weimarer Zeit gewachsene spezifische Perspektive Pabsts auf die Gegenstände, die Personen seines Erzählens, ließ sich weder in den Gastländern USA und Frankreich noch unter dem mißbilligenden Blick des Dritten Reichs, noch in der Bundesrepublik beibehalten. Auch Versuche, einzelne Filme zu rehabilitieren, haben an der Einschätzung im ganzen nichts ändern können: Pabst ist zwischen 1924 und 1932 ein großer und bedeutender Regisseur, der unerschütterliche wie scharfsichtige Beobachter einer bürgerlichen oder von bürgerlichen Begriffen dominierten Welt, deren Koordinaten nach dem Weltkrieg unaufhaltsam verrutschen.

Thomas Koebner

Filmographie: Der Schatz (1923) – Gräfin Donelli (1924) – Die freudlose Gasse (1925) – Geheimnisse einer Seele (1926) – Man spielt nicht mit der Liebe (1926) – Die Liebe der Jeanne Ney (1927) – Abwege (1928) – Die Büchse der Pandora (1929) – Tagebuch einer Verlorenen (1929) – Die weiße Hölle von Piz Palü (Co-Regie: Arnold Fanck, 1929) – Skandal um Eva (1930) – Westfront 1918 (1930) – Die Dreigroschenoper (1931) – Kameradschaft (1931) – Die Herrin von Atlantis (1932); französische Version: L'Atlantide (1932) – Du haut en bas (1933) – Don Quichotte / Don Quichotte (1933) – A Modern Hero / A Modern Hero (1934) – Mademoiselle Docteur / Mademoiselle Docteur (1936) – Jeunes Filles en détresse (1939) – Komödianten (1941) – Paracelsus (1943) – Der Prozeß (1948) – Geheimnisvolle Tiefe (1949) – La voce del silenzio / Männer ohne Tränen (1952) – Le Drame de Shanghai (1953) – Cose da pazzi (1953) – Das Bekenntnis der Ina Kahr (1954) – Es geschah am 20. Juli (1955) – Der letzte Akt (1955) – Durch die Wälder, durch die Auen (1956) – Rosen für Bettina (1956).

Literatur: Eric Rentschler (Hrsg.): The Films of G. W. Pabst. An Extraterritorial Cinema. New Brunswick 1990. – Gottfried Schlemmer [u. a.] (Hrsg.): G. W. Pabst. Münster 1990. – Hermann Kappelhof: Der möblierte Mensch. G. W. Pabst und die Utopie der Sachlichkeit. Ein poetologischer Versuch zum Weimarer Autorenkino. Berlin 1995. – Wolfgang Jacobsen (Hrsg.): G. W. Pabst. Berlin 1997.

Alan J. Pakula

1928–1998

Alan Jay Pakula wurde am 7. April 1928 in der Bronx, New York, geboren und starb am 19. November 1998 bei einem Verkehrsunfall in der Nähe von New York. Schon während seiner Schulzeit schrieb der Sohn polnisch-jüdischer Eltern erste dramatische Einakter. Nach Schulabschluß im Dezember 1944 arbeitete er in der Leland Theater-Agentur. An der Yale Unversity absolvierte er 1948 die Drama School. Kurze Zeit später war er in Hollywood als Assistent in der Zeichentrickabteilung bei Warner Bros. tätig. Während Pakula am Circle Theatre in Los Angeles mitwirkte, wurde er vom Produzenten Don Hartman, Chef der Paramount, entdeckt: Nach einer kurzen Praktikantentätigkeit bei MGM gelang es Pakula schließlich, Produktionsassistent bei Paramount zu werden. Dort lernte er Robert Mulligan kennen, mit dem er zwischen 1957 und 1969 intensiv zusammenarbeitete: Pakula und Mulligan gründeten eine eigene Produktionsfirma, der Pakula als Produzent und Mulligan als Regisseur vorstand. In dieser für beide sehr erfolgreichen Zeit entstanden insgesamt sieben Spielfilme, darunter *Die Nacht kennt keine Schatten* (1957), *Wer die Nachtigall stört* (1962), *Verliebt in einen Fremden* (1963) und *Gegen den Strom die Treppe hinauf* (1967).

1969 debütierte Pakula als Regisseur mit seinem Spielfilm *Pookie*, einer Liebesgeschichte, in der die noch unbekannte Liza Minelli mitspielte. Bereits mit seinem zweiten Spielfilm *Klute* (1971) gelang Pakula eine meisterhafte Außenseiter- und Kriminalstudie, die ihm den Londoner Kritikerpreis für die beste Regie einbrachte: Privatdetektiv John Klute (Donald Sutherland) lernt bei der Fahndung nach einem verschwundenen Freund die Edel-Prostituierte Bree Daniels (Jane Fonda) kennen. In der intensiven Beziehung zwischen den beiden, die Pakula in einem fast kammerspielartigen Stil eindringlich erzählt, brechen hinter den Fassaden des Callgirls, das arrogant und unempfindlich scheint, allmählich unsichere und verletzliche, fast kindlich naive Charakterzüge hervor. Die observierende Kamera von Gordon Willis und die beklemmende Musik von Michael Small gehen eine Synthese ein. Pakula gelingt eine psychologische Studie über die Entfremdung der Menschen in der amerikanischen Gesellschaft, eine Entfremdung, die im präzisen und bemerkenswerten intensiven Spiel von Jane Fonda und Donald Sutherland zum Ausdruck kommt.

Nach *Liebe und Schmerz und das ganze verdammte Zeug* (1972), der nicht in deutschen Kinos lief, wandte sich Pakula in seinem Meisterwerk *Zeuge einer Verschwörung* (1974) der Verbindung politischer und privater Sphären zu: Der Journalist und Einzelgänger Joe Frady (Warren Beatty) versucht vergeblich, eine skrupellose politische Verbrecherclique, die hinter der Parallax Corporation verborgen scheint, der Ermordung hoher Politiker zu überführen. Das Labyrinth aus Täuschung und Gewalt erweist sich als undurchschaubar. Wirklichkeit und Einbildung, Schein und Sein sind unauflösbar. Die zu Beginn und Ende des Thrillers durch eine extreme Kamerafahrt in anonyme Distanz gerückte Jury ironisiert die Integrität politischer Funktionsträger. *Zeuge einer Verschwörung*, nach einem Roman von Loren Singer, führt die Suche nach Wahrheit ad absurdum. Während der Dreharbeiten wurde die Watergate-Affäre (1972–1974) aufgedeckt und die Korruption der großen Politik bewiesen: In *Die Unbestechlichen* (1976) schildert Pakula das beharrliche Recherchieren der beiden Reporter Woodward (Robert Redford) und Bernstein (Dustin Hoffman) von der »Washington Post«, das schließlich zum Rücktritt Nixons führte. Der erfolgreiche, mit vier Oscars ausgezeichnete Film weist durch den impliziten gesellschaftspolitischen Diskurs über die spannungsreiche Unterhaltung eines Detektivfilms hinaus. *Klute, Zeuge einer Verschwörung* und *Die Unbestechlichen* wurden von der Kritik als Paranoia-Trilogie bezeichnet.

Nach *Eine Farm in Montana* (1978), einer modernen Western-Variation mit Jane Fonda, die sich als junge Farmerin gegen skrupellose Ölspekulanten durchsetzen muß, gelang Pakula mit *Auf ein Neues* (1979) eine leise Ehe-Komödie: Phil Potter (Burt Reynolds) versucht nach der Trennung von seiner Frau durch einen zwischen Seelenschmerz und allmählicher Genesung changierenden sensiblen Neuanfang mit einer Kindergärtnerin (Jill Clayburgh) das Scheidungstrauma unbeschadet durchzustehen. Zehn Jahre später brachte Pakula mit *Zweites Glück* (1989) ein Remake hervor, das in ähnlicher Weise den Verlust kontrollierten Lebens nachzeichnet. In diesen beiden Komödien, die an die Screwball-Komödien der dreißiger und vierziger Jahre erinnern, besticht die analytisch-psychologische Feinzeichnung der Figuren, die auf Pakulas ursprünglichen Wunsch, Psychoanalytiker zu werden, verweist. Nach dem Thriller *Das Rollover-Komplott* (1981) mit Jane Fonda und Kris Kristofferson wandte sich Pakula dem ernsten Thema belastender Vergangenheit zu: *Sophies Entscheidung* (1982), nach einer Romanvorlage des preisgekrönten William Styron, erzählt aus der Sicht des jungen Schriftstellers Stingo (Peter MacNicol), wie quälende Erinnerungen der katholischen Polin Sophie (Meryl Streep, die für diese Rolle den Oscar gewann) hervorbrechen, die als einzige ihrer Familie Auschwitz überlebte. Ihre einstige Anbiederung und Anpassung an das verhaßte Nazisystem taucht Pakula in graue Rückblenden, die zunehmend an Präsenz gewinnen. Nun lebt sie in quälenden Schuldgefühlen mit dem jüdischen Intellektuellen Nathan (Kevin Kline) zusammen, der hinter seiner intakt scheinenden Fassade ebenfalls eine kranke Seele verbirgt. Das sensible, ruhig erzählte Melodram porträtiert eine Welt, in der unerschütterlicher Lebenswillen gegen verzehrende Selbstzerstörung steht. Nach *Dream Lover* (1986), einem mittelmäßigen Psychothriller, drehte Pakula das eindringliche kammerspielartige Psychodrama *Kellerkinder – Orphans* (1987) mit Albert Finney, Matthew Modine und Kevin Anderson nach einer Bühnenvorlage von Lyle Kessler. Pakula erweist sich auch hier als ausgezeichneter Schauspieler-Regisseur, der die inneren Konflikte seiner Figuren ohne übertriebene Sentimentalität zu visualisieren vermag.

Mit seinem nächsten Film widmete sich Pakula wieder seinem Leitthema, der Undurchschaubarkeit gesellschaftlicher Wirklichkeit: *Aus Mangel an Beweisen* (1990), nach einem sorgfältig recherchierten Politthriller-Roman von Scott Turow, reflektiert über das amerikanische Rechtssystem, das sich unerwartet gegen den erfolgreichen Anwalt Rusty Sabich (Harrison Ford) wendet. Eine Mordanklage bedroht seine Integrität in Gesellschaft und Familie. Die vielschichtige Montage des Justizdramas eröffnet dem Zuschauer über Rückblenden zahlreiche Indizien, die sich nicht zum Beweis seiner Schuld oder Unschuld verdichten: Das Netz der Abhängigkeiten und Manipulationen, die Abgründe hinter der Oberfläche schaffen eine unauflösbare Diskrepanz zwischen dem Anspruch des Einzelnen, Wirklichkeit verstehen zu wollen, und tatsächlicher Wirklichkeit. Wahrheit ist ein Kaleidoskop, das ständig seine Struktur verändert. In *Gewagtes Spiel* (1993) lauern hinter der scheinbaren Idylle des Eheglücks von Richard und Priscilla Parker (Kevin Kline und Mary Elizabeth Mastrantonio) Versuchung und Begierde, die, durch den Nachbarn Eddy Otis (Kevin Spacey) evoziert, zum Zusammenbruch jeglicher sozialer Stabilität führen. Mit *Die Akte* (1994), einem unterhaltsamen Suspense-Thriller, verflachte Pakula sein Thema der allgegenwärtigen Bedrohung: Zu konstruiert erscheint der Ablauf der Geschehnisse, zu schablonenhaft die auf Gut und Böse reduzierte Realität, als daß Darby Shaws (Julia Roberts) Verfolgung einer staatlichen Korruptionsaffäre auf eine Wirklichkeit verweisen könnte, die jenseits der Einflußnahme des Einzelnen autonom funktioniert. Mit *Vertrauter Feind* (1997), einer 100-Millionen-Dollar-Produktion und großem Staraufgebot, versuchte der fast 70jährige Pakula erneut die Gratwanderung zwischen Unterhaltung und Anspruch: Der irisch-stämmige New Yorker Cop Tom O'Meara (Harrison Ford) und der gesuchte IRA-Untergrundkämpfer Frankie McGuire (Brad Pitt) werden, nachdem sie vor dem Hintergrund des IRA-Konfliktes ungeplant innige Freunde geworden sind, durch denselben erbitterte Feinde, da beide letztlich Opfer ihrer eigenen Gefühle und Moral geworden sind. Die Männerbeziehung legt vor diesem politischen Hintergrund die prekäre Ambivalenz zwischen individuellem Willen und gesellschaftspolitischem Müssen bloß.

Alan J. Pakula schuf innerhalb der engen Grenzen amerikanischen Hollywoodkinos vor allem durch seine Verschwörungsthriller der siebziger Jahre visuelle Bestandsaufnahmen gegenwärtiger politischer und gesellschaftlicher Stimmungen, in denen das grundsätzliche Vertrauen auf Durchschaubarkeit der Welt radikal erschüttert wird. Ästhetisch proklamierte er äußerst effektiv die Unberechenbarkeit des Bildes: Gerade Szenen, in denen leuchtend helle Total-Einstellungen ersehnte Transparenz verheißen, erweisen sich als Bilder fast kafkaesker Prägung. Täuschung und Einbildung sind allgegenwärtig. Die psychologische Porträtierung der Figuren beleuchtet die Ohnmacht des Einzelnen vor dem Mysterium Wirklichkeit und läßt Pakulas Filme zu ausgeprägten Suspense-Meisterwerken werden.

Bernd Hantke

Filmographie: The Sterile Cuckoo / Pookie (1969) – Klute / Klute (1971) – Love and Pain and the Whole Damn Thing / Liebe und Schmerz und das ganze verdammte Zeug (1972) – The Parallax View / Zeuge einer Verschwörung (1974) – All the President's Men / Die Unbestechlichen (1976) – Comes a Horseman / Eine Farm in Montana (1978) – Starting over / Auf ein Neues (1979) – Rollover / Das Rollover-Komplott (1981) – Sophie's Choice / Sophies Entscheidung (1982) – Dream Lover / Dream Lover (1986) – Orphans / Kellerkinder – Orphans (1987) – See You in the Morning / Zweites Glück (1989) – Presumed Innocent / Aus Mangel an Beweisen (1990) – Consenting Adults / Gewagtes Spiel (1992) – The Devil's Own / Vertrauter Feind (1997).

Literatur: Milan Pavlovic [u. a.]: Das Pakula-Syndrom. In: steadycam 1997. Nr. 33. S. 42–76.

Alan Parker

*1944

Der britische Filmemacher und Romanautor Alan Parker prägte mit seinen Landsleuten Adrian Lyne, Tony und Ridley Scott nachhaltig das Kino der achtziger und neunziger Jahre. Allen gemeinsam ist ihre Ausbildung in der Werbung und die davon beeinflußte Ästhetik in Bild- und Tonkompositionen, deren universelles Verständnis sie anstreben. Insbesondere für Parker ist die Musikalisierung von Bildern oder die Bebilderung von Musik charakteristisch. Neben einer Reihe von expliziten Musikfilmen oder Musicals streut Parker in fast alle seine Filme Gesangsnummern, choreographierte Massenszenen oder Tanzszenen ein.

Alan Parker wurde am 14. Februar 1944 in Islington, London, geboren. Nach Abschluß der High School arbeitete er als Laufbursche und später als Werbetexter für diverse Werbeagenturen in London. Seine Karriere begann, als er und sein Partner Alan Marshall, der sein ständiger Produzent werden sollte, eine Produktionsfirma für Industrie- und Werbefilme gründeten, die Alan Parker Film Company. Zwischen 1969 und 1978 stellten sie mehr als 500 Fernsehwerbespots her und gewannen jeden wichtigen Industrie- und Werbepreis. Sich dem Spielfilm zuwendend, drehte Parker die beiden Kurzfilme *Footsteps* (1973) und *Our Cissy* (1973) sowie zwei Fernsehspiele für die BBC – *No Hard Feelings* (1973) und *The Evacuees* (1975) –, deren Erfolg zu der Finanzierung seines ersten Kinospielfilms *Bugsy Malone* (1976) führte. In dieser ironischen Melange aus Gangsterfilm und Musical wird die Fehde zweier rivalisierender, mafiöser Clans erzählt, wobei das Überraschende in der Besetzung der Protagonisten durch Kinderdarsteller liegt. So werden konsequent aus Pistolen und Gewehren Sahne- und Tortenschleudern, die junge Jodie Foster darf als Revuestar Tallulah in einem enggeschnittenen Tanzkleidchen frivole Lieder von sich geben, während die schwarzen Kinder entweder Putzkräfte, Chauffeure oder leicht debile, aber gutmütige Schlägertypen mimen dürfen. Der damals mit fünf British Film Awards ausgezeichnete Film wirkt heute nur noch infantil, ohne wirklich kindlich und phantasievoll zu sein. Positiv zu bewerten sind jedoch die liebevolle Ausstattung und die elegante Kameraarbeit von Michael Seresin und Peter Biziou, die mit Ausnahme zweier Spielfilme (*Die Commitments*, 1991, und *Evita*, 1997) zu Parkers Stab gehören.

Inklusive seines Kinodebüts *Bugsy Malone* inszenierte Parker fünf Musikfilme bzw. Musicals, die sich zeitlich gesehen über seine gesamte Schaffensphase erstrecken. 1979, als die goldenen Jahre des Filmmusicals bereits mehr als 20 Jahre zurücklagen, drehte er den Publikumserfolg *Fame – Der Weg zum Ruhm*, der den Werdegang von angehenden Sängern, Tänzern und Schauspielern in dem sozialen und ethnischen Mikrokosmos der New Yorker Hochschule für darstellende Kunst einfängt. Dank des großen Erfolgs von *Fame* (Academy Award für die beste Musik von Michael Gore) schloß sich kurze Zeit später eine ebenso erfolgreiche Fernsehserie mit gleichem Titel an. Einen wahren Kultfilm für die Programmkinos schuf Parker 1982 mit der metaphorischen Bebilderung im Videoclipstil des Rock-Oratoriums *The Wall* der Popgruppe Pink Floyd. In einer assoziativen und symbolischen Symbiose aus Rückblenden, Zeichentrickfilm und stilisierten Resümees des Musikers Pinky (Bob Geldof) zeichnen sich ein düsteres Gesellschaftsbild und eine tragische Lebensgeschichte ab. Gesellschaftliche Institutionen wie die Schule (»We don't need no education«), das Militär und Pinkys Erinnerung an sein vaterloses Elternhaus werden als destruktive Einflüsse auf das Individuum in explizit gewalttätiger und bitter satirischer Art und Weise angeprangert. The Wall – die Mauer – als Symbol für die absolute Verweigerung jeglicher autoritärer Strukturen wird schließlich von den eben genannten Institutionen brutal eingerissen. Weitaus optimistischer und leichter, aber im Rahmen eines Musikfilms durchaus milieuecht, präsentieren sich knapp zehn Jahre später *Die Commitments* (1991). Das Auf und Ab einer irischen Soulband aus Dublin – Gründung, Aufstieg, gruppendynamische Differenzen und plötzlicher Abstieg – besticht durch realistische Charakterzeichnung, altbekannte, aber schwungvolle Musiknummern und authentische Settings. Ähnlich wie bei *Fame* steht im Mittelpunkt der Handlung ein Mikrokosmos sozial verschiedenster junger Menschen (Studenten, arbeitslose Klempner, Straßenmusiker usw.): beinahe eine ausgewogene Generationsstudie. Alan Parkers letzter Spielfilm, die pompöse Filmversion von Andrew Lloyd Webbers Musicalhit *Evita* (1997) förderte in erster Linie den Divenstatus der Pop-Provokateurin Madonna, die durchaus eindringlich die Präsidentengattin Eva Peron darstellt. In visuell sich gegenseitig überbietenden filmischen Episoden übernimmt *Evita* ästhetische und erzählerische Techniken der Videoclipkunst. Das Drehbuch zu *Evita* stammt von Oliver Stone, dem filmischen Chronisten der sechziger Jahre – *Platoon* (1986), *The Doors* (1991), *JFK – Tatort Dallas* (1992) –, der bereits für Parkers zweiten und dichtesten Spielfilm *12 Uhr nachts – Midnight Express* (1977) das

Drehbuch schrieb und dafür einen Oscar gewann. William Hayes (Brad Davis), ein amerikanischer Student, wird bei dem Versuch, 2 Kilogramm Haschisch aus der Türkei zu schmuggeln, gefaßt und schließlich zu 30 Jahren Gefängnis verurteilt. Das politisch recht polemische Gefängnisdrama legt sein Hauptaugenmerk auf die Leidensgeschichte des jungen Amerikaners. In unvorhersehbarer Drastik und traumatisierender Härte erfährt er die sadistischen Foltermethoden der türkischen Gefängniswärter und seine aufkeimende homosexuelle Begierde. Hayes' Leidensweg kommt einer Initiation durch extreme physische und psychische Prüfungen gleich, die er mit autistischem Wahnsinn quittiert.

Außer für die Visualisierung von schockierender Gewalt interessiert sich Parker insbesondere für Männerbünde, Freundschaften zwischen Männern und sinnbildliche Generationskonflikte. Im Mittelpunkt des 1984 entstandenen Psychodramas *Birdy* nach William Whartons Roman steht die Freundschaft zwischen dem verträumten Birdy (Matthew Modine), der in einem Balanceakt von wahnsinniger Begierde, ein Vogel zu sein, und zerbrechlicher Sensiblität dargestellt wird, und dem rauhen, aber herzlichen Draufgänger Al (Nicolas Cage). Nach verstörenden Erfahrungen in Vietnam versucht Al verzweifelt, zu dem scheinbar endgültig in seiner Traumwelt versunkenen Birdy vorzustoßen und ihn aus dem Militärhospital für psychisch Kranke zu befreien. Mit ihrer gesellschaftlich normierten Weltvorstellung kann die erwachsene, hierarchisch geordnete Außenwelt – Birdys Elternhaus und der vom Militär engagierte Psychiater – nicht auf Birdys gequälte Seele reagieren. In *Birdy* kehrt eine aufschlußreiche Körperinszenierung des leidenden Protagonisten wieder, die schon in *12 Uhr nachts – Midnight Express* und *The Wall* zu beobachten war. Birdys Empfindsamkeit wird in verletzlicher Nacktheit ausgedrückt. In der Embryonalstellung zusammengekauert, erwartet er die kommende Metamorphose. Einzig bei *Birdy* ist ein Happy-End und ein zwischenmenschlicher Austausch mit der Außenwelt – in Form der Freundschaft zu Al – möglich.

Um einiges schizophrener im Charakter ist Harry Angel (Mickey Rourke), Hauptfigur in Parkers okkultem Mystikthriller *Angel Heart* (1987). Von der zeitgenössischen Kritik als »reißerischer, blutrünstiger Genre-Overkill« (epd Film) abgewertet, beeinflußte *Angel Heart* jedoch als Vorläufer das in den neunziger Jahren verbreitete Serienkiller-Genre (*Das Schweigen der Lämmer*, 1991; *Sieben*, 1995). In atmosphärisch dichten Erzähleinheiten schafft es der Film, die Zuschauer immer mehr in den Bann zu ziehen. Aus einer anfänglich vom klassischen Film noir beeinflußten Detektivgeschichte wird eine zur Psychostudie mutierende Selbstfindung. Auch hier gibt es eine schicksalhafte Beziehung zu einem Mann, die für den Protagonisten Harry Angel lebensentscheidend ist. Er heißt Louis Cyphre (Robert De Niro) und ist der Teufel, der gekommen ist, um sich Angels Seele einzuverleiben. Ein Männerbündnis ganz anderer Art beschreibt *Mississippi Burning – Die Wurzel des Hasses* (1989). In der Tradition des amerikanischen »Buddy Movie« erzählt das Antirassismusdrama sowohl von den Schwierigkeiten der beiden FBI-Agenten Anderson (Gene Hackman) und Ward (Willem Dafoe) im Umgang mit den bornierten Südstaatlern als auch von den eigenen Vorurteilen dem anderen gegenüber. Die voneinander abweichenden Investigationsmethoden, die eher persönlich intime Verfahrensweise des erfahrenen und älteren Anderson und die bürokratische, objektiv aufrichtige Sichtweise des jungen Ward, führen nach anfänglichen Konflikten zu einem verständnisvollen Umgang miteinander und einem erfolgreichen Feldzug gegen den Ku-Klux-Klan. Trotz der konventionellen Erzählweise und der Reduktion der schwarzen Bevölkerung auf ein leidendes, devotes Volk, schafft es Parker, emotionale Anteilnahme zu wecken und einem breiten Publikum einen politischen Konflikt bewußtzumachen.

In drei unterschiedlichen Genrefilmen setzt sich Parker auch mit der heterosexuellen Liebes- und Lebensbeziehung auseinander. Das Ehemelodram *Du oder beide* (1981) mit der Woody-Allen-Darstellerin Diane Keaton wirkt inklusive seines gewaltträchtigen Endes wie eine ins Absurde gesteigerte Psychostudie in der Nachfolge Ingmar Bergmans. Das Melodram *Komm und sieh das Paradies* (1990) nach seinem eigenen Drehbuch scheitert aufgrund einer selbstreferentiellen Genremixtur von Liebesmelodram, Musikfilm, Antirassismusdrama, Weltkriegsepos und Gewerkschaftsfilm. Die Liebesgeschichte zwischen einem Gewerkschaftler der New Yorker Filmvorführer (Dennis Quaid) und einer jungen Japanerin (Tamlyn Tomita) wirkt leblos konstruiert, statisch in der Personenentwicklung und penetrant in den Gesangsnummern, die japanische und amerikanische Kultur gleichermaßen charakterisieren. Unterhaltsamer und intelligenter ist die historische Satire *Willkommen in Wellville* (1994) nach einem Roman von T. C. Boyle. Settings, Handlungszeit und Kostüme scheinen einer E.-M.-Forster-Verfilmung von James Ivory zu entstammen. Die puritanische Triebunterdrückung und die Konventionen autoritärer Institutionen werden satirisch überspitzt und zuweilen bis zur Groteske gesteigert. Dem Gesundheitswahn frönend, kommen Mr. und Mrs. Lightbody (Matthew Broderick, Bridget Fonda) in das berühmte Battle Creek Sanatorium des fanatischen Dr. Kellogg (Anthony Hopkins), um in seinem Sinne durch maschinelle Selbstbefriedigung und anale Erleichterung glückliche Menschen zu werden. Nach dem Durchleiden erstrahlt die laue Ehe in neuem, wenn auch konventionellem Glanze.

Wenn Steven Spielberg, der Mitbegründer des New Hollywood, für die Evokation des Kindlichen bekannt ist, so ist für Parker die Konzentration auf die schmerzvollen Erfahrungen der Adoleszenz spezifisch. Parkers Protagonisten wandeln sich durch Grenzerfahrungen, verfallen jedoch nicht selten dem Wahnsinn und demonstrieren an ihrem Fall die Unversöhnlichkeit zwischen Individuum und Gesellschaft.

Florian Gassmann

Filmographie: Footsteps (Kurzfilm, 1973) – Our Cissy (Kurzfilm, 1973) – No Hard Feelings (Fernsehfilm, 1975) – The Evacuees (Fernsehfilm, 1975) – Bugsy Malone / Bugsy Malone (1976) – Midnight Express / 12 Uhr nachts – Midnight Express (1977) – Fame / Fame – Der Weg zum Ruhm (1980) – Shoot the Moon / Du oder beide (1981) – The Wall / The Wall (1982) – Birdy / Birdy (1985) – Angel Heart / Angel Heart (1987) – Mississippi Burning / Mississippi Burning – Die Wurzel des Hasses (1989) – Come and See the Paradise / Komm und sieh das Paradies (1990) – The Commitments / Die Commitments (1991) – The Road to Wellville / Willkommen in Wellville (1994) – Evita / Evita (1997).

Literatur: Penelope Houston: Parker, Anderson, Attenborough. In: Sight and Sound 55 (1986) H. 3. S. 152 ff. – Alan B. White / Alan Parker: *Angel Heart*. Bergisch-Gladbach 1987. – Alan Parker / Nick James: The Thoughts of a Chairman. In: Sight and Sound. N. F. 7 (1997) H. 4. S. 10 ff.

Pier Paolo Pasolini

1922–1975

»Meinen Körper in den Kampf werfen« – diese Zeile aus einem Gedicht Pasolinis aus dem Jahr 1966 enthält in nuce ein politisches und ästhetisches Programm, das Leben und Werk des Schriftstellers, Filmemachers, Theoretikers und Polemikers bestimmte und ihn immer wieder zum Anlaß von Skandalen werden ließ. Der am 5. März 1922 in Bologna geborene Pasolini war ein dissidenter Marxist/Kommunist, der Leidenschaft und Ideologie verbinden wollte und dabei auf den Rechten des Einzelnen beharrte; ein ketzerischer Katholik, der die revolutionäre Botschaft des Neuen Testamentes gegen Kirche und Staat richtete, und ein Homosexueller, der sein Anders-Sein als Herausforderung aller Konformität begriff. Pasolini suchte die Provokation, den Kampf mit der Linken und der Rechten im Italien der Nachkriegszeit. Dies ließ ihn als politischen Intellektuellen schon zu Lebzeiten und vollends nach seiner nie ganz aufgeklärten Ermordung als Märtyrer erscheinen, wobei Elemente der »Selbstmystifikation« (K. Witte) nie zu übersehen waren. Gleichwohl vermischt der Bezug zum eigenen Körper Leben und Werk Pasolinis fast bis zur Untrennbarkeit.

Pier Paolo Pasolini entstammte der unglücklichen Ehe eines Offiziers mit einer Lehrerin. Die Konflikte mit dem autoritären Vater und die Liebe zur Mutter, die in seinem Film *Das Erste Evangelium – Matthäus* (1964) als Maria auftrat, waren ebenso prägend wie die Landschaft und die Sprache Friauls, wo Pasolini aufwuchs, wie das Studium der Kunstgeschichte und der Literatur, wie der Tod des Bruders Guido, der als Partisan kämpfte. Der junge Pasolini veröffentlichte 1942 einen ersten Band mit Gedichten in friaulischem Dialekt, »Poesie a Casarsa«, eine poetische Mythisierung der Landschaft und des bäuerlichen Lebens, in der sich Einfachheit im Ausdruck und Formbewußtsein durchdringen. Schon der Gebrauch des Dialekts war auch Widerstand gegen den diktatorischen Zentralismus des Faschismus, der regionale Besonderheiten unterdrückte. Zugleich artikulierte sich in diesen Versen erstmals Pasolinis homoerotischer Sensualismus. 1947 wurde Pasolini Mitglied der Kommunistischen Partei und arbeitete als Lehrer. Entscheidend für sein weiteres Leben wurde 1949 eine Anklage wegen Verführung Minderjähriger. Zwar wurde Pasolini freigesprochen, doch schloß ihn die KPI wegen »Unwürdigkeit« aus. Mit seiner Mutter zog er im gleichen Jahr nach Rom, wo er eine Stelle an einer Privatschule erhielt und Kontakte zu anderen Schriftstellern knüpfte. Die beiden Romane »Ragazzi di vita« (1955) und »Una vita violenta« (1959) begründeten mit dem Gedichtband »Le ceneri di Gramsci« (1957) seinen literarischen Ruhm und ermöglichten ihm die Existenz als Schriftsteller. Pasolinis Romane erzählen – ein Novum in der italienischen Literatur – vom Leben des auf seine physische Existenz zurückgeworfenen Subproletariats in den »borgate«, den slumähnlichen Vororten Roms, von einer wilden und leidenschaftlichen Existenz, die sich ganz dem Augenblick verschrieben hat und die Gewalt und den Tod nicht scheut.

Der literarische Erfolg brachte Pasolini Aufträge der Filmindustrie ein. Für Federico Fellini und Mauro Bolognini arbeitete er als Drehbuchautor, bis er mit *Accattone – Wer nie sein Brot mit Tränen aß* (1961) als Autor und Regisseur seinen ersten eigenen Film drehen konnte. Vittorio, genannt Accattone (Schmarotzer, Bettler), ist ein kleiner Zuhälter und Tagedieb in den »borgate«, ein ewig unerwachsener Mann, einzig begabt mit der List der Zu-kurz-Gekommenen. Die Liebe zu dem Mädchen Stella scheint ihn kurzzeitig zu läutern, doch dann findet er nach einem Diebstahl auf der Flucht den Tod. Was als Stoff an den Neorealismus erinnert, wird von Pasolini konsequent ästhetisch überhöht, ohne diese Welt, die kein Mitleid kennt, zu romantisieren. Bildkomposition und Lichtdramaturgie sind der Renaissancemalerei nachempfunden; Musik aus Werken von Bach unterstreicht den Passionscharakter des Lebens und Sterbens am äußersten Rand der Gesellschaft. Dieser sich selbst aufzehrenden Existenz gilt Pasolinis uneingeschränkte Sympathie – den durch nichts, nicht einmal durch Armut und Hunger reglementierten Körpern. *Mamma Roma* (1962), mit Anna Magnani in der Titelrolle, erzählt von der Liebe einer Prostituierten zu ihrem Sohn, den sie vor dem Leben auf der Straße bewahren will und doch verliert. Erneut wird das sozialrealistische Sujet zu einem »hoch-

Pier Paolo Pasolini (v.)

manieristischen Kinostück« (W. Schütte) verdichtet, in dem lange Fahrten der Kamera Raum und Zeit fast physisch präsent werden lassen, während Einstellungen, die sich an Vorbildern sakraler Malerei orientieren, die Gegenwart und die Realität transzendieren.

Der Weichkäse (1962), Pasolinis Beitrag zu dem Episodenfilm *RoGoPaG*, ist eine bissig-blasphemische Persiflage kommerzieller Bibel-Verfilmungen und eine Satire auf die Filmindustrie. Der Film wurde wegen »Verunglimpfung der Religion« beschlagnahmt und Pasolini zu vier Monaten Haft auf Bewährung verurteilt. Die Anklagen gegen Pasolini, den Künstler und Homosexuellen, häuften sich. Daß gerade er dann mit *Das Erste Evangelium – Matthäus* (1964) das Leben Christi verfilmte, galt vielen schon als Sakrileg. Der Film entstand, nur mit Laien besetzt, in Süditalien und sollte »ein reines Werk der Poesie« werden, das »den Dingen die Heiligkeit« zurückgibt (Pasolini). Pasolini aktualisiert das Evangelium nicht; er macht aus Christus keinen Frühsozialisten, sondern fügt seine Lehren und sein Wirken ganz in den Kosmos einer bäuerlichen Welt, in der der Mythos noch präsent ist.

Der folgende Film, *Große Vögel, kleine Vögel* (1966), ist Ausdruck einer Krise Pasolinis, der auf die Frage, welcher Welt er noch angehöre, offenbar keine Antwort mehr fand. Mitte der sechziger Jahre verschwand das ländliche Norditalien als Hort der Utopie unverstümmelter Erfahrung der Kindheit und Jugend so spurlos, wie die »borgate« als Orte letztmöglicher Tragik in der Konsumgesellschaft aufgingen. Aus der Krise machte Pasolini eine allegorische Komödie. Zwei Männer, Vater und Sohn, sind unterwegs. Wohin, bleibt unklar. Sie werden begleitet von einem sprechenden Raben, der ihnen die Welt erklärt, der doziert, bis sie ihn kurzerhand verspeisen und alleine weiterziehen. Der Stil der Inszenierung und Montage ist ein Kompendium filmsprachlicher Möglichkeiten von Eisenstein über den Neorealismus bis zur Nouvelle Vague, denn die ästhetischen Revolutionen sind die einzigen, die wirklich stattfanden.

Mit *Edipo Re – Bett der Gewalt/König Ödipus* (1967) und *Medea* (1970) wandte sich Pasolini der antiken Tragödie und dem Mythos als Widerpart der Rationalität zu: Archetypen der Existenz. Den beiden Filmen ist ein ästhetizistischer Eskapismus und Exotismus eigen, in dem Gedanken von Marx und Freud fast wie bemüht zitiert wirken, wie Fremdkörper, die aufgesaugt werden von einer delirierenden Bildsprache bewußter Atavismen und von einem opernhaften Pathos (Medea wird dargestellt von der Opern-Diva Maria Callas). Man hat Pasolinis Antike-Projekt mit Flauberts Roman »Salammbô« und mit D'Annunzios dekadenter Beschwörung von Gegenwelten verglichen. Naheliegender ist es, eine Inspiration durch Antonin Artauds avantgardistisches Konzept des »Theaters der Grausamkeit« anzunehmen: eine filmische Umsetzung des »fürchterlichen Lyrismus [...], den es in den Mythen gibt« (Artaud). Eine Chiffrensprache bestimmt die Filme, gebildet aus Gestik, Mimik und Bewegung der Figuren, aus Masken, Kostümen und Musik, aus blendendem Licht und Düsternis. Pasolinis Tragödienadaptionen sind Kultur-Collagen. Mag es auch seine Intention gewesen sein, parabelhaft die barbarische Welt des Mythos als befreiende, revolutionäre Kraft der profan gewordenen westlichen Welt entgegenzustellen: die »Dritte Welt« der »Ersten« – die Filme tendieren doch zur hermetischen Privatmythologie. Auch *Der Schweinestall* (1969), vor *Medea* entstanden, leidet am Konstrukt der Parabel über Faschismus, Kapitalismus und Barbarei.

Daß die Geschichte im Endspiel der Bourgeoisie zur Farce wird, daß nur noch Charaktermasken agieren, nicht mehr Menschen, das ist der Tenor des Films *Teorema – Geometrie der Liebe* (1968), eines Werkes von konzentrierter Formstrenge. *Teorema* ist ein narrativer Essay über den Verfall des Bürgertums, über sein Ende, ohne daß es von der Revolution hinweggefegt wird. Ein Gast, ein schöner junger Mann, kommt in eine Industriellenfamilie, vielleicht als Gott, als Engel oder nur als sexuelle Versuchung. Alle verfallen ihm, doch nur die Hausangestellte wird durch den Kontakt mit ihm wirklich transformiert und zur Heiligen. Die Bourgeoisie regrediert. Will sie sich verändern, so führt ihr Weg – symbolisch – durch die Wüste der Läuterung. *Teorema* wurde von der Linken und der Rechten heftig kritisiert, von der katholischen Kirche ausgezeichnet und vom Staat wegen Blasphemie verboten. Pasolini selbst befand sich erneut in einem Zwiespalt. Die Achtundsechziger-Bewegung lehnte er ab, weil er in ihr den Machtanspruch eines jungen und hedonistischen Bürgertums artikuliert sah; den Staat, den die Jugend angriff, lehnte er ab, weil er – wie er es sah – den Hedonismus und Konsumismus zu einer neuen Form des Faschismus formte.

Pasolinis späte Filme, die »Trilogie des Lebens«, und sein letzter Film, *Die 120 Tage von Sodom*, sind unverständlich ohne Kenntnis der polemischen Artikel, die

Pasolini anfangs der sechziger Jahre vor allem in der renommierten Tageszeitung »Corriere della sera« publizierte und die 1975 unter dem Titel »Freibeuterschriften« als Buch veröffentlicht wurden. Der »anthropologischen Mutation«, ja dem »Völkermord«, den die kapitalistische Gesellschaft an den Subkulturen beging, stellt er in *Decameron* (1971), in *Pasolinis tolldreiste Geschichten* (1972) und in *Erotische Geschichten aus 1001 Nacht* (1974) seine Vision einer Ars erotica entgegen: eine Poesie der schönen Körper und ihrer Lüste, Phantasien einer Welt lange vor der industriellen Revolution, umgesetzt aus den literarischen Vorlagen von Boccaccio, Chaucer und den »Märchen aus 1001 Nacht«. In die Beschwörung der Schönheit von einst gehen immer wieder, so, als wolle Pasolini sich selbst aus dem Traum erwecken, das Häßliche, die Gewalt und der Tod ein. In dieser »Trilogie des Lebens« sprach er das Leben, den Sexus heilig. Kurz danach schwor er öffentlich der »Trilogie« ab und verkündete seinen Haß auf die Körper der Gegenwart. *Die 120 Tage von Sodom* (1975) sind vermutlich das grauenvollste Werk der Filmgeschichte. Den 1785 entstandenen, aber erst 1904 publizierten Roman »Die hundertzwanzig Tage von Sodom« des Marquis de Sade transponiert Pasolini in die Zeit der faschistischen Republik von Salò, kurz vor dem Ende des Zweiten Weltkriegs. Vier »Herren« bereiten in kaltem Genuß der Macht einer Vielzahl von Opfern die Hölle auf Erden. Der Film ist ein Inferno der Demütigungen, der Entmenschlichung, der sadistischen Gewalt; in der Drastik der Darstellung geht Pasolini über jedes erträgliche Maß weit hinaus. Doch nicht nur das, was er zeigt, ist unerträglich. Zur Provokation wird die Art, wie Pasolini es zeigt: so kalt, mitleidlos und distanziert, wie die »Herren« ihre Taten begehen. Die Macht des Blickes, der eben nicht wegsieht, legiert Pasolini mit der Gewalt der Tat. Der Voyeurismus des Kinos wurde nie zuvor derart in seine Inhumanität getrieben, in den Konsumismus, den schieren Verbrauch von Körpern. Ob dies Pasolinis Abschied vom Kino hätte sein sollen, bleibt ungewiß. Der Film wurde erst nach seinem Tod uraufgeführt und sofort verboten. In der Nacht vom 1. auf den 2. November 1975 wurde Pier Paolo Pasolini in Ostia bei Rom brutal ermordet. Der verhaftete Tatverdächtige, ein Strichjunge, wie Pasolini ihn oft literarisch beschrieb, gab an, in Notwehr gehandelt zu haben. Auch die Gerichtsverhandlung konnte die genauen Umstände des Verbrechens nicht klären.

Bernd Kiefer

Filmographie: Accattone / Accattone – Wer nie sein Brot mit Tränen aß (1961) – Mamma Roma / Mamma Roma (1962) – RoGoPaG (Episode: La ricotta / Der Weichkäse, 1963) – Il Vangelo secondo Matteo / Das Erste Evangelium – Matthäus (1964) – Uccellacci e uccellini / Große Vögel, kleine Vögel (1966) – Edipo re / Edipo Re – Bett der Gewalt / König Ödipus (1967) – Teorema / Teorema – Geometrie der Liebe (1968) – Porcile / Der Schweinestall (1969) – Medea / Medea (1970) – Il Decameron / Decameron (1971) – I racconti di Canterbury / Pasolinis tolldreiste Geschichten (1972) – Il fiore delle mille e una notte / Erotische Geschichten aus 1001 Nacht (1974) – Salò o le 120 giornate di Sodoma / Die 120 Tage von Sodom (1975).

Literatur: Pier Paolo Pasolini. München/Wien 1977. (Reihe Film. 12.) – Enzo Siciliano: Pasolini. Leben und Werk. Frankfurt a. M. 1986. [Ital. Orig. 1978.] – Franca Faldini / Goffredo Fofi (Hrsg.): Pier Paolo Pasolini. Lichter der Vorstädte. Hofheim 1986. – Nico Naldini: Pier Paolo Pasolini. Eine Biographie. Berlin 1991. [Ital. Orig. 1986.] – Otto Schweitzer: Pier Paolo Pasolini. Reinbek bei Hamburg 1986. – Christoph Klimke (Hrsg.): Kraft der Vergangenheit. Zu Motiven der Filme von Pier Paolo Pasolini. Frankfurt a. M. 1988. – Naomi Greene: Pier Paolo Pasolini. Cinema as Heresy. Princeton 1990. – Akademie der Künste (Hrsg.): Pier Paolo Pasolini. ». . . mit den Waffen der Poesie«. Berlin 1994. – Freunde der Deutschen Kinemathek (Hrsg.): Pier Paolo Pasolini. Dokumente zur Rezeption seiner Filme in der deutschsprachigen Filmkritik 1963–1985. Berlin 1994. – Jon Halliday: Pasolini über Pasolini. Im Gespräch. Wien/ Bozen 1995. – Sam Rohdie: The Passion of Pier Paolo Pasolini. London 1995.

Sam Peckinpah

1925–1984

»Ich liebe Außenseiter. Wenn man sich nicht anpaßt und restlos aufgibt, ist man allein auf dieser Welt. Wenn man aber aufgibt, verliert man seine Unabhängigkeit als Mensch. Deshalb bin ich für die Einzelgänger. [...] Sie spielen ihr Spiel bis zum Ende.« – 1972, als Peckinpah sich in einem Interview im »Playboy« so über die Protagonisten seiner Filme und zugleich über sich selbst und seine Position als Autor und Regisseur in der amerikanischen Filmindustrie äußerte, war er auf der Höhe seines Ruhmes, berühmt und berüchtigt, ein »Outlaw in Hollywood«. In *The Wild Bunch – Sie kannten kein Gesetz* (1969) hatte er das Genre des Western, »das amerikanische Kino par excellence« (A. Bazin), mit einem aggressiven Montage-Crescendo in einem Blutbad an ein Ende geführt, das jeden Western danach zu einem Western post Peckinpah macht. Die extreme Verlangsamung der Schreckensbilder, der Ansichten zu Tode getroffener Körper, aus denen das Blut fontänengleich herausschießt, die Intensivierung der letzten Momente des Lebens durch Slow-motion, seither ein Stilmerkmal der Filme Peckinpahs und vielfach kopiert, trug dem Film und seinem Regisseur die Kritik ein, Gewalt zu ästhetisieren, zu verherrlichen. Für hellsichtigere Kritiker war *The Wild Bunch* eine blutige Allegorie auf den Zustand Amerikas Ende der sechziger Jahre, eines Landes im Krieg, mit sich und in Vietnam. Gewalt – das zentrale Thema der Mythologie des Genres – wird durch diese Darstellung derart radikalisiert, daß der Film förmlich zu explodieren scheint. Die destruktive Wucht von *The Wild Bunch*, die Wildheit des Abgesangs auf den American dream, der an seinen eigenen Imperativen, Freiheit, Individualismus und Recht auf die Suche nach dem Glück, scheitert, weil sich aus der Gemeinschaft von Einzelgängern längst die kapitalistische Gesellschaft entwickelt hat, die ihr Ethos auf Profitmaximierung ausrichtet, ist allen bedeutenden Filmen Peckinpahs eigen; und doch hält Peckinpah gerade in seinen Nekrologen auf Amerika in einer Art Haßliebe am Ideal des American hero fest: am individuellen männlichen Helden, der sich selbst treu bleiben muß, gerade weil sich die Welt um ihn rapide verändert. Dieses romantische Motiv, in der amerikanischen Literatur von James F. Cooper bis Ernest Hemingway präsent, ist Peckinpahs Thema: daß ein Mann zerstört, aber nicht besiegt werden kann. Peckinpah gestand selbst ein, daß dieses Ideal ein Anachronismus sei, und aus dieser Einsicht kommt seinen Filmen über notwendig scheiternde Helden die Melancholie als Grundstimmung zu.

Für die Familie, der Sam Peckinpah, geboren am 21. Februar 1925 in Fresno, entstammte, hatte sich der amerikanische Traum erfüllt. Aus Siedlern war in Kalifornien eine vermögende Familie von Richtern und Anwälten geworden, der sich Peckinpah nach dem Kriegsdienst durch ein Studium der Theaterwissenschaft schon entzog. Anfang der fünfziger Jahre kam er – wie viele Filmregisseure seiner Generation – zum Fernsehen, wo er als Autor und Regisseur an Westernserien wie *Rauchende Colts* und *Westlich von Santa Fe* arbeitete. Sein erster Kinofilm, *Gefährten des Todes* (1961), war ein B-Movie, ein Western, in dem ein alternder und verwundeter Held seiner Rache als seinem Ethos folgt und am Ende, letztmals in einem Film von Peckinpah, durch die Katharsis der Gewalt und durch die Liebe zu einer Frau tatsächlich geläutert scheint. Im gleichen Jahr drehte Peckinpah *Sacramento* (1962), der – mit John Fords *Der Mann, der Liberty Valence erschoß* (1962) – eine Wende im Genre des Western markiert: den Beginn des Spät-Western. Besetzt mit zwei Ikonen des Genres, Joel McCrea und Randolph Scott, die nicht nur ihre Rollengeschichte, sondern auch ihr Alter ausstellen, inszeniert Peckinpah mit seinem Kameramann Lucien Ballard einen Herbst des Westens. Die gelb-braune Farbe der Landschaft signalisiert schon das Verdämmern; das Eindringen der Zivilisation löst das klassische Western-Ethos von Freundschaft und Loyalität auf. Jede Anstrengung der Männer mutet wie eine letzte an, sich noch einmal gerecht zu werden. Wo Ford jedoch der Legende des Westens, und damit dem Mythos des Genres, das Recht läßt, ist Peckinpah radikaler. Recht und Unrecht werden, extrem subjektiviert, zu Reaktionen auf eine Welt, die keine Maßstäbe mehr kennt. In einer solchen Welt haben sich Peckinpahs Protagonisten von nun an alle zu bewähren, zu rechtfertigen. Oft sind Blicke in einen Spiegel Schlüsselbilder: Momente der Selbsterkenntnis als Erkenntnis des Verlorenseins. – *Sierra Charriba* (1965) war angelegt als epischer Western über den Bürgerkrieg und die Indianerkriege, als Spiegel eines amerikanischen Selbstverständnisses, das sich aus Legenden und Mythen regeneriert. Peckinpah wollte die andere Seite zeigen: den Hochmut, den Rassismus, die nackte Gewalt der Geschichte. Trotz der Fürsprache des Stars des Films, Charlton Heston, konnte Peckinpah den Film nicht in der von ihm gewünschten Form drehen und mußte Verstümmelungen seiner Schnittfassung hinnehmen. Mit *Sierra Charriba* begann Peckinpahs Outlaw-Dasein in Hollywood. Er blieb Jahre unbeschäftigt und mußte zum Fernsehen zurückkehren. Es begann auch ein Lebensstil Peckinpahs, genährt aus Haß auf Produzenten und Studios, der immer zerstörerischer wurde: durch Alkohol- und Drogensucht. Als er dann überraschend die Chance bekam, *The Wild Bunch* zu drehen, war dieses Prestige-Projekt von Warner Bros. schon festgelegt: ein amerikanischer Western, der den Erfolg der Italowestern vor allem von Sergio Leone übertreffen sollte. Als »one of the year's biggest movies« wurde *The Wild Bunch* angekündigt. Mit den Schauspielern William Holden, Ernest Borgnine und Robert Ryan, mit dem Kameramann Lucien Ballard und dem Cutter Louis Lombardo ging Peckinpah nach Mexiko. Die Produktionsgeschichte von *The Wild Bunch* ist untrennbar von der Geschichte, die der Film erzählt. Eine Truppe von alternden Outlaws flieht kurz vor dem Ausbruch des Ersten Weltkriegs nach Mexiko, um sich dort in den Dienst eines korrupten konterrevolutionären Generals zu stellen. Verfolgt von einem Mann, der einst Mitglied der Bande war, einem Freund des Anführers Pike Bishop (William Holden), der durch Bishops Versagen ins Gefängnis geriet und dort erpreßt wurde, ihn zu jagen, wird Bishops Truppe durch die Loyalität zu einem jungen Mexikaner, der sich auf die Seite der Revolution stellt, zum Äußersten getrieben. In einem Showdown, wie es ihn im Kino noch nie gab, gehen die Männer in den Tod. Peckinpah und Lombardo adaptieren für das Genre des Western die Montagetechnik Eisensteins, freilich ohne dessen dialektischen Impuls. Im Wechsel von Slow-motion und Realzeit, aus extravaganten Kamerapositionen aufgenommen und gleichsam explosionsartig geschnitten, noch auf der Tonspur das Einschlagen der Projektile in die Körper hörbar machend, ist *The Wild Bunch* immens physisches Kino, ein Kino des Exzesses, in dem die wenigen Momente der Ruhe nicht darüber täuschen, daß jedes Wahrnehmungsfeld ein Schußfeld ist. Auf Veranlassung von Warner Bros. wurde der Film gekürzt und so wesentlicher Sequenzen beraubt, in denen Peckinpah die Motive seiner in den Tod rennenden Protagonisten entwickelt: Für sie ist die Zeit abgelaufen, und der neuen Zeit können sie sich nicht mehr anpassen; sie spielen ihr Spiel bis zum gewaltsamen Ende. *Abgerechnet wird zum Schluß* (1970) ist die tragikomische Variation dieses Themas. Ein alternder Westerner bewältigt alle Gefahren, nur um schließlich einem der ersten Automobile zum Opfer zu fallen.

Verstörend und höchst umstritten ist Peckinpahs erster Film, dessen Handlung in der Gegenwart angesiedelt ist: *Wer Gewalt sät* (1971). In einem kleinen englischen Dorf, in das sich ein junger Mathematiker (Dustin Hoffman) mit seiner Frau zurückgezogen hat, um den Turbulenzen in Amerika zu entfliehen, gerät der liberale Intellektuelle in eine von Dumpfheit und Aggressivität bestimmte Atmosphäre, in der er am Ende auch nur mit brutal-archaischer Gewalt reagieren kann. Die ländliche Idylle ist so trügerisch wie das Eheglück; der Firnis der Zivilisation über Urinstinkten ist äußerst zerbrechlich. Gewalt nistet in allen sozialen Beziehungen, und die Gesellschaft geht an ihr zugrunde. In den beiden folgenden Filmen mit Steve McQueen in den Hauptrollen, *Junior Bonner* (1972) und *Getaway* (1972), läßt Peckinpah den Typus des Westerner in moderner Gestalt unterwegs sein: als Rodeo-Reiter in einer Welt, in der der American dream zum Showbusineß verkam, und als Gangster, dessen Handlungen schon dadurch legitimiert sind, daß er in einer korrupten Gesellschaft als einziger nicht käuflich ist. Der Outlaw wird zum letzten amerikanischen Helden, dessen Handlungsspielräume sich allerdings zusehends verengen. Symbolisch dafür stehen die Weidezäune in Peckinpahs letzter Rückkehr zum Genre des Western *Pat Garrett jagt Billy the Kid* (1973). Der legendäre Desperado (gespielt von dem Country-Music-Star Kris Kristofferson) erscheint als junger Rebell gegen jede Autorität, gegen das Gesetz, das nun von seinem ehemaligen väterlichen Freund Garrett verkörpert wird, der sich von den Landbesitzern kaufen läßt, um der Freiheit Billys ein Ende zu machen. Zu der Musik von Bob Dylan, der selbst eine kleine Rolle übernahm, geht der »wild west« mit seinen Träumen und Mythen elegisch unter. Erneut mußte Peckinpah, dessen Lebensstil sich immer mehr dem seiner Helden anglich, es hinnehmen, daß in die Dreharbeiten eingegriffen und der Film gekürzt wurde.

War schon in *The Wild Bunch* Mexiko der Fluchtpunkt, so ist das Land in *Bring mir den Kopf von Alfredo Garcia* (1974) noch einmal kurz Raum der Freiheit. Ein gestrandeter Amerikaner sieht die Chance seines Lebens in der Jagd nach dem Kopf eines Toten und endet im Kugelhagel. Die Ära der Individualisten ist zu Ende; es hat längst die der undurchschaubaren Machtgeflechte begonnen. In ihr ist auch *Die Killer-Elite* (1975) der Geheimdienste nur noch Spielball. Für *Steiner – Das Eiserne Kreuz* (1977), eine europäische Produktion, ging Peckinpah nach Jugoslawien. Die Figur des Feldwebels Steiner, der im Zweiten Weltkrieg an der Ostfront kämpft, ist auch in der Wehrmachtsuniform ein Peckinpah-Charakter: ein Mann, der angesichts der Inhumanität und mitten im totalen Krieg sich seine Würde bewahren will. Offenbar unbewußt nährt Peckinpah damit aber auch den Mythos vom deutschen Landser, was den großen Erfolg des Films in Deutschland erklären mag. In den USA konnte Peckinpah dann noch zwei Filme drehen: die Actionkomödie *Convoy* (1978) und den Politthriller *Das Osterman Weekend* (1983), Auftragsarbeiten unter Aufsicht, denen das Desinteresse des Regisseurs so anzumerken ist wie seine rapide nachlassende Gestaltungskraft. Sam Peckinpah starb am 28. Dezember 1984 in Inglewood, Kalifornien.

Bernd Kiefer

Filmographie: The Deadly Companions / Gefährten des Todes (1961) – Ride the High Country / Sacramento (1962) – Major Dundee / Sierra Charriba (1965) – The Wild Bunch / The Wild Bunch – Sie kannten kein Gesetz (1969) – The Ballad of Cable Hogue / Abgerechnet wird zum Schluß (1970) – Straw Dogs / Wer Gewalt sät (1971) – Junior Bonner / Junior Bonner (1972) – The Getaway / Getaway (1972) – Pat Garrett and Billy the Kid / Pat Garrett jagt Billy the Kid (1973) – Bring Me the Head of Alfredo Garcia / Bring mir den Kopf von Alfredo Garcia (1974) – The Killer Elite / Die Killer-Elite (1975) – Cross of Iron / Steiner – Das Eiserne Kreuz (1977) – Convoy / Convoy (1978) – The Osterman Weekend / Das Osterman Weekend (1983).

Literatur: Terence Butler: Crucified Heroes. The Films of Sam Peckinpah. London 1979. – Paul Seydor: Peckinpah: The Western Films. Urbana/Chicago/London 1980. – Garner Simmons:

Peckinpah. A Portrait in Montage. Austin 1982. – Frank Arnold / Ulrich von Berg: Sam Peckinpah. Ein Outlaw in Hollywood. Frankfurt a. M. / Berlin 1987. – Michael Bliss: Justified Lives. Morality and Narrative in the Films of Sam Peckinpah. Carbondale/Edwardsville 1993. – Michael Bliss (Hrsg.): Doing It Right. The Best Criticism on Sam Peckinpah's *The Wild Bunch*. Carbondale/Edwardsville 1994. – David Weddle: Sam Peckinpah. »If They Move . . . Kill 'Em!«. New York 1994.

Arthur Penn

*1922

Arthur Penn, am 27. September 1922 als Sohn russisch-jüdischer Einwanderer in Philadelphia geboren, wuchs in unruhigen familiären Verhältnissen auf. Als er drei Jahre alt war, ließen sich seine Eltern scheiden, und er mußte mit Mutter und Bruder mehrmals umziehen. Stationen seiner Odyssee waren Plainfield, New Jersey, die Bronx, Brighton Beach, schließlich New Hampshire. Die Erfahrungen mit Isolation und Grenzgängertum hinterließen Spuren: Penn wurde zum aggressiven Außenseiter, zum schulbekannten Schläger, kaum fähig, Freundschaften zu knüpfen, »ein seltsamer Straßenjunge«, wie er sich selbst beschreibt. Wie viele seiner späteren Protagonisten ein Pendler zwischen anarchischen und bürgerlichen Welten, kehrte er schließlich nach Philadelphia zurück und wollte bei seinem Vater das Uhrmacherhandwerk lernen. Mit dessen Gesundheit ging es jedoch rapide bergab, finanziell ruiniert und vom Krebs gezeichnet, starb Harry Penn, als Arthur gerade achtzehn Jahre alt war. 1943 wurde er in die Army eingezogen, wo ihm eine Theatergruppe, die Soldiers Show Company, neue berufliche Horizonte eröffnete. Inspiriert von der Leitung dieser Laientruppe, nahm Penn ein Schauspielstudium in Florenz und Los Angeles auf, verdiente sich seine ersten Sporen 1951 als »floor manager« der »Colgate Comedy Hour« bei NBC. Zwischenzeitlich begann er mit dem Verfassen von Fernsehdramen und Theaterstücken und inszenierte 1958 mit großem Erfolg sein erstes Theaterstück am Broadway, »Two for the Seesaw«.

Im gleichen Jahr debütierte Penn mit dem Western *Billy the Kid / Einer muß dran glauben* als Filmregisseur, wobei ihm seine Erfahrung mit Live-Fernsehspielen zugute kam. Mit wachem Gespür für visuelle Ökonomie und pointierte Rhythmisierung ausgestattet, drehte er das Porträt des von Paul Newman verkörperten Gunfighters Billy the Kid in nur 23 Tagen. Erstmals kristallisierten sich hier einige Themen und Stilmittel heraus, die in Penns Œuvre einen besonderen Stellenwert einnehmen: Gewalt ist als uramerikanisches Mittel der Auseinandersetzung gekennzeichnet, gleichwohl verbunden mit einer Entmythologisierung strahlenden John-Wayne-Heldentums. Penns Helden scheinen stets zwischen Selbstzweifel und Selbstüberhöhung zu schwanken und wirken in ihren selten bezeugten Schwächen stärker als in der kraftvoll ausgestellten Pose. Um die Psychologisierung seiner Figuren zu vertiefen, griff Penn – ungewohnt im amerikanischen Kino – Stilmittel der Nouvelle Vague auf: Zeitlupe, Unschärfen, sprunghafte Schnittfolgen und Tonausblendungen markieren extreme Wendepunkte in der Weltwahrnehmung der Protagonisten. Der Mut zum Experiment zahlte sich für Penn jedoch nicht aus. Bei Warner stand man dem Produkt skeptisch gegenüber, das Ergebnis an der Kinokasse war bescheiden, lediglich die europäische Kritik, respektive die französische, reagierte mit Wohlwollen.

Der letzte Ausweg hieß hier Broadway; zurück also zum Konventionellen, zurück auch zu erneuten Erfolgen mit Adaptionen von »Toys in the Attic« oder »All the Way Home«. Ein Stück übte eine besondere Anziehungskraft auf Penn aus, William Gibsons »Licht im Dunkel«, eine authentische Geschichte, kreisend um das Schicksal der taubblinden Helen Keller. Die Geschichte thematisiert Licht und Dunkelheit als »essentials of life«, doch der Blick ist, wie so oft bei Penn, primär auf die Schattenseite des Lebens gerichtet. Der Eindruck des Ausgegrenztseins, den Penn in seiner rast- und heimatlosen Jugendzeit gewann, findet in Helen Kellers Ausschluß aus der sichtbaren und hörbaren Welt eine Entsprechung. Penn hatte das Stück bereits 1959 für die Bühne aufbereitet. Doch erst in der Filmversion, mit der Gegenüberstellung von grobkörnigen, unterbelichteten, blind verschleierten Visionen und beinahe schmerzhaft strukturierten Raumanordnungen, gelingt ihm die physische Austarierung der gegensätzlichen Innenwelten seiner Protagonistinnen. Anne Bancroft (als Lehrerin Annie Sullivan) und Patty Duke (als Helen Keller) wurden für ihre intensive Darstellung mit Oscars für die beste Haupt- bzw. Nebenrolle belohnt. Trotz künstlerischer Anerkennung blieb Penns Nachfolgefilmen der finanzielle Erfolg versagt. Sowohl *Mickey One* (1965), der Warren Beatty als paranoiden Stand-up-Comedian vorführt, als auch *Ein Mann wird gejagt* (1966), mit Marlon Brando in der Rolle eines gerechtigkeitsfanatischen Sheriffs, erwiesen sich wegen ihrer unkonventionellen Bildsprache als Kassengift.

Erst die blutig-groteske Gangster-Ballade von *Bonnie und Clyde* (1967) traf auf ein enthusiastisches Publikum. Penn wurde zum zweiten Mal – nach *Licht im Dunkel* – für den Regie-Oscar nominiert. Obwohl die Handlung in der Depressionsära angesiedelt ist, traf seine zweite Zusammenarbeit mit Warren Beatty den Nerv einer Zeit des Aufbegehrens gegen spießbürgerliche Konventionen und Maßregelungen. Das Gangsterpaar ist hier als Gegenentwurf zur funktional-angepaßten Gesellschaft angelegt. Faye Dunaway und Warren Beatty treten als unbeschwerte, plan- und grenzenlose Popstars auf, als hübsch anzusehende Outcasts, die Banküberfälle wie erotische Stimuli zelebrieren und damit eine ungezügelte, eigene Version von »wahrer Liebe« definieren – freilich nicht von langer Dauer: Die berühmte Schlußsequenz, die den Tod der »partners in crime« im Kugelhagel in einer unbarmherzigen Zeitlupenmontage zeigt, enttabuisiert drastische Gewaltszenarien im US-amerikanischen Kino. Für das Verständnis von Penns Werk ist diese Szenenfolge insofern bedeutsam, da sie in ihrem Ausdruck finalen Scheiterns seine pessimistische Weltsicht verdeutlicht – dem konservativen Establishment, das sich offensiv gegen Rebellion und Aufstand zur Wehr setzt, bleibt am Ende der Entwicklung nur die Ausradierung des Subversiven.

Spuren dieses Themas finden sich auch in *Alice's Restaurant* (1969), wenngleich um einiges ruhiger formuliert. Die tragikomischen Erlebnisse von Blumenkindern, die in einer Art Pseudo-Familie alternative Lebensformen ausprobieren und im Konflikt auseinandergehen, wird zum Wendepunkt in Penns Schaffen. Sind hier beim Blick auf menschliche Beziehungen noch Spuren möglicher Utopien erkennbar, zeigen die Filme der siebziger Jahre, daß sich Penn mehr und mehr von hoffnungsfrohen Illusionen verabschiedet. Die Mordanschläge auf Martin Luther King und John F. Kennedy hinterließen ein Gefühl politischer Unsicherheit und wirkten sich auf die Konzeption des düsteren Thrillers *Die heiße Spur* (1975) aus. Auch die Folgen des Vietnamkriegs, insbesondere das Massaker von My Lai, nahmen unverkennbaren Einfluß, gerade in bezug auf *Little Big Man* (1970), einen zwischen Burleske und Tragödie schwankenden Spät-Western. Amerikanische Pionier-Kriegführung entpuppt sich hier als erbärmliche Symbiose aus narzißtischer Kraftüberschätzung und tumbem Sadistentum. In seiner Parteinahme für die Kultur der »american natives« verzichtet

Penn auf verklärende Lagerfeuerromantik und riskiert statt dessen einen realistischen, beinahe unschuldigen Blick auf die indianische Lebensform, die als Gegensatz zur heuchlerisch-verklemmten Welt der Weißen konzipiert ist. Zwischen diesen Polen bewegt sich Dustin Hoffman als unbescholtener Halbindianer Jack Crabb, dessen Naivität einige der tragischen Filmereignisse in Gang setzt. Zeichnet diese Figur noch für einen angemessenen grimmig-humorvollen Grundton verantwortlich, schießt Penn bei der Konzeption eines ähnlich kruden Western-Charakters für *Duell am Missouri* (1976) über das Ziel hinaus: Als aufgedunsener Kopfgeldjäger Clayton darf Marlon Brando böse mit den Augen rollen, einen Dreizack schwingen oder in Frauenkleidern auftreten – dies alles um der bloßen Show willen, visions- und seltsam kraftlos. Penns erneuter Ausflug ins Western-Genre enttäuschte vor allem diejenigen, die ein Duell der Superstars Brando und Nicholson erwartet hatten, dann aber nur eine recht konzeptlose Vorführung des theoretisch Machbaren serviert bekamen.

Damit, daß Penns Kommentare zum Zeitgeschehen, verpackt in historisches Gewand, offensichtlich kein Publikum mehr fanden, ist es vielleicht zu erklären, daß der Regisseur in den achtziger Jahren vorwiegend konventionelle Genreproduktion wie *Target* (1985) oder *Dead of Winter* (1987) herausbrachte.

Daniel Remsperger

Filmographie: The Left-Handed Gun / Billy the Kid / Einer muß dran glauben (1958) – The Miracle Worker / Licht im Dunkel (1962) – Mickey One / Mickey One (1965) – The Chase / Ein Mann wird gejagt (1966) – Bonnie and Clyde / Bonnie und Clyde (1967) – Alice's Restaurant / Alice's Restaurant (1969) – Little Big Man / Little Big Man (1970) – München 1972 – 8 berühmte Regisseure sehen die Spiele der XX. Olympiade (Dokumentarfilm, 1972) – Night Moves / Die heiße Spur (1975) – The Missouri Breaks / Duell am Missouri (1976) – Four Friends / Vier Freunde (1981) – Target / Target – Zielscheibe (1985) – Dead of Winter / Dead of Winter (Fernsehfilm, 1987) – Penn & Teller Get Killed (1989) – The Portrait (Fernsehfilm, 1993) – Lumière et Compagnie (Episode, 1995) – Inside (Fernsehfilm, 1996).

Literatur: Robin Wood: Arthur Penn. London 1967. – Robert Phillip Kolker: The Cinema of Loneliness. New York / Oxford 1980. – Lars-Olav Beier / Robert Müller (Hrsg.): Arthur Penn. Berlin 1998.

Wolfgang Petersen

*1941

Als deutscher Regisseur genießt der am 14. März 1941 in Emden, Ostfriesland, geborene Wolfgang Petersen in Hollywood neben nur einem Dutzend anderer Regisseure das Privileg des Final Cuts. Der kommerzielle Erfolg von *Outbreak – Lautlose Killer* (1995) bescherte ihm nach neun Jahren in den USA endlich die Anerkennung, die ihm das Recht über den endgültigen Schnitt und die alleinige kreative Verantwortung für künftige Filmprojekte einbrachte.

Von sonntäglichen Kinobesuchen angeregt, unternahm Petersen bereits während der Schulzeit erste Filmversuche auf 8 mm und wußte schon früh, daß er Filmregisseur werden wollte. 1963 machte er seinen Abschluß an einer staatlichen Schauspielschule, bis 1964 war er als Regieassistent am Jungen Theater Hamburg tätig. Nachdem er 1965 Theaterwissenschaft zu studieren begonnen hatte, gehörte er 1966 zu den ersten, die sich an der eben eröffneten Deutschen Film- und Fernsehakademie Berlin einschrieben. 1969 legte er gemeinsam mit dem Kameramann Jörg Michael Baldenius seinen einstündigen Abschlußfilm vor. (Mit

Baldenius drehte Petersen in den kommenden Jahren 13 Filme, so wie er sich auch sonst in Deutschland am liebsten auf schon bekannte Mitarbeiter verließ.)

Ich werde dich töten, Wolf (1970) erzählt in Rückblenden die Geschichte eines Paares, nun hat sich die junge Frau aufgemacht, ihren Geliebten zu ermorden. Der damalige Leiter der NDR-Fernsehspielabteilung Dieter Meichsner übernahm den Film fürs Fernsehen und bot dem jungen Petersen eine Regie in der neu gegründeten »Tatort«-Reihe an. Es blieb nicht bei der einen: Petersen drehte insgesamt sechs NDR-»Tatorte« mit Klaus Schwarzkopf als Kommissar Finke, darunter unumstrittene Höhepunkte der Reihe wie *Jagdrevier* (1972), der wie ein Western inszeniert ist: Schwarzkopf spielt den Sheriff, Jürgen Prochnow den Outlaw, der aus dem Gefängnis ausbricht, um den Mörder seiner Freundin zu erschießen, und die norddeutsche Landschaft ersetzt mit

Wolfgang Petersen mit Lothar-Günther Buchheim (l.) und Jürgen Prochnow (r.)

Kiesgrube und Deichen die Prärie. Die Darstellung der Dörfer mit ihren reetgedeckten Häusern und der Mentalität der kühlen, oft wortkargen Nordlichter, die Anklänge eines unverständlichen plattdeutschen Snack waren ungewöhnlich und überzeugten Publikum und Kritik durch ihren Realismus. Auch *Reifezeugnis* (1976) wurde zu einem Meisterwerk in der »Tatort«-Geschichte. Die 17jährige Abiturientin Sina Wolf (Nastassja Kinskis erste größere Rolle) hat ein Verhältnis mit ihrem Deutschlehrer und erschlägt einen Mitschüler, der sie erpreßt. In diesem Film zeichnet sich deutlich ab, was auch später den Erfolg Petersens ausmachen wird: eine spannende Story, getragen von ambivalenten Charakteren – die schöne Mörderin in *Reifezeugnis* ist in bewegender Weise schwärmerisch, hingebungsvoll und klug –, Lokalkolorit, effektvollen Kameraperspektiven, zügigem Rhythmus.

In *Smog* (1972), einem Fernsehspiel über die steigende Luftverschmutzung im Ruhrgebiet, ahmte Petersen TV-spezifische Formen wie Life-Reportagen, Nachrichtensendungen usw. nach, um einen möglichst authentischen Eindruck herzustellen. Die Angst vor ökologischen Katastrophen saß tief genug, um mit diesem Film breite öffentliche Aufmerksamkeit zu erregen, die Petersen fünf Jahre später noch mit dem Tabubruch in *Die Konsequenz* steigern konnte. Erzählt wird, wie der 16jährige Thomas (Ernst Hannawald) sich in den Häftling und Schauspieler Martin (Jürgen Prochnow) verliebt, wie der Versuch, diese Liebe zu leben, an immer neuen sozialen Widerständen scheitert, so daß der Junge schließlich daran zerbricht. Der Bayrische Rundfunk boykottierte dieses sensible Plädoyer, mehr Verständnis für Homosexualität aufzubringen, und schaltete sich während der Ausstrahlung aus. Die heftige Kontroverse um *Die Konsequenz* bewirkte, daß der Film auch in die Kinos kam. 1978 wurde er mit dem Adolf-Grimme-Preis ausgezeichnet.

1980 erhielt Petersen von Bavaria-Produzent Günter Rohrbach den Auftrag, Lothar-Günther Buchheims Roman *Das Boot* zu verfilmen, in dem der Alltag der Besatzung an Bord eines deutschen U-Bootes 1941 geschildert wird. Die oft tragischen Einzelschicksale der Protagonisten haben in der sechsstündigen Fernsehfassung (gleichzeitig mit einer 149minütigen Kinoversion produziert) ebenso Raum wie die Seeschlachten. Die klaustrophobische Enge des detailliert nachgebauten U-Bootes, gepaart mit dem Wechsel von monotonem Warten auf hoher See und hektischem Agieren während der Gefechte (die enorm bewegliche, »entfesselte« Kamera führte Jost Vacano), erzeugen eine eindringliche, bedrückende Spannung. Der Film korrigierte das Bild vom sadistischen Nazi einerseits und den ahnungslosen ›tapferen Soldaten‹ andererseits: der Enthusiasmus der ›Helden‹ und ihre Faszination am Krieg werden allmählich zermürbt. *Das Boot* wurde im Ausland, insbesondere in England und den USA, anerkennend wahrgenommen: Die Kinoversion wurde u. a. für sechs Oscars (Regie, Buch, Kamera, Schnitt, Ton, Tonschnitt) und von der Director's Guild of America für den Regiepreis nominiert.

Die beiden folgenden Filme Petersens waren zwar nicht auf den ersten Blick, aber doch unterschwellig politisch. In *Die unendliche Geschichte* (1984), nach dem Roman von Michael Ende, kämpft ein kleiner Junge gegen die Zerstörung des Reiches Phantàsien, das vom Nichts verschlungen wird (wobei die Darstellung des drohenden Nichts stark an die Auswirkungen atomarer Versuche erinnert). Nur indem er sich durch Lesen dem Glauben an eine phantastische und friedliche Welt öffnet, kann er Phantàsien schließlich retten. In dem bereits von einer amerikanischen Produktion finanzierten Science-fiction-Film *Enemy Mine – Geliebter Feind* (1985) entwickelt sich trotz der lange tradierten Feindschaft zwischen ihren Rassen eine tiefe Freundschaft zwischen einem Menschen und einem »Drac«.

Die in den neunziger Jahren produzierte amerikanische Thriller-Trilogie gleicht sich dramaturgisch deutlich an amerikanische Modelle an: Nur im Thematischen sind noch schwache Bezüge zu Petersens deutschem ›Vorleben‹ erkennbar. *Outbreak – Lautlose Killer* (1995) etwa ist wie schon *Smog* ein Öko-Thriller mit nur scheinbar glücklichem Ausgang; der bittere Beigeschmack der potentiellen Bedrohung bleibt für den Zuschauer erhalten. Befaßt sich *Das Boot* mit dem deutschen Trauma, für eine falsche Sache in den Krieg gezogen zu sein, so läßt *In the Line of Fire – Die zweite Chance* (1992) das amerikanische Trauma des Präsidentenmordes wieder aufleben. In *Air Force One* (1997) schließlich wird die Überwindung des Traumas zelebriert: Der Präsident der Vereinigten Staaten wird – wenigstens auf der Kinoleinwand – zum aufrechten Helden, dem die Vietnamerfahrung beim Kampf gegen das durchweg Schlechte zugute kommt und der für Familie und Vaterland sein eigenes Leben und das seiner Angehörigen zu verteidigen weiß. Daß ein solch US-patriotischer Film von einem Deutschen gedreht wurde, hat wohl verschiedene Gründe. Einer davon ist in der Lebensgeschichte des Regisseurs zu finden. Petersen beschreibt, wie er schon als Kind von den amerikanischen Schiffen beeindruckt war: »Unsere Eltern waren ziemlich demoralisiert nach all der Hitlerei, so daß diese Amerikaner, die gut genährt und lachend auf ihren Schiffen standen, wie eine Erlösung wirkten. [...] Vertreter einer schöneren Welt, reich, mächtig und freundlich. Das hat sich mir tief eingeprägt.« Offensichtlich hat es ein Mann genossen, sich unbeschwert einem (dem amerikanischen) Patriotismus hinzugeben, der einem Deutschen für sein eigenes Land nicht zugestanden wird, weil die Erinnerung ans Dritte Reich zur Demut mahnt.

Für Petersen barg Amerika die Möglichkeit, die Art von Kino zu machen, die er machen wollte: das Kino des »Dritten Weges«, Erzählkino zwischen reiner Effekthascherei und intellektuellem Elitekunstwerk, »frei von Dünkel gegenüber der populären Unterhaltung« (E. Netenjakob). Petersens Vorliebe für Action-Stoffe, sein Interesse an psychologisch ausgefeilten Zweikämpfen zwischen Männern (*Jagdrevier, Einer von uns beiden, In the Line of Fire, Air Force One*) und der Verbundenheit, die während solcher Konfrontationen entstehen kann, sowie seine Bereitschaft, Teamwork über Autorenschaft zu stellen, prädestinieren ihn zum Erfolgsregisseur in der Filmindustrie Hollywoods.

Stefanie Weinsheimer

Filmographie: Der Eine – der Andere (Kurzfilm, 1967) – Ich nicht (Kurzfilm, 1968) – Ich werde dich töten, Wolf (1970) – Blechschaden (Tatort, 1971) – Anna und Toto (Fernsehfilm, 1971) – Strandgut (Tatort, 1971) – Nachtfrost (Tatort, 1972) – Smog (Fernsehfilm, 1972) – Jagdrevier (Tatort, 1972) – Van der Valk und die Reichen (Fernsehfilm, 1973) – Einer von uns beiden (1973) – Aufs Kreuz gelegt (Fernsehfilm, 1974) – Stadt im Tal (Fernsehfilm, 1974) – Stellenweise Glatteis (Fernsehfilm, 1975) – Kurzschluß (Tatort, 1975) – Hans im Glück (Fernsehfilm, 1976) – Reifezeugnis (Tatort, 1976) – Vier gegen die Bank (1976) – Planübung (Fernsehfilm, 1977) – Die Konsequenz (Fernsehfilm, 1977) – Schwarz und weiß wie Tage und Nächte (Fernsehfilm, 1978) – Das Boot (1981) – Die unendliche Geschichte (1984) – Enemy Mine / Enemy Mine – Geliebter Feind (1985) – Shattered / Tod im Spiegel (1989) – In the Line of Fire / In the Line of Fire – Die zweite Chance (1992) – Outbreak / Outbreak – Lautlose Killer (1995) – Air Force One / Air Force One (1997) – Das Boot. Director's Cut (1997).

Literatur: W. P. / Ulrich Greiwe: Die Resonanz. Briefe und Dokumente zum Film *Die Konsequenz*. Frankfurt a. M. 1979. – W. P. / Ulrich Greiwe: Ich liebe die großen Geschichten. Vom *Tatort* bis nach Hollywood. Köln 1997.

Egon Netenjakob: Wolfgang Petersen. In: Cinegraph. Lexikon des deutschsprachigen Films. Hrsg. von Hans-Michael Bock. München 1984 ff. – Norbert Grob: In the Line of Light. Der Fernseh- und Filmregisseur Wolfgang Petersen. In: epd Film 13 (1996) H. 6. S. 25–33.

Roman Polanski

*1933

Roman Polanski wurde am 18. August 1933 in Paris als Sohn staatenloser, jüdischer Migranten geboren. 1937 verließ die Familie Frankreich, u. a. um vor dem in Paris aufkeimenden Antisemitismus zu fliehen, und kehrte nach Krakau zurück – wenige Jahre vor dem Einmarsch Hitlers in Polen. 1940 mußte der siebenjährige Roman miterleben, wie seine Mutter verhaftet wurde. Wie viele andere Mitglieder der Familie starb sie wenige Jahre später in den Gaskammern von Auschwitz. Polanskis Vater, seine Halbschwester und sein Onkel überlebten das Konzentrationslager. Er selbst versteckte sich zunächst bei einer Familie in Krakau, später auf dem Land bei einer Bauernfamilie. Schon als Kind wurde er immer wieder an Leib und Leben attackiert und mehrmals schwer verletzt. Deutsche Soldaten benutzten ihn als Zielscheibe für Schießübungen, er wurde durch einen explodierenden Bombenblindgänger schwer verletzt und im Alter von zwölf Jahren im Bunker von einem Raubmörder überfallen. Gewalt, Not und Elend gehörten zu seinem Alltag ebenso wie der allgegenwärtige Tod. Aber auch das Kino prägte den jungen Polanski. Von klein auf ein begeisterter Filmzuschauer, erhaschte er sich jeden – wenn auch verpönten – Blick auf die einzigen Kinoereignisse, die das Leben im jüdischen Ghetto zu bieten hatte: deutsche Ufa-Filme und Propagandastreifen, die der polnische Junge kaum verstand. Nach dem Ende des Krieges mußte er zunächst seine Schulausbildung nachholen. Schon früh interessierte er sich für Theater, Literatur, Kunst und Musik. Schließlich studierte er an der Krakauer Kunstschule Zeichnen, Malerei und Graphik und befaßte sich zugleich intensiv mit den Werken Franz Kafkas, Stanisław I. Witkiewicz' und Witold Gombrowicz'. Deren surreal-groteske Erzählweise beeinflußte maßgeblich Polanskis späteres filmisches Werk. Polanskis Weg zur Filmregie führte zunächst von der Malerei zur Theater- und Filmschauspielerei. Er bewarb sich mehrmals – auch um der Einberufung zum Militärdienst zu entgehen – erfolglos an Schauspielschulen und schließlich an der renommierten Filmhochschule in Lodz, wo er erst beim zweiten Anlauf aufgenommen wurde. Polanskis Frühwerk orientierte sich deutlich an dem visuellen Stil der Hochschule, an der das Fach Bildgestaltung vor dem Hintergrund der ikonographischen Tradition von Malerei und Fotografie gelehrt wurde.

Polanskis erster abendfüllender Spielfilm *Das Messer im Wasser* (1962) lebt von der Kameraführung Jerzy Lipmans, der die Stadien des Konflikts der drei Hauptfiguren in seinen Bildern auch ohne Dialogunterstützung zu erzählen weiß. Die symbolistische, stets Existentielles thematisierende Bildsprache ist nicht nur kennzeichnend für eine bestimmte Tradition des polnischen Kinos, das an die Bildtradition des absurden Theaters anknüpft, sondern auch Ausdruck des philosophischen und künstlerischen Existentialismus der Zeit. In diesem Kontext entwickelte der junge Regisseur Polanski seine individuelle Vorliebe für das Klaustrophobische, verwandelte Räume zu Gefängnissen der Seele, aus denen es kein Entkommen gibt. In *Das Messer im Wasser* ist die symbolische Konstruktion von Figurenkonstellation und filmischem Raum überdeutlich: Zwei Männer und eine Frau befinden sich auf einem kleinen Schiff, abgeschnitten von der Außenwelt und umgeben von Wasser, das in seiner amorphen Gestalt das Aufweichen alter Strukturen befördert, Grenzüberschreitungen provoziert, aber auch reinigend wirkt. Die zeitgenössische Kritik entschlüsselte das sexuelle Drama, das sich während einer Segeltour zwischen einem entfremdeten Ehepaar und dem ungebetenen Dritten, einem studentischen »Rebel Hero«, entspinnt, als Revolu-

Roman Polanski

tionsmetapher. Vier Jahre später, in dem von Lakonie und Exzeß gleichermaßen geprägten Film *Ekel* (1965), faßt Polanski das Thema der Klaustrophobie psychologischer auf, obwohl er seine Hauptfigur über weite Teile des Films wie ein Labortier aus fast wissenschaftlicher Distanz beobachtet. Carol (Catherine Deneuve) ekelt es vor der ›unreinen‹ Sexualität, sie bringt zwei aufdringliche Männer um und regrediert in einer abgeschlossenen Wohnung allmählich zu einem Kind, sie wird wahnsinnig. *Ekel* konfrontiert zwei Bildwelten miteinander: die äußere Erscheinung der Dinge und Vorgänge und die inneren Bilder der Hauptfigur Carol, die eine zugleich pathologisch-suggestive wie analytische Qualität besitzen. In *Rosemaries Baby* (1968) verzichtet Polanski auf diesen Perspektivwechsel weitgehend. Hier verstärkt er die emotionale Nähe zur Protagonistin, durch deren Augen er die satanistischen Vorgänge in der Nachbarwohnung dem Zuschauer offenbart. Andeutungen, die Ängste der werdenden Mutter seien lediglich Auswüchse ihrer psychischen Instabilität, bleiben vage und entpuppen sich stets als denunziatorische Versuche der teuflischen Gegenspieler Rosemaries (Mia Farrow). Polanski dringt in *Rosemaries Baby* noch stärker als in *Ekel* in die Innenwelt seiner weiblichen Hauptfigur ein, deren Rolle er 1976 in *Der Mieter* schließlich selbst spielen wird. Immer wieder bevölkert er Wohnungen und Häuser mit Angst und Schrecken und immer deutlicher beschreiben die Wände der Wohnräume als Matrix seelischer Deformation den pathologischen Horizont ihrer Bewohner, die in Polanskis Vision weiblich sind. Selbst Trelkovsky (*Der Mieter*) schlüpft nicht nur in Frauenkleider, sondern wechselt sogar die geschlechtliche Identität.

Parallel zu der Faszination für psychische Deformationsprozesse und den subtilen Horror des Alltags entwickelt Polanski eine Vorliebe für den kontrastiven Einsatz von Genresignalen bis hin zu Genreparodien. In dem Gangsterfilm *Wenn Katelbach kommt* (1966) suchen zwei verwundete Ganoven aus dem Nirgendwo Unterschlupf im Haus eines Ehepaars und geraten mitten in eine Groteske. Katelbach, der telefonisch benachrichtigte Gangsterboß, wird wie Becketts Godot nicht erscheinen. Dafür schlagen sich »Dickie« und »Albie« mit einem als Frau verkleideten Glatzkopf und seiner Hühner züchtenden Gattin herum. Ein Jahr vor *Rosemaries Baby* drehte Polanski eine komödiantische Version des Dracula-Stoffes, in der er auch als Schauspieler auf der Leinwand erscheint: *Tanz der Vampire* (1967), sein wohl größter Publikumserfolg. Er verpaßt dem Herrscher der Untoten einen homosexuellen Sohn, zerrt den sexuellen Subtext früherer Dracula-Verfilmungen ans Mondlicht und reflektiert die Tradition des Vampirfilms bis hin zu den Dracula-Darstellungen des englischen Schauspielers Christopher Lee, der in den fünfziger und sechziger Jahren sein Publikum das Gruseln lehrte. Polanski selbst mimt den Gehilfen Alfred, der an der Seite des zauseligen, optisch an Albert Einstein erinnernden Professor Abronsius mehr oder weniger unfreiwillig auf Vampirjagd geht. *Tanz der Vampire* ist nicht nur eine witzige Parodie der von den Hammer-Productions seriell fabrizierten Dracula-Filme, sondern auch eine frühe Reflexion der sexuellen Freizügigkeit der Hippie-Ära.

1968 wurde Polanskis hochschwangere Frau Sharon Tate, die in *Tanz der Vampire* die weibliche Hauptrolle gespielt hatte, von Mitgliedern einer okkulten Hippie-Kommune grausam ermordet. Polanski verließ nach einem aufsehenerregenden Prozeß die USA und zog sich für zwei Jahre von Regie und Film zurück. In Shakespeares Drama *Macbeth* (1971) glaubte er schließlich einen Stoff gefunden zu haben, der von Publikum und Kritik nicht als Aufarbeitung der schrecklichen Erlebnisse gewertet werden konnte. Die Verfilmung der Tragödie eines Mörders aus Ehrgeiz wurde allerdings kein Publikumserfolg – zu Unrecht, denn Polanski legte eine kluge und filmisch überzeugende Adaption des Theaterstückes vor. Durch das filmische Mittel der Voice-over gelingt es ihm, die zahlreichen Monologe des Shakespeareschen Textes in innere Monologe stumm bleibender Figuren zu verwandeln. Die Taten, die nicht laut ausgesprochen werden dürfen, erzeugen Überdruck in den Köpfen der Täter und entladen sich schließlich in den Angstvisionen des Tyrannen und seiner Gattin. Macbeth taugt weder zum guten noch zum wirklich bösen Helden. Polanski ist weniger an dem tragischen Aufstieg und Fall eines Tyrannen interessiert, als an der schizoiden Verfassung eines skrupulösen Mörders, der aus Verfolgungswahn Mord an Mord reiht und somit seinen eigenen Untergang vorantreibt.

Macbeth knüpft einerseits an die bereits beschriebene Inszenierung menschlicher Innenwelten in Polanskis Werken an, andererseits kann er als Auftakt zu einer stärkeren

Dramatisierung oder auch Episierung gewertet werden, die schon in der Wahl der Stoffe begründet liegt. Polanski bewegt sich souverän in den unterschiedlichsten Genres. 1974 drehte er *Chinatown*, einen anfangs »klassischen« Detektivfilm, der sich gegen Ende als Psychothriller entpuppt, zwei Jahre darauf die surreale Parabel *Der Mieter*, eine komplexe filmische Reflexion über Entfremdung, Bewußtseinsspaltung und Angst. 1979 folgte das unterschätzte Epos *Tess* nach dem Roman *Tess of the d'Urbervilles* (1891) von Thomas Hardy, für deren Hauptrolle Polanski die Schauspielerin Nastassja Kinski gewinnen konnte. Polanski, der schon von seinem ersten Kurzfilm an filmisch experimentierte und so seine Bildsprache und Erzähltechnik für das Surreale und Absurde perfektionierte, bevorzugt in *Tess* den Gestus des traditionellen Erzählers. Er beobachtet in wundervollen stilisierten Bildern das harte Leben einer schönen und mutigen, aber völlig unheroischen Frau, in einer Zeit, die genau diese Qualitäten nicht zu schätzen weiß. Merkwürdig an *Tess* ist, daß die verklärende Komposition der Bilder den Film von jeglichem, bei diesem Stoff naheliegenden Kitsch freihält. So einfach und gleichzeitig radikal die Lebensgeschichte der Tess gezeichnet ist, so überladen wirkt dagegen *Bitter Moon*, die 1991 gedrehte Geschichte einer wilden Liebe. Polanski läßt sich auf ein Modethema ein und bemüht viele Versatzstücke des Kinos der achtziger Jahre. Dennoch analysiert *Bitter Moon* ein Zeitgeistphänomen: die allgegenwärtige Inszenierung emotionaler Intensität, hinter der sich emotionale Armut und Leere verstecken. Mit der Theaterverfilmung *Der Tod und das Mädchen* (1994), mit Sigourney Weaver, Ben Kingsley und Stuart Wilson in den Hauptrollen, gelang Polanski ein düsteres, spannungsgeladenes Werk, das wie die früheren Psychodramen *Ekel* oder *Der Mieter* von Isolation und seelischer Deformation handelt, in dessen Mittelpunkt aber die Rekonstruktion der Geschichte der Figuren steht.

Roman Polanskis filmisches Werk zeichnet sich zum einen durch die Vielfalt der Genres aus, die vom Psychodrama (*Ekel*) über Parodie (*Tanz der Vampire*) und Farce (*Wenn Katelbach kommt*) bis zur Theaterverfilmung (*Macbeth*) und zum Thriller (*Frantic*) reicht. Zum anderen ist seine bislang regelmäßige Rückkehr zu der intensiven Auseinandersetzung mit menschlichen Urängsten, mit Schuld, Gewalt und Selbstzerstörung nicht zu übersehen.

Susanne Marschall

Filmographie: Dwaj ludzie z szafa / Zwei Männer und ein Schrank (1958) – Nóż w wodzie / Das Messer im Wasser (1962) – La Rivière des diamands / Das Diamantenhalsband (1963) – Repulsion / Ekel (1965) – Cul-de-sac / Wenn Katelbach kommt (1966) – Dance of the Vampires / The Fearless Vampire Killers / Tanz der Vampire (1967) – Rosemary's Baby / Rosemaries Baby (1968) – Macbeth / Macbeth (1971) – Che? / Was? (1973) – Chinatown / Chinatown (1974) – Le Locataire / Der Mieter (1976) – Tess / Tess (1979) – Pirates / Piraten (1986) – Frantic / Frantic (1987) – Bitter Moon / Bitter Moon (1991) – Death and the Maiden / Der Tod und das Mädchen (1994) – The Ninth Gate (1999).

Literatur: Roman Polanski. Autobiographie. München/Wien 1985. [Engl. Orig. 1984.]

Ivan Butler: The Cinema of Roman Polanski. New York / London 1970. – Pascal Kané: Roman Polanski. Paris 1970. – Barbara Leaming: Polanski. A Biography. New York 1981. – Paul Werner: Roman Polanski. Frankfurt a. M. 1981. – Virginia Wright Wexman: Roman Polanski. Boston 1985. – Roman Polanski. München/Wien 1986. (Reihe Film. 35.)

Sydney Pollack

*1934

Sydney Pollack wurde am 1. Juli 1934 in Lafayette, Indiana, als Sohn eines Apothekers geboren. Er wuchs mit zwei jüngeren Geschwistern in South Bend auf, wo durch den Besuch der dortigen High School sein Interesse am Theater geweckt wurde. Im Alter von 17 Jahren zog der angehende Schauspielstudent nach New York, um sich am Neighbourhood Playhouse einzuschreiben. Der Leiter der Schule, Sanford Meisner, erkannte sein Talent und bot ihm nach zweijährigem Studium eine Assistentenstelle an. Neben der Lehrtätigkeit etablierte er sich unter der Regie von John Frankenheimer als Theaterdarsteller in den Bühneninszenierungen von Hemingways »Wem die Stunde schlägt«, »Die fünfte Kolonne« und »Schnee am Kilimandscharo«. Frankenheimer überredete Pollack, nach Hollywood zu kommen, und verpflichtete ihn daraufhin als »dialogue coach« bei *Die jungen Wilden* (1961). Mit Burt Lancaster, dem Hauptdarsteller des Films, verbindet Pollack seither eine tiefe Freundschaft. Gemeinsam mit Frankenheimer unterstützte Lancaster die Regieambitionen Pollacks, so daß er zu Beginn der sechziger Jahre auch als TV-Regisseur Beschäftigung fand. Von 1961 bis 1965 zeichnete er für mehr als 80 Fernsehproduktionen verantwortlich und wurde schließlich mit einem Emmy-Award für herausragende inszenatorische Leistungen geehrt.

Von da an war es nur noch ein kleiner Schritt bis zu Pollacks Spielfilmdebüt *Stimme am Telefon* (1965), einem psychologischen Kammerspiel um die Rettung einer Suizidgefährdeten. Der Film zeigt sich in seiner spartanischen Gestaltungsweise noch stark vom Stil der Fernsehspiele Pollacks beeinflußt, Akzente werden vor allem durch Dialoge und Ausstattung gesetzt. Mit Anne Bancroft und Sidney Poitier konnte Pollack jedoch renommierte Hauptdarsteller vorweisen, die dem Drama eine gewisse Aufmerksamkeit verschafften. Die Kooperation mit bekannten Stars wie Burt Lancaster, Telly Savalas und Shelley Winters prägte hieran anschließende Produktionen wie die Westernkomödie *Mit eiserner Faust* (1968) oder die Weltkriegs-Farce *Das Schloß in den Ardennen* (1969).

Pollack machte sich einen Namen als »actor's director«, als Regisseur, der es stets verstand, sein Ensemble zu außergewöhnlichen Leistungen anzuspornen. Der kommerzielle Erfolg vieler Pollack-Filme beruht nicht zuletzt auf großen Namen, aus der ersten Garde der Hollywood-Schauspieler, die Routine, Sicherheit und Publikumsinteresse mit ins Spiel bringen. Als besonders fruchtbar erwies sich die mehrmalige Zusammenarbeit mit Robert Redford, den der Regisseur erstmals in der Adaption von Tennessee Williams' *Dieses Mädchen ist für alle* (1966), auf Wunsch von Hauptdarstellerin Natalie Wood, einsetzte. Als verführerischer Fremder, der in einem verschlafenen Südstaatendorf ankommt und dort den Emanzipationsprozeß einer jungen Frau in Gang setzt, kultiviert Redford sein Image vom alerten, zugleich rätselhaften Außenseiter, der die ihm entgegengebrachten Emotionen kaum versteht. Durch zahlreiche Großaufnahmen der Protagonisten in Momenten der Ruhe macht Pollack auf die seelische Wandlung des Charakters aufmerksam – ein wichtiges Element seines filmsprachlichen Vokabulars. Die Konzentration auf einen inneren Konflikt, die in späteren Werken Pollacks durchaus als Motor der Geschichte funktioniert, steht bei *Dieses Mädchen ist für alle* allerdings noch in offensichtlichem Widerspruch zu einem unausgegorenen Drehbuch, das dramaturgische Schwerpunkte mal im komischen, mal im melodramatischen Bereich zu setzen sucht. Zwölf Drehbuchautoren, darunter Francis Ford Coppola, versuchten, dem in der Depressionszeit angesiedelten Kleinstadt-Dra-

Sydney Pollack

ma ihren Stempel aufzudrücken – mit dem Resultat, daß Williams, entsetzt über das Endergebnis, seinen Namen aus den Titeln entfernen ließ und sich von der Filmversion distanzierte.

Zeigen die frühen Filme noch einen Regisseur auf der Suche nach stilistischer Konstanz, einerseits bemüht, den Hollywood-Konventionen und ihrem Starkult Genüge zu tun, andererseits entschlossen, die Mystifizierung der Stars durch gesellschaftskritische Allegorien zu brechen, gehen diese Ideen in *Nur Pferden gibt man den Gnadenschuß* (1969) eine Symbiose ein. Die Romanvorlage von Horace McCoy mit ihrer Geschichte aus den dreißiger Jahren ist die ideale Vorgabe für Pollacks Versuch, Dramatik und sanft mahnende Gegenwartsanalysen auf unterhaltsame Art miteinander zu vereinen. Der Film wird weniger als detailgetreue Schilderung eines Tanzmarathons lesbar denn als bitterer Kommentar zu einer emotionsarmen, kriegführenden US-Gesellschaft am Ende der sechziger Jahre. Es ist daher kaum ein Zufall, daß dieser Abgesang auf westliche Wohlstandskulturen mit Jane Fonda in der Hauptrolle aufwartet, seinerzeit ob ihres unpopulären Engagements gegen den Vietnamkrieg als »Landesverräterin« stigmatisiert. Entgegen allen Prognosen, der Film sei aufgrund seiner tiefpessimistischen und entromantisierten Grundhaltung zum Scheitern verurteilt, bescherte er Pollack seinen bis dato größten Erfolg – er erhielt neun Oscar-Nominierungen, u. a. für die Regie und die beste weibliche Hauptrolle, doch nur Gig Young durfte die begehrte Trophäe als bester Nebendarsteller in Empfang nehmen.

Pollack fokussierte daraufhin den Blick in die Vergangenheit, indem er sich erneut eines Western-Themas sowie der Schauspielkunst Robert Redfords bediente. Die zunächst meditative, dann mit immer häufigeren, schnell geschnittenen Gewaltausbrüchen durchsetzte Geschichte um den zivilisationsmüden Mountain Man *Jeremiah Johnson* (1972) zeigt den Zusammenprall zweier Lebenswelten, die sich mit bedeutenden Veränderungen ihrer Alltagskonstanten konfrontiert sehen – ein Thema, das Pollacks Werk ebenso durchzieht, wie die in *Jeremiah Johnson* besonders hervorgehobene mißlingende Kommunikation. Der Trapper versteht die Sprache der Indianer nicht, und als erster Begleiter wird ihm ein traumatisiertes, stummes Kind anvertraut. Dem setzt Pollack eine überwältigende Naturerfahrung entgegen, eine Natur, die den Protagonisten stets viel mehr Raum zuweist, als ihnen zur Verständigung dienlich ist. Der versuchte Ausbruch aus dem eigenen Kulturkreis, das Wagnis, Grenzen zu überschreiten und sich in fremden Gefilden zu bewähren, ist kaum von Erfolg gekrönt – in Pollacks Werk sind Happy-Ends rar. Statt dessen bevorzugt der Regisseur vielfach deutbare, doppelbödige Schlußsequenzen, was in zunehmendem Maße den Unmut der Finanziers seiner Filme provozierte. Bei den Dreharbeiten zu *So wie wir waren / Cherie Bitter* (1973), einer Reflexion der McCarthy-Ära, besetzt mit Robert Redford und Barbra Streisand, überwarf er sich mit dem ausführenden Produzenten Ray Stark, der beständig Änderungen im Drehbuch verlangte.

Pollack beschloß daraufhin, wichtige Filme in Zukunft selbst zu produzieren, so auch *Yakuza* (1974), mit dem er erneut das Genre wechselte und nun nach Melodramen, Western und Komödien im Bereich des Thrillers reüssierte. In ihrem Skript kreuzten Leonard und Paul Schrader Motive des amerikanischen Gangsterfilms mit dem Moralkodex des japanischen Yakuza-Films, der Mitte der sechziger Jahre bedeutende Elemente des Samurai-Films in die Gegenwart transponierte. Doch trotz aller Härten, die die Vorlagen zu Pollacks Filmen Mitte der siebziger Jahre auszeichnen, erreichen sie im Endergebnis kaum die unbequeme Brisanz von vergleichbaren sozialkritischen Arbeiten Alan J. Pakulas oder Sidney Lumets. Pollack tendierte eher dazu, seine Bildarrangements zu glätten, feiner und gleitender anzulegen als in den vergleichsweise rauh anmutenden Werken bis 1972. Auch *Die drei Tage des Condor* (1975), dessen Plot indirekten Bezug auf die Watergate-Affäre nimmt, ist mit seiner visuellen Ausdruckskraft doch eher dem klassischen Hollywood-Spionagefilm der sechziger Jahre als der agitierenden Vermittlung von Aussagen und Botschaften verpflichtet.

Pollack konzentrierte sich verstärkt darauf, das Publikum, das er mit der Radikalität von *Jeremiah Johnson* und *Nur Pferden gibt man den Gnadenschuß* zu verstören drohte, nun ganz und gar für seine Figuren einzunehmen. Dies schlägt sich in der Tendenz nieder, vielseitig rezipierbare Charaktere zu kreieren, *Bobby Deerfield* (1977) beispielsweise, den von Al Pacino verkörperten widersprüchlichen Formel-1-Fahrer, dessen »tough guy«-Mentalität ins Wanken gerät, als er sich in die sterbende Liliane (Marthe Keller) verliebt. Er ist damit eine Art Vorläufer von Dustin Hoffman in *Tootsie* (1982), der – Pollacks ambivalenten Charakterkonzepten entsprechend – als arbeitsloser Schauspieler Michael Dorsey erst zur Frau werden muß, um zu einem neuen Selbstverständnis seiner Männlichkeit vorzudringen. *Tootsie* bildet mit seiner an die Screwball Comedies gemahnenden Handschrift eine

Zäsur im Schaffen des Regisseurs, der in den achtziger Jahren mit *Out of Africa* (1985) sein wichtigstes Werk dieser Dekade vorstellte, ein Epos, das Zynismus, Parodie und Satire sorgfältig ausfiltert und statt dessen wieder tiefgründige Emotionen anvisiert. Meryl Streeps und Robert Redfords zartbittere Buschromanze wirkt wie eine Quintessenz des Vorausgegangenen, wie sie Pollack dem Traditionalisten unter den progressiven Filmemachern, von Anbeginn vorgeschwebt haben mag. Wie sehr *Out of Africa* den Endpunkt einer Entwicklung bezeichnen könnte, zeigt sich zum einen in den Oscars, die Pollack nach zwanzig Jahren Hollywood endlich für den besten Film und die beste Regie entgegennehmen durfte, zum anderen auch an Pollacks Filmen der neunziger Jahre. Der *Casablanca*-Verschnitt *Havanna* (1990), die John-Grisham-Verfilmung *Die Firma* (1993) und das Billy-Wilder-Remake *Sabrina* (1995) machen deutlich, daß Pollack offenbar all das bereits erzählt hat, was ihm als bedeutsam zu erzählen galt. Ungemindert ist seine Energie als künstlerisch anspruchsvoller Produzent, der als »Executive« ebenso *Die fabelhaften Baker Boys* (1989) von Steve Kloves wie *Sinn und Sinnlichkeit* (1995) von Ang Lee betreute, abgesehen von seinen eigenen Filmen.

Daniel Remsperger

Filmographie: The Slender Thread / Stimme am Telefon (1965) – This Property Is Condemned / Dieses Mädchen ist für alle (1966) – The Scalp-Hunters / Mit eiserner Faust (1968) – Castle Keep / Das Schloß in den Ardennen (1969) – They Shoot Horses, Don't They? / Nur Pferden gibt man den Gnadenschuß (1969) – Jeremiah Johnson / Jeremiah Johnson (1972) – The Way We Were / So wie wir waren / Cherie Bitter (1973) – The Yakuza / Yakuza (1975) – Three Days of the Condor / Die drei Tage des Condor (1975) – Bobby Deerfield / Bobby Deerfield (1977) – The Electric Horseman / Der elektrische Reiter (1979) – Absence of Malice / Die Sensationsreporterin (1982) – Tootsie / Tootsie (1982) – Out of Africa / Jenseits von Afrika (1985) – Havana / Havanna (1990) – The Firm / Die Firma (1993) – Sabrina / Sabrina (1995) – Random Hearts (1999).

Literatur: Vicki Piekarski: Sydney Pollack. In: Jon Tuska (Hrsg.): Close-Up: The Contemporary Director. Metuchen/London 1981. S. 15–49. – John Boorman: Sydney Pollack. In: Projections 3. Film-Makers on Film-Making. London/Boston 1994. S. 59–68.

Otto Preminger

1905–1986

Otto Preminger war ein Visionär des innovativen Arrangements, ein Künstler der Spannung zwischen Figur und Raum, ein Meister der szenischen Auflösung. Was ihn am meisten reizte, war die ungewöhnliche, visuelle Ordnung im dramatischen Durcheinander von Mensch und Ding, Handlung und Schauplatz. So suchte er aufzudecken, was seine Figuren treibt und bewegt. Wobei sein Hang zur theatralen Situation deutlich wurde, durch die er seine Dramen besonders stilisierte.

In den vierziger Jahren verzauberte er für die Fox triviale Stoffe in aufregendes Kino; noch für die simpelste Geschichte fand er immer neue, nie zuvor gesehene Nuancen. In *Laura* (1944) etwa kehrt eine Frau aus dem Reich der Toten zurück, kommentiert von zwei unterschiedlichen Männerphantasien. In *Daisy Kenyon* (1947) meint eine Frau sich zwischen Gefühl und Kalkül entscheiden zu müssen, erkennt dann aber, daß sie allein ein Problem mit sich selber hat, mit ihrer Unfähigkeit, sich definitiv zu bekennen; was Preminger zuspitzt zu einer melodramatischen Phantasie über Ekstase und

Otto Preminger (r.) mit Ben Gazzara

Tortur der Liebe. In *Whirlpool* (1949) verzweifelt eine Frau, obwohl äußerlich reich und angesehen, an ihrer inneren Not; für Preminger die ideale Geschichte, um die Paranoia der amerikanischen Gesellschaft kurz nach dem Zweiten Großen Krieg zu beschreiben.

In den späten fünfziger und den sechziger Jahren suchte er mit attraktiven Stoffen zu reüssieren, oft nach internationalen Bestsellern gedreht, ohne außer acht zu lassen, was ihn im Innersten interessierte. Auch in diesen späteren Filmen gibt es zumindest einzelne Szenen, die hinreißend sind: die Cold-turkey-Sequenz in *Der Mann mit dem goldenen Arm* (1955), das Geständnis des fanatischen Jungen vor seiner Aufnahme in die radikale Irgun in *Exodus* (1960), die Sequenz auf der Yacht des Präsidenten in *Sturm über Washington* (1962), die Romy-Schneider-Szenen in *Der Kardinal* (1963), die erste Begegnung zwischen Vater und Sohn in *Erster Sieg* (1964), das Kinderspiel der Geschwister tief in der Nacht um das Leben der Tochter in *Bunny Lake ist verschwunden* (1965).

Nach 1952, als er frei entscheiden konnte, wie er seine Filme anging und entwickelte, begann er stets drei Wochen vor Drehbeginn mit den Proben, spürte dabei immer dem bestmöglichen Ausdruck nach. Vor dem Drehen suchte er sich davon wieder zu lösen, um einen frischen, instinktiven Blick zu finden – und drehte dann so oft, bis er wirklich zufrieden war. Eine Arbeitsmethode, eng verwandt der seines ersten Lehrers aus Wien: Max Reinhardt, der, wie Preminger selbst erzählte, oft mehr als zehn Möglichkeiten erfand, eine Szene zu dramatisieren, und jede einzelne davon probte, ohne müde zu werden, bis er endlich die beste gefunden hatte. Von Max Reinhardt hatte Preminger auch gelernt, welche Effekte zu erzielen sind durch die Magie von Dekor und Licht, durch die Macht der Schatten, »die das Dekorative und Rätselhafte mit dem Symbolischen vermengt« (L. H. Eisner), durch das berühmte Helldunkel des deutschen Stummfilms und die ›gotischen‹ Gesten der deutschen Schauspieler in den zwanziger Jahren.

Otto Preminger wurde am 5. Dezember 1905 geboren. Mit 17 Jahren debütierte er als Schauspieler bei Reinhardt. Mit 19 Jahren begann er, auf Rat seines Vaters, ein Jurastudium, das er 1928 mit der Promotion abschloß. Noch im gleichen Jahr gründete er Die Komödie in Wien, 1929 arbeitete er am Großen Schauspielhaus, 1930 ging er als Regisseur zu Reinhardts Theater in der Josefstadt, 1932 übernahm er dessen künstlerische Leitung. Ein Jahr zuvor drehte er seinen Debütfilm *Die große Liebe*. Danach Theater in New York und Filme für die 20th Century Fox in Hollywood. Schließlich war er, seit *Wolken sind überall* (1953) und *Carmen Jones* (1954), einer der ersten freien und unabhängigen Produzenten-Regisseure des internationalen Kinos.

Sein zentrales Thema, von Anfang an: der einzelne im Konflikt mit Menschen seiner Umgebung oder mit Vertretern der eigenen Institution, was auch seine eigenen Erfahrungen bündelt als Filmemacher. Die Bewunderung, die ihm später entgegenschlug, hatte sicher auch damit zu tun, daß er zunächst zwar fest für ein Studio arbeitete und dabei nicht immer den Standard halten konnte, den er mit *Laura* gesetzt hatte, aber doch keine Auseinandersetzungen mit Darryl F. Zanuck scheute, dem allmächtigen Produktionschef der Fox, und sicher auch damit, daß er, sobald dies möglich war, sich auf eigene Füße stellte und trotz aller Widrigkeiten behauptete. Ende der fünfziger, Anfang der sechziger Jahre wurde er – vor allem in Frankreich – gewürdigt wie nur wenige Filmemacher aus Hollywood, wie sonst nur Hawks und Hitchcock, Lang und Walsh.

Eine Szenerie, die wieder und wieder auftaucht in seinen Filmen: Menschen, die allein durch ihre Welt wandeln, dabei nachsinnend, ob und wie sie ihr Leben endlich in den Griff kriegen. 1944 in *Laura* etwa, wo ein Polizist allein durch eine fremde Wohnung streift, da und dort in Schubladen greift und nach und nach einem gemalten Frauenporträt an der Wand verfällt. Oder 1952 in *Engelsgesicht*, wo eine junge Frau einsam das Haus ihrer Eltern durchwandert, alte Erinnerungen belebend, indem sie das Schachspiel ihres Vaters, die Vasen der Mutter berührt und lange nachdenkt, ob es für sie und den Mann, den sie liebt, noch eine Chance gibt. Preminger dehnte diese Szene extrem, sicherlich singulär im Hollywood-Kino der fünfziger Jahre wegen der Ruhe der Beobachtung, wegen der Dauer und der Geduld für Details. Seine Schwenks scheinen den Raum zum Schweben zu bringen und die Alltagsgesten der Frau zu verzaubern: ihr Gehen, Schauen, Anfassen. Preminger findet mit diesen Bildern ein Symbol für das Gefühl der Isoliertheit in der Fremde, das er selbst oft empfand, für die Einsamkeit und das unbehauste Leben der Menschen weltenentfernt von der Heimat.

Mit diesen Szenen unterläuft er gleichsam das Drama, um durch eine besondere Betonung den Augenblick zu stärken – den kurzen Moment, der im Verborgenen der Menschen entsteht und den das Kino ans Licht zu bringen vermag. In diesem Sinne zählte Preminger nie zu den Predigern des Authentischen im Kino. Ihn interessierte nicht, wie Bilder möglichst getreu eine »physische Realität« wiedergeben oder gar »enthüllen« können. Ihn faszinierte mehr, wie seine Kamera durch einen besonderen Blick sichtbar macht, was ansonsten unbeachtet oder verdeckt bliebe. Deshalb kam auch – so wundersam beiläufig – das Unbestimmte, Disparate, Neurotische in seine Filme.

Als Schlafwandler und Hysteriker mit einem Hang zur Nekrophilie wurden seine Helden charakterisiert. Das trifft aber nur die eine Seite ihrer Seele, die ihres verträumten, sinnenden, empfindsamen Charakters. Auf der anderen Seite sind sie Pragmatiker mit einer deutlichen Neigung zu tatkräftigem Handeln. In *Mord in der Hochzeitsnacht* (1945) steht ein Allerweltstyp im Mittelpunkt, der anfangs ohne jede Chance ist, sogar aus dem Bus geworfen wird, mitten im Nirgendwo der amerikanischen Provinz, weil sein Geld nicht weiter reicht. Aber dann reißt er sich zusammen und greift nach der erstbesten Chance, um wieder nach oben zu kommen. Premingers Helden sind hin- und hergerissen zwischen Integrität und Schuld, Auflehnung und Resignation, Ehre und Schande. Die karrieresüchtige Kurtisane in *Amber, die große Kurtisane* (1947), der drogensüchtige Spieler in *Der Mann mit dem goldenen Arm*, die lebenslustige Schöne in *Porgy und Bess* (1958), die engagierten Immigranten in *Exodus* – sie träumen alle vom Paradies und finden sich dann doch nur wieder in einem Kuddelmuddel aus falschen Träumen und trivialem Alltag. Nicht immer zeichnet Preminger seine Protagonisten mit Sympathie, doch er suchte Verständnis für sie zu zeigen, ohne den eigenen Standpunkt zu vernachlässigen. Entrüstung, ob nun rechtlich oder moralisch, gibt es nicht. Noch das Entlegenste erscheint ganz selbstverständlich.

Preminger war ein ruheloser Filmemacher, einer, den es ständig danach drängte, neue Projekte anzugehen. Die alten wurden, kaum beendet, rasch weggedrängt. Film auf Film habe er gedreht und dabei jedesmal Neuland betreten, hat der Schauspieler Burgess Meredith erklärt, Herausforderungen seien es gewesen, die er stets aufs neue gesucht hätte. Das zielt darauf, daß Preminger schon mit seinem ersten, frei produzierten Film zu skandalträchtigen Themen neigte: über Probleme um Jungfräulichkeit (in *Wolken sind überall*), über Drogensucht (in *Der Mann mit dem goldenen Arm*), über Justizprobleme in der US Army (in *Verdammt zum Schweigen*, 1955), über die Gründung Israels (in *Exodus*), über politische Intrigen im US-Senat (in *Sturm über Washington*), über die Hierarchie in der katholischen Kirche (in *Der Kardinal*), über Rassenprobleme im Süden der USA (in *Morgen ist ein neuer Tag*, 1966).

Premingers Universum ist das Schattenreich des Disparaten, Widersprüchlichen, Ambiguen, das er mit kühlem, distanziertem Blick betrachtete. Nichts ist klar und eindeutig in seiner Welt, immer gibt es noch etwas anderes, das einen neuen Aspekt eröffnet. In *Faustrecht der Großstadt* (1950) gerät ein City-Cop tief in die Zwickmühle, er ist blind vor Haß auf Kriminelle, bis er selbst in seiner Wut verantwortlich wird für den Tod eines Mannes; so muß er plötzlich gegen sich selbst ermitteln, hoffend, dabei einen Ausweg für sich zu finden. In *Fluß ohne Wiederkehr* (1954) kommt ein Mann aus dem Gefängnis und will für sich und seinen kleinen Sohn ein neues Zuhause schaffen, er muß die Verachtung ertragen, als der Junge erfährt, daß er einen Mann von hinten erschossen hat, bis der am Ende in eine ähnliche Situation gerät und so erkennt, daß auch die Schuld zwei Seiten hat. Und in *Bonjour Tristesse* (1957), seinem Meisterwerk, plant die junge lebenslustige Cécile die strenge Freundin ihres Vaters zu vertreiben, um ihr freies Leben fortzuführen, doch ihre Intrige führt zu Kränkung und Tod; wodurch sie einen Makel auf ihre Seele legt, den sie nie wird tilgen können.

Jacques Rivette hat auf drei Themen verwiesen, die für Preminger »von Vorteil« gewesen seien: »die Faszination (*Laura, Whirlpool, Engelsgesicht*), die Verhöre (*Laura, Mord in der Hochzeitsnacht, Faustrecht der Großstadt, Engelsgesicht*), die Rivalität in der Liebe (*Laura, Mord in der Hochzeitsnacht, Daisy Kenyon, Engelsgesicht, Wolken sind überall*)«. Dem wären noch drei weitere hinzuzufügen: Menschen allein in großen Wohnungen oder Häusern (*Laura, Daisy Kenyon, Engelsgesicht, Bonjour Tristesse*), die Gerichtsverhandlungen (*Daisy Kenyon, Verdammt zum Schweigen, Die heilige Johanna, Anatomie eines Mordes*). Und, von Truffaut genannt: die »Kindfrau und ihre Trauer, älter zu werden« (*Engelsgesicht, Bonjour Tristesse*).

Preminger selbst gestand Ende der siebziger Jahre gegenüber G. D. Phillips, er sei immer interessiert gewesen an der Beziehung des einzelnen zu den Institutionen, in die er eingebunden ist. Deshalb wohl seine Faszination für Männer in Kirchen (*Die heilige Johanna, Der Kardinal*), in Parteien (*Sturm über Washington*), beim Militär (*Verdammt zum Schweigen, Erster Sieg*), in politischen Bewegungen (*Exodus*), in Geheimdiensten (*Der menschliche Faktor*). Diese Faszination ist allerdings voller Skepsis und Zweifel. Sie schließt ein, daß er den einzelnen immer nur als Betrogenen sieht, als Opfer, das sich zwischen den verselbständigten Konventionen der großen Ämter, Behörden oder Dienste zerreibt, woraus er sich nur lösen kann, indem er einen neuen Anfang sucht.

Eine seiner Eigenarten war, schrille Töne zu nutzen, um eine innere Erregtheit seiner Figuren deutlich zu machen: schon in *Daisy Kenyon*, als der Kriegsheimkehrer seine Alpträume durchleidet; schon in *Whirlpool*, wenn der intrigante Therapeut sich einer Selbsthypnose unterzieht. Noch signifikanter die überlaute Jazz-Phrase in *Der Mann mit dem goldenen Arm*, als Frankie sich erstmals wieder die Spritze setzt. In *Tell Me that You Love Me, Junie Moon* (1970) nutzt Preminger durch Mark und Bein gehende atonale Musik, bevor Junies erster Freund, genervt von ihrem Geplapper und ihrem lauten Lachen, seine Contenance verliert, sie verprügelt und Gesicht und Arme mit Säure verbrennt.

Bemerkenswert sind auch die Fotografien und Gemälde, die Personen doppeln und ihnen so noch mehr Gewicht verleihen: das Porträt über dem Kamin in *Laura*, das den einsamen Polizisten McPherson in Trance versetzt; oder das Foto auf dem Schreibtisch des alten Arztes in *The Thirteenth Letter* (1950), das darauf verweist, daß seine junge Frau ihm doch mehr bedeutet, als er einzugestehen bereit ist; der große Spiegel in *The Fan* (1949), in dem Lord und Lady Wintermere sich doppeln, als sie erstmals über die fremde Frau zwischen ihnen sprechen; oder später der Spiegel in *Der Kardinal*, in dem Tom Tryon (im Frack, mit Fliege und Zylinder) nach dem Wiener Ball erkennt, daß er sich auf einem Weg befindet, den er eigentlich nicht gehen will (in der nächsten Szene sucht er ein Kloster auf und kehrt danach in der Soutane nach Wien zurück).

Sein Leben lang achtete Preminger auf technische Neuerungen, die seine Ausdrucksmöglichkeiten erweiterten. Er war einer der ersten, die das überbreite Format von Cinemascope innovativ nutzten (in *Fluß ohne Wiederkehr* und *Carmen Jones*); er arbeitete als einer der ersten mit Jazz-Musik (in *Der Mann mit dem goldenen Arm* und *Anatomie eines Mordes*); er experimentierte früh mit Todd-AO (in *Porgy und Bess*); er setzte gerne auf überraschende Toneffekte (*Whirlpool, Tell Me that You Love Me, Junie Moon* u. a.); und er spielte mit den gegensätzlichen Wirkungen von strahlender Farbe und atmosphärischem Schwarzweiß (in *Bonjour Tristesse*).

Vorgeworfen wurde ihm häufig seine Neigung zum Theatralischen, die Vorliebe, so rasch wie möglich seine Kamera zurückzubringen in den Innenraum, um dann mit Dialog und Kadrage den Geheimnissen zwischen seinen Geschichten auf die Spur zu kommen. Wobei Theatralik als besonders verdichtete Form des Zu- oder Gegeneinanders von Personen zu sehen ist, die durch Kamera und Schnitt eine eigene ästhetische Qualität entwickeln.

Was von Premingers Kino bleiben wird? Die Prägnanz des Stils, die das Erhabene zeigt in der Düsternis und das Schöne in der Tristesse. Das analytische Interesse für Menschen in Grenzsituationen, das noch die entlegene Emotion visualisiert, das in der alltäglichen Geste noch »der Panik des Herzens« nachspürt. Und die Inszenierung von Augenblicken, »in denen die festesten Bindungen der Welt sich lockern und zerreißen« (Godard). Auch sein Faible für die verlorene Unschuld, die keinerlei Chance hat in der Welt und bei den Menschen.

Der Preminger-Touch ist ohne Zweifel Resultat der gelassenen, aber präzisen Sicht auf Haltung und Geste der Figuren, die jedermann als »Ausdruck einer wahren Empfindung« versteht, auch wenn alles geplant und inszeniert ist – als Hinweis fürs bewußte Schauen. Sein Hang zu kühler Distanz, für die er berühmt und berüchtigt war, galt Ereignissen wie Personen gegenüber. Sicherlich liegt ästhetisch an diesem Punkt sogar die Grenzlinie, die seine intensiveren Arbeiten von den leicht und schnell dahingedrehten Filmen trennt. Aus seiner Zeit bei der Fox bieten gerade die Filme, die untrennbar mit seinem Namen verbunden sind (von *Laura* über *Mord in der Hochzeitsnacht, Daisy Kenyon* und *Whirlpool* bis zu *Faustrecht der Großstadt* und *Fluß ohne Wiederkehr*), Beispiele seiner reservierten Sicht: seiner geradezu lustvollen Haltung, das Agieren und Reagieren der Figuren wie ein Verhaltensforscher zu betrachten, um den Geheimnissen des Lebens ein wenig näherzukommen. Auch bei den unabhängigen, thematisch anspruchsvolleren Filmen nach 1953 gibt es das wieder und wieder (von *Wolken sind überall* und *Der Mann mit dem goldenen Arm* über *Bonjour Tristesse, Anatomie eines Mordes* und *Sturm über Washington* bis zu *Erster Sieg* und *Der menschliche Faktor*). Menschen und ihr Verhalten, konfrontiert mit einer Umwelt, von der sie nie das Beste erwarten. Ein frostiges, verschlossenes Universum, oft ohne Sympathie gesehen, aber mit Lust an Erkenntnis.

Norbert Grob

Filmographie: Die große Liebe (1931) – Under Your Spell (1936) – Danger, Love at Work (1937) – Margin for Error / Irrtum nicht ausgeschlossen (1943) – In the Meantime, Darling (1944) – Laura / Laura (1944) – A Royal Scandal / Skandal bei Hofe (1945) – Fallen Angel / Mord in der Hochzeitsnacht (1945) – Centennial Summer (1946) – Forever Amber / Amber, die große Kurtisane (1947) – Daisy Kenyon / Daisy Kenyon (1947) – That Lady in Ermine / Die Frau im Hermelin (1948) – The Fan (1949) – Whirlpool (1949) – Where the Sidewalk Ends / Faustrecht der Großstadt (1950) – The Thirteenth Letter (1950) – Angel Face / Engelsgesicht (1952) – The Moon Is Blue / Wolken sind überall (1953); deutsche Version: Die Jungfrau unter dem Dach (1953) – River of No Return / Fluß ohne Wiederkehr (1954) – Carmen Jones / Carmen Jones (1954) – The Court Martial of Billy Mitchell / Verdammt zum Schweigen (1955) – The Man with the Golden Arm / Der Mann mit dem goldenen Arm (1955) – Bonjour Tristesse / Bonjour Tristesse (1957) – Saint Joan / Die heilige Johanna (1957) – Porgy and Bess / Porgy und Bess (1958) – Anatomy of a Murder / Anatomie eines Mordes (1959) – Exodus / Exodus (1960) – Advise and Consent / Sturm über Washington (1962) – The Cardinal / Der Kardinal (1963) – In Harm's Way / Erster Sieg (1964) – Bunny Lake Is Missing / Bunny Lake ist verschwunden (1965) – Hurry Sundown / Morgen ist ein neuer Tag (1966) – Skidoo / Skidoo – Ein Happening in Love (1968) – Tell Me that You Love Me, Junie Moon (1970) – Such Good Friends / So gute Freunde (1971) – Rosebud / Unternehmen Rosebud (1974) – The Human Factor / Der menschliche Faktor (1979).

Literatur: O. P.: An Autobiography. New York 1977.

Jacques Lourcelles: Otto Preminger. Paris 1965. – Gerald Pratley: The Cinema of Otto Preminger. New York 1971. – Willi Frischauer: Behind the Scenes of Otto Preminger. London 1973. – Gene D. Phillips: Both Sides of the Questions. Interview with Otto Preminger. In: Focus on Film 1979. H. 33. – John Belton: The Broken-Field Running of Otto Preminger. In: J. B.: Cinema Stylists. Metuchen 1983. – Norbert Grob: Otto Preminger. In: epd Film 3 (1986) H. 6. – Jacques Rivette: Das Essentielle (*Angel Face*). Warten auf die Godots (*Saint Joan*). Sainte Cécile (*Bonjour Tristesse*). In: J. R.: Schriften fürs Kino. München 1989. (Cicim 24/25.) – Andrew Sarris: Otto Preminger: Shattering Taboos. He Pointed the Way to Rebel Filmmaking. In: American Film 14 (1989) H. 8. – Dominique Paini / Charles Tatum jr. (Hrsg.): Otto Preminger. Paris 1993. – Norbert Grob / Rolf Aurich / Wolfgang Jacobsen (Hrsg.): Preminger. Berlin 1999.

Wsewolod Pudowkin

1893–1953

Wsewolod Illarionowitsch Pudowkin wurde am 16. Februar 1893 in Pensa (Rußland) geboren. Die Familie des Handlungsreisenden Illarion Pudowkin war groß, Wsewolod war das dritte von sechs Kindern. Der Vater starb früh an Tuberkulose. Mit vier Jahren kam Wsewolod nach Moskau. Im Dezember 1914, noch Student der Chemischen Fakultät der Moskauer Universität, ging er als Freiwilliger an die Front, wurde 1915 verwundet und war bis 1918 in deutscher Gefangenschaft. In einem Lager bei Stettin konnte er im Gefangenentheater spielen und inszenierte Tolstois Stück »Der lebende Leichnam«. Nach der Rückkehr aus der Gefangenschaft arbeitete er als Chemiker, verdiente sein Geld mit Buchillustrationen (er war ein brillanter Zeichner) und Fotoporträts. Im Frühling 1920 trat er in die neu eröffnete Filmschule ein. Bereits 1921 inszenierte er gemeinsam mit seinem Lehrer, Wladimir Gardin, das Stück »Shelesnaja pjata« (Die eiserne Ferse), in dem er Filmfragmente in die Handlung einfügte. Im selben Jahr lernte er Lew Kuleschow kennen, der ebenfalls an der Filmschule unterrichtete, und wechselte in dessen Werkstatt. Zusammen mit Kuleschow schrieb Pudowkin Drehbücher, baute für seine Übungen Dekorationen, spielte große und kleine Rollen, inszenierte einzelne Episoden, experimentierte am Schneidetisch und montierte gedrehtes Material. Kuleschows Experimente mit der Filmmontage, besonders mit der Herstellung von raum-zeitlicher Einheit aus separaten Fragmenten und den Kausalbeziehungen zwischen separaten Bildern (der sogenannte Kuleschow-Effekt), wurde von Pudowkin in seinen Vorträgen und Aufsätzen beschrieben. 1924 konnten die Mitglieder der Werkstatt einen ersten langen Film drehen: *Die seltsamen Abenteuer des Mr. West im Lande der Bolschewiki*, in dem Pudowkin am Drehbuch mitgearbeitet hatte und zugleich eine der Hauptrollen spielte. Er gab auch bei dem nächsten Projekt von Lew Kuleschow, *Der Todesstrahl* (1925), den Ton an.

Pudowkin versuchte in dieser Zeit, das absolut exakte Experiment (mit Stoppuhr, Diagrammen, Formeln, in der die Kunst als Naturwissenschaft begriffen wurde) mit einer vollkommen inszenierten Welt des Spiels zusammenzubringen. Deshalb wurden seine Filme und er selbst von der sowjetischen Filmkritik oft als Zwitter bezeichnet. Pudowkin drehte als ersten Film *Die Mechanik des Gehirns* (1925), über Pawlows Theorie, die die Seele rational zerlegte, doch er präsentierte das wissenschaftliche Experiment in einem verspielten Zeichentrick, was den alten Nobelpreisträger (der Film wurde Pawlow vorgeführt) in großes Erstaunen versetzte.

1925 wurde Pudowkin als Regisseur von der Aktiengesellschaft Meshrabpom-Rus, später Meshrabpomfilm, engagiert und inszenierte – nach seinem Kulturfilm und einem Kurzfilm – *Die Mutter* (1926) nach dem Roman von Maxim Gorki, einen Film, der ihn berühmt machte. Die zwei darauffolgenden Filme *Das Ende von St. Petersburg* (1927) und *Sturm über Asien* (1928) festigten diesen Erfolg weltweit. Zusammen mit Sergej Eisenstein und Alexander Dowschenko gilt er als profiliertester Vertreter der russischen Montageschule.

In den zwanziger Jahren beherrschte die Montage den russischen Film: Schauspielerei war verpönt, das Leben sollte so, wie es ist, das Theater ersetzen. Pudowkin kreuzte die neuen Montage-Erfindungen mit der bereits als akademisch etabliert und traditionell geltenden Schauspielschule Konstantin Stanislawskis. Die Berufsdarsteller aus dem Künstlertheater wurden zu Pudowkins Protagonisten. Während die sowjetische Filmavantgarde forderte, auf individuelle Geschichten zu verzichten, vermochte Pudowkin mit einfachen, ja naiven Geschichten, die voller Dramatik erzählt wurden (über eine Mutter, die Mann und Sohn verliert; über einen Bauernburschen, der ungewollt Verrat begeht), Filmästheten ebenso zu verblüffen wie einfache Zuschauer. Er meinte, daß die Montage eine individuelle Geschichte nicht ausschließe, sondern noch dramatischer erzählen ließe. Im Unterschied zu Eisenstein setzte er die Metapher als Metonymie ein: Die assoziativen Bilder entnahm er stets dem konkreten Film-Raum. *Sturm über Asien* verband erlesenen Montage-Rhythmus und die dokumentarische, ethnographische Exotik der Mongolei, ein wunderliches Einzelschicksal und die Bewegung der Massen.

Die ersten theoretischen Aufsätze Pudowkins wurden gleich ins Deutsche (1928) und später auch ins Englische (1936) übersetzt, Pudowkin leistete damit den ersten russischen Beitrag zur Montagetheorie. In den dreißiger Jahren schrieb er vorrangig über die Arbeit mit dem Schauspieler und versuchte die Stanislawski-Methode für den Film zu adaptieren.

Pudowkin trat auch weiter als Darsteller in den Filmen seiner Freunde auf: bei Kosinzew und Trauberg in einer winzigen Szene in *Das neue Babylon* (1929), später in einer Episode von Eisensteins *Iwan der Schreckliche* (1945). Der allseits als Star Gefeierte spielte die Hauptrolle in der großen deutsch-sowjetischen Produktion *Der lebende Leichnam* (nach dem Stück von Leo Tolstoi, unter der Regie von Fedor Ozep) – neben Maria Jacobini und Viktor Diessl. 1928 stellte Pudowkin *Sturm über Asien* in Berlin vor und schloß Bekanntschaft mit Walter Ruttmann, der ihm seine Tonexperimente, z. B. das Hörspiel »Weekend«, vorführte. Die nächsten drei Jahre experimentierte Pudowkin selbst viel mit dem Ton, doch diese Experimente fanden bei weitem nicht dieselbe Anerkennung wie seine Stummfilme. *Ein gewöhnlicher Fall* (1932) und die deutsch-sowjetische Koproduktion *Der Deserteur* (1933), gedreht in Hamburg, Berlin und Odessa, galten als Mißerfolge.

An *Ein gewöhnlicher Fall* arbeitete Pudowkin zusammen mit dem wenig bekannten und eigenartigen Autor, Alexander Rschewski; in seinen Büchern existierten hyperbolisierter Symbolismus und kleinbürgerliches Melodram dicht nebeneinander. Diese Einbindung des Privaten in das Symbolische fand jedoch keine Anerkennung als ein möglicher Weg sozialistischer Dramatik, und Pudowkin war fortan »abgestellt« für historische Filme.

Diese historischen und biographischen Filme über Heerführer aus dem 17., 18. und 19. Jahrhundert hatten den pragmatischen Doktrinen der aktuellen Politik zu folgen und wurden mit großem Aufwand inszeniert. In ihnen hat Pudowkin Schlachten auf dem Meer genauso virtuos in Szene gesetzt wie Kavallerieattacken im Gebirge und Massenchoreographien auf weitem Feld. Sein langjähriger Assistent Michail Doller wurde hier zum Co-Regisseur. Für *Minin und Posharski* wurde eine ganze Stadt – Moskau – aus Holz nachgebaut. Doch die historische Konzeption der Filme war problematisch: In dem 1939 nach der Aufteilung Polens gedrehten *Minin und Posharski* werden die Polen dämonisiert. Die Porträts Suworows und Nachimows, zweier bedeutender Heerführer, entstanden 1940 und 1946 in pragmatischer Entsprechung zur Tagespolitik. Vor dem Krieg, als die militärische Doktrin Stalins die Entfaltung des Kriegstheaters auf feindlichem Territorium vorsah, wurde Suworow, der seine größten Siege in Europa erlangt hatte, als Hauptheld für einen aufwendigen historischen Film auserkoren: das Drehbuch entstand nach Stalins Anweisungen. Nach dem Krieg dagegen war Nachimow zum Haupthelden der Geschichte bestimmt, der Verteidigungskriege führte und die russische Flotte versenken mußte. Der Held wurde von einem Schauspieler verkörpert, der zu diesem Zeitpunkt auch Stalin darstellte – Alexej Diki.

1941 schuf Pudowkin die erste russische Brecht-Verfilmung – nach »Furcht und Elend des Dritten Reiches« entstand *Die Mörder machen sich auf den Weg*, ein theatralischer Film im russischen psychologischen

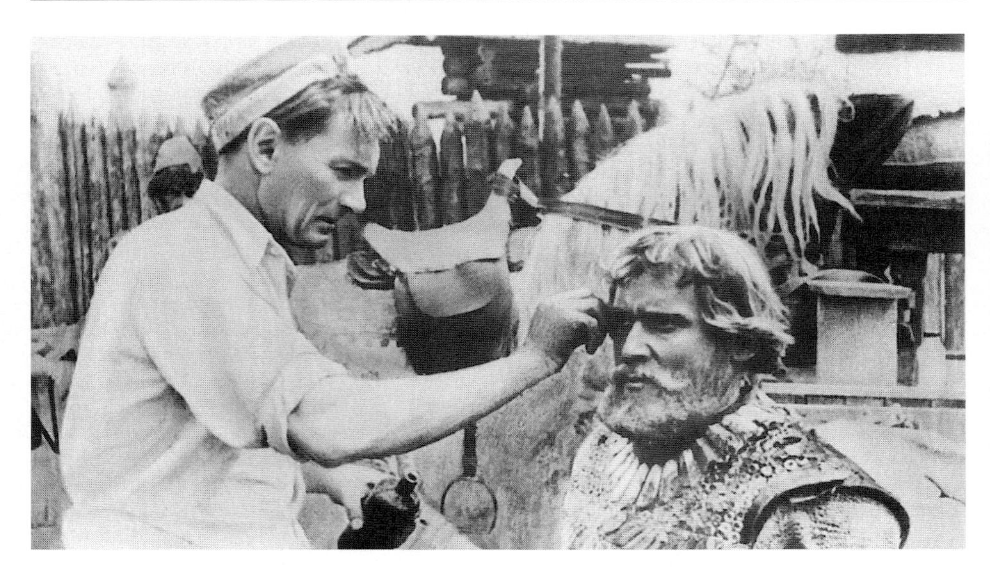

Wsewolod Pudowkin (l.)

Darstellungsstil. Der Film wurde verboten: Die deutschen Feinde erschienen in ihrer seelischen Verkrüppelung eher bemitleidens- als hassenswert. Die Filmbehörde vermißte die »klassenmäßige« Position des Regisseurs.

Pudowkin sprach englisch, deutsch und italienisch, interessierte sich für Astronomie und vertraute den wunderlichen Theorien des Biologen Lyssenko, eines erbitterten Gegners der Genetik. Sein einziger streng biographischer Film (*Beherrscher der Luft*, 1951) war jedoch dem russischen Begründer der Aerodynamik, Nikolai Shukowski, gewidmet. Pudowkin glaubte an die Notwendigkeit politischer Kampagnen und hielt die von ihm geforderten Reden gegen die jüdischen Kosmopoliten und gegen seine Freunde – abends bat er sie um Verzeihung, doch es wurde ihm nicht verziehen. Er verfilmte zuletzt einen stalinistischen Roman über ein glückliches Nachkriegsdorf und eine Dreiecksgeschichte, die harmonisch endet: *Drei Menschen*. Dieser erste Farbfilm Pudowkins versteckte die psychologische und soziale Unwahrheit seiner abgestumpften Weltsicht in einem Pseudo-Volksbilderbogen-Stil. Diesen Film drehte er mit dem jungen Kameramann Sergej Urussewski, der 1959 mit *Wenn die Kraniche ziehen* das Bild vom sowjetischen Film weltweit umstoßen sollte. Pudowkin erlebte diesen neuen Aufschwung nicht mehr; er starb am 30. Juni 1953, kaum ein Vierteljahr nach Stalin.

Oksana Bulgakowa

Filmographie: Mechanika golownowo mosga / Die Mechanik des Gehirns (1925) – Schachmatnaja gorjatschka / Schachfieber (1925) – Matj / Die Mutter (1926) – Konez Sankt-Peterburga / Das Ende von St. Petersburg (1927) – Potomok Tschingis-Chana / Sturm über Asien (1928) – Prostoj slutschai / Ein gewöhnlicher Fall (1932) – Desertir / Der Deserteur (1933) – Minin i Posharski / Minin und Posharski (Co-Regie: Michail Doller, 1939) – Suworow / Suworow (Co-Regie: Michail Doller, 1940) – Ubijzy wychodjat na dorogu / Die Mörder machen sich auf den Weg (Co-Regie: Juri Taritsch, 1941, nicht aufgeführt) – Admiral Nachimow / Admiral Nachimow (1946) – Shukowski / Beherrscher der Luft (1951) – Woswraschtschenije Wassilija Bortnikowa / Drei Menschen (1953).

Literatur: W. P.: Filmregie und Filmmanuskript. Berlin 1928. [Russ. Orig. 1926.] – P. W.: Die Zeit in Großaufnahme. Aufsätze. Erinnerungen, Werkstattnotizen. Berlin 1983. Alexander Marjamow: Pudowkin, Kampf und Vollendung. Berlin 1954. – Barthelemy Amengual: V. I. Poudovkine. Lyon 1968. – Alexander Karaganow: Wsewolod Pudowkin. Moskau 1973. – Viktor Schklowski: Poesie und Prosa im Film. In: Poetik des Films. Hrsg. von Wolfgang Beilenhoff. München 1974. S. 97–99.

Nicholas Ray

1911–1979

Nicholas Ray wurde am 7. August 1911 in Galesville, Wisconsin, als Raymond Nicholas Kienzle geboren. Er studierte ab 1928 Architektur und Theater in Chicago und New York, wo er zum engeren Kreis um den Architekten Frank Lloyd Wright gehörte. Er schloß sich dem politisch links orientierten, avantgardistischen Worker's Lab, später Theatre of Action genannt, an und arbeitete als Schauspieler und Regisseur mit Martin Ritt, Joseph Losey und Elia Kazan. Er folgte Kazan als Assistent nach Hollywood und drehte mit ihm *Ein Baum wächst in Brooklyn* (1945). 1949 erhielt er auf eine Empfehlung des RKO-Produktionsleiters John Houseman mit dem B-Picture *Sie leben bei Nacht* seine erste Filmregie bei RKO Radio. 1953 verließ Ray das Studio, um seine Filme fortan unabhängig zu produzieren. Nach anfänglichen Erfolgen in seiner Heimat orientierte er sich nach Europa, bis das finanzielle Fiasko des epischen Films *55 Tage in Peking* (1963) über den Boxeraufstand in China seine Karriere beendete. Rays Lebensjahre ab 1962 waren bestimmt von seiner Wanderschaft durch die Alte Welt, seinen gravierenden Alkoholproblemen und den vergeblichen Versuchen, weitere Filmprojekte zu finanzieren, bis er sich ab 1971 auf das Lehren von Regie und Schauspiel verlegte. Er starb am 16. Juni 1979 in New York.

Die Figuren in Rays Filmen sind gezeichnet durch den Verlust einer äußeren wie inneren Heimat und die Sehnsucht danach, diese wiederzufinden. Eine neue Chance für diese unruhigen und zum Teil mit selbstzerstörerischen Zügen ausgestatteten Helden bietet sich in Gestalt von Frauen: In *Arena der Cowboys* (1952) will ein von Robert Mitchum gespielter Rodeochampion nach Jahren der Wanderschaft bei der verheirateten Louise zur Ruhe kommen, während ihr Mann in seine Fußstapfen tritt und für den schnellen Erfolg Frau und Heim aufs Spiel setzt. In Rays pessimistischen Film-noir-Werken *Sie leben bei Nacht* (1949) und *Ein einsamer Ort* (1950), mit Humphrey Bogart und Rays damaliger Ehefrau Gloria Grahame in den Hauptrollen, sind die Liebesbeziehungen jedoch nur eine Zuflucht auf Zeit und zerbrechen an Gewalt, Mißtrauen und einer übermächtigen Vergangenheit.

Die typische Verzweiflung und Entwurzelung von Rays Figuren bringt exemplarisch der Titel *We Can't Go Home Again* (1973) zum Ausdruck. In diesem versteckten Selbstporträt experimentiert der alternde Ray mit dem Nebeneinander verschiedener Filmformate in der Split-Screen-Technik. Mit der von ihm selbst dargestellten Figur des Nick begann Rays filmische Auseinandersetzung mit dem Sterben. Er setzte sie im Endstadium seines realen Krebsleidens in *Nick's Film – Lightning over Water* (1980) mit seinem Co-Regisseur Wim Wenders fort, indem er Inszenierung und Dokumentation sich gegenseitig durchdringen ließ. Mit dieser im positiven Sinn exhibitionistischen filmischen Selbstbehauptung gegenüber dem nahen Tod blieb Ray seinem Wahlspruch, ein Künstler müsse sich selbst preisgeben, sowie seinen Grundthemen »individuelle Freiheit« und »Rebellion gegen die bestehende Ordnung« treu. Diese Themen reflektieren nicht nur seinen eigenen Kampf um das künstlerische Selbstbestimmungsrecht bei Dreharbeiten und Montage innerhalb von Hollywoods Studiosystem, sie machen seine Filme trotz aller kommerziellen Zugeständnisse auch zu einem Porträt ihrer Zeit. In seinem bekanntesten Werk *... denn sie wissen nicht, was sie tun* (1955) behandelt Ray die aufkommende Gewalt- und Kriminalitätsbereitschaft der Jugend des Mittelstands in den fünfziger Jahren, er ergreift Partei für ihren Protest gegen die seelische Verarmung, Gefühlskälte und Korruptheit der Elterngeneration. Gerade die Väter versagen in ihrer Vorbildfunktion für die nach sozialer und geschlechtlicher Identität suchenden Teenager, die abseits jeglicher Blutsbande Halt und Geborgenheit in einer neuen Form von Familie finden. Der Eindruck von Authentizität, den dieser Film über »eine Generation, die in einer Nacht erwachsen wird« (Drehbuchautor St. Stern), vermittelt, entsteht einerseits durch die sehr jungen Darsteller, teilweise Laien, die ihr Outfit im nächstgelegenen Kaufhaus selber auswählten, und andererseits durch die für Hollywood ungewöhnliche Bereitschaft des theatererfahrenen Regisseurs zu Improvisationen, die maßgeblich vom Hauptdarsteller James Dean mitgeprägt wurden. Ihn machte der Film endgültig zum Idol und seine in Rays unmißverständlicher Farbsymbolik präsentierten Kleidungsstücke – einen roten Blouson zu Jeans und einem engen weißen T-Shirt – zu Emblemen einer ganzen Generation.

Rays farbdramaturgische Akzente und seine konsequente Nutzung des Breitwandformats beeindrucken auch in *Johnny Guitar* (1954) – ein, so Truffaut, »bis an die Grenzen des Möglichen irrealer, ein delirierender Western«, der als psychologischer Western Filmgeschichte schrieb: Den Männern in der Stärke ihres Willens weit überlegen, kämpfen zwei machtbewußte Frauen mit allen Mitteln bis hin zu Lynchjustiz und einem tödlichen Revolverduell um ihre Interessen. Für die attraktive Spielsalonbesitzerin Vienna geht es um ihre ökonomische Zukunft, für die jungfernhafte Rancherin Emma um ihr unerfülltes erotisches Verlangen nach dem Desperado Dancin' Kid, weshalb sie haßerfüllt die ihr vorgezogene Konkurrentin Vienna vernichten will. Vor dem zeitgenössischen Hintergrund der McCarthy-Ära und ihrer Kommunistenjagd kommt die im Film herrschende Atmosphäre von Unterdrückung und Denunziation zudem einer politischen Stellungnahme gleich. *Johnny Guitar* zählte zu den Lieblingsfilmen der französischen Filmkritiker der »Cahiers du Cinéma«, die Ray 1950 auf dem Filmfestival in Biarritz als »auteur« entdeckten und zum wichtigsten Filmemacher seiner Generation erklärten.

Ursula Vossen

Filmographie: They Live by Night / Sie leben bei Nacht (1949) – Knock on Any Door / Vor verschlossenen Türen (1949) – In a Lonely Place / Ein einsamer Ort (1950) – Flying Leathernecks / Stählerne Schwingen (1950) – The Racket / Gangster (Co-Regie: John Cromwell, 1951) – The Lusty Men / Arena der Cowboys (1952) – Macao / Macao (Regie: Josef von Sternberg, Ray ungenannt, 1952) – Johnny Guitar / Johnny Guitar / Wenn Frauen hassen (1954) – Run for Cover / Im Schatten des Galgens (1954) – Hot Blood / Feuer im Blut (1955) – Rebel without a Cause / ... denn sie wissen nicht, was sie tun (1955) – Bigger than Life / Eine Handvoll Hoffnung / Mensch oder Teufel (1956) – The True Story of Jesse James / Rächer der Enterbten (1956) – Amère Victoire / Bitter war der Sieg (1957) – Wind across the Everglades / Sumpf unter den Füßen (1958) – Party Girl / Das Mädchen aus der Unterwelt (1958) – Ombre bianche / Im Land der langen Schatten (1959) – King of Kings / König der Könige (1961) – 55 Days at Peking / 55 Tage in Peking (1963) – We Can't Go Home Again (1973) – Wet Dreams / Wet Dreams (Co-Regie, 1974) – Nick's Movie – Lightning over Water / Nick's Film – Lightning over Water (Co-Regie: Wim Wenders, 1980).

Literatur: François Truchaud: Nicholas Ray. Paris 1965. – John Francis Kreidl: Nicholas Ray. Boston 1977. – Víctor Erice / Jos Oliver: Nicholas Ray y su tiempo. Madrid 1986. – Norbert Grob / Manuela Reichart (Hrsg.): Ray. Berlin 1989. – Bernard Eisenschitz: Roman américain – Les vies de Nicholas Ray. Paris 1990. – Goeff Andrew: The Films of Nicholas Ray. The Poet of Nightfall. London 1991. – Susan Ray (Hrsg.): I Was Interrupted. Nicholas Ray on Making Movies. London 1992.

Carol Reed

1906–1976

Bereits früh dominierte bei Carol Reed die Vorliebe für Außenseiter und »Entgleiste«, für die Abgründe des Alltags, für dunklere, gefährliche Milieus. Schon sein zweiter Film, *Labornum Grove* (1936), zeichnete ein desillusionierendes Bild der Londoner Vorstädte (nach einem Stück von J. B. Priestley) – mit dem Akzent auf der Tristesse alltäglicher Mühsal. In *Bank Holiday* (1938) ließ er einen kurzen Ferienausflug in einem Desaster enden, einer stirbt, ein anderer landet im Krankenhaus, und der Rest der Ausflügler wirkt niedergeschlagen, deprimiert, vereinsamt. Und in *Die Sterne blicken herab* (1939) erzählte er vom Elend der Bergarbeiter in Wales – am Beispiel einer engagierten Familie (nach A. J. Cronin). Diesen frühen, ›realistischen‹ »bread-and-butter«-Filmen ist eine (besonders für die Zeit) ungewöhnlich pessimistische Klangfarbe unterlegt: Reeds Helden bleiben ohne Chance in der schönen, erfolgreichen Welt, schlagen sich dennoch herum, seltsam ruhelos und getrieben, um wenigstens ein kleines Stück vom Kuchen zu erhaschen. Der Sohn des Bergarbeiters in *Die Sterne blicken herab* geht am Ende ins Parlament. Und die Chormädchen in *A Girl Must Live* (1939) denken weniger an ihre Karriere auf der Bühne denn an die Chancen, die sich ergeben durch ihre Amouren mit den reichen Herren vor der Bühne, mit den »sugardaddies« und »stage door lovers«.

Wenn manche diesen frühen Filmen eine »Nähe zum britischen Dokumentarismus der dreißiger Jahre« (K. Kreimeier) bescheinigen, so darf man dabei nie übersehen, wie sorgfältig sie inszeniert sind, wie akkurat die Schauplätze gewählt, die Kamera zum Tanzen gebracht, die Rhythmen des Schnitts auf eine symbolisch zugespitzte, existentialistisch düstere Perspektive hin organisiert sind.

Höhepunkt von Reeds Arbeit bilden aber ohne Zweifel seine Filme aus den späten vierziger Jahren: *Ausgestoßen, Kleines Herz in Not* und *Der dritte Mann*, Filme über scheue Hoffnungen und ernüchterndes Scheitern, über Träume, Verzweiflung und Tod. Der verwundete IRA-Rebell, der nach einem Überfall auf eine Fabrikkasse verlorengeht in den Straßen Belfasts, erlebt nur Desinteresse und Ignoranz, Arglist und Heimtücke. Der Junge in *Kleines Herz in Not*, der den Butler seines Vaters vor dem Verdacht schützen will, seine Frau ermordet zu haben, führt die Polizei gerade durch diese Versuche erst auf seine Spur; die Erwachsenenwelt wird zum Labyrinth, vor dem kein Kinderwunsch bewahrt. Der naive Autor, der in Wien nach seinem alten Freund sucht und ihn als berüchtigten Schmuggler wiederfindet, den alle für tot halten (in *Der dritte Mann*), wird hineingerissen in einen Strudel aus Verbrechen, Schwindel und Korruption, Intrige, Täuschung und Verrat.

In Reeds besseren Filmen ist die visuelle Raffinesse stets Resultat einer besonderen, einfallsreichen Integration aller Mittel: einer präzisen Führung der Darsteller; der beweglichen Kamera, die auch ungewöhnliche (schiefe oder verkantete) Perspektiven nicht scheut; der oft düsteren, atmosphärisch dichten Schauplätze; schließlich einer rasanten Montage, die oft mit überraschenden Bild-/Toneffekten arbeitet. Unübertroffen die Szene nach dem Überfall in *Ausgestoßen*, wenn der Ton die Dramatik des Geschehens intensiviert: die Alarmanlage in der Fabrik, das Motorengeräusch des Autos, in dem die Täter flüchten (verstärkt durch kreischende Reifen und quietschende Bremsen); die einsetzende Musik, als der verletzte Held aus dem Auto fällt, und das Gebell des Hundes, als er die leere Straße hinunterrennt.

Graham Greene urteilte nach der Zusammenarbeit bei *Kleines Herz in Not* und *Der dritte Mann*, Carol Reed sei der einzige Regisseur, der »ein außergewöhnliches Gespür« dafür besitze, »das richtige Gesicht für die entsprechende Rolle zu finden. Seine Montage zeichnet sich durch absolute Präzision aus« und, »was nicht weniger wichtig ist«, er sei imstande, dem Autor »die richtige Marschrichtung zu weisen«.

Carol Reed wurde am 30. Dezember 1906 in London geboren. Nach dem Willen seiner Eltern sollte er Farmer werden und wurde deshalb nach seinem Abschluß an der King's School in Canterbury in die USA geschickt, um Erfahrungen auf einer riesigen Hühnerfarm zu erwerben. Doch, wie er später erzählte, siegte in dieser Zeit seine Liebe zum Theater. Als er ein halbes Jahr später nach London zurückkehrte, begann er sofort als Schauspieler am Theater zu arbeiten. 1924 debütierte er in Sybil Thorndykes Truppe. Ab 1927 arbeitete er für Edgar Wallace – als Berater für die Theaterfassungen seiner Romane. Zum Film kam er Anfang der dreißiger Jahre – zunächst als Dialog- und Produktionsassistent für Basil Dean, der ihm 1935 zu seinem Kinodebüt verhalf – zu *Midshipman Easy*, dem dann schnell die kleinen Filme der dreißiger Jahre folgten, stets mit bescheidenem Budget, aber doch mit kritischem Anspruch und ästhetischer Verve gedreht, u. a. *Kipps – Roman eines einfachen Menschen* (1941), in dem (nach H. G. Wells) die märchenhaften Aben-

Carol Reed

teuer eines reichen Erben skizziert werden, der trotz aller Anfechtungen natürlich, bescheiden und rein bleibt.

Während des Zweiten Weltkriegs drehte er als Captain beim Army Cinematograph Service propagandistische Dokumentarfilme, von denen *The True Glory* (1945) nachhaltig beeindruckte. Nach J. Ebert zählt er »zu jenen kostbaren Filmen, in denen die Kunst der Montage und des Sehens noch intakt ist [...]. Nüchterner als dieser Film es tut, läßt sich dem Krieg nicht ins Gesicht blicken. Dank der Montage bietet er sich nicht als ein Schauspiel, sondern als reines Ereignis dar.«

Nach dem Krieg schuf Reed dann, in seiner »golden period«, die Meisterwerke, die seinen Ruf als Arrangeur der Düsternis begründeten, als Entdecker ambivalenter Stimmungen und dunkler, zerrütteter Schauplätze (die der schmuddligen Hinterhöfe in Belfast wie die der verwinkelten Abwässerkanäle in Wien). Andererseits fand A. Sarris selbst diese Filme im nachhinein »zu schwülstig« (*Verstoßen*, 1947), zu heikel (*Kleines Herz in Not*, 1948) und zu ausgeklügelt (*Der dritte Mann*, 1949).

Am Ende seiner Karriere versuchte Reed mit Erfolg, sich als Regie-Star in Hollywood zu etablieren. Er drehte eine überhitzte Michelangelo-Biographie mit Charlton Heston (*Inferno und Ekstase*, 1964), das beschwingte Musical *Oliver* (1967), für das er den Oscar erhielt, und einen tragikomischen Spätwestern um den letzten indianischen Rebellen (*Der Indianer*, 1970).

Im Grunde war Carol Reed von Anfang an ein Regisseur der atmosphärischen Visualisierung. Schon in *Die Sterne blicken herab* nahm er Cronins Drama um die hilflose Armut der Bergarbeiter auch als malerische Herausforderung um die entsprechenden Graunuancen. In *Ausgestoßen* nutzte er Straßen, Kneipen und Hinterhöfe als »Handlungselemente«, Tag und Nacht, auch Wetter, als »dramatische Akzente«. Und in *Der dritte Mann* überzeichnete er das Elend der zerstörten Stadt gelegentlich durch ornamentale Licht- und Schatteneffekte. Was aber bleibt, ist »das artistische Raffinement der psychologischen Zeichnung« seiner Figuren; die klare Kontur seiner Standpunkte; die »optische Beschwörung« des jeweiligen Milieus.

Norbert Grob

Filmographie: It Happened in Paris (Co-Regie: Robert Wyler, 1935) – Midshipman Easy / Men of the Sea (1935) – Laburnum Grove (1936) – Talk of the Devil (1937) – Who's Your Lady Friend? (1937) – Bank Holiday / Three on a Weekend (1938) – Penny Paradise (1938) – Climbing High (1939) – A Girl Must Live (1939) – The Stars Look down / Die Sterne blicken herab (1939) – Night Train to Munich (1940) – The Girl in the News (1941) – Kipps / The Remarkable Mr. Kipps / Kipps – Roman eines einfachen Menschen (1941) – Young Mr. Pitt (1942) – The Way Ahead (Dokumentarfilm, 1944) – The True Glory (Dokumentarfilm, Co-Regie: Garson Kanin, 1945) – Odd Man Out / Ausgestoßen (1947) – The Fallen Idol / Kleines Herz in Not (1948) – The Third Man / Der dritte Mann (1949) – Outcast of the Islands / Der Verdammte der Inseln (1951) – The Man between / Gefährlicher Urlaub (1953) – A Kid for Two Farthings / Voller Wunder ist das Leben (1955) – Trapeze / Trapez (1956) – The Key / Der Schlüssel (1958) – Our Man in Havana / Unser Mann in Havanna (1959) – The Running Man / Der zweite Mann (1962) – Mutiny on the Bounty / Meuterei auf der Bounty (Regie übernommen von Lewis Milestone, 1962) – The Agony and the Ecstasy / Inferno und Ekstase (1964) – Oliver! / Oliver (1967) – Flap / Der Indianer (1970) – Follow Me / Ein liebenswerter Schatten (1971).

Literatur: Theodor Kotulla: *Ausgestoßen*. In: Filmkritik 3 (1959). H. 7. S. 198 f. – C. A. Oakley: Where We Came In: Seventy Years of the British Film Industry. London 1964. – Andrew Sarris: The American Cinema. New York 1968. S. 163 f. – Lothar Schwab: Der Identifikationsprozeß im Kino-Film. *The Third Man*. In: Knut Hickethier / Joachim Paech (Hrsg.): Modelle der Film- und Fernsehanalyse. Stuttgart 1979. – Robert F. Moss: The Films of Carol Reed. London 1987. – Frank Arnold: Das dritte Mädchen. In: Hans Helmut Prinzler (Hrsg.): Europa 1939. Berlin 1989. S. 142 f. – Jürgen Ebert: Der gefilmte Krieg. In: Hans Helmut Prinzler (Hrsg.): Das Jahr 1945. Berlin 1990. S. 265 f. – Nicholas Wapshott: The Man Between. A Biography of Carol Reed. London 1990.

Edgar Reitz

*1932

Edgar Reitz wurde am 1. November 1932 in Morbach im Hunsrück geboren. In den Notzeiten von Krieg und Nachkriegsleben verließ der junge Reitz praktisch nie seine dörflich-kleinstädtische Heimat, bevor er ab 1952 in München Publizistik, Kunstgeschichte und Theaterwissenschaft studierte. Ab 1957 begann er, mit einigen seiner Studienkollegen Kurzfilme zu drehen, und machte sich bald im Bereich des Industriefilms einen Namen. Als Mitunterzeichner des »Oberhausener Manifests« gehörte er 1962 zu den Gründern des Ulmer Instituts für Filmgestaltung, an dem er bis zur Auflösung 1968 lehrte. Seit 1966 entstehen eigene Spielfilme im Rahmen der Edgar Reitz Filmproduktion.

Reitz setzt sich seit den frühen sechziger Jahren für die Schaffung öffentlicher Filmförderungsstrukturen, alternativer Aufführungsformen und Verleihsysteme ein. Er gehört zur Generation der geistigen Wegbereiter der 68er Bewegung in Kunst und Kultur, geriet jedoch mit der sich politisch radikalisierenden und zum Dogmatismus neigenden Studentenrevolte in Konflikt. Mit zahlreichen nationalen und internationalen Auszeichnungen bedacht, lebt Reitz heute in München.

Reitz nutzte bereits in den späten fünfziger Jahren, in denen sich die deutsche Spielfilmindustrie als eine geschlossene und innovationsfeindliche Gesellschaft darbot, den Kurz- und Industriefilm als Experimentierfeld für die Suche nach neuen künstlerischen Ausdrucksformen. Nachdem er in vielbeachteten Filmen wie *Kommunikation* (1962) und *Geschwindigkeit* (1963) die Möglichkeiten von Bild- und Tonschnitt mit geradezu avantgardistischen Mitteln ausgelotet hatte, sprengte sein auf 16 Spezialleinwände gleichzeitig projiziertes audiovisuelles Kinohappening *VariaVision* auf der Münchner Verkehrsausstellung 1965 völlig den bisherigen Rahmen von Kinoästhetik und Aufführungspraxis. Auf der Tonspur der Filme aus seiner frühen Schaffensperiode dominieren die elektronisch-atonalen Kompositionen seines Studentenfreundes Josef Anton Riedl.

Spätestens seit Oberhausen war die filmtheoretische und praktische Zusammenarbeit mit dem Wortführer der »Oberhausener«, Alexander Kluge, besonders fruchtbar. Zusammen mit dessen Film *Abschied von gestern* (1966), bei dem Reitz die Kamera führte, wurde sein eigener Spielfilmerstling *Mahlzeiten* (1967) zum filmischen Manifest der von beiden entwickelten Theorie des »analytischen Films«. Die Liebes- und Ehechronik von Rolf und Elisabeth, die mit ungewollten Schwangerschaften, Ehebruch, Arbeitskonflikten, Elisabeths Bekehrung zum Mormonentum, Rolfs Selbstmord und Elisabeths Wiederheirat dramatisches Potential birgt, wird in fragmentarischem Stil als Collage bildlicher und textlicher Mitteilungen auf verschiedenen Ebenen konstruiert: dokumentarische Einschübe, Kurzmonologe der Figuren, subjektive und allwissende Voice-over-Kommentare aus verschiedenen Erzählperspektiven – hier banal und unterkühlt, da soziologisierend, dort bewußt verkitschend.

Diese Linie setzt sich in den gemeinsamen Filmen mit Kluge und weiteren Filmemachern fort, die in den siebziger Jahren die gesellschaftlichen Gegensätze reflektieren und zum Teil ironisieren. In *In Gefahr und größter Not bringt der Mittelweg den Tod* (1974) verschlingen sich mehrere inhaltliche Linien, darunter die fiktive Story einer erfolglosen, weil zu literarisch rapportierenden Ost-Agentin in der BRD und die dokumentarische Darstellung der Vorbereitung auf den Frankfurter Fasching wie der zeitgleich dazu stattfindenden Räumung eines besetzten Hauses.

An dem Kollektivfilm, der nach dem Schock des »Terroristenherbstes« 1977 das

Edgar Reitz mit Marita Breuer

größte Aufsehen erregte, *Deutschland im Herbst* (1978), war Reitz nur noch mit einer kleinen Spielepisode beteiligt, die anhand einer übertrieben scharfen Grenzkontrolle allgemeines Mißtrauen, Panik und Denunziantentum sowie polizeistaatliche Tendenzen verdeutlichen sollte.

In der zweiten Hälfte der siebziger Jahre führten die Wege von Reitz und Kluge spürbar auseinander. Der »denunziatorische Blick«, mit dem Kluge seine fiktionalen oder dokumentarischen Helden bloßstellte, sie der Lächerlichkeit preisgab, war mit Reitz' grundsätzlicher Sympathie für seine Figuren, ihre Schwächen, sogar ihr inkonsequentes und unlogisches Verhalten, nicht mehr vereinbar. Mittlerweile war Reitz längst als Regisseur eigener, stärker narrativ geschlossener Filme etabliert. Bereits 1973 hatte Reitz – noch mit Kluges Co-Autorenschaft – in *Die Reise nach Wien* eine konventionelle, zur Identifikation mit den Protagonistinnen einladende Geschichte erzählt. Gleichzeitig ist der Film, in dem zwei Hunsrückerinnen, deren Männer im Krieg sind, ausgerechnet 1943 eine Vergnügungsreise nach Wien unternehmen, Reitz' erster Versuch, Figuren aus der Heimat seiner Kindheit zu Filmhelden zu machen. Der damals für Filme über das Dritte Reich völlig unübliche leichte, komische Stil befremdete noch lange die Kritiker.

In *Stunde Null* (1977) zeichnet er ein vielschichtiges Bild eines dörflichen ostdeutschen Mikrokosmos zwischen dem Abzug der Amerikaner und der Ankunft der Roten Armee im Sommer 1945 aus der Perspektive eines ideologisch orientierungslosen Jungen. Erstmals zeichnet hier Gernot Roll für die ästhetisch anspruchsvolle Schwarzweißfotografie verantwortlich. Der montageorientierte Stil früherer Filme weicht dem Aufbau innerbildlicher Spannungen in Form von harten Licht-Schatten-Kontrasten und einer dynamisierten Beziehung tiefenscharf ins Bild gesetzter Vorder- und Hintergrundobjekte. Der immer wieder partiell auf klassische Harmonien und konventionelle Rhythmenstrukturen zurückgreifende Postavantgardist Nikos Mamangakis avancierte in dieser Zeit zum »Hauskomponisten«.

Reitz' wenige Ausflüge in die Domäne des Historienfilms fallen ebenfalls in die siebziger Jahre. Stellte *Das goldene Ding* (1972), eine Verarbeitung von Motiven der griechischen Mythologie mit Kinder-Darstellern, noch verfremdend die eigene Amateurhaftigkeit zur Schau, so setzt Reitz beim *Schneider von Ulm* (1978), der Geschichte eines Flugpioniers um 1800, eher auf glaubwürdige Rekonstruktion von Kostümen, Szenerien und regionalhistorischem Kolorit. Gleichzeitig weist die Fabel vom Visionär und Utopisten, der zwischen die Mühlen politischer, militärischer und wirtschaftlicher Mächte gerät und sich am Ende von allen verlassen weiß, nicht nur philosophisch-parabelhafte, sondern auch versteckt autobiographische Züge auf.

Nachdem diese Millionenproduktion zu einem der größten Flops der bundesrepublikanischen Filmgeschichte wurde und auch bei der Kritik kein Echo fand, entschloß sich Reitz, ein noch aufwendigeres, aber stärker mit der eigenen Lebenserfahrung verbundenes Projekt in Angriff zu nehmen: In vierjähriger Recherche-, Vorbereitungs- und Dreharbeit im Hunsrück entstand nach dem von Peter Steinbach und Reitz geschriebenen Buch das fast sechzehnstündige Werk *Heimat* (1984), eine »Chronik«, die einige Familien aus dem fiktiven Dorf Schabbach von 1919 bis 1982 begleitet. Den Film, in dem Reitz Autobiographisches mit Hunsrücker Geschichten verwob, versteht er als Versuch, deutsche Geschichte aus der Perspektive der »kleinen Leute« zu erzählen und diesen damit ein Denkmal zu setzen. Reitz gelang es, das ideologische Koordinatensystem des Heimatfilms zu verfremden, ohne dabei den Begriff der Heimat und dessen emotionale Aufladung selbst ins Lächerliche zu ziehen. Die Geschichten derer, die dableiben, und derer, die aus dem Dorf weggehen, um später einmal wiederzukommen, ergänzen sich zu einem breiten Panorama der tragischen und skurrilen, der merkwürdigen und ›normalen‹ Schicksale. Reitz wurde mit *Heimat* zum episch gelassenen, ja behaglichen Erzähler. Die ausgeklügelte Bildästhetik von Gernot Roll wurde um die Komponente eines aleatorischen Wechsels von Farbe und Schwarzweiß erweitert und prägt die visuelle Ebene von *Heimat* genauso wie Mamangakis' Musik die Tonspur. Die unglaublich erfolgreiche Fernsehausstrahlung in elf Teilen erregte national und international großes Aufsehen, und schon früh wurde *Heimat* zu den Klassikern der deutschen Filmkunst gerechnet.

Dieser Zuspruch ermutigte Reitz zur sechsjährigen Arbeit an einem Folgeprojekt, dessen Dimensionen den Rahmen von *Heimat* sogar noch überstiegen: *Die Zweite Heimat. Chronik einer Jugend* (1992) erzählt in 25½ Stunden den Lebensweg von Hermann Simon, einer der Hauptfiguren aus *Heimat*, im München der sechziger Jahre. Die Entwicklung des ambitionierten Dörflers, der sich in der pulsierenden Metropole von Künstlern und Intellektuellen einen Namen als Komponist und Musiker macht, spiegelt sogar in kleinen Details Reitz' eigene Lebensgeschichte wider. Während die Bild- und Tonästhetik grundsätzlich die Linie von *Heimat* weiterführt, verschiebt sich der thematische Schwerpunkt von der zeitgeschichtlichen Betrachtung (die vor allem in den letzten Folgen eine große Rolle spielt) hin zu individualpsychologischen

Aspekten der Künstlerbiographie. Von der Film- und Fernsehkritik wurde und wird der 13-Teiler in einem Atemzug mit dem Vorgängerprojekt genannt, während sich der Erfolg bei den Zuschauern in Grenzen hielt.

Nikolas Hülbusch

Filmographie: Kommunikation – Technik der Verständigung (Kurzfilm, 1962) – Geschwindigkeit. Kino eins (Kurzfilm, 1963) – Mahlzeiten (1967) – Fußnoten (1967) – Uxmal – 17 vor Null (1968, unvollendet) – Filmstunde (Dokumentarfilm, 1968) – Cardillac (1969) – Geschichten vom Kübelkind (Co-Regie: Ula Stöckl, 1971) – Kino Zwei (Fernsehfilm, 1972) – Das goldene Ding (Co-Regie: Ula Stöckl, Alf Brustellin, Nicos Perakis, 1972) – Die Reise nach Wien (1973) – In Gefahr und größter Not bringt der Mittelweg den Tod (Co-Regie: Alexander Kluge, 1974) – Stunde Null (1977) – Deutschland im Herbst (Episode: Der Grenzposten, 1978) – Der Schneider von Ulm (1978) – Susanne tanzt (Kurzfilm, 1979) – Geschichten aus den Hunsrückdörfern (Dokumentarfilm, 1982) – Heimat – Eine Chronik in elf Teilen (1984) – Filmgeschichten. Die Stunde der Filmemacher (Fernsehserie, 1985) – Die Zweite Heimat – Chronik einer Jugend (1992).

Literatur: E. R.: Liebe zum Kino. Köln 1993.
Frieda Grafe: *Mahlzeiten.* In: Filmkritik 11 (1967) H. 3. S. 143 f. – Enno Patalas / Frieda Grafe: Interview mit Edgar Reitz. In: Filmkritik 11 (1967) H. 3. S. 128–132. – Klaus Eder: Auf der Suche nach Heimat. In: Filmbulletin 1992. H. 6. S. 11–37. – Dieter Leder: Monumentaler Kino-Roman. In: Zoom 1992. H. 12. S. 2 f. – Reinhold Rauh: Edgar Reitz. Film als Heimat. München 1993. – Karsten Visarius: Die Unvollendeten. In: epd Film 10 (1993) H. 1. S. 16–21.

Jean Renoir

1894–1979

»Doch selbst bleibe ich ein Mensch des 19. Jahrhunderts, ich brauche die Beobachtung als Ausgangspunkt«, schrieb Renoir 1974 in seinen Lebenserinnerungen. Damit benennt er, der am 15. September 1894 als Sohn des Malers Auguste Renoir in Paris zur Welt kam, zugleich seine künstlerischen Einflüsse, die im Realismus und Impressionismus des 19. Jahrhunderts liegen.

Aufgewachsen in Paris und der Provence, diente Renoir im Ersten Weltkrieg bei der Kavallerie und als Pilot in einer Fliegerstaffel. Die Filme Chaplins machten ihn zum leidenschaftlichen Kinofan, der sich bald auch für andere, vorwiegend amerikanische Filme, interessierte. Dank der Hilfe des Freundes Pierre Lestringuez produzierte Renoir 1924 mit *Ein freudloses Leben* seinen ersten Film, dem noch im gleichen Jahr *Das Mädchen vom Fluß* folgte. 1926 entstanden der Kurzfilm *Charleston* und, in Koproduktion mit einer deutschen Filmgesellschaft, die Zola-Verfilmung *Nana*. Trotz großen Budgets und Werner Krauß in der Rolle des Grafen Muffat geriet der Film zum kommerziellen Mißerfolg, der Renoir zwang, mit *Marquitta* (1927) seine erste Auftragsarbeit anzunehmen. Dies war zugleich der erste Film ohne seine Ehefrau Catherine Hessling (eigtl. Andrée Heuschling), deren Karrierepläne als Schauspielerin nicht durchzusetzen waren. Ihr letzter gemeinsamer Film wurde *Die kleine Streichholzverkäuferin* (1928, nach Hans Christian Andersen), der sich durch eine Vielzahl experimenteller Trickaufnahmen auszeichnet. Renoir gestaltete die ausgedehnte Traumsequenz, in der das Mädchen lebensgroßen Spielautomaten begegnet und auf einem Pferd durch die Wolken reitet, durch den Einsatz optischer Effekte, verschiedener Geschwindigkeiten sowie Stopp-Tricks, die Personen und Gegenstände zum Verschwinden bringen. Für die Szenen im Spielzeugland setzte er ein dem Schüfftan-Verfahren verwandtes Prinzip ein, das die Kombination der Schauspieler mit Miniaturdekors ermöglichte. Nach *Drückeberger* (1928), einer Satire auf das Kasernenleben, in der Renoir erstmals mit Michel Simon zusammenarbeitete, folgten zwei Historienfilme im Auftrag der Société des Films historiques: *Das Turnier* (1928) und *Le Bled* (1929).

1931 drehte Renoir mit *Baby wird bestraft* seinen ersten Tonfilm. Diese Auftragsarbeit für den Produzenten Pierre Braunberger nutzten er und sein Tonassistent Joseph de Bretagne zu Experimenten mit authentischen Tonquellen. Berühmtheit erlangte die Verwendung des Geräusches einer Klosettspülung, aufgenommen in einer Studiotoilette, mit der Renoir den Feydeauschen Komödienstoff um die tabuisierten Äußerungsformen menschlicher Verdauung akustisch untermalte. Der Präferenz für den Direktton blieb Renoir auch in seinen späteren Filmen treu.

In *Die Hündin* (1931) kündigte sich deutlich Renoirs filmischer Stil der dreißiger Jahre an, der sogenannte poetische Realismus. Mimetische Prägnanz im Spiel der Darsteller, die sich in natürlichen Dekors bewegen, verbindet sich dabei mit dem aufmerksamen Blick der Kamera für realistische Details, die durch ihre fotografische Inszenierung mit poetischer Bedeutungskraft aufgeladen werden. In *Die Hündin* spielt Simon den kleinen Angestellten Legrand, der in seiner Liebe zur Prostituierten Lulu einen neuen Lebenssinn findet. Als Lulu ihm gesteht, daß sie ihn nie geliebt hat, tötet er sie im Affekt. Legrand beschließt sein Leben als Clochard. Renoirs inszenatorisches Geschick belegt u. a. die Mordszene, in der die eigentliche Tat durch eine Parallelmontage kunstvoll ausgespart wird. Während Legrand im Zimmer die Geliebte tötet, zeigt die Kamera eine vergnügliche Straßenszene: Passanten versammeln sich um Straßenmusikanten, die sich vor dem Haus postiert haben. Nach dem Kriminalfilm *Die Nacht an der Kreuzung* (1932) und der Filmkomödie *Chotard & Co.* (1932), nimmt Renoir das Thema des Clochards in *Boudu, aus dem Wasser gerettet* (1932) erneut auf. Nun aber erfährt das tragische Ende Legrands seine anarchische Verkehrung in der Figur des Landstreichers Boudu, der in seiner sympathischen Naivität und Unbedarftheit die bürgerliche Wohlanständigkeit und Kleingeisterei ad absurdum führt. Boudus ungezügelte Triebnatur wird zum Katalysator, der die moralische Verklemmtheit und ökonomisch pervertierte Tugendhaftigkeit seiner Gönner zur Selbstentlarvung zwingt, ehe er sich als nicht-zivilisierbar aus dem bourgeoisen Leben zurückzieht. Der Film lebt nicht zuletzt von Hauptdarsteller Michel Simon, der die »offenherzige Geilheit« (A. Bazin) Boudus konsequent verkörpert.

Nach einer allzu textgetreuen Adaption des Flaubert-Klassikers *Madame Bovary* (1934) entstand der Film *Toni* (1935), der vielfach als neorealistischer Film avant la lettre bezeichnet wurde. Renoir wies den Vergleich mit dem italienischen Neorealismus der vierziger Jahre zwar zurück. Dennoch bekannte er sein Bemühen um eine radikal realistische Ästhetik, insofern er einen fast dokumentarischen Stil anstrebte. Der Geschichte, angesiedelt im Fremdarbeitermilieu in Südfrankreich, lag ein authentischer Fall zugrunde. Gedreht wurde ausschließlich an Originalschauplätzen und überwiegend mit Laiendarstellern vor Ort, die den typischen Midi-Akzent beherrschten. Trotz der bewußt minimalistischen Dramatisierung bietet *Toni* Momente von großer Dichte und Ausdruckskraft, so vor allem in der Flirtszene zwischen Toni und Josepha. Kaum durch Schnitte unterbrochen, mündet Tonis langsame Annäherung im Bemühen um Josepha in eine Szene von großer Intensität. Thematisch war der Film ein erster Ausdruck für Renoirs zunehmend politisches Engagement vor dem Hintergrund des Front populaire, einem Bündnis von Kommunisten, Sozialisten und Radikalen, das nach den Wahlen vom Mai 1936 die Regierung stellte. Als Beitrag für den Wahlkampf des Front populaire kann auch der im Januar 1936 gestartete Film *Das Ver-*

Jean Renoir mit Anna Magnani

brechen des Herrn Lange gelten. Er entstand nach einem Originaldrehbuch von Jacques Prévert und unter Mitwirkung von Schauspielern aus dessen Agitprop-Theatergruppe Groupe Octobre. Die Ermordung des kapitalistischen Ausbeuters Batala durch Lange deutet der Film als moralisch legitimen revolutionären Akt, bei dem die Selbstbehauptung einer Arbeiterkooperative auf dem Spiel steht.

Im Anschluß beteiligte sich Renoir an dem filmischen Kollektivprojekt *Das Leben gehört uns*, das 1936 im Auftrag der kommunistischen Partei entstand. Renoir verließ jedoch vorzeitig den Set, um *Eine Landpartie* (1936) zu drehen, der eine Art Intermezzo im Hinblick auf seine zwischen politischem Engagement und Ernüchterung schwankenden Filme der dreißiger Jahre darstellt. *Eine Landpartie* steht ganz im Zeichen impressionistischer Naturdarstellung. Die Fotografie nutzt die Möglichkeiten einer an malerischen Vorbildern geschulten Lichtgestaltung ebenso wie die Dynamisierung des Blicks mittels wechselnder Kameraperspektiven.

Mit *Nachtasyl* (1936), einer freien Adaption von Gorkis Theaterstück, bezogen auf die französischen Verhältnisse der dreißiger Jahre, kehrte Renoir zur künstlerischen Reflexion der Situation zwischen Volksfront und Krieg zurück. Zwei Handlungsstränge dominieren den Film: zum einen der soziale Abstieg eines Barons, der über alle Klassenschranken hinweg zu Freundschaft und Verbrüderung mit dem Kleinkriminellen Pepel (gespielt von Jean Gabin, den Renoir bei den Dreharbeiten ›entdeckte‹) findet; zum anderen Pepels soziale Befreiung aus dem Milieu des Nachtasyls, die an eine Dreiecksgeschichte um Liebe und Eifersucht gekoppelt ist.

Die Thematik der Überwindung sozialer Klassenschranken, erweitert um die Hoffnung auf Völkerversöhnung, prägte auch die Geschichte von *Die große Illusion* (1937). Der Film schildert in drei Etappen das Schicksal der französischen Fliegeroffiziere Boieldieu (Pierre Fresnay) und Maréchal (Jean Gabin), die in deutsche Kriegsgefangenschaft geraten. Fern von martialischem Lärm und patriotischem Gehabe zeigt Renoir die Verständigung über Grenzen hinweg, die sich über die Figur des Aristokraten Boieldieu mit seinem deutschen Standesbruder von Rauffenstein (Erich von Stroheim) anbahnt. Innerhalb des Gefangenenlagers dominiert fröhliche Kameradschaft, die vorhandene Klassengegensätze zwischen Boieldieu, dem Proletarier Maréchal und dem Juden Rosenthal zeitweilig aufhebt. Die Welt der Aristokraten aber ist zum Untergang verurteilt. Der schwer kriegsgeschädigte von Rauffenstein findet nur noch gestützt durch ein Korsett Haltung, während Boieldieu den »ehrenvollen« Freitod wählt, mit dem er sich die Achtung von Rauffensteins bewahrt und zugleich Maréchal und Rosenthal zur Flucht verhilft. Deren Aufbruch in eine bessere Zukunft ohne Klassenunterschiede und vaterländischen Haß findet Ausdruck in der Liebe Maréchals zur jungen Witwe Elsa, die ihm und Rosenthal auf dem Weg zur Schweizer Grenze Unterkunft gewährt. Ein schönes Beispiel für den Inszenierungsstil Renoirs, der zunehmend die lange Einstellung der Montage vorziehen wird, bietet die Szene des Theaterabends im Gefangenenlager. In einer Plansequenz zeigt Renoir, wie die französischen Gefangenen auf der Bühne die Marseillaise anstimmen, während die Kamera in einem langsamen Rundschwenk die Reaktionen der deutschen Bewacher, das einstimmende Publikum und erneut Orchester und Sänger auf der Bühne miteinander verbindet. *Die große Illusion* wurde ein großer Publikumserfolg, spaltete aber die Kritik in zwei Lager. Beim Festival von Venedig 1937 nahm man den Film begeistert auf. Da der Hauptpreis des von Mussolini kontrollierten Festivals jedoch keinem pazifistischen Film zugesprochen werden konnte, bedachte man ihn notgedrungen mit einem Spezialpreis der Jury. In Italien und Deutschland wurde der Film verboten.

Mit dem Revolutionsfilm *Die Marseillaise* stellte sich Renoir noch einmal in den Dienst der Volksfront-Regierung, deren Scheitern im Herbst 1937 kurz bevorstand. Interessant ist vor allem die Produktionsgeschichte des Films, der auf Subskriptionsbasis finanziert wurde. In verschiedenen Zeitungen erschien ein Aufruf zur Zeichnung von Anteilscheinen im Wert von zwei Francs, die auf den Eintrittspreis angerechnet wurden.

Mit *Bestie Mensch* (1938) legte Renoir wieder eine Zola-Verfilmung vor. Die ungemein plastische Bildmetaphorik der Zolaschen Sprache bot eine ideale Vorlage für seinen poetischen Realismus, wobei er die dezidiert gesellschaftskritischen Perspektiven der Romanvorlage auf eine tragische Liebesgeschichte verkürzte. War Jacques Lantier bei Zola ein Antiheld mit pathologischer Veranlagung, verwandelt er sich in der Interpretation Gabins zur tragischen Figur, ein Opfer seiner krankhaften Depressionen und der Verführungskraft weiblicher Sexualität. Von Zola übernimmt Renoir die visuelle Analogisierung von unkontrollierten Triebhandlungen Lantiers mit den Bildern der dampfkesselbetriebenen Lokomotive, die sich mit mechanischer Gewalt Bahn bricht. Lantier selbst bekennt die »Seelenverwandtschaft« mit seiner Maschine, die er liebevoll »Lison« nennt. Der Blick ins Feuer im Innern des Dampfkessels eröffnet den Film. Es folgt eine grandios fotografierte Sequenz, in der die unaufhaltsame Fahrt der Lok durch Tunnel, über stählerne

Brücken, vorbei an Bahnhöfen aus zum Teil waghalsigen Perspektiven gezeigt wird. Gabin und Carette als Lokführer erledigen alle Manöver mit professioneller Sicherheit und kommunizieren allein mit Gesten und Blicken. Das alles übertönende Fahrgeräusch wird erst mit der Ankunft in Le Havre musikalisch geglättet.

Renoirs letzter Film in Frankreich vor Ausbruch des Zweiten Weltkrieges wurde *Die Spielregel* (1939). Der Film markiert Abschluß und Höhepunkt einer Reihe bedeutender Arbeiten, mit denen er zu den wichtigsten Exponenten des französischen Kinos der dreißiger Jahre zählt. Das Drehbuch zum Film, den Renoir selbst produzierte, schrieb er in Zusammenarbeit mit Carl Koch. Was als scheinbar frivole Komödie um Liebe und Eifersucht nach klassischen Mustern à la Beaumarchais beginnt, verwandelt sich zusehends in eine bitterböse Satire. Der Film gerät zum Abgesang auf eine in konventionellen Spielregeln und Dekadenz erstarrte Gesellschaft, deren Fundament die Lüge ist. Zwei Schlüsselszenen des Films sind die morgendliche Treibjagd sowie das Liebestreiben der Jagdgesellschaft beim abendlichen Kostümfest. Das Freizeitvergnügen der Jagd zeigt Renoir als gnadenloses Tötungsspektakel, bei dem einstweilen nur Wildbret und die harmlose Wohlanständigkeit der Jäger auf der Strecke bleiben. Beim Kostümfest inszeniert die Gesellschaft dann sich selbst – und fällt prompt aus ihren Rollen. Bei improvisierten Theatersketchen konkurrieren Gäste mit Spielautomaten, und die abschließende Verfolgungsjagd zwischen Liebenden und Betrogenen stellt jede Ordnung auf den Kopf, einschließlich die der Standesunterschiede. Die Bediensteten in der Küche wiederholen nur, was die Herrschaft im Salon vorexerziert, bis zuletzt alle durcheinanderlaufen und die latente Gewaltbereitschaft offen ausbricht. Ein tödlicher Schuß beendet das Spiel nur scheinbar. Wenn der Hausherr alle Mitspieler zur Rückkehr zum Regelwerk auffordert, ist der Status quo wiederhergestellt. Die semantische Verknüpfung von Dienstboten und Herrschaft in der Verfolgungsszene löst Renoir über die Inszenierung ein. Als Plansequenz angelegt, folgt die Kamera den Bewegungen der Akteure, während die tiefenscharfe Fotografie erlaubt, mehrere Handlungsabläufe, auf verschiedenen Raumebenen gestaffelt, gleichzeitig ins Bild zu setzen. Für A. Bazin nimmt Renoir hierin eine Inszenierungsweise vorweg, die Orson Welles 1941 in *Citizen Kane* zum Formprinzip machte. Bei seiner Premiere in Paris, zwei Monate vor dem Kriegseintritt Frankreichs, fiel der Film beim Publikum durch. Nach Kriegsbeginn wurde er wegen demoralisierender Wirkung von französischer Regierung und deutschen Besatzern verboten. Erst die Wiederaufführung in einer restaurierten Fassung, anläßlich der Filmfestspiele in Venedig 1959, erhob *Die Spielregel* in den Rang eines Klassikers der Filmgeschichte.

Anfang 1940 ging Renoir im Auftrag der französischen Regierung nach Rom, wo er Regiekurse abhalten sollte. Luchino Visconti, Renoirs Assistent in *Eine Landpartie*, hatte das Filmprojekt *Tosca* (1941) angeregt, bei dem Renoir am Drehbuch mitwirkte und als Regisseur vorgesehen war. Mussolinis Allianz mit Nazi-Deutschland vereitelte dieses Vorhaben. Renoir kehrte nach Paris zurück, arbeitete für den Filmdienst der Armee und setzte sich im Sommer 1940 nach Südfrankreich ab. Ein Brief des Freundes Robert Flaherty mit Visa für die USA veranlaßte Renoir zur Emigration. Gemeinsam mit seiner Lebensgefährtin Dido Freire schiffte er sich nach Amerika ein. Am 31. Dezember 1940 trafen sie in New York ein und setzten die Reise mit Ziel Hollywood fort. Die 20th Century Fox bot Renoir die Chance, erste Erfahrungen mit der amerikanischen Filmindustrie und den standardisierten Arbeitsmethoden in den großen Studios zu sammeln. Bei *In den Sümpfen* (1941), seinem ersten Filmprojekt in Hollywood, setzte Renoir zwar durch, den Film an Originalschauplätzen zu drehen. Den Final Cut aber behielt sich Produzent Darryl F. Zanuck vor. *Dies ist mein Land*, 1943 für die RKO als reine Studioproduktion gedreht, zeichnet ein Bild Frankreichs unter deutscher Besatzung und brachte Renoir harte Kritiken in der französischen Presse ein. Im Jahr darauf nahm er in New York an der Produktion des Propagandafilms *Salut an Frankreich* teil. Als unabhängige Produktion mit kleinem Budget entstand 1945 *Der Mann aus dem Süden*, der ein ansehnlicher Publikumserfolg wurde. Der Film schildert, in der für Renoir typischen Verbindung von tragischen und komischen Momenten, das harte Leben einer Farmersfamilie, das von den Gesetzen der Natur und dem Rhythmus der Jahreszeiten diktiert wird. Nach *Tagebuch einer Kammerzofe* (1946) drehte Renoir mit *Die Frau am Strand* (1947) seinen letzten Film in den USA. Er inszenierte die Dreiecksgeschichte um einen Offizier der Küstenwacht, der sich in die Frau des blinden Malers Todd Butler verliebt hat, mit starken bildmetaphorischen Stilisierungen. Der Film mißfiel den Produzenten der RKO, die daraufhin den Vertrag für ein zweites Projekt mit Renoir kündigten.

1950 konnte er in Indien seinen ersten Farbfilm realisieren. *Der Strom* verbindet fast dokumentarische Aufnahmen von Alltag und rituellem Leben der Hindus, mit der Geschichte um das Erwachsenwerden dreier Mädchen britischer Abstammung, die ihre erste Liebe erleben. Eine Erzählerstimme weist alle Geschehnisse als Kindheitserinnerungen aus und reflektiert sie im Lichte von religiösen Traditionen und jahreszeitlichen Festen der Hindus, die das Leben als universellen Zusammenhang und immerwährenden Kreislauf begreifen. Der heilige Fluß Ganges ist dabei Symbol des ewigen Zyklus von Werden und Vergehen.

Anfang der fünfziger Jahre kehrte Renoir zurück nach Europa, wo er in der Folge drei Ausstattungsfilme mit namhaften Schauspielern drehte. In Italien entstand *Die goldene Karosse* (1953) mit Anna Magnani in der Hauptrolle. Der Film zeigt einen für Renoir ungewöhnlichen Inszenierungsstil mit betont künstlichen Atelierdekorationen. Suchte der poetische Realismus nach der Wahrheit im Konkreten, so erhebt *Die goldene Karosse* die Stilisierung der Kunst zur gültigen Form der Wahrheitsfindung. Der Film spielt mit einer vielfachen Verschachtelung von Realitäts- und Fiktionsebenen. Das Motiv des Theaterspiels als Teil der Handlung ist in den Filmen Renoirs zwar nicht neu. Hier aber wird die Filmhandlung selbst als Theaterspiel ausgewiesen, in der die Realität lediglich als Spielmaterial dient.

Im Sommer 1954 bereitete Renoir mit *French Cancan* seinen ersten französischen Film seit 1939 vor, der wie *Weiße Margeriten* (1956) eine Hommage an die Pariser Belle Époque darstellt. 1959 drehte er eine moderne Version der Stevenson-Erzählung »Dr. Jekyll und Mr. Hyde«, *Das Testament des Dr. Cordelier*, mit Jean-Louis Barrault in der Hauptrolle, der Mr. Hyde zu einem Grotesk-Pantomimen verwandelte, sowie den Film *Das Frühstück im Grünen*. Nach *Lieber Sekt als Stacheldraht* (1962) entstand 1969 für das Fernsehen Renoirs letzter Film: *Das kleine Theater von Jean Renoir* ist Zusammenfassung und Reminiszenz seiner Arbeit als Regisseur. Renoir starb am 12. Februar 1979 im Alter von 84 Jahren in Beverly Hills.

Kerstin Eberhard

Filmographie: La Fille de l'eau / Das Mädchen vom Fluß (1925) – Nana / Nana (1926) – Charleston / Sur un air de Charleston (Kurzfilm, 1927) – Marquitta (1927) – Catherine / Une vie sans joie / Ein freudloses Leben (1927) – La Petite Marchande d'allumettes / Die kleine Streichholzverkäuferin (1928) – Tire au flanc / Drückeberger (1928) – Le Tournoi / Le Tournoi dans la cité / Das Turnier (1928) – Le Bled (1929) – On purge bébé / Baby wird bestraft (1931) – La Chienne / Die Hündin (1931) – La Nuit du carrefour / Die Nacht an der Kreuzung (1932) – Boudu, sauvé des eaux / Boudu, aus dem Wasser gerettet (1932) – Chotard et Cie / Chotard & Co. (1933) – Madame Bovary / Madame Bovary (1934) – Toni / Toni (1935) – Le Crime de Monsieur Lange / Das Verbrechen des Herrn Lange (1936) – La Vie est à nous / Das Leben gehört uns (1936, UA 1969) – Une partie de campagne / Eine Landpartie (1936, UA 1946) – Les Bas-Fonds / Nachtasyl (1936) – La Grande Illusion / Die große Illusion (1937) – La Marseillaise / Die Marseillaise (1938) – La Bête humaine / Bestie Mensch (1938) – La Règle du jeu / Die Spielregel (1939) – La Tosca / Tosca (1941) – Swamp Water / In den Sümpfen (1941) – This Land is Mine / Dies ist mein Land (1943) – Salute to France / Salut an Frankreich (1944) – The Southener / Der Mann aus dem Süden (1945) – The Diary of a Chambermaid / Tagebuch einer Kammerzofe (1946) – The Woman on the Beach / Die Frau am Strand (1947) – The River / Der Strom (1951) – La carrozza d'oro / Die goldene Karosse (1953) – French Cancan / French Cancan (1955) – Eléna et les hommes / Weiße Margeriten (1956) – Le Testament du docteur Cordelier / Das Testament des Dr. Cordelier (1959) – Le Déjeuner sur l'herbe / Das Frühstück im Grünen (1959) – Le Caporal épinglé / Lieber Sekt als Stacheldraht / Der Korporal in der Schlinge / Gefreiter Schlitzohr (1962) – Le Petit Théâtre de Jean Renoir / Das kleine Theater von Jean Renoir (Fernsehfilm, 1970).

Literatur: André Bazin: Jean Renoir. München / Wien 1977. [Frz. Orig. 1971.] – Roger Viry-Babel: Jean Renoir – Le jeu et la règle. Paris 1986. – Leo Braudy: Jean Renoir. The World of his Films. New York 1989. – Jean Renoir und die Dreißiger. Soziale Utopie und ästhetische Revolution. München 1995. (Cicim 42.)

Alain Resnais

*1922

»Ich möchte Filme machen, die sich wie eine Skulptur anschauen und wie eine Oper anhören«, sagte Alain Resnais 1961 kommentierend zu seinem mit einiger Ratlosigkeit aufgenommenen Vexierspiel *Letztes Jahr in Marienbad*; es ist Resnais' Wunsch, seine Filme als vielschichtige Gesamtkunstwerke zu gestalten, die sich dem schwierigen – mitunter dialektischen – Verhältnis zwischen Vergangenheit und Gegenwart, Erinnern und Vergessen annähern.

Geboren wurde Alain Resnais am 3. Juni 1922 im französischen Vannes, wo er in dem bürgerlichen Umfeld seines Elternhauses aufwuchs. Sein Schulbesuch blieb aufgrund seines asthmatischen Leidens sporadisch, so daß seine Mutter schließlich selbst für seine Bildung verantwortlich war. Neben Marcel Proust und Aldous Huxley prägten vor allem die »Harry Dickson«-Comic strips von Jean Ray seine Vorstellungswelt, die er bereits 1935 – mit dreizehn Jahren – in einem 8-mm-Film über »Fantomas« in Bilder umzusetzen versuchte. Nach dem Abitur war sein erstes Ziel, Schauspieler zu werden. Ab 1940 besuchte er zwei Jahre lang die Schauspielkurse von René Simon, wechselte 1943 in das Grundstudium des Institut des hautes études cinématografiques (IDHEC), jedoch auch hier ohne Abschluß. Statt dessen widmete er sich verstärkt der Fotografie. Mit seiner Einberufung zum Militär trat er der Theatergruppe Les Arlequins von André Voisin bei, mit denen er die französischen Besatzungszonen in Deutschland und Österreich bereiste. Erst 1945 drehte er schließlich den ersten einer Reihe von 16-mm-Filmen, die zum größten Teil heute verschollen sind. 1946 wirkte er an der Gestaltung und Montage von Nicole Védrès' Kompilationsfilm *Paris 1900* mit. Die folgenden Jahre sollten mit einer Vielzahl kreativer Tätigkeiten im filmischen Bereich ausgefüllt sein: Sein frühes Filmwerk widmet sich vor allem Künstlerpersönlichkeiten, z. B. *Van Gogh* (1948), *Gauguin* (1950) sowie Picassos *Guernica* (1952). *Van Gogh* erhielt 1950 einen Academy Award als bester ausländischer Kurzfilm. Bildende Kunst, Literatur und Comic strip werden Resnais' Werk bis in die neunziger Jahre thematisch prägen.

Resnais' erste größere Filmprojekte widmeten sich auf unterschiedliche Weise dem Verhältnis von Erinnern und Vergessen und führten vor allem in der zeitgenössischen

Rezeption zu Mißverständnissen. Nach einer ethnographischen Zusammenarbeit mit Chris Marker (*Les Statues meurent aussi*, 1953) drehte er zusammen mit Jean Cayrol (Monolog) und Hanns Eisler (Musik) den Dokumentarfilm *Nacht und Nebel* (1956), der einem großen Publikum erstmals die von den Alliierten aufgezeichneten Holocaust-Dokumente zugänglich machen sollte. Resnais schneidet parallel zu diesem Material aktuelle, farbige Aufnahmen der Lagerruinen von Auschwitz; diese achronologische Montagetechnik verweist – ergänzt durch den philosophischen Monolog, dessen deutsche Fassung von Paul Celan stammt – auf die Zeitlosigkeit der historischen Ereignisse. Auch in *Das Gedächtnis der Welt* (1956) über die Pariser Nationalbibliothek gelang es Resnais, seinen Reflexionen über die Archivierung der Erinnerung, über das »Lösen aller Rätsel«, komplex Ausdruck zu verleihen.

1959 drehte er nach einem Dialogbuch von Marguerite Duras seinen ersten Spielfilm *Hiroshima, mon amour*. In einer ähnlich wie in *Nacht und Nebel* fragmentierenden Montage erzählt Resnais von der flüchtigen Liebe zwischen einem verheirateten Japaner (Eiji Okada) und einer Schauspielerin (Emmanuelle Riva). Mit der Vergangenheit der Protagonisten wird eine fatale Verschränkung historischer Ereignisse und individueller Schicksale aufgedeckt: Er hat seine Familie bei der Bombardierung Hiroshimas verloren, sie wurde nach dem Krieg in Nevers geächtet, weil sie mit einem deutschen Soldaten liiert war. Im Laufe der beschwörenden, meditativen Monologe bekommen die Namenlosen ihre Namen – Hiroshima und Nevers-in-Frankreich. Bereits in der ersten Einstellung scheint die Asche Tausender von Toten ihre umschlungenen Körper zu bedecken. Sie dreht einen Film »über den Frieden« in Hiroshima, er wirft ihr vor, sie habe nichts gesehen in Hiroshima. Wieder spielt dokumentarisches Material – sie besucht ein Museum – eine tragende Rolle. Die achronologische Montage folgt dem Strom des Bewußtseins der Figuren, verbindet das Unglück von Tausenden mit dem Ende einer individuellen Beziehung, ohne diese Ereignisse gleichzustellen. »Wenn man nicht vergißt, kann man weder leben noch handeln«, sagte Resnais 1961 zu seiner Thematik der Dialektik zwischen Verdrängung und Bewußtsein. »Das Vergessen muß konstruktiv sein. Es ist notwendig für das Individuum wie für das Kollektiv. Immer ist es notwendig zu handeln. Die Verzweiflung ist Stillstand.« *Hiroshima, mon amour*, mit dem Kritikerpreis in Cannes ausgezeichnet, ist das Ergebnis der Suche nach einem literarischen, einem lyrischen Film.

Letztes Jahr in Marienbad (1961), Resnais' zweiter großer Spielfilm, ist gleichzeitig seine zweite Zusammenarbeit mit einem Schriftsteller. Nach Marguerite Duras war die Kooperation mit dem Nouveau Romancier Alain Robbe-Grillet noch enger geplant; letztlich wollten sie sich die Regie sogar teilen. *Letztes Jahr in Marienbad* ist der Versuch, die Technik des Nouveau Roman auf den Film anzuwenden: Der Film reiht Motive, Äußerungen, Geräusche und Tableaus aneinander und breitet diese rätselhafte Vielfalt an Elementen auf der Basis eines klassischen Dreiecksverhältnisses aus: X (Giorgio Albertazzi) versucht A (Delphine Seyrig) zu verführen, während M (Sacha Pitoëff) das verhindern möchte. X und A haben sich möglicherweise vor einem Jahr in Marienbad getroffen, woran sich A nicht erinnert. M ist möglicherweise der Ehemann von A. Robbe-Grillet bezeichnet das Geschehen als eine taktische Verführung von A durch X, der sich der fiktiven Erinnerung an Marienbad nur bedient, um eine gemeinsame Basis zu suggerieren. »Es handelt sich um eine Realität, die der Held durch seine eigene Vorstellung, durch sein Wort schafft – und gerade das kann uns der Film besonders gut zeigen, da er als Kunstwerk mit Formen Realität schafft« (Robbe-Grillet). Wie Robbe-Grillets Romane ist *Letztes Jahr in Marienbad* ein zyklischer Film der Rituale, Variationen und Irritationen. Er schafft Konstrukte, stellt sie gleich darauf in Frage und legt so die Funktion des Films selbst als

Alain Resnais

Trugbild offen. Das Geschehen findet in einem labyrinthischen Hotel mit großem Park und prunkvoller Ausstattung statt – ein von der Außenwelt isoliertes Gebäude, eine autarke Welt persönlicher Obsessionen, Erinnerungen und Täuschungen. *Letztes Jahr in Marienbad* empfindet die »Poetik der Blicke« (Th. Koebner) des Schriftstellers Robbe-Grillet auf audiovisuelle Weise nach: Das beständige Gleiten der Kamera Sacha Viernys, das Driften durch ein multiples Geschehen ermöglicht dem Zuschauer lediglich die Wahrnehmung unzureichender Fragmente von Handlung. Die durch die Langsamkeit ermöglichte Intensität der Beobachtung steht in keiner Relation zu deren narrativem Ergebnis. Wie erwartet, trug diese fragmentierende Erzählweise dem

Film den Ruf des kryptischen Kunstproduktes ein. Nachdem er zuerst von der französischen Filmindustrie abgelehnt worden war, gelang es Resnais jedoch, ihn durch Fürsprache von Jean-Paul Sartre, Simone de Beauvoir und Michelangelo Antonioni bei den Filmfestspielen in Venedig aufzuführen, wo er den Goldenen Löwen gewann. Alain Robbe-Grillet hat sich – wie auch Marguerite Duras – später selbst dem Filmemachen zugewandt, und seine Filme von 1961 bis 1994 reflektieren immer wieder die Labyrinthe, Symbole und Spiele aus *Letztes Jahr in Marienbad*.

Muriel oder die Zeit der Wiederkehr (1963) entwickelt diesen ›lyrischen‹ Stil weiter: Wiederum Sacha Vierny fotografierte das Geschehen um ein problematisches Dreiecksverhältnis in blassen Farben, erneut spielt Delphine Seyrig die Hauptrolle. Vor dem historischen Hintergrund des Algerienkriegs entwickelt Resnais Jean Cayrols Geschichte von Selbstbetrug, Verdrängung und Erinnerung in einem ähnlich achronologischen Montagegeflecht wie in den vorhergehenden Filmen, wobei er Tonspur und Bildebene oft bewußt gegeneinander und übereinander stellt. Ein weiteres gegenwartsbezogenes Thema wählte Resnais für seinen ersten – von einigen Vorausblenden abgesehen – eher konventionell narrativen Spielfilm: *Der Krieg ist vorbei* (1966) erzählt nach einem Drehbuch des Romanciers Jorge Semprun von den inneren Konflikten und Zweifeln eines Exilspaniers, der während des Franco-Regimes in Paris weilt. Mehr als die vorhergehenden Werke ist dieser Film ein eindringliches Charakterporträt des müden Revolutionärs (Yves Montand), dessen Dasein ohne den kämpferischen Aspekt den Sinn verliert, dessen individuelles Schicksal jedoch ebenso unter dem Einfluß der Geschichte seines Landes steht, wie das bei allen Resnais-Figuren der Fall ist. Die Gestaltung der Liebesszene mit Geneviève Bujold knüpft mit ihrer diskontinuierlichen Montage wieder an *Hiroshima, mon amour* an, während der gesamte Film konsequent nach einer intellektuell adäquaten Umsetzung seiner Thematik sucht. Zusammen mit Jean-Luc Godard, Agnès Varda, Chris Marker und vielen anderen inszenierte und montierte Resnais den Kompilationsfilm *Fern von Vietnam* (1967) als intellektuellen Protest gegen den Krieg in Vietnam. Bilder vom Kriegsgeschehen, den Protesten in Amerika und überall in der Welt werden mit Spielszenen kombiniert und ergeben ein gewollt uneinheitliches und daher vielschichtiges Porträt dieser Zeit. Der Schauspieler Bernard Fresson hält die Episoden mit einem literarischen Voice-over-Text zusammen. Interessant ist das zwiespältige Selbstbewußtsein der Filmemacher, die mit metafilmischen Mitteln darauf verweisen, daß auch dieses Werk des Protests vermutlich wieder nur »ihresgleichen« erreichen wird.

Mit *Ich liebe dich, ich liebe dich* (1968) kehrte Alain Resnais zu seinem Themenkomplex Zeit – Vergessen – Erinnerung – Bewußtsein zurück, integrierte jedoch erstmals ironische Brechungen und Akzente, ein Stilmittel, das vor allem seine späteren Werke auszeichnen wird. Resnais greift hier seine Figur Claude Ridder, einen desorientierten Linksintellektuellen, aus seiner Episode in *Fern von Vietnam* wieder auf, diesmal nicht von Bernard Fresson, sondern von Claude Rich verkörpert. Der Selbstmordkandidat Ridder wird zum Versuchskaninchen der Wissenschaft: In einer bizarren Apparatur wird er in seine eigene Vergangenheit zurückbefördert, doch statt nach einer Minute zurückzukehren, pendelt er ziellos zwischen verschiedenen Ereignissen der Vergangenheit. Unterschiedliche Lösungen identischer Konflikte bieten sich an und werden verworfen. Die Authentizität der Erinnerung steht dauerhaft in Frage. Ridders Reise endet im Moment seines Selbstmordversuches, doch diesmal wird er sterben. Mit seinen mehrfach codierten, teilweise sogar genretypischen (Science-fiction, Kriminalfilm, Romanze) Erzählsträngen erinnert dieser experimentelle Spielfilm wiederum an die frühen Romane Robbe-Grillets, deren undefinierbare »tote Zeit« zur

Grundidee einer radikal relativen Realitätssicht wird. Resnais nimmt so die Fragmentierung der illusionistischen Chronologie des aktuellen Kinos vorweg.

Wiederum auf ein Drehbuch von Jorge Semprun griff Resnais 1973 zurück, als er nach längerer Abstinenz das Zeitbild *Stavisky* inszenierte. Er hatte einige Jahre in Amerika verbracht, an einem Film über de Sade gearbeitet, mit William Friedkin die Lovecraft-Saga »Arkham« vorbereitet, die nie gedreht werden sollte, um erst 1972 für eine Episode in Jacques Doillons *L'an 01* nach Frankreich zurückzukehren. *Stavisky* erzählt die Geschichte des Hochstaplers Alexandre Stavisky (Jean-Paul Belmondo), der im Paris der dreißiger Jahre zu Ruhm kommt und mit seinem Sturz politische Verwirrung auslöst (Stavisky-Affäre, 1934). Wie in *Der Krieg ist vorbei* dominiert der Plot nur scheinbar dieses vielschichtige Zeit- und Sittengemälde einer dekadenten, sterbenden Epoche und gemahnt an die späten Werke Luchino Viscontis; beachtet man jedoch den Subplot von Leo Trotzkis Reise durch Frankreich und die betont artifizielle, kühle Bild- und Musikdramaturgie, zeigt sich eine verfeinerte Variante der früheren Stilmittel und Themen von Resnais. Sein Porträt gerät zur Fabel und Infragestellung der Werte einer verfallenden Gesellschaft. Gerade deshalb bleibt sein *Stavisky* ein Modell – eine Figur der Zeitgeschichte, die aus weit größerer Distanz als der Revolutionär aus *Der Krieg ist vorbei* betrachtet wird.

Aus dem spärlichen Filmschaffen der siebziger Jahre ragt die bizarre Parabel *Providence* (1977) heraus. In einem komplexen Handlungsgefüge präsentiert Resnais die Phantasmagorien des alternden Schriftstellers Clive Langham (John Gielgud), der in seiner Phantasie eine Gesellschaft terroristischer Werwölfe und intriganter Familienmitglieder mit einem aggressiven Polizeistaat konfrontiert. Während der Sohn Claud (Dirk Bogarde) seinem Halbbruder Kevin (David Warner) nach dem Leben trachtet, werden die unliebsamen Elemente der Gesellschaft in einem Stadion interniert. Erst mit dem Morgen seines 78. Geburtstags löst sich der Alptraum auf. Clive bekommt von seinen Kindern Besuch, weist sie jedoch von sich und bleibt einsam zurück. Mit jeder Einstellung gelingt es Resnais, neue Irritationen – und seien sie noch so subtil – zu beschwören, aus Licht-Schatten-Kontrasten ein Wechselbad von Gefühlen und Gedanken zu kreieren. Immer ist er sich der Künstlichkeit seines Spiels bewußt und bricht die Perspektive. Clives düstere Rachephantasien sind letztlich geprägt von Überlegungen aus Resnais' Lovecraft-Projekt über jenen morbiden Schriftsteller, der selbst in Rhode Island lebte. Die Dämonen der Seele dominieren ein groteskes und dennoch hochkonzentriertes Kammerspiel, an dessen Ende der Verlust von Hoffnung und Werten steht. Neben seinen beiden Debütfilmen kann *Providence* als Resnais' Hauptwerk betrachtet werden.

Erst in den achtziger Jahren steigerte Resnais seine Produktivität noch einmal und widmete sich der Variation bereits bearbeiteter Themen: In *Mein Onkel aus Amerika* (1980) wird das Verhalten einer sehr heterogenen Gruppe Menschen unter den Gesichtspunkten der Verhaltensforschung betrachtet; das Experimentelle dieser Konstellation betont der Regisseur durch die Kommentare des tatsächlichen Wissenschaftlers Prof. Henri Laborit, der kommentierend eingreift. Schließlich verwandelt Resnais seine Protagonisten in Mäuse. *Das Leben ist ein Roman* (1983) treibt eine ähnliche Konstruktion geradewegs ins Surreale: Er verwebt drei Geschichten und mehrere Genres. Während des Zweiten Weltkriegs führt ein reicher Sonderling auf seinem Schloß »Glücksexperimente« durch; über ein halbes Jahrhundert später findet dort ein pädagogischer Kongreß statt zur »Erziehung zur Vorstellungskraft«. Die Probanden jedoch erweisen sich als unberührbar und erleben ihre Abenteuer jenseits der realen Vorstellungswelt. Auch dieser Film ist ein Experiment, ein vielschichtiges Konglomerat grotesk-komischer Auftritte. Wie bei *Mein Onkel aus Amerika* schrieb Jean Gruault das Drehbuch zu diesem Hohelied auf die Phantasie, in dem – wie in Resnais' jüngstem Film *Das Leben ist ein Chanson* (1997) – die Dialoge zum Teil singend vorgetragen werden.

In *Mélo* (1986) macht Resnais die Struktur des populären Melodrams zum Thema. Diese Verfilmung eines Boulevardstücks stellt Theatralität in einer nüchternen Stilisierung zur Schau und bricht damit die Affektmomente auf irritierende Weise. Mit *I Want to Go Home* (1989) widmete sich Resnais wieder seiner Comic-Obsession: Mit Gérard Dépardieu in der Hauptrolle erzählt er von den kulturellen Anpassungsschwierigkeiten eines französischen Comic-Zeichners bei seinem Besuch der USA. Selten zuvor schlug der Regisseur einen derart leichten, komödiantischen Ton an.

1993 verfilmte Resnais Alan Ayckbourns Theaterstücke »Intimate Exchanges«, wiederum ein experimentelles Unterfangen, da er diese Aufgabe in Form zweier gleichberechtigter Filme löste: *Smoking* und *No Smoking*. Beide Filme verfolgen die amourösen Verstrickungen zwischen neun Personen in einer kleinen englischen Gemeinde, wobei sämtliche Rollen von nur zwei Schauspielern – Sabine Azéma und Pierre Arditi – verkörpert werden. Es werden zweimal die potentiell selben Geschichten erzählt, jedoch mit stets variierten Wendungen und Ausgängen. Während der erste Teil mit Celias Griff nach der Zigarette beginnt, entwickelt sich der zweite Teil aus dem Verzicht auf das Rauchen. Resnais betont die Künstlichkeit seines Spiels wie bereits früher durch theaterhafte Kulissen, lange, ruhige Kameraeinstellungen und an Comiczeichnungen erinnernde Inserts, die die unterschiedlichen Episoden voneinander trennen. Die ständigen Wendungen und die daraus resultierende Relativierung eines objektiven Schicksals erinnern wiederum an die Struktur der Romane Robbe-Grillets. *Smoking* und *No Smoking* wurden mit fünf Césars ausgezeichnet. Sein seit Jahrzehnten angekündigtes Projekt »Les Aventures de Harry Dickson« – basierend auf dem Comic strip – konnte Resnais bis heute nicht verwirklichen. Comics, »Kunstfiguren in erstarrten Bildern« (B. Lenz), scheinen in der Tat das ideale Modell des Kunstverständnisses von Resnais zu sein.

Marcus Stiglegger

Filmographie: Les Statues meurent aussi (Dokumentarfilm, Co-Regie: Chris Marker, 1953) – Nuit et Brouillard / Nacht und Nebel (Dokumentarfilm, 1955) – Toute la mémoire du monde / Das Gedächtnis der Welt (Dokumentarfilm, 1956) – Hiroshima mon amour / Hiroshima, mon amour (1959) – L'Année dernière à Marienbad / Letztes Jahr in Marienbad (1961) – Muriel ou le Temps d'un retour / Muriel oder die Zeit der Wiederkehr (1963) – La Guerre est finie / Der Krieg ist vorbei (1966) – Loin du Viêt-nam / Fern von Vietnam (Essayfilm, Co-Regie: Agnès Varda, Chris Marker, Jean-Luc Godard, Joris Ivens, William Klein, Claude Lelouch, 1967) – Je t'aime, je t'aime / Ich liebe dich, ich liebe dich (1968) – Stavisky / L'Empire d'Alexandre / Stavisky (1973) – Providence / Providence (1977) – Mon oncle d'Amérique / Mein Onkel aus Amerika (1980) – La Vie est un roman / Das Leben ist ein Roman (1983) – L'Amour à mort (1984) – Mélo / Mélo (1986) – Je veux rentrer à la maison / I Want to Go Home (1989) – Écrire contre l'oublie / Amnesty International – Schreiben gegen das Vergessen (Kurzfilmsammlung, Co-Regie: Jean-Luc Godard, Chantal Akerman u. a., 1991) – Smoking / Smoking (1993) – No Smoking / No Smoking (1993) – On connaît la chanson / Das Leben ist ein Chanson (1997).

Literatur: A. R.: Zum Selbstverständnis des Films. In: Filmkritik 8 (1964) H. 10. S. 508–520.

Roy Armes: The Cinema of Alain Resnais. London 1968. – John Ward: Alain Resnais, or the Theme of Time. London / New York 1968. – Wolfgang Schwarzer (Hrsg.): Materialien zu Filmen von Alain Resnais. Filmforum Duisburg / Kommunales Kino Frankfurt a. M. 1976. – Alain Resnais. München/Wien 1990. (Reihe Film. 38.)

Tony Richardson

1928–1991

Tony Richardson wurde am 5. Juni 1928 in Shipley, Yorkshire, als Sohn eines Apothekers geboren. Dem rebellischen, politisch linken Jugendlichen war seine bürgerliche Herkunft zuwider. Dieses Gefühl verstärkte sich, als er als einer von wenigen Mittelklasse-Schülern in ein nobles College in Oxford aufgenommen wurde, wo er sich dem institutseigenen Theater zuwandte. Ein ausgeprägtes soziales Bewußtsein und die Liebe zum Theater bzw. der Literatur allgemein bestimmten auch sein späteres Filmschaffen.

Nach dem College ging er zunächst als Produzent und Regisseur zur BBC, dann zur Bühne. 1956 legte er mit der Inszenierung von John Osbornes »Blick zurück im Zorn« den Grundstein zur Bewegung der Angry Young Men, die das englische Theater revolutionierte. Zuvor hatte er zusammen mit Karel Reisz und dem Kameramann Walter Lassally den dokumentarischen Kurzfilm *Momma Don't Allow* (1956) gedreht, über ein Tanzlokal, das von jungen Arbeitern und Angestellten besucht wird. Der Film lief in einem Kurzfilmprogramm mit dem Namen »Free Cinema«. Unter diesem Titel wurde wenig später die »neue Welle« im englischen Kino bekannt, die im wesentlichen getragen wurde von Richardson, Lindsay Anderson und Karel Reisz.

Den »Glauben an die Freiheit, an die Bedeutung des Menschen und an die Wichtigkeit des Alltags« hatten sich die Free-Cinema-Regisseure in ihr Manifest geschrieben. Menschen von nebenan, ihr Alltagsleben und ihre soziale Stellung sollten die Filme bestimmen – ein dokumentarischer Impuls im narrativen Film. Richardson drehte vier dem Free Cinema zuzurechnende Filme: sein Debüt, *Blick zurück im Zorn* (1958, nach John Osborne), *Der Komödiant* (1960, nach John Osborne), *Bitterer Honig* (1960, nach Shelagh Delaney) und *Die Einsamkeit des Langstreckenläufers* (1962, nach Alan Sillitoe). In jedem Werk stehen verletzte, ausgestoßene Menschen im Mittelpunkt: Jimmy Porter, dessen Haß auf die Gesellschaft auch seine persönlichen Beziehungen vergiftet; der abgetakelte Music-Hall-Komiker Archie Rice; eine verlassene und von ihrer Mutter verstoßene junge Schwangere, die von einem ebenso einsamen jungen Homosexuellen Hilfe erfährt; ein Waisenjunge, der für seinen Heimdirektor einen Laufwettbewerb gewinnen soll und am Ende vor dem Ziel innehält – ein Akt des Widerstands und der Selbstbestimmung.

Alle vier Filme sind von der Firma Woodfall Films produziert, die Richardson mit John Osborne gegründet hatte, die ersten drei waren Adaptionen seiner eigenen Bühnenaufführungen, und ab *Bitterer Honig* hatte Richardson volle künstlerische Kontrolle und konnte vor Ort drehen – in einer unwirtlichen Industrielandschaft. »Von Anfang an haßte er es, im Studio zu arbeiten [...]. Seine Erfahrungen beim Fernsehen hatten ihm gezeigt, daß das seine Kreativität beengte und ihn auf Distanz zu seinem Material hielt. Aber es schränkte ihn auch physisch ein, und das betrifft einen wichtigen Aspekt der besonderen Qualität von Richardsons Filmen. Ihre kraftvolle Körperlichkeit rührt aus einer besonderen Begabung Richardsons, seine Akteure in einer Beziehung zu ihrer Umwelt zu positionieren« (A. Walker) – eine Eigenart, die alle seine Filme auszeichnet, gleich welchen Genres, gleich, in welcher Zeit angesiedelt.

Nach der (in Schwarzweiß gefilmten) Tristesse der Arbeiter-Hinterhöfe wollten Richardson und Kameramann Walter Lassally »etwas voll Farbe und Spaß« und kamen auf »Tom Jones«, Henry Fieldings Roman von 1749. Sie adaptierten das »comic epic poem in prose« als ein Fest der Komik und der Erzählfreude, das ohne Rücksicht auf prüde Sittengesetze und orthodoxe Moral fabuliert ist und so lustvoll in die

Trickkiste des Filmemachens greift (Stop-Motion-Kamera, Freeze Frames, in die Kamera sprechende Schauspieler), wie sein Protagonist (gespielt von Albert Finney) sich durch Betten und Betrügereien laviert. Viel zitiert wurde zumal die schwelgerische Eß- oder Freßszene, in der ein Mann und eine Frau sich im Lauf eines höchst sinnlich verzehrten Menüs von mehreren Gängen gegenseitig verführen. *Tom Jones – Zwischen Bett und Galgen* (1963) wurde ein großer finanzieller Erfolg für Woodfall Films und gewann Oscars als bester Film, für Regie, Drehbuch und Musik.

Richardson bewegte sich noch mehrfach im Abenteuer/Kostüm-Genre. *Die Abenteuer des Joseph Andrews* (1977) war ein Versuch, mit einer weiteren Adaption eines Henry-Fielding-Romans an den Erfolg von *Tom Jones* anzuknüpfen. Interessanter – weil sie auch Bedingungen ihrer jeweiligen Entstehungszeit reflektieren – sind *Der Angriff der leichten Brigade* (1968), ein Remake von Michael Curtiz' Film *Der Verrat des Surat Khan* (1936), und *Kelly, der Bandit* (1970). Ersteres ist eine böse, den Geist der sechziger Jahre atmende Abrechnung mit dem Krieg, bei der die Szenen der Attacken und sinnlosen Schlacht mit atemberaubender, fast betäubender Dynamik inszeniert sind: Im Krimkrieg befehligen auf englischer Seite snobistische »sportsmen« als Offiziere ihnen schafsgleich ergebene Mannschaften. In letzterem stilisiert Richardson die Geschichte des australischen Volkshelden Ned Kelly (»Rolling Stone« Mick Jagger in seinem Leinwanddebüt) zu einer großen Outlaw- und Hippie-Ballade.

Zwei Filme um die sexuellen Obsessionen einer Frau drehte Richardson mit Jeanne Moreau: In *Mademoiselle* (1966, nach Jean Genet) spielt sie eine Dorf-Lehrerin, hinter deren Fassade bürgerlicher Wohlanständigkeit – aber auch sexueller Frustriertheit – eine zerstörende, brandschatzende Bestie wütet. In *Nur eine Frau an Bord* (1967, nach Marguerite Duras) segelt sie nach dem Selbstmord ihres Mannes über die Meere auf der Suche nach ihrer großen Liebe.

Mehrfach inszenierte Richardson in Hollywood. Für die schlechten Erfahrungen bei seinem ersten US-Film, *Geständnis einer Sünderin* (1961, nach William Faulkner), einer Auftragsarbeit ohne Mitspracherecht, rächte er sich mit einer bösen Satire auf die amerikanische Art zu leben und zu sterben: *Tod in Hollywood* (1965, nach Evelyn Waugh). 1978 gab er sein amerikanisches Fernsehdebüt mit dem Justizdrama *Tod in einer kleinen Stadt*. 1980 drehte er sogar einen Actionfilm, der freilich sein Hauptaugenmerk auf die inneren Konflikte des Protagonisten legt: In *Grenzpatrouille* ist Jack Nicholson ein von seiner Frau in den Posten gedrängter Beamter an der Grenze zu Mexiko, der eine Ordnung schützt, die er selbst längst nicht mehr vertritt.

Er hatte Shakespeare (*Hamlet*, 1969) und Nabokov (*Der Satan mischt die Karten*, 1969) adaptiert, aber auch William Faulkner (*Geständnis einer Sünderin*). Mit *Das Hotel New Hampshire* (1984) wandte sich Richardson nochmals einem amerikanischen Erzähler zu. Basierend auf John Irvings Roman über eine umherziehende Hoteliersfamilie, entwirft er einen kraftvollen, komödiantisch-versponnenen Bilderbogen und stellt sich großen Fragen: nach der Identität des Menschen – auch der sexuellen –, nach seinen Möglichkeiten, sein Leben selbst zu bestimmen, und nach seiner Heimat.

Tony Richardson starb am 14. November 1991 in Los Angeles an Aids. Sein letzter Film *Operation Blue Sky*, ein Drama um einen US-Offizer in Loyalitätskonflikten angesichts von Atomwaffenversuchen, erschien nach seinem Tod. Zwei seiner Töchter – Joely und Natasha Richardson, aus seiner Ehe mit Vanessa Redgrave – sind ebenfalls Schauspielerinnen.

Heinz-Jürgen Köhler

Filmographie: Momma Don't Allow (Kurzfilm, 1956) – Look Back in Anger / Blick zurück im Zorn (1958) – The Entertainer / Der Komödiant (1960) – Sanctuary / Geständnis einer Sünderin (1961) – A Taste of Honey / Bitterer Honig (1961) – The Loneliness of the Long Distance Runner / Die Einsamkeit des Langstreckenläufers (1962) – Tom Jones /

Tom Jones – Zwischen Bett und Galgen (1963) – The Loved One / Tod in Hollywood (1965) – Mademoiselle / Mademoiselle (1966) – Red and Blue (Kurzfilm, 1967) – The Sailor from Gibraltar / Nur eine Frau an Bord (1967) – The Charge of the Light Brigade / Der Angriff der leichten Brigade (1968) – Hamlet / Hamlet (1969) – Laughter in the Dark / Der Satan mischt die Karten (1969) – Ned Kelly / Kelly, der Bandit (1970) – A Delicate Balance / Empfindliches Gleichgewicht (1973) – Dead Certain / Eine todsichere Sache (1974) – Joseph Andrews / Die Abenteuer des Joseph Andrews (1977) – A Death in Canaan / Tod in einer kleinen Stadt (Fernsehfilm, 1978) – The Border / Grenzpatrouille (1980) – The Hotel New Hampshire / Das Hotel New Hampshire (1984) – Penalty Phase / Penalty Phase – Tage der Entscheidung / Dead or Alive (Fernsehfilm, 1986) – Shadow on the Sun / Schatten auf der Sonne (Fernsehfilm, 1988) – Women and Men: Stories of Seduction / Verführerische Geschichten (Episode: Hills like White Elephants / Hügel der weißen Elephanten, 1990) – Le Fantôme de l'Opéra / Das Phantom der Oper (Fernsehfilm, 1990) – Blue Sky / Operation Blue Sky (1991).

Literatur: T. R.: Long Distance Runner. Memoirs. London 1993.

Alexander Walker: Hollywood UK. New York 1974. – Tony Richardson. In: John Wakeman: World Film Directors. Bd. 2: 1945–1985. New York 1988. S. 878–883. – Don Radovich: Tony Richardson. A Bio-Bibliographie. Westport 1995.

Jacques Rivette

*1928

Am 1. März 1928 in Rouen geboren, kam Rivette 1949 zum Literaturstudium nach Paris. Dort lernte er in dem von Eric Rohmer geleiteten Ciné-Club des Quartier Latin die späteren Weggefährten François Truffaut und Jean-Luc Godard kennen. Rivette schrieb Artikel für die 1950 von Rohmer gegründete Filmzeitschrift »Gazette du Cinéma«, von der jedoch nur wenige Nummern erschienen. 1953 begann seine Arbeit für die »Cahiers du Cinéma«, als deren Chefredakteur er von Juni 1963 bis April 1965 fungierte. Von Beginn an verband Rivette die theoretische und filmkritische Arbeit mit der Praxis des Filmemachers. Unter Mitwirkung zahlreicher Freunde aus dem Umkreis der »Cahiers« stellte er 1956 den Kurzfilm *Le Coup de berger* fertig. Der Film wurde zur Initialzündung für die Nouvelle Vague, sein Erfolg ermutigte die Freunde zur Produktion eigener Spielfilme. Der Titel verweist auf die Metaphorik des Schachspiels, die der filmischen Narration als Strukturprinzip dient.

Strenge und Dominanz der Handlungskonstruktion gab Rivette in seinen folgenden Filmen zugunsten offener Formen der Erzählung auf, die Raum schaffen für jenes Kino der körperlichen Evidenz, das er in seinen frühen filmkritischen Aufsätzen eingefordert hatte. Die ästhetischen Leitlinien, auf denen Rivettes eigene Handschrift als Filmemacher basiert, formulierte er programmatisch in dem bereits 1950 erschienenen Aufsatz »Nous ne sommes plus innocents«. Er argumentiert hier gegen eine Systematisierung filmischer Rhetorik, die in konventioneller Formelhaftigkeit erstarre und bei der Komplexität wahrnehmbarer Realität notwendig zu kurz greife. Hauptangriffspunkt ist die Montage, weil sie die Integrität und reale Dauer der physischen Erscheinungen im Raum dem Diktat filmischer Syntax unterwerfe.

Rivette führt als Baustein seiner Filme wieder die szenische Einheit ein und schließt betont fragmentarische und achronologische Szenenfolgen zusammen. Damit wertet er den filmischen Raum als »Schau«-Platz für das konkrete Spiel der Körper auf. Meist bevorzugt er die Halbtotale oder legt die Szene als Plansequenz an, so daß die

Darsteller vor der Kamera frei agieren können. Seine beharrliche Weigerung, scheinbar Überflüssiges herauszuschneiden, ist der Grund für die Überlänge seiner Filme und erzwingt den aufmerksamen Blick des Zuschauers.

Rivettes erster Spielfilm *Paris gehört uns* wurde 1958 begonnen, konnte aber wegen chronischer Finanzierungsprobleme erst Ende 1961 in den Kinos anlaufen. In ihm versammelt Rivette eine Reihe von Motiven, die er in seinen späteren Filmen wiederholt aufgreift: eine Theatergruppe bei den Proben, rätselhafte und mysteriöse Ereignisse im Umfeld der Gruppe, die sich zu Rudimenten einer Kriminalstory formen, die Idee einer verschwörerischen Organisation, die als Ursache oder Erklärung der Geschehnisse herhalten soll, sich am Ende jedoch als Hirngespinst erweist, und schließlich Paris selbst, die Stadt als Metapher einer labyrinthischen Wirklichkeit. Mit diesem Ensemble von Motiven ist die Thematik aller Filme Rivettes umrissen: Die Komplexität der Welt widersetzt sich eindimensionalen und allgemeingültigen Erklärungen. Einzig in Phantasie und Kunst liegen die kreativen Potentiale für eine jederzeit spielerische Etablierung von Handlungsmustern.

War *Paris gehört uns* ein kommerzieller Mißerfolg, so wurde *Die Nonne* ein veritabler Skandalerfolg. Bereits die Vorbereitungen zur Verfilmung des gleichnamigen Romans von Diderot, die 1965 mit knappem Budget gedreht wurde, begleiteten Proteste katholischer Verbände. Das Verbot des Films im April 1966 entfachte eine Protestwelle, die sich über Monate hinzog. Erst 1967 wurde der Film freigegeben. Was Rivette an der Thematik einer Nonne wider Willen interessierte, war nicht die Darstellung rigider Disziplinierung und sexueller Freizügigkeit im Klosterleben, sondern der Kampf einer jungen Frau, deren Weigerung, Gott zum alleinigen Bestimmungsgrund ihres Lebens zu machen, im Tod endet.

Bei *Amour Fou* (1969), angesiedelt im Theatermilieu, dient Rivette eine Liebesgeschichte als Aufhänger für ein vielschichtiges Spiel mit unterschiedlichen Realitätsebenen, bei dem Kunst und Leben beständig ineinandergreifen. Dem Film lag kein fertiges Drehbuch zugrunde. Rivette verfaßte ein kurzes Treatment, in dem er die Handlungsfolgen grob skizzierte, und erarbeitete die Szenen im Kollektiv mit den Schauspielern. Diese Arbeitsmethode erweiterte er für sein in dieser Form einmaliges Projekt *Out 1 – Noli me tangere* (1971). Wenige Tage vor Drehbeginn fixierte er in einer Art Diagramm das Beziehungsgeflecht der Figuren. Die einzelnen Szenen wurden vollständig improvisiert, wobei jeder Schauspieler für die Gestaltung seiner Rolle selbst verantwortlich blieb. Als narratives Bindeglied erfand Rivette, in Anlehnung an Balzacs »L'Histoire des treize« eine ominöse Geheimgesellschaft, über die sich das Beziehungsnetz zwischen den Figuren knüpfen und Intrigen anbahnen ließen. Der Film verfolgt die Proben zweier Theatergruppen, deren Mitglieder sich teils von früher kennen. Zwei unabhängige Mittlerfiguren sowie Nebenfiguren, die als Mitglieder der Geheimgesellschaft auftreten, stellen den Kontakt zwischen beiden Gruppen her. Innerhalb dieses narrativen Rahmens macht Rivette die Kamera zum Zeugen der körperlichen Entdeckungsreisen der Schauspieler bei den Proben, die sich an Methoden von Jerzy Grotowski und Peter Brook orientieren, und läßt den Zuschauer teilhaben an Gesprächen, in denen nicht das Wort, sondern die Gestik und Mimik zum zentralen Inhalt der Bilder werden. Ebenso verwickelt wie der Plot war die Produktionsgeschichte des Films. Nach Abschluß der Dreharbeiten im Mai 1970 montierte Rivette das vorhandene Material zu einer knapp 13stündigen Fassung, die für eine Fernsehausstrahlung in acht Teilen gedacht war. Als das französische Fernsehen den Ankauf des Materials ablehnte, fehlte das Geld für die Kopierwerksarbeiten. Daraufhin schnitt Rivette den Film zu einer kürzeren Kinofassung unter dem Titel *Out 1 – Spectre* (1974) um. Erst im Mai 1990 entstand die vollständige Fassung des Films.

Rivettes Arbeiten der frühen siebziger Jahre sind als spezifische Reaktion auf die Ereignisse im Mai 68 zu verstehen. Dabei geht Rivette nicht den Weg des politischen Engagements, sondern wählt eine bis ins Phantastische gesteigerte Fiktion als Refugium des unabhängigen und kreativen Geistes. *Céline und Julie fahren Boot* (1974) ist der erste und zugleich erfolgreichste dieser Filme, in dem die Kraft der Phantasie als wunderbar heilsame Macht zelebriert wird. Céline und Julie bewegen sich in ihrer Traumwelt wie Alice im Wunderland und vollführen ein ausgelassen fröhliches Spiel, in dem Raum und Zeit keine unüberwindbaren Grenzen darstellen. Rivette arbeitete weiterhin ohne fertiges Drehbuch und gab lediglich ein Handlungsschema vor. Gemeinsam sprach man die Grundlinien für die Szenen des folgenden Drehtags ab, wobei Dialoge vor Ort notiert werden konnten. Der Erfolg des Films verhalf Rivette zu einer beträchtlichen Fördersumme für seine geplante Tetralogie »Scènes de la vie parallèle«. Die vier Filme sollten innerhalb verschiedener Genres eine fiktive Mythologie um die Begegnung zwischen Sterblichen und Unsterblichen thematisieren. Tatsächlich konnte Rivette jedoch nur Teil 2 des Zyklus, *Unsterbliches Duell* (1976), sowie Teil 3, *Nordwestwind* (1976), beenden. Mit den verbliebenen Geldern wurde mit *Merry-Go-*

Jacques Rivette (r.)

Round (1980) ein neues Filmprojekt finanziert.

Nach *An der Nordbrücke* (1982), den Rivette mit Bulle Ogier drehte, die seit *Amour Fou* in fast all seinen Filmen mitwirkte, begann er 1983 die Arbeiten zu *Theater der Liebe*. Im Unterschied zu den Improvisationsfilmen der siebziger Jahre kehrte Rivette mit diesem Film nun deutlich zu einer kontrollierteren Inszenierungsweise zurück. Gemeinsam mit seinem Drehbuchautor, dem »Cahiers«-Kritiker Pascal Bonitzer, entwickelte er ein beziehungsreiches Vexierspiel um das Verhältnis von Kunst und Leben. Ein Schriftsteller lädt zwei Schauspielerinnen in seine Villa ein. Sie sollen sein neues Theaterstück einstudieren und in den Zimmern des Hauses für einen kleinen Kreis von Freunden aufführen. Sehr bald verschwimmen für Zuschauer und Beteiligte die Grenzen zwischen filmischer Wirklichkeit und Theaterspiel.

Im August 1984 drehte Rivette *Sturmhöhe*, nach Emily Brontës Roman, dessen Handlung er in die dreißiger Jahre des 20. Jahrhunderts und in die wild-romantische Karstlandschaft der Cevennen verlegt. Rivette inszenierte den Film mit jungen Schauspielern, die das Spiel um die Dialektik der elementaren Gefühle von Liebe und Haß mit bewußter Distanz und Theatralität darstellen.

Mit *Die Viererbande* (1989) erzielte Rivette erstmals seit langem wieder einen beachtlichen Publikumserfolg. Vier Schauspielschülerinnen proben für die Abschlußprüfung ihres Theaterkurses. Gemeinsam bewohnen sie ein Haus in der Pariser Vorstadt, das ihre Freundin Cécile verlassen hat, um mit ihrem Geliebten zu leben. Ein Unbekannter drängt sich ihnen auf und stellt Nachforschungen an, die sich offenbar auf Céciles dubiosen Liebhaber beziehen. Das Theater wie das Leben stellt die vier Freundinnen auf die Probe – beides will interpretiert sein, doch für beides fehlt die verbindliche Spielanleitung.

Rivettes bislang größter Erfolg bei Publikum und Kritik wurde *Die schöne Querulantin* (1991), nach Balzacs Erzählung »Le Chef d'œuvre inconnu«, für den er in Cannes den Grand Prix der Jury erhielt. Der Maler Frenhofer nimmt mit einem neuen Modell die Arbeit an einem Gemälde wieder auf, das er vor Jahren aufgab. Damals fürchtete er, die Vollendung des Gemäldes könne die Beziehung zu seiner Geliebten Liz, die einst sein Modell war, zerstören. Frenhofers Ringen mit der Form in der Annäherung an die konkrete Körperlichkeit kann durchaus als Metapher für die Filme Rivettes gelten. Der kunstgeschichtliche Diskurs um den Widerstreit von Farbe und Linie, der bereits bei Balzac thematisiert wird, treibt Frenhofer an, der den Körper seines Modells nicht zeichnerisch sezieren und auf eine bloße Analyse von Teilen reduzieren will. Frenhofers Kampf gilt dem Unsichtbaren unter der Oberfläche der Haut, dem Ganzen des Körpers. Seine anfänglichen Skizzen aber geben nur das Skelett des menschlichen Körpers wieder, der doch mehr ist als Linien. Ähnlich muß Rivettes Weigerung verstanden werden, die menschliche Bewegung im Raum durch eine analytische Montage zu zergliedern. Die Dauer der Einstellung bei Rivette zielt auf eine geistige Vertiefung des Bildfeldes. Damit ist keine Metaphysik anvisiert, sondern die Öffnung des filmischen Raums für das Eindringen von Phantasie und Kreativität des Zuschauers. Gerade dieser Aspekt geht in der kürzeren Kinofassung des Films verloren.

Anfang 1994 brachte Rivette eine zweiteilige Neuverfilmung des Jeanne d'Arc-Stoffes *Johanna, die Jungfrau* in die Kinos. In *Vorsicht: Zerbrechlich!* (1995), einem poetischen Musical, zeigt er drei junge Frauen auf Identitätssuche. Rivettes jüngster Film *Geheimsache* (1998) ist als Kriminalgeschichte angelegt, in der eine junge Frau Rache nehmen will an dem mutmaßlichen Mörder ihres Vaters und sich dabei immer tiefer in einem Labyrinth aus Widersprüchen verstrickt. Die Unaufhebbarkeit dieser Widersprüche als das Wesen der Realität auszuweisen, bleibt ein zentrales Thema in den Filmen von Jacques Rivette.

Kerstin Eberhard

Filmographie: Paris nous appartient / Paris gehört uns (1961) – La Religieuse / Suzanne Simonin, la religieuse de Diderot / Die Nonne (1966) – Jean Renoir le patron (Fernsehfilm, 1966) – L'Amour fou / Amour Fou (1969) – Out 1 – Noli me tangere / Out 1 – Noli me tangere (1971/1990) – Out 1 – Spectre / Out 1 – Spectre (1974) – Céline et Julie vont en bateau / Céline und Julie fahren Boot (1974) – Duelle / Unsterbliches Duell (1976) – Noroît / Nordwestwind (1976) – Merry-Go-Round / Merry-Go-Round (1980) – Le Pont du Nord / An der Nordbrücke (1982) – L'Amour par terre / Theater der Liebe (1984) – Hurlevent / Sturmhöhe (1985) – La Bande des quatre / Die Viererbande (1989) – La Belle Noiseuse / Die schöne Querulantin (1991) – La Belle Noiseuse, Divertimento / Die schöne Querulantin, Divertimento (1991) – Jeanne la Pucelle / Johanna, die Jungfrau (1994) – Haut bas fragile / Vorsicht: Zerbrechlich! (1995) – Secret Défense / Geheimsache (1998).

Literatur: J. R.: Schriften fürs Kino. München 1989. (Cicim 24/25.)

Jacques Rivette – Labyrinthe. München 1991. (Cicim 33.) – Der Widerspenstige. Cinéaste Jacques Rivette. Du 1994. H. 5.

Nicolas Roeg

*1928

Am 15. August 1928 in London geboren, teilte Roeg die Besessenheit seines Vaters für Literatur. Sein Interesse an apokalyptischen Themen nahm hier seinen Anfang und mündete in eine lebhafte visuelle Vorstellungswelt, die scheinbar nur im Filmemachen ihre Entsprechung finden konnte. Bereits 1947 fand er Anstellung in einem Filmstudio und erhielt die Gelegenheit, mehrere Tätigkeiten des Filmschaffens (Synchronarbeiten, Schärfeziehen) kennenzulernen. Seinen Einstieg in die Kameraarbeit überwachte u. a. Freddie Young, mit dem er bei George Cukors *Knotenpunkt Bhowani* (1956) zusammenkam. Seinen Einstand als Kameramann gab Roeg 1957, in den folgenden zehn Jahren arbeitete er für bedeutende Regisseure: Robert Rossen, Fred Zinnemann, Roger Corman, Richard Lester und John Schlesinger. Höhepunkt seiner Tätigkeit als lichtsetzender Kameramann sind *Fahrenheit 451* (1966) von Truffaut und *Satanas – Das Schloß der blutigen Bestie* (1964) von Corman. Er bewies immer von neuem ein sicheres Gespür für Farbsymbolismen, elegische Breite, detaillierte Tableaus und Atmosphären, die die Vision der Regisseure kongenial ergänzen.

Der zusammen mit dem häufig unterschätzten Donald Cammell (*Das Auge des Killers*, 1987) inszenierte Pop-art-Gangsterfilm *Performance* (1970) reflektiert auf experimentelle Weise Befindlichkeiten populärkultureller Strömungen seiner Zeit und enthält bereits viele Kennzeichen der späteren Werke: die Verschachtelung von Zeiteinheiten, das damit einhergehende Aufbrechen einer linearen Dramaturgie, die Vermischung von Realitätsebenen, die unverblümte Darstellung sexueller und gewalttätiger Exzesse und nicht zuletzt einen alles überschattenden Mystizismus, der viele nachfolgende Filme Roegs zu düsteren Endspielen werden läßt. Der populären Genreversatzstücke (hier: des Gangster- und Musikfilms) bedient er sich nur als Vehikel, Katalysator oder dramaturgischer Falle. Indem er die Identitäten seiner eigentlich gegensätzlichen Protagonisten verschmelzen läßt, schafft Roeg eine verstörende Relativierung: Ist die Individualität letztlich nur ein soziales Konstrukt, eine Illusion? Erstmals arbeitete Roeg hier mit einem Popstar (Mick Jagger) als Schauspieler, dessen Image nahtlos integriert und ironisch gebrochen wird.

Sein nächstes Werk *Walkabout / Ein Traum vom Leben* (1971), ein denkwürdiger lyrischer Abenteuerfilm, entwickelte diesen Stil weiter: Zwei Jugendliche begegnen in der australischen Wüste einem Aborigine; die zwangsläufige Konfrontation der Kulturen verkraften beide Seiten am Ende nicht. Wieder findet Roeg durch verschachtelte Montage originelle visuelle Metaphern und Symbole, die das Innenleben der Protagonisten komplex reflektieren.

Seinen Platz in der Filmgeschichte sicherte sich Roeg mit der Daphne-DuMaurier-Verfilmung *Wenn die Gondeln Trauer tragen* (1973), die die Umrisse des Psychothrillers neu definiert. In einem atemberaubenden Rausch von verstörenden Bildern und mit virtuosen Schauspielern (Julie Christie und Donald Sutherland) entwickelt er ein ins Grauenhafte ausfaserndes Ehedrama mit mystischen Elementen. Herausragend gestaltet sind hier ebenso eine musikalisch strukturierte Liebesszene, die den Akt selbst und die Zeit danach kaleidoskopisch ineinander verschränkt, wie die bruchlose Integration okkulter Elemente ins visuelle Gefüge. Wieder zeigt Roeg ein Individuum als Opfer fataler Umstände, das sich durch seinen Positivismus der Erkenntnis verweigert und dem eigenen Untergang entgegeneilt. »Nichts ist, was es scheint« ist ein zentraler Satz in diesem Film. John Baxter verpaßt die Chance, sich dem Unfaßbaren (der Vision des eigenen Todes) zu stellen, und macht sich selbst handlungsunfähig.

Eine vergleichbare Leistung bietet *Der Mann, der vom Himmel fiel* (1976), in dem der charismatische britische Musiker David Bowie einen Außerirdischen spielt, der an der kapitalistischen amerikanischen Gesellschaft zugrunde geht. Dieses als Science-fiction getarnte komplexe Vexierspiel, eigentlich eine Konsumsatire, manifestiert wohl auf radikalste Weise Roegs Ansicht von einer sich selbst verdauenden Welt, in der Individualität keinen Platz mehr haben kann.

Das exzessive Beziehungsdrama *Blackout – Anatomie einer Leidenschaft* (1979) mit Art Garfunkel und Harvey Keitel bildet einen Einschnitt in Roegs Karriere. Erstmals arbeitete er mit seiner späteren Ehefrau Theresa Russell zusammen, die hier das Porträt einer neurotischen Frau entwirft, die sich bis zur Selbstaufgabe treibt. Sie wird die Hauptrolle in vielen seiner folgenden Filme spielen. *Eureka* (1982), eine prominent besetzte Parabel auf die Habgier im Gewand eines Abenteuerfilms (mit Rutger Hauer, Gene Hackman, Mickey Rourke und Theresa Russell), beschließt mit einem finanziellen Desaster die unabhängige Phase des Regisseurs.

Mit der eher leichten philosophischen Komödie *Insignificance – Die verflixte Nacht* (1985) beginnt eine vorsichtige Annäherung an das kommerzielle Kino. Auch die tragikomischen Beziehungsdramen *Castaway – Die Insel* (1986) und *Track 29 – Ein gefährliches Spiel* (1988) kolportieren Versatzstücke früherer Werke und können den radikalen Visionen der siebziger Jahre wenig hinzufügen. *Castaway* erzählt die Geschichte eines ungleichen Paares, das sich auf eine Südseeinsel zurückzieht und an der Differenz der Charaktere zugrunde geht. Im Kontrast zu der unglücklichen Beziehung des Paares interessiert den Regisseur jedoch ein anderer Aspekt, die Liebe zwischen der Frau (Amanda Donohoe) und der Insel. Mit diesem narrativen Bruch verläßt Roeg erneut die Bahnen des konventionellen Erzählkinos und betritt sein surreales Universum, das ihn immer wieder kleine visionäre Setpieces erschaffen läßt. Ähnlich verfährt er in dem Psychothriller *Track 29*.

Mit *Hexen hexen* (1989) schuf Roeg eine höchst eigenwillige und provokante Variante des Kinderfilms; erstmals bediente er sich hier einer linearen Erzählstruktur. Wieder ist die Genreeinordnung nur vorgeblich: Zu nah ist seine finstere Weltsicht dem schwarzen Humor des Vorlagenautors Roald Dahl. Die folgenden Werke gleichen eher Fingerübungen und sind nur ansatzweise zu identifizieren: *Der kalte Himmel* (1990) badet beinahe selbstgefällig in christlicher Mystik, und die Literaturverfilmung *Heart of Darkness* (1992) mit John Malkovich als Kurtz bietet weder den Irrsinn von Coppolas Version *Apocalypse Now* (1979) noch die Irritationen, die einst Roegs Filme so anziehend und rätselhaft machten.

Roegs bedeutende Position im britischen Kino bleibt jedoch unbestritten, und die beklemmende Wirkung von *Wenn die Gondeln Trauer tragen* und *Der Mann, der vom Himmel fiel* wird noch heute diskutiert.

Marcus Stiglegger

Filmographie: Performance / Performance (Co-Regie: Donald Cammell, 1970) – Walkabout / Walkabout / Ein Traum vom Leben (1971) – Don't Look Now / Wenn die Gondeln Trauer tragen (1973) – The Man who Fell to Earth / Der Mann, der vom Himmel fiel (1976) – Bad Timing / Blackout – Anatomie einer Leidenschaft (1978) – Eureka / Eureka (1982) – Insignificance / Insignificance – Die verflixte Nacht (1985) – Castaway / Castaway – Die Insel (1987) – Track 29 / Track 29 – Ein gefährliches Spiel (1988) – The Witches / Hexen hexen (1989) – Cold Heaven / Cold Heaven / Der kalte Himmel (1990) – Heart of Darkness / Heart of Darkness (1992) – Two Deaths (1996).

Literatur: Neil Fineman: Nicolas Roeg. Boston 1978. – Joseph Lanza: Fragile Geometry. New York 1989. – Neil Sinyard: The Films of Nicolas Roeg. London 1991. – John Izod: The Films of Nicolas Roeg. London 1992. – Marcus Stiglegger: Splitter im Gewebe der Existenz. Die Filme von Nicolas Roeg. In: Splatting Image 1998. Nr. 36. S. 19–24.

Eric Rohmer

*1920

Der junge Literaturlehrer aus der Provinz, Jean-Marie Maurice Scherer, am 4. April 1920 in Nancy geboren, begann sein Leben als Künstler, indem er Prosa verfaßte: 1946 veröffentlichte er einen Roman, bis 1951 schrieb er Erzählungen nieder, die er zum großen Teil später in Filme verwandelte. Obwohl er bis 1958 im Lehramt blieb, übte er sich früh als Filmkritiker für die Nachkriegszeitschrift »Revue du Cinéma«, die kurzlebige, von ihm gemeinsam mit Jacques Rivette und Jean-Luc Godard gegründete »Gazette du Cinéma« und seit 1951 für die langlebigen »Cahiers du Cinéma«, deren Mitherausgeber er zwischen 1957 und 1963 war. Seit 1954 unterzeichnet Scherer mit dem Pseudonym Eric Rohmer, so beispielsweise das mit Claude Chabrol geschriebene Buch über Alfred Hitchcock (1957), die von André Bazins Texten beeinflußte Hommage an Chaplin (1972), schließlich die Publikation seiner Doktorarbeit (1977) über die Organisation des Raums in dem berühmten Stummfilm *Faust* des deutschen Regisseurs Friedrich Wilhelm Murnau.

Rohmer begrüßte die Einrichtung des Fernsehens und wurde in den sechziger Jahren vorübergehend von der Unterrichtsabteilung als Dokumentarist angestellt. Er arbeitete für den französischen Staatssender bis 1970, zuletzt lieferte er noch eine Serie über Architektur ab. Seine Vorbilder, nicht untypisch für die Gruppe der meist jüngeren Filmenthusiasten in den fünfziger Jahren, die später als Regisseure der Nouvelle Vague auftraten, sind Carl Theodor Dreyer, Jean Renoir, Kenji Mizoguchi – und Murnau. Rohmer begann in den fünfziger Jahren mit Kurzfilmen, erst mit dem langen Spielfilm *Im Zeichen des Löwen* (1959) wurde er als eigenständiger Erzähler sichtbar. Vom Sog der neuen Produktivität Anfang der sechziger Jahre in Frankreich ließ er sich nur vorsichtig mitziehen, immerhin ist er zehn Jahre älter als zum Beispiel Jean-Luc Godard. Als er endlich gegen Ende der sechziger Jahre das Publikum für seine Arbeit gewann, näherte er sich bereits dem fünfzigsten Lebensjahr. Züge des Altmeisterlichen sind ihm nicht abzusprechen. So scheint es auch einer gewissen, ins 18. Jahrhundert zurückreichenden Bildungstradition zu entsprechen, wenn Rohmer seine Filme zu Zyklen zusammenspannt. Am Anfang stehen die sechs moralischen Erzählungen (»Contes moraux«): *Die Bäckerin von Monceau* (1962) bis *Liebe am Nachmittag* (1972). Auf zwei Filme nach Vorlagen der Weltliteratur: Kleists Erzählung »Die Marquise von O . . .« (1976) und Chrétiens de Troyes »Perceval« (1978), folgte, beginnend mit *Die Frau des Fliegers* (1980), der längere Zyklus der »Komödien und Sprichwörter« (»Comédies et proverbes«). *Frühlingserzählung* (1989) eröffnete den Zyklus »Erzählungen aus vier Jahreszeiten« (»Contes de quatre saisons«). Die Struktur der drei Zyklen ist indes nicht so festgefügt, daß sie als systematisch auffiele, zumal sich gerade in der Spätphase von Rohmers Arbeit einige Filme dazwischendrängten, die mit vorgegebenen Rahmen nichts zu tun haben wollten.

Rohmers Haltung als eines verwunderten, nicht besserwisserischen Sittenschilderers prägt sich indes all diesen Filmen auf. Er erzählt Exempel vom falschen Leben, manchmal auch von der späten Wendung zum richtigen Leben, seine Figuren sind beharrlich in ihrem Wahn wie in ihrer Suche nach Wahrheit, sie neigen dazu, ihr Tun ausführlich zu rechtfertigen – oft in einem

Eric Rohmer

Redestrom von verblüffender Eloquenz –, was zu oft komischen oder auch tragikomischen Verkennungen und Verfehlungen der für das Publikum durchaus sichtbaren Realität führt. Die Figuren können sich sogar absichtsvoll weigern, sich den allgemeinen Riten der sie umgebenden Gesellschaft anzupassen, weil sie einen eigenen Weg gehen, sich nicht an die Lüge der anderen assimilieren wollen, auch wenn sie dabei riskieren, sich zum Narren zu machen. In den frühen Filmen pochen vor allem Männer auf diese Besonderheit ihres Wesens und bemerken dabei gar nicht ihre skurrile Verstiegenheit, in den späten Filmen Rohmers beweisen zumal Frauen eine unkorrumpierbare Treue zu sich selbst und ihren innigsten Wünschen – um bisweilen zu erleben, daß ihnen diese Wünsche am Ende erfüllt werden. Im ersten Zyklus der moralischen Geschichten verrennen sich junge Männer intellektuellen Zuschnitts, die starrsinnig an fixen Ideen festhalten: In *Die Sammlerin* (1967) dringt wie eine Art Bewußtseinsstrom die Stimme eines jungen Mannes auf uns ein, der in Ruhe Ferien machen will, sich aber dabei gestört sieht durch die Anwesenheit eines jungen Mädchens, das verschiedenen Liebhabern freundlich zu Gefallen ist, je nach Lust und Laune. Er versucht, die junge Frau in ein raffiniertes Spiel zu zwingen, nach Regeln, die er aufstellt, nach Vorsätzen, die nach unweigerlichen Enttäuschungen bald wieder korrigiert werden müssen. Während er denkt, Macht über das Mädchen auszuüben, scheint sich dieses ihm ohne weiteres entziehen zu können. Am Ende bleibt er alleine übrig und entflieht dem Ferienhaus. Grundbestände der Rohmerschen Welt sind hier bereits vorhanden: immer wieder der Sommer, die Jahreszeit des Urlaubs, Ferienorte, an denen Menschen relativ zwanglos zusammentreffen, weil sie der beruflichen Hierarchie entronnen sind, Beziehungen des Begehrens und dementsprechende Mißverständnisse, Verführungen und Verwicklungen. Im Mittelpunkt steht meist eine junge Frau, sinnlich, freizügig, aber umhaucht von natürlicher Unschuld, Inbegriff des ungezwungenen Lebens. An ihrer Seite entwickelt sich ein weiterer Frauentypus: die gereifte, erfahrene Frau, die das Spiel von Illusionen und körperlichen Reflexen durchschaut, sich aber selbst mit einbezogen fühlt und es nicht immer schafft, von Selbsttäuschungen frei zu bleiben. In *Meine Nacht bei Maud* (1969) fällt Maud der souveräne Part zu, während ihr Gegenspieler Jean-Louis nach einem amourösen Leben in der Welt draußen nun darauf versessen ist, eine katholische Jungfrau zu heiraten, die er in der Kirche beobachtet hat, und sich mit ihr in der Provinz niederzulassen. Clermont-Ferrand im Winter bietet den kalten Schauplatz für dieses Exercice der Lebenslügen. Rohmer treibt dem Film die emotionale Wärme aus, die vielen anderen seiner Sommerfilme eignet. Jean-Louis entdeckt am Ende, daß seine Jungfrau zuvor die Geliebte von Mauds Mann war, und läßt sich zu einer kompensierenden Fälschung hinreißen – in jener Nacht habe er mit Maud geschlafen (was Maud selbst nicht zugelassen hat). Die sparsame Erzählweise dieses Films, der keine Dramatisierung der Vorgänge erlaubt, suggestive Großaufnahmen vermeidet und Musik ausspart, hat Rohmer den Ruf eines asketischen Regisseurs eingetragen, der wegen seines Moralismus der katholischen Tradition verhaftet sei. Damit hat man ihn in die Nähe von Robert Bresson gerückt. Im Gegensatz zu Bresson überläßt Rohmer jedoch vor allem der alltäglichen Szenerie und dem alltagsnahen Dialog die Repräsentation des Konflikts.

In der deutsch-französischen Verfilmung von Kleists Novelle »Die Marquise von O . . .« mit Edith Clever und Bruno Ganz in den Hauptrollen wird diese strenge Sparsamkeit der Inszenierung durch die beinahe tragische Dimension der Vorgänge ergänzt: Der Graf rettet die Marquise und mißbraucht sie, während sie in der Nacht sich in einer Art Heilschlaf geborgen fühlt. Widersprüchliche Gefühle brauchen eine lange Zeit, bis sie in einer Art neuen Einverständnisses beruhigt scheinen. In *Perceval le Gau-*

lois (1978), Rohmers zweiter Literaturverfilmung, gesellen sich zu der epischen Ruhe auch der Sinn für Humor und für die Schockmomente, die der »aventiure« eigen sind. Wie auf einer großen Bühne mit künstlichen Dekorationen (ausgeschnittenen Bäumen) und Hintersetzern (mit Schloßansichten) bewegen sich die Figuren, die Ritter erscheinen in ihrer Rüstung vor allem aus der Perspektive des naiven Parzival als hehr, in Wirklichkeit gleichen sie alltäglichen Menschen. König Artus beklagt sein Unglück wie ein behäbiger Wirt am Kopfende eines Holztisches. Doch hält der Entzauberung der heroischen Charaktere die sanft-intensive Ritualisierung der Begegnungen Parzivals mit den Frauen die Waage. Nicht der Aspekt des christlichen Haudegentums interessiert Rohmer, sondern die Lehrjahre der Gefühle, die den Helden am Ende zu einem mitleidigen und empfindsamen Mann werden lassen, wenngleich diese positive Schlußwendung durch den Nachvollzug der Kreuzigung Christi eine erhebliche Irritation erfährt. Die Fähigkeit Rohmers, junge Schauspieler und Schauspielerinnen zu entdecken, die ihre Rollen so ausfüllen, daß sie wie ein Stück Natur im kunstfertigen, »geometrischen« Arrangement seiner Inszenierung erscheinen, bewährt sich auch bei *Perceval*: Fabrice Luchini ist in seiner Verbindung von Arglosigkeit und Aufrichtigkeit ein idealer ›Naiver‹.

Von 1980 an bringt der nunmehr sechzigjährige Rohmer eine dichte Folge von Filmen zustande, die sich beinahe ausschließlich mit den Sehnsüchten und Vertrauenskrisen junger Menschen im zweiten oder gerade noch dritten Lebensjahrzehnt beschäftigen. Ein alter Mann beugt sich voller Entzücken, aber auch Besorgnis über die Condition humaine der Jugend, die sich für Rohmer u. a. dadurch auszeichnet, daß wenig von ihr Bestand haben wird, dennoch alles von großer Ernsthaftigkeit geprägt ist. In *Die Frau des Fliegers* (1980) konstatiert Rohmer ein Verwirrspiel der Verdächtigungen, in *Die schöne Hochzeit* (1982) verhindert er die Verbindung zwischen einer jungen Frau und einem älteren Mann. Alle diese Haltungen präzisiert er in einem seiner Meisterwerke aus dieser Phase, *Pauline am Strand* (1983). Auf der Skala der Erfahrenheit markieren Pauline, die ganz junge Frau, die noch so deutliche Wünsche an das Schicksal artikulieren kann, und der Verführer, der es bei jeder Frau versucht, die entgegengesetzten Grenzpunkte. Pauline lernt im Laufe dieses Sommers, daß die Verpflichtung, sich stets an die Wahrheit zu halten, die fürs Leben anscheinend nötige Illusion des Geliebtwerdens auf rohe Weise verletzen kann. In *Pauline am Strand* spielen nicht nur die Dialoge, sondern auch die Körper der Beteiligten eine Rolle. Gelassen verharrt der Blick der Kamera auf der durch einen kleinen Bikini kaum verhüllten Nacktheit der jungen Pauline (Amanda Langlet), die sich frei, leicht und selbstverständlich am Strand und über die Straßen des Ferienortes bewegt und sich mit traulicher Zugewandtheit an den Körper der älteren Freundin (Arielle Dombasle) schmiegt, deren großstädtische, ein wenig aufgeregte und aufgesetzte Verzicktheit sie in das trügerische Glück einer kleinen Amour mit dem Verführer rennen läßt. Die Darstellerin Paulines erinnert an den aphroditischen Charme von Haydée Politoff in *Die Sammlerin*; Langlet wird in einem der stärksten letzten Filme Rohmers, *Sommer* (1996), noch eine Rolle spielen. *Vollmondnächte* (1984) faßt die Schicksale des jungen Mädchens und der gereiften Frau zusammen in der Figur einer ›Stadtneurotikerin‹, die in großer Unruhe dem Glück nachjagt und darüber die Beziehung zu dem Mann verliert, mit dem sie zu Beginn der Handlung ein Paar gebildet hat. Eine ähnliche Figur, kompromißloser als die junge Frau in *Vollmondnächte*, durchwandert den Film *Das grüne Leuchten* (1986): Marie Rivière (eine der Stammschauspielerinnen Rohmers) spielt eine Pariser Büroangestellte, die im Urlaub nach etwas Außerordentlichem sucht und sich mit beiläufigen Flirts nicht zufriedengeben will, auch nicht mit den faden Vergnügungen einer in hohlen Attitüden erstarrten Feriengesellschaft. Die Heldin will das grüne Leuchten erleben beim Untergang der Sonne, am Ende wird ihr dieser Anblick in Gegenwart eines Mannes gegönnt, zu dem sich eine komplizierte und zarte Beziehung aufzubauen scheint: als Verheißung eines unnennbaren Glücks, das in den Phrasen der anderen nicht vorgesehen ist. Die erzählerische Dichte und Genauigkeit der drei großen Filme *Pauline am Strand*, *Vollmondnächte* und *Das grüne Leuchten* gehen bei den späteren Filmen des Zyklus »Komödien und Sprichwörter« ein wenig verloren.

Im »Jahreszeiten«-Zyklus gelingen Rohmer zwei Parabeln, die das Suchen, einander Verfehlen und Finden zwischen Frauen und Männern mit dem dunklen und langen Schatten der Existenzkrise und Existenzbewährung versehen. In *Wintererzählung* (1992) bekommt eine junge Frau ein Kind von einer Sommerliebe, verliert den Mann aber durch eigene, aus Verwirrung entstandene ›Dummheit‹ aus den Augen. Sie geht zunächst Kompromisse ein, Liebschaften, von denen die eine mit einem Friseur zu bürgerlicher Beständigkeit führen könnte – sie reißt sich endlich aus all diesen Zusammenhängen, weil sie lernt, die Liebe zu dem Entschwundenen nicht durch halbe Affären zu beeinträchtigen. Sie riskiert die Vereinsamung, weil sie sich entschieden hat, auf den einen Geliebten zu warten – den sie schließlich kaum wiedererkennt, als sie ihm im Bus gegenübersitzt. Es gibt ein glückliches Ende, Belohnung dieser großen Sehnsucht, die in *Sommer* vorenthalten bleibt: Ein junger Mann glaubt, in ein Mädchen verliebt zu sein, das nur manchmal etwas von ihm wissen will, bändelt mit einer anderen an und befreundet sich unterdessen mit einer dritten (Amanda Langlet, damals Pauline, jetzt Margot). Während der langen Spaziergänge und Gespräche mit Margot erkennen wir nicht nur, wie der noch wenig gefestigte Knabe sich ständig selbst belügt und zwischen eingebildeten Gefühlen hin- und herschwankt, sondern daß sich auch Margot langsam in diesen leicht melancholischen, unsicheren, unterschiedliche Persönlichkeitsmerkmale spiegelnden Jungen verliebt. War es am Anfang vielleicht noch ethnographisches Interesse an diesem männlichen Subjekt, denn Margot studiert dieses Fach, so ist es allmählich wirkliche Zuneigung – doch darf sie diese Zuneigung nicht zu erkennen geben, weil sie doch weiß, daß dieser unerfahrene Knabe damit wie mit einem zerbrechlichen Spielzeug umgehen würde. Unterhalb der Geschichte von Irrungen und Wirrungen eines jungen Mannes in der für Rohmer typischen Ferienidylle zeichnet sich eine kleine Tragödie ab: die Tragödie von Margots unausgelebter, uneingestandener Liebe, denn der, dem sie gilt, würde mit ihr nichts Rechtes anfangen. In *Sommer* hat Rohmer längst den reduzierten Stil, der die Filme der sechziger Jahre kennzeichnete, aufgegeben: Die Körper der Sprechenden sollen sich einprägen, Großaufnahmen, z. B. auf Margot, durch deren Haar der Wind spielt, auf ihre Augen und ihren Mund, erotisieren gleichsam das Verhältnis der Kamera, des Erzählers zu seinen Geschöpfen.

Der »Jahreszeiten«-Zyklus wird durch die gedämpft, manchmal ein wenig schleppend erzählte *Herbstgeschichte* (1998) abgeschlossen. Diesmal stehen Vierzigjährige im Mittelpunkt. Eine Winzerin im Rhone-Tal will ihren Wein veredeln, ungeachtet dessen, daß im Hintergrund ein Atomkraftwerk zu sehen ist. Aber sie ist Witwe und droht ihr eigenes Leben zu versäumen. Die Geliebte ihres Sohnes will ihren älteren Geliebten (etwas ruchlos) an sie loswerden – das mißlingt. Doch eine weitere, ebenso fragwürdige Intrige führt zum Glück: Eine gleichaltrige Freundin gibt eine Kontaktanzeige auf, um einen Mann für die Einsame zu finden. Am Ende, bei einer Feier, müssen fast alle aus dem Gespinst von Mißverständnissen, Vorurteilen und Ängsten ausbrechen, um die Wahrheit zu sagen und einander nicht zu verlieren. Dieser Akt der Selbstoffenbarung scheint den Älteren ebenso schwer zu fallen wie den Jungen – aber sie ringen sich wenigstens dazu durch und gewinnen, in der Mitte ihres Lebens, eine Art zweiter Zukunft.

Rohmers Geschichten lassen nie deutlich voraussehen, ob sie gut oder unglücklich enden werden. Noch in *Rendezvous in Paris* (1995), einem balladenhaften Episodenfilm, läßt er die Begegnung zwischen den Geschlechtern scheitern. Jacques Rivette, sein Wegbegleiter, hält diesen Film für einen der bedeutendsten aus der letzten Periode – der etwas mechanische Ablauf des Sich-Begegnens und Sich-Verlierens deutet bereits auf die doppelbödige Erzählweise von *Sommer* voraus, entbehrt indes des starken Kontrastes zwischen der Süße des äußeren Lebens und dem Schmerz der verborgenen Gefühle.

Rohmer setzt die Redewendungen seiner Figuren gleichsam dokumentarisch aus selbsterlebten oder ihm zugetragenen Beispielen für die jeweils zeitgenössische Jugendsprache zusammen. Die Dialoge, so differenziert und natürlich sie auch erscheinen mögen, sind in beinahe allen Fällen im Drehbuch vorgeschrieben und müssen von den Schauspielern gelernt werden. Rohmer zieht sorgfältige Planung jeder Improvisation vor, er arbeitet so lange an Szenen, bis sie leichthändig, gleichsam all'improvviso entstanden zu sein scheinen.

Spuren des desillusionierenden Nachkriegsexistentialismus haben sich im Werk Rohmers erhalten und mit der Skepsis der großen Moralisten vermischt – Schonung erfahren die ›Lebensanfänger‹, erstens weil sie vom Zauber des Beginns umhüllt sind, zweitens weil sie ihre je eigene Wahrheit entdecken wollen. Rohmers verständliche Obsession, sich mit jungen Menschen zu beschäftigen, ist auch dadurch gerechtfertigt, daß im frühen Zustand der Seele sich die widerstrebenden Impulse leichter wahrnehmen lassen, ebenso die Biologie der großen Gefühle, während später die harte Kruste der Gewohnheiten und Enttäuschungen den neugierigen und teilnahmsvollen ›Einblick‹ verhindert. Rohmer konzentriert sich in seiner Spätzeit auf die jungen Frauen und erzählt zunehmend aus ihrer Perspektive. Dafür ist weniger eine männliche Neugier verantwortlich zu machen als vielmehr der Respekt vor der rigideren, unkonformistischen Entscheidung, die Rohmers junge Frauen für sich und andere treffen. Deutlicher noch, als es sich schon in *Meine Nacht bei Maud* ankündigt, rutschen die Männer auf dem schimmernden Ölfilm von Illusion und Selbstbetrug ins Alter, während Rohmers Frauen darauf beharren, daß Existenz nur zu finden ist, wenn sie sich über sich selbst klar werden und die wichtigsten Wünsche nicht verzetteln, sondern rein bewahren.

Thomas Koebner

Filmographie: La Sonate à Kreutzer / Die Kreutzer-Sonate (1956) – Le Signe du lion / Im Zeichen des Löwen (1959) – La Boulangère de Monceau / Die Bäckerin von Monceau (1962) – La Carrière de Suzanne / Die Karriere von Suzanne (1963) – Paris vu par . . . (Episode: Place l'Étoile, 1965) – La Collectionneuse / Die Sammlerin (1967) – Ma nuit chez Maud / Meine Nacht bei Maud (1969) – Le Genou de Claire / Claires Knie (1970) – L'Amour l'après-midi / Liebe am Nachmittag (1972) – Die Marquise von O . . . (1976) – Perceval le Gallois / Perceval le Gallois (1978) – Käthchen von Heilbronn (1979) – La Femme de l'aviateur / Die Frau des Fliegers oder Man kann nicht an nichts denken (1980) – Le Beau Mariage / Die schöne Hochzeit (1982) – Pauline à la plage / Pauline am Strand (1983) – Les Nuits de la pleine lune / Vollmondnächte (1984) – Le Rayon vert / Das grüne Leuchten (1986) – Quatre aventures de Reinette et Mirabelle / Vier Abenteuer von Reinette und Mirabelle (1987) – L'Ami de mon amie / Der Freund meiner Freundin (1987) – Conte de printemps / Frühlingserzählung (1990) – Conte d'hiver / Wintermärchen (1992) – L'Arbre, le maire et la médiathèque / Der Baum, der Bürgermeister und die Mediathek (1992) – Les Rendez-vous de Paris / Rendezvous in Paris (1995) – Conte d'été / Sommer (1996) – Conte d'automne / Herbstgeschichte (1998).

Literatur: Marion Vidal: Les contes moraux d'Eric Rohmer. Paris 1976. – Michel Estève (Hrsg.): Eric Rohmer. Études cinématographiques. 2 Bde. Paris 1986. – C. G. Crisp: Eric Rohmer. Realist and Moralist. Bloomington 1988. – Carol Desbarats: *Pauline à la plage* d'Eric Rohmer. Crisnée 1990.

Francesco Rosi

*1922

Francesco Rosi wurde am 15. November 1922 in Neapel geboren. Seine Herkunft aus dem italienischen Süden prägt von Beginn an seinen Charakter und beeinflußt später sein gesamtes Werk. Nach einem Engagement im Neapel der Nachkriegszeit bei Rundfunk und Theater kam er nach Rom zum Film und lernte zunächst das Handwerk bei Regisseuren wie Michelangelo Antonioni und Luchino Visconti; bei Visconti arbeitete er als Regieassistent in *Die Erde bebt* (1948), *Bellissima* (1951) und *Sehnsucht* (1954). Sein Debütfilm *Die Herausforderung* wurde 1958 auf den Filmfestspielen in Venedig mit dem Spezialpreis der Jury ausgezeichnet. Eine wahre Begebenheit, eine blutige Rache im Milieu der neapolitanischen Malavita, diente dem Regisseur für eine Rekonstruktion der Gründe des Machtverlustes der neapolitanischen Camorra, die als ländlicher Geheimbund auf dem Gebiet des Gemüse- und Obstzwischenhandels allmählich unter den Druck des expandierenden organisierten Verbrechens gerät. Während Rosi einerseits die Verbindung zum Neorealismus sucht, modifiziert er andererseits das ikonographische und stilistische System, in dem er herangewachsen ist. In der nüchternen Gestaltungsform einer in Schwarzweiß gedrehten Reportage bezieht er sich auf die besten sozialkritischen amerikanischen Filme der fünfziger Jahre wie Elia Kazans *Die Faust im Nacken* (1954), aber in der gesamten Inszenierung sind auch seine Wurzeln in der neapolitanischen Theaterkultur spürbar. Mit diesem Film, so hat er erklärt, wolle er »die neapolitanische Welt in ihren Grundelementen einer kulturellen Tragödie aufzeigen, den Schleier des Pittoresken hochheben und sehen, was dahinter ist« (G. P. Brunetta). In seinem zweiten Film, *Auf St. Pauli ist der Teufel los* (1959), setzte Rosi diese Intention fort und zeigt, wie die Camorra in das Leben der neapolitanischen Auswanderer in Deutschland, Opfer der Armut und der sozialen Unterentwicklung, eindringt. In *Wer erschoß Salvatore G? / Der Fall Salvatore Giuliano* (1962), Rosis erstem Film mit Kameramann Gianni di Venanzo, kommen die stilistischen und ideologischen Ambitionen des Regisseurs in ihrer ganzen Kraft zum Ausdruck. Er wendet sich von der linearen Erzählform der ersten beiden Filme ab. In Rückblenden und Zeitsprüngen wird hier der Mythos um die Figur des legendären sizilianischen Banditen Giuliano kritisch revidiert, der in dem von sozialen Unruhen bewegten Sizilien der Nachkriegszeit zum populären Helden avancierte. Zugleich wird aber auch der soziale Kontext, in dem Giuliano agierte, bis zu seiner bis heute noch nicht aufgeklärten Ermordung, rekonstruiert und beleuchtet. In dem filmischen Aufklärungsprozeß verliert die Figur ihre narrative Relevanz; nicht zufällig wird Giuliano von hinten, im Profil oder in Totalen gezeigt. Er wird nie zum Subjekt der Handlung, eher zum Emblem einer Gesellschaft, die sich allmählich als Verflechtung zwischen politisch-ökonomischer Macht und Mafia erweist. Aber in dem dichten Netz von Hinweisen und Widersprüchen, die dem Zuschauer gegeben werden und seine kritische Anteilnahme verlangen, bleibt das Geheimnis um den Tod Salvatore Giulianos gewahrt. Im Gegensatz dazu werden in *Hände über der Stadt* (1963), in dem es um die Bauspekulation in Neapel zur Zeit des Wirtschaftswunders geht, die korrupten Politiker, die mit ihren Machenschaften das Gesicht der Stadt verändert und zerstört haben, offen demaskiert. Sie sind austauschbare Charaktere, denn Rosi interessieren die sozialen Mechanismen, die diese Typen hervorbringen, und die katastrophalen Folgen für die Gesellschaft. Der Film wurde 1963 in Venedig mit dem Goldenen Löwen ausgezeichnet. Rosi beeinflußte entscheidend das sozialkritische Kino der sechziger und siebziger Jahre.

Aufgrund der Tatsache, daß der Regisseur sich als Spezialist für Machtanalysen erwiesen hatte, wurden seine folgenden Filme, die sich nicht mit dieser Thematik befaßten, mißverstanden oder unterschätzt. *Der Augenblick der Wahrheit* (1965), ein Stierkämpferfilm, und *Schöne Isabella* (1967), mit Sophia Loren in der Hauptrolle, der auf alte Volksmärchen aus dem Süden zurückgreift, zeigen das andere Gesicht Rosis: der Mann aus Neapel geht auf die Suche nach den kulturellen Verbindungen zwischen italienischem Süden und spanischer Welt, eher mit Leidenschaft und Freude am Erzählen als mit der bisherigen hartnäckigen Vernunft. *Schöne Isabella* entstand in Zusammenarbeit mit Tonino Guerra, der an allen folgenden Drehbüchern mitwirkte, und Pasqualino de Santis, der von nun an die Kamera führte.

Nach *Bataillon der Verlorenen*, einem Antikriegsfilm (1970), kehrte Rosi Anfang der siebziger Jahre mit *Der Fall Mattei* (1972) und *Lucky Luciano* (1973) zu der Dramaturgie und den stilistischen sowie thematischen Ansätzen von *Wer erschoß Salvatore G.?* zurück. Enrico Mattei, Präsident der staatlichen Erdölgesellschaft ENI und Anfang der sechziger Jahre der mächtigste Mann Italiens mit sicherlich vielen Feinden, stürzte 1962 mit seinem Privatflugzeug in der Nähe von Mailand unter mysteriösen Umständen ab. Der italoamerikanische Gangsterboß Lucky Luciano wurde nach dem Zweiten Weltkrieg nach Italien abgeschoben und spielte eine entscheidende Rolle bei der Entwicklung der italienischen Mafia von einer agrarischen Organisation zu einer industriellen Wirtschaftsmacht; bis zu seinem plötzlichen Tod konnten ihm seine Verbrechen nie bewiesen werden. Diese beiden Figuren, von dem Schauspieler Gian Maria Volonté herausragend verkörpert, zeigen die internationale Verfilzung von organisiertem Verbrechen, Wirtschaft und Politik auf. Der Regisseur übernimmt hier offensichtlich die Rolle des Rechercheurs; in *Der Fall Mattei* tritt er sogar als Fernsehreporter auf. Das fiktive Puzzle, das Rosi Stück für Stück in den beiden Filmen zusammensetzt, stellt einen Versuch dar, die Mauer des Schweigens und der »offiziellen« Wahrheiten um die mysteriösen, verschleierten Fälle in der Geschichte Italiens zu durchbrechen. Aber *die* Wahrheit oder etwa nur eine Wahrheit wird der Zuschauer bis zum Ende nicht erfahren. Wie die belgische Filmkritikerin L. Coremans geschrieben hat, fehlt in den Filmen Rosis immer das letzte Stück des Puzzles; die Entschlüsselung, die einen Thriller gewöhnlich auszeichnet, bleibt bei ihm aus. Dieses Merkmal treibt er meisterhaft auf die Spitze in *Die Macht und ihr Preis* (1976). Vorlage des Films war der Kriminalroman »Il contesto« von Leonardo Sciascia, einem wie Rosi selbst politisch engagierten Schriftsteller aus dem Süden. Es geht um eine schreckliche Mordserie an hohen Richtern. Der ermittelnde Inspektor Rogas, von Lino Ventura dargestellt, wird kurz vor einer sich ankündigenden Aufklärung des Falles zusammen mit dem Sekretär der Oppositionspartei ermordet. Rosi drehte den Film in der »bleiernen Zeit«, den Jahren des Terrorismus und der staatlichen Gegengewalt. Das beängstigende Klima, das damals in dem Land herrschte, spiegelt sich in *Die Macht und ihr Preis* wider: alles scheint sich nach einem präzisen Plan zu entwickeln, dem Rogas auf die Spur gekommen ist. Er wird aber liquidiert, und der Drahtzieher bleibt im dunkeln. Alle Figuren, Richter, Polizeichef, Militärs, die den demokratischen Staat vertreten sollen, erscheinen in einem bedrohlichen Licht. Die Mafia ist das Staatsprinzip: ihr Gesicht gleicht dem Gesicht der politischen Macht. Sie ist wie ein Krebsgeschwür, das in den demokratischen Institutionen wuchert und sie von innen zerstört. Der Regisseur wurde vom Generalstaatsanwalt der Republik Italien wegen »Beleidigung der öffentlichen Institutionen« angeklagt, er setzte sich aber weiterhin mit seinen Filmen der »denuncia sociale« im Kampf um die Demokratie ein. *Christus kam nur bis Eboli* (1979), nach dem gleichnamigen Roman von Carlo Levi, und *Drei Brüder* (1981) reflektieren, der erste in der Vergangenheit zur Zeit des Faschismus, der zweite in der Gegenwart, den sozialen und politischen Zerfall Italiens und zugleich auch eine etwas resignierte Haltung des Regisseurs. Die beiden Filme spielen in der archaischen Welt Süditaliens, die etwas Idyllisches zu haben scheint. Aber das Bild trügt: auch dort wird die Krise der Politik und die Zersplitterung der Gesellschaft spürbar. Der Intellektuelle Carlo Levi aus Turin, der vom faschistischen Regime in die Verbannung geschickt wurde, wird in Eboli mit einem desillusionierenden Bild des Südens konfrontiert. Fast fünfzig Jahre später müssen die drei Brüder, ein Jurist, ein Gewerkschafter und ein Pädagoge, die sich nach vielen Jahren beim Tod ihrer Mutter in ihrem kleinen Geburtsort in Apulien wiedertreffen, das Scheitern ihrer Träume von politischer und sozialer Gerechtigkeit erkennen.

»Ich bin etwas pessimistischer geworden«, hat Rosi in einem Interview der achtziger Jahre gesagt. In dieser neuen Phase seiner künstlerischen Entwicklung verließ er seine »materialistische Methode« und begab sich in Gefühlswelten. In seiner Verfilmung der Oper *Carmen* (1984) sowie des Romans von Gabriel García Márquez *Chronik eines angekündigten Todes* (1987) greift Rosi auf einen anderen Aspekt seines Frühwerks zurück. In der rituellen Gewalt als Merkmal der »hispanidad«, die in beiden Filmen das zentrale Thema darstellt, sieht Rosi das gemeinsame kulturelle Element, das den Süden, der stets Objekt seiner Recherche war, charakterisiert und vereinigt. Das Drama der zum Tod prädestinierten Verführerin wie das der Ermordung des Santiago Nasar sind auf dem starken Gefühl eines unvermeidbaren Schicksals aufgebaut, was die Figuren in ihrer kulturellen Zugehörigkeit definiert (J. A. Gili). Die beiden opulenten Produktionen mit internationalen Stars wurden sowohl vom Publikum als auch von der Kritik skeptisch aufgenommen: der Süden, den Rosi in seinen letzten Filmen in Szene setzte, schien eher imaginär als real zu sein. Mit *Palermo vergessen* (1990), an dessen Drehbuch auch Gore Vidal mitwirkte, kehrte Rosi zur Realität zurück, in eine reale, zerfallene Stadt des Südens, Palermo, die schon oft Schauplatz seiner Filme war, und griff die Thematik der Vergangenheit noch einmal auf. Die Geschichte von Carmine Bonavia (James Belushi), einem italoamerikanischen Politiker, der sich für die Legalisierung harter Drogen einsetzt und auf seiner Hochzeitsreise in Sizilien auf die Mafia stößt und durch sie schließlich umkommt, steht in enger Verbindung mit Rosis früheren Filmen der politischen Aufklärung. In einer Zeit, in der die Mafia als weltumspannende Macht alle Bereiche des öffentlichen Lebens durchdringt, ist *Palermo vergessen* eine Aufforderung zum Handeln, auch wenn die Hoffnung auf Veränderungen verblaßt und der Pessimismus überwiegt. Diese Haltung Rosis wird auch durch sein neuestes Projekt, eine Verfilmung von Primo Levis Roman »La tregua«, bestätigt: obwohl der Film durch zahlreiche Schwierigkeiten mehrmals verhindert wurde, hat Rosi immer für dessen Realisierung gekämpft.

Marisa Buovolo

Filmographie: La sfida / Die Herausforderung (1958) – I Magliari / Auf St. Pauli ist der Teufel los (1959) – Salvatore Giuliano / Wer erschoß Salvatore G.? / Der Fall Salvatore Giuliano (1962) – Le mani sulla città / Hände über der Stadt (1963) – Il momento della verità / Augenblick der Wahrheit (1965) – C'era una volta / Schöne Isabella (1967) – Uomini contro / Bataillon der Verlorenen (1970) – Il caso Mattei / Der Fall Mattei (1972) – Lucky Luciano / Lucky Luciano (1973) – Cadaveri eccellenti / Die Macht und ihr Preis (1976) – Cristo si è fermato a Eboli / Christus kam nur bis Eboli (1979) – Tre fratelli / Drei Brüder (1981) – Carmen / Carmen (1984) – Cronaca di una morte annunciata / Chronik eines angekündigten Todes (1987) – Dimenticare Palermo / Palermo vergessen (1990) – La tregua / Die Atempause (1997).

Literatur: Ulrich Gregor: Francesco Rosi. Interviewer Ulrich Gregor. In: Wie sie filmen. Fünfzehn Gespräche mit Regisseuren. Gütersloh 1966. S. 243–262. – Jean A. Gili: Francesco Rosi. Cinéma et pouvoir. Paris 1977. – Francesco Rosi. München/Wien 1983. (Reihe Film. 28.) – Georg Seeßlen: Francesco Rosis Weg von der Recherche zur Oper. In: epd Film 4 (1987) H. 6. S. 14–20. – Linda Coremans: Francesco Rosi: un cinéaste de la modernité. Revue belge du Cinéma 1988. H. 21. – Karsten Witte: Chronist der Leidenschaft: Francesco Rosi. In: Europäische Filmkunst. Regisseure im Porträt. Hrsg. von Jörg-Dieter Vogel. Frankfurt a. M. 1990. S. 130–141. – Sebastiano Gesù: Francesco Rosi. Catania 1991. – Gian Piero Brunetta: Francesco Rosi. In: Storia del cinema italiano. Bd. 4. Rom 1993. S. 254–262.

Roberto Rossellini

1906–1977

Roberto Rossellini, am 8. Mai 1906 geboren, war das älteste von vier Kindern einer römischen Mittelstandsfamilie, die zu der neuen einflußreichen Unternehmerklasse der italienischen Gesellschaft am Anfang des 20. Jahrhunderts gehörte. Zweifellos hat das soziale Umfeld Charakter und Lebensauffassung Rossellinis stark geprägt: Wohlstand und soziale Privilegien förderten die Entwicklung von Individualität und intellektueller Unabhängigkeit. Seine Familie legte großen Wert auf eine solide Ausbildung, aber der junge Roberto, technisch begabt und experimentierfreudig, zeigte kein großes Interesse für ein systematisches Studium. Er besaß eine große Leidenschaft für Autos und unternahm lieber mit seinen Freunden Spritztouren durch Rom oder ging ins Kino. Da sein Vater der Architekt der berühmten römischen Kinos Corso und Barberini war, konnte Roberto sich nach Belieben Filme ansehen. Beeindruckt haben ihn insbesondere die Werke des amerikanischen Realismus, King Vidors *Ein Mensch der Masse* (1928) und *Hallelujah* (1929).

Anfang der dreißiger Jahre schien für Rossellini die Filmwelt der ideale Ort zu sein, an dem er sich handwerklich wie schöpferisch entfalten konnte. Er begann mit dem Dokumentarfilm, denn er sah das Kino vor allem als wichtiges Instrument für die Erfassung der Realität. Über die Freundschaft mit Vittorio Mussolini, dem Sohn des Duce, der eine besondere Leidenschaft für das Kino und großen Einfluß in der Filmszene hatte, bekam Rossellini 1938 die Gelegenheit, als Drehbuchautor an Goffredo Alessandrinis Film *Luciano Serra pilota* mitzuarbeiten. Wenig später führte er bei drei Filmen selber Regie, die in der Folge der faschistischen Kinopropaganda zugeordnet wurden: *La nave bianca* (1941), *Un pilota ritorna* (1942) und *L'uomo della croce* (1943). In dieser Zeit begann auch die künstlerische Zusammenarbeit mit seinem jüngeren Bruder Renzo, der die Musik für viele seiner Filme schrieb.

Im Hinblick auf die Frage nach der Beteiligung Rossellinis an der faschistischen Filmpropaganda und seiner wenig später folgenden raschen politischen Wende behauptet der italienische Filmhistoriker G. P. Brunetta, daß jenseits ideologischer Beurteilungen in allen drei Filmen der zukünftige Rossellini-Stil schon zu erkennen sei. Die kriegerischen Ereignisse sind als nüchterne Chronik inszeniert und strahlen kaum nationales Pathos aus. Dies zeigt, daß Rossellini auch im Rahmen der faschistischen Filmpropaganda seine stilistischen Ansätze durchsetzen konnte. Seine ideologische Wende im Jahre 1943 bezeichnete er selbst sehr lapidar als »Seitenwechsel der Barrikade«. Unmittelbar nach der Befreiung Roms fühlten sich viele Filmemacher moralisch verpflichtet, von der Resistenza und ihrer politischen wie sozialen Bedeutung zu berichten. Zusammen mit dem Freund und Drehbuchautor Sergio Amidei, Mitglied der antifaschistischen Bewegung, und dem jungen Federico Fellini realisierte Rossellini 1944/45 unter extrem schwierigen Produktionsbedingungen (ohne Strom, Mangel an Rohmaterial usw.) *Rom – offene Stadt*. Im Mittelpunkt steht die wahre Geschichte des Pfarrers Don Giuseppe Morosini, der wegen seiner aktiven Beteiligung an der Partisanenbewegung von den Nazis erschossen wurde. Dieser Erzählstrang entwickelt sich parallel zu Geschichten anderer Partisanen, wie in einem figurenreichen Fresko, das die historische und geistige Grundlage der Resistenza rekonstruiert. Die Authentizität, die durch die quasidokumentarischen Bilder entstand und durch ihre Aussagekraft die filmische Fiktion annullierte, machte *Rom – offene Stadt* zum Wegbereiter des neorealistischen Kinos. Der Einsatz von Laiendarstellern – von den beiden Varieté-Stars Anna Magnani und Aldo Fabrizi abgesehen – wurde zu einem entscheidenden Merkmal der Ästhetik des Neorealismus.

Roberto Rossellini (r.)

Rossellini führte seine Auseinandersetzung mit der Resistenza und dem Krieg in zwei weiteren Filmen fort, 1946 in *Paisà* und 1947 in *Deutschland im Jahre Null*. Alle drei Filme werden als »Trilogie des Krieges« bezeichnet, in der der moralische Ansatz des Regisseurs in seiner ganzen Kraft zum Ausdruck kommt. In *Paisà*, an dessen Drehbuch Klaus Mann mitwirkte, wird in sechs emblematischen Episoden die Befreiung Italiens durch die Alliierten erzählt. Von Sizilien bis zur Po-Ebene wird der Krieg durch Einzelschicksale als universelle Tragödie dargestellt. *Deutschland im Jahre Null* wurde von Rossellini in Deutschland in Zusammenarbeit mit Max Colpet gedreht. Die Geschichte des zwölfjährigen Edmund, der in der Trümmerlandschaft Berlins kein mitmenschliches Verständnis findet und nach seinem verzweifelten Vatermord nicht mehr weiterleben will, beendet die »Trilogie des Krieges« auf pessimistische Weise: Edmunds Selbstmord negiert zu diesem historischen Zeitpunkt jede Möglichkeit irgendeiner Form von menschlicher Solidarität.

Rom – offene Stadt wurde 1946 auf den Filmfestspielen in Cannes und *Paisà* auf dem Filmfestival in Venedig gezeigt: beide Filme wurden national und international als Wegbereiter eines neuen Kinos begrüßt. Dagegen wurde *Deutschland im Jahre Null* in Italien von verschiedenen Seiten kritisiert: Antifaschismus war nicht mehr gefragt, und der neue politische Kurs unter den Christdemokraten, die lieber andere Tendenzen des italienischen Kinos finanziell fördern wollten, beeinflußte die gesamte Filmpolitik. Als Antwort auf seine Kritiker drehte Rossellini 1947/48 *Amore*, einen Film in zwei Episoden, *Die menschliche Stimme* nach Jean Cocteaus gleichnamigem Monodrama und *Das Wunder* nach einem Skript von Fellini, der als Regieassistent bei ihm arbeitete und auch eine kleine Rolle als Schauspieler übernahm – die einzige seines Lebens. In beiden Teilen spielte Anna Magnani die Hauptrolle, die mit Rossellini zu dieser Zeit eine bewegte Liebesbeziehung hatte. *Amore* entstand in einer Übergangsphase des künstlerischen Lebens des Regisseurs im Zusammenhang mit der ästhetischen und wirtschaftlichen Krise des Neorealismus. Mit *Franziskus, der Gaukler Gottes* (1950) gelangte Rossellini zu neuen Ausdrucksformen und stellte das Thema des Glaubens in den Mittelpunkt seiner Reflexion. Weit entfernt von der traditionellen Hagiographie werden elf Episoden aus dem Leben Franz' von Assisi erzählt. Franziskus und die Mönche werden in ihrem irdischen Gemeinschaftsleben dargestellt, in dem Liebe, Demut und Lebensfreude vorherrschen und das Heiligsein menschliches Gesicht annimmt.

Die filmische Reflexion Rossellinis über das Individuum und sein Dasein, über seinen Bezug zu Religion und Geschichte erreichte in der sogenannten »Trilogie der Einsamkeit« in Zusammenarbeit mit Ingrid Bergman ihren Höhepunkt. In den drei Filmen *Stromboli* (1949), *Europa 51* (1952) und *Liebe ist stärker / Reise in Italien* (1953) fungiert Ingrid Bergman als Trägerin der Weltanschauung Rossellinis. Der Regisseur, der sich in die schwedische Schauspielerin verliebte, nimmt ihr in der Trilogie die Aura der Hollywood-Diva und verwandelt sie in eine Art Alter ego: Karin, das Flüchtlingsmädchen in *Stromboli*, Irene, die bürgerliche Frau in *Europa 51*, und Catherine, die ausländische Touristin in Italien in *Liebe ist stärker*, sind drei Beispiele für eine Reflexion über den Menschen und sein Gefühl der Einsamkeit gegenüber dem Mysterium der Natur (*Stromboli*), gegenüber sich selbst als Teil einer verlogenen Wohlstandsgesellschaft (*Europa 51*) oder gegenüber dem Partner in einem entfremdeten und egoistischen Zusammensein (*Liebe ist stärker*). In der Trilogie stellte Rossellini das Einfühlungsvermögen seiner Frau auf die Probe, sich an neorealistische Schauspielermodelle anzupassen, d. h. die Grenzen zwischen Fiktion und Realität auflösen und Authentizität erzeugen zu können. 1954, während der schwersten Krise ihrer Beziehung, gab er ihr in *Angst* wieder eine Hollywood-Rolle. Die Geschichte eines Ehebruchs nach einer

Erzählung von Stefan Zweig ist als Melodram inszeniert und spiegelt die private und künstlerische Krise des Regisseurs wider. Bei der italienischen Filmkritik stießen die Filme mit Ingrid Bergman auf Ablehnung, und auch beim Publikum blieben sie unbeachtet. Dagegen wurden gerade diese Filme für die französische Filmkritik der »Cahiers du Cinéma«, André Bazin und die Cineasten der Nouvelle Vague ein wichtiger Bezugspunkt. In dieser Zeit fand Rossellini in François Truffaut einen wichtigen Gesprächspartner und in Frankreich eine zweite Heimat.

Mit dem nachfolgenden Film *Indien, Mutter Erde,* der 1959 in Cannes uraufgeführt wurde, schien der Regisseur sich vom Erzählkino trennen zu wollen, auf der Suche nach neuen Ausdrucksformen. Rossellini war 1956 mit dem Kameramann Aldo Tonti nach Indien gereist und hatte dort zwei Filme gedreht. Der erste, *L'India vista da Rossellini* wurde 1959 in zehn Episoden vom italienischen Fernsehsender RAI ausgestrahlt. Der Kinofilm *Indien, Mutter Erde* ist weder als Dokumentar- noch als Spielfilm definierbar; in einer sehr persönlichen Sichtweise gibt der Film Fragmente aus der Realität eines komplexen und vielfältigen Landes wieder. Jean-Luc Godard empfand in seinen Bildern die »splendeur du vrai«. Nach dieser wichtigen Erfahrung kam Rossellini nach Italien zurück und drehte 1959/60 wieder in Zusammenarbeit mit Sergio Amidei *Der falsche General* mit Vittorio De Sica in der Hauptrolle und *Es war Nacht in Rom,* beide durch Reminiszenzen an die Resistenza gekennzeichnet. Er fühlte sich aber diesen Filmen, die im übrigen als Auftragswerke entstanden, nie so verbunden, er hatte fast das Gefühl, zu einer längst abgeschlossenen Phase seiner künstlerischen Laufbahn zurückzukehren. Obwohl die Filme nach einer langen Periode von Mißverständnissen zwischen dem Regisseur und der italienischen Filmkritik sehr gelobt wurden und eine produktive Debatte über das zeitgenössische italienische Kino auslösten, wirkte die Rückkehr zur Thematik der Resistenza gezwungen. Rossellini wollte sich lieber neuen Themen widmen und – wie in *Indien, Mutter Erde* – mit neuen Ausdrucksformen experimentieren. Und tatsächlich entdeckte der Regisseur in den letzten Jahren seines Lebens die pädagogischen Möglichkeiten des Mediums Fernsehen. Mit *Die Machtergreifung Ludwigs XIV.* (1966), den er für das französische Fernsehen drehte, begann die letzte Phase seines Schaffens. Das neue Medium öffnete ihm das Terrain für die Analyse der Geschichte der Menschheit und des technischen Fortschritts, die er nach seiner eigenen Lebenserfahrung vermitteln wollte. Die historischen Figuren und Ereignisse, mit denen er sich auseinandersetzte, galten ihm als Teil der Kultur der jeweiligen Epoche. Von *Sokrates* (1970) über *Descartes* (1973) bis zu *Der Messias* (1975) erteilte Rossellini in den letzten Jahren seines Lebens über das Fernsehen exemplarischen Geschichtsunterricht.

Marisa Buovolo

Filmographie: La nave bianca (1941) – Un pilota ritorna (1942) – L'uomo della croce (1943) – Desiderio (1946) – Roma, città aperta / Rom – offene Stadt (1945) – Paisà / Paisà (1946) – Germania, anno zero / Deutschland im Jahre Null (1947) – L'Amore / Amore (1948) – La macchina ammazzacattivi / Die Maschine, die die Bösen tötet (1948) – Francesco, giullare di Dio / Franziskus, der Gaukler Gottes (1949) – Stromboli, terra di Dio / Stromboli (1949) – I sette peccati capitali / Die sieben Sünden (Episode: L'Invidia / Neid, 1951) – Europa 51 / Europa 51 (1952) – Viaggio in Italia / Liebe ist stärker / Reise in Italien (1953) – Dov'è la libertà . . . ? (1954) – Siamo donne / Wir Frauen (Episode: Ingrid Bergman, 1953) – La paura / Angst (1955) – India, Matri Bhumi / Indien, Mutter Erde (1959) – Il generale Della Rovere / Der falsche General (1959) – Era notte a Roma / Es war Nacht in Rom (1960) – Viva l'Italia / Viva l'Italia (1961) – Vanina Vanini / Der furchtlose Rebell (1961) – Anima nera / Schwarze Seele (1962) – RoGoPaG / RoGoPaG (Episode: Illibatezza, 1963) – La Prise de pouvoir par Louis XIV / Die Machtergreifung Ludwigs XIV. (Fernsehfilm, 1966) – Atti degli apostoli / Die Geschichte der Apostel (Fernsehfilm, 1968) – Socrate / Sokrates (Fernsehfilm, 1970) – Blaise Pascal / Blaise Pascal (Fernsehfilm, 1971) – Cartesius / Descartes (Fernsehfilm, 1973) – Il Messia /

Der Messias (Fernsehfilm, 1975) – Le Centre Georges Pompidou / Le Centre Georges Pompidou (Dokumentarfilm, 1977).

Literatur: Pio Baldelli: Roberto Rossellini. Rom 1972. – Stefano Roncoroni: Roberto Rossellini. New York 1973. – Peter Nau: Roberto Rossellini. In: Freunde der deutschen Kinemathek 1986. H. 68. – Peter Brunette: Roberto Rossellini. New York 1987. – Roberto Rossellini. München/Wien 1987. (Reihe Film. 36.) – Patrizio Rossi: Roberto Rossellini: A Guide to References and Resources. Boston 1988. – Gianni Rondolino: Rossellini. Turin 1989. – Alain Bergala: *Voyage en Italie* de Roberto Rossellini. Crisneé 1990. – Peter Bondanella: The Films of Roberto Rossellini. Cambridge 1993. – Gian Piero Brunetta: Storia del cinema italiano. Rom 1993. – Thomas Meder: Vom Sichtbarmachen der Geschichte. Der italienische Neorealismus, Rossellinis *Paisà* und Klaus Mann. München 1993. – Guido Michelone: Invito al cinema di Roberto Rossellini. Mailand 1996.

Alan Rudolph

*1943

Das Drama des wirklichen Lebens spielt sich in Alan Rudolphs Filmen nicht an den großen Schauplätzen der Weltgeschichte ab, sondern in ihren Nischen, den dämmrigen Pick-up-Bars und Diners, den Büros und Reihenapartments, zwischen einer Fahrt im Auto und dem Shopping im Supermarkt, dort eben, wohin eine ominöse zentrifugale Kraft alle zur Suche verdammten Menschen, Lebenskünstler allesamt, gerade getrieben hat. Aller gegenseitiger Fremdheit zum Trotz haben sie zumindest eines gemeinsam: den Wunsch nach Liebe. Der poetische Ton seiner meisten Filme, eine bittersüße Melange aus leichter Melancholie und Lebensironie, akzentuiert durch gefällige Akkorde aus stilisierten Bildern und Musik, brachte ihm den Ruf eines Träumers ein – nicht zuletzt, weil er trotz zahlreicher finanzieller Rückschläge seiner Linie treu blieb, und sei es, indem er versuchte, sich mit Auftragsarbeiten über Wasser zu halten. In Interviews bekennt Rudolph, daß er nicht an einen »wirklichen Unterschied zwischen Traum und Wirklichkeit, Bild und Imagination« glaube, und doch hält er seinen Stil selbst für realistischer, ja ehrlicher als den vieler seiner amerikanischen Kollegen, fühlt sich von der Massenideologie und Kulturlosigkeit des modernen Hollywood ausgebootet wie seine eigenen Gestalten, die von einer besseren Welt träumen, in der sie selbst und nicht das Leben ihre Geschichte schreiben.

Seine eigene Geschichte hat ihren Anfang in Los Angeles, dort wurde er am 18. Dezember 1943 geboren. Durch seinen Vater, den langjährigen Schauspieler und späteren Fernseh- und Filmregisseur Oscar Rudolph (*Außer Rand und Band mit Twist*, 1961), kam er schon früh mit der Traumfabrik Hollywood in Berührung, trat schon als Kind in dessen erstem Spielfilm *Rocket Man* (1954) auf. An der UCLA, wo Alan Rudolph Anfang der sechziger Jahre Finanzwirtschaft studierte, hielt es ihn nicht lange, und ohne Abschluß versuchte er sich als Hilfskraft in diversen Filmstudioabteilungen (u. a. in der Postabteilung bei Paramount), bevor er schließlich ab 1967 das Trainingsprogramm für Regieassistenten bei der Directors Guild absolvierte. Später arbeitete er als Regieassistent und an einigen Kurzfilmen. Seine ersten eigenen Gehversuche als Regisseur, *Premonition* (1970, herausgekommen 1972) und *Nightmare Circus* (1973, unter dem Pseudonym Gerald Cormier), wirken aus heutiger Sicht überambitioniert und sind in Vergessenheit geraten. Erst in den folgenden Lehrjahren bei Altmeister Robert Altman konnte sich Rudolphs vielseitiges Talent wirklich entwickeln. Ihre Zusammenarbeit begann bei *Lion's Gate* (1973), und Rudolph assistierte anschließend bei *Der Tod kennt keine Wiederkehr* (1973), *California Split* (1974) und *Nashville* (1975), dem der Film *Buffalo Bill und die Indianer* (1976) folgte, für den Altman mit seinem Protegé das Drehbuch verfaßte.

Sein eigenes »offizielles« Debüt gab Rudolph 1977 mit *Willkommen in Los Angeles* (produziert von Altman), für das er Keith Carradine und Geraldine Chaplin als Darsteller verpflichten konnte. Mit beiden hatte Rudolph schon am Set von *Nashville* gedreht, und mit der Kanadierin Geneviève Bujold bildeten sie bald in seinen Filmen eine Art Stock Company der Stammdarsteller. In *Willkommen in Los Angeles* spielt Carradine wie zuvor bei Altman einen liebeshungrigen Komponisten, eine Art modernen Kerouac und verlorenen Sohn, der nach Los Angeles zurückkehrt und durch alte und neue Liebschaften zum Zentrum amouröser Verstrickungen wird. Aber wie die Fotos der Straßenzüge in Los Angeles zu Anfang des Films haben auch die mit ihm angeknüpften Beziehungen bzw. »One Nighters« etwas von Momentaufnahmen menschlicher Substituierbarkeit, die zum Quell der untergründigen Nervosität des »Urban City Life« geworden ist. Rudolphs Kulturkritik, die auch in *The Moderns* (1988) anklingt, den er als zweiten Film schon 1976 plante, ist implizit: Das sich exponierende Talent feiert seine Selbstherrlichkeit und versäumt darüber das Werk. Schon seine Kurzfilme hatte Rudolph zu Rock 'n' Roll-Hits gedreht, hier werden die Songs zur sinnlichen Allegorie für die Anonymität des Weltentfremdeten. Das nostalgisch beleuchtete Leitmotiv Einsamkeit findet sich wie so oft bei Rudolph in der Titelmusik wieder. Mit Carradines Gestalt des Carroll Barber, des einsamen, verschlagenen »Nighthawk«, formt Rudolph seinen typischsten Antihelden (und wohl auch ein Alter ego), eine leicht romantische Loner-Gestalt mit harter Schale und ungewisser Vergangenheit, der wir in späteren Rudolph-Filmen der achtziger Jahre an anderem Ort zu anderer Zeit wiederbegegnen.

Das Drama *Du wirst noch an mich denken* (1978), eine mit dem Blues der legendären Alberta Hunter unterlegte Charakterstudie, verbreitet die nervöse Unruhe seiner Hauptfigur, der verstörten, absonderlichen Emily (Geraldine Chaplin), die ihren Ex-Ehemann (Norman Bates) nur scheinbar zurückwill und ihn wie eine düstere Nemesis verfolgt. Penetrant drängt sie sich in sein neues Eheleben, will alle verlorene Zeit vergessen machen, bedroht und verletzt verbal und physisch, wohin sie tritt, als müsse sie sich wie die Jahre zuvor im Gefängnis behaupten. Mittels einzelner Traumsequenzen, Aufnahmen in hoher Unschärfe und akustischer Subjektive (sie hört Gefängnisgeräusche in ihrer Wohnung) rückt uns Rudolph in die Nähe der derangierten Wahrnehmung seiner Antiheldin. Chaplins beängstigendes, neurotisches Spiel ist die Stärke des Films, die auf ihre Figur konzentrierte Handlung gleichsam sein größtes Manko: Emilys schwelende Asozialität, obwohl anfänglich ein effektives Spannungsmoment, wirkt auf Dauer ermüdend, das skurrile Ende (sie rächt sich nach einer Sauftour mit einem finalen One-Night-Stand an ihrem Ex-Ehemann) entläßt uns zu abrupt. Der Film fand keinen nationalen Verleiher und kursierte jahrelang nur in einzelnen Kopien, was Rudolph dazu zwang, Auftragsarbeiten anzunehmen, die ihm geringe künstlerische Freiheit ließen.

So wurde auch *Roadie* (1980) ein kurzatmiger komödiantischer Versuch, dem Leben von Popmusikern auf Tour etwas Charme und Witz einzuhauchen. Hervorzuheben ist lediglich, daß er den Anfang der jahrelangen Zusammenarbeit mit der Produzentin Carolyn Pfeiffer markiert, die auch Rudolphs nächsten Film, die in seinem Gesamtwerk thematisch und stilistisch ungewöhnliche Studioproduktion *Der schleichende Tod* (1982) produzierte. Erzählt wird die Geschichte der mysteriösen Heimsuchung einer Kleinstadt in Colorado, in der verstümmelte Rinder auftauchen, die sich im Laufe des Films als Opfer von biochemischen Waffenexperimenten erweisen. Diese

Produktion wurde zu einer schmerzlichen Erfahrung für Rudolph, denn vom letzten Schnitt wurde er kurzerhand ausgeschlossen, wohl weil man fürchtete, ihm fehle die Hand für die Spannungsdramaturgie. Dem Film merkt man die Differenzen nicht negativ an. Seine Stärke entspringt der Ambivalenz aus technischer und von Organismen ausgehender Bedrohung, der subtilen Schöpfung einer gärenden Unruhe durch die hervorragende Science-fiction-Visualität bei Flugsequenzen (mit symbolschwangerem Infrarot, gescannten Viehkadavern usw.) und deren exzellenter hochsynthetischer Tonspur. Rudolphs assoziative Montage suggeriert zudem die Identität des »Opferviehs« mit den Rush-hour-Passanten New Yorks. Im Reagan-Zeitalter der großen Politkonfusion formulierte *Der schleichende Tod* die amerikanische Urangst vor Infiltration und Invasion durch das Unbekannte und vor der eigenen Regierungswillkür, der die soziale Integrität der amerikanischen Familie entgegengesetzt wird. In dieser Zeit drehte Rudolph die provokative Dokumentation *Return Engagement* (1983) über ein Zusammentreffen zweier amerikanischer Antihelden, des LSD-Papstes Timothy O'Leary mit G. Gordon Liddy, Kopf hinter dem Watergate-Coup.

Rudolphs nächstes Projekt, *Songwriter* (1984), war jedoch wieder eine Auftragsarbeit. Das von Sydney Pollack produzierte Musikdrama mit Kris Kristofferson und Willie Nelson floppte, doch noch im selben Jahr erzielte Rudolph mit *Choose Me – Sag ja* seinen größten Erfolg. Carradine knüpft hier nahtlos an seine Herzensbrecherrolle aus *Willkommen in Los Angeles* an, schwankt als Mickey, der aus seiner Spionage-Vergangenheit keinen Hehl macht (und dem man gerade deswegen nicht glaubt), zwischen »Dr. Nancy Love« (Geneviève Bujold), die im Radio Erfolg mit ihrem eigenen Sorgentelefon hat, selbst aber Liebe nur vom Hörensagen kennt, Eve (Lesley Ann Warren), der allseits begehrten Barbesitzerin, bei der »Nancy« zur Untermiete einzieht, und dem Stammgast Pearl (Rae Dawn Chong). Alle will er aus Lust und Laune am liebsten gleich heiraten. Die Dichte und der Charme von *Choose Me – Sag ja* liegen ebenso in seiner Mitternacht-bis-Morgengrauen-Atmosphäre und der ausgereiften Ästhetik (die an die fünfziger Jahre und Minnelli-Musicals erinnert) wie in seiner pointierten Art, Ironie in Dialog und Bild zu fassen. So wirken Filmplakate im Szenenhintergrund (*Alles über Eva, Herein ohne anzuklopfen, Im Banne der Eifersucht*) wie soufflierte Paraphrasen des Geschehens, denn es ist doch im Grunde alles nur Theater, ein Gesellschaftsspiel mit dem Feuer unter einer Traumblase aus künstlichem Regen, Nebel und Neonlicht.

Die Regenbogenfarben, die artifizielle Photochemie der Liebe, perfektioniert Rudolph schließlich in *Made in Heaven* (1987), seinem modernen Märchen-Melodram à la Sturgess/Capra, zur Bonbonästhetik. Nie war er der Selbstparodie so nahe, auch nicht in *Trouble in Mind* (1985), einem Liebesdrama rund um »Wanda's Cafe«, das zum Rudolphschen Pastiche gerät. Die Figuren – selbst der charismatische Kristofferson – bleiben in ihrer Überzeichnung Karikaturen, eine paramilitärische Miliz im Hintergrund der fiktiven Stadt Rain City nur Staffage, und das Finale gerät zum Slapstick. Viel besser funktioniert auch *Made in Heaven* nicht. Kaum tot, verliebt sich hier der Held (Timothy Hutton) in eine noch nie geborene Seele (Kelly McGillis) im Himmel, die er, kaum reinkarniert, auf Erden wiederfinden muß. Das himmlische Bonbon verblaßt zum filmischen Fauxpas, bleibt eine Reise durch ein amerikanisches Klischee-Eldorado, ein reines Formspiel, dem der Sex-Popkünstler Jeff Koons noch eins draufsetzte, als er sich 1989 zu einer *Made in Heaven*-Werkgruppe inspirieren ließ, die da weitermacht, wo der Film schamhaft aufhört.

Rudolphs nächster Film, die »ernste Komödie« *The Moderns – Wilde Jahre in Paris* (1988), ein ironisches Sittengemälde, führt nach Paris an die »Rive gauche«, hinein in die Künstlerquartiere und Literatursalons der zwanziger Jahre. Rudolph gelingt ein maliziöser Cocktail aus Dichtung und Wahrheit über den »élan vital« der Pariser Boheme der Moderne. Soviel Esprit kann man den folgenden Filmen nicht nachsagen. Die Kriminalkomödie *Die Liebe eines Detektivs* (1990) mit Tom Berenger und das Kriminaldrama *Tödliche Gedanken* (1991) mit Bruce Willis und Demi Moore waren mäßiges Kino für ein breiteres Publikum. *Equinox* (1992) krankte an der scheinbar verordneten Typenhaftigkeit seines Hauptdarstellers (Matthew Modine), und erst mit *Mrs. Parker und ihr lasterhafter Kreis* (1994), einem feinfühligen Porträt der Autorin Dorothy Parker (Jennifer Jason Leigh), das wiederum die zwanziger Jahre spiegelt, fand Rudolph zu einer Authentizität zurück, die man jahrelang vermißt hatte. Das Drama führt uns ein in den kleinen erlesenen Kreis renommierter New Yorker Kritiker und selbsternannter Federführer des geschriebenen Wortes, die sich täglich an einer Lunchtafel im Algonquin Hotel Manhattens treffen, um ihre Eloquenzpotenz zu messen. In diesen Tafelkreis überlappender Dialoge tauchen wir mit Rudolphs Kamera von oben hinab, lauschen Bonmots, deren gekünstelte Vitalität zum Kontrast wird für die wachsende Tragik im Gefühlsleben der zunehmend isolierten Heldin, der verlorenen Seele dieses Films.

Liebesflüstern (1997) ist eine bittersüße, bisweilen etwas langatmige Reflexion über den Wandel der Liebe im Leben zweier unterschiedlicher (und bald gemischter) Paare, die eine Generation Erfahrung trennt und die Sehnsucht verbindet. Der Film lebt vom Zartgefühl der Personenzeichnung und vor allem dem Charisma seiner Hauptdarsteller Julie Christie und Nick Nolte. Rudolphs anschließende Verfilmung des fünfundzwanzig Jahre alten Kurt-Vonnegut-Romans *Frühstück für Helden* (1998) konnte nicht gänzlich überzeugen. Der Konsumkultursatire, in der Bruce Willis (der auch bei der Finanzierung seine Finger im Spiel gehabt haben soll) den Kleinstadt-Autohändler Dwayne Hoover am Rande des Nervenzusammenbruchs mimt, der es durch seine Werbefernsehpräsenz zum Lokalmatador gebracht hat, mangelt es in entscheidenden Momenten an Finesse. Eine Weile sind Hoovers irres »Schaustellerleben«, die Subjektive auf sein lustvoll chaotisches, verkorkstes Dasein, wo Kommunikation ad absurdum in excelso und ein kollektives Verdrängen von schlichtem Common sense herrschendes Prinzip sind, wie auch die typisch Rudolphsche Vorliebe für grelle visuelle Pointierung, amüsant, dann wird der Film plakativ, versäumt die Entwicklung, erstarrt immer mehr zum melodramatischen Slapstick.

Zwei weitere Filme, *Trixie* und *Investigating Sex*, sind seit geraumer Zeit in Vorbereitung. Robert Altman und Ira Deutchman sollen sie produzieren. Daß trotz der berüchtigten Unausgewogenheit seiner Produktion Rudolph als Filmemacher und »auteur« fortfährt, »Filme so abgedreht zu machen, wie sie sein müssen, um wahr zu sein« (Rudolph), beruht nicht zuletzt auf seiner Stärke, mit knappen Budgets jonglieren zu können.

Michael Gräper

Filmographie: Premonition (1972) – Barn of the Naked Dead / Nightmare Circus / Terror Circus (1973) – Welcome to L. A. / Willkommen in Los Angeles (1977) – Remember My Name / Du wirst noch an mich denken (1978) – Roadie / Roadie (1980) – Endangered Species / Der schleichende Tod (1982) – Return Engagement (Dokumentarfilm, 1983) – Songwriter / Der Songschreiber (1984) – Choose Me / Choose Me – Sag ja (1984) – Trouble in Mind / Trouble in Mind (1985) – Made in Heaven / Made in Heaven (1987) – The Moderns / The Moderns / Wilde Jahre in Paris (1988) – Love at Large / Die Liebe eines Detektivs (1990) – Mortal Thoughts / Tödliche Gedanken (1991) – Equinox (Isimeria) / Equinox (1992) – Mrs. Parker and the Vicious Circle / Mrs. Parker und ihr lasterhafter Kreis (1994) – Afterglow / Liebesflüstern (1997) – Breakfast of Champions / Frühstück für Helden (1998).

Literatur: Michael Althen: There Ain't No Cure for Love. In: steadycam 1987. Nr. 34. S. 84–89 und 93–99. – Daniel Kothenschulte: Himmlischer Torso. In: steadycam 1987. Nr. 34. S. 90–92. – Gerhard Midding / Robert Müller: Wir sind Gefangene einer Kultur, in der es nichts Neues mehr gibt. Gespräch mit Alan Rudolph. In: Filmbulletin 1989. H. 4. S. 44–47. – Manfred Etten: Liebe unter dem Neumond. Alan Rudolph und seine Filme. In: film-dienst 43 (1990) H. 17. S. 4–7.

Ken Russell

*1927

Ken Russell wurde am 3. Juli 1927 in Southampton an der Südküste Englands geboren. Während des Krieges diente er in der Handelsmarine und danach zwischen 1945 und 1949 als Elektriker und Leiter eines Musikcorps in der Royal Air Force. 1950 versuchte er sein Glück als Tänzer, ein Jahr später als Schauspieler. Er wurde dann Fotograf und begann nach 1957 gemeinsam mit seiner ersten Frau Shirley Anne Kingdon kurze Amateurfilme zu drehen. Diese Arbeiten verhalfen ihm zu Aufträgen des Fernsehens der BBC. Russell, der inzwischen zum römisch-katholischen Glauben übergetreten war, entwickelte zuerst Kurzbeiträge über Kunstthemen und später längere, vielfach preisgekrönte semidokumentarische Filme über Künstler wie Edward Elgar, Sergej Prokofjew, Isadora Duncan, Frederick Delius oder Richard Strauss. Die gegen alle Konventionen verstoßende Vermischung von Dokumentarischem und ebenso intelligenter wie phantasievoller Überformung trug ihm bald den Beinamen des »wild man of the BBC« ein. Das Hauptinteresse Russells galt offensichtlich den Lebenskrisen und der Psychologie der Künstler: So konzentrierte er den Film über Delius (*Ein Lied vom Sommer*, 1968) nicht nur auf den letzten Lebensabschnitt des Komponisten, sondern enthüllte auch die Tatsache, daß der am Ende fast unbeweglich dahindämmernde Delius, was weithin unbekannt gewesen war, an den Folgen der Syphilis starb. So verspottete er mit boshafter Satire den politischen Überläufer Richard Strauss, der mit dem Dritten Reich seinen Frieden geschlossen hatte.

Russell erlebte seinen Durchbruch beim Kinopublikum erst 1969 mit der filmischen Umsetzung eines Romans von D. H. Lawrence, *Liebende Frauen*. Wie der Romanautor Lawrence selbst opponierte Russell gegen Anstandsregeln und Triebsublimierung der Mittelklasse, gegen die puritanische Werte- und Weltordnung. So präsentiert der Film sexuelle Leidenschaft ohne romantische Transzendierung als natürliche Gegebenheit. Noch bekannter als die Liebesszene im Freien – wobei Russell keine Angst vor kitschigen Momenten hat, im Gegenteil hier wie später durch Häufung der Motive, eindeutige Farbgebung, Überdeutlichkeit der Inszenierung eher provoziert – wurde die Sequenz vor dem Kamin, in der zwei nackte Männer miteinander ringen (Oliver Reed und Alan Bates): ein Kraftakt im Schein lodernder Flammen mit unverkennbar homoerotischen Obertönen. Die anscheinend recht strikten Vorschriften der britischen Lebensart scheinen sowohl das Free Cinema Ende der fünfziger Jahre als auch englische Filmkünstler Ende der sechziger Jahre im Zeichen der Popkultur zu einer Normverletzung herausgefordert zu haben, die energischer und krasser ausfiel als in den meisten anderen europäischen Ländern: Ken Russell ist dafür ebenso ein Beispiel wie die Monty-Python-Gruppe. In *Tschaikowsky – Genie und Wahnsinn* (1970) rekonstruierte er das Schicksal eines Homosexuellen (der Tschaikowsky nachweislich gewesen ist), der sich der Liebesangebote einer Frau und der Verdrängungsgebote seiner Umwelt nicht frei und offen erwehren kann. Der aufstöhnende Leidensgestus der Melodik in Tschaikowskys Werk, zumal in der Sechsten Sinfonie, der sogenannten Pathétique, mit ihrer in dunkler Melancholie ersterbenden Wellenbewegung, wird von Russell biographisch verstanden, als Ausdruckskurve des von seinen Gefühlen gefolterten und resignierenden Komponisten selbst. Unter wissenschaftlichem Aspekt mag eine solche Auslegung als eng und kurzschlüssig gelten, für die Erfindung großer Szenen ist sie äußerst tauglich: Ein Stück aus dem Inferno ist etwa die Szene im Zug, im Schlafwagenkabinett, das rüttelnd durch die Nacht gezogen wird, in der der frisch getraute

Ken Russell (r.)

Ehemann Tschaikowsky das erotische Verlangen seiner jungen Frau voller Entsetzen abwehrt – zwei in ihrer unverstandenen Einsamkeit schreiend Verzweifelte, Angstgespenster unter einer schaukelnden Lampe. Ähnlich ergreifend ist auch der Doppel-Schluß gestaltet, als dem an der Cholera sterbenden Tschaikowsky eine ähnlich barbarische Roßkur widerfährt wie einst seiner Mutter, ohne daß eine Chance auf wirkliche Heilung bestünde, nämlich eingetaucht zu werden in ein heißes Bad, während gleichzeitig die im Irrenhaus gestrandete Ehefrau plötzlich in einem Lichtblick der Erkenntnis entdeckt, daß sie nie von ihrem Mann geliebt worden sei, und darüber sich aufbäumt, bis sie am Ende erlahmt.

Russell hat konsequenter als jeder britische Regisseur zuvor das Verhältnis zwischen Frauen und Männern sexualisiert: als sexuelles Einander-Verfehlen, als beidseitige Befreiung. Auch die ins französische 17. Jahrhundert zurückversetzende, doch keineswegs fromme Historie *Die Teufel* (1971) nach dem Bühnenstück von John Whiting und dem Roman von Aldous Huxley interessiert Russell unter demselben Aspekt: Der Pater Grandier, wieder gespielt von dem körperlich untersetzten »schweren Helden«-Typus Oliver Reed, einem Lieblingsdarsteller Russells, wird durch die sexuelle Hysterie der von einem Buckel verunstalteten Äbtissin (Vanessa Redgrave) und politische Intrigen zugrunde gerichtet und auf dem Scheiterhaufen verbrannt. Das barocke Spektakel, dessen szenische Architektur übrigens vom späteren Regisseur Derek Jarman stammt, definiert Glück und Unglück durch Erfüllung und Nichterfüllung des Liebesbegehrens, wobei immer ein Rest von unbefriedigten Wünschen übrigbleibt. Das kräftig vitale Spiel der Darsteller, die ungewöhnlichen Rauminventionen, z. B. die weißgeklinkerten Kellerverliese des Nonnenklosters, die Besessenheit und Blindheit der Agierenden ergeben eine visuell suggestive Fabel von der Eitelkeit, der

Vanitas menschlichen Strebens, die in ihrer Drastik an surreale Kompositionen von Luis Buñuel oder Federico Fellini einerseits erinnert, andererseits schon auf die Barocktheatralik Peter Greenaways vorausdeutet. Nach dieser künstlerischen Kraftanstrengung ist der folgende Film Russells um so überraschender, handelt es sich doch um eine entspannt-heiter erzählte und phantasievoll bebilderte Verfilmung des Musicals *Boyfriend – Ihr Liebhaber* (1971), in dem er die Verkörperung des »Swinging London« und der Carnaby-Street-Mode, Twiggy, als charmanten und begabten jungen »flapper« einsetzt.

Schon die Eingangssequenz in seinem Film *Mahler* (1974) macht darauf aufmerksam, daß Russell immer auffälliger mit schockhaften Überraschungen arbeitet, Zauberkunststücken der jähen Verwandlung, die überfallartig die Erwartung der Zuschauer umpolarisiert: Die langsame Annäherung an einen friedlichen See, auf dem ein Blockhaus auf Pfählen in Ufernähe errichtet ist, scheint eine arkadische, unendlich friedliche und schöne Szenerie zu etablieren. Plötzlich zerbirst das Blockhaus in einer Explosion von Flammen. Vom Lebensweg Mahlers greift Russell die Stationen heraus, in denen das Genie entweder sich der Umwelt unterwirft: vor allem in der um der Karriere willen erzwungenen Konversion des als Juden geborenen Mahler zum römisch-katholischen Glauben, oder das unerbittliche Diktat des Todes ertragen muß: als eines seiner Kinder stirbt. Auf einer Zugfahrt, auf dem Rückweg nach Wien, der letzten Etappe vor seinem eigenen Tod, läßt Mahler (Robert Powell) Szenen seines Lebens Revue passieren. Grotesk und grimmig fallen die zwischen Slapstickmanier und Opernarien-Pathos schwankenden Begegnungen zwischen Mahler und Cosima Wagner aus, die im Germanendress mit Hakenkreuz und Stahlhelm, die Peitsche in der rechten Hand, gleichsam eine persiflierte und ordinäre Brünhilde, Mahler dazu preßt, der jüdischen Herkunft rituell abzuschwören. Die Naturbühne, die Russell dafür als Schauplatz findet, ist eine steinige Gebirgsgegend, sie paßt zu Richard Wagners heroischen Götter- und Heldenlandschaften. Symbolische Praktikabeln werden hemmungslos eingesetzt, z. B. ein brennender Reifen (wie man ihn im Zirkus für gewagte Dressurakte verwendet), durch den Mahler hindurchspringen muß, dabei zerreißt er ein Papier, auf das ein großes Kreuz gemalt ist.

Mahler ist ein Film mit vielen Genrezitaten, gleichsam postmodernistisch avant la lettre. Z. B. wird die jüdische Familie Mahlers mit den Utensilien der Marx Brothers vorgeführt. Weshalb Russell den öffentlichen Glaubenswechsel Mahlers so ernst und so übel nimmt, kann nicht nur durch den Reflex auf des Regisseurs eigene Konversion erklärt werden, vielmehr ist das Christentum, dem Mahler dann beitritt, eher germanischer Konfession und auch äußerlich der Erscheinungsweise des Dritten Reichs angepaßt. Nachdem Mahler sein eigenes Begräbnis träumt und durch ein Glasfenster in seinem Sarg sehen muß, wie seine Frau Alma (Georgina Hale) auf dem Sarg tanzt, erlebt er in seiner Schreckensvision noch weiter, wie sie sich dann mit Männern einläßt, die in Uniformen gekleidet sind, die an die SS erinnern. Hinter viel komischem Oberflächengekräusel verbirgt Russells Film eine geheime Furcht, die Furcht davor, wegen irgendwelcher Vorteile die angestammte Identität an eine Welt verraten zu haben, die sich als Feind entpuppt. Das faschistische Dekor scheint in *Mahler* allenthalben durch und bildet die denkbar schrecklichste Gestalt der Verderbnis, die dem Künstler droht. Das Spiel mit den Nazi-Requisiten treibt Russell in *Lisztomania* (1975) noch weiter ins Groteske, wobei es vor allem zur Diskriminierung Richard Wagners, des Schwiegersohns von Liszt, benutzt wird. Es ist nicht genau zu unterscheiden, ob diese Verbindung von Drittem Reich, das nun als populärer Schreckmythos dient, und Künstlerleben eher ästhetizistisches Spiel oder politische Deutung darstellt – unzweideutig bleibt, daß Russell Musikern, die mit Hitler in Verbindung gebracht wurden, wie Wagner und Richard Strauss, Sympathie und Einfühlung verweigert.

Im selben Jahr, noch vor *Lisztomania*, entstand *Tommy*. Russells Inszenierung der Rockoper von Peter Townshend und der Gruppe The Who (mit Roger Daltrey als Tommy) bietet so viel Turbulenz und Bildwitz auf, daß man sich keine andere Aufführung mehr daneben vorstellen kann. Sinnlichkeit durchtränkt auch symbolische Arrangements, die mit ihren jähen Verwandlungen des menschlichen Körpers in andere Zustände die Tradition des filmischen Surrealismus aufgreifen (zum Beispiel in der Acid-Queen-Szenenfolge mit Tina Turner).

1975 stand Russell auf dem Höhepunkt seiner Karriere und galt unbestritten als der einfallsreichste Filmregisseur Englands. Russell drehte später einige Filme in den USA, kehrte dann wieder nach Großbritannien zurück. Indes schwanden die Dichte und Impulsivität, die Extravaganz der Inventionen und die Schocks der wechselnden Gefühlslagen im Vergleich zu den Filmen aus der ersten Hälfte der siebziger Jahre. In *Gothic* (1986) ist manches von dieser künstlerischen Radikalität noch zu spüren, weil Russell hier mit Figuren zu tun hat, die von ihren Trieben und Nachtgesichtern besessen sind: dem Zirkel der romantischen Schriftsteller um Lord Byron und Percy Shelley, die ihre Seelentorturen in einem Domizil am fernen Genfer See auch körperlich ausleben.

Der Spätstil Russells ist im ganzen nüchterner, phantastische Elemente sind immer eingeschmolzen, beanspruchen jedoch nicht mehr singulären Charakter, sondern wirken wie Varianten oder Reproduktionen vertrauter Computersimulationen. Wahrscheinlich sind Russell die bedeutendsten Themen seines filmischen Œuvres abhanden gekommen: erstens vom Schicksal von Künstlern zu erzählen, die an innerer Gefangenschaft und äußerer Botmäßigkeit leiden, die ihrer wahren Natur zum Durchbruch verhelfen wollen und sich in tragische Kompromisse verwickeln. Oder das andere Thema: die Entromantisierung einer im Kern wilden, ›natürlichen‹ Sexualität. Diese Programmatik, wenn es denn eine ist, paßte vorzüglich in die Zeit der Kulturrevolution der sechziger und siebziger Jahre. Russell hat sich übrigens zur Renaissance des britischen Kinos in den achtziger Jahren äußerst mißtrauisch, ja mäkelsüchtig geäußert. Zumal die Abhängigkeit dieser Kinoproduktion vom Fernsehen (Channel Four) war ihm ein Dorn im Auge. Er selbst betonte, daß er aus eigener Kraft seine Filme und Kinder (mindestens sechs) erzeugt habe, beides mit Hilfe seiner inzwischen drei Ehefrauen.

Thomas Koebner

Filmographie: Cranks at Work (1960) – Prokofiev (Dokumentarfilm, 1961) – Elgar (Dokumentarfilm, 1962) – French Dressing / Versuch's mal auf französisch (1963) – The Debussy Film (Dokumentarfilm, 1965) – Billion Dollar Brain / Das Milliarden-Dollar-Gehirn (1967) – The Song of Summer / Ein Lied vom Sommer (1968) – Women in Love / Liebende Frauen (1969) – The Music Lovers / Tschaikowsky – Genie und Wahnsinn (1970) – The Devils / Die Teufel (1971) – The Boy Friend / Boyfriend – Ihr Liebhaber (1971) – Savage Messiah (1972) – Mahler / Mahler (1974) – Tommy / Tommy (1974) – Lisztomania / Lisztomania (1975) – Valentino / Valentino (1977) – Altered States / Der Höllentrip (1979) – Crimes of Passion / China Blue bei Tag und Nacht (1984) – Gothic / Gothic (1986) – Aria / Aria (Episode: Turandot, 1987) – Salome's Last Dance / Salomes letzter Tanz (1988) – The Lair of the White Worm / Der Biß der Schlangenfrau (1988) – The Rainbow / Der Regenbogen (1989) – Whore / Die Hure (1991) – The Strange Affliction of Anton Bruckner / Die seltsamen Heimsuchungen des Anton Bruckner (Dokumentarfilm, 1990) – Prisoner of Honor / Der Gefangene der Teufelsinsel (1991) – The Secret Life of Arnold Bax / Das Doppelleben des Arnold Bax (Dokumentarfilm, 1992) – Alice in Russialand / Alice in Russialand (Dokumentarfilm, 1993) – Erotic Tales / Erotische Geschichten (Episode: The Insatiable Mrs. Kirsch / Die unersättliche Mrs. Kirsch, 1994) – Lady Chatterly / Lady Chatterly (1995).

Literatur: K. R.: A British Picture. London 1989. – K. R.: Fire over England. The British Cinema Comes under Friendly Fire. London 1993.

Thomas R. Atkins: Ken Russell. New York 1976. – Ken Hanke: Ken Russell's Films. London/Metuchen 1984. – Thomas Koebner: Exzentrische Genies. Ken Russells Umgang mit Gipsbüsten. In: Jürgen Felix (Hrsg.): Genie und Leidenschaft. Künstlerleben im Film. St. Augustin 1999.

Carlos Saura

*1932

Die Kindheit des am 4. Januar 1932 in Huesca, Spanien, geborenen Aragonesen war geprägt von den Schrecken des spanischen Bürgerkriegs 1936–1939, die Saura für sein Alter erstaunlich bewußt miterlebte. Der Vater Antonio arbeitete als Finanzexperte für die demokratisch gewählte republikanische Regierung, weshalb die Familie mehrfach dem Frontenverlauf folgend umzog. Nach dem Sieg des Diktators Francisco Franco lebte Saura vier Jahre in seiner Geburtsstadt Huesca bei profrankistisch eingestellten Verwandten der Mutter Fermina Atarés, einer in Paris ausgebildeten talentierten Konzertpianistin. Als 17jähriger begann Saura sich professionell mit Fotografie zu beschäftigen und nahm als Mitglied der Künstlergruppe Tendencias an Ausstellungen teil. Für ein Madrider Flamenco-Lokal arbeitete er als Hausfotograf und dokumentierte die Musik- und Tanzfestivals von Granada und Santander mit der Fotokamera. Halbherzig begann er ein Ingenieurstudium, wechselte aber 1953 auf Anraten seines 1998 verstorbenen älteren Bruders Antonio, eines der bekanntesten zeitgenössischen Maler Spaniens, an die 1947 gegründete Madrider Filmhochschule Instituto de Investigaciones y Experiencias Cinematográficas (IIEC). Die repressive Franco-Diktatur drückte diesen Lehrjahren ihren Stempel auf, beispielsweise durften die Filme des italienischen Neorealismus nicht gezeigt, die Werke des Exilspaniers Luis Buñuel nicht einmal erwähnt werden. Als erster IIEC-Absolvent experimentierte Saura 1957 bei seinem neorealistisch beeinflußten Abschlußfilm *Sonntagnachmittag* gezielt mit neuen technischen Möglichkeiten des Mediums wie einer 35-mm-Handkamera und drehte die Geschichte über den Alltag eines Dienstmädchens auf hochempfindlichem Filmmaterial und an Originalschauplätzen. Bis 1964 unterrichtete er am IIEC und an der ab 1962 aus ihr hervorgegangenen Escuela Oficial de Cinematografía (EOC) als Dozent für Drehbuch und Regie spätere Kollegen wie Mario Camus und Víctor Erice. Bei einer Umstrukturierung des Lehrkörpers offerierte man ihm keine Stelle, was er später als Befreiung empfand. Von 1967 bis 1979 lebte Saura mit der Schauspielerin Geraldine Chaplin, einer Tochter des großen Stummfilmkomikers, in Madrid zusammen. Sie übernahm in fast allen seinen Filmen jener Zeit die weibliche Hauptrolle und beeinflußte sowohl deren Konzeption, z. B. als Co-Autorin von *Höhle der Erinnerungen* (1969, als auch Sauras Frauenbild.

Saura gilt als der prominenteste Vertreter des Nuevo Cine Español, des »Neuen Spanischen Kinos« der sechziger und siebziger Jahre. Zahlreiche Preise wichtiger internationaler Filmfestivals, beispielsweise in Cannes (1974 für *Cousine Angélica* und 1976 für *Züchte Raben . . .*) oder in Berlin (1966 für *Die Jagd*, 1967 für *Peppermint Frappé* und 1981 für *Los, Tempo!*), zeugen von dieser Sonderstellung innerhalb der spanischen Kinematographie, zu der der bedeutendste spanische Drehbuchautor Rafael Azcona und der Produzent Elías Querejeta in langjähriger Zusammenarbeit mit Saura das Ihrige beitrugen. Den Boden für die Erneuerungsbewegung des Nuevo Cine Español bereiteten 1955 die »Gespräche von Salamanca«: Regimekritische Filmschaffende, an der Spitze Sauras Vorbilder Juan Antonio Bardem und Luis García Berlanga, attackierten den katastrophalen Zustand der nationalen Filmindustrie mit ihren eskapistischen Melodramen und Liebesromanzen sowie folkloristischen Musikfilmen (sogenannten Españoladas). Im Gegenzug forderten sie ein politisch wirksames und sozial verantwortliches Kino in der Tradition des italienischen Neorealismus und verlangten vom frankistischen Kontrollapparat klar definierte – und damit kalkulierbare –

Carlos Saura

Zensurkriterien. Zu Beginn der sechziger Jahre standen die Zeichen deshalb günstig für eine junge Generation von Filmemachern. Zudem war die Franco-Diktatur auf ein liberales Image bedacht, um weder die Mitgliedschaft in der Europäischen Wirtschaftsunion noch die einträgliche Devisenquelle des Massentourismus zu gefährden. Neben Saura profitierten Nachwuchsregisseure wie Miguel Picazo und Basilio M. Patino von dem vergleichsweise liberalen politischen Klima, das einem künstlerischen und intellektuellen Aufschwung des Landes den Weg ebnete und konkrete Zensurerleichterungen mit sich brachte.

Die bemerkenswert präzise und detaillierte Erinnerung an die Zeit während und unmittelbar nach dem Bürgerkrieg ist eine der wichtigsten Quellen für Sauras Schaffen und bestimmt vor allem seine vor 1975 entstandenen Werke. Thematisch kreisen alle seine Filme um den Konflikt zwischen den gesellschaftlichen Normen und der Freiheit des Individuums. Wie kein anderer Regisseur seines Landes setzt sich Saura mit der politischen und kulturellen Identität und Vergangenheit Spaniens auseinander und spiegelt in seinen Arbeiten die großen nationalen Themen und leidvollen Erfahrungen des 20. Jahrhunderts wider. Seine Spielfilme durchziehen zwei Ebenen, die in unterschiedlicher Trennschärfe in den einzelnen Arbeiten präsent sind: Einerseits geben die reine Fiktion, Erinnerungen, Träume und Zukunftsphantasien den Ton an, verschiedene Zeitstufen werden dabei ineinander verschachtelt und kunstvoll gebrochen. Andere Filme zeichnen sich stärker durch eine dokumentarische Ebene aus, die sich auf die unmittelbare Realität stützt und ein geradliniges, chronologisches Erzählen favorisiert. In Reinform ist dies zum Beispiel der Fall in dem Dokumentarfilm *Marathon* über die Olympischen Sommerspiele von Barcelona 1992 sowie in *Sevillanas* (1992) und *Flamenco* (1995), die sich in fast enzyklopädischer Manier mit dem Flamenco als Tanz, Musik und Gesang beschäftigen. Für Saura stellen diese beiden Ebenen keinen Widerspruch dar, sondern ergänzen sich zu einer von ihm angestrebten »totalen Realität«.

In seinem Regieerstling *Die Straßenjungen* (1959) über Jugendliche aus den Madrider Randbezirken, die ihre einzige Hoffnung auf sozialen Aufstieg im Stierkampf sehen, ist das dokumentarische Anliegen augenfällig. Wie zwanzig Jahre später in dem thematisch verwandten *Los, Tempo!* (1980) drehte der Nachwuchsregisseur mit Laiendarstellern an Originalschauplätzen, worauf ein Insert ausdrücklich hinweist, da es eine Neuerung für den damaligen spanischen Spielfilm darstellte. Das Ende machte Saura abhängig vom realen Ausgang des gezeigten Stierkampfdebüts des Protagonisten Juan. Dennoch gibt es Hinweise auf eine metaphorische Lesart der Schwarzweiß-Bilder, z. B. wenn eine Stelle abgeblätterten Putzes in der Arena exakt den Umrissen der iberischen Halbinsel entspricht. Offenkundiger wird Sauras Neigung zur Parabel in *Die Jagd* (1966), einem Film, der nur vordergründig naturalistisch den Wochenendausflug dreier alter Freunde der besseren frankistischen Gesellschaft und ihres jungen Begleiters schildert: Mit dem Gewehr wollen sie den Kaninchenreichtum eines Tals, das während des Bürgerkriegs Schauplatz blutiger Kämpfe war, dezimieren. Unter der glatten Oberfläche brodeln Ehe- und Familien- sowie langjährige Freundschaftskonflikte, die sukzessive aufbrechen, bis die Gewalt am Ende eskaliert und die Veteranen sich gegenseitig umbringen. Hintergründig gelang Saura unbemerkt von der Zensur eine verstörende Parabel auf die Greueltaten des nationalen Bruderkonflikts, in der die Jäger für das nationalfrankistische Lager und die Kaninchen für die Anhänger der Zweiten Republik stehen. Als geschickter Schachzug erwies es sich, den Part des Anführers und »Herrenmenschen« Paco mit dem Schauspieler Alfredo Mayo zu besetzen: Dessen Rollenname, eine Kurzform von Francisco, deutet ebenso auf den selbsternannten Caudillo Francisco Franco hin wie die Person Mayos, der in dem nach einer Romanvorlage von Franco entstandenen Film *Raza* (1941) von José Luis Sáenz de Heredia bereits das Alter ego des Diktators dargestellt hatte. Der filmischen Auseinandersetzung mit der spanischen Rechten blieb Saura auch dreißig Jahre später nach Ende der sozialistischen Ära treu und integrierte in *Taxi* (1996) die Themen Gewalt, Fremdenhaß und Neofaschismus in eine Genregeschichte um Madrider Taxifahrer. Auch wenn der Film bei Publikum und Kritik durchfiel, bezog Saura damit als einer der wenigen Filmemacher seines Landes ebenso deutlich wie hellsichtig Stellung zum legalen wie illegalen Erstarken der spanischen Rechten.

Eine solche Offenheit konnte sich der Regisseur während der frankistischen Diktatur nicht leisten. Zu seinen Markenzeichen wurden statt dessen unter den wachsamen Augen der Zensur die politische Parabel und eine hermetische Filmsprache, die beide heute zum Verständnis zwar eines relativ großen Kontextwissens bedürfen, sich aber nie gänzlich der Verständlichkeit entziehen. Trotzdem gab es immer wieder Schwierigkeiten mit der staatlichen Kontrolle. *Der Garten der Lüste* (1970) wurde beispielsweise erst nach sieben Monaten mit Schnittauflagen freigegeben, da die Zensoren in dieser grotesken Farce über den Niedergang eines tyrannischen Familienpatriarchen zu Recht Anspielungen auf Franco ausmachten: Nach einem Autounfall leidet der reiche Großindustrielle Antonio Cano an totaler Amnesie; seine geldgierigen Verwandten spielen ihm aus diesem Grund Schlüsselszenen aus der Vergangenheit vor, um so seine Erinnerung an die Zahlenkombination eines Schweizer Bankkontos zu aktivieren. Diese bizarren Inszenierungen kombiniert Saura nahtlos mit Antonios eigenen Erinnerungen und Angstvisionen. Die unterschiedlichen Handlungs- und Bewußtseinsebenen bleiben aber immer unterscheidbar, auch wenn Saura wie später in *Cousine Angélica* (1974) den Kunstgriff anwendet, die Hauptfigur in allen Altersstufen vom Kind bis zum Erwachsenen von dem spanischen Komiker José Luis López Vázquez darstellen zu lassen. Das Schlußbild erfaßt als Chiffre die Paralyse Franco-Spaniens und die Agonie seines Großbürgertums zu Beginn der siebziger Jahre: Wie von unsichtbaren Fäden gezogen, rollen alle Familienmitglieder in Rollstühlen über eine Wiese. Noch schärfer inszenierte Saura seine Attacke gegen die Säulen des frankistischen Staates in *Anna und die Wölfe* (1973). Dessen allegorisches Figureninventar ließ er vier Jahre nach Francos Tod noch einmal in *Mama wird 100 Jahre alt* (1979) aufleben, einer Produktion, die in der hemmungslos ausgestellten Habsucht der Familie an *Der Garten der Lüste* erinnert. In *Anna und die Wölfe* entpuppt sich die Mutter in der Tradition von Federico García Lorcas Dramen als Vertreterin des Patriarchats, während ihre drei vergötterten Söhne – die Wölfe des Titels – die repressiven Machtstrukturen der frankistischen Gesellschaft verkörpern: der Erotomane Juan eine pathologische Sexualität, der frömmlerische selbsternannte Mystiker Fernando die Kirche und der Uniformensammler José das Militär. Saura charakterisiert sie sowohl durch Fetische als auch mittels musikalischer Motive und demonstriert ihre krankhaften Neigungen anhand der Fixierung auf das englische Kindermädchen Anna, dem jeder auf seine Weise nachstellt. Als die junge Frau schließlich aus der für sie bedrohlicher werdenden Umgebung fliehen will, wird sie im Gestrüpp das Opfer der Brüder: Juan vergewaltigt sie, Fernando schneidet ihr die schönen langen Haare ab, und José tötet sie schließlich mit einem Schuß in die Stirn. Aus einer beiläufigen Bemerkung in *Anna und die Wölfe* entwickelte Saura die stark autobiographisch gefärbte Handlung seines nächsten Films *Cousine Angélica*: Bei einer Wiederbegegnung mit seiner Kinderliebe Angelika erinnert sich die Hauptfigur Luis an die für sie traumatische Zeit des Bürgerkriegs, die der Sohn eines Republikaners aufgrund widriger Umstände mit der profrankistisch eingestellten Familie seiner Mutter in Segovia verbringen mußte. Komplexe Spiegelungen zwischen Gegenwart und Vergangenheit sowie eine Vielzahl visueller, verbaler, akustischer und musikalischer Verknüpfungen erzeugen eine Kontinuität zwischen den ausgehenden dreißiger und beginnenden siebziger Jahren. Als einer der ersten spanischen Filme thematisierte *Cousine Angélica* die Perspektive der Verlierer des Bürgerkriegs, die sich mit ihrer eigenen Lebensgeschichte darin wiederfinden konnten. Wie *Züchte Raben . . .* (1976) setzt der Film Sauras persönliche Erfahrung in Szene, daß die Kindheit – entgegen der gängigen Überzeugung – alles andere ist als der glücklichste Abschnitt im Leben. Für die Rechte stellte der erst nach größeren Konflikten mit der Zensur freigegebene Film eine ungeheuerliche Provokation dar; sie reagierte mit Bombenattentaten auf Kinos und Diebstahl von Kopien. Ohne Bezug zur politischen Wirklichkeit kehrte Saura 1998 mit *Pajarico* in die Welt der Adoleszenz zurück, die er in der Gegenwart ansiedelt und nicht wie in *Cousine Angelika* und *Züchte Raben ...* aus der Rückschau eines Erwachsenen erzählen läßt. Die spanische Großfamilie hat in diesem Film ihren symbolischen Charakter und ihre Schrecken verloren; sie wird vielmehr zum Ort der Geborgenheit für den unter der Scheidung seiner Eltern leidenden Manu, der sich wie einst Luis in *Cousine Angélica* in seine Base Fuensanta verliebt.

Nach Francos Ableben 1975 und dem sukzessiven Verschwinden der Zensur versprach man sich von Saura noch eindeutigere politische und gesellschaftskritische Filme – Erwartungen, denen sich der Regisseur jedoch absichtsvoll entzog: »Für mich hatte die Epoche Francos ethische und moralische Implikationen, eine Reihe von Dingen, die mich betrafen: nachdem Franco nun tot ist, fühle ich mich von all dem befreit.« Mit den Filmen *Elisa, mein Leben* (1977) und *Zärtliche Stunden* (1981) drehte Saura statt dessen seine persönlichsten Werke. Wie *Cousine Angélica* kreisen sie um die Themen Vergangenheit und Erinnerung und verdeutlichen den prägenden Einfluß kindlicher Erlebnisse auf das gesamte weitere Leben: Geplagt von Schuldgefühlen wegen des Selbstmordes seiner Mutter, rekonstruiert Juan in *Zärtliche Stunden* Schlüsselereignisse seiner Kindheit, indem er darüber ein Theaterstück verfaßt und es mit Schauspielern einstudiert. In dem Kammerspiel *Elisa, mein Leben* besucht die Titelheldin nach Jahren ihren zurückgezogen lebenden Vater Luis, der ein Buch über die Familie schreibt. Visuelle Reminiszenzen und teilweise über Kreuz angelegte Voice-over-Erzählungen von Luis und Elisa, Fotos, Träume und Phantasien sowie Dialoge, Geräusche und musikalische Motive – in diesem erratischsten der Filme Sauras dreht sich alles in Bild und Ton um Gewesenes und die Erinnerung daran: »Die Vergangenheit ist stärker, als wir annehmen«, läßt Saura Luis programmatisch sagen. Indem sich auch Elisa mehr und mehr darauf einläßt, nähern sich Vater und Tochter wieder einander an. Hintergründig transportieren diese Filme auch ein Modell für den Umgang der Spanier mit ihrer leidvollen nationalen Vergangenheit, indem sie für eine bewußte Auseinandersetzung und Verarbeitung, nicht für das Verdrängen optieren, um Gegenwart und Zukunft konstruktiv zu gestalten: Elisa befreit sich aus ihrer unglücklichen Ehe, findet ihre Rolle im »Großen Welttheater« und nimmt nach Luis' Tod seinen Platz ein; Juan löst sich von seinem Mutterkomplex und wird selbst Vater.

Anfang der achtziger Jahre stellte Saura den Flamenco in den Mittelpunkt einer Trilogie, die er gemeinsam mit dem Choreographen und Tänzer Antonio Gades inszenierte. Erstmalig zeigte er sich dabei auch gegenüber Literaturadaptionen aufgeschlossen, die er zuvor stets vehement abgelehnt hatte. Der Flamenco ist für Saura sowohl Inbegriff höchster künstlerischer Perfektion als auch Ausdruck einer genuinen Hispanität, in der sich die Kultur, die Bräuche und Traditionen seines Heimatlandes manifestieren. Die drei Tanzfilme verstehen sich deshalb auch als Ehrenrettung für den Flamenco, den die in den fünfziger und sechziger Jahren beliebten folkloristischen »Españoladas« in ihr klischeehaftes Spanienbild preßten. Mit *Bluthochzeit* (1981) nach García Lorcas gleichnamigem Drama und *Carmen* (1983), inspiriert von Prosper Merimées Novelle und Georges Bizets Oper, sowie mit dem schwächeren Werk *Liebeszauber* (1986) auf Basis eines Balletts von Gregorio Martínez Sierra und Manuel de Falla erfüllte sich Saura seinen Traum vom »totalen Kino«, das einen Gesamtkunstwerk-Anspruch hat und mit disparaten Elementen wie Theater, Oper, Musik und Tanz spielt. In allen drei Filmen geht es wieder um den Konflikt zwischen gesellschaftlichen Normen und Freiheit des Individuums. Während *Liebeszauber* indes in einer völlig artifiziellen Bühnenszenerie spielt, fingiert *Bluthochzeit* überzeugend die

Authentizität einer Ballett-Generalprobe. Ungleich deutlicher als in diesen beiden Filmen geht es in *Carmen* um den Flamenco als Kunst- und Lebensform, ohne seine Kommerzialisierung in Touristenlokalen zu unterschlagen: Verzweifelt sucht der Tänzer Antonio für sein Ballett »Carmen« eine geeignete Hauptdarstellerin. Seine Idealvorstellung der Titelheldin findet er in der Nachwuchstänzerin Carmen verkörpert, in die er sich rasch verliebt. Während sich die selbstbewußte junge Frau als legitime Nachfahrin der frühen Femme fatale entpuppt, entwickelt sich Antonios Verhalten parallel zu der von ihm getanzten Rolle des Don José, bis er am Ende genauso auf sie einsticht wie der eifersüchtige Brigadier – ob in der filmischen Realität auf die Darstellerin oder innerhalb der Inszenierung auf die Figur Carmen, bleibt offen. Dieser bislang größte internationale Erfolg Sauras bietet nicht nur einen postmodernen Rundumschlag zum »Carmen«-Stoff und seinen verschiedenen künstlerischen Bearbeitungen, sondern zugleich eine Aktualisierung des Mythos innerhalb eines genuin hispanischen Kontextes. Kunstvoll, wie man es von Sauras Arbeiten vor 1975 kennt, verschränkt der Film Fiktion und Realität zu einem »Traum von bedingungsloser Liebe«. Mit dem stark autobiographischen Tanzfilm *Tango* (1997) knüpfte Saura stilistisch und thematisch an *Carmen* an: Im Vexierspiel zwischen Wirklichkeit, Inszenierung und Imagination versucht der alternde Regisseur Mario Suárez durch ein ambitioniertes Tanzprojekt die Trennung von seiner Freundin Laura zu vergessen und verliebt sich dabei in die junge Tänzerin Elena. Neben seiner sinnlich-melancholischen Dimension dient der Tango Saura als Chiffre für den nationalen Gedächtnisverlust – diesmal der Argentinier: Wichtige gesellschaftliche Kräfte wollen nicht mehr wahrhaben, daß die Tangomusik in den Folterkellern der Militärdiktatur lauter gestellt wurde, um die Schreie der Gequälten zu übertönen.

Die Auseinandersetzung mit der Hispanität setzte Saura in zwei Filmen über das Spanien des 16. Jahrhunderts unter der Regentschaft Philipps II. fort, das er als von ideologischen und religiösen Bürgerkriegen geprägt zeichnet: In der bis dahin teuersten spanischen Großproduktion *El Dorado – Gier nach Gold* (1988) inszenierte er mit immensem Aufwand die Südamerika-Expedition von 1560 auf der Suche nach dem sagenhaften El Dorado. Nach der Ermordung des Anführers Pedro de Ursúa stellt sich Lope de Aguirre, der die Versklavung der Ureinwohner ablehnt, an die Spitze des Widerstandes gegen Philipps imperialistische Ansprüche und erhebt sich gegen die spanische Krone. Um einen Antagonismus in kleinerem Rahmen geht es in *La noche oscura* (1989) über den großen Mystiker Johannes vom Kreuz. Den Glaubenskonflikt innerhalb des Karmeliterordens um die Reformbestrebungen der Unbeschuhten Karmeliter gestaltet Saura als »kleinen Bürgerkrieg« (D'Lugo). Der Film erzählt die neun Monate, in denen Johannes im Konvent von Toledo eingekerkert war und seine Gedichte verfaßte. Nachdem beide Filme bei Kritik und Publikum auf wenig Resonanz stießen, feierte Saura mit der Komödie *Ay Carmela! – Lied der Freiheit* nach dem populären Theaterstück von José Sanchis Sinisterra seinen bislang größten Erfolg an der einheimischen Kinokasse. In dieser späten Einlösung der an ihn nach 1975 gerichteten Erwartungen, offen politische Filme zu drehen, geraten die unbedarften Varietédarsteller Paulino und Carmela zwischen die Fronten des Spanischen Bürgerkriegs. Paulino erweist sich als unpolitischer Opportunist und beeinflußt seine Partnerin dahingehend. Unterhaltend und anspruchsvoll zugleich, behandelt der Film die politische und moralische Verantwortung des Künstlers: Angesichts der Mißhandlung republikanischer Kriegsgefangener erkennt Carmela die Notwendigkeit, Stellung zu beziehen, und verwandelt ihren Auftritt in eine bewegende Freiheitskundgebung, die sie mit ihrem Leben bezahlt.

Ursula Vossen

Filmographie: La tarde del domingo / Sonntagnachmittag (Kurzfilm, 1957) – Cuenca (Kurzfilm, 1958) – Los golfos / Die Straßenjungen (1959) – Llanto por un bandido / Cordoba (1963) – La caza / Die Jagd (1966) – Peppermint Frappé / Peppermint Frappé (1967) – Stress es tres, tres / Streß zu dritt (1968) – La madriguera / Höhle der Erinnerungen (1969) – El jardín de las delicias / Der Garten der Lüste (1970) – Ana y los lobos / Anna und die Wölfe (1973) – La prima Angélica / Cousine Angélica (1974) – Cría cuervos ... / Züchte Raben ... (1976) – Elisa, vida mía / Elisa, mein Leben (1977) – Los ojos vendados / Mit verbundenen Augen (1978) – Mamá cumple cien años / Mama wird 100 Jahre alt (1979) – Deprisa, deprisa / Los, Tempo! (1980) – Bodas de sangre / Bluthochzeit (1981) – Dulces horas / Zärtliche Stunden (1981) – Antonieta / Antonieta (1982) – Carmen / Carmen (1983) – Los zancos / Zeit der Illusionen (1984) – El amor brujo / Liebeszauber (1986) – El Dorado / El Dorado – Gier nach Gold (1988) – La noche oscura (1989) – ¡Ay, Carmela! / Ay, Carmela! – Lied der Freiheit (1990) – Sevillanas (1992) – Marathon (Dokumentarfilm, 1992) – ¡Dispara! / Dispara! (1993) – Flamenco (1995) – Taxi (1996) – Tango / Tango (1997) – Pajarico (1998).

Literatur: Alvaro del Amo / Miguel Bilbatúa / Carlos Rodríguez Sanz: En busca de una realidad total. In: Nuestro Cine 51 (1966) S. 18–26. – Carlos Saura. München/Wien 1981. (Reihe Film. 26.) – Manuel Hidalgo: Carlos Saura. Madrid 1981. – Hans M. Eichenlaub: Carlos Saura. Freiburg i. Br. 1984. – Institut d'Études ibériques (Hrsg.): Le Cinéma de Carlos Saura. Bordeaux 1984. – Agustín Sánchez Vidal: El cine de Carlos Saura. Saragossa 1988. – Mechthild Zeul: Kontinuität, Bruch, Erinnerung: das spanische Kino im Frankismus. In: Frauen und Film 44/45 (1988) S. 25–32. – Marvin D'Lugo: The Films of Carlos Saura. Princeton 1991. – Renate Gompper: Carlos Saura und die »totale Realität«. Die Kraft der Erinnerung in seinem filmischen Werk. Frankfurt a. M. / Berlin 1994. – Aitor Yraola: Entrevista con Carlos Saura. In: Film-Historia 3 (1994) S. 251–255. – Sebastian Ruppe: Carlos Saura und das spanische Kino. Zeitkritik im Film: Untersuchungen zu *Los golfos* (1959) und *Deprisa, deprisa* (1980). Berlin 1999.

Claude Sautet

*1924

Der am 24. Februar 1924 in Montrouge geborene Claude Sautet besuchte nach einem ersten Studium an der École des arts décoratifs zwei Jahre lang die Pariser Filmhochschule IDHEC. Neben einer Tätigkeit als Jazzkritiker arbeitete er mehrfach als Regieassistent (u. a. bei Jacques Becker in *Wenn es Nacht wird in Paris*, 1954). Außerdem machte er sich schon früh einen Namen als »Drehbuch-Doktor«, indem er diverse Drehbücher renommierter Regisseure überarbeitete (darunter Georges Franjus *Das Schreckenshaus des Dr. Rasanoff*, 1959; Marcel Ophüls' *Heißes Pflaster*, 1963; Louis Malles *Der Dieb von Paris*, 1967; Jacques Derays *Borsalino*, 1969). Seine Rolle als Retter für Drehbücher »en panne« hat er bis heute nicht aufgegeben.

Mit *Die Dinge des Lebens* stellte er 1969 – nach zwei vorangegangenen Genrefilmen – die erste kommerziell erfolgreiche Regiearbeit vor, in der die Themen und die stilistischen Mittel auftauchen, die sein Werk bis heute kennzeichnen. Sautets Filme wurden mehrfach ausgezeichnet – er erhielt einen Oscar für *Eine einfache Geschichte* (1978), einen Silbernen Löwen für *Ein Herz im Winter* (1992) sowie einen César für *Nelly und Monsieur Arnaud* (1996). Gleichwohl ist er in Deutschland der unbekannteste der französischen Regisseure der nachsechziger Jahre geblieben, obwohl er in Frankreich zu den wichtigsten Autoren des französischen Kinos gerechnet wird.

Versucht man, ihn einem bestimmten Genre oder einer Strömung innerhalb des französischen Kinos zuzuordnen, bemerkt man, daß Sautet einem eigenen, am ehesten dem realistischen Kino à la Jean Renoir und Jacques Becker verwandten Stil verpflichtet ist. Ausflüge in den Genrefilm bleiben doch immer Sautet-Filme, da sie inhaltlich und formal stets seine Handschrift tragen. So ist zwar sein zweiter Film *Der Panther wird gehetzt* (1959) ein Polizeifilm solider Machart, akzentuiert aber bereits zwei der zentralen Themen der späteren Filme: Männerfreundschaft und physische Präsenz der Figuren. Wie Jean-Pierre Melville, der *Der Panther wird gehetzt* sehr geschätzt hat, interessiert sich Sautet weniger für Psychologie, sondern für das exakte Beobachten von Vorgängen und Ereignissen. Er verschreibt sich einem »cinéma d'action«, in dem das Agieren einer Figur und nicht deren psychische Konstitution im Mittelpunkt steht. Die Figuren sind, wie sie sind, ihr Wesen wird nicht anhand biographischer Erlebnisse erklärt, auch ihre emotionalen und affektiven Seiten bleiben eher verborgen. Die Konzentration auf das Agieren, auf die äußere Handlung fällt um so mehr auf, als Sautet bei Publikum und Presse allgemein als ein Filmemacher gilt, dessen Filme durch und durch als psychologische Dramen erscheinen. Es bedarf indes nur eines einzigen Schlüsselelements aus der Vergangenheit, um die Handlungsweise einer Figur plausibel zu machen. Inspiriert zu dieser entpsychologisierenden Erzählweise wurde Sautet schon früh durch die Lektüre amerikanischer Romane; auch der Film noir und vor allem der Western hatten Vorbildfunktionen.

Im thematischen Zentrum seines Œuvres steht »francité«: der französische Mittelstand, seine Geselligkeits- und Öffentlichkeitsformen, seine Vitalität und sein Hedonismus, seine sozialen Konflikte und Krisen. In der strikt bewahrten Haltung des Beobachters entwirft Sautet ein einfühlsames Porträt seiner Protagonisten als Vertretern ihrer Klasse, deren Gewohnheiten und Ritualen, des gesellschaftlichen Umfelds. Doch es ist eine krisenhafte Bourgeoisie, um die es geht: Der Kontrast zwischen den äußeren Erscheinungsformen ihres Lebens und der realen ökonomischen und sozialen Bedrängtheit sind Teil der Sautetschen Vision einer Welt im Notstand. Das Individuum und sein Umfeld bilden ein sensibles Gegenüber, beide können nur zusammen gesehen werden. Sautet spricht darum auch von einem »choralen« Prinzip, nach dem die dargestellte soziale Welt komponiert sei. Diese Choralität der Themenführung bleibt auch in den Engführungen der kammerspielartigen Filme des Spätwerks erhalten.

Sautets Filme sind Männerfilme, aber keineswegs in einem heroischen Sinne: Im Zentrum steht die Gefährdung ihrer Identität. Sie stecken in einer »Krise, vor der, während der und nach der alle Sicherheiten zu wanken beginnen und die Verletzlichkeit meiner Figuren bloßgelegt wird« (Sautet). Es handelt sich um Krisen im affektiven, existentiellen (Tod, Selbstmord, Herzinfarkt usw.), ökonomischen und beruflichen Bereich. Die Krise manifestiert sich als Einschnitt in das alltägliche Verhalten, in die gewohnten Selbstverständlichkeiten, in die sozialen Beziehungen des oder der Helden. Identität muß neu formiert und ausbalanciert werden. Meistens bahnt sich die Krise langsam und unbemerkt an, bricht dann ausgerechnet in Momenten der Entspannung oder der Euphorie aus. Dabei entsteht ein Dominoeffekt, der – gleichgültig, wo der Ausgangspunkt der Krise lokalisiert ist – immer alle anderen Lebensbereiche mit einbezieht und das Individuum in der ganzen Vielfalt seiner Bindungen destabilisiert. Der Held tritt in eine biographische Phase der Veränderung ein, die lange währen, aber auch ausgesprochen kurz sein kann. Genau dieser Übergang, diese Transformation von Identität beleuchtet Sautet in seinen Filmen, ohne ein Davor und Danach zu zeigen. Ihn interessiert der akute kritische Zustand seiner Figuren.

Sautets Bildsprache ist diskret und unpathetisch und verzichtet auf ausgestellte Hochglanzbilder. Die Handlung spielt in unspektakulären Räumen und Orten. Im Vergleich zum jungen französischen Film von Regisseuren wie Jean-Jacques Beineix, Luc Besson, Olivier Assayas und Léos Carax wirkt das Kino von Sautet sowohl inhaltlich wie formal langsam, konventionell und unsensationell – keine Verfolgungsjagden, keine Psychopathen, keine sozialen Außenseiter, keine freizügigen Sexszenen. Auch die filmischen Mittel sind dezent. So werden weder extreme Farben eingesetzt, die einen Eindruck von Exzentrik, Wildheit oder Unkonventionalität erwecken könnten, noch setzt er auf exzessive Formen der Montage: »Ich habe immer eine klassische – nicht eine akademische – Vorstellung vom Kino gehabt. Darunter verstehe ich die Absage an Effekte, die Suche nach den einfachsten Mitteln, um komplexe Zusammenhänge und Verhaltensweisen zu schildern« (Sautet). Ein Zentrum des filmischen Ausdrucks in den Filmen Sautets ist die musikalische Struktur, der intuitiv gefolgt wird und die – nach dem Bekunden Sautets – ihren Ursprung in der Musik von Johann Sebastian Bach hat. Handlungslinien und Personengefüge sind komponiert nach den Mustern der musikalischen Form.

Das »univers Claude Sautet« ist im Umkreis immer gleicher Begleiter entstanden: Schauspieler wie Michel Piccoli, Yves Montand, Daniel Auteuil, Romy Schneider und Emmanuelle Béart, Co-Autoren wie Jean-Loup Dabadie, Claude Néron und Jacques Fieschi und sein Hausmusiker Philippe Sarde bilden eine Art »Familie« um Sautet, deren Einfluß auf die Ausdrucksmittel und den Tonfall der Filme kaum abzuschätzen ist.

Isabelle Münch / Hans J. Wulff

Filmographie: Classe tous risques / Der Panther wird gehetzt (1959) – L'Arme à gauche / Schieß, solange du kannst (1964) – Les Choses de la vie / Die Dinge des Lebens (1970) – Max et les Ferrailleurs / Das Mädchen und der Kommissar (1971) – César et Rosalie / César und Rosalie (1972) – Vincent, François, Paul et les autres / Vincent, François, Paul und die anderen (1974) – Mado / Mado (1976) – Une Histoire simple / Eine einfache Geschichte (1978) – Un Mauvais Fils / Der ungeratene Sohn (1980) – Garçon! / Kollege kommt gleich! (1983) – Quelques Jours avec moi / Einige Tage mit mir (1988) – Un Cœur en hiver / Ein Herz im Winter (1992) – Nelly & Monsieur Arnaud / Nelly und Monsieur Arnaud (1995).

Literatur: Joseph Korkmaz: Le cinéma de Claude Sautet. Paris 1985. – Michel Boujut: Conversation avec Claude Sautet. [Paris] 1994.

John Schlesinger

*1926

John Schlesinger wurde am 16. Februar 1926 in London geboren. Sein filmisches Interesse erwachte bereits mit elf Jahren, als er eine Homemovie-Kamera geschenkt bekam. Während des Zweiten Weltkriegs drehte er den Amateurfilm *Horrors* und arbeitete als Magier in der Unterhaltungsabteilung der Armee. Mit seiner Einschreibung an der Universität in Oxford 1945 wandte er sich zunächst einer Laufbahn als Theaterregisseur zu, die er auch später, zwischen 1960 und 1970, wieder aufnahm. In den fünfziger Jahren trat er als Schauspieler in zahlreichen Stücken und fünf Spielfilmen auf. Unter dem Einfluß des Produzenten Roy Boulting gelang ihm der Einstieg ins Fernsehgeschäft, wo er sich mit einigen Dokumentarfilmen bei der BBC etablierte. Aufsehen erregte vor allem sein Porträt der Waterloo Station in London, *Terminus* (1961), das sein Interesse an einem sozialen Realismus bezeugte.

John Schlesingers Einstieg in die Regiekarriere stand im Zeichen des britischen Free Cinema, eines gesellschaftskritischen Konzepts, das ihn mit Tony Richardson, Lindsay Anderson, Ken Loach und Karel Reisz verbindet. *Nur ein Hauch Glückseligkeit*

(1962) erzählt die Liebesgeschichte zwischen einem technischen Zeichner und einer jungen Sekretärin, die wegen einer ungewollten Schwangerschaft heiraten und an den widrigen Umständen ihrer Beziehung fast zugrunde gehen. Schlesinger inszenierte dieses Soziodrama in nüchterner Schwarzweißästhetik, die einen intimen Blick in das Alltagsleben der englischen unteren Mittelschicht wirft. Der bittere soziale Realismus wird auch in der folgenden Satire *Geliebter Spinner* (1963) deutlich, in der Tom Courtenay einen realitätsfremden Büroangestellten, einen sympathischen Schwindler, spielt. Bemerkenswert ist der Auftritt der jungen Schauspielerin Julie Christie, die fast im sorglos-direkten Stil der Nouvelle Vague eingeführt wird. Schlesinger erweiterte nicht nur sein stilistisches Repertoire, sondern erschuf einen neuen Star, der seine folgenden Werke dominieren sollte. In dem »Swinging London«-Porträt *Darling* (1965), einem Unterhaltungsfilm, der heute etwas geschmäcklerisch und antiquiert wirkt, konnte sie als vitales Model ihr Charisma entfalten. Prämiert wurde sie dafür mit einem Academy Award, während sich Schlesinger mit einer Nominierung für den besten Film des Jahres zufrieden geben mußte.

Mit *Die Herrin von Thornhill* (1967), der aufwendigen Verfilmung des Romans »Far from the Madding Crowd« (1874) von Thomas Hardy, begann John Schlesinger einen neuen Abschnitt seiner Karriere: Mit Hilfe der atmosphärisch bestechenden monochromen Farbfotografie von Nicolas Roeg folgte er den Spuren des Monumentalspezialisten David Lean. Trotz seiner dichten Inszenierung gelingt es dem Film jedoch nicht, das Drama einer adligen Frau zwischen zwei sehr unterschiedlichen Männern subtil zu pointieren. Die Darsteller (wieder u. a. Julie Christie) agieren merkwürdig hölzern in der überwältigenden Landschaft. Erst seine amerikanische Produktion *Asphalt-Cowboy* (1969) mit Dustin Hoffman und Jon Voight brachte den internationalen Durchbruch. Schlesinger wurde sowohl mit dem amerikanischen als auch mit dem britischen Academy Award für die beste Regie ausgezeichnet. Dieses melancholische Freundschaftsdrama über einen übermütigen Callboy und einen TBC-kranken Obdachlosen, zwischen denen sich eine sensible homosexuelle Beziehung entspinnt, erregte zudem Aufsehen, da es wegen »anstößiger« Szenen in Amerika mit einem X-rating belegt wurde, was bis heute in den USA die Rezeption eines Films behindern kann. *Asphalt Cowboy* erweist sich als intensiver Schauspielerfilm, der das Großstadtleben New Yorks in vielen Facetten einfängt. In dem Drama *Sunday Bloody Sunday* (1971) ist ebenfalls die Homosexualität des Protagonisten (Peter Finch) ein wesentliches Element. Der Film entwirft ein vielschichtiges, komplex inszeniertes Kaleidoskop von lose verbundenen Schicksalen im zeitgenössischen London. Wieder ist es ein dokumentarischer Blick, den Schlesinger geschickt und gelegentlich experimentell für den Spielfilm adaptiert. Schlesinger war schließlich einer der acht Regisseure, die während der Olympischen Spiele in München 1972 die Chance bekamen, ihre eigene Version dieses sportlichen Ereignisses zu filmen. Während sich die meisten der Beiträge auffällig ähneln, fällt Schlesingers Marathon-Dokumentation *The Longest* aus zwei Gründen auf: Er erzählt das Geschehen strikt aus der Sicht des britischen Teilnehmers bis zu dem Punkt, als es zu den Terroranschlägen kommt. In einer Crossmontage parallelisiert er den verpaßten Sieg des delirierenden Sportlers mit den tragischen Vorfällen.

Seit den siebziger Jahren kämpft Schlesinger um die positive Resonanz der Kritik. Rückblickend kann man gerade die Filme dieser Periode als weitere Höhepunkte seines Schaffens werten. Ähnlich wie der *Herrin von Thornhill* wurde auch seiner Nathanael-West-Verfilmung *Der Tag der Heuschrecke* (1975) vorgeworfen, die Inszenierung ziele am Geist der Vorlage vorbei, doch gerade die schonungslose Hysterie, mit der er die »kleinen Rädchen« im Hollywood-Getriebe der dreißiger Jahre charakterisiert, sichert dieser Produktion den Platz eines bedeutenden selbstreflexiven Hollywoodfilms. Wie in *Sunday Bloody Sunday* verfolgt er das Schicksal mehrerer gleichberechtigter Protagonisten, deren Leben hier in einer historischen Massenpanik besiegelt wird. Donald Sutherland wird als Päderast von der Menge förmlich in Stücke gerissen, während die Schreckensvisionen des jungen Kulissenkünstlers Tod (William Atherton) schonungslose Realität werden. Hier – wie in dem folgenden Noir-Thriller *Der Marathon-Mann* (1976) – sorgte der Kameramann Conrad Hall für Bildarrangements von beklemmender Intensität. Auch diesem Hitchcockschen Verschwörungsdrama, in dem Dustin Hoffman als ahnungsloser Student in die blutigen Machenschaften eines ehemaligen KZ-Arztes (Laurence Olivier) verwickelt wird, wurde kolportagehafte Dramaturgie vorgeworfen. Dennoch konnte sich *Der Marathon-Mann* als prototypischer Thriller der siebziger Jahre in der Genregeschichte etablieren. Weniger radikal als die beiden Vorgänger, zählt *Yanks – Gestern waren wir noch Fremde* (1979), eine angloamerikanische Romanze aus dem Zweiten Weltkrieg, zu den monumentalen Historienmelodramen. Elegant gefilmt und gut besetzt, erschöpft sich der Film in seiner absehbaren Konstruktion.

Schlesingers Werk der achtziger und neunziger Jahre führt die Tradition differenzierter Thriller fort: *Der Falke und der Schneemann* (1985) erzählt von einer Spionageaffäre und zwei Freunden, deren Verhältnis sich langsam entfremdet. Der Thrillerplot gerät deutlich zugunsten der Freundschaftsgeschichte in den Hintergrund und läßt Timothy Hutton und Sean Penn sehr viel Raum. Auffällig ist die eigenständige Musik von Pat Metheny und David Bowie, die dem Film symbolische Dichte verleiht. *Das Ritual* (1987) schließt an die Welle okkulter Horrorfilme der siebziger Jahre an und erzählt rasant und mitreißend vom Kampf eines desillusionierten Polizisten (Martin Sheen) gegen einen destruktiven Voodookult. Die Psychothriller *Fremde Schatten* (1990) und *... und der Himmel steht still* (1994) variieren beide auf unterschiedliche Weise Motive aus Hitchcock-Filmen: Ersterer erzählt von einem unheimlichen Mieter (Michael Keaton), der seinen Vermietern, einem vitalen, jungen Pärchen, nach dem Leben trachtet. Schlesinger und sein Kameramann Amir Mokri entwickeln in der düsteren Atmosphäre des viktorianischen Hauses ein Höchstmaß an Suspense, jedoch leidet der Film unter der überkonstruierten Dramaturgie. Von ungesühnter traumatischer Schuld erzählt das auf einem Roman von Ian McEwan basierende Spionagedrama *... und der Himmel steht still*, das den Berliner Mauerfall 1989 zum Anlaß nimmt, rückblickend eine Geschichte von Ehebruch, Mord und Verrat zu schildern. Wieder gelingt es dem Regisseur und einer Riege etablierter Darsteller (Anthony Hopkins, Isabella Rossellini) melodramatische und Spannungsmotive mit Ereignissen des Zeitgeschehens zu verbinden. *Eye for an Eye* (1995) jedoch ist eine Enttäuschung: Statt einen vergleichbar stilsicheren und einfühlsamen Zugang zu dieser Selbstjustiz- und Rachethematik zu suchen – Sally Field trachtet dem Vergewaltiger und Mörder ihrer Tochter nach dem Leben –, begnügt er sich mit inszenatorischen Platitüden à la Michael Winners reaktionärer *Ein Mann sieht rot*-Reihe.

Etwas aus dem Rahmen fällt das stille, sensibel beobachtende Drama *Madame Sousatzka* (1988), in dem Shirley MacLaine als sanftmütige Londoner Pianolehrerin einem indischen Jungen das Klavierspielen beibringt. In diesem Porträt von Lehren und Lernen wendet sich Schlesinger noch einmal der reinen Milieubeschreibung zu, basierend auf einem Drehbuch von Ruth Prawer Jhabvala, und inszeniert einen Film, der ganz von den differenzierten und mit viel Sympathie gezeichneten Charakteren lebt. Qualitäten, die sich in der jüngsten ländlichen Komödie *Cold Comfort Farm* (1996), die sich eher an ein jugendliches Publikum richtet, kaum noch entdecken lassen.

Marcus Stiglegger

Filmographie: Terminus (Dokumentarfilm, 1961) – A Kind of Loving / Nur ein Hauch Glückseligkeit (1962) – Billy Liar / Geliebter Spinner (1963) – Darling / Darling (1965) – Far from the Madding Crowd / Die Herrin von Thornhill (1967) – Midnight Cowboy / Asphalt-Cowboy (1969) – Sunday, Bloody Sunday / Sunday Bloody Sunday (1971) – München 1972 – 8 berühmte Regisseure sehen die Spiele der XX. Olympiade (Episode: The Longest, Dokumentarfilm, 1973) – The Day of the Locust / Der Tag der Heuschrecke (1975) – Marathon Man / Der Marathon-Mann (1976) – Yanks / Yanks – Gestern waren wir noch Fremde (1979) – Honky Tonk Freeway / Da steht der ganze Freeway kopf (1981) – An Englishman abroad / Gentleman in Moskau (Fernsehfilm, 1983) – Separate Tables / Getrennte Tische (Fernsehfilm, 1984) – The Falcon and the Snowman / Der Falke und der Schneemann (1985) – 50 Years of Action (1986) – The Believers / Das Ritual (1987) – Madame Sousatzka / Madame Sousatzka (1988) – Pacific Heights / Fremde Schatten (1990) – A Question of Attribution (Fernsehfilm, 1994) – The Innocent / ... und der Himmel steht still (1994) – Eye for an Eye / Eye for an Eye (1995) – Cold Comfort Farm / Cold Comfort Farm (1996).

Literatur: A Buck for Joe. [Interview.] In: Films and Filming. Nov. 1969. – Gene D. Phillips: John Schlesinger: Social Realist. In: Film Comment 5 (Winter 1969). – Peter Cowie: John Schlesinger. In: International Film Guide 1973. London 1972. – Gene D. Phillips: Interview. In: Film Comment 11 (Mai/Juni 1975). – Andreas Meyer: *Der Tag der Heuschrecke*. In: Medium 5 (1975) H. 12. S. 27 f. – Maria Capponi: *Eye for an Eye*. In: epd Film 13 (1996) H. 5. S. 48. – Rainer Gansera: *Cold Comfort Farm*. In: epd Film 14 (1997) H. 6. S. 40 f.

Volker Schlöndorff

*1939

Sein Handwerk erlernte der am 31. März 1939 in Wiesbaden geborene Arztsohn Volker Schlöndorff fernab der hessischen Heimat, im Paris der Existentialisten und der Nouvelle Vague, wohin er 1955, im Alter von nur 16 Jahren, ging. Mit Bertrand Tavernier drückte er gemeinsam die Schulbank, schaute sich in der Cinémathèque française im Palais Chaillot täglich drei Filme an, bei den Großen des französischen Films absolvierte er mehrere Hospitanzen als Regieassistent: angefangen bei Louis Malle, dessen *Zazie* (1960) Schlöndorffs erste Erfahrung mit dem späteren langjährigen Freund und Kollegen markiert, über Alain Resnais (*Letztes Jahr in Marienbad*, 1961) bis hin zu Jean-Pierre Melville (*Eva und der Priester*, 1961, u. a.), »der überhaupt nur aus Handwerksregeln bestand«, wie Schlöndorff später einmal konstatierte. Während seine autodidaktischen Kollegen das »Oberhausener Manifest« unterzeichneten und den deutschen Autorenfilm begründeten, rüstete sich der junge Schlöndorff mit dem Einmaleins des Inszenierens, um nach seiner Rückkehr aus Frankreich im Jahre 1965 sogleich mit den Dreharbeiten zu seinem Langfilmdebüt zu beginnen: der Adaption von Robert Musils 1906 erschienenem Roman »Die Verwirrungen des Zöglings Törless«.

Im Mai 1966 erlebte *Der junge Törless* seine Uraufführung bei den Internationalen Filmfestspielen in Cannes, und noch so manches Mal hielt der Festivalort an der Côte d'Azur eine Auszeichnung für Schlöndorff bereit. *Der junge Törless* antizipiert im Grunde alle wichtigen Motive, die im Werk Schlöndorffs immer wieder vorkommen: in der ambivalenten Hauptfigur etwa, des Törless, der die brutale Bedrohung des Außenseiters Basini durch die Kameraden Reiting und Beineberg beobachtet und kommentiert, dabei jedoch niemals aktiv eingreift und selbst zum Außenseiter gerät, der Andersartige, der Schwächere, der durch soziale, gesellschaftliche oder politische Umstände Benachteiligte, der Revoltierende, der Suchende auch, Personen, die im Leben gemeinhin schlecht wegkommen.

Schlöndorff, der stilistische Asket unter den Jungfilmern, unterwirft sich auch später keinem nur ästhetischen Formenvokabular, im Gegenteil: bei ihm unterliegt das Ästhetische einer ausgeprägten Reduktion, wechseln stilistische Elemente von Film zu Film sehr stark, gibt es keinen roten Faden, keinen »Schlöndorff-Touch«, der beim Zuschauer einen Wiedererkennungseffekt hervorriefe. »Der Regisseur ohne Stil«, wie ihn »Die Zeit« nannte, dessen Vorbilder die Regisseure Lang, Lubitsch und Wilder sind, er scheint sein jeweils neues Projekt quasi kontrapunktisch zu dem vorausgehenden anzulegen: Ähnlich der krassen Zäsur, die zwischen dem *Unhold* (1996) und *Palmetto/ Dumme sterben nicht aus* (1998) liegt, ist auch der Übergang erstaunlich vom streng gehaltenen *Jungen Törless* zur farbigen Melange aus Roadmovie, Kriminalfilm und schwarzer Komödie, *Mord und Totschlag* (1967). Der kleinen TV-Produktion *Baal* (1969), in der Rainer Werner Fassbinder die Brechtsche Figur kreatürlich-wild interpretiert, folgt ein Film, der in mehrfacher Hinsicht mit dem *Jungen Törless* verwandt scheint: *Der plötzliche Reichtum der armen Leute von Kombach* (1971). Wie *Der junge Törless* ist auch dieser Film von Kameramann Franz Rath fotografiert, in nüchternem, hartem Schwarzweiß, das der formalen Strenge der sozialkritischen Bauernchronik entspricht. Zusammen mit Peter Fleischmanns *Jagdszenen aus Niederbayern* (1969) rief der auf einem »aktenmäßigen Bericht« aus dem Jahre 1825 basierende Film eine kleine Renaissance des kritischen deutschen Heimatfilms hervor.

In den siebziger Jahren entstandene Filme Schlöndorffs beschäftigen sich vor allem mit dem zeittypischen Thema der weiblichen Emanzipation vor dem tristen Hintergrund bundesdeutscher Wirklichkeit. Individuum und Masse werden polarisiert, gesellschaftliche Mechanismen und ihre Auswirkungen auf den einzelnen bloßgelegt und nahezu unkommentiert inszeniert. Die Adaption von Heinrich Bölls gleichnamiger Erzählung *Die verlorene Ehre der Katharina Blum* (1975) ist hierfür das prominenteste Beispiel, andere, primär für das Fernsehen gedrehte Filme (*Die Moral der Ruth Halbfass*, 1972; *Strohfeuer*, 1972; *Georginas Gründe*, 1974), sind von geringerer Bedeutung, wenngleich sie teilweise den Sprung ins Kino schafften. Zusammen mit seiner Frau Margarethe von Trotta, die er 1971 geheiratet hat und die in einigen seiner Filme mitspielt, schrieb Schlöndorff das Drehbuch für *Die verlorene Ehre der Katharina Blum*, gemeinsam führten sie auch Regie. Buch und Film thematisieren ein politisches Tabu, obzwar die Protagonistin weit davon entfernt ist, eine politische oder anarchische Person zu sein. Katharina Blum (Angela Winkler) wächst von der naiv-weltfremden Haushälterin zur sich selbstbestimmenden Frau, die schließlich aus Ehr- und Gerechtigkeitssinn einen Menschen, den sensationsgierigen Reporter Tötges, umbringt. Sensationspresse und Polizeiapparat erscheinen im Film als unterdrückende und manipulierende Institutionen, das setzte den Regisseur prompt Verdächtigungen und Anschuldigungen aus, schließlich wurde er von der einschlägigen Presse als RAF-Sympathisant hingestellt. Der Film wurde dennoch ein großer internationaler Erfolg und mit diversen Preisen ausgezeichnet.

In Deutschland hingegen bleibt die deutsch-französische Koproduktion *Der Fangschuß* (1976) verkannt, in der ein weiteres Mal eine Frau als zentrale Figur auftritt: Sophie von Reval (Margarethe von Trotta), mit Bubikopf und Pfeife schmauchend bereits äußerlich emanzipiert, ist zur Zeit des baltischen Bürgerkriegs 1919 unglücklich in den Offizier Erich von Lhomond (Matthias Habich) verliebt, der sie aus politischen Gründen zuletzt umbringen muß, indem er ihr den »Fangschuß« gibt. Die Adaption des 1939 erschienenen Romans von Marguerite Yourcenar ist nicht nur Schlöndorffs letzter Film, der sich mit emanzipatorischen Fragen beschäftigt – und darin ist er gewiß sein einfühlsamster –, sondern er markiert auch die Rückkehr zu den Anfängen, zum *Jungen Törless*: Gut zehn Jahre nach seinem Regiedebüt kehrt er für die Dreharbeiten ins winterliche Burgenland zurück, um erneut in Schwarzweiß zu drehen – erstmals führt der Tscheche Igor Luther (u. a. *Die Blechtrommel; Die Geschichte der Dienerin*) in einem Schlöndorff-Film die Kamera –, um erneut in eine längst untergegangene historische Periode einzutauchen. Für die Rolle von Sophies Tante Praskovia entdeckte Schlöndorff die exzentrische, 85jährige Künstlerin Valeska Gert, der er 1977 eine einstündige, bemerkenswerte TV-Dokumentation widmete (*Nur zum Spaß – Nur zum Spiel. Kaleidoskop Valeska Gert*).

Zwischen 1977 und 1983 stand der politische Film, der Gruppenfilm insbesondere, im Mittelpunkt von Schlöndorffs Interesse, wenngleich in diesem Zeitraum auch zwei Solo-Inszenierungen entstanden: *Die Blechtrommel* (1979) und *Die Fälschung* (1981). Die drei politischen Gruppenfilme, bei denen Schlöndorff neben Alexander Kluge, Rainer Werner Fassbinder, Stefan Aust, Alexander von Eschwege und anderen Regie führte, sind Ausdruck für sein gesellschaftskritisches Bewußtsein: *Deutschland im Herbst* (1978), *Der Kandidat* (1980), *Krieg und Frieden* (1983) – dokumentarisch-fiktive Abhandlungen über bundesdeutschen Terrorismus, Polizeistaatsmethoden und Machterhaltungsmechanismen.

Die Blechtrommel, im Mai 1979 uraufgeführt, wird bis heute als das Chef d'œuvre Schlöndorffs bezeichnet. Es ist das bis dahin aufwendigste Projekt Schlöndorffs, erst die europäische Großproduktion *Der Unhold* nach einem Roman von Michel Tournier, die auch thematisch an *Die Blechtrommel* anknüpft und einem Seelenverwandten Oskar Matzeraths, dem Kriegsgefangenen Abel Tiffauges, nachgeht, übertraf das Budget. Die Bedeutung der Grass-Adaption, die an der Kinokasse zum erfolgreichsten deutschen Nachkriegsfilm wurde, mag filmhistorisch allein schon in der Tatsache begründet liegen, daß es nach Emil Jannings im Jahre 1928 erst wieder Volker Schlöndorff gelang, einen Oscar für den besten ausländischen Film des Jahres 1980 zu erhalten (neben der Goldenen Palme in Cannes 1979, die sich *Die Blechtrommel* mit Coppolas *Apocalypse Now* teilte). Schlöndorff kürzte im Drehbuch, das er zusammen mit Jean-Claude Carrière und Franz Seitz verfaßte, die literarische Vorlage erheblich. Dennoch ist auch seine Version der Geschichte des kleinen Oskar in epischer Breite gehalten und sinnlich-kraftvoll inszeniert. Zeitsprünge werden durch den Off-Kommentar Oskars kompensiert, stilistisch vermengen sich leise und burleske Slapstick-Szenen (Jagd auf Joseph Koljaiczek, Fronttheater) mit ekelerregendem Naturalismus (Strand-Sequenz mit Pferdekopf) und latenter Groteske (Oskars Geburt, seine Wachstums-Verweigerung). Der Blick der Kamera geht an manchen Stellen in Oskars Augenhöhe über, übernimmt dessen subjektive Sichtweise, ohne dabei verfremdenden Kunstgriffen zu verfallen (eine Ausnahme bildet die Szenerie im Mutterleib). Der intime Blick des gnomenhaft anmutenden Protestlers steht hierbei kontrapunktisch zu großen Raumtotalen (Maiwiesen-Aufmarsch, Danziger Stadtansichten). Im Juni 1997 sorgte eine Agenturmeldung aus dem US-Bundesstaat Oklahoma für Befremden: In Oklahoma City habe die Polizei auf richterliche Anordnung bei mehreren Razzien in Videotheken und Privatwohnungen Videokassetten der *Blechtrommel* beschlagnahmt, da »der Film gemäß dem Recht des amerikanischen Bundesstaates Oklahoma als obszön einzustufen« sei. Schlöndorff antwortete daraufhin in einer über dpa publizierten Stellungnahme, er freue sich zu sehen, daß nach 18 Jahren die Obszönität in der *Blechtrommel* die Aufmerksamkeit der Justiz gefunden habe.

Die achtziger Jahre gestalteten sich für Schlöndorff als Wanderjahre. Nach dem in Beirut gedrehten Antikriegsfilm *Die Fälschung* ging er nach Frankreich, scheute das Wagnis nicht, ein dort als Nationalheiligtum geltendes Werk zu adaptieren: *Eine Liebe von Swann* (1984), einen Teil aus dem ersten Abschnitt von Marcel Prousts »À la Recherche du temps perdu«, mit Starbesetzung (u. a. Jeremy Irons, Ornella Muti und

Alain Delon) in Paris gedreht. Mag das Paris um die Jahrhundertwende, das Paris der Intellektuellen, der Dandys und Dirnen noch akribisch rekonstruiert sein, von Kameramann Sven Nykvist in betörenden Tableaus mit famoser Lichtsetzung eingefangen, so kann dieser Film dennoch nicht darüber hinwegtäuschen, opulentes Ausstattungskino mit einem mangelhaften Drehbuch zu sein.

Mitte der achtziger Jahre zog Schlöndorff nach New York, in den folgenden Jahren des selbstgewählten Exils entstanden drei US-Produktionen, die in ihrer ästhetischen Anlage divergierender nicht sein könnten. *Tod eines Handlungsreisenden* (1985), *Ein Aufstand alter Männer* (1987), *Die Geschichte der Dienerin* (1990). Alle drei, teilweise Auftragsproduktionen, haben das Thema gesellschaftlicher Kritik gemein, und hierin mag durchaus eine Verbindung zu einigen Filmen der siebziger Jahre bestehen.

An der sechsteiligen Fernsehdokumentation *Billy, How Did You Do It?* (1988–92), einer amüsanten Hommage an seinen Freund und Kollegen Billy Wilder, arbeitete er bereits, als er 1991 sein wohl persönlichstes Projekt realisierte, die Verfilmung von Max Frischs *Homo Faber*. Die Geschichte vom rationalen Ingenieur Walter Faber, der auf einer Odyssee unwissentlich seiner Tochter Sabeth begegnet und sich in sie verliebt, kreist, wie auch *Tod eines Handlungsreisenden*, um die Erkenntnis, sein Leben verpaßt zu haben. Für Faber existieren nur festgelegte Wahrheiten, ist das Leben berechenbar: »Warum gleich an Wunder glauben? Was mich wirklich verwirrt, ist eine Kette von Zufällen.« Und die treten denn auch ein, reißen ihn aus seiner festgefügten Lebensbahn, so daß er schließlich just an jener Kette von Zufällen, am wahren Leben, zerbricht. Schlöndorffs Faber ist der unbehauste Wanderer, Sam Shepard leiht der Figur sein verbittertes Lächeln im verhärteten Gesicht. Julie Delpy als Sabeth ist naives Mädchen, umsichtige Frau, mysteriöse Sphinx in einem. *Homo Faber* kann zweifellos als Schlöndorffs leisester Film gelten, vor allem als sein poetischster. Mit etwa 1,5 Millionen Zuschauern wurde der Film, den sich Max Frisch zwei Monate vor seinem Tod noch ansehen konnte, in Deutschland zu einem der größten Erfolge Schlöndorffs.

1992, inzwischen nach Berlin umgezogen, unterzeichnete Schlöndorff einen Fünfjahresvertrag als Geschäftsführer der Babelsberger Studios. Kulturpolitisches Engagement und bürokratische Hürdenläufe hinderten ihn über Jahre, zur Regie zurückzukehren. Im Sommer 1997 schied er aus diesem Amt wieder aus. Nach der kontrovers beurteilten Michel-Tournier-Adaption *Der Unhold* war Schlöndorffs nächste Arbeit die Verfilmung des Kriminalromans »Just Another Sucker«, von James Hadley Chase. Unter dem Titel *Palmetto / Dumme sterben nicht aus* drehte er mit Woody Harrelson und Elisabeth Shue in Florida einen Film noir mit 10-Millionen-Dollar-Budget, die deutsche Rialto Film war als Produzent beteiligt. Die Story um den vom Pech verfolgten Reporter Harry Barber, der nach seiner Entlassung aus dem Gefängnis sein Leben in die Hand nehmen will, handelt einmal mehr von einem Outsider, einem naiven Toren, der sich gegen die Umwelt behaupten muß. Dieser Typus ist es auch, dem er seine Aufmerksamkeit widmet, dem er mit seinem Handwerk ein Forum schafft, den »Harry Barbers unserer Welt«: dem tumben Unhold und dem verlorenen Handlungsreisenden.

Thilo Wydra

Filmographie: Der junge Törless (1966) – Mord und Totschlag (1967) – Ein unheimlicher Moment (Kurzfilm, 1967) – Michael Kohlhaas – der Rebell (1969) – Baal (Fernsehfilm, 1969) – Der plötzliche Reichtum der armen Leute von Kombach (1971) – Die Moral der Ruth Halbfass (1972) – Strohfeuer (1972) – Übernachtung in Tirol (Fernsehfilm, 1974) – Georginas Gründe (Fernsehfilm, 1974) – Die verlorene Ehre der Katharina Blum (Co-Regie: Margarethe von Trotta, 1975) – Le Coup de grâce / Der Fangschuß (1976) – Nur zum Spaß – Nur zum Spiel: Kaleidoskop Valeska Gert (Fernsehdokumentation, 1977) – Deutschland im Herbst (Episoden: Die verschobene Antigone, Begräbnisse in Stuttgart, 1978) – Die Blechtrommel (1979) – Der Kandidat (1980) – Die Fälschung (1981) – Krieg und Frieden (Episoden: Atombunker, Gespräche im Weltraum, 1983) – Un Amour de Swann / Eine Liebe von Swann (1984) – Death of a Salesman / Tod eines Handlungsreisenden (1985) – Vermischte Nachrichten (Fernsehfilm, Episode: Helmut Schmidt in der DDR, 1986) – A Gathering of Old Men / Ein Aufstand alter Männer (Fernsehfilm, 1987) – The Handmaid's Tale / Die Geschichte der Dienerin (1990) – Billy, How Did You Do It? (Fernsehdokumentation, 1988–92) – Homo Faber (1991) – The Ogre / Der Unhold (1996) – Palmetto / Dumme sterben nicht aus (1998).

Literatur: V. Sch.: *Die Blechtrommel*. Tagebuch einer Verfilmung. Darmstadt 1979. – V. Sch. / Günter Grass: *Die Blechtrommel* als Film. Frankfurt a. M. 1979. – V. Sch.: *Der Unhold.* Göttingen 1996. – V. Sch. / Nicolas Born / Bernd Lepel: *Die Fälschung* als Film und der Krieg im Libanon. Frankfurt a. M. 1981.

Rainer Lewandowski: Die Filme von Volker Schlöndorff. Hildesheim 1981. – Thilo Wydra: Retrospektive Volker Schlöndorff. Katalog. Wiesbaden 1996. – Thilo Wydra: Volker Schlöndorff und seine Filme. München 1998.

Paul Schrader

*1946

Paul Schrader wurde am 22. Juli 1946 in eine streng calvinistische Familie holländisch-deutscher Abkunft hineingeboren. Nach eigenen Aussagen war ihm der Kinobesuch bis zum siebzehnten Lebensjahr untersagt. Erst mit seinem Filmstudium an der University of California, Los Angeles, der zahlreiche Talente des New Hollywood entstammen, folgte eine Phase intensiven Filmgenusses, die mit seiner Forschungsarbeit am American Film Institute Früchte trug. Schrader war zeitweise Mitherausgeber der Zeitschrift »Cinema« und schrieb legendäre Artikel für »Film Quarterly« (u. a. über Sam Peckinpahs *The Wild Bunch*, 1969). In dem 1972 erschienenen Buch »Transcendental Style in Film« analysierte er die mythischen und religiösen Wurzeln und Tendenzen in den Werken seiner Regie-Vorbilder Yasujiro Ozu, Robert Bresson und Carl Theodor Dreyer, allesamt strenge Stilisten und in zwei Fällen asketische Christen von nüchterner Konsequenz. Bereits zu dieser Zeit wandte er sich auch der Filmpraxis zu: er begann, Drehbücher zu verfassen.

1975 kam Sidney Pollacks Film *Yakuza* in die Kinos. Paul Schraders Bruder Leonard hatte die Idee zu diesem am japanischen »yakuza-eiga« orientierten transkulturellen Thriller, woraufhin Paul Schrader ein Drehbuch, sein offizielles Debüt, verfaßte. Warner Bros. kauften es und ließen es von ihrem Routinier Robert Towne (*Chinatown*, 1974) umarbeiten. Brian de Palma stellte Schrader 1975 Martin Scorsese vor. Beide arbeiteten bis heute an vier gemeinsamen Filmen: *Taxi Driver* (1976), *Wie ein wilder Stier* (1980), *Die letzte Versuchung Christi* (1988) und *Bringing Out the Dead* (1999). *Taxi Driver* war für Schrader der Versuch, quälenden persönlichen Ballast in einem waghalsig konstruierten Drehbuch abzuarbeiten. Zu jener Zeit wurde er von seiner Lebensgefährtin verlassen und fuhr ziellos mit dem Auto durch die nächtlichen Straßen. Travis Bickle ist das Destillat jener Verlorenheit, jener absoluten Einsamkeit: »Ich bin Gottes einsamster Mensch.« *Taxi Driver* jedoch wurde nicht Schraders Debüt, er gilt heute statt dessen als das Meisterwerk Martin Scorseses. Weitere Arbeiten folgten, u. a. *Schwarzer Engel* (1976), ein Buch für Brian de Palma, das sich an einer zeitgenössischen Variante des *Vertigo*-Stoffes von Hitchcock versucht.

Erst 1979 gelang es Schrader, mit gleich zwei Regiearbeiten zu debütieren: Zusammen mit seinem Bruder hatte er den Gewerkschaftsthriller *Blue Collar – Akkord am Fließband* geschrieben, und im Alleingang drehte er den Thriller *Hardcore – Ein Vater sieht rot*. Das Sujet hier ist offensichtlich sehr persönlich. Wieder begeben wir uns in die Welt von *Taxi Driver*, diesmal jedoch in Los Angeles lokalisiert. Der calvinistische Sektierer Jake van Dorn (George C. Scott) sucht dort seine verschwundene Teenagertochter. Seine verzweifelte Suche führt ihn in die Abgründe einer ihm kaum vertrauten Welt. Als er seine Tochter schließlich findet, ist sie so tief im Sumpf der Pornographie versunken, daß er sie kaum zur Rückkehr zu überreden vermag. Schraders düsterer Thriller verwehrt sich stoisch einer reißerischen Perspektive, die das Thema förmlich anbietet. Fast schamvoll wendet er den Blick ab, zielt eher auf Bestürzung und Wut. Während in Scorseses Nachtwelt ein morbides Funkeln dominiert, eine sinnliche Korrosion, bemüht sich Schrader um einen gebrochenen, ausgewaschenen Farbton. Seine Neonhölle ist dämmrig und matt, die Faszination des Bösen ist fast getilgt. Statt der einschmeichelnden Saxophonmelodien Bernard Herrmanns in *Taxi Driver* arbeitet Jack Nitzsche hier mit dissonanten, atonalen Collagen.

Ein Mann für gewisse Stunden (1980) hingegen begibt sich mit außergewöhnlichem kommerziellen Erfolg in eine vom Film allgemein wenig beachtete Welt: die der Callboys, der High-Society-Gigolos. Richard Gere spielt den Mann für die »gewissen Stunden« reicher Hollywood-Ladies. Mit gepflegtem Äußerem und umgeben von noblen Statussymbolen schwebt er in jenem ätherischen Niemandsland der obersten Gesellschaftsschichten. Eine Welt des schönen Scheins, der sozialen Masken, der Doppelzüngigkeit, in der die Ware Sex als solche nicht einmal einen Namen hat. Julian Kay, gefangen in einer luxuriösen Blase, in einem schimmernden Glaskäfig namens Beverly Hills, wird ein weiterer tragischer Held in Schraders Œuvre. Statt mit psychologischem »method acting« arbeitet Schrader mit ikonenhafter Besetzung: Richard Gere und Lauren Hutton spiegeln makellos den Glamour einer kalten, konsumbesessenen Welt. *Ein Mann für gewisse Stunden* ist eine Art »pastellener« Film noir der florierenden Disco-Szene in den ausgehenden siebziger Jahren, deren Versatzstücke er reichlich benutzt.

1982 wandte sich Paul Schrader in einer offenbar kommerziellen Auftragsarbeit dem Remake des klassischen Horrorfilms *Katzenmenschen* (1942) von Jacques Tourneur zu. Tourneurs psychologischer Reißer ist ein Meisterwerk des »sanften Schreckens«, ein Film noir des Horrorfilms. Im Gegensatz zu Tourneurs abstraktem Fluch der Katzenmenschen führt Schrader den Ausbruch des Animalischen auf die Paarung zwischen Mensch und Panther zurück. Nur mit ihrem Bruder könnte Irena (Nastassja Kinski) in Ruhe leben, doch sie verweigert sich. Um mit ihrem Geliebten (John Heard) zusammen sein zu können, läßt sie sich schließlich von ihm als Exponat im Zoo einsperren (in Gestalt der Katze, versteht sich). Ekstase als Ausbruch des »Tieres«, wieder werden Sinnlichkeit und Sexualität bestraft – Schrader reiht sich hier vermutlich unfreiwillig in die reaktionäre Strömung des Horrorkinos ein.

Der letzte Tag im Leben des japanischen Schriftstellers Yukio Mishima (1925–1970), der nach einem Putschversuch »seppuku« begangen hatte, dient Schrader als dramaturgisches Gerüst für ein streng stilisiertes Künstlerporträt: *Mishima – Ein Leben in vier Kapiteln* (1985). Die Kapitel lauten: »Schönheit«, »Kunst«, »Kampf« und »Die Harmonie aus Feder und Schwert«, alles Schlüsselbegriffe aus Werk und Philosophie Yukio Mishimas, der sich für den »bushido«, den »Weg des Kriegers« entschieden hatte. Mishima verkörperte in all seiner strittigen Ambivalenz letztlich das ultimative kulturelle japanische Trauma – gefangen zwischen den Errungenschaften der kapitalistischen, westlichen Marktwirtschaft und der Tradition kriegerischer Disziplin – und spiegelt Schraders eigene Position in der amerikanischen Filmlandschaft. Dem radikalen »auteur«-Gestus der klassischen europäischen Filmkunst verpflichtet, wagte er mit der finanziellen Hilfe seiner Gönner

George Lucas und Francis Ford Coppola einen seinerseits selbstmörderischen Schritt: Er inszenierte die komplexe, filmsprachlich dem Sujet durchaus angemessene Biographie eines radikal-individualistischen Künstlers, ohne auch nur einen Gedanken an die kommerzielle Verwertbarkeit dieses Vorhabens zu verschwenden.

Eine ähnliche Reaktion wie *Mishima* provozierte Schraders letzte radikal persönliche Auseinandersetzung mit einem sozialpolitisch problematischen Sujet: In *Patty – Schreie im Dunkeln* (1988) verfilmte er die Ereignisse um die Entführung der Millionärstochter Patty Hearst (Natasha Richardson). Aus dem privilegierten Teenager wird im Laufe der Gefangenschaft eine radikal antikapitalistische Terroristin, die sich den eigenen Entführern anschließt und ihrerseits Terrorakte begeht. *Patty* ist ein politischer, moralischer Thesenfilm.

Der Trost von Fremden (1990), eine Ian-McEwan-Verfilmung, zeigt weitere Abnutzungserscheinungen seiner Kreativität: Der Versuch, diese Geschichte eines konventionellen Pärchens (Rupert Everett, Natasha Richardson), das es bei seinem Venedig-Urlaub mit einem sadomasochistischen Paar (Christopher Walken, Helen Mirren) zu tun bekommt, in möglichst nüchterne, aber zugängliche Bilder zu packen, scheitert an einer ähnlichen »Kälte«, die einst *Katzenmenschen* zum Verhängnis wurde.

Light Sleeper (1991) ist Schraders Rückkehr in die Welt des Taxi Drivers Travis Bickle. Doch die Metropole der neunziger Jahre bietet dem Loner ein anderes Gesicht: Designer-Drogen und Koks beherrschen das Milieu, das Glitzern der Neonreklamen auf dem Asphalt ist eine Spur glamouröser geworden. Willem Dafoe spielt den »Glückslieferanten der gehobenen Gesellschaft«, der in einem verzweifelten Akt mit dem Milieu abrechnen möchte. Der Regisseur wählt nun unverblümt den Bressonschen »transzendentalen« Zugang und erzählt seine Version der Suche eines »sündigen« Mannes nach Erlösung in spartanischen, oft flächig-leeren Bildern. Wieder ist es ein Popsong, der zur Sterbehymne des Protagonisten wird, wieder bekommt der Weg in die Einsamkeit des Gefängnisses den Anschein von Erleichterung. Dazwischen: spontane Begierden und Eruptionen der Gewalt; Gesichter einer »gottlosen«, fauligen Welt, »schwarz nicht vom Dunkel der Nacht allein« (Raymond Chandler). Mit dem Vater-Sohn-Drama *Der Gejagte* (1997) konnte Schrader schließlich wieder einen internationalen Achtungserfolg bei Kritik und Publikum erzielen.

Marcus Stiglegger

Filmographie: Blue Collar / Blue Collar – Kampf am Fließband (1979) – Hardcore / Hardcore – Ein Vater sieht rot (1979) – American Gigolo / Ein Mann für gewisse Stunden (1980) – Cat People / Katzenmenschen (1982) – Mishima / Mishima – Ein Leben in vier Kapiteln (1985) – Light of Day / Light of Day – Im Licht des Tages (1986) – Patty Hearst / Patty – Schreie im Dunkeln (1988) – The Comfort of Strangers / Der Trost von Fremden (1990) – Light Sleeper / Light Sleeper (1991) – Witch Hunt / Magic Murder (1994) – Touch / Touch (1996) – Affliction / Der Gejagte (1997).

Literatur: P. Sch.: Transcendental Style in Film: Ozu, Bresson, Dreyer. Los Angeles 1972. – P. Sch.: Notizen zum Film Noir. In: Filmkritik 20 (1976) H. 238. S. 463–477. – P. Sch. [u. a.]: *Mishima* – Der letzte Samurai. In: Cinema plus 1985. H. 1. S. 40–45.

Richard Thompson: Interview. In: Filmkritik 20 (1976) H. 238. S. 478–499. – Kevin Jackson: Schrader on Schrader and Other Writings. London 1990. – Marcus Stiglegger: Inside/Outside Hollywood. In: Testcard 1997. H. 5. S. 274–281.

Ettore Scola

*1931

Der am 10. Mai 1931 in Trevico, Süditalien, geborene Ettore Scola genießt heute, nach über dreißigjähriger erfolgreicher Regietätigkeit noch immer nicht den Ruf, der ihm gebührt. Zu lange blieb die Kritik am komödiantischen Frühwerk Scolas haften, ordnete ihn als Regisseur der »seconda categoria« ein und übersah dabei das Entstehen seiner feinfühligen, gefühlsbewegenden und symbolischen Erzählweise, die besonders im Alterswerk durch Ironie und Selbstironie sympathische Leichtigkeit gewinnt.

Ende der vierziger Jahre kam Scola noch während seines Jurastudiums (das er mit der Promotion abschloß) zu der humoristisch-satirischen Zeitschrift »Marc'Aurelio«, wo er zunächst als Zeichner und Texter tätig war. Es will nicht als bloßer Zufall erscheinen, daß Scola damit in die Fußspuren seiner Vorbilder und späteren Freunde Federico Fellini und Furio Scarpelli trat. Er selbst versteht die Arbeit für die Zeitschrift als notwendige Schule für die spätere Tätigkeit als Drehbuchautor und Regisseur, der er seinen sozialkritischen Blick auf den italienischen Nachkriegsalltag verdanke.

Von 1954 bis zu seinem Debüt als Regisseur 1964 mit *Frivole Spiele* machte Scola sich mit zahlreichen Drehbüchern, u. a. zu *Verliebt in scharfe Kurven* (Regie: Dino Risi, 1962) und *Das Mädchen aus Parma* (Regie: Antonio Pietrangeli, 1963), einen Namen als Autor typisch italienischer Komödien. In der »commedia all'italiana« treten ebenso lebenskluge, gewitzte wie naive Figuren auf, die bisweilen grotesk überzeichnet sind: dennoch oft ein Ensemble volkstümlicher Personen. Diese Merkmale prägen das gesamte filmische Werk Scolas. Mit seinem 1970 entstandenen Film *Eifersucht auf italienisch* gelang ihm der Durchbruch. Hauptdarsteller Marcello Mastroianni erhielt für seine Rolle als Oreste die Goldene Palme in Cannes. Der Film ist nur vordergründig ein derbes, verzweifeltes Drama aus dem römischen Proletariat, das in Mord und Wahnsinn endet. Mit anarchischem Witz nimmt Scola die Komödie unversehens ernst. Es gelingt ihm hier, wie in allen nachfolgenden Werken, große Geschichten über kleine Leute zu erzählen, ohne in einen dozierenden Ton zu verfallen. Scola verbindet seine Vorliebe für das entfesselte Spiel der klassischen neapolitanischen Komödie mit der präzisen Wirklichkeitsbeobachtung des Neorealismus. Die tragikomische Darstellung des Alltags wurde zum Charakterzug seines Werks.

Filme wie *Die schönste Soiree meines Lebens* (1972), *Wir hatten uns so sehr geliebt* (1974), *Die Schmutzigen, die Häßlichen und die Gemeinen* (1976) oder *Die Terrasse* (1980) überschreiten endgültig das thematisch begrenzte Genre der Commedia. Scola wird zu einem national anerkannten, viel diskutierten Regisseur. Stilistisch-ästhetisch ändert er seine Handschrift, der Erzählrhythmus wird langsamer, die Figuren treten noch stärker in den Vordergrund. Szenisch schränkt sich der Handlungsrahmen mehr und mehr ein, die Neigung zum Kammerspiel wird auffällig. Das Vergehen der Zeit spiegelt er in melancholischen Situationen. Kaum merkliche Veränderungen in der Spielweise korrespondieren dem Wechsel der Epochen.

In *Wir hatten uns so sehr geliebt* zeichnet Scola 30 Jahre italienische Zeitgeschichte nach. Vor dem Hintergrund von Faschismus, Krieg und Nachkriegszeit schildert er die Chronik einer Männerfreundschaft, die am Verlust ihrer Ideale zerbricht. Der Film verdeutlicht auch Scolas Bewunderung für den Neorealismus. Er zitiert Werke seiner Vorbilder Vittorio De Sica und Federico Fellini, die er sogar als Darsteller gewinnen konnte. Mit *Die Schmutzigen, die Häßlichen und die Gemeinen*, den Scola im Anschluß drehte, verkehrt er Pasolinis Ehrfurcht für die Vorstadt, die »borgata« (so in *Accatone*, 1961, oder *Mamma Roma*, 1962), ins Gegenteil und zeichnet eine bissige Satire von Neid und Gier der Armen. Scola gibt seiner Vorliebe für ungeschönte Karikaturen nach, seine Helden existieren am sozialen Rand einer maroden Konsumgesellschaft, gesehen werden sie durch große, halb hoffnungsvolle, halb traurige Kinderaugen. Pasolini beabsichtigte einen Prolog zur Premiere dieses Films zu sprechen, dies vereitelte aber sein tragischer Tod. Um dem Freund und Kollegen eine letzte Ehre zu erweisen, drehte Scola in Zusammenarbeit mit Bernardo Bertolucci, Liliana Cavani und Mario Monicelli 1976 den Dokumentarfilm *Le borgate di Pasolini*.

Ein besonderer Tag (1977) führte zu einem vorläufigen Höhepunkt in der Popularität Scolas. Rahmenhandlung bildet der Staatsbesuch Hitlers in Rom am 6. Mai 1938. Erzählt wird die zufällige Bekanntschaft von Antonietta (Sophia Loren) und Gabriele (Marcello Mastroianni), beide auf unterschiedliche Weise Opfer des Faschismus, die aus ihrer Unfreiheit heraus zueinanderfinden und doch die Vergänglichkeit ihrer Beziehung erkennen müssen. Scola beschränkt sich weitgehend auf den künstlichen Raum des Filmstudios. Das Zeitgeschehen dringt als Tonkulisse über das Radio in die Sphäre der Protagonisten und damit in das Bewußtsein des Zuschauers ein, dessen Aufmerksamkeit sonst ganz auf die Interaktion der Figuren und deren Einsamkeit konzentriert wird.

Ein besonderes Ereignis europäischer Geschichte liegt auch der *Flucht nach Varennes* (1982) zugrunde. Am 21. Juni 1791 fliehen Ludwig XVI. und Marie-Antoinette vor der Französischen Revolution. Wieder wird das historische Ereignis aus der Perspektive einiger repräsentativer Personen aus dem Volk erzählt, vom Herrscher selbst sieht man lediglich die Füße, erneut ein Indiz für Scolas Bestreben, Geschichte durch die Augen des einfachen Mannes zu betrachten. Häufig wird die filmische Handlung unterbrochen, Vergangenes eingefügt, Assoziationen und Träume. Scola vermeidet es, eine vorgetäuschte Realität zu inszenieren, sein Kino bleibt bewußt Kino. Der Film hält den Zuschauer auf Distanz zu den Begebenheiten der Geschichte, läßt ihn aber die Menschen in ihren historischen Kostümen begreifen, unter denen Aktualität hervorblitzt.

Spätestens mit dem 1983 entstandenen *Le Bal – Der Tanzpalast* gewann Scola auch das Interesse des nicht italienischen Publikums. Eine Parabel der Einsamkeit: in einem Tanzlokal kehren über 50 Jahre hinweg dieselben Frauen und Männer ein. In diesem, 1984 in Berlin mit dem Silbernen Bären ausgezeichneten Experiment – es wird zwei Stunden lang kein Wort gesprochen –, findet man Scolas einst gezeichnete Karikaturen als tanzende Puppen auf der Leinwand.

Scola vollendet selten seine Handlungen, er läßt im Erzählfluß häufig Lücken, die dem Zuschauer Gelegenheit geben, seine eigenen Erinnerungen hinzuzufügen. So auch in den Filmen *Macaroni* (1985), *Die Familie* (1987) und *Wie spät ist es?* (1989), die Bilanz eines Lebens ziehen und sich fortwährend um das Thema der vergehenden Zeit drehen. *Die Familie* ist ohne Zweifel eines der bedeutendsten Werke Scolas. Es scheint beinahe, als fügten sich hier alle stilistischen Elemente vollendet zusammen. Der Film beschreibt gleich dem kommentierenden Blick in ein Fotoalbum die Erinnerung an achtzig Jahre Familienleben. Wie schon in *Ein besonderer Tag*, *Der Tanzpalast* oder *Die Terrasse* ist die gesamte Filmhandlung in einem Raum angesiedelt. Verlassen Figuren die Wohnung, verschwinden sie auch aus der Filmhandlung. Derselbe Schauplatz vermittelt zwischen den Veränderungen der Außenwelt und dem Innenleben der Figuren.

Scolas Absicht, ein theatrales Kino zu gestalten, um sich ganz auf die Psychologie der Figuren einlassen zu können, findet ihren bezauberndsten und elegantesten Ausdruck in der Verfilmung des Romans »Capitaine Fracasse« von Théophile Gautier. Die Erlebnisse einer reisenden Theatergruppe aus der Barockzeit werden hier als Spiel im

Spiel im Spiel aufgeführt. *Die Reise des Capitan Fracassa* (1991) ist Scolas Reverenz an die Commedia dell'arte, an die »giullari«, die sich selbst wie ihr Publikum in eine magische Welt entführt haben, um Hunger, Armut und Kälte für den vergänglichen Moment einer Theatervorstellung zu vergessen. Scola feiert die versöhnliche Vereinigung von Menschen, gleich ob es sich um Liebe oder Freundschaft, Gemeinschaft oder Familie handelt.

Maßgeblichen Anteil an der stilistischen Einheit seines Werkes haben Schauspieler wie Marcello Mastroianni, Nino Manfredi, Stefania Sandrelli, Massimo Troisi und Vittorio Gassman, mit denen Scola immer wieder zusammenarbeitete. Sie alle sind mit oder durch Scola groß geworden, sind mit ihm den Weg von der Commedia zum anspruchsvollen Spätwerk gegangen. Zu Scolas Atelierfamilie gehört auch Luciano Riccheri, sein Filmarchitekt, der seit 1970 die unverwechselbaren Umwelten für Scolas Figuren geschaffen hat. Die bewußte Künstlichkeit der Szenerie beeinflußt die Wechselwirkungen zwischen den Protagonisten, die Kulisse nimmt bisweilen sogar den Stellenwert einer Hauptfigur ein, so etwa in *Ein besonderer Tag*, wo die Gefühle von Angst und Hoffnung erst durch die genaue Vergewisserung des Ortes nachvollziehbar werden.

Anabel Münstermann

Filmographie: Se permette parliamo di donne / Frivole Spiele (1964) – La congiuntura / Auf eine ganz krumme Tour (1964) – Thrilling (Episode: Il vittimista, 1965) – L'arcidiavolo (1966) – Riusciranno i nostri eroi a ritrovare l'amico misteriosamente scomparso in Africa? (1968) – Il Commissario Pepe (1969) – Dramma della gelosia: tutti i particolari in cronaca / Eifersucht auf italienisch (1970) – Permette? Rocco Papaleo / Rocco Papaleo (1971) – La più bella serata della mia vita / Die schönste Soiree meines Lebens (1972) – Trevico – Torino: viaggio nel Fiat-Nam / Trevico – Torino (1973) – Festival del unità (Dokumentarfilm, 1973) – C'eravamo tanti amati / Wir hatten uns so sehr geliebt (1974) – Brutti, sporchi e cattivi / Die Schmutzigen, die Häßlichen und die Gemeinen (1976) – Silenzio e complicità (Dokumentarfilm, 1976) – Le borgate di Pasolini (Dokumentarfilm, 1976) – Signore e signori buona notte (Gemeinschaftsarbeit mit Luigi Comencini u. a., 1976) – Una giornata particulare / Ein besonderer Tag (1977) – I nuovi mostri / Viva Italia (Gemeinschaftsarbeit mit Mario Monicelli und Dino Risi, 1977) – La terrazza / Die Terrasse (1980) – Vorrei che volo (1980) – Passione d'amore / Passion der Liebe (1981) – La Nuit de Varennes / Il mondo nuovo / Flucht nach Varennes (1982) – Ballando, ballando / Le Bal – Der Tanzpalast (1983) – Maccheroni / Macaroni (1985) – La famiglia / Die Familie (1987) – Splendor / Splendor (1988) – Che ora è? / Wie spät ist es? (1989) – Il viaggio di Capitan Fracassa / Die Reise des Capitan Fracassa (1991) – Mario, Maria e Mario (1992) – Diario di un giovane povero (1995).

Literatur: E. S. / Antonio Bertini: Il cinema ed io. Rom 1996.

Aldo Tassone: Le Cinéma italien parle. Paris 1982. – Vittorio De Santi: I film di Ettore Scola. Rom 1987. – Paola Micheli: Ettore Scola. I film e le parole. Rom 1994.

Martin Scorsese

*1942

Als Enkel italienischer Einwanderer am 17. November 1942 in Flushing, New York, geboren, wuchs Martin Scorsese im New Yorker Stadtteil Little Italy auf. Er wollte zunächst Priester werden und schrieb sich 1956 am Cathedral College der Erzdiözese New York ein. Später wechselte er zur New York University und begann ein Studium der englischen Literatur, um Lehrer zu werden. Schließlich wandte er sich der Filmabteilung der Universität zu und konzentrierte sich auf seine Ausbildung als Filmregisseur. Schon einer seiner ersten Studentenfilme, *It's Not Just You, Murray* (1964),

Martin Scorsese (r.) mit Robert De Niro

erregte Aufmerksamkeit, wurde von Universal gekauft und als Vorfilm in den Kinos gezeigt.

Noch vor Beendigung seines Studiums hatte Scorsese seinen ersten langen Film abgedreht, *Bring on the Dancing Girls* (1965), dessen Premiere jedoch ein Fiasko wurde. Scorsese brauchte zwei Jahre für die Finanzierung der Weiterbearbeitung. Es war aber praktisch ein neuer Film, der 1967 beim Chicago Film Festival unter dem Titel *I Call First* uraufgeführt wurde. Ein Verleiher zeigte sich interessiert und brachte den Film nach neuerlichen Veränderungen unter dem Titel *Whose That Knocking at My Door?* 1968 in die amerikanischen Kinos. Die autobiographisch angehauchte Geschichte zeigt einen jungen Mann (Harvey Keitel), dessen Liebe zu einer namenlos bleibenden Blondine scheitert, weil er die schlechten Erfahrungen seiner Freundin nicht verstehen kann. In seinem ersten Film ist Scorsese damit bereits bei einem seiner Themen: der kulturellen Prägung seiner Protagonisten durch die konservativen Wert- und Moralvorstellungen der italienisch-katholischen Einwanderergemeinde.

Nach seiner Magisterprüfung war Scorsese bis 1970 als Dozent an der NYU Film School tätig und arbeitete gleichzeitig als freier Mitarbeiter an verschiedenen Filmprojekten mit. Zu dieser Zeit war Roger

Corman auf Scorsese aufmerksam geworden. Er beauftragte ihn mit der Regie von *Die Faust der Rebellen* (1972), eine Aufgabe, die Scorsese kaum Anlaß bot, seine eigenen Vorstellungen umzusetzen. Die Geschichte von Bertha Thompson und Bill Shelley, die während der Depressionszeit in die Auseinandersetzungen zwischen den Gewerkschaften und der Eisenbahngesellschaft hineingezogen werden, wird von Scorsese mit einigen für ihn typischen religiösen Bildassoziationen aufgeladen. Darüber hinaus befolgte er die erprobten Rezepte Cormans, der seinen Regisseur ungehindert arbeiten ließ, solange es klar war, daß genügend Sex und Gewalt den Film durchzogen.

Mit einem Budget von 550000 Dollar drehte Scorsese 1972 *Hexenkessel*, einen Film, der bei der Kritik sehr wohlwollend aufgenommen wurde, an der Kinokasse jedoch floppte. In atmosphärisch dichten Bildern zeigt Scorsese den Lebensalltag von Little Italy zu Anfang der siebziger Jahre. Tony, Michael, Johnny und Charlie vertreiben sich unnütz die Zeit. Nur langsam schlägt dieses scheinbare Spiel in blutigen Ernst um. Am Ende liegen Charlie und Johnny blutend in einem Wagen, von den Kugeln eines Killers getroffen, der Johnny als säumigen Schuldner abstrafen soll. Es geht in *Hexenkessel* unterschwellig um ein religiöses Thema: Reue und Buße. Charlie, der für Michael als Geldeintreiber arbeitet, fühlt sich schuldig und versucht Johnny, der ständig in Schwierigkeiten steckt, auf den rechten Weg zurückzuführen. Das kostet ihn beinahe das Leben, denn indem er Johnny zu schützen versucht, verletzt er die ungeschriebenen Gesetze der italienischen Mafia, deren Teil er ist. Doch *Hexenkessel* ist kein Gangsterfilm: »Es ging uns darum, die Geschichte eines modernen Heiligen zu erzählen, eines Heiligen in seinem eigenen gesellschaftlichen Umfeld, aber er lebt halt in der Gesellschaft von Gangstern. Es sollte interessant sein zu sehen, wie ein Mann in dieser Umgebung das Rechte tut – das ist die Redewendung, die sie benutzen: ›das Rechte tun‹« (Scorsese).

Auf sein nächstes Projekt ließ sich Scorsese nur ein, weil er sich beweisen wollte, daß er in der Lage war, mit einem großen Budget umzugehen und bekannte Schauspieler zu führen. *Alice lebt hier nicht mehr* (1975) erzählt die Geschichte einer 35jährigen Witwe (Ellen Burstyn), die ihre Gesangskarriere wieder aufnehmen will. In Phoenix tritt sie in einer heruntergekommenen Bar auf. Den Avancen Bens (Harvey Keitel) kann sie nicht lange widerstehen, bis dessen Frau auftaucht und der Affäre ein Ende bereitet. In Tucson verdingt sie sich als Kellnerin und lernt David (Kris Kristofferson) kennen, einen kleinen Farmer und vielleicht den perfekten Partner für sie. Als er jedoch ihren Jungen schlägt, will sie ihn verlassen. Doch David gelobt Besserung, und Alice lenkt ein. Sie bleibt bei David in Arizona. Den Traum von ihrer Gesangskarriere hat sie wieder aufgegeben. Der Film hatte einen moderaten kommerziellen Erfolg und brachte Ellen Burstyn einen Oscar als beste Schauspielerin ein.

Taxi Driver (1976), nach einem Drehbuch von Paul Schrader und weitgehend on location in den Straßen von New York gedreht, sollte Scorseses Durchbruch markieren. Die Geschichte von Travis Bickle (Robert De Niro) dreht sich um eine fast mythische Figur, in der sich Amerikas »rugged individualism« mit der Einsamkeit und Perspektivlosigkeit modernen Großstadtlebens paart. Überzeugt von seiner Mission, mit dem Abschaum der Stadt abrechnen zu müssen, richtet Bickle in einer Unterweltabsteige ein Blutbad an und wird dadurch zum gefeierten Helden. Er ist aber kein falsch verstandener Amokläufer: »mehr als alle früheren [Scorsese-]Protagonisten denkt er über sich und seine Suche nach einer akzeptablen Rolle in dieser Welt nach. Erst als er zu begreifen beginnt, [...] daß er [...] nicht für eine Verbesserung der Lebensqualität oder Moral kämpfen kann, will er seinen Bemühungen wenigstens ein negatives Ziel geben: die Destruktion« (H. G. Pflaum).

In *New York, New York* (1977) zeigt sich Scorseses Liebe zu dem Big-Band-Jazz, mit der er aufgewachsen ist. Der Saxophonist Jimmy Doyle (Robert De Niro) und die Sängerin Francine Evans (Liza Minnelli) sind ein in ihren Vorstellungen und Ansprüchen sehr unterschiedliches Künstlerpaar. Jimmy ist kompromißlos und träumt von der Durchsetzung seines eigenen Stils, während Francine mehr an Erfolg gelegen ist. Beide erreichen ihre Ziele, aber nur um den Preis des Scheiterns ihrer Beziehung. Auf den ersten Blick liegt *New York, New York* weitab von Scorseses Œuvre, aber H. G. Pflaum hat zu Recht auf Ähnlichkeiten zwischen Jimmy Doyle und Travis Bickle hingewiesen: »Beide haben sie Kriegserfahrungen hinter sich, beide sind Einzelgänger auf der Suche nach Aufmerksamkeit und Beachtung. Travis versucht sein Bedürfnis mit einer Gewalttat zu erfüllen, Jimmy durch Musik; beide gehen ihren Weg so monoman wie Süchtige.«

Die beiden Dokumentarfilme *The Band* (1978) über das Abschiedskonzert der gleichnamigen Rockgruppe und *American Boy* (1978) über den Schauspieler Steven Prince zeugen von Scorseses Verlangen, eigene musikalische Vorlieben und Personen und Vorkommnisse aus seinem Umfeld filmisch zu gestalten. Es folgte eine Zeit der Depression: »Zwischen *New York, New York* und *Wie ein wilder Stier* war ich privat wie beruflich sehr enttäuscht. Die Leute mochten *Hexenkessel, Alice lebt hier nicht mehr* und *Taxi Driver*, und wir bekamen gute Kritiken und gute Kasseneinnahmen sowohl für *Alice* als auch für *Taxi Driver*. Aber niemand mochte *New York, New York*. Es war, als hätten wir etwas absolut Furchtbares getan. [...] Ich benutzte *Wie ein wilder Stier* für meine Rehabilitierung, denn ich dachte die ganze Zeit, es würde wahrscheinlich mein letzter Film in L.A., in Amerika sein.« Basierend auf der Autobiographie des Boxers und Mittelgewichtsweltmeisters Jake La Motta erzählt Scorsese in *Wie ein wilder Stier* (1980) die Geschichte eines Mannes (Robert De Niro), der seiner Herkunft in Little Italy zu entfliehen sucht, indem er sich als Boxer hocharbeitet. Der Ring ist der Ort seiner Triumphe, aber auch der tätigen Reue, wo er mit den gewaltigen Schlägen, die er einsteckt, seine Schuld abbüßt, die er sich einredet.

Gegen Ende der siebziger Jahre bemerkte Scorsese Entwicklungen im Hollywood-Geschäft, die seiner Art von Filmen diametral entgegenstanden: »Das ganze Lebensgefühl im Land hatte sich verändert. Man machte mit *Krieg der Sterne* und später mit den Spielberg/Lucas-Filmen unglaublich viel Geld. Sie waren es in jener Zeit, die die Mythen kreierten, und in gewisser Hinsicht sind sie es noch heute.« *The King of Comedy* (1983) reagiert mit seinem Sarkasmus auf diesen neuen Trend der amerikanischen Unterhaltungsindustrie. Rupert Pupkin (Robert De Niro) verfügt über keinerlei Talent, hat sich aber trotzdem in den Kopf gesetzt, ein großer Entertainer zu werden. Er drängt sich dem populären Showmaster Jerry Langford (Jerry Lewis) auf, der ihn mit belanglosen Ratschlägen abzuwimmeln versucht. Doch Rupert terrorisiert den Star telefonisch und persönlich. Schließlich kidnappt er Langford und erpreßt damit einen Auftritt im landesweiten Fernsehen. Zwar wird er unmittelbar danach verhaftet und ins Gefängnis gesteckt, aber die Autobiographie, die er in der Haft schreibt, wird ein Bestseller und soll verfilmt werden. Bei seiner Entlassung hat Rupert es geschafft: er ist ein Superstar.

Die Zeit nach Mitternacht (1985) ist eine weitere absurde Komödie über Kulturen, die einander ausschließen, Kulturen in ein und derselben Stadt. Der Programmierer Paul (Griffin Dunne) taucht in das nächtliche Soho ab, um Abenteuer zu erleben, aber solange er, der Rationalist, in dem Chaos von Lower Manhatten einen Sinn sucht, bleibt er der Monstrosität der Nacht ausgeliefert. Erst nachdem er sich gehen läßt, mit dem Strom der Dinge treibt, lösen sich seine Probleme.

Mit *Die Farbe des Geldes* (1987) erwies Scorsese einem Altmeister des klassischen Hollywood seine Reverenz, denn der Film entstand als Fortsetzung von Robert Rossens *Haie der Großstadt* (1961). Fast Eddie (Paul Newman) hat sich mittlerweile aus dem aktiven Spielerleben zurückgezogen und managt den Nachwuchsspieler Vincent (Tom Cruise), der sich den Ratschlägen des Altmeisters ständig entzieht. Scorsese sah in Fast Eddie eine Figur, die seinen eigenen Filmcharakteren gleicht: »Er nimmt diesen jungen Burschen unter seine Fittiche und bringt ihm unterwegs alles bei, aber er lehrt ihn nur das Negative. Und in diesem Prozeß muß er auch mit sich klarkommen – als Mann. Soll er ein Toter bleiben, oder soll er wieder auferstehen? Um wieder aufzuerstehen, muß er sich annehmen. Er braucht nicht zu gewinnen, aber er muß wieder spielen. Er muß seine Bälle wieder auf die Reihe bringen, wörtlich.«

Mit dem kommerziellen Erfolg des Films war der Weg frei für das Projekt, auf das Scorsese jahrelang hingearbeitet, ja hingelebt hatte: *Die letzte Versuchung Christi* (1988). Aufgrund erwartbarer Proteste durch die amerikanische »moral majority« bestand die produzierende Universal darauf, daß Scorseses Film nicht als Bibelfilm, sondern als Adaption des gleichnamigen Romans von Nikos Kazantzakis vermarktet werden müsse. Das kam Scorsese entgegen, denn er wollte weg vom Zuckerguß früherer Bibelfilme Hollywoods. Statt dessen hatte er einen menschlichen Jesus im Sinn, der in einer politisch höchst brisanten Zeit seiner eigenen Rolle nicht sicher ist.

Nach dem Intermezzo *Lebensstudien* (1989), einem Kurzfilm, den Scorsese als Beitrag zu dem Episodenfilm *New Yorker Geschichten* drehte, wandte er sich wieder einem Thema zu, das seinen Neigungen für großstädtische Milieus entgegenkam. *Good Fellas – Drei Jahrzehnte in der Mafia* (1990) zeigt das »Familienleben« der Mafia, die Selbstverständlichkeit eines kriminellen Lebens, das parallel zur bürgerlichen Welt existiert. Henry Hill (Ray Liotta) wächst in dieser Welt auf, und all sein Streben gilt einem Ziel: er möchte ein Gangster werden, er möchte dazugehören. Er erlernt die Verhaltenscodes, die ungeschriebenen Gesetze der Unterwelt und wird ein Teil von ihr. Sein sozialer Aufstieg, die Statussymbole, die er aufhäuft, sind abhängig von der Loyalität, die er dem Paten Paul Cicero (Paul Sorvino) erweist. Scorsese erzählt diesen Film aus der Perspektive Henrys, der aus dem Off kommentiert. Erst gegen Ende seiner Erzählung erfahren wir, daß wir seinem Geständnis gegenüber dem FBI beiwohnen: Henry ist ein Informant geworden, der alle Gesetze der Mafia gebrochen hat. *Good Fellas* ist weit entfernt von einem normalen Mafia-Krimi. Im Mittelpunkt stehen nicht ein besonderes Verbrechen oder eine kriminelle Struktur, sondern vielmehr die sozialen Beziehungen, die Systeme von Abhängigkeit, Verschwiegenheit und Zuverlässigkeit, die dem mafiosen Leben zugrunde liegen. Die darin begründete Gewalt wird nicht dramaturgisch vorbereitet, sie bricht vielmehr als Schock für die Zuschauer unter der strukturierten Oberfläche hervor. Besonders der psychopathische Tommy (Joe Pesci) ist in seiner Brutalität unberechenbar. In den Augen seiner Kumpane zeichnet ihn das aus, und er scheint in der Hierarchie der Mafia aufsteigen zu können, aber als er glaubt, zu seiner Initiation geladen zu werden, wird er kaltblütig hingerichtet: »Denn was Gangster antreibt, besonders in *Good Fellas*, ist Geld. Deshalb wird Tommy umgebracht. Nach einiger Zeit hat er mehr Lärm als Geld gemacht, hat grundlos Leute umgebracht. Also mußten sie ihn loswerden, denn er durchkreuzte ihre Pläne« (Scorsese).

Für seinen nächsten Film, *Kap der Angst* (1991), konzentrierte Scorsese sich auf ein Remake von J. Lee Thompsons *Ein Köder für die Bestie* (1962), dessen Grundkonflikt er aber in einem wesentlichen Punkt veränderte. Hatte der Sam Bowden (Gregory Peck) der früheren Version lediglich gegen Max Cady (Robert Mitchum) ausgesagt, so hat er (Nick Nolte) in Scorseses Film als Ankläger wichtiges Beweismaterial gegen Cady (Robert De Niro) zurückgehalten, um eine Verurteilung wegen Vergewaltigung sicherzustellen. Bowden hat also selbst Schuld auf sich geladen; Cadys Rache an ihm ist stärker psychologisch motiviert. War Bowdens Familie 1962 noch das Urbild einer intakten amerikanischen Kleinstadt-Familie, über die das Böse von außen hereinbricht, inszeniert Scorsese eine auseinanderbrechende Ehe, in der die heranwachsende Tochter vernachlässigt wird und die erst durch die gemeinsame Erfahrung des Grauens wieder zusammengeschweißt wird. Scorseses Thema von Schuld, Sühne und Erlösung erhält hier einen neuen, etwas konservativeren Ton. In einem Interview hat er seine Version das »moralische Schlachtfeld christlicher Ethik« genannt, denn seinem Film ist auf der narrativen Ebene eine Schicht problematisierter Sexualmoral untergelegt, die sich nicht allein in den libidinösen Eskapaden Sam Bowdens und der animalischen, gewaltbereiten Phantasie Max Cadys manifestiert, sondern auch in der krankhaften Eifersucht von Sams Frau Leigh (Jessica Lange) und in der erwachenden Sexualität der Tochter Danielle (Juliette Lewis).

Das scheint auch das Thema von Scorseses nächstem Film zu sein. Seine Verfilmung von Edith Whartons Roman *Die Zeit der Unschuld* (1993) ist nur oberflächlich ein Ausflug in das New Yorker Großbürgertum, das um 1870/80 in der Gegend um den Washington Square residierte. Thematisch ist Scorsese nämlich ganz bei sich selbst: Er präsentiert eine Gesellschaft, die nach ungeschriebenen Gesetzen lebt, deren Nichtbeachtung unwiderruflich zur sozialen Ausgrenzung führt, eine Gesellschaft, die ihre »Paten« hat, deren Wort einem Gesetz gleichkommt. Zudem hat Whartons Roman aus dem Jahr 1920 eine Reihe der Themen, die Scorsese seit Beginn seiner Karriere immer wieder interessiert haben: Sexualität, Leidenschaft, Zurückhaltung, Unterdrückung und Erlösung. Man ginge zwar zu weit, in *Die Zeit der Unschuld* einen Schlüsselfilm für Scorsese zu sehen. Was ihn an Whartons Roman gleichwohl interessiert, ist »das Verlangen nach Sex, das, wie ich glaube, manchmal erfüllender sein kann, als das tatsächliche Ausleben«. Mit diesem Film ist Scorsese thematisch zu seinen Anfängen zurückgekehrt. Er selbst hat eine Parallele zu *Taxi Driver* gezogen: »Dieser Mann hat sich in die Cousine seiner Frau verliebt, aber er muß in seiner eigenen Welt verharren. Ich identifiziere mich wirklich damit, wie er diese obsessive Liebe verbirgt. Vielleicht werde ich alt, aber das ist für mich nicht allzuweit entfernt von Travis Bickles Obsession für Betsy.«

Casino (1995) erinnert atmosphärisch an *Good Fellas* und steht thematisch in einer Reihe mit Barry Levinsons *Bugsy* (1991), Mike Figgis' *Leaving Las Vegas* (1996) und Paul Verhoevens *Showgirls* (1996). Im Unterschied zu den beiden letztgenannten Filmen ist Scorseses Blick auf die amerikanische Unterhaltungsindustrie beinahe nostalgisch liebevoll, obwohl auf der Darstellungsebene – nicht untypisch für seine Mafia-Filme – Monströses geschieht. Der Film beginnt mit einer Explosion, die nicht nur die Leinwand, sondern auch die ganze Geschichte füllt. Sam »Ace« Rothstein (Robert De Niro), den die Mafia als Strohmann mit der Leitung eines Casinos betraut hat, ist den Geschäften im Weg, denn er nimmt sie zu ernst. Erst am Ende wird das Publikum erfahren, daß Ace den Bombenanschlag überlebt hat. Er wird erlöst durch seine Liebe zu seiner kleinen Tochter. Was sich dazwischen abspielt, ist eine kaleidoskopische Bestandsaufnahme eines untergegangenen Lebensgefühls, wieder eine Familiengeschichte, wieder eine »inside story«, die den Zuschauer hinter die Kulissen einer un- und antibürgerlichen Welt blicken läßt, eine Welt, die gleichwohl auf ihre bürgerlichen Kunden angewiesen ist. Scorsese inszeniert seine Charaktere als Männer und Frauen, die einer geregelten Arbeit nachgehen, nur daß diese Arbeit halb-, schein- oder illegal ist. Das Verbrechen als Normalzustand, als geregeltes System, das seine Hierarchien hat, seine institutionalisierten Rücksichtnahmen und seine ungeschriebenen Gesetze, die strikt zu befolgen sind, andernfalls droht der Tod.

Scorseses Engagement für die Erhaltung des filmischen Kulturerbes wurde erstmals manifest, als er anläßlich der Produktion von *Wie ein wilder Stier* auf die begrenzte Haltbarkeit von Farbfilmen aufmerksam machte und mit seiner Kampagne den weltweit führenden Rohfilmhersteller, Eastman-Kodak, dazu bewegte, dauerhafteres Farbmaterial zu entwickeln. 1990 gründete er zusammen mit Steven Spielberg, George Lucas, Sydney Pollack, Woody Allen, Francis Ford Coppola, Stanley Kubrick und Robert Redford eine Stiftung, die die Konservierungs- und Restaurierungsanstrengungen der Archive und Produktionsfirmen unterstützen und koordinieren soll. Scorseses bisher letzte Anstrengung, das filmische Erbe Amerikas im Bewußtsein des Publikums zu halten, ist sein dreiteiliger Beitrag zur Dokumentarserie *Bilder in Bewegung – Das Jahrhundert des Kinos* (1995).

In den fast dreißig Jahren seiner professionellen Karriere als Filmregisseur ist Martin Scorsese zu einer der wichtigsten Stimmen Hollywoods geworden. Seine Erziehungserfahrungen mit einem restriktiven Katholizismus haben sein Schaffen geprägt, seine Kindheit und Jugend in New Yorks Little Italy haben seine Themen bestimmt. Die Darstellung von Gewalt gehört in allen seinen Werken dazu, es liegt aber auch immer ein Erschrecken darin, nicht auf seiten der Charaktere, aber auf seiten der Zuschauer, für die die Selbstverständlichkeit, mit der Scorseses Figuren schlagen und morden, eine Aufforderung zur Distanzierung bereithält.

Uli Jung

Filmographie: Whose That Knocking at My Door? / Wer klopft denn da an meine Tür? (1968) – Boxcar Bertha / Die Faust der Rebellen (1972) – Mean Streets / Hexenkessel (1973) – Alice Doesn't Live Here Anymore / Alice lebt hier nicht mehr (1975) – Italianamerican / Italianamerican (Dokumentarfilm, 1975) – Taxi Driver / Taxi Driver (1976) – New York, New York / New York, New York (1977) – American Boy. A Profile of Steven Prince / American Boy (Dokumentarfilm, 1978) – The Last Waltz / The Band (1978) – Raging Bull / Wie ein wilder Stier (1980) – The King of Comedy / The King of Comedy (1983) – After Hours / Die Zeit nach Mitternacht (1985) – The Color of Money / Die Farbe des Geldes (1987) – The Last Temptation of Christ / Die letzte Versuchung Christi (1988) – New York Stories / New Yorker Geschichten (Episode: Life Lessons / Lebensstudien, 1989) – Good Fellas / Good Fellas – Drei Jahrzehnte in der Mafia (1990) – Cape Fear / Kap der Angst (1991) – The Age of Innocence / Die Zeit der Unschuld (1993) – Casino / Casino (1995) – A Personal Journey with Martin Scorsese through American Movies / Bilder in Bewegung – Das Jahrhundert des Kinos 1–3 (Dokumentarfilm, 1995) – Kundun / Kundun (1997) – Bringing Out the Dead (1999).

Literatur: Martin Scorsese. München/Wien 1986. (Reihe Film. 37.) – Mary Pat Kelly: Martin Scorsese. New York 1991. – Les Keyser: Martin Scorsese. New York 1992. – Andy Dougan: Nahaufnahme: Martin Scorsese. Reinbek bei Hamburg 1998.

Ridley Scott

*1937

Der Brite Scott kam am 30. November 1937 in South Shields zur Welt und strebte – ähnlich wie sein Bruder Tony Scott (*Begierde*, 1982) – schon früh eine künstlerische Laufbahn an. Nach einem Studium an der Kunsthochschule West Hartlepool schrieb er sich am Royal College of Art in London ein. Die Legende will es, daß er dort in einem Schrank eine 16-mm-Kamera entdeckte und mit dieser seinen ersten Kurzfilm *Boy on a Bicycle* drehte. Über das Design-Department war ihm schließlich der Zugang zum BBC-Fernsehen möglich, wo er erst als Setdesigner arbeitete, bis er zu Beginn der siebziger Jahre auch Regie führte: Er inszenierte Folgen der aktionsreichen Serien *Z-Cars* und *The Informer.*

Mit seinem Bruder gründete er eine Agentur für Werbefilme, Ridley Scott Associates, die ihm »ein Filmstudium ersetzte«. Bis heute sollen dort mehr als 2000 Spots entstanden sein, die durch ausgefeilte Technik und packende visuelle Spielereien glänzen. Als Beispiel mag der ästhetizistische »Cliff«-Werbespot (um 1990) dienen, in dem sich Scott einem muskulösen Männerkörper mit fast Riefenstahlschem Blick nähert.

Erst in den späten siebziger Jahren machte sich Scott daran, seinen Ruf als Spezialist für die überzeugende Kreation totaler Fremdartigkeit zu festigen. Im Zuge von Stanley Kubricks Historiendrama *Barry Lyndon* (1975) drehte er den in den Napoleonischen Kriegen angesiedelten Abenteuerfilm *Die Duellisten* (1977) mit Keith Carradine und Harvey Keitel. Der Novelle von Joseph Conrad folgend, erzählt er von der Haßliebe zweier Männer, die sich über Jahre hinweg immer wieder zum Duell fordern. Scott beweist Brillanz im Umgang mit Montage und Ton: Er verleiht jedem der Duelle, die im Mittelpunkt des Geschehens stehen, einen eigenen visuellen Stil, von verklärter Elegie bis zu hysterischer Hektik. Er scheut auch nicht vor einer Verschachtelung der Zeitebenen zurück, in der er den Ausgang des Geschehens vorwegnimmt (im Säbelkampf zu Pferd). Zumindest in Fachkreisen wurde dem Debütanten großes Talent bescheinigt, wenn auch die Vermutung laut wurde, er widme sich in schwelgerischem Aufwand einem ästhetizistischen L'art-pour-l'art-Kino. Tatsächlich macht seine distanzierte, fast unparteiische Darstellung eine Annäherung an die Charaktere schwer möglich.

1979 widmete er sich einem Science-fiction-Stoff des Autors Dan O'Bannon (*Dark Star – Finsterer Stern*, 1973), der schon einige Jahre im Umlauf war und den Scott noch 1977 abgelehnt hatte: *Alien – Das unheimliche Wesen aus einer fremden Welt*. Dieser erschreckend finstere Film wurde zu seinem finanziellen und künstlerischen Durchbruch. In enger Zusammenarbeit mit dem visionären Schweizer Künstler H. R. Giger entwarf Scott eine bedrückende, inhumane Antiutopie, die eine kleine Gruppe Raumfahrer mit einer grauenvollen fremden Lebensform konfrontiert. Der Regisseur mobilisiert hier eine vielschichtige Manipulationsmaschinerie, die sich sowohl tiefenpsychologischer Deutungsmuster bedient als auch formal die ganze Palette des Horrorkinos aufbietet, um ein Höchstmaß an Beunruhigung zu erzielen. Scotts Einfluß auf alle Bereiche des Drehprozesses war immens: Immer wieder stellte sich der passionierte Techniker selbst hinter die Kamera und behielt die Kontrolle über alle Funktionen. *Alien* wurde so zum Klassiker sowohl des Science-fiction- als auch des Horrorfilms und etablierte Scott endgültig als perfektionistischen Handwerker.

Alien sicherte Scott schließlich auch die Zusage zu einem ähnlich widerspenstigen Stoff, der Verfilmung von Philip K. Dicks Roman »Do Androids Dream of Electric Sheep?«, der von einer düsteren Zukunft erzählt, in der sich die Unterschiede zwischen natürlichem und künstlichem Leben langsam vermischen. Wieder legte Scott in *Blade Runner* (1982) einen Schwerpunkt auf die Kreation eines fremdartigen Designs. Die hoffnungslos überbevölkerte Großstadt, durch die er seinen Noir-Protagonisten Deckard (Harrison Ford) streifen läßt, nahm in der Tat viel vom desolaten Zustand heutiger Ballungszentren vorweg. Sie präsentiert sich als vollkommene Retrokultur, in der alles aus Versatzstücken vergangener Epochen konstruiert wurde. So wird dem gottähnlichen Konzernchef Tyrell eine altertümliche Pyramide zugeordnet, während die Innenstadt eher orientalisch und asiatisch geprägt scheint. Deckards Wohnung gemahnt wiederum an die korrodierte Technik aus *Alien*. Dreh- und Angelpunkt ist immer wieder die Frage nach der Authentizität des Lebens in einer Welt, die perfekte Klone und Doubles längst erschaffen hat. Der 1992 erschienene (angebliche) Director's Cut des Films legt die Vermutung nahe, Deckard selbst sei ein humanoider Replikant und verschärft so die Tragik des Geschehens. In all dieser Ambivalenz verwischen sich die Grenzen der Moralität letztlich derart, daß Deckards eigentlicher Gegenspieler Batty (Rutger Hauer) zum tragischen Helden avancieren kann. Wieder gelang Scott ein Meisterwerk des Sciencefiction-Films, das heute in einem Atemzug mit Fritz Langs *Metropolis* (1927) genannt werden muß. *Blade Runner* fungiert gleichzeitig als Spiegel seiner Zeit und als vielschichtige Vision.

Bis heute scheint *Blade Runner* der Höhepunkt in Scotts Karriere zu sein. Die folgenden anderthalb Jahrzehnte waren eher durch zwiespältige Genre-Experimente geprägt, die nicht an die Komplexität der Vorgänger anschließen konnten. Bereits 1983 entstand der prätentiöse Fantasy-Film *Legende*, der die Quintessenz der klassischen Märchenmotive (Einhorn, Elfe, Dämonen, Prinz usw.) in einer schwachen Handlung zu sammeln versucht. Die affektierte Inszenierung verliert sich jedoch in der Künstlichkeit aufwendiger Studiobauten. Auch der Versuch des Regisseurs, die urbane Welt von *Blade Runner* in die Gegenwart zu projizieren, *Der Mann im Hintergrund* (1987), förderte lediglich einen melodramatischen Polizeifilm zutage, der nahezu klischeehaft von der Leidenschaft eines Polizisten für seinen Schützling erzählt.

Sein Einzug ins populäre Actionkino gelang Scott mit großem finanziellem Erfolg: *Black Rain* (1989) porträtiert reißerisch den kulturellen Konflikt, dem zwei amerikani-

Ridley Scott

sche Polizisten im Kampf gegen japanische Yakuza-Gangster in Tokio ausgesetzt sind. Die Inszenierung verläßt sich jedoch auffällig auf kulturelle Stereotypen und melodramatische Effekte und erschöpft sich stellenweise als Starvehikel für Hauptdarsteller Michael Douglas. Wieder wird der großstädtische Koloß (New York und Tokio) dämonisiert. Als Sinnbild kultureller Dekadenz muß erneut – wie in *Blade Runner* – die asiatische Kultur herhalten.

Mit *Thelma und Louise* (1991), gedreht nach einem Drehbuch der Newcomerin Callie Khourie, schuf Scott in Form einer Tragikomödie den feministischen Kultfilm der neunziger Jahre. Der Emanzipationsweg zweier Frauen (Susan Sarandon und Geena Davis) mündet in ein gewaltträchtiges Roadmovie: Die beiden Frauen rächen sich am Machismo, sie schlagen zurück und werden am Ende Opfer einer Hetzjagd. Interessant ist hier jedoch die thematische Ähnlichkeit zu früheren Werken bei der Behandlung der Charaktere: Wieder stehen gesellschaftliche Außenseiter im Zentrum, die Gesetze brechen, um Individualität zu entwickeln: die Duellisten, der reuige Kopfgeldjäger, der untreue Staatsdiener, der rüpelige Biker-Bulle aus *Black Rain* und nun die gegängelten Frauen, die ihre Freiheit zurückerkämpfen. Daß ihre Reise in der Gewißheit des Todes endet, forciert den Ausdruck tiefen Mißtrauens gegen die restriktive Massengesellschaft Amerikas.

1492 – Die Eroberung des Paradieses – pünktlich zum Kolumbus-Jahr 1992 uraufgeführt – stellt möglicherweise den kreativen Totpunkt in Scotts Karriere dar. Während sich sein Bruder Tony immer wieder von den kommerziellen Niederungen seiner erfolgreichen Filme *Top Gun – Sie fürchten weder Tod noch Teufel* (1985) und *Tage des Donners* (1989) distanzierte und etwa mit *True Romance* (1993) für Überraschung sorgte, verschrieb sich Scott dem werbeästhetisch geschönten Bombast, der sein späteres Werk in die Richtung eines modernen Riefenstahlismus rückte. Er scheut keineswegs vor einer Glorifizierung des historischen Kolumbus zurück, der in der Tat Sklaverei und Krankheit nach Amerika brachte, und besetzt ihn programmatisch mit Gérard Depardieu. Dieser spielt ihn als fortschrittliches Genie, das den konservativen Kräften des Gesetzes (der Kirche) rebellisch gegenübersteht und selbst unter den destruktiven Folgen seiner »Eroberung des Paradieses« leidet. Er wird zum überlebensgroßen tragischen Helden, dem mit dem »Todesengel« Moxica (Michael Wincott) ein würdiger Dämon gegenübergestellt wird. Das erzwungene Muskelspiel der Sklaverei wird zum fragwürdigen Faszinosum; konsequent läßt Scott im finalen Massaker sterbende Indianer wie Schweine quieken. So wird *1492* für seinen Schöpfer selbst zum tragischen Monument einer vertanen Chance.

Auch der dramaturgisch schwache Hochsee-Thriller *The White Squall* (1995) konnte nicht den kränkelnden Ruf des formalen Virtuosen retten. Das militaristische Initiationsdrama *Die Akte Jane* (1997), ein überstyltes Starvehikel für Demi Moore, die hier einen weiblichen Marine-Soldaten spielt, drohte den Ruf des Regisseurs schließlich endgültig zu zerstören. Ob man in sein neues Projekt, das brutale Historiendrama *Gladiators* (1999), Hoffnung setzen kann, ist fraglich. Die Tage des *Blade Runner* sind jedoch keineswegs gezählt, was der Erfolg des 1992 erschienenen »Director's Cut's« belegt, in dem vom Verleih Warner Bros. nach Scotts eigenen Aussagen jedoch nur sieben der vorgeschlagenen siebzig Änderungen durchgeführt worden sind. Auch die *Alien*-Trilogie, die James Cameron und David Fincher als kommerzielles Sprungbrett diente, wartet mit einer weiteren Fortsetzung auf. Am Drehort gilt Scott als Diktator, der gelegentlich rücksichtslos mit seiner Crew umspringt. Paul M. Sammon beschreibt beispielhafte Ereignisse in seinen ausführlichen *Blade Runner*-Drehberichten.

Marcus Stiglegger

Filmographie: The Duelists / Die Duellisten (1977) – Alien / Alien – Das unheimliche Wesen aus einer fremden Welt (1979) – Blade Runner /

Blade Runner (1982) – Legend / Legende (1983) – Someone to Watch over Me / Der Mann im Hintergrund (1987) – Black Rain / Black Rain (1989) – Thelma and Louise / Thelma und Louise (1991) – Conquest for Paradise / 1492 – Die Eroberung des Paradieses (1992) – The White Squall / White Squall (1995) – G. I. Jane / Die Akte Jane (1997).

Literatur: Rolf Giesen: Lexikon des phantastischen Films. Bd. 2. Frankfurt a. M. / Berlin / Wien 1984. S. 190–194. – Paul M. Sammon: Seven Faces of *Blade Runner.* In: Video Watchdog 1993. Nr. 20. S. 32–61. – Frank Schnelle: Ridley Scotts *Blade Runner.* Stuttgart 1994. – Paul M. Sammon: Future Noir. The Making of *Blade Runner.* New York 1996.

Don Siegel

1912–1991

Don Siegel war einer der letzten Meister des Genrekinos. Ob Polizei- oder Gangsterfilm, Western oder Thriller, er sah in den vorgegebenen, festen Formen keine Fesseln, sondern Fixpunkte, zwischen denen jeder nur denkbare Freiraum sich nutzen läßt. Genrehelden, das wußte er, sind von vornherein charakterisiert. Das ermöglicht, vom Allgemeinen schneller zum Besonderen zu kommen, zum Individuellen. A. Sarris zählt ihn zu den expressiven Esoterikern, der in seinen besseren Filmen »die zum Scheitern verurteilte Besonderheit des unsozialen Außenseiters« formuliere. Einen Film von Siegel definiere, so dagegen M. Farber, »sein untrügliches Gespür für die Miesigkeit von Leuten in mittleren Jahren aus mittleren Verhältnissen«.

Er selbst beschrieb seinen Stil als »straff, knapp und realistisch«. Er arbeite ohne Tricks, »wenn sie keinen Bezug zur Handlung haben«. In Europa wurden die Filme als »eher abstrakt« wahrgenommen, »mit einer Funktionalität, die aus Zeit- und Geldzwängen folgt« (F. Grafe). Dominant in seinen Filmen ist der Wettlauf seiner Helden mit der Zeit. Allesamt haben sie eine Aufgabe, die sie unter enormem Zeitdruck bewältigen müssen. Schon in seinem Kriegsfilm *Die ins Gras beißen* (1961) geht es für die Soldaten darum, ihre Stellung unbedingt 48 Stunden zu halten. Und noch in *Der Scharfschütze* (1976) bleiben für John Wayne nur ein paar Tage, bevor seine tödliche Krankheit ihn niederringt.

Ein weiterer Schwerpunkt: die Risse in der Identität der Helden, die sie sich eingestehen müssen, um ihre Ziele zu erreichen. In *Die Invasion der Körperfresser* (1956), einem der bedeutendsten Filme, »der die amerikanische Paranoia zur Zeit des Kalten Krieges auf den Punkt bringt« (F. Arnold), setzen sich seelenlose Wesen an die Stelle der Bewohner einer kleinen Stadt, bis einem Arzt die Veränderung auffällt. In *Ein Fressen für die Geier* (1969) wird Clint Eastwoods Machoverhalten durch eine als Nonne verkleidete Prostituierte zutiefst erschüttert. In *Der große Coup* (1972) schließlich muß Walter Matthau sich unentwegt verkleiden und verwandeln, um der Gefahr zu trotzen. »Die wahren Professionals überschreiten stets die Grenzen dessen, was die Nicht-Professionals für die Grenzen der Profession halten« (W. E. Bühler). Eine These, die nicht allein für die erzählten Geschichten, sondern mehr noch für den Erzähler selbst gilt: den präzisen Bildermacher, der zudem auch meistens noch eigenhändig (als Cutter) für deren Rhythmus sorgte.

In seiner Cop-Trilogie, *Coogans großer Bluff* (1967), *Nur noch 72 Stunden* (1968) und *Dirty Harry* (1971), wird der Kampf gegen das Verbrechen zur obsessiven, ja neurotischen Angelegenheit. Die Helden tun, was sie tun zu müssen glauben. Don Siegel verknüpft dieses Handeln verstärkt mit den Gefühlen, die es auslöst, und macht so sichtbar, wie schnell selbst die härtesten Burschen aus dem Gleichgewicht geraten. Die Arbeit, die für Ordnung sorgen soll in den Städten, wird so oft zum fanatischen Krieg.

Das hat dazu geführt, daß Siegels polyphone Erzählungen allzu eindeutig verstanden wurden, daß ihn viele mit dem identifizierten, was er nur präzise beschrieben und inszeniert hatte. Dabei verstand er sich als linker Liberaler. Voller Stolz trug er z. B. auf seinem Ring das Symbol der Friedensbewegung. Er selbst, das wurde er nicht müde zu betonen, »verabscheue exzessive Gewalt«. Nur halte er andererseits auch nichts »von der schönen Maske der Unschuld«. Deshalb liege so viel Gewalt »über« seinen Geschichten. Doch, darauf bestand er, er »walze Gewaltszenen nie aus«, »stelle Gewalt nie schön dar«. Seine Gewalt sei stets nur ein Reflex dessen, was in der Welt passiere. Bei Siegel bleibt die Interpretation von der Darstellung getrennt. Seine Zuschauer müssen an den Rändern sehen, worum es geht. Gerade die Strukturen der Genres entwerfen das Netz, in dem sich die Erzählungen mit den Erfahrungen der Zuschauer verknüpfen.

Siegel wurde am 26. Oktober 1912 in Chicago geboren. Mit seinen Eltern kam er früh nach Europa, nach London und Paris, wo er als Maler und Schlagzeuger arbeitete. Als er 1934 zum Film ging, begann er als Mädchen für alles bei Warner. Er war Laufbursche und Photothekar, später Cutter und Regisseur für den zweiten Stab, schließlich Spezialist für Illusionstricks. Bekannt wurde er dann als Organisator für harte, schnelle Action, präzise fotografiert, rasant geschnitten. In den frühen vierziger Jahren drehte er für Michael Curtiz, Raoul Walsh und Howard Hawks die artistischsten Kampfszenen. 1946 debütierte er mit dem »gothic thriller« *Hier irrte Scotland Yard*.

Seine besseren Filme haben alle jenes unverwechselbare Flair, das nur den demütigen Kino-Erzählern eigen ist, die noch im Gängigsten die Handschrift des Professionals pflegen: mit beiläufigen, fast schon lakonischen Bildern, mit coolen Darstellern, die er geheimnisvoll in ihrem ganz eigenen Raum inszeniert, und aufregenden Schauplätzen, die ihre Aura entfalten, mit einer eher funktionalen Kamera und einer furiosen Montage, die immer die dramatische Richtung stärken, in die seine jeweilige Geschichte sich entwickelt. Don Siegel brachte die Bilder zum Klingen, weil er seine Kameraleute und Lichtsetzer, Komponisten und Cutter auch als »storyteller« akzeptierte und so seine Mitarbeiter stets zu Höchstleistungen antrieb.

»Spannung«, sagte er, »ist wie ein dünner Draht. Man kann diesen Draht immer noch etwas länger und dünner ausziehen [...]. Das Publikum muß festgehalten werden, das Interesse darf niemals absacken.«

Norbert Grob

Filmographie: The Verdict / Hier irrte Scotland Yard (1946) – The Big Steal / Die rote Schlinge (1949) – Night unto Night (1949) – Duel at Silver Creek / Schüsse in New Mexico (1952) – No Time for Flowers (1953) – China Venture / Geheimdienst im Dschungel (1953) – Count the Hours / Die Nacht vor dem Galgen (1953) – Private Hell 36 / Hölle 36 (1954) – Riot in Cellblock 11 / Terror in Block 11 (1954) – An Annapolis Story (1955) – Invasion of the Body Snatchers / Die Dämonischen / Die Invasion der Körperfresser (1956) – Crime in the Streets / Entfesselte Jugend (1956) – Spanish Affair / Flamenca – Ein Amerikaner in Spanien (1957) – Baby Face Nelson / So enden sie alle (1957) – The Lineup / Der Henker ist unterwegs (1958) – The Gun Runners / Strich durch die Rechnung (1958) – Edge of Eternity / Der Mann aus Arizona (1959) – Flaming Star / Flammender Stern (1960) – Hell is for Heroes / Die ins Gras beißen (1961) – The Hanged Man / Einbahnstraße in den Tod (Fernsehfilm, 1964) – The Killers / Tod eines Killers (Fernsehfilm, 1964) – Coogan's Bluff / Coogans großer Bluff (1967) – Stranger on the Run / Ein Fremder auf der Flucht (Fernsehfilm, 1967) – Madigan / Nur noch 72 Stunden (1968) – Death of a Gunfighter / Frank Patch – Deine Stunden sind gezählt (Pseudonym: Alan Smithee, Co-Regie: Robert Totten, 1968) – Two Mules for Sister Sara / Ein Fressen für die Geier (1969) – The Beguiled / Betrogen (1970) – Dirty Harry / Dirty Harry (1971) – Charley Varrick / Der große Coup

(1972) – The Black Windmill / Die schwarze Windmühle (1973) – The Shootist / The Shootist – Der Scharfschütze (1976) – Telefon / Telefon (1977) – Escape from Alcatraz / Flucht von Alcatraz (1979) – Rough Cut / Der Löwe zeigt die Krallen (1979) – Jinxed / Verhext (1982).

Literatur: D. S.: A Siegel Film. An Autobiography. London 1993.

Peter Bogdanovich: Interview with Don Siegel. In: Movie 1968. H. 15. – Wolf-Eckart Bühler / Felix Hofmann: *Charley Varrick.* In: Filmkritik 18 (1974) H. 3. S. 118 f. – Stuart Kaminsky: Don Siegel, Director. New York 1974. – Judith M. Kass: Don Siegel. In: The Hollywood Professionals. Bd. 4. New York 1975. S. 67 f. – Alan Lovell: Don Siegel. London 1975. – Heiko R. Blum: »Für mich beginnt der Film im Kino . . .«. Gespräch mit Don Siegel. In: epd-Film 8 (1991) H. 6. S. 23 f. – Georg Seeßlen: Geschwindigkeit ist keine Lösung. Zu den Filmen von Don Siegel. In: epd-Film 8 (1991) H. 6. S. 16 f.

Robert Siodmak

1900–1973

Robert Siodmak wurde am 8. August 1900 in Dresden als Sohn eines polnisch-jüdischen Kaufmanns geboren, der in den USA ein Vermögen gemacht hatte, bevor er sich 1899 in Dresden niederließ, wo er Rosa Blum aus Leipzig heiratete und eine Familie gründete. Siodmaks jüngerer Bruder (*1902) wurde später unter dem Namen Curt Siodmak ein populärer Schriftsteller und auch Regisseur. Nach seiner Schulzeit in Bad Koeben und dem Abitur in Dresden nahm Siodmak bei Erich Ponto Schauspielunterricht. Gleichzeitig trat er in kleinen Statistenrollen am Dresdener Schauspielhaus auf. 1918 schloß er sich einer Wanderbühne an und tourte drei Jahre lang durch Norddeutschland. Dann versuchte er sich als Bankbuchhalter und Börsenspekulant. 1924 gründete er zusammen mit F. W. Koebner die Zeitschrift »Das Magazin«, die er im eigenen Verlag auf den Markt brachte. Beide Unternehmungen scheiterten nach kurzer Zeit.

Ab 1925 arbeitete Siodmak zunächst als Übersetzer von Zwischentiteln für die Auswertung importierter Filme, dann 1927/28 als Cutter bei der Herstellung neuer Schnittversionen älterer Harry-Piel-Filme. Gleichzeitig war er für die Nero-Film tätig, die seinem Onkel Heinrich Nebenzahl und dessen Sohn Seymour gehörte. In dieser Zeit soll er Regieassistent von Alfred Lind und Kurt Bernhardt gewesen sein. Dabei sammelte er genügend Erfahrung, um 1929 mit dem semidokumentarischen *Menschen am Sonntag* als Regisseur zu debütieren. Zugleich fungierte er zusammen mit Moritz Seeler als Produzent, mit finanzieller Unterstützung der Nero-Film.

Fast ungläubig faßte Hans Feld in seiner Rezension die Handlung zusammen: »Fünf junge Menschen finden sich zusammen. Taxi-Chauffeur und Mannequin, Weinreisender, Film-Komparsin und ihre beste Freundin, ein blondes Mädel aus dem Elektroladen. Wochenendausflug nach Nikolassee und Puzzlespiel der Erotik; [. . .] Heimkehr im überfüllten Autobus und Hoffnung auf den nächsten Sonntag.« Auch Herbert Ihering fragte nach dem grundsätzlich Neuen, das von diesem Film ausging, und er kam zu dem Schluß, daß *Menschen am Sonntag* »zur ursprünglichen Geste zurückführt«. In Hinblick auf King Vidors gleichzeitig ausgewerteten *Ein Mensch der Masse* (1928), einen anderen Großstadtfilm der Zeit, bemerkte er, daß die »Gebärden, tausendmal durch die Routine der Berufsschauspieler ihrer Ursprünglichkeit beraubt, ausnuanciert, verdorben und verkitscht, wie die Vorgänge, die Handlungen, die zu diesen Gesten führen«, von den Laiendarstellern in *Menschen am Sonntag* neu belebt worden seien.

Der Film, an dem neben Siodmak auch noch Edgar G. Ulmer, Billy Wilder, Eugen Schüfftan und Fred Zinnemann beteiligt waren, hatte Erfolg, daher bot die Ufa Siodmak einen Vertrag an, der ihm jedoch nicht die erhoffte künstlerische Freiheit garantierte. Immerhin konnte er den in stilistischer Hinsicht bemerkenswerten Film *Abschied* (1930) realisieren, der den Alltag einer Pensionsgemeinschaft unter Verzicht auf sonst übliche Spannungsbögen zu dokumentieren scheint, ein Vorgehen, das dem aus *Menschen am Sonntag* nicht unähnlich ist, in diesem Fall aber inszenatorischen Elementen mehr Spielraum läßt. Auch *Voruntersuchung* (1931), ein Angriff auf ein Justizsystem, das private Interessen über die Suche nach Gerechtigkeit stellt, »besteht als Film fast nur aus Atmosphäre; die realistischen Details machen seine Qualität aus, die sprechenden Gesichter, die berühmte germanische ›Schwere‹«, wie R. Borde retrospektiv urteilte. Nachdem Siodmak mit dem unbedeutenden Hans-Albers-Vehikel *Quick* (1932) noch einmal einen beachtlichen Publikumserfolg verbuchen konnte, verließ er die Ufa und realisierte für die Berliner Tonal-Film mit *Brennendes Geheimnis* (1932) nach der gleichnamigen Novelle von Stefan Zweig seinen vorläufig letzten Film in Deutschland.

Die Machtergreifung der Nazis trieb Siodmak im April 1933 ins französische Exil. Die Familie wurde auseinandergerissen: der schon erwähnte Bruder Curt floh nach London, der zweite Bruder Werner (1907–1986) ging nach Palästina, und der jüngste Bruder Rolf (1913–1933) nahm sich das Leben. Siodmak hatte seine Braut Bertha Odenheimer mit nach Paris genommen. Er heiratete sie dort am 16. November 1933.

Die Jahre 1933–1936 bedeuteten für Siodmak eine »Zeit der Kompromisse, denn es gilt zu überleben in einem Land, dessen Sprache und Mentalität der Regisseur noch kaum versteht und dessen krisenschwangere Filmindustrie von Flüchtlingen überschwemmt wird« (H. Dumont). Siodmak bewegte sich zwischen den Genres hin und her, zeigte einen zynischen Geschlechterkampf in *Le Sexe faible* (1933) oder konterkarierte seine eigene Situation als Emigrant in dem heiter-zynischen Revuefilm *Die Krise ist vorbei* (1934). Trotz des kommerziellen Mißerfolgs dieses Films hatte sich Siodmak zu diesem Zeitpunkt schon so in der französischen Filmwelt etabliert, daß er ungebrochen weiterarbeiten konnte. Dazu hatte vor allem *Weiße Fracht für Rio* (1936) beigetragen, der schon deutlich erahnen ließ, was der spätere Regisseur von Films noirs zu bieten haben würde.

H. Dumont sieht in *Mollenard* (1937) ein Schlüsselwerk von Siodmaks französischem Œuvre, »weil es ebenfalls manche Themen der späteren ›schwarzen Serie‹ in der ganz spezifischen Färbung dieses Regisseurs ankündigt und ein Fenster auf dessen tiefenpsychologische Motivationen öffnet«. Wie Siodmak hier seine ambivalente Haltung gegenüber dem Kleinbürgertum mit der sozialkritischen Attitüde eines Intellektuellen mischt, der die Parolen der aktuellen politischen Richtungen in Frankreich wohl vernommen hat, ist in seinem Werk einzigartig.

1939 gelang Siodmak mit *Der Fallensteller* sein größter Publikumserfolg. Das mag an der Popularität Erich von Stroheims gelegen haben. Siodmak hatte im gleichen Jahr mit ihm zusammengearbeitet, als er nach dem Tod Robert Wienes dessen letzten Film *Ultimatum* zu Ende führen mußte. Auch *Der Fallensteller* hat Film-noir-Elemente, aber er zeigt »bereits eine amerikanische Faktur: rasche Einführung, rasanter Schnitt, raffinierte Beleuchtungseffekte, eine Kamera und eine Gestik, die nur das Wesentlichste andeuten« (H. Dumont).

Siodmak ist unter den deutschen Emigranten in Paris derjenige mit der profiliertesten Karriere. War Frankreich für die meisten anderen nicht viel mehr als eine Durchgangsstation auf dem Weg nach Hollywood, konnte Siodmak dort beruflich und künstlerisch Fuß fassen. Er war voller Pläne für weitere Filmprojekte, die sich zerschlugen. Es waren die politischen Spannungen noch vor Ausbruch des Krieges, die Siod-

Robert Siodmak (Mitte)

maks Pariser Exil beendeten. Am 31. August 1938 verließ er das Land in Richtung USA. Die Entscheidung war ihm sicher nicht leichtgefallen, bedeutete sie doch einen inzwischen dritten beruflichen Neuanfang. In seiner Autobiographie beklagt er heftig, daß er trotz seiner in Deutschland und Frankreich errungenen Meriten nun in Hollywood erneut auf die Herstellung von unambitionierten B-Produktionen reduziert worden sei. Er entledigte sich dieser Aufgaben nach eigenem Bekunden mit professioneller Routine, obwohl dabei u. a. auch der atmosphärisch dichte *Son of Dracula* (1943) herauskam, der nicht nur die absinkende Welt des US-amerikanischen Südens noch einmal heraufbeschwört, sondern auch ein weithin übersehenes Beispiel des deutschen Exilfilms ist.

Son of Dracula war der erste Film, den Siodmak für die Universal herstellte. Damit begann die erfolgreichste Phase seiner Hollywood-Karriere. Es waren die Films noirs, in denen er seine Handschrift kompromißlos zeigen konnte. A. Sarris nannte sie »deutscher als seine deutschen Filme«. Eine starke Frauenfigur stand im Mittelpunkt von *Zeuge gesucht* (1943) und deutete Siodmaks starkes Interesse an weiblichen Charakteren an, die fast alle seiner kommenden Filme, zum Teil als wichtige Nebenfiguren, mitbestimmen würden. Selbst in *Die Wendeltreppe* (1945) hat eine stumme junge Frau in ihrer Opferrolle eine erstaunliche Selbständigkeit. »Nahezu alle Personen Siodmaks scheinen besessen zu sein von einem einzigen Charakterzug – sei es die Aktivität der Frau in *Zeuge gesucht*, die die Unschuld ihres Chefs beweisen will; sei es die Passivität des sich nicht mehr wehrenden Mannes in *Rächer der Unterwelt* (1946); oder seien es die psychopathischen Obsessionen des Mörders in *Die Wendeltreppe*, der eifersüchtigen Schwester in *Onkel Harrys seltsame Affäre* (1945) oder der bösen Zwillingsschwester in *Der schwarze Spiegel* (1946)« (P. Werner).

Mit diesen Filmtiteln ist die kurze Blütezeit Siodmaks bereits umrissen. Zwischen 1943 und 1950 gehörte er zu den gefragtesten Regisseuren Hollywoods. Seine Großstadtfilme *Schrei der Großstadt* (1948) und *Gewagtes Alibi* (1948) zählen noch heute zu den Klassikern des amerikanischen Kinos der Studio-Ära. Und *Der Spieler* (1949) ist ein eindringliches Psychogramm eines krankhaften Spielers, das vor allem durch Gregory Pecks einfühlsames Spiel überzeugt. Aber der Niedergang des Film noir bedeutete auch seinen Niedergang als kreativer und innovativer Filmkünstler. Die komödiantisch inspirierte Piratengeschichte *Der rote Korsar* (1952) war Siodmaks erster Film in Technicolor und sein letzter kommerzieller Erfolg in den USA.

1951 ging er zurück nach Europa und versuchte, sich erneut in Frankreich, England und Deutschland einzuführen. In Deutschland gelang ihm mit *Die Ratten* (1955) für Artur Brauners CCC-Film eine beachtliche Verfilmung von Gerhart Hauptmanns Drama. Vor allem aber *Nachts, wenn der Teufel kam* (1957), den er für seine eigene Firma Divina-Film produzierte, trug ihm noch einmal erhebliches Lob ein. Der Film wurde mit Preisen nachgerade überschüttet, von diversen bundesdeutschen Filmbändern bis hin zum Hauptpreis des Festivals in Karlovy Vary, zum Preis der Deutschen Filmkritik und zur Oscar-Nominierung als bester ausländischer Film. Am Ende von Siodmaks langer Filmkarriere standen Karl-May-Verfilmungen: *Der Schut* (1964), *Der Schatz der Azteken* (1965), *Die Pyramiden des Sonnengottes* (1965), sowie die zweiteilige Felix-Dahn-Adaption *Kampf um Rom* (1968), die Siodmak als internationale Koproduktionen realisierte.

Schon Mitte der fünfziger Jahre hatte sich Siodmak nach Ascona in die Schweiz zurückgezogen. Pläne, dort auch ins Hotelgewerbe einzusteigen, scheiterten. Er starb am 10. März 1973 in einem Krankenhaus in Locarno.

Uli Jung

Filmographie: Menschen am Sonntag (Co-Regie: Edgar G. Ulmer, 1930) – Der Kampf mit dem Drachen oder: Die Tragödie des Untermieters (1930) – Abschied (1930) – Der Mann, der seinen Mörder sucht (1930) – Voruntersuchung / Autour d'une enquête (1931) – Stürme der Leidenschaft / Tumultes (1931) – Quick / Quick (1932) – Brennendes Geheimnis (1932) – Le Sexe faible (1933) – La Crise est finie / Die Krise ist vorbei (1934) – La Vie parisienne / Parisienne Life (1935) – Le Grand Refrain (1936) – Mr. Flow (1936) – Cargaison blanche / Le Chemin de Rio / Weiße Fracht für Rio (1936) – Mollenard (1937) – Ultimatum (Co-Regie: Robert Wiene, 1938) – Pièges / Der Fallensteller / Mädchenhändler (1939) – West Point Widow (1941) – Fly by Night (1941) – The Night before the Divorce (1942) – My Heart Belongs to Daddy (1942) – Someone to Remember (1943) – Son of Dracula (1943) – Cobra Woman / Die Schlangenpriesterin (1944) – Phantom Lady / Zeuge gesucht (1944) – Christmas Holiday / Weihnachtsurlaub (1944) – The Suspect / Unter Verdacht (1944) – The Strange Affaire of Uncle Harry / Onkel Harrys seltsame Affäre (1945) – The Spiral Staircase / Die Wendeltreppe (1945) – The Killers / Rächer der Unterwelt (1946) – The Dark Mirror / Der schwarze Spiegel (1946) – Time out of Mind (1947) – Cry of the City / Schrei der Großstadt (1948) – Criss Cross / Gewagtes Alibi (1948) – The Great Sinner / Der Spieler (1949) – Thelma Jordan / Strafsache Thelma Jordan (1949) – Deported / Abgeschoben (1950) – The Whistle at Eaton Falls (1951) – The Crimson Pirate / Der rote Korsar (1952) – Le Grand Jeu / Die letzte Etappe (1952) – Die Ratten (1955) – Mein Vater, der Schauspieler (1956) – Nachts, wenn der Teufel kam (1957) – Dorothea Angermann (1958) – The Rough and the Smooth / Das Bittere und das Süße (1959) – Katja / Katja, die ungekrönte Kaiserin (1959) – Mein Schulfreund (1960) – L'Affaire Nina B. / Affäre Nina B. (1961) – Tunnel 28 / Escape from East-Berlin (1962) – Der Schut (1964) – Der Schatz der Azteken (1965) – Die Pyramide des Sonnengottes (1965) – Custer of the West / Ein Tag zum Kämpfen (1966) – Kampf um Rom (1968) – Kampf um Rom – 2. Teil: Der Verrat (1968).

Literatur: R. S.: Zwischen Berlin und Hollywood. Erinnerungen eines großen Filmregisseurs. Hrsg. von Hans C. Blumenberg. München 1980.

Dieter Dürrenmatt: Robert Siodmak 1900–1973: Das Leben eines bedeutenden Filmregisseurs. Riehen 1973. – Hervé Dumont: Robert Siodmak. Le maître du film noir. Lausanne 1981. – Elena Dagrada: Robert Siodmak. Florenz 1988. – Wolfgang Jacobsen / Hans Helmut Prinzler (Hrsg.): Siodmak Bros. Berlin – Paris – London – Hollywood. Berlin 1998.

Douglas Sirk

1897–1987

»Ich bin von Titeln immer sehr fasziniert gewesen«, sagte Douglas Sirk, »ein Titel kann ein Licht oder einen Schatten über einen ganzen Film werfen.« *All meine Sehnsucht, Die wunderbare Macht, Was der Himmel erlaubt, In den Wind geschrieben, Duell in den Wolken, Solange es Menschen gibt*: die Titel der großen Sirk-Melodramen gehen so weich und verheißungsvoll über die Lippen wie die Frauennamen Laverne oder Marylee, Heldinnen, die Dorothy Malone darin spielt. Mehr als andere Filmtitel sind sie ein Versprechen; sie stimulieren die Sinne wie das knisternde, bunte Papier um ein Bonbon. Sie stehen für Filme von großen Träumen und großen Niederlagen, von großer Liebe und ihrer Unmöglichkeit, Filme über den amerikanischen Traum und sein Scheitern – erzählt von einem Europäer.

Detlef Sierck wurde am 26. April 1897 in Hamburg als Sohn eines dänischen Journalisten geboren. Er studierte Jura, Philosophie und Kunstgeschichte. Er kannte Ernst Toller, Bertolt Brecht, Franz Werfel und Wsewolod Meyerhold, er hörte Erwin Panofskys Gedanken zur Kunstgeschichte und Albert Einsteins Vorlesungen über Relativitätstheorie, er sah Frank Wedekind auf der Bühne. Er malte. Er arbeitete für eine Zeitung. Er übersetzte Shakespeare und inszenierte Schiller, Kleist und Goethe. Später sagte Fassbinder über seine Filme, daß in Deutschland Menschen mit einem vergleichbaren Bildungsniveau über sie nur lächeln würden. 1921 wurde er Dramaturg am Deutschen Schauspielhaus in Hamburg, mit 22 Jahren inszenierte er dort sein erstes Stück. Das Theater nannte er seine große Liebe, und doch merkt man seinen Filmen die Herkunft von der Bühne nie an. Seine ersten Filme in Deutschland nannte er »Lernstücke«, die beiden letzten von ihnen, *La Habanera* (1937) und *Zu neuen Ufern* (1937) machten Zarah Leander zum Star: Schon früh zeigte Sirk sein Talent, Schauspieler zu entdecken und aufzubauen. Fassbinder nannte ihn einen Regisseur, der Höchstleistungen aus seinen Schauspielern holte, »daß selbst Zombies wie Marianne Koch und Liselotte Pulver uns als wirkliche, menschliche Wesen erscheinen, denen wir glauben können und wollen«. Von Anfang an setzte Sirk in der Welt der großen Gefühle auf das Underplay, auf die Persönlichkeit des Schauspielers und den Röntgenblick der Kamera.

1937 verließ er das Deutschland der Nationalsozialisten, über Rom, Wien, Paris und Rotterdam kam er nach Hollywood, das Land der Filme, die er als Kind mit seiner Großmutter bewundert hatte; dort wurde 1938 aus Detlef Sierck Douglas Sirk. Aus einer gewissen Scheu vor der Schilderung amerikanischer Zustände spielen seine ersten amerikanischen Filme, *Hitler's Madmen* (1943), *Sommerstürme* (1944), *Ein eleganter Gauner* (1945), *Angelockt* (1946) und *Die Beichte eines Arztes* (1951) in europäischem Milieu. Gleichzeitig übte er mit seiner Frau, der Schauspielerin Hilde Jary, auf seiner Farm amerikanisches Leben, studierte die kleinstädtische amerikanische Gesellschaft, ihre Repräsentanten, ihre Vorurteile, ihr Familienleben, ihre Hoffnungen, ihre Sehnsüchte: »Es war etwas, das wenige der von Europa Kommenden je gekannt haben oder der Mühe für wert hielten.«

1950 begann er damit, diese Erfahrungen zu verarbeiten, als stetig sich steigernde Variation eines Themas, vom kleinstbürgerlichen Milieu Riverdales in *All meine Sehnsucht* (1953) zum gehobenen Bürgertum von *Was der Himmel erlaubt* (1955) zum Ölreichtum der Hadleys in *In den Wind geschrieben* (1956) zum Großstadtfilm *Solange es Menschen gibt* (1958). Mit diesen Filmen weist er sich aus als einer, der Amerika kennt, wie es nur einer kennen kann, der dort nicht aufgewachsen ist. Gleichzeitig nimmt er Motive seiner deutschen Filme wieder auf, denn schon in *Stützen der Gesellschaft* (1935) oder in *Zu neuen Ufern* entlarvte er die bürgerliche Gesellschaft als heuchlerisch und engstirnig. Er kritisiert mit scharfem Blick, doch ohne erhobenen Zeigefinger, »wie einer, der die Menschen liebt und sie nicht haßt wie wir«, sagte Fassbinder.

Sirk beschrieb seine großen Melodramen als »Dramen der überschwellenden Emotionen, mit Spielstrukturen, die nicht von der Logik geformt sind, es sei denn von der des ihnen eigenen Stils und Materials – eine Welt wie eben die des antiken Theaters, beherrscht von Gewalt und Zufall – diesem vor allem! –, von Irrtum und Blindheit und von der Unmöglichkeit des Menschen, Einfluß zu nehmen auf Gestaltung und Gang seines Lebens, kurz eine irrationale und tief pessimistische Welt«. Es geht um verzweifeltes Leben und unmögliche Liebe, um die ewige Unvereinbarkeit von Beruflichem und Privatem, von Gefühl und Anspruch: Eine Blinde verliebt sich gegen alle Vernunft in den jüngeren Playboy, der ihr Leiden verursacht hat, in *Die wunderbare Macht* (1953). Eine Witwe und Mutter verliebt sich gegen die Regeln der Kleinstadt in den Gärtner, der nicht nur die Pflanzen in ihrem Garten zum Blühen bringt, in *Was der Himmel erlaubt*. Zwei Männer lieben dieselbe Frau in *In den Wind geschrieben* und *Duell in den Wolken*. Ein junges Mädchen kann ihre schwarze Herkunft nicht mit ihrem weißen Äußeren in Einklang bringen und eine Schauspielerin nicht ihre Karriere mit ihrer Familie in *Solange es Menschen gibt*. Zunehmend dichter wurde das Gewebe der schicksalhaften Verstrickungen in diesen Filmen, Mögliches in letzter Konsequenz unmöglich und das Allerunwahrscheinlichste plausibel. Das Schlimmste ist, daß all diese Männer und Frauen sich immer nur selbst im Weg stehen; das menschlich Verzweifelndste ist, daß sie es auch wissen. Sirk inszeniert die Gefängnisse, die die Menschen sich selbst schaffen. Er versetzt sie in Situationen, die ihnen einen Blick durch die Gitterstäbe aufzwingen, auf die Möglichkeit eines anderen, unmöglichen Lebens. Dabei wahrt er den physischen und auch emotionalen Abstand zu seinen traurigen Helden. Er begleitet sie aus sicherer Entfernung, mit weichen Kamerafahrten, die ihre Bewegungen aufnehmen, sich ihnen anpassen. Er setzt sie in Unter- und Obersichten. Fast nie zeigt er sie in Großaufnahmen. Schuß-Gegenschuß-Sequenzen beziehen den Redepartner mit ein. Mit listiger Zurückhaltung provoziert Sirk Anteilnahme, die der Zuschauer getrost als seine eigene betrachten mag: »Perspektiven sind die Gedanken des Regisseurs«, und: »Das Licht ist seine Philosophie«.

Diese subversive Distanz setzt sich in den Elementen bewußter Künstlichkeit fort, in der durchkomponierten Studioatmosphäre seiner Innenräume, in der kalkulierten Licht- und Farbkomposition. Sirk setzt künstliches Licht und kunstvolle Schatten, die mit unverfrorener Eindeutigkeit unabhängig sind von den tatsächlichen Lichtquellen. Seine Figuren sind gezeichnet von Schattenlinien ihrer Zerrissenheit, von Lichtpunkten ihrer Begeisterung für falsche Ideale, mal verstecken sie sich voller Scham im Dunkel, mal sind sie Gefangene ihrer eigenen Schatten, die sie nicht überspringen können. Systematisch baut Sirk Kunstwelten auf, die wie Prospektkompositionen vom schönen Wohnen in den Home-and-Garden-Magazinen der fünfziger Jahre wirken. Wohnungen sind hier nicht Lebens-, sondern Ausstellungsraum: Nicht umsonst sieht man bei Sirk so oft durch (Schau-)Fensterscheiben in die Interieurs, in denen Dinge herumstehen, die so nutzlos sind wie Teller an den Wänden. Kamine strahlen hier keine Wärme aus. Blumen verströmen keinen Duft. Bücher werden nicht gelesen. Treppen trennen hier mehr als sie verbinden, und die Möbel sehen aus, als seien sie eben gerade geliefert worden. Es sind die Wohnungen derer, die gar keine Zeit haben zu leben, weil sie unablässig damit beschäftigt sind, ihre Wirkung auf andere zu inszenieren: »Das Haus hat soviel gekostet. Können wir uns das überhaupt leisten?« fragt Annie in *Solange es Menschen gibt*. »Wir können uns nicht leisten, kein solches Haus zu haben«, antwortet Lora Meredith. Die Repräsentationsfähigkeit der Dinge steht über ihrem Nutzwert. Selbst die Natur wirkt in dieser Welt künstlich: Nur schwer kann man sich vorstellen, daß die Flußoase der Hadley-Kinder in *In den Wind geschrieben* sich hinter dem gezeigten Ausschnitt fortsetzt, und die Wald- und Wiesenidylle, die Cary Scott (Jane Wyman) in *Was der Himmel erlaubt* als Paradies erscheint, wirkt keimfrei und arrangiert. Bei Sirk sind die Schauplätze nie nur Kulissen der Handlung, immer spiegeln sie die Stimmungen der verzweifelten Helden, die sich darin bewegen wie Tiere im Käfig: Hier gibt es keinen hoffnungsvollen Frühling und keinen wärmenden Sommer, sondern nur die Melancholie des ewig Herbstlichen und den Winter gefrorener Gefühle.

Sirk setzt auf die Signalwirkung von Farben und Formen: Stromlinienförmige, rote und gelbe Sportwagencabriolets von Robert Stack und Dorothy Malone im Kontrast zu den dunklen, funktionell-massiven Limousinen, die Rock Hudson immer wieder fährt. Ein leuchtend rotes Kleid an einer Frau, deren Einsamkeit zum Himmel schreit. Eine Wedgewoodkanne, die zum Symbol einer gescheiterten Liebe wird. Eine Negerpuppe, die zu Boden fällt. Ein Fernsehgerät, das auf Knopfdruck Gesellschaft verspricht. Mit kleinen Dingen erzählt Sirk von großen Gefühlen: Als Cary Scott in *Was der Himmel erlaubt* die Perspektive für ein neues Leben sieht, entfernt sie die Trophäen und Staubfänger vom Kamin, die Erinnerungen an ihren verstorbenen Ehemann, mit denen sie nach ägyptischem Vorbild lebendig begraben war.

Schon die Besetzung hat Signalcharakter: Wie Sirk die blonden Locken, die schönen Beine, das sinnliche Lächeln von Dorothy Malone gegen die statuarische Erscheinung von Rock Hudson setzt, die flatterhafte Zerrissenheit gegen die unerschütterliche Solidität. In acht Filmen, in denen Hudson für Sirk spielte, wurde er zum Sinnbild von Sicherheit und Verläßlichkeit, das Ideal eines Amerikaners, ein Baum von einem Mann, der Fels in der Brandung der wogenden Gefühle. Er war das Gegengewicht zu den gebrochenen Charakteren, die Sirk wirklich interessierten: »Glück ohne Scheitern ist wie ein schlecht geschriebenes Gedicht«, sagte er. Den verzweifelten Verlierern, die an ihrem Unglück selbst schuld sind, gehörte seine ganze Leidenschaft. Das heißt auch, daß es in seinen Filmen niemanden gibt, den man wirklich hassen kann, den Mann, der die Geliebte seines besten Freundes heiratet in *In den Wind geschrieben* so wenig wie den Mann, der seine Frau zu ihrem verhaßten Verehrer schickt, damit sie sich für ihn verkaufe in *Duell in den Wolken*, oder das Mädchen, das seine Mutter verrät in *Solange es Menschen gibt.* Angetrieben von Liebe und Haß, Eifersucht und Neid, Alkohol und Geld, von Ahnungen und Unterstellungen, von Zufall und Schicksal, greifen die Ereignisse Zahnrädchen für Zahnrädchen ineinander. Und Sirk gönnt dem Zuschauer keine Pausen, die ihn zur Besinnung kommen lassen, die ihm Gelegenheit geben könnten, das Allerunwahrscheinlichste auch nur einen Moment anzuzweifeln.

Mit den anderen Europäern hatte auch Sirk gegen die Beschränkungen des Studiosystems zu kämpfen, doch er beklagte sich nicht: »Ein Künstler braucht Mauern, um dagegen anzukämpfen, und mögen es auch Gefängniswände sein. Das Ankämpfen gegen die Wände macht einen Mann listig und erfindungsreich. Es stärkt die Muskeln seines Talents.« Spielend unterlief er die Happy-Ends, die ihm von den Produzenten aufgezwungen wurden. Seine leidenschaftliche Art, das Scheitern zu inszenieren, machte es unmöglich, dem Gelingen zu vertrauen. Zu tief pflanzte er seinen Helden die Wurzeln der Widersprüche ein. Und wenn die Produzenten ihn zwangen, einen Film statt »Stopover« *All I Desire* zu nennen, dann schmuggelte er seinen Titel wieder ein, indem er das erste Stück, in dem die Heldin eines anderen Films spielt, »Stopover« nannte: Sirk verstand sich auf Hintertüren.

Man nannte Sirk einen verkannten Meister des Melodrams; man nannte ihn verächtlich einen Regisseur der Frauenfilme, der »women's weepies«, einen Trivialunterhalter. F. Grafe bezeichnete ihn als Vorläufer der Pop-art. Er selbst sagte: »Für mich besteht nur eine gewisse Distanz zwischen der großen Kunst und dem Trivialen. Denn das Triviale kann Elemente der Tollheit – der ›folie‹ – enthalten, durch die es sich der großen Kunst annähert.« Und Fassbinder erklärte einfach: »Ich habe nur sechs Filme von Douglas Sirk gesehen. Unter ihnen waren die schönsten der Welt.« Von Hollywood und dem Filmemachen verabschiedete sich Sirk mit einem pompösen Begräbnis, am Ende von *Solange es Menschen gibt*. Er kehrte nach Deutschland zurück, lebte in Hamburg und München, inszenierte am Theater und unterrichtete Filmstudenten. 1987 starb er in der Schweiz.

Anke Sterneborg

Filmographie: April, April! (1935) – Das Mädchen vom Moorhof (1935) – Stützen der Gesellschaft (1935) – Schlußakkord (1936) – Das Hofkonzert (1936) – Zu neuen Ufern (1937) – La Habanera (1937) – Boefje (1939) – Hitler's Madmen (1943) – Summer Storm / Sommerstürme (1944) – A Scandal in Paris / Ein eleganter Gauner (1945) – Lured / Angelockt (1946) – Sleep, My Love / Schlingen der Angst (1947) – Shock-Proof / Unerschütterliche Liebe (1948) – Slightly French / Leicht französisch (1948) – Mystery Submarine (1950) – The First Legion / Die Beichte eines Arztes (1951) – Thunder on the Hill / Schwester Maria Bonaventure (1951) – The Lady Pays Off / Spielschulden (1951) – Weekend with Father / Ein Wochenende mit Papa (1951) – Has Anybody Seen My Gal? / Hat jemand meine Braut gesehen? (1951) – No Room for the Groom (1952) – Meet Me at the Fair (1952) – Take Me to Town / Eine abenteuerliche Frau (1952) – All I Desire / All meine Sehnsucht (1953) – Taza, Son of Cochise / Taza, der Sohn des Cochise (1953) – Magnificent Obsession / Die wunderbare Macht (1953) – Sign of the Pagan / Attila, der Hunnenkönig (1954) – Captain Lightfoot / Wenn die Ketten brechen (1954) – There's Always Tomorrow / Es gibt immer ein Morgen (1955) – All that Heaven Allows / Was der Himmel erlaubt (1955) – Written on the Wind / In den Wind geschrieben (1956) – Battle Hymn / Der Engel mit den blutigen Flügeln (1956) – Interlude / Der letzte Akkord (1956) – The Tarnished Angels / Duell in den Wolken (1957) – A Time to Love and a Time to Die / Zeit zu leben und Zeit zu sterben (1958) – Imitation of Life / Solange es Menschen gibt (1958) – Bourbon Street Blues (1978).

Literatur: Elisabeth Läufer: Skeptiker des Lichts. Douglas Sirk und seine Filme. Frankfurt a. M. 1987. – Lucy Fischer (Hrsg.): Imitation of Life. Douglas Sirk, Director. New Brunswick 1991. – Barbara Klinger: Melodrama and Meaning. History, Culture, and the Films of Douglas Sirk. Bloomington 1994.

Steven Spielberg

*1947

Mit Steven Spielbergs *Der weiße Hai* (1975) und George Lucas' *Krieg der Sterne* (1977) wurde die Ära des Blockbuster-Films eingeläutet, in der die Studios mit Big-Budget-Action- / Abenteuer- / Fantasy-Produktionen und eingebundenen Merchandising-Produkten ihre Einnahmen vervielfachen konnten. Spielberg nahm mit den von ihm inszenierten Filmen weltweit Milliardenbeträge ein (*Jurassic Park* und *E. T.* sind noch immer Spitzenreiter und stehen an zweiter bzw. vierter Stelle der »highest earners of all time«-Liste). Obwohl am Erfolg der Mehrheit seiner Filme nicht zu rütteln ist, sind die Stimmen der Filmkritik gegenüber seinem Werk eher verhalten: Er sei mehr melodramatisch als dramatisch, heißt es, er favorisiere das Spektakel und vernachlässige die Entwicklung seiner Filmfiguren (obwohl seine Schauspieler gute

Steven Spielberg

Leistungen zeigen, besonders in den Kinderrollen), er sei mehr interessiert an technischen Spielereien als an schlüssigen Plots und generell nur motiviert, die Wünsche des (Massen-)Publikums zu erfüllen. Aufgrund der konservativen Art und Weise, mit der er immer wieder die Thematik der bedrohten Familie behandelt, hat man ihm Sexismus und Rassismus vorgeworfen. Er selbst sieht sich als kindlichen Künstler, propagiert »die unschuldige und tiefe Vorstellungskraft, die urzeitlichen Schrecken und transzendente Wunder heraufbeschwören kann«.

Spielberg wurde am 18. Dezember 1947 als Kind jüdischer Eltern in Cincinnati, Ohio, geboren. Der Vater war Elektro-Ingenieur, die Mutter Konzertpianistin; sie ließen sich scheiden, als Spielberg noch ein Teenager war. Bereits mit 12 Jahren hatte der Junge erste Amateurfilme mit Schauspielern gedreht. Mit 13 gewann er einen Wettbewerb mit dem 40minütigen Kriegsfilm *Escape to Nowhere* (1960); drei Jahre später drehte er einen weiteren Amateurfilm von 140 Minuten Länge, *Firelight* (1963). Er bewarb sich zweimal um ein Filmstudium an der University of Southern California, wurde abgelehnt und studierte sein Fach schließlich an der California State University, Long Beach.

Sein Kurzfilm *Amblin* (nach dem er 1984 seine neue Produktionsfirma benannte) wurde 1969 auf dem Atlanta Film Festival vorgeführt und brachte dem talentierten Jungfilmer einen Siebenjahresvertrag mit Universal Pictures. Nachdem er 1970 mit der Pilotfolge von Rod Sterlings NBC-Reihe *Night Gallery* (mit Joan Crawford in der Hauptrolle) sein Debüt als Fernsehregisseur gegeben hatte, arbeitete er zunächst in diesem Bereich weiter und inszenierte Episoden für renommierte Fernsehserien wie *Columbo* und *Marcus Welby, M. D.* Von den drei Fernsehfilmen, bei denen er außerdem Regie führte, kam *Duell* (1971) in Europa in den Kinofilmverleih, wurde von den Kritikern gepriesen und brachte beachtliche Einnahmen. In den USA hatte Spielberg erst mit *Sugarland Expreß* (1974) sein (leider aufgrund schlechten Marketings kommerziell nicht sehr erfolgreiches) Kinodebüt. Mit *Sugarland Expreß* begann auch Spielbergs fruchtbare Zusammenarbeit mit John Williams als Komponisten, der drei seiner fünf Oscars für Filmmusik bei Spielberg-Produktionen gewann.

Bei den Dreharbeiten zu seinem zweiten Kinofilm, *Der weiße Hai* (1975), hatte Spielberg als noch relativ unerfahrener Regisseur mit einer ganzen Reihe von Schwierigkeiten zu kämpfen. Doch trotz extrem schlechter Witterungsbedingungen und technischer Probleme mit der komplizierten Mechanik des Hai-Modells gelang ihm ein Meisterwerk der Spannung, durchaus im Sinne des Hitchcockschen Suspense – ständig ist man auf die schlimmstmögliche Wendung gefaßt oder wird – falls man sich beruhigt hat – von ihr überrascht.

In seinem nächsten Film wandte Spielberg sich märchenhafteren Kindheitsvisionen zu: *Unheimliche Begegnung der dritten Art* (1977) ist der Film, der Spielbergs öffentliches Image nachhaltig prägte und ihm den zweifelhaften Ruhm eines Regisseurs einbrachte, der die Emotionen seines Publikums zu manipulieren versteht, indem er es mit einem Feuerwerk an technischen Trickeffekten und geschickt eingesetzten Thrills in atemloses Staunen versetzt. Viele Kulturkritiker sehen in ihm seither den wahren Erben von Walt Disney.

1941 – Wo, bitte, geht's nach Hollywood? (1979), eine mit pyrotechnischen Effekten überladene Komödie vor dem Hintergrund der amerikanischen Hysterie angesichts der Invasion von Pearl Harbour (angelehnt an *Eine total, total verrückte Welt*, 1963, von Stanley Kramer) wurde jedoch ein Flop. Spielberg suchte sich für seinen nächsten Film einen kongenialen Produzenten: George Lucas. In gemeinsamer Faszination für die Cliffhanger-Serials ihrer Jugend entwickelten sie gemeinsam die Figur des Archäologie-Abenteurers Indiana Jones. Dabei verbanden sich die kreativen Kräfte von Lucas in synergetischer Weise mit dem flamboyanten Regiestil von Spielberg – die Mischung aus Nostalgie, spektakulären Stunts und Special-effects belebte das Genre des an exotischen Schauplätzen spielenden Abenteuerfilms neu: *Jäger des verlorenen Schatzes* (1981). Es entstanden zwei ebenfalls erfolgreiche Sequels, ein weiteres ist in Vorbereitung.

Spielberg wird oft mit den Absolventen der New Yorker Filmschule – George Lucas, Francis Ford Coppola, John Carpenter, Brian de Palma – verglichen. Die Verwandtschaft mit diesen Regisseuren mag in der gemeinsamen, generationsbedingten Prägung durch Hollywood und die Populärkultur des Fernsehens liegen, auf die Spielberg sich immer wieder gerne bezieht. Im Rückgriff auf Elemente dieser Populärkultur entstand eine Intertextualität, die Spielberg mit den Vertretern der New Yorker Schule gemeinsam hat.

E. T. – Der Außerirdische (1982), die Geschichte des zwölfjährigen Eliot, der sich mit einem gestrandeten Alien anfreundet, bewegte ein weltweites Publikum und spielte über 700 Millionen Dollar ein. Wieder warf die Kritik Spielberg emotionale Manipulation vor, zumal bei den lang ausgedehnten tränenrührenden Abschiedsszenen, aber Spielbergs Sinn für Imagination und Wunder traf den Nerv der Massen. In einem Interview bekannte der Regisseur, daß er in E. T. die Traumata seiner eigenen Jugend verarbeitet habe: »E. T. war ein Film über meine Kindheit – über die Scheidung meiner Eltern [...]. Ich brauchte einen besonderen Freund, und dafür mußte ich meine Vorstellungskraft einsetzen, um zu Orten zu gelangen, wo ich mich gut fühlen konnte.« Die Bedrohung der Familie und ihrer Werte ist ein ständiges Thema in Spielbergs Filmen, weshalb man ihn politisch in der Nähe Reagans angesiedelt hat (womit man ihm Unrecht tut, da sich diese Thematik aus seiner persönlichen Kindheitsgeschichte erklärt). Er selbst scheint aufrichtig unfähig zu sein, z. B. die imperialistische Ideologie zu erkennen, die *Indiana Jones und der Tempel des Todes* (1984) vermittelt; der Film spielt im Indien der 30er Jahre, wobei eine »leichtherzige Reaffirmation von althergebrachtem Sexismus und Rassismus als notwendige Alternative erscheint, um die Kräfte des Bösen zu überwinden« (E. G. Traube).

Seine nächsten beiden Produktionen, *Poltergeist* (1982), unter der Regie von Tobe Hooper, und eine sentimentale Episode für die erfolgreiche TV-Reihe *Unheimliche Schattenlichter* (1983) unterstrichen nochmals sein Image als Disney-Erbe. Erst nachdem er als Produzent mit *Gremlins* (1984) von Joe Dante und *Zurück in die Zukunft* (1985) von Robert Zemeckis weiteren Adoleszenten-Filmen eine Chance gegeben hatte, wandte er sich als Regisseur erstmals einem ›ernsteren‹ Projekt zu: *Die Farbe Lila* (1985) brachte Alice Walkers Roman über die Probleme afroamerikanischer Frauen im »Deep South« der dreißiger Jahre auf die Leinwand und in den Mainstream. Trotz der schauspielerischen Leistungen von Whoopi Goldberg und Danny Glover unter seiner Regie erntete Spielberg seitens der Kritiker erneut den Vorwurf, zu melodramatisch zu inszenieren und damit die Vorlage unverhältnismäßig romantisiert zu haben.

In den späten achtziger Jahren arbeitete Spielberg vornehmlich als Produzent, u. a. für *Falsches Spiel mit Roger Rabbit* (1988) von Robert Zemeckis und *Dad* (1989) von Gary David Goldberg, bis er sich schließlich auch der Produktion von Fernsehserien zuwandte (*Amazing Stories, Sea-Quest, Emergency Room*). Als Regisseur realisierte er 1987 *Das Reich der Sonne*, wo er den Zweiten Weltkrieg aus der Sicht eines kleinen Jungen beschreibt. Der Film hat Anklänge an David Leans Werk, aber eine Synthese aus Spielbergs leichtem, oberflächlichem Regiestil mit der dunklen Vision des Autors J. G. Ballard gelang nicht. Nach der Romanze *Always* (1989), einem Remake des Spencer-Tracy-Films *Kampf in den Wolken* (1944) von Victor Fleming, wandte Spielberg sich wieder einem für ihn typischeren Stoff zu: *Hook* (1991) war als Sequel zum Disney-Zeichentrickfilm *Peter Pan* (1953, Regie: Hamilton Luske u. a.) konzipiert und nicht sonderlich erfolgreich. Die Filmindustrie hielt Spielberg für ausgebrannt.

Doch dann hatte er mit *Jurassic Park* (1993) ein überwältigendes Comeback. Sowohl die Erzählung wie auch die Charaktere des Films sind extrem eindimensional, aber die aufwendigen Computeranimationen der ungeahnt realistisch wirkenden Dinosaurier stellen einen beeindruckenden Schauwert dar, und die Spannungssequenzen sind von Spielberg meisterhaft inszeniert.

Die Academy of Motion Picture Arts and Sciences hat Spielbergs Leistungen im technischen Bereich des Films immer besonders gewürdigt; 1986 erhielt er sogar den Irving G. Thalberg Memorial Award, aber eine weitere Würdigung seiner künstlerischen Leistung erfuhr er zunächst nicht. Nachdem man ihm dreimal den Oscar für die beste Regie knapp vorenthalten hatte, konnte er 1993 endlich einen doppelten Erfolg für sich verbuchen, als er für sein Holocaust-Drama *Schindlers Liste* den Oscar für die beste Regie und den besten Film erhielt (während *Jurassic Park* gerade alle Box-Office-Rekorde brach). Die längste Zeit seiner Laufbahn hatte er mit der Produktion von handwerklich versierten, technisch brillanten Unterhaltungsfilmen verbracht, die das Kind im Zuschauer ansprachen und eine Diskussion der ernsten und schrecklichen Aspekte des Lebens ausklammerten. Erst mit *Schindlers Liste* lieferte Spielberg ein anspruchsvolles, reifes Werk: Der in Schwarzweiß gedrehte Film über den Unternehmer Oskar Schindler, der in seinen Fabriken verfolgte Juden vor den Nazis rettet, überraschte durch seine Authentizität und den weitgehenden Verzicht auf Sentimentalität. Spielberg hat hier überdies seinen üblichen technischen Aufwand unterlassen, es gibt nur wenige Kranfahrten, die Sets sind äußerst sparsam ausgeleuchtet, und der häufige Einsatz von Handkameras gibt dem Film bisweilen einen semidokumentarischen Charakter. Steven Spielberg schien erwachsen geworden zu sein.

1997 folgte das Sequel zu *Jurassic Park*; während der erste Film »vom Versagen der Technologie und dem Sieg der Natur« handelt, ist die Thematik von *Vergessene Welt: Jurassic Park* »das Versagen von Menschen, sich selbst zu beherrschen, und ihr moralisches Versagen beim Schutz der Tiere« (»Premiere Magazine«). In künstlerischer Hinsicht gilt für das Sequel allerdings dasselbe, was bereits über *Jurassic Park* gesagt wurde.

Die Ästhetik von Spielbergs Filmen ist geprägt von seiner Vorliebe für die technischen Möglichkeiten des Mediums – und seiner handwerklichen Beherrschung derselben. Seine Kamera ist sehr bewegt. Durch die ständigen Fahrten und Schwenks der Kamera wird der Zuschauer in die Action-Sequenzen quasi hineingezogen und von ihnen mitgerissen. Sehr deutlich wird dies z. B. in der Sequenz in *Jäger des verlorenen Schatzes*, in der Indiana Jones (Harrison Ford) einen Lastwagen zunächst zu Pferde verfolgt, um ihn dann zu kapern – derartige Szenen, voller halsbrecherischer Stunts oder Tricks und temporeich geschnitten, sind typisch für Spielbergs Stil: kinetisches Kino. Ein weiteres Stilmerkmal sind seine Nachtszenen, die häufig bei starkem Gegenlicht und/oder unter Einsatz von Rauch bzw. Nebel aufgenommen sind, wodurch ein starker (melo)dramatischer Effekt entsteht. In *E. T.* z. B. werden die Wissenschaftler, die den verlorenen Außerirdischen jagen, als Bedrohung inszeniert durch die Art und Weise, wie die blendenden Lichtkegel ihrer Taschenlampen die Dunkelheit des Waldes durchschneiden. Auch der Einsatz von Special-effects ist bei Spielberg immer in Hinblick auf eine starke emotionale Wirkung ausgelegt, wobei er meist eine Mischung aus Angst und Staunen hervorruft – wie etwa beim Erscheinen des Mutterschiffs in *E. T.* und *Unheimliche Begegnung der dritten Art* oder den Auftritten der Dinosaurier in *Jurassic Park*. Dieser plakativen Emotionalität entspricht auch die musikalische Untermalung von John Williams – Subtilität ist definitiv kein Merkmal von Spielbergs Filmen.

Es gehört zu Spielbergs Verdiensten, daß er mit seiner Produktionsgesellschaft Amblin Entertainment einer Reihe junger Talente auf den Weg geholfen hat. Nach dem großen kommerziellen Erfolg von *Vergessene Welt: Jurassic Park* setzte die Filmindustrie nun hohe Erwartungen in seine neue Produktionsgesellschaft DreamWorks SKG, die er 1994 gemeinsam mit dem Ex-Disney-Boß Jeffrey Katzenberg und David Geffen gründete. Ihr erstes Release, *The Peacemaker* (1997), war allerdings wenig spektakulär, und der zweite DreamWorks-Film, *Amistad* (1997), erntete sehr gemischte Kritiken und eine Plagiatsklage.

1995 erhielt Spielberg den American Film Institute Life Achievement Award als Würdigung seines Lebenswerks. 1998 belebte er unerwartet ein eher wenig beliebtes Filmgenre neu: den Kriegsfilm. Mit großem filmtechnischen Aufwand und unter Einsatz eines sehr »physischen« Kamera- und Montagestils rekonstruierte er in *Der Soldat James Ryan* (1998) die Landung der Alliierten in der Normandie. Die dann folgende Fabel des dreistündigen Films nähert sich jedoch dem klassischen Muster des Kriegsabenteuers: Ein Trupp von acht Soldaten soll einen jungen Amerikaner im Feindesland suchen, da seine Mutter bereits alle ihre anderen Söhne im Krieg verloren hat. Am Ende des erschütternden Gemetzels steht das Opfer. Als alter Mann erweist der einzige Überlebende Ryan (Matt Damon) den Gefallenen eine letzte Ehre. Trotz der erwarteten Academy-Award-Ehren für *Der Soldat James Ryan* trat mit einem weiteren Kriegsfilm, *Der schmale Grat* (1998), der lange verschollene Regisseur Terrence Malick ins Licht des Interesses. Dessen Verfilmung eines Romans von James Jones sucht nicht nach einer vergleichbar »authentischen« Vermittlung der Schrecken des Krieges, sondern breitet in vielschichtigen visuellen Motivketten eine meditative Reflexion über das Wesen des Krieges aus. Den »gerechten Krieg« aus *James Ryan* gibt es hier nicht mehr, die amerikanische Intervention auf eine japanische Insel gerät statt dessen zum absurden Menschenopfer, zu einem Natur und Mensch gleichermaßen vernichtenden Inferno. Suchte Spielberg mit rauher Handkamera nach dem dokumentarischen Gestus, dringt Malick mit einer an Akira Kurosawa erinnernden, fließenden Ästhetik zu den mythischen Wurzeln des Krieges vor. Angesichts seiner moralisch denkbar deutlicheren Position und seines unverfänglichen Patriotismus konnte Spielberg gegen den Außenseiter Malick in Hollywood den Sieg davontragen, in Europa wurde die Konkurrenz dieser beiden Filme hingegen als die Rivalität zwischen Hollywood-Mainstream und Autorenfilm gewertet.

Drew Bassett / Marcus Stiglegger

Filmographie: Duel / Duell (Fernsehfilm, 1971) – The Sugarland Express / Sugarland Expreß (1974) – Jaws / Der weiße Hai (1975) – Close Encounters of the Third Kind / Unheimliche Begegnung der dritten Art (1977) – 1941 / 1941 – Wo bitte, geht's nach Hollywood? (1979) – Close Encounters of the Third Kind: Special Edition / Unheimliche Begegnung der dritten Art – Die neue Version (1980) – Raiders of the Lost Ark / Jäger des verlorenen Schatzes (1981) – E. T. – The Extra Terrestrial / E. T. – Der Außerirdische (1982) – The Twilight Zone / The Movie / Unheimliche Schattenlichter (Episode: Kick the Can / Kick die Dose, 1983) – Indiana Jones and the Temple of Doom / Indiana Jones und der Tempel des Todes (1984) – The Color Purple / Die Farbe Lila (1985) – Empire of the Sun / Das Reich der Sonne (1987) – Indiana Jones and the Last Crusade / Indiana Jones und der letzte Kreuzzug (1989) – Always / Always (1989) – Hook / Hook (1991) – Jurassic Park / Jurassic Park (1993) – Schindler's List / Schindlers Liste (1993) – The Lost World / Vergessene Welt: Jurassic Park (1997) – Amistad / Amistad (1997) – Saving Private Ryan / Der Soldat James Ryan (1998).

Literatur: Antje Goldau / Hans Helmut Prinzler: Spielberg. Filme als Spielzeug. München 1985. – Tony Crawley: Steven Spielberg. Eine Erfolgsstory. München 1989. – Darren Slade / Nigel Watson: Supernatural Spielberg. London 1992. – Philip M. Taylor: Steven Spielberg. London 1992. – Douglas Brode: The Films of Steven Spielberg. New York 1995. – Frank Sanello: Spielberg: The Man, the Movies, the Mythology. Dallas 1996. – Andrew Yule: Steven Spielberg. Die Eroberung Hollywoods. München 1997. [Engl. Orig. 1996.] – Joseph McBride: Steven Spielberg. A Biography. New York / London 1997.

Wolfgang Staudte

1906–1984

Seine Eltern waren die Schauspieler Fritz Staudte und Mathilde Firmans. Bald nach Wolfgang Staudtes Geburt am 9. Oktober 1906 in Saarbrücken heiratete das Paar und zog nach Berlin. Nach einer Lehre als Autoschlosser und einer abgebrochenen Ausbildung an der Ingenieur-Akademie in Oldenburg arbeitete Staudte als Volontär bei Mercedes-Benz in Berlin, später bei den Hansa-Lloyd-Werken in Varel. Schließlich beschloß er, Schauspieler zu werden. Der Vater besorgte ihm ein Engagement an der Berliner Volksbühne, wo er rasch in kleineren und größeren Rollen auftrat. Auf dem Höhepunkt der Weltwirtschaftskrise, als immer mehr Theater ihre Schauspieler entlassen

Wolfgang Staudte

mußten, wandte sich Staudte dem Film zu. Seine Filmauftritte sind heute nicht mehr vollständig aufzuzählen; in Josef von Sternbergs *Der blaue Engel* (1930) war er Statist, und Lupu Pick gab ihm seinen ersten größeren Part in *Gassenhauer* (1931).

Die Machtübernahme der Nazis brachte ihm als Ensemble-Mitglied der Volksbühne zunächst einmal ein Auftrittsverbot ein. »Aber nach etwa zwei Jahren geriet diese Geschichte in Vergessenheit, und langsam fand ich wieder beim Rundfunk und vor allem bei der Synchronisation Beschäftigung. Später auch in kleinen Rollen beim Film.« Aus diesen Erinnerungen ist nicht zu erschließen, wie Staudte noch 1933 dazu kam, seinen ersten Kurzfilm, *Jeder hat mal Glück*, zu drehen, der erst in den achtziger Jahren im Staatlichen Filmarchiv der DDR entdeckt und Staudtes Filmographie hinzugefügt worden ist. Obwohl es in der Folgezeit nicht zu einer kontinuierlichen Beschäftigung kam, trat er im September 1933 unter der Berufsbezeichnung Regisseur in die Reichsfachschaft Film ein.

Staudte verdiente sein Geld mit Werbefilmen; etwa hundert soll er geschrieben und später auch inszeniert haben, eine lukrative Beschäftigung und zugleich eine Möglichkeit, das Handwerk des Filmemachens in allen Details praktisch zu erlernen. Politisch stand er dem neuen Regime reserviert gegenüber. Der Einfluß der Eltern hatte ihn zum Pazifisten werden lassen; der preußische Militarismus blieb ihm fremd. Doch er war kein Mensch des aktiven Widerstands: »Dabei wollte ich mich so unauffällig wie möglich über Wasser halten – nicht auffallen, das war mein Plan.« Ganz heraushalten konnte Staudte sich jedoch nicht. In Karl Ritters Propagandafilm für den Wiederaufbau der deutschen Luftwaffe, *Pour le Mérite* (1938), übernahm er eine kleine Rolle, in Veit Harlans *Jud Süß* (1940) und in Arthur Maria Rabenalts *... reitet für Deutschland* (1941) war er als Statist zu sehen. Er wußte, worum es in diesen Filmen inhaltlich ging, und bekannte nach dem Krieg: »Ich empfinde viele meiner Handlungen und Unterlassungen heute als eine echte Schuld.«

Staudte übernahm den abendfüllenden Spielfilm *Akrobat schööön* (1943) von Herbert Selpin, der bei den Nazis in Ungnade gefallen war und kurze Zeit später unter mysteriösen Umständen im Gefängnis starb. Eine positive Aufnahme des Films sicherte Staudte die schnelle Weiterbeschäftigung. Doch schon sein übernächster Film, *Der Mann, dem man den Namen stahl* (1944), wurde von der Zensur verboten. Nur die Intervention Heinrich Georges, der ihn als Regisseur für seine Produktion *Frau über Bord* (1945) anforderte, verhinderte Staudtes Einberufung an die Ostfront.

Da sich Staudte während der Nazi-Zeit in einer ästhetischen Provinz aufhielt, in der er Filme machte, die die Nazi-Ideologie nicht störten, sie aber auch nicht beförderten (in dieser Hinsicht befand er sich auf einer Wellenlänge mit seinem Kollegen Helmut Käutner), ist es vielleicht voreilig, in seinen während des Krieges entstandenen Filmen nach unterschwelligen Subversionen zu fahnden. Dennoch korrigierte Staudte noch vor dem Zusammenbruch des Hitler-Regimes sein anpasserisches Wegducken. Das Drehbuch zu *Die Mörder sind unter uns* (1946) verfaßte er schon kurz vor Kriegsende, gesellschaftliche Umwälzungen bereits vor Augen. Weder im britischen Sektor, in dem er wohnte, noch im amerikanischen gelang es ihm, für sein Filmprojekt eine Lizenz und eine Finanzierung zu finden. So wandte er sich an die russische Militäradministration und wurde akzeptiert: *Die Mörder sind unter uns* wurde zum ersten deutschen Nachkriegsfilm.

Der von seinen Erlebnissen traumatisierte Kriegsheimkehrer Mertens begegnet in den Trümmern Berlins seinem ehemaligen Hauptmann Brückner wieder, der an der Ostfront für die Ermordung von Frauen und Kindern verantwortlich war und jetzt als aufstrebender Industrieller aus Stahlhelmen Kochtöpfe herstellen läßt. Der Mörder von einst ist zu einer Stütze des Wiederaufbaus geworden. Rachegedanken steigen in Mertens auf: er will den Mörder selber richten, doch seine Freundin (Hildegard Knef), selbst eine Verfolgte des Nazi-Regimes, hält ihn von der Selbstjustiz ab. Mit *Die Mörder sind unter uns* gelang es Staudte nicht nur, sich als politischer Filmregisseur einen Namen zu machen. Er leitete auch die kurzlebige Phase des sogenannten Trümmerfilms ein, in dem die inneren Seelenzustände der Deutschen mit Bildern der ausgebombten Großstädte symbolisiert wurden. Nach der Premiere attestierte die Kritik, Staudte habe mit seinem Film einen Anfang gesetzt, in künstlerischer wie auch in moralischer Hinsicht. Mehr als fünf Millionen Menschen sahen *Die Mörder sind unter uns* bis zum Ende der vierziger Jahre.

Staudtes »Arbeiterfilm« *Rotation* (1949) handelt von dem Drucker Hans Behnke, der in den dreißiger Jahren seine Arbeit verliert und den Machtantritt der Nazis als wirtschaftliche Aufschwungphase erlebt. Trotz der Warnungen seines kommunistischen Schwagers wird er zum Mitläufer und steigt sozial auf. Erst nach Kriegsbeginn wird er politisch bewußt und schließt sich dem Widerstand an. Sein eigener Sohn verrät ihn; die Exekution wird aber nicht mehr vollzogen, der Vater verzeiht dem aus dem Krieg heimkehrenden Sohn. Trotz aller Kritik aus der Direktionsetage der DEFA, wo dem Film »bürgerlicher Pazifismus« vorgeworfen wurde, kam *Rotation* in Ostberlin in die Kinos; im Westen wurde der Film acht Jahre lang zurückgehalten. »*Rotation* gibt den Menschen eine gute Gewißheit: daß es immer und gerade heute am Menschen selbst liegt, was aus ihm wird« (W. Kohlhaase).

Staudte wurde zu einem Wanderer zwischen zwei ideologischen Welten. Während sich die Fronten durch die beiden Staatsgründungen verhärteten, hatte er immer noch Hoffnung auf ein geeintes Deutschland. Projekte, die er mit westdeutschen Produktionsfirmen verhandelte, zerschlugen sich an kommerziellen Bedenken; die geplante Verfilmung von Arnold Zweigs *Das Beil von Wandsbek* platzte, weil Staudte kein befriedigendes Drehbuch gelingen wollte. Das Angebot, Heinrich Manns Roman »Der Untertan« zu verfilmen, erlöste Staudte aus einer langen Phase der Untätigkeit. Im Westen wurde gar eine Bundesbürgschaft für den Film *Gift im Zoo* (1951) an die Bedingung geknüpft, daß Staudte die Regie übernehmen müsse. Während der Dreharbeiten hingegen kam es zum Eklat: Die Bürgschaft sollte jetzt nur noch übernommen werden, »wenn Staudte unbefristet erklärt, nicht wieder bei DEFA zu drehen«. Staudte lehnte ab, konnte aber nicht verhindern, daß er Gegenstand politischer Polemik wurde, die durch die Ostberliner Premiere von *Der Untertan* (1951) und die Verleihung des »Nationalpreises 2. Klasse« noch verschärft wurde. *Der Untertan*, die prägnante satirische Charakteristik eines Menschentypus, der in der deutschen Geschichte zum ebenso lächerlichen wie gefährlichen Unheilsfaktor geworden war, kam erst mit sechsjähriger Verspätung offiziell in die bundesdeutschen Kinos, nicht ohne erneut hohe ideologische Wellen zu schlagen.

Staudte, der sich von keiner Seite in Besitz nehmen lassen wollte, drehte für die DEFA den Märchenfilm *Die Geschichte vom kleinen Muck* (1953), um sich anschließend auf die schwedisch-ostdeutsche Koproduktion *Leuchtfeuer* (1954) zu stürzen. Obwohl die DEFA ihn dringend in Babelsberg erwartete, damit er den *Mutter Courage*-Film weiter vorbereite, und obwohl dieses Projekt ihm am Herzen lag, zog er es vor, in Amsterdam den Jugendfilm *Ciske – ein Kind braucht Liebe* zu drehen, der 1955 in die westdeutschen Kinos kam. Bei den Filmfestspielen in Venedig wurde Staudte für seine Regieleistung mit dem Silbernen Löwen ausgezeichnet.

Als endlich die Dreharbeiten zu *Mutter Courage* begannen, kam es schnell zu Auseinandersetzungen zwischen Staudte und Brecht, der die eigene Inszenierung seines Stückes am Berliner Ensemble als Modell für alle künftigen Bühneneinrichtungen verstand und nur schwer von der Bedeutung einer Verfilmung zu überzeugen war. Brecht ließ die Dreharbeiten platzen. Staudte wurde von der DEFA fallengelassen: seine Zusammenarbeit mit dem Studio endete in einem – auch finanziellen – Fiasko. Es war Maria Schell zu verdanken, daß Staudte als Regisseur der Bavaria-Produktion *Rose Bernd* (1956) nach Gerhart Hauptmann engagiert wurde. Für ihn war es freilich nicht viel mehr als eine Fingerübung, denn er konnte auf das Drehbuch keinen Einfluß mehr nehmen und der Stoff lag ihm, der doch bevorzugt politische Filme machen wollte, ebenfalls fern. Es folgten zwei Mißerfolge an den Kinokassen: *Madeleine und der Legionär* (1957) und *Kanonenserenade* (1958), die weder thematisch noch in der filmischen Ausführung überzeugen konnten. Mit der Komödie *Der Maulkorb* (1958) kehrte Staudte thematisch in die wilhelminische Zeit zurück, doch im Vergleich zu *Der Untertan* ist der satirische Zugriff zahm und versöhnlich. Erst mit *Rosen für den Staatsanwalt* (1959) feierte er sein Comeback als politischer Filmemacher. Der Film nimmt in satirischer Zuspitzung eine Situation aufs Korn, die die deutsche Nachkriegsgeschichte immer wieder belastet hat: wie Juristen, die dem Nazi-Regime treu und fraglos gedient hatten, ihre Karriere in der Bundesrepublik ungehindert fortsetzen und Recht sprechen konnten.

Gemeinsam mit Helmut Käutner und Harald Braun gründete Staudte eine eigene Firma, die Freie Film Produktion (FFP). Sieben Projekte entstanden in den vier Jahren ihrer Existenz, nur zwei davon als Kinofilme. In *Kirmes* (1960) prangerte Staudte erneut die »Verdrängungsleistungen« der Deutschen an, indem er eine Geschichte erzählte, die Geschehnisse aus den letzten Kriegstagen mit der Gegenwart verbindet. Die Kritikerreaktionen waren vernichtend – erst viel später wurde der Film rehabilitiert –, und die Filmbewertungsstelle in Wiesbaden verweigerte *Kirmes* ein Prädikat, was die Auswertungschancen im Kino erheblich beschnitt. 1963 griff Staudte mit *Herrenpartie* nochmals ein politisches Thema auf. Ein Männergesangsverein verirrt sich auf einer Urlaubsreise in den Bergen Bosniens und wird verständnislos mit den Verbrechen konfrontiert, die die Wehrmacht während des Krieges in den Gebirgsdörfern verübt hat. Dabei veränderte Staudte die Perspektive, denn ihn interessierte an *Herrenpartie*, daß »nicht nur die Täter eine Vergangenheit zu bewältigen haben, sondern auch die Opfer, und daß es für die Opfer unter Umständen viel schwerer ist, eine Vergangenheit zu bewältigen, als für die Täter«. Der Film löste »einen Sturm der nationalen Entrüstung« (M. Ludin) aus; auch dieses Mal wurde ein Prädikat unter fadenscheinigen Argumenten verweigert. Staudte zog daraus die traurige Konsequenz, nie mehr ein ausdrücklich politisches Thema aufzugreifen.

Dem Ruf der neugegründeten Deutschen Film- und Fernsehakademie Berlin folgte Staudte 1966 bereitwillig, aber die Theoriedebatten, die unter den Studierenden bald ausbrachen, desillusionierten ihn. Seine berufliche Situation war schwierig geworden. Zwar konnte er weiterhin durchschnittlich einen Film pro Jahr drehen, doch waren die Ergebnisse für ihn mehr als unbefriedigend. Erneut suchte er sein Heil in der Unabhängigkeit. Er gründete eine eigene Produktionsfirma, mit der er in bulgarischer Koproduktion den Film *Heimlichkeiten* (1968) herstellte. Der finanzielle Mißerfolg der Produktion häufte Schulden auf, die Staudtes Lebensstil veränderten: die Dahlemer Villa mußte verkauft werden; Staudte lebte künftig in einer Vier-Zimmer-Wohnung in Berlin-Steglitz. Die Restschulden zahlte er fast bis zu seinem Tod ab.

Staudte wurde zu einem Fernsehrealisator, der meist routiniert seine Projekte abarbeitete und nur gelegentlich Fernsehgeschichte schrieb. Als Rückzug auf das Handwerkliche seines Berufes hat Staudte seinen Medienwechsel immer beschrieben, aber es schwang ein resignativer Ton mit. Er gehörte gewiß zu den produktivsten Fernsehregisseuren seiner Zeit: dreizehn *Kommissar*-Folgen, sieben *Tatort*-Folgen, dreizehn Folgen der Vorabendserie *Die Kriminalerzählung*. Er führte Regie in siebzehn Fernsehspielen und mehreren großen Fernsehserien: *MS Franziska* (1976/77, acht Folgen), *Der eiserne Gustav* (1978/79, sieben Folgen) sowie *Die Pawlaks* (1981/82, zwölf Folgen). Zuvor hatte Staudte mit zwei Vierteilern, *Der Seewolf* (1971) und *Lockruf des Goldes* (1977) nach Romanen von Jack London publikumswirksame Abenteuerfilme inszeniert, die das ZDF bis heute immer wieder ins Programm bringt. Trotz zunehmenden Alters ließ diese Produktivität kaum nach.

1983 gelang ihm mit der Carl-Sternheim-Verfilmung *Der Snob* noch einmal eine überdurchschnittliche Leistung. Das wilhelminische Sujet schien ihm zu liegen, die Aufsteiger-Posse war thematisch mit *Der Untertan* verwandt; Staudte schrieb sich – zum ersten Mal seit langer Zeit – sein Drehbuch selbst. Für einen kurzen Moment war der alte Staudte wieder erwacht, präzise in seiner Gesellschaftsanalyse, scharf in seiner Kritik. Dann holte ihn die *Tatort*-Routine wieder ein. Die Dreharbeiten zu dem Vierteiler *Der Eiserne Weg* führten ihn im Januar 1984 nach Slowenien. Am Morgen des 17. Januar kam er auf den Set, aber ein Schwächeanfall erzwang eine Arbeitsunterbrechung. Kurze Zeit später starb Staudte »with his boots on«.

Uli Jung

Filmographie: Jeder hat mal Glück (Kurzfilm, 1933) – Akrobat schöööη (1943) – Ich hab' von dir geträumt (1943) – Frau über Bord / Das Mädchen Juanita (1945, UA 1950) – Die Mörder sind unter uns (1946) – A Tale of Five Cities / Fünf Mädchen und ein Mann (Episode: Deutschland, 1947, UA 1950) – Die seltsamen Abenteuer des Herrn Fridolin B. (1948) – Rotation (1949) – Schicksal aus zweiter Hand (1949) – Die Treppe (1950) – Gift im Zoo (1951) – Der Untertan (1951) – Die Geschichte vom kleinen Muck (1953) – Leuchtfeuer (1954) – Ciske de rat / Ciske – ein Kind braucht Liebe (1955) – Rose Bernd (1956) – Madeleine und der Legionär (1957) – Kanonenserenade (1958) – Der Maulkorb (1958) – Rosen für den Staatsanwalt (1959) – Kirmes (1960) – Der letzte Zeuge (1960) – Die Dreigroschenoper (1962) – Die glücklichen Jahre der Thorwalds (1962) – Rebellion (1962) – Herrenpartie (1963) – Das Lamm (1964) – Ganovenehre (1966) – Heimlichkeiten (1968) – Die Herren mit der weißen Weste (1969) – Fluchtweg St. Pauli – Großalarm für die Davidswache (1971) – Der Seewolf (Fernsehfilm, 1971) – Die Rache (1972) – Das verschollene Inka-Gold / Lockruf des

Goldes (Fernsehfilm, 1977) – Zwischengleis (1978) – Der eiserne Gustav (Fernsehfilm, 1979) – Der Snob (Fernsehfilm, 1983).

Literatur: Horst Knietzsch: Wolfgang Staudte. Berlin 1966. – Eva Orbanz (Red.): Wolfgang Staudte. Berlin 1977. – Film und Fernsehen 1986. H. 9. (Sonderh.: Ein Nachtrag zur DEFA-Geschichte des Regisseurs Wolfgang Staudte.) – Eva Orbanz / Hans Helmut Prinzler (Hrsg.): Staudte. Berlin 1991. – Malte Ludin: Wolfgang Staudte. Reinbek bei Hamburg 1996.

Josef von Sternberg

1894–1969

Als Sohn armer orthodoxer Juden am 29. Mai 1894 in Wien geboren, zog Sternberg als Siebenjähriger nach Amerika, kehrte allerdings noch einmal nach Europa zurück, um seine Schulausbildung abzuschließen. Mit siebzehn Jahren verdingte er sich als Filmkleber bei der World Film Company in Fort Lee, New Jersey, wo er rasch auch als Autor und Regieassistent reüssierte. 1917 trat er dem Army Signal Corps bei, für das er eine Reihe von Ausbildungsfilmen herstellte. Nach dem Krieg bereiste Sternberg Europa und die USA ausgiebig und arbeitete dabei immer wieder für verschiedene Regisseure als Assistent. 1924 ließ er sich in Hollywood nieder.

Sein erster Film, *Die Heilsjäger* (1925), eher zufällig, mit einem kleinen Budget und ohne Stars entstanden, war ein Überraschungserfolg und machte seinen Regisseur im Nu in Hollywood bekannt. Dennoch war Sternberg damit noch nicht durchgesetzt. Sein Vertrag mit MGM wurde vorzeitig aufgehoben, weil die Firma mit dem visuellen Stil von *The Exquisite Sinner* (1925) und *The Masked Bride* (1925) nicht einverstanden war. Beide Filme wurden von anderen Regisseuren beendet und unter anderen Titeln ausgewertet. Auch *The Sea Gull* (1926), den Sternberg für Charles Chaplin mit Edna Purviance in der Hauptrolle drehte, erschien dem Auftraggeber als zu extravagant und wurde gar nicht erst in die Kinos gebracht.

Erst 1927 konnte Sternberg sich durchsetzen. *Unterwelt*, nach einem Drehbuch von Ben Hecht, gilt bis heute als der erste Gangsterfilm Hollywoods. Die Geschichte eines Gefängnisausbrechers, der sich der Polizei stellt, nachdem er festgestellt hat, daß seine schöne Geliebte ihm doch treu ist, legt viel Wert auf Empfindungen der Angst und Vereinsamung. Sternberg hatte seinen Stil gefunden, dessen filmisch-visuelle Kraft häufig inhaltlich mit einer eindimensional-naiven Weltsicht kontrastierte.

Nachdem er 1928 Emil Jannings in *Sein letzter Befehl* zu einer oscarreifen Leistung geführt hatte, akzeptierte Sternberg 1929 ein Angebot der Ufa in Berlin. Er drehte *Der blaue Engel* (1930) wieder mit Emil Jannings und Marlene Dietrich, die er in einem Berliner Theater entdeckt hatte. Damit begann eine mehrjährige private und berufliche Verbindung der beiden, in deren Verlauf Sternberg die Dietrich zu einem internationalen Glamour-Star umformte. Ihre gemeinsamen Filme, *Marokko* (1930), *Entehrt* (1931), *Shanghai-Express* (1932), *Blonde Venus* (1932), *Die scharlachrote Kaiserin* (1934) und *Der Teufel ist eine Frau* (1935) markieren die fruchtbarste Zeit in Sternbergs Karriere.

Diese Filme ragen auch in anderer Hinsicht aus dem Hollywood-Einerlei heraus: So wie Sternberg mit *Unterwelt* sozusagen als Einzelkämpfer ein Filmgenre erfunden hatte, entwickelte er Marlene Dietrich zu einem unterkühlten, in Hollywood zuvor unbekannten Sexual-Fetisch, der der Traumfabrik-Ideologie der amerikanischen Filmindustrie stark entgegenkam. Insofern war er ein Regisseur des Übergangs, der in seinen visuellen Phantasien zwischen der sexuellen Natürlichkeit der zwanziger Jahre und der Sexualfeindlichkeit des Hays Production Codes stand. Fast allen diesen Filmen liegt eine dünne Geschichte zugrunde. In *Marokko* z. B. spielt Marlene Dietrich eine Frau, die einen reichen Künstler verläßt, um einem Fremdenlegionär zu folgen, wohl wissend, daß er ihr niemals treu sein wird.

Kein Klischee war Sternberg zu abgeschmackt, kein Stereotyp zu abgenützt (man schaue sich nur einmal an, wie »russisch« *Die scharlachrote Kaiserin*, wie »spanisch« *Der Teufel ist eine Frau* tatsächlich ist). Er benutzte die Zeichenhaftigkeit des Klischees, sein Wiedererkennungspotential als Gerüst für Storys, die ihm nach eigenem Bekunden als zweitrangig galten. Die Dynamik der Filme entstand vielmehr aus einem elliptischen Stil, dem autonomen Gebrauch der Tonspur und der Kamerapräsenz ihres Stars Marlene Dietrich, die er charakteristischerweise häufig durch Gardinen, Netze, Rauchschwaden oder Nebel aufnehmen ließ, um das Geheimnisvolle ihrer Person visuell zu unterstreichen.

Die Zusammenarbeit mit Marlene Dietrich und Sternbergs Vertragsverhältnis mit der Paramount endeten gleichzeitig. Er hatte es schwer, bei einem anderen Studio unterzukommen. Columbia gab ihm die Chance für eine Dostojewski-Verfilmung, *Schuld und Sühne* (1935); als auch *The King Steps out* (1936) den finanziellen Erwartungen nicht entsprach, endete diese Kooperation. Sternberg ging nach England, wo Alexander Korda ihm angeboten hatte, Robert Graves' historischen Roman »I, Claudius« mit Charles Laughton in der Hauptrolle zu verfilmen. Das prestigeträchtige Projekt mußte nach einem Autounfall der Hauptdarstellerin Merle Oberon zunächst unterbrochen werden und wurde nie wieder aufgenommen. Die fertiggestellten Szenen lassen heute ahnen, daß aus diesem Film möglicherweise Sternbergs größter künstlerischer Erfolg hätte werden können. Ein Mythos rankt sich um *I, Claudius*: eine Chance sei vertan, die Entstehung eines Kunstwerks verhindert worden.

Sternberg kehrte 1938 nach Hollywood zurück und schloß mit der MGM einen Vertrag über zwei Filme ab. Nur *Sergeant Madden* (1939) durfte er tatsächlich beenden, einen Film, mit dem Sternberg selbst überhaupt nicht zufrieden war. Mit *Abrechnung in Shanghai* (1941) schien er sich noch einmal zu rehabilitieren. Die Geschichte eines Mannes, der seine Tochter in den Spielhöllen von Shanghai finden muß, war mit Walter Huston und Gene Tierney kongenial besetzt und gab Sternberg einmal mehr Gelegenheit, mit exotischen Sets eine visuelle Umsetzung zu erreichen, die in ihrer atmosphärischen Dichte fast an den früheren *Shanghai-Express* heranreichen konnte.

Sternbergs Stern begann zu sinken. In den vierziger Jahren konnte er nur den dokumentarischen Kurzfilm *The Town* (1944) realisieren, und 1946 inszenierte er einige Szenen von *Duell in der Sonne*, als King Vidor krankheitshalber kurzzeitig verhindert war. Dafür wurde er nicht in der Stabliste erwähnt. Auch der 1952 entstandene Film *Macao* mit Jane Russell und Robert Mitchum war nur ein schaler Abklatsch von Sternbergs amerikanischen Filmen mit Marlene Dietrich.

Nur noch einmal fand Sternberg einen Stoff, der seinem Talent entgegenkam. In *Die Sage von Anatahan* (1953) rekonstruierte er die absurde Situation einiger japanischer Soldaten, die noch Jahre nach dem Ende des Zweiten Weltkriegs auf ihrem entlegenen Posten für den Ernstfall gerüstet sind, weil sie sich noch immer im Kriegszustand wähnen. In seinem narrativen Gestus vollkommen konventionell, interessierte sich *Die Sage von Anatahan* vor allem für die Psychologie von Menschen in der Isolation. Doch ging es Sternberg nicht allein um den Fall des kriegerischen Mannes, sondern auch um die Auslotung seines klassischen Themas der Begierde unter Rahmen-

Josef von Sternberg mit Marlene Dietrich

verhältnissen, die explizit sexualfeindlich sind.

1957 kam mit *Düsenjäger* Sternbergs letzter Film in die Kinos, den er allerdings bereits 1950 für Howard Hughes gedreht hatte. Vor dem Hintergrund des sich entwickelnden Kalten Krieges erzählt Sternberg die Geschichte eines amerikanischen Jet-Piloten, der sich in eine russische Kollegin verliebt. Selbst die Popularität John Waynes und Janet Leighs konnte diesen Film nicht retten. Als Hughes sich mit siebenjähriger Verspätung entschloß, *Düsenjäger* in die Kinos zu bringen, hatte Sternberg sich bereits aus dem aktiven Berufsleben zurückgezogen. Er reiste intensiv und genoß die Hommagen, die ihm auf internationalen Filmfestivals entgegengebracht wurden. 1965 veröffentlichte er seine launig formulierte Autobiographie »Fun in a Chinese Laundry«, bevor er am 22. Dezember 1969 einer Herzschwäche erlag.

Uli Jung

Filmographie: The Salvation Hunters / Die Heilsjäger (1925) – The Masked Bride (1925) – The Exquisite Sinner (1925) – The Sea Gull (1926) – Underworld / Unterwelt (1927) – The Last Command / Sein letzter Befehl (1928) – The Dragnet (1928) – The Docks of New York / Die Docks von New York (1928) – The Case of Lena Smith / Eine Nacht im Prater (1929) – Thunderbolt / Sie nannten ihn Thunderbolt (1929) – Der blaue Engel (1930) – Morocco / Marokko (1930) – Dishonored / Entehrt (1931) – An American Tragedy / Eine amerikanische Tragödie (1931) – Shanghai Express / Shanghai-Express (1932) – Blonde Venus (1932) – The Scarlet Empress / Die scharlachrote Kaiserin (1934) – The Devil Is a Woman / Der Teufel ist eine Frau (1935) – Crime and Punishment / Schuld und Sühne (1935) – The King Steps out (1936) – I, Claudius (1937, unvollendet) – Sergeant Madden / Sergeant Madden (1939) – The Shanghai Gesture / Abrechnung in Shanghai (1941) – The Town (1944) – Jet Pilot / Düsenjäger (1950, UA 1957) – Macao / Macao (1952) – The Saga of Anatahan / Die Sage von Anatahan (1953).

Literatur: J. v. St.: Das Blau des Engels. Eine Autobiographie. München/Paris/London 1991. [Amerikan. Orig. 1965.]

Josef von Sternberg. Dokumentation. Mannheim 1966. – Andrew Sarris: The Films of Josef von Sternberg. New York 1966. – Hermann G. Weinberg: Josef von Sternberg. Paris 1966. – John Baxter: The Cinema of Josef von Sternberg. London 1971.

Oliver Stone

*1946

Seine Geburt am 15. September 1946, als Sohn einer New Yorker Upperclass-Familie, beschreibt der Regisseur, Autor und Produzent Oliver Stone als eine »Geburt in den Konflikt«. Das Verhältnis zum Vater, einem konservativen Börsenmakler, war durch Kontroversen um differierende politische Positionen getrübt – schon früh verachtete Stone seinen Status als »solid east coast economic product« und suchte nach einem Ausstieg aus dem wohlsituierten Großstadtmilieu seiner Familie. Nachdem er ein Jahr an der geisteswissenschaftlichen Fakultät der Yale University studiert hatte, übernahm Stone eine vakante Lehrerstelle im Pacific Institute, Cholon, an dem er Mathematik, Geschichte und Englisch unterrichtete. Mit einer gehörigen Portion Patriotismus im Bauch trat er 1965 der Army bei, fest davon überzeugt, durch sein Engagement kommunistischer Infiltration im eigenen Land vorbeugen zu können. Als die Vereinigten Staaten ihre Aktivitäten in Südostasien ausweiteten, ließ er sich 1967 als »combat soldier« nach Vietnam versetzen, wo seine Illusionen von einem sauberen

Oliver Stone

Krieg verlorengingen. Stone wurde mehrfach verwundet, erlebte barbarische Massaker an Zivilisten und G.I.s, sah sich mit der Willkür des Todes konfrontiert. 15 Monate später spuckte ihn der Krieg als ordendekorierten, gleichwohl desillusionierten Veteranen wieder aus, vom vaterlandstreuen »right-winger« zum wütenden Anarchisten gewandelt. Stone flüchtete sich eine Weile in den Drogenkonsum, bis ihm die Wut über die amerikanische Regierungspolitik zu neuem kreativen Antrieb verhalf.

Er begann ein Studium an der New York University Film School und drehte erste Kurzfilme, inspiriert von einem seiner damaligen Lehrer, Martin Scorsese, der Stone half, seinen Zorn in die richtigen Bahnen zu lenken. Parallel hierzu verfaßte er eine Vielzahl von Drehbüchern, darunter auch *Die Herrscherin des Bösen* (1974), eine Geschichte, die von den Alpträumen eines Schriftstellers erzählt und schließlich als Low-Budget-Schocker von einer kleinen kanadischen Company produziert wurde. Stones Verständnis für Situationen, in denen physische und psychische Gewaltakte aus kaum beeinflußbaren äußeren Umständen resultieren, sprach sich herum. Von 1978 bis 1985 arbeitete er hauptsächlich als Drehbuchautor, u. a. für Alan Parkers *12 Uhr nachts – Midnight Express* (1977), John Milius' *Conan der Barbar* (1982) oder Michael Ciminos *Im Jahr des Drachen* (1985), die allesamt für ihre rassistischen Untertöne kritisiert wurden –

Stone entschuldigt dies heute mit mangelnder Reife. Er entwickelte weitere Vorlagen zu Hal Ashbys *8 Millionen Wege zu sterben* (1985) und Brian de Palmas *Scarface* (1983), dessen Skript stark auf den Zusammenhang zwischen individueller und gesellschaftlich verwurzelter Brutalität verweist.

Die Umsetzung eigener Stoffe bereitete ihm jedoch Probleme – kein Geldgeber fand sich bereit, Stones autobiographische Traumata von der Hölle des Krieges auf die Leinwand zu bringen. Nachdem auch seine zweite Regiearbeit, der effektvolle Psychothriller *Die Hand* (1981), kein Publikum fand und die Finanzierung von *Platoon* scheiterte, wollte er sich schon frustriert von der Regie zurückziehen. Doch 1986 ermöglichte ihm die unabhängige Produktionsfirma Hemdale die Verfilmung der Erlebnisse des amerikanischen Kriegsberichterstatters Richard Boyle: *Salvador* (1986) ist Stones erster Versuch, die fatalen Konsequenzen amerikanischer Interventionspolitik (hier: in Mittelamerika) aufzuzeigen und zu verurteilen, verbunden mit dem Versuch, eine Version der Wahrheit, die er hinter trockenen Nachrichtenbildern vermutet, ins Auge des Betrachters zu rücken. Stilistisch ist *Salvador* in Stones Œuvre ohne Vergleich, wirkt trotz namhafter Stars wie James Woods oder James Belushi sprunghaft und fahrig, ist überfüttert mit Fakten und Namen und scheint durch extremen Einsatz der Handkamera seines Stammkameramanns Robert Richardson eher dem Cinéma Vérité denn dem amerikanischen Erzählkino zuzuneigen. Der kantigen Verpackung zum Trotz sorgte *Salvador* für hitzige Diskussionen, da es kaum ein anderer Regisseur seinerzeit wagte, wunde Punkte der jüngsten amerikanischen Vergangenheit derart polemisierend darzustellen.

Auch *Platoon* (1986), die schließlich von Hemdale finanzierte Aufbereitung des Vietnam-Desasters, ist als provozierende Antwort auf die Idealisierung der US-Militär-Maschinerie lesbar, die in Tony Scotts *Top Gun – Sie fürchten weder Tod noch Teufel* (1985) oder George P. Cosmatos' *Rambo II – Der Auftrag* (1985) Mitte der achtziger Jahre eine kommerziell erfolgreiche Wiederauferstehung feierte. Die Konfliktbereitschaft und Verblendung verantwortlicher Politiker transportiert Stone auf die Individualebene, wenn er den »guten« (Willem Dafoe) und den »bösen« Sergeanten (Tom Berenger) um die Seele des jungen US-Soldaten Chris Taylor (Charlie Sheen) kämpfen läßt, aus dessen entsetztem Blickwinkel die Geschichte erzählt wird. *Platoon* erhielt vier Oscars (bester Film, beste Regie, bester Schnitt und Ton) und wurde zum Prototyp der Stoneschen Aufklärungsarbeit.

Auch in kommenden Werken schildert er immer wieder Erlebnisse eines isolierten Einzelgängers, der mit den Verfehlungen und Schattenseiten der US-Gesellschaft konfrontiert wird. Die Wurzeln des allgegenwärtigen Übels, den Grund für das fortwährende Scheitern seiner Helden, macht Stone in unterschiedlichsten Bereichen aus, ob es um urbane Anonymität in *Talk Radio* (1988), die Gier nach Geld und Luxus in *Wall Street* (1987) oder schließlich Korruption und Machtstreben in seiner dreistündigen Aufarbeitung der Ermordung Kennedys, *JFK – Tatort Dallas* (1992), geht. *JFK* fördert auch erstmals offen zutage, daß Stones wahrheitsbemühte Weltvision tatsächlich aus den Wahrheiten der Postmoderne zusammengefügt ist: authentische Wochenschau- und Amateuraufnahmen mischen sich mit exakt kopierten Nachahmungen des originären Szenarios, dann etwa, wenn in Abraham Zapruders Super-8-Aufnahmen des Anschlags neue Perspektiven eingeflochten werden oder Gary Oldman als Lee Harvey Oswald eine detailgetreue Rekonstruktion der Exekution durch Jack Ruby durchläuft. In diesem Sinne mutet Kevin Costners einstündiges Schlußplädoyer (überdies das längste der Filmgeschichte) wie ein Appell an die Zuschauer an, dem gängigen Wahrheitsverständnis kein Vertrauen zu schenken.

Mit *Natural Born Killers* (1994) geht Stones Spiel mit den Versatzstücken der Realität dann schon so weit, daß der Film seine eigene Botschaft in einer rasant montierten Flut der Formatcollagen aufhebt. Als Medienkritik gedacht und ins Gewand des Serienkillerfilms gehüllt, bleibt nach der blutigen Erfolgsstory eines gewaltsüchtigen Killerpärchens eine Vielzahl greller Bilder übrig, die wie Feuerwerkskörper auf der Leinwand verpuffen. Weitaus subtiler und wirkungsvoller, das verraten die Ron-Kovic-Biographie *Geboren am 4. Juli* (1989) und das differenzierte Präsidenten-Porträt *Nixon* (1996), gelingt Stone die Vermittlung eines Statements, wenn er Menschen und menschliche Facetten ins Zentrum der Analyse stellt, wenn er sie, ganz der Gestaltungsweise von *Platoon* entlehnt, als ohnmächtige Spielbälle struktureller Entscheidungsprozeduren zeigt und sie aus diesem Defizit ihre individuelle Kraft schöpfen bzw. sie ihrem Untergang entgegenschauen läßt.

Mit dem Ende des Jahrzehnts wurde Stones Umgang mit dem Medium spielerischer. Als Fingerübung inszenierte er das Neo-Noir-Roadmovie *U-Turn* (1997), einen zynischen kleinen Thriller, der die entfesselte Bildwelt aus *Natural Born Killers* eher ironisch einsetzt. Seinen Football-Thriller *The League* (1999), mit Al Pacino in der Hauptrolle, kündigte er als eine sportliche Variante von *Wall Street* an.

Daniel Remsperger

Filmographie: Seizure / Queen of Evil / Die Herrscherin des Bösen (1974) – The Hand / Die Hand (1981) – Salvador / Salvador (1986) – Platoon / Platoon (1986) – Wall Street / Wall Street (1987) – Talk Radio / Talk Radio (1988) – Born on the Fourth of July / Geboren am 4. Juli (1989) – The Doors / The Doors (1991) – JFK / JFK – Tatort Dallas (1992) – Heaven and Earth / Zwischen Himmel und Hölle (1993) – Natural Born Killers / Natural Born Killers (1994) – Nixon / Nixon (1996) – U-Turn / U-Turn (1997) – The League (1999).

Literatur: Oliver Stone. In: David Breskin: Inner Views: Filmmakers in Conversation. Winchester 1992. S. 99–115. – Peter Drexler / Lawrence Guntner: Vietnam im Kino: *Platoon* (1986). In: Werner Faulstich / Helmut Korte (Hrsg.): Fischer Filmgeschichte. Bd. 5: Massenware und Kunst 1977–1995. Frankfurt a. M. 1995. S. 176–191. – Norman Kagan: The Cinema of Oliver Stone. Oxford 1995. – Susan Mackey-Kallis: Oliver Stone's America. Colorado/Oxford 1996.

Erich von Stroheim

1885–1957

Erich von Stroheim kreierte den Mythos um seine Person wohl selbst, demzufolge er Abkömmling einer preußischen Adelsfamilie gewesen sei. Tatsächlich wurde er am 22. September 1885 als Sohn eines jüdischen Hutmachers in Wien geboren. Genauso wenig hatte Stroheim ein Offizierspatent der k. u. k. Kavallerie; er hat lediglich kurzzeitig in der Österreich-Ungarischen Armee gedient. Ansonsten arbeitete er in der kleinen Hutfabrik des Vaters. Vermutlich 1909 emigrierte er in die USA und schlug sich mit allerlei Gelegenheitsarbeiten durch, bis er sich 1914 in Hollywood niederließ. Er verdiente sich seinen Lebensunterhalt als Statist und Kleindarsteller, bis es ihm gelang, von D. W. Griffith fest angestellt zu werden. Rasch stieg er zum Regieassistenten auf. 1917 spielte Stroheim in Wesley Ruggles' *For France* erstmalig seine Paraderolle als preußischer Offizier mit hoch aufgeschossener Gestalt, schlaksigem Gang und dem unvermeidbaren Monokel. In seinen folgenden Filmen wurde er auf das Stereotyp des »bösen Deutschen« festgelegt. Vor allem sein Auftritt als brutaler, rücksichtsloser

Erich von Stroheim

und kindermordender preußischer Offizier in Christy Cabannes antideutschem Propagandafilm *The Hun Within* (1918) blieb unvergessen und wurde künftig in der Werbung mit dem Slogan ausgenutzt: »Erich von Stroheim – The Man You Love to Hate«.

1919 debütierte Stroheim schließlich mit *Blind Husbands* als Regisseur. Er schrieb auch das Drehbuch, entwarf die Dekorationen und spielte die männliche Hauptrolle des Leutnant von Steuben. Der Film spielt in den Alpen, wo der amerikanische Arzt Dr. Armstrong und seine Frau Urlaub machen. Leutnant von Steuben versucht, die vernachlässigte Frau des Arztes zu verführen. Mrs. Armstrong widersteht von Steubens Drängen und schreibt ihm einen Brief, um den Verschmähten zu trösten. Während einer Gebirgstour, die Armstrong und von Steuben zusammen unternehmen, fällt der Brief aus dem Rucksack des Offiziers. Armstrong, der die Handschrift seiner Frau erkennt, entbrennt in rasender Eifersucht und wird durch das Leugnen seines scheinbaren Nebenbuhlers zu einer Mordtat getrieben. Zu spät muß er die Unschuld seiner Frau erkennen.

Während die Handlung von *Blind Husbands* über die Konventionen des Dreiecksmelodrams kaum hinausging, fiel Kritikern die besondere Sorgfalt in Schauspielerführung und Dekors auf. Die psychologische Nuancierung in der Handlungsmotivation wurde als Neuerung im filmischen Stil Hollywoods empfunden. Auch das Publikum ließ sich auf *Blind Husbands* ein: Bei einem Produktionsbudget von 42000 Dollar – einige Quellen sprechen von 125000 Dollar – war es der erste Film in den USA, der über eine Million Dollar einspielte.

Auch die beiden nächsten Regie-Filme sind Variationen von Dreiecksmelodramen. In *The Devil's Passkey* (1920) inspiriert der vermeintliche Seitensprung einer Frau ihren ahnungslosen Ehemann, einen bis dato erfolglosen Dramatiker, zu einem Stück, mit dem er sich auf der Bühne durchsetzt. Er ahnt nicht, daß das Publikum sich nicht über sein Stück amüsiert, sondern über das Vorbild in der Realität. Auch in *Närrische Weiber* (1922) kommt es zu einem Beinahe-Seitensprung, doch ist die Gattin eines amerikanischen Diplomaten standhaft genug, den Verführungskünsten eines hochstaplerischen russischen »Fürsten« (Stroheim) nicht zu erliegen. In beiden Melodramen steht das Verzeihen am Ende der Verwicklungen, und doch mischt sich bei *Närrische Weiber* eine merkwürdige Moralität in den Diskurs: Die Geschehnisse belasten die Ehefrau so sehr, daß sie eine Frühgeburt erleidet und ihr Kind verliert. Der Verführer wird noch mehr gestraft. Er wird getötet von dem Vater eines geistig zurückgebliebenen Mädchens, das er vergewaltigt hat, weil er seine bestialischen Triebe nicht kontrollieren kann.

Zu Recht hat N. Grob bemerkt, daß die Titel *Blind Husbands* und *Närrische Weiber* im Plural gehalten sind, obwohl sie Einzelfälle behandeln: »Stroheim hat als scharfsinniger Kritiker der Gesellschaft jene endlose Reihe amerikanischer Ehemänner vor Augen, die nichts können als ›Dollars machen‹, und ihre nervösen, unbefriedigten Ehefrauen, leichte Opfer des Don Juan vom Kontinent. Diese Geschichten sind typisch für das leichte Leben vor 1914 oder für die zügellose Lebensgier, die dann – in einer instabilen Zeit – auf den Ersten Weltkrieg folgte.«

Närrische Weiber ließ den manischen Regisseur erkennen, als der Stroheim fortan bekannt sein sollte. Die maßlose Überziehung des Budgets nutzte die produzierende Universal immerhin noch aus, um den Film als »First Million-Dollar Picture« zu bewerben.

Mit *Merry-Go-Round* (1923) ist Stroheim dicht bei Arthur Schnitzler, bei einem »süßen Maderl«, in das sich der Adlige zwar verliebt, das ihm aber ob der sozialen Rangunterschiede unerreichbar bleibt. Indem Stroheim den Ersten Weltkrieg als Zeitenwende inszeniert (das Liebesversprechen, das an der Gesellschaftsstruktur vor dem Krieg scheitert, löst sich nach dem Krieg wie selbstverständlich ein), gibt er der Umkehr des Protagonisten eine überindividuelle, historische Dimension. Aber was von dem fertigen Film wurde von Stroheim verantwortet? Universals Produktionsleiter Irving Thalberg überwachte die Ausgaben und ersetzte den Regisseur nach sechs Wochen durch Rupert Julian, weil Stroheims notorischer Perfektionismus erneut eine Kostenexplosion befürchten ließ. Die Zusammenarbeit mit der Universal war damit beendet.

Stroheim wurde mit der Goldwyn Company handelseinig, Frank Norris' Roman »McTeague« (1897) zu verfilmen. Das bedeutete zunächst eine stilistische Neuorientierung – weg von dem Glanz der alteuropäischen Adelswelt und hin zu der schäbigen Lebens- und Arbeitswelt des amerikanischen Kleinbürgertums und Proletariats. Aus einem der wenigen naturalistischen Romane der amerikanischen Literaturgeschichte wollte Stroheim ein groß angelegtes sozialrealistisches Tableau machen: »Ein Universum des amerikanischen Lebens schwebte Stroheim vor, von unten gesehen, aus dem Blickwinkel der ewigen Verlierer, der Geprügelten, Verdorbenen, Geschändeten; eine Vision à la Zolas Rougon-Macquart, nur komprimiert auf fünf, sechs Ebenen: Nach der rabiaten Arbeit der MGM-Cutter blieb davon nichts übrig; bloß eine düstere Geschichte um einen Mann und eine Frau und einen falschen Freund, die zwischen Neid, Haß und Schicksalsschlägen zerrieben werden« (N. Grob). Nach der Fertigstellung von *Gier* (1924) kam es nämlich zur Fusion der Goldwyn Company mit Marcus Loews und Louis B. Mayers Filmfirmen zur MGM, und Stroheims fünfeinhalbstündige, auf zwei Teile geplante Version wurde auf Geheiß der Studio-Bosse auf 150 Minuten zusammengeschnitten. Die Vielschichtigkeit von Norris' Roman, die Stroheim in einer Vielzahl von Nebenhandlungen aufgehoben wissen wollte, wurde damit zerstört. Die Reaktionen auf die Uraufführung waren entsprechend gespalten. Gerüchte wollen nicht verstummen, daß Stroheims ursprüngliche Originalfassung sich noch immer im Firmenarchiv der MGM befinde, aber niemand hat sie in den letzten siebzig Jahren zu sehen bekommen.

Trotz des Debakels von *Gier* beauftragte MGM Stroheim mit einem weiteren Film, *Die lustige Witwe* (1925). Doch was vom Studio als harmlose Verfilmung einer Franz-Lehár-Operette gedacht war, geriet unter Stroheims Leitung zu einer schwarzen Komödie der Perversionen, Sadismen und Ausschweifungen. Von Teilen der Kritik aus moralischen Gründen lautstark abgelehnt, wurde *Die lustige Witwe* Erich von Stroheims erfolgreichster Film. Doch Stroheim trennte sich nun endgültig von der MGM und unterschrieb einen Vertrag bei der Paramount. *The Wedding March* (1928) näherte sich thematisch wieder *The Merry-Go-Round* an. Wieder heiratet ein verarmter Adliger aus Raison die reiche Prinzessin, obwohl er das arme Mädchen liebt. Doch diesmal gibt es kein Happy-End. Der Prinz verliert die Prinzessin bei einem Attentat, der Täter kommt auf der Flucht ums Leben, das Mädchen geht ins Kloster, und der Prinz fällt im Ersten Weltkrieg. In Europa wurde *The Wedding March* als Zweiteiler ausgewertet.

Queen Kelly (1929) sollte Stroheims letzter Regiefilm sein, den er halbwegs fertigstellen konnte. Nachdem er Gloria Swanson als Produzentin gewinnen konnte, schien es eine Weile so, als habe er endlich einmal wieder freie Hand in der Gestaltung eines Films. Doch im Verlauf der Dreharbeiten zeigte sich erneut, daß er mit seinem Perfektionismus und seiner Gigantomanie den vorgesehenen Budgetrahmen weit überschreiten würde. Die Arbeiten wurden abgebrochen. 1931 versuchte Swanson, eine vorführfähige Version schneiden zu lassen. Erst 1985 wurde auf der Grundlage des erhalten gebliebenen Drehbuchs eine Fassung rekonstruiert, die Stroheims Intentionen weitgehend entspricht.

Stroheims realistischer Stil nahm Darstellungsweisen vorweg, die der amerikanische Tonfilm der dreißiger Jahre mühsam erarbeitet hat. Es ist daher besonders signifikant, daß er seinen ersten Tonfilm als Regisseur nie hat zu Ende führen können. *Walk-*

ing down Broadway, für die Fox produziert, erlebte nur eine private Vorführung am 3. Mai 1933 und verschwand danach in den Kellern. Stroheim konnte künftig nur noch als Schauspieler arbeiten. Vor allem seine Rollen in Jean Renoirs *Die große Illusion* (1937) und in Billy Wilders *Boulevard der Dämmerung* (1950) sind einem breiten Publikum heute geläufig. Auch als Romanautor trat Stroheim gelegentlich hervor.

Sein Regiewerk ist selbst dem zeitgenössischen Publikum nicht in Fassungen bekannt geworden, die Stroheim selbst verantwortet hat. Während seiner gesamten Karriere wurde er mit Eingriffen Dritter, mit Verstümmelungen und Kürzungen konfrontiert; an seinem Werk läßt sich der Wandel vom amerikanischen Regie- zum Produzentenfilm exemplarisch ablesen. Dennoch scheint aus den Fragmenten und Fassungen, die wir heute studieren können, eine Vision auf, ein spezifisches Themenspektrum, das N. Grob auf den Punkt gebracht hat, wenn er von den Filmen spricht, »die – von *Gier* einmal abgesehen – stets um die existentiellen Fragen von Gewalt und Leidenschaft, Liebe und Haß, Schuld und Sühne kreisten«.

Uli Jung

Filmographie: Blind Husbands / Blind Husbands (1919) – The Devil's Passkey (1920) – Foolish Wives / Närrische Weiber (1922) – Merry-Go-Round (1923) – Greed / Gier (1924) – The Merry Widow / Die lustige Witwe (1925) – The Wedding March / The Wedding March / Der Hochzeitsmarsch (1928) – Queen Kelly / Queen Kelly (1929) – Walking down Broadway (1933).

Literatur: Peter Nodle: Hollywood Scapegoat. The Biography of Erich von Stroheim. London 1950. – Jon Barna: Erich von Stroheim. Wien 1966. – Charlotte Gobeil (Hrsg.): Hommage à Erich von Stroheim. A Tribute. Ottawa 1966. – Joel W. Finler: Stroheim. London 1967. – Thomas Q. Curtis: Von Stroheim. New York 1971. – Herman G. Weinberg: Stroheim. A Pictorial Record of His Nine Films. New York 1975. – Richard Koszawski: The Man You Love to Hate. Oxford 1983. – Maurice Bessy: Erich von Stroheim. Eine Bildmonographie. München 1985. – Wolfgang Jacobsen / Helga Belach / Norbert Grob: Erich von Stroheim. Berlin 1994.

John Sturges

1911–1992

Seine größten Erfolge hatte er in den sechziger Jahren – mit *Die glorreichen Sieben* (1960) und *Gesprengte Ketten* (1963). Seine visionären Filme aber, allesamt Western, drehte er in den fünfziger Jahren: *Verrat im Fort Bravo* (1953), *Stadt in Angst* (1955), *Das Geheimnis der fünf Gräber* (1956) und *Zwei rechnen ab* (1957). Im Mittelpunkt dieser Filme stehen häufig kantige Helden, die nicht immer sympathisch macht, was sie gerade tun: der Offizier in *Verrat im Fort Bravo*, der einen ausgebrochenen Kriegsgefangenen zu Fuß zurückschleift, am Seil gefesselt. Oder der Junge, der den Tod seines Vaters rächen will, dann aber feststellen muß, daß der noch am Leben ist, verantwortlich für alles Böse drumherum, und ihn deshalb tötet, in *Das Geheimnis der fünf Gräber*. Oder Wyatt Earp und Doc Holliday in *Zwei rechnen ab* und *Die fünf Geächteten* (1967), die aus Rache und betrogener Liebe, also eher aus persönlichen Gründen den Kampf gegen die Clanton-Gang aufnehmen. Dennoch gilt für Sturges, trotz der Variation des vorgegebenen Repertoires: Die Guten bleiben immer gut und die Bösen immer böse.

Sturges' Arbeiten knüpfen noch einmal an die Entwürfe der alten Meister an, an die Filme von Allan Dwan, John Ford und Raoul Walsh, deren »epischer Stil [...] seinen Sinn nur aus der Moral [bezieht], die ihm unterliegt und die ihn rechtfertigt. Dies ist die Moral einer Welt, in der Gut und Böse unvermischt nebeneinanderbestehen wie zwei einfache Grundbegriffe« (A. Bazin).

Geboren wurde John Sturges am 3. Juni 1911 in Oak Park, Illinois. Im Alter von 21 Jahren ging er nach Hollywood und arbeitete bei RKO als Cutter und Produktionsassistent von David O. Selznick. Im Zweiten Weltkrieg war er Offizier der Luftwaffe und drehte über 40 Lehr- und Dokumentarfilme für das Air Corps, u. a. *Thunderbolt* (zusammen mit William Wyler). Nach dem Krieg arbeitete er für Harry Cohns Columbia, wo er 1946 auch als Regisseur debütierte – mit *The Man who Dared*. 1949 drehte er seinen ersten Western: *Treibsand*, nach Alan LeMay, dem Autor der Romanvorlage von John Fords *Der schwarze Falke* (1956), mit Randalph Scott und Ella Raines.

Sturges frönte offen den Konventionen des Genres. Ihm ging es ums Klassische, nie ums Innovative. Zusammen mit Joe Kane und Budd Boetticher, Delmer Daves und Anthony Mann lotete er in den Fünfzigern noch einmal aus, wie der Western, dieses »amerikanische Kino par excellence«, zurückfinden kann zu mythischer Verklärung: Ob es noch fasziniert, wenn Helden wie »höfische Ritter« losziehen, um sich draußen in der Welt zu prüfen und dem eigenen, moralischeren Standpunkt zum Sieg zu verhelfen. Sturges' bevorzugte Stilmittel dafür: lange Panoramablicke in die Weite des amerikanischen Westens, die den Raum öffnen; ein bedächtiger Rhythmus, der den Figuren Zeit läßt, ihre Entscheidungen zu treffen; und eine ruhige Kamera, die auf übersichtliche Bilder aus ist, die das Ambiente dahinter, die Landschaft oder den Dekor, so wichtig nimmt wie die Action vorne im Zentrum.

Lektionen in Coolness sind seine Filme, Musterbeispiele an Lakonie und Klarheit. In *Verrat im Fort Bravo* wird eine kleine Gruppe – zwei Offiziere, ein Kundschafter, drei Gefangene, eine Frau – von Indianern überfallen, mitten in der Einöde. In einer kleinen Mulde finden sie schließlich Schutz. Verfolgungsjagden und Schüsse, bekannte Dramen, diffizile Konflikte. Nach einem Angriff der Indianer, die anreiten, ohne auf ihre Verluste zu achten, ist die Mulde durch Lanzen rundherum markiert. Danach ziehen die Indianer sich hinter die Felsen zurück, und eine andere Gruppe beginnt, von einem Alten dirigiert, mit Pfeil und Bogen auf die Mulde zu schießen. Wie ein Schwarm Hornissen fliegen die Pfeile durch die Luft auf die Weißen zu. Und Sturges zeigt, im steten Wechsel von Totale und Detail, wie sie näher und näher kommen, wie sie schließlich wieder und wieder treffen.

Sturges zählte zu Hollywoods visionären Routiniers, die ihre Arbeit nicht nur so gut wie nur möglich zu machen suchten, sondern auch den Zauber jenseits des Handwerklichen beachteten: visuelle Phantasie, Gefühl für musikalische Rhythmen, Betonung der besonderen Eigenart der Darsteller. Und geradezu legendär: seine Pausen zwischen dem Geschehen, die das Drama im Kleinen nachklingen lassen, die den Zuschauer an die Emotionen dazwischen binden. Sturges sagte dazu: »Wenn eine Figur einem Problem auf den Grund zu gehen hat, fühlt das Publikum mit ihr, und der beste Film ist immer der, der auf diese Weise persönlich wird.«

Mitte der sechziger Jahre galt unter den Cineasten: Wer den Western »ganz ohne Hintergrund« mag, als reines Spektakel – mit coolen Sprüchen, lässigen Gesten und schwarzen Scherzen und von diesem Genre »vor allem die gutinszenierte Show erwartet (vielleicht die vernünftigste Erwartung), der wird von Sturges großzügig beliefert« (U. Nettelbeck). Noch 1970 bemerkte Wim Wenders zu einem seiner Filme, in ihm stimme alles so sehr, daß man es kaum ertragen könne. »Jede Einzelheit [ist] tatsächlich eine Einzelheit.«

Sturges selbst mochte es, seine Western mit klassischer Musik zu vergleichen: »Ein Western muß wie der andere aussehen.

Kein Mensch beklagt sich, wenn Beethoven immer gleich klingt. Ein Western ist ein formal wohlkontrolliertes Divertissement. Es gibt einen Guten, einen Bösen, eine Verfolgung, einen Showdown. Es ist völlig überflüssig, andere Western zu machen. Wichtig ist, immer denselben Western noch einmal zu machen, nur jedes Mal ein bißchen besser und ein bißchen anders.«

Norbert Grob

Filmographie: Thunderbolt (Dokumentarfilm, Co-Regie: William Wyler, 1945) – The Man who Dared (1946) – Shadowed (1946) – Alias Mr. Twilight (1946) – For the Love of Rusty (1947) – Keeper of the Bees (1947) – Best Man Wins (1948) – The Sign of the Ram (1948) – The Walking Hills / Treibsand (1949) – The Capture (1950) – Right Cross (1950) – Mystery Street / Die Tote in den Dünen (1950) – The Magnificent Yankee (1951) – Kind Lady (1951) – The People against O'Hara / Der Mordprozeß O'Hara (1951) – The Girl in White / Frau in Weiß (1952) – It's A Big Country (1952) – Jeopardy / Sekunden der Angst (1952) – Fast Company (1953) – Escape from Fort Bravo / Verrat im Fort Bravo (1953) – Underwater / Die goldene Galeere (1954) – Bad Day at Black Rock / Stadt in Angst (1955) – The Scarlet Coat / Der scharlachrote Rock (1955) – Backlash / Das Geheimnis der fünf Gräber (1956) – The Law and Jack Wade / Der Schatz der Gehenkten (1957) – Gunfight at the O. K. Corral / Zwei rechnen ab (1957) – The Old Man and the Sea / Der alte Mann und das Meer (1958) – Last Train from Gun Hill / Der letzte Zug von Gun Hill (1959) – Never So Few / Wenn das Blut kocht (1959) – By Love Possessed / Und die Nacht wird schweigen (1960) – The Magnificent Seven / Die glorreichen Sieben (1960) – Sergeants Three / Die siegreichen Drei (1961) – A Girl Named Tamiko / Das Mädchen Tamiko (1963) – The Great Escape / Gesprengte Ketten (1963) – The Satan Bug / Geheimagent Barrett greift ein (1964) – The Hallelujah Trail / Vierzig Wagen westwärts (1965) – Hour of the Gun / Die fünf Geächteten (1967) – Ice Station Zebra / Eisstation Zebra (1968) – Marooned / Verschollen im Weltraum (1969) – Joe Kidd / Sinola (1972) – Valdez il mezzosangue / Chino / Wilde Pferde (1973) – McQ / McQ schlägt zu (1974) – The Eagle Has Landed / Der Adler ist gelandet (1976).

Literatur: Jean-Louis Rieupeyrout: Interview mit John Sturges. In: J. L. R.: Der Western. Bremen 1963. – Uwe Nettelbeck: *Verrat im Fort Bravo.* In: Filmkritik 9 (1965) H. 4. S. 194 f. – Uwe Nettelbeck: *Zwei rechnen ab.* In: Filmkritik 9 (1965) H. 4. S. 197. – Paul Mayersberg: Interview with John Sturges. In: P. M.: Hollywood, the Haunted House. London 1967. – Andrew Sarris: The American Cinema. New York 1968. S. 201 f. – Wim Wenders: Reprise *Stadt in Angst.* In: W. W.: Emotion Pictures. Frankfurt a. M. 1986. S. 60 f.

István Szabó

*1938

István Szabó wurde am 18. Februar 1938 in Budapest geboren. 1956, in dem Jahr des ungarischen Aufstands gegen den aufoktroyierten Kommunismus und die sowjetrussische Okkupation, begann er sein Studium an der Filmhochschule, das er 1961 abschloß. Mit einem international mehrfach ausgezeichneten Kurzfilm, *Koncert*, machte er bereits 1963 von sich reden. Seine ersten Filme zwischen 1964 und 1977, allesamt in Ungarn produziert, kreisen um das geheime und oft auch deutlich artikulierte Zentrum der ungarischen Erhebung. Deren Unterwerfung hat dem Land tiefe Wunden zugefügt. Szabó legt Zeugnis ab für die ratlose Melancholie derer, die diese Wirklichkeit nicht akzeptieren wollen und daher kompensatorische Träume entfalten, auch wenn das Illusionäre dieser Träume bald erkennbar wird. Szabós Filme konnten weitgehend die Zensur passieren, obwohl ihnen die fundamentale Skepsis gegen das sozialistische System unschwer anzumerken ist. Vielleicht hat es Szabó zur Maskie-

István Szabó

rung genützt, daß er die privaten Schicksale auf eine unauffällige und beiläufige Art ins Politisch-Allegorische verschiebt, daß er mit leiser Ironie seine oft irrenden Figuren begleitet, weshalb ihre ›Fehlerhaftigkeit‹ notfalls als individueller Mangel deklariert werden kann. In *Zeit der Träumereien* (1964), seinem ersten langen Spielfilm, werden junge Leute beobachtet, die mit dem Ich in Bertolt Brechts spätem Gedicht »Radwechsel« sagen können, daß sie nicht gerne sind, wo sie herkommen, und auch nicht gerne sind, wo sie vielleicht hingehen könnten: unzufrieden mit dem Zustand in ihrer Heimat, aber doch zu wenig motiviert, an einen anderen Ort zu fliehen, wenngleich sie doch immer wieder von der Auswanderung nach Kuba träumen. Die gescheiterte Revolution von 1956 wird im Film selbst in einem Dokumentarbericht sichtbar gemacht – offenbar hat sie diese Verwirrung und Lähmung hervorgerufen. Bereits Szabós zweiter Film, *Vater* (1966), vertieft die Psychologie der Nachgeborenen und Überlebenden und gibt sie sanftem Spott preis: Der junge Held, ein Student, hat bereits als Kind seinen Vater glorifiziert, den er schon früh nach dem Zweiten Weltkrieg verloren hat. In seinen Tagträumen ist der Vater eine überlebensgroße Heldengestalt, der gegen die Faschisten kämpft, u. a. nach tapferer Westernmanier. Allmählich erst, fast zum Schluß des Films, entdeckt der junge Mann, daß sein Vater ein freundlicher, geliebter und witziger Mann war, aber ein Mensch wie viele andere. Die Entzauberung des Monuments kann auch einer anderen Vaterfigur gelten, dem machtvollen Popanz Stalin, aus dessen Schatten die von seiner Herrschaft und seinem Nimbus Gezeichneten und Geblendeten erst allmählich heraustreten mußten. Am Ende versucht der junge Mann, für sich und seine Generation etwas Außerordentliches zu vollbringen, er will die Donau durchschwimmen – außer ihm tun das, wie die aufziehende Kamera beweist, aber unendlich viele junge Männer. Daß ein solcher Kraftakt natürlich keinen gesellschaftlichen Sinn hat, versteht sich von selbst. Indes, Taten, die eine gesellschaftliche Veränderung zur Folge hätten, scheinen verboten, oder sie liegen außerhalb des Denkhorizonts der Figuren. Szabó erzählt auf vertrackte Weise von der Desillusionierung der jungen Generation, seiner Generation, denn autobiographische Züge scheinen sich aufzudrängen. Daß alles Aufbäumen der Jungen nur den Charakter von zwecklosen Schattengefechten hat, deutet darauf hin, daß Sinn und Glück in diesem Leben für sie schwer zu finden sind. In *Ein Liebesfilm* (1970) macht eine junge Frau ernst mit dem Wunsch, auf und davon zu gehen: 1956 ist sie nach Frankreich geflüchtet, als es zum Wiedersehen mit einem Freund kommt, können die beiden sich nicht mehr verstehen. Die Zurückgebliebenen sind dies auch in ihrer Entwicklung. Es ist auffällig, daß Szabó anschließend in den Filmen der siebziger Jahre bevorzugt zum Ausgang des Zweiten Weltkriegs zurückkehrt, einer gleichsam heroischen Phase, in der Aufbruchshoffnungen noch mehr Substanz hatten, als ihnen offenbar in der Gegenwart vergönnt ist. Das gilt z. B. für die *Budapester Legende* (1977), in der ein umgekippter Straßenbahnzug wieder auf die Schienen gestellt wird, als Gleichnis für den Wiederbeginn eines normalen und friedlichen Lebens (das Motiv findet sich übrigens bereits in *Vater*), ebenso für *Zimmer ohne Ausgang* (1979), dessen Handlung die behutsame Annäherung zwischen einem Mann und einer Frau, die jeweils mit anderen Partnern verheiratet sind, nur für denkbar hält, weil sie durch die äußere Situation – sie müssen sich verstecken – zu gegenseitigem Vertrauen gezwungen sind.

Galt Szabó bis dahin neben Miklós Jancsó und Márta Mészáros als einer der wichtigsten Vertreter des neuen ungarischen Kinos, so gelang ihm mit seiner ersten europäischen Großproduktion *Mephisto* (1981) der internationale Durchbruch. Nach dem Roman von Klaus Mann wird die Geschichte eines Schauspielers erzählt (bereits bei Klaus Mann war damit Gustaf Gründgens gemeint), dessen Aufstieg in der Weimarer Zeit beginnt und während des Dritten Reichs in schwindelnde Höhen führt: Er ist ein Mann, der Karriere machen will und deswegen das System akzeptiert, das ihm erlaubt, Karriere zu machen. Dabei verliert er seine moralische Identität. Sein letzter verzweifelter Ausruf, er sei doch nur ein gewöhnlicher Schauspieler, wird von Szabó als Schuldeingeständnis verstanden. Der sich der Terrorherrschaft andienende Künstler manövriert sich selbst in ein Existenzdilemma, unter dem auf die Dauer auch seine Kunst leiden wird. Der Film ist auf seine Hauptfigur konzentriert, die Klaus Maria Brandauer in großer Virtuosität zelebriert: zwischen Auftrumpfen und Zittern vor der Macht, die ihn zum Kuschen zwingt, die seine inneren Vorbehalte langsam als feige Lebenslüge enthüllt. Szabó fügt *Mephisto* zwei weitere Filme hinzu, jedesmal mit Brandauer in einer Hauptrolle, die ihn zu einer Trilogie über das Thema Geist und Macht ergänzen: *Oberst Redl* (1984) über den Chef des Geheimdienstes der k. u. k. Monarchie, der als Aufsteiger Neid erregt und von seinem Gegner wegen seiner unterdrückten homoerotischen Neigung dazu gebracht wird, ›Landesfeinden‹ Geheimnisse preiszugeben und sich auf Befehl selbst zu erschießen. Der letzte Teil der Trilogie, *Hanussen* (1988), setzt den Aufstieg Hanussens, des Varieté-Magiers und Zukunftsehers in Parallele zum Aufstieg Hitlers. Zwei ›faule‹ Zauberer, wobei Hanussen wenigstens noch ein Rest von Intuition reserviert zu bleiben scheint. Der Umstand, daß er auch das Ende Hitlers zu ahnen vermag, daß also die Erkenntnis des kleinen Artisten vor der Geschichte eher recht behalten könnte als der wahnsinnige Geltungsanspruch des Diktators, schreibt Hanussen das Todesurteil. Moral: Wer sich auf die Macht einläßt, wird von ihr verdorben. Alle drei Filme definieren durch ihre Ausstattung zwar eindeutig die Repräsentanten der jeweils gemeinten Diktatur, dennoch haben sie einen allegorischen Charakter: es liegt nahe, die Nazidiktatur als Stellvertreter für entsprechende Zwangsherrschaften zu sehen, also auch für die des kommunistischen Ostblocks.

Seit 1990 sucht sich Szabó neue Sujets, wobei das Thema der oft ratlosen Glückssuche, die an den Verhältnissen scheitert, keineswegs für ihn abgetan ist. In *Zauber der Venus* (1991), einer englisch-französisch-ungarischen Koproduktion mit dem amerikanischen Star Glenn Close in einer Hauptrolle, erzählt Szabó von einem ungarischen Dirigenten, der in Paris Richard Wagners »Tannhäuser« einstudieren soll und auf die üblichen Hindernisse stößt: Mißtrauen der Diva, Arbeitsunlust und Trägheit der Musiker, Gewerkschaftsdenken bei den Bühnenarbeitern usw. Am Ende, als alles auseinanderzubrechen droht, geschieht ein Wunder: der Dienst an der Kunst vereinigt sie zu einem Ensemble, in dem alle Partikularinteressen überwunden scheinen – ein nicht für möglich gehaltener Triumph der Solidarität. Das Parabelhafte dringt hier am Schluß auf feinsinnige Weise durch und überglänzt die individuelle Geschichte von Bühnenkrach und Liebesleid. Szabós nächster ungarischer Film *Süße Emma, liebe Böbe* (1992) kehrt zur Realität des nachsozialistischen Ungarn zurück und schildert am Beispiel zweier Lebensläufe, wie schwer es doch fällt, sich zu entfalten: Die Lehrerin Emma (gespielt von der Holländerin Johanna ter Steege, die von Szabó ›entdeckt‹ worden ist) scheitert an der Banalität kleiner Liebschaften und der Erblast des Staatssozialismus, der die Seelen deformiert hat. Ihre Kollegin Böbe läßt sich von den Verlockungen des Westens und der Touristen verführen, wird verhaftet und stürzt sich am Ende aus dem Fenster, weil sie keinen Ausweg mehr sieht. *Süße Emma, liebe Böbe* ist vielleicht von Umfang und Anspruch her eine bescheidene Erzählung, doch von bestürzender Intensität. Der Film offenbart, was gerne verdrängt wird, daß nämlich auch die Befreiung vom Joch eines beinahe allmächtigen Staates nicht unbedingt zwischen und in den Menschen eine erträgliche Leichtigkeit des Seins zur Folge hat. Szabó hat in der Folgezeit weitere europäische Koproduktionen angestrebt, die es ihm ermöglichten, sich mit Jacques Offenbach in seiner Zeit auseinanderzusetzen, also mit einem scharfsichtigen Satiriker des 19. Jahrhunderts, der die genußsüchtige und selbstgefällige Gesellschaft der Reichen und Arrivierten entlarvte. Maskeraden des dekadenten Milieus hat Szabó übrigens schon in früheren Filmen gerne inszeniert, z. B. in *Mephisto*. Talmiglanz und erotisches Changieren zwischen den Geschlechtern soll den denaturierten Zustand der vom bösen Regiment infizierten Gesellschaft signalisieren. Diese ein wenig theatralische Symbolisierung des Üblen spricht eher dafür, daß Szabó als Sozialkritiker nicht so tiefgründig und genau ist wie als Psychologe der verlorenen Generation oder derer, die sich verrannt haben und zu spät erkennen, daß es keinen Weg zurück mehr gibt. So sind Angst und Verzweiflung, Entfremdung und Trauer Affekte, die in seinen Filmen immer wieder eindringlich vorgeführt werden.

Szabó, der als melancholischer Lyriker unter den Filmkünstlern gilt, hat in seinen filmischen Erzählungen immer eine zweite oder dritte Sinnschicht vorgesehen, die seine Fabeln mit den politischen Verletzungen des 20. Jahrhunderts eng verknüpfen, ohne daß je ein demonstrativer oder deklaratorischer Zug erkennbar würde. Es ist gleichsam ein weicher Stil, der sich in seinen Filmen durchsetzt. Szabó ist überdies ein vorzüglicher Schauspielerregisseur, der in Ungarn oft mit denselben Akteuren gearbeitet hat (unter ihnen zumal András Bálint und Judit Halász). Nicht zuletzt hat ihm Klaus Maria Brandauer in der Trilogie der achtziger Jahre seine stärksten schauspielerischen Leistungen zu verdanken.

Thomas Koebner

Filmographie: Variations on a Theme (1961) – Koncert (Kurzfilm, 1963) – You (1963) – Álmodozások kora / Zeit der Träumereien (1964) – Apá / Vater (1966) – Szerelmesfilm / Ein Liebesfilm

(1970) – Tüzoltó utca 25 / Feuerwehrgasse 25 (1973) – Budapesti mesék / Budapester Legende (1977) – City Map (1978) – The Hungarians (1978) – Bizalom / Zimmer ohne Ausgang / Vertrauen (1979) – Der grüne Vogel (1980) – Mephisto (1981) – Katzenspiel (1983) – Bali (1984) – Redl ezredes / Oberst Redl (1984) – Hanussen (1988) – Meeting Venus / Zauber der Venus (1991) – Édes Emma, drága Böbe / Süße Emma, liebe Böbe (1992) – Offenbach titkai / Offenbachs Geheimnis (1996) – The Taste of Sunshine (1999).

Literatur: Graham Petrie: History Must Answer the Man. The Contemporary Hungarian Cinema. Budapest 1978. – Joachim Paech (Hrsg.): Literatur und Film: *Mephisto*. Frankfurt a. M. 1984. – Hans-Jörg Rother: István Szabó. In: Fred Gehler (Hrsg.): Regiestühle international. Berlin 1987.

Alain Tanner

*1929

Alain Tanner wurde am 6. Dezember 1929 in Genf geboren, sein Vater war Schriftsteller und Maler, seine Mutter Schauspielerin. Er schloß das Studium der Volkswirtschaft mit einem Diplom für Schiffsadministration ab und betätigte sich ein Jahr lang bei der Schweizer Handelsmarine. Anschließend ging er nach London und wurde vorübergehend beim British Film Institute angestellt. Hier gelang es ihm, gemeinsam mit seinem Landsmann Claude Goretta, mit versteckter Kamera den kurzen Dokumentarfilm *Nice Time* zu drehen, der das Nachtleben am Picadilly Circus dokumentiert. Der Film wurde beim Festival in Venedig 1957 mit dem Experimentalfilmpreis ausgezeichnet. Tanner kehrte nach einem kurzen Abstecher nach Paris in die Schweiz zurück und arbeitete für das französischsprachige Fernsehen des Landes. 1966 begründete er mit anderen Filmemachern die Groupe Cinq.

1969 kam Tanners erster Spielfilm in den Verleih: *Charles – tot oder lebendig*, der auf dem Festival in Locarno im selben Jahr den ersten Preis erhielt. Bereits dieser Film entfaltet im wesentlichen das Grundmuster des Tannerschen »Weltbilds«: Unter allen Figuren interessieren ihn am meisten die Aussteiger, die mit der offenbar lähmenden Sekurität der Wohlstandsgesellschaft brechen und auf dem Weg zu sich selbst beinahe alle Bindungen zerreißen, wobei sie Überlebensegoismus mit sanfter Unbeirrbarkeit verbinden. *Charles – tot oder lebendig* erzählt von einem fünfzigjährigen Industriellen, der in eine Sinnkrise gerät und seinem Milieu verlorengehen will, wobei er scharfsinnig die kapitalistischen Mechanismen analysiert, denn der Entfremdung fallen auch Unternehmer anheim. Am Ende läßt der ehrgeizige Sohn den »verrückt« gewordenen Vater in die Psychiatrie einsperren, vermutlich um ihn zu entmündigen. Tanners Zorn über erstickende Schweizer Verhältnisse – die auf andere Länder übertragen werden können – wird sublimiert durch Ironie und Selbstironie der Figuren, durch Humor und leise Resignation: Tanner ist, mehrere seiner Filme bezeugen dies, ein 68er, dessen sozialistische Impulse, dessen Forderung nach einer gerechter zu ordnenden Welt zwar von Melancholie überschattet werden, doch die individuelle Revolte als Ausweg erlauben (wenn die allgemeine Veränderung an Haupt und Gliedern ausgeblieben ist). Tanner wählte François Simon, den Sohn Michel Simons, als Darsteller des Charles, der in vielen Filmen der Schweizer Regisseure in den siebziger Jahren auftrat und durch seine feine und zarte Physiognomie, sein entsprechendes Spiel, den Aussteiger als hochsensible, rührende Figur gestaltete.

In anderer Weise bricht ein junger ehrgeiziger Lokalpolitiker in *Die Mitte der Welt*

(1974) aus, der, getrieben von Leidenschaft für ein italienisches Zimmermädchen, gegen alle bürgerlichen Konventionen verstößt und seine Laufbahn zu ruinieren droht. Am Ende ist bei der jungen Frau ein Emanzipationsprozeß zu beobachten, sie verläßt ihren Liebhaber, um sich aus der Abhängigkeit einer Beziehung zu befreien, in der sie sich nicht als ganze Person, sondern als exotisches Objekt begehrt glaubt. Wie Tanners erste Spielfilme ist auch *Die Mitte der Welt* ein Film im Winterlicht, der Wärme nur in den intimen Szenen zeigt. Diese Wintermetaphorik – Ausdruck einer kalten Welt in einer kalten Zeit – wird in den späteren Filmen Tanners zusehends durchbrochen. So erzählt er dieselbe Geschichte vom Ausbruch in einem seiner einprägsamsten Filme, *In der weißen Stadt* (1983): Bruno Ganz spielt einen Schiffsingenieur, der in Lissabon an Land geht und sich in der Stadt verfängt. Parallel zu der sich entspinnenden Liebe zu einem Dienstmädchen – Teresa Madruga ebenso intensiv in düsterer Gleichgültigkeit wie in entzückter Enthemmtheit – befestigt sich seine Liebe zu seiner in der Schweiz zurückgebliebenen Frau, für die er Schmalfilme dreht, die auch die Zuschauer zu sehen bekommen: Eindrücke von einer Stadt, in der alles einem gleichmäßigen unabänderlichen Fluß zu folgen scheint. Auch in diesem Film schließt die Fabel damit, daß die Geliebte den Helden verläßt, während er, in eine nicht zu heilende »Zerstreuung« geraten, den Zug besteigt, um vielleicht nach Hause zu fahren. Bruno Ganz, von sanfter Heiterkeit, entgleitet in eine Lebenslässigkeit, die mit dem Gefühl von Freiheit und Glück identisch zu sein scheint. Licht- und Schattenspiele der Kamera (Acácio de Almeida) vergegenwärtigen die träge, ein wenig traurige Sinnlichkeit des Südens, der Stadt Lissabon. Vorhänge, die durch den Wind aufgebauscht werden und lange im Bildkader bleiben, die feine Deutlichkeit der Liebesszenen, ein schier endloser Weg über das Pflaster, der Blick auf die Meereswellen, die an der Bordwand des Schiffes vorbeijagen: selten ist die Erfahrung des Ich-Verlusts, die eigentlich dramatisches Ausmaß annimmt, so lyrisch, zärtlich, passiv und atmosphärisch umgesetzt worden. Tanner arbeitet gegenwärtig an einem zweiten Lissabon-Film, den er am portugiesischen Dichter Fernando Pessoa orientieren will (Arbeitstitel *Requiem*). Er bekannte im Gespräch, daß der Satz »Ich existiere nicht, ich bin ein anderer« auch ihm gelte, da er niemals geglaubt habe, wirklich in der Welt zu sein (das Urgefühl des Aussteigers). Konsequent begegnen die Lebenden und die Toten einander in diesem Film auf demselben Schauplatz, die Grenzen zum Jenseits werden überschritten.

Tanners international meistbeachteter Film ist wahrscheinlich *Jonas, der im Jahr 2000 25 Jahre alt sein wird* (1976): An einer Gruppe von Menschen wird das Nachbeben der Revolte von 1968 exemplifiziert. Am Ende finden beinahe alle ein Arrangement, das sie gleichsam in Nischen der unverändert bleibenden Gesellschaft so überstehen läßt, daß die Hoffnung nicht verschüttet wird, ein besseres Leben werde das Kind Jonas im Jahr 2000 erwarten. Skeptischer und trauriger fällt eine ähnliche Gruppenstudie im neun Jahre später entstandenen Film *Niemandsland* (1985) aus. Die Radikalisierung junger Menschen in einer anscheinend unerschütterlichen Umwelt, die (mit Herbert Marcuse zu sprechen) eine höchst repressive Toleranz, genauer Intoleranz ausübt, zeigt er in *Messidor* (1979): Zwei junge Anhalterinnen beantworten die männliche und staatliche Gewalt mit wachsender Gegengewalt, bis am Ende auch Unschuldige tot am Boden liegen.

Eine fast mystische Prophetie des Lebens abseits der großen Städte – ein Fluchtgedanke Tanners, der in all seinen Filmen durchscheint – wird beinahe predigthaft in *Lichtjahre entfernt* (1981) zu einem Hohelied des Rousseauismus, der Rückkehr zu einer reinen und unschuldigen Natur. Mit einer seiner Stammschauspielerinnen, Myriam Mézières, entwickelt Tanner schließlich die weibliche Variante des Ausbruchs, potenziert durch ein radikales Bekenntnis zur Sexualität als Lebenssubstanz – sowohl in *Eine Flamme in meinem Herzen* (1987) als auch in *Das Tagebuch der Lady M.* (1993). Tanners Faszination durch das unberechenbare sinnliche und geistige »Rätsel Frau« – thematisiert etwa in *Der Salamander* (1971), einem Film, in dem ein Drehbuchautor und ein Reporter über eine Frau schreiben, die sich unvermutet anders verhält, als die eingeengten, männlichen Blickweisen dies voraussehen – hat ihn immer mit sehnsüchtiger Eindringlichkeit Frauenfiguren betrachten lassen. Im Spätwerk tritt eine Frau, Mézières, als Co-Autorin in dieses Konzept mit ein. Reflexe dieses stets unfertig bleibenden Versuchs, ein Frauenleben im Film zu schildern, kehren noch in *Fourbi* wieder (1997). Unter den vielen Mitarbeitern, die Tanner begleitet haben, seien drei weitere ausdrücklich genannt: der Schweizer Kameramann Renato Berta, der durch seine äußerst ruhige Blickführung, die alle unnötigen kleinen Bewegungen vermeidet, den behutsam demonstrativen Stil Tanners nachdrücklich unterstützt hat; ferner der englische Kunstkritiker und Schriftsteller John Berger, der in der Schweiz lebt und zumal in den siebziger Jahren als Co-Autor vermutlich den Kultur-Natur-Konflikt mit zu akzentuieren half; in den letzten Filmen übernahm eine seiner Töchter jeweils eine Hauptrolle: Jonas ist als weibliche Figur schon vor dem Jahr 2000 erwachsen geworden.

Thomas Koebner

Filmographie: Les Apprentis / Die Lehrlinge (Dokumentarfilm, 1964) – Charles – mort ou vif / Charles – tot oder lebendig (1969) – La Salamandre / Der Salamander (1971) – Le Retour d'Afrique / Die Rückkehr aus Afrika (1973) – Le Milieu du Monde / Die Mitte der Welt / Der Mittelpunkt der Welt (1974) – Jonas qui aura vingt-cinq ans en l'an 2000 / Jonas, der im Jahr 2000 25 Jahre alt sein wird (1976) – Messidor / Messidor (1978) – Les Années lumières / Lichtjahre entfernt (1981) – Dans la ville blanche / In der weißen Stadt (1983) – No Man's Land / Niemandsland (1985) – Une flamme dans mon cœur / Eine Flamme in meinem Herzen (1987) – La Vallée fantôme / Das Geistertal (1987) – La Femme de Rose Hill / Die Frau aus Rose Hill (1989) – L'Homme qui a perdu son ombre / Der Mann, der seinen Schatten verlor (1991) – Le Journal de Lady M. / Das Tagebuch der Lady M. (1993) – Les Hommes du port (1995) – Fourbi (1997).

Literatur: Film in der Schweiz. München/Wien 1978 (Reihe Film. 17.) – Jim Leach: A Possible Cinema. The Films of Alain Tanner. Metuchen/ London 1984. – Christian Dimitriu: Alain Tanner. Paris 1985. – Werner Petermann / Ralph Thoms: Kino-Fronten. München 1988.

Quentin Tarantino

*1963

Geboren am 27. März 1963 in Knoxville, Tennessee, wuchs Tarantino in Kalifornien als Einzelkind bei seiner alleinerziehenden Mutter Connie Zastoupil auf. Zu seinem leiblichen Vater Tony Tarantino hatte er nach der frühen Scheidung der Eltern keinen Kontakt, nahm aber dennoch später dessen Nachnamen an. Die späteren Ehemänner seiner Mutter waren Filmfans und nahmen ihn häufig mit ins Kino, was zu seiner Lieblingsbeschäftigung wurde. Mit 15 Jahren verließ er die High School ohne Abschluß und nahm Schauspielunterricht. Gleichzeitig arbeitete er als Platzanweiser in einem Pornokino und später in der Videothek Video Archives im kalifornischen Manhattan Beach, wo er sich mit einer Gruppe Gleichgesinnter dem exzessiven Sehen von Spielfilmen quer durch alle Genres widmete.

Seit Orson Welles hat kein junger Filmemacher derart nachdrücklich bereits mit seinem Erstlingswerk Wunderkindqualitäten und ein filmisches Multitalent unter Beweis gestellt wie Tarantino. Daß er aber nach insgesamt nur drei langen Spielfilmen als der neue Kultregisseur seiner Generation gehandelt wird, ist für seine weitere Karriere Bürde und zugleich der Maßstab, an dem er gemessen wird. Ohne eine Filmschule besucht zu haben, reüssierte er 1992 mit *Reservoir Dogs – Wilde Hunde* auf fulminante Weise zugleich als Darsteller, Drehbuchautor und Regisseur und machte die Welt des Independent Film kommerziell salonfähig: Die Produktion kostete acht Millionen und spielte 250 Millionen Dollar ein. Grundlegende praktische Regie- und Kamerakenntnisse hatte er sich kurz zuvor während eines einmonatigen Studienaufenthaltes an Robert Redfords Sundance Institute in Utah angeeignet. *Reservoir Dogs* ist ein deutlich von Howard Hawks im allgemeinen und Stanley Kubricks *Die Rechnung ging nicht auf* (1956) im besonderen beeinflußtes kammerspielartiges Capermovie, ein Subgenre des Gangsterfilms, in dem zumeist ein Diebstahl in großem Ausmaß im Zentrum steht. Jedoch geht es nicht – wie genreüblich – um den kriminellen Akt an sich (der konsequenterweise auch nicht gezeigt wird), sondern um die gruppendynamische Entwicklung vom Zusammensein vor dem Diamantenraub bis hin zur blutigen und für alle bis auf einen tödliche Auseinandersetzung danach, die durch die Suche nach einem Polizeispitzel in Gang gesetzt wird. Auch in *Pulp Fiction* (1994) gilt Tarantinos Interesse männlichen Außenseiterfiguren aus dem Gangstermilieu und der Unterschicht, für die Gewalt etwas Alltägliches ist, sowie ihren Freund- und Feindschaften. Zwar ist Tarantinos Universum nicht mehr so auffällig frauenlos wie in *Reservoir Dogs*, im Mittelpunkt stehen jedoch die Männerbeziehungen zwischen den Killern Jules Winnfield (Samuel L. Jackson) und Vincent Vega (John Travolta) sowie zwischen ihrem Boß Marsellus Wallace (Ving Rhames) und dem Boxer Butch (Bruce Willis). Ihnen allen ist gemeinsam das Bemühen, in ihrem zumeist uniformen Outfit (schwarze Anzüge mit weißen Hemden, Schlips und Sonnenbrille) stets möglichst cool zu wirken. Damit gibt Tarantino seinen Figuren bewußt etwas Stereotypes mit und verweigert ihnen psychologische Tiefe, die er allein dem bekehrten Profikiller Jules in *Pulp Fiction* zum ersten Mal ansatzweise zugesteht und in *Jackie Brown* (1997) deutlicher einräumt. Gleichzeitig persifliert Tarantino die ausgestellte Coolness mit den Figuren des emotionslosen Notfallexperten »The Wolf« (Harvey Keitel) und des von ihm selbst gespielten ängstlichen Ehemanns. In *Reservoir Dogs* wie in *Pulp Fiction* wird die Handlung nicht linear-chronologisch, sondern durch Rückblenden oder wie in letzterem durch Verschachtelung der verschiedenen Handlungsepisoden erzählt.

Pulp Fiction ist auch Tarantinos offenherziges Liebesbekenntnis zur Schund- und Trivialliteratur der US-amerikanischen »Dime Novels« und »Pulp Magazines« mit ihren unglaublichen Ereignissen, abenteuerlichen Wendungen und melodramatischen Elementen. In einem überaus zitierfreudigen Umgang mit der Populärkultur der letzten 80 Jahre zollt Tarantino, der für sein lexikalisches Wissen vor allem über ältere Genrefilme und B-Pictures berühmt ist, seinen Lieblingsfilmen und bevorzugten Regisseuren wie Jean-Luc Godard (nach dessen Film *Bande à part*, 1964, er seine Produktionsfirma benannt hat), Douglas Sirk (ein gleichnamiges Steak verspeist Vincent Vega in *Pulp Fiction*), Samuel Fuller und Jean-Pierre Melville Tribut: Mit einer großen Selbstverständlichkeit verquickt er Filmzitate mit Beweisen seines intensiven Fernsehkonsums sowie mit Rock- und Schlagermusik, Comics und – immer wieder – Junk-Food-Werbung. Dabei bestechen Tarantinos Kompromißlosigkeit und sein Mut zu extremen Positionen und Bildern fern jeglicher »political correctness«. Nicht zuletzt deswegen und wegen der unleugbaren Brutalität wird sein Kino häufig kritisiert und mit dem Vorwurf konfrontiert, durch das undifferenzierte Nebeneinander von Grausamkeiten und Alltäglichkeiten banalisiere und verherrliche es Gewalt.

Einen bemerkenswerten Paradigmenwechsel vollzieht Tarantino mit seinem dritten Langfilm *Jackie Brown* nach einem Roman von Elmore Leonard: Zwar entführt der Film wieder in eine Welt aus Verbrechen und Verrat, doch zum ersten Mal stehen die Charaktere im Vordergrund und werden samt ihrer Lebenssituation erst lange eingeführt, bevor die eigentliche Handlung beginnt. Erstmals gibt es eine zentrale Hauptfigur, noch dazu eine Frau. Die Schauspielerin Pam Grier, als Königin der Blaxploitation Movies der siebziger Jahre eines von Tarantinos Idolen, verkörpert die in die Jahre gekommene Stewardeß Jackie Brown. Für einen skrupellosen Waffenhändler schmuggelt sie illegal Geld in die USA, wird erwischt und spielt am Ende gekonnt ihre Widersacher gegeneinander aus. Lange Dialogpassagen, eine langsame, bis auf die multiperspektivische Auflösung einer Geldübergabe lineare Erzählweise und eine ruhige Kamera sowie der Verzicht auf blutspritzende Gewaltszenen machen den Unterschied zu Tarantinos vorhergehenden Werken augenfällig.

Bevor Tarantino als Regisseur bekannt wurde, hatte er sich bereits in der US-amerikanischen Filmbranche einen Namen gemacht als Autor für Tony Scott und Oliver Stone. Die nach seinen Drehbüchern entstandenen Filme fanden aber nicht seine Zustimmung, beispielsweise kritisierte er das von Scott hinzugefügte Happy-End für das vor der Drogenmafia fliehende Liebespaar in *True Romance* (1993), von Oliver Stones *Natural Born Killers* (1994) distanzierte er sich sogar ausdrücklich in der Öffentlichkeit.

Tarantino ist heute der Mittelpunkt einer Strömung junger Filmschaffender fern des Hollywood-Mainstreamkinos, die ihren Ursprung im Sundance Film Festival, dem Mekka der Independent-Szene, hat und die sich selbst als neue Welle versteht. Man spricht auch von einer Tarantino-Schule. Zu ihr gehören die Schauspieler Steve Buscemi, Tim Roth, Michael Madsen und – ursprünglich als Förderer – Harvey Keitel sowie die Regisseure Roger Avary (*Killing Zoe*, 1994), Peter Medak (*Romeo is Bleeding*, 1993) und Robert Rodriguez (*El Mariachi*, 1992). Mit diesem sowie mit Allison Anders und Alexandre Rockwell drehte Tarantino den Episodenfilm *Four Rooms* (1995) über die verrückten Ereignisse einer Silvesternacht in einem Hotel in Los Angeles, das in besseren Tagen die bevorzugte Unterkunft für Filmstars war. In seiner Episode *Der Mann aus Hollywood* spielt Tarantino selbstironisch und autobiographisch gefärbt in langen Einstellungen einen neuen Erfolgsregisseur namens Chester Rush, der mit seinen volltrunkenen Freunden mit Hilfe des Hotelpagen eine makabre Wette aus einer Alfred-Hitchcock-Fernsehsendung nachspielt. In den Werken seiner Independent-Freunde übernimmt Tarantino ebenfalls Rollen: Nach einem Kurzauftritt als Elvis-Imitator in der Fernsehserie *Golden Girls* (1988) war er als Barmixer in Rockwells *Somebody to Love* (1994) und als Witzeerzähler in Rodriguez' *Desperado* (1995) zu sehen. Seine bislang größte Rolle war der sexbesessene Psychopath Richard Gekko in Rodriguez' Vampir-Gangster-Film *From Dusk till Dawn* (1995), zu dem Tarantino auch das Drehbuch verfaßte.

Ursula Vossen

Filmographie: My Best Friend's Birthday (1984–1986, unvollendet) – Reservoir Dogs / Reservoir Dogs – Wilde Hunde (1992) – Pulp Fiction / Pulp Fiction (1994) – Four Rooms / Four Rooms (Episode: The Thrill of the Bet / Der Mann aus Hollywood, 1995) – Jackie Brown / Jackie Brown (1997).

Literatur: Quentin Tarantino on *Pulp Fiction*. In: Sight and Sound N. F. 5 (1995) H. 5. S. 10.

Thierry Jousse: Les tueurs de l'image. In: Cahiers du Cinéma 484 (1994) S. 50–53. – Jean-François Ranger: *Pulp Fiction* de Quentin Tarantino. In: Cahiers du Cinéma 481 (1994) S. 40 – Jami Bernard: Quentin Tarantino, the Man and His Movies. London 1995. – Wensley Clarkson: Quentin

Tarantino. Shooting from the Hip. London 1995. – Manohla Dargis: Pulp Instincts. In: Sight and Sound N. F. 5 (1995) H. 5. S. 6–9. – Jeff Dawson: Tarantino – Inside Story. London 1995. – Robert Fischer / Peter Körte / Georg Seeßlen: Quentin Tarantino. Berlin 1997. – Uwe Nagel: »Der rote Faden aus Blut«. Erzählstrukturen bei Quentin Tarantino. Marburg 1997. – Dominik Slappnig: »Es geht mir vor allem um die Gefühle«. [Interview.] In: Zoom 1998. H. 4. S. 12–15.

Andrej Tarkowski

1932–1986

Als Sohn des in der Sowjetunion beliebten Dichters Arseni Tarkowski, der früh die Familie verließ, am 4. April 1932 geboren, wuchs Andrej Tarkowski mit seiner Mutter und Schwester im Dorf Zawraschje in der russischen Provinz auf. Nach dem Schulbesuch ab 1939 in Moskau, der durch kriegsbedingte Evakuierung unterbrochen wurde, nahm Tarkowski 1951 ein Studium östlicher Sprachen auf, das er aus gesundheitlichen Gründen wieder abbrach. 1954–1960 folgte ein Studium an der Moskauer Filmhochschule WGIK in der Regieklasse von Michail Romm. Nach seinem Abschlußfilm konnte Tarkowski in der UdSSR von 1962 bis 1979 aufgrund der häufigen Konflikte mit den sowjetischen Kulturbehörden nur fünf Spielfilme realisieren.

Tarkowski schloß zwei Ehen, aus denen je ein Sohn hervorging. Seine erste Frau, die Schauspielerin Irma Rausch, spielte die weibliche Hauptrolle in *Andrej Rubljow* (1966). 1983 kehrte er aus Italien, wo die Dreharbeiten zu *Nostalghia* stattfanden, nicht in die UdSSR zurück. Fern von Heimat und Familie starb er am 29. Dezember 1986 in einem Pariser Krankenhaus an Lungenkrebs.

An der Filmhochschule lernte Tarkowski die herausragenden Werke des internationalen Autorenfilms kennen und schätzte vor allem die Filme von Bergman, Bresson und Kurosawa wegen der unprätentiösen Einfachheit ihres Stils. Als Schüler von Michail Romm, eines ehemaligen Stalinschen »Hofregisseurs«, der zu jener Zeit eine mehrjährige Schaffenspause zur künstlerischen Umorientierung einlegte, gehörte Tarkowski zur zweiten Generation von »Tauwetterregisseuren«, die ein mindestens ebenso großes künstlerisches Potential an den Tag legten wie ihre Vorgänger um Grigori Tschuchrai und Marlen Chuzijew. Zusammen mit Tarkowski schlossen in der ersten Hälfte der sechziger Jahre u. a. Georgi Danelija, Alexander Mitta, Elem Klimow, Larissa Schepitko, Igor Talankin und Gleb Panfilow die Filmhochschule ab. Als besonders fruchtbar erwies sich in seiner frühen Schaffensphase die Zusammenarbeit mit seinem Studienkollegen Andrej Michalkow-Kontschalowski, mit dem er u. a. gemeinsam die Drehbücher zu seinem Diplomfilm *Katok i skripka* (1961) und zu *Andrej Rubljow* (1966) schrieb.

Wies Tarkowskis erster, mit internationalen Preisen überhäufter Langfilm *Iwans Kindheit* (1962), die tragische Geschichte eines zwölfjährigen Kundschafters im Zweiten Weltkrieg, noch vereinzelt stilistische Züge der bilderstürmerischen »Zweiten Avantgarde« des sowjetischen Films auf (z. B. ungewöhnliche, »rollende« Kamerabewegungen), so entfaltete sich in *Andrej Rubljow* bereits die gesamte Breite der Tarkowskischen Motiv- und Bilderwelt. Die Lebensgeschichte des mittelalterlichen Ikonenmalers, den die Umstände der Tatarenzeit zwingen, einen Menschen zu töten, wirft existentielle Fragen nach der menschlichen Moral und Verantwortung wie auch nach der Aufgabe der Kunst auf, die sich später durch das gesamte Werk des Regisseurs ziehen werden. Als charakteristisch für seinen unverwechselbaren Stil erweisen sich aber vor allem die zahlreichen, meist der Natur entlehnten Bildmetaphern für das Leben und seine Vergänglichkeit, unter denen das Wasser in Form von Regen, Flüssen u. a. eine zentrale Rolle spielt. Die besondere Rolle der Erde ist in der zweiten Hälfte des Films durch die dominante Nebenhandlung um den jugendlichen Glokkengießer Boris handlungsimmanent motiviert. Jedoch werden alle Tarkowskischen Helden späterer Filme eine besondere Beziehung zu diesem Urelement haben. Auch der Stil der langen Einstellungen, der fast völlig auf die Bedeutungsproduktion durch Montage verzichtet, entwickelt in *Andrej Rubljow* bereits eine erstaunliche Reife. Tarkowskis Bildsprache entfaltet sich in enger Zusammenarbeit mit dem Kameramann Wadim Jussow, setzt sich aber auch konsequent fort, nachdem dieser die Kooperation aufkündigt. Bemerkenswert ist auch die farbige Schlußsequenz, in der mehrminütige Fahrten über die Ikonen Rubljows dominieren. Sie bildet den Ausgangspunkt für die Wechsel farbigen und mono-, a- oder semichromatischen Materials in fast allen Filmen des Regisseurs, die immer einen Übergang von einer Wirklichkeits- oder Bewußtseinsebene in eine andere markieren. Der Hauptdarsteller Anatoli Solonizyn wurde Tarkowskis Lieblingsschauspieler, der in keiner der folgenden sowjetischen Produktionen fehlte. Im Westen erntete *Andrej Rubljow,* wie auch schon sein Vorgänger, großes Lob. Die sowjetischen Behörden aber warfen dem Film »Naturalismus« vor und brachten ihn erst verspätet und stark gekürzt in die Kinos.

In einem Science-fiction-Roman von Stanisław Lem fand Tarkowski eine adäquate Vorlage für eine weitere filmische Parabel über die Frage der Verantwortung des Menschen für seine eigenen Gedanken. In *Solaris* (1972) tritt die Science-fiction-Handlung gegenüber der Konfrontation des Psychologen Kelvin mit seiner materialisierten Vergangenheit weitgehend in den Hintergrund: Seine Frau Hari, vor Jahren freiwillig aus dem Leben geschieden, steht auf dem Planeten Solaris als Materie gewordener Gedanke vor ihm. Damit wird die immanente Logik des Phantastischen zum Urmuster

Andrej Tarkowski

dessen, was sich in seinen späteren Filmen von jeder konventionell-realistischen Legitimation ablöst: die äußere Bewegung und Konfliktstellung als Metapher und Spiegel der Innenwelt des Menschen, die letztlich auf die Untrennbarkeit von »manifestem« und »latentem« Filmtext hinausläuft. Obwohl *Solaris* »konventioneller« angelegt ist als die folgenden Filme, entwickeln sich hier zentrale Motive und Stilelemente, die im späteren Werk des Regisseurs eine Rolle spielen. Hierzu zählt das Motiv des schwebenden Menschen (das wir als Traumvision bereits aus *Iwans Kindheit* kennen). Hier noch motiviert durch Schwerelosigkeit, verselbständigt es sich in *Der Spiegel* (1975) und *Opfer* (1986). Die Musik von Johann Sebastian Bach prägt nach diesem Film auch *Der Spiegel* und *Opfer*, und wird vom *Stalker* (1979) zumindest pfeifend zitiert. Die Vereinigung zweier verschiedener Schauplätze in einem Bild, welche die Schlußeinstellung von *Solaris* prägt, wiederholt sich in *Nostalghia*. Das verwirrende Spiel mit dem virtuellen Filmraum, das darin besteht, nach langen Kamerabewegungen Figuren an anderer Stelle erscheinen zu lassen, als die Sehgewohnheiten erwarten lassen, wird zu einem bedeutenden Gestaltungsmittel in *Stalker* und *Nostalghia*. In *Solaris* ist zum ersten (und zum letzten) Mal seit seinem Diplomfilm in Tarkowskis Werk die Großstadt als Handlungsraum präsent. In einer mehrminütigen Sequenz langer Einstellungen einer Autofahrt erscheint sie als ein undurchdringliches Labyrinth scheinbar ziellos ineinander verschlungener Autobahnen.

Der Spiegel ist wohl Tarkowskis innovativster Film. Zweifelsfrei autobiographische Sequenzen auf verschiedenen Zeitebenen wechseln mit Dokumentarmaterial aus dem spanischen Bürgerkrieg, dem Zweiten Weltkrieg und von anderen Ereignissen der vergangenen vierzig Jahre und geben so ein nur noch assoziativ (wenn nicht meditativ) rezipierbares Mosaikbild einer Autorenpersönlichkeit in ihrer Zeit. Kinderfiguren, die in fast allen Tarkowski-Filmen eine geradezu sakrale Überdeterminierung erfahren, werden hier (auf einer Zeitebene) zu den zentralen Perspektivträgern. In diesem Film wird die traditionelle, hierarchische Struktur einer Grunderzählebene, von der aus die Rückblenden perspektiviert werden, genauso aufgebrochen wie die Unterscheidbarkeit einer Realitäts- und einer Traumebene. Die heterogenen Sequenzen stehen gleichberechtigt nebeneinander und gehen oft aufgrund sensueller Reizassoziationen ineinander über. So verlieren auch die Archivbilder ihren rein zeitgeschichtlich-illustrativen Charakter und entwickeln eine eigenständige ästhetische Dynamik. Der radikale Subjektivismus dieses Films brachte seinem Schöpfer in der offiziellen Sowjetpresse vernichtende Kritiken und einen Vertrieb mit minimaler Kopienzahl ein.

Spätestens seit *Stalker* (1979), der die Odyssee dreier Männer durch eine menschenleere und rätselhafte »Zone« zu einem sakral konnotierten »Zimmer« mit magischer Macht darstellt, ist Tarkowski zum Kultregisseur eines westlichen zivilisationskritischen Publikums geworden. Wie bereits in *Der Spiegel* lösen sich hier gewohnte filmische Konstruktionen von Raum und Zeit auf. Anders als dort suggeriert aber die Logik der Handlung ein zeitliches Kontinuum, das Tarkowski selbst als »Film ohne Schnitte« bezeichnete. Die dargestellte Welt der Zone erscheint so als Schöpfung eines über Raum und Zeit stehenden Demiurgen, mit dem sich die zahlreichen beunruhigenden, »pseudosubjektiven« Blickperspektiven des Films korrelieren lassen. Die genaue Kalkulation der Bildkomposition, des Einsatzes von Licht und Ton und die Strukturierung des Rhythmus innerhalb der Einstellung markieren einen Höhepunkt in Tarkowskis künstlerischer Laufbahn.

Die gleiche Komplexität der audiovisuellen Struktur weisen auch die beiden letzten, im Westen entstandenen Werke des Russen auf: In *Nostalghia* geht es um die Erlebnisse eines russischen Schriftstellers in der italienischen Fremde. In *Opfer* macht ein zurückgezogen auf einer Insel lebender Theaterschauspieler durch ein mystisch-sakrales

Selbstopfer den bereits ausgebrochenen Atomkrieg rückgängig. Noch einmal kommen in diesen Filmen alle Grundbestandteile eines über zwei Jahrzehnte zu einem in der Filmgeschichte seltenen Höchstmaß an Individualität entwickelten Stils zum Einsatz. In beiden Filmen spielt Erland Josephson die Rolle eines nach höherer Wahrheit strebenden Menschen, dessen Handlungen seiner rationalistischen Umgebung unverständlich bleiben, so daß er für verrückt erklärt wird. In diesen Figuren, die in der Tradition des »Narren in Christo« stehen, kondensiert sich noch einmal die radikale Kulturkritik des Regisseurs.

Während in beiden Filmen die Vieldeutigkeit der Bildwelten erhalten bleibt, polarisiert sich in Tarkowskis Spätwerk zunehmend die moralische Wertung der Figuren zum Postulat hin. So fällt in beiden Filmen der negativ konnotierte Topos der westlich-modernen, emanzipierten Frau ins Auge, die kein Verständnis für die Suche nach tiefer Geistigkeit hat. Auch im Zusammenhang mit der Veröffentlichung von Tarkowskis kunsttheoretischen Gedanken unter dem Titel »Die versiegelte Zeit« versuchten seit Mitte der achtziger Jahre einige Kritiker im Westen, Tarkowski auf die Position des ultraorthodoxen Mystikers festzuschreiben, während nach seinem Tod in der UdSSR eine neue Rezeption seines früher mit Argwohn betrachteten Werks einsetzte.

Tarkowskis Ästhetik hatte und hat einen starken Einfluß auf zahlreiche Autorenfilmer der achtziger und neunziger Jahre. Regisseure in Ost und West haben seit Tarkowskis letzten Lebensjahren versucht, seinen Stil nachzuahmen (z. B. Konstantin Lopuschanski), konsequent weiterzuentwickeln (Alexander Sokurow) oder kreativ-spielerisch zu verarbeiten (Lars von Trier). Sogar ein Altmeister wie Marlen Chuzijew scheute sich 1992 nicht, in der Bild- und Tongestaltung seines vielschichtigen, poetischen Werks *Infinitas* deutlich auf Tarkowski zu verweisen.

Nikolas Hülbusch

Filmographie: Segodnja uwolnenija ne budet / Heute wird es keinen Dienstschluß geben (1959) – Katok i skripka / Die Straßenwalze und die Geige (1961) – Iwanowo detstwo / Iwans Kindheit (1962) – Andrej Rubljow / Andrej Rubljow (1966) – Soljaris / Solaris (1972) – Serkalo / Der Spiegel (1975) – Stalker / Stalker (1979) – Nostalghia / Nostalghia (1983) – Offret / Le Sacrifice / Opfer (1986).

Literatur: A. T.: Die versiegelte Zeit. 2., erw. Aufl. Frankfurt a. M. 1986. – A. T.: Martyrolog. Tagebücher 1970–1986. Frankfurt a. M. / Berlin 1989.

Maja Turowskaja / Felicitas Allardt-Nostitz: Andrej Tarkowskij. Film als Poesie – Poesie als Film. Bonn 1981. – Irena Brezna: Ein Feind der Symbolik [Interview.] In: Tip 1984. H. 3. S. 196–205. – Michel Estève (Hrsg.): Andreï Tarkovsky. Études cinématographiques. Paris 1986. – Andrej Tarkowskij. München/Wien 1987. (Reihe Film. 39.) – Mark Le Fanu: The Cinema of Andrei Tarkovsky. London 1987. – Antoine de Baecque: Andreï Tarkovsky. Paris 1989. – Leonid Batkin: Andrej Tarkowskis Film *Der Spiegel*. In: Kunst und Literatur 37 (1989) S. 648–664. – Vida T. Johnson / Graham Petrie: The Films of Andrei Tarkovsky. A Visual Fugue. Bloomington 1994.

Jacques Tati

1908–1982

Jacques Tati wurde als Jacques Tatischeff am 9. Oktober 1908 in Le Pecq in Frankreich als Sohn eines Kunstrestaurators geboren. Er war russisch-holländisch-italienisch-französischer Abstammung und Enkel eines russischen Botschafters in Paris. Nach einem ersten Versuch, in das Gewerbe seines Vaters einzusteigen, erlag er der Anziehungskraft des Sports. Der fast zwei Meter große Tati wurde ein erfolgreicher Rugby-Spieler. Anfang der dreißiger Jahre begann er im Kabarett aufzutreten und erwarb bald als Pantomime Bewunderung. Einige seiner Nummern sind in Kurzfilmen dokumentiert. Die eigentliche Filmkarriere Tatis setzte allerdings erst nach dem Zweiten Weltkrieg ein. Insgesamt hat Tati nur fünf Filme als Regisseur fertiggestellt, wobei die letzten beiden im Verleih erschienen, als er bereits über sechzig war. Doch diese fünf Filme und die von ihm geschaffene Figur des Monsieur Hulot reichen völlig aus, um ihn zu einem der bedeutendsten Komödienregisseure und Komiker der Filmgeschichte zu erklären.

Bereits im Briefträger François in *Tatis Schützenfest* (1949) legt er den Umriß der komischen Figur fest, die vom nächsten Film an als Monsieur Hulot in die Filmgeschichte eingehen soll: es handelt sich um einen schüchternen und zartfühlenden Charakter, der sich nicht aufdrängen will und – zumal als Monsieur Hulot – wie ein altmodischer Gentleman auftritt. Als während der Kirmes ein Wanderkino auf dem Dorfplatz das Zelt aufschlägt und einen Film über die schnelle amerikanische Post zeigt, fühlt sich François dazu ermutigt, mit der »rapidité americaine« in Konkurrenz zu treten und sie zu übertreffen. So wird aus dem gemütlichen Dorfbriefträger ein rasender Postillon. Der Regisseur Tati verdeutlicht indes, daß übertriebenes Tempo als unnatürlich und sportlicher Ehrgeiz eher als kuriose Narretei gelten müssen. So läßt er sich auch für die Präsentation der Einfälle genügend Zeit, eine gemächlich-geruhsame Heiterkeit erfüllt über weite Strecken hinweg den Film und korrespondiert dem friedfertigen ländlichen Milieu. Die Kamera beobachtet gelassen, wie sich der betrunkene François in der Mondnacht schwertut mit dem Fahrrad und der Orientierung zwischen Obstgarten, Lattenzaun und Landstraße. Tati bettet die Figur im übrigen in ein kleines Panorama der Menschen ein, die am Ort wohnen, und derer, die zur Kirmes herbeiströmen: So entsteht ein Geflecht von Miniaturgeschichten. François Truffaut hat in seiner Kritik zu *Mein Onkel* von Tatis »Beobachtungshumor« gesprochen. Das heißt, Tati übertreibt selten reale Vorgänge zum burlesken Exzeß, in *Tatis Schützenfest*, das noch an die Tradition der Bühnenfarcen anknüpft, am ehesten in den Szenen, in denen François die Fähigkeit zur »rapidité« vor Augen führt. Das Verhalten von Menschen und die Dinge selbst sind erstaunlich für Tati und sonderbar, nötigen ein Lächeln ab oder ermuntern sogar zum Lachen. Man muß sie nur sehen oder ins Blickfeld der Kamera transportieren, die generell die Haltung des aufmerksamen und verblüfften Zuschauers einnimmt. Wenn plötzlich ein Fahrrad die Straße herabrollt, ohne daß es gelenkt zu sein scheint, und nicht einmal umfällt, wenn also das scheinbar tote Objekt sich wie ein Lebewesen gebärdet, so wird es von der Kamera – so ingeniös auch die technische Vorbereitung gewesen sein muß – als höchst verwunderlicher Sonderfall der Realität registriert, als komische Abweichung im Rahmen der Normalität, als Laune der Natur. Tati schafft keine Extremsituationen, in denen der komische Held sich bewähren muß, noch zwingt er die Kamera gleichsam zu Sprüngen. Anders als sein Vorbild Buster Keaton, mit dem er oft verglichen worden ist, weil er wie der Amerikaner die ganze Dimension des Sprachwitzes ausklammert und oft als beinahe stumme Figur agiert, vermeidet Tati alle virtuosen Kraftakte, alles drastische Herumbolzen in Slapstickmanier. Tati ist vielmehr ein Sittenschilderer, der den Blick schärfen will für die oft verborgene Komik des Status Quo. Daß er dabei vor allem Sympathie für die arkadische Idylle des Dorflebens hegt, die mit von Film zu Film sich verschärfender Spottlust über die Fehlentwicklung der technischen Moderne einhergeht, ist ihm oft als konservatives Ethos zur Last gelegt worden. Erst in den letzten Jahren, in denen die Grenzen der Machbarkeit aufschienen und »Natürlichkeit« als Lebensideal rehabilitiert wurde, verlor dieser Vorwurf an Gewicht.

Die Ferien des Monsieur Hulot (1953) übertrifft an Dichte der komischen Einfälle, an Präzision der Inszenierung, auch in der lebendigen Präsenz des zum ersten Mal konzipierten Monsieur Hulot, alle anderen Filme Tatis. Hulot ist ein freundlicher, oft kindgleicher Störenfried, der alles richtig machen möchte, aber dabei eine Spur der Verwüstung hinterläßt. Doch nicht allein er ist komisch, das gesamte Ferienmilieu, die Riten der Freizeit, die Organisationsform der Jagd nach Erholung, die Dinge selbst tragen gleichsam an sich bizarre Züge, die der Film erst erschließt: Zahllose Details übersprenkeln den Film, werden manchmal sogar zu wiederkehrenden Motiven, zum Beispiel der türkische Honig, der immer wieder zur Erde niederzutropfen droht, oder die Tür zum Speisesaal, die bei jedem Auf und Zu ein seltsames schabend-glucksendes Geräusch von sich gibt, oder das spuckende Knallen des altmodischen Autos, mit dem Hulot ins Städtchen am Meer einfährt. Noch ist Tatis Inszenierung linear, die Kamera verharrt bei Einzelheiten oder begleitet Monsieur Hulot, selten auch andere Figuren, in die nächste kleine Katastrophe. Die Arglosigkeit von Monsieur Hulot läßt die Ursache für alle möglichen Debakel eher bei den Dingen und der Verfassung seiner Umgebung suchen als bei ihm. Was kann er dafür, daß der Schlauch des Autoreifens, an dem Laub hängen bleibt, von anderen als Trauerkranz aufgenommen und auf ein Grab gelegt wird? Stärker noch als in *Tatis Schützenfest* fällt in *Die Ferien des Monsieur Hulot* auf, daß die Hauptfigur kaum deutlich spricht, es gibt keine geschliffenen Dialoge, dafür aber eine sorgfältige Komposition der Geräusche, in die selbst die Sprachtöne einmünden: die kleinen Fehlzündungen des Autos von Hulot, das dumpfe Schabgeräusch der Pendeltür, das Geschnatter der Gäste usw.

In *Mein Onkel* (1958) wird erkennbar, daß Tati weniger an einer konsequent aufgebauten Handlung interessiert ist als vielmehr an einer Demonstration gegensätzlicher Zustände: auf der einen Seite das leicht verkommene, aber romantische Stadtviertel in Paris, in dem Monsieur Hulot lebt, der mit seinem kurzen Regenmantel, dem Hütchen, dem Regenschirm und der Pfeife selbst zur Sphäre der heimeligen, altvertrauten Vormoderne gehört, und auf der anderen Seite die Sphäre des sterilen technischen Fortschritts, verkörpert in dem Haus, das die reichen Verwandten bewohnen, ausgestattet mit einer blitzsauberen Küche, in der jeder appetitanregende Duft fehl am Platz ist, und mit aller möglichen Automatik, ein Ort der kalten Weiß- und Blautöne, an den eigentlich nur denaturierte Personen passen. Zumal die weiblichen Gäste der Hausbesitzer führen eine übertriebene Alamode-Affektiertheit in Gestus und Gewand vor, die die Posen des zur Schau getragenen gesellschaftlichen Erfolgs als dekadente Tollheit karikiert. Die Moderne als Inbegriff eines verschrobenen Daseins: während Kinder und Hunde dagegen weitgehend immun sind, werden die Frauen offensichtlich als erste davon ergriffen. Die laut und schnell durch die Fabrik tippelnde Sekretärin, die sich in ihrem viel zu engen Rock gar nicht frei bewegen kann, ähnelt bereits einer futuristischen Maschine, einem Roboter, dem die Beschwingtheit der freien Gebärde völlig verlorengegangen ist.

Tatis herrliche Zeiten (1968), zehn Jahre später als nächster Film Tatis uraufgeführt, radikalisiert diesen Antimodernismus. Tati hat außerhalb von Paris ein täuschend ähnliches Geschäftsviertel errichten lassen, mit riesigen, auf Schienen beweglichen Fassaden, eigens für den Film gebauten Straßen usw. Der Handlungsfaden, dünn genug, erlaubt zumindest ein flanierendes Durchwandern, Durchforschen dieses Abbildes einer aus Stahl und Beton konstruierten Metropole: Monsieur Hulot macht sich auf, jemanden zu treffen in einem dieser unüberschaubaren Bürogebäude, während gleichzeitig am Flughafen Orly ein Trupp von Amerikanerinnen eintrifft, die Paris erleben wollen, ausgerechnet in diesem Wolkenkratzerviertel. Am Ende kann Hulot einer der jungen Frauen ein Kopftuch schenken, auf dem all die berühmten Denkmäler von Paris als Bilder gedruckt sind, die die Reisenden aus dem fernen Westen nicht zu sehen bekommen. Einmal reflektiert sich das Bild des Eiffelturms in einer geöffneten Glastür, ein andermal das der Kirche Sacré-Cœur. Die neue Architektur verwandelt Büroetagen zu Labyrinthen, Gänge haben eine schier unermeßliche Länge, selbst Wohnungen verlieren den Charakter intimer Abgeschlossenheit, wenn eine Außenwand durch ein großes Fenster ersetzt wird, das unmittelbar auf die Straße führt, so daß die Vorübergehenden und -fahrenden bequem alle Vorgänge in den Wohnzimmern besichtigen können. Fast ein Drittel des gesamten Films handelt von der Eröffnung und allmählichen Demontage eines Restaurants und Nachtclubs, bei dem die Bauarbeiten gerade noch abgeschlossen werden, als die ersten Gäste bereits eintreffen. Je weiter die Demolierung der Inneneinrichtung voranschreitet, desto heiterer werden die Besucher, die Musik wilder, die Tänze ekstatischer, fröhliche Anarchie bricht aus. Spätestens in diesen Sequenzen ist zu erkennen, daß Tati sein Regiekonzept merklich verändert hat: vom linearen zum simultanen Erzählen. Da der Film auf 70 mm und vielfach in Totalen gedreht wurde, ist vieles in den vollgepackten Bildern zu entdecken. Tati inszeniert nicht nur im Vordergrund, sondern auch im Mittel- und Hintergrund, sozusagen in mehreren Raumplänen hintereinander. Beim ersten Sehen nimmt man oft nicht all das wahr, was sich gleichzeitig abspielt. Keine Welt, die auf Anhieb über- oder durchschaubar wäre, eher ein verwirrendes Vexierbild! Am Ende kann Tati das Chaos der Moderne in eine schöne Bildformel zusammenfassen: Der Kreisverkehr bewegt sich nur stockend, ohne daß eine Chance bestünde, wirklich weiter voranzukommen; da drängt sich Tati die Idee auf, das Ganze in die Metapher des großen Karussells zu übersetzen, das ewig in sich kreist.

Tati im Stoßverkehr (1971), Tatis letzter vollendeter Film, verlagert den Fokus von dem einen Symbol einer mißglückten neuen Welt, der Großstadt, zum anderen Symbol: dem Auto. Hulot soll einen Campingwagen von Paris zum Automobilsalon nach Amsterdam bringen. Die Fahrt ist der Film, kleine und große Hindernisse verlangsamen den Transport, Reparaturen laden zum Verweilen an schönen Kanälen ein, in kleinen Häuschen, auf dem Lande. Als sie endlich in Amsterdam eintreffen, ist die Automobilausstellung längst zu Ende. Während in *Tatis herrliche Zeiten* viele kleine Vorgänge in oft hektischer Zickzackbewegung im Rahmen einer Einstellung zusammenschießen, verteilen sich in *Tati im Stoßverkehr* die Ereignisse wieder nacheinander, einem entspannten, manchmal sogar bequemen Duktus entsprechend. So kommt es selten zu großen, weil besonders aussagekräftigen oder viele Einzelelemente verknüpfenden Tableaus oder dichteren Sequenzen. Eine der Ausnahmen ist der berühmt gewordene Unfall. Ein Verkehrsschutzmann gerät durch einen frech vorbeisausenden Sportwagen ins Kreiseln, worauf alle Autos aufeinanderfahren: Die Kollision wird von Tati so inszeniert, als seien die Maschinen Lebewesen, die mit jeweils unverwechselbarem Charakter aufeinander krachen – ein VW-Käfer mit auf- und zuklappender Bughaube holpert hinter einem einsam davonlaufenden Rad her, bis er es endlich verschluckt hat usw. Hier ist noch einmal Tatis komplexe Geräuschmischung zu bewundern, die vor allem in *Tatis herrliche Zeiten* eine satirische, weil leicht verzerrende Reproduktion der eigentümlichen Akustik herstellt, die offenbar für die Moderne bezeichnend ist – in der die menschliche Rede versinkt im Durcheinander der Laute, die durch schnöde Mechanik zustande gekommen sind.

Tati im Stoßverkehr ist in den USA übrigens vor *Tatis herrliche Zeiten* gespielt worden, so daß das amerikanische Publikum eine regelrechte Steigerung erleben durfte. Tati hat mit amerikanischen Produzenten einen weiteren Film vorbereitet, dessen Titel »Confusion« seine Kritik der Moderne auf die Medien, genauer: das Fernsehen, übertragen sollte. Doch ist es dazu nicht mehr gekommen, wohl auch, weil Tati fürchtete, seine langsame und sorgfältige Inszenierungstechnik unter amerikanischen Verhältnissen aufgeben zu müssen. Auch hat ihn die ratlose oder gar geringschätzige Kritik, die *Tati im Stoßverkehr* in Europa und Amerika erhalten hat, offensichtlich deprimiert. Es sei schließlich nicht vergessen, daß Tatis Alter bereits fortgeschritten war.

Dabei ist Hulot selbst weder sentimental noch sonderlich empfindlich. Er prägt sich als Ganzfigur ein, nicht durch Großaufnahmen, anscheinend unerschütterlich durchsteht er die bedenklichsten Situationen, ein freundlicher Naiver. Der durch Technik deformierte Lebensraum und Lebensstil erscheint ihm als verkehrte Welt – nicht so sehr als Schreckutopie, die lähmendes Entsetzen hervorrufen könnte. Hulot geht in diesen verrückten Traum hinein wie einer, der sich nicht anpaßt und sich jederzeit zurückziehen kann. Die friedfertigsten Episoden in *Tati im Stoßverkehr* spielen sich auf Schauplätzen abseits der großen Straßen ab, wo eine Morgendämmerung noch eine Sache von sanftem Nebel und Sonnenlicht ist. Im Fernsehen werden – in *Tati im Stoßverkehr* – von verschiedenen Personen der Mondflug der Amerikaner und die erste Landung auf dem Erdtrabanten verfolgt. Als es endlich so weit ist, sieht man zwei Männer nach durchwachter Nacht wie die Astronauten mit extrem verlangsamten Bewegungen tanzen. Was bleibt von dem technologischen Großunternehmen? Ein parodistischer Reflex, eine heitere, elegante Slowmotion-Bewegung.

Tati hat in Interviews bekannt, daß er am liebsten all seine Filme in Farbe gedreht hätte. Offensichtlich ist ihm die kontrastive Symbolik warmer und kalter Farben für seine Zwei-Welten-Theorie – das gute alte Leben gegen das falsche neue – sehr dienlich gewesen. Erst 1985, drei Jahre nach Tatis Tod, gelang es, die ursprüngliche Farbversion von *Tatis Schützenfest*, mit einem komplizierten Verfahren aufgenommen, zu rekonstruieren und vorzuführen: Der altmodische Zauber des Films hat dadurch noch mehr gewonnen, eine Art unvergänglicher rührender Patina erhalten.

Thomas Koebner

Filmographie: Jour de fête / Tatis Schützenfest (1949) – Les Vacances de Monsieur Hulot / Die Ferien des Monsieur Hulot (1953) – Mon oncle / Mein Onkel (1958) – Playtime / Tatis herrliche Zeiten (1967) – Trafic / Tati im Stoßverkehr (1971) – Parade (Fernsehfilm, 1973).

Literatur: Armand J. Cauliez: Jacques Tati. Paris 1968. – Brent Maddock: Die Filme von Jacques Tati. Nachw. von Gertrud Koch. München 1984. [Amerikan. Orig. 1977.]

Bertrand Tavernier

*1941

Bertrand René Maurice Tavernier wurde am 25. April 1941 in Lyon als Sohn des Schriftstellers und Verlegers René Tavernier geboren. Schon in den fünfziger Jahren veröffentlichte er Filmkritiken und Interviews in den Zeitschriften »Cinéma« und »Positif«, später auch in den »Cahiers du Cinéma«. Nach der Schule begann er ein Jurastudium, das er aber nach zwei Semestern abbrach, um sich ganz dem Film zu widmen. Gemeinsam mit seinem Schulfreund Volker Schlöndorff war er als Regieassistent bei *Eva und der Priester* (1961) von Jean-Pierre Melville tätig, später folgten Assistenzen bei Claude Chabrol (*Das Auge des Bösen*, 1962) und Jean-Luc Godard (*Elf Uhr nachts*, 1965). 1963 gab er sein Regiedebüt für den Episodenfilm *Les Baisers*, ein Jahr später folgte eine Episode für *Schräger Charme und tolle Chancen*. Tavernier, der seine ersten Arbeiten sehr kritisch beurteilte, arbeitete danach als Presseagent für den Produzenten Georges de Beauregard und als Drehbuchautor. Sein Interesse und Engagement galten vor allem dem amerikanischen Kino, er gründete den Filmclub Nickelodéon, in dem er Filme von Samuel Fuller, Douglas Sirk oder King Vidor zeigte, und veröffentlichte 1970 zusammen mit Jean-Pierre Coursodon das Buch »30 ans de cinéma américain«. Mit der Unterstützung des Schauspielers Philippe Noiret kam es 1974 zu Taverniers erstem eigenen Film *Der Uhrmacher von Saint Paul*, für den er in Berlin mit dem Silbernen Bären ausgezeichnet wurde. Seitdem entstanden nahezu im Jahresabstand neue Filme, sowohl Spiel- als auch Dokumentarfilme. Daneben gründete Tavernier auch eine eigene Produktionsfirma, Little Bear Films, mit der er eigene, aber auch Filme anderer Regisseure realisierte. Sein Engagement für den Film zeigt sich zudem in seinen Tätigkeiten für das Institut Lumière in Lyon und in weiteren Publikationen über das amerikanische Kino.

Wie eine Generation zuvor die Regisseure der Nouvelle Vague begann auch Tavernier als Filmkritiker, bevor er die Gelegenheit bekam, selbst Filme zu drehen. Im Gegensatz zu Truffaut und den anderen zog er jedoch keine scharfe Trennlinie zwischen dem »cinéma d'auteurs« und der von den Vertretern der Nouvelle Vague ironisch abgewerteten »tradition de qualité«. Tavernier fühlte sich dieser Tradition des französischen Kinos und seiner Autoren ebenso verbunden wie den Neuerungen. J. Forbes kennzeichnet seine Filme als leicht zugänglich und »easy to watch«, aber dies trifft nur auf der Oberfläche zu. Das Werk Taverniers ist vielmehr ein Kino des zweiten Blickes voll intensiver, suggestiver Bilder, ein Kino, das unterhalten will und zugleich engagiert ist. Seine Filme sind dabei von einer großen Themenvielfalt geprägt.

Seit dem Beginn seiner Karriere bildete Tavernier einen engen Mitarbeiterstab um sich. So war in seinen ersten Filmen Pierre-William Glenn sein bevorzugter Kameramann, Philippe Sarde ständiger Komponist, Armand Psenny für den Schnitt zuständig. *Der Uhrmacher von Saint Paul* entstand nach einer Vorlage von Georges Simenon. Am Drehbuch waren neben Tavernier selbst Jean Aurenche und Pierre Bost beteiligt. Philippe Noiret spielt einen unbescholtenen Bürger in Lyon, der eines Tages erfährt, daß sein Sohn ein Mörder auf der Flucht ist. In diesem Film sind bereits Themen zu finden, denen sich Tavernier immer wieder zuwenden wird: der Konflikt zwischen Generationen und Ideologien, das Aufbegehren gegen Institutionen und der isolierte, obsessive Charakter der Hauptfigur. Noiret war auch der Hauptdarsteller in den folgenden Filmen. *Wenn das Fest beginnt . . .* (1975) spielt zu Beginn des 18. Jahrhunderts und schildert ironisch die Reformversuche des liberalen, aber schwachen Regenten Philippe d'Orléans, der an den Machtverhältnissen scheitert. Die Verkommenheit und der Machtmißbrauch der herrschenden Klasse und die Frage nach dem Verhältnis von Autorität und Macht findet sich auch in *Der Richter und der Mörder* (1976), in dem ein ehrgeiziger Untersuchungsrichter (Noiret) einen psychisch kranken Massenmörder zum Tod verurteilt. Der Richter und der Mörder, Jäger und Gejagter, sind beide extreme, obsessive Persönlichkeiten.

Deathwatch – der gekaufte Tod (1979) ist der Name eines Fernsehprogrammes, das aus Liveübertragungen der letzten Tage von Sterbenden besteht. Romy Schneider spielt eine vermeintlich todkranke Frau, die sich auf der Flucht vor diesem Sender befindet. Sie ahnt nicht, daß ihr Begleiter Roddy ein Kameramann ist, dem eine Kamera ins Auge implantiert wurde. Das Drehbuch zu dieser vom Reality-TV schnell eingeholten Utopie über Sensationsgier und die Ausbeutung von Gefühlen stammte vom amerikanischen Autor David Rayfiel, dessen Zusammenarbeit mit Sydney Pollack Tavernier sehr schätzte. In den nächsten beiden Filmen arbeitete Tavernier wieder mit Philippe Noiret zusammen. In dem stillen *Ferien für eine Woche* (1980) führte er in einer Nebenrolle die Figur des Uhrmachers aus *Der Uhrmacher von Saint Paul* fort. *Der Saustall* (1981) dagegen ist ganz von der Präsenz Noirets getragen. Tavernier benutzte als Vorlage den Roman »Pop 1280« des Série-noir-Autors Jim Thompson und verlegte die Handlung aus den amerikanischen Südstaaten in die französischen Kolonien in Westafrika. Noiret spielt den etwas vertrottelt wirkenden Polizeichef einer kleinen Provinzstadt, der von allen Seiten ausgebeutet wird und einen Rachefeldzug beginnt: er ermordet nach und nach seine Peiniger. Dabei bleibt er durchaus eine sympathische Figur. Ganz aus der Perspektive seines Protagonisten geschildert, stellt Tavernier mit diesem zynischen, von schwarzem Humor durchtränkten Film einmal mehr gesellschaftliche Strukturen in Frage.

Nach einer Reihe kleinerer Dokumentarfilme unternahm Tavernier zusammen mit dem Regisseur Robert Parrish eine Reise in den Süden der USA. Dabei entstand der dokumentarische *Mississippi Blues* (1983), in dem Tavernier den Alltag der Menschen im Delta des Flusses mit ihren Träumen, Nöten und Enttäuschungen, vor allem aber mit ihrer Musik schildert, die fern vom Showbusineß lebendig und authentisch geblieben ist. Musik, in diesem Fall der Jazz, steht auch im Mittelpunkt von *Um Mitternacht* (1986). Die Geschichte orientiert sich an den Biographien von Bud Powell, Lester Young und Francis Paudras und schildert die Freundschaft des schwarzen Musikers Dale Turner mit einem Pariser Verehrer. Der atmosphärisch dichte, nostalgisch gefärbte Film setzt sich auf komplexe Weise mit Freundschaft, Kreativität, Erinnerung auseinander und ist von einem musikalischen Rhythmus durchpulst. Schon in der Eröffnungssequenz, die von einer Bebop-Version von »As time goes by« untermalt ist, werden die Themen wie im Jazz angedeutet und improvisierend umspielt. Für die künstliche Atmosphäre der Ausstattung sorgte Alexandre Trauner, die Kamera übernahm (wie auch in den folgenden Filmen) Bruno de Keyzer. Die Filmmusik wurde von Herbie Hancock komponiert und mit einem Oscar ausgezeichnet. Hancock und Tavernier entschieden sich dafür, sämtliche Stücke während des Films live aufzunehmen und kein nachträgliches Playback zu verwenden, was eine große Herausforderung für Set, Ausstattung und Darsteller bedeutete. Imponierend war vor allem die schauspielerische Leistung des Saxophonisten Dexter Gordon als Dale Turner.

Nach dem fast nur im Studio gedrehten *Um Mitternacht* entstanden die folgenden Filme vor allem an realen Schauplätzen. *Die Passion der Béatrice* (1987) spielt gegen Ende des 100jährigen Krieges in Südfrankreich, *Das Leben und nichts anderes* (1989) nach dem Ersten Weltkrieg. Beide Filme thematisieren die Folgen des Krieges und die Formen der Gewalt, deren Opfer die Frauen sind. In *Die Passion der Béatrice* wartet Béatrice auf die Rückkehr ihres Bruders und ih-

Bertrand Tavernier

res Vaters aus dem Krieg. Doch der geliebte Vater kehrt verbittert zurück und beginnt eine Gewaltherrschaft, der sich nur Béatrice entgegenstellt, bis der Vater sie vergewaltigt. Wieder steht die Konfrontation der Hauptfiguren im Mittelpunkt, diesmal als tödlicher Konflikt zwischen Vater und Tochter, zwischen Mann und Frau. *Das Leben und nichts anderes* ist auf den Schlachtfeldern von Verdun angesiedelt. Noiret spielt den Kommandanten einer Militäreinheit, die mit der Suche und Identifizierung von

Tausenden vermißter Soldaten beschäftigt ist. Mit Hartnäckigkeit und Leidenschaft verfolgt er sein Ziel, den anonymen Toten einen Namen zu geben und dem Vergessen zu entreißen (ein Thema, auf das Tavernier vor allem in seinem Dokumentarfilm *Der Krieg ohne Namen* zurückkommen sollte). Der Cinemascope-Film ist in ein kaltes Winterlicht getaucht und in sehr gedämpften Farben gedreht. Seine Protagonisten verlieren sich in der weiten Landschaft, sie wirken verloren und stehen doch an einem neuen Anfang. Denn *Das Leben und nichts anderes* ist ein »Friedensfilm, der vom Krieg erzählt« (Tavernier), von der Arroganz der Macht und der menschlichen Grausamkeit, der aber bei aller Trauer und Melancholie noch Raum für Hoffnung läßt.

Daddy Nostalgie (1990) ist wie sein Vorgänger in Cinemascope gedreht, aber nach dem historischen *Das Leben und nichts anderes* handelt es sich diesmal um ein Kammerspiel. Die Autorin Caroline kommt nach einer Operation ihres todkranken Vaters in das elterliche Haus zurück, um sich um ihn zu kümmern. Das Verhältnis der Generationen behandelt Tavernier diesmal nicht als Konfrontation, sondern in Form einer späten Annäherung. Der Film ist eine Reflexion über die Schwierigkeiten der Kommunikation, über Versäumnisse und die Unwiderruflichkeit des Abschieds. Das Breitwandformat ermöglichte Tavernier ein intimes Spiel von Nähe und Distanz.

Gegen das Vergessen sind auch die folgenden Filme gerichtet. Mit zahlreichen anderen Regisseuren inszenierte Tavernier für amnesty international *Contre l'oubli* (1991) und engagierte sich für die Freilassung von Gefangenen. *Der Krieg ohne Namen* (1991) entstand in Zusammenarbeit mit dem Journalisten Patrick Rotmann. In dem fast vierstündigen Dokumentarfilm über den Algerienkrieg, der im offiziellen Frankreich nicht als Krieg bezeichnet wurde, läßt er Befürworter und Gegner des Krieges gleichermaßen zu Wort kommen. Alle Befragten waren einfache Soldaten, die vergessen hatten und vergessen wurden. Mit dem Verzicht auf Effekte und der ruhigen, beobachtenden Kamera von Alain Chocquart gelang Tavernier ein eindringliches Dokument der Erinnerung. Auch *Auf offener Straße* (1992) handelt von Vergessenen. Der Film – der Originaltitel *L. 627* bezeichnet den Drogenparagraphen des Code de la santé publique – erzählt vom Alltag einer Gruppe von Drogenfahndern der Pariser Polizei, deren Arbeit durch mangelnde Ausrüstung und fehlende Rückendeckung ständig behindert wird. Seine Parteinahme für die Arbeit der Polizisten und die kühle Schilderung des arabischen und afrikanischen Drogenmilieus brachten dem Regisseur den Vorwurf rassistischer Tendenzen ein, tatsächlich aber zeigt Tavernier das Versagen der Politik und die Gründe des Aufkeimens von Rassismus auf.

Nach dem eher belanglosen *D'Artagnans Tochter* (1994), einer ironischen Hommage an das Genre der Mantel-und-Degenfilme, den Tavernier in Vertretung für den erkrankten Riccardo Freda drehte, erhielt er für den umstrittenen *Der Lockvogel* (1995) den Goldenen Bären von Berlin. Inspiriert von einem authentischen Fall, schildert er, wie das Mädchen Nathalie den Köder für reiche Männer spielt, die von ihren Freunden ausgeraubt und schließlich getötet werden. Die drei Jugendlichen sind dabei naiv und unreif, ihr »Wissen« ist ihnen vermittelt durch Werbung und Videos. Die unruhige Kamera unterstützt den Eindruck der Orientierungslosigkeit und Gleichgültigkeit der Jugendlichen. Aber das Bemühen Taverniers, die Mechanismen aufzudecken, die hinter der zunehmenden Gewaltbereitschaft liegen, wirkt trotz des Bezugs auf eine authentische Vorlage plakativ und oberflächlich.

In *Capitaine Conan* (1996) kehrt Tavernier zur Problematik der Auswirkungen des Krieges auf seine Protagonisten zurück. In diesem engagierten Film, der mit einem César als bester Film ausgezeichnet wurde, zeichnet er ein differenziertes Bild der Situation von Soldaten am Ende eines verlustreichen Krieges. Mit seinem Sohn Nils als Co-Regisseur wendet sich Tavernier mit *Jenseits des Stadtrings* (1998) wieder dem Dokumentarfilm zu und bezieht mit dieser »Sozial-Reportage aus den Vorstädten« (M. Feldvoß) Stellung gegen die französischen Ausländergesetze. Für seinen Film lebte Tavernier zusammen mit seinem Sohn für mehrere Monate in einer der Pariser Vorstädte und zeichnete ein intensives Porträt der Bewohner in ihrer Armut, ihrer Gewalt und ihren kleinen Hoffnungen. Auch bei Taverniers jüngstem Film *Ça commence aujourd'hui* (1999) handelt es sich um eine ›Familienproduktion‹ – seine Tochter Tiffany schrieb zusammen mit Ehemann Dominique Sampiero das Drehbuch – und um einen Film mit hohem sozialen Engagement. Philippe Torreton, der schon für *Capitaine Conan* den César als bester Hauptdarsteller erhielt, spielt einen Schuldirektor im von hoher Arbeitslosigkeit geplagten Norden Frankreichs, der sich gegen die wachsende Hoffnungslosigkeit in der Region stemmt. Tavernier »schildert die desolaten Verhältnisse eines inzwischen völlig apathischen Milieus [...] mit dem nötigen Zorn und im Cinemascope-Format, um die flachen Landschaften mit den alten Bergarbeitersiedlungen, vor allem aber die umwerfenden Kindergesichter wie mit einer großen Umarmung einzufangen« (M. Feldvoß). Wie in vielen seiner Filme zuvor wendet sich Tavernier gegen das Vergessen und nimmt Partei für die Menschen am Rande der Gesellschaft. Der Film erhielt auf der Berlinale den Preis der Filmkritik.

Peter Ruckriegl

Filmographie: Les Baisers (Episode: Baiser de Judas, 1963) – La Chance et l'amour / Schräger Charme und tolle Chancen (Episode: Une chance explosive / Heiße Blüten – Blaue Bohnen, 1964) – L'Horloger de St. Paul / Der Uhrmacher von Saint Paul (1974) – Que la fête commence / Wenn das Fest beginnt ... (1975) – Le Juge et l'Assassin / Der Richter und der Mörder (1976) – Des enfants gâtés / Verwöhnte Kinder (1977) – La Mort en direct / Deathwatch – der gekaufte Tod (1979) – Une semaine de vacances / Ferien für eine Woche (1980) – Coup de torchon / Der Saustall (1981) – Philippe Soupault et le surréalisme (1982) – Ciné-citron (1983) – La huitième génération (1983) – Mississippi Blues / Pays d'octobre / Mississippi Blues (Dokumentarfilm, 1983) – Un dimanche à la campagne / Ein Sonntag auf dem Lande (1984) – Round Midnight / Autour de minuit / Um Mitternacht (1986) – La Passion Béatrice / Die Passion der Béatrice (1987) – Les Yeux baissés (1988) – La Vie et rien d'autre / Das Leben und nichts anderes (1989) – Daddy Nostalgie / Daddy Nostalgie (1990) – Contre l'oubli (1991) – La Guerre sans nom / Der Krieg ohne Namen (Dokumentarfilm, 1991) – L. 627 / Auf offener Straße (1992) – La Fille de d'Artagnan / D'Artagnans Tochter (1994) – L'Appât / Der Lockvogel (1995) – Capitaine Conan (1996) – De l'autre côté du périph / Jenseits des Stadtrings (Dokumentarfilm, 1998) – Ça commence aujourd'hui (1999).

Literatur: B. T. / Jean-Pierre Coursodon: 30 ans de cinéma américain. Paris 1970. – B. T. / Jean-Pierre Coursodon: 50 ans de cinéma américain. Paris 1991. – B. T.: Amis americains: entretiens avec les grands auteurs d'Hollywood. Paris 1993.

Maria Ratschewa: Die Geheimnisse eines Uhrwerks. Über den Filmemacher Bertrand Tavernier. In: Medium 6 (1983) S. 38 f. – Danièle Bion: Bertrand Tavernier. Cinéaste de l'émotion. Rennes 1984. – Jean-Luc Douin: Tavernier. Paris 1988. – Kerstin Mehle: Blickstrategien im Kino von Bertrand Tavernier. Frankfurt a. M. 1991. – Jill Forbes: The Cinema in France. After the New Wave. London 1992. – Lars-Olav Beier / Gerhard Midding: Teamwork in der Traumfabrik. Werkstattgespräche. Berlin 1993. – Lutz Gräfe / Olaf Möller: Passion: Das Kino Bertrand Taverniers, Cineast und Cinephiler. In: film-dienst 47 (1994) H. 13. S. 4–8. – Roswitha Naddaf: Kinder unserer Zeit. Zu Bertrand Taverniers neuestem Film *Der Lockvogel*. In: film-dienst 48 (1995) H. 15. S. 10 f. – Marlis Feldvoß: Neue französische Filme. In: epd-Film 16 (1999) H. 4. S. 9.

Paolo und Vittorio Taviani

*1931 und 1929

Paolo und Vittorio Taviani, geb. am 8. November 1931 bzw. am 20. September 1929, sind in San Miniato, einem kleinen Dorf in der Toskana, aufgewachsen. Der Vater, Rechtsanwalt und überzeugter Antifaschist, und die Mutter mit ihrer Vorliebe für Kunst und Literatur beeinflußten stark ihren Charakter und ihre Lebensauffassung. Auch der regelmäßige Besuch von Theater und Oper zusammen mit ihren Eltern hat tiefe Spuren in dem Gedächtnis der Brüder hinterlassen: Musik und insbesondere Opernmusik spielt in ihren Filmen eine wichtige Rolle. Als junge, leidenschaftliche Kinogänger begeisterten sich Paolo und Vittorio im Cineclub von Pisa für die Werke des italienischen Neorealismus und des sowjetischen Realismus, und beide entschlossen sich 1949, Filmregisseure zu werden. Sie zogen nach Rom und lernten als Regieassistenten u. a. bei Roberto Rossellini und Joris Ivens das Handwerk. 1954 drehten sie ihre erste Arbeit, den Dokumentarfilm *San Miniato, luglio 1944*, der mit Hilfe von Augenzeugen ein Blutbad in der Kirche ihres Heimatdorfes während der deutschen Besatzung rekonstruiert. Ihr Spielfilmdebüt *Gebrandmarkt* (1962), das sie zusammen mit Valentino Orsini drehten, zeigt ihre Verbundenheit mit dem Neorealismus. Orsini hatte die jungen Intellektuellen aus bürgerlicher Familie in die kommunistische Partei eingeführt. Ihr politisches Engagement spiegelt sich in ihren frühen Werken wider. In der Auseinandersetzung mit der politischen Realität ihres Landes waren die Brüder Taviani anfänglich von den großen Verlierern der Geschichte fasziniert, die für kollektive Ideale gekämpft und sich geopfert hatten. *Der Aufstand des Giulio Manieri* (1971), nach Tolstois Novelle »Das Göttliche und das Menschliche«, sowie *Allonsanfan* (1974), mit Marcello Mastroianni in der Hauptrolle, sind Produkte der Reflexion über die Subjekte der Geschichte, die sich im Klassenkampf engagieren und daran scheitern. Beide Filme sind Parabeln, die mit der Einsicht in das Scheitern der Revolution gleichzeitig die Hoffnung auf die Stärke der Utopie ausdrücken. In dieser Phase entsprach die formale Strenge der Bilder dem ideologisch-moralischen Anspruch ihres Kinos. Einen Höhepunkt erreichte ihre historische wie ästhetische Recherche mit *Mein Vater, mein Herr* (1977), der wahren Geschichte des Gavino Ledda, eines sardischen Schafhirten, der sich aus der Herrschaft seines Vaters und der Ohnmacht des Schweigens befreite und Schriftsteller wurde. In einer Art ethnologischer Studie setzten sich die Brüder Taviani hier mit den Widersprüchen ihres Landes und dem Widerstand archaischer Gesellschaftsstrukturen gegenüber dem Einbruch der Moderne auseinander. Der Film wurde in Cannes mit der Goldenen Palme ausgezeichnet, Jurypräsident war damals ihr Mentor Roberto Rossellini, der einen Monat vor seinem Tod die Trophäe in den Händen seiner künstlerischen Nachfolger sehen konnte.

Die Verwurzelung in ihrem Land und dessen Geschichte erscheint mit großer Intensität in dem Film *Die Nacht von San Lorenzo* (1982), in dem die Brüder Taviani erneut auf die wahre Geschichte zurückgreifen, die sie bereits in *San Miniato, luglio 1944* rekonstruiert hatten. In Zusammenarbeit mit Tonino Guerra, der das Drehbuch schrieb, wird ein Fragment aus den autobiographischen Erinnerungen der Regisseure in eindrucksvollen Bildern evoziert. Die Erzählebenen verflechten sich: Ich-Erzählerin ist eine Mutter, die in einer stillen Sommernacht in einem toskanischen Dorf ihrem Kind als Gutenachtgeschichte von der schrecklichen Nacht des 10. August 1944 erzählt. Von den Alliierten und den Partisanen bedrängt, ließen die Deutschen mit Hilfe von fanatischen italienischen Faschisten das ganze Dorf in der Kirche ver-

Paolo (r.) und Vittorio Taviani

sammeln und richteten ein Blutbad an. Einige Überlebende konnten fliehen, gerieten aber zwischen die Fronten. Während ihrer nächtlichen Odyssee erlebten die Dorfbewohner zwischen Angst und Grauen auch Träume von glücklichen Momenten. Die ganze Geschichte wird durch die Augen des Kindes neu erlebt, so entsteht dadurch eine Atmosphäre, die zwischen Traum und Realität oszilliert. Die Mischung aus Archaik und Folklore, epischer Erzählung und bäuerlicher Kultur beschwört den antifaschistischen Befreiungskampf als populären Mythos im kollektiven Gedächtnis.

Zwei Jahre später entstand ein weiterer Film, der durch die leidenschaftliche Erdverbundenheit des Brüderpaars gekennzeichnet ist: *Kaos* (1984) ist eine Reise in den Süden Italiens mit seiner verbrannten Erde, seinem blendenden Licht, seinen farbenprächtigen Landschaften. Sechs Episoden nach Novellen von Luigi Pirandello entwerfen ein Bild Siziliens als Quelle aller italienischen Mythen und Legenden. Zu diesem Zeitpunkt ihrer Karriere erscheint die ideologische Motivation der Anfänge durch die Freude am Erzählen zurückgedrängt. Die früher oft spröden und sperrigen Bilder, die dem breiten Publikum den Zugang erschwerten, sind nun sanfter und vielstimmiger geworden, der Blick offener, die Narration leichter. In dieser neuen Phase entstand 1986 ihr erster Hollywood-Film *Good Morning Babylon!*, den die United Artists koproduzierten. Er spielt im Jahr 1915, als zwei Brüder – beide Baumeister – aus der Toskana nach Amerika auswandern. In Hollywood entdecken sie das Kino und arbeiten als Filmarchitekten für D. W. Griffith. In *Good Morning Babylon!* trifft nun die individuelle Geschichte der beiden Brüder mit der des Kinos zusammen, das sich als magischer Ort, Ursprung aller Träume und Utopien, erweist. Wenn auch autobiographische Züge dieses Films von den Regisseuren bestritten werden, so haben die beiden Handwerker des frühen Kinos aus *Good Morning Babylon!* doch viel gemeinsam mit den Brüdern Taviani: aus der Symbiose zwischen zwei unterschiedlichen Persönlichkeiten ist eine langjährige Zusammenarbeit entstanden, die durch eine »mysteriöse Harmonie«, gegenseitige Achtung und Toleranz geprägt ist.

Kurz nach ihrer ersten Hollywood-Erfahrung erhielten die Brüder Taviani 1987 in Venedig den Sonderpreis der Filmfestspiele für ihr Gesamtwerk. Nach einer längeren Pause schöpften die Regisseure wieder aus Tolstois Werk und drehten 1990 den Film *Nachtsonne*, der jedoch nicht im zaristischen Rußland, sondern im Neapel des 18. Jahrhunderts spielt. Der englische Schauspieler Julian Sands interpretiert einen Soldaten, der, von der Liebe enttäuscht, aus der Welt flüchtet, um als Eremit zu leben. Aber er wird immer wieder von seinem früheren Leben verfolgt und schließlich eingeholt. Man könnte hier ein wiederkehrendes Motiv der Tavianis erkennen, einen Menschen, der hartnäckig, aber vergeblich versucht, eine Mission zu erfüllen, der jedoch gleichzeitig die Utopie verkörpert. Die Vision der Utopie ist hier in einer flüssigen Narration und mit einer unverkennbaren ästhetischen Handschrift umgesetzt, die auch den Film *Fiorile* (1993) auszeichnen. Diese Erzählung entwickelt sich auf verschiedenen historischen Ebenen über die Legende eines Fluchs, der eine toskanische Familie verfolgt: Im 16. Jahrhundert wurde die Familie Benedetti reich durch den Diebstahl eines Schatzes, den die Armee Napoleons auf ihrem Feldzug durch die Toskana mit sich trug. Über die umbertinische Zeit und die Widerstandsbewegung bis in die Gegenwart nimmt das Schicksal seinen Lauf und zerstört die Existenz aller, die den verdammten Namen tragen. Alte Motive der Tavianis treffen hier zusammen, der Mythos und die Legende, das moralische Anliegen und die politischen Untertöne. Während die Reflexion über das existentielle Leiden eine pessimistische Haltung widerspiegelt, entfaltet sich die epische Saga in einer offenen Erzählstruktur, die ein unverkennbares Zeichen des Kinos der Brüder Taviani der letzten Jahre darstellt. In ihrem jüngsten Werk *Wahlverwandtschaften* (1996), einer Verfilmung des gleichnamigen Romans von Goethe, sind die Regisseure ihren Landschaftsszenarien treu geblieben und haben den Klassiker der Weltliteratur in die Toskana verlegt.

Marisa Buovolo

Filmographie: Un uomo da bruciare / Gebrandmarkt (Co-Regie: Valentino Orsini, 1962) – I fuorilegge del matrimonio (1963) – I sovversivi / Die Subversiven (1967) – Sotto il segno dello scorpione (1969) – San Michele aveva un gallo / Der Aufstand des Giulio Manieri (1971) – Allonsanfan / Allonsanfan (1974) – Padre Padrone / Mein Vater, mein Herr (1977) – Il prato / Die Wiese (1979) – La notte di San Lorenzo / Die Nacht von San Lorenzo (1982) – Kaos / Kaos (1984) – Good Morning Babilonia! / Good Morning Babylon! (1986) – Il sole anche di notte / Nachtsonne (1989) – Fiorile / Fiorile (1992) – Le affinità elettive / Wahlverwandtschaften (1996).

Literatur: Marco Di Poli: Paolo e Vittorio Taviani. Berlin 1978. (Kinoheute. 2.) [Ital. Orig. 1977.] – Karsten Witte: Legende einer Befreiung. *Die Nacht von San Lorenzo* der Tavianis. In: K. W.: Im Kino. Texte von Sehen und Hören. Frankfurt a. M. 1985. S. 48–52. – Pier Marco De Santi: I film di Paolo e Vittorio Taviani. Rom 1988. – Gérard Legrand: Paolo et Vittorio Taviani. Paris 1990. – Josef Schnelle: I Fratelli: Paolo und Vittorio Taviani. In: Europäische Filmkunst. Regisseure im Porträt. Hrsg. von Jörg-Dieter Vogel. Frankfurt a. M. 1990. S. 157–167. – Jean A. Gili: Paolo et Vittorio Taviani: entretien au pluriel. Lyon 1993. – Gian Piero Brunetta: Paolo e Vittorio Taviani e Valentino Orsini. In: Storia del cinema italiano. Bd. 4. Rom 1993. S. 237–247.

André Téchiné

*1943

André Téchiné wurde am 13. März 1943 im Südwesten Frankreichs geboren, in Valence d'Agen. Wo er, wie er selbst gerne ausführt, »die Welt und die Menschen« kennengelernt habe »mit dem Licht des späten Sommernachmittags – wenn die Dinge ihren wahren Wert annehmen. Das Licht des Abends, der Weite, des Schweigens«.

1963 kam er nach Paris, um die Filmhochschule IDHEC zu besuchen. Zwischen 1964 und 1967 war er Mitarbeiter der legendären »Cahiers du Cinéma« in Paris, ab 1968 auch Regieassistent für Theater und Filme. 1969 debütierte er als Regisseur im Kino mit *Paulina haut ab*, der Geschichte einer psychisch kranken Frau; dem Debüt folgten bis heute fünfzehn weitere Filme, u. a. *Erinnerungen aus Frankreich* (1974), zu dem Roland Barthes anmerkte, er habe etwas von einem Roman, »nicht was die Erzählung angeht oder das psychologische Pathos, sondern in seinem Verlangen nach Sprache«.

Seit *Meine liebste Jahreszeit* (1992) dreht Téchiné seine Filme mit zwei Kameras, um, wie er sagt, »einer zu präzisen Festlegung der Einstellungen zu entgehen«. Im Augenblick der Aufnahme wisse er nie, welche von den beiden Einstellungen er beim Schnitt nehmen werde. »Das ist eine einkalkulierte ›Unordnung‹, in der Hoffnung, daß etwas ›sich ereignet‹.«

Zu Beginn seiner Karriere als Filmemacher galt Téchiné als Anhänger eines »intellektuellen Kinos«, der – in deutlicher Nähe zu Alain Resnais – seine Bilder eher assoziativ verknüpfte, sie also nie dramaturgisch bändigte, sondern durch Unterbrechung oder Abkürzung, durch metaphorischen oder allegorischen Bezug neu verkettete. Gilles Deleuze sah im Téchiné der siebziger und frühen achtziger Jahre den (neben Benoît Jacquot) herausragenden Vertreter des »neuen ›intellektuellen‹ Kinos«, für den »das Gehirn im voraus die Verhaltensweisen« bestimme.

Téchiné kopierte, zitierte, imitierte. Dem poetischen Realismus eines Marcel Carné oder Julien Duvivier entnahm er besonders die pessimistische Stimmung und das Milieu: die Vorliebe für den Hafen und für die Typen, die drumherum leben, Jean-Pierre Melvilles Gangsterfilmen das Licht und die Atmosphäre stilisierter Künstlichkeit. Alfred Hitchcocks Thriller entnahm er den Hang zur mysteriösen Konstruktion und das Desinteresse an Wahrscheinlichkeit, Fritz Langs amerikanischen Films noirs die Dramaturgie, die Geschehnisse zu labyrinthischen Geschichten formt, den Kontrast zwischen Hell und Dunkel und die Spannung zwischen Wollen und Tun. Und Jacques Rivettes spielerischen Phantasien entnahm er rätselhafte Regeln hinter den Fiktionen, die das Ereignis bestimmen, ohne daß es auf den ersten Blick erkennbar wird. So entstanden Puzzles, die mal zu geheimnisvollen Verwirrspielen, mal zu onirischen Tragödien gerieten. Téchiné war nie ein Erfinder neuer Formen, eher ein Kombinator, der im Vorhandenen andere Nuancen entdeckte. Inzwischen ist Téchiné ein Analytiker der conditio humana, er nutzt seine Figuren, um durch sie und mit ihnen den Zustand unserer Zeit zu erkunden. Seine Filme handeln allesamt von Menschen, die im Aufbruch sind, aus unterschiedlichen Gründen scheitern und doch einen Ausweg finden am Ende. Seine Helden beginnen mit großer Leidenschaft, die aber meist zu Aggressivität und Destruktivität führt, zu Elend, Leid und Pein. In *Mord um Macht* (1976) erzählt Téchiné eine düstere Geschichte um Geschäft und Politik, Macht und Gewalt, Liebe, Tod und Flucht. Es geht um einen Boxer, seinen Mörder und seine Freundin. Um ein gewagtes Spiel, das nicht im Tod endet, sondern auf anderen Ebenen immer wieder neu beginnt. Um Gefühle, die wechseln, auch wenn der äußere Schein gewahrt bleibt. Und um Wiederauferstehung in einer »gefährlichen und traurigen Stadt der Phantasie«, in der es nur schäbige Häuser und verrottende Lagerhallen gibt, leere Straßen bei Nacht, miese Imbißbuden und graue Hinterzimmer. Nach dem Mord nimmt der Täter den Platz seines Opfers ein und tut alles, um seine Träume Wirklichkeit werden zu lassen. Ein Thriller und ein Märchen zugleich. In *Rendez-Vous* (1985) kommt ein Mädchen aus der Provinz nach Paris, um Schauspielerin zu werden. Sie lernt bei ihrer Wohnungssuche einen freundlichen Immobilienmakler und im Theater einen jungen Monomanen kennen – und fühlt sich zwischen beiden hin- und hergerissen. Den einen mag, den anderen begehrt sie. Mit beiden erleidet sie Schiffbruch. Am Ende aber erhält sie die Chance, Shakespeares Julia zu spielen. In *Schauplatz des Verbrechens* (1986) läßt sich eine Frau auf eine Liaison mit einem steckbrieflich Gesuchten ein und bekennt sich zu ihm auch noch, als die Polizei sie vor einer allzu tiefen Verstrickung warnt. Schließlich geht sie – zufrieden mit sich – freiwillig ins Gefängnis. In *Ich küsse nicht* (1991) macht sich ein Junge »aus der Gascogne, wie D'Artagnan«, auf nach Paris, um als Schauspieler zu arbeiten. Dort allerdings gerät er von einem Fiasko ins andere. Er verliert seinen Job, verläßt seine Geliebte, verspielt sein Zimmer. Doch sein größtes Desaster: Als die Lehrerin ihn bittet, den Hamlet-Monolog auf der Bühne vorzutragen, begreift er nicht, worum es geht – und stottert bloß herum. In *Meine liebste Jahreszeit* (1992) kommen zwei Geschwister, ein Chirurg und eine Notarin, nach Jahren erstmals wieder zusammen. Beide fühlten sich stets zueinander hingezogen, waren jedoch gewohnt, dies nicht zu zeigen: »Wenn es um Gefühle geht, sind wir Analphabeten.« Nun ist ihre Mutter todkrank, sie müssen sich um sie kümmern. Sie tun dies mit distanzierter Zuneigung – und pflegen ansonsten ihre verschütteten Gefühle zueinander. In *Wilde Herzen* (1994) inszeniert Téchiné ein Ringelreihen um frühe Lust zwischen zaghafter Neigung und ängstlicher Scham, unter der Sonne des Sommers und in der offenen Landschaft des Midi. Ein Mädchen liebt einen Jungen, der einen anderen Jungen liebt, der wiederum das Mädchen liebt. Die Jungen vergehen fast vor Begehren, das Mädchen hat Angst vor körperlicher Berührung. Erst am Ende erkennen und akzeptieren sie: Zum Leben gehören Vorsicht und Wagnis gleichermaßen, jeder muß toben und springen, wenn auch nicht jeden Tag. In *Diebe der Nacht* (1996) steht ein Polizist zwischen seinem Berufsethos und den Interessen seiner Familie, die ihre kriminellen Machenschaften als geschäftliche Angelegenheiten tarnt. Als er dann noch eine Affäre mit einer burschikosen Frau beginnt, die Mitglied der Gang seines Bruders ist, wird sein Leben zum permanenten Schlamassel.

Téchiné ist ein »cinéaste maudit«. Er feiert die Hölle, um im Feuer das Licht zu entdecken. Seine Filme bleiben stets jenseits von Geschmack und wohlfeiler Zustimmung, sie handeln vom Leben in Unfreiheit, das zu kurzen, freieren Momenten führt. »Leidenschaft ist wie eine Krankheit«, heißt es einmal in *Ich küsse nicht*. Das nehmen alle Personen bei Téchiné sehr ernst. Sie denken nie bloß an den körperlichen Spaß, sondern stets an die Haltung dahinter. Ihnen geht es um Moral diesseits von Sünde und um Ungerührtheit jenseits von Qual.

In *Schauplatz des Verbrechens* hilft die junge Mutter, ohne zu zögern, dem fremden Mann, der ihr spontan gefällt. Als sie ihm beisteht, ein Zimmer in einer kleinen Pension zu mieten, fragt er sie verblüfft, warum sie das eigentlich tue. Vielleicht ist das die Frage, die allen Filmen von Téchiné zugrunde liegt. Einer wagt etwas, spontan – und entwirft darüber sein Leben ganz neu. Geht andere Wege, wählt andere Vorsätze, erobert sich eine andere Zukunft. In *Ich küsse nicht* bleiben dem Jungen nach der Niederlage auf der Bühne nur Rebellion oder Resignation. Alles muß er aufgeben, seine Integrität, seine Würde und all seine Träume – um wenigstens ein bißchen in sich zu retten. Am Ende aber, nach einer demütigenden Vergewaltigung, geht er zur Armee, um neue Kraft zu schöpfen, um, wie er sagt, »springen zu lernen, ins Leere zu springen, vor allem des Nachts, wenn man nichts sieht«.

Ein zentrales Stilmittel hat Téchiné von Jean-Pierre Melville gelernt: der Moment der Wahrheit vor dem Spiegel, »der Moment, wo Bilanz gezogen wird« – jeder für sich und das große Ideal innen drin gegen die ganze Welt. Dazu das Symbol für völlige Isolation und äußerste Getrenntheit: Menschen allein in weiten Landschaften oder auf leeren Straßen. Kein Téchiné-Film ohne solche Bilder. Von den frühen Filmen in den siebziger Jahren abgesehen, gibt es bei Téchiné stets den Punkt, wo seine Protagonisten ihre Umgebung nicht mehr ertragen. Wo sie hinausmüssen in die Natur, ans Wasser. Es ist, als könnten sie allein in der Stille zu sich selbst kommen, als könnten sie nur am Wasser herausfinden, wer und was sie sind.

Norbert Grob

Filmographie: Paulina s'en va / Paulina haut ab (1969) – Souvenirs d'en France / Erinnerungen aus Frankreich (1974) – Barocco / Mord um Macht (1976) – Les Sœurs Brontë / Die Schwestern Brontë (1978) – Hotel des Amériques / Begegnung in Biarritz (1981) – La Matioutte (1982) – Rendez-vous / Rendez-Vous (1985) – Le Lieu du crime / Schauplatz des Verbrechens (1986) – Les Innocents / Die Unschuldigen (1987) – J'embrasse pas / Ich küsse nicht (1991) – Ma Saison préférée / Meine liebste Jahreszeit (1992) – Le Chêne et le roseau / Der Neue (Fernsehfilm, 1993) – Les Roseaux sauvages / Wilde Herzen (1994) – Les Voleurs / Diebe der Nacht (1996) – Alice et Martin (1998).

Literatur: Rainer Gansera: *Rendez-vous*. In: epd Film 2 (1985) H. 10. S. 25 f. – Rainer Gansera: *Ich küsse nicht*. In: epd Film 9 (1992) H. 8. S. 34 f. – Rainer Gansera: *Meine liebste Jahreszeit*. In: epd Film 11 (1994) H. 2. S. 38 f. – Armond White: Strange Gifts. André Téchiné Remakes the Melodrama. In: Film Comment 31 (1995) H. 7/8. S. 70 f. – Gerhard Midding: Die Wahrheit zirkuliert. »Ich möchte mir Fragen stellen wie ein Debütant«. Ein Interview mit André Téchiné. In: Steadycam 1997. Nr. 33. S. 77 f. – Gerhard Midding: Wurzeln und Exil. Die Schauplätze in den Filmen von André Téchiné. In: Steadycam 1997. Nr. 33. S. 81 f. – Norbert Grob: Jeder Charakter hat seine eigene Welt. Das Kino des André Téchiné. In: epd Film 14 (1997) H. 7. S. 20 f.

Jacques Tourneur

1904–1977

Schon sein zweiter Film in Hollywood: *Nick Carter, Master Detective* (1939), verriet seinen Hang zu visueller Raffinesse. Das Sujet ist nicht Vorsatz, sondern Anlaß, die Geschichte nicht Gegenstand, sondern Endzweck. Aus einer populären Comic-Figur, einem »James Bond seiner Zeit«, wie Tourneur erläuterte, entwickelt er einen rasanten Film um Betriebsspionage und undurchsichtige Verschwörungen, um Geheimpläne und falsche Verdächtige, um »gangs, mobsters and gunplays«. Am Ende verfolgt Carter die Spione mit einem zweisitzigen Flugzeug, seine Maschinenpistole auf die Flüchtigen abfeuernd. Was ihm damit gelingt, ist nicht wichtig. Wichtiger ist, wie er damit die Aufmerksamkeit seiner Zuschauer in Bewegung hält. Nicht das Drama zählt für Tourneur, sondern die dramatischen Effekte, die im Zuschauer zünden.

Ähnlich wie Fritz Lang begann Jacques Tourneur mit Kolportage, die aber nahm er so ernst, daß eine eigene Qualität entstand. Alles Äußere war nicht stellvertretend fürs Innere inszeniert, sondern für sich belassen: als Zauber und Reiz zugleich. Ein Kinorealismus entstand, der seine Evidenz aus schnittigen Gesten und schwungvollen Bewegungen gewinnt.

In *Phantom Raiders* (1940), einer Fortsetzung der Carter-Serie, arbeitete er dann schon mit der narrativen Figur, die er später bis zum meisterlichen Spannungsmoment perfektionierte: dem kunstvollen Spiel zwischen Andeutung und Vermutung, das die eigentliche Tat der Phantasie, nicht der Darstellung überläßt. Einer der Gangster wirft ein Messer auf den Polizisten, die Folge dieser Tat aber verrät nur das Geräusch, das der Körper verursacht, als er auf den Boden prallt.

Phantom Raiders treibt zudem ein komödiantisches Spiel mit weißen Anzügen. Bei den einen ist er glattgebügelt, bei den anderen zerknittert. Die Anzüge stellen zur Schau, wofür sonst nur noch Dekorationen da sind. Sie müssen als Zeichen vertreten, was die Bilder nur vorgaukeln. Die weißen Anzüge schaffen die Realität des Scheins. Über sie wird klar, daß es um eine Show in den Tropen geht. Seit Barthes wissen wir, jedem Kino-Zeichen ist etwas Bastardhaftes zu eigen, es ist »Signal des Augenblicks« und des »Begriffs« zugleich, »heuchlerisches« Spiel, das den Signifikanten gerne mit dem Signifikat zu verwechseln sucht. Dieses Bastardhafte ist »der Ergänzung bedürftig und anspruchsvoll zugleich«; es verleiht der Kunst des Kinos den pompösen Klang des Natürlichen. Tourneurs weiße Anzüge erreichen, was die »Haarfransen« auf den Stirnen der Römer in Mankiewicz' *Julius Caesar* (1953) verwirklichen: für Evidenz zu sorgen.

Jacques Tourneur wurde am 12. November 1904 in Paris geboren. Über seinen Vater, den Regisseur Maurice Tourneur, kam er früh zum Kino: Anfang der zwanziger Jahre, da war er gerade 16, jobbte er bereits in den MGM-Studios als Laufbursche. Als sein Vater nach Frankreich zurückkehrte, ging er mit und versuchte, an seiner Seite zu lernen, zunächst als Regieassistent, dann als Cutter. Zwischen 1931 und 1964 drehte er seine Filme, in Frankreich, Hollywood und Italien. Wobei er fast alle Genres bediente: Er drehte Fantasythriller, wie *Der Fluch des Dämonen* (1958), und Western, wie *Skrupellos* (1956), Melodramen, wie *The Stars in My Crown* (1950), und Krimis, wie *Wenn die Nacht anbricht* (1956), einen Kriegs- (*Days of Glory*, 1944) und einen Nachkriegsfilm (*Berlin-Expreß*, 1948), Komödien und Films noirs, Piraten-, Wüsten-, Dschungel-, Mantel-und-Degenabenteuer.

Tourneurs eigenes Bekenntnis: »Am besten arbeite ich, wenn alles schnell geht. Die Filme, die ich in 12 oder 18 Tagen gemacht habe, sind besser als die, die ich in 80 Tagen gemacht habe. Es ist schlecht, wenn man zuviel Zeit hat, über das nachzudenken, was man macht. Es muß aus dem Instinkt kommen.«

1939 kam er zu seinem Debüt in Hollywood (für das Glamourstudio MGM): *They All Came Out*, ein Dokumentardrama über Bankräuber und ihr Leben in verschiedenen Gefängnissen. Doch Tourneur und MGM, das war keine Idealverbindung, Tourneur war für die makellos künstliche Welt dieses Studios der falsche Mann. Er war nicht der Spezialist dafür, sensible Stars zu hegen, zu pflegen und zu ›Glanzleistungen‹ zu führen. Er war eher an Staub, Falten und Schatten interessiert. Nach den Carter-Filmen drehte er 1941 noch *Doctors Don't Tell*, ein sarkastisches Melodram über zwei Ärzte, die nach Erfolg streben, der eine mit zwielichtigen Helfershelfern, der andere mit harter Arbeit. Wobei Tourneur sich einen deutlichen Seitenhieb auf MGM gestattete: Die luxuriöse Einrichtung des jungen Arztes inszenierte er als Folge von krummen Geschäften, also sichtlich gegen die Politik des Studios, das Luxus eher als glamouröse Verklärung von Alltag propagierte.

Daß er 1950 noch einmal zu MGM zurückkehrte, kurz vor dem Ende von Louis B. Mayers Regentschaft, um seinen Lieblingsfilm zu drehen: *The Stars in My Crown*, wirkt im nachhinein wie eine späte Rache für all den Ärger zehn Jahre zuvor. Erzählt wird in diesem gefühlvollen Südstaaten-Melodram von einem Pfarrer und einem Arzt, die sich ständig streiten, wer von ihnen für den Körper und wer für die Seele zuständig ist. Tourneur kontrastiert den heiteren Grundton der Geschichte durch betont sparsames Licht. Alles Helle hat er (gegen die Standards des Studios) reduziert. So, als könne er die Welt nur mit Schatten ertragen.

Als Val Lewton Anfang der vierziger Jahre bei RKO begann, Mitarbeiter zu suchen, mit denen er eine Serie billiger Horrorfilme drehen wollte, holte er von überall her Cineasten und Techniker. Zwei Bedingungen gingen dem Engagement voraus: Sie mußten überaus begabt sein und – möglichst billig. Für Tourneur galt beides. 1942 kam er zu RKO und blieb bis zum Ende des Jahrzehnts. Tourneur schätzte keine Märchenbilder. Er versuchte – jenseits verklärender Sentiments – eher verstörende Erfahrungen zu vermitteln. Stilistische Merkmale, die dabei häufig auftauchen: die Vorliebe, eher in Andeutungen zu erzählen; stimmungsvolle Szenen im Zwielicht; irritierende Licht- und-Schattenspiele; eine ungewöhnlich bewegte Kamera; und der Hang dazu, seine Geschichten so oft wie nur möglich im Freien zu inszenieren. In dem Fantasythriller *The Leopard Man* (1943) spielt er ausgelassen mit den Erwartungen des Publikums: durch ein kunstvolles Arrangement zwischen dem, was er sichtbar macht, und dem, was er unsichtbar läßt. Zunächst der Gang eines Mädchens durch einen leeren Park bei Nacht. Überall lauern Gefahren. Doch nichts geschieht. Dann der Wechsel zurück ins Haus, als wolle die Kamera die Rückkehr des Mädchens erwarten. Das Drama beginnt. Doch Tourneur zeigt nur, wie die Mutter zunächst alle Zeichen mißachtet. Als sie schließlich begreift, was passiert, ist es schon zu spät. Wie ein drastischer Effekt wirkt es, wenn dann am Schluß das Blut unter der Tür durchsickert.

Von Anfang an dominierend: die Spielereien mit bedrohenden Schatten. Schon in *Phantom Raiders* gibt es den Killer, der ausholt zum Messerwurf – als Schemen an der Wand. In *Katzenmenschen* (1942), seinem ersten Film für Val Lewton und RKO, wagt er die äußerste Reduktion des angedeuteten Grauens: einen »Swimmingpool wie das innere einer Schuhschachtel: weiße Wände und eine niedrige Decke, mit starken Lichtreflexen vom Wasser« (J. E. Siegel). In *Ich folgte einem Zombie* (1943) treibt er seine Licht-und-Schattenspiele auf die Spitze: jede Jalousie ein Zwielicht, jeder wolkenbehangene Himmel eine Düsternis. Als Frances Dee und Tom Conway sich erstmals begegnen, auf der großen Treppe, verschwindet sie nahezu vollständig im Schwarz. Solche Bilder erzeugen eine wundersame Aura. Tourneurs Filme strahlen eine Offenheit aus, die das Erzählkino nur selten erreicht. Wie Skizzen wirken sie, die auszumalen und zu vollenden der Phantasie überlassen bleibt.

In *Berlin-Expreß*, einem Film über Nazideutsche nach der Kapitulation, die noch immer gegen Niederlage und Frieden kämpfen, gibt es am Ende ein Bild, das – vielleicht wie kein anderes – Tourneurs Intentionen bündelt. Robert Lindley (Robert Ryan) fällt, als er vor den Nazis zu fliehen versucht, in einen großen Wasserbottich und kämpft darin mit einem Deutschen. Als er den Kampf gewonnen hat, schießt ein anderer Nazi von außen in den Bottich, was Tourneur mit Lichtbahnen und -flecken betont. Um zu überleben und den Kugeln auszuweichen, muß sich Lindley also unentwegt in den Schatten flüchten: ins rettende, bergende Dunkle.

Norbert Grob

Filmographie: Un vieux garçon (1931) – Tout ça ne vaut pas l'amour (1931) – La Fusée (1933) – Toto (1933) – Pour être aimée (1933) – Les Filles de la concierge (1934) – They All Came Out (1939) – Nick Carter, Master Detective (1939) – Phantom Raiders (1940) – Doctors Don't Tell (1941) – Cat People / Katzenmenschen (1942) – I Walked with a Zombie / Ich folgte einem Zombie (1943) – The Leopard Man (1943) – Experiment Perilous / Experiment in Terror (1944) – Days of Glory (1944) – Canyon Passage / Feuer am Horizont (1946) – Out of the Past / Goldenes Gift (1947) – Berlin Express / Berlin-Expreß (1948) – Easy Living (1949) – The Flame and the Arrow / Der Rebell (1950) – The Stars in My Crown (1950) – Circle of Danger / Der dreizehnte Gast (1951) – Anne of the Indies / Die Piratenkönigin (1951) – Way of a Gaucho / König der Gauchos (1952) – Appointment in Hondouras / Treffpunkt Honduras (1953) – Stranger on Horseback / Einer gegen alle (1955) – Wichita / Wichita (1955) – Great Day in the Morning / Skrupellos (1956) – Nightfall / Wenn die Nacht anbricht (1956) – The Fearmakers / Die Angstmacher (1958) – Fury River / Die Falle am Snake River (1958) – Curse of the Demon / Night of the Demon / Der Fluch des Dämonen (1958) – Timbuktu / Timbuktu (1958) – Mission of Danger / Feind im Rücken (Fernsehfilm, 1959) – La battaglia di Maratona / Die Schlacht von Marathon (1959) – Frontier Rangers / Draufgänger nach vorn (Fernsehfilm, 1959) – The Comedy of Terrors / »Ruhe Sanft« GmbH (1963) – War Gods of the Deep / City under the Sea / Die Stadt unter dem Meer (1965).

Literatur: Jacques Lourcelles: Note sur Jacques Tourneur. In: Présence du Cinéma 1966. H. 22/23. – Joel E. Siegel: Val Lewton. The Reality of Terror. London 1972. – John McCarthy: The Parallel Worlds of Jacques Tourneur. In: Cinefantastique 1973. H. 2–4. – Wolf-Eckart Bühler: In einem Geisterhaus mit Direktton. In: Filmkritik 21 (1977) H. 3. S. 138 f. – Fritz Göttler / Claus M. Reimer: *Out out the Past*. München 1985. – Norbert Grob: Wenn man ein ehrlicher Regisseur sein will ... Notizen zu Jacques Tourneur. In: epd-Film 7 (1990) H. 2. S. 17 f.

Lars von Trier

*1956

Lars Trier wurde am 30. April 1956 in Kopenhagen geboren. Seine Eltern waren Beamte des Sozialministeriums. Der vermeintliche Vater mußte als Jude vor den Deutschen nach Schweden flüchten; Trier spielte u. a. deshalb aus Sympathie mit ›seinem‹ verfolgten Volk in den eigenen Filmen einen Juden (*The Element of Crime, Europa*). Erst am Sterbebett seiner Mutter vor wenigen Jahren erfuhr er, daß dies nicht sein richtiger Vater und er somit kein Jude ist. Nach seiner Heirat konvertierte Trier, aufgewachsen in einem streng atheistischen Elternhaus, zum Katholizismus. Ab 1976 studierte Trier zunächst am Institut für Filmwissenschaft der Kopenhagener Universität, bevor er 1979–1982 die Dänische Filmhochschule besuchte, wo er seinen Namen um das »von« erweiterte. Seit der Zeit gewinnen seine Filme, die unterschiedliche Stile und eine Entwicklung vom esoterisch-avantgardistischen Bilderpuzzle zum zunehmend populären Entertainment aufweisen, ohne dabei an Qualität einzubüßen, regelmäßig internationale Preise. 1992 gründete er zusammen mit Peter Aalbæk Jensen die Filmgesellschaft Zentropa, die Filme zwischen Avantgarde und Mainstream produziert. Neben zahlreichen Werbefilmen und Musikvideos entwirft er Konzepte für Fernsehshows und verfaßt Manifeste zu seinen Filmen oder der Filmsituation im allgemeinen (»Dogma 95«). 1996 konzipierte er für die »Kulturhauptstadt« Kopenhagen das »Psychomobile 1: Die Weltuhr«, bei dem 53 Schauspieler in zwischenmenschliche Verhaltensweisen und deren Veränderlichkeit Einblick gaben, gesteuert durch die Bildübertragung eines Ameisenhaufens in El Paso. Seit 1991 arbeitet er mit seinem engsten kreativen Partner Niels Vørsel am auf 33 Jahre angelegten Projekt *Dimension*, für das er jedes Jahr drei Minuten an verschiedenen europäischen Orten abdreht, bis der fertige Film 2024 Premiere haben wird. 2000 hat das erste Filmmusical des umtriebigen Regisseurs Premiere.

1982 drehte Trier als Abschlußfilm an der Filmhochschule *Bilder der Befreiung*, in dem sich, wie auch in den Amateurfilmen, bereits die Hauptthemen und Bildwelten seines späteren Werkes manifestieren. Dieser langsame und getragene Film schafft vor allem mit Hilfe von Kontrasten (warme – kalte Far-

Lars von Trier

ben, Außen – Innen, Gefangenschaft – Freiheit, Natur – Zivilisation, Fiktion – Dokumentarisches) ein komplexes Gewebe antagonistischer Konzepte, die sich zu einer Ganzheit zusammenschließen. Dieser Universalismus drückt sich u. a. im ausgiebigen Gebrauch der vier Elemente aus: in der Erde, die in Form von Sand aus Säcken rinnt; in der Luft, die als ungastlicher Wind Leos Verlassenheit besingt; im Feuer, das dem Lager einen höllischen Glanz zwischen Bosch und Dante verleiht, und schließlich in Triers Lieblingselement, dem Wasser, das hier in Form von Regen die Sintfluten der späteren Filme ankündigt. Die politische Ebene (der Krieg und die Stellung Deutschlands, der Nazioffizier Leo und der damit verbundene Komplex von Schuld und Sühne, Vergangenheitsbewältigung und -verweigerung, Verantwortung und Vergeltung/Rechenschaft) verknüpft Trier mit häufig in seinen Filmen auftauchender religiöser oder spiritueller Motivik: Durch einen mißglückten Selbstmordversuch dem Glauben nähergekommen, darf Leo nach erfahrenem Leiden, das ihm seine ehemalige Geliebte mit dem biblischen Namen Esther in einer buchstäblichen Auge-um-Auge-Sühnetat zufügt, und der dadurch gewonnenen Erlösung im Tarkowski-inspirierten dritten Teil nun in den Himmel oder das Paradies aufsteigen, begleitet von Licht und religiös-pathetisierendem Gesang. Das später in *Europa* (1991) aufgegriffene Motiv des Blickes, angedeutet im Bild der zersplitterten Brille, der Augenzerstörung, der Figuren, die der Kamera den Rücken zuwenden, ihr also nicht ›in die Augen schauen‹ können, oder Leos Nicht-sehen-Wollen, stellt die Verbindung her zur Erinnerungsverweigerung, zum Wegsehen vor Greueltaten (des Nationalsozialismus) oder vor der Verdrängung von Gesehenem – nicht umsonst zeigt und heißt der Film *Bilder der Befreiung*. Daß als leidender Märtyrer ausgerechnet ein Nazi-Offizier fungiert, ist Teil der Trierschen Faszination für das visuelle Erscheinungsbild des Nationalsozialismus.

Triers erster Langfilm und Beginn der Europa-Trilogie, *The Element of Crime* (1984), ist ein »film orange« mit expressionistischen und Film-noir-Anklängen. Ähnlich Coppolas *Apocalypse Now* (1979), von dem teilweise Bildsprache und Motivik übernommen wird (Mehrfachbelichtungen, die stygische Hadeslandschaft mit den Helikoptern, die Glatzköpfe), aber mit mehr Gewicht auf einer komplizierten Erzählstruktur, identifiziert sich die Hauptperson, Kommissar Fisher, immer stärker mit dem verfolgten Harry Grey (bis hin zum Mord an dessen Statt) und gelangt gleich Willard zur erschreckenden Selbsterkenntnis. Wie im Los Angeles von Ridley Scotts *Blade Runner* (1982) wird es in diesem Europa, dieser seltsamen Version von Deutschland, nicht mehr Tag; es ist das Land der kosmischen Nacht nach der Sündenflut. Die Gesellschaft ist auf dem Weg zurück in die Archaik: die Menschen leben in dunklen Höhlen und Kanälen, sie schlafen in suspendierten Schlafnetzen; Rituale nehmen eine zentrale Stellung ein (der Todessprung, die Ritualmorde). Die Tunnel und Kanäle sind gleichzeitig die Körpergänge und Eingeweide des Leichnams Europa. Der Film zeichnet in mit Bedeutung überfrachteten Bildern postmoderner Verfallsästhetik ein Panorama der Desintegration: Europa, die Familie, Erinnerung, Identität, alles befindet sich in Auflösung, strebt nach Entropie.

Epidemic ist Triers »oralster« Film: die meisten Informationen liefern lange Berichte, z. B. Udo Kiers Kriegsgeschichte und vor allem die Hypnosesequenz, wodurch unmittelbare Erfahrung zugunsten einer vermittelten in den Hintergrund tritt. Der Name des Kontinents, der Trier so beschäftigt, stellt auch den Titel für sein technisch ausgefeiltestes und inhaltlich komplexestes Werk, den Trilogieabschluß *Europa*. Neben dem Spiel mit Schwarzweiß und Farbe, oft im selben Bild, wird die Rückprojektion in neuer Weise gebraucht: sie dient nicht mehr nur der Vorspiegelung eines Ortes, sondern konstituiert eine mehrschichtige Realität, deren verschiedene, simultane Ebenen trotz scheinbarer räumlicher Trennung miteinander interagieren. Das Gitter sowie alle ihm verwandten Formen wie Maschendrahtzäune oder Fensterkreuze sind, ähnlich wie in *The Element of Crime*, die dominierende Bildmetapher der Tragikomödie: Leos Abteil ist das einzige mit Gitterstäben vorm Fenster, er ist ein ›Nachkriegsgefangener‹ im kafkaesk bürokratisierten Deutschland des Jahres Null, wo alle offiziellen Operationen (die Schaffnerprüfung, die als Theateraufführung inszenierte Entlastung Hartmanns) wie eine Farce ablaufen, wo Menschen und Gebäude gleichermaßen versehrt sind und wo Chaos herrscht. Die Gitterstäbe erinnern auch an Fäden, mit denen die pazifistisch-naive und idealistische Marionette Leo von Drahtziehern aller Art, auch dem allwissend-gottähnlichen, hypnotisierenden und für Trier typischen Voice-over-Erzähler (Max von Sydow) gelenkt und manipuliert wird.

Vor *Europa* drehte Trier die Fernsehproduktion *Medea* (1988) nach Euripides und dem nie verfilmten Drehbuch seines Vorbildes Carl Theodor Dreyer, gedacht als Hommage, nicht als Kopie. Der Film enthält vor allem die für Dreyer typische »clarté« und die ruhige, teilweise strenge und theaterhafte Stilisierung (Menschen ›agieren‹ wie Statuen, reden langsam und leise). Medea, äußerlich androgyn durch Haarnetz und herbe Gesichtszüge, die sie nur einmal zu einem Lachen verzieht, ist eine starke Frau, die sich gegen die abhängige und untergeordnete Rolle der Frau in der Gesellschaft artikuliert. Für den Kampf gegen Jason muß sie zum ›Mann‹ werden, und erst nach erfolgreicher Rache zeigt sie ihr langes Haar, wird wieder weiblich; doch trotz der Angleichung und des Spiels mit Geschlechtsidentität sind Mann und Frau unversöhnliche Prinzipien. Medeas grausamer Entschluß, die eigenen Kinder zu töten, wird verschärft, indem der ältere Sohn als Mithelfer gezeigt wird, eine ›unerhörte‹ Auslegung, zumal Trier die Szene durch Vogelgezwitscher und Sonnenschein in zynischer Idylle stattfinden läßt. Medea ist die klassische Unbehauste, aus der Gesellschaft verstoßen und einsam ihre Kinder auf einer Bahre durch leere, windumtoste Strandlandschaften ziehend, als schleppe sie die Last der Welt oder der Frauen; Mensch und Tier werden oft alleine in der weiten Landschaft gezeigt, sie sind winziger Teil der Elemente und spiegeln elementare Verlassenheit wider. Selbst das alte Griechenland als Wiege Europas ist, im Gegensatz etwa zu Pier Paolo Pasolinis spröder Öde, ein Sumpf, ein ungastliches Niemandsland, Urlandschaft und Unort zwischen Land und Wasser. Oft zeigt Trier in seinen Filmen auf dem Rücken liegende Menschen (gerne mit dem Kopf nach unten) in gottesperspektivischer Senkrecht-Aufsicht, also in ihrer Passivität und Ohnmacht, und der barbarische Urschrei, den in jedem seiner Filme eine Figur ausstößt, ist eine verzweifelte Artikulation dieser Hilflosigkeit.

Triers nächste Fernsehproduktion war *Geister* (1994–99), eine ursprünglich auf dreizehn Teile angelegte Mischung aus Geister-/Horrorgeschichte, Krankenhaussoap und Satire, die mit der elegischen Schwere und Getragenheit *Medeas* nichts mehr gemein hat. Die Intrigen und Geschichten um den egozentrischen und unausstehlichen schwedischen Oberarzt Helmer und die exzentrische Okkultistin Frau Druse im labyrinthischen Kopenhagener Reichskrankenhaus (Trier gemäß dem Verfall anheimgegeben) verteilen Seitenhiebe auf Dänen, Schweden, Ärzte, Spiritismus, Männerlogen und das Fernsehen und seine Formate. Zwei Behinderte fungieren als griechischer Chor, der die Handlung kommentiert: sie sind die naiven Weisen, die Eingeweihten. Auffällig ist bei *Geister* der Bruch mit den Regeln des Mediums, z. B. der unorthodoxe Schnitt und damit einhergehend der Bruch mit der Continuity: oft werden die Einstellungen verschiedener Takes miteinander vermischt (so daß Helmer z. B. im selben Gespräch abwechselnd seinen Mundschutz umhängen hat und wieder nicht), oder die Chronologie der Schnittfolge stimmt nicht, als ob beim Schneiden die Frames vertauscht worden wären. Ergebnis ist der Eindruck einer Doppelung, der gleichzeitigen Existenz einer Parallelwelt, vielleicht einer Geisterwelt.

Trier entdeckte mit dem in Cannes preisgekrönten Film *Breaking the Waves* (1996) das Melodram für sich. Die delirierend-ekstatische Cinemascope-Handkamera Robby Müllers, die einem allzu starken und überhöhten Pathos entgegenwirkt, verwandelt den unglaublichen Überschwang und Überschuß an Gefühlen in Bilder, füllt erst richtig den Begriff der entfesselten Kamera aus. Dazu liefert der Film die passenden ›großen‹ Themen: Glaube, Liebe, Hoffnung, Macht, Leiden, Opfer, Strafe, Moral, Werte. Gerade das Leiden hat hier die fatale Ausprägung, daß, gleich wer sich wem opfert oder auch nicht, immer jemand leidet; das Leiden, so scheinen Triers Filme zu behaupten, ist grundlegender und unabänderlicher

Bestandteil der »condition humaine«, ermöglicht aber gleichzeitig eine Erhöhung ins Sakrale: wer genug leidet, kann und darf zum Heiligen werden. Wie viele von Triers Protagonisten ist auch Bess eine Besessene und Idealistin, die am Ende zu einer (religiösen) Erkenntnis gelangt. Die tragische Ironie, die diesen Figuren anhaftet, ist der Fluch der guten Tat: alle wollen sie nur das beste für ihre Mitmenschen, erreichen aber ohne mutwilliges Verschulden genau das Gegenteil, und es ist die Umgebung, die ihre negativen Seiten herauskehrt und katalysiert. Bess steht in der (Film-)Tradition der starken, eigenwilligen Frau, die wegen dieser Eigenschaften für verrückt erklärt wird. Mit ihrer Großäugigkeit ist sie nicht nur das fragil-naive Dummchen, sondern hat auch neben der Einsicht, die ihre Dialoge mit Gott beweisen, ein großes Potential an Gewalt und Destruktivität, das sie jedoch hauptsächlich gegen sich selbst wendet. Mit dem »Dogma«-Film *Idioten* (1998) machte Trier die Mißachtung aller Regeln zum Gebot und inhaltliche wie formale Grenzüberschreitung zur Methode.

Insgesamt kennzeichnet die Filme Triers ein extensiver, kreativer und virtuoser Gebrauch der technischen Möglichkeiten des Mediums sowie eine narrative Strategie der Nichtstellungnahme, die eine erhöhte Aktivität des Rezipienten bedingt. Haupteinflüsse, von ihm selbst betont, sind Dreyer und Tarkowski, aber er übersetzt Bilder der gesamten Filmgeschichte in seine Filmsprache, indem er ihnen weitere Bedeutungsschichten zufügt. Am Ende von Triers Filmen, die oft genug um Krankheit und Verfall kreisen und in ihrer Haltung zwischen Ironie und Humanismus oszillieren, stehen zwar in der Regel Resignation und Tod, sie reihen sich dadurch im ausgehenden Jahrhundert/Jahrtausend nahtlos ein in die Tradition morbider Fin-de-siècle-Dekadenz, aber immer setzt Trier diesem Untergangsszenario auch Hoffnung und Optimismus entgegen.

Marion Müller

Filmographie: Orchidégartneren (1977) – Menthe la bienheureuse (1979) – Videoproduktion I–IV (1979–80) – Nocturne (1980) – Den sidste detalje (1981) – Befrielsesbilleder / Bilder der Befreiung (1982) – Forbrydelsens element / The Element of Crime (1984) – Epidemic / Epidemic (1987) – Medea / Medea (Fernsehfilm, 1988) – Europa / Europa (1991) – Riget / Geister (Fernsehserie, 1994–1999) – Breaking the Waves / Breaking the Waves (1996) – Idioterne / Idioten (1998).

Literatur: Sekvens 91. Filmvidenskabelig Årbog. Kopenhagen 1991. – Peter Schepelern: Lars von Triers elementer. Kopenhagen 1997. – Achim Forst: Breaking the Dreams. Das Kino des Lars von Trier. Marburg 1998. – Stig Björkman: Trier om von Trier. Stockholm 1999.

Jan Troell

*1931

Jan Troell wurde am 23. Juli 1931 in Limhamm Skånes in Schweden geboren. Der Sohn eines Zahnarztes wurde Lehrer, ein Beruf, den er neun Jahre lang ausübte. Anfang der sechziger Jahre begann er Kurzfilme zu drehen, als Kameramann und als Schnittassistent zu arbeiten, bis er 1966 seinen ersten Film inszenierte. Dabei übernahm er eine mehrfache Verantwortung: Er war sein eigener Kameramann und auch sein eigener Schnittmeister. In der Wahl seiner Stoffe zeigte sich Troell stark beeinflußt durch die sozialrealistische und meist auch sozialistische schwedische Romanliteratur seit den zwanziger Jahren. Bereits sein erster Film, *Hier hast du dein Leben* (1966) fußt auf der Autobiographie des Autors Eyvind Johnson, der den Entwicklungsprozeß eines jungen Mannes in die harten Bedingungen des Bauernlebens auf dem schwedischen Land zu Beginn des 20. Jahrhunderts einbettet. Troells zweiter Film *Raus bist du* (1968) scheint eigene Erfahrungen aus seinem Lehrerleben aufzugreifen.

Mit den vielstündigen Filmen *Emigranten* (1971) und *Das neue Land* (1972) gelang Troell eine außerordentliche Familiensaga. Nach den Romanen Vilhelm Mobergs erzählt er von der Auswanderung notleidender Bauern aus Småland in Südschweden nach Amerika während der ersten Hälfte des 19. Jahrhunderts. Troell vermeidet alles Spektakuläre. Sein Film erzählt von Landschaften, Jahreszeiten, Geburten und Todesfällen, Wachsen und Altern, Gesundheit und Krankheit, Glück und Not, Erwachsenen und Kindern. Er handelt von Bauern, die die große Geschichte nur am Rande, aber doch als Verletzung erfahren. In Amerika stellen sie beim Anblick der reichen Amerikaner auf dem Oberdeck des Raddampfers ungläubig fest, daß es auch hier Herren gibt wie daheim, also eine Klassengesellschaft. Die neue Zeit und die Technik verwirren sie – vor der ersten Fahrt mit dem Zug überfällt sie Angst. In dem Film ist keine einzige Stadt zu sehen, nur einzelne Gehöfte und kleine Siedlungen, Äcker, Wiesen, Wälder, Flüsse: Urbestandteile der Welt, in der sie sich bewegen, im Haus der Tisch, die Betten. Troells Erzählweise hütet sich vor jeder ›modernen‹ Beschleunigung, ohne dabei schleppend zu werden. Er versetzt sein Publikum in den Erfahrungshorizont seiner Personen. Immer wieder übernimmt die Kamera einen Standpunkt, als wäre sie eine der begleitenden Personen, die wie selbstverständlich mit der Gruppe mitzieht, von Schweden über das Meer ins unbekannte Neuland. Da den Figuren der große Überblick fehlt, wird er auch dem Publikum nicht gegönnt. Im Film fallen die vielen Ausschnitte auf – gemäß der subjektiven Erlebnisform der Verstörten und der Reisenden. Troells bildnerischer Impressionismus verwischt allerdings nicht die Situationen, erinnerungswürdige Momente, Gesten, Vorgänge: die junge Bäuerin (Liv Ullmann) auf der Schaukel, ihr Vergnügen daran, hin- und herzuschwingen und in den Himmel zu sehen. Ullmann spielt diese Bäuerin als große Liebende, unverzärtelt und doch ergreifend-rührend. An ihrer Seite Max von Sydow als Familienoberhaupt, niedergebeugt von der Verantwortung, die er für die ganze Familie und die, die sich angeschlossen haben, übernommen hat. Am Ende des ersten Teils der Saga unter einem riesigen Baum niedersinkend, den Hut in die Stirn schiebend, träumt er von einer wunderbaren Zukunft. Die beiden Protagonisten und alle anderen Figuren sind subtil charakterisiert in ihrer Begrenztheit, in ihren Illusionen, in ihrem legitimen Wunsch nach einem glücklichen Dasein.

Zandys Braut (1974), eine amerikanische Produktion, führt einen ungebärdigen Outdoor-man (Gene Hackman) mit einer viel zarter veranlagten Frau (Liv Ullmann) zusammen, sie leben im Norden Kaliforniens in der zweiten Hälfte des 19. Jahrhunderts. Auch hier beobachtet Troell die langsame Vermenschlichung des amerikanischen ›Waldmenschen‹, seine Kultivierung inmitten einer wilden, aber auch schönen Natur. Ausnahmsweise muß sich Troell mit einem amerikanischen Kameramann zufriedengeben, findet aber in Jordan Cronenweth einen vorzüglichen Partner. In *Hurricane* (1979) wiederholt er die Geschichte eines John-Ford-Films aus dem Jahr 1937: die Handlung soll 1920 auf Samoa spielen, zwischen einem Häuptling und der Tochter des US-Gouverneurs entsteht eine leidenschaftliche Liebe, die sogar den äußersten Aufruhr der Natur übersteht. *Der Flug des Adlers* (1981) geht auf einen semidokumentarischen Roman des schwedischen Romanciers Per Olov Sundman zurück, der die 1897 gescheiterte Expedition des Ingenieurs Andrée, der mit einem Heißluftballon den Nordpol überfliegen wollte, als wahnsinnige und verstiegene Unternehmung bloßlegt, als Variante des Ikarus-Hochmuts und als Vorläufer der Titanic-Katastrophe, typisch für die Anmaßung des technischen

Zeitalters, das über die Natur zu triumphieren wähnte. Troell respektiert ein weiteres Mal in seinen Filmen Erhabenheit, Schönheit und Schrecken einer unfaßbaren und auf die Dauer unüberwindlichen Natur, die sich gegen alle lächerlichen Anstrengungen durchsetzt, sie zu beherrschen. Nach einem dokumentarischen Filmessay über das sogenannte Märchenland Schweden, der sich kritisch mit Auswüchsen der zeitgenössischen Gesellschaft auseinandersetzt, erzählt Troell in *Il Capitano* (1991), nach einem Buch von Per Olov Sundman, eine schwedische Tragödie. Ein junger Mann, begleitet von einem jungen Mädchen, lebt in einem Zustand aufsässiger Revolte gegen seine Umwelt, am Ende kommt es zu einem sinnlosen Mord, suggestive Einstellungen zeigen ihn, wie er als Täter über seinen Opfern zittert und die Zähne fletscht, die Evolution scheint zurückgedreht, der Mann ist wieder zum wilden Tier geworden. Troell erzählt auch diese fatale Geschichte ruhig, behutsam, die Zeugnisse der Zivilisation, Häuser und Straßen, versinken in sanftgrauem Sommernebel im halben Licht. Troells Kamera schwenkt an den Dingen auf und ab, als müsse sie eine Blickweise vergegenwärtigen, die sich nicht auf Anhieb orientieren kann, sondern sich gleichsam zentimeterweise der Dinge vergewissert – als würden die Objekte zum ersten Mal gesehen und vermessen werden. Troell gelingt zudem, ähnlich wie in seinem großen Emigranten-Zyklus, ein auffällig schweigsamer Film, der sich mehr in Einstellungen als in Dialogen konstituiert.

Troells Œuvre ist schmal, aber dennoch sehr bemerkenswert, nicht nur wegen der Radikalität, mit der er gegen die Moderne erzählt, um ihr in seinen Filmen keinen Platz einzuräumen, um dafür die Macht der Natur zu feiern, sondern auch wegen der außergewöhnlichen Perspektivik, die den Personen seiner Fabeln angeglichen wird und die Umwelt oft aus ›naiven‹ Augen gleichsam zum ersten Mal Gestalt gewinnen läßt. Troells zartes Naturell hat sich zweifellos nicht mit den Gewohnheiten amerikanischer Filmproduktionen vertragen (Liv Ullmann berichtet darüber). Selbst in Schweden erscheint er als Außenseiter. Doch ist Ingmar Bergman nicht der einzige, der Troell zu den größten Poeten unter den zeitgenössischen Filmemachern rechnet.

Thomas Koebner

Filmographie: 4 x 4 (Episodenfilm, 1965) – Här hat du ditt liv / Hier hast du dein Leben (1966) – Ole dole doff / Raus bist du (1968) – Utvandrarna / Emigranten (1971) – Nybyggarna / Das neue Land (1972) – Zandy's Bride / Zandys Braut (1974) – Bang! (1977) – Hurricane / Hurricane (1979) – Ingenjör Andrées luftfärd / Der Flug des Adlers (1981) – Sagolandet / Das Märchenland (Dokumentarfilm, 1988) – Il Capitano / Il Capitano (1991).

Literatur: Peter Cowie: Swedish Cinema. From *Ingeborg Holm* to *Fanny and Alexander.* Stockholm 1985. – Gösta Werner. Geschichte des schwedischen Films. Frankfurt a. M. 1988.

Margarethe von Trotta

*1942

Margarethe von Trotta wurde am 21. Februar 1942 als uneheliche Tochter des Malers Alfred Roloff und der aus Moskau stammenden Elisabeth von Trotta in Berlin geboren. Ihre Mutter zog mit ihr nach dem Krieg nach Düsseldorf, wo sie die Schulzeit verbrachte und eine Handelsschule besuchte. Während eines längeren Aufenthaltes in Paris kam sie intensiv mit Film in Berührung; sie lernte die Filme der Nouvelle

Vague kennen und wirkte selbst an einem Kurzfilm mit. Zurückgekehrt nach Düsseldorf, begann sie ein Kunststudium, das sie aber früh aufgab, um in München Romanistik und Germanistik zu studieren. Gleichzeitig besuchte sie eine Schauspielschule. Es folgten erste Engagements in Dinkelsbühl (1964), Stuttgart (1965) und Frankfurt am Main (1969). Seit 1967 war sie auch als Filmschauspielerin tätig. 1969 lernte sie während der Dreharbeiten zu *Baal* Volker Schlöndorff kennen, den sie 1971 heiratete. In dieser Zeit wirkte sie in vielen Filmen des Neuen Deutschen Films mit, u. a. in Rainer Werner Fassbinders *Götter der Pest* (1970), Reinhard Hauffs *Desaster* (1973) und Herbert Achternbuschs *Das Andechser Gefühl* (1974), daneben arbeitete sie auch als Drehbuchautorin. Bei der Verfilmung des Böll-Romans *Die verlorene Ehre der Katharina Blum* (1975) führte sie gemeinsam mit Schlöndorff Regie. Nach weiteren Filmrollen und Drehbüchern entstand 1978 mit *Das zweite Erwachen der Christa Klages* ihr erster eigener Film.

Von Trotta hat ihre – erfolgreiche – Zeit als Schauspielerin selbst als ein Durchgangsstadium betrachtet: »Ich wollte von Anfang an Filme machen. Daß ich zum Theater gegangen bin, war ein Umweg.« Daß sie diesen Umweg gehen mußte – Schauspielerin, Autorin, Co-Regisseurin –, ist sicherlich bezeichnend für die Situation von Filmemacherinnen im Deutschland der siebziger Jahre. Vermutlich ist ihm eine wesentliche Qualität ihrer Filme zu verdanken: die intensive genaue Personenführung, der man anmerkt, daß die Regisseurin sich bei der Entwicklung der Figur und der Erarbeitung der Rolle durch ihre Darstellerinnen viel Zeit läßt. Die Filme Trottas handeln vor allem von den Beziehungen zwischen Frauen, Schwestern oder Freundinnen, in einer von Männern dominierten Gesellschaft und der Auflehnung gegen diese Machtstrukturen. Oft stellen verschiedene Frauen unterschiedliche Seiten einer einzigen Person dar, wie in *Die bleierne Zeit* (1981) oder *Heller Wahn* (1982). Die Protagonistinnen sind Außenseiterinnen: Sie stehen am Rande der Gesellschaft oder brechen aus ihr aus.

Die Bedeutung, die Trotta ihren Frauenrollen gibt, zeigt sich bereits in dem mit Schlöndorff gemeinsam inszenierten und geschriebenen Film *Die verlorene Ehre der Katharina Blum*, einem »Balanceakt zwischen Melodram und Politsatire« (D. Hochmuth). Den stark schematisierten, überzeichneten Männertypen, Repräsentanten der verschiedenen Machtbereiche (ein Kommissar, ein intriganter Journalist usw.) steht eine differenziert gezeichnete, empfindsame Frau – Angela Winkler als Katharina – gegenüber, deren Präsenz dem Film sein Gewicht gibt und ihn über die Farce hinaushebt. Nach dem Erfolg des Films arbeitete Trotta zunächst weiter als Autorin, beendete aber bald die Zusammenarbeit mit Schlöndorff und bereitete die Realisierung eigener Projekte vor. In ihrem Erstling *Das zweite Erwachen der Christa Klages* beschreibt sie anhand eines authentischen Falls, des sozial motivierten Bankraubs einer Kindergärtnerin, die innere Entwicklung einer Frau, die sich durch ihre Tat isoliert und erst allmählich erkennt, daß »sie die anderen braucht, daß sie nicht ohne die anderen handeln darf« (Trotta). Die Frage nach den Möglichkeiten der Veränderung gesellschaftlicher Machtverhältnisse steht auch im Zentrum von *Die bleierne Zeit*, nun angesiedelt im ›deutschen Herbst‹ 1977. Die fiktive Filmhandlung, die sich an der Geschichte der Ensslin-Schwestern orientiert, schildert unterschiedliche Versuche der Revolte gegen ein als repressiv empfundenes System. Während Juliane Klein, die Ältere (Jutta Lampe), sich schon als Kind in einem protestantischen Pfarrhaus gegen die sie umgebenden Zwänge auflehnt und gesellschaftliche Veränderung als Ergebnis von andauerndem Widerstand gegen festgefahrene Strukturen erfährt, sucht ihre jüngere Schwester Marianne (Barbara Sukowa), in der Kindheit ein idealistisches, harmoniebedürftiges Mädchen, nach einer schnellen Lösung. Sie wendet sich dem revolutionären Kampf zu und beteiligt sich an terroristischen Gewalttaten. Trotta verzichtet aber auf aktionsreiche, spektakuläre Szenen und interessiert sich mehr für das Verhältnis zwischen den Protagonistinnen. Sie erzählt in Rückblenden die Entwicklung der Schwestern, ihre Gegensätzlichkeit, aber auch ihre Verbundenheit. Häufig wird im Film angedeutet, daß sie Doppelgängerinnen sind: z. B. beim Austausch der Pullover im Gefängnis, bei der Überlagerung der Gesichter auf der Trennscheibe, bis sie eins sind, bei der Zwangsernährung, der sich Juliane unterzieht, damit sie erfährt, was ihrer Schwester widerfährt. Marianne kommt im Gefängnis um, Juliane hingegen läuft Gefahr, sich zu isolieren, als sie versucht, diesen Tod aufzuklären. Erst als sie sich Mariannes Sohn annimmt und soziale Verantwortung übernimmt, findet sie wieder zu ihrem Weg. *Die bleierne Zeit* stellte den internationalen Durchbruch für Trotta dar und wurde zu einem der meistprämierten deutschen Filme. Er gewann u. a. 1981 in Venedig den Goldenen Löwen für den besten Film, die Regie und die Hauptdarstellerinnen, ein Jahr später das Filmband in Gold für die Produktion und darstellerische Leistung.

Nach *Heller Wahn*, einem sehr stillen Film über die wachsende Freundschaft zweier sehr unterschiedlicher Frauen, zu dem Michael Ballhaus die Bilder lieferte, beschäftigte sich Trotta lange mit den Vorbereitungen zu ihrem nächsten Film, *Rosa Luxemburg* (1986). In dem ehemaligen Fass-

Margarethe von Trotta

binder-Projekt übernahm wieder Barbara Sukowa die Hauptrolle. Ausgehend vom Material der über 2000 Briefe, die Rosa Luxemburg geschrieben hatte, gelangen der Regisseurin und ihrer Schauspielerin das konzentrierte Porträt einer starken und engagierten, im Privaten und Politischen leidenschaftlichen Frau, die trotz vieler Niederlagen sich selbst und ihre kämpferische Einstellung nicht aufgibt.

Nach ihrer Beteiligung an dem Episodenfilm *Felix* (1987) ging Trotta nach Italien. Unter der Mitarbeit der Schriftstellerin Dacia Maraini realisierte sie dort – inspiriert von Tschechows »Drei Schwestern« – *Fürchten und lieben* (1988), einen Film über das komplizierte Beziehungsgeflecht dreier Schwestern in einer italienischen Universitätsstadt. Die Hauptrollen waren mit Fanny Ardant und Greta Scacchi prominent besetzt, wie auch der folgende Film *Die Rückkehr* (1990), in dem Stefania Sandrelli, Sami Frey und einmal mehr Barbara Sukowa mitwirkten und Tonino Delli Colli die Kamera führte. Aber beide Filme wurden in Deutschland kaum rezipiert und meist als wortlastig und konstruiert empfunden. Diese deutsch-italienisch-französischen Koproduktionen wurden auch als »Musterbeispiele für Projekte« empfunden, »die dadurch, daß sie kulturelle und nationale Grenzen überwinden wollen, völlig nichtssagend geworden sind« (J. Knight). *Zeit des Zorns* (1993) war der erste Film unter Trottas Regie, zu dem sie nicht selbst das Drehbuch schrieb. Idee und Buch stammten vielmehr von Felice Laudadio, der auch die Produktion übernahm. Die Geschichte einer Ärztin, deren Mann als Richter gegen die organisierte Kriminalität ermittelt und Opfer eines Attentats wird, orientierte sich an den Geschehnissen um die Morde an zwei Richtern in Italien im Sommer 1992. »Ein Mafiafilm der bekannten Art hätte mich nicht interessiert. Aber ich fand es spannend, die psychischen Folgen von ständiger Bedrohung zu beschreiben: Die Implosion, die in den Menschen stattfindet, war mir wichtiger als spektakuläre Bombenexplosionen nachzustellen« (Trotta im Pressetext). Das Beklemmende, Gefängnishafte eines Lebens unter dem Schutz etlicher schwerbewaffneter Wachleute wird im Film detailgenau und suggestiv dargestellt.

In *Das Versprechen* (1994) beschäftigte sich Trotta einmal mehr mit der Stellung des Individuums innerhalb des historischen und politischen Kontextes. Die Geschichte einer Liebe im geteilten Deutschland wird über 30 Jahre bis zum Fall der Mauer verfolgt. Mit vielen pointierten Beobachtungen und Seitenhieben kommt der melodramatische Film ohne Schwarzweißmalerei und Schuldzuweisungen aus. Eine seiner Figuren spricht aus, was paradigmatisch für diesen Film und für alle Suchenden im Werk Margarethe von Trottas stehen kann: »Ich bin weggegangen, das ist wahr, ob ich irgendwo angekommen bin, weiß ich nicht.«

Peter Ruckriegl

Filmographie: Die verlorene Ehre der Katharina Blum (Co-Regie: Volker Schlöndorff, 1975) – Das zweite Erwachen der Christa Klages (1978) – Schwestern oder Die Balance des Glücks (1979) – Die bleierne Zeit (1981) – Heller Wahn (1982) – Rosa Luxemburg (1986) – Felix (Episode: Eva, 1987) – Paura e amore / Fürchten und lieben (1988) – L'Africana / Die Rückkehr (1990) – Il lungo silenzio / Zeit des Zorns (1993) – Das Versprechen (1994) – Winterkind (Fernsehfilm, 1997) – Mit fünfzig küssen Männer anders (Fernsehfilm, 1998) – Dunkle Tage (Fernsehfilm, 1999).

Literatur: M. v. T. (Hrsg.): Wir – die Schauspieler. München 1969. – M. v. T. / Christiane Ensslin: Rosa Luxemburg. Das Buch zum Film. Nördlingen 1986.

Claudia Hoff: Margarethe von Trotta. In: Cinegraph. Hrsg. von Hans-Michael Bock. München 1984 ff. – Dietmar Hochmuth: Margarethe von Trotta. In: Fred Gehler (Hrsg.): Regiestühle international. Berlin 1987. S. 223–258. – André Müller: Im Gespräch mit . . . Hamburg 1989. – Renate Fischetti: Großes Erzählkino mit neuen Inhalten – Margarethe von Trotta. In: Das neue Kino. Dülmen/Hiddingsel 1992. S. 151–174. – Thomas Elsaesser: Der neue deutsche Film von den Anfängen bis zu den 90er Jahren. München 1994. – Julia Knight: Frauen und der Neue deutsche Film. Marburg 1995.

François Truffaut

1932–1984

François Truffaut, am 6. Februar 1932 in Paris geboren, hatte offenbar eine unglückliche Kindheit, von der Mutter vernachlässigt und vereinsamt, wurde er schwierig und eigenbrötlerisch; daß er einen jüdischen Vater hatte, erfuhr er erst als Erwachsener. Reformschule und Fabrik waren die weiteren Stationen eines beinahe verwahrlosten jungen Menschen, der als Autodidakt später zum Inbegriff eines gebildeten und literarischen Regisseurs werden sollte. Er beteiligte sich an einem Arbeiterfilmclub, kam ins Gefängnis und wurde von dem Kritiker André Bazin herausgeholt, an Sohnes Statt angenommen und gefördert. Für dessen Filmzeitschrift »Cahiers du Cinéma« schrieb Truffaut in den folgenden Jahren zahlreiche Kritiken, deren Urteil oft heftig und unwirsch, insbesondere gegen das »cinéma bienfait«, das nur gutgemachte Kino, ausfällt, andererseits aber auch sensibel und einfühlsam. Der Militärdienst unterbrach die eingeschlagene Laufbahn, Truffaut desertierte und wurde unehrenhaft entlassen. Ein junger, unbändiger Wilder, so scheint es, der sich von der Gesellschaft nicht zähmen ließ. Und ein besessener Kinogänger, der sehr bald zwei Idole vor Augen hatte, ähnlich wie andere seiner Generation, die mit ihm später die Gruppe, wenn es denn eine ist, der Nouvelle Vague bilden sollten: erstens die Leitfigur des poetischen Realismus, Jean Renoir – aus Verehrung für Jean Renoir nannte Truffaut seine Produktionsfirma »Les Films du Carosse«, in Anlehnung an dessen Film *Die goldene Karosse* (1953) –, zweitens das kontrastive Modell des amerikanischen Kinos, des Genrefilms, des Detektivfilms, des Film noir, nicht zuletzt das Werk Alfred Hitchcocks (die Interviews, die Truffaut später, Anfang der sechziger Jahre, mit Hitchcock führte, ergaben die klassischen Werkanalysen und Methodenerörterungen des Buches »Wie haben Sie das gemacht, Mr. Hitchcock?«).

Nach Kurzfilmen entstand 1959 der erste große Spielfilm, der dem 27jährigen den Durchbruch und den ersten großen Erfolg bei den Filmfestspielen in Cannes verschaffte: *Sie küßten und sie schlugen ihn*. Mit Jean-Luc Godard, für den er sich am Skript von *Außer Atem* (1960) beteiligte, wurde er zum Hauptvertreter der Nouvelle Vague. Schon in den sechziger Jahren polarisierten sie, nicht nur in Frankreich, das Publikum. Während Godard eine ungewöhnliche, provozierende Stilistik des diskontinuierlichen Erzählens, der Sprünge und Risse vorantrieb und Geschichten für seine Filme aussuchte, in denen Menschen aus ihren Lebenszusammenhängen hinausgeschleudert werden und oft brüsk tödlich enden, entwickelte Truffaut schon früh eine elegante und »weiche« Erzählweise, die sich um Korrespondenzen der Motive und Situationen bemüht, um symmetrische Abläufe in der Inszenierung vor der Kamera, um eine schmiegsame, fließende Montage. Truffaut vereinigte Charakteristika der Filme von Jean Renoir und des amerikanischen Film noir der vierziger Jahre, dies im Zeichen feinsinniger Artistik und eines unaufdringlichen Klassizismus, der immer gelassenbescheidener Ironie Raum gibt. Während Godard mit scheinbar nicht funktionalen Szenen, Bruchstücken einer Fabel, mit willkürlichen Verschleppungen oder überlangen Passagen bei Zuschauern Verwirrung oder gar Protest hervorrief, setzte Truffaut sehr bald die Stimme eines Erzählers ein, der alle Episoden überbrückt und die Zuverlässigkeit des Berichts verbürgt. Zuerst geschah dies in *Jules und Jim* (1961), wohl dem bedeutendsten Publikumserfolg, der Truffaut je zuteil wurde. Den Detailrealismus des ersten Films griff Truffaut noch einmal in *Die süße Haut* (1964) auf – der genauen, fast peniblen Schilderung eines heimlichen Liebesverhältnisses zwischen einem älteren Mann und einer jüngeren Frau,

François Truffaut mit Fanny Ardant

einschließlich der lästigen Hindernisse und Wartezeiten, die die Freude des Paares trüben. Neben einigen Versuchen, das Film-noir-Schema nach Frankreich zu transferieren und abzuwandeln – *Schießen Sie auf den Pianisten* (1960), *Die Braut trug schwarz* (1967), *Das Geheimnis der falschen Braut* (1969), wobei die letzten beiden Filme inspiriert wurden durch Romane von William Irish, alias Cornell Woolrich, auf dessen düstere Phantasie auch Hitchcock z. B. bei *Fenster zum Hof* (1954) zurückgriff –, setzte Truffaut die Lebensgeschichte des Antoine Doinel (immer gespielt von Jean-Pierre Léaud) als »éducation sentimentale« fort, einen Zyklus, den er mit *Sie küßten und sie schlugen ihn* über den zwölfjährigen Jungen begann. Die (nicht immer) verhaltene Trauer und später vorherrschende zärtlich-spielerische Intimität, die Nah- und Nachsicht dieses Entwicklungsromans in Filmen, hatte sich gegen den Druck der Umwelt zu behaupten, z. B. den zunehmenden, 1968 im Pariser Mai gipfelnden Streit mit dem staatlichen Establishment, der plakativen Rhetorik der politischen Revolutionäre, den Anstrengungen, einen kulturellen Umbruch herbeizuführen, Anstrengungen, an denen Truffaut als bürgerliches Subjekt durchaus teilnahm. Nichts von der Wut der Straßenkämpfe und dem Schreistil der Konfliktparteien fand jedoch Eingang in seine Filme.

In *Der Wolfsjunge* (1970) griff Truffaut, der Kritiker bürgerlicher Erziehung von Beginn an und Anwalt der Kinder, indes ein Thema auf, das seinerzeit heftig diskutiert wurde: Wie weit nämlich der Mensch von Natur aus gut sei und die Kultur ihn nur deformiere, ein Gedanke, den Rousseau in die politische Debatte geworfen hatte und der im Zeichen eines neuen kulturkritischen Rousseauismus Ende der sechziger Jahre Geltung erlangte. Truffaut wich vor der erhitzten politischen Debatte in die Vergangenheit aus, was dramatische Konflikte auf klaren, beruhigten Grundrissen aufzubauen erlaubte, nicht nur im *Wolfsjungen*, sondern auch in einer zweiten Variante des Schemas »Liebe zu dritt«, in *Zwei Mädchen aus Wales und die Liebe zum Kontinent* (1972). Die selbstreflexive *Amerikanische Nacht* (1973) gibt einen ebenso scharfsichtigen wie liebenswürdigen Einblick in die Vermischung künstlerischer mit Lebensproblemen bei einer Filmproduktion.

Nach einer zweijährigen Pause schienen Truffauts Filme verändert zu sein: Die Besessenen werden zu Hauptfiguren, die, vom amour fou getrieben, sich eher dem Tod als einem Kompromißleben anheimgeben wollen, deren Besonderheit nicht als Abweichung, als Bizarrerie diskriminiert wird, deren Melancholie gerade noch, aber nicht ständig durch Heiterkeit ausbalanciert wird. Diese Personen, besessen von mehr oder weniger geheimer, auf jeden Fall unerfüllbarer Begierde, werden zu Truffauts Protagonisten, sowohl in *Die Geschichte der Adèle H.* (1975) als auch in *Der Mann, der die Frauen liebte* (1977), einem Film, in dem Truffaut seinen Schauspieler Charles Denner sogar mit der für ihn, den Regisseur selbst, so typischen kurzen Lederjacke bekleidete, damit er als Alter ego sein süßes, am Ende aber doch letales Drama erleide (nämlich die Frauen zu lieben). In *Das grüne Zimmer* (1978) spielte Truffaut selbst einen Mann, der sich von den Toten nicht mehr losreißen kann und deswegen keinen Weg zurück zu den Lebendigen findet. In *Die Frau nebenan* (1981) bringt die Heldin aus Liebesverzweiflung den Geliebten und sich selbst um. Ein letzter Höhepunkt im Spätwerk Truffauts ist *Die letzte Metro* (1980), gleichfalls ein Spiel um das Verbergen von Liebe und Leidenschaft, das seinen Platz im Paris der Kriegszeit unter deutscher Besatzung findet. *Auf Liebe und Tod* (1983) schließlich, Truffauts letzter Film, greift wieder ein amerikanisches Muster auf: Einem Mann muß geholfen werden durch eine Frau, der er das gar nicht zutraut. Eine Detektiv- und Liebeskomödie, beinahe flüchtig erzählt, damit nur eines garantiert bleibe: der Blick auf die Hauptdarstellerin Fanny Ardant.

Als Truffaut viel zu früh am 21. Oktober 1984 in Neuilly an einem Gehirntumor starb, hinterließ er drei Kinder, zwei aus der früh geschlossenen und nach wenigen Jahren geschiedenen Ehe mit Mathilde Morgenstern, der Tochter eines französischen Produzenten, die ihm finanziell ermöglichte, die meisten seiner Filme in eigener Produktion herauszubringen. Sein jüngstes Kind entstammt der Beziehung zu Fanny Ardant. Frühe Kritiken und spätere Essays hatte Truffaut selbst noch unter dem Titel »Die Filme meines Lebens« gesammelt und als Buch herausgegeben. Im Nachlaß haben sich zahlreiche Briefe gefunden, die später sorgfältig ediert wurden: ein Spiegel seiner Freundschaften und ein Zeichen seiner beinahe konservativen Wertschätzung der Schrift. Ebenfalls hat sich ein Drehbuch aus der Zeit nach *Jules und Jim* gefunden, das später von seinem ehemaligen Assistenten und Produktionsleiter Claude Miller verfilmt wurde: *Die kleine Diebin* (1988). Die Drehbücher zu seinen Filmen schrieb Truffaut zu wesentlichen Teilen selbst, seit der *Amerikanischen Nacht* – die dieses schöne Arbeitsverhältnis bezeugt – wurde Suzanne Schiffman, ehemals Skriptgirl, zur ständigen Co-Autorin.

Das Personal der Filme Truffauts setzt sich zusammen einerseits aus Heranwachsenden, Jugendlichen, unfertigen Existenzen und launischen Kindmännern, die nie ganz erwachsen werden können (wie Doinel) oder von Affekten bestimmt ihre Souveränität einbüßen, andererseits aus Frauen, die rätselhaft oder geheimnisvoll erscheinen, undurchsichtig, deren Impulse sich dem Verständnis der Männer und bisweilen auch des Erzählers entziehen (schon die zum Mythos stilisierte Catherine in *Jules und Jim*), oder die ihre Impulse unter einer Maske verstecken (wie Jeanne Moreau als todbringende Rächerin in *Die Braut trug schwarz*, wie Catherine Deneuve als undurchdringliche Femme fatale in *Das Geheimnis der schwarzen Braut* oder als hochkontrollierte, ihr Begehren verbergende Theaterchefin in *Die letzte Metro*). So herkömmlich diese Konstellation zwischen den knabenhaften Männern und den verführerischen, wegen ihres élan vital aber unberechenbaren Frauen zu sein scheint, so subtil kann Truffaut jeweils die Figuren abschattieren. Auch wenn seine Charaktere exzentrisch, sonderbar, obsessiv sind, sie verzerren sich nicht zu Karikaturen, sondern verschmelzen in sich Typologisches, Wiedererkennbares und eigentümlich Individuelles: Schema und besondere Nuance. Die Unbedingtheit, die auch Truffauts Liebenden eigen ist, dank der sie Kompromisse und Lebensvernunft beiseite schieben, hat für ihn ebenso Komisch-Rührendes wie Respektheischendes an sich. Immer wieder mustert die Kamera (seit *Der Wolfsjunge* bevorzugte der Regisseur den Kameramann Nestor Almendros) eindringlich die Gesichter, da Truffauts physiognomischem Blick keine Regung, kein Niederschlag der Lider, kein kurzes Beiseiteblicken, keine zögernde Wendung des Kopfes, kein Anflug eines Lächelns entgehen soll. Truffaut vermeidet das Pathos, den demonstrativen Akt, sein Erzählen ist leise, lakonisch und elliptisch. Er spart einzelne Handlungsmomente aus, die man sich hinzudenken muß. Er verurteilt die Kamera dazu, ein beteiligter, aber nicht überall anwesender Zeuge des Geschehens zu sein. Fenster oder Türen eröffnen die Einsicht in, die Aussicht auf Innen- und Außenräume: So stellt sich die Welt nur in Ausschnitten dar, was zwischen diesen Ausschnitten im Dunkeln, im Unsichtbaren geschieht, kann man nur ahnen. Manche Einstellungen erhalten als ›Fenster‹ zur Welt noch zusätzlich symbolischen Charakter dadurch, daß die Irisblende, die Truffaut besonders liebte und als altmodisches Erzählmoment wieder rehabilitierte, den Blick sich verengen läßt, bis er auf einem Fixpunkt, einem Gesicht oder verschlungenen Händen, verharrt, bevor sie sich endgültig schließt.

Innen und außen sind für Truffaut Zonen von tieferer Bedeutung. Desinteressiert ist er an Totalen, an Straßen- und Naturszenerien (sie finden sich äußerst selten in seinen Filmen), vielmehr ist die Situation spezifisch, die im *Wolfsjungen* immer wiederkehrt: Victor am Fenster, der einen Blick vom Innenraum, der Zivilisation bedeutet, hinauswirft, in die Natur, die er für immer verlassen und verloren hat. Dabei wird das gemeinsam bewohnte Haus meist eindeutig positiv bewertet. Es ist ein Schutzraum für Victor wie Studio und Drehorte für die Filmleute in *Die amerikanische Nacht*, wie die Bühne für die Theatergemeinschaft in *Die letzte Metro*.

Von Renoir kann Truffaut die langen Plansequenzen übernommen haben, um sich dem Kommando der Montageregeln zu widersetzen und die durch Schnitt hergestellte Appellstruktur der Bilder zu dämpfen, der Diskretion, der sanften Bewegung des Seins wegen. Von Renoir könnte auch die Inszenierung in die Tiefe, in mehreren Raumebenen stammen, so daß sich verschiedene Vorgänge oder Figurengruppen hintereinander staffeln, wodurch die Haupthandlung in ein Netz vieler Nebenhandlungen eingebettet scheint. Vom amerikanischen Film noir dagegen scheint die gegenläufige Tendenz angeregt worden zu sein, alles Unnötige auszusparen, um nicht die »Fülle des Lebens« ins Objektiv einfließen zu lassen, sondern nur die Fabel, auf die es ankommt: ein Erzählprinzip der Novellendichter, nach dem nur die Hauptfiguren und die Szenen ihrer Begegnung in Erscheinung treten dürfen. In einer so einsträngigen Geschichte von Liebe und Tod wie in *Die Frau nebenan* scheint diese Strenge am Werk zu sein, dies Gefüge der Unausweichlichkeit, doch bereits in *Jules und Jim* ist es im Ansatz erkennbar, wenngleich gemildert durch das heiter Nachlässige und Episodische des Erzählduktus.

So kann man im Werk Truffauts zwischen den konzentrierteren, dichteren Filmen – als deren Höhepunkt wohl *Der Wolfsjunge* gelten darf – und den entspannteren, offener gegliederten Filmen unterscheiden, die oft mit größerem Personal arbeiten – dazu gehören *Die amerikanische Nacht* oder *Die letzte Metro*. In beiden Gruppen herrschen ›moralische‹ Erzählungen vor, die aber nicht die Affirmation einer bürgerlichen Tugend, sondern den Konflikt zwischen dem Unzähmbar-Wilden und der Ordnung der Zivilisation im Sinn haben. Während im schmerzhaften Prozeß der Erziehung – im *Wolfsjungen* – Kultur über Natur die Oberhand zu behalten scheint, ereignet sich in den späteren Filmen genau das Umgekehrte, Leidenschaft, die auf Erden nicht erfüllbar ist, führt unweigerlich zum Tod, sowohl das unabweisliche Bedürfnis des Instinkts, Frauen sanft auf den Leib zu rücken, in *Der Mann, der die Frauen liebte*, als auch das übergroße Begehren, das, für die Betroffenen unbegreiflich, in *Die Frau nebenan* zwei normale Menschen überwältigt. In den Filmen der zweiten Gruppe hat Truffaut Zeit für liebevoll-ironische Porträts von Egoisten, Narren und Naiven. Er selbst, der einen strengen und sanften, gerechten und vertrauten Vater entbehrte, wählte für sich die Rolle mütterlich-väterlich sorgender Personen (als Regisseur in *Die amerikanische Nacht* oder als Mentor Itard in *Der Wolfsjunge*). Nur einmal – in *Das grüne Zimmer* – wird er zum traurig zarten Einzelgänger, der den Toten eher verhaftet ist als den Lebenden. Im übrigen scheint sich Truffaut auch in Antoine Doinel und anderen Figuren zu spiegeln. Truffaut empfindet eine starke Sympathie für Figuren, die dem Gebot ihrer ›Besessenheit‹ folgen, auch wenn dies den Bruch mit bürgerlichen Regeln zur Folge hat. Das Verhältnis zu dritt in *Jules und Jim* ist dafür ein Beispiel, aber auch der unausweichlich zum Ende treibende amour fou in *Die Frau nebenan*, Marion in *Die letzte Metro*, die am Ende glücklich strahlend zwischen zwei Männern steht (ohne dies als Last zu empfinden), selbst der kaum beirrbare Pädagoge Itard.

Truffauts Inszenierungsstil und Bildkomposition sind weit entfernt von schöner Regellosigkeit, sie folgen bei näherer Betrachtung dem Leitbild harmonischen Gleichgewichts, sogar ornamentalen Formen und klassischen Maßvorstellungen. Er sucht in den Gesichtern Ebenmäßigkeit und die feine Abweichung, Frisuren können Seelenzustände verraten. Häufig bewegen sich die Figuren während eines Dialogs in Kreisform durch den Raum, noch auffälliger ist Truffauts Neigung zu Symmetrien bei der hochempfindlichen Ausbalancierung der Bilder: Wenn eine Bewegung von rechts nach links erfolgt, so kann man mit großer Sicherheit erwarten, daß die nächste Bewegung von links nach rechts gerichtet ist, wenn eine Figur von links auftritt und nach rechts geht, begegnet ihr eine andere, die ihr entgegenkommt.

Merkwürdigerweise hatte der Filmregisseur Truffaut ein unbegrenztes Vertrauen in die Literatur als dem Gedächtnis der Kultur. Das Literarische macht sich nicht nur in den Erzählerstimmen bemerkbar, die sich einer Vielzahl seiner Filme überlagern und die Handlungsfäden gleichsam straffen, sondern gilt als Inbegriff des Gedächtnisses in einem sonst in Anonymität zerrinnenden Leben. Am Schluß von *Fahrenheit 451* kommt es zu einer wunderbaren und zugleich märchenhaften Szene, als diejenigen, die die wenigen Bücher gerettet haben vor der Vernichtung im Zukunftsstaat, dem sie entlaufen sind, murmelnd und repetierend hin- und hergehen, um auswendig zu lernen, was der Nachwelt erhalten bleiben soll. Am Schluß von *Der Mann, der die Frauen liebte* heißt es, daß nur ein Buch das Andenken an diesen Helden bewahre – während es doch eigentlich der Truffautsche Film ist, der dies leistet. Vielleicht ist in diesem Paradox auch die Wahrheit erkennbar: Der Film, in Truffauts Konzept, erinnert wie die Literatur – beide gleichrangig und verschwistert – an Lebensläufe, die nicht dem üblichen Karriereschema entsprechen, sondern durch tiefe Leidenschaft geprägt sind. Bei ihrer Vermittlung, dies hat Truffaut praktiziert, muß die filmische Erzählung Eleganz und Diskretion aufweisen, ästhetische Disziplin akzeptieren, wie es der französischen Tradition entspricht.

Thomas Koebner

Filmographie: Les Quatre Cents Coups / Sie küßten und sie schlugen ihn (1959) – Tirez sur le pianiste / Schießen Sie auf den Pianisten (1960) – Jules et Jim / Jules und Jim (1961) – L'Amour à vingt ans / Liebe mit zwanzig (1962) – La Peau douce / Die süße Haut (1964) – Fahrenheit 451 / Fahrenheit 451 (1966) – La Mariée était en noir / Die Braut trug schwarz (1967) – Baisers volés / Geraubte Küsse (1968) – La Sirène du Mississippi / Das Geheimnis der falschen Braut (1969) – L'Enfant sauvage / Der Wolfsjunge (1970) – Domicile conjugal / Tisch und Bett (1970) – Les Deux Anglaises et le continent / Zwei Mädchen aus Wales und die Liebe zum Kontinent (1972) – Une belle fille comme moi / Ein schönes Mädchen wie ich (1972) – La Nuit américaine / Die amerikanische Nacht (1973) – L'Histoire d'Adèle H. / Die Geschichte der Adèle H. (1975) – L'Argent de poche / Taschengeld (1976) – L'Homme qui aimait les femmes / Der Mann, der die Frauen liebte (1977) – La Chambre verte / Das grüne Zimmer (1978) – L'Amour en fuite / Liebe auf der Flucht (1979) – Le Dernier Métro / Die letzte Metro (1980) – La Femme d'à côté / Die Frau nebenan (1981) – Vivement dimanche! / Auf Liebe und Tod (1983).

Literatur: F. T.: Mr. Hitchcock, wie haben Sie das gemacht? München 1973. [Frz. Orig. 1966.] – F. T.: Die Filme meines Lebens. Neuausg. Frankfurt a. M. 1997. [Frz. Orig. 1975.] – F. T.: Briefe 1945–1984. Hrsg. von Gilles Jacob und Claude de Givray. Köln 1990.

Aline Desjardins s'entretient avec François Truffaut. Québec 1973. – François Truffaut. München/Wien 1974. (Reihe Film. 1.) – Jean Collet: Le Cinéma de François Truffaut. Paris 1977. – Willi Winkler: Die Filme von François Truffaut. München 1984. – Hervé Dalmais: Truffaut. Paris/Marseille 1987. – François Guérif: François Truffaut. Saint-Armand 1988. – Robert Fischer (Hrsg.): Monsieur Truffaut, wie haben Sie das gemacht? München 1991. – Suzanne Schiffman [u. a.]: Arbeiten mit François Truffaut. München 1992. – Wheeler Winston Dixon: The Early Film Criticism of François Truffaut. Bloomington 1993.

Agnès Varda

*1928

»Ich sehe und mache gerne Filme, die Menschen aufwärmen, ihnen Zusammenhänge klarmachen, sie aufwecken und glücklich machen.« Die Regisseurin und Drehbuchautorin Agnès Varda wurde am 30. Mai 1928 in Ixelles, Belgien, geboren. Sie wuchs in der kleinen südfranzösischen Hafenstadt Sète auf. Diesem ruhigen und beschaulichen Leben gegenüber hinterließ der Umzug nach Paris »eine furchteinflößende Erinnerung an die Ankunft in einer grauen, unmenschlichen, traurigen Stadt«. Sie studierte dort Literatur an der Sorbonne und begann eine Ausbildung zur Museumskuratorin an der École du Louvre. Sie wechselte zum Studium der Fotografie und wurde offizielle Fotografin des Théâtre national populaire. Fotojournalistische Aufträge führten sie dann weit herum in Frankreich, Deutschland und England. Von ihren Ersparnissen drehte sie schließlich ihren ersten Film.

La Pointe Courte (1955) führte Agnès Varda zurück in die Idylle ihrer Kindheit. Pointe Courte liegt ganz in der Nähe von Sète. Bereits in der Exposition ist deutlich zu erkennen, wie die ehemalige Fotografin das neue Medium erforscht. Mit langen Kamerafahrten bewegt sie sich in die Tiefe des Bildes, um schließlich, mit dem für sie ebenfalls neuen Mittel der Montage, wieder zur Fotografie zurückzukehren. Den Schnitt bei *La Pointe Courte* übernahm Alain Resnais, daher sind auch viele strukturelle Ähnlich-

Agnès Varda (r.) mit Catherine Deneuve

keiten mit seinem ersten Spielfilm *Hiroshima, mon amour* (1959) zu erkennen. Varda erzählt zwei Geschichten parallel, zum einen die eines jungen Paares (Sylvia Monfort und Philippe Noiret), dessen Ehe zu scheitern droht, und zum anderen die der Fischer, die wegen der Verschmutzung des Wassers nur in einer kleinen Bucht fischen dürfen, was für sie eine Gefährdung ihrer Existenz bedeutet. Dieser Handlungsstrang hat nicht nur dokumentarischen Charakter, die Fischer spielen sich auch selbst. Von ihrem ersten Film an neigt Varda dazu, Fiktion und Dokumentation zu verbinden. *La Pointe Courte* gilt, obwohl Varda nicht dem cineastischen Zirkel der »Cahiers du Cinéma« (wie Truffaut und Godard) angehörte, als eines der ersten Zeugnisse der Nouvelle Vague. Bis zur Entstehung von *Pointe Courte* hatte Varda gerade einmal etwa zwanzig Filme gesehen. Ihre Wurzeln sind eher in der Literatur und in den bildenden Künsten (vor allem Malerei und Fotografie) zu finden. An ihren ersten Film wollte sie auch auf literarische Weise herangehen, sie nennt das »cinécrire« (kinoschreiben). Der literarische Ansatz ist in den deutlich vorformulierten Dialogen des Ehepaares zu erkennen. Außerdem arbeitet Varda mit einem Symbolismus, der aus Literatur, Malerei und Fotografie bekannt ist. Sie setzt die Hintergründe in Bezug zu ihren Charakteren. Für das Ehepaar wirkt die Landschaft trist und befremdend, für die Fischer hingegen ist die Gegend ein normaler Bestandteil ihres Lebens.

La Pointe Courte war ein Erfolg bei der Kritik, besonders bei den späteren Protagonisten der Nouvelle Vague, die damals noch als Kritiker tätig waren, finanziell jedoch ein Desaster. Varda sah sich genötigt, sich die nächsten sieben Jahre auf Auftragsarbeiten und kleinere Filme zu beschränken, bis sie ihren nächsten abendfüllenden Spielfilm fertigstellen konnte. In *Mittwoch zwischen 5 und 7* (1962) beschreibt sie, wie eine junge Sängerin (Corinne Marchand) auf einen Untersuchungsbefund wartet, ob sie an Krebs leide oder nicht. Varda hat sich hier besonders für die Veränderung des Zeitempfindens durch emotionale Zustände interessiert. »Die Zeit vergeht schneller, wenn wir glücklich sind, und langsamer, wenn wir traurig sind oder Sorgen haben.« Im Film wird diese Theorie reflektiert, indem mit Echtzeit gearbeitet wird. Das heißt, für die Zuschauer vergeht die Zeit genauso schnell oder langsam wie für die Charaktere auf der Leinwand. Die Geschichte ist in meist dreiminütige Kapitel unterteilt, zu deren Beginn genaue Zeitangaben gemacht werden. Die Sängerin Cléo flieht, unter der Last der Erwartung einer Unglücksbotschaft, vor ihrem Starlet-Alltag und läuft ziellos durch Paris. Die Angst vor ihrem vorzeitigen Tod ist allgegenwärtig und trübt jeden Moment möglicher Ablenkung: So beobachtet Cléo beispielsweise einen Schausteller, der lebendige Frösche verschlingt. Am Ende dieser Reise, die eine Reise der Erkenntnis und zu einem neuen Selbst ist, findet Cléo eine neue Liebe, die sie ohne die Erfahrung der vergangenen zwei Stunden wahrscheinlich gar nicht beachtet hätte.

Der Zustand des Glücks, der in *Mittwoch zwischen 5 und 7* aus einer negativen Erfahrung erwächst, ist auch Thema von Vardas nächstem Film *Le Bonheur – Glück aus dem Blickwinkel des Mannes* (1965). Eine überaus frohgemute Familie verbringt den Sonntag gemeinsam im Grünen. Der Mann verliebt sich jedoch in eine andere Frau. Seine gegenwärtige Frau liebt er ebenfalls, doch mit der anderen hat er ein neues, zusätzliches Glück gefunden. Er erzählt seiner Frau bei einem ihrer Ausflüge ins Grüne davon, da er hofft, sie würde ihn verstehen. Als der Mann von seinem Mittagsschlaf erwacht, ist seine Frau tot – ertrunken im See. Seine bisherige Geliebte wird nun seine neue Frau und Mutter seiner Kinder. Der Schluß des Films schlägt den Bogen zu seinem Anfang: wir sehen die Familie glücklich vereint, mit Picknickkorb im Grünen, nur die Frau ist durch eine andere ersetzt worden. Ob das tragische Ereignis nun ein Selbstmord oder Unfall war, wird nicht geklärt. Eine eventuelle Schuldfrage wird nicht angesprochen, die Wahrheit bleibt unergründet. Varda hinterläßt mit diesem Ereignis einen Moment starken Unbehagens bei den Zuschauern. Fragen offen zu lassen war damals und ist auch heute kein besonders weit verbreitetes Phänomen im Kino. Varda manipuliert mit ihrer Inszenierung von Glück die Zuschauer. Durch die Skala warmer und leuchtender Farben, die ›sinnlichen‹ Einstellungen auf schöne Körper und Gesichter, auch durch die Musik wird vollkommenes Wohlbehagen suggeriert. Dieser scheinbar heilen Welt steht nun die ›abseitige‹ des Todes gegenüber, die indes mit dem Opfer verschwindet.

In *Die Geschöpfe* (1966) dringt der neue Roman eines Science-fiction-Schriftstellers (Michel Piccoli) in seine reale Welt ein. Er und seine nach einem Unfall verstummte Frau (Catherine Deneuve) machen auf einer kleinen Insel Urlaub. Während sich die Frau aufgrund ihrer Stummheit zurückzieht, erforscht der Mann die Insel, die zu seiner Phantasiewelt wird. Merkwürdige Ereignisse lassen ihn schließlich einen Science-fiction-Plot vermuten. Er kommt einem zurückgezogen lebenden Ingenieur auf die Spur, der sich als der klassische Mad Scientist entpuppt. Dieser fordert ihn zu einem Duell heraus. Auf einem Schachbrett spielen sie mit den Bewohnern der Insel als Figuren. Der Schriftsteller steht symbolisch für die schöpferische, der Mad Scientist für die zerstörerische Kraft. Unter ihrem Einfluß verändern sich die Menschen und ihr Schicksal. Der in Schwarzweiß gedrehte Film enthält viele surreale Momente: von farblicher Verfremdung bis zu redenden Tieren. Erst als die Frau des Schriftstellers ihr Kind gebiert, findet sie durch die Schmerzen wieder zur Sprache.

Schwangerschaft ist ein großes Thema bei Agnès Varda, das sie schon in dem Kurzfilm *L'Opéra Mouffe* (1958) aufgreift, indem sie den Straßenmarkt des linken Seine-Ufers aus der Perspektive einer schwangeren Frau zeigt. In *Die Geschöpfe* wird der intellektuelle Schöpfungsprozeß für den Schriftsteller auch als Schwangerschaft dargestellt, die parallel zu der Schwangerschaft seiner Frau verläuft.

1967 begleitete Agnès Varda ihren Ehemann Jacques Demy nach Amerika, der dort einen Film für Columbia Pictures drehte. Sie nahm die Gelegenheit wahr, ihren »Onkel Yanko« zu besuchen, den sie noch nie zuvor gesehen hatte, und machte eine Dokumentation über die Black Panthers. In *Onkel Yanko* (1968) porträtiert sie die alternative Wohnsiedlung auf einem See bei San Francisco, in der ihr Onkel lebt, als Gegenentwurf zum amerikanischen Leben – der Jagd nach dem Dollar. In *Panther* (1968) solidarisiert sie sich mit der Black-Panther-Bewegung. Varda lehnte ein Projekt für Columbia Pictures ab, nachdem ihr das Recht auf den letzten Schnitt verwehrt wurde. In *Lion's Love* (1969), aus unabhängigen Mitteln finanziert, ist es besonders schwer, Dokumentation und Inszenierung voneinander zu trennen. Die Hauptdarsteller des Films, Viva (eine Schauspielerin aus dem Warhol-Umfeld), James Rado und Gerome Ragni (Co-Autoren und Stars in *Hair*, 1977) inszenieren sich fortwährend selbst. Der Film ist aus langen Strecken der Improvisation zusammengesetzt, die der Selbstüberschätzung dieser drei lebenden Kunstwerke viel Raum gewährt. Der Film greift aktuelles Zeitgeschehen auf, die Hauptfiguren erleben das Attentat auf Robert Kennedy über das Fernsehen. Der Tod in der Realität – als Medienereignis – und in der Fiktion werden miteinander vermischt.

Nach Frankreich zurückgekehrt, gab es einen Einschnitt im kreativen Schaffen Agnès Vardas. Sie realisierte nur kleine Projekte und half Bernardo Bertolucci beim Drehbuch von *Der letzte Tango in Paris* (1972), was jedoch unerwähnt blieb. In *Die eine singt, die andere nicht* (1977) geht es um die Freundschaft zweier Frauen. Suzanne (Thérèse Liotard) lebt mit dem Fotografen Jérôme (Robert Dadiès) zusammen. Seine Kunst kann die Familie nicht ernähren. Die Abiturientin Pauline (Valérie Mairesse) verhilft der schwangeren Suzanne zu einer Abtreibung. Jérôme begeht Selbstmord. Die beiden Frauen verlieren sich aus den Augen. Als sie sich nach etwa 10 Jahren wiederbegegnen, arbeitet Suzanne in einem Familienplanungszentrum, und Pauline nennt sich inzwischen Pomme und singt in einer Band. Sie zieht mit ihrem Freund, einem Iraner, in dessen Heimat und heiratet ihn dort. Am Ende treffen sich die beiden Frauen abermals. Suzanne hat einen Arzt geheiratet, und Pomme ist jetzt hauptberuflich Sängerin und zieht ihr zweites Kind alleine groß. Wenn Pomme mit ihrer Band durch ländliche Gegenden zieht, inszeniert Varda ein Hippie-Idyll, das an die Werbeästhetik von *Le Bonheur* erinnert. Von der feministischen Bewegung der damaligen Zeit wurde der Film als zu kompromißbereit abgelehnt, vor allem die Rolle der Suzanne, die zum Schluß wieder heiratet, erregte hier Anstoß. Varda sagte dazu selbst: »Ich habe nichts gegen die Bezeichnung ›Feministin‹, aber ich denke, daß mein Film das Gegenteil eines militanten Films ist. Ich wollte, daß er für jedermann freundlich aussieht.«

Bis in die achtziger Jahre hinein widmete sich Agnès Varda verstärkt wieder Kurzfilmen und Dokumentationen. Mit ihrem nächsten Spielfilm gewann sie 1985 den Goldenen Löwen in Venedig. So wie sie mit ihren vorherigen Filmen Stimmungen der sechziger und siebziger Jahre einfing, so gelang ihr das mit *Vogelfrei* (1985) in den Achtzigern. Der Traum vom Aussteigen, vom alternativen Leben wird hier zum Alptraum – auf seine karge Wirklichkeit reduziert. Sandrine Bonnaire spielt die jugendliche Vagabundin und ehemalige Sekretärin Mona, die kompromißlos in totaler Selbstbestimmung leben möchte. Ähnlich wie Cléo 1962 durch Paris trieb, um sich selbst zu finden, so driftet Mona 1985 durch das ländliche Frankreich. Was sie findet, ist lediglich der Tod, ein symbolischer Tod, durch Erfrieren in winterlicher Einöde. Mona begegnet mehreren Menschen, mit denen sie ihre Einsamkeit beenden könnte, doch immer wäre damit ein Kompromiß verbunden, der ein Stück Selbstaufgabe bedeuten würde. Die komplette Demontage des Aussteigertraums führen ein aus den sechziger Jahren stammender Hippie und dessen Familie vor, bei denen Mona für einige Zeit unterkommt. Die Härte des natürlichen Lebens oder vielleicht nur seine persönliche Veranlagung haben ihn zum despotischen Patriarchen werden lassen. Er repräsentiert das, wovor Mona aus der Pariser Geschäftswelt floh.

Die beiden folgenden Projekte verwirklichte Agnès Varda mit der Schauspielerin Jane Birkin. Zunächst drehte sie ein Porträt über die Schauspielerin *Jane B. ... wie Birkin* (1987). Varda arbeitet mit ungewöhnlichen Mitteln, Spielsequenzen werden eingebunden, sie fährt den Körper der Birkin mit der Kamera ab, wie eine kunstvoll geschwungene Hügellandschaft, um bei ihrem Gesicht zu enden, nur ein Auge ist im Bild, auf das wir uns konzentrieren. »Wenn wir Menschen aufmachen könnten«, sagte Varda einmal, »dann würden wir in ihnen Landschaften finden.« Dieser Gedanke zieht sich konsequent durch ihr Werk, ob Menschen durch Landschaften symbolisiert oder selbst zu Landschaften werden. *Die Zeit mit Julien* (1987) entstand nach einer Idee von Jane Birkin, die auch am Drehbuch mitschrieb. Der Film beschreibt die Liebe zwischen einer 40jährigen Frau und einem 14jährigen Jungen. Einer verkehrten »Lolita« entsprechend, geht diese Geschichte maßvoller aus und endet nicht mit Mord und Totschlag. Der 14jährige Julien wird von Vardas Sohn Mathieu Demy gespielt, die 40jährige Frau von Jane Birkin. Aids forciert das Aufkommen einer neuen Prüderie. Das ist deutlich im Konflikt zwischen der pubertierenden Tochter der 40jährigen Frau und deren amourösen Interessen zu sehen. Die Tochter wird gespielt von Charlotte Gainsbourg, der Tochter von Jane Birkin und Serge Gainsbourg, der eine Ikone der sexuellen Freizügigkeit war. Das Kunstwerk Film, das sich aus den Beiträgen verschiedener Menschen zusammensetzt, wächst zu einer gemeinsamen Biographie zusammen.

Ein trauriger Anlaß inspirierte die nächste biographische Arbeit, die sich allerdings nur auf eine Person bezog, Vardas Ehemann. Jacques Demy, in seiner Kindheit. Jacquot genannt, war unheilbar an Leukämie erkrankt und starb 1990. In *Jacquot* (1991) rekonstruiert Varda Demys Kindheit in Schwarzweiß. Sobald etwas in dem Film mit Show zu tun hat, signalisiert sie Demys gesteigertes Interesse durch Farbe. Das reicht vom Kasperletheater bis zur Operette. In Einschüben, gleichfalls in Farbe, kommt auch Demy selbst zu Wort. Wie bereits bei dem Jane-Birkin-Porträt, so fährt Varda auch seinen Körper wie eine Landschaft mit der Kamera ab, um immer wieder die Fahrt beim Auge zu beenden. Über das Auge definiert Demy sich als Künstler. Nicht allein über das Auge, mit dem er physisch sieht, auch über das innere Auge, das des Visionärs.

Zum hundertsten Geburtstag des Kinos steuerte Varda eine merkwürdige Mixtur der Darstellungsweisen bei. Der greise Monsieur Cinéma (Michel Piccoli) möchte sein Gehirn trainieren und engagiert eine Filmstudentin, die ihm nach arabischem Vorbild *Hundertundeine Nacht* (1995) lang Geschichten über das Kino erzählen soll. Varda bietet für dieses Spektakel Protagonisten der Filmgeschichte als Statisten auf. Jedoch wird das Tempo des Films von einer müßig voranschreitenden Zweitgeschichte um die Freunde der Filmstudentin verschleppt, die Mittel für einen Film auftreiben wollen. Catherine Deneuve, Robert De Niro und andere Stars prallen aufeinander, wie schüchterne Kinder, die nicht wissen, worüber sie miteinander reden sollen. In einer der wenigen spannenden Episoden des Films streiten Michel Piccoli und Marcello Mastroianni darüber, welches denn nun das originärere Werk sei, *Achteinhalb* oder *Die*

Verachtung. Die Filmstudentin beschwichtigt die Streithähne mit der Bemerkung, daß beide Filme ganz unabhängig voneinander entstanden seien und somit jeder seine Berechtigung habe.

Michael Gruteser

Filmographie: La Pointe Courte / La Pointe Courte (1955) – Ô saisons, ô châteaux (Dokumentarfilm, 1957) – L'Opéra Mouffe (Kurzfilm, 1958) – Du côté de la côte (Dokumentarfilm, 1958) – Cléo de 5 à 7 / Mittwoch zwischen 5 und 7 (1962) – Salut les cubains (1963) – Le Bonheur / Le Bonheur – Glück aus dem Blickwinkel des Mannes (1965) – Les Créatures / Die Geschöpfe (1966) – Loin du Viêt-nam / Fern von Vietnam (Dokumentarfilm, 1967) – Black Panthers / Panther (Dokumentarfilm, 1968) – Uncle Yanko / Onkel Yanko (Dokumentarfilm, 1968) – Lion's Love / Lion's Love (1969) – Daguerreotypes / Daguerreotypen – Leute aus meiner Straße (Dokumentarfilm, 1974) – Les Réponses des femmes (1975) – L'une chante, l'autre pas / Die eine singt, die andere nicht (1977) – Murs Murs / Mauergeflüster (Dokumentarfilm, 1980) – Documenteur / Menschengesichter (1981) – Sans toit ni loi / Vogelfrei (1985) – Kung Fu Master / Die Zeit mit Julien (1987) – Jane B. par Agnès V. / Jane B. . . . wie Birkin (Dokumentarfilm, 1987) – Jacquot de Nantes / Jacquot (1991) – Les Desmoiselles ont eu 25 ans / Die Desmoiselles sind 25 Jahre alt geworden (Dokumentarfilm, 1993) – The Universe of Jacques Demy (1995) – Les Cent et une nuits / Hundertundeine Nacht (1995).

Literatur: Louise Heck-Rabi: Women Filmmakers: A Critical Reception by Louise Heck-Rabi. Metuchen 1984. – Claudine Delvaux: Agnès Varda. Brüssel 1987. – Bernard Bastide: Varda par Agnès. Paris 1994.

Paul Verhoeven

*1938

Paul Verhoeven, einer der wenigen niederländischen Regisseure von Weltrang, wurde am 18. Juli 1938 in Amsterdam geboren. Nach seiner Schulzeit bereiste er 1955 für ein Jahr Frankreich, um die Sprache zu studieren. In seiner anschließenden Studienzeit an der Universität von Leyden entdeckte er schließlich sein Filminteresse, das er an der Filmhochschule von Amsterdam kultivieren konnte. Seine ersten Kurzfilme *Een hagedis teveel* (1960) und *Feest* (1963) entstanden dort. Parallel erwarb er 1964 einen Doktortitel in Mathematik und Physik. Seine Militärzeit 1965 verbrachte er als Fotograf und Kameramann der Königlichen Holländischen Marine und schloß sie mit der Dokumentation *Het korps mariniers* (1965) ab.

1967 reifte Verhoevens Entschluß, fest im Medienbereich tätig zu werden. Für das holländische Fernsehen inszenierte er die Dokumentation *Portret van Anton Adriaan Mussert* (1967) und die populäre Abenteuerserie *Floris* (1968–70) mit Rutger Hauer in der Hauptrolle. Erst 1971 drehte Verhoeven mit *Was sehe ich, was sehe ich?* ein mittelmäßiges Kinodebüt in Form einer frivolen Komödie, die mit zynischem Humor die Welt zweier Prostituierten in Amsterdam beschreibt. Bereits 1972 gelang ihm jedoch mit einer »Schmuddelversion« der *Love Story* (1969), *Türkische Früchte*, wiederum mit Rutger Hauer und Monique van de Ven, der internationale Durchbruch. Der unverkrampfte Umgang mit erotischen Details, Promiskuität und jugendlichen Subkulturen hinterließ sogar bei der amerikanischen Oscar-Kommission einen bleibenden Eindruck und machte die beiden Hauptdarsteller zu Stars. Mit der Literaturverfilmung *Das Mädchen Keetje Tippel / Katies Leidenschaften* (1975) konnte Verhoeven in der Form eines historischen Sittengemäldes an seinen Erfolg anschließen. Der Film beschreibt in detailverliebter Inszenierung den Leidensweg eines armen Mädchens (van de Ven) durch die Prostitution im Amsterdam der Jahrhundertwende. Verhoevens Stil, die Härte eines leidgeprüften Lebens mit schockierenden Elementen und amüsanten Episoden kinowirksam umzusetzen, blieb für die gesamte holländische Phase (bis 1985) bestimmend. Auch das Hohelied auf die niederländische Résistance im Zweiten Weltkrieg, das er in dem vielgelobten *Soldiers* (1976) entwarf, bestätigt dies. Eine Gruppe holländischer Studenten (unter ihnen Rutger Hauer) schließt sich scheinbar aus Langeweile bei Kriegsausbruch dem Widerstand an und sorgt schließlich für die Rückkehr der holländischen Königin Wilhelmina aus dem britischen Exil. In Verhoevens Darstellung des Campuslebens flossen auch autobiographische Elemente seiner Studienzeit in Leyden ein. Wieder kontrastieren Episoden amüsanter Trivialität mit Momenten drastischer Direktheit, doch dem Regisseur gelingt hier besser als je zuvor die Verbindung von historischer Interpretation und narrativen Spannungselementen. Trotz vieler Auszeichnungen (u. a. Golden Globe 1980) blieb *Soldiers* ein selten gesehener und oft verstümmelter Film (der deutschen Videofassung fehlen fast 50 Minuten Handlung).

Den Vorwurf einer unangemessenen Roheit in der Inszenierung mußte sich Verhoeven angesichts seines Rennsportdramas *Spetters – knallhart und romantisch* (1980) gefallen lassen. Wiederum mit der gewohnten einheimischen Besetzung (Hauer, Jeroen Krabbé, Renée Soutendijk) erzählt er von den unterschiedlichen Schicksalen mehrerer motorsportbegeisterter Jugendlicher, die Opfer gesellschaftlicher Umstände werden. In der Darstellung sexueller und gewalttätiger Akte herrscht hier eine drastische Konfrontationsästhetik, die auch in der ersten amerikanischen Koproduktion *Fleisch und Blut* (1985), die im Gewand des historischen Abenteuerfilms ein Kompendium der Lieblingsmotive Verhoevens bietet, noch eine klare Handschrift des Regisseurs erkennen ließ. 1982 entstand mit *Der vierte Mann* ein mystischer Erotikthriller, der von vielen Kritikern für seinen wichtigsten Film gehalten wird und mit sieben internationalen Auszeichnungen bedacht wurde. Verhoevens Hang zu symbolgeladenen, streng stilisierten Einstellungen und Farbtableaus wird hier überdeutlich.

Mit dem Vorsatz, den »gewalttätigsten Film aller Zeiten« zu inszenieren, ging Verhoeven schließlich 1986 nach Hollywood und drehte die erfolgreiche utopische Satire *Robocop* (1987), mit der eine neue »Kaltschnäuzigkeit« in der Inszenierung von Gewalt in den amerikanischen Film Einzug hielt. Auch der etwas wirre, maßlos aufwendig produzierte Science-fiction-Film *Die totale Erinnerung* (1990), programmatisch mit Arnold Schwarzenegger besetzt, reiht sich hier ein. Erst 1991 widmete sich Verhoeven in dem prototypischen Erotikthriller *Basic Instinct* wieder seinem bevorzugten Thema: der Sexualität. Seine persönliche Vision des Hitchcock-Universums zeichnet sich durch eine äußerst konzentrierte, stilsichere Inszenierung aus, die nicht auf die Konfrontationsdramaturgie seiner früheren Werke verzichtet.

Der Versuch einer unverblümten Diagnose der menschlichen Natur durchzieht alle wichtigen Werke dieses bemerkenswerten Filmemachers, der sich immer wieder Nischen schaffen kann und letztlich mit *Basic Instinct* und *Robocop* das Hollywood-System selbst überrumpelte. Seine etwas plakative Las-Vegas-Demontage *Showgirls* (1995), die sich die Kritik am Showbusineß, vor allem an seinem Sexismus, selbst gefallen lassen muß, und die Militarismus-Satire *Starship Troopers* (1997) sind dagegen kaum ernst zu nehmen.

Marcus Stiglegger

Filmographie: Het korps mariniers (Dokumentarfilm, 1965) – Portret van Anton Adriaan Mussert (Dokumentarfilm, 1967) – Floris (Fernsehserie, 1968–70) – Wat zien ik / Was sehe ich, was sehe ich? (1971) – Turks fruit / Türkische Früchte (1973) – Keetje Tippel / Das Mädchen Keetje Tippel / Katies Leidenschaften (1975) – Soldaat van Oranje / Soldiers (1977) – Spetters / Spetters – knallhart und romantisch (1980) – De vierde man / Der vierte Mann (1983) – Flesh and Blood / Fleisch und Blut (1985) – Robocop / Robocop (1987) – Total Recall / Die totale Erinnerung (1990) – Basic Instinct / Basic Instinct (1992) – Showgirls / Showgirls (1995) – Starship Troopers / Starship Troopers (1997).

Literatur: Richard Pleuger: »Gewalt fasziniert mich, weil sie mit dem Leben zu tun hat«. [Interview mit Paul Verhoeven.] In: Cinema 1988. H. 1. S. 82. – Jean-Marc Bouineau: Le petit livre de Paul Verhoeven. Garches 1994. – Scott Orlin: »Ich will Grenzen überschreiten«. [Interview mit Paul Verhoeven.] In: Cinema 1996. H. 2. S. 49. – Rob van Sheers: Paul Verhoeven. An Authorized Biography. London 1997. – Marcus Stiglegger: Holländische Früchte. Die Filme des Paul Verhoeven. In: Splatting Image 1997. Nr. 32. S. 25–28. – Marcus Stiglegger: Tiere unter dem Firnis der Zivilisation. Die Filme des Paul Verhoeven Teil 2. In: Splatting Image 1998. Nr. 33. S. 21–25. – Marcus Tschiedert: »Ich kritisiere genau die Zustände, die mir angekreidet werden«. In: Moviestar 1998. H. 3. S. 34–36.

King Vidor

1894–1982

Bereits als Jugendlicher arbeitete Vidor als Kartenabreißer und Aushilfsvorführer im ersten Kino seines Heimatortes Galveston, Texas, wo er am 8. Februar 1894 geboren wurde. Erste Versuche als Filmemacher unternahm er als texanischer Korrespondent einer New Yorker Wochenschaugesellschaft, bevor er sich 1915 in einem Model-T gemeinsam mit seiner damaligen Frau Florence Vidor, einer Schauspielerin, auf den mehrere Wochen dauernden Weg nach Los Angeles machte. Nach kleineren Jobs bei Produktionsgesellschaften und Drehbucharbeiten konnte Vidor 1919 mit *The Turn in the Road* seinen ersten langen Spielfim realisieren. Der Film wurde von elf Ärzten finanziert. 1920 gründete Vidor eine eigene Produktionsgesellschaft, Vidor Village, die er jedoch aufgrund von finanziellen Schwierigkeiten zwei Jahre später wieder aufgab. Er machte wechselweise Filme für die Metro Company und für Sam Goldwyn und wurde nach deren Fusion zu MGM 1924 fest unter Vertrag genommen. 1926 heiratete Vidor die ebenfalls bei MGM beschäftigte Schauspielerin Eleanor Boardman. 1933 – ein Jahr zuvor war er von Boardman geschieden worden und hatte die Drehbuchautorin Elizabeth Hill geheiratet – löste Vidor seinen Vertrag bei MGM und gehörte von nun an zu den wenigen freischaffenden Regisseuren der Studio-Ära. Fünfzehn Jahre später war Vidor noch einmal für die Dauer von drei Filmen bei Warner Brothers unter Vertrag. In den sechziger Jahren übernahm er Lehraufträge an der University of California. 1978 erhielt er nach fünf Oscar-Nominierungen den Ehren-Oscar.

Vidor gehört zu den prägenden ›amerikanischen‹ Geschichtenerzählern im Hollywoodkino. Wenn man auch seinen bekanntesten Film *Duell in der Sonne* (1946) zu den Western zählt, so wird Vidor doch in erster Linie wegen seiner Melodramen wahrgenommen. *Stella Dallas* (1937) war sogar exemplarischer Gegenstand einer heftigen Debatte – vor allem A. E. Kaplan und L. Williams sind als Wortführerinnen zu nennen –, die zu einer deutlichen Schwächung dogmatischer Positionen innerhalb der feministischen Filmtheorie führte. Selbst *Duell in der Sonne* gilt nicht als genretypischer Western und wird nach A. Bazin zu jenen »Superwestern« gezählt, die sich durch eine dem Westerngenre fremde Qualität auszeichnen, in diesem Fall durch »erotisches Interesse«. Vidor selbst unterschied Filme danach, ob sie »heroic or sexual themes« behandeln. Während sich die sexuelle Thematik vermeintlich von selbst versteht, subsumiert er unter das Heldenhafte die Themenreihe »war, wheat and steel«, die er mit den Filmen *Die große Parade* (1925), *Unser täglich Brot* (1934) und *An American Romance* (1944) umsetzte. Alle drei Filme sind von einem patriotischen Pathos getragen, insbesondere *American Romance* wurde von Vidor selbst als demokratischer Propagandafilm aufgefaßt und kann als patriotische Variante des American dream verstanden werden. Der große Erfolg aller drei Filme ist nicht zuletzt auf Vidors Fähigkeit zurückzuführen, das Pathos seiner Stoffe visuell umzusetzen. Dabei steht die filmische Gestaltung des Pathos so sehr im Vordergrund, daß sich nicht selten konträre ideologische Positionen darin wiederfinden können. So wurde *Unser täglich Brot* von der Hearst-Presse kommunistische Indoktrination vorgeworfen, während man ihn auf dem Moskauer Filmfestival ausdrücklich nur mit dem zweiten Preis auszeichnete, weil man in ihm einen Lobgesang auf das kapitalistische Wirtschaftssystem zu erkennen meinte.

Vidors Heldengeschichten erzählen jedoch nicht allein von dem Individuum, das Großes für die Gemeinschaft leistet. Auch die Geschichte vom kleinen Mann, der trotz aller sozialen Härte nicht kapituliert, ist von ihm wiederholt und mit *Ein Mensch der Masse / Die Menge* (1928) als bekanntestem Beispiel in Szene gesetzt worden: als Melodram einerseits und als »heroic plot« andererseits. Zu Vidors Filmen, die um »sexual themes« kreisen, sind neben seinen Komödien, die sämtlich in der Stummfilmzeit entstanden, und *Duell in der Sonne* der überwiegende Teil seiner Melodramen zu rechnen. Eine Dreierkonstellation – in der Regel eine Frau und zwei Männer – ist gemeinsames Merkmal dieser Filme, wobei die zentralen Figuren zumeist die Frauen sind. Was R. Lang für die Melodramen aufzeigt, ist nicht nur typisch für das gesamte Genre, sondern gilt auch für alle übrigen Filme von Vidor: Sie zeigen eine Verschiebung von einem sozialen Diskurs in den zwanziger zu einem psychoanalytischen in den fünfziger Jahren. Neben der Sexualisierung von Gewalt fällt dabei auf, daß nach dem Zweiten Weltkrieg die Protagonistinnen meist selbstbewußte und rebellische Züge tragen. Zu nennen sind hier neben Pearl in *Duell in der Sonne* vor allem Rosa Moline in *Der Stachel des Bösen* (1949) und Ruby Gentry in *Wildes Blut* (1952). Es trifft aber auch für Dominique Francon zu, die weibliche Nebenfigur in *Ein Mann wie Sprengstoff* (1959) und nicht zuletzt für die Emanzipationsgeschichte der verwöhnten Natascha in *Krieg und Frieden* (1956) nach dem Roman von Leo Tolstoi. Auffällig an Vidors Filmen nach dem Zweiten Weltkrieg ist zudem, daß mehr als die Hälfte – deutlich mehr als vor dem Krieg – nach Drehbüchern von Autorinnen entstanden sind, was der allgemeinen Entwicklung vollkommen entgegenläuft.

Soweit die jeweiligen Produktionsstrukturen und -verhältnisse es ihm erlaubten, versuchte Vidor, Einfluß auf die unterschiedlichen Bereiche der Filmherstellung zu nehmen. Für viele seiner Filme hat er selbst das Drehbuch geschrieben oder daran mitgearbeitet, und bei einem mindest ebenso großen Anteil trat er als Produzent auf. Folgt man seiner eigenen Darstellung, so ging zudem nicht selten, auch während seiner Zeit bei MGM, die Filmidee von ihm aus. Als begeisterter Verehrer von David Wark Griffith orientierte sich Vidor an dessen Art der Montage. Er entwickelte hierfür ein spezielles Verfahren, das er als »silent music« bezeichnete. Dabei erfolgte der Schnitt eines Films unter Zuhilfenahme eines Metronoms, wodurch Rhythmus und Tempo fein abgestimmt und gestaltet werden konnten. Obwohl Vidor diese Vorgehensweise für seine Stummfilme entwickelt hatte, verwendete er sie auch später bei Tonfilmen. So sind auf dem Höhepunkt der Schlußszene von *Der Stachel des Bösen* ein langsamer vertikaler Kameraschwenk und zwei kurz aufeinander folgende Schnitte so komponiert, daß der Eindruck entsteht, die Musik Max Steiners für diese Sequenz hätte beim Schnitt bereits vorgelegen.

Verena Mund

Filmographie: The Turn in the Road (1919) – Better Times (1919) – The Other Half (1919) – Poor Relations (1919) – The Jack Knife Man (1920) – The Family Honor (1920) – The Sky Pilot (1921) – Love Never Dies (1921) – Conquering the Woman (1922) – Woman, Wake up (1922) – The Real Adventure (1922) – Dusk to Dawn (1922) – Peg o' My Heart (1923) – The Woman of Bronze (1923) – Three Wise Fools (1923) – Wild Oranges (1924) – Happiness (1924) – Wine of Youth (1924) – His Hour (1924) – Wife of the Centaur (1925) – Proud Flesh (1925) – The Big Parade / Die große Parade (1925) – La Bohème (1926) – Bardelys (1926) – The Magnificent (1926) – The Crowd / Ein Mensch der Masse / Die Menge (1928) – The Patsy (1928) – Show People / Show People (1928) – Hallelujah / Hallelujah (1929) – Not So Dumb (1930) – Billy the Kid / Geächtet, gefürchtet, geliebt – Billy the Kid (1930) – Street Scene (1931) – The Champ (1931) – Bird of Paradise (1932) – Cynara (1932) – Strangers Return (1933) – Our Daily Bread / Unser täglich Brot (1934) – Wedding Night (1935) – So Red the Rose (1935) – The Texas Rangers / Texas Rangers (1936) – Stella Dallas / Stella Dallas (1937) – The Citadel / Die Zitadelle (1938) – Northwest Passage / Nordwest-Passage (1940) – Comrade X / Comrade X (1940) – H. M. Pulham, Esq. (1941) – An American Romance (1944) – Duel in the Sun / Duell in der Sonne (1946) – The Fountainhead / Ein Mann wie Sprengstoff (1949) – Beyond the Forest / Der Stachel des Bösen (1949) – Lightning Strikes Twice (1951) – Ruby Gentry / Wildes Blut (1952) – Japanese War Bride (1952) – Man without a Star / Mit stahlharter Faust (1955) – War and Peace / Krieg und Frieden (1956) – Solomon and Sheba / Salomon und die Königin von Saba (1959).

Literatur: K. V.: A Tree is a Tree. New York 1953. – K. V.: On Film Making. New York 1972.

André Bazin: Die Entwicklung des Western. In: A. B.: Was ist Kino? Bausteine zur Theorie des Films. Köln 1975. [Frz. Orig. 1955.] S. 121–129. – Michel Delahaye / Luc Moullet: Entretien avec King Vidor. In: Cahiers du Cinéma 136 (1962) S. 22–26. – J. Greenburg: War, Wheat and Steel. [Interview mit King Vidor.] In: Sight and Sound 37 (1968) S. 193–197. – John Baxter: King Vidor. New York 1976. – Clive Denton: King Vidor: A Texas Poet. In: The Hollywood Professionals Bd. 5. London 1976. S. 7–55. – Anne E. Kaplan: The Case of the Missing Mother: Maternal Issues in Vidor's *Stella Dallas.* In: Heresies 16 (1983) S. 81–85. – Linda Williams: Something Else Besides a Mother. *Stella Dallas* and the Maternal Melodram. In: Cinema Journal 24 (1984) H. 1. S. 2–27. – Raymond Durgnat / Simon Scott: King Vidor, American. Berkeley / Los Angeles / London 1988. – Robert Lang: American Film Melodrama: Griffith, Vidor, Minnelli. Princeton 1988. – Laura Mulvey: Afterthoughts on »Visual Pleasure and Narrative Cinema« Inspired by King Vidor's *Duel in the Sun* (1946). In: L. M.: Visual and Other Pleasures. London 1989. S. 29–38. – Veronika Rall: »Vashty, why do you talk so much nonsense?« – »Because I have so much to remember.« Zu King Vidors *Duel in the Sun* (1946). In: Frauen und Film 54/55 (1994). S. 113–123.

Luchino Visconti

1906–1976

»Ich gehöre [...] zur Epoche von Mann, Proust, Mahler. Ich bin 1906 geboren, und die künstlerische, literarische und musikalische Welt, die mich umgeben hat, ist jene Welt. Kein Wunder, daß ich mich ihr verbunden fühle.« – Dieses ästhetische Credo Viscontis aus dem Jahr 1971 ist nicht allein signifikant für sein Spätwerk, vor allem für die Filme *Die Verdammten* (1969), *Der Tod in Venedig* (1971) und *Ludwig II.* (1973), das ganz dem Geist dieser Epoche verpflichtet ist. Viscontis Œuvre ist insgesamt das eines spätbürgerlichen Künstlers, der – wie Thomas Mann – am »Bildungsgut des neunzehnten Jahrhunderts« festhielt und zugleich durchdrungen war vom »Gefühl des Endes, des Endes eines Zeitalters, des bürgerlichen« (Th. Mann). Für Visconti war dies jedoch nicht mehr nur Gefühl; es war die Gewißheit des historischen Zuspät. Aus dem Widerspruch, dennoch die »verlorene Zeit« ästhetisch rekonstruieren zu müssen, um in ihr selbst die Vorzeichen des unabweislichen Endes zu entdecken, bezieht Viscontis Werk seine dialektische Spannung von Untergang und Übergang. Lange wollte er Thomas Manns »Zauberberg« und Prousts »À la recherche du temps perdu« verfilmen: Zeit-Romane nicht zuletzt durch die ihnen eigene Poetik der Zeit. Die Filmindustrie hat es ihm verwehrt, so wie sie zahlreiche seiner Filme zu Torsi zerschlug. Viscontis Kunstanspruch, den Film als die Kunstform des 20. Jahrhunderts in produktiver Auseinandersetzung mit der Epik und der Musik des 19. und frühen 20. Jahrhunderts weiterzuentwickeln, fand immer wieder seine Grenzen an den Imperativen der Kulturindustrie.

Luchino Visconti wurde am 2. November 1906 als Sohn des Herzogs Visconti di Modrone in Mailand geboren, als Nachkomme eines der ältesten und einst mächtigsten Adelsgeschlechter Italiens. Sein Erbe war lebenslange finanzielle Unabhängigkeit, ein aristokratischer Lebensstil, war vor allem eine umfassende Bildung und Kennerschaft der europäischen Kunst. Der junge Visconti nutzte seine Privilegien zu einem mondänen Leben als Pferdezüchter und zu ausgedehnten Reisen. Seine Haltung zum Faschismus war zunächst ambivalent. Der homosexuelle Visconti war empfänglich für den Kult der Männlichkeit, an den politischen Zielen jedoch desinteressiert. Erst die Begegnung mit Jean Renoir und anderen französischen Linksintellektuellen bewirkte eine zunehmend kritische Einstellung. An Renoirs *Eine Landpartie* (1936) arbeitete Visconti als Regieassistent und Kostümbildner mit. Eine weitere Zusammenarbeit mit Renoir, einem der Vertreter des poetischen Realismus, kam nach Ausbruch des Krieges nicht mehr zustande. Wieder in Italien, fand Visconti Zugang zu dem Kreis um die Filmzeitschrift »Cinema«, in der sich die politische Opposition gegen den Faschismus und seine Doktrin als ästhetische artikulierte. Gerade das realistische und sozialkritische Kino Renoirs war hier Vorbild für eine Erneuerung des in Konventionen und im Eskapismus gefangenen italienischen Films. Unter dem Titel »Cadaveri« (Leichen) erschien 1941 in »Cinema« Viscontis bitter-sarkastischer Nekrolog auf das Kino des Regimes.

Im Jahr darauf drehte Visconti seinen ersten Film, *Ossessione . . . Von Liebe besessen* (1943). Das Drehbuch basiert auf der französischen Übersetzung des amerikanischen Romans »The Postman Always Rings Twice« von James M. Cain, die Visconti von Renoir erhalten hatte. Aus dem naturalistischen Kriminalroman Cains wurde ein Film, mit dem eine neue Epoche der Filmgeschichte begann: die Epoche des Neorealismus. *Ossessione* wurde von der Zensur verboten und war auch nach dem Krieg lange nur in verstümmelten Fassungen zu sehen, doch für die jungen Kritiker und Künstler, denen Visconti den Film zeigen konnte, gewann er den Charakter eines Manifestes. Ein solches Manifest, in dem er die Ästhetik seines Films erläutert, veröffentlichte Visconti 1943 ebenfalls in »Cinema«: »Il cinema antropomorfico« (Das anthropomorphe Kino), ein Plädoyer für filmische »Geschichten von lebendigen Menschen«, die »inmitten der Dinge leben« (Visconti). Darin zeigt sich die Kontur einer Ästhetik, die im »lebendigen Menschen« das passionierte, leidenschaftliche Wesen sieht und in den »Dingen«, in der verdinglichten sozialen Realität, den Gegensatz des Humanen: den Widerpart, der aus Leidenschaft, die sich nicht verwirklichen kann, Leiden schafft.

Die Welt von *Ossessione*, in der eine leidenschaftliche Liebe sich bis zum Mord steigert, steigern muß, um gelebte Wirklichkeit werden zu können, vereitelt die Erfüllung des Begehrens. Nie gelingt es den Liebenden, einem Wanderarbeiter und der Besitzerin einer heruntergekommenen Trattoria, sich ihrer selbst und der sozialen Fesseln bewußt zu werden. Visconti zeigt sie stets im Gefängnis der »Dinge«. Lange Plansequenzen, eine auf Tableaus hin konzipierte Bildkomposition und Lichtführung und eine choreographische Schauspielerführung – Kennzeichen aller Filme Viscontis – konstituieren den ausweglosen Raum

Luchino Visconti

gesellschaftlicher Determination. Alle Protagonisten Viscontis sind Gefangene, Scheiternde, Untergehende, und in der Entwicklung seines Werkes wird sich paradigmatisch dafür ihr Handlungsraum immer weiter verengen: von der trostlosen Weite des Po-Deltas in *Ossessione* zu den überladenen Interieurs in den späten Filmen, aus denen kaum noch ein Blick in die Außenwelt fällt.

Schon in *Ossessione* zeigt sich Viscontis Pessimismus, von dem er später sagte, er sei einer des Intellekts, nicht des Willens. Visconti bekannte sich seit den späten vierziger Jahren immer wieder zum Marxismus Antonio Gramscis, dem Marxismus der Krise: »Die Krise besteht just darin, daß das Alte stirbt und das Neue nicht zur Welt kommen kann: während dieses Interregnums treten die verschiedenartigsten Krankheitserscheinungen auf« (Gramsci). Das Neue – das war in *Ossessione* die nur vage angedeutete Utopie einer homoerotischen anarchischen Sprengung des tradierten Gesellschafts- und Geschlechterverhältnisses, die im Verrat und in der Lüge untergeht. Das Alte, das nicht vergehen will, ist für Visconti seit seinem zweiten Film *Die Erde bebt* (1948) der Kapitalismus. Der Film verlegt einen Stoff von Giovanni Verga in die Gegenwart. Eine sizilianische Fischerfamilie verfällt, da sie dem ökonomischen Druck nicht standhält. Wie ein schleichendes Gift dringen Gebote des Kapitals in eine archaische Lebensform ein und zerstören sie. Seit *Die Erde bebt*, in dem Visconti ausschließlich mit Laien arbeitete und doch den Realismus in pittoresken Bildkompositionen ästhetisch überformte, ist seine »vision du monde« als Autor, als Stilist klar erkennbar. Der Aristokrat Visconti verachtet die bürgerlich-kapitalistische Moderne, das Zeitalter der Industrie. Der Marxist Visconti will den Untergang des Kapitalismus. Der Ästhet Visconti hingegen ist – wider seinen Willen – an jene Kunst der bürgerlichen Welt gebunden, die durch den Kapitalismus erst entstehen konnte, durch den Kapitalismus, der der Aristokratie den Untergang bereitete.

Seit 1945 hat Visconti, parallel zu seiner Filmarbeit und meist dann, wenn ihm die verwehrt war, für das Theater und das Musiktheater als Regisseur gearbeitet. Er inszenierte Shakespeare, Beaumarchais und die Dramatiker der Nachkriegszeit, von Cocteau, Anouilh und Arthur Miller bis zu Harold Pinter, und im Bereich der Oper immer wieder Verdi: historisch-epische Entwürfe von Untergang und Übergang, verdichtet zu Melodramen, nicht nur vor dem Hintergrund der Geschichte, sondern als in Geschichte haltlos verstrickte Geschichten von Leidenschaften.

Als wäre sein Neorealismus nur ein Mißverständnis gewesen, ist Viscontis *Bellissima* (1951) geradezu eine Denunziation. Der Scheinwelt des Films, die unverbrauchte Körper verlangt, fallen eine von Anna Magnani gespielte Proletarierin und deren kleine Tochter zum Opfer. Visconti ging es nie ausschließlich um Realismus, vielmehr primär um »die Wirklichkeit der Kunst« (Visconti). Kaum ein Film macht derart bitter kenntlich, wie die Illusionen der Traumfabrik Film mit dem technisch-industriellen Zugriff auf den »lebendigen Menschen« verbunden sind. Seit *Bellissima* sieht sich Viscontis Filmkunst dem Paradoxon ausgesetzt, eine Wirklichkeit der Kunst zu schaffen, die die Technizität des Mediums vergessen machen will; und seit *Sehnsucht/Senso* (1954) sind Viscontis Filme darin modern, daß sie bewußt intermedial, intertextuell organisiert sind: idealtypisch es anlegen auf die Schaffung von Gesamtkunstwerken. *Sehnsucht/Senso* ist Viscontis erster historischer Film, ein Film über das Risorgimento, den Befreiungskampf Italiens um die Mitte des 19. Jahrhunderts. Eine venezianische Aristokratin verfällt einem sie nur ausnutzenden Offizier der österreichischen Besatzungsarmee, für den sie alles verrät, nur, um von ihm verraten zu werden, weshalb auch sie ihn am Ende verrät. In *Sehnsucht/Senso* ist, wie in allen anderen Filmen Viscontis, die Leidenschaft, das Begehren, immer nur Reflex der historischen Situation, von ihr hervorgetrieben und zugleich durch sie eingeschränkt. Mehrfacher Verrat bestimmt alle Filme Viscontis. Verrat ist für ihn die Preisgabe der Leidenschaft unter dem Überdruck der Gesellschaft. Zugleich macht *Sehnsucht/Senso*, Viscontis erster Farbfilm, in aller Opulenz einer Geschichtsinterpretation den Prozeß, aus der sich nach der Befreiung vom Faschismus auch die italienische Nachkriegspolitik nährte – dem Mythos von der Befreiung des Volkes. In *Sehnsucht/Senso* wird das Volk so verraten, wie sich die Aristokratie verrät. Der Film wurde nur völlig verstümmelt in die Kinos gebracht; auch die Rekonstruktion ist ein Torso, der freilich eines einsichtig macht: Viscontis Geschichtskonstruktion. *Sehnsucht/Senso*, der Film, beginnt auf der Opernbühne, mit einer Szene aus Verdis »Il Trovatore«, und die Bühnenhandlung geht in die Filmhandlung über, in ein historisches Melodram, das zusehends artifizieller und theatralischer wird. Gerade in den Szenen scheinbar äußerster Intimität läßt Visconti die Schauspieler in Pathos-Formeln erstarren. Dann entfesselt er die Kamera wieder, nur um zu zeigen, daß die Wege seiner Protagonisten ins Nichts führen. In *Sehnsucht/Senso* vergeht das aristokratische Leben an seiner eigenen ästhetisch-emotionalen Verfeinerung.

Nach *Weiße Nächte* (1957), einer höchst artifiziellen Dostojewski-Adaption, in der nicht allein alles Historisch-Gesellschaftliche, alles Politische, sondern auch alle Psychologie getilgt ist in der fast somnambulen Inszenierung einer Traumwelt, schien Visconti an einem Ende angekommen zu sein. Ihm wurde Verrat am Neorealismus vorgeworfen. Blickt man hingegen auf Viscontis Bühnenarbeiten in diesen Jahren, dann wird klar, daß er seine Ästhetik neu bestimmen wollte. Für und mit Maria Callas inszenierte er Opern von Bellini, Verdi und Gluck – einige der größten Erfolge der Callas. Er inszenierte Tschechow, Strindberg und ein Ballett nach Thomas Manns »Mario und der Zauberer«. Visconti erprobte einen theatral-musikalischen Stil, der es, bis in Nuancen hinein verfeinert, ermöglichen könnte, die Zeit-Kunst des Films in jedem Augenblick, in jeder Einstellung und jedem Bild mit Geschichte zu sättigen. *Rocco und seine Brüder* (1960) ist dieser Film, und auch er wurde von der Zensur und der Industrie verstümmelt. Der Film ist unmittelbar in der italienischen Gegenwart angesiedelt; er will direkt provozieren. Eine aus Süditalien nach Mailand kommende Großfamilie hält dem Druck und der Kälte der Industriemetropole nicht stand. Das archaische Familienethos wird abgelöst durch das kapitalistische Tauschprinzip: Ehre gegen Geld, Körper gegen Geld. Das Boxen und die Prostitution sind in *Rocco und seine Brüder* die im Kapitalismus verbleibenden Lebensformen des sich gegen die Verdinglichung durch Einsatz des eigenen Körpers als Ware wappnen wollenden Menschen. Viscontis Inszenierung macht klar, daß dies nicht nur metaphorisch zu verstehen ist. *Rocco und seine Brüder* ist, obwohl als epische Chronik angelegt, ein Film der Situationen, der verdichteten Momente: ein Film der Körper in kalten, sie bedrohenden Räumen, die sich um sie schließen wollen. Was diese soziale Rahmung sprengen soll, ist das Pathos expressiver Gesten, wobei Visconti nicht vor christlicher Symbolik zurückscheut. Der Film ist eine Passionsgeschichte, in der die (revolutionäre) Erlösung aus der Verdinglichung einzig als utopische Hoffnung bleibt.

Mit dem historischen Epos *Der Leopard* (1963), nach dem gleichnamigen Roman von Tomasi di Lampedusa, kehrte Visconti in die Epoche des Risorgimento zurück. Der sizilianische Fürst von Salina (Burt Lancaster in seiner wohl bedeutendsten Rolle) ist noch einmal, ein letztes Mal, Zentrum einer Welt, die sich im Zustand radikalen Wandels befindet, allerdings – wie der Fürst es ahnt – nicht zum Besseren. Mit der Bourgeoisie gelangt die Berechnung, das kalte Taxieren und Taktieren an die Macht. Dem Adel, den Leoparden, bleibt nur die Resignation. Die Pracht und der Verfall des aristokratischen Lebens werden von Visconti mit ungeheurer Opulenz und zugleich akribisch genau inszeniert; das Zeitgefühl dieser abtretenden Klasse, die in Jahrhunderten dachte, die sich ewig wähnte wie die Natur, wird in der Mise en scène sinnlich erfahrbar. Fast historisch-anthropologisch rekonstruiert Visconti den Beginn der Moderne auch als Wandel, der sich an den Körpern vollzieht, in Gestik und Mimik, im Erotisch-Sensuellen. *Der Leopard* ist eine Elegie über das Verschwinden der Schönheit und über den sozialen Tod einer Klasse, die ihren Bestand nur noch im Kompromiß wahren kann, während das Bürgertum kompromißlos die Hoffnungen des Volkes verrät. Die ästhetischen und die politischen Intentionen des Films waren lange nur zu erahnen, da in den unterschiedlichen Fassungen, die in den Verleih kamen, bis zu vierzig Minuten aus dem Original von dreieinhalb Stunden Dauer entfernt waren.

Sandra (1965) und die Camus-Verfilmung *Der Fremde* (1967) setzen, in der Gegenwart spielend, die filmische Exploration der Moderne fort. In beiden Filmen dominiert der bisher »geheime Fatalismus« Viscontis (W. Schütte). Nie kam er dem Freudschen »Unbehagen in der Kultur« näher als in dem an die »Orestie« des Aischylos angelehnten Film *Sandra*. Eine junge Frau wird mit der Vergangenheit ihrer bürgerlichen Familie konfrontiert, mit dem möglichen Verrat des Vaters an die Faschisten durch die Mutter, mit dem möglichen und verdrängten Inzest mit dem Bruder. In der Etruskerstadt Volterra führt jeder Schritt aus den Verstrickungen der Vergangenheit nur in tiefere Schichten, letztlich in völlige Regression. Zur Katharsis sind Viscontis bourgeoise Protagonisten nicht mehr fähig. Mythisch bannt sie der Schuldzusammenhang ihres Lebens, und die Inszenierung läßt sie in diesem Schwarzweißfilm kaum noch aus den Räumen, ihrem Kerker der Erinnerung, hervortreten. Schuld, wieder eine, die nicht bewußt wird, ist Thema in *Der Fremde*. Der Algerienfranzose Meursault erschießt ohne Grund einen Araber und wird zum Tod verurteilt, was er ebenso gleichgültig hinnimmt. Der indolente Held – nach *Weiße Nächte* arbeitete Visconti hier erneut mit Marcello Mastroianni – ist jetzt jedoch der rätselhafte Widerpart der bürgerlich-kolonialistischen Gesellschaft; er ist sich und allen und allem fremd.

Weltfremdheit warf die Kritik dann vielfach Viscontis Spätwerk vor, vor allem der »deutschen Trilogie« *Die Verdammten* (1969), *Der Tod in Venedig* (1971) und *Ludwig II.* (1973): Flucht in die Vergangenheit, Geschichtskolportage, ein opernhaftes Pathos, Triumph der Stilisierung, der Ästhetisierung über die Politik. Dabei stehen in diesen Filmen Ästhetik und Politik in einem so engen Zusammenhang wie in keinem anderen Werk Viscontis zuvor: die Ästhetisierung des Politischen, wie sie sich in der deutschen Kulturgeschichte mit Richard Wagner und seinem Mäzen, dem bayerischen »Märchenkönig« Ludwig II., anbahnt, wie sie in der »machtgeschützten Innerlichkeit« (Th. Mann) um 1900 kulminiert und schließlich in der Ideologie des Dritten Reiches den Grad erreicht, in dem »Vernichtung« der Kultur zum »ästhetischen Genuß ersten Ranges« wird (W. Benjamin) – das ist Thema der Trilogie, die jedoch auch, und das disponierte sie geradezu zum Mißverstandenwerden, gefärbt ist von Viscontis Faszination an dieser »Götterdämmerung«. *Die Verdammten* verknüpft Motive von Thomas Mann, erneut Aischylos, Shakespeare und Dostojewski zu einem Inferno, zur Geschichte des Verfalls einer deutschen Großindustriellenfamilie in den ersten Jahren des Dritten Reiches, und schon der Originaltitel *La caduta degli dei* verweist auf Wagners mythopoetisches Gesamtkunstwerk, auf den »Ring des Nibelungen«. Der Nationalsozialismus ist in Viscontis Sicht eine Inszenierung totalitärer Macht, die die Subjekte unterwirft, indem sie deren Begehren vom Eros auf den Tod, auf die Destruktion umpolt. Dem widersteht weder die bürgerliche Kultur noch die proletarische. *Die Verdammten* ist Viscontis »Endspiel« jeder Kultur. Der nicht zu leugnende Kolportagecharakter der Handlung und auch der Figuren ist ästhetisch-politische Intention. Die Charaktere, die sich dem Faschismus ergeben, sind nur mehr Charaktermasken, Totenmasken, als die Visconti sie am Ende des Films auftreten läßt, wenn eine Hochzeit zur Totenfeier wird.

Mit den beiden folgenden Teilen der Trilogie zielt Viscontis Spektralanalyse der deutschen Kulturgeschichte auf die Ursachen des Umschlags von aristokratisch-bürgerlicher Kultur in Barbarei. *Der Tod in Venedig*, die Verfilmung von Thomas Manns Novelle »Der Tod in Venedig«, macht aus dem Schriftsteller Aschenbach einen Komponisten, der in der Lagunenstadt kurz vor dem Ausbruch des Ersten Weltkrieges weniger der Schönheit des Knaben Tadzio erliegt als der Unfähigkeit, aus seinem Charakterpanzer rigider Geistigkeit und Ethik auszubrechen. Aschenbach, der geistige Schönheit schafft, ist den Bedrängungen der sinnlichen Schönheit, den Verlockungen der Homoerotik nicht gewachsen und läßt sich in den Tod gleiten. Diese letale Bewegung strukturiert die Mise en scène: lange Plansequenzen mit langsamen Fahrten und Schwenks der Kamera (Pasquale De Santis), eine präzise Farbdramaturgie, die das Morbide Venedigs akzentuiert, und die Darstellung Aschenbachs durch Dirk Bogarde machen aus *Der Tod in Venedig* eine Vision des Untergangs, die durch den Einsatz von Gustav Mahlers Adagietto aus der 5. Sinfonie den Rhythmus traumhaften Verdämmerns erhält. Die oft fast maßlose Schönheit von Viscontis Bildkomposition – der Film ist passagenweise ornamental wie der Jugendstil – verdeckt jedoch nie, daß der Tod hier Herrschaft erlangt, weil diese Kultur sich überlebt hat. Sie stirbt nicht allein an Sublimierung, die zur Anämie führt; sie geht zugrunde, weil sie ihrer Idee von Schönheit, ihrem Glücksversprechen gesellschaftlich nie für alle gerecht werden konnte.

Formuliert in der »deutschen Trilogie« *Die Verdammten* die These vom Ende der Kultur und von der Heraufkunft einer perversen Schönheit der Monstren und der Destruktion und ist *Der Tod in Venedig* die Antithese, gleichermaßen unzeitgemäß und provokant, daß eine Kultur vergeht, weil sie das Versprechen sinnlichen Glücks aller in der Idee der Schönheit in sich birgt und nicht realisieren kann, so ist *Ludwig II.* die Synthese, die noch einmal aufscheinen läßt, was als Wille eines einzelnen möglich war – und scheitern mußte. *Ludwig II.*, der Film über den König von Bayern, der mit Hilfe der Kunst den Staat ästhetisieren wollte, ist Viscontis intendiertes Opus magnum. Von der Krönung Ludwigs bis zu seinem mysteriösen Tod im Starnberger See 1886 umfaßt der Film mehr als zwanzig Jahre deutscher und europäischer Geschichte – gespiegelt einzig im Bewußtsein des Königs, dessen geistiger und physischer Verfall wiederum Allegorie eines gesellschaftlichen ist: Fin de siècle, Agonie des Alten und des Neuen. Viscontis weitausgreifendster Film ist zugleich seine intimste Charakterstudie. Alles ist verdichtet in überladenen Innenräumen; nur wenige Sequenzen zeigen Tageslicht, der Film ist ein Notturno – in der Originallänge von vier Stunden macht *Ludwig II.* auch durch die Darstellung des Königs von Helmut Berger vollends klar, worauf Visconti zielte. In *Ludwig II.* tritt die europäische Kultur am Ende des 19. Jahrhunderts in einen Zustand totaler Künstlichkeit ein; Transzendenz erwartet sie als Selbsterlösung in künstlichen Paradiesen. In ihnen aber stirbt das Leben ab. Geschichte wendet sich in Naturgeschichte, die der König als Verfall am eigenen Leibe erlebt. Viscontis Mise en scène betont das Klaustrophobische eines Binnenraumes des zunehmend delirierenden Bewußtseins durch eine strenge Kadrierung und durch eine Montage (Ruggero Mastroianni), die den Protagonisten immer stärker separiert, ihn zusehends welt-fremd werden läßt.

Fügt man die »deutsche Trilogie« aus der Chronologie der Entstehung in die historische Chronologie, so ergibt sich eine Perspektive von Viscontis ästhetischer Geschichtsphilosophie: Aus den Aus- und Aufbrüchen der Spätromantik, die das Glücksversprechen des Schönen zu realisieren hoffen, führt der Weg in künstliche Paradiese ästhetischen Selbsterlösungswahns, dann in die Aporie einer vergeistigten Kunst, die das Sinnlich-Schöne nicht mehr zu ergreifen vermag, und am Ende ersteht eine Welt, in der das Beharren auf Form totalitär wird. Nicht zufällig heißt der SS-Mann, der in *Die Verdammten* machiavellistisch kalt und ästhetizistisch spielerisch die Intrige in Gang setzt, Aschenbach.

Die beiden letzten Filme Viscontis, die man jeweils als Testament bezeichnet hat, da der Regisseur sie, bereits schwer erkrankt, als letzte Filme angesehen haben mag, führen ein Gesamtwerk konsequent zu Ende. *Gewalt und Leidenschaft* (1974) situiert in der Gegenwart einen alternden Professor und Kunstliebhaber (Burt Lancaster) in persönlichen und politischen Verstrikkungen, die von ihm Entscheidungen verlangen, zu denen er nicht mehr fähig ist. Noch einmal deutet Visconti eine Aschenbach-Tadzio-Konstellation an, noch einmal wird die Schönheit von einst gegen die Krudität der Gegenwart beschworen, doch das Ästhetische motiviert weniger denn je ein Ethos des Handelns, nur noch eine Rhetorik der Verweigerung und des Entsagens. *Gewalt und Leidenschaft* ist Viscontis dialoglastigster Film, als gälte es, letzte Botschaften zu senden. *L'Innocente – Die Unschuld* (1976), die Verfilmung des gleichnamigen Romans von Gabriele D'Annunzio, eines Ästheten und späteren Faschisten, die Visconti an den Rollstuhl gefesselt inszenierte und von der er nur den Rohschnitt fertigstellen konnte, die Premiere nicht mehr erlebte, ist ein Werk der Abrechnung, der Wut auch, und doch ein genau inszenierter Abschied von der Welt der Jahrhundertwende, die die Monstren hervorbrachte, von denen Visconti sich selbst umgeben sah. Tullio, der Protagonist, ein Aristokrat, lebt als Agnostiker und Verächter aller Werte. Als er erfährt, daß seine Frau ein Kind von einem anderen Mann geboren hat, tötet er das Kind und zerstört dadurch seine Frau. Erst seine Geliebte macht ihm deutlich, wie leer seine Existenz immer schon war. Anders als bei D'Annunzio erschießt sich in Viscontis Film Tullio am Ende. Viscontis letzter Film endet mit der Einstellung, in der eine Frau davongeht. »Wir leben heute in einer brutalen, sehr äußerlichen und oberflächlichen Welt« (Visconti). Für diese Welt fand Visconti keine Bilder mehr. Seine Imagination ist gerade in seinem letzten Film ganz verbunden dem sinnlichen Reichtum eben der Welt, der er entstammte und von der er immer Bilder entwarf, die sie in ihrer Schönheit und in ihrem Schrecken zeigen.

Bernd Kiefer

Filmographie: Ossessione / Ossessione ... Von Liebe besessen (1943) – La terra trema / Die Erde bebt (1948) – Bellisima / Bellissima (1951) – Senso / Sehnsucht / Senso (1954) – Le notti bianche / Weiße Nächte (1957) – Rocco e i suoi fratelli / Rocco und seine Brüder (1960) – Il Gattopardo / Der Leopard (1963) – Vaghe stelle dell'Orsa ... / Sandra (1965) – Lo straniero / Der Fremde (1967) – La caduta degli dei / Die Verdammten (1969) – Morte a Venezia / Der Tod in Venedig (1971) – Ludwig / Ludwig II. (1973) – Gruppo di famiglia in un interno / Gewalt und Leidenschaft (1974) – L'innocente / L'Innocente – Die Unschuld (1976).

Literatur: Geoffrey Nowell-Smith: Visconti. New York 1973. – Luchino Visconti. München/ Wien 1976. (Reihe Film. 4.) – Guido Aristarco: Su Visconti. Rom 1986. – Laurence Schifano: Luchino Visconti. Fürst des Films. Gernsbach 1988. [Frz. Orig. 1987.] – Rolf Schüler (Hrsg.): Visconti. Berlin 1995. – Peter Bondanella. Italian Cinema. From Neorealism to the Present. New York 1996. – Henry Bacon: Visconti. Explorations of Beauty and Decay. Cambridge 1998.

Andrzej Wajda

*1926

Andrzej Wajda wurde am 6. März 1926 in Suwałki als Sohn eines Offiziers und einer Lehrerin geboren. Die militärische Karriere des Vaters prägte die Wohnorte und die Atmosphäre, in denen der junge Wajda aufwuchs. Sein Vater kehrte aus dem Krieg nicht zurück. Er gehörte zu den Opfern des Massakers in Katyń. Wajda war in der Besatzungszeit Mitglied der polnischen Heimatarmee. Nach dem Krieg schloß er die Schule ab, studierte von 1946 bis 1949 in Krakau Kunst. Hier beschäftigte er sich intensiv mit Jacek Malczewski und Stanisław Wyspiański, zwei vom Jugendstil und vom Symbolismus geprägten Künstlern der Jahrhundertwende, und lernte den malenden Visionär Andrzej Wróblewski kennen. Ohne das Kunststudium abgeschlossen zu haben, ging Wajda schließlich an die Filmhochschule in Lodz. 1953 schloß er sein Studium dort ab. Im selben Jahr absolvierte er seine erste Regieassistenz bei Altmeister Aleksander Ford, seit 1954 dreht er eigene Spielfilme, seit 1962 auch Fernsehspiele.

Seit 1959 ist Wajda auch als Theaterregisseur tätig und hat u. a. in Warschau, Krakau, Moskau und Zürich eine breite Palette an klassischen und modernen Stücken polnischer und internationaler Autoren inszeniert. In vielen Fällen regten ihn Theateraufführungen zu späteren Filmen an, z. B. »Die Hochzeit« von Wyspiański (Krakau 1962), »Die Besessenen« von Camus nach Dostojewski (Krakau 1971) oder »Der Fall Danton« von Stanisław Przybyszewski (Warschau 1975).

Nicht nur durch sein eigenes Filmschaffen, sondern auch durch seine Dozententätigkeit an der Filmhochschule in Lodz, seine Aktivität im polnischen Filmverband, dessen Präsident er 1978–1983 war, und in der Redaktion der Zeitschrift »Kino« hat Wajda eine große Rolle in der Kinematographie seines Landes gespielt. Auch politisch hat er sich lange Zeit engagiert: Von 1980 bis 1989 war er Solidarność-Mitglied, von 1989 bis 1991 Senator im Parlament und schließlich von 1992 bis 1994 Vorsitzender des Kulturrates beim Staatspräsidenten Wałęsa.

Wajda absolvierte seine Filmausbildung in jener kurzen Zeit, in der in Polen das strenge Normensystem des sozialistischen Realismus mit seinen positiven Helden, die sich der Klassenkampfsituation bewußt sind oder werden, als verbindlich galt. Dies schlug sich in seinem ersten eigenen Langfilm *Eine Generation* (1955), der eine Episode des kommunistischen Widerstandes gegen die deutsche Besatzungsmacht im Zweiten Weltkrieg schildert, noch recht deutlich in der Gestalt des jugendlichen Haupthelden Stach nieder. Eine viel interessantere (Neben-)Figur hingegen ist der unentschlossene, in sich zerrissene Jude Jasio Krone, dessen Todesszene berühmt geworden ist: Im runden, zum Dach hin verschlossenen Treppenhaus eines Altbaus, verfolgt von einer deutschen Patrouille, stürzt er sich in die Tiefe. Die expressive Bildsprache dieser Sequenz evoziert nicht nur die Assoziation der Ikarusbilder von Wróblewski; Wajda nimmt hier auch ein zentrales Motiv der kommenden, von ihm und Andrzej Munk geprägten Epoche des polnischen Spielfilms vorweg, die französische Kritiker »Polnische Schule« tauften: Der Teufelskreis (»błędne koło«, so übrigens auch der Titel eines allegorischen Gemäldes von Malczewski), die Situation ohne Ausweg, in der sich der Held verfängt, erlangt nach Jahren der Verpöntheit des Tragischen im sozialistischen Realismus große Bedeutung.

Trotz der teilweise sehr unterschiedlichen Stile der einzelnen Regisseure weist in den Filmen der Polnischen Schule die Tragik des einsamen Helden doch auch immer auf die historische Ausweglosigkeit in der Situation Polens hin. Für Wajdas Generation war der Zweite Weltkrieg Ursprung dreier nationaler Komplexe, die sich in den Filmen widerspiegeln: der Komplex des September (des Zusammenbruchs der polnischen Verteidigung 1939), der Heimatarmee (die die ganze Besatzungszeit über entschlossen Widerstand leistete, in der Nachkriegszeit aber als reaktionäre Gruppierung diffamiert wurde) und des Warschauer Aufstandes 1944 (bei dem der erste Feind, die Deutschen, mit rücksichtsloser Brutalität gegen das letzte Aufgebot der Heimatarmee vorging, während der zweite, die Sowjets, anstatt die polnischen Kämpfer zu unterstützen, vor den Toren Warschaus auf die leichte Einnahme der zerstörten Hauptstadt wartete – eine Tatsache, die in den Filmen nicht ausgesprochen, aber immer mitgedacht wird).

Wajdas Beiträge zur Polnischen Schule werden gewöhnlich einerseits mit der Literatur der Romantik und den tragischen Helden der Dichtungen und Dramen Adam Mickiewiczs und Juliusz Słowackis und andererseits mit der Kunst des Barock und seiner ausladenden, expressiven Bild- und Formenfülle assoziiert. *Der Kanal* (1957) ist der erste Film, der stilistisch voll der Polnischen Schule zuzurechnen ist, und gleichzeitig der erste Film, der den Warschauer Aufstand (in seiner letzten Phase) thematisiert. Ein Voice-over-Kommentar zu Beginn des Films läßt keinen Zweifel daran, daß das Schicksal seiner Helden, eines versprengten Grüppchens von Heimatarmisten, bereits besiegelt ist. Bei dem Versuch, durch das Labyrinth der Kanalisation in einen noch von den Aufständischen gehaltenen Stadtteil zu fliehen, scheitern die einzelnen Protagonisten nacheinander. Kein Detail der Handlung widerspricht dem historisch Verbürgten, und die vom italienischen Neorealismus beeinflußte Schauspielerführung und Lichtdramaturgie läßt den Film streckenweise fast dokumentarisch erscheinen. Gleichzeitig aber drängt sich beim zentralen Bild des undurchsichtigen Labyrinths, dessen vermeintliche Ausgänge sämtlich in den Tod führen (durch Sprengfallen, deutsche Soldaten oder langsames Dahinsiechen an einem Eisengitter im Angesicht der Freiheit), ein sinnbildhaftes Verständnis auf. Zadra, der letzte Überlebende, steigt in der Schlußszene zurück in die Dunkelheit der Kanalisation: Das Irren des Polen durch die Geschichte geht weiter.

Asche und Diamant (1958) ist Wajdas berühmtestes Werk. Die Entscheidung des Heimatarmisten Maciek Chełmicki, am Tag des Kriegsendes bereits ohne Überzeugung einen letzten Auftrag auszuführen und den alternden Arbeiterführer Szczuka zu ermorden, bevor er selbst, genau so sinnlos wie zuvor sein Opfer, ums Leben kommt, steht im Mittelpunkt der Filmhandlung. Nach dem Roman von Jerzy Andrzejewski lokalisiert *Asche und Diamant* ein Bild der Tragik, des Untergangs und des Werteverlusts just in dem historischen Augenblick, in dem ein neues, befreites Polen ersteht: Während die beiden aufrichtigen, gläubigen Kämpfer für ihre Sache untergehen, feiert im ersten Hotel am Platz die alte Hautevolee, ein Häuflein rückgratloser Karrieristen, ihr vermeintliches Comeback. Die Polonaise im fahlen Licht des Morgengrauens, begleitet von den schrägen Klängen eines Orchesters, das genauso betrunken ist wie die Tänzer, erinnert jedoch mehr an einen barocken Totentanz als an einen Triumphzug. Weitere »barocke« Einstellungen dieses mit internationalen Preisen überhäuften Films gingen in die Filmgeschichte ein: das am Hinterausgang des Hotels umherirrende Pferd (ein geläufiges Symbol des alten, aristokratisch geprägten Polen), das durch Kriegseinwirkung umgekehrt hängende Kruzifix in der Kirche, in der zwei »versehentliche« Opfer Macieks aufgebahrt liegen, das Siegesfeuerwerk, das genau in dem Moment beginnt, als der tödlich getroffene Szczuka in die Arme seines Mörders fällt, schließlich der Tod des von einer Streife zwischen aufgehängter weißer Wäsche getroffenen und sich noch zu einer Müllkippe weiterschleppenden Maciek.

Asche und Diamant verhalf dem Schauspieler Zbigniew Cybulski zum großen Durchbruch. Mit seinen Markenzeichen Sonnenbrille, Lederjacke und hochgekämmten Haaren schien er mehr den jungen Menschen der fünfziger Jahre denn der unmittelbaren Nachkriegszeit zu verkörpern und wurde so in der zeitgenössischen Rezeption zu einer Art polnischem James Dean, mit dem das Jugendidol 1967 sogar das Schicksal eines frühen Unfalltods teilte. Nach *Lotna* (1959), einer weiteren Kriegstragödie, die dem Untergang der polnischen Kavallerie im September 1939 gewidmet ist, wandte sich Wajda mit *Die unschuldigen Zauberer* (1960) erstmals explizit dem Thema der jungen Generation der Gegenwart zu: Ein junger Mann und ein Mädchen verbringen eine Nacht in einer Großstadtwohnung mit diversen, erotisch konnotierten »Spielen«, kommen sich aber emotional letztlich nicht näher.

Das monumentale Cinemascope-Historienepos *Legionäre* (1965) nach dem gleichnamigen Roman des neoromantischen Schriftstellers Stefan Żeromski gilt als der letzte Widerhall der Polnischen Schule. Lokalisiert nicht im Umfeld des Zweiten Weltkriegs, sondern in der napoleonischen Zeit, während der viele Polen in der französischen Armee an den entlegensten Fronten dienten und in der Hoffnung auf die eigene nationale Wiedergeburt den Freiheitsdrang anderer Völker unterdrückten, löste der Film in Polen heftigere Diskussionen aus als jedes andere Werk des Regisseurs. Es ging Wajda hier weniger um eine exakte historische Rekonstruktion der dargestellten Zeit, die seine Kritiker u. a. vermißten, sondern um ein weiteres, zuweilen drastisches Bild des im Teufelskreis aus erlittenem und zugefügtem Unrecht gefangenen Polen. In *Legionäre* hatte Daniel Olbrychski seine erste Hauptrolle in einem Wajda-Film, der nach Tadeusz Łomnicki (*Eine Generation*, *Die unschuldigen Zauberer*) und Cybulski dritte und wohl wichtigste Lieblingsprotagonist des Regisseurs.

Wajdas einziger das Kino selbst thematisierende Film, *Alles zu verkaufen* (1968), knüpft stilistisch an Fellinis *Achteinhalb* (1963) an und läßt mehrere Ebenen von Realität, Film und Film im Film in meisterhaften Täuschungsverfahren ineinander übergehen. Thema ist die Ratlosigkeit eines Filmteams, dem der Hauptdarsteller fehlt. Äußerer Anlaß des Films ist der Tod Cybulskis, dessen Umstände in der Anfangssequenz als Film im Film rekonstruiert werden.

Landschaft nach der Schlacht (1970) ist vielleicht Wajdas düsterster Film: Ein von Olbrychski verkörperter polnischer Intellektueller erlebt den Neuanfang 1945 als entlassener KZ-Häftling in einem amerikanisch verwalteten Übergangslager. Wie viele seiner Schicksalsgenossen in der Haft zum zynischen Misanthropen geworden, erlebt er noch einmal einen kurzen Liebesfrühling mit einer jungen Jüdin, die dann durch ein Mißverständnis von amerikanischen Wachsoldaten sinnloserweise erschossen wird. In einer ins Groteske verzerrten Schlußsequenz endet die Laienaufführung eines Stücks über die Schlacht bei Grunwald mit dem Deutschritterorden in einem Tumult, den nur das spontane Absingen der Nationalhymne unterbricht. Hier verdichtet Wajda seine mythenzerstörende Vision einer von der Last der Geschichte von Anfang an erdrückten nationalen Wiedergeburt.

Nach *Birkenhain* (1970), einer in der Provinz der Zwischenkriegszeit spielenden, symbolistischen Parabel über Leben und Tod, und der hochgelobten Wyspiański-Verfilmung *Die Hochzeit* (1972), die noch einmal, anhand einer schichtenübergreifenden Mésalliance im Krakau der Teilungszeit, das Thema des zerrissenen und orientierungslos umherirrenden Polen beschwört, schuf Wajda mit *Das gelobte Land* (1975) ein großangelegtes Leinwandepos, das viele für eines der bedeutendsten Werke des polnischen Nachkriegsfilms halten. Im gründerzeitlichen Lodz bauen ein Pole, ein Jude und ein deutscher Jungunternehmer gemeinsam eine Textilfabrik auf. Um an ihr Ziel zu gelangen, schrecken sie vor keinem Menschenopfer, keiner Intrige und schließlich auch vor Gewehrsalven auf streikende Arbeiter nicht zurück. In der Sequenz des

Großbrands der Fabrik manifestiert sich die zentrale Metapher des menschengemachten Infernos. Durch extreme Weitwinkelobjektive surreal verfremdete Bilder zeichnen das apokalyptische Fresko einer materialistischen Generation, die auch die letzten Skrupel ihrer Väter beseitigt hat und nun selbst dem Untergang geweiht ist. Nicht überall war der Film ein Erfolg: Die oft recht stereotypenhafte Darstellung der jüdischen Figuren brachte ihm in den USA und Skandinavien den Vorwurf des Antisemitismus ein.

Wajdas Beiträge zum gesellschaftlich engagierten »Kino der moralischen Unruhe« der späten siebziger Jahre war in den beiden Filmen *Der Mann aus Marmor* (1977) und *Der Mann aus Eisen* (1981) ein Brückenschlag über drei Jahrzehnte volkspolnischer Geschichte am Beispiel einer neugierigen Dokumentarfilmerin, eines ehemaligen Rekordarbeiters der Stalinzeit und seines in der unabhängigen Gewerkschaftsbewegung aktiven Sohnes. Die stilistisch und materialmäßig häufig die Grenzen des Fiktionalen und Dokumentarischen auflösenden Filme sind ein Plädoyer für eine ehrliche Wahrheitssuche in Fragen der jüngsten Geschichte. In der kurzen Phase weitreichender Freiheiten bis Ende 1981 sprengte *Der Mann aus Eisen* alle Kinosäle, bevor er nach der Verhängung des Kriegsrechts aus der Öffentlichkeit verschwand.

Eingerahmt von diesen beiden politischen Manifesten ist im Werk Wajdas die wunderschöne lyrische Erzählung *Die Mädchen aus Wilko* (1979), in der ein Mann bei einem Besuch im Dorf seiner Jugend mit der Vergänglichkeit seiner einstigen zarten Gefühle und Hoffnungen konfrontiert wird. Auch in dieser nach *Birkenhain* zweiten Iwaszkiewicz-Verfilmung fokussiert Wajda das »Danach«, die Abwärtsbewegung des Lebens jenseits der Peripetie, die ja auch in vielen seiner historischen Werke im Mittelpunkt steht.

Im späteren Schaffen Wajdas wiederholen sich viele Motive aus den »Klassikern« des Regisseurs. So ist das in *Der Ring mit dem gekrönten Adler* (1992) dargestellte Schicksal eines gegen Kriegsende in Warschau zwischen alle Fronten geratenen Heimatarmisten gewissermaßen eine Neuauflage von *Asche und Diamant* aus dem modifizierten historischen Blickwinkel des postkommunistischen Polen. Neue Aspekte behandelt auch die Kriegstragödie *Karwoche* (1995), die die Vielschichtigkeit der Beziehungen zwischen jüdischer und nichtjüdischer Bevölkerung im besetzten Warschau betont. In den neunziger Jahren löst sich auch in Filmen zu dramatischsten Themen der pessimistische Impuls des jüngeren Wajda auf: So gerät das Martyrium *Korczaks* (1990) und seiner kindlichen Schützlinge zu einem macht- und am Ende auch hoffnungsvollen Plädoyer für ungebrochenen Humanismus in inhumaner Zeit.

Nikolas Hülbusch

Filmographie: Pokolenie / Eine Generation (1955) – Kanał / Der Kanal (1957) – Popiół i diament / Asche und Diamant (1958) – Lotna / Lotna (1959) – Niewinni czarodzieje / Die unschuldigen Zauberer (1960) – Samson / Samson (1961) – Sibirská Ledi Magbet / Blut der Leidenschaft / Tödliche Leidenschaft (1962) – L'Amour à vingt ans / Liebe mit zwanzig (Episode: Warszawa / Warschau, 1962) – Popioły / Legionäre (1965) – Gates to Paradise / Die Pforten des Paradieses (1968) – Wszystko na sprzedaż / Alles zu verkaufen (1968) – Polowanie na muchy / Fliegenjagd (1969) – Krajobraz po bitwie / Landschaft nach der Schlacht (1970) – Brzezina / Birkenhain (1970) – Pilatus und andere – Ein Film für Karfreitag (Fernsehfilm, 1972) – Wesele / Die Hochzeit (1972) – Ziemia obiecana / Das gelobte Land (1975) – Smuga cienia / The Shadow Line / Die Schattenlinie (1976) – Umarła klasa / Die tote Klasse (TV-Inszenierung, 1976) – Człowiek z marmuru / Der Mann aus Marmor (1977) – Noc listopadowa / Die Novembernacht (TV-Inszenierung, 1978) – Zaproszenie do wnesrza / Einladung zur Besichtigung von Innenräumen (TV-Dokumentarfilm, 1978) – Bez znieczulenia / Ohne Betäubung (1978) – Panny z Wilka / Les Desmoiselles de Wilko / Die Mädchen von Wilko (1979) – Drygent / Der Dirigent (1979) – Z biegiem lat, z biegiem dni . . . / Im Laufe der Jahre, im Laufe der Tage . . . (Fernsehserie, 1980) – Człowiek z żelaza / Der Mann aus Eisen (1981) – L'Affaire Danton / Sprawa Dantona / Danton (1983) – Eine Liebe in Deutschland / Un amour en Allemagne (1983) – Kronika wypadków miłosnych / Chronik von Liebesunfällen (1985) – Les Possédés / Die Dämonen (1987) –

Nastasja (TV-Inszenierung, 1989) – Korczak / Korczak (1990) – Las Katyński / Der Wald von Katyń (Dokumentarfilm, Co-Regie: Marcel Łoziński, 1990) – Pierścionek z orłem w koronie / Der Ring mit dem gekrönten Adler (1992) – Wielki tydzień / Karwoche (1995) – Panna Nikt / Fräulein Niemand (1996) – Pan Tadeusz / Herr Tadeusz (1999).

Literatur: A. W.: Meine Filme. Zürich 1987. – A. W.: Double Vision. My Life in Film. London/Boston 1989. – A. W.: Wajda mówi o sobie. Krakau 1991.

Michel Estève (Hrsg.): Andrzej Wajda. Études cinématographiques. Paris 1968. – Bolesław Michałek: The Cinema of Andrzej Wajda. London / New York 1973. – Olivier Barrot / Jean-Pierre Jeancolas (Hrsg.): Andrzej Wajda. Section cinéma – maison des arts et de la culture. Créteil 1975. – Bolesław Sulik: A Change of Tack. Making *The Shadow Line*. London 1976. – Andrzej Wajda. München/Wien 1980. (Reihe Film. 23.)

Raoul Walsh

1892–1980

Geboren wurde Raoul Walsh am 11. März 1892 als Sohn eines Modeschneiders in New York City. An der Schule hatte er, das wurde er nicht müde zu betonen, keinerlei Interesse. Er verließ sie mit fünfzehn, kehrte auch dem Elternhaus den Rücken und ging auf Entdeckungen in den Westen. »Go west, young man, and grow up with your country« – die alte Maxime des 19. Jahrhunderts lockte und faszinierte ihn, sie bildete zugleich den Stoff, aus dem seine filmischen Träume wurden. Seine Filme legte er, das erklärte er in vielen Interviews, an wie sein Leben: unbeschwert und neugierig. Angeblich fuhr er während der Wanderjahre zur See, arbeitete als Cowboy, trieb sich in Mexiko herum, wo er sogar Pancho Villa getroffen haben will, wie er in seiner Autobiographie »Each Man in His Time« schreibt.

Beim Film hatte er sehr früh begonnen: 1910 als Schauspieler der Firma Biograph, wo er rasch aufstieg als D. W. Griffiths Assistent und bereits 1912 seinen ersten Western inszenieren durfte: *The Life of Villa*. Als Darsteller war er weiter im Geschäft bis in die späten Zwanziger. In Erinnerung blieb er, weil er in *Die Geburt einer Nation* (1915) John Booth, den Lincoln-Attentäter, spielte.

Viele seiner Stummfilme gelten als verschollen, auch die Serie, die er zwischen 1917 und 1922 mit Miriam Cooper drehte, u. a. *The Woman and the Law* (1918) und *Serenade* (1921). Der Legende nach drehte er im Laufe seines Lebens weit über 100 Filme. Walsh arbeitete mit den wichtigsten männlichen Stars des Hollywood-Kinos (Gary Cooper und Clark Gable, Errol Flynn und John Wayne, Humphrey Bogart und James Cagney, Joel McCrea und Gregory Peck), er drehte 1929 das erste »outdoor-talkie«: *In Old Arizona*, und beendete seine Karriere erst, als er blind zu werden drohte. Nach 1930 arbeitete er überwiegend für Fox und Paramount. Zwischen 1939 bis 1951 war er vertraglich an Warner gebunden, wo ihm vor allem »das Tempo« gefiel, das schneller gewesen sei »als bei den anderen Studios: sowohl bei der Vorbereitung als auch beim Drehen. Es war eine ziemlich hektische Atmosphäre, aber es hat sich ausgezahlt. Manchmal beendeten wir einen Film um zwei Uhr nachts und fingen den nächsten um acht Uhr morgens an«.

Im Laufe seiner Karriere konnte er in mehreren Genres reüssieren: Er drehte herausragende Western (u. a. *Der große Treck*, 1930; *Verfolgt*, 1947; *Drei Rivalen*, 1955), Gangsterfilme (u. a. *Die wilden Zwanziger*, 1939; *Entscheidung in der Sierra*, 1940; *Sprung in den Tod / Maschinenpistolen*, 1949), Kriegsfilme

(u. a. *Der Held von Burma*, 1945; *Urlaub bis zum Wecken*, 1955; *Die Nackten und die Toten*, 1958), Komödien (u. a. *Die Schönste der Stadt*, 1941). Wenn die Rede ist von den gängigen Hollywood-Standards, in den Filmen von Raoul Walsh wurden sie gesetzt. Was Umfang und Variabilität betrifft, ist das Spektrum seiner Filme nur zu vergleichen mit dem von John Ford, Howard Hawks, Cecil B. DeMille, Allan Dwan und William Wyler.

»Wenn die Helden bei Ford aufrechterhalten werden durch Tradition und die bei Hawks durch ihren Professionalismus, werden sie bei Raoul Walsh getrieben durch ihr Gefühl fürs Abenteuer«, schrieb A. Sarris. Der Ford-Mann wisse stets, warum er etwas tue, auch wenn ihm nicht immer klar sei, wie es zu tun sei. Der Hawks-Held dagegen wisse, wie er etwas tue, auch wenn ihm nicht immer klar sei, warum. Der Walsh-»hero« jedoch sei weder am Warum noch am Wie interessiert, sondern nur am Was. Er springe immer wieder ins Ungewisse, ohne sicher zu sein, was ihn dort erwarte. In knappster Form sind hier zentrale Momente des Walsh-Kinos benannt: die Lust auf Abenteuer; der Reiz des Unbekannten; die Vorliebe für Ereignisse, die herausfordern und vorantreiben. Hinzuzufügen wären noch: die Lakonie seiner filmischen Blicke; die Musikalität der Rhythmen; und die Klarheit seiner Perspektive, die die Roheit seiner Stoffe stets mit nuancierter Dezenz transformierte. Eine Melange von Kraft und Träumerei zeichnet Walshs Kino aus, eine Dialektik von Aufbruch (also Kühnheit), Phantasie (also Sehnsucht) und Lebenslust (also Verzückung). Nach M. Farber war er »der große Verkehrsschutzmann des Kinos, der die Dinge in Bewegung hält und seine Schauspieler über eine Leinwand treibt, die aussieht wie eine Kreuzung – die Mitte bleibt meistens leer«.

Schon *Der große Treck*, »der beste aller Western, die vor Fords reifer Schaffensperiode 1939 entstanden« (Ch. Silver), erzählt nicht nur von Krieg und Frieden, vom Kampf des Treckführers gegen den Mörder seines Freundes, sondern vor allem vom Wunder einer gefährlichen Landdurchquerung – über Flüsse, Berge und Wüsten. Der Film, in fünf Monaten Drehzeit mit einem Budget von über zwei Millionen Dollar entstanden, fasziniert noch heute durch den genauen Blick aufs fremde Land wie auf die Strapazen und das Leid, die nötig waren, es zu bewältigen. Immer weiter, nur in Bewegung bleiben, Walshs Vision vom wahren Leben, das wird hier deutlich, lautet: »Keep on movin'.«

Diese Vision wird in den Western immer wieder aufgenommen: im Kampf gegen die Natur (die Wüste in *Den Hals in der Schlinge*, 1951, oder die Felslandschaften in *Sein letztes Kommando*, 1941, und *Entscheidung in der Sierra* oder das Meer in *Sturmfahrt nach Alaska*, 1952), bei der Flucht vor dem Gesetz (*Vogelfrei*, 1949), sogar in der Obsession gegenüber der eigenen Vergangenheit (in *Verfolgt*). Zu *Den Hals in der Schlinge* hat Walsh selbst erklärt, er habe den Eindruck von Bewegung verstärkt, indem er den »Wind in fast jeder Einstellung den Staub aufwirbeln« lasse. Er ziehe es überhaupt »immer vor, außen zu drehen, es ist authentischer, ›the real thing‹. Im Studio ist alles zu gut ausgeleuchtet, zu gut arrangiert, und es gibt keinen Wind«.

Raoul Walsh machte ein naives Kino, ohne selbst naiv zu sein, und er hielt sich an Traditionen, ohne sie zu verherrlichen. Sein Kino war – jenseits von Flunkerei und Tricks – ein Kino der Präsenz. Es sollte tatsächlich vorhanden sein, was sichtbar wurde. Deshalb entwickelte er das sichere Gespür für Landschaft und Wetter, für Tempo und Rhythmus, Dinge und Details, für Gebärde und Gestik. Wenn es kalt war in seinen Filmen, konnte man spüren, wie kalt, wenn es regnete, konnte man spüren, wie sehr.

In den Gangsterfilmen, die Walsh für die Warners drehte, geht der abenteuerliche Impuls über in den »drive« der radikalen, mythischen »outsider« – die jenseits der Gesetze leben, sich aber diesseits des Rechts wähnen. *Die wilden Zwanziger* erzählt von einer engen Freundschaft zwischen Gangstern, die im Laufe der Jahre zerbricht. Der eine (James Cagney) möchte nach der Aufhebung der Prohibition seriös werden, der andere (Humphrey Bogart) weiter im Trüben fischen. Walsh betont hier das Mythische des Genres, indem er seinen Helden jenseits der kriminellen Tat als Mann von Ehre zeichnet, der sich am Ende opfert, um seine Integrität zu wahren. Cagney stirbt, nachdem er die Rechnung mit dem Rivalen beglichen hat, auf der Treppe vor der Kirche, in den Armen der blonden Schönen. Sein Scheitern ist auch ein Eingeständnis der Schuld, die Abwehr des Zwielichtigen, Ehrlosen aus seinem Terrain gleichzeitig ein Moment der Sühne und ein Akt der Bewährung. In *Entscheidung in der Sierra* romantisiert Walsh das Genre zutiefst. Der Held, Humphrey Bogart in seiner ersten Hauptrolle, ist ein kühler Profi, der scheitert, als er beginnt, Gefühle zu entwickeln. *Sprung in den Tod / Maschinenpistolen* erzählt dagegen von einem Mann (James Cagney), der immer alles krankhaft beherrschen muß, Männer wie Frauen, am Ende aber sich hereinlegen läßt von einem falschen Freund. Am Rande des Wahnsinns lebt er, Linderung allein von seiner Mutter erwartend, an der er wie ein kleines, verstörtes Kind hängt. Mit einem diffusen Licht, das die Grauwerte intensiviert, poetisiert Walsh seine Geschichte, wodurch ein makabres Timbre in den Film kommt, das die Situation der Helden akzentuiert: ihre Fremdheit in schäbigen Motels, ihre Verlorenheit auf den Straßen, ihre psychische Deformation, ihre Verstricktheit in Mächte, die sie nicht begreifen. Als der Mann vom Tod seiner Mutter erfährt, dreht er durch, verletzt und tötet – und muß am Ende erkennen, daß er reingelegt wurde. So bekennt er sich, bevor er auf der Plattform eines Öltanks in die Luft fliegt, voller Lust zu seiner irren, karnevalesken Anarchie: »Ma, I'm on top of the world!«

In dieser späten Gangsterfigur ist das Typische des Walsh-Helden bis ins Neurotische überspitzt, all diese obsessive Abenteuerlust, die am Gängigen nicht interessiert ist, sondern nur am besonderen, unvorhersehbaren Wagnis. Walshs ruhige Erzählweise ist ja ansonsten eher darauf bedacht, die innere Bewegtheit der Figuren in der Bewegung nach außen zu verdeutlichen. »Action, Action, Action. Das ist das Thema der Filme, die Erfolg haben. Die Leinwand muß immer voller Ereignisse sein. Man nennt den Film ›motion picture‹. Mit gutem Grund. Man muß sich immer bewegen.«

1969 definierte Wim Wenders, auf Walshs *Drei Rivalen* bezogen, sein (inzwischen legendäres) Verständnis von »Langsamkeit im Kino«: »Langsamkeit heißt in diesem Film: alle Vorgänge, die gezeigt werden sollen, mit der größtmöglichen Ausführlichkeit zu zeigen [...]. Langsamkeit in diesem Western von Walsh heißt: durch Schnitt und den Wechsel von Bildgrößen nicht nur den Fortgang der Geschichte zu bewirken, sondern auch deren Dauer spürbar zu machen [...]. Langsamkeit in diesem Film heißt: auch die Leute, deren Geschichte der Film zeigt, lassen sich Zeit. Sie lassen sich Zeit mit ihren Entscheidungen. Wenn sie sich entscheiden, versteht man ihre Gründe. Wenn sie etwas überstürzen, überstürzt sich auch der Film [...]. Langsamkeit in diesem Western von Walsh heißt: kein Vorgang ist so wenig wert, daß man ihn beschleunigen, abkürzen oder gar auslassen könnte, nur um einen anderen spannender oder wichtiger erscheinen zu lassen. Und weil alle Bilder gleichwertig sind, gibt es keine *Spannungen*, die Höhepunkte und Ruhepausen bewirken, sondern nur eine gleichmäßige *Anspannung*: alle physischen und psychischen Vorgänge möglichst deutlich und möglichst verständlich und in der richtigen Reihenfolge erfahrbar zu machen.«

Norbert Grob

Filmographie: The Life of General Villa (1912) – The Double Knot (1914) – The Mystery of the Hindu Image (1914) – The Gunman (1914) – The Verdict (1914) – The Death Dice (1915) – His Return (1915) – The Greaser (1915) – The Fencing Master (1915) – A Man for All That (1915) – Eleven Thirty P. M. (1915) – The Buried Hand (1915) – Celestial Code (1915) – A Bad Man and Others (1915) – The Regeneration (1915) – Pillars of Society (1916) – The Serpent (1916) – Blue Blood and Red (1916) – The Honor System (1917) – The Conqueror (1917) – Betrayed (1917) – This Is the Life (1917) – The Pride of New York (1917) – The Silent Lie (1917) – The Innocent Sinner (1917) – The Woman and the Law (1918) – The Prussian Cur (1918) – On the Jump (1918) – Every Mother's Son (1918) – I'll Say So (1918) – Evangeline (1919) – The Strongest (1919) – Should a Husband Forgive? (1919) – From Now on (1920) – The Deep Purple (1920) – The Oath (1921) – Serenade (1921) – Kindred of the Dust (1922) – Lost and Found on a South Sea Island (1923) – The Thief of Bagdad / Der Dieb von Bagdad (1924) – East of Suez (1925) – The Spiniard (1925) – The Wanderer (1925) – The Lucky Lady (1926) – The Lady of the Harem (1926) – What Price Glory (1926) – The Money Talks (1927) – The Loves of Carmen (1927) – Sadie Thompson (1928) – The Red Dance (1928) – Me Gangster (1928) – In Old Arizona (Co-Regie: Irving Cummings, 1929) – The Cock-Eyed World (1929) – Hot for Paris (1929) – The Big Trail / Der große Treck (1930) – The Man who Came Back (1931) – Women of All Nations (1931) – The Yellow Ticket (1931) – Wild Girl (1932) – For Me and My Gal (1932) – Sailor's Luck / Seemannsglück (1933) – The Bowery (1933) – Going Hollywood (1933) – Under Pressure (1935) – Baby Face Harrington / Gangster, Frauen und Brillanten (1935) – Every Night at Eight / Jeden Abend um acht (1935) – Klondike Annie (1936) – Big Brown Eyes / Große braune Augen (1936) – Spendthrift / Der Verschwender (1936) – Artists and Models / Künstlerball (1937) – You're in the Army Now (1937) – Jump for Glory / When Thief Meets Thief (1937) – Hitting a New High (1937) – College Swing (1938) – St. Louis Blues (1939) – The Roaring Twenties / Die wilden Zwanziger (1939) – High Sierra / Entscheidung in der Sierra (1940) – They Drive by Night / Nachts unterwegs (1940) – Dark Command / Schwarzes Kommando (1940) – Man Power / Herzen in Flammen (1941) – They Died with Their Boots on / Sein letztes Kommando (1941) – Strawberry Blonde / Strawberry Blonde / Die Schönste der Stadt (1941) – Gentleman Jim / Der freche Kavalier (1942) – Desperate Journey / Sabotageauftrag Berlin (1942) – Background to Danger (1943) – Northern Pursuit / Blutiger Schnee (1943) – Uncertain Glory / Auf Ehrenwort (1944) – The Horn Blows at Midnight / Der Engel mit der Trompete (1945) – Salty O'Rourke / Gauner und Gangster (1945) – San Antonio (Co-Regie: David Butler, 1945) – Objective Burma / Der Held von Burma (1945) – The Man I Love / Besuch in Kalifornien (1946) – Stallion Road (Co-Regie: James V. Kern, 1947) – Pursued / Verfolgt (1947) – Cheyenne / The Wyoming Kid / Schmutzige Dollars (1947) – Silver River / Der Herr der Silberminen (1948) – Fighter Squadron (1948) – One Sunday Afternoon (1948) – White Heat / Sprung in den Tod / Maschinenpistolen (1949) – Colorado Territory / Vogelfrei (1949) – Montana (Co-Regie: Ray Enright, 1950) – Captain Horatio Hornblower / Des Königs Admiral (1951) – The Enforcer (Co-Regie: Bretaigne Windust, 1951) – Along with the Great Divide / Den Hals in der Schlinge (1951) – Distant Drums / Die Teufelsbrigade (1951) – Glory Alley (1952) – Blackbeard the Pirate / Der Kampf um den Piratenschatz (1952) – The World in His Arms / Sturmfahrt nach Alaska (1952) – The Lawless Breed / Gefährliches Blut (1953) – A Lion Is in the Streets (1953) – Sea Devils / Im Schatten des Korsen (1953) – Gun Fury / Mit der Waffe in der Hand (1953) – Saskatschewan / Saskatschewan (1954) – The Tall Men / Drei Rivalen (1955) – Battle Cry / Urlaub bis zum Wecken (1955) – The King and Four Queens / Poker mit vier Damen (1956) – The Revolt of Mamie Stover / Bungalow der Frauen (1956) – Band of Angles / Weint um die Verdammten (1957) – The Naked and the Dead / Die Nackten und die Toten (1958) – The Sheriff of Fractured Law / Sheriff wider Willen (1958) – A Private's Affair / Das gibt's nur in Amerika (1959) – Esther and the King / Das Schwert von Persien (1960) – Marines Let's Go / Teufelskerle in Fernost (1961) – A Distant Trumpet / Die blaue Eskadron (1964).

Literatur: R. W.: Each Man in His Time. New York 1974.

Andrew Sarris: The American Cinema. New York 1968. – Helmut Färber: Etwas zu Raoul Walsh. Zwei Filmbeschreibungen (*Colorado Territory – A Distant Trumpet*). In: Filmkritik 13 (1969) H. 10. S. 622 f. – Wim Wenders: *Drei Rivalen*. In: Filmkritik 13 (1969) H. 10. S. 618 f. – Michel Marmin: Raoul Walsh. Paris 1970. – Manny Farber: Negative Space. New York / London 1971. – Charles Silver: The Western Film. London 1972. – Kingsley Canham: Walsh. In: Hollywood Professionals. Bd. 1. London / New York 1973. S. 81 f. – Phil Hardy (Hrsg.): Raoul Walsh. Edinburgh 1974. – Richard Schickel: The Men who Made the Movies. London 1977. – William R. Meyer: Warner Bros. Directors. New Rochelle 1978. – T. Clark: *White Heat:* The Old and the New. In: wide angle 1979. H. 1. – Ermanno Comuzio: Raoul Walsh. Florenz 1982. – Pierre Giuliani / Jacques Zimmer: Raoul Walsh. Paris 1985.

Peter Weir

*1944

Peter Weir wurde am 21. August 1944 in Sydney, Australien, geboren. Sein Vater war ein erfolgreicher Grundstücksmakler, worin ihm der Sohn nach abgebrochenem Kunst- und Jurastudium in Sydney für zwei Jahre nacheiferte. Mit 20 Jahren trat Weir eine längere Europareise an, um die Heimat seiner Vorfahren zu besuchen. Nach seiner Rückkehr begann er in Sydney als Bühnenarbeiter beim Fernsehsender Channel 7 und drehte seine ersten Kurzfilme. Weirs Ehefrau Wendy Stites ist bei Filmen ihres Mannes häufig als Ausstatterin oder Produktionsleiterin tätig.

1975 machte Weir mit seinem zweiten langen Spielfilm *Picknick am Valentinstag* die Filmwelt schlagartig darauf aufmerksam, daß es auch am anderen Ende der Erde sehenswertes Kino gibt. Der internationale Erfolg des Films stärkte die im Aufbau befindliche australische Filmindustrie, die im Rahmen einer kulturellen Renaissance des Landes in den siebziger Jahren um ihre Eigenständigkeit gegenüber dem Film des britischen Mutterlandes kämpfte. Weir wurde damit nicht zuletzt Wegbereiter für andere australische Regisseure wie Phillip Noyce, Fred Schepisi und Bruce Beresford. Ein Insert am Beginn von *Picknick am Valentinstag* suggeriert, daß es sich um reale Ereignisse handelt: Am 14. Februar des Jahres 1900 bricht eine Gruppe schwärmerischer junger Internatsschülerinnen samt zweier Lehrerinnen aus dem viktorianisch-strengen Appleyard College auf zu einem ausgelassenen Picknick am Fuße des markanten Felsmassivs Hanging Rock. Angeblich um interessante Steine zu sammeln, ersteigen die Mädchen Miranda, Irma und Marion den Berg, gefolgt von der pummeligen Edith. Zwei von ihnen und eine Lehrerin bleiben trotz intensiver Suchaktionen für immer verschwunden; Irma wird nach einer Woche unter ungeklärten Umständen von dem jungen englischen Aristokraten Michael gefunden, kann sich aber an nichts erinnern. Aus diesem subtilen Horrorfilm mit präraffaelitisch anmutenden Bildern der weißgewandeten Mädchen entläßt Weir den Zuschauer ohne jegliche Auflösung der Geschehnisse. Die engelgleich schöne Miranda ist der Bezugspunkt aller anderen Figuren, sie ist der erste (und bemerkenswerterweise der einzige weibliche) der charismatischen Charaktere, die im Mittelpunkt von Weirs Filmen stehen. Die Französischlehrerin erkennt in ihr einen Botticelli-Engel und ihr Verehrer Michael einen weißen Schwan; ihre Mitschülerin Sara baut sogar einen Gedenkaltar um ihre Fotografie. Die Begegnung mit diesen Figuren verändert in Weirs Filmen den Lebensweg anderer entscheidend: Michael und Sara läßt die Erinnerung an Miranda nicht los, beide fliehen auf ihre Weise davor – er in einen anderen Teil des Landes, sie in den Tod.

Picknick am Valentinstag enthält bereits alle grundlegenden Themen, die Weir in seinen späteren Filmen weiterentwickelt: So stehen der Wunsch der Mädchen nach einer freien Lustentfaltung, die sich an der Natur und dem Archaischen orientiert und die Form einer schöngeistig-poetischen Schwärmerei annimmt, und die rigide viktorianische Gesellschaftsmoral am College mit ihrem Unterwerfungs- und Konformitätsdruck exemplarisch für die Spannungsfelder diametral entgegengesetzter Kulturen in Weirs Filmen. Seine Affinität zu Symbolen und Chiffren macht alle drei Kulturen anschaulich in ihren Ikonen erfahrbar: ein Porträt Königin Viktorias im Zimmer der Collegeleiterin, Lord Byrons Konterfei auf der Kommode der Mädchen und schließlich das Lavagestein des Hanging Rock. Weirs Figuren werden mit dem Übersinnlichen, Mysteriösen und Unerklärlichen konfrontiert, das häufig in Verbindung mit einer älteren und ursprünglicheren Kultur steht, die noch frei ist von Zivilisationskrankheiten; dieser Kontakt bringt sie in Ausnahmesituationen. Sie akzeptieren die ihnen dargebotene Realität nicht, sondern versuchen, sie zu verändern. Immer wieder erzählt Weir, der auch häufig an den Drehbüchern mitarbeitet, Geschichten von Initiationen und Selbstfindungen (wie der Übergang vom Mädchen zur Frau in *Picknick am Valentinstag*) sowie Grenzerfahrungen und -überschreitungen (beispielsweise die Robinsonade der Familie Fox aus *Mosquito Coast*, 1986, im zentralamerikanischen Dschungel und die Todeserfahrung des geschäftstüchtigen Architekten Max Klein in *Fearless – Jenseits der Angst*, 1993, der in einer Flugzeugkatastrophe zum Retter mit überirdischer Ausstrahlung wird).

Stärker noch als *Picknick am Valentinstag* thematisiert *Die letzte Flut* (1977), der zweite wichtige Film aus Weirs australischer Zeit, die Existenz einer anderen psychischen Wirklichkeit neben der äußeren Realität und taucht ein in die faszinierende »Traumzeit« der Ureinwohner des Kontinents. Während ungewöhnlich starke Regenfälle das Land als böses Omen heimsuchen, wird der Aborigine Chris Lee für den sehr bürgerlichen, aber dennoch ungeachtet seiner weißen Hautfarbe medial für den Kontakt mit der »Traumzeit« begabten Steueranwalt David Burton zum Führer in das Heiligtum seines Stammes. Dort in einer Höhle unter der städtischen Kanalisation prophezeit eine uralte Wandmalerei das Kommen einer entsetzlichen Sintflut. Nach dieser Selbstfindung, die ihn von seinem bisherigen Leben und seiner Familie entfernt, sieht Burton am Strand eine riesige Flutwelle auf sich zukommen – ob als reale Gefahr oder als apokalyptische Vision bleibt unklar.

Die filmische Auseinandersetzung mit dem australischen Selbstverständnis setzte Weir in *Gallipoli* (1981) fort, der zugleich auch Position gegen den Vietnamkrieg bezieht. Der für jeden Australier eindeutige Titel verweist auf den schmerzlichen, aber letztendlich identitätsstiftenden Verrat des britischen Mutterlandes an den Soldaten aus der Kolonie auf der gleichnamigen Dardanellenhalbinsel (dessen das Land heute noch mit dem höchsten weltlichen Feiertag gedenkt): 1915 wurde das australische Expeditionskorps ANZAC als Kanonenfutter in die feindlichen Linien geschickt, damit britische Truppen unbehelligt landen konnten. Geschickt personalisiert Weir dieses Schicksal an zwei sehr unterschiedlichen jungen Männern, die von erbitterten Konkurrenten im Kurzstreckenlauf zu Freunden werden. Die Sinnlosigkeit ihres Opfers unterstreicht Weir mit Bildern der Briten, die in aller Ruhe am Strand Tee trinken, während die Australier bei einem chancenlosen Angriff ihr Leben lassen.

Auch in *Ein Jahr in der Hölle* (1982) verknüpft Weir zeitgeschichtliche Ereignisse mit seiner fiktiven Geschichte und einer mythologischen Ebene: Der noch unerfahrene, dafür aber um so ehrgeizigere australische Rundfunkreporter Guy Hamilton bezieht im Djakarta des Diktators Sukarno seinen ersten Korrespondentenposten inmitten der indonesischen Revolutionsunruhen des Jahres 1965. Wie in *Die letzte Flut* wird ein Einheimischer sein Führer in eine andere Realität: Billy Kwan weist ihm die Rolle des Prinzen aus der indonesischen Mythenwelt des Wayang zu und stellt ihn auch einer realen »Prinzessin«, der britischen Botschaftsangestellten Jill Bryant, vor, während er im Hintergrund die Fäden in der Hand hält.

Aufgrund des Erfolges von *Ein Jahr in der Hölle* erhielt Weir Angebote aus Hollywood. Auch wenn er in dem neuen Arbeitsumfeld zwangsläufig Konzessionen machen mußte, führte er seine Grundthemen dennoch fort, was sicherlich auch durch die personelle Kontinuität seiner Mitarbeiter – vor allem Kameramann John Seale und Komponist Maurice Jarre – begünstigt wurde. In *Der einzige Zeuge* (1985), einem der besten Thriller der achtziger Jahre, dringt in Gestalt des zynisch-gewalttätigen Großstadtcops John Book die moderne Zivilisation mit ihren Gefahren in die agrarisch strukturierte und nach frühneuzeitlichen Gewohnheiten lebende Gesellschaft der puritanischen Amish People ein. Daß es nur eine vorübergehende Berührung, aber keine Durchdringung dieser Welten geben kann, exemplifiziert Weir auf unsentimentale Weise an Book und der jungen Amish-Witwe Rachel. Die Liebenden kehren in ihre so unterschiedlichen Welten zurück, dennoch ist Book nach dem unfreiwilligen Aufenthalt bei den Amish ein anderer und hat gelernt, nicht nur mit seinen angestammten Waffen zu siegen. In dem sehr dialoglastigen Spielfilm *Mosquito Coast*, nach einem Drehbuch von Paul Schrader, entwickelt sich die gleichfalls von Harrison Ford gespielte Hauptfigur Allie Fox indes in die entgegengesetzte Richtung; vor den Augen seines Sohnes Charlie wird fern der Zivilisation aus dem bewunderten Vater und visionären Erfinder ein despotischer Autokrat. Ebenfalls aus der Perspektive Heranwachsender drehte Weir mit dem kommerziell sehr erfolgreichen Film *Der Club der toten Dichter* (1988) ein Plädoyer für Individualität, Selbstentfaltung und Lebensfreude und kehrte damit nach über einem Jahrzehnt zur Thematik von *Picknick am Valentinstag* – diesmal angesiedelt in einer Eliteschule für Jungen – zurück, ohne aber die Kompromißlosigkeit seines früheren Films zu erreichen. Denn während die Radikalität der unerklärlichen Ereignisse am Hanging Rock zur Auflösung des Unterdrückungssystems führt, vermittelt der Englischlehrer John Keating den Schülern zwar sein Ideal »Carpe diem«, optiert aber doch bloß für Verbesserungen innerhalb des Systems und nicht für Rebellion gegen es. In seiner Auflehnung gegen die ihm dargebotene Realität geht der naiv-gutmütige Titelheld aus Weirs vielbeachteter *Truman Show* (1998)

Peter Weir

indes im wahrsten Sinne des Wortes bis an die Grenzen: In einem Boot segelt der Versicherungsvertreter Truman Burbank aus dem scheinbar idyllischen Städtchen Seahaven bis an die Außenwand des größten Fernsehstudios der Welt; 5000 Kameras haben ohne sein Wissen unter der Regie des allgewaltigen Produzenten Christof sein Leben seit seiner Geburt weltweit live auf die Fernsehschirme übertragen. In dieser voyeuristischen Reality-Soap-opera, dem Alptraum einer Fernsehzukunft, sind Trumans Frau, seine Mutter und sein bester Freund nichts als Schauspieler mit 24-Stunden-Engagement. Menschen, die nicht in die Dramaturgie der Handlung passen oder Truman warnen wollen, werden in diesem (fast) perfekten totalitären Unterhaltungsuniversum von schwarzgekleideten Aufpassern entfernt. Mit *Green Card* (1990) bereicherte Weir die Genresvielfalt seines Filmœuvres um seine erste Komödie. Von dieser *Schein-Ehe mit Hindernissen* profitieren beide Seiten, und das nicht nur in der ursprünglich beabsichtigten Weise: das unfreiwillige Zusammenleben von Brontë und Georges um der Einwanderungsbehörde willen führt zu einem Öffnungs- und Annäherungsprozeß: Indem sie eine Vergangenheit als Paar fingieren, finden sie ihre gemeinsame Zukunft.

Ursula Vossen

Filmographie: The Cars that Ate Paris / Die Autos, die Paris auffraßen / Die Killerautos von Paris (1974) – Picnic at Hanging Rock / Picknick am Valentinstag (1975) – The Last Wave / Die letzte Flut (1977) – The Plumber / Wenn der Klempner kommt (1979) – Gallipoli / Gallipoli (1981) – The Year of Living Dangerously / Ein Jahr in der Hölle (1982) – Witness / Der einzige Zeuge (1985) – Mosquito Coast / Mosquito Coast (1986) – Dead Poets Society / Der Club der toten Dichter (1988) – Green Card / Green Card – Schein-Ehe mit Hindernissen (1990) – Fearless / Fearless – Jenseits der Angst (1993) – The Truman Show / Die Truman Show (1998).

Literatur: Hans Christoph Blumenberg: Die Kunst des Schattenspiels. Über Peter Weir und seinen neuen Film *Ein Jahr in der Hölle.* In: H. Ch. B.: Gegenschuß. Frankfurt a. M. 1984. S. 155–160. – Don Shiach: The Films of Peter Weir. Visions of Alternative Realities. London 1993.

Orson Welles

1915–1985

»Wunderkind von Kenosha« nannte man ihn anfangs gerne. Später dann »Revolutionär« und »Gigant des Kinos«, nur vergleichbar mit Charles Chaplin und D. W. Griffith. Für Nicholas Ray, den kinematographischen Visionär der grellen Effekte, war er »einer der größten Regisseure in der Geschichte des Kinos«, für Jean Cocteau »ein Riese mit dem Gesicht eines Kindes, ein Baum voller Schatten und Vögel, ein Hund, der seine Kette zerbrochen hat, um zwischen Blumen schlafen zu können«. Für François Truffaut war er »zugleich sehr künstlerisch und sehr kritisch, ein Filmer, der sich leicht hinreißen läßt, diese Momente dann aber wieder sehr streng kritisiert«. Und Jean-Luc Godard erklärte definitiv: »Alle werden ihm immer alles schulden.«

Den Film, der seinen legendären Ruf begründete, drehte Welles schon 1940: *Citizen Kane*, die Geschichte eines Zeitungstycoon, der sich über allem erhaben dünkt, dann aber doch an der eigenen Hybris scheitert. Ein filmisches Porträt, angelegt als episodische Recherche; die Zeichnung einer Zeit im Aufbruch, inszeniert als kritisches Panorama. »Eine Hymne auf die Jugend und eine Meditation über das Alter, ein Essay über die Eitelkeit alles menschlichen Strebens und zugleich ein Gedicht über den Verfall, und hinter all dem eine Reflexion über die Einsamkeit außergewöhnlicher Menschen« (Truffaut).

A. Bazin, der filmtheoretische Vater der französischen Nouvelle Vague, unterstrich schon früh die historische Bedeutung des Films: »Die ganze Revolution des Orson Welles geht aus von der systematischen Anwendung der bisher unüblichen Schärfentiefe. Während das Objektiv der klassischen Kamera nacheinander auf die verschiedenen Orte der Szene gerichtet wird, umschließt die Kamera bei Welles mit gleichbleibender Schärfe das gesamte Blickfeld des dramatischen Schauplatzes.« Für Bazin hat jede Arbeit mit Schärfentiefen zwei herausragende Konsequenzen: zum einen erweitere sie die filmische Illusion um eine wesentliche Eigenart des Realen, um seine Kontinuität. Und zum anderen erfordere sie eine aktivere Geisteshaltung des Zuschauers, der nun gezwungen werde, jedes Bild als Auswahlfläche zu sehen, sich also das jeweilige dramatische Spektrum der Szene selbst zusammenzustellen.

Orson Welles hatte schon ein bewegtes Leben hinter sich, als er mit seinem Kameramann Gregg Toland diese Revolution der filmischen Sprache vollzog. Geboren am 6. Mai 1915, spielte und inszenierte er bereits im Alter von 12, 13 Jahren für das Theater seiner Todd School in Woodstock. 1931, gerade 16jährig, nahm er sein erstes professionelles Engagement am Gate Theatre in Dublin an. 1932 publizierte er seine ersten Novellen und schrieb sein erstes Theaterstück (»Marching Song«). 1934 machte er seine erste Theatertournee durch die USA, organisierte in Woodstock ein Theaterfestival, heiratete die Schauspielerin Virginia Nicholson und debütierte am Broadway. 1935 schließlich begann er, für den Rundfunk zu arbeiten; für die NBC betreute er die Serie »March of Time«. 1937 eröffnete er zusammen mit John Houseman das Mercury Theatre in New York (mit einer Inszenierung von Shakespeares »Julius Caesar«).

Theater und Radio blieben bis Ende der dreißiger Jahre seine wichtigsten Arbeitsstätten. 1938 wurde er landesweit bekannt, als er H. G. Wells' »The War of the World« als Hörspiel bearbeitete, dessen Ausstrahlung in weiten Teilen der Bevölkerung eine Panik auslöste. Allzu viele Zuhörer nahmen die fiktive Landung der Marsmenschen als Realität. Welles' langjähriger Sekretär Maurice Bessy beschrieb in seiner anekdoten- und bilderreichen Biographie die Folgen: »Plünderer zogen durch die Straßen [...]. Immer häufiger kam es zu Selbstmorden, zur Flucht in die Berge. Eine wahre Massenhysterie brach aus.«

Provokationen, Schocks und Skandale kennzeichneten auch Welles' Zeit in Hollywood (1940–1947). Mit *Citizen Kane* revolutionierte er nicht allein die Filmsprache, er forderte auch den Pressezaren William Randolph Hearst heraus, der in dem Film seine eigene Lebensgeschichte (und in Kanes Liaison mit der talentlosen Susan Alexander die eigene Affäre mit Marion Davies) zu entdecken meinte.

In *Der Glanz des Hauses Amberson* (1942), der Geschichte einer arroganten Patrizierfamilie in der amerikanischen Provinz, suchte Welles mit langen Szenen, mit distanzierter Kamera und dem Dehnen der Zeit die Grenzen der amerikanischen Sehgewohnheiten auszureizen. Ein Film der »leuchtenden Dämmerung«, eine Chronik des Untergangs einer Ära: »das Epos einer Epoche, mit Ruhe, Genauigkeit und großem poetischem Atem erzählt« (U. Jenny). Die besonderen Merkmale dabei: Kompositionen in der Totale, Sequenzeinstellungen (bis zu einer Länge von vier Minuten), extrem langsame Auf- und Abblenden, gestische Literarisierung durch eine Erzählerstimme. Sein Studio (RKO), finanziell in der Krise, war ratlos vor Welles' visueller Ästhetik, dazu gerade angeschlagen durch den Wechsel an der Spitze der Produktionsabteilung (von Welles' Freund George Schaefer zu Charles Koerner). So ließ es den Film um über ein

Orson Welles (Mitte)

Drittel kürzen. Robert Wise, damals Cutter, sagte später: »Das Studio war etwas nervös, denn sie hatten einen ziemlich teuren Film an der Hand und wollten wissen, wie die finanziellen Aussichten wären. Also wurde eine Testvorführung organisiert [...]. Wir erlebten ein totales Desaster! Die Zuschauer mochten den Film überhaupt nicht, verließen reihenweise das Kino, und die wenigen, die blieben, lachten an den falschen Stellen [...]. Also zurück in den Schneideraum!«

In *Die Lady von Shanghai* (1948 uraufgeführt) variierte Welles seine labyrinthischen Arrangements um Monstren und Naive, für die das Spiegelkabinett am Ende eine grandios metaphorische Kulisse darstellte. Ein junger Seemann läßt sich für eine Kreuzfahrt anheuern und verliert sich dabei in einem bitterbösen Machtspiel um Kalkül und Obsession, um Frauen und Geld. Dazu spielte Welles mit dem Mythos der amerikanischen Frau: aus dem Idealbild, für das Rita Hayworth damals stand, machte er »einen Vampir, eine Menschenfresserin, ein männermordendes Insekt« (M. Bessy).

An der Kinokasse hatte Orson Welles mit diesen frühen Filmen nur wenig Erfolg. Allein die zeitgenössische Kritik feierte ihn und seinen visionären Blick, der dem Kino eine neue Dimension des filmischen Raums eröffnete.

1947 ging Welles nach Europa und drehte bis Anfang der siebziger Jahre noch einige Filme. Nach Shakespeare: den dunklen, theaterhaften *Macbeth* (1947), für Bazin »fesselnd« durch »die bewußte Ärmlichkeit seiner Mittel«, die »gewollte Theatralik, die groteske Wildheit der Kostüme« und den »rauhen Stil der Pappmaché-Kulissen und der Beleuchtung«; den dekadenten, psychodramatischen *Othello* (1952), für McBride »faszinierend als Spektakel, aber befremdend als Drama«; schließlich *Falstaff* (1966), eine freie Phantasie, für P. Buchka »nicht nur ein Werk über das Altern, sondern gleichzeitig auch eine Summe seiner künstlerischen Arbeit und ein Rechenschaftsbericht seines Lebens«. Dazwischen noch: *Herr Satan persönlich* (1954), eine satanische Phantasie über Schwäche und Verführbarkeit, auch über die Gefährdung der Arglosen und den Triumph der Manipulateure, und *Der Prozeß* (1962), eine filmische Lektüre von Kafkas Roman – über die Anteilnahme der Unbeteiligten, die Verwirrung der Unbeirrbaren, die Schuld der Schuldlosen.

Alle seine Filme, selbst die Arbeit, die ihn 1957 noch einmal zurückführte nach Hollywood: *Im Zeichen des Bösen*, hielten jene abenteuerliche Qualität, die Welles selbst von seiner Arbeit erwartete: »Daß es in ihnen weniger um Verfolgung als um Suche geht. Ein Labyrinth ist der ideale Ort für die Entdeckung dessen, was wir suchen.«

Um schreiben, inszenieren und filmen zu können, was er sich erträumte, arbeitete Welles von Anfang an immer auch als Darsteller. »Meistens in Rollen, die ihm gleichgültig waren«, wie Bessy schreibt. »Seine Gagen ermöglichten ihm das Überleben. Sie ermöglichten ihm auch die Vorbereitung jener Filme, die ihm Vergnügen bereiteten.« Die große Ausnahme: *Der dritte Mann* (1949) von Carol Reed, in dem Welles die »Aura des Bösen« mit kindlichem Charme verbreitet. Zehn Minuten ist er gerade mal zu sehen, aber er dominiert den Film – wie in den düsteren Straßen Wiens die Schatten das Licht. »Sieh dir das Treiben der Herren an, die die Welt regieren, und du wirst mir zugestehen, daß ich dagegen nur ein Waisenknabe bin.« Auch wenn Welles in den letzten zehn Jahren seines Lebens nur wenige Filme vorlegte, die »ihm Vergnügen bereiteten«, er blieb sich und den Maximen seines Lebens treu: »Jeder, der sich für den lächerlichen Beruf eines Filmemachers entscheidet, hat verdient, was ihm widerfährt.«

Sein letzter Hollywoodfilm *Im Zeichen des Bösen* ist eine der düstersten Erzählungen des amerikanischen Kinos überhaupt. Wie einen Weltuntergang setzt Welles den kleinen Krimi in Szene, wie eine schwarze Tragödie um Haß, Verrat und Tod. Alles ist aus den Fugen geraten, nicht nur Recht und Ordnung, auch Haltung, Gesinnung, Moral.

Fassaden ragen in die Schräge, Schatten dominieren das Licht. Keinem einzigen, weder den Verbrechern noch den Polizisten, weder den Männern noch den Frauen, bleibt eine Zeit, die zu leben sich lohnte. »Wie sieht meine Zukunft aus?« fragt der fette, kaputte Polizist einmal, gespielt von Orson Welles. Die Antwort seiner früheren Freundin, der alternden Wahrsagerin (Marlene Dietrich), nach einem langen, traurigen Blick: »Es gibt keine Zukunft mehr für dich! Du hast sie dir selbst genommen!« 1958 stand diese Bemerkung für Welles' Karriere insgesamt. Geschnitten ist *Im Zeichen des Bösen* in einem rasanten Rhythmus, den A. Bazin einmal mit der Geschwindigkeit großer amerikanischer Autos verglichen hat, deren Kraftreserven jedes Überholen – durch einen leichten Druck aufs Gaspedal – so einfach machen. In Gang kommt alles durch eine Bombe, die zu Beginn im Auto eines Unternehmers direkt an der mexikanisch-amerikanischen Grenze explodiert. Dabei fügt Welles alles in einer einzigen, atemberaubenden Einstellung zusammen: den Schauplatz an der Grenze, den Täter, die Opfer im Auto, den jungen mexikanischen Polizisten (Charlton Heston), der, gerade frisch verheiratet, nach Licht strebt, wo alles um ihn herum im Dunkeln versinkt, was ihn oft wie einen dummen Jungen aussehen läßt. Die Faszination dagegen kommt von Orson Welles als undurchsichtigem, trickreichem Bullen, der ohne Bedenken Beweise fälscht, um sein Recht durchzusetzen – von den Schatten also, von der Magie des Schreckens, der Schönheit des Bösen. Mit *Im Zeichen des Bösen* bringt Welles die innovative Epoche des Film noir zu ihrem definitiven Abschluß. Die dunklen Schattenspiele, die jede eindeutige Zuordnung von Gut und Böse verweigerten, krönt er mit seiner rabenschwarzen Variation über das Gute im Bösen und das Böse im Guten.

Am Ende seiner Karriere stehen schließlich die beiden Filmessays *Stunde der Wahrheit* (1967) und *F wie Fälschung* (1973) – Phantasmagorien über Irrungen und Wirrungen zwischen Kunst und Kommerz, Mythos und Märchen, Vision und Verdikt, Originalität und Obskurität, Schock und Scherz.

Inzwischen ist es üblich geworden, Orson Welles als Geschundenen und Geschlagenen zu sehen, als monumentalen Verlierer gegenüber seinem grandiosen Potential. Dabei steckt doch in vielen seiner Bilder eine berührende, wenn auch oft extravagante Poesie, die einem noch heute den Atem nimmt. Und liegt nicht darin letztlich der Triumph des Künstlers: daß er etwas Licht bringt ins »Herz der Finsternis«? Daß er, wie A. Bazin einst zu *Macbeth* schrieb, zurückfindet zur »Prähistorie des Bewußtseins«, zum »Universum an der Schwelle der Entstehung der Zeit und der Sünde, als Himmel und Erde, Wasser und Feuer, Gut und Böse überhaupt noch nicht voneinander getrennt waren«?

Norbert Grob

Filmographie: Citizen Kane / Citizen Kane (1941) – The Magnificent Ambersons / Der Glanz des Hauses Amberson (1942) – Journey into Fear (1943) – It's All True / It's All True – Orson Welles auf einer Reise durch Brasilien (Dokumentarfilm, 1942/43) – The Stranger / Die Spur des Fremden (1946) – Macbeth / Macbeth (1947) – The Lady from Shanghai / Die Lady von Shanghai (1948) – Othello / Orson Welles' Othello (1952) – Mr. Arkadin / Confidential Report / Herr Satan persönlich (1955) – Touch of Evil / Im Zeichen des Bösen (1958) – Le Procès / Der Prozeß (1962) – Chimes at Midnight / Campañadas a medianoche / Falstaff (1966) – Histoire immortelle / Stunde der Wahrheit (1967) – F for Fake / F wie Fälschung (1973) – Filming Othello / Erinnerungen an Othello (Dokumentarfilm, 1977).

Literatur: O. W. / Peter Bogdanovich: Hier spricht Orson Welles. Weinheim/Berlin 1994. [Amerikan. Orig. 1992.]

André Bazin: Orson Welles. Wetzlar 1980. [Frz. Orig. 1950.] – Peter Noble: The Fabulous Orson Welles. London 1956. – Enno Patalas: Orson Welles. In: Filmkritik 6 (1962) H. 3. S. 108 f. – Maurice Bessy: Orson Welles. München 1983. [Frz. Orig. 1963.] – Peter Cowie: The Cinema of Orson Welles. London 1965. – Theodor Kotulla: *The Magnificent Ambersons*. In: Filmkritik 10 (1966) H. 7. S. 387 f. – Joseph McBride: Orson Welles. London 1972. – François Truffaut: Citizen Kane, der zerbrechliche Riese. In: F. T.: Die Filme meines Lebens. Neuausg. Frankfurt a. M. 1997. S. 357 f. [Frz. Orig. 1975.] – Orson Welles. München/Wien 1977. (Reihe Film. 14.) – Charles Higham: Orson Welles. The Rise and Fall of an American Genius. New York 1985. – Barbara Leaming: Orson Welles. New York 1985. – Frank Brady: Citizen Welles. A Biography. New York 1989. – Jonathan Rosenbaum: The Seven Arkadins. In: Film Comment 1992. H. 1/2. S. 50 f. – Eckhard Weise: Orson Welles. Reinbek bei Hamburg 1996.

Wim Wenders

*1945

In *Der Stand der Dinge* sagt eine Malerin, die ganze Welt bestehe aus Hell und Dunkel, Licht und Schatten, dadurch kriege alles erst seine Form. Sieht man Wenders' Filme in ihrer Gesamtheit, zeigt sich, daß das Spiel zwischen Hell und Dunkel bei ihm eher Voraussetzung ist, nicht konstituierendes Moment: die Ab- und Aufblenden in *Alice in den Städten*, das Kerzenlicht in *Im Lauf der Zeit*, der Spot für die Trapezkünstlerin in *Der Himmel über Berlin*. Wichtiger für seine Ästhetik ist die Spannung zwischen Beobachtung und Bewegung, zwischen dem beobachtenden und dem bewegten Blick seiner Kamera. So sehr seine ersten Filme auch auf Evidenz aus sind, plane Abbildung ist nie sein Ziel. Er will nur genauer, kompromißloser sehen, was noch sichtbar ist in der Welt, bevor »alles verschwindet«.

Im Grunde geht es Wenders zunächst um das Allereinfachste, das zurückführt zu den frühen Filmen um die Jahrhundertwende: um Alltagsszenen auf den Straßen. Seine Kamera arbeitet mal wie eine Lupe, mal wie ein umgedrehter Fernstecher, damit sie den Überblick, den sie hat, auch vorzeigen kann. Und manchmal arbeitet seine Kamera wie ein fanatischer Zuchauer, der sein Leben riskiert, damit er den Wind in den Bäumen nicht verpaßt. Kino als Ereignis, nicht als Substanz. Reales geht ein und verwandelt sich in eine andere Realität.

Seine Filme zielten nie bloß auf Unterhaltung, sondern immer auch auf Entdeckung. In *Summer in the City* (1970) und *Alice in den Städten* (1973), in *Falsche Bewegung* (1975), *Im Lauf der Zeit* (1976) und *Paris, Texas* (1984) schickte er seine männlichen Helden auf Reisen, auf denen sie das Äußere erkundeten, um mehr über ihr Inneres zu erfahren. In *Die Angst des Tormanns beim Elfmeter* (1971) und *Der scharlachrote Buchstabe* (1972), in *Der amerikanische Freund* (1977), *Hammett* (1982) und *Bis ans Ende der Welt* (1991) verwickelte er seine Helden in größere Geschichten, die sie in Konflikte bringen – mit anderen Menschen, anderen Interessen, anderen Geschichten. In *Nick's Film – Lightning over Water* (1980), *Der Stand der Dinge* (1982), *Lisbon Story* (1995) und *Das Ende der Gewalt* (1997) reflektierte er Freud und Leid filmischer Arbeit – zwischen Kunst und Kommerz, zwischen Europa und Hollywood.

Geboren wurde Wenders am 14. August 1945 in Düsseldorf. Seine Jugend (ab 1955) verbrachte er am Rande des Ruhrgebiets in Oberhausen, wo seine einzigen Kulturstätten »die Eisdielen mit ihren Jukeboxen« waren, wie er später beklagte. Er sei deshalb aufgewachsen wie ein amerikanischer Teenager, Flipper und Billard spielend, Rock 'n' Roll hörend.

1957 schenkte ihm sein Vater eine 8-mm-Kamera. Das habe ihn geprägt, sagte er selber. Er nahm die Kamera, stellte sich ans Fenster und filmte, was er unten auf der Straße sah. Auf die Frage seines Vaters, was er da tue, sei seine Antwort gewesen, er filme einfach die Straße, weil er Lust dazu habe.

Wenders gehört zur Nachkriegsgeneration in Deutschland, zur »skeptischen Generation« – aufgewachsen unter Älteren, die das Nazi-Regime mitgetragen, aber nach dem Krieg so getan haben, als wäre nichts gewesen. Das Wirtschaftswunder blühte, und die alten Klassiker aus Literatur und Musik wurden weiterhin rezipiert. Wenders hat mehrfach erklärt, daß ihm diese Klassiker fremd geblieben seien, weil sie so hervorragend gepaßt hätten während der Nazi-Zeit. Alles in Frage zu stellen, was um ihn herum als selbstverständlich galt, war ein wichtiger Punkt in seiner Entwicklung. Die amerikanische Pop-Kultur, so gestand er später, habe die Lücken gefüllt, die sein Unbehagen gegenüber den deutschen Klassikern hinterlassen habe. Zwischen 1967 und 1970 studierte Wenders an der Hochschule für Fernsehen und Film in München. Seine ersten Kurzfilme entstanden. Gleichzeitig schrieb er Filmkritiken. 1970 beendete er seinen ersten langen Film: *Summer in the City*.

Kino war für Wenders zunächst Fenster zur Welt. Seine Filme wollten zum Schauen anhalten, den entdeckenden Blick auf die Welt verlängern. Filme eines Kinos der Evidenz von Menschen und Landschaften, von Stadt und Natur. Oder, um es mit Robert Bresson zu präzisieren: eines Kinos »der sichtbaren Rede der Körper, der Gegenstände, der Häuser, der Straßen, der Bäume, der Felder«.

Die thematischen Merkmale, die sein visuelles Universum skizzieren: die heimatlosen Helden, die ohne Verpflichtungen durch die Welt ziehen, und ihre Unfähigkeit, sich auf andere Menschen einzulassen. Und damit zusammenhängend: ihre Abscheu vorm Reden (erst später, in *Der Stand der Dinge* und *Der Himmel über Berlin*, in *Paris, Texas* und *Das Ende der Gewalt*, gibt es Helden, die das Reden beherrschen, die um die Nuancen wissen, die die gewünschten Wirkungen erzielen). Ihre Schwierigkeit mit Frauen (es gibt keine Liebe in den frühen Filmen, lediglich Andeutungen für Sex). Ihr Herumstreunen in der Welt als äußerer Ausdruck ihrer inneren Leere, die sie allerdings zu überwinden suchen (es gibt eine Neugierde der Figuren, hinzusehen, um herauszufinden, was los ist zwischen den Menschen). Ihre sichtbare Lust an Vergnügungsapparaten: an Flippern und Jukeboxen, Spielautomaten und Billardtischen, als Zeichen ihrer Lust, das Alleinsein spielerisch zu kaschieren. Ihre Vorliebe für Produkte der amerikanischen Pop-Kultur (Songs, Filme, Reklame), die die Wurzeln ihrer Bewußtwerdung verrät: statt der Schwere des Forschens das Leichte des Vergnüglichen (was sich später, vor allem in *Der Himmel über Berlin* und *Aus weiter Ferne, so nah!*, 1993, zuletzt auch in *Das Ende der Gewalt* deutlich umdreht).

Stilistisch vorherrschend sind zunächst: Die ruhigen, überlangen Einstellungen, die den Zuschauern Zeit lassen, zu sehen, was zu sehen ist; die Dauer verändert den Blick, so nehmen die Augen sich plötzlich größere Freiheiten heraus. – Bilder, die »keiner Dramaturgie dienen, sondern nur dem jeweiligen Augenblick« (damit »Einzelheiten tatsächlich Einzelheiten« bleiben). – Dominanz erzählerischer Montage, die Spannung herstellt zwischen dem, was gezeigt, und dem, was verschwiegen wird; die also vor allem die Bilddauer organisiert, den Zeitablauf regelt und den Rhythmus bestimmt (daß das, was man sieht, ergänzt werden muß durch Schnitte, die dem Gesehenen neue Bedeutungen zufügen, ist seinen Filmen eher fremd). – Dann die betont langsame Montage: Langsamkeit ist überhaupt eines der zentralen Momente des Wenders-Touch. Wobei Langsamkeit meint: »alle Vorgänge, die gezeigt werden sollen, mit der größtmöglichen Ausführlichkeit zu zeigen«; »durch Schnitte und den Wechsel von Bildgrößen nicht nur den Fortgang der Geschichte zu bewirken, sondern auch deren Dauer spürbar zu machen«; den »Leuten, deren Geschichte der Film zeigt« Zeit zu lassen, damit »man ihre Gründe« versteht, damit man versteht, warum sie entscheiden, wie sie entscheiden; keinen Vorgang »beschleunigen, abkürzen oder gar auslassen«, nur »um einen anderen spannender oder wichtiger erscheinen zu lassen«. – Die schier endlosen Autofahrten, die zum einen von der Rastlosigkeit seiner Helden künden und zum anderen die unterschiedlichen Stadt- und Naturlandschaften zur jeweiligen Zeit, in ihrem jeweiligen Zustand präsentieren (der Anfang von *Lisbon Story* ist in diesem Sinne eine späte Variation der frühen Filme). – Schließlich die lustvolle Neugierde auf Werbezeichen und Reklameschilder, über die Wenders – geradezu metaphorisch – den jeweiligen zivilisatorischen Stand der Dinge anzeigt.

Kino der Evidenz bei Wim Wenders heißt also: die Bilder sind weniger danach organisiert, was sie bedeuten, sondern so komponiert, daß sie etwas sichtbar machen. Bilder-Welten wurden Wenders' Filme oft genannt. Das hört sich vordergründig an. Schließlich bestehen Filme überwiegend aus Bildern. Doch bei Wenders zielt der Begriff Bilder-Welten aufs Zentrum seiner Ästhetik.

Schon 1968/69 drehte er einen Film (*Silver City*), der nur aus zehn dreiminütigen Einstellungen besteht – jede einzelne ein Blick auf Münchener Plätze und Straßen. Sichtbar wird, was jeder in seiner gewöhnlichen Umgebung vorfinden kann: eine Straßenkreuzung; ein fast leerer Bahnsteig, an dem ein Zug vorbeidonnert; eine Baustelle, die wie ein Gewirr aus Flächen und Linien wirkt. Die Kamera ist zur ruhigen, geduldigen Beobachtung eingesetzt, als schaute sie

Wim Wenders (r.) mit Bruno Ganz

einfach aus dem Fenster. Die Bilder sind starr; sie dauern, solange das Material reicht; und sie sind so total wie möglich fotografiert, damit sie so viel wie möglich erfassen. Das Allereinfachste, allseits Vertraute, das ist der Stoff für Wenders' erste ästhetische Abenteuer.

Andererseits – so Wenders 1982 in einem Vortrag in Livorno – habe sein Dilemma mit dem Erzählen in *Silver City* begonnen. Als er den leeren Bahnsteig aufgenommen und auf den Zug gewartet habe, sei plötzlich ein Mann ins Bild gerannt und über die Schienen gesprungen. Das habe »die Ruhe der Landschaft mit dem Zug« gestört. Seine Idee, »eine Reihe von Filmbildern [...] hintereinanderzuhängen ohne Zusammenhang«, sei dahin gewesen. »Nach der Einstellung, in der ein Mann halsbrecherisch die Schienen überquert, würden die Leute erwarten, daß auch in allen anderen etwas geschieht.« Wie einen Sündenfall beschreibt Wenders seine Geburt als Erzähler. Für Wenders führen »Bilder nicht notwendig zu etwas anderem; sie stehen für sich.« Ein Bild gehöre »eher sich selbst«, im Unterschied zum Wort, das »meist in einen Zusammenhang will, eben in eine Geschichte«.

In *Der Stand der Dinge*, einem essayistischen Film über das Geschichtenerzählen, hat Wenders das Verhältnis von Bild und Erzählung reflektiert, indem er ganz unterschiedliche Erzählweisen probiert und vorführt. Wenders dazu: »Im Verhältnis von Geschichte und Bild ähnelt für mich die Geschichte einem Vampir, der versucht, dem Bild das Blut auszusaugen. Bilder sind sehr empfindlich [...]. Sie wollen nicht wie ein Pferd arbeiten; sie wollen nichts tragen und transportieren – weder Botschaft noch Bedeutung, weder Ziel noch Moral. Genau das wollen aber Geschichten.«

Die Gegenstrategie in den frühen Filmen: soweit es nur geht, das Zerstückeln zu vermeiden. Wenders entwickelte seinen Stil, indem er die filmische Atmosphäre stärkt, die von Dingen und Personen ausstrahlt. Sein Ziel dabei: eine zeitliche und räumliche Kontinuität zu suggerieren, so als seien die Lücken zwischen den Einstellungen kaum größer als die Lücken, die in der menschlichen Wahrnehmung ein kurzes Blinzeln verursacht. Noch in *Lisbon Story* ruft der Tonmann den Filmemacher auf, seine Skepsis gegenüber den Bildern aufzugeben, die dieser bloß noch als »Reklame für sich selbst« sehen kann. Statt Bilder ohne Blick zu machen – von einem Abfalleimer aus oder mit einer Kamera, die er auf dem Rücken hin- und herpendeln läßt, solle er zurückkehren zu Bildern, die durch ihre Sicht eine Haltung zur Welt vermitteln.

Vor *Bis ans Ende der Welt* und *Aus weiter Ferne, so nah!* gab es für Wenders allerdings eine grundlegende Veränderung. Immer häufiger sprach er von seiner Skepsis gegenüber Bildern: »In der Geschichte des Bildes [hat sich] wahnsinnig viel verändert in den letzten Jahren [...]. Als ich angefangen habe, Filme zu machen, war das Bild ja noch ein recht heiles, wenn nicht gar heiliges Instrument. Das ist nun nicht mehr so. Gerade schöne Bilder, was ja mal eine Auszeichnung war, sind ja heutzutage eher, am ehesten so die gefährlichsten, wovor man sich am meisten hüten muß; denn jede Reklame besteht aus schönen Bildern.«

Wenn Wenders in seinen frühen Filmen die Zuschauer immer auch einlädt, an den Reisen seiner Helden teilzunehmen, an den Abenteuern, die ihnen unterwegs begegnen, so lädt er sie in den Engel-Filmen dazu ein, eine Reise mitzumachen durch die Empfindungen, Gedanken, Vorstellungen, Träume vieler, ganz unterschiedlicher Bewohner einer Stadt.

In *Himmel über Berlin* verweigert Wenders anfangs die Erzählung, und zwar sehr strikt. Er skizziert, experimentiert, arrangiert Bruchstücke von Geschichten zu einer impressiven Phantasmagorie. Die Episoden sind betont fragmentarisch: abrupt, getrennt, gebrochen. Jede Episode steht ganz für sich und erringt ihren Sinn dennoch erst durch die Spannung zur Nebenepisode. Der Zwischenraum zwischen diesen Episoden sorgt schließlich für die besondere Klangfarbe: für die Dominanz des

Atmosphärischen. Dann aber, in einem kleinen Zirkus, begegnet einer der Engel, gespielt von Bruno Ganz, der Trapezkünstlerin Marion. Er ist sofort fasziniert von ihrer Nackenlinie und ihrem Ohr. Seine Sehnsucht wird übermächtig. Er will endlich auch riechen, tasten, schmecken, fühlen. So kommt der Film schließlich zu seiner Geschichte, die bis zu *Aus weiter Ferne, so nah!* führt, wo die Engel darüber sinnieren, daß die Menschen desinteressiert sind am Miteinander, an Liebe und Solidarität: »Nichts macht mehr Sinn [...]. Für die Menschen gibt es offensichtlich kein Dahinter.«

Wenders' Helden sind nie nur fiktionale Entwürfe, sie wirken stets zugleich wie Protagonisten des tatsächlichen Lebens. Sie sind, lange bevor sie so definiert werden, die Engel des Kinos: Sie entdecken und halten zum Entdecken an; sie wundern sich und halten zur Verwunderung an; sie träumen und halten zum Träumen an.

Immer wieder und wieder: die sichtbare Rede – verstanden als Präsenz von Menschen und Dingen; eine geradezu obsessive Bindung ans Gegebene, als sei es vorgegeben. Dabei ist es, wie bei allen großen Realisten des Kinos: wie bei Erich von Stroheim und Jean Renoir, Friedrich Wilhelm Murnau und Roberto Rossellini, nur sorgfältiger arrangiert – also vorgeführt, auf daß die Verführung übersehen werde. In den frühen Wenders-Filmen geschieht nur, was sich für Helden wie für Zuschauer zugleich ereignet. Der Wechsel der Schauplätze bestimmt die Dramaturgie – experimentell in *Summer in the City*, poetisch in *Alice in den Städten*, elegisch in *Im Lauf der Zeit*, essayistisch in *Der Stand der Dinge*. Später, spätestens ab *Der Himmel über Berlin*, sucht er den intensiveren Zauber, die Suggestion, die zugleich die ästhetische Wahrnehmung in Distanz ermöglicht.

Das Episodische, das die frühen Filme dominiert, ist in erster Linie Resultat seiner lustvollen Neugierde. Wie lange man beobachtet (und andere zum Beobachten anhält), hängt auch davon ab, wie weit das jeweilige Interesse reicht. Vielleicht deshalb auch die Irritation bei *Bis ans Ende der Welt* und *Aus weiter Ferne, so nah!*, wo die geschlossenere Fiktion den neugierigen Blick eher subsumiert.

Unentwegt versucht Wenders, Augenblicke einzufangen, wenn sie gerade voller Leben sind. Eine Fiktion, die sehr tief reicht. Manchmal muß er seine ganze Geschichte riskieren, um den Flug einer Möwe einzufangen und festzuhalten (wie in *Alice in den Städten*). Seine Filme sind deshalb die schwierigsten der Welt. Es gibt nur wenig Thesen, die man schnell nachvollziehen könnte. Gleichzeitig sind sie aber auch die einfachsten Filme der Welt: Man braucht bloß seinen Augen zu trauen.

Norbert Grob

Filmographie: Summer in the City (1970) – Die Angst des Tormanns beim Elfmeter (1971) – Der scharlachrote Buchstabe (1972) – Alice in den Städten (1973) – Falsche Bewegung (1975) – Im Lauf der Zeit (1976) – Der amerikanische Freund (1977) – Nick's Film – Lightning over water (1980) – Hammett / Hammett (1982) – Der Stand der Dinge (1982) – Paris, Texas (1984) – Tokyo-Ga / Tokyo-Ga (Dokumentarfilm, 1985) – Der Himmel über Berlin (1987) – Aufzeichnungen zu Kleidern und Städten (Dokumentarfilm, 1989) – Bis ans Ende der Welt (1991) – In weiter Ferne, so nah! (1993) – Lisbon Story (1995) – Die Brüder Skladanowsky (Co-Regie: Studierende der HFF München, 1995) – Al di là delle nuvole / Jenseits der Wolken (Co-Regie: Michelangelo Antonioni, 1995) – The End of Violence / Das Ende der Gewalt (1997) – Buena Vista Social Club / Buena Vista Social Club (Dokumentarfilm, 1999).

Literatur: Peter Buchka: Augen kann man nicht kaufen. Wim Wenders und seine Filme. Frankfurt a. M. 1985. – Kate Geist: The Cinema of Wim Wenders. Ann Arbor 1988. – Uwe Künzel: Wim Wenders. Freiburg 1988. – Andreas Rost: Von einem der auszog das Leben zu lernen. München 1990. – Hans Günther Pflaum: Der Traum vom Kino: Wim Wenders. In: Jörg-Dieter Kogel (Hrsg.): Europäische Filmkunst. Frankfurt a. M. 1990. – Reinhold Rauh: Wim Wenders und seine Filme. München 1990. – Norbert Grob: Wenders. Berlin 1991. – Harald Schleicher: Film-Reflexionen. Tübingen 1991. – Wim Wenders. München/Wien 1992. (Reihe Film. 44.) – Guntram Vogt: Der enttäuschte Entdecker: Wim Wenders in den USA. In: Augen-Blick 1992. H. 12. S. 79–95. – Robert Kolker / Peter Beicken: The Films of Wim Wenders. Cinema as Vision and Desire. Cambridge 1993. – Roger F. Cook / Gerd Gemünden (Hrsg.): The Cinema of Wim Wenders. Detroit 1997.

Lina Wertmüller

*1928

Ähnlich wie ihre Regiekollegin Liliana Cavani (*Der Nachtportier*, 1973) hatte es die Italienerin Lina Wertmüller mit ihrer oft hemmungslosen Fabulierkunst und ihren filmischen Grotesken, die nicht selten deutlich marxistische und feministische Tendenzen verfolgen, sehr schwer im europäischen Kino der siebziger Jahre. Die Radikalität ihrer gelegentlichen Zynismen wurde oft fehlgedeutet, die humanistische Hinwendung zum »kleinen Mann« ignoriert, die gemäß der Commedia dell'arte konstruierten Charaktere als überzeichnet mißverstanden.

Geboren wurde Lina Wertmüller am 14. August 1928 in Rom, wo sie an der Theaterakademie studierte und in den fünfziger Jahren zur Produzentin und Regisseurin avantgardistischer Theaterstücke aufstieg. In dieser Zeit arbeitete sie auch als Schauspielerin, Bühnenbildnerin und Presserezensentin. Durch Marcello Mastroianni lernte sie Anfang der sechziger Jahre Federico Fellini kennen, bei dessen Meisterwerk *Achteinhalb* (1963) sie Regieassistentin war.

Obwohl sie bereits 1963 mit der Satire *Die Basilisken*, die noch unter dem Einfluß des Neorealismus entstand, Anerkennung erwarb, kam die große Schaffensperiode der in ihrem Arbeitsstil als äußerst autoritär geltenden Regisseurin erst in den frühen siebziger Jahren. In dieser kreativen Hochphase entstanden u. a. *Mimi – in seiner Ehre gekränkt* (1972), *Liebe und Anarchie* (1973) und *Sieben Schönheiten* (1975), eine u. a. in einem Konzentrationslager angesiedelte Schelmengroteske. In dieser Zeit traten auch zwei männliche Schlüsselpersonen in ihr Leben: der multitalentierte Künstler Enrico Job, mit dem sie verheiratet ist und der bei fast all ihren Werken zusammenarbeitet, und der Schauspieler Giancarlo Giannini, der den tragischen Narren ihrer Visionen kongenial verkörpert: meist einen Süditaliener und Mann vom Lande, der in der Theorie Kommunist oder Anarchist sein mag, sich in der Praxis aber wie ein altmodischer Patriarch verhält, der Mühe hat, die modernen Frauen zu verstehen. Diese als eine vage Trilogie zusammenhängenden Filme versammeln Wertmüllers Eindrücke zum mediterranen Machismo, der in Narrheit und Mutterfixierung mündet. Übermütter und vitale Frauen regieren die Welt ihrer Vision. Sie ging selbst bei der KZ-Episode von *Sieben Schönheiten* so weit, aus der übergewichtigen Aufseherin (Shirley Stroler) eine abstrakte Mutterfigur zu machen, die der Protagonist ›verführen‹ kann, indem er in ihr ein Wesen erkennt, das geliebt werden möchte. Die drei Filme bringen Lina Wertmüllers visuellen Stil, die oft beschworene ›feministische Perspektive‹ und die politische Wendung zum Sozialismus auf den Punkt. Die Überzeichnung des Geschlechterkampfes als Schlachtfeld der Emotionen tritt auch in ihrer witzig pointierten und arkadischen, spielerisch sadomasochistischen Robinsonade *Hingerissen von einem ungewöhnlichen Schicksal im azurblauen Meer im August* (1974) deutlich zutage. Dieses in sich schlüssige Universum charakterisiert die originelle Position der Regisseurin.

Unter einem eher schlechten Stern stand Wertmüllers Einstand in Hollywood. Nachdem sie die Verfilmung von Gore Vidals Drehbuch für *Caligula* abgelehnt hatte, mit dem Tinto Brass 1979 einen Skandalerfolg landete, inszenierte sie die politische Beziehungskomödie *In einer Regennacht* (1978), in der sich Giannini und Candice Bergen Rededuelle liefern.

Zwar hat Lina Wertmüller bald schon in den USA und verspätet auch in Deutschland (*Sieben Schönheiten* wurde erst 1985 in Deutschland gezeigt) Anerkennung gefunden, doch ihr letzter großer Film *Camorra* (1985) über neapolitanische Drogenhändler und den Widerstand der Frauen verdeutlicht ihr Dilemma: Wurden früher die leidenschaftlichen Elemente durch spottlustige Elemente ausbalanciert, überwiegen jetzt die sentimentalen und pathetischen Effekte. Aus dem filmischen Erzählen wird ein Appellieren ans Publikum. Ebenso wie ihre umstrittene Kollegin Liliana Cavani scheint Lina Wertmüller ihren Karrierehöhepunkt bereits in den siebziger Jahren erreicht zu haben.

Marcus Stiglegger

Filmographie: I basilischi / Die Basilisken (1963) – Questa volta parliamo di uomini / Diesmal sprechen wir über Männer (1965) – Rita la zanzara (1966) – Non stuzzicate la zanzara (1967) – Mimi metallurgico ferito nell'onore / Mimi – in seiner Ehre gekränkt (1972) – Film d'amore e d'anarchia / Liebe und Anarchie (1973) – Tutto a posto e niente in ordine / Operation gelungen – Patient tot (1974) – Travolti da un insolito destino nell'azzurro mare d'agosto / Hingerissen von einem ungewöhnlichen Schicksal im azurblauen Meer im August (1974) – Pasqualino Settebellezze / Sieben Schönheiten (1975) – In a Night Full of Rain / In einer Regennacht (1978) – Shimmy lagano tarantelle e vino (1978) – Fatto di sangue fra due uomini per causa di una vedova – si sospettano motivi politici / Blood Feud / Blutfehde (1979) – Scherzo del destino in agguato dietro l'angelo come un brigante di strada (1983) – Sotto . . . sotto . . . strappazzato da anomala passione / Die Freundin meiner Frau (1984) – Un complicato intrigo di donne, vicoli e delitti: Camorra / Camorra (1985) – Notte d'estate con profilo greco, occhi a mandorla e odore di basilico / Reich und gnadenlos (1986) – Il decimo clandestino / Heimlich, still und leise (1988) – In una notte di chiaro di luna / Diese vitale Wut (1989) – Sabato (1990) – Domenica e lunedì (1990) – Metalmeccanico e parrucchiera in un turbine di sesso e politica / Der Mechaniker und die Friseurin im Wirbelsturm von Sex und Politik (1996).

Literatur: Ernest Ferlita / John R. May: The Parables of Lina Wertmüller. New York 1977. – Peter Bondanella: Italian Cinema from the Neorealism to the Present. New York 1983. S. 354–366. – Gertrud Koch / Heide Schlüpmann: Der Mensch in Unordnung. In: Frauen und Film 39 (1985) S. 82–86. – Alice Bachner [u. a.]: Lina Wertmüller. Zürich 1986. – Lina Wertmüller. München/Wien 1988. (Reihe Film. 40.)

Bernhard Wicki

*1919

Als Sohn eines Schweizers und einer Österreicherin am 28. Oktober 1919 in St. Pölten, Niederösterreich, geboren, hat Wicki die Schweizer Staatsangehörigkeit. Bedingt durch den Beruf des Vaters (er war Ingenieur) zog die Familie häufig um. Nach mehreren Schulwechseln legte Wicki 1938 in Bad Warmburg in Schlesien das Abitur ab und studierte an der Universität Breslau Kunstgeschichte, Geschichte und Germanistik. Gleichzeitig sprach er in Berlin bei Gustaf Gründgens vor und wurde von ihm an die Schauspielschule des Staatlichen Schauspielhauses vermittelt. Im November 1938 wurde Wicki seiner Mitgliedschaft in der kommunistisch orientierten Bündischen Jugend wegen im KZ Sachsenhausen inhaftiert. Nach seiner Entlassung im Frühling 1939 ging er nach Wien und setzte die Schauspielerausbildung am ehemaligen Reinhardt-Seminar fort. 1940 debütierte er im »Urfaust« am Schönbrunner Schloßtheater und trat im selben Jahr erstmals – wenn auch als Statist – in Gustav Ucickys *Der Postmeister* im Film auf. Nach seiner Abschlußprüfung ging Wicki an das Theater von Freiberg in Sachsen, weil er dort auch Regie führen durfte. Weitere Engagements führten ihn schließlich an das Münchner Staatstheater. Nachdem er im Februar 1945 die Schauspielerin Agnes Fink geheiratet hatte, übersiedelte Wicki noch kurz vor Kriegsende in die Schweiz; am Stadttheater Basel bekam er ein Engagement für fünf Jahre.

Nach eigenem Bekunden war Wicki dem Film gegenüber negativ eingestellt. Das habe sich erst unter dem Einfluß von Max Ophüls geändert, mit dem er bei der Synchronisation von *Pläsier* (1952) zusammentraf. Ophüls vermittelte ihn an einen Münchner Produzenten, der ihn in Paul Mays *Junges Herz voll Liebe* (1953) unterbrachte. Von nun an drehte Wicki bis Ende der fünfziger Jahre durchschnittlich vier bis fünf Filme pro Jahr, und spätestens mit seiner Rolle als Partisanenführer in Helmut Käutners *Die letzte Brücke* (1954) wurde er im deutschsprachigen Raum zum Star. Das Theater gab er dafür nach und nach vollständig auf. Parallel dazu begann Wicki zu fotografieren. »Durch die Fotografie bekam ich überhaupt erst eine Beziehung zum Film. Plötzlich sah ich diese vermeintliche Kunst zweiten Grades mit ganz anderen Augen.« Diese Tätigkeit führte 1960 schließlich zur Publikation des Fotobandes »Zwei Gramm Licht«, für den Friedrich Dürrenmatt ein Vorwort schrieb.

Während er in Helmut Käutners *Die Zürcher Verlobung* (1957) die Hauptrolle spielte, arbeitete er bei Käutners nächstem Projekt, *Monpti* (1957), als Regievolontär mit, ein wichtiger Schritt zu seiner ersten eigenen Regie, *Warum sind sie gegen uns?* (1958), den er noch auf 16 mm für das Institut für Film und Bild in Wissenschaft und Unterricht drehte. Dieser Film handelt von den kulturellen Barrieren zwischen Arbeitern und Angestellten, ein wenig aktuelles Thema, wie J. Hembus 1961 attestierte. Dennoch wurde Wicki mit einem Filmband in Silber ausgezeichnet.

Bei dem breiten Publikum setzte sich Wicki mit seiner zweiten Regiearbeit durch. *Die Brücke* (1959) erzählt die Geschichte der sinnlosen Verteidigung einer Brücke in den letzten Kriegstagen durch eine kleine Gruppe von Schuljungen, die sterben, weil sie von klein auf daran gewöhnt worden sind, Befehle fraglos zu befolgen. Wickis Antikriegsfilm erregte internationales Aufsehen. In den USA wurde er mit dem Golden Globe ausgezeichnet und erhielt eine Nominierung für den Academy Award als bester ausländischer Film. Dieser Erfolg machte es ihm möglich, mit einem großen Budget an sein nächstes Projekt heranzugehen. *Das Wunder des Malachias* (1961) ist »ein kritischer Film über das Wirtschaftswunder« (Wicki). Das plötzliche Verschwinden eines ganzen Hauses, in dem ein Nachtclub untergebracht war, wird in der Gesellschaft einer Industriestadt als Wunder angesehen – um gleich darauf als publicityträchtiges Ereignis vermarktet zu werden. Während die Kritik reserviert reagierte und vor allem bemängelte, Wicki habe sich in seinem kritischen Ansatz zuviel vorgenommen, wurde der Film beim Publikum zum Erfolg. Der Zusammenbruch der Verleihfirma verhinderte jedoch eine vollständige Auswertung, denn »der Film geriet sofort in die Konkursmasse und war damit verschwunden« (Wicki).

Der Ruhm der *Brücke* zahlte sich für Wicki auch auf internationaler Ebene aus. Nicht nur bot Michelangelo Antonioni ihm eine Rolle in seinem Film *Die Nacht* (1961) an; auch Darryl F. Zanuck verpflichtete ihn als Regisseur der deutschen Episoden seiner Mammutproduktion über die alliierte Landung in der Normandie, *Der längste Tag* (1962). Wicki war zunächst mit dem Drehbuch nicht einverstanden und akzeptierte den Auftrag nur unter der Bedingung, daß die Charakterisierung der Deutschen ernsthafter und realistischer ausfallen würde. Obwohl *Der längste Tag* sich mit seinen Vorstellungen von einem Antikriegsfilm nicht deckte, war er mit dem Ergebnis insgesamt ganz zufrieden. Der Film trug Wicki seine zweite Oscar-Nominierung ein.

An einer Verfilmung von Dürrenmatts »Besuch der alten Dame« war Wicki besonders interessiert, weil er mit dem Dramatiker befreundet war. Er überredete Zanuck, ihn mit der Regie von *Der Besuch* (1964) zu beauftragen. Die Geschichte einer reich gewordenen alten Dame, die in ihren ärmlichen Heimatort zurückkehrt, um sich für ein Unrecht zu rächen, das ihr in ihrer Jugend angetan worden war, ist von Wicki in einer aufwendigen internationalen Koproduktion in Cinecittà inszeniert worden. Mit Ingrid Bergman und Anthony Quinn standen ihm zwei Weltstars zur Verfügung, die den Kassenerfolg des Filmes schon fast garantierten. Wicki wurde von der Kritik vorgeworfen, er habe aus Dürrenmatts Parabel einen realistischen Film gemacht. R. Thomé hingegen sah gerade darin eine Stärke des Films.

Wicki folgte dem Ruf Marlon Brandos, in Hollywood *Morituri* (1965) zu inszenieren. Die etwas verwirrende Geschichte eines Blockadebrechers während des Zweiten Weltkriegs, der durch den britischen Geheimdienst aufgebracht werden soll, basiert auf einem Roman von Werner Jörg Lüddecke. Neben Marlon Brando und Yul Brynner übernahmen auch Martin Benrath und Hans Christian Blech größere Rollen. Nach Wickis Angaben spielte der Film jedoch kaum seine Produktionskosten ein. Einmal mehr mit den Produktionsbedingungen in Hollywood unzufrieden, kehrte Wicki nach Deutschland zurück und übernahm von Erwin Leiser die Regie von *Transit* nach einem

Bernhard Wicki (r.) mit Cordula Trantow und Michael Hinz

Drehbuch von Max Frisch. Eine lebensbedrohliche Erkrankung verhinderte die Fertigstellung und zwang Wicki zu einer Arbeitspause, die – lediglich unterbrochen durch den Kurzfilm *Die Träne* (1967) – bis 1971 dauerte.

Wicki hatte sich schon immer dem Werk Joseph Roths verbunden gefühlt; er sei »fasziniert davon, wie er den Zusammenbruch der österreichischen Monarchie beschreibt, von der Verbindung der verklingenden k.u.k. Monarchie mit der chassidischen Welt des frommen Ostjudentums«. *Das falsche Gewicht* (1971) drehte Wicki in Ungarn. Für die Rolle des Eichmeisters Eibenschütz, dessen unnachsichtige Pflichterfüllung ihn in Gegensatz zur Dorfbevölkerung bringt, bis er einer Zigeunerin verfällt, der er seine Karriere opfert, konnte er Helmut Qualtinger gewinnen, dem es vor allem zu danken ist, daß die Kritik in Wickis erstem Fernsehfilm »einen *Film* [sah], kein Fernseh-Produkt, [...] ein dramatisch-visuelles Ereignis von so großer Fülle, von so farbiger Energie, daß wir es uns schwerlich leisten können, diesen Film in Deutschland nicht auch als Film zu sehen« (J. Kaiser).

Auch *Karpfs Karriere* (1971) entstand fürs Fernsehen, wurde allerdings wieder auf 35 mm gedreht. (Nach eigenem Bekunden macht Wicki keinen Unterschied zwischen Kino- und Fernsehfilm; er habe »auch eine Fernseharbeit immer so inszeniert, als sei sie fürs Kino bestimmt«.) Die Geschichte eines Kleinstadtpolizisten, dessen großbürgerliche Ehefrau ihn verleitet, in seinem Bezirk Kriminalfälle zu konstruieren, um seine Karriere zu beschleunigen, wurde von der »Frankfurter Rundschau« als Satire gewürdigt, mit der Wicki »die Fortsetzung entmenschter Denkweisen der Nazizeit« anprangere. Nachdem sich zwei weitere Filmprojekte, »Der kurze Brief zum langen Abschied« nach Peter Handke und »Der Steppenwolf« nach Hermann Hesse, zerschlagen hatten, produzierte Wicki in eigener Verantwortung *Die Eroberung der Zitadelle* (1977) nach der gleichnamigen Novelle von Günter Herburger. Ein deutscher Intellektueller in der Krise sucht in Italien nach einem neuen Lebenssinn. Er verdingt sich als Hilfsarbeiter beim Bau einer Bankiersvilla und lernt eine neue Lebensperspektive kennen: die Solidarität einfacher Arbeiter, die auf ihre Arbeit stolz sind. Unwetter während der Dreharbeiten verteuerten das Projekt erheblich und brachten Wicki in finanzielle Schwierigkeiten. Die Kritik ging mit dem Film nicht eben behutsam um: »Ein Großteil der Kritiker verübelte mir die politische Haltung dieses Films, ein kleinerer Teil glaubte sie mir erst gar nicht« (Wicki); P. W. Jansen immerhin attestierte dem Film eine »fellinihafte Faszination für das Grelle und Häßliche«.

Die über sieben Jahre hin entstandene Fernsehdokumentation über Curd Jürgens (1977) schien Wicki selbst nicht weiter erwähnenswert zu sein. Bis 1984 trat er in wichtigen Filmen anderer Regisseure auf, u. a. in Peter Handkes *Die linkshändige Frau* (1977), Hans Werner Geissendörfers *Die gläserne Zelle* (1977), Rainer Werner Fassbinders *Eine Reise ins Licht – Despair* (1978), Bertrand Taverniers *Deathwatch – Der gekaufte Tod* (1979) und Wim Wenders' *Paris, Texas* (1984). Eine Rolle in Fassbinders *Berlin, Alexanderplatz* (1980) lehnte er hingegen ab; sie erschien ihm nicht bedeutend genug.

Die *Grünstein-Variante* (1984) wurde in einer deutsch-deutschen Koproduktion zwischen dem WDR und der DEFA in Babelsberg gedreht. Drei Männer, ein Deutscher, ein Grieche und ein Pole werden 1939 in Paris zusammen in Abschiebehaft genommen. Nach anfänglichen Reibereien bringt der Deutsche seinen Mithäftlingen das Schachspiel bei. Der Pole Grünstein erweist sich dabei als so talentiert, daß er den Deutschen schon nach kurzer Zeit schlagen kann. Er entwickelt dabei eine neue Variante, die der Deutsche vor seiner Entlassung nicht mehr analysieren kann. Der Deutsche wird als einziger aus der Haft entlassen; er wird die Grünstein-Variante niemals herausfinden. Die Verfilmung des gleichnamigen Hörspiels von Wolfgang Kohlhaase stellte Wicki vor die schwierige Aufgabe, ein Drei-Personen-Stück in einem einzigen Raum zu inszenieren, doch P. Buchka beobachtete, daß »er durch Schnitt und Montage die enge Zelle weitet, als wäre sie die Welt, die ja auch letztlich damit gemeint ist«.

Auch *Sansibar oder Der letzte Grund* (1987) drehte Wicki in der DDR, dieses Mal jedoch auf Außensets an der Ostseeküste. Die Geschichte der Flucht von fünf sehr unterschiedlichen Menschen vor den Nazis – nach Alfred Anderschs Roman auf 35 mm gedreht, aber nur im Fernsehen ausgewertet – entwickelte sich zu einer Parabel über die Würde des Lebens angesichts einer Barbarei, die abweichendes Denken nicht duldet. Am Ende kehren fast alle Flüchtenden nach Deutschland zurück. Nur die Jüdin, der in ihrer Heimat der Tod gewiß ist, und eine Plastik von Ernst Barlach, die von den Nazis zu »entarteter Kunst« erklärt worden ist, bleiben im sicheren Schweden. *Sansibar* war für das Fernsehen wenig geeignet, da Wicki Anderschs innere Monologe in bisweilen fast zwanzigminütigen Bildfolgen umsetzte, die nach der großen Leinwand verlangen.

Das Spinnennetz (1989) drehte Wicki wieder nach einem Romanfragment von Joseph Roth. Das Projekt hatte ihn schon vor der *Grünstein-Variante* beschäftigt, mußte aber immer wieder verschoben werden. Auch die Dreharbeiten selbst, die im November 1986 begannen, mußten unterbrochen werden, da Wicki eine lebensbedrohliche Gehirnblutung erlitt. So wurde der Film erst im Dezember 1988 abgeschlossen. Wickis mehr als dreistündige Verfilmung greift erheblich in die Handlung und Struktur seiner Vorlage ein, um das »Prophetische«, »das Erspüren der Dinge«, das Wicki an Roth so sehr schätzte, stärker zu profilieren. So wird die Geschichte des skrupellosen Emporkömmlings Theodor Lohse zu einer packend-realistischen Analyse des beginnenden Nationalsozialismus, geboren aus den Verlust- und Entwurzelungsängsten der Kleinbürgertums. Ein Netz antidemokratischer Konspiration erleichtert Lohse seinen sozialen und politischen Aufstieg, für den er buchstäblich über Leichen geht. Zum Zeitpunkt, da Hitler und Ludendorff in München putschen, sind Lohses Weichen schon gestellt. Als Nationalsozialist der ersten Stunde wird er seinen Weg machen. Der einzige, der ihm noch gefährlich werden könnte, der Jude Benjamin Lenz, wird von Lohses Helfershelfern ermordet. Wegen einiger sehr drastischer Gewaltdarstellungen in der Presse attackiert, hat Wicki den fertigen Film um wenige Minuten gekürzt, um eine Fernsehausstrahlung vor 22 Uhr zu gewährleisten. Die Kritik reagierte verhalten. Die starke Bildhaftigkeit in Wickis Zugriff wurde akzeptiert, die Aktualität des Stoffes angesichts eines wieder erstarkenden Rechtsradikalismus nach dem Fall der Mauer bemerkt und entsprechend kommentiert.

Wicki steht mit seinem Œuvre, in dem er sich mit deutscher Geschichte und ihren Voraussetzungen konsequent beschäftigt, in seiner Generation fast alleine da. Sein Verhältnis zu den Unterzeichnern des »Oberhausener Manifests« blieb abwartend und distanziert. Gerne hätte er in einem Film Fassbinders eine größere Rolle gespielt; Wenders' und Kluges Entwicklungen hat er aufmerksam beobachtet. Aber als ihr ›Vater‹ hat er sich nie gefühlt, noch viel weniger als ihr Mitstreiter. Wie das der meisten seiner Altersgenossen ist sein Spätwerk vor allem von den Fernsehanstalten ermöglicht worden; im Kino schienen seine Filme keine Chance mehr zu haben. (*Das Spinnennetz* hat allerdings seine Premiere in Cannes erlebt.) Die Schauspielerkarriere Wickis ist sicherlich ebenso interessant wie seine Regiearbeit; sie ist bislang aber noch nicht hinlänglich beschrieben worden.

Uli Jung

Filmographie: Warum sind sie gegen uns? (1958) – Die Brücke (1959) – Das Wunder des Malachias (1961) – The Longest Day / Der längste Tag (1962) – La Rancune / Der Besuch (1964) – Morituri / Morituri (1965) – Der Paukenspieler (Episode: Die Träne, 1967) – Das falsche Gewicht (Fernsehfilm, 1971) – Karpfs Karriere (Fernsehfilm, 1971) – Die

Eroberung der Zitadelle (1977) – Curd Jürgens – Der Filmstar, der vom Theater kam (Fernsehdokumentation, 1977) – Die Grünstein-Variante (1984) – Sansibar oder Der letzte Grund (Fernsehfilm, 1987) – Das Spinnennetz (Fernsehfilm, 1989).

Literatur: Robert Fischer (Hrsg.): Sanftmut und Gewalt. Der Regisseur und Schauspieler Bernhard Wicki. Essen/Köln 1991. – Robert Fischer: Bernhard Wicki. Regisseur und Schauspieler. München 1994. – Peter Zander: Bernhard Wicki. Berlin 1994.

Billy Wilder

*1906

Samuel Wilder, von seiner amerikabegeisterten Mutter Billie gerufen, wurde am 22. Juni 1906 in der galizischen Kleinstadt Sucha (damals in Österreich, heute in Polen gelegen) geboren. Der Vater, Gastwirt und Hotelier, brachte seine vierköpfige Familie vor dem Ersten Weltkrieg nach Wien in Sicherheit, wo der – gemäß zahlreicher Anekdoten und Legenden – bereits in Kindertagen anpassungsunwillige Billie das Realgymnasium besuchte und 1924 mit mäßig bestandenem Abitur verließ. Der Achtzehnjährige wurde Reporter bei dem Klatsch-Blatt »Die Stunde« und aus Geldnot Eintänzer in den einschlägigen Wiener Tanzcafés. Schließlich engagierte ihn der amerikanische Bandleader Paul Whiteman als Fremdenführer und nahm ihn mit nach Berlin, wo er sieben Jahre lang als freier Journalist für den »Berliner Börsen-Courier«, die »Nachtausgabe«, »Tempo« oder die »BZ am Mittag« arbeitete und als Ghostwriter an zahlreichen Drehbüchern mitwirkte. Gemeinsam mit Robert Siodmak, Edgar Ulmer (Regie) und Eugen Schüfftan (Kamera) war Billie Wilder am Film *Menschen am Sonntag* (1930) beteiligt, der von Kritik und Publikum begeistert aufgenommen wurde. Zwischen 1929 und 1933 war er Co-Autor bei weiteren elf Filmen, u. a. bei der Ufa-Produktion *Der Mann, der seinen Mörder sucht* (1931) mit Heinz Rühmann in der Hauptrolle, *Emil und die Detektive* (1932), *Es war einmal ein Walzer* (1932), *Ein blonder Traum* (1932) oder *Scampolo, ein Kind der Straße* (1932). 1933, einen Tag nach dem Reichstagsbrand am 27. Februar, verließ er Deutschland und wurde nach kurzem Aufenthalt in Paris von Joe May, ehemals deutscher Filmregisseur und nach der Emigration Columbia-Produzent, nach Hollywood geholt. 1936 ging Wilder zu Paramount, wo er seine größten Erfolge feierte. Er amerikanisierte endgültig seinen Vornamen (Billy) und schrieb seine ersten Skripts zusammen mit seinem späteren langjährigen Co-Autor Charles Brackett, darunter die Drehbücher zu den Lubitsch-Filmen *Blaubarts achte Frau* (1938) und *Ninotschka* (1939). 1942 führte er zum ersten Mal Regie bei der Komödie *Der Major und das Mädchen.* Bereits sein dritter Film, *Frau ohne Gewissen* (1944), dessen Drehbuch er zusammen mit Raymond Chandler verfaßte, gilt als »Klassiker« des Film noir. Nach dem Zweiten Weltkrieg reiste Wilder im Rang eines Colonels für kurze Zeit nach Deutschland und leitete die Filmabteilung der Psychological Warfare Division der US Army. Wilder, dessen Mutter, Stiefvater und Großmutter in Auschwitz ermordet wurden, beaufsichtigte die Montage der KZ-Dokumentation *Die Todesmühlen* (1945). Wieder in Hollywood drehte er das Alkoholikerdrama *Das verlorene Wochenende* (1945), die Heimatfilmparodie *Ich küsse Ihre Hand, Madame* (1948) und die Nachkriegssatire *Eine auswärtige Affäre* (1948). Das Autorenteam Brackett und Wilder trennte sich

Billy Wilder mit Liselotte Pulver

nach dem Film *Boulevard der Dämmerung* (1950), also nach insgesamt dreizehn gemeinsamen Drehbüchern. An Bracketts Stelle trat I. A. L. Diamond, mit dem Wilder weitere elf Drehbücher schrieb.

Als deutschsprachiger Regisseur in Hollywood befand er sich in guter Emigrantengesellschaft (Robert Siodmak, Fred Zinnemann, Ernst Lubitsch, Otto Preminger) und spielte nach eigenem Bekunden zu keiner Zeit mit dem Gedanken an eine Rückkehr nach Deutschland oder Österreich. Wilder, im Drehbuchbereich immer schon Teamworker, bekannte sich zum amerikanischen Studiosystem und zur Unterhaltungsindustrie Hollywoods, ohne darum seinen Kunstanspruch aufzugeben. Stoffe, die sperrig und unliebsam sind, wie der Konzentrationslager-Film *Stalag 17* (1953), verteidigte er gegen die Entschärfungsstrategien des Studios, auch wenn dies schließlich zum Bruch mit Paramount und zum Wechsel zu United Artists führte. In seinem Meisterwerk *Boulevard der Dämmerung*, das für elf Oscars nominiert, schließlich mit drei Oscars für Buch, Musik und Ausstattung ausgezeichnet und 1989 von der National Film Registry of the Library of Congress zum nationalen Kulturgut erklärt wurde, analysiert Wilder das Phänomen Hollywood auf besondere Weise: schonungslos, aber ohne moralischen Zeigefinger. Hollywood produziert und zerstört seine Stars. Wer einmal in dem Lichtstrahl zwischen Projektor und Leinwand gefangen ist, wie die gealterte Diva Norma Desmond, kann nur noch in der Inszenierung existieren: lebendig als Kinomythos begraben. Die Verfallsgeschichte des Hollywood-Stars, geprägt von Selbstbetrug, Eitelkeit, Abhängigkeit und der Unfähigkeit, Realität und Fiktion, Gegenwart und Erinnerung auseinanderzuhalten, wird noch dazu von einem Toten im Swimmingpool erzählt. Der Film *Das verlorene Wochenende* zeigt den physischen und psychischen Verfall eines Alkoholikers und erklärt die autobiographische Selbstvermarktungstherapie der Hauptfigur, des Schriftstellers Don Birnam (Ray Milland), zum zweifelhaften Happy-End. *Manche mögen's heiß* (1959) läßt sich ebenso als vergnügliches Verwechslungsspiel mit erotischem Touch wie als komplizierte Reflexion der modernen Identitätsproblematik verstehen. Eins schließt das andere nicht aus. *Zeugin der Anklage* (1958) ist ein klassischer Whodunit-Kriminalfall und zugleich ein Lehrstück über die täuschende Funktion kultureller Masken und die Einäugigkeit des Gesetzes.

Die Anfänge und Schlüsse seiner Filme belegen Wilders Genauigkeit, aber auch seinen häufig kritisierten Zynismus. Die erste Kamerafahrt von *Das verlorene Wochenende* zeigt eine harmlose Stadtansicht, nähert sich einer Häuserfront und bleibt an einem offenen Fenster hängen, vor dem eine Flasche baumelt. Präziser kann man die Umstände einer Alkoholsucht, die mißlingende Verdrängung der Abhängigkeit, das Raffinement des Versteckspiels, das sich mit jeder neuen Strategie selbst preisgibt, nämlich sichtbar »aus dem Fenster hängt«, nicht in ein Bild fassen. Die Kamerabewegungen zu Beginn der Tragikomödie *Das Appartement* (1960) verdichten Thema, Handlung und Milieu des gesamten Films in wenigen, überdeutlichen Einstellungen. Ein Kameraschwenk von unten nach oben an einem unendlichen Wolkenkratzer entlang visualisiert das Hauptthema des Films. Es geht um sozialen Aufstieg: In diesem Gebäude sitzen viele Versicherungssachbearbeiter und träumen von beruflichem Erfolg und einem besseren Leben. Ein Blick in die endlose Tiefe eines Großraumbüros, von Wilders Lieblings-Setdesigner Alexander Trauner trickreich konstruiert, verrät uns, daß dieser Aufstieg allein mit Leistung kaum zu schaffen sein wird. Gilt es doch, den Urheber der Voice over, die uns mit Zahlenspielen und Statistiken versorgt, zuerst einmal wie auf einem Suchbild ausfindig zu machen. Eine Ameise in einem Ameisenhaufen spricht, und damit wir sie von der Masse der Ameisen unterscheiden lernen, muß sie sich erfinderisch zeigen. Augenscheinlich ist diese Ameise eine Maschine, zumindest benimmt sie sich so. Ihr monotones Kopfnicken paßt sich dem Arbeitstempo der Rechenmaschine an und wird musikalisch durch einen Marsch begleitet. Damit kennen wir bereits nach wenigen Einstellungen die Situation des Helden. Er ist der unsichtbare Mensch in der Masse, umgeben von anderen Unsichtbaren, ins Korsett eines erbarmungslosen Leistungssystems gepreßt, das sich noch in den kleinsten Körperbewegungen rhythmisch abbildet. Davon will er begreiflicherweise weg.

Bei der Konzeption seiner Figuren befolgt Wilder stets einen wichtigen Grundsatz. Wenn er eine Figur wie C. C. Baxter in *Das Appartement* als spießigen Moralisten anlegt und diese Figur sich korrumpieren läßt, muß die Selbstverleugnung motiviert sein. Aus dem gleichen Grund beginnt er seine Komödie *Manche mögen's heiß* mit einem Massaker. Die Helden tragen ihre Röcke nicht zum Vergnügen. Der Film beginnt im Gangstermilieu Chicagos zur Zeit der Prohibition. Die beiden mittellosen Musiker Joe und Jerry sind unfreiwillig Zeugen des berühmt-berüchtigten Massakers am Valentinstag und werden aus diesem Grund von der Mafia verfolgt. Joe und Jerry verkleiden sich als Frauen und treten als Josephine und Daphne einer Damenkapelle bei. Nicht die Lust an Maskerade und Geschlechtertausch, sondern pure Not zwingt die beiden in Hüfthalter und Stöckelschuh.

Boulevard der Dämmerung, Reporter des Satans (1951), *Zeugin der Anklage, Manche mögen's heiß* und andere Filme Wilders behandeln bei aller Verschiedenheit der Geschichten und Genres eine Art Metathema: das Verhältnis von Inszenierung und Realität in der modernen Gesellschaft. Wilders Geschichten bewegen sich immer wieder in der Grauzone zwischen Realität und Fiktion, im Grenzbereich zwischen Wahrheit und Selbstentwurf, zwischen inszenierter Wirklichkeit und zu Wirklichkeit werdender Inszenierung. Und immer wieder laufen seine Geschichten darauf hinaus, daß eine scharfe Grenzziehung unmöglich erscheint. Norma Desmonds (*Boulevard der Dämmerung*) Wahnwelt ist für die gealterte Schauspielerin wirklicher als die sogenannte Realität. Der Reporter Chuck Tatum (*Reporter des Satans*) muß feststellen, daß seine Inszenierung einer Sensationsstory an der Realität scheitert, die er zu manipulieren versucht. Die körperliche Belastungsfähigkeit eines Menschen, also – zynisch formuliert – das Material, Fleisch und Blut des eingeschlossenen Leo, bringen durch den Tod des lebendig Begrabenen die Inszenierung zu Fall. In *Zeugin der Anklage* verbirgt sich die Liebe der eiskalt wirkenden Christine Vole hinter verschiedenen Masken, die als real erscheinen, weil sie ganz bestimmte kulturelle und filmische Muster abbilden. Manchmal entlarven bewußte Maskeraden die Hinfälligkeit von Weltanschauungen und Ideologien, wie in Wilders erst spät gewürdigter Nachkriegskomödie *Eins, zwei, drei* (1961), die mittlerweile Kultstatus genießt.

Eins, zwei, drei handelt von der Konfrontation dreier Nationalitäten und Gesellschaftssysteme. Im besetzten Berlin der Nachkriegszeit treffen kadavergehorsame, hackenzusammenschlagende Deutsche mit politisch trüber Vergangenheit auf amerikanische Erfolgsmenschen und korrupte russische Volkskommissare. Walkürenritt und deutsche Marschmusik mischen sich mit der Melodie des amerikanischen »Yankee Doodle Dandy«. Schlagergedudel à la »Itsy Bitsy Teeny Weeny Yellow Polka-Dot Bikini« bestimmt abwechselnd mit Chatschaturjans Säbeltanz das rasante Tempo des Films, das in erster Linie vor der Kamera und nicht auf dem Schneidetisch entstanden ist. Der vollkommen karrierefixierte Coca-Cola-Manager MacNamara ackert besessen für seinen beruflichen Aufstieg, er ist nicht mit seiner Frau, sondern mit seinem Konzern verheiratet und verkörpert somit exemplarisch das amerikanische Erfolgsstreben, das Billy Wilder so gerne in seinen Filmen aufs Korn nimmt. Zu MacNamaras persönlichem Pech gehört es, daß immer wieder, wenn er sich einem Ziel nahe fühlt, unerwartete Schwierigkeiten auftreten und seine Pläne zunichte machen. So schaukelt schon ein schwarzer Regenschirm am Arm des Amerikaners, wichtigstes Utensil für den erträumten Posten als Leiter der Londoner Coca-Cola-Niederlassung, als der Boß aus Atlanta anläutet und MacNamara bittet, seine verzogene Tochter Scarlett für eine Weile zu beherbergen. Scarlett ehelicht blitzschnell und heimlich in Ostberlin den fanatisierten Jungkommunisten Otto Ludwig Piffl und wird von ihm schwanger. Der Vater Scarletts ist ein nicht weniger fanatischer Kommunistenhasser, der sogar auf lukrative Geschäftsbeziehungen hinter dem Eisernen Vorhang lieber verzichtet, als die »Brüder dort mit der Kneifzange anzufassen«. MacNamara muß handeln, um seine Haut zu retten. Der unerwünschte Schwiegersohn muß umgekrempelt werden, und zwar, da der Boß persönlich aus Atlanta herüberfliegt, um die Tochter abzuholen, innerhalb von wenigen Stunden. Die Kapitalisierung und Amerikanisierung des Rebellen gelingt nicht nur äußerlich, nach dem Prinzip »Kleider machen Gesinnungen«, sondern auch innerlich, da der feurige Idealist die akustisch-musikalischen Foltermethoden der ostdeutschen Polizei am eigenen Leibe erfahren hat und während seiner Kostümierung als Grafensohn nebenbei von den Machenschaften seiner russischen Genossen erfährt. Während Wilder 1961 in Berlin *Eins, zwei, drei* mit Liselotte Pulver, Horst Buchholz und James Cagney in den Hauptrollen drehte, verschärfte sich das politische Klima in Deutschland und das Brandenburger Tor wurde geschlossen. Bedingt durch diese äußeren Umstände konnte das Publikum über den Witz des Films nicht lachen, denn – so Wilder – »ein Mann, der die Straße langläuft, hinfällt und wieder aufsteht, ist komisch. Einer, der hinfällt und nicht mehr aufsteht, ist nicht mehr komisch. Sein Sturz wird ein tragischer Fall. Der Mauerbau war ein solcher tragischer Fall.«

Die Komödien Billy Wilders sind immer von tragischer Untergründigkeit bestimmt. Die tragische Wirkung entsteht durch eine latente Bedrohung der Figuren, welche häufig in einer Art »last second rescue« zum Komischen hin aufgelöst wird. Jede der komischen Geschichten trägt in sich die stets vorhandene Möglichkeit einer Wendung zum bitteren Ende. Besonders deutlich wird dies in den Filmen *Das Appartement* und *Manche mögen's heiß*. Als Fran Kubelik in der Schlußszene von *Das Appartement* zu Baxter eilt, um ihm ihre Liebe zu gestehen, knallt es laut. Das Geräusch entsteht nicht – wie für eine Sekunde zu befürchten ist – durch einen Selbstmordversuch Baxters, sondern entpuppt sich lediglich als Knall eines Champagnerkorkens. In *Manche mögen's heiß* spielt der Star Marilyn Monroe die Sängerin Sugar, die sich wieder einmal, ohne es zu ahnen, in einen nichtsnutzigen Saxophonspieler verliebt hat, um wahrscheinlich wieder einmal verlassen zu werden. Marilyn stützt sich in *Manche mögen's heiß* nicht mehr auf die standardisierten Pin-up-Posen einer blonden Sex-Ikone, sondern zitiert sie nur für wenige Momente. Gerade in den Abschiedsszenen zittern unter der glatten Oberfläche des Gesichts Nervenenden, läuft der Schmerz in kaum sichtbaren Wellen über die Haut und zeigt die Verwundbarkeit der Rollenfigur, aber auch der Schauspielerin. Selbst die Kostüme, die sich wie transparente Häute um ihren Körper legen und, unterstützt durch die Lichtsetzung, keine Grenzlinien zwischen Stoff und Haut zu erkennen geben, unterstreichen weniger den Reiz der Nacktheit als die Tragik eines ungeschützten Menschen. Eines ihrer rührendsten Lieder singt Marilyn Monroe in einem solchen schwarzen Kleid, auf dem Flügel hockend, die Arme schützend an den Körper gepreßt: »I'm through with love.«

Daß Billy Wilder das Handwerk des filmischen Erzählens nicht zuletzt bei Ernst Lubitsch gelernt hat, verrät, neben seiner Meisterschaft im Verdichten von Handlungssequenzen, die gezielte Verwendung von Bildkürzeln und symbolisch konnotierten Objekten, die zu Kommentatoren der Geschichte werden. Nebensächlich erscheinende Bildelemente, Alltagsgegenstände wie Autos, Häuser, Hüte, Perücken und

Kleider, werden zu Bestandteilen der Identität, zu Zeichen einer persönlichen Utopie (MacNamaras Regenschirm, Baxters Bowler), eines Geschlechts- oder Rollentauschs (Jerry/Daphnes Brillantarmband) oder einer drohenden Gefahr (die Teufelskreise, die Schnapsgläser auf Theken zu hinterlassen pflegen in *Das verlorene Wochenende*). In der Hollywood-Geschichte *Boulevard der Dämmerung* verbinden sich symbolisch belegte Gegenstände und Genrezitate zu einem Netz aus Verweisen und Anspielungen, in dem die Figuren gefangen sind. Ein unheimliches altes Horrorhaus legt sich wie ein Kokon um seine Bewohnerin, die gealterte Schauspielerin Norma Desmond – einst ein gefeierter Star, heute vom Publikum weitgehend vergessen. Die porösen Mauern sind ihr zweites Gesicht, als Hyperzeichen des Verfallsprozesses, dem die Schauspielerin unterworfen ist, tragen sie Falten und Risse.

Ein stets wiederkehrendes Dauerthema des Europäers Billy Wilder ist die kulturkritische Auseinandersetzung mit seiner Wahlheimat Amerika und dem »American way of life«, die mit der Nachkriegsgeschichte *Eine auswärtige Affäre* beginnt und mit *Avanti, Avanti!* (1972) an ihren Höhepunkt gelangt. Ob in *Sabrina* (1954), *Ariane – Liebe am Nachmittag* (1957), in *Das Mädchen Irma la Douce* (1963) oder in *Avanti, Avanti!*: Wilder führt Paris oder Ischia nicht als reale Schauplätze ein, sondern als Sehnsuchtsorte, Topoi eines romantischen Lebensgefühls, das die Zeit und den Fortschritt ignoriert, das in Herzensangelegenheiten keine Klassengegensätze kennt, für das Geschäfte, Termine, Geld und Macht zweitrangig sind. Wilders Begegnungen mit dem Nachkriegsdeutschland fallen härter und kälter aus, aber selbst in den materiellen und moralischen Trümmern von Berlin (*Eine auswärtige Affäre*) stellt er vor allem den verkrampften, neurotischen Puritanismus Amerikas zur Schau. Dazu genügt ihm die Beobachtung einer Alltagshandlung, z. B. des sorgsamen und mechanisch ablaufenden Verwahrens von Füller und Brille in Futteral und Tasche der Kongreßabgeordneten Phoebe Frost (Jean Arthur), die nach Berlin reist, um die amerikanische Truppenmoral auf Vordermann zu bringen. Für Phoebes Gegenspielerin Erika von Schlütow (Marlene Dietrich), eine zwielichtige Figur mit tierhaftem Überlebensinstinkt, hegt Wilder sichtlich mehr Verständnis. Sein Interesse gilt nicht der gesicherten Moral der Satten, sondern dem Dilemma des Allzumenschlichen, das er nur selten psychologisch interpretiert, aber stets minutiös beobachtet.

Wilders Filme reflektieren zudem immer wieder das Phänomen Hollywood und die filmische Fabrikation von Mythen und Stars. Wenn Schauspieler wie Humphrey Bogart in *Sabrina* oder Marlene Dietrich in *Zeugin der Anklage* sich aufgrund ihrer Rollen- oder Lebensgeschichte als Projektionsfläche eignen, so spielt Wilder mit der Projektion ein Spiel, in dem er die Figuren mehrdimensional anlegt und die Spannung zwischen Starmythos und Rollenfigur betont. Bogart nimmt in *Sabrina* die Rolle des biederen Geschäftsmannes an und agiert auf der menschlichen Ebene zunächst wie ein Gangster, immer nur auf den eigenen Vorteil bedacht. Ein chaotisches, zartes Mädchen (Audrey Hepburn), dessen Brille rosarot getönt ist, beraubt ihn seiner emotionalen Unnahbarkeit. Marlene Dietrich (*Zeugin der Anklage*) betritt den Gerichtssaal als Christine Vole mit der kühlen Maske einer Hollywood-Ikone und verläßt ihn als zutiefst verletzter Mensch. Marilyn Monroe verliert die sexuelle Allmacht, die ihre Figuren in Filmen wie *Blondinen bevorzugt* (1953) oder *Wie angelt man sich einen Millionär* (1953) über hilflose Männer besitzen und schlüpft in die Haut einer verletzten und einsamen Frau. Dean Martin parodiert in *Küß mich, Dummkopf* (1964) sein eigenes Image als trunksüchtiger Sexprotz. *Küß mich, Dummkopf* behandelt darüber hinaus in einer seinerzeit äußerst provokanten Weise das Thema der Prostitution und der außerehelichen Sexualität und entfärbt den spießig-bonbonrosagefärbten Doris-Day-Komödientouch der sechziger Jahre zu schwarzweißer Öde. Wilders Blick auf das puritanische Amerika ist in *Küß mich, Dummkopf* bitterböser denn je.

Vor allen anderen Schauspielern und Schauspielerinnen, mit denen Billy Wilder arbeitete, wurde Jack Lemmon zum kongenialen Partner des Regisseurs. Wilder entdeckte Lemmons komödiantische Verwandlungsfähigkeit in *Manche mögen's heiß*, schuf gemeinsam mit dem Schauspieler den Grundtypus des ewigen Zweiten in *Das Appartement*, den Lemmon als Nestor Patou in *Das Mädchen Irma la Douce* zu emanzipieren versucht, und erfand mit dem Film *Der Glückspilz* (1966) ein neues männliches Komikerduo nach Stan Laurel und Oliver Hardy. Knitterface Walter Matthau und sein meist den Machenschaften des Freundes hilflos ausgesetzter Kumpan Jack Lemmon spielen immer wieder ein Thema mit Variationen durch, im übrigen schon bald auch unter anderer Regie (z. B. von Gene Saks in *Ein seltsames Paar*, 1968). In *Der Glückspilz* spielt Lemmon den Kameramann Harry Hinkle, der während der Aufzeichnung eines Baseball-Spiels von dem Spieler Luther »Boom Boom« Jackson über den Haufen gerannt wird und sich, nachdem er im Krankenhaus wieder zur Besinnung gekommen ist, in den Händen seines gerissenen Schwagers und Winkeladvokaten Willie Gingrich (Walter Matthau) befindet. Willie will aus der leichten Gehirnerschütterung Harrys Kapital schlagen und garniert diese mit diffusen Lähmungserscheinungen und sonstigen Krankheitssymptomen, um Schadenersatz zu kassieren. Harry spielt mit, aber nur, weil er seine abtrünnige Ehefrau durch Reichtum und Luxus zurückzugewinnen hofft. Die Rollenfiguren Jack Lemmons bewegen sich schon seit *Das Appartement* zwischen Krankheit, Hypochondrie und Liebeskummer, seit *Der Glückspilz* kontrastiert durch die störrische Vitalität des großen Bruders. Wilder variierte diese Konstellation in *Extrablatt* (1974), dem Remake des Howard-Hawks-Films *Sein Mädchen für alle Fälle* (1940), und in seinem letzten Werk, der Killer-Komödie *Buddy Buddy* (1981).

Susanne Marschall

Filmographie: The Major and the Minor / Der Major und das Mädchen (1942) – Five Graves to Cairo / Fünf Gräber bis Kairo (1943) – Double Indemnity / Frau ohne Gewissen (1944) – The Lost Weekend / Das verlorene Wochenende (1945) – The Emperor Waltz / Ich küsse Ihre Hand, Madame (1948) – A Foreign Affair / Eine auswärtige Affäre (1948) – Sunset Boulevard / Boulevard der Dämmerung (1950) – Ace in the Hole / Reporter des Satans (1951) – Stalag 17 / Stalag 17 (1953) – Sabrina / Sabrina (1954) – The Seven Year Itch / Das verflixte 7. Jahr (1955) – The Spirit of St. Louis / Lindbergh: Mein Flug über den Ozean (1957) – Love in the Afternoon / Ariane – Liebe am Nachmittag (1957) – Witness for the Prosecution / Zeugin der Anklage (1958) – Some Like It Hot / Manche mögen's heiß (1959) – The Apartment / Das Appartement (1960) – One, Two, Three / Eins, zwei, drei (1961) – Irma La Douce / Das Mädchen Irma la Douce (1963) – Kiss Me, Stupid / Küß mich, Dummkopf (1964) – The Fortune Cookie / Der Glückspilz (1966) – The Private Life of Sherlock Holmes / Das Privatleben des Sherlock Holmes (1970) – Avanti! / Avanti, Avanti! (1972) – The Front Page / Extrablatt (1974) – Fedora / Fedora (1978) – Buddy Buddy / Buddy Buddy (1981).

Literatur: Axel Madsen: Billy Wilder. London 1968. – Steve Seidman: The Film Career of Billy Wilder. London 1977. – Bernhard F. Dick: Billy Wilder. New York 1980. – Neil Sinyard / Adrian Turner: Billy Wilders Filme. Berlin 1980. – Claudius Seidl: Billy Wilder. Seine Filme – sein Leben. München 1988. – Hellmuth Karasek: Billy Wilder. Eine Nahaufnahme. Hamburg 1992.

Konrad Wolf

1925–1982

Kein typisch deutscher Lebenslauf: Geboren in Hechingen (Württemberg) am 20. Oktober 1925 als Sohn des jüdischen Arztes und Schriftstellers Friedrich Wolf. Kindheit in Stuttgart. Mitglied der kommunistischen Jung-Pioniere. Mit den Eltern und dem älteren Bruder Markus emigrierte Konrad Wolf, achtjährig, über Frankreich und die Schweiz in die Sowjetunion, besuchte die Grund- und Mittelschule in Moskau, spielte eine Rolle in dem Exilfilm *Kämpfer* (1938) von Gustav von Wangenheim und ließ sich vom sowjetischen Kino der dreißiger Jahre beeindrucken. Mit 17 Jahren Soldat der Roten Armee. Fronteinsätze im Kaukasus, bei der Befreiung Warschaus und bei der Eroberung Berlins. 1945 vorübergehend Stadtkommandant von Bernau. Sonderkorrespondent der »Berliner Zeitung«, Theaterreferent in Sachsen-Anhalt, Funktionär im Ostberliner »Haus der Kultur der Sowjetunion«. Ab 1949 Regiestudium am Staatlichen Allunionsinstitut für Kinematographie (WGIK) in Moskau. Assistenzen bei Joris Ivens (*Freundschaft siegt!*, 1951) und Kurt Maetzig (*Ernst Thälmann, Sohn seiner Klasse*, 1954). 1952 Staatsbürger der DDR. Von 1955 bis 1982: 13 Spielfilme, ein Fernsehfilm. Parallel machte Wolf eine kulturpolitische Karriere in der DDR, wurde 1965 Präsident der Akademie der Künste, war Gründungs- und Vorstandsmitglied des Verbandes der Film- und Fernsehschaffenden der DDR und ab 1981 – also nur kurz – Mitglied im ZK der SED. Sein Bruder Markus leitete den Geheimdienst der DDR. Konrad Wolf starb am 7. März 1982 während der Arbeit an einer sechsteiligen dokumentarischen Fernsehreihe über Ernst Busch. Die Hochschule für Film und Fernsehen in Potsdam-Babelsberg trägt seit 1985 seinen Namen.

Der außergewöhnliche Lebenslauf, die Autorität seiner Persönlichkeit und ein künstlerisch wie moralisch legitimiertes Werk machten Konrad Wolf zum wichtigsten und angesehensten Regisseur des Films in der DDR. Er blieb zeitlebens mehr der Formsprache des sowjetischen als des westeuropäischen Films verpflichtet und verhielt sich – trotz mancher Konflikte – loyal zur Sozialistischen Einheitspartei der DDR. Dennoch hat U. Gregors Feststellung von 1974 über Wolfs Tod hinaus Bestand: »Von allen Filmregisseuren der DDR ist er vielleicht der einzige, der einen fortlaufenden Dialog mit der deutschen Geschichte führt und der, insoweit es um Fragen der nationalen Identität und Bewußtwerdung nach 1945 geht, sich an die Deutschen in der BRD ebenso wie an die in der DDR wendet.« In diesem Zusammenhang zitiert Gregor den Regisseur Wolf: »Das eigentliche Suchen und Finden der Heimat Deutschland, aus der wir vertrieben waren, begann für mich erst nach dem Kriege. Ich glaube, daß all die Jahre der Arbeit in der Filmkunst für mich Jahre des persönlichen Ringens um die Heimat und um meine Landsleute waren.« Hypothetisch, aber nicht ohne provokanten Reiz bleibt aus der Sicht der neunziger Jahre die Frage, welche Position Konrad Wolf als Künstler und als politisch handelnde Persönlichkeit in der deutsch-deutschen Einigung bezogen hätte.

In neun wesentlichen Filmen hat sich Konrad Wolf unmittelbar mit der deutschen Geschichte und der DDR-Gegenwart auseinandergesetzt. Ordnet man sie nach dem Zeitpunkt ihrer Handlung, sind es Filme über die frühen dreißiger Jahre (*Lissy*, 1957), die Jahre 1933 (*Professor Mamlock*, 1961), 1943 (*Sterne*, 1959), 1944 (*Mama, ich lebe*, 1977), 1945 (*Ich war neunzehn*, 1968), 1950 (*Sonnensucher*, 1958), die frühen sechziger (*Der geteilte Himmel*, 1964), die frühen siebziger (*Der nackte Mann auf dem Sportplatz*, 1974) und die späten siebziger Jahre (*Solo Sunny*, 1980). Jeder dieser Filme entwickelte aus einer speziellen Konfliktsituation ein auch in den Details genaues Bild seiner Zeit. Und jede dieser Zeiten forderte in der Filmhandlung politische oder moralische – jedenfalls existentielle – Entscheidungen. Wolfs Point-of-View ist jeweils Personen übertragen, die sich gegenüber Fanatikern, Opportunisten oder Fatalisten zu verhalten haben und plötzlich mit Fragen der Verantwortung, des Gewissens, der Haltung zur Gesellschaft konfrontiert sind. Bezogen auf die beiden historischen Epochen Nationalsozialismus und DDR-Sozialismus kristallisieren sich dabei zwei generelle Themen und Fragen heraus: Was waren die Ursachen für das schuldhafte Verhalten der meisten Deutschen in der Zeit des Hitler-Faschismus, und wie definieren sich Individualität und Glücksanspruch im ideologischen Gemeinwohl eines sozialistischen Staates? Wolf gab keine letzten Antworten, aber persönlich fundierte Hinweise, die nicht immer auf der offiziellen Linie lagen.

Vier der 13 Spielfilme von Konrad Wolf waren literarische Adaptionen. Hier wie auch bei den Originalstoffen kooperierte er mit hochkarätigen Drehbuchautoren. Das waren zunächst Paul Wiens und Karl Georg Egel, dann der Bulgare Angel Wagenstein und schließlich der begabteste DDR-Filmautor, Wolfgang Kohlhaase. In der Dramaturgie neigte Wolf zu Zeitbrüchen durch Rückblenden. Lineares Erzählen war ihm eher fremd. Als Kameramann stand ihm fast ausschließlich Werner Bergmann (zwölfmal) zur Seite. In der Bildsprache dominierte der Drang zum Expressiven, zur ausgeklügelten fotografischen Perspektive, auch zum Symbolismus. Weitgehend frei davon war *Solo Sunny* (Kamera: Eberhard Geick). Eine Sonderstellung unter Wolfs Filmen hat *Goya* (1971), das historische Drama über die Auseinandersetzung des Malers mit dem spanischen Hof und der Inquisition, nach dem Roman von Lion Feuchtwanger. Man kann den Film als Plädoyer für die Freiheit der Kunst gegenüber staatlicher Bevormundung lesen.

Wenn drei Filme aus Konrad Wolfs Werk herauszuheben wären, könnten das *Lissy, Ich war neunzehn* und *Solo Sunny* sein. Die Protagonisten dieser Filme – eine Zigarettenverkäuferin, die durch Heirat in den Mittelstand aufsteigt, ein Rotarmist, der in seine deutsche Heimat zurückkehrt, eine Schlagersängerin, die sich gegen Anpassung und Fremdbestimmung wehrt – sind keine fertigen, eindeutig definierten Handlungsträger, sondern neugierige, nachdenkliche, durch die jeweilige Realität irritierte Menschen, zu denen sich die Zuschauer auch emotional verhalten können. Die Darsteller – Sonja Sutter, Jaecki Schwarz, Renate Krößner – werden in diesen Filmen weniger als sonst bei Konrad Wolf visuellen Konzepten unterworfen. So bleiben ihre Blicke, ihre Gesichter, ihre Gestalten deutlich in Erinnerung.

Hans Helmut Prinzler

Filmographie: Einmal ist keinmal (1955) – Genesung (1956) – Lissy (1957) – Sonnensucher (1958, UA 1972) – Sterne (1959) – Leute mit Flügeln (1960) – Professor Mamlock (1961) – Der geteilte Himmel (1964) – Der kleine Prinz (Fernsehfilm, 1966, UA 1972) – Ich war neunzehn (1968) – Goya (1971) – Der nackte Mann auf dem Sportplatz (1974) – Mama, ich lebe (1977) – Solo Sunny (1980) – Busch singt (Dokumentarfilmzyklus, 1982).

Literatur: Hermann Herlinghaus: Sag' dein Wort! Dokumentation – eine Auswahl. Aus Theorie und Praxis des Films. Potsdam-Babelsberg 1982. – Dieter Heinze / Ludwig Hoffmann (Hrsg.): Konrad Wolf im Dialog. Künste und Politik. Berlin 1985. – Konrad Wolf. Über seine Filme, seine Arbeitsmethode, über Kollegen, über das Verhältnis von Künstler und Gesellschaft. Beiträge zur Film- und Fernsehwissenschaft 1985. H. 3. – K. W.: Selbstzeugnisse, Fotos, Dokumente. Berlin 1985.

Hans-Dieter Tok: Konrad Wolf. In: Fred Gehler (Hrsg.): Regiestühle. Berlin 1972. S. 111–128. – Ludmilla Kasjanowa / Anatoli Karawaschkin: Konrad Wolf. In: L. K. / A. K.: Begegnungen mit Regisseuren. Berlin 1974. S. 129–186. – Ulrich Gregor: Konrad Wolf. Auf der Suche nach der Heimat. In: Film in der DDR. München/Wien 1977. (Reihe Film. 13.) S. 77–98. – Für Konrad Wolf. Film und Fernsehen 1982. H. 10. – Rolf Richter: Konrad Wolf. Geschichte und Gegenwart. In: Defa-Spielfilm-Regisseure und ihre Kritiker. Bd. 2. Berlin 1983. S. 250–287. – Bärbel Dalichow / Barbara Spindler (Red.): Regie: Konrad Wolf. Potsdam 1983. – Manfred Behn: Konrad Wolf – Regisseur. In: Cinegraph. Hrsg. von Hans-Michael Bock. München 1984 ff. – Die Zeit, die bleibt. Ein Film über Konrad Wolf. Protokoll. Beiträge zur Film- und Fernsehwissenschaft 1987. H. 28. – Konrad Wolf. Neue Sichten auf seine Filme. Beiträge zur Film- und Fernsehwissenschaft 1990. H. 39. – Marc Silberman: Remembering History. The Filmmaker Konrad Wolf. In: New German Critique 49 (1990) S. 163–191.

John Woo

*1948

Woo wurde als Wu Su-Yum 1948 auf dem chinesischen Festland als Sohn eines Geisteswissenschaftlers geboren. Mit drei Jahren nahm ihn seine Familie mit nach Hongkong, wo er eine schwierige Kindheit verbrachte.

Die in den späten sechziger und frühen siebziger Jahren ähnlich dem klassischen Hollywoodsystem von Produktionsmogulen (am bekanntesten wohl Sir Run Run Shaw) beherrschte Filmwirtschaft der Kronkolonie ermöglichte Woo und vielen anderen jungen Filmschaffenden den Einstieg in eine florierende Branche. Dieses Produktionsgeflecht stellte angesichts seiner räumlichen Einschränkung einen fruchtbaren Mikrokosmos dar, in dem sich viele Karrierechancen boten. 1973 inszenierte Woo sein erstes eigenes Werk, den Kung-Fu-Film *The Young Dragons*, der am Erfolg der damals ungeheuer populären Bruce-Lee-Filme orientiert war. Woo spezialisierte sich in den folgenden Jahren auf historische Actionfilme, was ihn 1975 mit dem später auch außerhalb Asiens populären Actiondarsteller Jackie Chan zusammenführte (in *Hand of Death*).

Die offizielle Geburt des »Heroic-Bloodshed«-Dramas, für das Woo als Galionsfigur herhalten muß, wird schließlich auf 1986, die Premiere von Woos erstem Gangsterfilm, *Der City Wolf*, datiert. Die Filme dieser für das Hongkong-Kino typischen Actionfilm-Spielart erfinden ein hermetisches Universum aus Freundschaft, Schuld und Sühne, das mit rasant inszenierten Schauwerten und melodramatischen Rührszenen die gesamte Gefühlspalette des Zuschauers zu beanspruchen trachtet. *Der City Wolf* legte mit seiner düsteren Geschichte zweier ungleicher Brüder die Spielregeln prototypisch fest. Gewalttätige Handlungen werden in diesem Kontext durch Zeitdehnung zu pathetischen Todestänzen stilisiert und lediglich durch die rhythmische Montage in der filmischen Realität verankert. Ebenso werden die Rituale von Freundschaft und Liebe (in der westlichen Kritik oft als homoerotisch aufgefaßt) mit vergleichbaren Mitteln übersteigert.

Nach diesem Erfolg konnte Woo seinen westlichen Vorbildern Jean-Pierre Melville, David Lean, Sam Peckinpah, Stanley Kubrick und vor allem Martin Scorsese angemessen Tribut zollen. Interessanterweise zählen wiederum Regisseure wie Oliver Stone oder Scorsese eingestandenermaßen zu Woos Bewunderern. Der Fernsehstar Chow Yun Fat wurde mit *Der City Wolf* bekannt und blieb Woos bevorzugter Hauptdarsteller.

Nach dem kaum weniger packenden *City Wolf 2* (1987) gelang Woo noch ein weiterer dichter Film: *Blast Killer* (1989), eine dramatische Liebesgeschichte zwischen einem reuigen Killer (Fat) und einem durch seine Schuld erblindeten Mädchen, bezieht jedoch problematische Sinngebung aus dem Bereich des Christlich-Sakralen. Der mit Vietnam- und Bürgerkriegsthematik jonglierende Streetgang-Thriller *Bullet in the Head* (1990) bleibt umstritten, da der Regisseur hier erstmals einen politischen Kommentar zur Situation des um seine Unabhängigkeit bangenden Hongkong zu geben scheint. Möglicherweise zählt er gerade deshalb zu den intensivsten Filmen des Regisseurs.

Woo avancierte schließlich zum Aushängeschild des Hongkong-Kinos und bestätigte seinen Ruf mit zwei weiteren effektvollen Thrillern, nur um mit dem dümmlichen Actionfilm *Harte Ziele* (1993) schließlich nach Amerika auszuwandern. Seine dort bisher gedrehten Filme überzeugen weniger und bestätigen gängige Vorurteile gegen das Hollywoodsystem: In dem Agententhriller: *Operation: Broken Arrow* (1995) mit John Travolta und Christian Slater ist erstmals keine deutlich identifizierbare Handschrift erkennbar. Woo könnte auf diesem Weg künftig zu bloßer Hollywood-Routine absteigen. Ein vielsagendes und deprimierendes Phänomen, bedenkt man, daß Regisseure wie Woo oder sein Kollege Ringo Lam (*Cover Hard 2*, 1987) manchen Hollywoodregisseur zunächst inspirierten.

Marcus Stiglegger

Filmographie: The Young Dragons (1973) – The Dragon Tamers (1974) – The Hand of Death / Countdown in Kung Fu / Dragon Forever (1975) – Games Gamblers Play (1975) – Princess Chang Ping (1975) – The Private Eyes (1976) – Money Crazy / Pilferer's Process (1977) – Follow the Star (1977) – Last Hurray for Chivalry (1978) – The Contract (1978) – Hello Late Homegoers (1978) – From Rags to Riches (1979) – To Hell with the Devil (1981) – Laughing Times (1981) – Plain Jane to the Rescue (1982) – The Sunset Warriors / Heroes Shed No Tears / Blast Heroes (1983) – The Time You Need a Friend (1984) – Run Tiger Run (1985) – A Better Tomorrow / Der City Wolf (1986) – Just Heroes / Hard Boiled 2 (1986) – A Better Tomorrow 2 / City Wolf 2 – Abrechnung auf Raten (1987) – The Killer / Blast Killer (1989) – Bullet in the Head / Bullet in the Head (1990) – Once a Thief / Killer Target (1991) – Hard Boiled / Hard Boiled (1992) – Hard Targets / Harte Ziele (1993) – Broken Arrow / Operation: Broken Arrow (1995) – Face/Off / Im Körper des Feindes (1996).

Literatur: Thomas Gaschler / Eckhard Vollmar: Dark Stars. München 1992. – Ralph Umrad: Film ohne Grenzen. Das neue Hongkong-Kino. Lappersdorf 1996.

William Wyler

1902–1981

William Wyler kam 1920 zu Universal, weil seine Eltern nicht so recht wußten, was sie ihrem Sohn noch anbieten sollten. Am 1. Juli 1902 wurde er in Mühlhausen im Elsaß geboren, in bürgerlicher Umgebung, wo man Wert legte auf kulturelle Sensibilität und ökonomische Sicherheit. Eigentlich war vorgesehen, daß er das väterliche Bekleidungsgeschäft weiterführte. Seine Mutter Melanie sandte ihn deshalb 1918 auf die École supérieure de commerce in Lausanne, obwohl sein Vater Leopold mehr an eine Lehre bei einem Geschäftsfreund dachte. Die Mutter wollte, daß er etwas lernt, der Vater, daß er praktische Erfahrungen sammelt. »Willy« gefiel weder das eine noch das andere. Ihm schwebte eher vor, weit weg von der Familie sein eigenes Leben in Paris zu führen. Mit listiger Unterstützung seines Bruders Robert, der in Lausanne studierte, gelang es ihm 1919, seine Eltern von dem Ortswechsel nach Paris zu überzeugen. Seine Mutter schlug vor, er solle doch die École des hautes études commerciales besuchen. Sein Vater aber setzte durch, daß er eine Lehre bei einem Wollhändler begann. Doch was er dort zu tun hatte, langweilte ihn nur. So provozierte er eines Tages seinen Chef und wurde gefeuert.

William Wyler (Mitte rechts)

Als er Anfang 1920 zurückreiste nach Mühlhausen, wurde er von seiner Mutter sofort nach Zürich mitgenommen und dem dort gerade weilenden Cousin Carl Laemmle vorgestellt, dem Chef der Universal Studios – in der Hoffnung, der würde ihn einladen nach Amerika und ihm eine Arbeit verschaffen. Laemmle schaute ihn an und bot ihm auf der Stelle 20 Dollar die Woche. Ein paar Monate später, am 17. September 1920, traf Wyler in New York ein.

Bei Universal verbrachte Wyler seine Lehrjahre (Abschluß 1929 mit *Galgenvögel*) und seine Gesellenzeit (Höhepunkt 1933 mit *Der Staranwalt von Manhattan*). Schon Anfang der dreißiger Jahre entstanden die ersten Proben seiner späteren Inszenierungskunst: die Vorliebe für realistische Eindrücke erzeugende Formtendenzen bei gleichzeitiger Akzeptanz trivialer Geschichten; der penible Umgang mit Darstellern, die Aufmerksamkeit für ihre Mimik; die Neigung zu dramatischer Zuspitzung auf Treppen; sein Faible dafür, das Drama indirekt zu betonen durch Nahaufnahmen eines Gesichts; schließlich der Sinn für Dramaturgie. Wyler wußte schon früh, wie filmische Effekte zu setzen sind, damit sie für Emotionen sorgen.

Als Wyler 1935 Universal verließ, begann seine zweite Karriere mit dem unabhängigen Produzenten Samuel Goldwyn, für den er – von *Jezebel – die boshafte Lady, Das Geheimnis von Malampur / Der Brief* (für Warner) und *Mrs. Miniver* (für MGM) abgesehen – seine großen, klassischen Filme drehte: *Zeit der Liebe, Zeit des Abschieds* (1936), und *Sackgasse* (1936), *Sturmhöhe*

(1939) und *In die Falle gelockt / Der Westerner* (1940), *Die kleinen Füchse* (1942) und *Die besten Jahre unseres Lebens* (1946).

Ein typisches Thema in Wylers Filmen Mitte der dreißiger Jahre ist der Hang zum selbstgerechten Tun und Reden und wie darüber Altbewährtes zerbrechen kann. Wyler zeigt Menschen, die sich wohlfühlen in ihrer Umgebung, die sich aufgehoben glauben unter Freunden und Bekannten und dann von einem Tag auf den anderen aus allen Träumen herausgerissen werden – durch Rufmord in *Infame Lügen* (1936), durch die Erfahrung mit einer anderen Lebensweise und einer anderen Frau in *Zeit der Liebe, Zeit des Abschieds*, durch den Verrat eines der engsten Freunde in *Sackgasse*. Wyler bringt amerikanische Ideale ins Wanken. Immer glaubt jeder im Recht zu sein. Und immer ist gerade dies das Schlimmste.

Noch Jahre später, man kann dies in vielen Interviews nachlesen, auch bei A. Madsen und J. Herman, war Wyler stolz auf seine ersten Jahre bei Goldwyn. Für ihn war es die Zeit, wo er mit einem kritischeren Ton eine neue Qualität ins Hollywood-Kino brachte. Seine Filme sollten zwar auch unterhalten, aber doch noch mehr leisten, irritieren oder nachdenklich stimmen.

Nach den eher sozialkritischen Filmen folgen Erzählungen über den Aufruhr der Gefühle – in *Jezebel – die boshafte Lady* (1938) und *Das Geheimnis von Malampur / Der Brief* und *Die kleinen Füchse*: Filme über die Schwierigkeit, die eigenen Empfindungen zu verstehen. Diese drei Filme mit Bette Davis loten das Äußerste aus, das Ungestüme in Julie, das Obsessive in Leslie, die Macht- und Geldbesessenheit in Regina. Keine der drei Frauen hat einen Zweifel daran, daß sie selbst bestimmt, was in ihrer Welt gestattet ist und was nicht. Heathcliff in *Sturmhöhe* weiß dagegen von Anfang an, daß er die Menschen seiner Umgebung attackieren muß, um zu erreichen, daß sie wenigstens ein Minimum an Respekt vor ihm empfinden.

1946 ist schließlich der Höhepunkt in Wylers Schaffen erreicht: *Die besten Jahre unseres Lebens*, der Film, der den cineastischen Sinn für präzise Formen mit der Stimmung der Zeit gleich nach dem Zweiten Weltkrieg verknüpfte. Ein Heimkehrer-Epos: die Tragödie dreier Sieger, die in der Heimat, wohin sie voller Freude und Hoffnung zurückkehren, feststellen müssen, daß sie doch verloren haben.

Die besten Jahre unseres Lebens ist ein bitterböser Kommentar zur Situation der amerikanischen Nachkriegsgesellschaft. Er zeigt, wie sehr die Erfahrungen des Krieges einen Teil der Menschen für lange Zeit isolieren wird von den anderen, die zu Hause geblieben sind und ihren eigenen Alltag gelebt haben. Es ist keine Gemeinsamkeit möglich, nur da und dort, bei den Frauen vor allem, ein bißchen Gefühl und Verständnis. Doch nicht um die Idylle, die, melodramatisch verklärt, im Vordergrund gezeichnet wird, geht es, sondern um den Realismus der Erfahrungen, die Wylers Protagonisten im Zentrum machen müssen. Wyler verklärt nicht, er charakterisiert sorgfältig mit dem Licht und durch die Ordnung der Figuren im Raum. (Es handelt sich um einen der letzten Filme des Wyler seit Jahren eng verbundenen Kameramanns Gregg Toland.) Fotografien, Gläser, Fensterscheiben, Spiegel – Wyler läßt seine Figuren unentwegt verdoppeln. Es ist, als sollten sie sich im abgetrennten Bild von sich vergewissern, wer und was sie sind. Das gilt vor allem für die alten Fotos, die sie in ihren Wohnungen aufheben und die mit ihrem gegenwärtigen Aussehen und Empfinden wenig zu tun haben. So ist ein großes Epos über den tiefen Riß in der amerikanischen Gesellschaft entstanden: Mythen und Heldenlieder, Legenden und Seelenbilder, aber auch Momentaufnahmen und Alltagswirrwarr – das breite Zeitbild einer Zivilisation.

Nach dem Zweiten Weltkrieg und *Die besten Jahre unseres Lebens* entschloß sich Wyler, zukünftig ohne feste Bindung an ein Studio zu arbeiten. Zusammen mit Frank Capra und George Stevens gründete er die Liberty Films, deren Ziel es war, qualitätsbewußte Filme zu drehen als »Produzenten-

Regisseure«. Doch bevor er den ersten Film realisieren konnte, war der Traum schon wieder zu Ende. Liberty Films wurde 1948 von Paramount aufgekauft.

Bei Paramount aber nahm er sich alle Freiheiten, die er sich von Liberty Films versprochen hatte, und drehte *Die Erbin* (1949), *Polizeirevier 21* (1951) und *Carrie* (1952). Wyler wollte, das ist ganz offensichtlich, wenn man die Filme als kurze Serie über sein Verständnis der amerikanischen Gesellschaft sieht, das Panorama zur Realität des amerikanischen Traums fortsetzen, das er in den Dreißigern mit *Zeit der Liebe, Zeit des Abschieds* und *Sackgasse, Jezebel – die boshafte Lady* und *Die kleinen Füchse* begonnen hatte, nur jetzt mit den düsteren Untertönen versehen, die schon in *Die besten Jahre unseres Lebens* vorhanden waren. Diese Düsternis findet sich selbst in der Ausstattung. Die dunklen Zimmer und Flure der Villa am Washington Square (*Die Erbin*); die trostlose Tristesse der Polizeistation (*Polizeirevier 21*); die ärmlichen Wohnungen, die immer öder, karger, leerer werden (*Carrie*). Dazu kommt die Fotografie, die in *Die Erbin* mit starken Kontrasten arbeitet, mit kantigen Schatten und harten Lichtstrahlen, wodurch das Dunkle noch dunkler und das Helle noch heller wirkt. In *Carrie* dann Versuche im abenteuerlichsten Helldunkel, was die ambivalente Situation der beiden Liebenden deutlich macht: einerseits das Harte, andererseits das Zarte. Es gibt also, vor allem in *Die Erbin* und *Carrie*, sichtbare expressionistische Einflüsse, Licht-und-Schattenspiele; auch dekorative Effekte, die – weg vom Realen – auf malerische Wirkungen aus sind. Wyler sucht hier das Gefühl der Unsicherheit im Amerika seiner Zeit zu verdeutlichen, hinter der konkreten Handlung.

In den Fünfzigern dann eher Unterhaltsames: *Ein Herz und eine Krone* (1953), *Weites Land* (1958) und *Ben Hur* (1959). Wyler ist der Cineast der minimalen Geste, immer auf der Suche nach dem wahren Augenblick; der Metteur en scène, dem die Spannung zwischen den Figuren im Raum das wichtigste ist; der Klassiker aus Hollywood, der nicht komponiert, sondern dirigiert. Er gehört zu den Studio-Regisseuren der amerikanischen Industrie, die es nie als Manko ihrer künstlerischen Arbeit empfanden, ihre Visionen mit eng vertrauten Mitarbeitern zu entwickeln. Seine wichtigsten Regeln beim Realisieren der Bilder lauteten: nur die besten Darsteller, nur die besten Leute an der Kamera und den Schnitt weder im üblichen, unsichtbaren, noch im besonderen, expressiven Stil.

Eher eine Konvention seiner Erzählweise ist, wie die Protagonisten ihren besonderen, ganz eigenen Charakter entwickeln – durch ihren Eigensinn, mal eher trotzig, mal eher stur. Bei Wylers Helden dominieren nicht die Männer der Tat – wie bei John Ford oder Howard Hawks, King Vidor oder Raoul Walsh. Seine Helden sind Artisten der List, böse die einen (wie Bette Davis in *Die kleinen Füchse*), schelmisch die anderen (wie Gary Cooper in *Der Westerner*), oder auch Künstler der verschlungenen Pläne, redselig die einen (wie Joel McCrea in *Sackgasse*), schweigsam die anderen (wie Gregory Peck in *Das weite Land*).

Wyler ist der Cineast der schwarzen Seele, der verlorenen Kinder, der gottlosen Kreatur. Seine Helden tragen ihre Makel offen, mit Stolz. Walter Huston (in *Zeit der Liebe, Zeit des Abschieds*), Dana Andrews (in *Die besten Jahre unseres Lebens*) und Frederic March (in *An einem Tag wie jeder andere*) sind die typischsten Wyler-Helden. Sie stehen – ganz unerwartet – vor dem Scherbenhaufen ihrer Existenz und müssen neue Wege gehen, die völlig außerhalb ihrer bisherigen Erfahrungen liegen. Aber sie finden, auch wenn es sehr weh tut oder an den Rand der Katastrophe führt, doch noch die Wendung, die alles verändert. Wobei ihr Handeln sich stets über seltsame Umwege vollzieht. Man könnte auch sagen, sie denken um die Ecke, und erst dadurch kommen sie näher ans Ziel.

Wyler hat in nahezu allen Genres gearbeitet. Die Vielfalt seines Werkes spiegelt sich wider in den verschiedenen Variationen seiner Stoffe, Themen und Stile. Eine einzige, durchgängige Vorliebe konstatierte in den frühen Fünfzigern A. Bazin: die Vorliebe »für psychologische Geschichten mit sozialem Hintergrund«.

Wyler, der engagierte Geschichtenerzähler, der sorgfältige Handwerker, der kritische Europäer in Hollywood, galt und gilt nicht als Auteur, als Filmemacher mit persönlichem Touch, sondern als einer der klassischen Realisateure – wie etwa Clarence Brown, Frank Capra und George Stevens. Ihn interessierte in erster Linie die gute Story, danach die Herausforderung, die ihm die visuelle Umsetzung dieser Story bot. Später hat er immer wieder darüber berichtet, wie sehr es ihn gereizt habe, Filme in einem bestimmten Genre oder einem besonderen Stil zu drehen, die er bisher noch nicht erprobt hatte. Er versuchte so vielseitig wie möglich zu sein, um in jedem Moment die entsprechende Lösung zu finden.

Auf die Frage, wie er selbst den Stil eines Regisseurs definieren würde, der so unterschiedliche Filme gedreht habe, antwortete er: »Ich glaube, daß die Story eher ihren eigenen Stil diktiert, als daß der Stil des Regisseurs die Story diktiert.« Zu dieser Haltung paßt, daß kein anderer Regisseur in Hollywood seine Mitarbeiter stärker in Szene setzte. Er selbst bekam für seine Regie drei Oscars (für *Mrs. Miniver, Die besten Jahre unseres Lebens* und *Ben Hur*) – dazu den Irving-G.-Thalberg-Preis, den D.-W.-Griffith-Preis, schließlich den American Film Institute Life Achievement Award. Die Darsteller, Techniker, Bild- und Lichtgestalter seiner Filme gewannen insgesamt 38 Oscars (mehr als die Mitarbeiter aller anderen Hollywood-Regisseure) und wurden insgesamt für 127 Oscars nominiert. Seine Schauspieler erhielten bei 35 Nominierungen insgesamt 13 Oscars, ein einsamer Rekord.

Wylers Filme changieren auf eine selbstverständliche Art zwischen filmischer und ökonomischer Strategie. In ihre Ästhetik ist eingegangen, daß das eine ohne das andere keine Wirkung erreicht. »Wenn du sie nur einer Handvoll Menschen mitteilst, dann ist deine Botschaft wirkungslos.« Er wollte seine Filme als großen Erfolg – und gleichzeitig als anerkannten Entwurf. Sie sollten Millionen einspielen, ohne nichtssagend zu werden.

Filmhistorisch ist interessant, daß Wyler, der seine Lehrzeit mit dem Zwang zu Aktion und Bewegung verbringen mußte, bei seinen ersten wichtigeren Filmen die ruhigen, bewegungsarmen Arrangements bevorzugte. Das starre Bild: der Rahmen, mit dem er das Sichtbare eingrenzt, ist für ihn von zentraler Bedeutung. Wichtiger als die Schnittstellen zwischen den Bildern gilt ihm der Blick der Kamera, der ein Geschehen in mehreren hintereinander gestaffelten Ebenen erfassen kann. Schon in *A House Divided* (1931) und *Der Staranwalt von Manhattan* zeigt Wyler, obwohl er doch groß geworden war im Serienkino, ein europäisches Verständnis von Kino, orientiert an Literatur und Theater, an Architektur und Malerei.

Er selbst hat sich weder als bloßen Geschichtenerzähler noch als innovativen Stilisten gesehen, sondern als hart arbeitenden Dirigenten, der sein Orchester aus Autoren und Dramaturgen, Lichtoperateuren, Kameraleuten, Cuttern und Schauspielern zu führen hatte. »Es ist wie die Welt der Musik: ich bin nicht der Komponist, sondern der Dirigent.«

Norbert Grob

Filmographie: Zahllose Two- und Five-reel-Western zwischen 1925 und 1927 – The Border Cavalier (1927) – Anybody Seen Here Kelly? (1928) – The Shakedown / Zwischen den Seilen (1929) – The Love Trap / Die Liebesfalle (1929) – Hell's Heroes / Galgenvögel (1929) – The Storm (1930) – A House Divided (1931) – Tom Brown of Culver (1932) – His First Mate (1933) – Counsellor-at-Law / Der Staranwalt von Manhattan (1933) – Glamour (1934) – The Good Fairy (1935) – The Gay Deception (1935) – These Three / Infame Lügen (1936) – Dodsworth / Zeit der Liebe, Zeit des Abschieds (1936) – Come and Get It / Nimm, was du kriegen kannst (1936) – Dead End / Sackgasse (1937) – Jezebel / Jezebel – die boshafte Lady (1938) – Wuthering Heights / Sturmhöhe (1939) – The Westerner / Der Westerner / In die Falle gelockt (1940) – The Letter / Das Geheimnis von Malampur / Der Brief (1940) – The Little Foxes / Die kleinen Füchse (1941) – Mrs. Miniver / Mrs. Miniver (1942) – Memphis Belle. A

Story of a Flying Fortress (Dokumentarfilm, 1944) – Thunderbolt (Dokumentarfilm, 1946) – The Best Years of Our Lives / Die besten Jahre unseres Lebens (1946) – The Heiress / Die Erbin (1949) – Detective Story / Polizeirevier 21 (1951) – Carrie / Carrie (1952) – Roman Holiday / Ein Herz und eine Krone (1953) – The Desperate Hours / An einem Tag wie jeder andere (1955) – Friendly Persuasion / Lockende Versuchung (1956) – The Big Country / Weites Land (1958) – Ben Hur / Ben Hur (1959) – The Children's Hour / Infam (1961) – The Collector / Der Fänger (1965) – How to Steal a Million / Wie klaut man eine Million? (1966) – Funny Girl / Funny Girl (1968) – The Liberation of L. B. Jones / Die Glut der Gewalt (1970).

Literatur: W. W.: Dialogue on Film. In: American Film. April 1976.

Karel Reisz: The Later Films of William Wyler. In: Sequence / Film Quarterly 13 (1951) H. 2–6. – Richard Roud (Hrsg.): William Wyler. An Index. London 1958. – Robert Warshaw: Die Anatomie der Verfälschung. In: Filmkritik 13 (1969) H. 4. S. 257 f. – Bernard R. Kantor / Irving R. Blacker / Anne Kramer: Directors at Work. New York 1970. – Axel Madsen: William Wyler. New York 1973. – David L. Parker / Burton J. Shapiro: William Wyler. In: John Tuska (Hrsg.): The Hollywood Director. Metuchen 1978. – Michael A. Anderegg: William Wyler. Boston 1979. – André Bazin: William Wyler oder der Jansenist der Inszenierung. In A. B.: Filmkritiken als Filmgeschichte. München 1981. S. 41 f. – Hans Helmut Prinzler: William Wyler. In: Filme 1981. H. 11. S. 10 f. – Sharon Kern: William Wyler. Boston 1984. – A. Scott Berg: Goldwyn. New York 1989. – Jan Herman: A Talent for Trouble. New York 1995. – Rainer Rother: Meistens Western, Hauptsache Action. Stummfilme von William Wyler. In: filmwärts 1995. H. 1. – Wolfgang Jacobsen / Helga Belach / Norbert Grob (Hrsg.): William Wyler. Berlin 1996.

Zhang Yimou

*1951

Schon als Kind wurde der am 14. November 1951 geborene Zhang Yimou, der aus Nordchina (Shanxi) stammt, aufgrund der Opposition seiner Familie zu den chinesischen Kommunisten – sein Vater war Mitglied der Kuomintang-Nationalarmee – mit politischen Restriktionen konfrontiert. 1966, nach dem Ausbruch der Kulturrevolution von der Schule suspendiert, mußte Zhang Yimou über 7 Jahre als Arbeiter in einer ländlichen Textilfabrik zubringen: eine Lebenserfahrung, die ihn wesentlich beeinflussen sollte. 1974 kaufte sich Zhang Yimou seine erste Kamera, mit der er bald Fotos schoß, die er in lokalen Tageszeitungen veröffentlichen konnte. 1978 bewarb er sich an der Filmakademie in Peking, der einzigen Filmhochschule in China, wurde aber unter Hinweis auf sein zu hohes Alter abgelehnt. Durch ein persönliches Schreiben an den damaligen Kulturminister konnte er eine Aufnahme erwirken. An der Filmakademie sah er zahlreiche Filme bedeutender asiatischer und westlicher Regisseure. Als Mitglied der sogenannten »Fünften Generation« chinesischer Filmemacher schloß Zhang Yimou 1982 das Studium ab und begann im folgenden Jahr in den Xian Film Studios als Kameramann zu arbeiten. Dort verband ihn eine Freundschaft mit dem Direktor dieser Studios, Wu Tianming, der sich als sein Mentor für ihn einsetzte. 1984 drehte er unter der Regie von Zhang Junzhao als Kameramann *Einer und Acht*. Im selben Jahr arbeitete er mit dem Regisseur Chen Kaige an dem Film *Gelbe Erde* zusammen. Aus dieser Kooperation ging auch *Die große Militärparade* (1986) hervor, ein Film, der die Ausbildung der Soldaten im China der Gegenwart schildert. In diesem symbolischen Abbild der chinesischen Gesellschaft konstatiert der Film einen politischen Konformismus, dem jeder individuelle Impuls unterworfen wird.

1987 debütierte Zhang Yimou, nachdem er in Wu Tianmings *Alter Brunnen* (1987) ein bemerkenswertes schauspielerisches Können bewiesen hatte, mit seinem Spielfilm *Das rote Kornfeld*, der in China mit dem Goldenen Hahn und in Berlin 1988 mit dem Goldenen Bären ausgezeichnet wurde. In Anlehnung an Volksmärchen und Räuberballaden wird die in den zwanziger und dreißiger Jahren im ländlichen Nordwesten Chinas angesiedelte Geschichte der jungen Frau Jiuer erzählt, die einen ungeliebten Schnapsbrenner heiraten soll und sich statt dessen auf eine Beziehung mit dem ungehobelten Träger ihrer Hochzeitssänfte einläßt. Gespielt wird die junge Rebellin von der schönen Gong Li, Zhang Yimous langjähriger Lebensgefährtin, die in all seinen Filmen den Typus der starken, aber zugleich von Unterdrückung gequälten Frau verkörpert, in deren Charakter Raffinesse, sogar Verderbtheit und Unschuld einander nicht ausschließen. Dominieren vorerst in der archaisch anmutenden Erzählung Liebe und Glück, so brechen mit dem kriegerischen Angriff Japans auf China im Jahr 1937 abrupt äußerste Gewalt und qualvoller Tod in das friedliche Alltagsleben ein. Die Beständigkeit der menschlichen Existenz wird leitmotivisch umklammert durch die Metapher des Hirsefeldes, das Zhang Yimou in einer farbensatten und expressiven Bildersprache darstellt, in der die Farbe Rot in ihren graduellen Abstufungen die Vielschichtigkeit und Gegensätzlichkeit chinesischer Geschichte zu symbolisieren vermag. Das im Film erkennbare Plädoyer für Menschlichkeit, Selbstverwirklichung und individuelle Freiheit erscheint vor dem Hintergrund der brutalen Niederschlagung des Studentenaufstandes am 4. Juni 1989 auf dem Tiananmen-Platz als politische Anklage.

Während Wu Tianming und Chen Kaige in die USA ins Exil gingen, blieb Zhang Yimou in seiner Heimat und drehte nach *Deckname Puma* (1988), einem Actionthriller, mit Hilfe japanischer Finanzierung seinen dritten Spielfilm *Judou* (1989), der in China unter dem Vorwand verboten wurde, er stelle Sexualität allzu offen dar, während der Westen ihn begeistert aufnahm; der Film erhielt sogar eine Oscar-Nominierung. Zhang Yimous wesentliches Thema, Unterdrückung, Rebellion und das unausweichliche Scheitern an der (konfuzianischen) Herrschaft im chinesischen Kommunismus, verlegte der Regisseur diesmal in den Mikrokosmos einer chinesischen Färberei in den zwanziger Jahren. Im Begehren der jungen Frau Judou, ein ihrem Innenleben entsprechendes authentisches Leben führen zu können, was wegen der Übermacht gesellschaftlicher Zwänge zum Scheitern verurteilt ist, stehen Schicksal und Wille des Menschen gegeneinander. Zhang Yimou bettet die Tragödie dank einer auffälligen filmischen Symbolsprache in ein nahezu unendliches Deutungs- und Assoziationsfeld ein und verleiht ihr dadurch mythischen Charakter. In der von zahlreichen Wendungen gekennzeichneten Erzählung, die anstelle einer naturalistischen Milieuschilderung vorrangig gleichnishafte Tableaus ausstellt, erscheint der Gang des Schicksals als undurchschaubar: *Judou* endet in Feuer und Verzweiflung. Zhang Yimou gebraucht intensiv Farbe und Licht, um die hermetisch abgeriegelte Färberei als einen magischen Ort erscheinen zu lassen, der in seiner architektonischen Struktur feudale Gesellschaftsordnung spiegelt.

In der bisher strengsten und stilisiertesten Form führt Zhang Yimou die Destruktion des Menschlichen in *Rote Laterne* (1991) vor, einer chinesisch-taiwanesischen Koproduktion (1991 in Venedig mit dem Silbernen Löwen ausgezeichnet), die von einer jungen hoffnungsvollen Frau (Gong Li) erzählt, die sich in den zwanziger Jahren nach einem erzwungenen Studienabbruch dem mächtigen Feudalherren Chen als vierte Konkubine ausliefern muß. Der Film gibt einen fast minutiösen Einblick in die strenge Ordnung des Herrscher-Palastes, in dem sich allmählich zwischen den gefügigen Frauen ein Geflecht von Intrigen, Heuchelei, Verrat und Verbrechen abzeichnet.

Zhang Yimou

Täter- und Opfer-Rolle verbinden sich unter der Diktatur des Hausherrn, Zhang Yimou charakterisiert in immer wiederkehrenden statischen Raumtotalen und Aufsichten den labyrinthischen Prachtbau mit seinen elefantengrauen Dächern als gepanzertes Machtsystem. Als die dritte Frau auszubrechen versucht und eine Liebe mit einem anderen Mann beginnt, wird sie auf Geheiß des Herrn umgebracht. Darüber wahnsinnig geworden, irrt die junge Songlian zwischen den massiven Mauern umher, ohne daß die Kamera den Blick zum Himmel freigeben würde. Es gibt kein Entkommen.

Mit *Die Geschichte der Qiu Ju* (1992) entfernt sich Zhang Yimou vom vorrevolutionären China und siedelt seine Handlung in der Gegenwart an: Qiu Ju (Gong Li), eine in ihrer Beharrlichkeit und ihrem Starrsinn an Kleists Michael Kohlhaas erinnernde Figur, wird auf der Suche nach Gerechtigkeit, die sie über einen langen Weg juristischer Instanzen führt, mit einem China konfrontiert, in dem sich Tradition und Moderne vermengen: Im Räderwerk moderner Justiz siegt das abstrakte Recht letztlich ohne Rücksicht auf Qiu Jus Aufbegehren. Der dokumentarisch gestaltete Film, in dem die artifizielle Farbästhetik den realen Farben chinesischer Gegenwart gewichen ist, erinnert an das französische Cinéma Vérité. Er verbindet zugleich Komödie und Tragödie, Persönliches und Politisches in dramatischer Maskierung: Das Böse ist nicht personalisiert, es besteht im System selbst. *Die Geschichte der Qiu Ju* ging an der chinesischen Zensur anstandslos vorbei.

Mit *Leben!* (1994), einer Familienchronik, die das Schicksal einer einfachen Familie in China über vier Jahrzehnte auf tragikomische, bisweilen groteske, bisweilen auch dokumentarische Weise episodenhaft erzählt, preist Zhang Yimou den unerschütterlichen Lebenswillen seiner Antihelden (darunter der komödiantische Darsteller Ge You), die zeitlebens durch die jeweils herrschenden Mächte in der chinesischen Geschichte traktiert werden. Besonders entlarvend sind die Episoden, die in der Zeit der Kulturrevolution spielen: Der bösartige, unmenschliche und dumme Fanatismus der aufgehetzten Jugend zerstört vor allem das Wert- und Respektgefüge der Familie. *Leben!*, in China verboten, gewann in Cannes 1994 den Großen Preis der Jury und die Goldene Palme für den besten männlichen Darsteller. Der Film brachte Zhang Yimou im Westen den Vorwurf ein, eine trotz alledem fast unglaubhafte lebensbejahende Grundhaltung zu proklamieren – als sei dies Zeichen der Anpassung an parteikommunistische Doktrin.

Shanghai Serenade (1995), eine chinesische Mafia-Geschichte, die im Shanghai der dreißiger Jahre spielt, erzählt aus der subjektiven Sicht des 14jährigen Shuisheng von einem Leben, das ausschließlich um Machtkämpfe und Unterdrückung, um Luxus und Dekadenz zu kreisen scheint, wobei erneut die Frauen, die ein ›sanfteres Gesetz‹ repräsentieren, der kriminellen Selbstherrlichkeit eines alten Gangsterbosses zum Opfer fallen.

Die undurchsichtigen Zensur- und Distributionsverhältnisse seines letzten Films *Keep Cool* (1997) machen deutlich, wie prekär für Zhang Yimou, für chinesische Filmregisseure generell, die Lage in China ist: *Keep Cool*, eine für Zhang Yimou ungewöhnlich modern gestaltete Komödie mit schrägen Kameraperspektiven und kraftvollem Soundtrack, die nach westlicher Einschätzung fern jeder Regimekritik die Geschichte eines verliebten Buchhändlers im Peking der neunziger Jahre erzählt, sollte in Cannes gezeigt werden, wurde aber aus ungeklärten Gründen nicht freigegeben; in Venedig dagegen, wenige Monate später, erhielt *Keep Cool* einen Platz im Festivalprogramm.

Die von Zhang Yimou selbst geäußerten Vorwürfe, chinesische Politik und Kultur würden von der westlichen Presse einseitig negativ beurteilt, und seine zugleich beharrliche Betonung der Notwendigkeit künstlerischer Freiheit verdeutlichen das Spannungsfeld, in dem die zukunftigen Filme Zhang Yimous zu verstehen sein werden.

Bernd Hantke

Filmographie: Hong gaoliang / Das rote Kornfeld (1988) – Daihao meizhoubao / Deckname Puma (1988) – Judou / Judou (1989) – Dahong denglong gaogao gua / Rote Laterne (1991) – Qiu Ju de gu shi / Die Geschichte der Qiu Ju (1992) – Huozhe / Leben! (1994) – Yao a yao, yao dao wai pe qiao / Shanghai Serenade (1995) – You hua hao hao shuo / Keep Cool (1997).

Literatur: Nick Browne (Hrsg.): New Chinese Cinema. Forms, Identities, Politics. London 1994. – Marli Feldvoß: Der »Chinesische Frühling« oder der lange Marsch der Fünften Generation. In: epd Film 11 (1994) H. 4. S. 16–21. – Guoqiang Teng: Der neue chinesische Film: Reform und Wandel. In: epd Film 11 (1994) H. 4. S. 22–27. – Rey Chow: Primitive Passions. Visuality, Sexuality, Ethnography, and Contemporary Chinese Cinema. New York 1995. – Stefan Kramer: Schattenbilder. Filmgeschichte Chinas und die Avantgarde der achtziger und neunziger Jahre. Dortmund 1996. – Stefan Kramer: Geschichte des chinesischen Films. Stuttgart 1997. – Tam Kwok-Kan: New Chinese Cinema. New York 1998.

Fred Zinnemann

1907–1997

Alfred Zinnemann, geboren in Wien am 29. April 1907 als Sohn eines Arztes, wuchs in Österreich auf wie Billy Wilder und Otto Preminger (beide Jahrgang 1906). Nach dem Abitur begann er ein Jurastudium, ab 1927 eine Kameraausbildung in Paris. 1928/29 war er Kameraassistent in Berlin (u. a. bei *Menschen am Sonntag*). Ab 1929 war er in den USA tätig, zunächst als Regieassistent, dann als Dokumentarist (mit dem Fotografen Paul Strand), ab 1937 als Kurzfilmregisseur bei MGM. 1936 wurde er amerikanischer Staatsbürger. »Amerika war ein außerordentlich freies Land, und es kam nicht darauf an, damals, wie reich oder arm Sie waren, sondern es kam darauf an, was für ein Mensch Sie waren« (Zinnemann). 1939 erhielt er seinen ersten Oscar für den Kurzfilm *That Mothers Might Live*, den ersten langen Spielfilm drehte er 1942. Bis 1948 an das MGM-Studio gebunden, wurde Zinnemann dann »freier Regisseur«, u. a. für die Produzenten Stanley Kramer, Buddy Adler, Henry Blanke, für United Artists, Columbia, 20th Century-Fox und Warner Bros. »Ich habe nie einen Film gemacht, der nicht mit amerikanischem Geld finanziert wurde. Vielleicht ein Zufall. Aber ich verstehe nicht sehr viel von finanziellen Sachen und fühle mich irgendwie sicherer, wenn ich mit den Amerikanern arbeite.« Seine größten internationalen Erfolge entstanden Anfang der fünfziger Jahre. Anschließend scheiterten mehrere Projekte, zum Teil kurz vor Drehbeginn: eine »Krieg und Frieden«-Verfilmung, *Der alte Mann und das Meer* (von John Sturges übernommen), *Die Geliebte des französischen Leutnants* (1981 von Karel Reisz realisiert), eine Verfilmung von André Malraux' »La Condition humaine«. Zinnemann galt als eigenwilliger Regisseur und produzierte seine Filme ab 1960 vorwiegend selbst; es waren nicht mehr so viele. Im hohen Alter wurde er vielfach geehrt, er lebte seit den sechziger Jahren mehr in London als in Los Angeles und starb dort am 14. März 1997.

19 Kurzfilme und 21 lange Spielfilme hat Fred Zinnemann zwischen 1938 und 1982 gedreht. Gemessen an den umfänglichen Filmographien der prominenten amerikanischen Studioregisseure erscheint sein Werk schmal. Mit nur zwei Titeln ist er zum Klassiker geworden, mit dem Western *Zwölf Uhr mittags* (1952) und dem Militärfilm *Verdammt in alle Ewigkeit* (1953). Aber es gibt weitere Filme, die in ihrer thematischen Bedeutung und ihrem erzählerischen Reichtum hohen Rang beanspruchen dürfen: die Anna-Seghers-Adaption *Das siebte Kreuz* (1944), die Geschichte der KZ-geschädigten Kinder *Die Gezeichneten* (1948), der Film über Verrat und Rache *Akt der Gewalt* (1949), das Kriegs- und Nachkriegsdrama *Teresa – Die Geschichte einer Braut* (1951), der Afrika-Film *Geschichte einer Nonne* (1959), der Australien-Film *Der endlose Horizont* (1960), der Film über Thomas Morus *Ein Mann zu jeder Jahreszeit* (1966), der politische Thriller *Der Schakal* (1973), die Lillian-Hellman-Verfilmung *Julia* (1977).

»Für mich ist das eigentlich Interessanteste am Filmemachen: Menschen in einer schwierigen Situation zu beobachten. Als ich ganz jung war, habe ich einmal eine Geschichte von Robert Louis Stevenson gelesen, in der er sagt ›A man's character is his destiny‹ – eines Menschen Charakter ist sein Schicksal. Das heißt, wenn man einen Menschen in eine bestimmte Situation stellt, dann reagiert er gemäß seinem Charakter, und das führt ihn dann auf einen bestimmten Weg, bis wieder ein Kreuzweg kommt. Ich finde das sehr interessant. Und ich freue mich immer, wenn mir so eine Geschichte in den Schoß fällt, ob das jetzt *Ein Mann zu jeder Jahreszeit* war oder *Geschichte einer Nonne* oder *Zwölf Uhr mittags*« (Zinnemann). Es sind nicht stilistische Elemente, sondern Figuren und Grenzsituationen, die

Fred Zinnemann

Zinnemanns Werk im Inneren zusammenhalten. Seine Hauptpersonen sind Menschen am zitierten Kreuzweg. Sie müssen sich in existentiellen Konflikten entscheiden, und die Entscheidungen haben mit Moral und Gewissen zu tun. Der amerikanische Soldat in *Die Gezeichneten* kümmert sich gegen jede Vernunft um das elternlose Kind aus dem KZ und führt den Jungen auf einem komplizierten Weg zurück ins Leben. Der Bauunternehmer in *Akt der Gewalt*, der im Kriegsgefangenenlager einen Fluchtplan verraten hatte, entkommt nicht der späten Rache des einzig überlebenden Kameraden. Er kann nur seine Familie aus dem Schlamassel heraushalten. Der querschnittgelähmte Kriegsheimkehrer in *Die Männer* (1950) macht es sich und seiner Frau unendlich schwer, mit seiner körperlichen und seelischen Verkrüppelung weiterzuleben. Am Ende gibt es zumindest eine Hoffnung. Der amerikanische Soldat in *Teresa*, der mit seiner jungen italienischen Frau 1945 nach New York zurückkehrt, muß sich von den Traumata das Krieges und aus der Umklammerung einer dominierenden Mutter befreien. Teresa hilft ihm dabei bis an die Grenzen ihrer Möglichkeiten. Sie ist hier die wirkliche Heldin des Dramas. Die vier Filme bilden im übrigen eine eindrucksvolle Tetralogie über das Leben nach dem Krieg. Ihr Stil ist ein sozialer Realismus, der auch für gefühlsbetonte Szenen diskrete Bilder findet.

Die Reihe von Zinnemanns störrischen, ambivalenten Helden setzt sich fort mit dem Sheriff Kane in *Zwölf Uhr mittags*, der nur seiner inneren Überzeugung folgt, mit dem Soldaten Prewitt in *Verdammt in alle Ewigkeit*, der gegen den militärischen Sadismus revoltiert, mit der Schwester Lukas in *Geschichte einer Nonne*, die ihr Gewissen über den Gehorsam gegenüber der Kirche stellt, mit der australischen Schafstreiberfamilie in *Der endlose Horizont* (1960), die nicht seßhaft werden kann, mit dem spanischen Widerstandskämpfer in *Deine Zeit ist um* (1964), der sich aus Liebe zu seiner Mutter in eine Falle locken läßt, mit dem englischen Gelehrten und Philosophen Thomas Morus in *Ein Mann zu jeder Jahreszeit*, der sich weigert, den König anstelle des Papstes als Oberhaupt der englischen Kirche anzuerkennen, mit der amerikanischen Schriftstellerin Lillian Hellman und ihrer Freundin Julia, die sich gegen die Nazis zur Wehr setzen (*Julia*).

Zinnemanns Filme, beginnend mit seinem Dokumentarfilm *Netze* (1936, Kamera: Paul Strand) und dem Spielfilm *Das siebte Kreuz*, sind politisch, indem sie an den Willen zur Verantwortung des einzelnen appellieren. Sie handeln von Wahrheit, von Moral und von der Kraft der Liebe. Sie vertrauen der Stärke des Individuums. Aber die Siege der Individuen werden nicht leicht errungen. In entscheidenden Augenblicken sind die Helden meist sehr einsam. Aus dieser Konstellation erzielt vor allem *Zwölf Uhr mittags* seine Spannung und Wirkung, kulminierend in jener Szene, in der Sheriff Kane allein auf der sonnendurchglühten Straße steht und auf seine vier Gegner wartet, während sich die Kamera langsam nach oben von ihm entfernt. Immer wieder fand Zinnemann – in unterschiedlichen Genres – bildliche Kompositionen für die Konfrontation seiner Protagonisten mit der Gewalt böser Mächte. Das verlieh seinen Filmen eine symbolhafte Strenge, die oft als protestantisch-moralischer Kodex des Regisseurs mißverstanden wurde.

Zinnemann hat mit vielen großen Stars des amerikanischen Films gearbeitet, mit einigen ganz am Anfang ihrer Laufbahn: Marlon Brando, Montgomery Clift, Gary Cooper, Burt Lancaster, Robert Mitchum, Gregory Peck, Spencer Tracy – Mary Astor, Jane Fonda, Audrey Hepburn, Grace Kelly, Deborah Kerr. Ihnen konnte er die Darstellung auch komplexer psychischer Konflikte zumuten. Als ausgebildeter Kameramann hatte Zinnemann ein untrügliches Gespür für die Bildwirkungen, die er seinen Filmen geben wollte. Ihm standen dafür außerordentliche Kameraleute zur Seite: Emil Berna, Floyd Crosby, Karl Freund, Hal Mohr, Franz Planer, Giuseppe Rotunno, Douglas Slocombe, Robert Surtees. Immer wieder erinnert man sich an die Bilder von Zinnemann-Filmen, weil sich in ihnen die dramatischen Konflikte entfalten. Ein weiteres unverwechselbares Gestaltungselement des Regisseurs ist die rhythmische Musikalität. Berühmte Filmkomponisten haben für ihn die Partituren geschrieben: Elmer Bernstein, Georges Delerue (mehrfach), George Dunning, Bernard Herrmann, Maurice Jarre, Alex North, Dimitri Tiomkin (mehrfach), Franz Waxman.

Zinnemann war ein Europäer, der im Hollywood-Kino nicht mit seinem Namen im Mittelpunkt stehen wollte, der nicht an einem eigenen, unverwechselbaren Stil interessiert war. Er wollte interessante, ihm wichtige Geschichten erzählen. Die autorenfixierte Kritik und Filmgeschichtsschreibung hat ihn dafür über Jahrzehnte mit Geringschätzung bestraft.

Hans Helmut Prinzler

Filmographie: Redes / The Wave / Netze (Dokumentarfilm, Co-Regie: Paul Strand und E. Gomez Muriel, 1936) – A Friend Indeed (Kurzfilm, 1938) – The Story of Dr. Carver (Kurzfilm, 1938) – That Mothers Might Live (Kurzfilm, 1938) – Tracking the Sleeping Death (Kurzfilm, 1938) – They Live Again (Kurzfilm, 1938) – Weather Wizards (Kurzfilm, 1939) – While America Sleeps (Kurzfilm,

1939) – Help Wanted! (Kurzfilm, 1939) – One against the World (Kurzfilm, 1939) – The Ash Can Fleet (Kurzfilm, 1939) – Forgotten Victory (Kurzfilm, 1939) – The Old South (Kurzfilm, 1940) – Stuffie (Kurzfilm, 1940) – A Way in the Wilderness (Kurzfilm, 1940) – The Great Meddler (Kurzfilm, 1940) – Forbidden Passage (Kurzfilm, 1941) – Your Last Act (Kurzfilm, 1941) – The Lady or the Tiger? (Kurzfilm, 1942) – Kid Glove Killer / Der Gentleman-Killer (1942) – Eyes in the Night / Die Spur im Dunkel (1942) – The Seventh Cross / Das siebte Kreuz (1944) – Little Mr. Jim (1946) – My Brother Talks to Horses (1946) – The Search / Die Gezeichneten (1948) – Act of Violence / Akt der Gewalt (1949) – The Men / Die Männer (1950) – Benjy (Kurzfilm, 1951) – Teresa / Teresa – Die Geschichte einer Braut (1951) – High Noon / Zwölf Uhr mittags (1952) – The Member of the Wedding / Das Mädchen Frankie (1952) – From Here to Eternity / Verdammt in alle Ewigkeit (1953) – Oklahoma! / Oklahoma! (1955) – A Hatful of Rain / Giftiger Schnee (1957) – The Nun's Story / Geschichte einer Nonne (1959) – The Sundowners / Der endlose Horizont (1960) – Behold a Pale Horse / Deine Zeit ist um (1964) – A Man for All Seasons / Ein Mann zu jeder Jahreszeit (1966) – The Day of the Jackal / Der Schakal (1973) – Julia / Julia (1977) – Five Days One Summer / Am Rande des Abgrunds (1982).

Literatur: F. Z.: An Autobiography. London 1992.

Antje Goldau / Hans Helmut Prinzler / Neil Sinyard: Zinnemann. Berlin 1986.

Verzeichnis der Mitarbeiter und ihrer Beiträge

Sophie Albers
Duvivier

Drew Bassett
Leigh, Spielberg (mit Dr. Marcus Stiglegger)

Jens Börner
Chabrol

Dr. Oksana Bulgakowa
Eisenstein, Michalkow, Pudowkin

Dott. Marisa Buovolo
De Sica, Ferreri, Olmi, Rosi, Rossellini, Taviani

Kerstin Eberhard
Feyder, Renoir, Rivette

Dr. Jürgen Felix
Allen, Beineix, Besson, Egoyan (mit Matthias Kraus), Fassbinder, Greenaway, Kaurismäki, Lynch

Andreas Friedrich
Arnold, Cameron, Hill

Peter Fröhlich
Carax

Florian Gassmann
Parker

Julia Gerdes
Alea, Ivory, Keaton

Michael Gräper
Bogdanovich, Rudolph

Dr. habil. Norbert Grob
Brooks, DeMille, Dieterle, Fuller, Hathaway, Huston, King, Lilienthal, Ozu, Preminger, Reed, Siegel, Sturges, Téchiné, Tourneur, Walsh, Welles, Wenders, Wyler

Michael Gruteser
Varda

Kerstin Gutberlet
Kazan

Bernd Hantke
Pakula, Yimou

Frank Henschke
Mamet

Nikolas Hülbusch
Kieślowski, Reitz, Tarkowski, Wajda

Dr. Uli Jung
Beyer, Curtiz, Scorsese, Siodmak, Staudte, Sternberg, Stroheim, Wicki

Bettina Kasten
Spike Lee

Dr. Bernd Kiefer
Antonioni, Bertolucci, Bresson, Coppola, Eastwood, Ferrara (mit Dr. Marcus Stiglegger), Godard, Herzog, Jarman, Jarmusch, Kubrick, Losey (mit Dr. Marcus Stiglegger), Mann, Melville, Oshima, Pasolini, Peckinpah, Visconti

Thomas Klein
Akerman

Prof. Dr. Thomas Koebner
Altman, Angelopoulos, Bergman, Doillon, Dreyer, Fellini, Gance, Griffith, Hitchcock, Käutner, Kurosawa, Lang, Lean, Ang Lee, Lumet, Mamoulian, Miller, Mizoguchi (mit Horst Peter Koll), Murnau, Pabst, Rohmer, Russell, Szabó, Tanner, Tati, Troell, Truffaut

Heinz-Jürgen Köhler
Kusturica, Richardson

Horst Peter Koll
Mizoguchi (mit Prof. Dr. Thomas Koebner)

Matthias Kraus
Egoyan (mit Dr. Jürgen Felix)

Bernadette Kuwert
Cocteau

Dr. Sabine Lenk
Méliès

Stefan Lux
Cassavetes

Dr. Susanne Marschall
Chaplin, Cukor, Edwards, Gilliam, Hoffmann, Jordan, Malle, Minnelli, Polanski, Wilder

Marion Müller
Trier

Isabelle Münch
Sautet (mit Dr. Prof Hans J. Wulff)

Anabel Münstermann
Leconte, Scola

Verena Mund
Ophüls, Vidor

Dr. Josef Nagel
Oliveira

Kerstin-Luise Neumann
Lester

Hans Helmut Prinzler
Ford, Lubitsch, Wolf, Zinnemann

Andreas Rauscher
Carpenter

Daniel Remsperger
Levinson, Lyne, Penn, Pollack, Stone

Drehli Robnik
Cronenberg

Peter Ruckriegl
Carné, Clair, Clément, Tavernier, Trotta

Ralf Schenk
Jancsó

Prof. Dr. Dietrich Scheunemann
Kluge

Dr. Jörg Schweinitz
Günther, Klein

Anke Sterneborg
Sirk

Dr. Marcus Stiglegger
Aldrich, Bigelow, Boorman, Cimino, Coen, Corman, de Palma, Ferrara (mit Dr. Bernd Kiefer), Friedkin, Leone, Losey (mit Dr. Bernd Kiefer), Resnais, Roeg, Schlesinger, Schrader, Scott, Spielberg (mit Drew Bassett) Verhoeven, Wertmüller, Woo

Wolfgang Stuflesser
Clouzot

Ursula Vossen
Almodóvar, Buñuel, Campion, Capra, Hawks, Ray, Saura, Tarantino, Weir

Stefanie Weinsheimer
Fanck, Forman, Frears, Petersen

Prof. Dr. Hans J. Wulff
Loach, Menzel, Sautet (mit Isabelle Münch)

Thilo Wydra
Schlöndorff

Wassili Zygouris
Costa-Gavras, Demme, Nichols

Bildnachweis

Columbia (1)
Concorde (2)
Constantin/Conmex (1)
Filmdokumentationszentrum Wien (3)
Beate Glinkemann (S. 466)
J (1)
NDR/WDR (1)
PolyGram (1)
Premiere (1)
Ekko von Schwichow (S. 345)
Stiftung Deutsche Kinemathek, Berlin (83)
20th Century Fox (1)
Universal City Studios (1)